D0800370

Cuba

HALF HOLLOW HILLS
COMMUNITY LIBRARY
55 Vanderbilt Parkway
Dix Hills, NY 11746

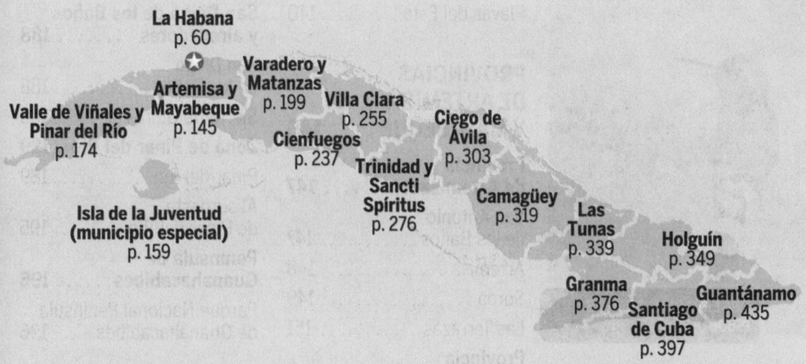

La Habana
p. 60

Varadero y
Matanzas
p. 199

Artemisa y
Mayabeque
p. 145

Valle de Viñales y
Pinar del Río
p. 174

Villa Clara
p. 255

Cienfuegos
p. 237

Ciego de
Ávila
p. 303

Trinidad y
Sancti
Spíritus
p. 276

Isla de la Juventud
(municipio especial)
p. 159

Camagüey
p. 319

Las
Tunas
p. 339

Holguín
p. 349

Granma
p. 376

Santiago
de Cuba
p. 397

Guantánamo
p. 435

EDICIÓN ESCRITA Y DOCUMENTADA POR
Brendan Sainsbury
Luke Waterson

OBSERVACIÓN DE AVES
P. 506

NANCY ROSE /GETTY IMAGES ©

HANS BLOSSEY /ALAMY ©

ESPELEOLOGÍA P. 43

Sumario

LA HABANA P. 60

EXPLORAR

CHRIS CHEADLE/GETTY IMAGES ©

TRINIDAD P. 276

Sumario

ARQUITECTURA P. 482

M.G.THERIN WISE/GETTY IMAGES ©

Bienvenidos a Cuba

Deteriorada pero majestuosa, decrépita pero digna, divertida y exasperante a la vez, Cuba posee una magia indefinible.

Esperar lo inesperado

Cuba es como un príncipe vestido con harapos: sus fachadas, a veces destartaladas, esconden polvo de oro, y son estas ricas dicotomías las que convierten el viaje en una excitante montaña rusa. Atrapada en el tiempo y tambaleante bajo un embargo económico que dura más de medio siglo, es una nación donde el viajero puede decir adiós a las certezas occidentales y aguardar lo inesperado. Si fuera un libro, Cuba sería el *Ulises* de James Joyce: con diversas lecturas, difícil de interpretar, el eterno incomprendido, pero un clásico ante todo.

Legado histórico

Meticulosamente conservadas, sus ciudades coloniales no han cambiado mucho desde que piratas asolaran el Caribe. Especialmente estimulantes son el ambiente y la arquitectura de las urbes Patrimonio Mundial de la Unesco (La Habana, Trinidad, Cienfuegos y Camagüey), cuyas majestuosas plazas y calles adoquinadas narran relatos añejos de opulencia e intriga. En el resto de la isla, muchos edificios siguen maltrechos y en ruinas. Con más fondos, estas reliquias podrían emular a los tesoros coloniales de La Habana y Trinidad, prueba de que la custodia del legado histórico ha sido uno de los mayores logros de la Revolución.

Eclecticismo cultural

La música corre por las venas cubanas, una dinámica fusión definida por los entendidos como un idilio entre el tambor africano y la guitarra española. Tras macerar durante más de 500 años, estos sonidos diversos han dado lugar a una cultura compleja, teñida de ecos africanos, destellos de la España colonial, fantasmas de las tribus taínas y rasgos culturales importados de Haití, Jamaica, Francia e incluso China. La belleza reside en sus capas y matices, y su eclecticismo se hace patente en la danza, la arquitectura, la lengua, la religión y, sobre todo, en el crisol de su gente.

Más allá de las playas

Aunque las medias lunas de arena blanca que jalonan la costa norte son sublimes, una incursión más profunda revelará un terreno distinto, una tierra de fecundos bosques y pantanos infestados de cocodrilos, campos no habitados y abruptos montes tan célebres por su folclore revolucionario como por sus especies endémicas. Como apuntó el científico alemán Alexander von Humboldt, Cuba es una especie de islas Galápagos del Caribe donde coexisten curiosidades paradójicas.

GRANT FAINT / GETTY IMAGES ©

Por qué amo Cuba

Brendan Sainsbury, autor

Cuando pienso en Cuba, siempre recuerdo mi primera noche de vuelta a La Habana tras una escapada; sus bulliciosas y pintorescas calles, sus instantáneas de vidas al aire libre e inconfundibles aromas: papaya tropical mezclada con hoja de tabaco, gasolina y alfombras enmohecidas. Cuba es una fruta prohibida, un país de contradicciones que por más que se visite nunca responderá adecuadamente a todas tus preguntas. Lo que más me gusta es su musicalidad, su arraigada cultura, su historia perfectamente preservada y el hecho de que puede ser fuente de frustración en un momento y de inesperada inspiración al minuto siguiente.

Más información sobre los autores en p. 544

Más información sobre los autores en p. 544

Arriba: un emblemático automóvil de época funciona como taxi en La Habana.

Cuba

FLORIDA
(EE UU)

GOLFO DE
MÉXICO

Cayos de Florida

Estrecho de Florida

La Habana
Arquitectura mohosa
y mares salvajes (p. 60)

Matanzas
Edificios destartalados que ocultan
conmovedores secretos (p. 217)

Banco
de
Cayo Sal

Las Terrazas
Senderos, naturaleza y una
comunidad de artistas (p. 151)

Trópico de Cáncer

Archipiélago de Sabana

Guanabo   Varadero

LA HABANA   Valle del   Cárdenas   Corralillo
Las   Yumurí   Matanzas   Sagua
Terrazas   la Grande
Soroa   Güines   Carretera Central
Valle   Jagüey   Colón
de Viñales   Surgidero   Grande   Santa
de Batabanó   Ensenada   Autopista Nacional   Clara
Viñales   de la Broa   Corral
Pinar del Río   de Santo
La Coloma   Golfo de   Ciénaga   Tomás   Sierra
Bahía de   Batabanó   de Zapata   del
Península   Reserva Natural Cienfuegos Escambray Valle
Guanahacabibes   Las Salinas   Topes de de los
La Bajada   Nueva   Bahía de   Collantes Ingenios
Bahía   Gerona   Archipiélago de los Canarreos Cochinos   Trinidad
de
Corrientes

Isla de la   Cayo Largo
Juventud   Cayo   del Sur
Piedra

Bahía de Cochinos
La zona de submarinismo
más accesible del país (p. 232)

Cienfuegos
La ciudad neoclásica
de la bahía (p. 238)

Valle de Viñales
Bucólico deleite
en bicicleta (p. 174)

Trinidad
Impoluto paisaje urbano
colonial (p. 277)

ISLAS   Caimán
CAIMÁN   Brac
(RU)
Pequeña
Gran   Caimán
Caimán

GEORGE
TOWN

ALTITUD

1500m
1000m
750m
500m
250m
100m
0

MAR
CARIBE

Varadero
Resort de playa para
el relax (p. 200)

Santa Clara
La ciudad más alternativa
de Cuba (p. 256)

Guardalavaca
Resorts de lujo y
bellas playas (p. 365)

Baracoa
La mejor comida fuera
de La Habana (p. 444)

Camagüey
Un laberinto de estrechas
calles (p. 321)

Santiago de Cuba
Cuna de la cultura cubana
del baile (p. 399)

Pico Turquino
Ascensión al pico más alto
del país (p. 432)

Las
21 mejores
experiencias

Música en directo

1 En Cuba, la música ambiental se considera una evasión. En la tierra del son, la salsa, la rumba y la trova, todo es espontáneo y se toca con melódico salero, ya se trate del trovador romántico que va de bar en bar, el percusionista de rumba callejero, el espectáculo de cabaré o la fiesta nocturna de reguetón. El talento musical cubano es legendario y no suele estar impregnado de narcisismo. Matanzas y Santiago tienen las raíces musicales más profundas; Guantánamo está lleno de sorpresas, mientras que La Habana canta a voz en grito casi de todo. (p. 496). Músicos, Santiago de Cuba.

El Malecón de La Habana

2 Nadie que visite La Habana debe perderse el Malecón (p. 91), un paseo marítimo de 8 km de desaliñado esplendor que recorre de lado a lado la ciudad, desde La Habana Vieja hasta Miramar. Allí se dan cita a diario miles de juguetones y besucones habaneros en busca de romance. Es recomendable recorrerlo durante una tormenta, cuando las olas gigantes se estrellan contra el rompeolas, o al atardecer escuchando a Benny Moré en el MP3, botella de Havana Club en mano y la idea de que cualquier cosa es posible llegadas las 22.00.

BENJAMIN RONDEL / GETTY IMAGES ©

ARTMARIE / GETTY IMAGES ©

Casas particulares

3 Dos mecedoras rechinan en un distinguido porche colonial, una botella de ron es compartida amigablemente por huésped y anfitrión, y una música alegre traspasa etérea la húmeda oscuridad del trópico. Esta escena podría darse en una de tantas casas particulares (p. 512), en cualquier calle de cualquier ciudad: todas se parecen. Ajenas a la asfixiante censura y al totalitarismo desolador de la Guerra Fría, estas casas revelan la Cuba más espontánea. La Habana tiene la mayor oferta; en Santa Clara se hallan las más palaciegas.

Arquitectura ecléctica

4 La arquitectura cubana (p. 482), a veces extrema, pero casi nunca constante, es fiel reflejo de su legado étnico: un buen pedazo de barroco español, una pizca de clasicismo francés, una generosa ración de *art déco* norteamericano y un toque de *art nouveau* europeo, más el sudor de los esclavos afrocubanos y algún que otro destello de modernismo creativo. Para verlo, basta con visitar La Habana, Trinidad, Cienfuegos y Camagüey, ciudades Patrimonio Mundial de la Unesco. Coloridos edificios, La Habana Vieja (p. 64).

Playas de ensueño

5 En los *resorts*, las playas son grandes y bellas; las de la costa norte, salvajes y ventosas; las hay paradisíacas, resguardadas y con palmeras, e incluso nudistas en lugares escondidos de una isla apartada. Quien se lo proponga acabará encontrando su propio rincón. Aunque las zonas de grandes *resorts*, como Varadero, se han adueñado de las mejores, todavía quedan paraísos aislados. Destacables son las playas Pilar (p. 317), en Cayo Guillermo, Maguana (p. 452), cerca de Baracoa, y Ancón (p. 289), próxima a Trinidad. Playa Ancón.

Observación de aves

6 Aparte de los cocodrilos, la fauna de Cuba no resulta destacable, hecho que queda compensado por el gran número de aves que habitan la isla. Unas 350 especies (varias endémicas) pueblan las costas de este singular y ecológico archipiélago tropical. Destacan el colorido tocororo, el diminuto pájaro mosca, el amenazado carpintero real y el mayor lugar de anidamiento de flamencos del mundo. La península de Zapata y la Reserva de la Biosfera Sierra del Rosario son las zonas más significativas (p. 506). Zunzuncito (pájaro mosca).

Legado revolucionario

7 La huida inverosímil de un yate encallado, guerrilleros barbudos impartiendo justicia como Robin Hood y la lucha clásica de David contra Goliat ganada por los desvalidos: la guerra revolucionaria de Cuba se lee como un guión cinematográfico, pero mejor que verlo en la gran pantalla es visitar los enclaves. El lugar de desembarco del *Granma* y la Comandancia de La Plata (p. 388), cuartel general de Fidel Castro durante la guerra, en lo alto de una montaña, han cambiado poco en 50 años. Mausoleo de Guevara (p. 259). La Habana.

Trinidad intemporal

8 Trinidad (p. 277) se echó a dormir en 1850 y nunca despertó. Este curioso giro del destino favorece al viajero moderno, que puede pasear como un curioso de otra época por esta localidad azucarera de mediados del s. XIX, perfectamente preservada. Las calles detenidas en el tiempo aún mantienen el encanto con sus majestuosas casas coloniales, su campiña de fácil acceso y una fascinante oferta de música en directo. Pero también es una ciudad trabajadora con todos los inconvenientes y la diversión de la Cuba del s. XXI.

PAUL HARRIS / GETTY IMAGES ©

THOMAS COCKREM / ALAMY ©

Clasicismo de Cienfuegos

9 En la bahía, la autoproclamada Perla del Sur (p. 238), tiene algo especial. En los malos tiempos y durante el difícil Período Especial, esta ciudad siempre ha conservado su aplomo. La elegancia halla su mejor expresión en la arquitectura, un homogéneo paisaje urbano de principios del s. XIX, erigido por colonos de Francia y EE UU. Para absorber el refinamiento galo, nada mejor que sumergirse en la vida cultural del centro y de Punta Gorda, su colindante barrio ajardinado. Casa de la Cultura Benjamín Duarte (p. 240).

Ciénaga de Zapata

10 Este lugar (p. 228) es uno de los pocos rincones de Cuba que permanecen vírgenes. Conviven en él el amenazado cocodrilo cubano, diversos anfibios, el pájaro mosca y varios hábitats vegetales diferentes. También se considera el humedal más grande del Caribe, protegido de varias maneras, sobre todo por su condición de Reserva de la Biosfera de la Unesco y Sitio Ramsar. En la Ciénaga de Zapata se puede pescar, observar aves, hacer excursiones y disfrutar de la naturaleza en estado puro.

Folclore en Santiago de Cuba

11 No hay nada tan trascendental como el ritmo hipnótico de los tambores de la santería convocando a los espíritus de los *orishas* (deidades africanas). Pero, mientras la mayoría de los ritos religiosos afrocubanos son solo para iniciados, la percusión y las danzas de las compañías *folclóricas* son para todo el mundo. Formados en los años sesenta para mantener viva la ancestral cultura de los esclavos, *los grupos folclóricos* gozan de un sólido patrocinio estatal, y sus enérgicos y coloridos espectáculos siguen siendo espontáneos y auténticos (p. 418).

Buceo en el Caribe

12 Aun a riesgo de crear polémica, se puede decir que Cuba ofrece el mejor submarinismo (p. 45) del Caribe. ¿Las razones? La transparencia única de sus aguas, los arrecifes vírgenes y el abrigado mar donde bullen millones de peces. La accesibilidad varía desde las paredes de la bahía de Cochinos, más asequibles, hasta la complejidad del archipiélago Jardines de la Reina. Punta Francés, en Isla de la Juventud, donde se celebra un concurso anual de fotografía submarina, reina sobre todos ellos.

Valle de Viñales en bicicleta

13 Con menos tráfico en sus carreteras que España en la posguerra, Cuba es ideal para el ciclismo y no hay mejor lugar para practicarlo que el valle de Viñales (p. 175), quintaesencia del mundo rural. Ofrece escarpados mogotes (colinas de cima plana), verdes campos de tabaco, bucólicas cabañas de campesinos y miradores de ensueño en cada cambio de rasante. El terreno es relativamente llano y, si el viajero puede hacerse con una buena bicicleta, el mayor dilema será dónde detenerse para tomar un mojito al ponerse el sol.

Las Terrazas, pueblo ecológico

14 En 1968, cuando el incipiente movimiento verde no era más que un grupo de protesta formado por estudiantes con melena y trenca, los proféticos cubanos –preocupados por el coste ecológico de la deforestación– dieron con una buena idea. Tras salvar hectáreas de bosque denudado de un desastre ecológico, un grupo de esforzados trabajadores construyó su propio pueblo ecológico, Las Terrazas (p. 151), poblándolo con artistas, músicos, cultivadores de café y el arquitectónicamente singular Hotel Moka.

Energía juvenil de Santa Clara

15 Cualquier idea preconcebida sobre este país se verá en entredicho en esta ciudad. Santa Clara (p. 256) es todo lo que el viajero pensó que Cuba no era: eruditos estudiantes, una espontánea vida nocturna, creatividad atrevida y estancias en casas particulares atestadas de anti-güedades. Se puede asistir al espectáculo de *drag queens* del Club Mejunje o pasar un rato entre animados estudiantes en los bares de la plaza principal. Bailarina del Club Mejunje (p. 265).

Desentrañar los secretos de Matanzas

16 Matanzas (p. 217) fue el *Titanic* cubano, un transatlántico hundido languideciendo en las simas tenebrosas, pero hace poco han empezado a emerger destellos de su ancestral belleza. Tras dejar la cuidada Varadero, Matanzas impresiona pero, con un poco de tiempo, su extenso legado histórico muestra más sobre Cuba que 20 visitas a los *resorts*. Su refinada cultura se congrega en el Teatro Sauto, y su alma africana se manifiesta en los enérgicos espectáculos de rumba.

Baracoa

17 Sobre las colinas, y apartada en el extremo más oriental de la provincia de Guantánamo, se encuentra Baracoa (p. 444), un pequeño pero históricamente importante enclave, extraño incluso para Cuba, por su cambiante clima atlántico, sus excéntricos habitantes y su deseo de ser diferentes. Hay que ver a los lugareños escalar los cocoteros, escuchar a las bandas tocar *kiribá* (versión autóctona del son) y, sobre todo, disfrutar de una gastronomía picante, pesada e imaginativa, empezando por el dulce *cucurucho*.

Efervescentes fiestas

18 En tiempos de guerra, austeridad, racionamiento y penuria, los cubanos han conservado su contagiosa alegría de vivir. Incluso durante los peores días del Período Especial, las fiestas nunca se detuvieron, lo que da fe de la capacidad del país de dejar la política de lado y dedicarse a vivir. Destacan especialmente los fuegos artificiales de Remedios, las *danzas folclóricas* de Santiago de Cuba, el cine en Gibara y todo estilo imaginable de música en La Habana. Conviene llegar preparado para la diversión (p. 30).

Cultura gastronómica emergente

19 Desde que en el 2011 las nuevas leyes de privatización destaparan la olla creativa, hay una revolución culinaria en marcha. El país ha redescubierto su mojo gastronómico con un sinfín de nuevos restaurantes que experimentan con especias, fusión y una grata reevaluación de su cocina nacional. La Habana lidera el panorama por número y variedad de restaurantes, Viñales ofrece los mejores platos tradicionales y la apartada Baracoa destaca por su originalidad regional. (p. 492) Ropavieja (ternera en tiras).

Laberínticas calles de Camagüey

20 Perderse no es una maldición, sino lo mejor que puede hacer quien visita Camagüey (p. 321), ciudad de *tinajones* de barro, iglesias y antiguos piratas. Siempre opuesta a las normas, se fundó sobre una cuadrícula que la diferenciaba de casi todas las demás ciudades coloniales españolas de Latinoamérica. Sus callejas son tan laberínticas como las de una medina marroquí, con iglesias católicas, plazas triangulares escondidas y secretos artísticos en cada rincón.

Pico Turquino

21 La ascensión al pico Turquino (p. 432), el más alto de la isla con 1972 m, es un raro privilegio. Los guías son obligatorios para esta dura excursión de dos a tres días y 17 km por los empinados bosques de la sierra Maestra, que sirve a la vez de clase de historia, sendero natural y espectacular enclave de observación de aves. De subida, los entusiastas revolucionarios deben hacer un desvío al que fuera cuartel general de Fidel Castro en la jungla durante la guerra.

Lo esencial

Para más información, véase 'Guía práctica' (p. 509)

Moneda

En el momento de imprimir esta guía, Cuba tenía previsto unificar sus dos monedas: el peso cubano convertible (CUC) y el peso (CUP).

Dinero

La economía cubana funciona principalmente con efectivo. Las tarjetas de crédito se aceptan en *resorts* y en hoteles de ciudades grandes. Cada vez hay más cajeros automáticos.

Visados

Los paquetes turísticos incluyen un visado válido para 30 días.

Teléfonos móviles

Es conveniente comprobar con el operador si el teléfono funcionará (solo redes GSM o TDMA). Las llamadas internacionales son caras. Se puede contratar con antelación servicio de Cubacel.

Horario

Hora habitual del este (GMT/UTC menos 5 h.)

Cuándo ir

La Habana
nov-mar

Camagüey
nov-mar

Guardalavaca
nov-mar

Baracoa
nov-mar

Santiago de Cuba
nov-mar

Clima seco
Clima tropical, estaciones lluviosa y seca

Temporada alta
(nov-mar y jul-ago)

➡ Los precios son un 30% más altos y puede ser necesario reservar hotel.

➡ Alcanzan su nivel máximo en Navidad y Año Nuevo.

➡ El tiempo es más frío y seco de noviembre a marzo.

Temporada media
(abr y oct)

➡ Disponibilidad de descuentos fuera de temporada alta.

➡ En Semana Santa aumentan los precios y las aglomeraciones.

Temporada baja
(may, jun y sep)

➡ Algunos *resorts* ofrecen menos servicios o simplemente cierran.

➡ Entre junio y noviembre hay riesgo de huracanes y más probabilidades de lluvia.

Webs

Oficina de Turismo de Cuba (www.cubatravel.tur.cu) Sitio oficial de promoción del turismo de Cuba.

Directorio Cuba (www.dtcuba. com) Directorio de hoteles, restaurantes y puntos de interés turístico.

Cubarte (www.cubarte.cult.cu) Actualidad cultural.

Desde Cuba (www.desdecuba. com) Reportajes de periodistas cubanos.

Turismo de Cuba (www.turis-modecuba.info) Turismo oficial de Cuba para el cono sur.

Tipos de cambio

Argentina	1 ARS	0,10 CUC
Chile	100 CLP	0,14 CUC
Colombia	1000 COP	0,34 CUC
Europa	1€	1,14 CUC
EE UU	1 US$	1 CUC
México	10 MXN	0,60 CUC
Venezuela	1 VEF	1,15 CUC

Para tipos de cambio vigentes, véase www.xe.com

Teléfonos útiles

Para llamar desde el extranjero, hay que marcar el prefijo internacional, el prefijo nacional de Cuba (53), el de ciudad o zona (menos el 0, que se emplea en las llamadas interprovinciales) y el número del abonado.

Urgencias	☎	106
Información telefónica	☎	113
Policía	☎	106
Incendios	☎	105

Presupuesto diario

**Económico:
Menos de 60 CUC**

➡ Casas particulares: 20-30 CUC

➡ Restaurantes estatales: 10-15 CUC

➡ Entrada barata a un museo: 1-5 CUC

**Precio medio:
Entre 60-120 CUC**

➡ Hoteles intermedios: 35-60 CUC

➡ Comidas en paladares (restaurantes particulares): 15-25 CUC

➡ Viajes en autobuses Víazul: La Habana-Trinidad 25 CUC

**Precio alto:
Más de 120 CUC**

➡ *Resort* u hotel histórico: 150-200 CUC

➡ Alquiler de automóviles o taxis: 60-70 CUC

➡ Cabaré al atardecer: 35-60 CUC

Cómo llegar

Aeropuerto internacional José Martí (La Habana) No hay autobuses directos entre el aeropuerto y el centro de la ciudad. Los taxis cuestan 20-25 CUC y tardan 30-40 min en llegar al centro. Se puede cambiar moneda en el vestíbulo de llegadas.

Otros aeropuertos internacionales Cuba tiene otros nueve aeropuertos internacionales, pero ninguno dispone de conexiones de transporte público fiables; la mejor opción es tomar un taxi. Hay que negociar de antemano.

Cómo desplazarse

Utilizar los autobuses es la manera más práctica de desplazarse.

Autobús La compañía pública Víazul conecta la mayor parte de los lugares de interés con un horario regular. Cubanacán ofrece un servicio más reducido. Los autobuses urbanos están abarrotados y no tienen horarios impresos.

Coche Alquilar un coche es caro y puede suponer un reto, debido a la falta de señalización y las ambiguas normas de circulación.

Taxi Es una opción para recorrer distancias más largas. Las tarifas rondan los 50 CUC/km.

Tren A pesar de su amplia red, los trenes cubanos son lentos, poco fiables y muy incómodos.

Horario comercial

Bancos 9.00-15.00 lu-vi

Cadeca (cambio de moneda) 9.00-19.00 lu-sa, 9.00-12.00 do. En las ciudades grandes, muchos hoteles de precio alto ofrecen cambio de moneda hasta la noche.

Farmacias 8.00-20.00

Oficinas de correos 8.00-17.00 lu-sa

Restaurantes 10.30-23.00

Tiendas 9.00-17.00 lu-sa, 9.00-12.00 do

Para más información sobre **cómo desplazarse,** véase p. 520.

PUESTA A PUNTO LO ESENCIAL

La primera vez

Para más información, véase 'Guía práctica' (p. 509)

Antes de partir

➡ Comprobar que hay fondos en la tarjeta de crédito por si se acaba el dinero en metálico.

➡ Imprimir una copia del seguro médico para mostrar en el aeropuerto.

➡ Comprobar que la tarjeta de turista está incluida al reservar el billete de avión.

➡ Reservar algunas clases de salsa.

Qué llevar

➡ Adaptadores para enchufes europeos y americanos.

➡ Una buena riñonera para llevar el dinero y la documentación.

➡ Primeros auxilios básicos, analgésicos y cualquier medicación necesaria.

➡ Repelente para insectos, protección solar y gafas de sol.

➡ Reservas de metálico en euros o dólares.

➡ Barritas energéticas para viajes largos por carretera.

Consejos

➡ Si se desea un contacto con la Cuba real y que el dinero se quede en los bolsillos de los cubanos, hay que alojarse en una casa particular.

➡ Llevar papel higiénico y jabón de manos, y beber agua embotellada.

➡ Las carreteras son irregulares y conducir es un reto. Es más barato tomar un taxi que alquilar un coche.

➡ Debido a la fuerte burocracia, las respuestas a cuestiones sencillas no son siempre obvias. Hay que preguntar amablemente al menos a cinco personas antes de tomar una decisión importante.

➡ Cuba es compleja y los medios internacionales no siempre reflejan la realidad. Hay que viajar con la mente abierta y estar preparado para quedarse sorprendido, confundido y frustrado.

Qué ponerse

Cuba es un país cálido y húmedo donde se viste de modo informal. Son habituales el pantalón corto, las camisetas y las sandalias; los hombres suelen llevar guayabera (inventadas en Cuba), y las mujeres, prendas ajustadas de licra. En Cuba solo hay dos playas nudistas, frecuentadas casi exclusivamente por extranjeros. Los cines y los teatros normalmente no permiten la entrada en pantalón corto a los hombres.

Dónde dormir

Para evitar las elevadas tarifas oficiales, es mejor reservar con antelación en las casas particulares más populares y en los *resorts* con todo incluido.

➡ **Casas particulares** Casas cubanas que alquilan habitaciones a extranjeros; auténtica y económica inmersión cultural.

➡ **Campismos** Alojamiento rústico barato en zonas rurales, generalmente en bungalós o cabañas.

➡ **Hoteles** Todos los hoteles cubanos pertenecen al Gobierno. Los precios y la calidad varían.

➡ **'Resorts'** Grandes hoteles de categoría internacional con "todo incluido".

Dinero

Cuba cuenta con dos monedas, aunque el Gobierno está procediendo a unificarlas. En el momento de redactar esta guía, aún circulaban los pesos convertibles (CUC) y los pesos cubanos (CUP); un convertible equivale a 25 pesos. Los extranjeros usan casi exclusivamente convertibles.

Cuba es una economía monetaria; las tarjetas de crédito son raramente aceptadas fuera de los hoteles internacionales.

Hay más cajeros automáticos y suelen aceptar tarjetas de crédito y débito, aunque no son tan fiables como en Europa o Norteamérica. En caso de duda, es mejor informarse antes en el interior del banco (suele haber colas).

Para más información, véase p. 514.

Propinas

En Cuba, las propinas son importantes. Como la mayoría de los trabajadores gana su sueldo en pesos cubanos (CUP), dejar una pequeña propina en CUC (1 CUC = 25 CUP) supone una gran diferencia.

➡ **'Resorts'/hoteles** Se puede dar propina a los botones, al servicio de habitaciones y al personal del bar y restaurante.

➡ **Músicos** Conviene llevar billetes pequeños para dar a los músicos en los restaurantes cuando pasan el platillo.

➡ **Restaurantes** Por lo general, el 10%; el 15% si el servicio es excelente y/o el viajero se siente generoso.

➡ **Taxis** 10% si se va con taxímetro; si no, conviene acordar el precio de antemano.

HOLGER LEUE / GETTY IMAGES ©

Músicos actuando en la calle.

Protocolo

➡ **Saludos** Los desconocidos se estrechan las manos; si ya se conocen, se dan uno o dos besos en la mejilla entre hombres y mujeres, y entre mujeres.

➡ **Conversación** A los cubanos no les gusta hablar de política, sobre todo con extraños y si ello supone ser abiertamente crítico con el Gobierno.

➡ **Bailar** Los cubanos no son nada vergonzosos a la hora de bailar. Lo mejor es desprenderse de la timidez y soltarse.

Dónde comer

➡ **Restaurantes privados y casas particulares** Son los que dan lo mejor en comida y servicio.

➡ **Hoteles y 'resorts'** Los establecimientos con todo incluido tienen cocina internacional, pero tras una semana resulta anodino.

➡ **Restaurantes públicos** Comida y servicio variables, desde sitios excelentes en La Habana hasta otros con platos poco imaginativos en provincias. Los precios suelen ser más bajos que en los particulares.

Idioma

En Cuba se habla español. Los cubanos que trabajan en el sector turístico suelen dominar el inglés y otras lenguas europeas. Muchos propietarios de casas particulares hablan algo o nada de inglés, y casi todos los museos tienen las explicaciones en español.

ROXANA GONZALEZ / GETTY IMAGES ©

1. Puros cubanos (p. 476)

Como el café y el ron, forman parte de la cultura nacional.

2. La Habana Vieja (p. 490)

Está salpicada de joyas arquitectónicas y es el mejor sitio para ver museos y teatro de calle.

3. Héroes nacionales

El arte callejero de La Habana inmortaliza al Che Guevara y a Camilo Cienfuegos, símbolos cubanos.

4. Plantaciones de tabaco (p. 174)

Cuba quizá sea el mejor lugar del mundo para cultivar tabaco.

THE VISUAL EXPLORER / SHUTTERSTOCK ©

Lo nuevo

Revolución culinaria

La cultura gastronómica cubana se ha vuelto del revés en los últimos 5 años. Alentada por la relajación de las leyes de enero del 2011 que regulaban los restaurantes particulares, la revolución culinaria avanza, sobre todo en La Habana, donde lo último son los cafés bohemios, las coctelerías elegantes y los restaurantes étnicos especializados en cocina italiana, rusa y hasta iraní (p. 492).

Fábrica de Arte Cubano, La Habana

Dinámico y flamante centro cultural, hábilmente integrado en la estructura de una vieja fábrica de aceite; ofrece arte, música, debate y otros eventos (p. 115).

El club de los 500

Tres de las siete villas fundadas por los españoles –Trinidad (p. 277), Sancti Spíritus (p. 294) y Camagüey (p. 321)– celebraron su quinto centenario en el 2014, beneficiándose de fuertes inversiones en trabajos de pintura, nuevos museos y hoteles.

Vida nocturna gay, La Habana

Por fin la vida gay de La Habana muestra orgullosa su exuberancia con la aparición de los primeros bares y clubes LGBT, como el pionero Humboldt 52 (p. 110).

Parque la Güira, Pinar del Río

Reencarnación de un sueño irreal, abandonado durante años, la Güira ha vuelto a la vida gracias a una renovación sorpresa y será probablemente una de las zonas ajardinadas más bellas de Cuba (p. 188).

Alojamientos de Varadero

Su zona hotelera se ha vuelto muy acogedora; basta con fijarse en la gran selección de nuevas casas particulares y dejar que el reformado Marina Gaviota colme el ansia compradora del viajero (p. 206).

Calle de los Cines, Camagüey

A esta céntrica calle se le ha asignado una temática cinematográfica por parte de la Oficina del Historiador, y ahora se ve engalanada con cines, bares y clubes nocturnos recuperados (p. 330).

Hotel Capri, La Habana

Tras 11 años de abandono, este lugar renació en el 2014 como impecable hotel de cuatro estrellas, participado por la cadena española NH (p. 101).

Remedios

Esta olvidada joya colonial ya no es solo un placer para la vista: a su destacada nómina de casas particulares coloniales se suman dos de los mejores hoteles-*boutique* de Cuba, con cuatro más en camino (p. 268).

'Kiteboarding'

Gracias a los fuertes vientos de la costa norte y las nuevas leyes de privatización, los primeros practicantes de este deporte en Cuba ya cabalgan las olas de Cayo Guillermo y Guardalavaca (p. 50).

Rejuvenecimiento de Matanzas

¿Le están lavando la cara a la Atenas cubana? El pulido de las joyas arquitectónicas del centro impresionará al viajero (p. 217).

Para más recomendaciones y reseñas, véase lonelyplanet.es

En busca de

Arquitectura

La Habana Vieja Como un desván lleno de polvorientas reliquias, La Habana es un tesoro de arquitectura ecléctica (p. 64).

Cienfuegos La ciudad más homogénea en lo arquitectónico, llena de elegantes columnas, es una declaración de amor al neoclasicismo francés (p. 238).

Camagüey Su inusual trazado urbano de laberínticos callejones y chapiteles barrocos oculta una devota alma católica (p. 321).

Trinidad Esta tranquila ciudad es una de las más encantadoras y mejor conservadas del Caribe, y una explosión de barroco colonial (p. 277).

Vida nocturna y baile

Santa Clara Ciudad a la que llega antes todo lo nuevo; desde espectáculos de *drags* a *rock 'n' roll* (p. 265).

Cabarés Los llamativos cabarés *kitsch,* como el **Tropicana** de La Habana, son un rasgo de la opulencia prerrevolucionaria que se negó a desaparecer (p. 132).

Casas de la Trova Las destartaladas y viejas casas de música de Cuba están enteramente decididas a mantener viva la esencia de la música cubana tradicional (p. 498).

Uneac Centros culturales provinciales gratuitos llenos de talento artístico en ciernes (p. 481).

Subculturas

Fanáticos del béisbol Una obsesión nacional; el punto de encuentro de los seguidores es la "esquina caliente" del Parque Central de La Habana (p. 81).

Cultura gay Empieza a florecer con nuevos bares como Humboldt 52, en La Habana (p. 110).

Roqueros Antaño mal vistos por las autoridades, hoy hacen gala de su individualidad en el Submarino Amarillo de La Habana (p. 113).

Abakuá Es una de las pocas religiones de origen africano, y Matanzas, el mejor lugar para buscar los secretos de su fraternidad (p. 223).

Santería Percusión y santuarios religiosos en el callejón de Hamel, de La Habana (p. 113), con tintes afrocubanos.

Palo Monte Rara religión sincrética afrocubana que venera a los espíritus, muy visible en Matanzas y Santiago de Cuba (p. 421).

Pasar desapercibido

Gibara La sede del Festival de Cine Pobre es rica en naturaleza,

paisajes marítimos y en la magia de Holguín (p. 364).

Marea del Portillo *Resort* costero junto a majestuosos montes, intacto desde que el yate *Granma* encallara en 1956 (p. 396).

Matanzas La hermana pobre de Varadero carece de tumbonas y bufés libres, pero tiene alma *asere* (p. 217).

Las Tunas La capital provincial menos visitada de Cuba desafía a su estereotipo de "aburrida" los domingos por la noche, cuando se celebra un rodeo (p. 340).

Holguín Calles sin *jineteros,* un equipo de béisbol apodado "los perros" y un burro, *Pancho,* que bebe cerveza (p. 352).

Observación de fauna y flora

Ciénaga de Zapata Una excursión en barca permite ver un microcosmos de fauna autóctona, incluido el cocodrilo cubano, en grave peligro de extinción (p. 233).

Parque Nacional Alejandro de Humboldt Sus elevados niveles de endemismo hacen del Humboldt, hogar de la rana más pequeña del mundo, una rareza ecológica (p. 453).

Sierra del Chorrillo Animales exóticos no autóctonos, como cebras y ciervos, en un emplazamiento cubano por antonomasia (p. 333).

Río Máximo En la costa norte de Camagüey puede contemplarse la mayor colonia del mundo de anidación de flamencos (p. 337).

Guanahacabibes Cangrejos e iguanas bregan con los todoterrenos camino de las zonas vírgenes del oeste (p. 196).

Submarinismo y buceo

Isla de la Juventud Célebre por sus aguas cristalinas, organiza un concurso de fotografía submarina (p. 161).

Jardines de la Reina Archipiélago protegido y sin infraestructuras, que alberga los arrecifes más vírgenes del Caribe (p. 309).

María la Gorda Las más de 50 zonas de submarinismo de fácil acceso frente a la punta occidental de Cuba atraen hasta este pequeño *resort* a muchos aficionados (p. 197).

Bahía de Cochinos Lugar de triste recuerdo que ha redescubierto su razón de ser gracias a sus excelentes posibilidades para el submarinismo (p. 232).

Playa Santa Lucía Vale la pena soportar este tramo de complejos turísticos para disfrutar del mejor lugar de submarinismo de la costa norte cubana (p. 336).

Relajarse en un 'resort'

Varadero El *resort* más grande de Cuba no es del gusto de todos, pero aún es muy popular (p. 200).

Cayo Coco Refugio en una isla conectada a la principal por una carretera elevada; bajo y más delicado que Varadero (p. 313).

Guardalavaca Tres enclaves separados en la costa norte de Holguín ofrecen tres tipos dis-

Arriba: playa, Guardalavaca (p. 365).
Abajo: Museo de la Revolución (p. 81), La Habana.

tintos de precios, que van desde elegante hasta ganga (p. 365).

Cayerías del Norte Los cayos de la provincia de Villa Clara, todavía en desarrollo, conservan un ambiente relajado (p. 272).

Cayo Largo del Sur La isla turística más remota de Cuba no es muy cubana, pero sus playas son de las mejores del país (p. 169).

Playa Santa Lucía Viejo y algo descuidado, este centro turístico del norte de Camagüey aún tiene las mejores ofertas y excelente submarinismo (p. 336).

Playas de arena blanca

Playa Pilar Rodeada de grandes dunas y sin hoteles, de momento, la favorita de Hemingway aparece en muchas revistas de viajes (p. 317).

Varadero Sus 20 km de playa explican por qué es el mayor *resort* del Caribe (p. 200).

Playa Maguana Olas agitadas por el viento y nubes violáceas contribuyen al etéreo entorno de la mejor playa de Baracoa (p. 452).

Playa Pesquero Tras andar 200 m en aguas transparentes y a deliciosa temperatura, solo cubre hasta la cintura.

Playa Sirena Una gran playa en lo que básicamente es una isla turística privada (p. 170).

Playa Los Pinos Soledad, maderos a la deriva, un buen libro y quizá algún lugareño que ofrece langosta para almorzar (p. 335).

Historia revolucionaria

Santa Clara La ciudad del Che alberga el mausoleo de Guevara, estatuas y un fascinante museo al aire libre (p. 259).

Bayamo La infravalorada capital de la provincia de Granma, donde arrancó la primera revolución de Cuba en 1868 (p. 378).

Sierra Maestra Salpicada de relevancia histórica, incluye la cresta donde Castro instaló su cuartel general durante la guerra revolucionaria (p. 388).

Santiago de Cuba La autoproclamada Ciudad de los Revolucionarios, escenario de la primera insurrección de Castro en el cuartel Moncada (p. 408).

Museo de la Revolución El museo más completo de la isla constituye una inmersión en todos los aspectos de la Revolución (p. 81).

Cultura indígena

Chorro de Maíta Todas las investigaciones precolombinas deberían empezar en el yacimiento arqueológico más importante de Cuba (p. 365).

Museo Indocubano Baní Modesto pero entusiasta museo en Banes, capital arqueológica de la isla (p. 371).

El Guafe Al oeste de la provincia de Granma, este corto sendero lleva a una cueva con una deidad taína del agua tallada en la roca desnuda (p. 394).

Museo Arqueológico La Cueva del Paraíso Innovador museo en una cueva próxima a algunos de los restos precolombinos más antiguos del país (p. 444).

Boca de Guamá Intento algo *kitsch* de recrear una aldea taína y hacerlo pasar por hotel turístico (p. 230).

Cueva de Punta del Este Amplia colección de pinturas rupestres merecidamente apodada la Capilla Sixtina del Caribe (p. 169).

Piratas y fuertes

Fuertes de La Habana Cuatro de los mejores ejemplos de arquitectura militar del s. XVI en el continente americano (p. 75).

Camagüey Cambió de lugar en dos ocasiones para evitar la atención de los piratas y rediseñó el entramado de sus calles en forma de laberinto para prevenir repetidos ataques (p. 321).

La Roca En Santiago, tras 200 años de construcción, es hoy Patrimonio Mundial de la Unesco (p. 410).

Baracoa La primera ciudad fundada en Cuba cuenta con tres fortalezas que sirven de museo, hotel y restaurante (p. 444).

Matanzas Maltratado en otro tiempo por los ingleses, el poco visitado castillo de San Severino alberga hoy un interesante museo esclavista (p. 220).

Música en directo

La Casa de la Música Fusiona música en directo con baile nocturno y atrae a grandes figuras como Los Van Van (p. 113).

Casas de la Trova Son y boleros dan un aire tradicional a estas casas culturales de las ciudades de provincia.

La Tumba Francesa En las provincias de Guantánamo (p. 441) y Santiago de Cuba, misteriosos grupos de baile folclórico interpretan ritos musicales de influencia haitiana (p. 418).

Rumba callejera La Habana y Matanzas (p. 224) descuellan por sus fascinantes rituales de percusión y danza (p. 113).

'Jazz' Los dos mejores lugares de *jazz* se hallan en el barrio habanero del Vedado: el Jazz Café (p. 113) y el Jazz Club la Zorra y el Cuervo (p. 113).

Mes a mes

Enero

La temporada turística está en pleno apogeo y en todo el país se respira alegría. Frentes fríos refrescan a veces las noches.

✥ Día de la Liberación

Además de dar la bienvenida al Año Nuevo con cerdo asado y ron, los cubanos celebran el 1 de enero como el triunfo de la Revolución, el aniversario de la victoria de Fidel Castro en 1959.

✥ Incendio de Bayamo

Los habitantes de Bayamo rememoran el incendio de 1869 con un espectáculo de actuaciones musicales y teatrales que culmina con explosivos fuegos artificiales.

Febrero

La temporada alta sigue y la demanda puede dar lugar a la saturación, especialmente en el sector de los automóviles de alquiler. Un mar más tranquilo y un tiempo menos veleidoso contribuyen a la claridad del agua, por lo que resulta una época ideal para el submarinismo y el buceo.

✥ Feria Internacional del Libro

Celebrada por primera vez en 1930, se sitúa en la fortaleza de San Carlos de la Cabaña, en La Habana, aunque luego recorre otras ciudades. Destacan las presentaciones de libros, las lecturas especiales y el prestigioso premio Casa de las Américas (p. 75).

🏊 Fotografía submarina

La calma meteorológica contribuye a la transparencia de las aguas, especialmente en la costa sur. La Isla de la Juventud, el principal destino de submarinismo del país, celebra el concurso internacional anual Fotosub de fotografía submarina.

✥ Festival del Habano

Exposiciones, seminarios, catas y visitas a las plantaciones de tabaco atraen a La Habana a los aficionados al puro durante esta feria anual con premios, competiciones de torcido y una cena de gala.

Marzo

La primavera ofrece las mejores oportunidades para contemplar la flora y la fauna, particularmente aves migratorias. Al ser el tiempo más seco, también es ideal para el excursionismo, el ciclismo y muchas otras actividades al aire libre.

✥ Carnaval. Isla de la Juventud

Famosa tiempo atrás por sus plantaciones de cítricos, la Isla de la Juventud todavía celebra la cosecha anual de pomelo, aun siendo mínimo el rendimiento del cultivo, como excusa para esta fiesta en Nueva Gerona.

Festival Internacional de Trova

Se celebra desde 1962 en honor a Pepe Sánchez, pionero de la trova. Este festival invade los parques, las calles y las casas de la música de Santiago de Cuba en una demostración del popular género de verso cantado.

Observación de aves

En marzo, las aves migratorias procedentes del norte y del sur de América se unen con las especies autóctonas de Cuba de camino hacia climas más cálidos o más fríos. No hay mejor época para sacar brillo a los prismáticos.

Abril

Durante la Semana Santa, el número de turistas y los precios aumentan. Por lo demás, abril es un mes agradable y las posibilidades de pesca con mosca en la costa sur son buenas.

Semana de la Cultura

Durante la primera semana de abril, Baracoa conmemora la llegada de Antonio Maceo a Duaba, el 1 de abril de 1895, con un ruidoso carnaval por el Malecón, muestras de sus músicas indígenas *nengón* y *kiribá*, y diversas ofertas gastronómicas.

Festival Internacional de Cine Pobre

El homenaje de Gibara al cine de bajo o nulo presupuesto viene celebrándose cada año desde el 2003, cuando fue inaugurado por el desaparecido director de cine cubano Humberto Solás. Destacan los talleres de exhibición de cine y los debates sobre cómo hacer cine con escasos recursos.

Bienal Internacional del Humor

Este singular festival tiene lugar en San Antonio de los Baños, en la provincia de Artemisa. Con sede en el laureado Museo del Humor, artistas con talento tratan de superarse unos a otros dibujando ridículas caricaturas (p. 147).

Mayo

Es quizá el mes más económico de todos y el punto bajo entre las aglomeraciones de extranjeros del invierno y el aluvión de nacionales del verano. Hay que buscar las ofertas especiales de los hoteles y los precios sensiblemente más baratos.

Romerías de Mayo

Este festival religioso tiene lugar en la ciudad de Holguín durante la primera semana de mayo y culmina con una procesión en un pequeño santuario en la cima de la loma de la Cruz, de 275 m (p. 353).

Cubadisco

Reunión anual de productores y compañías discográficas extranjeras y cubanas. Acoge conciertos de música, una feria comercial y una ceremonia del estilo de los Premios Grammy que abarca todos los géneros.

Campaña Cubana contra la Homofobia

Lo que pasa por ser el desfile del orgullo gay en La Habana se celebra el 17 de mayo desde el 2008. *Congas* (grupos musicales) blandiendo tambores, trompetas y banderas arco iris ocupan la calle 23, momento álgido de una campaña LGBT de tres semanas con talleres, grupos de debate y exposiciones artísticas.

Festival Nacional de Changüí

Desde el 2003, Guantánamo rinde homenaje a su música indígena en este festival tradicional celebrado a finales de mayo. Destaca Elio Revé Jr. y su orquesta.

Junio

La temporada caribeña de los huracanes empieza de forma poco oportuna. En junio se celebran interesantes festivales esotéricos, los precios siguen siendo bajos y, con el calor y la humedad en alza, los viajeros europeos y canadienses tienden a quedarse lejos.

Jornada Cucalambeana

El homenaje de Cuba a la música campesina y las

ingeniosas décimas que lo acompañan tiene lugar cerca de Las Tunas, en el Motel Cornito, la antigua casa de Juan Cristóbal Nápoles Fajardo, *el Cucalambé* (p. 342).

Festival Internacional Boleros de Oro

Organizado por la Uneac (Unión de Escritores y Artistas de Cuba), fue creado en 1986 por el compositor y musicólogo José Loyola Fernández como homenaje global a este inconfundible género musical cubano. Casi todos los actos tienen lugar en el Teatro Mella de La Habana (p. 114).

Fiestas Sanjuaneras

En Trinidad se celebra este animado carnaval el último fin de semana de junio, un escaparate para los vaqueros autóctonos que galopan con sus caballos atravesando estrechas calles adoquinadas.

Julio

Esta es la época de las vacaciones de los cubanos. Las playas, los campismos y los hoteles más baratos están llenos. El calor de julio también inspira dos de los acontecimientos más esperados del país: el carnaval y la polémica anual del 26 de julio de Santiago.

Festival del Caribe, Fiesta del Fuego

La acción se desata en Santiago de Cuba, con exposiciones, canciones, danza, poesía y rituales teñidos

de religión procedentes de todo el Caribe.

Día de la Rebeldía Nacional

El 26 de julio, los cubanos recuerdan el ataque fallido de Fidel Castro al cuartel Moncada en 1953. El evento es una fiesta nacional y eran famosos los discursos de Castro de 5 h. Se puede esperar un poco de política y mucha comida, bebida y diversión.

Carnaval de Santiago de Cuba

Posiblemente el carnaval más importante y colorido del Caribe. Se celebra a finales de julio, con una explosión de carrozas, bailarines, ron, rumba y más.

Agosto

Mientras Santiago se retira a pasar la resaca, La Habana prepara su propia celebración anual. Los cubanos todavía llenan las playas y los campismos, mientras los hoteles turísticos viven una nueva oleada de visitantes de la Europa mediterránea.

Festival Internacional Habana Hip-Hop

Organizado cada año por la Asociación Hermanos Sáiz –el brazo juvenil de la Uneac–, brinda una oportunidad a los jóvenes creadores musicales de la isla para improvisar e intercambiar ideas.

Carnaval de La Habana

Desfiles, baile, música, coloridos disfraces y sor-

prendentes efigies; la fiesta veraniega anual de La Habana quizá no sea tan famosa como su homónima de Santiago de Cuba, pero las celebraciones y los desfiles por todo el Malecón son únicos.

Septiembre

Es el apogeo de la temporada de huracanes. La amenaza de uno "gordo" hace que el número de turistas caiga por segunda vez. Los resistentes a las tormentas aprovechan los precios más baratos y las playas casi vacías. Pero ¡cuidado!, algunas instalaciones cierran completamente.

Festival Internacional de Música Benny Moré

El Bárbaro del Ritmo es recordado en este homenaje bianual (los años impares) a su melosa música, desde su pequeña localidad natal de Santa Isabel de las Lajas, provincia de Cienfuegos.

Fiesta de Nuestra Señora de la Caridad

Cada 8 de septiembre, devotos de toda Cuba participan en una peregrinación a la basílica de Nuestra Señora de la Caridad del Cobre, cerca de Santiago, para honrar a la venerada santa patrona de Cuba (y a su alter ego, el *orisha* Ochún, p. 430).

Octubre

La amenaza de tormentas y la lluvia persistente mantienen alejados a la mayoría de los viajeros hasta fin de mes. Aunque la soledad puede ser reconfortante en La Habana, el ambiente en los complejos turísticos de la periferia quizá resulte soporífero.

Festival Internacional de Ballet de La Habana

Acogido por el Ballet Nacional de Cuba, este festival anual agrupa compañías, bailarinas y un público formado por extranjeros y cubanos durante una semana de exposiciones, galas y representaciones de *ballet* clásico y contemporáneo. Se viene celebrando cada año par desde su creación en 1960.

Festival del Bailador Rumbero

A partir del 10 de octubre y durante 10 días, Matanzas redescubre sus raíces rumberas con músicos autóctonos de talento que actúan en el Teatro Sauto (p. 224).

Noviembre

Hay que prepararse para la gran invasión del norte y la subida de precios de los hoteles que la acompaña. Más de una cuarta parte de los turistas proceden de Canadá y llegan a Cuba a principios de noviembre, en cuanto el tiempo en Vancouver y Toronto se vuelve gélido.

Fiesta de los Bandos Rojo y Azul

Considerada una de las manifestaciones más relevantes de la cultura del campe-sino cubano, esta esotérica fiesta en el asentamiento de Majagua, en la provincia de Ciego de Ávila, divide la ciudad en dos equipos (rojo y azul) que compiten entre sí en bulliciosos concursos de danza y música.

Marabana

La concurrida maratón de La Habana atrae de 2000 a 3000 corredores de todo el mundo. Es una carrera a dos vueltas, aunque hay también una media maratón y pruebas de 5 y 10 km.

Ciudad Metal

Decididamente vanguardista cuando se fundó en Santa Clara en 1990, durante este homenaje al *punk* y *metal hardcore,* bandas cubanas ocupan el estadio de béisbol local y sacuden literalmente sus cimientos.

Diciembre

Navidades y Año Nuevo es la época más concurrida y también la más cara para visitar Cuba. Los *resorts* casi doblan sus precios y las habitaciones se ocupan rápidamente. El país se vuelve loco con los fuegos artificiales. Es muy importante reservar con antelación.

Festival Internacional del Nuevo Cine Latinoamericano

Este festival de cine de renombre internacional, que se celebra en varias salas por toda La Habana, ilustra la creciente influencia de Cuba sobre la cinematografía latinoamericana.

Festival Internacional de Jazz

Inaugurado en 1978, tiene lugar en los teatros Karl Marx (p. 133), Mella (p. 114) y Amadeo Roldán (p. 114) de La Habana y convoca a figuras de fama mundial.

Procesión de San Lázaro

El 17 de diciembre de cada año, los cubanos descienden en masa hacia el venerado santuario de San Lázaro, en Santiago de las Vegas, a las afueras de La Habana. Algunos llegan con las rodillas ensangrentadas, otros caminan kilómetros descalzos para exorcizar los espíritus malignos y saldar deudas por milagros concedidos (p. 136).

Las Parrandas

Este espectáculo de fuegos artificiales tiene lugar cada Nochebuena en Remedios, en la provincia de Villa Clara. Los habitantes se reparten en dos equipos que se desafían para ver quién tiene las carrozas más coloridas y los petardos más ruidosos.

Las Charangas de Bejucal

Son la cacofónica alternativa de la provincia de Mayabeque a la fiebre de los fuegos artificiales que se vive al este. La ciudad se divide entre *Espino de Oro* y *Ceiba de Plata*.

Puesta a punto
Itinerarios

ALVARO LEIVA / ROBERT HARDING ©

ESTRECHO DE FLORIDA

LA HABANA

Viñales

Santa Clara

Cienfuegos

Trinidad

Camagüey

Baracoa

Bayamo

Santiago de Cuba

MAR CARIBE

18 días

Clásico

Si se visita Cuba por primera vez, se quiere ver el mayor número posible de lugares de interés por todo el país, y hacer un poco de carretera no importa. Esta ruta va de La Habana a Santiago, pasando por muchos sitios atractivos. Los autobuses de Víazul conectan los siguientes destinos.

El viajero puede enamorarse de la Cuba clásica en **La Habana,** con sus museos, fortalezas, teatros y su ron. Se necesitan al menos tres días para familiarizarse con los barrios principales: La Habana Vieja, Centro Habana y Vedado.

Entonces es momento de poner rumbo al oeste, al goce bucólico de **Viñales,** donde disfrutar de un par de días de senderismo, espeleología y relajación en la mecedora de un soleado porche colonial. Desde aquí hay autobuses diarios a la afrancesada **Cienfuegos,** monumento arquitectónico al neoclasicismo del s. XIX. Tras una noche de elegancia francesa y música cubana, 2 h de carretera llevan hasta la colonial **Trinidad,** con más museos por habitante que ningún otro lugar de la

Valle de Viñales (p. 174).

isla. Las casas particulares de esta ciudad parecen monumentos históricos, por lo que es recomendable quedarse tres días. El segundo, se puede elegir entre la playa (Playa Ancón) o el mundo natural (Topes de Collantes).

Santa Clara es paso obligado para los peregrinos del Che Guevara que visitan su mausoleo, pero también es un lugar de lujosas habitaciones privadas y una animada vida nocturna. Hay que ver el El Mejunje y tomar algo en el antro La Marquesina. Hacia el este, **Camagüey** anima a investigar su laberinto de iglesias y tinajones gigantes.

En la relajada **Bayamo** comenzó la Revolución y, si se tiene la suerte de estar allí en sábado, se disfrutará de un divertido festival callejero: la Fiesta de la Cubanía.

Hay que reservar mucho tiempo para el centro cultural de **Santiago de Cuba**, donde se han tramado continuos planes de rebelión. El cuartel Moncada, el cementerio Ifigenia y el castillo del Morro ocupan dos días completos. Y lo mejor, para el final. Tras un largo, aunque no arduo, viaje por las montañas que llevará hasta **Baracoa**, podrá disfrutarse de dos días relajantes entre cocos, chocolate y caprichos tropicales.

BUENA VISTA IMAGES / GETTY IMAGES ©

Escapar de Varadero

Si se está alojado en Varadero y apetece descansar de playa ¿qué cosas se pueden hacer? Muchas. Los autobuses de Víazul o de Conectando enlazan los siguientes destinos.

El viajero puede tomar un autobús hacia el oeste, parando a almorzar en **Matanzas**, donde la realidad cubana le sacudirá como una bofetada, y explorar el Museo Farmacéutico, echar un vistazo al Teatro Sauto y adquirir un libro hecho a mano en Ediciones Vigía. Para acercarse de forma pausada a La Habana, se puede tomar el tren de Hershey y disfrutar de los frondosos campos de la provincia de Mayabeque por el camino. En **La Habana**, merece la pena alojarse una noche en un buen hotel colonial y pasar el día siguiente paseando por el casco antiguo de La Habana Vieja. Es esencial visitar la catedral, el Museo de la Revolución y dar un paseo por el Malecón.

Al día siguiente, se puede llegar hasta **Las Terrazas**, un *eco-resort* que parece estar a años luz de la capital (en realidad, solo a 55 km). El viajero puede bañarse y, a la vez, observar aves en los Baños del San Juan, y pasar una reparadora noche en el hotel Moka. Dos días extra permiten acercarse más al oeste hasta **Viñales**, localidad asombrosamente pintoresca, Patrimonio Mundial de la Unesco, y alojarse en una casa particular, probar el mejor cerdo asado de Cuba (o del mundo), hacer una ruta a pie, para dejarse caer después en la mecedora de un rústico porche colonial.

Después, se puede seguir la temática natural en **Boca de Guamá**, un poblado taíno reconstruido y granja de cocodrilos, con viajes en barco por el tranquilo lago. Conviene conseguir alojamiento para una o dos noches en **Playa Larga**, donde es posible practicar submarinismo o adentrarse en el entorno natural de la **Ciénaga de Zapata**. Un par de horas al este está **Cienfuegos**, última y elegante escala, con bellos hoteles-*boutique* y cruceros por la bahía al atardecer.

En el viaje de regreso a Varadero se puede descubrir una Cuba más hermética en **Colón**, provincia de Matanzas, y otra más decrépita, atrapada en el tiempo, en el semiderruido **San Miguel de los Baños**, un antiguo balneario. Para concluir, interesa visitar los tres excelentes museos de **Cárdenas**.

ANNE-MARIE PALMER / ALAMY ©

Arriba: plaza de la Catedral, La Habana (p. 64). Abajo: cueva de los Peces (p. 232), cerca de Playa Larga.

12 DIAS Por el Oriente

PUESTA A PUNTO ITINERARIOS

El Oriente es como otro país, donde hacen las cosas de forma distinta... o eso dicen en La Habana. Este circuito permite esquivar la capital y centrarse en esta región, culturalmente rica e independiente. Aquí resulta muy útil alquilar un vehículo.

Tomando como base **Santiago de Cuba,** ciudad de revolucionarios, cultura y compañías folclóricas (danza popular afrocubana), el viajero tiene un sinfín de actividades relacionadas con la historia (castillo del Morro), la música (la Casa de la Trova original) y la religión (basílica de Nuestra Señora del Cobre). El segundo día se puede visitar el Parque Baconao y las ruinas de las granjas cafeteras que circundan **La Gran Piedra.**

Autobuses regulares viajan al este adentrándose en las montañas de la provincia de Guantánamo. Una noche en **Guantánamo** dará a conocer la música *changüí* antes de remontar la espectacular carretera de La Farola hasta **Baracoa,** donde tres días dan para abarcar lo más interesante: Playa Maguana, una excursión al Parque Nacional Alejandro de Humboldt y un día empapándose de psicodélicos ritmos urbanos.

El camino hacia el norte por Moa es un trayecto exigente, y se precisa un taxi o vehículo de alquiler para llegar a **Cayo Saetía,** fantástico enclave con un hotel, donde playas solitarias embellecen un antiguo coto de caza.

Pinares de Mayarí se encuentra en la sierra del Cristal; las excursiones, el encanto rural y el hotel con el mismo nombre que la región son sus grandes atractivos. Si se dispone de medio día más, se puede ir al **sitio histórico de Birán** para ver la próspera comunidad agrícola que generó Fidel Castro.

En la relajada **Bayamo** podrá disfrutarse de sus museos municipales antes de encararse con **Manzanillo,** donde las noches de los sábados en la plaza pueden ser guerreras. Otros modos de transporte más aventurados pueden llevar al viajero hasta Niquero y cerca del prácticamente desierto **Parque Nacional Desembarco del Granma,** famoso por sus elevadas terrazas sobre el mar y sus restos aborígenes. Es buena idea alojarse en uno de los discretos *resorts* de **Marea del Portillo** antes de afrontar la espectacular carretera costera de vuelta a Santiago.

Arriba: parque Céspedes (p. 401), Santiago de Cuba.

Abajo izda: bohío (cabaña tradicional cubana) en el Parque Nacional Alejandro de Humboldt (p. 453).

ESTRECHO
DE FLORIDA

Sitio Histórico
de Birán

Pinares de
Mayarí

Cayo
Saetía

Manzanillo

Bayamo

Baracoa

Guantánamo

Gran
Piedra

Santiago
de Cuba

Parque Nacional
Desembarco del
Granma

Marea del
Portillo

MAR
CARIBE

Cuba: rutas alternativas

GOLFO DE
MÉXICO

FLORIDA
(EE UU)

CENTRO DE MATANZAS

Las ciudades de la provincia de
Matanzas, en especial Colón y
Jovellanos, son conocidas por su
marcada tradición santera y su
afición por la rumba. Es mejor
olvidar la guía y descubrirlas por uno
mismo (p. 217).

SIERRA DE JATIBONICO

Al norte de la provincia de Sancti
Spíritus, a estas colinas poco
exploradas se llega desde la ciudad de
Mayajigua. Hay senderos y
excursiones guiadas por Ecotur entre
ríos, bosques semicaducifolios y una
insólita topografía cárstica (p. 301).

Estrecho
de Florida

LA HABANA ★
Matanzas
Sagua la
Grande
Artemisa○ Güines○
Colón
Santa Clara○
○Pinar del Río
Golfo de
Batabanó
○Cienfuegos
Bahía de
Cortés
Bahía de Cochinos
Bahía de
Corrientes
Isla de la
Juventud
Trinidad○

MAR CARIBE

CAYOS DE SAN FELIPE

Pequeño archipiélago deshabitado y
parque nacional que acoge aves,
tortugas, una rara especie de rata
arbórea y 22 zonas de submarinismo
(p. 172).

ISLAS
CAIMÁN
(RU)

★ GEORGE TOWN

ISLA DEL SUR

Pinturas rupestres, monos salvajes,
playas desiertas y vastos pantanos
conforman la mitad sur de la Isla de la
Juventud, zona militar y parque
nacional a la vez (p. 161).

PLAYAS DE GIBARA

Lejos del influjo turístico, en la colorida Gibara, todo se vuelve más salvaje al viajar en barco o por pistas bacheadas hasta playas desiertas como Los Bajos o Caletones, donde también hay redes de cuevas por explorar (p. 365).

SIERRA DEL CHORRILLO

Esta sorprendente y serena franja del altiplano de la provincia de Camagüey permite al viajero alojarse en una suntuosa hacienda antigua, pasear a lomos de uno de los mejores corceles de Cuba y avistar aves raras y árboles petrificados (p. 333).

ISLAS BAHAMAS

OCÉANO
ATLÁNTICO

Caibarién

Morón

Sancti
Spíritus   Ciego de Ávila

Nuevitas

Camagüey

Bahía de
Gibara

Golfo de
Ana María

Gibara

Las Tunas   Holguín

Santa Cruz del Sur

Moa

Golfo de
Guacanayabo

Baracoa

Manzanillo   Bayamo

Guantánamo

Santiago
de Cuba

SANTA CRUZ DEL SUR

Conocido principalmente porque un huracán lo barrió del mapa en 1932, este puerto pesquero al final de una carretera posee fascinantes monumentos y una preciosa casa; desde aquí se puede salir hacia los serenos cayos de Jardines de la Reina (p. 309).

JAMAICA

CARRETERA DE BARACOA A HOLGUÍN

¿Cuál sería el resultado de combinar la zona más virgen y protegida por su biodiversidad (el Parque Nacional Alejandro de Humboldt) con el rincón industrial más feo de Cuba (Moa)? La respuesta está en esta carretera secundaria apenas transitada y llena de baches (p. 453).

MAR
CARIBE

Excursión en barca por el río subterráneo en la cueva del Indio (p. 184)

Puesta a punto
Actividades al aire libre

Si alguien duda del potencial de Cuba en cuanto a actividades al aire libre, que preste atención: seis reservas de la biosfera de la Unesco, agua a raudales, miles de cuevas, tres cordilleras, numerosas especies de aves, el segundo mayor arrecife de coral del mundo, bosques tropicales casi vírgenes y extensiones de campo sin construcciones.

Consejos útiles

Accesos

La entrada a numerosos parques y zonas protegidas es limitada y es posible con un guía contratado con antelación o una excursión organizada. En caso de duda, conviene consultar con Ecotur.

Guías privados

Desde la relajación de las restricciones económicas en el 2011, es legal que los particulares puedan establecerse como guías turísticos, aunque no hay agencias de viajes totalmente independientes del Gobierno. Casi todos los guías privados operan desde casas particulares u hoteles y muchos son muy buenos. Si se duda, se puede solicitar ver su licencia oficial.

Circuitos preparados

Estas agencias ofrecen circuitos al aire libre:

Wowcuba (www.wowcuba.com) Actividades de todo tipo, desde buceo y pesca a senderismo o ciclismo.

Scuba Diving Fan Club (www.scubadiving fanclub.com) Salidas de submarinismo y mucha información.

Cuba Travel Network (www.cubatravelnetwork.com) Recorridos de aventura, privados, en grupo y a medida.

Opciones al aire libre

Quienes busquen aventura y hayan calentado con el ron, los puros y bailando salsa, no se aburrirán en Cuba. Hay que lanzarse a la carretera en bicicleta, pescar (y beber) como Hemingway, hacer excursiones por los senderos de la guerrilla, saltar desde una avioneta o redescubrir algún pecio español en la costa sur.

Debido al escaso desarrollo moderno, Cuba es muy verde y carece de las carreteras contaminadas y el feo desarrollo urbano que infectan otros países.

Aunque sus opciones de ocio no estén a la altura de Norteamérica o Europa, la oferta turística está bien consolidada y va mejorando. Los servicios y las infraestructuras varían en función de la actividad que se busque. Los centros de buceo y sus instructores suelen ser excelentes. Los naturalistas y los ornitólogos de los parques nacionales y las reservas de fauna y flora son meticulosos y están igualmente cualificados. El excursionismo ha estado siempre limitado y muy reglado, pero en los últimos años han crecido las oportunidades con agencias como Ecotur, que ofrece una amplia variedad de excursiones e incluso senderismo de varios días. El ciclismo es libre. El piragüismo y la escalada son deportes nuevos que gozan de mucho apoyo local pero, de momento, poco respaldo oficial. En Cuba, es posible alquilar el material necesario para la mayor parte de las actividades, exceptuando el ciclismo. Si el viajero va con el suyo propio, cualquier cosa que esté dispuesto a regalar al final de su viaje (frontales, aletas, gafas de buceo, etc.) será gratamente recibida.

Barco y kayak

En muchos lagos de la isla alquilan barcas. Son buenas opciones las lagunas de la Leche y la Redonda, ambas en la provincia de Ciego de Ávila; el embalse Zaza, en la provincia de Sancti Spíritus, y la Liberación de Florencia en Ciego de Ávila. El viajero puede alquilar también un bote de remos y remontar el río Canímar cerca de Matanzas entre orillas invadidas por la selva de este Amazonas en miniatura.

El kayak como deporte está considerado más bien como una actividad playera en los tranquilos *resorts*. La mayor parte de las playas turísticas tienen un punto de deportes náuticos donde alquilan sencillos kayaks.

Espeleología

Cuba está plagada de cuevas –más de 20000– y tanto los turistas como los espeleólogos profesionales pueden explorarlas. La Gran Caverna de Santo Tomás, cerca de Viñales, es la mayor del país, con más de 46 km de galerías; la cueva de los Peces, cerca de Playa Girón, es un cenote inunda-

IMAGEBROKER /ALAMY ©

Submarinistas en María la Gorda (p. 197).

do donde se puede disfrutar de un colorido buceo con tubo; y la cueva de Ambrosio y las de Bellamar, ambas en Matanzas, cuentan con circuitos diarios.

Los especialistas disponen de ilimitadas grutas donde escoger. Contratándolo con antelación, se pueden explorar las profundidades de la Gran Caverna de Santo Tomás o visitar la cueva Martín Infierno, que tiene la estalagmita más grande del mundo. Conviene preguntar también por Santa Catalina, cerca de Varadero, que posee formaciones fungiformes únicas. La espeleología submarina es posible, asimismo, pero solo para expertos. Los interesados pueden contactar con Ángel Graña, secretario de la **Sociedad Espeleológica de Cuba** (☏7-209-2885; angel@fanj.cult.cu) en La Habana.

Ciclismo

La mejor manera de conocer la isla de cerca es en bicicleta. Carreteras aceptables y tranquilas, paisajes maravillosos y la posibilidad de salirse del camino marcado y encontrarse con los cubanos, hacen del ciclismo un placer. Los menos aficionados a los pedales tienen alguna posibilidad de alquilar una bicicleta por día en hoteles, *resorts* y cafés (3-7 CUC), pero no hay que contar con ello. En cambio, los *resorts* más grandes de Varadero y Guardalavaca normalmente incluyen el uso de bicicletas en sus paquetes de "todo incluido", aunque no es probable que las máquinas tengan marchas. Si el viajero se aloja en una casa particular, por lo general, el anfitrión se las ingeniará para facilitarle alguna alternativa.

El principal problema de las bicicletas cubanas es que suelen ser deficientes, lo que, unido a carreteras en mal estado, produce la sensación de ir sentado en cualquier cosa. Los ciclistas expertos deben llevar sus bicicletas embaladas en el avión, además de gran cantidad de recambios. Como los viajes organizados en bicicleta son muy comunes, los funcionarios de aduanas, los taxistas y el personal de los hoteles están muy acostumbrados a ellas.

Los mejores lugares para el ciclismo son el valle de Viñales; la campiña cercana a Trinidad, con la fuerte bajada lisa hacia Playa Ancón; las tranquilas callejas que serpentean por Guardalavaca; y las carreteras desde Baracoa a Playa Maguana (noroeste) y Boca de Yumurí (sureste). Para un reto mayor, se pueden acometer La Farola entre Cajobabo y Baracoa (21 km de ascenso), la accidentada pero espectacular carretera entre Santiago y Marea del Portillo –mejor repartido en tres días, haciendo noche en Brisas Sierra Mar los Galeones y Campismo la Mula– o, para verdaderos guerreros sobre ruedas, la tremendamente empinada carretera de montaña desde Bartolomé Masó hasta Santo Domingo, en la provincia de Granma. CubaRuta Bikes (p. 94) ofrece buenos circuitos privados en La Habana y alrededores.

Con la gran cantidad de casas particulares que ofrecen alojamiento barato, viajar en bicicleta es un placer siempre que el viajero se mantenga al margen de la autopista y evite La Habana.

El ciclismo de montaña no ha despegado aún en Cuba y, por lo general, no está permitido.

Submarinismo

Es la actividad estrella de Cuba. Incluso a Fidel (en su juventud) le gustaba enfundarse un traje de neopreno y escaparse bajo las tornasoladas aguas del Atlántico y el Caribe (al parecer, su lugar de buceo predilecto era el escasamente visitado archipiélago de Jardines de la Reina). Era tan famosa la adicción al buceo del líder cubano que, según se dice, la CIA consideró asesinarle escondiendo un explosivo en una caracola.

Hay numerosos puntos de inmersión excelentes. Es preferible centrarse en las zonas donde se quiera bucear que intentar abarcarlas todas. Las mejores –Jardines de la Reina, María la Gorda y la Isla de la Juventud– están bastante aisladas y requieren tiempo de viaje (y planificación). Probablemente la costa sur, más protegida, garantiza el equilibrio entre claridad y seguridad de las aguas, aunque la costa norte, que cuenta con uno de los arrecifes más grandes del mundo, no se queda atrás.

Lo que hace especial el buceo en Cuba son sus aguas no contaminadas, su claridad (el promedio de visibilidad bajo el agua es 30-40 m), su temperatura (media de 24°C), la abundancia de coral y peces, el acceso sencillo (incluidos un par de exce-lentes arrecifes a los que puede llegaarse a nado) y los fascinantes pecios (Cuba era un nexo para galeones pesados en los ss. XVII y XVIII, y un mar movido más las escaramuzas piratas hundieron muchos de ellos).

Centros de submarinismo

Cuba tiene en total 25 centros reconocidos distribuidos en 17 zonas. Muchos están gestionados por **Marlin Náutica y Marinas** (p. 50), aunque también los hay representados por **Gaviota** (☏7-204-5708; gaviota@ gaviota.cu; av. 47 n.º 2833, entre calles 28 y 34, La Habana), **Cubanacán Náutica** (☏7-833-4090; www.cubanacan.cu) y **Cubamar** (☏7-833-2523; www.cubamarviajes.cu). A pesar de que el equipamiento varía entre las diversas instalaciones, cabe esperar un servicio seguro y profesional con apoyo médico. Pero es en el submarinismo compatible con el medioambiente donde la situación es más floja. Además de disponer de certificados de la Escuela Internacional de Buceo (SSI), Certificación Americana Canadiense de Buceo (ACUC) y la Confederación Mundial de Actividades Subacuáticas (CMAS), la mayor parte de los instructores de buceo hablan diversos idiomas. A raíz de las leyes del embargo de EE UU, por lo general no se ofrece el certificado PADI).

BUCEO CON TUBO

No hay que sumergirse demasiado para disfrutar del acuario tropical de Cuba: los buceadores se sentirán submarinistas desde Playa Larga hasta Caleta Buena, en torno a Cienfuegos y a lo largo del arrecife de Guardalavaca. En Varadero, las excursiones diarias en barca a Cayo Blanco prometen abundantes peces tropicales y buena visibilidad. Si al viajero no le gusta salir en grupo, puede ir a su aire en Playa Coral, a 20 km.

Existen interesantes salidas en bote, sobre todo alrededor de la Isla de la Juventud y Cayo Largo, pero también en Varadero y en las zonas de Cienfuegos y Guajimico. Si se tiene intención de bucear mucho, es conveniente llevar equipo propio, ya que el de alquiler puede estar muy usado y comprarlo allí significará sacrificar precio y calidad.

Buceo en Cuba

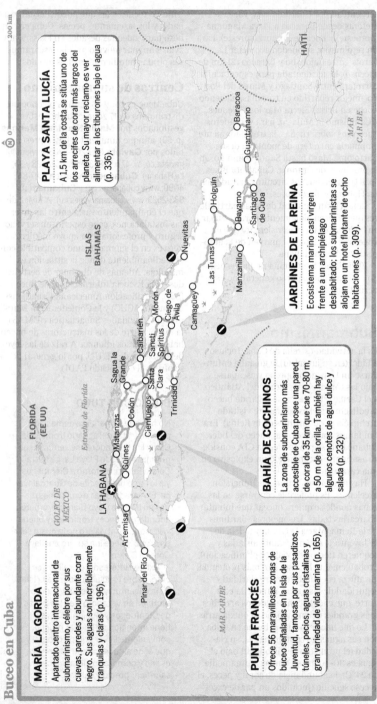

MARÍA LA GORDA
Apartado centro internacional de submarinismo, célebre por sus cuevas, paredes y abundante coral negro. Sus aguas son increíblemente tranquilas y claras (p. 196).

PLAYA SANTA LUCÍA
A 1,5 km de la costa se sitúa uno de los arrecifes de coral más largos del planeta. Su mayor reclamo es ver alimentar a los tiburones bajo el agua (p. 336).

JARDINES DE LA REINA
Ecosistema marino casi virgen frente a un archipiélago deshabitado; los submarinistas se alojan en un hotel flotante de ocho habitaciones (p. 309).

BAHÍA DE COCHINOS
La zona de submarinismo más accesible de Cuba posee una pared de coral de 35 km que cae 70-80 m, a 50 m de la orilla. También hay algunos cenotes de agua dulce y salada (p. 232).

PUNTA FRANCÉS
Ofrece 56 maravillosas zonas de buceo señaladas en la Isla de la Juventud, famosas por sus pasadizos, túneles, pecios, aguas cristalinas y gran variedad de vida marina (p. 165).

Los precios de las inmersiones y los cursos son: de 25 a 50 CUC por inmersión, con un descuento a partir de cuatro o cinco. Los cursos con certificación completa cuestan de 310 a 365 CUC, y las inmersiones *resort* o introductorias, de 50 a 60 CUC.

Pesca

Pesca en aguas profundas

Ernest Hemingway no estaba equivocado. Gracias al paso de la rápida corriente del Golfo por la costa norte de Cuba, la pesca deportiva de pez vela, atún, caballa, pez espada, barracuda, marlín azul y tiburón puede practicarse casi todo el año. Pescar en aguas profundas es una manera de relajarse, hacer amigos, beber cerveza, ver las puestas de sol y dejar los problemas atrás. Como cabe esperar, el país dispone de buenas instalaciones, y cada capitán de barco cubano parece sacado directamente de las páginas de un clásico de Hemingway. El mejor centro de pesca de Cuba es Cayo Guillermo, la pequeña isla (entonces sin habitar) que aparece en el libro *Islas en el golfo*. Aunque Papa ya no esté aquí, aún hay abundancia de peces.

Otra buena apuesta es La Habana, que tiene dos puertos, uno en Tarará y otro, el mejor, en Marina Hemingway, hacia el oeste. En el resto de la isla, todas las zonas principales de *resorts* ofrecen excursiones de pesca en aguas profundas a precios similares: unos 280 CUC por medio día y 450 CUC día completo para cuatro personas, incluida la tripulación y barra libre de bar.

Pesca con mosca

Se practica principalmente en bancos de arena poco profundos de fácil acceso desde la orilla. Las clásicas zonas para lanzar el hilo son Las Salinas, en la Ciénaga de Zapata, las aguas protegidas alrededor de Cayo Largo del Sur, algunas partes de la Isla de la Juventud y, sobre todo, el deshabitado paraíso del archipiélago de Jardines de la Reina, un parque nacional fuertemente protegido.

En Cuba, un *grand slam* para pescadores con mosca es meter en una bolsa un sábalo real, un macabí y una palometa en el mismo día; y si se incluye también un róbalo será un *superslam*. La mejor

Pescando en aguas cristalinas.

ROSS WOODHALL / GETTY IMAGES ©

temporada de pesca en esta parte del país es de febrero a junio. Al ser islas, arrecifes y bancos de arena aislados, los viajes de pesca suelen estar organizados en barcos que ofrecen alojamiento a bordo. Están coordinados a través de la empresa Avalon (p. 309).

La costa norte esconde un par de buenos paraísos para la pesca con mosca. Más destacados son los aún inhabitados Cayo Romano y Cayo Cruz, al norte de la provincia de Camagüey. Ecotur se encarga de estos viajes (p. 50).

Pesca de agua dulce

Es menos conocida que la pesca con mosca, pero igual de gratificante. Muchos americanos y canadienses la practican en los lagos interiores de la isla. En Matanzas, la extensa Ciénaga de Zapata ofrece soberbia pesca con mosca en agua dulce, y los más entusiastas pueden organizar salidas de varios días para practicar la modalidad de pesca con devolución, en la que se libera a los peces tras su captura. La trucha fue introducida en Cuba a principios del s. xx por los americanos en el King's Ranch y la United Fruit Company. Gracias a una fa-

FLAVIO VALLENARI / GETTY IMAGES ©

Arriba: escalada en roca en el valle de Viñales (p. 175).

Abajo: excursionismo en Topes de Collantes (p. 292).

vorable protección medioambiental, estos peces abundan hoy en muchos lagos. Buenos lugares para lanzar la caña son la laguna del Tesoro, en Matanzas; las lagunas de la Leche y la Redonda, en la provincia de Ciego de Ávila; el embalse Zaza, en Sancti Spíritus; y el embalse Hanabanilla, en Villa Clara, donde han llegado a pescar piezas de 7,6 kg.

Excursionismo y senderismo

Aviso a excursionistas europeos y fanáticos norteamericanos de los espacios vírgenes: aunque el potencial senderista es inmenso, el derecho del viajero a moverse libremente se ve limitado por caminos con pésimo mantenimiento, señalización deficiente, falta de mapas y severas restricciones sobre dónde se puede ir sin guía y dónde no. Los cubanos no son tan entusiastas del excursionismo por placer como los canadienses o los alemanes. En muchos parques piensan que los senderistas quieren ser llevados de la mano por caminos de no más de 5 o 6 km. El viajero escuchará a menudo que hacer excursionismo en solitario es imprudente y peligroso, a pesar de que en Cuba no hay grandes animales ni serpientes venenosas. La mejor época del año para practicarlo es fuera de la estación húmeda y antes de que apriete el calor (de diciembre a abril).

La escasez de excursiones no es siempre el resultado de prolijas restricciones. Gran parte del terreno que se puede recorrer está en zonas ecológicas sensibles, lo que significa que está cuidadosamente gestionado y controlado.

Las excursiones de varios días han mejorado en los dos últimos años y, aunque todavía es difícil conseguir información, se pueden juntar algunas opciones en la sierra Maestra y la sierra del Escambray. Sin duda, la más famosa es la excursión de tres días a la cima del pico Turquino, seguida de la ruta de San Claudio, en la Reserva Sierra del Rosario, con estancia de una noche.

Otras excursiones de un día más difíciles son la de El Yunque, una montaña cercana a Baracoa; el circuito del Balcón de Iberia, en el Parque Nacional Alejandro de Humboldt; y algunas de las que discurren alrededor de Las Terrazas y Viñales.

Topes de Collantes tiene probablemente la mayor concentración de rutas de senderismo en su zona protegida (un parque natural). Algunos grupos extranjeros organizan excursiones de cuatro a cinco días allí, que salen cerca del lago Hanabanilla y terminan en el parque El Cubano. Conviene consultar con antelación en la oficina de información de Carpeta Central, en Topes de Collantes, si se quiere organizar algo en grupo.

Otras excursiones más sencillas son a la cueva Las Perlas y Del Bosque al Mar, en la península de Guanahacabibes; la ruta guiada en el Parque Natural el Bagá; la ruta El Guafe en el Parque Nacional Desembarco del Granma; y el circuito corto en la Reserva Ecológica Varahicacos, en Varadero. Algunas de estas son guiadas y todas requieren el pago de una entrada.

Si se quiere hacer excursionismo de forma independiente, se necesita paciencia, resolución y un excelente sentido de la orientación. También es útil preguntar a los lugareños. Se puede probar primero con el Salto del Caburní o el sendero la Batata, en Topes de Collantes, o las diferentes rutas por Viñales. Hay una preciosa y poco transitada excursión por un buen camino, cerca de Marea del Portillo, y algunas opciones divinas en los alrededores de Baracoa.

Equitación

Cuba siempre ha contado con una cultura vaquera y se puede montar a caballo por todo el país. Si se contrata de forma privada, conviene comprobar antes el estado de los caballos y el material. Montar caballos mantenidos en condiciones deficientes es cruel y potencialmente peligroso.

La empresa pública Palmares es propietaria de numerosos ranchos por toda Cuba que, se supone, dan al viajero una idea de lo que es la vida tradicional cubana en el campo. Todos estos lugares ofrecen paseos guiados a caballo, normalmente por 5 CUC/h aproximadamente. Hay buenos ranchos en Florencia, en la provincia de Ciego de Ávila, y en la hacienda La Belén, en la provincia de Camagüey.

PUESTA A PUNTO ACTIVIDADES AL AIRE LIBRE

AGENCIAS DE INTERÉS

Ecotur (www.ecoturcuba.co.cu) Organiza excursiones, senderismo, pesca y observación de aves en algunos de los rincones del país inaccesibles de otra manera. Tiene oficinas en todas las provincias y su sede central en La Habana.

Cubamar Viajes (www.cubamarviajes.cu) Gestiona los más de 80 campismos (alojamientos rurales) de Cuba. Tiene oficinas de reservas en cada capital de provincia y una útil oficina central en La Habana.

Marlin Náutica y Marinas (www.nauticamarlin.com) Empresa estatal que supervisa muchos puertos deportivos cubanos. Además, ofrece pesca, submarinismo, salidas en barca y otras excursiones acuáticas.

Escalada en roca

El valle de Viñales ha sido descrito como el mejor lugar de escalada en roca del hemisferio occidental. Actualmente hay más de 150 rutas abiertas (en todos los niveles de dificultad, muchas de ellas calificadas como Clase 5,14 YDS) y la cuestión ha llegado a la comunidad escaladora internacional, que está creando su propio escenario en uno de los lugares más bonitos de Cuba. El viajero independiente apreciará la libertad de la que gozan estos deportistas en el país.

A pesar de que se puede escalar durante todo el año, el calor llega a ser insoportable y los cubanos se limitan a la temporada de octubre a abril, siendo diciembre y enero los meses óptimos. Para más información, puede visitarse **Cuba Climbing** (www.cubaclimbing.com) o dirigirse directamente a Viñales.

Hay que tener en cuenta que, pese a su práctica generalizada y normalmente sin consecuencias, la escalada en el valle de Viñales no está aún técnicamente legalizada, aunque se rumorea que el Gobierno valora autorizarla oficialmente. Es mejor comprobar las actualizaciones sobre el terreno. Sería muy raro que el viajero fuera arrestado o incluso advertido, pero hay que prestar atención extrema y bajo ninguna circunstancia hacer algo que pueda dañar el delicado ecosistema del Parque Nacional Viñales.

'Windboard' y 'kiteboard'

Con los fuertes vientos del este-noreste que barren su abrupto litoral septentrional, era cuestión de tiempo que los cubanos (y los turistas) se dieran cuenta del gran potencial del país para estos deportes. Su práctica es aún relativamente reciente, sobre todo para aficionados con pocos recursos materiales, aunque cada vez más extranjeros llevan ya sus propias tablas y aparejos a los principales centros de *kitesurf,* como Varadero, Cayo Guillermo y Guardalavaca. En Varadero, incluso han surgido un par de empresas privadas de *kitesurf* que alquilan tablas e imparten cursos, como **Caribbean Riders Kite School** (http://varaderokiteschool.com), entre los hoteles Laguna Azul y Memories Varadero, y **Cuba Kiters** (www.cubakiters.com) entre Solymar y el Hotel Internacional. Los cursos básicos de 4 h cuestan 140-160 CUC y un alquiler de 1 h/1 día 25/47 CUC. Más al este, Cayo Guillermo ofrece alquiler y cursos en tres hoteles *resort,* aunque muchos llevan ya equipo propio. Hay también apasionados surfistas en Guardalavaca, en la provincia de Holguín.

Puesta a punto
Viajar
con niños

A los cubanos les encantan los niños y los niños adoran Cuba.
Bienvenidos a una cultura donde los más pequeños aún juegan libremente en la calle y los camareros inconscientemente les acarician
el pelo al pasar por las mesas camino de la cocina. Los pasatiempos
infantiles tienen aquí algo maravillosamente tradicional, poco que ver
con sofisticados juegos de ordenador y más con divertirse en la plaza
con un improvisado bate de béisbol y una pelota de plástico.

Cuba para niños

Existe cierta dicotomía en cuanto a las instalaciones infantiles en Cuba. Por una parte,
la sociedad cubana es, de forma innata,
amante de la familia y los niños, y tiene tac-
to; por la otra, las dificultades económicas
han supuesto que ciertas comodidades occidentales, como rampas para los cochecitos,
cambiadores y las medidas de seguridad básicas, sean limitadas. El único lugar donde
encontrar estándares de servicio internacionales son los *resorts* modernos, y la mayoría
tiene clubes específicos para niños.

Lo más destacado
Fuertes y castillos

➡ **Fortaleza de San Carlos de la Cabaña** (p. 75)
El colosal fuerte de La Habana tiene museos,
almenas y una ceremonia nocturna de cañones
con soldados vestidos de época.

➡ **Castillo de San Pedro de la Roca del Morro**
(p. 410) Este fuerte declarado Patrimonio Mundial,
en Santiago, es famoso por su museo pirata.

➡ **Castillo de la Real Fuerza** (p. 67) En pleno
centro de La Habana, tiene un foso, puestos de
observación y maquetas de galeones españoles.

Las mejores zonas para niños
La Habana

Las calles de La Habana Vieja no deben de haber
cambiado mucho desde los tiempos de *Piratas del
Caribe*, así como los niños podrán dar rienda suelta
a su imaginación en los fuertes, plazas, museos
y callejuelas. La Habana también posee el mayor
parque de atracciones de Cuba (Isla del Coco) y
su mejor acuario.

Varadero

El mayor *resort* de Cuba cuenta con infinidad de
actividades infantiles, entre otros espectáculos
nocturnos, deportes organizados, juegos de playa
y paseos en barca.

Trinidad

La joya meridional de la costa sur está llena de
económicas casas particulares, oportunidad ideal
para que los niños convivan con familias cubanas.
Si se añade la excelente Playa Ancón, aguas para
bucear de fácil acceso y un montón de gratas actividades rurales (como los paseos a caballo), se
obtiene la alternativa familiar perfecta al *resort*.

Parques infantiles

➡ **Parque Maestranza** (p. 65) Castillos hinchables, atracciones de feria y golosinas frente al Malecón de La Habana.

➡ **Isla del Coco** (p. 126) Inmenso parque de atracciones financiado por China en el barrio de Playa, en La Habana.

➡ **Parque Lenin** (p. 134) Atracciones más rústicas, barcas, un minitren y alquiler de caballos en La Habana.

Animales

➡ **Acuario Nacional** (p. 125) Reproducciones de los ecosistemas costeros cubanos, incluida una cueva marina y un manglar en el principal acuario del país, en el barrio de Miramar (La Habana).

➡ **Criaderos de Cocodrilos** (plano p. 426; entrada 1 CUC; ⊙ 8.00-17.00) El mejor de los seis que posee el país se encuentra en Guamá, en la provincia de Matanzas.

➡ **Paseos a caballo** Factible en todo el país, por lo general en fincas rústicas de zonas rurales como Pinar del Río y Trinidad.

Fiestas

➡ **Las Parrandas** Fuegos artificiales, humo y enormes y animadas carrozas: la fiesta de Nochebuena de Remedios es un jolgorio para niños y adultos.

➡ **Carnaval de Santiago de Cuba** Una vistosa celebración de la cultura caribeña con carrozas y baile, que tiene lugar en julio.

➡ **Carnaval de La Habana** Más música, baile y monigotes, esta vez en el Malecón de La Habana, en agosto.

Antes de partir

Es habitual ver a viajeros con niños en Cuba, y la tendencia se ha consolidado en los últimos años con los cubano-estadounidenses que visitan a sus familias con pequeños a remolque; ellos son la mejor fuente de información sobre el terreno. Nótese que el contacto físico y la calidez son rasgos autóctonos: los desconocidos reciben efusivamente a los niños y continuamente los besan o les toman la mano. ¡Es parte del carácter cubano!

Los niños se mueven a sus anchas y, gracias a las sólidas organizaciones comuni-tarias, la seguridad no suele ser un problema si se toman las precauciones habituales. Hay que tener cuidado con el implacable tráfico motorizado, vigilar las obras viarias sin protección y ser consciente de la falta generalizada de modernos equipos de seguridad.

En principio, los niños no necesitan vacunarse antes de viajar a Cuba, aunque quizá los padres quieran consultar los casos particulares con el pediatra antes de partir. Los medicamentos escasean, así que es mejor llevarse todo lo que uno considere necesario. Es recomendable llevar paracetamol, ibuprofeno, medicamentos antináuseas y caramelos para la tos. El repelente para insectos también resultará útil, así como llevarse pañales y leche en polvo, ya que pueden resultar difíciles de encontrar. Es conveniente llevar una copia del certificado de nacimiento de los niños donde aparecen los nombres de ambos progenitores, especialmente si usan apellidos diferentes.

Las sillas para automóvil no son obligatorias, y los taxis y coches de alquiler no las llevan. El viajero puede llevar una si quiere alquilar un coche. Las tronas en los restaurantes también son casi inexistentes, aunque los camareros intentarán improvisar; lo mismo se puede decir de las cunas. Las aceras no están pensadas para los cochecitos. Si el niño es muy pequeño, lo mejor es una mochila portabebés.

Las casas particulares están casi siempre dispuestas a alojar a familias y son muy acogedoras con los niños. Los *resorts* también aceptan familias.

Para pequeños paladares

Dado que la comida carece de especias exóticas y es buena, sencilla y con pocas complicaciones, los niños suelen adaptarse sin problema. El estilo de vida de la isla, orientado a la familia, ayuda sobremanera. Hay pocos restaurantes que no acepten niños y, por lo general, el personal de muchos cafés y restaurantes los adoran y se esfuerzan por intentar adaptar la comida a paladares poco atrevidos o caprichosos. El arroz y las judías son apuestas seguras, y el pollo y el pescado resultan bastante fiables. Lo que no suele haber –aunque quizá algunos niños no lo echen de menos– es verdura fresca.

De un vistazo

Las provincias cubanas se distribuyen de un extremo a otro de la isla principal, con la a menudo olvidada Isla de la Juventud, que cuelga de la parte inferior. Todas tienen acceso a la costa y cuentan con preciosas playas, las mejores en la costa norte. Igual de omnipresentes son los vívidos fragmentos de historia, la impresionante arquitectura colonial y los impetuosos vestigios de la Revolución de 1959. La cadena montañosa más alta del país, la sierra Maestra, se alza al este; y otra imponente cordillera, la sierra del Escambray, en el centro-sur. Los principales espacios naturales de Cuba son la Ciénaga de Zapata, las terrazas marinas de Granma, los bosques tropicales de Guantánamo y los cayos del norte, deshabitados hasta ahora. Entre las joyas urbanas se cuentan La Habana, Santiago de Cuba, Camagüey y la colonial Trinidad.

La Habana

Museos
Arquitectura
Vida nocturna

Museos históricos

Los 4 km² del casco antiguo de la capital contienen historia en cada rincón y hay museos dedicados a todo, desde objetos de plata a Simón Bolívar. Se puede empezar con el Museo de la Revolución, continuar la inmersión cultural en el Museo de la Ciudad y reservar al menos medio día para el excelente Museo Nacional de Bellas Artes.

Arquitectura ecléctica

A diferencia de su fauna y flora, la arquitectura de La Habana es difícil de clasificar y, a veces, algo peculiar. Lo mejor es pasear por las calles de La Habana Vieja y Centro Habana y escoger cada cual según sus preferencias.

La vida es un cabaré

Todos los estilos musicales están representados en la capital, desde la rumba callejera al deslumbrante cabaré, y es este el mejor lugar de Cuba para disfrutar de conciertos, músicos espontáneos y una animada vida nocturna.

p. 60

Artemisa y Mayabeque

Playas
Ecoturismo
Antiguos cafetales

Playas secretas

Considerando su ubicación, encajada en la carretera principal entre La Habana y Varadero, sorprende que la provincia de Mayabeque cuente con playas encantadoras y poco conocidas, como Playa Jibacoa. Por desgracia, están previstos campos de golf en la zona.

Pequeñas huellas

El austero *ecopueblo* blanco de Las Terrazas ya practicaba un estilo de vida respetuoso con el medio ambiente mucho antes de las urgencias del Período Especial o de la adopción de prácticas ecológicas en el mundo exterior. Hoy sigue como siempre: tranquilo, confiado y, sobre todo, sostenible.

Antiguas plantaciones

Las Terrazas tiene docenas de plantaciones medio ocultas por la selva, mientras que Artemisa cuenta con el Antiguo Cafetal Angerona, mayor y más refinado, aunque igual de maltrecho, donde trabajaban 500 esclavos.

p. 145

Isla de la Juventud (municipio especial)

Submarinismo
Fauna y flora
Historia

Bajo el agua

A excepción del archipiélago Jardines de la Reina, de difícil acceso, esta isla ofrece el mejor submarinismo de Cuba y es su principal reclamo. Destacan sus aguas cristalinas, su abundante vida marina y el parque marino protegido de Punta Francés.

Fauna rejuvenecida

Si el viajero se lo perdió en la Ciénaga de Zapata, la Isla de la Juventud es el otro único lugar del mundo donde se ve al cocodrilo cubano en su hábitat natural. Se ha reintroducido con éxito en la ciénaga de Lanier.

El penal de Cuba

Hasta dos de los locuaces portavoces cubanos (José Martí y Fidel Castro) estuvieron encarcelados en la mayor isla solitaria del archipiélago, que servía de gran prisión. Sus lugares de cautiverio están cargados de trascendencia histórica.

p. 159

Valle de Viñales y Pinar del Río

Submarinismo
Comida
Fauna y flora

Submarinismo de ensueño

Aislada en el extremo más occidental de la isla principal, María la Gorda lleva años seduciendo con su espectacular submarinismo, realzado por electrizantes corales, grandes esponjas y gorgonias, así como una experta, aunque relajada, comunidad submarinista.

Cerdo asado

Nada es comparable al genuino cerdo asado cubano, y el mejor lugar para saborearlo es entre los *guajiros* (campesinos) de Viñales, que ofrecen inmensas raciones con guarnición de arroz, alubias y tubérculos.

Parques de Pinar

Con más terreno protegido que otras provincias, Pinar del Río es un paraíso verde. Se puede hacer senderismo en el Parque Nacional Viñales, ver tortugas marinas en el Parque Nacional Península de Guanahacabibes o avistar aves con prismáticos en torno a la cueva de los Portales.

p. 174

Varadero y provincia de Matanzas

Submarinismo
Fauna y flora
Playas

Provincia de Cienfuegos

Arquitectura
Música
Submarinismo

Provincia de Villa Clara

Playas
Historia
Vida nocturna

Aguas accesibles

Puede que la bahía de Cochinos no tenga el mejor submarinismo de Cuba, pero sí el más accesible. Se puede nadar desde la orilla y en pocas brazadas llegar hasta paredes recubiertas de coral.

Vida en el pantano

En contraste con el frenesí de los *resorts* de la costa norte, el sur de Matanzas es uno de los últimos reductos naturales del país y un importante refugio de fauna, como cocodrilos cubanos, manatíes, zunzoncitos y ratas arbóreas.

Arenas de Varadero

Aunque se odien los *resorts*, aún existe un motivo para ir a Varadero: los 20 km de arena dorada que recorren toda la península de Hicacos, quizá la playa más extensa y hermosa de Cuba.

p. 199

Clasicismo francés

Fundada en 1819, y pese a ser una de las ciudades más recientes de Cuba, Cienfuegos conserva un núcleo urbano homogéneo, lleno de fachadas clásicas y esbeltas columnas que portan la esencia de la Francia del s. xix, de donde llegó la inspiración.

Senda de Benny Moré

El músico cubano más adaptable y diverso, dominador de los clubes y salas de baile en las décadas de 1940 y 1950, afirmó una vez que Cienfuegos era la ciudad que más le gustaba. El viajero puede comprobar si está de acuerdo y, de paso, visitar su pueblo natal.

Secretos de Guajimico

Bienvenidos a una de las zonas de submarinismo menos concurridas de Cuba, gestionada desde un cómodo campismo en la cálida y tranquila costa sur, y célebre por sus jardines de coral, esponjas y pecios diseminados.

p. 137

Cayos espectaculares

En los cayos situados frente a la costa de Villa Clara, los flamantes *resorts* ocultan impresionantes playas aún poco frecuentadas, como la pública de Las Salinas, en Cayo las Brujas, y las más selectas de El Mégano y Ensenachos, en Cayo Ensenachos.

Che Guevara

Amado u odiado, su legado sigue perdurando, por lo que una visita a Santa Clara puede arrojar algo de luz sobre qué impulsaba a este gran guerrillero. En esa ciudad se hallan su mausoleo, un museo sobre su vida y el enclave donde tendió una emboscada a un tren blindado en 1958.

Ambiente estudiantil

Santa Clara cuenta con la vida nocturna más moderna y vanguardista de Cuba, donde los innovadores no dejan de explorar las últimas tendencias.

p. 155

Provincia de Sancti Spíritus

Museos
Excursionismo
Música

De la Revolución al Romanticismo

Trinidad tiene más museos por metro cuadrado que cualquier otro lugar fuera de La Habana. Entre sus variadas temáticas figuran historia, mobiliario, guerras contrarrevolucionarias, cerámica, arte contemporáneo y romanticismo.

Senderos y topografía

Topes de Collantes posee la red de senderos más completa de Cuba y algunos de los mejores paisajes del archipiélago, con cascadas, piscinas naturales, valiosa fauna y cafetales en activo. Hay más senderos en las reservas de Alturas de Banao y Jobo Rosado.

Sonidos espontáneos

En Trinidad, y en menor medida en Sancti Spíritus, la música parece emanar de todos los rincones, casi siempre de forma improvisada y espontánea. Trinidad goza de la escena más variada y concentrada fuera de La Habana.

p. 276

Provincia de Ciego de Ávila

Pesca
Playas
Fiestas

Lugares predilectos de Hemingway

Cayo Guillermo cuenta con todos los ingredientes para una excursión de pesca memorable: un cálido entorno tropical, grandes y abundantes peces, y el fantasma de Ernest Hemingway, que va y vuelve con el viajero entre el puerto y el ondulante mar. Lo mejor es llevar una caja de cerveza y seguir la corriente del Golfo.

Paraíso en Pilar

Las playas de los cayos septentrionales (Colorados, Prohibida, Flamingo y Pilar) seducen con sus nombres y su fama, y en ellas hay sitio para todo el mundo.

Fiestas y pirotecnia

Ninguna otra provincia cuenta con una serie de fiestas tan variada y tan extraña. Ciego alberga un torneo anual de críquet, danzas folclóricas, misteriosos ritos de vudú y explosivos fuegos artificiales.

p. 303

Provincia de Camagüey

Submarinismo
Arquitectura
Playas

Alimentar tiburones

Aunque los *resorts* no sean de gran lujo, eso carece de importancia cuando el submarinismo es excepcional. Playa Santa Lucía está situada en uno de los mayores arrecifes de coral del mundo y es conocida por su espectáculo de alimentación de tiburones.

Laberinto urbano

El trazado de Camagüey no se ajusta al típico manual de construcción colonial española y eso forma parte de su atractivo. El viajero puede perderse en la tercera ciudad más grande de Cuba, Patrimonio Mundial de la Unesco desde el 2008.

Playas infinitas

Las del norte de la provincia son espectaculares. Entre ellas se cuentan Playa Santa Lucía, con 20 km de longitud, Playa los Pinos, de estilo Robinson Crusoe, en Cayo Sabinel, y la hermosa Playa los Cocos, en la boca de la bahía de Nuevitas.

p. 319

Provincia de Las Tunas

Playas
Arte
Fiestas

Playas ecológicas

Casi nadie las conoce, pero ahí están. Las *ecoplayas* septentrionales de Las Tunas son hoy territorio exclusivo de los vecinos de la zona, aves marinas y algún que otro avezado forastero. Se aconseja visitarlas antes de que las excavadoras de los *resorts* acaben con su tranquilidad.

Ciudad de esculturas

En las agradables calles de la capital provincial de Las Tunas, el viajero descubrirá una esotérica colección de líderes revolucionarios, jefes taínos de dos cabezas y lápices descomunales esculpidos en piedra.

Música campesina

Bastión cubano de este estilo musical, Las Tunas organiza cada año la Jornada Cucalambeana, a la que acuden compositores de todo el país para recitar sus agudas décimas satíricas (estrofas de 10 líneas).

p. 339

Provincia de Holguín

Playas
Ecoturismo
Arqueología

Playas ignoradas

El grueso de los turistas pone rumbo a las conocidas Playa Pesquero y Guardalavaca, rodeadas de grandes *resorts*. Menos promocionadas, pero igual de lindas son Playa Caleta y Las Morales.

Montañas y cayos

Es curioso que una provincia que alberga la industria más grande y sucia de Cuba (las minas de níquel de Moa) ofrezca multitud de escapadas verdes en retiros de montaña rodeados de pinos o escondidos en exóticos cayos. Cayo Saetía y Pinares de Mayarí merecen ser descubiertos.

Cultura precolombina

Holguín conserva el mejor conjunto de hallazgos arqueológicos de la isla. Su desaparecida cultura precolombina se exhibe en el Museo Chorro de Maita y en su reconstrucción aneja de un pueblo taíno. Hay más piezas expuestas en el Museo Indocubano Bani, en la cercana Banes.

p. 349

Provincia de Granma

Historia
Excursionismo
Fiestas

Enclaves revolucionarios

La historia cubana nunca resulta tan auténtica como en la provincia más revolucionaria. Aquí el viajero puede subir hasta el cuartel general de Castro en los años cincuenta, en la cima de un monte, visitar el molino de azúcar donde Céspedes liberó por primera vez a sus esclavos o abstraerse en el conmovedor enclave donde José Martí murió en combate.

Coronar una cima

Con la sierra Maestra ocupando dos parques nacionales, Granma posee un gran potencial senderista, que incluye la ruta hasta la cima del pico Turquino, el más alto de Cuba.

Fiestas en la calle

Granma es célebre por sus fiestas. Ciudades como Bayamo y Manzanillo llevan años celebrando juergas semanales al aire libre con cerdos asados enteros, torneos de ajedrez y música procedente de organillos tradicionales.

p. 376

Provincia de Santiago de Cuba

Danza
Historia
Fiestas

Grupos folclóricos

Tan mágicas como misteriosas, las compañías de danza *folclórica* de Santiago son una vuelta al pasado, cuando los esclavos ocultaban sus tradiciones bajo una compleja capa de canto, danza y religión sincrética.

Legado revolucionario

El caldo de cultivo de la sedición cubana ha inspirado múltiples revueltas y aún es posible visitar muchos lugares emblemáticos. Se puede empezar en el cuartel Moncada y continuar al sur por las casas natales de los héroes locales Frank País y Antonio Maceo, hasta el Museo de la Lucha Clandestina, de inquietante nombre.

Cultura caribeña

Santiago cuenta con la mayor variedad de fiestas anuales del país. Julio es el momento álgido, con el carnaval anual precedido por el Festival del Caribe, que festeja la rica cultura caribeña de la ciudad.

p. 397

Provincia de Guantánamo

Fauna y flora
Excursionismo
Comida

Endémico edén

El histórico aislamiento de Guantánamo y la compleja estructura de su suelo han provocado altos niveles de endemismo, de forma que hay especies de plantas y animales que no se ven en ningún otro lugar del país. Los aficionados a la botánica no deben perderse el Parque Nacional Alejandro de Humboldt.

Senderos olvidados

A medida que Baracoa crece como centro ecológico, aumentan las opciones senderistas. Pueden hacerse excursiones a la cima de El Yunque o en el Parque Nacional Alejandro de Humboldt, o bien afrontar senderos más recientes en torno al río Duaba o hacia las playas cercanas a Boca de Yumurí.

Coco y cacao

¿Que la comida cubana no es un reclamo turístico? Baracoa espera acabar con todos los prejuicios culinarios con una dulce y condimentada mezcla de platos preparados con cacao, café, cocos y plátanos.

p. 435

En ruta

La Habana

📓 7 / 2 130 431 HAB.

Los mejores restaurantes

➡ Doña Eutimia (p. 103)

➡ Café Laurent (p. 107)

➡ San Cristóbal (p. 106)

➡ Paladar Los Mercaderes (p. 104)

➡ Espacios (p. 128)

Los mejores alojamientos

➡ Hotel Los Frailes (p. 95)

➡ Hotel Iberostar Parque Central (p. 99)

➡ Hostal Peregrino Consulado (p. 97)

➡ Casa 1932 (p. 97)

➡ Hostal Conde de Villanueva (p. 95)

Por qué ir

Basta con cerrar los ojos e imaginar que uno está allí. El mar estalla en el rompeolas, una joven pareja juguetea en un oscuro y ruinoso callejón, guitarras y voces armonizan por encima de un sincopado ritmo de tambores, el sol brilla en las fachadas de colores desconchadas, un atractivo joven vestido con guayabera se apoya sobre un Lada, huele a humo de gasolina y a masaje de afeitar, se ven turistas con barbas estilo Hemingway, al Che Guevara en un panel de anuncios, un billete, un llavero, una camiseta...

Nadie podría haber inventado La Habana. Es demasiado atrevida y contradictoria y, a pesar de 50 años de abandono, rematadamente bonita. Cómo lo consigue, nadie lo sabe. Tal vez sea su intrépida historia, el espíritu de supervivencia o la infatigable energía de la salsa que rebota en las paredes y emana con fuerza, principalmente de su gente.

No hay que llegar allí buscando respuestas, solo con la mente abierta y preparado para una larga y lenta seducción.

Cuándo ir

➡ Febrero es temporada alta, por lo que hay más vida en la ciudad y muchas actividades, como un festival del puro y una feria internacional del libro.

➡ El calor del verano puede ser sofocante. Para evitarlo, conviene viajar en octubre, un mes tranquilo y, aun así, con muchas ofertas, como el Festival Internacional de Ballet.

➡ En diciembre hay más gente (y con motivo). Se forman colas para asistir al Festival Internacional del Nuevo Cine Latinoamericano.

➡ Agosto es caluroso, pero divertido si la visita coincide con el ostentoso carnaval de La Habana.

Historia

En 1514, el conquistador español Pánfilo de Narváez fundó San Cristóbal de La Habana en la costa sur de Cuba, cerca de la desembocadura del río Mayabeque. Bautizada con el nombre de la hija de un famoso jefe taíno, durante sus cinco primeros años la ciudad fue trasladada dos veces por plagas de mosquitos y no quedó establecida en su ubicación actual hasta el 17 de diciembre de 1519. Según la leyenda, la primera misa se dijo debajo de una ceiba en la actual plaza de Armas.

La Habana es la más occidental y aislada de las villas originales de Diego Velázquez y, al principio, la vida era dura. Las cosas no mejoraron en 1538, cuando piratas franceses y esclavos autóctonos arrasaron la ciudad.

Fue necesario que España colonizase México y Perú para que la suerte de Cuba cambiara. La situación estratégica de la ciudad, en la boca del golfo de México, hacía de ella un lugar ideal para que las flotas españolas se agrupasen en su resguardado puerto antes de poner rumbo al este. Gracias a ello, el auge de La Habana fue rápida y decidida, hasta sustituir a Santiago como capital de Cuba en 1607.

En 1555 la ciudad fue saqueada por piratas franceses conducidos por Jacques de Sores. Los españoles respondieron construyendo las fortalezas de La Punta y El Morro entre 1558 y 1630 para reforzar un anillo ya de por sí imponente y protector. Entre 1674 y 1740 se añadió un robusto muro alrededor de la ciudad. Estas defensas mantuvieron a raya a los piratas, pero fueron insuficientes cuando España se vio envuelta en la Guerra de los Siete Años con Gran Bretaña.

El 6 de junio de 1762, un ejército británico comandado por el conde de Albemarle atacó La Habana, llegó a Cojímar y asaltó Guanabacoa, en el interior. Desde allí siguieron hacia el oeste por el costado noreste del puerto y, el 30 de junio, atacaron El Morro por la retaguardia. Tropas de refuerzo llegaron a La Chorrera, al oeste de la ciudad, y el 13 de agosto, los españoles estaban rodeados y fueron obligados a rendirse. Los británicos retuvieron La Habana durante 11 meses.

Cuando los españoles recuperaron el enclave un año más tarde a cambio de Florida, empezaron un programa de construcción para mejorar las defensas de la ciudad y evitar otro sitio. En la cresta donde los británicos habían bombardeado El Morro construyeron La Cabaña, una nueva fortaleza, y, para cuando terminaron las obras en 1774, La Habana se había convertido en la ciudad más fortificada del Nuevo Mundo, el Baluarte de las Indias.

La ocupación británica hizo que España abriese La Habana a un comercio más libre. En 1765, la villa recibió el derecho a comerciar con siete ciudades españolas, en lugar de solo con Cádiz y, desde 1818, La Habana pudo enviar sus remesas de azúcar, ron, tabaco y café a cualquier parte del mundo. El s. XIX fue una era de progreso sostenido: primero llegó el ferrocarril en 1837, seguido del alumbrado público de gas (1848), el telégrafo (1851), un sistema urbano de transporte (1862), teléfonos (1888) y alumbrado eléctrico (1890). En 1902, la ciudad, ajena a las guerras de independencia americanas, contaba con un cuarto de millón de habitantes.

La urbe se había expandido rápidamente hacia el oeste por el Malecón y los bosques claros del Vedado. Al comienzo de la Ley Seca hubo una gran afluencia de estadounidenses ricos y los buenos tiempos comenzaron con desenfreno. En la década de 1950, La Habana era la decadente ciudad del juego, de las fiestas nocturnas y de las fortunas en manos de varios matones como Meyer Lansky.

Para Fidel Castro, aquello era una aberración. Al subir al poder en 1959, el nuevo Gobierno revolucionario no tardó en cerrar todos los casinos y expulsar a Lansky y a sus secuaces. Los antaño relucientes hoteles fueron divididos para facilitar un hogar a los pobres del campo. Así empezó el largo declive de La Habana.

Hoy está en marcha la restauración de la ciudad en una estoica lucha plagada de dificultades, en un país donde la escasez forma parte de la vida cotidiana y el dinero para las materias primas escaso. Desde 1982, el Historiador de la Ciudad, Eusebio Leal Spengler, va reconstruyendo La Habana Vieja calle por calle, plaza por plaza, con la ayuda de la Unesco y varios inversores extranjeros. Despacio pero con paso firme, la vieja dama empieza a reclamar su antigua grandeza.

CENTRO DE LA HABANA

En aras a la simplicidad, el centro de La Habana puede dividirse en tres grandes zonas: La Habana Vieja, Centro Habana y Vedado, donde se concentra la mayor parte de los puntos de interés. La Habana Vieja es la evocadora obra maestra de la ciudad; Centro Habana, al oeste, proporciona una mirada

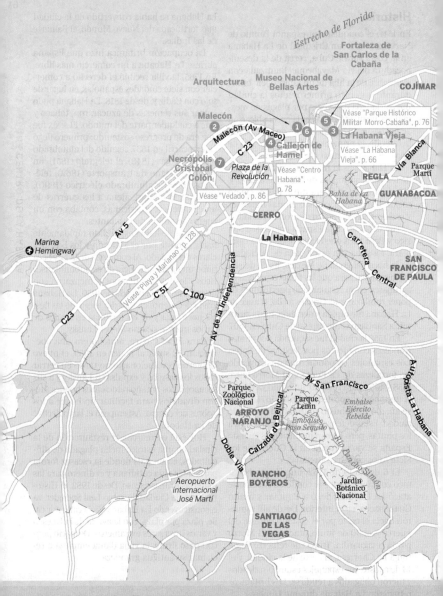

Estrecho de Florida

Fortaleza de San Carlos de la Cabaña

COJÍMAR

Arquitectura   **Museo Nacional de Bellas Artes**

Véase "Parque Histórico Militar Morro-Cabaña", p. 76

Malecón

Malecón (Av Maceo)

C 23

Callejón de Hamel

La Habana Vieja

Véase "La Habana Vieja", p. 66

Via Blanca

Parque Martí

Necrópolis Cristóbal Colón

Plaza de la Revolución

Véase "Centro Habana", p. 78

Bahía de La Habana

REGLA

GUANABACOA

Véase "Vedado", p. 86

CERRO

La Habana

Carretera Central

SAN FRANCISCO DE PAULA

Marina Hemingway

Av 5

C 51   C 100

Av de la Independencia

Véase "Playa y Marianao", p. 128

C23

Av San Francisco

Parque Zoológico Nacional

ARROYO NARANJO

Calzada de Bejucal

Parque Lenin

Embalse Paso Seguito

Embalse Ejército Rebelde

Río Rancho Simón

Autopista La Habana

Doble Vía

Aeropuerto internacional José Martí

RANCHO BOYEROS

Jardín Botánico Nacional

SANTIAGO DE LAS VEGAS

Imprescindible

① Pasear por el **mosaico arquitectónico** *art déco*, barroco colonial y neoclásico de La Habana (p. 73).

② Apreciar la espectacular panorámica del **Malecón** (p. 91) al atardecer.

③ Ver cómo el dinero del turismo ha contribuido a rehabilitar **La Habana Vieja** (p. 64).

④ Investigar el arte callejero, los tambores de la rumba y la santería en el **callejón de Hamel** (p. 113).

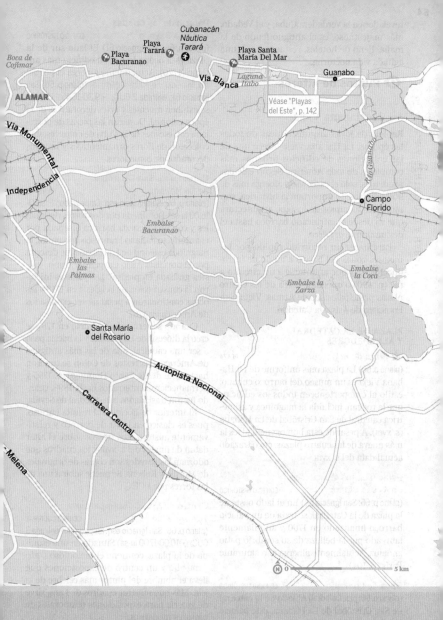

Playa Bacuranao

Playa Tarará

Cubanacán Náutica Tarará

Playa Santa María Del Mar

Boca de Cojímar

Vía Blanca

Laguna Itabo

Guanabo

Véase "Playas del Este", p. 142

ALAMAR

Vía Monumental

Independencia

Río Guanabo

Campo Florido

Embalse Bacuranao

Embalse las Palmas

Embalse la Zarza

Embalse la Coca

Santa María del Rosario

Autopista Nacional

Carretera Central

- Melena

N 0 ————————— 5 km

⑤ Tomar al asalto la **fortaleza de San Carlos de la Cabaña** (p. 75) y quedarse a ver la ceremonia del cañonazo.

⑥ Conocer la historia de la pintura cubana en el **Museo Nacional de Bellas Artes** (p. 81).

⑦ Tratar de no asustarse en la extrañamente bella **necrópolis Cristóbal Colón** (p. 90).

reveladora a la verdadera Cuba; y el Vedado, más majestuoso, es el antiguo feudo de la mafia, lleno de hoteles, restaurantes y una agitada vida nocturna.

◉ Puntos de interés

◎ La Habana Vieja

Repleta de joyas arquitectónicas de todas las épocas, La Habana Vieja ofrece una de las colecciones de edificios urbanos más completas de toda América. Según cálculos prudentes, solo el casco viejo alberga más de 900 edificios de importancia histórica, con múltiples ejemplos de insigne arquitectura que va desde el intrincado barroco hasta el deslumbrante *art déco*.

Para hacer un recorrido rápido por las mejores zonas del barrio a modo de introducción, hay que apuntarse a un circuito a pie (p. 490) o quedarse cerca de las cuatro plazas principales: las de Armas, Vieja, San Francisco de Asís y la Catedral.

PLAZA DE LA CATEDRAL Y ALREDEDORES

★ **Plaza de la Catedral**   PLAZA

(plano p. 66) La plaza más uniforme de La Habana Vieja es un museo del barroco cubano, estilo al que pertenecen todos los edificios que la rodean, incluida la magnífica y asimétrica catedral de San Cristóbal de La Habana (s. XVIII). A pesar de esta homogeneidad, es la más nueva de las cuatro plazas, cuyo trazado actual data del s. XVIII.

Palacio de los Marqueses de Aguas Claras   EDIFICIO HISTÓRICO

(plano p. 66; San Ignacio 54) En el lado oeste de la plaza de la Catedral, se trata de un palacio barroco finalizado en 1760 y ampliamente laureado por la belleza de su sombrío patio andaluz. Actualmente alberga el restaurante París (p. 104).

Casa de Lombillo   EDIFICIO HISTÓRICO

(plano p. 66; pza. Catedral) Al lado de la catedral de San Cristóbal de La Habana, este palacio se construyó en 1741 y antaño funcionaba como oficina de correos (en la pared hay incrustado un buzón ornamental todavía en uso). Desde el 2000 opera como Oficina del Historiador de la Ciudad. También al lado se encuentra el igual de resplandeciente palacio del **Marqués de Arcos**, de la misma época.

Palacio de los Condes de Casa Bayona   EDIFICIO HISTÓRICO

(plano p. 66; San Ignacio 61) El lado sur de la plaza está ocupado por su edificio más antiguo (1720). Actualmente alberga el pequeño **Museo de Arte Colonial** (plano p. 66; San Ignacio 61; entrada 2 CUC; ⊗9.30-16.45), donde se exhiben muebles y artes decorativas de la época colonial. Destacan las piezas de porcelana con escenas de la Cuba de entonces, una colección de flores ornamentales y muchos decorados de comedores.

Catedral de San Cristóbal de La Habana   CATEDRAL

(plano p. 66; San Ignacio esq. Empedrado; ⊗9.00-16.00 lu-sa) Dominada por dos torres desiguales y con una fachada barroca diseñada por el arquitecto italiano Francesco Borromini, la magnífica catedral de La Habana fue descrita por el novelista Alejo Carpentier como "música grabada en piedra". Los jesuitas iniciaron la construcción de la iglesia en 1748 y las obras continuaron a pesar de ser expulsados de América en 1767.

Cuando se terminó el edificio en 1787 se creó la diócesis de La Habana y la iglesia pasó a ser una catedral, una de las más antiguas de América. Los restos de Colón se trajeron hasta aquí desde Santo Domingo en 1795 y permanecieron enterrados hasta 1898, cuando fueron trasladados a la catedral de Sevilla.

El interior de la catedral resulta curioso, pues es clásico en lugar de barroco y relativamente austero. Los frescos sobre el altar datan de finales del s. XVIII y los cuadros que adornan las paredes son copias de originales de Murillo y Rubens. Se puede subir a una de las torres por 1 CUC.

Centro de Arte Contemporáneo Wifredo Lam   CENTRO CULTURAL

(plano p. 66; San Ignacio esq. Empedrado; entrada 3 CUC; ⊗10.00-17.00 lu-sa) Situado en una esquina de la plaza, contiene el melodioso **Café Amarillo** y un centro de exposiciones que lleva el nombre del pintor más célebre de la isla. Más que mostrar cuadros de Lam, sirve de galería para exposiciones temporales de pintores modernos.

Taller Experimental de Gráfica   CENTRO DE ARTE

(plano p. 66; callejón del Chorro 6; ⊗10.00-16.00 lu-vi) GRATIS Al final de una pequeña calle sin salida, es el taller de arte más vanguardista de La Habana, que también ofrece clases de grabado (p. 93) y la posibilidad de ver cómo trabajan los maestros.

Parque Maestranza
PARQUE

(plano p. 66; av. Carlos Manuel de Céspedes; entrada 1 CUC) Pequeña pero divertida zona de juegos infantiles (para menores de 4 años) y vistas al puerto.

PLAZA DE ARMAS Y ALREDEDORES

Plaza de Armas
PLAZA

(plano p. 66) La plaza más antigua de La Habana fue trazada a principios de la década de 1520, poco después de la fundación de la ciudad, y fue originalmente conocida como plaza de la Iglesia, por la iglesia –la Parroquial Mayor– que se erigía en el lugar del actual palacio de los Capitanes Generales. El nombre de plaza de Armas no fue adoptado hasta finales del s. xvi, cuando el gobernador colonial, a la sazón ubicado en el castillo de la Real Fuerza, utilizaba el sitio para llevar a cabo ejercicios militares. La plaza actual, al igual que la mayor parte de los edificios que la rodean, data de finales de la década de 1700.

La plaza es sede de un mercado de libros de segunda mano (diario excepto do) y hay una estatua de Carlos Manuel de Céspedes (plano p. 66), el hombre que en 1868 inició el camino hacia la independencia de Cuba.

En 1955, la estatua pasó a sustituir a la del impopular rey español Fernando VII.

En el lado este de la plaza también destaca el palacio de los Condes de Santovenia, de finales del s. xviii (plano p. 66; Baratillo 9), actualmente el Hotel Santa Isabel, de 27 habitaciones y cinco estrellas (p. 96).

Museo el Templete
MUSEO

(plano p. 66; pza. Armas; entrada 2 CUC; ◎8:30-18.00) Ocupa la pequeña capilla dórica neoclásica del lado este de la plaza, que se erigió en 1828 en el punto donde se celebró la primera misa en La Habana, bajo una ceiba, en noviembre de 1519. Una ceiba similar ha sustituido a la original. Dentro de la capilla hay tres grandes cuadros del evento, obra del pintor francés Jean Baptiste Vermay (1786-1833).

Museo de la Ciudad
MUSEO

(plano p. 66; Tacón 1; entrada 3 CUC; ◎9.30-18.00) Ocupando todo el costado oeste de la plaza de Armas, este museo se ubica en el palacio de los Capitanes Generales (plano p. 66), que data de la década de 1770. Construido en el lugar de la iglesia original de La Habana, es un ejemplo de arquitectura barroca cubana procedente de las cercanas canteras de San Lázaro. Desde 1968, el edificio alberga el Museo de la Ciudad, uno de los más completos e interesantes de La Habana, pero ha tenido muchas funciones a lo largo de los años.

LA HABANA EN...

Dos días

Se puede explorar La Habana Vieja paseando por las calles entre las cuatro principales plazas coloniales. Hay un gran número de museos: el **Museo de la Ciudad** (p. 65) es uno de los destacados en el núcleo colonial, mientras que en Centro Habana no hay que perderse el **Museo de la Revolución** (p. 81) y el **Museo Nacional de Bellas Artes** (p. 81), con dos sedes. Se puede cubrir mucho terreno en el **autobús turístico descubierto** (p. 123), aunque el **Malecón** (p. 91) es mejor recorrerlo a pie. De noche, hay que empaparse de la esencia nocturna de La Habana Vieja en los bares de la calle Obispo y la Plaza Vieja.

Cuatro días

Con dos días más, no hay que dejar de visitar el barrio *kitsch* del Vedado. Las paradas imprescindibles son el **Hotel Nacional** (p. 84), para tomar un mojito en la terraza, y la **plaza de la Revolución** (p. 89) para ver el mural del Che y el **memorial a José Martí** (p. 90). También es posible disfrutar de una excelente vida nocturna en clubes de *jazz*, bares y cabaré.

Una semana

Con tres días más, hay tiempo de visitar lugares de la periferia como el **Museo Hemingway** (p. 139), los fuertes coloniales del lado oriental del puerto y **Fusterlandia** (p. 132) en Playa.

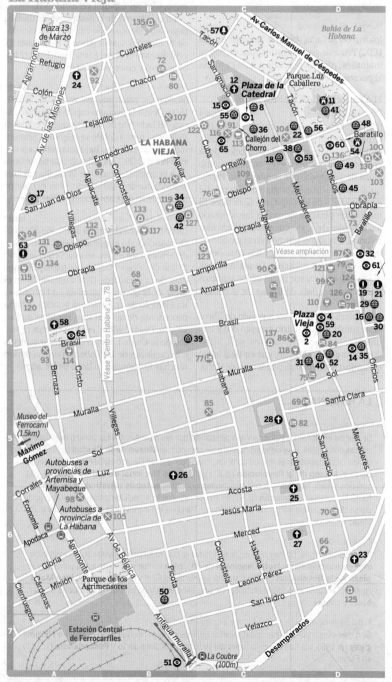

Entre 1791 y 1898, fue la residencia de los capitanes generales españoles. Entre 1899 y 1902, sirvió de base a los gobernadores militares de EE UU, y durante las dos primeras décadas del s. xx, pasó a ser brevemente palacio presidencial. Hoy, el museo rodea majestuosamente un espléndido patio central, adornado con una estatua de mármol de Cristóbal Colón (1862). Entre los objetos expuestos hay mobiliario de época, uniformes militares, viejos carruajes de caballos del s. xix y fotografías que recrean episodios de la historia de La Habana, como el hundimiento del buque de guerra estadounidense *Maine* en el puerto en 1898. Lo mejor es zafarse de los avasalladores guardas y pasear al ritmo que se desee.

Palacio del Segundo Cabo EDIFICIO HISTÓRICO
(plano p. 66; O'Reilly 4; ☺9.00-18.00 lu-sa) Apretujado en la esquina noroeste de la plaza, fue construido en 1772 como cuartel general del vicegobernador español. Tras diversas reencarnaciones como oficina de correos, palacio del Senado, Tribunal Supremo, Academia Nacional de las Artes y las Letras y sede de la Academia de Ciencias de Cuba, actualmente es una librería bien surtida. Los entusiastas del *pop art* no deben perderse la Sala Galería Raúl Martínez. Cuando se redactó esta obra, el edificio estaba en reformas.

Gabinete de Arqueología MUSEO
(plano p. 66; Tacón 12; ☺9.00-17.00 ma-sa, 9.00-14.30 do) GRATIS Puede verse el abanico de influencias en la cultura colonial cubana mediante los objetos cotidianos excavados en los alrededores. Son de especial interés las cerámicas que muestran el gusto de la aristocracia hispanocubana de los ss. xvii y xviii por las vajillas, la porcelana china, la cerámica mexicana y otros objetos. Las salas superiores están dedicadas a hallazgos precolombinos.

Castillo de la Real Fuerza FORTALEZA
(plano p. 66) En el costado de la plaza de Armas que da al mar se halla una de las fortalezas en pie más antiguas de toda América, construida entre 1558 y 1577 en el lugar de una anterior, destruida por corsarios franceses en 1555. La torre oeste está coronada por una copia de una famosa veleta de bronce llamada La Giraldilla. La original fue fundida en La Habana en 1632 por Jerónimo Martínez Pinzón, y la creencia popular es que se trata de doña Inés de Bobadilla, esposa del conquistador Hernando de Soto. La original

La Habana Vieja

se conserva en el Museo de la Ciudad y la figura también aparece en la etiqueta del ron Havana Club. Imponente e indomable, el castillo está rodeado de un foso impresionante. Actualmente alberga el **Museo de Navegación** (plano p. 66; castillo Real Fuerza; entrada 3 CUC; ⊗9.00-17.00), con exposiciones interesantes acerca de la historia del fuerte y el casco antiguo, y su relación con el Imperio español. Destaca la enorme maqueta a escala del galeón *Santísima Trinidad*.

Museo de Transporte Automotor MUSEO
(plano p. 66; Oficios 13; entrada 1,5 CUC; ⊗9.00-17.00 ma-sa, 9.00-13.00 do) A pocos se les escapa la ironía de este museo vagamente surrealista, atestado de viejos Thunderbird, Pontiac y Ford T, la mayor parte de los cuales parece tener mejor aspecto que los dinosaurios que recorren las calles.

★**Calle Mercaderes** CALLE
Adoquinada y sin coches, la calle Mercaderes ha sido ampliamente restaurada por la Ofici-

na del Historiador de la Ciudad y constituye una réplica casi completa de su espléndida calle original del s. XVIII. Entre museos, tiendas y restaurantes hay verdaderos proyectos sociales, como una casa de maternidad y una cooperativa de costura.

Casi todos los museos son gratuitos, incluida la Casa de Asia (plano p. 66; Mercaderes 111; 10.00-18.00 ma-sa, 9.00-13.00 do) GRATIS, con cuadros y esculturas de China y Japón; la Armería 9 de Abril (plano p. 66; Mercaderes 157; 10.00-18.00 lu-sa) GRATIS, una antigua armería

(hoy museo) que fue asaltada por los revolucionarios el 9 de abril de 1958; y el Museo de Bomberos (plano p. 66; Mercaderes esq. Lamparilla; 10.00-18.00 lu-sa) GRATIS, que contiene material antiincendios antiguo y está dedicado a 19 bomberos de La Habana que perdieron la vida en un incendio ferroviario en 1890.

Al salir de Mercaderes por Obrapía, vale la pena entrar gratis en la Casa de África (plano p. 66; Obrapía 157; 9.30-17.00 ma-sa, 9.30-13.00 do) GRATIS, que contiene objetos sagrados relacionados con la santería y la sociedad secreta Abakuá, recopilados por el etnógrafo Fernando Ortiz.

La esquina de Mercaderes y Obrapía tiene un sabor internacional, con una estatua en bronce del liberador de América Latina Simón Bolívar (plano p. 66), y, enfrente, el Museo de Simón Bolívar (plano p. 66; Mercaderes 160; se aceptan donativos; 9.00-17.00 ma-do) dedicado a su vida. La Casa de México Benito Juárez (plano p. 66; Obrapía 116; entrada 1 CUC; 10.15-17.45 ma-sa, 9.00-13.00 do) expone arte popular mexicano y muchos libros, pero poca cosa sobre el propio Juárez, el primer presidente indígena de México. Al este está la Casa Oswaldo Guayasamín (plano p. 66; Obrapía 111; se aceptan donativos; 9.00-14.30 ma-do), actualmente un museo y antaño estudio del gran artista ecuatoriano que pintó a Fidel en numerosas posturas.

Mercaderes también se caracteriza por sus restauradas tiendas, incluidas una perfumería y una tienda de especias.

Maqueta de La Habana Vieja MUSEO
(plano p. 66; Mercaderes 114; entrada 1,50 CUC; 9.00-18.30;) Puede verse un modelo a escala 1:500 de La Habana Vieja, rematado con una auténtica banda sonora que pretende replicar un día en la vida de la ciudad. Magníficamente detallada, es una forma inmejorable de familiarizarse geográficamente con el núcleo histórico de la ciudad.

En el lugar también se encuentra el Cinematógrafo Lumière (Maqueta de La Habana Vieja, Mercaderes 114; entrada 2 CUC), un pequeño cine que proyecta películas nostálgicas para jubilados y educativos documentales destinado a turistas sobre la restauración.

Casa de la Obra Pía EDIFICIO HISTÓRICO
(plano p. 66; Obrapía 158; entrada 1,50 CUC; 9.30-17.30 ma-sa, hasta 12.30 do) Uno de los grandes puntos de interés de la calle Mercaderes es esta residencia aristocrática típica de La Habana, edificada en 1665 y reconstruida en 1780. La fachada, cubierta de decoración

NOMBRE DE LAS CALLES DE LA HABANA

Las calles de La Habana tienen dos nombres: el oficial, que figura en los rótulos, y el antiguo, que aún usan coloquialmente los habitantes. La siguiente tabla ayudará a aclarar la confusión:

NOMBRE ANTIGUO	NOMBRE NUEVO
av. Presidentes	calle G
av. Maceo	Malecón
av. del Puerto	av. Carlos Manuel de Céspedes
av. Rancho	av. Independencia Boyeros (Boyeros)
Belascoaín	Padre Varela
Cárcel	Capdevila
Carlos III (Tercera)	av. Salvador Allende
Cristina	av. México
Egido	av. Bélgica
Estrella	Enrique Barnet
Galiano	av. Italia
La Rampa	calle 23
Monserrate	av. Misiones
Monte	Máximo Gómez
pº del Prado	pº Martí
Paula	Leonor Pérez
Reina	av. Simón Bolívar
San José	San Martín
Someruelos	Aponte
Teniente Rey	Brasil
Vives	av. España
Zulueta	Agramonte

barroca, incluye un intrincado pórtico hecho en Cádiz. Dentro se exponen varios objetos coloniales.

PLAZA DE SAN FRANCISCO DE ASÍS Y ALREDEDORES

Plaza de San Francisco de Asís   PLAZA

(plano p. 66) Mirando hacia el puerto de La Habana, esta plaza se desarrolló en el s. xvi, cuando los galeones españoles atracaban en el muelle, en su paso por las Indias hasta España. En la década de 1500 se instaló un mercado, seguido de una iglesia en 1608, aunque cuando los monjes se quejaron del ruido, el mercado fue trasladado unas manzanas al sur, a la Plaza Vieja.

La plaza de San Francisco fue objeto de una completa restauración a finales de la década de 1990 y destaca por sus adoquines irregulares y la fuente de los Leones (plano p. 66), de mármol blanco, esculpida por el italiano Giuseppe Gaggini en 1836. Fuera de la famosa iglesia se alza una estatua más moderna de El Caballero de París (plano p. 66), un vagabundo muy conocido que merodeaba por La Habana en la década de 1950 entreteniendo a los viandantes con sus opiniones sobre la vida, la religión, la política y la actualidad. En el lado este de la plaza se halla la terminal Sierra Maestra que despacha barcos cargados de turistas, mientras que la cercana lonja del Comercio (plano p. 66; pza. San Francisco de Asís), cubierta con una cúpula, es un antiguo mercado erigido en 1909 y restaurado en 1996 para facilitar espacio de oficinas a las compañías extranjeras con asuntos en Cuba. Se puede entrar para admirar el atrio central y el interior futurista.

Iglesia y monasterio de San Francisco de Asís   MUSEO

(plano p. 66; Oficios, entre Amargura y Brasil; ☉conciertos desde 17.00 o 18.00) Levantado en 1608 y reconstruido en estilo barroco entre 1719 y 1738, dejó de tener función religiosa en la década de 1840. A finales de la de 1980, las excavaciones sacaron a la luz criptas y objetos religiosos, muchos de los cuales se llevaron al Museo de Arte Religioso (plano p. 66; ☎7-862-3467; circuito con/sin guía 3/2 CUC; ☉9.00-18.00), que abrió en el lugar en 1994. Desde el 2005, parte del viejo monasterio ha funcionado como teatro infantil para el barrio. Acoge algunos de los mejores conciertos de música clásica de La Habana.

El programa de eventos puede encontrarse en el folleto *Bienvenidos,* disponible en hoteles y oficinas de Infotur.

Il Genio di Leonardo da Vinci   MUSEO

(plano p. 66; Churruca, entre Oficios y av. Carlos Manuel de Céspedes; entrada 2 CUC; ☉9.30-16.00 ma-sa) Para la exposición permanente en el Salón Blanco del convento de San Francisco de Asís (con acceso independiente por la parte sur de la iglesia, detrás del Coche Mambí) se han construido hábilmente prototipos de muchos de los famosos dibujos de Leonardo –planeadores, cuentakilómetros, bicicletas, paracaídas y tanques–, antecedentes a casi la mitad de los inventos del mundo moderno.

Museo Alejandro Humboldt   MUSEO

(plano p. 66; Oficios esq. Muralla; ☉9.00-17.00 ma-sa) GRATIS Comúnmente denominado el "segundo descubridor" de Cuba, el enorme legado del científico alemán Alexander von Humboldt pasa bastante desapercibido para los extranjeros. Este pequeño museo exhibe una trayectoria histórica de su recopilación de datos científicos y botánicos para toda la isla a principios de la década de 1800. Cerca se encuentra el Coche Mambí (plano p. 66; ☉9.00-14.00 ma-sa) GRATIS, un lujoso vagón de tren construido en EE UU en 1900 y llevado a Cuba en 1912, un verdadero palacio sobre ruedas que sirvió de coche presidencial.

Museo del Ron   MUSEO

(plano p. 66; San Pedro 262; visita guiada 7 CUC; ☉9.00-17.30 lu-ju, hasta 16.30 vi-do) No hay que ser un bebedor de añejo reserva para disfrutar del Museo del Ron en la Fundación Havana Club, enfrente del puerto de La Habana. Ofrece visitas guiadas, muestra antigüedades relacionadas con la elaboración del ron y explica el complicado proceso de destilación, pero le faltan detalles y pasión. El precio incluye una prudente degustación.

Cuenta con un bar y una tienda, pero los entendidos se dan cita en el bar Dos Hermanos (p. 110), al lado.

PLAZA VIEJA Y ALREDEDORES

★ Plaza Vieja   PLAZA

(plano p. 66) Diseñada en 1559, es la plaza arquitectónicamente más ecléctica de La Habana y en ella el barroco cubano convive con el *art nouveau* de inspiración gaudiniana. Llamada en origen Plaza Nueva, inicialmente se usaba para ejercicios militares y luego funcionó como mercado al aire libre. Durante el régimen de Batista se construyó un feo aparcamiento subterráneo que fue demolido en 1996 para dejar paso a un enorme proyecto de renovación. Salpicada de bares, restaurantes y cafés, hoy en día la Plaza Vieja cuenta con su propia microcervecería, la escuela de primaria Ángela Landa y una hermosa fuente; y, al oeste, con algunos de los vitrales más bonitos de La Habana.

Cámara Oscura
LUGAR EMBLEMÁTICO

(plano p. 66; Plaza Vieja; entrada 2 CUC; ⊗9.00-17.00 ma-sa, 9.00-13.00 do) En la esquina noreste de la Plaza Vieja se encuentra este ingenioso dispositivo óptico con vistas reales de 360° de la ciudad desde una torre de 35 m.

Fototeca de Cuba
GALERÍA

(plano p. 66; Mercaderes 307; ⊗10.00-17.00 ma-vi, 9.00-12.00 sa) GRATIS El archivo fotográfico de La Habana Vieja data de principios del s. xx, empezado por el que fuera Historiador de la Ciudad, Emilio Roig de Leuchsenring, en 1937. Se calcula que dentro hay cerca de 14 000 fotografías que han desempeñado un papel decisivo al brindar las pistas gráficas para la actual restauración.

Museo de Naipes
MUSEO

(plano p. 66; Muralla 101; ⊗9.00-18.00 ma-do) GRATIS El edificio más antiguo de la Plaza Vieja posee una colección de 2000 piezas que incluye estrellas del *rock,* bebidas con ron y cartas redondas.

La Casona Centro de Arte
GALERÍA

(plano p. 66; Muralla 107; ⊗10.00-17.00 lu-vi, hasta 14.00 sa) GRATIS En uno de los edificios más sorprendentes de la Plaza Vieja (de robustos matices coloniales), esta galería-tienda cuenta con fabulosas exposiciones, obra de prometedores artistas cubanos.

Palacio Cueto
EDIFICIO HISTÓRICO

(plano p. 66; Muralla esq. Mercaderes) Rozando la esquina sureste de la Plaza Vieja se encuentra este singular edificio gaudiniano, el ejemplo más acabado de *art nouveau* de La Habana. Antaño, su ornamentada fachada albergaba un almacén y una fábrica de sombreros, antes de que fuese alquilada por José Cueto en la década de 1920 para ser el hotel Palacio Viena. Habaguanex, el brazo comercial de la Oficina del Historiador de la Ciudad, está restaurando el edificio, construido en 1906, que ha permanecido vacío y sin uso desde comienzos de la década de 1990.

Planetario
OBSERVATORIO

(plano p. 66; Mercaderes 311; entrada 10 CUC; ⊗10.00-15.30 mi-do) Contiene una reproducción a escala del sistema solar dentro de una esfera gigante, una simulación del *big bang* y un teatro que permite ver más de 6000 estre-

llas; todo bastante emocionante. Solo se puede acceder mediante visita guiada, reservada con antelación. Se realizan cuatro diarias de miércoles a sábado y dos los domingos, y se reservan (en persona) los lunes y martes.

Centro Cultural Pablo de la Torriente Brau
CENTRO CULTURAL

(plano p. 66; www.centropablo.cult.cu; Muralla 63; ⊗9.00-17.30 ma-sa) GRATIS Escondido detrás de la Plaza Vieja, se trata de una institución cultural de referencia formada bajo los auspicios de la Unión de Escritores y Artistas de Cuba (Uneac) en 1996. Acoge exposiciones, lecturas de poesía y música acústica en directo. El Salón de Arte Digital es famoso por su arte digital de vanguardia.

CALLE OBISPO Y ALREDEDORES

Calle Obispo
CALLE

Aunque estrecha y peatonal, es la principal arteria de comunicación de La Habana Vieja; está llena de galerías de arte, tiendas, bares musicales y gente. Edificios de cuatro y cinco plantas bloquean gran parte de la luz solar y las riadas de personas parecen moverse al son de la omnipresente música en directo.

Museo de Numismática
MUSEO

(plano p. 66; Obispo, entre Aguiar y Habana; entrada 1,5 CUC; ⊗9.00-17.00 ma-sa, 9.30-12.45 do) Agrupa varias colecciones de medallas, monedas y billetes de todo el mundo, incluidas 1000 monedas de oro principalmente norteamericanas (1869-1928) y una completa cronología de billetes cubanos desde el s. xix hasta la actualidad.

Museo 28 Septiembre de los CDR
MUSEO

(plano p. 66; Obispo, entre Aguiar y Habana; entrada 2 CUC; ⊗9.00-17.30) Venerable edificio en Obispo que dedica dos plantas a un prolijo análisis, más bien subjetivo, de los Comités de Defensa de la Revolución (CDR). ¿Admirables programas de vigilancia de barrio o agencias de espionaje populares? El viajero decide después de ojear la propaganda.

Museo de Pintura Mural
MUSEO

(plano p. 66; Obispo, entre Mercaderes y Oficios; ⊗10.00-18.00) GRATIS Sencillo museo que muestra frescos originales bellamente restaurados en la Casa del Mayorazgo de Recio, ampliamente considerada la casa más antigua de La Habana.

Edificio Santo Domingo
MUSEO

(plano p. 66; Mercaderes, entre Obispo y O'Reilly) GRATIS En Obispo se encuentra lo que fue la

ROMPECABEZAS HISTÓRICO

En el campo de la preservación arquitectónica, nunca tanta gente ha conseguido tanto con tan pocos recursos.

La prensa internacional se hace mucho eco del excelente estado de la educación y la sanidad cubanas, pero muy poco de la notable labor realizada por preservar el legado histórico del país, muy valioso y en serio peligro, sobre todo en La Habana Vieja.

La reconstrucción del casco antiguo de La Habana tras décadas de abandono, trabajo en marcha desde finales de la década de 1970, ha sido un proceso milagroso, teniendo en cuenta las vicisitudes económicas. El genio que está detrás de este proyecto es Eusebio Leal Spengler, reconocido historiador de La Habana quien, impasible ante los apretados presupuestos del Período Especial cubano, fundó Habaguanex en 1994, una compañía que gana dinero gracias al turismo y lo reinvierte en preservación histórica y regeneración urbana por toda la ciudad. El proceso ha obtenido numerosos beneficios desde su comienzo. Al salvaguardar el legado histórico de La Habana, Leal y sus compañeros han atraído a más turistas y conseguido mayor beneficio para Habaguanex, y así reinvertirlo en más trabajos de restauración y muy necesitados proyectos sociales.

Leal ha evitado caer en la tentación de convertir el casco antiguo en un parque temático histórico, y ha tratado de convertir el rompecabezas urbano en un auténtico centro "vivo" que proporcione beneficios tangibles a los 91 000 habitantes del barrio. Como resultado, escuelas, comités vecinales, hogares para la tercera edad y centros para niños con discapacidades pasan desapercibidos junto a los edificios coloniales de fachadas con la cara lavada. Esta yuxtaposición de lo vecinal y lo turístico es encomiable y única. El viajero puede tomarse un mojito en la fantástica Plaza Vieja compartiendo el espacio con los niños de la escuela de primaria Ángela Landa, que linda con la plaza, y al pasearse por el convento de Belén, del s. XVII, se codeará con los mayores de La Habana en una casa de reposo. Cada vez que el viajero gaste su dinero en un hotel, museo o restaurante de Habaguanex, estará contribuyendo no solo a la continua restauración del barrio, sino a numerosos proyectos sociales que benefician directamente a la población autóctona.

Hoy, Habaguanex (www.habaguanex.ohc.cu) destina sus ingresos procedentes del turismo (más de 160 millones de USD anuales declarados) a proseguir las restauraciones (45%) y a proyectos sociales en la ciudad (55%), de los que actualmente hay más de 400. La empresa es conocida por su meticulosa atención al detalle, al utilizar libros antiguos, dibujos, libros de historia y fotografías –si están disponibles–, archivados en la fototeca (p. 72) del museo de la Plaza Vieja, en sus proyectos de restauración. Hasta ahora, a un cuarto de La Habana Vieja se le ha devuelto el esplendor de su era colonial con numerosos puntos de interés turístico, incluidos 20 hoteles gestionados por Habaguanex, 4 fuertes clásicos y más de 30 museos.

primera universidad de La Habana, que se mantuvo en ese lugar entre 1728 y 1902. Inicialmente formaba parte de un convento; el bloque de oficinas moderno fue construido por Habaguanex en el 2006 sobre el armazón de una fea oficina de la década de 1950, cuyo tejado se usó como helipuerto. Ha sido reequipado ingeniosamente con el campanario original y un portal barroco; una yuxtaposición interesante de lo viejo y lo nuevo.

Muchas de las facultades de arte de la universidad se han vuelto a trasladar a este lugar y un pequeño museo-galería de arte muestra un modelo a escala del convento primitivo y de varios objetos que fueron rescatados de él.

Plaza del Cristo y alrededores　　PLAZA
(plano p. 66) La quinta plaza de La Habana Vieja (y la que más se pasa por alto) se encuentra en el extremo occidental del barrio, algo apartada del casco histórico. La presencia de vallas provisionales es indicativa de la larga restauración que está llevando a cabo el Historiador de la Ciudad. Vale la pena visitar la **iglesia parroquial del Santo Cristo del Buen Viaje** (plano p. 66), de 1732, aunque en su emplazamiento ha habido una ermita franciscana desde 1640.

El edificio, que está en obras, destaca por sus intrincadas vidrieras y su techo de madera pintado en vivos colores. La plaza del Cristo también tiene una escuela primaria (de ahí el ruido) y constituye un reducto de la vida diaria en Cuba sin turistas.

Museo de la Farmacia Habanera   MUSEO

(plano p. 66; Brasil esq. Compostela; ☺9.00-17.00) GRATIS Unas manzanas al este de la plaza del Cristo, este museo-tienda, fundado en 1886 por el catalán José Sarrá, aún funciona como farmacia. La pequeña zona de museo muestra una elegante maqueta de una vieja farmacia con interesantes explicaciones históricas.

SUR DE LA HABANA VIEJA

Iglesia y convento de Santa Clara CONVENTO

(plano p. 66; Cuba 610) Al sur de la Plaza Vieja está el convento más grande y antiguo de La Habana, construido entre 1638 y 1643, aunque en 1920 dejó de servir para fines religiosos. Durante un tiempo albergó el Ministerio de Obras Públicas y, hoy en día, parte del equipo de restauración de La Habana Vieja tiene en él su base. Estaba en renovación mientras se escribía esta guía.

Iglesia y convento
de Nuestra Señora de Belén   CONVENTO

(plano p. 66; Compostela, entre Luz y Acosta; ☺previa cita) Este gran edificio de 1718 fue primero una casa de reposo y, más tarde, un monasterio jesuita. Abandonado en 1925, se fue deteriorando cada vez más y, en 1991, un incendio agravó la situación. El Historiador de la Ciudad lo arregló a finales de la década de 1990, empleando las ganancias del turismo para transformarlo en un centro social. Las visitas guiadas por el edificio, espléndidamente restaurado, se pueden contratar en la agencia de viajes San Cristóbal (p. 121).

Actualmente es un centro social para familias, jóvenes, personas con discapacidad física y mental y ancianos (hay 18 apartamentos permanentes para personas de la tercera edad).

Iglesia y convento de Nuestra
Señora de la Merced   IGLESIA

(plano p. 66; Cuba 806; ☺8.00-12.00 y 15.00-17.30) Construida en 1755, esta iglesia cercada fue reconstruida en el s. XIX. Hermosos altares dorados, bóvedas decoradas con frescos y varias pinturas antiguas crean un entorno sagrado; cuenta con un silencioso claustro anejo. A dos manzanas está la más bien olvidada iglesia parroquial del Espíritu Santo (plano p. 66; Acosta 161; ☺8.00-12.00 y 15.00-18.00), la más antigua en pie de La Habana, construida en 1640 y reconstruida en 1674.

Iglesia de San Francisco de Paula   IGLESIA

(plano p. 66; Leonor Pérez esq. Desamparados) Es una de las iglesias más atractivas de La Habana, restaurada en el 2000, y todo lo que queda del hospital de mujeres de San Francisco de Paula, de mediados de la década de 1700. Iluminado por la noche para celebrar conciertos de música clásica, las vidrieras tintadas, la pesada cúpula y la fachada barroca resultan románticas y atractivas.

Catedral Ortodoxa
Nuestra Señora de Kazán   IGLESIA

(plano p. 66; av. Carlos Manuel de Céspedes, entre Sol y Santa Clara) Esta hermosa iglesia ortodoxa rusa de cúpula dorada, uno de los edificios más nuevos de La Habana, fue construida a principios del 2000 y consagrada en una ceremonia presenciada por Raúl Castro en octubre del 2008. Respondía a un intento por relanzar las relaciones entre Rusia y Cuba, deterioradas desde 1991.

Museo-Casa Natal de José Martí   MUSEO

(plano p. 66; Leonor Pérez 314; entrada 1,50 CUC, cámara 2 CUC; ☺9.00-17.00 ma-sa) Pequeño museo situado en la casa donde nació el apóstol de la independencia cubana el 28 de enero de 1853. Fue inaugurado en 1925 y se considera el museo más antiguo de La Habana. La Oficina del Historiador de la Ciudad se hizo con la casa en 1994, y su pequeña colección de muestras dedicadas al héroe nacional de Cuba continúa causando impresión.

Muralla de la Ciudad Vieja   LUGAR HISTÓRICO

(plano p. 66) En el s. XVII, ansiosas por defender la ciudad frente a los ataques de los piratas y los ejércitos extranjeros, las autoridades coloniales cubanas trazaron planes para la construcción de un muro de 5 km de largo. Levantado entre 1674 y 1740, al terminarse tenía 1,5 m de espesor y 10 m de altura y discurría por una línea ahora ocupada por las avenidas de las Misiones y de Bélgica. Entre la multitud de defensas había nueve bastiones y 180 cañones grandes que apuntaban al mar. La única forma de entrar y salir de la ciudad era a través de una de las 11 puertas, vigiladas, que se cerraban de noche y se abrían cada mañana con el sonido de un cañonazo. Los muros fueron demolidos en 1863; el más largo está en la avenida de Bélgica, cerca de la estación de trenes.

Museo del Ferrocarril   MUSEO

(av. México esq. Arroyo; entrada 2 CUC; ☺9.00-17.00) Museo secundario alojado en la vieja estación de trenes de Cristina (1859). Contiene una nutrida colección de señales y equipos de comunicación, así como locomotoras antiguas y un resumen de la historia ferroviaria de Cuba. Es posible dar paseos en tren previa cita.

AVENIDA DE LAS MISIONES

Edificio Bacardí   LUGAR EMBLEMÁTICO
(plano p. 66; av. Misiones, entre Empedrado y San Juan de Dios; ☺ variable) Terminado en 1929, supone un triunfo de la arquitectura *art déco* con una amplísima variedad de espléndidos acabados. Encerrado por otros edificios, es difícil tener una vista general de la estructura desde la calle, aunque la opulenta torre puede verse desde toda La Habana. Hay un bar en el vestíbulo y, por 1 CUC, se puede subir a la torre para gozar de una panorámica a vista de pájaro.

Iglesia del Santo Ángel Custodio   IGLESIA
(plano p. 66; Compostela 2; ☺durante la misa 7.15 ma, mi y vi, 18.00 ju, sa y do) Originariamente construida en 1695, esta iglesia fue golpeada por un feroz huracán en 1846, tras lo cual fue reconstruida al completo en estilo neogótico. Entre los personajes históricos y literarios que pasaron por ella se cuentan el novelista cubano del s. xix Cirilo Villaverde, que ubicó allí el escenario principal de su novela *Cecilia Valdés,* Félix Varela y José Martí, que fueron bautizados en 1788 y 1853 respectivamente.

La iglesia ha sido restaurada, al igual que la pequeña plaza colonial, denominada plazuela del Santo Ángel, ahora embellecida con una estatua, un restaurante particular y un estudio de artistas.

◉ Parque Histórico Militar Morro-Cabaña

Las vistas panorámicas de La Habana desde la orilla opuesta de la bahía son espectaculares, y una excursión a las dos viejas fortalezas del Parque Histórico Militar Morro-Cabaña es obligada. A pesar de su emplazamiento al otro lado del puerto, ambas figuran en el lugar de La Habana Vieja declarado Patrimonio Mundial de la Unesco. El atardecer es un buen momento para visitarlas, ya que puede asistirse a la emblemática ceremonia del cañonazo.

Para llegar a las fortificaciones se pueden tomar los metrobuses P-15, P-8 o P-11 (hay que bajar en la primera parada después del túnel). Conviene estar cerca de la puerta de salida, pues se apea muy poca gente. Un taxi

con taxímetro desde La Habana Vieja cuesta unos 4 CUC. Otra alternativa es el ferri *Casablanca,* que zarpa de la avenida Carlos Manuel de Céspedes, en La Habana Vieja. Desde la llegada del *Casablanca* hay que tomar la calle hacia arriba hasta la enorme estatua de Cristo, donde hay que torcer a la izquierda y atravesar otra calle después del Área Expositiva Crisis de Octubre. La entrada a La Cabaña está a la izquierda.

★**Castillo de los Tres Santos Reyes Magos del Morro**   FUERTE
(plano p. 76; El Morro; entrada 6 CUC; ☺8.00-20.30) Esta imponente fortaleza fue erigida entre 1589 y 1630 para proteger la entrada al puerto de La Habana de piratas e invasores extranjeros (el corsario francés Jacques de Sores había saqueado la ciudad en 1555). Encaramado en lo alto de un risco sobre el Atlántico, su forma poligonal irregular, muros de 3 m de grosor y foso profundo, constituyen un ejemplo clásico de arquitectura militar renacentista.

Durante más de un siglo, el fuerte resistió numerosos ataques de corsarios franceses, holandeses e ingleses; pero en 1762, tras 44 días de asedio, una fuerza británica de 14000 soldados capturó el Morro atacándolo desde la tierra. El famoso faro del castillo fue añadido en 1844.

Además de fantásticas vistas al mar y la ciudad, el Morro también alberga un museo marítimo (plano p. 76) que cuenta el asedio al fuerte y la rendición a los británicos en 1762 de forma fascinante, con textos y pinturas. Para subir al faro (plano p. 76; entrada 2 CUC; ☺8.00-20.00) se pagan 2 CUC adicionales.

★**Fortaleza de San Carlos de la Cabaña**   FUERTE
(plano p. 76; entrada día/noche 6/8 CUC; ☺8.00-23.00) Este coloso del s. xviii fue construido entre 1763 y 1774 en una colina, en el lado este del puerto de La Habana, para cubrir un punto débil en las defensas de la ciudad. En 1762, los británicos habían tomado La Habana, haciéndose con el control de esta colina de importancia estratégica y, desde allí, habían bombardeado la ciudad hasta su sumisión. Para evitar que la historia se repitiese, el rey Carlos III de España ordenó la construcción de una formidable fortaleza que repeliese a futuros invasores. Con 700 m de extremo a extremo y con una descomunal superficie de 10 Ha, es el fuerte colonial más grande de América.

Parque Histórico Militar Morro-Cabaña

Ⓝ 0 ▬▬▬ 200 m

Playas del Este (13km)

Vía Monumental

Batería de Velasco

Castillo de los Tres Santos Reyes Magos del Morro 6 5 1

Batería de los Doce Apóstoles

Entrada

P

Dársena de los Franceses

Mirador

9

Acuartelamiento militar

Véase "Centro Habana", p. 78

Entrada

10

Batería de la Divina Pastora

Fortaleza de San Carlos de la Cabaña 2 8 7 3

Bahía de La Habana

Observatorio Nacional

LA HABANA VIEJA

Casablanca (1km)

4

Parque Histórico Militar Morro-Cabaña

◉ Principales puntos de interés

◉ Puntos de interés

⊗ Dónde comer

Su impenetrabilidad mantuvo a raya a los intrusos aunque, durante el s. XIX, patriotas cubanos murieron a manos de pelotones de fusilamiento.

Los dictadores Machado y Batista utilizaron el fuerte como prisión militar e, inmediatamente después de la Revolución, Che Guevara montó su cuartel general dentro de las murallas para presidir otra retahíla

de truculentas ejecuciones (esta vez de oficiales del ejército de Batista).

Actualmente, la ciudadela se ha restaurado para el turismo y se puede pasar al menos un día visitándola. Hay también bares, restaurantes, puestos de recuerdos y una tienda de cigarros donde está expuesto el puro más grande del mundo. La Cabaña alberga el Museo de Fortificaciones y Armas (plano p. 76) y el apasionante Museo de la Comandancia del Che (plano p. 76). En la ceremonia del cañonazo (plano p. 76), todos los días a las 21.00, actores ataviados con uniformes militares del s. XVIII recrean el disparo de un cañón sobre el puerto. El viajero puede asistir a la ceremonia por su cuenta o en una excursión organizada.

◉ Centro Habana

Desde una ventana de un 3er piso baja una llave atada a una cuerda. Dos niños con uniformes escolares de color mostaza juegan al béisbol con un palo y una pelota de plástico. Unas ancianas con rulos esquivan un pollo descabezado que yace abandonado en una esquina, ofrenda macabra a los *orishas* (dioses de la santería). La vida en Centro Habana sigue su curso al margen del turismo, las inclemencias del tiempo o las distracciones de la era de internet. De día, este barrio tan animado y abarrotado, aunque espectacularmente ruinoso, es un microcosmos de la vida cubana en su faceta más difícil. Se trata del barrio más densamente poblado de la ciudad, con 170 000 habitantes apiñados en solo 3 km². De noche, parece el decorado de una vieja película de cine negro.

★**Capitolio Nacional**   PUNTO DE INTERÉS
(plano p. 78; Dragones esq. pº Martí; circuito sin/con guía 3/4 CUC; ⊙9.00-20.00) El incomparable Capitolio es el edificio más grandioso y ambicioso de La Habana. Fue construido a raíz del *boom* del azúcar posterior a la I Guerra Mundial (la "danza de los millones"), que proveyó al Gobierno cubano de fondos aparentemente ilimitados. De aspecto es similar al Capitolio de Washington, pero algo más alto y mucho más rico en detalles. Las obras comenzaron en 1926 por iniciativa de Gerardo Machado, dictador cubano respaldado por EE UU; hicieron falta 5000 obreros y 3 años, 2 meses y 20 días para construirlo, con un coste de 17 millones de USD.

Antiguamente era la sede del Congreso cubano pero, desde 1959, ha albergado la Academia de Ciencias y la Biblioteca Nacional de Ciencia y Tecnología.

Construida con caliza blanca de Capellanía y bloques de granito, la entrada está custodiada por seis columnas dóricas redondeadas en lo alto de una escalinata que sube desde el paseo de Martí (Prado). Una cúpula de piedra de 62 m, rematada con una réplica de la estatua de bronce del *Mercurio* que el florentino Giambologna forjó en el s. XVI para el Palazzo de Bargello, despunta en el horizonte de La Habana. En la planta inmediatamente inferior a la cúpula hay una copia de un diamante de 24 quilates. Las distancias por carretera entre La Habana y cualquier lugar del país se calculan desde este punto.

La entrada da al **Salón de los Pasos Perdidos** (llamado así por su inusual acústica), en cuyo centro se alza la estatua de la República, una enorme mujer de bronce de 11 m de altura que simboliza la mítica Virtud Tutelar del Pueblo y el Trabajo.

El Capitolio lleva tiempo en obras; conviene preguntar en Infotur (p. 120) por la situación actual y los precios de entrada.

Real Fábrica de Tabacos Partagás   EDIFICIO HISTÓRICO
(plano p. 78; Industria 520, entre Barcelona y Dragones; circuitos 10 CUC; ⊙cada 15 min 9.00-10.15 y 12.00-13.30) Es una de las fábricas de cigarros más antiguas y famosas de La Habana, fundada en 1845 por el español Jaime Partagás. Actualmente, unos 400 empleados trabajan hasta 12 h al día torciendo reconocidos puros, como Montecristo y Cohiba. En cuanto a visitas guiadas, Partagás es la fábrica más popular y fiable, aunque mucha gente encuentra las visitas demasiado aceleradas, robotizadas y un tanto artificiales.

La fábrica se hallaba en obras en el momento de escribir estas líneas, pero puede visitarse su sede temporal en la esquina de las calles San Carlos con Peñalver (Centro Habana). Las entradas deben comprarse con antelación en el vestíbulo del Hotel Saratoga (p. 99).

La Manzana de Gómez   EDIFICIO
(plano p. 78; Agramonte esq. San Rafael) Antaño elegante, este centro comercial de estilo europeo se construyó en 1910 y fue el orgullo de la alta sociedad habanera. Llegada la década de 1990, había degenerado en una versión embrujada de Gotham City, lleno de tiendas con los estantes vacíos. Posteriormente fue adquirido por un grupo hotelero suizo y se halla inmerso en el proceso de recuperar su antigua gloria, con tiendas y un hotel de cinco estrellas.

Parque de la Fraternidad   PARQUE
(plano p. 78) Este parque se fundó en 1892 para conmemorar el cuarto centenario del desembarco de los españoles en América. Unas décadas más tarde fue remodelado y rebautizado para celebrar la Conferencia Panamericana de 1927 (de ahí los muchos bustos de líderes latinoamericanos y norteamericanos que adornan las zonas verdes). En la actualidad, es la terminal de numerosas rutas de metrobús y, a veces, se le denomina Parque Jurásico, por la gran cantidad de viejos y fotogénicos automóviles estadounidenses usados como colectivos (taxis compartidos) que se congregan en el lugar.

La **fuente de la India** (plano p. 78; pº Martí), en una glorieta enfrente del parque, es una fuente de mármol de Carrara, esculpida por Giuseppe Gaggini en 1837 para el conde de Villanueva. Representa una majestuosa mujer india adornada con una corona de plumas de águila y sentada en un trono rodeado de cuatro gárgolas a modo de delfines. En una mano sostiene una cesta en forma de cuerno repleta de fruta, y en la otra, un escudo que lleva el blasón de la ciudad.

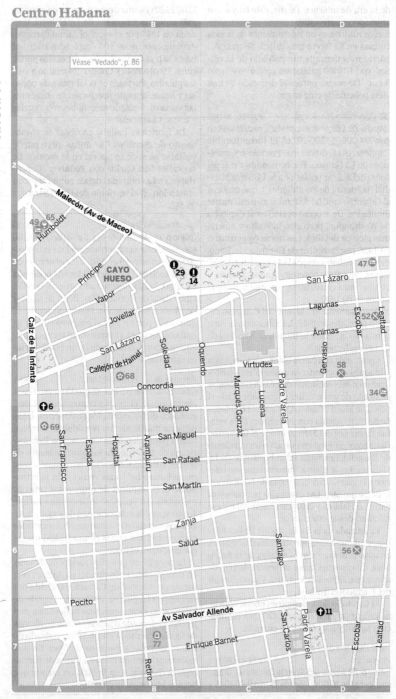

Véase "Vedado", p. 86

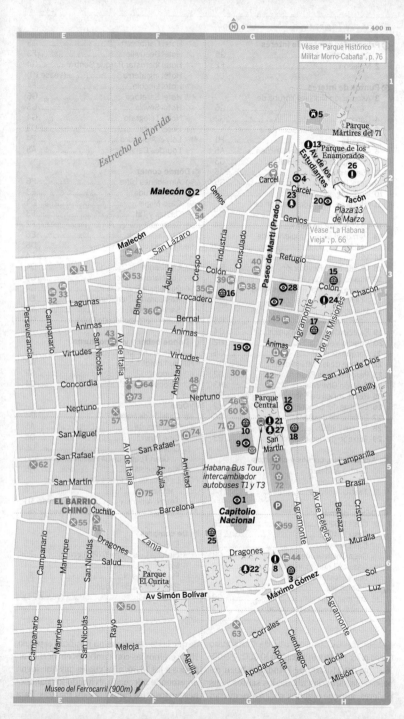

Centro Habana

Asociación Cultural Yoruba de Cuba MUSEO
(plano p. 78; p° Martí 615; entrada 10 CUC; ⊙9.00-
16.30 ma-do) Museo que brinda un buen re-
paso de la santería cubana, los santos y sus
poderes, aunque algunos viajeros se quejan
de que las exposiciones no justifican el precio.
Hay ceremonias con tambores en viernes alternos a las 16.30, a las cuales hay que ir con
un atuendo adecuado, evitando los pantalones cortos y las camisetas sin mangas. Para

grupos de dos o más personas, la entrada cuesta 6 CUC/persona.

Parque Central
PARQUE

(plano p. 78) Este diminuto parque es un bello refugio donde escapar del ruido de los autobuses y taxis que circulan por el paseo de Martí (Prado). Microcosmos de la vida cotidiana en La Habana desde hace mucho tiempo, fue ampliado a su tamaño actual a finales del s. XIX, tras derribarse las murallas de la ciudad. En su centro, la estatua de José Martí (plano p. 78), de 1905, fue la primera de las miles que se erigieron en Cuba, concretamente para conmemorar el 10º aniversario de la muerte del poeta. El monumento está rodeado de 28 palmeras que simbolizan la fecha de su nacimiento, el 28 de enero. Difícil de pasar por alto es el grupo de aficionados al béisbol que se reúne permanentemente en la famosa Esquina Caliente para hablar de tácticas y de las posibilidades de los equipos de La Habana en las eliminatorias.

Gran Teatro de la Habana
TEATRO

(plano p. 78; pº Martí 458) "Un estilo sin estilo que a la larga, por simbiosis, por amalgamamiento, se convierte en barroquismo". Así describió el novelista cubano Alejo Carpentier, aficionado ocasional a la arquitectura, el ornamentado Centro Gallego, erigido como club social gallego entre 1907 y 1914 en estilo neobarroco. Tras resistir el paso del tiempo, el teatro fue reformado en el 2013-2014 y hoy reluce de nuevo en el Parque Central. En la taquilla informan sobre las vistas guiadas.

El Centro Gallego original se construyó en torno al Teatro Tacón, que se había inaugurado en 1838 con cinco bailes de máscaras de carnaval. Esta conexión sustenta la afirmación de que el recinto es el teatro en funcionamiento más antiguo del hemisferio occidental (el aforo es de 2000 espectadores). Dejando la historia al margen, la arquitectura, al igual que muchas de las actuaciones los fines de semana, es genial.

Hotel Inglaterra
EDIFICIO HISTÓRICO

(plano p. 78; pº Martí 416) El hotel más antiguo de La Habana abrió sus puertas en 1856 en el solar de un frecuentado bar llamado El Louvre (el bar al aire libre del hotel aún lleva este nombre). Mirando al Parque Central, el edificio exhibe trazos del diseño neoclásico, a la sazón en boga, si bien la decoración interior es de clara influencia mudéjar. Durante un banquete en 1879, José Martí pronunció un discurso abogando por la independencia de Cuba y, mucho más tarde, periodistas de EE UU que cubrían la Guerra Hispano-Estadounidense se alojaron en el hotel.

Detrás se encuentra la calle San Rafael, con múltiples puestos de comida rápida donde se paga con pesos cubanos, centros comerciales de la década de 1950 y cines, lo que da una perspectiva inmediata de la vida en la económicamente desfavorecida Cuba.

★ Museo Nacional de Bellas Artes
MUSEO

(www.bellasartes.cult.cu; entrada conjunta 8 CUC) Cuba cuenta con una gran cultura artística y en este museo se puede pasar un día entero viendo de todo, desde cerámica griega hasta *pop art* cubano.

Situado dentro del fabulosamente ecléctico Centro Asturiano –una obra de arte en sí mismo–, el Museo Nacional de Bellas Artes-Arte Universal (plano p. 78; San Rafael, entre av. Misiones y Agramonte; entrada 5 CUC, hasta 14 años gratis; ☺9.00-17.00 ma-sa, 10.00-14.00 do) exhibe, en tres plantas, arte internacional desde el 500 a.C. hasta el presente. Algunos elementos destacados son una amplia colección española (con un lienzo de El Greco), mosaicos romanos de unos 2000 años de antigüedad, ollas griegas del s. v a.C. y un refinado lienzo de Gainsborough (en la sala británica).

Dos manzanas más allá, el Museo Nacional de Bellas Artes-Arte Cubano (plano p. 78; Trocadero, entre Agramonte y av. Misiones; entrada 5 CUC, hasta 14 años gratis; ☺9.00-17.00 ma-sa, 10.00-14.00 do) contiene únicamente arte autóctono; si se dispone de poco tiempo, es el mejor de los dos museos. Las obras se exhiben por orden cronológico, empezando por la 3ª planta, y son sorprendentemente variadas. Artistas destacados son Guillermo Collazo, considerado el primer gran artista cubano; Rafael Blanco, con sus pinturas y esbozos tipo viñeta; Raúl Martínez, un maestro del *pop art* cubano de la década de 1960; y Wifredo Lam, cuyo estilo recuerda a Picasso.

Museo de la Revolución
MUSEO

(plano p. 78; Refugio 1; adultos/niños 8/4 CUC, cámara 2 CUC; ☺9.00-17.00) Ocupa el antiguo palacio presidencial, que se construyó entre 1913 y 1920 y fue usado por una sucesión de estadistas cubanos malversadores de fondos, el último de ellos Fulgencio Batista. La famosa casa Tiffany's de Nueva York decoró el interior, y el reluciente salón de los Espejos se diseñó a semejanza de la sala homónima del palacio de Versalles.

El museo desciende por orden cronológico desde la última planta, empezando con la cultura precolombina de Cuba hasta llegar al régimen socialista actual (con mucha propaganda). Las salas del piso inferior cuentan con interesantes exposiciones sobre el asalto al Moncada en 1953 y la vida del Che Guevara, y pone de manifiesto la inclinación cubana por exhibir uniformes militares manchados de sangre. Delante del edificio hay un fragmento de la antigua muralla de la ciudad, así como un tanque SAU-100 usado por Castro durante la batalla de la bahía de Cochinos en 1961.

En el espacio posterior está el **Pabellón Granma** (plano p. 78), un homenaje al barco de 18 m que trasladó a Fidel Castro y a 81 revolucionarios más desde Tuxpán (México) hasta Cuba, en diciembre de 1956. El yate está dentro de una urna de cristal, vigilado las 24 h, quizá para evitar que alguien irrumpa y zarpe con él rumbo a Florida. El pabellón está rodeado de otros vehículos asociados a la Revolución y es accesible desde el Museo de la Revolución.

Paseo de Martí (Prado) CALLE

La construcción de este majestuoso paseo, la primera avenida fuera de los viejos muros de la ciudad, duró entre 1770 y mediados de la década de 1830, durante el mandato del capitán general Miguel Tacón (1834-1838). La idea original era crear un paseo como los de París o Barcelona (el Prado se inspira bastante en La Rambla). Los famosos leones de bronce que vigilan el paseo a ambos extremos se añadieron en 1928.

Edificios emblemáticos son el neorrenacentista **palacio de los Matrimonios** (plano p. 78; p° Martí 302), el moderno **Teatro Fausto** (plano p. 78; p° Martí esq. Colón) y también la neoclásica **Escuela Nacional de Ballet** (plano p. 78; p° Martí esq. Trocadero), heredera de la famosa academia de la bailarina Alicia Alonso.

Hoy en día, el Prado alberga un respetado mercado de arte al aire libre los fines de semana e innumerables partidos de fútbol improvisados entre semana.

Aunque el nombre oficial de la calle es paseo de Martí, casi todo el mundo la sigue llamando por su antiguo nombre, "Prado".

Estatua del General Máximo Gómez MONUMENTO

(plano p. 78; Malecón esq. p° Martí) La impresionante estatua ecuestre, más bien majestuosa, está situada en una amplia isla peatonal frente a la boca del puerto, a mano derecha. Gó-

mez fue un héroe de guerra de la República Dominicana que luchó incansablemente por la independencia de Cuba en los conflictos de 1868 y de 1895 contra los españoles. Es obra del artista italiano Aldo Gamba en 1935 y mira heroicamente al mar.

Museo Lezama Lima MUSEO

(plano p. 78; Trocadero 162 esq. Industria; circuito con/sin guía 2/1 CUC; ☉9.00-17.00 ma-sa, 9.00-13.00 do) La modesta casa del hombre de letras cubano José Lezama Lima, repleta de libros, es parada obligatoria para todo el que quiera entender la literatura cubana más allá de Hemingway. Su gran obra fue el clásico *Paradiso*, que, en su mayor parte, escribió en este lugar.

Parque de los Enamorados PARQUE

(plano p. 78) Rodeado de tráfico, conserva una parte de la **cárcel** colonial (plano p. 78) o prisión de Tacón (1838), donde fueron encarcelados muchos patriotas cubanos, entre ellos José Martí.

La prisión, un lugar horrible desde el que se enviaban prisioneros a realizar trabajos forzados en la cercana cantera de San Lázaro, fue finalmente derribada en 1939 y sustituida por este parque dedicado a la memoria de quienes sufrieron entre sus muros. Dos diminutas celdas y una capilla también pequeña es todo lo que queda. El bonito edificio en forma de tarta nupcial (*art nouveau* con un toque de eclecticismo) situado detrás del parque, y donde ondea la bandera española, es el antiguo **palacio Velasco** (plano p. 78), de 1912, que hoy alberga la sede de la embajada de España.

Más allá, sobre una isleta, se encuentra el **memorial a los Estudiantes de Medicina** (plano p. 78), un fragmento de pared rodeado de mármol que señala el lugar donde ocho estudiantes cubanos fueron fusilados en 1871 como represalia por haber profanado presuntamente la tumba de un periodista español.

Castillo de San Salvador de la Punta FORTALEZA

(plano p. 78; museo 6 CUC; ☉ 10.00-18.00 mi-do) La Punta, una de las cuatro fortalezas que defiende el puerto de La Habana, fue diseñada por el ingeniero militar italiano Giovanni Bautista Antonelli y construida entre 1589 y 1600. Durante la era colonial, cada noche se extendía una cadena de 250 m de largo hasta el castillo de El Morro para cerrar la boca del puerto a los barcos.

El museo del castillo exhibe objetos de flotas españolas hundidas, así como una colección de maquetas de barcos e información sobre el comercio de esclavos.

Barrio Chino
BARRIO

Uno de los barrios chinos más surrealistas del mundo es el de La Habana, característico por la gran falta de chinos, quienes, en su mayoría, lo abandonaron en cuanto Fidel Castro pronunció la palabra socialismo. De todas maneras, merece la pena pasearse por allí por su novedad y por la cantidad de buenos restaurantes.

Los primeros chinos llegaron como trabajadores contratados a la isla a finales de la década de 1840 para llenar los huecos dejados por el declive del comercio de esclavos transatlántico. En la década de 1920, el Barrio Chino de La Habana había crecido hasta convertirse en el barrio asiático más grande de América Latina, con sus propias lavanderías, farmacias, teatros y tiendas de comestibles. La decadencia empezó a principios de la década de 1960, cuando miles de emprendedores chinos emigraron a EE UU. Reconociendo el potencial turístico de la zona, en la década de 1990 el Gobierno cubano invirtió dinero y recursos en rejuvenecer el marcado carácter histórico del barrio, con carteles de calles bilingües, un gran arco en forma de pagoda en la entrada de la calle Dragones e incentivos para que empresarios chinos abriesen restaurantes. Hoy en día, casi toda la acción se centra en la calle Cuchillo y las colindantes.

Iglesia del Sagrado Corazón de Jesús
IGLESIA

(plano p. 78; av. Simón Bolívar, entre Gervasio y Padre Varela; ⊘variable) Esta inspiradora creación de mármol con un característico campanario blanco está un poco alejada, pero merece la pena el paseo. Es uno de los pocos edificios góticos de Cuba. Con razón, esta iglesia es famosa por sus magníficos vitrales tintados. La luz que penetra por los aleros a primera hora de la mañana, cuando está vacía, confiere al lugar un ambiente etéreo.

Convento e iglesia del Carmen
IGLESIA

(plano p. 78; calz. Infanta esq. Neptuno; ⊘7.30-12.00 y 15.00-19.00 ma-do) ¿Podría ser esta la iglesia más bonita de Cuba? De ser así, es una suerte que tan pocos la conozcan. El alto campanario domina el horizonte de Centro Habana y está coronado por una enorme estatua de Nuestra Señora del Carmen; pero los verda-

---

EL INTERLUDIO BRITÁNICO

En 1762, España, arriesgándolo todo en uno de los conflictos coloniales más grandes de Europa, se unió a Francia contra los británicos en la que se conocería como Guerra de los Siete Años. Para su destacada colonia de Cuba supuso un fatal presagio. La impresionante Marina británica, presintiendo la oportunidad para interrumpir el lucrativo comercio que el Imperio español mantenía en el Caribe, se presentó sin avisar en la costa de La Habana el 6 de junio de 1762 con más de 50 barcos y 20 000 hombres (la flota transatlántica más grande reunida hasta entonces), con la intención de romper el supuestamente impenetrable castillo de El Morro y convertir así a la ciudad y a Cuba en una colonia británica.

Bajo el mando del tercer conde de Albemarle, los británicos sorprendieron a los españoles fuera de juego, desembarcaron a 12 000 hombres cerca del pueblo de Cojímar sin ninguna baja y marcharon sobre la cercana Guanabacoa, donde establecieron un importante campo base y de avituallamiento. Tras un ataque marítimo fallido a El Morro (el castillo era muy alto para los cañones británicos), Albemarle decidió atacar el castillo desde atrás y su armada construyó bastiones en la desprotegida colina de La Cabaña, en el costado este del puerto. Desde allí, los británicos bombardearon sin parar los muros de la fortaleza hasta que, tras 44 días de asedio, los valientes pero desmoralizados españoles izaron la bandera blanca. Con El Morro perdido, solo era cuestión de tiempo que la amurallada ciudad de La Habana cayera. Desde el castillo conquistado, los británicos lanzaron cañonazos, a través del puerto, al fuerte de La Punta hasta que la ciudad dio señales de rendición, el 13 de agosto de 1762. La victoria no podía haber llegado antes. Aunque las bajas militares británicas fueron pocas, habían perdido más de 4000 hombres por enfermedades tropicales, principalmente la fiebre amarilla.

La ocupación británica resultó breve pero incisiva. En 11 meses, concluida la Guerra de los Siete Años con el Tratado de París, los británicos eligieron cambiar Cuba por la colonia española de Florida, que haría de parapeto ante sus colonias americanas del norte.

deros tesoros se encuentran dentro: ricas baldosas de estilo sevillano, un altar dorado, tallas ornamentadas de madera y un torbellino de frescos. Sin embargo, data de 1923 nada más, cuando fue construida para la orden carmelita. Se considera de estilo "ecléctico".

Monumento a Antonio Maceo MONUMENTO (plano p. 78) A la sombra del Hospital Nacional Hermanos Ameijeiras, un hospital de 24 plantas de la era soviética construido en 1980, se encuentra esta representación en bronce del general mulato protagonista de la I Guerra de Independencia. El cercano **torreón de San Lázaro** (plano p. 78; Malecón esq. Vapor) es una torre de vigilancia del s. XVIII que no tardó en caer en poder de los británicos durante la invasión de 1762.

👁 Vedado

Conocido oficialmente como el distrito de Plaza de la Revolución, el Vedado, es el núcleo comercial de La Habana y el barrio residencial por antonomasia, más viejo que Playa pero más nuevo que Centro Habana. Las primeras casas de este antiguo bosque protegido se construyeron en la década de 1860, aunque el verdadero crecimiento se produjo en la de 1920 y siguió hasta la de 1950.

Trazado como una cuadrícula casi perfecta, el Vedado tiene un mayor aire norteamericano que otras zonas de la capital cubana, y su pequeño grupo de rascacielos –inspirados en los gigantes *art déco* de Miami y Nueva York– son básicamente producto del idilio de Cuba con EE UU en la década de 1950.

Durante los años cuarenta y cincuenta, el Vedado era un lugar de mala prensa donde el juego alcanzó su embriagador clímax. El Hotel Nacional poseía un casino al estilo de Las Vegas, el elegante Hotel Riviera era territorio del influyente gángster Meyer Lansky y el Hotel Capri lo dirigía con maestría el actor de Hollywood (y exmiembro del hampa) George Raft. Pero todo cambió en enero de 1959 cuando Fidel Castro entró con su ejército de rebeldes y montó su base en la planta 24ª del flamante Hotel Habana Hilton (rápidamente rebautizado como Habana Libre).

Hoy, el Vedado tiene una población de aproximadamente 175 000 habitantes y en sus verdes zonas residenciales se suceden multitud de teatros, locales nocturnos y restaurantes. Seccionada en dos por la calles G y el Paseo, su cuadrícula se ve adornada por un puñado de agradables parques y la enorme plaza de la Revolución, diseñada en la década de 1950, durante la era de Batista.

Hotel Nacional EDIFICIO HISTÓRICO (plano p. 86; calle O esq. 21; ☺ circuitos gratuitos 10.00 y 15.00 lu-sa) Construido en 1930 a imagen del Breakers Hotel de Palm Beach (Florida), es un edificio ecléctico que mezcla *art déco* y neoclasicismo. Se trata de un monumento nacional y uno de los emblemas arquitectónicos de La Habana.

Su notoriedad se consolidó en octubre de 1933, cuando tras el golpe de Fulgencio Batista, que depuso el régimen de Gerardo Machado, 300 oficiales se refugiaron en el edificio con la esperanza de obtener el favor del embajador de EE UU Sumner Wells, que se alojaba allí. Para disgusto de los oficiales, Wells se marchó enseguida, dejando que las tropas de Batista abrieran fuego en el hotel, lo que acabó con la vida de 14 de ellos e hirió a siete. Otros fueron ejecutados más tarde tras su rendición.

En diciembre de 1946, el hotel adquirió otra clase de fama cuando los gángsteres estadounidenses Meyer Lansky y Lucky Luciano celebraron la mayor reunión de miembros de la mafia norteamericana, reunidos en el lugar con la excusa de asistir a un concierto de Frank Sinatra.

Hoy en día, el hotel tiene una mejor reputación y el otrora famoso casino hace tiempo que desapareció, aunque el *kitsch* Cabaret Parisién sigue siendo popular. Las personas que no se alojen en el hotel pueden entrar a admirar el vestíbulo neomudéjar, pasear por los jardines con vistas al Malecón o apuntarse a una **visita guiada** gratuita (10.00 y 15.00 diario excepto do).

Hotel Habana Libre EDIFICIO (plano p. 86; calle L, entre calles 23 y 25) Este clásico hotel modernista –el antiguo Habana Hilton– fue tomado por los revolucionarios de Castro en 1959, apenas nueve meses después de su inauguración, y rebautizado como Habana Libre. Durante los primeros meses de la Revolución, Fidel gobernó el país desde una lujosa suite de la planta 24ª.

En la fachada del edificio hay un mural de cerámica de 670 m², obra de Amelia Peláez, mientras que el *Carro de la Revolución* de Alfredo Sosa Bravo utiliza 525 piezas de cerámica. El hotel cuenta con buenas tiendas y una interesante galería de fotografías en el interior, con instantáneas de los barbudos repanchingados con sus metralletas en el vestíbulo, en enero de 1959.

COMPRENDER A JOSÉ MARTÍ

"Dos patrias tengo yo: Cuba y la noche", escribió en 1882 José Martí, poeta, periodista, filósofo y hombre polifacético, resumiendo perfectamente las dicotomías de la Cuba de finales del s. XIX. Sus palabras son tan relevantes hoy como hace 130 años.

Irónicamente, Martí –el cerebro de la II Guerra de Independencia cubana– es la única figura que une a todos los cubanos del mundo, una potente fuerza unificadora en un país muy dividido por la política, la economía y 150 km de mar infestado de tiburones.

Nacido en La Habana en 1851, Martí pasó más de la mitad de su vida fuera del país que profesaba amar, en un exilio intermitente que le llevó a España, Guatemala, Venezuela y EE UU. Pero su ausencia era lo de menos; lo importante eran sus palabras e ideas. Excelente comentarista político y maestro del aforismo, fue, en muchos aspectos, el responsable de formar la identidad cubana moderna y su sueño de autodeterminación. Hoy es difícil encontrar a un cubano que no sepa recitar con elocuencia estrofas de sus poemas, o una ciudad o pueblo de Cuba que no tenga una estatua o una plaza dedicada a él. El homenaje se extiende a la colonia de exiliados en EE UU, donde los cubanos han puesto su nombre a una emisora de radio. En realidad, Martí es venerado en todo el continente americano, donde a menudo se le considera el sucesor ideológico de Simón Bolívar.

Una comprensión básica de la figura de Martí y su trascendental influencia es crucial para entender la Cuba contemporánea. La Habana, su ciudad natal, está llena de monumentos emotivos, pero también hay enclaves importantes en otros lugares. Los sitios imprescindibles son:

Memorial a José Martí (p. 90) Esta enorme torre (la más alta de La Habana) tiene una estatua del Maestro a sus pies y un completo museo dentro.

Museo-Casa Natal de José Martí (p. 74) La casa natal del héroe nacional es modesta, pero está cuidada con amor.

Museo Finca el Abra (p. 163) Pequeña y conmovedora casa en la Isla de la Juventud, donde Martí estuvo encarcelado brevemente en 1870.

Cementerio Santa Ifigenia (p. 410) El bello mausoleo del apóstol en Santiago de Cuba tiene una espectacular ceremonia de cambio de guardia cada media hora.

Obelisco de Dos Ríos (p. 387) Monumento sencillo pero adecuado, que señala el lugar donde murió Martí en 1895, en una batalla cerca de Bayamo.

Edificio Focsa LUGAR EMBLEMÁTICO
(plano p. 86; calle 17 esq. M) Inconfundible en el horizonte de La Habana, este edificio modernista se construyó entre 1954 y 1956 en tan solo 28 meses, utilizando para ello tecnología informática pionera. En 1999 fue declarado una de las siete maravillas de la ingeniería moderna de Cuba. Con 39 plantas y 373 apartamentos, tras su conclusión en junio de 1956 era la segunda mayor estructura de cemento de su clase del mundo, construida en su totalidad sin el uso de grúas. A principios de la década de 1990, las plantas superiores se convirtieron en nidos de buitres y, en el 2000, murió una persona tras romperse el cable de un ascensor. Nuevamente reformado tras un proyecto de restauración, en la actualidad contiene apartamentos residenciales y, en la última planta, el restaurante La Torre (p. 108), uno de los más famosos de la urbe.

Universidad de La Habana UNIVERSIDAD
(plano p. 86; calle L esq. San Lázaro) Fundada por monjes dominicos en 1728 y secularizada en 1842, la Universidad de La Habana inició sus días en La Habana Vieja, antes de trasladarse a su ubicación actual en 1902. El complejo neoclásico existente data del segundo cuarto del s. XX y hoy 30 000 estudiantes siguen cursos en ciencias, humanidades, ciencias naturales, matemáticas y económicas.

Encaramada a una colina del Vedado, en lo alto de la famosa escalinata, cerca de la estatua 'Alma Mater', el patio interior de la universidad, la plaza Ignacio Agramonte, exhibe un tanque capturado por los rebeldes castristas en 1958. Enfrente se halla la librería Alma Mater y, a la izquierda, el Museo de Historia Natural Felipe Poey (plano p. 86; entrada 1 CUC; ⊙ 9.00-12.00 y 13.00-16.00 lu-vi sep-jul), el más antiguo de Cuba, fundado en 1874

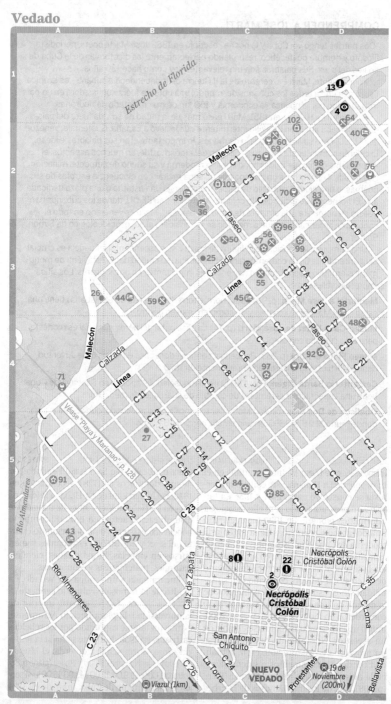

LA HABANA

Estrecho de Florida

Malecón

Paseo

Calzada

Línea

Malecón

Calzada

Línea

Río Almendares

Río Almendares

Véase "Playa y Marianao" p. 128

Necrópolis Cristóbal Colón

Necrópolis Cristóbal Colón

San Antonio Chiquito

NUEVO VEDADO

Viazul (1km)

19 de Noviembre (200m)

Protestantes

Bellavista

La Torre

Calz de Zapata

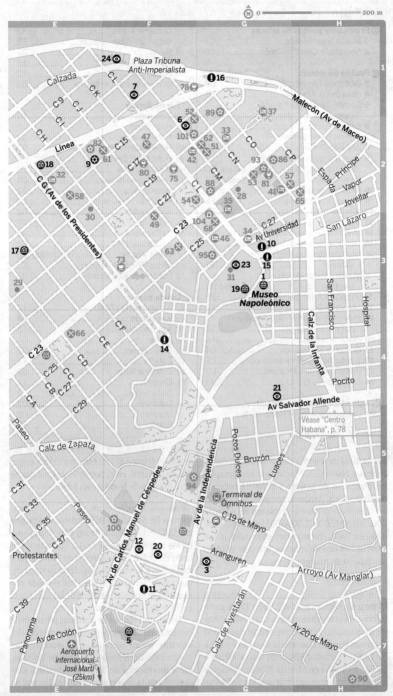

⊕ N 0 ━━━━━━ 500 m

24 ⊚ — Plaza Tribuna Anti-Imperialista

Calzada

C.L

7 ⊚

C.K

C.9
C.J
C.I
C.H

Línea

C.G (Av de los Presidentes)

18 🏛

9 ✡

82
61

32

58

30

73

29

66

C.F
C.E
C.D
C.C
C.B
C.27

17 🏛

C.23
C.25

C.A

Paseo

Calz de Zapata

C.31
C.33
C.35
C.37

Paseo

Protestantes

C.39

Panorama

Av de Colón

Aeropuerto
internacional
José Martí
(25km)

5 🏛

11 🚻

12 ⊚
20 ⊚

3 ⊚

100

94

Av de Carlos Manuel de Céspedes

Av de la Independencia

Terminal de
Ómnibus

C.19 de Mayo

Aranguren

Pozos Dulces

Bruzón

Luaces

Calz de Ayestarán

Av 20 de Mayo

Arroyo (Av Manglar)

90 🎭

21 ⊚
Av Salvador Allende

Véase "Centro
Habana", p. 78

14 🚻

Museo
Napoleónico

19 🏛

1 🏛

15 🚻

23 ⊚
31

10 🚻

63
95
46
68
104
34
Av Universidad
C.27
C.23
C.25
49
54
C.21
88
35
28
C.L
C.M
75
80
C.19
C.17
47
101
42
62
51
33
6 ⊚
52
89
C.N
C.O
93
53
81
41
57
65
86
P
C.P
Príncipe
Espada
Vapor
Jovellar
San Lázaro
Av de la Infanta
San Francisco
Hospital
Pocito
Calz de la Infanta

Malecón (Av de Maceo)

37
78

16 🚻

Calle
C.15

16

Vedado

por la Real Academia de Ciencias Médicas, Físicas y Naturales. Muchos de los ejemplares disecados de la flora y la fauna cubanas datan del s. XIX. Arriba se encuentra el Museo Antropológico Montané (plano p. 86; entrada 1 CUC; ⊙ 9.00-12.00 y 13.00-16.00 lu-vi sep-jul), fundado en 1903, con una rica colección de objetos indios precolombinos, incluido el Ídolo del Tabaco de madera, del s. X.

Monumento a Julio Antonio Mella   MONUMENTO

(plano p. 86; Neptuno esq. San Lázaro) En la parte inferior de la escalinata de la universidad hay un monumento al líder estudiantil que fundó el primer Partido Comunista Cubano en 1925. En 1929, el dictador Machado hizo asesinar a Mella en Ciudad de México. Más interesantes que el propio monumento son los retratos de Mella (plano p. 86) en blanco y negro, colgados en la pared, en el pequeño parque que se abre delante de la calle San Lázaro.

★ Museo Napoleónico   MUSEO
(plano p. 86; San Miguel 1159; circuitos sin/con guía 3/5 CUC; ⊙ 9.00-16.30 ma-sa) Sin duda, uno de los mejores museos de La Habana y, por ende, de Cuba. Esta colección de 7000 objetos asociados a la vida de Napoleón Bonaparte, magníficamente expuestos, fue reunida por el barón del azúcar cubano, Julio Lobo, y el político Orestes Ferrara.

Destacan esbozos de Voltaire, pinturas de la batalla de Waterloo, porcelana, mobiliario, una interesante recreación del estudio y del dormitorio de Napoleón y una de las máscaras mortuorias de bronce hechas dos días después de la muerte del emperador por su médico personal, el doctor Francisco Antommarchi. Está distribuido en cuatro pisos de una bonita mansión del Vedado, al lado de la universidad, y domina unas vistas espectaculares desde la terraza del 4º piso.

Museo de Artes Decorativas MUSEO
(plano p. 86; calle 17 502, entre calles D y E; entrada 3 CUC; ⊙11.00-19.00 ma-sa) Si se está en el barrio de Vedado, vale la pena visitar este museo, que contiene lujosas piezas rococó, orientales y *art déco*. Igual de interesante es el propio edificio, de diseño francés, encargado en 1924 por la acaudalada familia Gómez (que también construyó el centro comercial Manzana de Gómez, en Centro Habana).

Museo de Danza MUSEO
(plano p. 86; Línea 365; entrada 2 CUC; ⊙10.00-17.00 lu-sa) Un espacio de exposiciones bien distri-

buido en una mansión ecléctica de Vedado. Recoge objetos relacionados con la rica historia de la danza en Cuba, muchos de ellos procedentes de la colección de la exbailarina Alicia Alonso.

Plaza de la Revolución PLAZA
(plano p. 86) Concebida por el urbanista francés Jean Claude Forestier en la década de 1920, esta gigantesca plaza (conocida como Plaza Cívica hasta 1959) formaba parte de la "nueva ciudad" de La Habana, urbanizada entre 1920 y 1959. Como punto de unión del ambicioso plan de Forestier, fue construida en una pequeña colina (la loma de los Catalanes) al estilo de la plaza de l'Étoile de París, con varias avenidas que se dispersan hacia el río Almendares, el Vedado y el parque de la Fraternidad en Centro Habana.

Rodeada de edificios grises y utilitarios, construidos a finales de los años cincuenta, hoy la plaza es la sede del Gobierno cubano y lugar de celebración de las grandes concentraciones políticas. En enero de 1998, un millón de personas (casi una décima parte de la población cubana) se dio cita en ella para oír al papa Juan Pablo II decir misa.

El feo bloque de cemento del flanco norte es el Ministerio del Interior (plano p. 86; pza. Revolución), famoso por su enorme mural de Che Guevara (una copia de la famosa fotografía de Alberto Korda tomada en 1960) con las palabras "Hasta la Victoria Siempre" estampadas debajo. En el 2009 se añadió una imagen similar del otro guerrillero heroico de Cuba, Camilo Cienfuegos, en el edificio de telecomunicaciones colindante. Le acompaña el lema "Vas bien Fidel".

En el lado este se encuentra la Biblioteca Nacional José Martí (plano p. 86; gratis; ⊗8.00-21.45 lu-sa), de 1957, que cuenta con una exposición de fotografía en el vestíbulo, mientras que en el oeste está el Teatro Nacional de Cuba (p. 114).

Escondido detrás del Memorial a José Martí están las oficinas administrativas oficiales, dentro del fuertemente custodiado Comité Central del Partido Comunista de Cuba (plano p. 86; pza. Revolución).

Memorial a José Martí   MONUMENTO
(plano p. 86; pza. Revolución; entrada 5 CUC; ⊗9.30-17.00 lu-sa) En el centro de la plaza de la Revolución se encuentra este monumento que, con 138,5 m de altura, es la estructura más alta de La Habana. Delante se levanta una estatua de mármol de 17 m que representa a Martí sentado, en pose pensativa. El memorial contiene un museo –la palabra definitiva sobre Martí en Cuba– y un mirador a 129 m de altura con vistas fantásticas de la ciudad, al que se sube en un ascensor que cuesta 2 CUC (averiado cuando se preparaban estas páginas).

Quinta de los Molinos   LUGAR EMBLEMÁTICO
(plano p. 86; av. Salvador Allende esq. Luaces) Antigua residencia del general Máximo Gómez, situada en un jardín botánico, en antiguos terrenos de la Universidad de La Habana. La residencia y los jardines parecen estar encallados en un proyecto de reforma perpetuo, con promesas de un nuevo museo y un renovado botánico, en un futuro siempre lejano. Los vigilantes no son muy estrictos y quizá permitan pasear entre las plantas.

★ **Necrópolis Cristóbal Colón**   CEMENTERIO
(plano p. 86; entrada 5 CUC; ⊗8.00-17.00) Descrito en cierta ocasión como "un ejercicio de excesos piadosos", resulta ser uno de los cementerios más grandes de América y un monumento nacional. Es célebre por su llamativa iconografía religiosa y sus elaboradas estatuas de mármol. Lejos de parecer inquietante, un recorrido por sus 56 Ha puede considerarse un pedagógico y emotivo paseo por los anales de la historia cubana. En la entrada se vende una guía con un plano detallado (5 CUC).

Nada más traspasar la neorrománica puerta norte (1870) aparece a la derecha la tumba del general Máximo Gómez (1905) líder de la independencia (repárese en el rostro de bronce en un medallón circular). Más adelante, pasado el primer círculo, también a la derecha, está el monumento a los bomberos (1890) y la neorrománica Capilla Central (1886), en el centro del cementerio.

Al noreste de la capilla se encuentra la tumba más famosa (y visitada), la de Amelia Goyri (plano p. 86; calle 1 esq. F), más conocida como La Milagrosa, que murió al dar a luz el 3 de mayo de 1901. La figura de mármol de una mujer con una gran cruz y un bebé en sus brazos es fácil de identificar por la multitud de flores y de devotos que congrega. Durante muchos años, tras su muerte, su destrozado esposo visitaba la tumba varias veces al día. Siempre llamaba con una de las cuatro argollas de hierro del panteón y caminaba hacia atrás para poder verla el mayor rato posible. Cuando los cuerpos fueron exhumados años más tarde, el de Amelia estaba intacto (un signo de santidad, según la fe católica), y el bebé, que había sido enterrado a los pies de su madre, fue hallado, al parecer, en sus brazos. A resultas de ello, La Milagrosa pasó a ser objeto de un enorme culto espiritual en Cuba y miles de personas acuden al lugar cada año con regalos, en la esperanza de cumplir sus sueños o resolver problemas. Como manda la tradición, los peregrinos llaman al panteón con la argolla de hierro y marchan hacia atrás cuando se van.

También vale la pena buscar la tumba del líder del Partido Ortodoxo Eduardo Chibás (plano p. 86; calle 8 entre E y F). Durante los años cuarenta y principios de los cincuenta, Chibás fue un infatigable luchador contra la corrupción política y, como protesta, se suicidó durante un programa radiofónico en 1951. En su entierro, un joven activista del Partido Ortodoxo, llamado Fidel Castro, saltó sobre la tumba de Chibás y pronunció un severo discurso, denunciando al viejo estamento político, lo que supuso el debú del cubano más influyente del s. XX.

También se recomienda buscar las tumbas del novelista Alejo Carpentier (1904-1980), del científico Carlos Finlay (1833-1915), de los mártires del *Granma* y de los veteranos de las guerras de independencia.

★ Malecón CALLE

(plano p. 78) El evocador paseo marítimo de La Habana, de 8 km de largo, es una de las avenidas más auténticas de la ciudad y representa la quintaesencia cubana.

Tradicional punto de reunión de amantes, filósofos, poetas, trovadores nómadas, pescadores y melancólicos que miran a Florida, el ambiente del Malecón es especialmente intenso al atardecer, cuando la débil luz amarilla procedente del Vedado se filtra cual tenue antorcha hacia los edificios de Centro Habana, confiriendo a las desvencijadas fachadas un marcado carácter etéreo.

Diseñado a principios del s. XX como paseo marítimo para recreo de las clases medias, el Malecón se expandió veloz hacia el lado este durante la primera década del siglo, con una ecléctica arquitectura que combinaba el vetusto estilo neoclásico con el caprichoso *art nouveau*. En la década de 1920, la avenida había alcanzado el límite exterior del floreciente Vedado, y a principios de la de 1950 se había convertido en una concurrida avenida de seis carriles que transportaban riadas de Buick y Chevrolet desde el castillo de San Salvador de la Punta a los confines de Miramar.

Actualmente el Malecón sigue siendo el mejor teatro al aire libre de La Habana, un verdadero "cabaré de los pobres" donde toda la ciudad acude para encontrarse, saludarse, salir y debatir.

Mientras libran una batalla contra los efectos corrosivos del océano, muchos de los majestuosos edificios del paseo se enfrentan a la decrepitud, a su demolición o a daños irreparables. Para combatir el problema, la Oficina del Historiador de la Ciudad ha dado a 14 manzanas del Malecón una categoría especial, en un intento por frenar el desgaste.

El Malecón es especialmente emotivo cuando entra un frente frío y las enormes olas se estrellan en el rompeolas para saltar por encima. A menudo, la avenida está cerrada al tráfico durante estos temporales, lo que significa que se puede caminar por el mismo centro del paseo vacío y empaparse.

Monumento a las Víctimas del 'Maine' MONUMENTO

(plano p. 86; Malecón) Al oeste del Hotel Nacional, este monumento recuerda a las víctimas del USS *Maine*, el barco de guerra que saltó misteriosamente por los aires en el puerto de La Habana en 1898. Erigido por primera vez durante el período de dominación de EE UU en 1926, estaba rematado con una águila norteamericana, pero fue decapitado durante la Revolución de 1959.

Sección de Intereses de EE UU LUGAR EMBLEMÁTICO

(plano p. 86; Calzada, entre calles L y M) Moderno edificio de siete plantas con vallas de alta seguridad en el extremo oeste de este espacio, inaugurado por la Administración Carter a finales de la década de 1970. Desde el 20 de julio del 2015, y tras el restablecimiento de relaciones diplomáticas entre ambos países, ha pasado a ser la embajada de EE UU en Cuba.

Delante de la fachada se abre la plaza **Tribuna Antimperialista** (o de la Dignidad), construida durante la crisis de Elián González en el 2000 para albergar protestas en las mismas narices de los norteamericanos. Los cubanos levantaron una cortina de mástiles abanderados para tapar el panel electrónico que, desde la Sección de Intereses, difundía mensajes o propaganda, dependiendo del lado en que uno esté.

Edificio López Serrano LUGAR EMBLEMÁTICO

(plano p. 86; calle L, entre calles 11 y 13) Escondida detrás de la embajada de EE UU se encuentra esta torre *art déco* que parece el Empire State con las 70 plantas inferiores arrancadas. Actualmente un edificio de apartamentos, fue uno de los primeros rascacielos de La Habana.

Avenida de los Presidentes CALLE

Estatuas de ilustres presidentes latinoamericanos bordean la calle G (oficialmente conocida como avenida de los Presidentes), al estilo de La Rambla, entre ellos Salvador Allende (Chile), Benito Juárez (México) y Simón Bolívar. Al final de la avenida se levanta un enorme **monumento a José Miguel Gómez** (plano p. 86), el segundo presidente de Cuba. En el otro extremo, el monumento a su predecesor Tomás Estrada Palma (primer presidente cubano, considerado un títere de EE UU) ha sido derribado y solo quedan sus zapatos sobre el plinto.

Custodia la entrada a la calle G desde el Malecón el **monumento a Calixto García** (plano p. 86; Malecón esq. calle G), una soberbia

EL GRAN ACUEDUCTO DE LA HABANA

Miles de personas pasan ante su imagen cada día, pero pocas se fijan en la estatua de Francisco de Albear (plano p. 66), situada en una placita en la intersección de la calle del Obispo con la avenida de las Misiones, en La Habana Vieja. Y, sin embargo, Albear es un héroe de La Habana, el responsable de lo que el Historiador de la Ciudad, Eusebio Leal Spengler, ha llamado la obra de ingeniería más importante de la historia habanera: el acueducto de Albear, construido entre 1861 y 1893 para proporcionar agua potable a la creciente población de la ciudad.

El acueducto es una maravilla de la ingeniería del s. XIX, que incorpora bella arquitectura neoclásica a una estructura industrial moderna para su época, que sigue funcionando hoy. Recogía y trataba agua potable de gran calidad de los manantiales de Vento y, mediante la fuerza de la gravedad, la bajaba hasta la ciudad con escaso coste, contribuyendo también a librar La Habana de la maldición del cólera. El acueducto recibió numerosos elogios en su época e incluso ganó una medalla de oro en la Exposición de París de 1878, antes de estar operativo.

Los edificios principales del acueducto se encuentran en el Nudo de Palatino, en el barrio habanero de Cerro. Compuesto por un bonito edificio de entrada y una serie de instalaciones acuáticas cubiertas por una arcada neoclásica, fue declarado Monumento Nacional en el 2010 y ha sido parcialmente restaurado. El Nudo se sitúa 2 km al sureste de la plaza de la Revolución; junto a él se encuentra el parque de las Estaciones, que contiene cuatro estatuas de estilo italiano dedicadas a las cuatro estaciones.

estatua ecuestre del valiente general cubano a quien los líderes militares estadounidenses en Santiago de Cuba impidieron asistir a la rendición española en 1898. Alrededor de la estatua, 24 placas de bronce narran la historia de la lucha de García por la independencia cubana.

Casa de las Américas EDIFICIO
(plano p. 86; www.casa.cult.cu; calle 3 esq. G; ⊘10.00-16.40 ma-sa, 9.00-13.00 do) GRATIS Junto al Malecón, en el lado de la calle G que da al mar, esta institución cultural fundada por Haydée Santamaría, superviviente del asalto al cuartel Moncada en 1953, otorga uno de los premios literarios más antiguos y prestigiosos de América Latina. Dentro hay una galería de arte, una librería y un ambiente de erudito intelectualismo.

Gran Sinagoga Bet Shalom SINAGOGA
(plano p. 86; calle I nº 251, entre calles 13 y 15) Cuba cuenta con tres sinagogas que sirven a una comunidad judía de aproximadamente 1500 fieles. El principal centro y biblioteca está situado en este lugar, donde el amable personal estará encantado de contar a los visitantes interesados la fascinante y poco conocida historia de los judíos en Cuba.

🏃 Actividades

Los dos puertos deportivos habaneros, Marina Tarará (este) y Marina Hemingway (oeste),

se encuentran en las afueras de la ciudad. Ofrecen abundantes oportunidades de pescar, bucear y navegar.

La Habana, con su espectacular paseo marítimo del Malecón, posee una de las rutas de *footing* urbanas más pintorescas del mundo. El sendero desde el castillo de San Salvador de la Punta hasta los confines exteriores de Miramar tiene 8 km, pero pueden añadirse unos metros más para ser testigo de agujeros en el pavimento, de las olas, los *jineteros* y los aficionados a la pesca.

Debido al reciente aumento del tráfico rodado, el aire del Malecón está cada vez más contaminado. En todo caso, hay que correr a primera hora de la mañana.

El boxeo es enormemente popular en Cuba, y el país posee una larga lista de oros olímpicos que lo demuestran. En el Gimnasio de Boxeo Rafael Trejo (plano p. 66; 📞7-862-0266; Cuba 815, entre Merced y Leonor Pérez, La Habana Vieja) se puede asistir a combates los viernes a las 19.00 (1 CUC) o ver los entrenamientos cualquier día a partir de las 16.00. Los interesados en este deporte pueden contactar con un entrenador. El personal es muy amable.

🎊 Fiestas y celebraciones

La Habana cuenta con un programa anual repleto de celebraciones. Además de las indicadas más adelante, están el Festival del

Habano en febrero, donde se reúnen aficionados a fumar puros; Cubadisco en mayo, una feria comercial de la música y ceremonia de entrega de premios; y la Campaña Cubana contra la Homofobia, con un desfile del orgullo, también en mayo. El tórrido agosto acoge el Carnaval de La Habana, con desfiles de carrozas y mucho jaleo. En noviembre, la temperatura más fresca permite la celebración de Marabana, el agotador maratón de La Habana.

Feria Internacional del Libro LITERATURA

(http://feriadellibro.cubaliteraria.cu; ☺feb) Con sede en el fuerte de La Cabaña, la feria anual del libro comienza en La Habana en febrero para después ir de gira por todo el país.

Festival Internacional de Ballet de La Habana DANZA

(www.festivalballethabana.cult.cu; ☺oct) Cuba hace gala de sus habilidades para el *ballet* en este festival anual, con saltos enérgicos y piruetas gráciles. Empieza a finales de octubre.

Festival Internacional del Nuevo Cine Latinoamericano CINE

(☺dic) Aclamada celebración de la importante cultura cinematográfica de Cuba, con muchos guiños a otros países latinoamericanos. Tiene lugar en varios cines y teatros de la ciudad.

🎓 Cursos

La Habana tiene una oferta de cursos muy amplia. Pueden buscarse clases particulares preguntando por ahí, por ejemplo, en la casa particular donde uno se aloje. Los dueños de las casas quizá sepan dónde pueden recibirse clases de danza; si dicen no saber bailar, o mienten o no tienen suficiente sangre cubana.

La Casa del Son DANZA

(plano p. 66; ☎7-861-6179; www.bailarencuba.com; Empedrado 411, entre Compostela y Aguacate; desde 10 CUC/h) Escuela relativamente nueva, con sede en La Habana Vieja, que ofrece clases de danza y percusión. Horarios muy flexibles.

Uneac CULTURA

(plano p. 86; ☎7-832-4551; calle 17 esq. H, Vedado) Es el núcleo del panorama artístico cubano, el primer punto de parada para cualquier persona con algo más que mero interés por la poesía, la literatura, el arte y la música.

Cubamar Viajes DANZA

(plano p. 86; ☎7-830-1220; www.cubamarviajes.cu; calle 3, entre calle 12 y Malecón, Vedado; ☺8.30-17.00

lu-sa) Agencia de viajes cubana que ofrece clases de danza. Más información en su web.

Teatro América DANZA

(plano p. 78; ☎7-862-5416; www.teatroamerica. cult.cu; av. Italia 253, entre Concordia y Neptuno, Centro Habana) Junto a la Casa de la Música, por unos 8 CUC/h ofrece clases con pareja de baile.

Conjunto Folklórico Nacional de Cuba DANZA

(plano p. 86; ☎7-830-3060; www.folkcuba.cult.cu; calle 4 nº 103, entre Calzada y calle 5, Vedado) Imparte clases muy recomendadas de son, salsa, rumba, mambo y más; también de percusión. Las clases comienzan el 3er lunes de enero y el 1er lunes de julio. Un curso de 15 días cuesta 500 CUC. Los exámenes de aptitud colocan a los estudiantes en cuatro niveles diferentes.

Paradiso CULTURA

(plano p. 86; ☎7-832-9538; www.paradiso.cu; calle 19 nº 560, Vedado) Agencia cultural que ofrece una increíble variedad de cursos de entre 4 y 12 semanas, que van desde danza afrocubana hasta talleres de cerámica. Hay una lista completa en su web.

Centro Andaluz DANZA, MÚSICA

(plano p. 78; ☎7-863-6745; pº Martí, entre Virtudes y Neptuno, Centro Habana) En general, los cubanos bailan flamenco igual de bien que los españoles. En este centro pueden tomarse clases de danza o preguntar por las de guitarra.

Taller Experimental de Gráfica ARTE

(plano p. 66; ☎7-862-0979; callejón del Chorro 6, La Habana Vieja) Ofrece clases de grabado. La formación personalizada dura un mes, durante el cual el alumno crea un grabado con 15 copias. También pueden solicitarse clases más largas. Cuesta unos 250 CUC.

👉 Circuitos

Muchas agencias realizan los mismos circuitos, con algunas excepciones indicadas a continuación. La oferta incluye un circuito de 4 h por la ciudad (19 CUC), uno especializado en Hemingway (desde 20 CUC), la ceremonia del cañonazo (el disparo de los cañones en la fortaleza de San Carlos de la Cabaña; sin/con cena 15/25 CUC), una excursión de un día a Varadero (desde 35 CUC) y, ¡cómo no!, excursiones al cabaré Tropicana (a partir de 65 CUC). Otras opciones son los circuitos al criadero de cocodrilos Boca de Guamá (79 CUC), a Playas del Este (20 CUC almuerzo incl.), Viñales (59 CUC), Cayo Largo del Sur

LOS MEJORES CIRCUITOS URBANOS

Los mejores circuitos por la ciudad se encontrarán en la agencia San Cristóbal (p. 121), la agencia de viajes oficial de la Oficina del Historiador de la Ciudad, Habaguanex. Sus singulares excursiones son adecuadas para pequeños grupos (no hay mínimo), los precios son correctos y los guías, muy capacitados y expertos. Se pueden reservar en cualquier hotel de Habaguanex. Los precios indicados son por persona, viajando en un grupo de dos.

Conservación (desde 10 CUC) Un recorrido por los innovadores proyectos sociales de La Habana Vieja, entre ellos, una casa de reposo y una cooperativa de costura, que se han financiado con dinero procedente del turismo.

La magia del 'art déco' (desde 24 CUC) Recorrido a pie y en coche por la asombrosa arquitectura *art déco* de La Habana.

Arte y color (12 CUC) Para recorrer galerías de arte, aprender acerca de los pintores cubanos y visitar el Museo Nacional de Bellas Artes.

Religión (desde 22 CUC). Un vistazo a algunas de las iglesias renovadas de La Habana y a los misteriosos ritos de la santería, que incluye la visita al barrio de Regla.

(199 CUC) y una estancia de una noche en Trinidad-Cienfuegos (129 CUC). Los niños suelen pagar una pequeña parte del precio de los adultos. Quienes viajan solos pagan un suplemento de 15 CUC. Hay que tener en cuenta que, en caso de no apuntarse el número mínimo de personas, el viaje se cancela. Cualquiera de las siguientes agencias ofrece estos circuitos, entre otros.

Infotur (p. 120), la agencia estatal de información, con oficinas en el aeropuerto y en La Habana Vieja, facilita información adicional sobre estas y otras salidas.

★ **CubaRuta Bikes** CICLISMO
(plano p. 86; ☏ 52-47-66-33; www.cubarutabikes.com; calle 16 nº 152; circuito 29 CUC) ✎ ¡Por fin! La Habana no tenía ningún buen sitio donde alquilar bicicletas, y mucho menos un negocio que ofreciese circuitos ciclistas guiados; pero han llegado estos chicos que dirigen un circuito urbano de 3 h desde el verdor del bosque de La Habana hasta el ferri que cruza el puerto. El precio incluye cascos, el alquiler de la bici y una botella de agua. También tienen otros circuitos por Playas del Este y más allá.

Havana Super Tour CIRCUITOS GUIADOS
(plano p. 78; ☏ 52-65-71-01; www.campanario63. com; Campanario 63, entre San Lázaro y Lagunas; circuitos 35 CUC) Circuitos guiados privados de 3 h en un coche norteamericano antiguo, centrados en la abundante arquitectura *art déco* de la ciudad. La empresa también ofrece, a precios similares, circuitos de la mafia, que exploran las correrías prerrevolucionarias de Meyer Lansky y sus secuaces.

Havanatur CIRCUITOS GUIADOS
(plano p. 86; ☏ 7-835-3720; www.havanatur.cu; calle 23 esq. M, Vedado) Todas las agencias importantes de La Habana ofrecen un circuito de Hemingway, y los paquetes turísticos, también. El itinerario (24 CUC) incluye una visita a su casa, Finca Vigía, un viaje en barca al pueblo pesquero de Cojímar (donde Papa atracaba su barco), además de la oportunidad de tomarse cantidad de cócteles en los bares preferidos del autor, la sobrevalorada Bodeguita del Medio y El Floridita.

Paradiso CIRCUITO CULTURAL
(plano p. 86; ☏ 7-832-9538; calle 19 nº 560, Vedado) Organiza circuitos centrados en el arte, disponibles en muchas ciudades. "Aché Cuba" es una excursión por lugares relacionados con la santería.

🛏 Dónde dormir

Dado que hay, literalmente, miles de casas particulares que alquilan habitaciones, el viajero nunca sufrirá para encontrar alojamiento en La Habana. El precio suele oscilar entre los 20-50 CUC por habitación. Centro Habana ofrece las mejores gangas. Los hoteles más económicos pueden igualar a las casas en cuanto a precio, pero no en comodidad. También hay algunos hoteles de precio medio, mientras que los de precio alto tienen mucho ambiente, aunque el nivel general no siempre es equiparable a los servicios de otros hoteles del Caribe.

Muchos hoteles de La Habana son monumentos históricos en sí mismos. Merece la pena echar un vistazo (aunque uno no se aloje) al Hotel Sevilla, al Saratoga (ambos en Centro Habana), al Raquel, al Hostal Condes de Villanueva y al Hotel Florida (todos en La Habana Vieja) y al emblemático Hotel Nacional (en Vedado).

La Habana Vieja

★ **Greenhouse** CASA PARTICULAR $

(plano p. 66; ☑7-862-9877; San Ignacio 656, entre Merced y Jesús María; h 30-40 CUC; ✸) Fabulosa casa antigua regentada por Eugenio y Fabio, que han añadido preciosos rasgos de diseño a su enorme casa colonial (destacan la fuente de la terraza y la maqueta iluminada de La Habana en la escalera). Dispone de cinco habitaciones, todas ellas con modernos baños privados.

Hostal Peregrino El Encinar CASA PARTICULAR $

(plano p. 66; ☑7-860-1257; www.hostalperegrino. com; Chacón 60 (Altos), entre Cuba y Aguiar; i/d/ tr 30/35/40 CUC; ✸) Esta sucursal del Hostal Peregrino de Centro Habana es quizá lo más parecido a un hotel privado en Cuba. Las ocho habitaciones, todas con baño propio, rozan la categoría de *boutique* con sus elegantes azulejos, secador, TV y minibar. La espléndida terraza de la azotea da a la bahía con vistas a la fortaleza de La Cabaña.

Casa Colonial del 1715 CASA PARTICULAR $

(plano p. 66; ☑7-864-1914; rozzo99@gmail.com; Lamparilla 324, entre Aguacate y Compostela; h 30 CUC; ✸) Esta encantadora casa colonial de color verde menta destaca en la destartalada calle Lamparilla. El tono brillante continúa dentro con un patio maravilloso, decorado con una docena de banderas internacionales. Los propietarios son muy amables. Tiene tres habitaciones limpias y buenos desayunos.

Penthouse Plaza Vieja CASA PARTICULAR $

(plano p. 66; ☑7-861-0084; Mercaderes 315-317; h 40-50 CUC; ✸) Ático particular en una plaza histórica y céntrica. En cualquier otro sitio costaría un dineral, pero en La Habana se puede tener por solo 40 CUC. Las dos habitaciones de Fidel y Bertha sobre la Plaza Vieja comparten una terraza con plantas, custodiada por un altar santero.

Casa de Pepe y Rafaela CASA PARTICULAR $

(plano p. 66; ☑7-862-9877; San Ignacio 454, entre Sol y Santa Clara; h 30 CUC; ✸) Una de las mejores casas de La Habana: antigüedades y azulejos árabes por doquier, dos habitacio-

nes con balcones y baños preciosos, ubicación excelente y anfitriones maravillosos.

Noemí Moreno CASA PARTICULAR $

(plano p. 66; ☑7-862-3809; Cuba 611 apt 2, entre Luz y Santa Clara; h 25-30 CUC; ✸) La casa, que ofrece dos bonitas y limpias habitaciones renovadas que comparten un baño, tiene una buena situación detrás del convento de Santa Clara. Si está llena, hay cinco apartamentos más en alquiler en el mismo edificio.

Palacio de Pascua CASA PARTICULAR $$

(plano p. 66; ☑7-867-9412; www.palaciodepas cuahabana.com; Habana 506, entre Amargura y Lamparilla; h 111 CUC todo incl.; ✸) Esta enorme casa rezuma esplendor colonial marchito y está coronada por una azotea fantástica. Las habitaciones de techo alto (seis en el último recuento) conservan una elegancia polvorienta, aunque algunas comparten baño. El servicio es acertado, la información local se proporciona generosamente y las tarifas con todo incluido (también dan comidas) lo hacen destacar entre las opciones de precio medio.

★ **Hotel Los Frailes** HOTEL HISTÓRICO $$$

(plano p. 66; ☑7-862 9383; www.habaguanexhotels. com; Brasil 8, entre Oficios y Mercaderes; i/d 100/170 CUC; ✸ @) Pese al tema monástico (los empleados visten túnicas con capucha), nada tiene de austero este hotel, influenciado por el cercano convento de San Francisco de Asís. Es, por el contrario, la clase de alojamiento al que uno tiene ganas de regresar tras un largo día, para recostarse en las amplias habitaciones históricas, con una bata monacal y la luz de las velas reflejándose en las paredes. En el recibidor se instala un cuarteto de viento tan bueno que suele atraer a los turistas que pasan.

★ **Hostal Conde de Villanueva** HOTEL $$$

(plano p. 66; ☑7-862-9293; www.habaguanexhotels. com; Mercaderes 202; i/d 120/200 CUC; ✸ @) Si el viajero quiere tirar la casa por la ventana con una noche de lujo en La Habana, hará bien en hacerlo en este laureado hotel colonial. Restaurado bajo la atenta mirada del Historiador de la Ciudad, a finales de la década de 1990, el Villanueva fue transformado de majestuosa mansión urbana a hotel concienzudamente decorado, con nueve habitaciones distribuidas alrededor de un patio interior. En las suites de arriba hay ventanas de vidriera, arañas, esculturas y (en una de ellas) bañera de hidromasaje.

Hotel Palacio del Marqués de San Felipe y Santiago de Bejucal HOTEL $$$

(plano p. 66; ☎7-864-9191; www.habaguanexho tels.com; Oficios esq. Amargura; i/d 170/280 CUC; ❋@☎) El barroco cubano se funde con el minimalismo moderno en uno de los hoteles más caros de Habaguanex, y el resultado es digno de verse. Con 27 habitaciones distribuidas en seis plantas, en la plaza de San Francisco de Asís, este lugar demuestra que la obra de Habaguanex mejora cada día.

Hotel Raquel HOTEL $$$

(plano p. 66; ☎7-860-8280; www.habaguanex hotels.com; Amargura esq. San Ignacio; i/d 120/200 CUC; ❋@) El edificio que ocupa este hotel es un deslumbrante palacio de 1908 (antaño un banco), que corta la respiración con sus presuntuosas columnas, sus elegantes estatuas de mármol y el intrincado techo de vidrio tintado. Detrás de su impresionante arquitectura se despliegan habitaciones agradables (aunque ruidosas), un pequeño gimnasio-sauna y personal amable en una céntrica ubicación. Restaurado con esmero, la propia recepción es un lugar de interés turístico, repleta de antigüedades de valor incalculable y florituras *art nouveau*.

Hotel Santa Isabel HOTEL $$$

(plano p. 66; ☎7-860-8201; www.habaguanex hotels.com; Baratillo 9; i/d 170/280 CUC desayuno incl.; ❋@) Está considerado como uno de los mejores hoteles de La Habana, además de uno de los más antiguos (se fundó en 1867). Ocupa el palacio de los Condes de Santovenia, antigua residencia de un conde español. Se trata de una belleza barroca de tres plantas y cinco estrellas, con 17 habitaciones estándar llenas de encanto histórico, bonitos muebles coloniales y cuadros de artistas cubanos contemporáneos. El expresidente de EE UU Jimmy Carter se alojó aquí durante su histórica visita del 2002.

Hotel Florida HOTEL $$$

(plano p. 66; ☎7-862-4127; www.habaguanexhotels. com; Obispo 252; i/d 120/200 CUC desayuno incl.; ❋@) Un gran espectáculo arquitectónico construido en el más puro estilo colonial, con arcos y columnas alrededor de un sugerente patio central. Habaguanex restauró el edificio de 1836 con gran atención al detalle: las habitaciones, generosamente amuebladas, conservan sus altos techos originales y sus magníficos y lujosos acabados. Cualquiera con un vago interés en el legado arquitectónico de Cuba querrá visitar este palacio colonial, que se completa con un elegante café y un concurrido bar nocturno (desde 20.00).

Hostal Valencia HOTEL $$$

(plano p. 66; ☎7-867-1037; www.habaguanexhotels. com; Oficios 53; i/d 120/200 CUC desayuno incl.; ❋@) Situado en pleno casco histórico, está decorado a modo de posada española, con parras colgantes, puertas por las que cabría un caballo y un popular restaurante especializado en paella. Es uno de los hoteles más económicos de Habaguanex y una excelente opción de estilo clásico, con buen servicio y ambiente en abundancia. Casi pueden verse los fantasmas de don Quijote y Sancho Panza flotando por el lugar.

Hotel Palacio O'Farrill HOTEL $$$

(plano p. 66; ☎7-860-5080; www.habaguanexho tels.com; Cuba 102-108, entre Chacón y Tejadillo; i/d 120/200 CUC; ❋@) Uno de los hoteles de época más impresionantes de La Habana, este palacio colonial fue propiedad del don Ricardo O'Farrill, un empresario cubano del azúcar descendiente de una familia de nobles irlandeses. Comparados con las suntuosas zonas comunes, los dormitorios son más sencillos y modestos. El patio del s. xviii está lleno de plantas; el 2º piso, añadido en el s. xix, cuenta con fastuosos toques neoclásicos; y la última planta, del s. xx, se fusiona perfectamente con la magnífica arquitectura de abajo.

Hotel Beltrán de la Santa Cruz HOTEL $$$

(plano p. 66; ☎7-860-8330; www.habaguanexhotels. com; San Ignacio 411, entre Muralla y Sol; i/d 88/145 CUC desayuno incl.; ❋@) Excelente ubicación, personal amable y mucha autenticidad hacen de este hotel junto a la Plaza Vieja una combinación ganadora. Albergado en un edificio del s. xviii y con solo 11 habitaciones espaciosas, la intimidad está garantizada y el servicio es ensalzado por huéspedes y críticos.

Hotel Ambos Mundos HOTEL $$$

(plano p. 66; ☎7-860-9529; www.habaguanexho tels.com; Obispo 153; i/d 120/200 CUC; ❋@) Esta institución habanera de color rosa pastel fue residencia de Hemingway; se dice que aquí escribió *Por quién doblan las campanas,* su famosa novela sobre la milicia en la Guerra Civil española (y libro de cabecera de Castro durante la guerra en las montañas). Las habitaciones, pequeñas y a veces sin ventanas, hacen pensar que quizá los precios sean excesivos, pero el bar del vestíbulo tiene mucha clase (para encontrarlo, basta seguir la romántica melodía del piano) y beber algo en el restaurante de la azotea es uno de los placeres más refinados de La Habana. Es parada obligatoria en cualquier circuito mundial de "bares donde Hemingway estuvo alguna vez".

Hotel Habana 612　　　HOTEL HISTÓRICO $$$
(plano p. 66; ☏7-867-1039; www.habaguanexhotels.com; Habana 612; i/d 100/170 CUC; ✳@) El hotel más nuevo de Habaguanex abrió en noviembre del 2014. Ofrece 11 habitaciones que mezclan hábilmente el mobiliario moderno con la elegancia clásica, a solo dos manzanas de la Plaza Vieja.

Centro Habana

★ **Hostal Peregrino Consulado**　　　CASA PARTICULAR $
(plano p. 78; ☏7-861-8027; www.hostalperegrino.com; Consulado 152, entre Colón y Trocadero; i/d/tr 30/35/40 CUC; ✳) Julio Roque es un pediatra que, junto con su esposa Elsa, ha ampliado su antigua casa de dos habitaciones a una red de alojamientos cada vez mayor. Su cuartel general, el Hostal Peregrino, ofrece tres habitaciones a solo una manzana del paseo de Martí (Prado) y es una de las casas particulares dirigidas con más profesionalidad de toda Cuba. Los serviciales Julio y Elsa son una mina de información local. Incluyen servicios adicionales, como recogida en el aeropuerto, internet, lavandería y coctelería. La familia ofrece otros tres alojamientos, uno en La Habana Vieja, otro en la calle Lealtad y una casa más económica, unos portales más allá. Todos pueden reservarse llamando al mismo número.

★ **Casa 1932**　　　CASA PARTICULAR $
(plano p. 78; ☏7-863-6203, móvil 52-64-38-58; www.casahabana.net; Campanario 63, entre San Lázaro y Lagunas; h 20-40 CUC; ✳) El carismático Luis Miguel es un fanático del *art déco* que ofrece su casa como alojamiento *boutique* y, a la vez, como museo de la década de 1930, cuando su estilo arquitectónico predilecto estaba de moda. Objetos de colección como viejos letreros, espejos, juguetes, muebles y vidrieras harán sentir al viajero como en una película de Clark Gable. Las tres habitaciones y los servicios son excelentes. Se impone probar los panqueques y la mantequilla de cacahuete del desayuno, y contratar con el dueño un circuito de arquitectura *art déco* por la ciudad.

Casa Colonial Yadilis y Yoel　CASA PARTICULAR $
(plano p. 78; ☏7-863-0565; www.casacolonialyadilisyyoel.com; Industria 120 (Altos), entre Trocadero y Colón; h 25-30 CUC; ✳) Una fórmula mágica: se consigue una casa colonial rosa en mitad de la vida callejera de Centro Habana, se la dota de cuatro habitaciones espaciosas y bien cuidadas, una terraza amplia y un desayuno generoso, y se añaden dos anfitriones encantadores, Yoel y Yadilis, que dan infinidad de consejos e información. El resultado es una casa particular de lo más profesional y gratamente sencilla. La pareja posee una segunda casa cerca, dotada de una azotea con vistas al mar.

Casa Amada　　　CASA PARTICULAR $
(plano p. 78; ☏7-862-3924; www.casaamada.net; Lealtad 262 (Altos), entre Neptuno y Concordia; h 25-30 CUC; ✳) Una casa enorme con anfitriones amables, que ofrece cuatro habitaciones (todas con baño propio) y una terraza común en la azotea. Un balcón vallado en la parte frontal tiene vistas a la cinematográfica vida callejera de Centro Habana.

Casa de Lourdes y José　　CASA PARTICULAR $
(plano p. 78; ☏7-863-9879; Águila 168B, entre Ánimas y Trocadero; h 25 CUC; ✳) Estos maravillosos anfitriones poseen una casa en pleno Centro, con habitaciones con baño y desayunos que cargan las pilas para todo el día. Si al viajero le gusta la hospitalidad a la antigua usanza y la sensación de alojarse con una familia cubana muy unida, no debe buscar más.

Loly y Alejandro　　　CASA PARTICULAR $
(plano p. 78; ☏7-861-4293; cantero@informed.sld.cu; Industria 270, 10º piso, entre Neptuno y Virtudes; h sin baño 25 CUC; ✳) Loly es una doctora que alquila dos habitaciones en la 10ª planta de un bloque de pisos en Centro Habana. Tiran a pequeñas, pero las vistas desde el balcón compartido son espectaculares.

Casa 1940　　　CASA PARTICULAR $
(plano p. 78; ☏7-863-6203; San Lázaro 409; h 25-30 CUC; ✳) Dirigida por los propietarios de la evocadora Casa 1932, la casi vecina Casa 1940 salta ocho años hacia adelante con muebles de la época en que el *art déco* dio paso al modernismo. Se reserva a través de la Casa 1932.

Lourdes Cervantes　　　CASA PARTICULAR $
(plano p. 78; ☏7-879-2243; lourdescervantesparades@yahoo.es; calz. Infanta 17, entre calle 23 y Humboldt; h 25-30 CUC; ✳) En el límite entre Vedado y Centro Habana, a tiro de piedra del Hotel Nacional, este apartamento en un 1er piso ofrece dos grandes habitaciones con balcón. El baño es amplio pero compartido.

CODEARSE CON LOS CUBANOS

Puede que las calles de La Habana estén llenas de suciedad, ruido y obstáculos poco convencionales (pollos decapitados, carritos de fruta, baches en la acera y sillas de barbero), pero también están repletas de vida. Es una ciudad donde la gente se reúne fuera para charlar, trabajar, jugar al dominó o tocar la guitarra.

Estos son algunos de los lugares de reunión más populares:

Parque Central (p. 81) Hay que seguir los gritos que emanan del omnipresente grupo de hombres cubanos que discuten ruidosamente cerca de la estatua de José Martí, en el Parque Central. El tema de conversación suele ser el béisbol, y la convocatoria se conoce como "esquina caliente" porque, en un principio, se reunían en la esquina de la calle 23 con la 12, en el Vedado.

Callejón de Hamel (p. 113) Ese caldero lleno de palos viejos es una *nganga* (altar de Palo Monte) y aquellas personas vestidas de blanco son *Iyabós* (iniciados de la santería). Este callejón cubierto de pintura es un centro de la cultura afrocubana, y es justamente famoso por sus espectáculos gratuitos de tambores de rumba.

Paseo de Martí (Prado; p. 82) Los fines de semana, el paseo arbolado de estilo europeo que corta por el centro el Prado se llena de artistas cubanos que producen, exhiben y venden sus obras. El resto de la semana, hay que andar esquivando a los niños que juegan al fútbol y a los profesores que dan clases de gimnasia.

Coppelia (p. 108) De día, el parque de Coppelia se caracteriza por las largas colas de gente. El motivo es el helado. Se han forjado historias de amor en esas pacientes colas, y el guión de la película nominada al Oscar *Fresa y chocolate* giraba en torno a un encuentro espontáneo en la heladería al aire libre de Coppelia. Sentarse en una de las mesas compartidas prácticamente asegura conocer a algunos cubanos interesantes.

Malecón y Rampa El Malecón (p. 91) es donde se reúne media Habana en las sofocantes tardes del fin de semana, pero la zona del rompeolas, en la intersección con la calle 23 (La Rampa), delante del Hotel Nacional de Vedado (plano p. 86), es desde hace tiempo el centro de la vida gay habanera. Allí, uno puede enterarse de las próximas fiestas gays, noches de karaoke y espectáculos de *drag queens*.

Calles 23 y G Debido a la ausencia de buenos locales de *rock* en la década de 1990, los miembros de la subcultura roquera de La Habana se veían obligados a reunirse en las esquinas –concretamente en la de las calles 23 y G, en el Vedado (plano p. 86)– para hablar de AC/DC y Led Zeppelin. Muchos siguen allí.

Dulce Hostal-Dulce María González CASA PARTICULAR $
(plano p. 78; ☑7-863-2506; Amistad 220, entre Neptuno y San Miguel; h 20 CUC; ❄) Como su nombre indica, y dado que se encuentra en la calle Amistad, constituye una combinación deliciosa y acogedora. La nostálgica casa colonial posee suelos de baldosa y techos altos. Aún mejor, Dulce es una anfitriona sociable y atenta. Solo tiene una habitación.

Eumelia y Aurelio CASA PARTICULAR $
(plano p. 78; ☑7-867-6738; eumelialonchan@gmail.com; Consulado 157, entre Colón y Trocadero; h 25-30 CUC; ❄) Una casa agradable cerca del paseo de Martí (Prado), con baños nuevos, minibares y aire acondicionado con control digital. Hay dos habitaciones y se prevén un par más.

Hotel Lincoln HOTEL $
(plano p. 78; ☑7-862-8061; av. Italia, entre Virtudes y Ánimas; i/d 34/45 CUC; ❄) Este gigante de nueve plantas en la ajetreada avenida de Italia (Galiano) era el segundo edificio más alto de La Habana cuando fue construido en 1926. Eclipsado por construcciones más altas, cuenta con 135 habitaciones con aire acondicionado, cuarto de baño y TV en un ambiente más propio de la década de 1950 que de la del 2010. El hotel se hizo famoso en 1958 cuando el Movimiento del 26 de Julio de Castro secuestró al piloto, campeón del mundo de automovilismo, Juan Manuel Fangio la víspera del Gran Premio de Cuba. Un pequeño 'museo' en la 8ª planta da cuenta del suceso para la posteridad. Por lo demás, las instalaciones están pasadas de moda.

Hotel Deauville
HOTEL $$

(plano p. 78; ☎7-866-8812; av. Italia 1 esq. Malecón; i/d/tr 42/50/71 CUC; ⓅＸ@✿✈) Un clásico del Malecón, este antiguo antro de juego de la mafia no cuadra demasiado con las espectaculares vistas. Actualmente de un color azul marino que muestra los corrosivos efectos del mar, sus servicios (cambio de moneda y alquiler de coches) y su restaurante a precios razonables gozan de mucha aceptación entre los turistas de presupuesto medio. Los viajeros independientes expertos se alojan en las casas particulares.

Hotel Caribbean
HOTEL $$

(plano p. 78; ☎7-860-8233; p° Martí 164, entre Colón y Refugio; i/d 31/50 CUC; ✿) Económico pero no siempre alegre, este hotel supone una lección sobre cómo no hay que decorar. Las habitaciones son un tanto pequeñas y oscuras, pero es una de las pocas opciones de precio medio.

★Hotel Iberostar Parque Central
HOTEL $$$

(plano p. 78; ☎7-860-6627; www.iberostar.com; Neptuno, entre Agramonte y p° Martí; i/d 240/320 CUC; ⓅＸ@✿✈) Si a alguien le apetece tomar unos mojitos en el vestíbulo de un caro hotel de cinco estrellas, el Parque Central le servirá a la perfección. Reservar habitación es otro tema (y más caro). Con la posible excepción del Saratoga, el Iberostar es el mejor hotel de calidad internacional de La Habana, con un servicio e instalaciones de negocios a la par con los mejores cinco estrellas del resto del Caribe.

Quizá el vestíbulo y las habitaciones (decoradas con clase) no tengan la riqueza histórica de los establecimientos de Habaguanex, pero el ambiente no es precisamente soso. Cuenta, entre otras instalaciones, con centro de negocios totalmente equipado, piscina, centro de *fitness* y *jacuzzi* en la azotea, un elegante bar en el vestíbulo, el famoso restaurante El Paseo y excelentes conexiones de teléfono e internet. Dos de las habitaciones son accesibles en silla de ruedas. Hay un ala nueva aún más lujosa al otro lado de la calle Virtudes, conectada al resto del hotel mediante un túnel subterráneo. Además de habitaciones de vanguardia, la incorporación cuenta con un lujoso restaurante, un café y una zona de recepción.

Hotel Terral
HOTEL-BOUTIQUE $$$

(plano p. 78; ☎7-860-2100; www.habaguanex hotels.com; Malecón esq. Lealtad; i/d 108/175 CUC; Ｘ@) Hotel-*boutique* en el mismo Malecón, construido y gestionado por la Oficina del Historiador de la Ciudad, aunque no se trata de un hotel histórico. Ofrece 14 habitaciones chic con vistas al mar, de líneas puras y minimalistas. Un sinuoso café-bar con ventanales en la planta de abajo dispone de atractivos sofás y buen café.

Hotel Saratoga
HOTEL $$$

(plano p. 78; ☎7-868-1000; www.saratogaho tel-cuba.com; p° Martí 603; i/d 253/352 CUC; ⓅＸ@✿✈) El rutilante Saratoga es una obra de arte arquitectónica que se levanta imponente en la intersección del paseo de Martí (Prado) y Dragones, con vistas fantásticas hacia el Capitolio. El servicio eficiente es una característica distintiva de este hotel, al igual que las comodísimas habitaciones, las duchas de presión y una espectacular piscina en la azotea. Es el hotel más caro de La Habana, pero también uno de los más aclamados internacionalmente.

Hotel Sevilla
HOTEL $$$

(plano p. 78; ☎7-860-8560; www.hotelsevilla-cuba. com; Trocadero 55, entre p° Martí y Agramonte; i/d 105/160 CUC desayuno incl.; ⓅＸ@✿✈) Al Capone alquiló, en una ocasión, toda la 6ª planta; Graham Greene eligió la habitación 501 como escenario para su novela *Nuestro hombre en La Habana;* y la mafia lo requisó para convertirlo en centro de operaciones del tráfico de drogas en Norteamérica antes de la Revolución. Hoy, el morisco Sevilla posee un ostentoso vestíbulo que parece importado de la Alhambra y habitaciones espaciosas y confortables. El hotel aún rezuma historia, como atestiguan las incontables fotos en blanco y negro de famosos que se alojaron en él.

Hotel Telégrafo
HOTEL $$$

(plano p. 78; ☎7-861-4741, 7-861-1010; www.hotel telegrafo-cuba.com; p° Martí 408; i/d 120/200 CUC; ✿@) Esta belleza de Habaguanex, de color azul intenso, se levanta en la esquina noroeste del Parque Central. Combina rasgos arquitectónicos de estilo antiguo (el edificio original es de 1888), con elementos de diseño futurista: sofás grandes y lujosos, una enorme escalera central y un intrincado mosaico de azulejos en la pared del bar. Las habitaciones son igualmente fantásticas.

Hotel Inglaterra
HOTEL $$$

(plano p. 78; ☎7-860-8595; www.hotelinglaterra cuba.com; p° Martí 416; i/d 96/154 CUC; ✿@) Fue el hotel elegido por José Martí en La Habana y aún se aprovecha de este hecho. A pesar de su renovación, continúa siendo un sitio mejor para pasearse que para alojarse. Su exquisito recibidor de estilo morisco y su interior colonial eclipsan las deslucidas habitaciones, normalmente sin vistas. El bar de la azotea tiene éxito, y el vestíbulo es un hervidero de actividad donde siempre suena música en directo. Hay que tener cuidado con las calles de los alrededores, ya que están llenas de timadores dispuestos a abalanzarse sobre el peatón.

🛏️ Vedado

⭐ **Casavana Cuba**   CASA PARTICULAR $
(plano p. 86; ☏58-04-92-58; www.casavanacuba. com; calle G nº 301, 5º y 11º pisos, entre calles 13 y 15; h 40-50 CUC; ❄) Una casa particular que casi parece un hotel de cuatro estrellas, situada en un rascacielos del Vedado, que tiene habitaciones enormes y muy lujosas, con muebles valiosos y suelos tan pulidos como un espejo. Hay camas de madera tallada y vistas maravillosas desde los balcones. El alojamiento se reparte en dos plantas (la 5ª y la 11ª) de un edificio residencial de 20 pisos en la avenida Presidentes. Es un poco más caro que otras casas particulares, pero lo vale.

Marta Vitorte   CASA PARTICULAR $
(plano p. 86; ☏7-832-6475; www.casamartainhavana.com; calle G nº 301 apt 14, entre calles 13 y 15; h 35-45 CUC; P❄) Marta vive en esta torre de apartamentos en la avenida Presidentes desde la década de 1960. Las vistas explican por qué: la terraza acristalada brinda un impresionante panorama de 270º de La Habana, casi como desde lo alto del monumento a Martí. Evidentemente, las cuatro habitaciones son lujosas y cuentan con bonitos muebles, minibar y caja fuerte. Y luego están el desayuno, la lavandería, las plazas de aparcamiento, el conserje... También alquila un apartamento independiente con garaje cerca de allí (70-80 CUC).

La Casa de Ana   CASA PARTICULAR $
(plano p. 86; ☏7-833-5128; www.anahavana.com; calle 17 nº 1422, entre calles 26 y 28; h 30-35 CUC; ❄@) Aunque situada en un lugar apartado (oeste del Vedado), hay bastante actividad en la zona, y se trata de una casa muy profesional que ayuda con todo, desde encontrar transporte barato hasta dónde sirven los mejores mojitos. Las habitaciones son modernas y están limpias, y el servicio es más que atento. Resérvese con mucha antelación.

La Colonial 1861   CASA PARTICULAR $
(plano p. 86; ☏7-830-1861; www.lacolonail1861. com; calle 10 nº 60, entre av. 3 y 5; h 30-35 CUC; ❄) Es raro encontrar una casa tan antigua en el oeste del Vedado, por lo que hay que aprovechar al máximo esta, cuyas cuatro habitaciones están repletas de hierro forjado, vidrieras y baldosas de mosaico. La casa es independiente y posee su propio patio, zonas comunes y muebles antiguos.

Nelsy Alemán Machado   CASA PARTICULAR $
(plano p. 86; ☏7-832-8467; calle 25 nº 361 apt 1, entre calles K y L; h 25 CUC; ❄) Nelsy es una de las dos propietarias de esta casa junto a la universidad, muy cerca del Hotel Habana Libre. Se trata de un sitio discreto y sin lujos al que no ha afectado el reciente aumento de nuevos negocios privados, por lo que resulta tranquilo y hospitalario.

Melba Piñada Bermúdez   CASA PARTICULAR $
(plano p. 86; ☏7-832-5929; lienafp@yahoo.com; calle 11 nº 802, entre calles 2 y 4; h 30 CUC; ❄) Esta casona de 100 años en una calle arbolada del Vedado sería el hogar de un millonario en cualquier otro sitio. En La Habana, es una casa particular sin pretensiones, con dos habitaciones amplias y anfitriones amables.

Hotel Colina   HOTEL $
(plano p. 86; ☏7-836-4071; calle L esq. 27; i/d 34/42 CUC; ❄@) La opción económica más acogedora del Vedado, con 80 habitaciones, situada frente a la universidad.

Hotel Victoria   HOTEL $$
(plano p. 86; ☏7-833-3510; www.hotelvictoriacuba. com; calle 19 nº 101; i/d 70/90 CUC desayuno incl.; ❄@❄) Una opción muy solicitada en el Vedado, el diminuto edificio de cinco pisos es un respetable establecimiento ubicado dentro de un atractivo edificio neoclásico de 1928. Cuenta con piscina, bar y una pequeña tienda. Una opción fiable y una de las pocas de precio medio.

Hotel Paseo Habana   HOTEL $$
(plano p. 86; ☏7-836-0808; calle 17 esq. A; i/d 55/70 CUC; ❄) El hotel no está en el Paseo, sino una manzana hacia el este, en la esquina de la calle A. Si se puede pasar por alto ese detalle y otro par de debilidades (poca presión en el agua, falta de apliques de luz), es un verdadero chollo. El viajero puede relajarse en una de las mecedoras de la terraza y contar lo que se ha ahorrado.

Hotel Vedado
HOTEL **$$**

(plano p. 86; ☑7-836-4072; www.hotelvedado.com; calle O nº 244, entre calles 23 y 25; i/d 46/73 CUC; ✱@✉) Muy popular entre los grupos de viajeros en autobús, sus renovaciones frecuentes no terminan de pasar la barrera de las tres estrellas, a pesar de contar con una piscina correcta (raro en La Habana), un restaurante pasable y habitaciones agradables. Pero el servicio irregular, el vestíbulo siempre ruidoso y la total ausencia de personalidad hacen que uno se pregunte si no estaría mejor en una casa particular por la mitad de precio.

★Hotel Nacional
HOTEL **$$$**

(plano p. 86; ☑7-836-3564; www.hotelnacionaldecuba.com; calle O esq. 21; i/d 132/187 CUC; P✱@✿✉) Buque insignia de la cadena gubernamental Gran Caribe y de arquitectura neoclásica, neocolonial y *art déco*, este establecimiento es un monumento urbano y un hotel internacional a la vez. Incluso si el viajero no puede permitirse alojarse aquí, siempre puede tomarse al menos un mojito en el exquisito bar, a orillas del mar.

El elevado y emblemático edificio está lleno de historia, y las habitaciones lucen placas con datos de los huéspedes ilustres que se alojaron en ellas. Posee dos piscinas, un césped bien cuidado, un par de restaurantes de lujo y un cabaré nocturno de primera categoría, el Parisién. Aunque las habitaciones no tengan tantos artilugios sofisticados como el lujoso Varadero, las ostentosas zonas comunes y los fantasmas de Winston Churchill, Frank Sinatra, Lucky Luciano y Errol Flynn que rondan por el vestíbulo neomudéjar aseguran una experiencia fascinante e inolvidable.

Hotel Capri
HOTEL **$$$**

(plano p. 86; ☑7-839 7200; calle 21 esq. N; i/d 135/180 CUC; P✱@✿✉) ¡Ha vuelto! Tras 11 años en ruinas, uno de los hoteles más famosos de La Habana ha renacido en una versión más tranquila y menos notoria que su antiguo ser. Y, como en *El padrino*, la secuela es mejor. Cuenta con 19 plantas, un vestíbulo minimalista (con buena wifi) y una piscina en la azotea. Las habitaciones son modernas y elegantes sin resultar ostentosas; las más altas ofrecen vistas impresionantes.

Construido en estilo modernista con dinero de la mafia en 1957, durante su (breve) época de gloria fue propiedad del gángster Santo Trafficante, que contrató al actor estadounidense George Raft para que fuera la cara visible. Cuando los guerrilleros de Castro quisieron entrar en enero de 1959, se dice que Raft les mandó a paseo y les cerró la puerta en las narices.

El hotel ha aparecido en dos películas: *Nuestro hombre en La Habana,* de Carol Reed, y *Soy Cuba,* de Mijaíl Kalatozov (o mediante un impresionante travelling). También es el escenario del encuentro entre Michael Corleone y Hyman Roth en *El padrino II,* aunque, por culpa del embargo, Francis Ford Coppola tuvo que filmar las escenas en la República Dominicana.

Hotel Meliá Cohiba
HOTEL **$$$**

(plano p. 86; ☑7-833-3636; www.meliacuba.com; Paseo, entre calles 1 y 3; i/d 235/285 CUC; P✱@✿✉) El hotel urbano más formal de Cuba es un gigante de hormigón a orillas del mar. Se construyó en 1994 y es el único edificio de esa época en el Malecón. Satisfará las expectativas internacionales más elevadas, gracias a sus empleados expertos y eficaces y a unas instalaciones modernas y al detalle. Después de unas semanas por el interior de Cuba, el viajero sentirá que está en un planeta distinto. Dispone de habitaciones especiales para los viajeros de negocios y de 59 con *jacuzzi*. En las plantas inferiores hay un centro comercial, uno de los gimnasios más elegantes de la ciudad y el siempre concurrido Habana Café.

Hotel Habana Libre
HOTEL **$$$**

(plano p. 86; ☑7-834-6100; www.meliacuba.com; calle L, entre calles 23 y 25; d/ste 205/240 CUC desayuno incl.; P✱@✿✉) El hotel más grande y audaz de La Habana fue inaugurado en marzo de 1958, la víspera de la caída de Batista. Llamado inicialmente Habana Hilton, en enero de 1959 fue requisado por los rebeldes castristas, que lo convirtieron en su cuartel general provisional. Hoy está dirigido por la cadena española Meliá como un Hotel Tryp urbano. Las 574 habitaciones del gigantesco edificio tienen calidad internacional, aunque el mobiliario está un tanto deslucido. Los mostradores de circuitos en el vestíbulo son útiles para excursiones fuera de la ciudad, y el Cabaret Turquino, en la planta 25ª, es una institución en la ciudad.

Hotel Riviera
HOTEL **$$$**

(plano p. 86; ☑7-836-4051; www.hotelhavanariviera.com; Paseo esq. Malecón; i/d 84/138 CUC; P✱@✉) El palacio estilo Las Vegas de Meyer Lansky ha vuelto a ponerse de moda con su fabuloso vestíbulo *retro,* casi inalterado desde 1957. Aunque era lujoso hace 50 años, hoy las 354 habitaciones se ven algo deslucidas y a duras penas justifican su precio; pero esto se olvida rápidamente en la fabulosa piscina estilo años cincuenta, el bar de la era de los casinos y el buen conjunto de restaurantes. Su ubicación en un tramo virgen del Malecón salpicado por las olas es espectacular, si bien algo alejado del centro histórico en autobús o taxi.

Hotel ROC Presidente HOTEL $$$

(plano p. 86; ☑7-838-1801; www.roc-hotels.com/en; Calzada esq. calle G; i/d 105/150 CUC; P❋@🕲❄🕲) Hotel de influencia *art déco,* situado en la avenida Presidentes, que no desentonaría en los alrededores de la neoyorquina Times Square. Construido el mismo año que el cercano Hotel Victoria (1928), el Presidente es similar, pero más grande y con personal más oficioso. Salvo que al viajero no le importe caminar o utilizar el abarrotado sistema de autobuses de La Habana, su ubicación es algo alejada.

🍴 Dónde comer

🍴 La Habana Vieja

Es donde se encuentra el mayor número de restaurantes dirigidos por el Gobierno, casi todos llevados diligentemente por Habaguanex, el organismo del Historiador de la Ciudad. Si se experimenta más allá de la habitual comida criolla, se encontrarán buenos locales de cocina internacional (italiana, árabe, china...), aunque en su mayoría regentados por cubanos.

Los restaurantes privados de La Habana Vieja son de los más pretenciosos de la ciudad, y normalmente se ubican en lujosas casas coloniales.

★ Café Bohemia TAPAS, CAFÉ $

(plano p. 66; ☑7-836-6567; www.havanabohemia. com; San Ignacio 364; tapas 3-7 CUC; ☺10.00-22.00) Ocupa un espacio bellamente conservado en una mansión de la Plaza Vieja. Consigue mantener un ambiente apropiadamente bohemio, a la vez que sirve estupendos cócteles, tapas y tartas muy adictivas. También alquilan un apartamento-*boutique* (80 CUC) y una habitación con baño (45 CUC).

Fumero Jacqueline CAFÉ $

(plano p. 66; ☑7-862-6562; Compostela 1 esq. Cuarteles; desayuno 4 CUC; ☺8.00-23.00) Vigilando la celestial placita que hay detrás de la iglesia del Santo Ángel Custodio (resultado de un proyecto comunitario con visión de futuro), el minimalista Fumero es a la vez una coctelería, una *boutique* de moda femenina y el mejor lugar para desayunar en La Habana Vieja. Hay que sentarse en las modernas sillas de plástico para tomar huevos, tortitas y café muy caliente.

Café Lamparilla INTERNACIONAL $

(plano p. 66; Lamparilla, entre Mercaderes y San Ignacio; tentempiés 3-5 CUC; ☺12.00-24.00) Eternamente famoso, hace la calle empedrada por sus mesas. La forma más segura de hacerse con un sitio es en el sinuoso y refinado bar de estilo *art déco.* Son muchos quienes se pasan para tomar una cerveza o un cóctel, pero la comida es sorprendentemente buena y económica.

Casa del Queso La Marriage QUESO Y VINO $

(plano p. 66; ☑7-866-7142; San Ignacio esq. Amargura; tabla quesos 1-3 CUC; ☺10.00-22.00) En un país que hasta hace poco solo producía una variedad gomosa e insípida de queso, esta tienda que vende diversos tipos de queso es cosa notable. Las malas *pizzas* y el Período Especial se olvidarán rápidamente con los platos de gouda, azul y cheddar regados con vino tinto chileno.

Sandwichería La Bien Pagá SÁNDWICHES $

(plano p. 66; Aguacate 259; sándwiches 1-2 CUC; ☺9.00-18.00) Esta sandwichería informal, igual de querida por cubanos y turistas, trata de llenar un nicho de mercado que aún no está bien cubierto en La Habana. Preparan tentempiés sabrosos mientras los clientes esperan en un espacio diminuto. El clásico "cubano" (jamón, queso, cerdo y pepinillos) cuesta solo 1,50 CUC.

Café Santo Domingo CAFÉ $

(plano p. 66; Obispo 159, entre San Ignacio y Mercaderes; tentempiés 2-4 CUC; ☺8.00-19.00) Acurrucado encima de la mejor panadería de La Habana Vieja y dentro de uno de sus edificios más antiguos, este tranquilo café es aromático y muy económico. Se pueden degustar deliciosos batidos de fruta, un enorme sándwich especial o tartas con una taza de café con leche.

Hanoi INTERNACIONAL $

(plano p. 66; Brasil esq. Bernaza; comidas 3-5 CUC; ☺12.00-24.00) Aquí no se encontrarán rollitos de primavera al estilo Saigón, sino cocina criolla, con un par de platos a base de arroz frito para justificar el nombre, más bien engañoso. Ocupa el único edificio totalmente restaurado en la nada turística plaza del Cristo, es popular entre los mochileros y la clientela extranjera suele tener la vista pegada a una guía de viajes.

Restaurante Puerto de Sagua
PESCADO **$**

(plano p. 66; av. Bélgica 603; comidas 5-8 CUC; ☺12.00-24.00) Restaurante con temática náutica en la zona sur más tosca de La Habana Vieja, caracterizado por sus pequeñas ventanas a modo de ojo de buey. Básicamente sirven pescado a precios razonables.

★Doña Eutimia
CUBANA **$$**

(plano p. 66; callejón del Chorro 60C; comidas 7-9 CUC; ☺12.00-24.00) Sencillez ante todo; el secreto de Doña Eutimia es que no hay ningún secreto. Solo sirve raciones correctas de sabrosa comida cubana (la ropavieja –ternera en tiras– y el picadillo, merecen especial mención), en un bonito lugar junto a la catedral y con precios altamente razonables. El resto es historia.

O'Reilly 304
INTERNACIONAL **$$**

(plano p. 66; ☎52-64-47-25; O'Reilly 304; comidas 8-13 CUC; ☺12.00-24.00) El nombre no resulta nada imaginativo (es la dirección del restaurante), pero, irónicamente, la cocina es una de las más creativas de La Habana. Los exquisitos platos de pescado y marisco con verduras crujientes se presentan en sartenes de metal sobre bandejas de madera, y los cócteles y tacos están volviéndose legendarios. Se trata de un establecimiento nuevo, cuyo pequeño interior aprovecha ingeniosamente un entresuelo. Las paredes están decoradas con cuadros llamativos: desnudos, serigrafías, toreros caídos...

Mama Inés
CUBANA **$$**

(plano p. 66; ☎7-862-2669; Obrapía 62; comidas 8-11 CUC; ☺12.00-22.30 ma-do) Fidel Castro, Jane Fonda, Jack Nicholson, Jimmy Carter, Hugo Chávez; el chef de cocina, Erasmo, ha cocinado para diversos famosos 'de izquierdas'. Recientemente se ha unido a la revolución culinaria abriendo un paladar (restaurante privado) en un precioso edificio colonial junto a la calle Oficios, donde sirve clásicos cubanos bien ejecutados: ropavieja, gambas empanadas y cerdo asado, a precios populares.

Tres Monedas
Creative Lounge
INTERNACIONAL **$$**

(plano p. 66; ☎7-862-7206; www.tresmonedascafe. com; Aguiar 209, entre Empedrado y Tejadillo; ten-

LOS MEJORES CAFÉS BOHEMIOS

En los últimos años, ha surgido una serie de cafés nuevos, interesantes y únicos, aprovechando la mayor libertad empresarial. Se encontrará buen café, decoración creativa y ambiente animado en:

➡ El Chanchullero (p. 109)

➡ Café Archangel (p. 110)

➡ Café Madrigal (p. 111)

➡ Café Bohemia (p. 102)

➡ Dulcería Bianchini (p. 109)

tempiés 2-5 CUC, principales 8-15 CUC; ☺12.00-24.00) Tras las fachadas mugrientas de La Habana Vieja se esconden magníficos tesoros artísticos, especialmente en Tres Monedas, un *"lounge* creativo" y café-restaurante. La decoración, diseñada por el artista propietario Kadir López, incluye imágenes de la colorida década de 1950 en La Habana: viejos anuncios de Coca-Cola, carteles de Esso y taburetes de bar con forma de tapones de botella. Sirven tentempiés y platos más sustanciosos, además de bebidas en el bar *hípster*.

Nao Bar Paladar
PESCADO **$$**

(plano p. 66; ☎7-867-3463; Obispo 1; comidas 6-12 CUC; ☺12.00-24.00) Está en el nº 1 de la avenida principal de La Habana y la comida también se clasifica cerca de ese puesto. Ocupa un edificio de 200 años cerca de los muelles y explota el tema marinero. El pequeño espacio de arriba está bien para tomar platos principales (dominados por el pescado); el bar y la terraza de abajo destacan por sus tentempiés, entre ellos las mejores *baguettes* calientes de Cuba (se aconseja la de jamón serrano).

Mesón de la Flota
TAPAS **$$**

(plano p. 66; Mercaderes 257, entre Amargura y Brasil; tapas 3-6 CUC; ☺12.00-24.00) Este bar-restaurante de tapas con temas náuticos podría haberse transportado del barrio gaditano de Santa María. Las tapas incluyen garbanzos con chorizo, calamares y tortilla, pero también hay platos principales a base de pescado. Para los amantes de la música, el verdadero atractivo son los tablaos nocturnos, cuya calidad rivaliza con la que puede verse en cualquier parte de Andalucía.

El Mercurio
INTERNACIONAL **$$**

(plano p. 66; pza. San Francisco de Asís; comidas 5-10 CUC; ☺7.00-23.00) Elegante café-restaurante para sentarse dentro o fuera, con máquinas para hacer capuchinos, íntimas cabinas y camareros de esmoquin, donde sirven económicos almuerzos (sándwich cubano) y cenas más copiosas (langosta y *steak tartar*).

Restaurante la Dominica
ITALIANA **$$**

(plano p. 104; O'Reilly 108; comidas 7-10 CUC; ☺12.00-24.00) Aunque a veces se pasan con el aceite de oliva, La Dominica –con sus *pizzas* hechas al horno de leña y su pasta al dente– sirve platos mediterráneos en un comedor restaurado con elegancia y una terraza en la calle O'Reilly. Grupos de música amenizan las comidas con un repertorio algo más variado que el del Buena Vista Social Club.

La Mina
CARIBEÑA **$$**

(plano p. 66; Obispo 109, entre Oficios y Mercaderes; comidas 6-10 CUC; ☺24 h) La carta es mediocre, pero la ubicación es excelente: está en una bonita esquina de la plaza de Armas, por lo que todos los turistas pasan por delante en algún momento. Los platos, que se anuncian en un letrero de la calle con ayuda de un ejército de prolijos camareros, incluyen pollo, cerdo y gambas cocinados de diversas formas, pero con poca gracia. Al doblar la esquina en la calle Oficios hay una tentadora heladería.

★ Paladar Los Mercaderes
CUBANA **$$$**

(plano p. 66; ☎7-861-2437; Mercaderes 207; comidas 12-19 CUC; ☺11.00-23.00) Este restaurante, situado en un edificio histórico, ha de ser uno de los paladares más refinados de Cuba por su ambiente, su servicio y su comida cubana e internacional. Hay que subir por una escalera salpicada de pétalos hasta el lujoso comedor, donde unos músicos tocan el violín y los buenos platos internacionales combinan la carne con salsas exóticas. ¡Muy romántico!

Restaurante el Templete
PESCADO Y MARISCO **$$$**

(plano p. 66; av. Carlos Manuel de Céspedes 12; comidas 15-30 CUC; ☺12.00-23.00) Toda una rareza en Cuba: un restaurante que podría competir con cualquier establecimiento de Miami ¡y encima llevado por el Gobierno! Su especialidad es el pescado: fresco, suculento y cocinado con sencillez. Es algo caro pero lo vale.

Café del Oriente
CARIBEÑA, FRANCESA **$$$**

(plano p. 66; Oficios 112; comidas 20-30 CUC; ☺12.00-23.00) La Habana se vuelve repentinamente elegante al cruzar la puerta de este veterano establecimiento estatal, en la plaza de San Francisco de Asís. Salmón ahumado, caviar, paté de hígado de oca, bisté a la pi-

mienta, plato de quesos y una copa de oporto. Y los camareros van de esmoquin. Solo tiene un problema: el precio, pero ¡qué más da!

Restaurante París
CARIBEÑA **$$$**

(plano p. 66; San Ignacio 54; comidas 15-20 CUC; ☺12.00-24.00) El principal interés de este local, que ha cambiado de nombre hace poco, es su situación en plena plaza de la Catedral, uno de los sitios más románticos del planeta cuando los timadores se mantienen lejos, los mojitos agudizan los sentidos (brevemente) y la banda se pone a tocar espontáneamente. La comida ha mejorado desde el cambio de nombre y se esfuerza por atraer, al menos visualmente.

La Imprenta
INTERNACIONAL **$$$**

(plano p. 66; Mercaderes 208; comidas 10-17 CUC; ☺12.00-24.00) Este restaurante de Habaguanex tiene un esplendoroso interior lleno de recuerdos de la antigua vida del edificio como imprenta. La comida no resulta tan espectacular, pero el servicio es meticuloso y la carta ofrece desconocidas innovaciones cubanas, como pasta al dente, platos creativos de pescado y marisco y buenos vinos.

Compra de alimentos

Harris Brothers
SUPERMERCADO

(plano p. 66; O'Reilly 526; ☺9.00-21.00 lu-sa) El supermercado mejor surtido de La Habana Vieja vende de todo, desde pastas recién hechas hasta pañales. Junto al Parque Central, abre hasta tarde.

Agropecuario Belén
MERCADO

(plano p. 66; Sol, entre Habana y Compostela) Es el modesto mercado agrícola de La Habana Vieja.

Parque Histórico Militar Morro-Cabaña

★ Restaurante la Divina Pastora
INTERNACIONAL **$$$**

(plano p. 76; Parque Histórico Militar Morro-Cabaña; comidas 10-18 CUC; ☺12.00-23.00) Situado cerca de la dársena de los Franceses y de una batería de cañones del s. XVIII, es uno de los representantes más avanzados de la cocina cubana. Rompiendo con las férreas raciones del pasado, ofrece sopas cremosas, pulpo a la parrilla, verduras al pesto y excelente pescado y marisco. Ha pasado de manos estatales a privadas, pero el *savoir faire* de los camareros y la credibilidad de la carta de vinos no han disminuido.

Paladar Doña Carmela CUBANA $$$

(plano p. 76; ☑7-867-7472; calle B nº 10; comidas 15-35 CUC; ☺12.00-23.00) Una opción de restaurante privado cerca de la fortaleza de La Habana, que ofrece platos de calidad como el pulpo al ajillo y el cerdo asado entero en horno de leña. Las mesas están distribuidas en un jardín muy agradable. Ideal para cenar antes o después de la ceremonia del cañonazo.

Centro Habana

El Centro ofrece menos sitios para comer que La Habana Vieja, aunque por su densa cuadrícula hay repartidos un montón de buenos restaurantes privados. Es recomendable buscar el Club Español, gestionado por el Centro Asturiano, y adentrarse en la zona de restaurantes de la calle Cuchillo, en el Barrio Chino.

Café Neruda INTERNACIONAL $

(plano p. 78; Malecón 203, entre Manrique y San Nicolás; tentempiés 2-5 CUC; ☺11.00-23.00) ¿Buey chileno a la barbacoa, brocheta nerudiana, empanada chilena? El pobre Pablo Neruda se revolvería en su tumba si este local del Malecón no fuese tan románticamente desaliñado. Se puede pasar una tarde poética escribiendo versos mientras rompen las olas.

Pastelería Francesa CAFÉ $

(plano p. 78; Parque Central 411; tentempiés 1-2 CUC; ☺8.00-24.00) Este café tiene todos los ingredientes de un clásico de los Campos Elíseos: una fabulosa ubicación en el Parque Central, camareros con chalecos y delicadas pastas colocadas en vitrinas. Pero el auténtico sabor francés se ve disminuido por el malhumorado personal y las jineteras que entran acompañadas para comprar cigarrillos y café cargado.

Restaurante Tien-Tan CHINA $

(plano p. 78; Cuchillo 17, entre Rayo y San Nicolás; comidas desde 3 CUC; ☺11.00-24.00) Una pareja chino-cubana lleva uno de los mejores restaurantes chinos del Barrio Chino, donde sirven nada menos que 130 platos diferentes. Se aconseja el *chop suey* con verduras o el pollo con anacardos. Hay que sentarse fuera, en la bulliciosa Cuchillo, una de las "calles gastronómicas" más coloridas de La Habana y que más rápido crece.

Casa Miglis SUECA $$

(plano p. 78; ☑7-864-1486; www.casamiglis.com; Lealtad 120, entre Ánimas y Lagunas; comidas 6-12 CUC; ☺12.00-1.00) En La Habana, hoy en día hay un lugar para cada cosa, incluso comida de fusión cubano-sueca. De una cocina en las destartaladas casas de pisos de Centro Habana, surgen tostadas *skagen* (con gambas), ceviches, cuscús y la *crème de la crème:* tiernas albóndigas con puré de patata. El dueño es sueco (claro está) y la decoración (marcos de fotos vacíos y sillas colgadas de la pared) tiene un toque minimalista de Ikea.

Castropol ESPAÑOLA $$

(plano p. 78; ☑7-861-4864; Malecón 107, entre Genios y Crespo; comidas 6-12 CUC; ☺18.00-24.00) Está dirigido por la Sociedad Asturiana y su reputación ha aumentado en los últimos años, al igual que ha hecho el espacio del restaurante. Se dice que el venerable establecimiento de dos plantas, con un balcón que da al maravilloso paseo marítimo de 8 km, sirve algunos de los platos españoles y caribeños más económicos de La Habana. Destacan la paella, los garbanzos fritos, las gambas en salsa agria y las generosas raciones de langosta a la plancha con mantequilla.

Los Nardos ESPAÑOLA $$

(plano p. 78; pº Martí 563; comidas desde 4-10 CUC; ☺12.00-24.00) Un secreto a voces enfrente del Capitolio, pero fácil de pasar por alto (si no fuera por la cola). Es un restaurante semiprivado, operado por la Sociedad Asturiana, que se promociona como uno de los mejores restaurantes de la ciudad, su destartalado exterior promete poco, pero la decoración con cuero y caoba y los deliciosos platos sugieren lo contrario. La carta incluye langosta en salsa catalana, gambas al ajillo con verduras salteadas y auténtica paella española. Las raciones son enormes; el servicio, atento; y los precios, para lo que se recibe, alucinantemente baratos.

Flor de Loto CHINA $$

(plano p. 78; Salud 303, entre Gervasio y Escobar; comidas 6-8 CUC; ☺12.00-24.00) Suele estar considerado el mejor restaurante chino de La Habana, como demuestra la cola que hay fuera. Camuflado debajo de las deterioradas fachadas de Centro Habana, sirve enormes raciones de langosta y arroz frito en salsa agridulce, entre otros.

Castas y Tal CUBANA $$

(plano p. 78; ☑7-864-2177; av. Italia 51 esq. San Lázaro; comidas 5-8 CUC; ☺12.00-24.00) Trasladado recientemente desde el Vedado a Centro Habana, el C y T ha pasado de ser un restaurante privado a la antigua usanza (escondido en un apartamento de la planta 11ª) a convertirse en un restaurante moderno de estilo bistró. Lo que no ha cambiado es la calidad de la comida, que añade toques novedosos a una base cubana tradicional. Se recomiendan el pollo con salsa de naranja, las brochetas de gambas y frutas con salsa de cacahuete y la sopa de zanahoria.

Chi Tack Tong
CHINA $$

(plano p. 78; Dragones 356, entre San Nicolás y Manrique; comidas 6-9 CUC; ⊘12.00-24.00) Este lugar es famoso por ser uno de los pocos restaurantes económicos de La Habana donde no se oyen las palabras "no hay" al pedir la comida. La carta es algo limitada, pero las raciones son enormes.

★San Cristóbal
CUBANA $$$

(plano p. 78; ☎7-867-9109; San Rafael, entre Campanario y Lealtad; comidas 9-18 CUC; ⊘12.00-24.00) Aquí el viajero puede sentarse frente a un altar católico santero, flanqueado por fotos de Maceo y Martí, y dar las gracias por la extraordinaria comida. Situado en medio de Centro Habana, el menú y la decoración aún parten influencias cubana, africana y española. Hay que admirar las pieles de animales al estilo de Hemingway mientras se disfruta de un buen entrante de jamón serrano y seis quesos distintos.

La Guarida
INTERNACIONAL $$$

(plano p. 78; ☎7-866-9047; www.laguarida.com; Concordia 418, entre Gervasio y Escobar; comidas 12-20 CUC; ⊘12.00-15.00 y 19.00-24.00) Situado en la planta alta de una casa espectacularmente ruinosa, su reputación se basa en haber sido el escenario de la película *Fresa y chocolate*, que se rodó en este edificio, y en un puñado de reseñas entusiastas en periódicos internacionales. La comida se cuenta entre las mejores de La Habana; son pioneros de la nueva cocina cubana y lo reflejan en platos como el atún glaseado con caña de azúcar. Se recomienda reservar.

Compra de alimentos

Supermercado Isla de Cuba
SUPERMERCADO

(plano p. 78; Máximo Gómez esq. Factoría; ⊘10.00-18.00 lu-sa, 9.00-13.00 do) Está en el lado sur del parque de la Fraternidad y vende yogures, cereales, pasta, etc. El viajero debe dejar su mochila en la consigna, a la derecha de la entrada.

Almacenes Ultra
SUPERMERCADO

(plano p. 78; av. Simón Bolívar 109 esq. Rayo; ⊘9.00-18.00 lu-sa, hasta 13.00 do) Supermercado correcto en Centro Habana.

La Época
SUPERMERCADO

(plano p. 78; av. Italia esq. Neptuno; ⊘9.00-21.00 lu-sa, hasta 12.00 do) Centro comercial donde se paga en convertibles con un supermercado en el sótano. Hay que dejar la mochila en la consigna de la entrada.

Mercado Agropecuario Egido
MERCADO

(plano p. 66; av. de Bélgica, entre Corrales y Apodaca) Productos frescos en este mercado no controlado por el Gobierno.

✕ Vedado

El panorama culinario del Vedado ha seguido creciendo y adaptándose a la nueva realidad económica cubana; constantemente abren nuevos y atrevidos restaurantes privados.

Topoly
IRANÍ $

(plano p. 86; ☎7-832-3224; www.topoly.fr; calle 23 nº 669 esq. D; raciones 4-6 CUC; ⊘10.00-24.00) El primer restaurante iraní de La Habana se encuentra en una preciosa mansión con columnas, en la concurrida calle 23. Hay que sentarse en el porche envolvente, bajo imágenes emblemáticas de Gandhi, José Martí y Che Guevara, y disfrutar del puré de berenjenas, las brochetas de cordero, el fantástico café y el té en teteras de plata. Hay danza del vientre los miércoles, viernes y sábados a las 21.00.

La Catedral
INTERNACIONAL $

(plano p. 86; ☎7-830-0793; calle 8 nº 106, entre Calzada y calle 5; comidas 4-6 CUC; ⊘12.00-24.00) Es posiblemente el primer restaurante cubano que ha adoptado la costumbre estadounidense de ofrecer bolsitas para llevarse las sobras de la comida, cosa necesaria, dado el enorme tamaño de las raciones. Es más popular entre los cubanos que entre los turistas, tiene precios razonables y ofrece diversos géneros culinarios, que incluye *pizza,* pasta y tapas.

Restaurant Bar Razones
CUBANA, INDIA $

(plano p. 86; ☎7-832-8732; calle F nº 63, entre av. 3 y 5; comidas 3-6 CUC; ⊘12.00-24.00; 🖐) Tras el cierre del Bollywood, el primer restaurante indio de Cuba, el Razones ha recogido el testigo. Nótese que no se trata de un restaurante indio, sino que solo añade valientemente un par de platos de curri a su variopinta carta. También hacen cosas interesantes con la langosta (aderezada con salsa de piña e incluso con extracto de café). La clientela es una mezcla de cubanos y turistas.

La Chuchería
TENTEMPIÉS $

(plano p. 86; calle 1, entre calles C y D; tentempiés 2-7 CUC; ☺7.00-24.00) Aferrado a su situación próxima al Malecón, este elegante bar de deportes, propiedad de un comediante cubano, parece que hubiera flotado por los estrechos desde Florida como retornando del exilio. Pero uno se olvida de la política al contemplar las *pizzas* y los batidos con helado, tan densos que la pajita se sostiene derecha dentro del vaso. El diminuto interior, con sillas de plástico transparente y TV de pantalla plana donde se repone el último gol de Messi, demuestra cómo la línea entre el socialismo y el capitalismo cada vez es más borrosa.

Waoo Snack Bar
CAFETERÍA $

(plano p. 86; calle L nº 414 esq. calle 25; tentempiés 2-6 CUC; ☺12.00-24.00) Realmente impresiona con su barra envolvente de madera, su animada ubicación cerca de las calles 23 y L y sus platos rápidos para saborear: *carpaccio*, tablas de queso y café con postres para acompañar.

Toke Infanta y 25
CAFETERÍA $

(plano p. 86; calz. Infanta esq. calle 25; tentempiés 2-4 CUC; ☺7.00-24.00) Elegante, minimalista, económico y, sobre todo, sabroso. Contribuye a llenar el vacío existente entre los insípidos locales estatales y los formales restaurantes privados. Se encuentra rodeado de los edificios magullados de la calzada de la Infanta, en el límite entre Vedado y Centro Habana, atrayendo galantes habaneros (y turistas) por sus excelentes hamburguesas y *brownies* de chocolate.

Dulcinea
PANADERÍA $

(plano p. 86; calle 25 nº 164, entre calz. Infanta y calle O; tentempiés 0,50-2 CUC; ☺8.00-24.00) Antaño parte de la pequeña pero preciada cadena Pain de París, esta pastelería y panadería sigue teniendo buenos pasteles, café y espacio para sentarse. Hay una **sucursal 24 h** (plano p. 86) en Línea, junto al cine Trianón.

Café TV
COMIDA RÁPIDA $

(plano p. 86; calle N esq. 19; tentempiés 2-5 CUC; ☺10.00-21.00) Escondido en el edificio Focsa, este café con temática televisiva es un animado lugar para cenar, recomendado por los entendidos por su comida a buen precio y sus divertidas noches cómicas. Si el cliente está dispuesto a lidiar con el gélido aire acondicionado y con el túnel de la entrada, más bien siniestro, disfrutará de hamburguesas, ensaladas, pasta y pollo *cordon bleu*.

Cafetería Sofía
COMIDA RÁPIDA $

(plano p. 86; calle 23 nº 202; tentempiés 1-3 CUC; ☺24 h) Los juerguistas se topan con los madrugadores en esta institución, abierta 24 h en La Rampa (calle 23).

★ Café Laurent
INTERNACIONAL $$

(plano p. 86; ☎7-832-6890; calle M nº 257, 5º piso, entre 19 y 21; comidas 10-14 CUC; ☺12.00-24.00) Hablando de tesoros ocultos, este restaurante sin rótulo es un establecimiento sofisticado y lujoso, que se esconde en un horrendo bloque de pisos de la década de 1950, junto al edificio Focsa. El interior, modernista y luminoso, cuenta con manteles almidonados, vasos relucientes y cortinas elegantes. En la carta destacan el cerdo salteado con frutas pasas y vino tinto y el *risotto* de marisco. ¡Viva la revolución culinaria!

Paladar Mesón Sancho Panza
MEDITERRÁNEA $$

(plano p. 86; ☎7-831-2862; calle J nº 508, entre calles 23 y 25; comidas 4-10 CUC; ☺12.00-23.00) Convenientemente situado junto al parque Don Quijote, este lugar no desmerece a su compañero literario. Refinada comida de influencia española servida en un bonito restaurante, parte al aire libre, adornado con estanques y pérgolas. Tiene un carro de tartas irresistible. Se puede empezar por la paella (12-16 CUC), la lasaña o las brochetas. Hay flamenco en directo los sábados por la noche.

El Idilio
CUBANA $$

(plano p. 86; ☎7-830-7921; av. Presidentes esq. calle 15; comidas 5-9 CUC; ☺12.00-24.00) Nuevo, atrevido y aventurero, encarna el nuevo panorama gastronómico cubano. Hay de todo: pasta, ceviche, clásicos cubanos y marisco a la parrilla.

Paladar los Amigos
CUBANA $$

(plano p. 86; calle M nº 253; comidas 8-11 CUC; ☺12.00-24.00) Elegido por el chef Anthony Bourdain para realizar su capítulo de *Sin reservas* en el 2011, este restaurante privado se ciñe a lo básico, ofreciendo comida tradicional cubana con montañas de arroz y frijoles. El mordaz personaje fue gratamente sorprendido, así que deben de hacerlo bien.

Atelier
CUBANA $$$

(plano p. 86; ☎7-836-2025; calle 5 nº 511 (Altos), entre Paseo y calle 2; comidas 12-25 CUC; ☺12.00-24.00) Lo que primero llama la atención en este lugar es el arte en sus paredes: cuadros enormes con tintes religiosos que hacen reflexionar. Lo segundo que choca es su antiguo

INDISPENSABLE

EL HELADO DE COPPELIA

Coppelia (plano p. 86; calle 23 esq. L, Vedado; ☺10.00-21.30 ma-sa), célebre heladería alojada en un edificio similar a un platillo volante, en un parque del Vedado, es tan famosa por sus enormes colas como por su helado. Administrada por el Estado, ha gozado de un éxito enorme desde su apertura en 1966 y ha sobrevivido a tiempos muy difíciles. Es mucho más que una simple heladería: en ella se han forjado relaciones, se han esbozado novelas, se han celebrado cumpleaños y se han urdido planes para escapar a Miami.

El espaldarazo definitivo llegó en 1993, cuando sirvió de escenario y parte esencial del guión de la película cubana nominada al Oscar *Fresa y chocolate,* cuyo título alude a dos sabores del helado de Coppelia.

Los guardias de seguridad suelen dirigir a los turistas a una sección más pequeña, al aire libre, donde se paga en convertibles, pero es aconsejable eludir esas directrices. Hacer cola forma parte integrante del folclore de Coppelia y es tan tradicional como las mesas compartidas, el helado barato (se paga en pesos cubanos) y las muchas posibilidades que el interior facilita de observar sin censura a la gente.

techo de madera, su terraza y, en general, su elegancia de vieja escuela. En un momento dado, el viajero se encontrará con la comida, cubana con influencia francesa, que no defrauda. Se recomienda el pato (la especialidad) o el exótico (para Cuba) salmón con berenjena.

Le Chansonnier FRANCESA $$$
(plano p. 86; ☎7-832-1576; www.lechansonnier habana.com; calle J nº 257, entre calles 13 y 15; comidas 12-20 CUC; ☺19.00-2.00 lu-sa) Un sitio estupendo para cenar, siempre que se logre encontrarlo (no tiene letrero); está oculto en una deslustrada mansión convertida en restaurante privado, cuyo interior reformado es mucho más moderno que la fachada. El vino francés y los sabores de aquel país brillan en especialidades como conejo en salsa de vino tinto, caviar de berenjena y pulpo con ajo y cebolla. El horario varía y suele haber mucha gente; conviene llamar antes.

VIP Havana INTERNACIONAL $$$
(plano p. 86; ☎7-832-0178; calle 9 nº 454, entre calles E y F; comidas 15-21 CUC; ☺12.00-3.00) No hace falta ser un VIP para comer aquí, pero probablemente ayuda. Se trata de uno de los restaurantes más nuevos y lujosos de La Habana, y tanto su aspecto como su comida son impecables (el pescado y el marisco son buenos). El ambiente logra ser refinado y tranquilo sin resultar en absoluto esnob.

Decameron ITALIANA $$$
(plano p. 86; ☎7-832-2444; Línea 753, entre Paseo y calle 2; comidas 12-18 CUC; ☺12.00-24.00; ☑) Feo por fuera pero mucho más bonito por dentro, la carta de este íntimo restaurante con influencias italianas es variada e incluye *pizza* vegetal, lasaña a la boloñesa, bisté a la pimienta y una sopa de calabaza divina. Además, la selección de vinos es buena y la cocina es comprensiva con los vegetarianos.

La Torre FRANCESA, CARIBEÑA $$$
(plano p. 86; ☎7-838-3088; edif. Focsa, calle 17 esq. M; principales desde 15 CUC; ☺11.30-0.30) Uno de los restaurantes estatales más altos y de mejor calidad de La Habana está encaramado sobre el centro del Vedado, en lo alto del edificio Fosca. Un templo de arquitectura modernista y de alta gastronomía francesa y cubana donde se combinan vistas panorámicas de la ciudad con una carta de inspiración francesa. Los precios no son especialmente cubanos, al igual que los ingredientes, pero quizá merezca la pena por el servicio.

Compra de alimentos

Supermercado Meridiano SUPERMERCADO
(plano p. 86; Galerías de Paseo, calle 1 esq. Paseo; ☺10.00-17.00 lu-vi, hasta 14.00 do) Enfrente del Hotel Meliá Cohiba, este supermercado cuenta con un buen surtido de vinos y licores, yogures, queso y patatas fritas.

Agropecuario 17 y K MERCADO
(plano p. 86; calle 17 esq. K; ☺8.00-16.40 lu-sa, 8.00-12.00 do) Un mercado a precios económicos pero con poca variedad.

Agropecuario 19 y A MERCADO
(plano p. 86; calle 19, entre calles A y B; ☺8.00-16.40 lu-sa, 8.00-12.00 do) El mercado para *gourmets* de La Habana, con coliflores, plantas aromáticas y productos más raros fuera de temporada.

Agropecuario 21 y J MERCADO
(plano p. 86; calle 21 esq. J; ⊗8.00-16.40 lu-sa, 8.00-12.00 do) Buen surtido de frutas y verduras a precio económico.

🍷 Dónde beber y vida nocturna

Los cafés de La Habana han entrado en una fase interesante. Las insípidas franquicias extranjeras aún no se han establecido pero, gracias a la mayor libertad para abrir negocios privados, los emprendedores locales están aplicando su creatividad artística a un creciente número de bares y cafés bohemios.

🍷 La Habana Vieja

⭐**El Chanchullero** BAR
(plano p. 66; www.el-chanchullero.com; Brasil, entre Bernaza y Christo; ⊗13.00-24.00) "Aquí jamás estuvo Hemingway", reza la pizarra de fuera con franca ironía. Era inevitable; mientras los turistas ricos brindan por Hemingway en la Bodeguita del Medio, los cubanos y los mochileros pagan calderilla (2 CUC) por cócteles en su propia alternativa bohemia. Se trata de un pequeño y ruidoso antro lleno de grafitis, donde la música sigue el compás de 4/4 en vez del 6/8.

La Factoría Plaza Vieja BAR
(plano p. 66; San Ignacio esq. Muralla; ⊗11.00-24.00) La primera microcervecería de La Habana ocupa un rincón bullicioso de la Plaza Vieja y vende cerveza artesanal suave y fría, que puede degustarse en bancos de madera sobre los adoquines del exterior o en la bonita sala interior. Si se reúne a un grupo, se obtendrá el néctar ámbar en un largo tubo de plástico con un grifo abajo. Fuera también hay una parrilla.

Dulcería Bianchini II CAFÉ
(plano p. 66; www.dulceria-bianchini.com; San Ignacio 68; ⊗9.00-21.00) Los cubanos parecían haber olvidado la costumbre española de la merienda hasta que llegó Bianchini, con sus tentempiés dulces y excelente café, para recordar a todos por qué esta comida es tan importante. Este pequeño y bohemio local está junto a la plaza de la Catedral; hay otro al lado del Museo del Ron, la Dulcería Bianchini I (plano p. 66; calle Sol 12; ⊗9.00-20.30 lu-vi, 10.00-21.00 sa y do).

Sloppy Joe's BAR
(plano p. 78; Agramonte esq. Ánimas; ⊗12.00-3.00) Este bar lo abrió en 1919 un joven inmigrante español, llamado José García (alias "Joe"), y se ganó su nombre (*sloppy* significa descuidado) debido a su mala higiene y a un sándwich blandurrio de ropavieja. Legendario entre los extranjeros antes de la Revolución, cerró en la década de 1960 tras un incendio, pero en el 2013 renació tras la misma fachada neoclásica. Todavía sirve cócteles correctos y el mismo sándwich. Si bien hoy es un sitio para turistas, el interior permanece fiel a su predecesor, como atestiguan las viejas fotos en blanco y negro de la pared (en la mayoría de las cuales sale Frank Sinatra con un vaso en la mano).

Museo del Chocolate CAFÉ
(plano p. 66; Amargura esq. Mercaderes; ⊗9.00-22.00) Este establecimiento en el corazón de La Habana Vieja es una dosis letal de chocolate, trufas y más chocolate (todo de elaboración propia). Situado en la calle Amargura –la ironía no es intencionada–, es un café más que un museo, con un puñado de mesas de mármol dispuestas entre una dulce colección de parafernalia chocolatera. La carta contiene ese omnipresente ingrediente: caliente, frío, blanco, negro, espeso o suave, el chocolate es divino.

Cervecería Antiguo Almacén de la Madera y Tabaco PUB
(plano p. 66; Desamparados esq. San Ignacio; ⊗12.00-24.00) En los muelles se encuentra la cervecería artesanal más nueva de La Habana, que elabora y sirve tres cervezas de estilo austriaco en un antiguo almacén de madera y tabaco. El enorme interior recuerda el ambiente de una carpa del Oktoberfest, pero con menos gente (de momento). Ofrecen comida a la parrilla y hay un escenario para conciertos, pero lo mejor del local es la cerveza: 2 CUC por medio litro y 12 CUC por una torre de 3 l.

La Bodeguita del Medio BAR
(plano p. 66; Empedrado 207; ⊗11.00-24.00) Famoso debido a las proezas de Ernest Hemingway con el ron (lo que dispara los precios), es este el bar más conocido de La Habana. Visitarlo se ha convertido en algo de rigor para los turistas, que aún no se han dado cuenta de que los mojitos son mejores y (mucho) más baratos en otra parte. Entre sus antiguos visitantes figuran Salvador Allende, Fidel Castro, Nicolás Guillén, Harry Belafonte y Nat King Cole, quienes dejaron sus autógrafos en la pared junto con otros miles de clientes (salvo los grandes nombres, las paredes se repintan

cada pocos meses). Hoy en día la clientela es menos ilustre, ya que el número de turistas en viaje organizado desde Varadero supera al de bohemios. Los puristas dicen que los mojitos de 4 CUC han perdido su esplendor en los últimos años, pero solo hay un modo de averiguarlo...

Café el Escorial   CAFÉ

(plano p. 66; Mercaderes 317 esq. Muralla; ☺9.00-21.00) Ocupa una mansión colonial bien restaurada que da a la Plaza Vieja, y luce un aire definitivamente europeo. Sirven algunas de las mejores infusiones de cafeína de la ciudad, por ejemplo: café cubano, café con leche, *frappé,* licor de café e incluso daiquiri de café. También tienen un surtido de delicadas tartas y pasteles.

Bar Dos Hermanos   BAR

(plano p. 66; San Pedro 304; ☺24 h) Este bar, en su día sórdido pero hoy pulido, junto al muelle, exhibe una orgullosa lista de famosos en una placa en la entrada, como Federico García Lorca, Marlon Brando, Errol Flynn y, por supuesto, Ernest Hemingway. Con su larga barra de madera y su ambiente marinero, aún proyecta algo de magia.

El Floridita   BAR

(plano p. 66; Obispo 557; ☺11.00-24.00) Se promociona como "la cuna del daiquiri" y era uno de los bares favoritos de los estadounidenses expatriados mucho antes de que Hemingway se dejara caer en la década de 1930, de ahí el nombre. El barman Constante Ribalaigua inventó el daiquiri poco después de la I Guerra Mundial, pero fue Hemingway quien lo popularizó y, al final, el bar bautizó una bebida en su honor: el Papa Hemingway Special (daiquiri con toronja). Su récord (cuenta la leyenda) fueron 13 dobles de una sentada. Cualquier intento por igualarlo puede costar una fortuna (6 CUC por trago) y una tremenda resaca.

La Lluvia de Oro   BAR

(plano p. 66; Obispo 316; ☺9.00-1.00) Constantemente se oye música en directo desde la calle, por lo que siempre está abarrotado. Sin embargo, dada la elevada concentración de *jineteros/as,* quizá no sea el lugar más íntimo para empezar a conocer La Habana. Disponen de aperitivos y el "sombrero" del músico pasa cada tres canciones.

La Dichosa   BAR

(plano p. 66; Obispo esq. Compostela; ☺10.00-24.00) Difícil de pasar por alto por el griterío.

El local es muy pequeño y al menos la mitad del espacio está reservado a la orquesta. Un buen lugar para tomar un mojito rápido.

Café Taberna   BAR

(plano p. 66; Brasil esq. Mercaderes; ☺12.00-24.00) Fundado en 1772 y aún resplandeciente después de una reforma, este bar y restaurante es un lugar fabuloso para tomar unos cócteles antes de cenar. La música –que se pone en marcha sobre las 20.00– suele rendir homenaje al que fuera el Bárbaro del Ritmo residente: Benny Moré. La comida no vale la pena.

Café París   BAR

(plano p. 66; Obispo 202; ☺24 h) La calma nunca reina en este pequeño bar de La Habana Vieja, conocido por su música en directo y su animado ambiente, lleno de turistas. En las noches buenas, el ron fluye e irrumpe el baile espontáneo.

Monserrate Bar   BAR

(plano p. 66; Obrapía 410; ☺12.00-24.00) Está situado a un par de portales del famoso Floridita pero, a diferencia de este, no tiene relación alguna con Hemingway, lo que significa que los daiquiris cuestan la mitad.

☺ Centro Habana

★ Café Archangel   CAFÉ

(plano p. 78; ☎7-867-7495; Concordia 57; ☺8.30-20.30) Café excelente, buenas tortas, música suave (nada de reguetón) y películas de Charlie Chaplin proyectadas en la pared. ¿Qué más se puede pedir?

Humboldt 52   BAR

(plano p. 78; ☎53-30-29-89; Humboldt 52; ☺22.00-4.00) El primer bar gay auténtico de La Habana se ha hecho esperar (Santa Clara tenía uno hace años), pero la espera ha merecido la pena. Espectáculos de *drag queens,* baile y karaoke *kitsch* entretienen a los abiertos de mente, en un interior moderno y luminoso donde todo tipo de personas se sentirán bienvenidas. Es pequeño y suele estar hasta la bandera.

Prado nº 12   BAR

(plano p. 78; pº Martí 12; ☺12.00-23.00) Un edificio delgado en la esquina del paseo de Martí (Prado) y San Lázaro, que sirve bebidas y tentempiés sencillos y que aún se parece a La Habana de los años cincuenta. Aquí se puede absorber el ambiente de esta asombrosa ciudad, después de dar un paseo al atardecer por el Malecón.

Vedado

★ **Café Madrigal**   BAR

(plano p. 86; calle 17 n° 302, entre calles 2 y 4; ☺18.00-2.00 ma-do) El Vedado flirtea con lo bohemio en este romántico bar tenuemente iluminado, que podría haber surgido procedente del Barrio Latino de París en los tiempos de Picasso. Hay que pedir una "tapita" y un cóctel y retirarse a la bonita terraza *art nouveau*, donde el rumor de las conversaciones nocturnas compite con el ruido de los coches antiguos que pasan por delante.

Gabanna Café   BAR

(plano p. 86; calle 3 esq. C; ☺17.00-3.00) Elegante, nueva, moderna y embellecida con tonos blancos y negros, esta coctelería de moda representa a La Habana de hoy. La gente guapa bebe cócteles igual de atractivos en el interior, pequeño y *cool*.

Bar-Club Imágenes   BAR

(plano p. 86; Calzada 602; ☺21.00-5.00) Este selecto bar con piano atrae a una clientela de cierta edad con su oferta de boleros y trova (música tradicional), aunque a veces también hay espectáculos de humor; la programación se anuncia fuera. Se pueden tomar comidas (5 CUC mín.).

Cuba Libro   CAFÉ

(plano p. 86; ☏7-830-5205; calle 24 esq. 19; ☺10.00-20.00 lu-sa; 🖭) ✆ Es muchas cosas a la vez: cafetería, biblioteca, proyecto comunitario socialmente comprometido y un sitio ideal para que los cubanos interactúen con los extranjeros. Aunque algo alejado de los puntos de interés turístico, es un sitio idóneo para descubrir una parte de La Habana que pasa desapercibida. Hay que pedir un zumo o un café y unirse a la conversación. Aparte de prestar libros, el café expone a promesas del arte cubano, distribuye preservativos gratis, entrega juguetes para los niños y sigue prácticas ecológicas.

3D Café   BAR

(plano p. 86; ☏7-863-0733; www.3dcafecuba.com; calle 1 n° 107, entre calles C y D; ☺12.00-3.00) Pequeño bar-discoteca de moda, cerca del Malecón, que está lleno de hielo seco y de gente bien que disfruta de humor nocturno y de música en directo. Sirven pequeñas tapas y los cócteles son obligados. Conviene reservar en persona o por teléfono.

Café Fresa y Chocolate   CAFÉ

(plano p. 86; calle 23, entre calles 10 y 12; ☺9.00-23.00) Aquí no hay helados, sino solo objetos relacionados con el cine. Esta es la sede principal del Instituto Cubano de Arte e Industria Cinematográficos (ICAIC) y un punto de unión para estudiantes y adictos a las películas de arte y ensayo. Se pueden debatir los méritos de Almodóvar y Scorsese en el agradable patio, y luego entrar en el edificio contiguo para ver un preestreno.

Café Literario del 'G'   CAFÉ

(plano p. 86; calle 23, entre calles G y H, Vedado; ☺12.00-23.00) Desaliñado local frecuentado por estudiantes, lleno de garabatos artísticos en las paredes e intelectuales que hablan de Guillén y Lorca mientras beben café. Hay un patio delantero donde relajarse y presentaciones regulares de trova, *jazz* y poesía.

Café Cantante   CLUB

(plano p. 86; ☏7-879-0710; Paseo esq. calle 39; con consumición 10 CUC; ☺21.00-5.00 ma-sa) Debajo del Teatro Nacional de Cuba (entrada lateral), esta discoteca ofrece música y baile de salsa en directo, aperitivos y comida. Los clientes son principalmente *"yummies"* (jóvenes directivos marxistas urbanos) y turistas masculinos entrados en años con sus jóvenes novias cubanas. El Café suele animarse más que el contiguo Piano Bar Delirio Habanero. Musicalmente, hay apariciones frecuentes de los grandes cantantes como Haila María Mompié. No se puede entrar con pantalón corto ni camiseta, y tampoco llevar gorra. Solo para mayores de 18 años.

Piano Bar Delirio Habanero   CLUB

(plano p. 86; Paseo esq. calle 39; con consumición 10 CUC; ☺desde 18.00 ma-do) Este tranquilo *lounge* en la planta de arriba del Teatro Nacional de Cuba acoge desde jóvenes trovadores hasta *jazz* improvisado. Los sofás de rojo intenso dan a una pared de cristal con vistas a la plaza de la Revolución, que resulta impresionante de noche con el monumento a Martí iluminado de fondo. Es un buen lugar para tomar aire cuando en el club de al lado, el Café Cantante, hace demasiado calor.

Bar-Restaurante 1830   DANZA

(plano p. 86; Malecón esq. calle 20; ☺12.00-1.45) Es el lugar al que hay que ir para bailar salsa. Después del espectáculo del domingo por la noche, todo el mundo salta a la pista de baile. Turístico, pero divertido, aunque la comida es prescindible.

LA HABANA DE AMBIENTE

La Revolución tuvo una actitud hostil hacia la homosexualidad en sus primeros tiempos. Mientras la ciudad de Nueva York era presa de los disturbios de Stonewall, los homosexuales cubanos eran enviados a campos de reeducación por un Gobierno dominado por exguerrilleros machistas y barbudos, vestidos con uniforme militar.

A partir de la década de 1990, la situación comenzó a cambiar gracias, irónicamente, a Mariela Castro, hija del actual presidente Raúl Castro y directora del Centro Nacional de Educación Sexual de Cuba. En el 2013, Mariela recibió un visado del Gobierno de EE UU para viajar al país y aceptar un premio de Equality Forum por su defensa de los derechos de los gays.

Un hito importante para la comunidad LGTB llegó en junio del 2008, cuando el Gobierno cubano aprobó una ley que permitía las operaciones gratuitas de cambio de sexo para los ciudadanos que cumplieran los requisitos, cortesía del sistema de salud del país, famoso por su clarividencia. En noviembre del 2012, Adela Hernández se convirtió en la primera persona transexual elegida para un puesto público en Cuba: concejal en la provincia de Villa Clara.

La Habana de ambiente ha despegado en el último par de años. El núcleo gay está entre Centro Habana y Vedado, en el triángulo que se extiende entre la calzada de la Infanta, la calle L y la 23 (La Rampa). La calle 23 en su intersección con el Malecón es, desde hace tiempo, un punto de reunión gay, mientras que el cine Yara y el parque de Coppelia son conocidos lugares de ligue. La vida nocturna se centra en el primer bar auténticamente de ambiente, el Humboldt 52 (p. 110). Otros sitios idóneos son la discoteca Pico Blanco, en el Hotel St John's, y el Cabaret Las Vegas; ambos son conocidos por sus espectáculos de *drag queens*.

En tiempos de mayor discriminación, la única playa gay de La Habana era Mi Cayito, un tramo apartado de Playa Boca Ciega, en Playas del Este, que sigue siendo popular. Ahora, también hay noches de cine gay en la sede del ICAIC (calle 23 esq. 12, Vedado) y, desde el 2009, un desfile anual del orgullo gay por la calle 23 a mediados de mayo. Legalmente, las lesbianas disfrutan de los mismos derechos que los gays, aunque la 'escena' de lesbianas es menos evidente.

Cabaret Las Vegas CLUB

(plano p. 86; calz. Infanta 104, entre calles 25 y 27; entrada 5 CUC; ☺22.00-4.00) Local de música un tanto cutre y sórdido, con un espectáculo a medianoche. Un poco de ron y muchos "no moleste, por favor" ayudarán a resistir el acoso de las hordas de jineteras. También es conocido por sus espectáculos de *drag queens*.

Pico Blanco CLUB

(plano p. 86; calle O, entre calles 23 y 25; entrada 5-10 CUC; ☺desde 21.00) Discoteca increíblemente popular, situada en la 14ª planta del mediocre Hotel St John's, en el Vedado. Abre todas las noches a las 21.00 y el programa es como una lotería: unos días hay karaoke y boleros cursis, otros hay *drag queens* y chicos con camisetas ajustadas.

Club la Red CLUB

(plano p. 86; calle 19 esq. L; entrada 3-5 CUC) Discoteca de barrio donde a veces aparece algún extranjero confuso.

Karachi Club CLUB

(plano p. 86; calle 17 esq. K; entrada 3-5 CUC; ☺22.00-5.00) Tremendamente caliente.

Discoteca Amanecer CLUB

(plano p. 86; calle 15 nº 12, entre calles N y O; entrada 3-5 CUC; ☺22.00-4.00) Divertido si se ha agotado el presupuesto.

Club Tropical CLUB

(plano p. 86; Línea esq. calle F; ☺16.00-2.00) Un relajado café de tarde que se convierte en animada discoteca después de las 22.00. Las noches del viernes y el sábado son las mejores.

☆ Ocio

Existe vida nocturna en el casco antiguo, pero se trata, más bien, de música en directo en los bares, y acaba temprano. Hay excelentes espectáculos de flamenco en el Mesón de la Flota (p. 103) y ocasionalmente en el Hostal Valencia (p. 96). Aunque quizá haya perdido su fama prerrevolucionaria como elegante barrio de casinos, el Vedado sigue siendo el lugar por excelencia para salir de marcha en La Habana. La vida nocturna en Centro Habana es más movida y auténtica.

Música en directo

Jazz Café
MÚSICA EN DIRECTO

(plano p. 86; última planta, Galerías de Paseo, calle 1 esq. Paseo, Vedado; consumición mín. desde 20.00 10 CUC; ☉12.00-madrugada) Una especie de club de *jazz* con mesas para cenar y una carta aceptable, situado nada menos que en un centro comercial con vistas al Malecón. Por la noche, se pone las pilas con *jazz,* timba y, a veces, salsa en directo. Atrae muchos espectáculos de renombre.

Basílica Menor de San Francisco de Asís
MÚSICA CLÁSICA

(plano p. 66; pza. San Francisco de Asís, La Habana Vieja; entradas 3-8 CUC; ☉desde 18.00 ju-sa) Esta magnífica iglesia de la plaza de San Francisco de Asís, que data de 1738, ha sido transformada en un museo del s. XXI y en sala de conciertos. La vieja nave acoge música coral y de cámara dos o tres veces por semana (consúltese el horario junto a la puerta), y la acústica es excelente. Lo mejor es comprar la entrada al menos un día antes.

Submarino Amarillo
MÚSICA EN DIRECTO

(plano p. 86; calle 17 esq. 6; ☉14.00-19.30, 21.00-2.00 ma-sa, 14.00-22.00 do, 21.00-2.00 lu) Es imposible escapar de los Beatles en Cuba, donde tienen categoría de iconos, como ponen de manifiesto locales como este. Contiguo al parque Lennon, acoge todo tipo de música en directo siempre que esté en compás de 4/4 y sea un subgénero del *rock*. Hay que estar atentos al grupo cubano Los Kents. Las tardes son más relajadas y se pueden tomar tapas viendo vídeos surrealistas de los años sesenta.

Oratorio de San Felipe Neri
MÚSICA EN DIRECTO

(plano p. 66; Aguiar esq. Obrapía, La Habana Vieja; 2 CUC; ☉actuación 19.00) Ha tenido muchas encarnaciones desde su fundación en 1693: primero fue la iglesia de varias órdenes religiosas (oratorianas, capuchinos, carmelitas), después un banco y, desde el 2004, es uno de los mejores recintos de música clásica de La Habana (sobre todo coral).

Callejón de Hamel
MÚSICA EN DIRECTO

(plano p. 78; ☉desde 12.00 do) Además de los vistosos murales callejeros y de las psicodélicas tiendas de arte, la principal razón para acudir al templo supremo de la cultura afrocubana

de Centro Habana es la frenética música de rumba que arranca cada sábado alrededor de las 12.00. Para los aficionados, no hay nada más auténtico e hipnótico, con entrelazados patrones de percusión y largos cantos rítmicos lo suficientemente poderosos como para convocar al espíritu de los *orishas.*

Jazz Club la Zorra y el Cuervo
MÚSICA EN DIRECTO

(plano p. 86; calle 23 esq. O, Vedado; entrada 5-10 CUC; ☉desde 22.00 diario) El club de *jazz* más famoso de La Habana abre cada noche a las 22.00 para las largas colas de melómanos entregados que se forman ante la puerta. Se entra por una cabina inglesa roja y se baja a un sótano oscuro y estrecho. El *jazz freestyle* es incomparable y en este local se han dado cita grandes nombres, como Chucho Valdés y George Benson.

La Casa de la Música Centro Habana
MÚSICA EN DIRECTO

(plano p. 78; av. Italia, entre Concordia y Neptuno, Centro Habana; entrada 5-25 CUC; ☉17.00-3.00) Uno de los mejores y más populares locales nocturnos y salas de conciertos de Cuba. Aquí tocan todos los grandes, incluidos Bamboleo y los Van Van, y verles cuesta calderilla. De las dos Casas de la Música de la ciudad, esta es un poco más auténtica que su homóloga de Miramar (algunos dicen que demasiado auténtica), con orquestas de salsa y poco espacio. El precio varía según la orquesta.

El Hurón Azul
MÚSICA EN DIRECTO

(plano p. 86; calle 17 esq. H, Vedado; ☉variable) Si el viajero desea codearse con algunos famosos socialistas, hará bien en dejarse ver por el Hurón Azul, el club social de la Uneac. Lleno de incalculables fragmentos de la vida cultural de Cuba, la mayor parte de las actuaciones tienen lugar en el jardín. Los miércoles hay rumba afrocubana; los sábados auténticos boleros cubanos; y los jueves, de manera alterna, *jazz* y trova. La entrada cuesta 5 CUC máximo.

El Gato Tuerto
MÚSICA EN DIRECTO

(plano p. 86; calle O nº 14, entre calles 17 y 19, Vedado; consumición mín. 5 CUC; ☉12.00-6.00) Antaño cuartel general del panorama artístico y sexual alternativo de La Habana, actualmente es un punto de encuentro para miembros de la generación del *baby boom* locos por el karaoke, que se dan cita en el lugar para cantar boleros cubanos tradicionales animados por el ron. El sitio está escondido junto al Malecón, en una curiosa casa de dos pisos con tortugas que nadan en una piscina. La planta superior está tomada por un restaurante, y la de abajo, por un club nocturno de moda.

Centro Cultural El Gran Palenque
DANZA
(plano p. 86; calle 4 nº 103, entre Calzada y calle 5, Vedado; entrada 5 CUC; ☺15.00-18.00 sa) El enérgico Conjunto Folklórico Nacional de Cuba, fundado en 1962, está especializado en danza afrocubana (todos los percusionistas son sacerdotes santeros). Es posible verlos actuar, y bailar al ritmo de su música, durante el Sábado de Rumba, que se celebra regularmente y consiste en 3 h de hipnótica danza y percusión. También actúan en el Teatro Mella. Cada 2 años, durante la segunda mitad de enero, se celebra en este lugar un importante festival llamado FolkCuba.

Casa del ALBA Cultural
MÚSICA EN DIRECTO
(plano p. 86; Línea, entre calles C y D, Vedado) Inaugurada en diciembre del 2009 con la asistencia de Raúl Castro, Daniel Ortega y Hugo Chávez, fue pensada para estrechar la solidaridad cultural entre los países de la Alternativa Bolivariana para las Américas, ALBA (Cuba, Venezuela, Bolivia, Ecuador, Nicaragua), pero acoge una variedad de espectáculos y exposiciones artísticas y musicales.

Teatro

★ Gran Teatro de La Habana
TEATRO
(plano p. 78; ☑7-861-3077; pº Martí esq. San Rafael, Centro Habana; 20 CUC/persona; ☺taquilla 9.00-18.00 lu-sa, hasta 15.00 do) Este impresionante edificio neobarroco, situado frente al Parque Central, es un teatro desde 1838. También es la sede del aclamado Ballet Nacional de Cuba, fundado en 1948 por Alicia Alonso, y de la Ópera Nacional de Cuba; en la taquilla informan de la programación. También alberga el grandioso Teatro García Lorca y dos salas de conciertos más pequeñas: la Sala Alejo Carpentier y la Sala Ernesto Lecuono, donde a veces proyectan películas de autor.

Teatro Nacional de Cuba
TEATRO
(plano p. 86; ☑7-879-6011; Paseo esq. calle 39, Vedado; 10 CUC/persona; ☺taquilla 9.00-17.00 y antes de la función) Es uno de los pilares de la vida cultural de La Habana, y el rival moderno del Gran Teatro de Centro Habana. Construido en la década de 1950, en el marco del plan de expansión de la ciudad de Jean Forestier, el complejo acoge conciertos destacados, compañías de teatro extranjeras y la compañía infantil La Colmenita. La Sala Avellaneda

(la principal) es escenario de los grandes actos, como conciertos musicales u obras de Shakespeare. La Sala Covarrubias, más pequeña, plantea un programa más atrevido (el aforo total de ambas es de 3300 butacas). La 9ª planta es un espacio para ensayos y funciones donde se representan las obras más experimentales. La taquilla está en el extremo más alejado de un edificio de un piso que queda detrás del teatro principal.

Teatro Amadeo Roldán
TEATRO
(plano p. 86; ☑7-832-1168; Calzada esq. calle D, Vedado; 10 CUC/persona) Construido en 1922 e incendiado de forma intencionada en 1977, este teatro neoclásico fue reconstruido en 1999 exactamente en el mismo estilo que el original. Llamado así por el famoso compositor cubano responsable de las influencias afrocubanas de la música clásica actual, el teatro es uno de los más majestuosos de La Habana y cuenta con dos auditorios. La Orquesta Sinfónica Nacional toca en la Sala Amadeo Roldán (886 butacas), y los solistas y los pequeños grupos, en la Sala García Caturla (276 butacas).

Teatro Mella
TEATRO
(plano p. 86; Línea 657, entre calles A y B, Vedado) En el lugar del viejo cine Rodi, en Línea, ofrece uno de los programas más completos de La Habana, incluidos un festival de *ballet* internacional, espectáculos de comedia, danza y actuaciones intermitentes a cargo del famoso Conjunto Folklórico Nacional. Si se viaja con niños, es buena idea acudir al espectáculo de las 11.00.

Los contiguos jardines del Mella son ideales para relajarse con una bebida antes o después de la función.

Teatro América
TEATRO
(plano p. 78; av. Italia 253, entre Concordia y Neptuno, Centro Habana) Alojado en un rascacielos *art déco* clásico de la avenida Italia (Galiano), parece haber cambiado poco desde su época dorada, las décadas de 1930 y 1940. Ofrece espectáculos de vodevil, comedia, danza, *jazz* y salsa; las funciones suelen ser los sábados a las 20.30 y los domingos a las 17.00. También se puede preguntar por las clases de danza.

Teatro Fausto
TEATRO
(plano p. 78; pº Martí 201, Centro Habana) Justamente famoso por sus desternillantes espectáculos de humor, es un teatro *art déco* de líneas rectas, en el Prado (paseo de Martí).

Sala Teatro Hubert de Blanck   TEATRO

(plano p. 86; Calzada 657, entre calles A y B, Vedado) Recibe su nombre del fundador del primer conservatorio de música de La Habana (1885). El Teatro Estudio es la principal compañía teatral del país. Generalmente pueden verse obras los sábados a las 20.30 y los domingos a las 19.00. Las entradas se ponen a la venta justo antes de la función.

Sala Teatro el Sótano   TEATRO

(plano p. 86; calle K nº 514, entre calles 25 y 27, Vedado; ☉17.00-18.30 vi y sa, 15.00-17.00 do) Interesa sobremanera asistir a la clase de teatro contemporáneo de vanguardia que caracteriza al Grupo Teatro Rita Montaner en este local cerca del Hotel Habana Libre.

Café Teatro Brecht   TEATRO

(plano p. 86; calle 13 esq. I, Vedado) Funciones variadas. La mejor apuesta es los sábados a las 22.30 (las entradas se ponen a la venta 1 h antes de la función).

Teatro Nacional de Guiñol   TEATRO

(plano p. 86; calle M, entre calles 17 y 19, Vedado; ☒) Espectáculos de marionetas y teatro infantil

Cabaré

★Cabaret Parisién   CABARÉ

(plano p. 86; ☎7-836-3564; Hotel Nacional, calle 21 esq. O, Vedado; entrada 30 CUC; ☉21.00) Ligeramente inferior al famosísimo Tropicana de Marianao, pero más barato y cercano al centro. Situado en el Hotel Nacional, abre todas las noches y vale la pena echarle un vistazo, sobre todo si uno se aloja en el Vedado o alrededores. El espectáculo ofrece la usual mezcla de volantes, plumas y mujeres semidesnudas, pero la coreografía es excelente.

Habana Café   CABARÉ

(plano p. 86; Paseo, entre calles 1 y 3, Vedado; entrada 15 CUC; ☉desde 21.30) Club nocturno y cabaré de moda en el Hotel Meliá Cohiba, diseñado al estilo de moda en EE UU de la década de 1950. Después de la 1.00 se quitan las mesas y se baila al ritmo de "música internacional" hasta altas horas. Es un lugar muy bueno.

Cabaret Turquino   CABARÉ

(plano p. 86; Hotel Habana Libre, calle L, entre calles 23 y 25, Vedado; entrada 10 CUC; ☉desde 22.30) Grandes espectáculos en un marco fantástico, en la planta 25ª del Hotel Habana Libre.

Centros culturales

★Fábrica de Arte Cubano   CENTRO CULTURAL

(plano p. 86; www.fabricadeartecubano.com; calle 26 esq. 11, Vedado; entrada 2 CUC; ☉20.00-4.00 ju-sa, hasta 2.00 do) Uno de los mejores proyectos artísticos recientes de La Habana, creado por el músico de fusión afrocubano X-Alfonso. Se trata de un centro intelectual con música en directo, exposiciones de arte, desfiles de moda y debates alrededor del café o los cócteles. Situado en una antigua fábrica de aceite de Vedado, no hay jerarquías ni porteros malcarados, sino que es posible mezclarse con los artistas, los músicos y la clientela (principalmente cubana) durante los eventos, que comienzan a las 20.00 de jueves a domingo, en un interior de estilo Bauhaus. Su página de Facebook informa del programa.

Fundación Alejo Carpentier   CENTRO CULTURAL

(plano p. 66; www.fundacioncarpentier.cult.cu; Empedrado 215, La Habana Vieja; ☉8.00-16.00 lu-vi) Cerca de la plaza de la Catedral, este antiguo palacio barroco de la condesa de la Reunión (década de 1820), donde Carpentier ambientó su famosa novela *El siglo de las luces*, acoge actos culturales.

Instituto Cubano de Amistad con los Pueblos   CENTRO CULTURAL

(ICAP; plano p. 86; ☎7-830-3114; Paseo 416, entre calles 17 y 19, Vedado; ☉11.00-23.00) Eventos culturales y musicales en una elegante mansión de 1926; también dispone de restaurante, bar y tienda de puros.

Casa de las Américas   CENTRO CULTURAL

(plano p. 86; ☎7-838-2706; www.fundacioncarpentier.cult.cu; calle 3 esq. G, Vedado) Bastión de la cultura cubana y latinoamericana, con conferencias, exposiciones, una galería, presentaciones de libros y conciertos. Su premio literario anual es uno de los más prestigiosos del mundo hispanohablante. El programa semanal se puede conseguir en la biblioteca o consultarse en la página web.

Cines

En La Habana hay unos 200 cines que, en general, ofrecen varias sesiones. Todos cuelgan la Cartelera ICAIC, con los horarios para toda la ciudad. Las entradas suelen costar 2 CUC y conviene ponerse a la cola pronto. Durante el Festival Internacional del Nuevo Cine Latinoamericano, a finales de noviembre-principios de diciembre, se proyectan cientos se películas por toda La Habana. Los programas se publican cada día en el *Diario del Festival,* disponible por la mañana en las grandes salas de cine y en el Hotel Nacional. La mayoría de las películas están en español, pero se encuentran algunas en inglés (subtituladas al castellano), incluidos taquillazos de Hollywood.

Cine Infanta   CINE

(plano p. 78; calz. Infanta 357, Centro Habana) Tal vez el más lujoso de La Habana, es una sala importante durante el festival internacional de cine.

Cine 23 y 12   CINE

(plano p. 86; ☑7-833-6906; calle 23, entre calles 12 y 14, Vedado) Este es uno de los varios cines bien cuidados que tiene el ICAIC en Vedado, y una de las sedes del festival de cine de La Habana.

Cine Charles Chaplin   CINE

(plano p. 86; calle 23 nº 1157, entre calles 10 y 12, Vedado) Cine de arte y ensayo al lado del cuartel general del ICAIC. No hay que dejar de visitar la galería de carteles de grandes clásicos

del cine cubano ni el Café Fresa y Chocolate, enfrente.

Cine Yara   CINE

(plano p. 86; calle 23 esq. L, Vedado) Una pantalla grande y dos salas de vídeo en el cine más famoso de La Habana, lugar de más de una cita.

Cine la Rampa   CINE

(plano p. 86; calle 23 nº 111, Vedado) Películas de Ken Loach, clásicos franceses, festivales de cine… Todo ello y más en este clásico del Vedado, que alberga un archivo cinematográfico.

Cine Payret   CINE

(plano p. 78; pº Martí 505, Centro Habana) Delante del Capitolio, es el cine más grande y lujoso de Centro Habana construido en 1878. Predominan las películas norteamericanas.

Deporte

Sala Polivalente Ramón Fonst   DEPORTE

(plano p. 86; av. Independencia, Vedado; entrada 1 CUP) En este desvencijado estadio, enfrente

---

DE PRIMERA MANO

VER DEPORTES

A principios de la década de 1990, la economía cubana cayó en picado, pero las habilidades deportivas de la nación se movieron en dirección contraria. En las Olimpiadas de Barcelona de 1992, Cuba (el país nº 106 del mundo en tamaño) quedó quinta en el medallero general, con 14 oros. Los cubanos continúan destacando en béisbol, boxeo, salto de altura (Javier Sotomayor ostenta el récord mundial desde 1993) y voleibol. El fútbol atrae cada vez a más aficionados, especialmente desde el Mundial del 2014. Los principales estadios de La Habana se encuentran en los distritos periféricos de Playa, Cerro y Habana del Este. Asistir a un partido es toda una experiencia. No hace falta reservar; basta presentarse allí, pagar la entrada e intentar encontrar un asiento.

Estadio Latinoamericano (plano p. 86; Zequiera 312, Vedado; entradas 2 CUC) El mayor estadio del país tiene capacidad para 55 000 espectadores y se construyó antes de la Revolución, en 1946. Es el campo del reverenciado (o vilipendiado, según de dónde sea el que habla) equipo de béisbol de La Habana: los Industriales. Las entradas para los partidos son baratas. La temporada va de finales de octubre a abril, y las eliminatorias duran hasta mayo.

Estadio Pedro Marrero (av. 41 esq. calle 46, Kohly) Ligeramente destartalado, se encuentra en Playa y tiene 28 000 localidades. Es el estadio del FC Ciudad de La Habana, el principal equipo de fútbol de la capital y seis veces ganador del Campeonato Nacional de Fútbol (la última en el 2001).

Estadio Panamericano Construido para los Juegos Panamericanos de 1991, fue equipado con una nueva pista de atletismo en el 2008, pero aún tiene un aspecto cutre y descuidado. Supuestamente caben 50 000 espectadores, aunque la capacidad actual declarada es de 34 000. Se usa principalmente para atletismo y fútbol.

Coliseo de la Ciudad Deportiva (av. Independencia esq. Vía Blanca, Vedado; entrada 5 CUP) Recinto multiusos con capacidad para 15 000 espectadores. Abrió en 1958 y es la sede de la selección masculina de voleibol de Cuba. También acoge torneos de boxeo.

de la estación principal de autobuses, se celebran partidos de baloncesto y de vóley.

Kid Chocolate DEPORTE
(plano p. 78; p° Martí, Centro Habana) Club de boxeo enfrente del Capitolio. Suelen celebrarse combates los viernes a las 19.00.

🔒 De compras

Las compras no son el gran atractivo de La Habana, una ciudad donde la idea de renta disponible suena a quimera. Dicho esto, hay algunas tiendas aceptables para los viajeros y los turistas, especialmente si se va buscando el típico triunvirato cubano: ron, puros y café. El arte es otro campo para explorar. La escena artística de La Habana es vanguardista y cambiante, por lo que los coleccionistas, los curiosos y los admiradores encontrarán muchas galerías en las que pasar las horas. Solo en la calle Obispo hay al menos una decena de estudios. Para exposiciones, consúltese el folleto mensual gratuito *Arte en La Habana* (y la agencia San Cristóbal, en la plaza de San Francisco, suele tenerlo).

🔒 La Habana Vieja

★ Centro Cultural Antiguos Almacenes de Deposito San José ARTE Y ARTESANÍA
(plano p. 66; av. Desamparados esq. San Ignacio; ⊙10.00-18.00 lu-sa) Este mercado de artesanía ocupa unos antiguos almacenes de transporte en Desamparados. Conviene dejar los ideales socialistas en la puerta, ya que aquí reina la libertad de empresa y (sorprendentemente tratándose de Cuba) el regateo. Entre los recuerdos se incluyen pinturas, guayaberas, objetos de madera y marroquinería, y numerosas representaciones del Che. También hay aperitivos, lavabos bastante limpios y un delegado de información turística de la agencia San Cristóbal. Lo frecuentan tanto cubanos como turistas.

Librería Venecia LIBROS
(plano p. 66; Obispo 504; ⊙9.00-21.00) Pequeña librería de viejo privada, donde pueden descubrirse incontables misterios. Son muy interesantes los carteles cubanos antiguos, que se alejan de las típicas fotos del Che.

Palacio de la Artesanía RECUERDOS
(plano p. 66; Cuba 64; ⊙9.00-19.00) Este palacio colonial del s. XVIII convertido en centro comercial está organizado en torno a un patio central con sombra y vende recuerdos, puros, artesanía, instrumentos musicales, discos, ropa y joyas a precios fijos. Suele estar lleno de turistas.

Longina Música MÚSICA
(plano p. 66; Obispo 360, entre Habana y Compostela; ⊙10.00-19.00 lu-sa, hasta 13.00 do) En la calle peatonal, cuenta con una buena selección de CD e instrumentos musicales como bongos, guitarras, maracas, güiros y tumbadoras (tambores de conga). Para atraer la atención de los turistas, suelen colocar altavoces en la calle.

Casa de Carmen Montilla ARTE
(plano p. 66; Oficios 164; ⊙10.30-17.30 ma-sa, 9.00-13.00 do) Importante galería de arte que recibe el nombre de una famosa pintora venezolana que tuvo su estudio en el lugar hasta su muerte, en el 2004. Distribuida en tres plantas, la casa exhibe la obra de Montilla y de otros conocidos artistas cubanos y venezolanos. El patio trasero muestra un enorme mural de cerámica de Alfredo Sosabravo.

Mercado de libros de segunda mano de la plaza de Armas LIBROS
(plano p. 66; Obispo esq. Tacón; ⊙9.00-19.00 ma-do) Mercado de libros viejos, nuevos y raros, con obras de Hemingway, libros de poesía y muchos discursos de Fidel bajo los árboles de la plaza de Armas.

Habana 1791 PERFUMES
(plano p. 66; Mercaderes 156, entre Obrapía y Lamparilla; ⊙9.30-18.00) Esta tienda especializada que vende perfume hecho con flores tropicales conserva el aire de un museo. Las fragancias florales se mezclan a mano (pueden verse los pétalos secándose en un laboratorio en la parte trasera).

Fayad Jamás LIBROS
(plano p. 66; Obispo, entre Habana y Aguiar; ⊙9.00-19.00 lu-sa, hasta 13.00 do) Esta librería, un salto atrás hasta la década de 1920, fue reformada por Habaguanex para que encajase en el casco antiguo, donde se sitúa. Las ediciones son principalmente en español, y hay interesantes revistas culturales, como *Temas*.

Librería la Internacional LIBROS
(plano p. 66; Obispo 526; ⊙9.00-19.00 lu-sa, hasta 15.00 do) Buena selección de guías, libros de fotografía y literatura cubana. Al lado está la Librería Cervantes, de libros antiguos.

Estudio Galería los Oficios ARTE
(plano p. 66; Oficios 166; ⊙10.00-17.30 lu-sa) En esta galería pueden verse los amplios y fas-

DÓNDE COMPRAR RON, PUROS Y CAFÉ

Las tiendas que venden los tres productos estrella de Cuba son bastante comunes en La Habana, y todas están gestionadas por el Gobierno. Como norma general, no hay que comprar nunca cigarros en la calle, ya que casi siempre están mal y/o son de baja calidad. La tienda de la Real Fábrica de Tabacos Partagás (plano p. 78; Industria 520, entre Barcelona y Dragones; ☺9.00-19.00) siempre está bien surtida, aunque se hallaba en obras (pregúntese la situación actual en el Hotel Saratoga). Otra opción excelente es La Casa del Habano (p. 133), en Miramar, que tiene un salón de fumadores con aire acondicionado y un bar-restaurante con buena reputación. Muchos hoteles de categoría alta venden puros, pero la mejor tienda es la del Hostal Condes de Villanueva (plano p. 66; Mercaderes 202, La Habana Vieja; ☺10.00-18.00), que dispone de su propia sala de fumadores y liado de puros, así como de vendedores expertos. Otra buena opción está ubicada en el cercano Museo del Tabaco (plano p. 66; Mercaderes 120, La Habana Vieja; ☺10.00-17.00 lu-sa).

En cuanto al ron, la mejor es la tienda de la Fundación Havana Club (plano p. 66; San Pedro 262, Habana Vieja; ☺9.00-21.00), en el Museo del Ron (La Habana Vieja).

El café se vende en todos los sitios arriba mencionados, pero si se prefiere un surtido mayor y una taza de degustación, hay que ir a La Casa del Café (plano p. 66; Baratillo esq. Obispo; ☺9.00-17.00), junto a la plaza de Armas, en La Habana Vieja.

cinantes lienzos de Nelson Domínguez, cuyo taller está en el piso superior.

Taller de Serigrafía
René Portocarrero
ARTE

(plano p. 66; Cuba 513, entre Brasil y Muralla; ☺9.00-16.00 lu-vi) Se exhiben y venden pinturas y grabados de jóvenes artistas cubanos (entre 30-150 CUC). También se les puede ver trabajar.

Moderna Poesía
LIBROS

(plano p. 66; Obispo 525; ☺10.00-20.00) En un edificio *art déco*, es uno de los mejores lugares de la ciudad para comprar libros. Se trata de un edificio clásico en el extremo oeste de la calle Obispo.

Centro Habana

★ Memorias Librería
LIBROS

(plano p. 78; ☎7-862-3153; Ánimas 57, entre pº Martí y Agramonte; ☺9.00-17.00) Abierta hace poco, es la primera librería de anticuario genuina de La Habana. Investigando entre las pilas de artículos se descubrirán maravillosos objetos antiguos de colección, como monedas, postales, carteles, revistas y letreros *art déco* de los años treinta. ¡Fabuloso!

El Bulevar
MERCADO

(plano p. 78; San Rafael, entre pº Martí y av. de Italia) En la zona peatonal de la calle San Rafael, cerca del Hotel Inglaterra, ofrece aperitivos que se pagan con pesos cubanos, sorpresas y objetos de la década de 1950.

Plaza Carlos III
CENTRO COMERCIAL

(plano p. 78; av. Salvador Allende, entre Árbol Seco y Retiro; ☺10.00-18.00 lu-sa) Después del Plaza Américain Varadero, este es quizá el centro comercial más ostentoso de Cuba... y apenas hay turistas a la vista. Si se va un sábado, se verá la economía de doble moneda funcionando a pleno rendimiento.

Librería Luis Rogelio Nogueras
LIBROS

(plano p. 78; av. Italia 467, entre Barcelona y San Martín; ☺10.00-17.00 lu-sa) Revistas literarias y literatura cubana en una de las mejores librerías de Centro Habana.

Vedado

Galería de Arte Latinoamericano
ARTE

(plano p. 86; calle 3 esq. G; entrada 2 CUC; ☺10.00-16.30 ma-sa, 9.00-13.00 do) Dentro de la Casa de las Américas, expone arte de toda América Latina.

Instituto Cubano del Arte
e Industria Cinematográficos
RECUERDOS

(plano p. 86; calle 23, entre calles 10 y 12; ☺10.00-17.00) El mejor lugar de la ciudad para hacerse con carteles raros de películas cubanas y DVD. La tienda, dentro del ICAIC (el instituto Cinematográfico Cubano), es accesible a través del Café Fresa y Chocolate.

Feria de la Artesanía
RECUERDOS

(plano p. 86; Malecón, entre calles D y E; ☺desde 10.30, cerrado mi) Este mercado de artesanía es una burda imitación de los Antiguos Almacenes de La Habana Vieja, con zapatos y sandalias fabricadas a mano y algunos sellos y monedas antiguos.

Andare-Bazar de Arte
RECUERDOS

(plano p. 86; calle 23 esq. L; ☉10.00-18.00 lu-vi, hasta 14.00 sa) En esta tienda, dentro del cine Yara, se venden fabulosos carteles de cine, postales antiguas, camisetas y, por supuesto, los mejores filmes cubanos en cinta de vídeo.

Galerías de Paseo
CENTRO COMERCIAL

(plano p. 86; calle 1 esq. Paseo; ☉9.00-18.00 lu-sa, hasta 13.00 do) Enfrente del Hotel Meliá Cohiba, se trata de un centro comercial con clase (para ser Cuba), con marcas de diseño y hasta un concesionario de automóviles. Venden ropa y otros objetos de consumo a una clientela formada por turistas y cubanos pudientes.

Librería Centenario del Apóstol
LIBROS

(plano p. 86; calle 25 nº 164; ☉10.00-17.00 lu-sa, 9.00-13.00 do) Gran surtido de libros de segunda mano, con predilección por José Martí, en el centro del Vedado.

Librería Rayuela
LIBROS

(plano p. 86; calle 3 esq. G; ☉9.00-16.30 lu-vi) Esta pequeña pero respetada librería, situada en la Casa de las Américas, es estupenda para comprar literatura contemporánea, CD y algunas guías.

La Habana Sí
RECUERDOS

(plano p. 86; calle 23 esq. L; ☉10.00-22.00 lu-sa, hasta 19.00 do) Tienda con una buena selección de CD, casetes, libros, artesanía y postales, enfrente del Hotel Habana Libre.

ℹ Información

URGENCIAS

Asistur (☎7-866-4499, urgencias 7-866-8527; www.asistur.cu; pº Martí 208, Centro Habana; ☉8.30-17.30 lu-vi, 8.00-14.00 sa) Atención inmediata para turistas. El centro de urgencias abre 24 h.

Bomberos (☎105)

Policía (☎106)

ACCESO A INTERNET

La Habana no tiene cibercafés privados. Fuera de los Telepuntos de Etecsa, la opción más segura son los hoteles más elegantes. La mayor parte de los hoteles de Habaguanex en La Habana Vieja disponen de terminales de internet, que pueden usarse aun no siendo cliente, y venden tarjetas de rascar (6 CUC/h), válidas para toda la cadena.

También se puede probar con los Business Centers del **Hotel Habana Libre** (calle L, entre calles 23 y 25, Vedado), **Hotel Inglaterra**

TIMOS

Los timos son la cruz de los viajeros en muchos países, y Cuba no es ninguna excepción, aunque lugares como La Habana puntúan más alto que muchas otras ciudades latinoamericanas. Algunos trucos son conocidos de todo aquel que haya viajado. Conviene acordar de antemano la tarifa de los taxis, no cambiar dinero en la calle y siempre comprobar la cuenta y el cambio en los restaurantes. Los timadores profesionales se llaman *jineteros* y son especialmente hábiles en La Habana, donde su pasatiempo favorito es vender cigarros de mala calidad a turistas desprevenidos.

La doble moneda facilita los timos. Aunque ambas clases de billetes son muy parecidas, el tipo de cambio es de 25 pesos cubanos (CUP o moneda nacional) por un peso cubano convertible (CUC). Es importante familiarizarse enseguida con los billetes (la mayoría de los bancos exhibe gráficos carteles) y verificar todas las operaciones que se hagan con dinero para evitar recibir de menos.

Las casas particulares atraen a los *jineteros*, que se ceban con los viajeros y los propietarios. Un truco cada vez más habitual consiste en que un *jinetero* se hace pasar por el dueño de una casa particular de buena reputación que el viajero ha reservado de antemano (con frecuencia, casas reseñadas en esta guía) y procede a llevarlo a una casa diferente, donde le arranca una comisión de entre 5 y 10 CUC (añadida al precio de la habitación). En algunas ocasiones, los clientes no se dan cuenta de que los han llevado a otra casa e incluso algunos han escrito críticas negativas en internet.

Si se ha reservado una casa o se usa esta guía para ello, es importante presentarse sin un *jinetero*.

(pº Martí 416, Centro Habana), **Hotel Nacional** (calle O esq. 21, Vedado) y **Hotel Iberostar Parque Central** (Neptuno, entre Agramonte y pº Martí). Las tarifas varían.

Cada vez hay más cobertura wifi, pero aún es muy limitada y nunca gratuita. Se pueden comprar tarjetas para usar en las zonas públicas de los hoteles Iberostar Parque Central, Saratoga, ROC Presidente, Meliá Cohiba, Habana Libre y Sevilla.

Etecsa Telepunto (Habana 406 esq. Obispo; ☺9.00-19.00) tiene seis terminales en una habitación trasera (4,50 CUC/h).

ASISTENCIA MÉDICA

La mayor parte de los hospitales prestan servicio a los visitantes que se encuentran en La Habana. Véase www.cubanacan.cu para más información. Las zonas de Playa y Marianao también cuentan con clínicas y farmacias internacionales.

Hay farmacias en el **Hotel Habana Libre** (☎7-831-9538; calle L, entre calles 23 y 25, Vedado), donde los productos se venden en convertibles, y en el **Hotel Sevilla** (☎7-861-5703; pº Martí esq. Trocadero, Central Habana).

Centro Oftalmológico Camilo Cienfuegos (☎7-832-5554; calle L nº 151 esq. calle 13, Vedado) Para afecciones de los ojos. También disponen de una excelente farmacia.

Farmacia Taquechel (☎7-862-9286; Obispo 155, La Habana Vieja; ☺9.00-18.00) Junto al Hotel Ambos Mundos. Venden medicamentos cubanos (en CUP).

Hospital Nacional Hermanos Ameijeiras (☎7-877-6053; San Lázaro 701, Centro Habana) Especialistas, consultas generales y hospitalización. Se paga en pesos convertibles y se entra por la planta inferior, debajo del aparcamiento de Padre Varela (pregúntese por CEDA en la Sección N).

DINERO

Banco de Crédito y Comercio Vedado (Línea esq. Paseo, Vedado; ☺9.00-15.00 lu-vi); **Vedado** (☎7-870-2684; edif. Airline, calle 23, Vedado; ☺9.00-15.00 lu-vi) Posibles colas.

Banco Financiero Internacional La Habana Vieja (☎7-860-9369; Oficios esq. Brasil, La Habana Vieja; ☺9.00-15.00 lu-vi); **Vedado** (Hotel Habana Libre, calle L, entre calles 23 y 25, Vedado; ☺9.00-15.00 lu-vi)

Banco Metropolitano Centro Habana (☎7-862-6523; av. Italia 452 esq. San Martín; ☺9.00-15.00 lu-vi); **Vedado** (☎7-832-2006; Línea esq. calle M, Vedado; ☺9.00-15.00 lu-vi)

Cadeca Centro Habana (Neptuno esq. Agramonte, Centro Habana; ☺8.00-0.30, 13.00-15.00, 16.00-18.30 y 19.00-22.00); **La Habana Vieja** (Oficios esq. Lamparilla, La Habana Vieja; ☺8.00-19.00 lu-sa, hasta 13.00 do); **Vedado** (calle 23, entre calles K y L, Vedado; ☺7.00-14.30 y 15.30-22.00); **Vedado** (Mercado Agropecuario, calle 19, entre calles A y B, Vedado; ☺7.00-18.00 lu-sa, 8.00-13.00 do); **Vedado** (Hotel Meliá Cohiba, Paseo, entre calles 1 y 3; ☺8.00-20.00) Servicio rápido y horarios más flexibles.

Cambio (Obispo 257, La Habana Vieja; ☺8.00-22.00) El mejor horario de la ciudad.

CORREOS

Para envíos importantes, lo mejor es recurrir a DHL, que tiene dos oficinas en **Vedado** (☎7-832-2112; Calzada 818, entre calles 2 y 4, Vedado; ☺8.00-17.00 lu-vi) y **Vedado.** (☎7-836-3564; Hotel Nacional, calle O esq. 21, Vedado)

Hay estafetas de correos en **Centro Habana** (plano p. 78; Gran Teatro, San Martín esq. pº Martí); La **Habana Vieja** (plano p. 66; pza. San Francisco de Asís, Oficios 102); **La Habana Vieja** (plano p. 66; Obispo 518, Unidad de Filatelia; ☺9.00-19.00); **Vedado** (plano p. 86; Línea esq. Paseo; ☺8.00-20.00 lu-sa); **Vedado** (plano p. 86; calle 23 esq. C; ☺8.00-18.00 lu-vi, hasta 12.00 sa); **Vedado** (plano p. 86; av. Independencia, entre pza. Revolución y terminal de Ómnibus; ☺venta sellos 24 h). La oficina de Independencia cuenta con muchos servicios, como revelado de fotografía, banco y una Cadeca. También incluye el **Museo Postal Cubano** (☎7-870-5581; entrada 1 CUC; ☺10.00-17.00 sa y do), que tiene una tienda de filatelia. La oficina de correos de Obispo, en La Habana Vieja, también vende sellos para coleccionistas.

TELÉFONO

La compañía telefónica nacional, Etecsa, tiene dos *telepuntos* (cibercafés/locutorios) en La Habana: uno en **Centro Habana** (Aguilar 565; ☺8.00-21.30) y otro en **La Habana Vieja** (Habana 406; ☺8.30-19.00). Hay que comprar una tarjeta de 1 h (4,50 CUC) con una contraseña y un código de usuario que hay que rascar, y buscar un ordenador libre. El de Centro Habana posee un **Museo de las Telecomunicaciones** (☺9.00-18.00 ma-sa), por si alguien se aburre esperando.

INFORMACIÓN TURÍSTICA

La estatal Infotur tiene su sede en el **aeropuerto** (☎7-642-6101; terminal 3 aeropuerto internacional José Martí; ☺24 h) y dos sucursales en La Habana Vieja. Reserva circuitos y vende planos y tarjetas telefónicas.

Infotur (☎7-863-6884; Obispo esq. San Ignacio, La Habana Vieja; ☺9.30-12.00 y 12.30-17.00).

Infotur (plano p. 66; ☑7-866-4153; Obispo 524, entre Bernaza y Villegas, La Habana Vieja)

AGENCIAS DE VIAJES

Muchas de las siguientes agencias también cuentan con oficinas en el vestíbulo de llegadas internacionales de la terminal 3 del aeropuerto.

Cubamar Viajes (☑7-833-2523, 7-833-2524; www.cubamarviajes.cu; calle 3, entre calle 12 y Malecón, Vedado; ☺8.30-17.00 lu-sa) Agencia de viajes para bungalós de Campismo Popular en todo el país.

Cubanacán (☑7-873-2686; www.cubanacan. cu; Hotel Nacional, calle O esq. calle 21, Vedado; ☺8.00-19.00) Muy útil, es el lugar adonde ir si se quiere pescar o hacer submarinismo en Marina Hemingway. También en los hoteles Iberostar Parque Central, Inglaterra y Habana Libre.

Cubatur (☑7-835-4155; calle 23 esq. M, Vedado; ☺8.00-20.00) Debajo del Hotel Habana Libre, esta agencia sabe moverse y encuentra habitaciones allí donde otras no pueden, lo que contribuye a explicar su actitud holgazana. Cuenta con mostradores en la mayor parte de los grandes hoteles.

Ecotur (☑7-649-1055; www.ecoturcuba.co.cu; av. Independencia 116 esq. Santa Catalina, Cerro) Vende toda clase de excursiones de ecoturismo.

San Cristóbal Agencia de Viajes (☑7-861-9171, 7-861-9172; www.viajessancristobal.cu; Oficios 110, entre Lamparilla y Amargura, La Habana Vieja; ☺8.30-17.30 lu-vi, hasta 12.30 sa) Agencia de Habaguanex que gestiona los hoteles clásicos de La Habana Vieja; las ganancias se destinan a financiar restauraciones. Ofrece los mejores circuitos de La Habana.

❶ Cómo llegar y salir

AVIÓN

El aeropuerto internacional José Martí está en Rancho Boyeros, 25 km al suroeste de La Habana, pasando por la avenida de la Independencia. Tiene cuatro terminales. La 1, en el lado sureste de la pista, es solo para vuelos nacionales de Cubana. A 3 km, por la avenida de la Independencia, se encuentra la terminal 2, que recibe vuelos regulares y chárteres procedentes de Miami y Nueva York y a/desde las islas Caimán. El resto de los vuelos internacionales llega a la moderna terminal 3, en Wajay, 2,5 km al oeste de la terminal 2. Los vuelos chárter de Aerocaribbean, Aerogaviota, Aerotaxi, etc., a Cayo Largo del Sur y otros destinos utilizan la terminal Caribbean (también llamada terminal 5), situada en el extremo noroeste de la pista de aterrizaje, 2,5 km al oeste de la terminal 3 (la 4 aún no está construida). Conviene comprobar cuidadosamente a qué terminal hay que ir.

Cubana de Aviación (p. 166) tiene su oficina principal en el extremo del edificio Airline que da al Malecón, en la calle 23. Allí pueden comprarse billetes nacionales e internacionales, pero suele haber mucha gente.

Aerocaribbean (☑7-832-7584; edif. Airline, calle 23 nº 64 esq. calz. Infanta, Vedado) es otra aerolínea con servicios nacionales.

BARCO

Los autobuses que enlazan con el hidroplano que va a la Isla de la Juventud salen a las 9.00 de la **terminal de ómnibus** (plano p. 86; ☑7-878-1841; av. Independencia esq. 19 de Mayo, Vedado), cerca de la plaza de la Revolución, pero a menudo se retrasan. Al viajero le indicarán que llegue al menos 1 h antes que el autobús para comprar el billete, y es conveniente obedecer tal consejo. Se venden billetes combinados de autobús y barco en el quiosco con el letrero "NCC", entre las puertas 9 y 10. El billete del barco cuesta 50 CUC, y el del autobús 5 CUC. Conviene llevar consigo el pasaporte.

AUTOBÚS

Víazul (☑7-881-5652, 7-881-1413; www.viazul. com; calle 26 esq. Zoológico, Nuevo Vedado) cubre la mayoría de los destinos de interés para el viajero, en autocares seguros con aire acondicionado. Todos son directos, salvo los que van a Guantánamo y Baracoa (en estos casos, hay que hacer transbordo en Santiago de Cuba). Los autobuses Víazul se toman en la incómoda terminal situada 3 km al suroeste de la plaza de la Revolución. También es allí donde hay que comprar los billetes, preferiblemente con uno o dos días de antelación; la taquilla se anuncia como **venta de boletines** (☺7.00-21.30). Los horarios se encontrarán en la página web y en Infotur. Algunos dueños de casas particulares quizá se ofrezcan a ayudar a comprar los billetes.

Yendo hacia La Habana, el viajero puede bajar de un autobús Víazul procedente de Varadero/ Matanzas en Centro Habana, nada más pasar el túnel (conviene preguntar al conductor de antemano), pero si se llega desde otros puntos, la llegada es en la terminal de Nuevo Vedado; desde allí, los autobuses que van a la ciudad son irregulares, salvo que el viajero desee andar un poco. Los taxis cobran unos 10 CUC por el trayecto hasta el centro de La Habana.

Una alternativa a los cada vez más atestados autobuses de Víazul es Conectando, gestionada por Cubanacán, que ofrece seis itinerarios que conectan La Habana con Viñales, Trinidad, Varadero y Santiago de Cuba. Los autobuses más pequeños que circulan a diario efectúan recogidas en varios hoteles y cobran tarifas similares a las de Víazul. Los billetes pueden reservarse en Infotur o con cualquier delegado de Cubanacán en los hoteles.

Los autobuses con destinos de las provincias de Artemisa y Mayabeque parten de Apodaca 53, junto a Agramonte, cerca de la estación principal de trenes de La Habana Vieja. Viajan a Güines, Jaruco, Madruga, Nueva Paz, San José, San Nicolás y Santa Cruz del Norte. Las colas son largas y es importante llegar pronto para comprar los billetes (en CUP).

TAXI

Pequeños taxis Lada, explotados por Cubataxi, aparcan en la calle 19 de Mayo, al lado de la terminal de Ómnibus. Cobran aproximadamente 0,50 CUC/km, lo que se traduce en 70 CUC a Varadero, 80 CUC a Pinar del Río, 140 CUC a Santa Clara, 125 CUC a Cienfuegos y 165 CUC a Trinidad. Por el mismo precio pueden viajar hasta cuatro personas. Vale la pena considerar esta opción, que es perfectamente legal, si no queda más remedio.

TREN

Salen trenes a casi toda Cuba desde la **Estación Central de Ferrocarriles** (🖉7-861-8540, 7-862-1920; av. Bélgica esq. Arsenal, La Habana Vieja), en el lado suroeste de La Habana Vieja. Los extranjeros deben comprar los billetes en convertibles en la **estación La Coubre** (🖉7-862-1006; av. Puerto esq. Desamparados, La Habana Vieja; ⊙9.00-15.00 lu-vi). Para llegar a La Coubre desde la estación principal, hay que bajar por la calle Egido en dirección al puerto y torcer a la derecha. La taquilla está 100 m más allá, a mano derecha. Si está cerrada, se puede probar en la oficina de Lista de Espera, que vende billetes para salidas inmediatas. Los niños menores de 12 años viajan a mitad de precio.

El el Tren Francés (un viejo convoy de la SNCF), el mejor de Cuba, circula cada tres días entre La Habana y Santiago, con paradas en Santa Clara (21 CUC) y Camagüey (40 CUC). Sale de La Habana a las 18.27 y llega a Santiago a la mañana siguiente, a las 9.00. No hay literas, pero los vagones son cómodos, tienen aire acondicionado y hay servicio de bar. Los billetes de 1ª clase cuestan 62 CUC, y los de 2ª, 50 CUC.

Los trenes "coche motor" son más lentos y van a Santiago, parando en estaciones como Matanzas (4 CUC), Sancti Spíritus (13 CUC), Ciego de Ávila (16 CUC), Las Tunas (23 CUC), Bayamo (26 CUC), Manzanillo (28 CUC) y Holguín (27 CUC). Hay uno que llega hasta Guantánamo (32 CUC),

AUTOBUSES DE VÍAZUL DESDE LA HABANA

Los horarios más actualizados se encontrarán en www.viazul.com.

DESTINO	TARIFA (CUC)	DURACIÓN (H)	HORA DE SALIDA
Bayamo	44	13	6.30, 15.00, 22.00
Camagüey	33	9	6.30, 9.30, 15.00, 19.45, 22.00, 00.30
Ciego de Ávila	27	7	6.30, 15.00, 19.45, 22.00
Cienfuegos	20	4	7.00, 10.45, 10.55
Holguín	44	12	9.30, 15.00, 19.45
Las Tunas	39	11½	6.30, 15.00, 19.45, 22.00
Matanzas	7	2	6.00, 8.00, 13.00, 17.30
Pinar del Río	11	3	8.40, 14.00
Sancti Spíritus	23	5¾	6.30, 15.00, 19.45, 22.00
Santa Clara	18	3¾	6.30, 15.00, 21.30, 22.00
Santiago de Cuba	51	15	6.30, 15.00, 22.00, 00.30
Trinidad	25	5-6	7.00, 10.45, 10.55
Varadero	10	3	6.00, 8.00, 13.00, 17.30
Viñales	12	4	8.40, 14.00

y ramales a Cienfuegos (11 CUC) y Pinar del Río (6,50 CUC).

La información anterior es solo indicativa. Los servicios casi siempre llevan retraso o se cancelan. Compruébese siempre el horario y la terminal de salida.

❶ Cómo desplazarse

A/DESDE EL AEROPUERTO

El transporte público desde el aeropuerto al centro de La Habana es prácticamente inexistente. Un taxi viene a salir por 20-25 CUC (40 min). Puede cambiarse dinero en el banco del vestíbulo de llegadas.

Los verdaderos aventureros con poco equipaje y un presupuesto ajustado pueden probar suerte en el metrobús P-12 desde el Capitolio, o el P-15 desde el Hospital Hermanos Ameijeiras, en el Malecón, ambos con destino a Santiago de las Vegas con parada a 1,5 km, más o menos, del aeropuerto, en la avenida Boyeros. Esta opción es mucho más fácil para los viajeros que se marchan, ya que estarán más familiarizados con la geografía del lugar.

BICI-TAXI

Los bici-taxis de dos plazas hacen desplazamientos a cualquier punto de Centro Habana por 1/2 CUC carrera corta/larga, después de regatear. Es mucho más de lo que pagaría un cubano, pero más económico y divertido que un taxi turístico.

BARCO

Los **ferris** (🕿7-867-3726) de pasajeros cruzan el puerto a Regla y Casablanca, y zarpan cada 10 o 15 min desde el muelle de Luz, en la esquina de San Pedro y Santa Clara, en el lado sureste de La Habana Vieja. La tarifa es de 10 centavos, pero a los extranjeros se les suele cobrar 1 CUC. Desde que unos ferris fueran secuestrados rumbo a Florida en 1994 y de nuevo en el 2003 (los secuestradores nunca salieron de aguas cubanas), se ha reforzado la seguridad con inspecciones de equipajes del estilo de los aeropuertos.

AUTOMÓVIL

En La Habana hay muchas oficinas de alquiler de coches, por lo que si en una el viajero no encuentra lo que busca basta con probar en otra. Todas las agencias cuentan con oficinas en la terminal 3 del aeropuerto internacional José Martí. Por lo demás, en cualquier hotel de tres estrellas (o más) hay un mostrador de alquiler de automóviles. Los precios de los modelos similares son los mismos entre compañías. A esto se llama socialismo.

Cubacar (🕿7-835-0000) dispone de mostradores en los grandes hoteles, incluidos el Meliá Cohiba, el Meliá Habana, el Iberostar Parque Central, el Habana Libre y el Sevilla.

Rex Rent a Car (🕿7-836-7788; www.rex. cu; Línea esq. Malecón, Vedado) alquila coches extravagantes a precios exorbitantes.

Hay gasolineras Servi-Cupet en el Vedado (calles L y 17); en el Malecón, esquina con la calle 15 y en la esquina con Paseo; cerca de los hoteles Riviera y Meliá Cohiba; y en la avenida de la Independencia (carril en dirección norte), al sur de la plaza de la Revolución. Todas abren las 24 h.

Existen aparcamientos vigilados por 1 CUC más o menos por toda La Habana (p. ej., enfrente del Hotel Sevilla, del Inglaterra y del Nacional).

TRANSPORTE PÚBLICO

El práctico autobús turístico **Havana Bus Tour** (plano p. 78) circula por dos rutas, la T1 y la T3 (la T2 se hallaba suspendida en el momento de elaborar esta guía). La parada principal está en el Parque Central, delante del Hotel Inglaterra. Este es el punto de recogida para la línea T1, que va desde La Habana Vieja pasando por Centro Habana, el Malecón, la calle 23 y la plaza de la Revolución, hasta La Cecilia, en el extremo oeste de Playa; y el autobús T3, que va desde Centro Habana hasta Playas del Este (pasando por el Parque Histórico Militar Morro-Cabaña). El autobús T1 es un descapotado de dos pisos; el T3, uno normal de un piso. Los billetes válidos para todo el día cuestan 5 CUC. Los servicios funcionan entre las 9.00 y las 21.00, y las rutas, con sus paradas, están claramente indicadas. Pero las rutas y los horarios están sujetos a cambios, por lo que conviene consultar los planos en la parada del Parque Central.

El servicio de metrobús utiliza una flota relativamente moderna de autobuses articulados de fabricación china, mucho menos destartalados que los anteriores. Estos autobuses cubren regularmente 17 rutas distintas y conectan muchas partes de la ciudad con los barrios periféricos. La tarifa es de 40 centavos (5 si se usan convertibles), que se depositan en una pequeña ranura delante del conductor al entrar.

Los autobuses cubanos están muy llenos y son pocos los turistas que los utilizan. Conviene ir prevenido contra los carteristas y mantener cerca los objetos de valor.

Todas las rutas de autobús llevan la letra P delante de su número:

P-1 La Rosita-Playa (por Virgen del Camino, Vedado, Línea, av. 3)

P-2 Alberro-Línea y G (por Víbora y Ciudad Deportiva)

P-3 Alamar-Túnel de Línea (por Virgen del Camino y Víbora)

P-4 San Agustín-Terminal de trenes (por Playa, calle 23, La Rampa)

P-5 San Agustín-Terminal de trenes (por Lisa, av. 31, Línea, av. del Puerto)

P-6 Reparto Eléctrico-La Rampa (por Víbora)

P-7 Alberro-Capitolio (por Virgen del Camino)

P-8 Reparto Eléctrico-Villa Panamericano (por Víbora, Capitolio y túnel del puerto)

P-9 Víbora-Hospital Militar (por Cuatro Caminos, La Rampa, calle 23, av. 41)

P-10 Víbora-Playa (por Altahabana y calle 100)

P-11 Alamar-Vedado (por el túnel del puerto)

P-12 Santiago de las Vegas-Capitolio (por av. Boyeros)

P-13 Santiago de las Vegas-Víbora (por Calabazar)

P-14 San Agustín-Capitolio (por Lisa y av. 51)

P-15 Alamar/Guanabacoa-Capitolio (por av. Boyeros y calle G)

P-16 Santiago de las Vegas-Vedado (por calle 100 y Lisa)

PC-Hospital Naval-Playa (por el parque Lenin)

Las oficinas de Infotur publican un plano gratuito de las rutas de metrobús, titulado *Por La Habana en P*.

TAXI

En todos los hoteles de categoría pueden encontrarse fácilmente taxis turísticos con taxímetro. Los Nissan, con aire acondicionado, aplican unas tarifas más altas que los Lada, sin aire. Los taxis oficiales más baratos son los de **Panataxi** (☎7-55-55-55), que cobran 1 CUC por bajada de bandera y 0,50 CUC/km. Los taxis turísticos, llamados con el nombre colectivo de "Cubataxi", cuestan 1 CUC/km y esperan delante de todos los hoteles importantes. Los conductores de estos taxis son funcionarios que cobran un sueldo en pesos; suelen encontrar a los turistas antes de que los encuentren a ellos.

Desde el 2011, cada vez hay más taxis privados legales, aunque a menudo son viejos Ladas negros y amarillos. Con ellos hay más posibilidades de regatear, pero conviene acordar la tarifa antes de subir al vehículo. Se espera que los extranjeros paguen en convertibles.

Alrededor del Parque Central suele haber taxis clásicos aparcados.

A PIE

Es lo que han venido haciendo los habaneros durante décadas por falta de gasolina. Muchas zonas de La Habana Vieja, Centro Habana y el Vedado pueden recorrerse fácilmente a pie, si el viajero tiene ganas de hacer algo de ejercicio. Y, de paso, verá más escenas de la vida cotidiana en la calle.

MÁS ALLÁ DE LA HABANA

Las afueras de La Habana, que se extienden por tres lados desde el centro urbano, están repletas de puntos de interés y actividades curiosas y de fácil acceso, que constituyen excursiones interesantes. Playa cuenta con un acuario bastante bueno, excelentes instalaciones para conferencias y los mejores restaurantes de Cuba. Guanabacoa y Regla son famosos por su cultura religiosa afrocubana.

Playa y Marianao

El distrito de Playa, al oeste del Vedado y al otro lado del río Almendares, es una paradójica mezcla de prestigiosas y lujosas zonas residenciales y conjuntos de viviendas de la clase trabajadora.

Miramar es un barrio de amplias avenidas con laureles, donde el tráfico se mueve de forma más tranquila y las mujeres de los diplomáticos –ataviadas con viseras antideslumbrantes y mallas de lycra– salen a hacer *footing* cada tarde por la avenida 5 (o Quinta). En viejas mansiones prerrevolucionarias se encuentran muchas de las embajadas de La Habana, y los viajeros de negocios y asistentes a conferencias de todas partes del mundo se congregan para hacer uso de algunas de las instalaciones más lujosas del país.

Si el viajero está interesado, sobre todo, en hacer turismo y en el ocio, desplazarse al Vedado o a La Habana Vieja es una lata y un gasto. Sin embargo, en esta zona se encuentran algunos de los mejores clubes de salsa, discotecas y restaurantes, y las casas particulares son bastante lujosas.

A pesar de la austeridad del Período Especial, se han invertido cuantiosos recursos en institutos de investigación en biotecnología y farmacia. Los que se desplazan en barco, los pescadores y los submarinistas se dan cita en Marina Hemingway, en el extremo oeste de Playa.

Marianao es famoso en el mundo entero por el Cabaret Tropicana pero, en Cuba, se le conoce por ser un barrio difícil, violento en determinadas zonas, con una influyente comunidad de santería y una larga historia de compromiso social.

⊙ Puntos de interés

⊙ Miramar

★**Fundación de la Naturaleza y el Hombre**   MUSEO
(☎7-204-0438; www.fanj.org; av. 5B nº 6611, entre calles 66 y 70; entrada 2 CUC; ⊙8.30-15.00 lu-vi) Este fascinante museo guarda objetos del viaje en canoa de 17 422 km, desde el nacimiento del Amazonas hasta el mar, encabezado por el intelectual y antropólogo cubano Antonio Núñez Jiménez en 1987. Otras exposiciones presentan una de las colecciones de fotografía más extensas de Cuba, libros escritos por el Núñez Jiménez y el famoso retrato de Fidel, obra de Oswaldo Guayasamín.

"El invernadero" muestra en urnas de cristal toda clase de objetos de la vida del fundador. El museo es una fundación y uno de los lugares más gratificantes de La Habana.

Maqueta de la Capital   MUSEO
(calle 28 nº 113, entre av. 1 y 3; entrada 3 CUC; ⊙8.00-16.30 lu-vi) La Habana está un tanto destartalada e, irónicamente, también lo está esta enorme maqueta de la ciudad a escala 1:1000, a la que no le vendría mal que le pasaran el plumero. En un principio, fue creada con fines de planteamiento urbanístico, pero hoy en día es una atracción turística. Cerca, los dos **parques** de la avenida 5, entre las calles 24 y 26, con sus inmensas ceibas y oscuros callejones, son lugares sugerentes.

Acuario Nacional   ACUARIO
(av. 3 esq. calle 62; adultos/niños 10/7 CUC; ⊙10.00-18.00 ma-do) Fundado en 1960, es toda una institución en La Habana y recibe legiones de visitantes cada año, especialmente desde la reforma del 2002. Pese a su aspecto descuidado, es bastante mejor que casi todos los demás acuarios cubanos (lo que tampoco es difícil), aunque, desde luego, no es Miami. Los peces de agua salada son la especialidad, pero también hay leones marinos y delfines.

Hay exhibiciones de delfines casi cada hora a partir de las 11.00; la última es a las 21.00 y el precio va incluido en la entrada. Sin embargo, estas exhibiciones han sido criticadas por grupos protectores de los animales, que afirman que el cautiverio debilita y estresa a la fauna marina, y que la interacción humana no hace sino agravar la situación.

Embajada rusa   PUNTO DE INTERÉS
(av. 5 nº 6402, entre calles 62 y 66) Ese enorme obelisco estalinista que domina el horizonte en plena avenida 5 es la embajada rusa (antes soviética), testigo de los días en que Castro era un gran amigo de Brézhnev y compañía.

Iglesia Jesús de Miramar   IGLESIA
(av. 5 esq. calle 82) A pesar de su modernidad, en Playa se encuentra la iglesia más grande de Cuba, una estructura neorrománica rematada con una enorme cúpula. Construida en 1948, cobija el órgano más grande de la isla, así como raros murales con las Estaciones de la Cruz.

Parque Almendares   PARQUE
A orillas del río Almendares, bajo el puente de la calle 23, se extiende este oasis de verdor y aire fresco en el corazón de la caótica Habana. El parque es objeto de una lenta restauración (y limpieza) desde mediados de los años noventa; ahora hay bancos en el paseo ribereño y las plantas crecen con profusión, aunque el agua del río dista de ser cristalina.

El parque cuenta con varias instalaciones de calidad regular, como un anticuado **minigolf**, el **anfiteatro Parque Almendares** (un pequeño espacio para actuaciones al aire libre), columpios y un **parque de dinosaurios** con reproducciones en piedra de los monstruosos animales. Hay varios sitios aceptables para comer.

⊙ Marianao

Museo de la Alfabetización   MUSEO
(av. 29E esq. calle 76; ⊙8.00-12.00 y 13.00-16.30 lu-vi, 8.00-12.00 sa) GRATIS El cuartel Columbia, un antiguo aeródromo militar en Marianao, es actualmente un centro escolar llamado **Ciudad Libertad**. Tras cruzar sus puertas se puede visitar este inspirador museo, que describe la campaña de alfabetización de 1961, cuando 100 000 jóvenes de entre 12 y 18 años se distribuyeron por toda Cuba para enseñar a leer y a escribir a los campesinos, los trabajadores y los mayores. En el centro de la glorieta, enfrente de la entrada del complejo, hay una torre en forma de jeringa en recuerdo de Carlos Juan Finlay, descubridor, en 1881, del vector causante de la fiebre amarilla.

⊙ Cubanacán

Palacio de las Convenciones   EDIFICIO EMBLEMÁTICO
(calle 146, entre av. 11 y 13) También conocido como Centro de Convenciones de La Habana, es el edificio moderno más espectacular de Cuba. Construido para la Conferencia de los

Países No Alineados en 1979, los cuatro salones interconectados albergan un vanguardista auditorio con 2101 asientos y 11 salas más pequeñas. La Asamblea Nacional, compuesta por 589 miembros, se reúne dos veces al año y el complejo alberga más de 50 000 asistentes a conferencias cada año. No lejos de aquí está Pabexpo (av. 17 esq. calle 180), un espacio para exposiciones de 20 000 m² formado por cuatro pabellones interconectados y sede de unas 15 ferias comerciales al año.

Isla del Coco PARQUE DE ATRACCIONES
(av. 5 esq. calle 112, Playa; entrada 2 CUC; ☉12.00-20.00 vi-do) Enorme parque de atracciones construido por los chinos en Playa, con grandes norias, autos de choque y montañas rusas.

◎ Marina Hemingway

Marina Hemingway PUERTO DEPORTIVO
(av. 5 esq. calle 248) El principal puerto deportivo de La Habana se construyó en 1953 en la pequeña población costera de Santa Fe. Tras la Revolución, fue nacionalizado y bautizado con el nombre del yanqui favorito de Castro. El puerto tiene cuatro canales de 800 m de largo, un centro de buceo, tiendas y restaurantes variopintos y dos hoteles (uno en desuso). Solo vale la pena visitarlo si se quiere amarrar un barco o usar las instalaciones de deportes acuáticos.

Al igual que muchas otras infraestructuras de Cuba, el lugar tiene un extraño aire de abandono y pide una renovación a gritos.

⚡ Actividades

Marlin Náutica DEPORTES ACUÁTICOS
(www.nauticamarlin.com; av. 5 esq. calle 248, Marina Hemingway, Barlovento) Se realizan muchas actividades acuáticas en Marina Hemingway, en Barlovento, 20 km al oeste del centro de La Habana. Marlin Náutica organiza salidas de pesca con caña para cuatro personas y 4 h de pesca de fondo/altura por 150/280 CUC, con aparejo incluido y barra libre. La temporada del marlín va de junio a octubre. También ofrecen submarinismo (35 CUC por inmersión) y excursiones en catamarán por el litoral habanero (60 CUC).

Centro de submarinismo
La Aguja Marlin SUBMARINISMO, BUCEO
(☎7-204-5088; av. 5 esq. calle 248, Marina Hemingway, Barlovento) Situado entre Marlin Náutica y el centro comercial de Marina Hemingway, ofrece submarinismo por 30 CUC la inmersión, más 5 CUC por el material. Tiene una

salida por la mañana y otra por la tarde. También puede contratarse una excursión para tal fin a Varadero o Playa Girón. Las reseñas de los viajeros son favorables.

🛏 Dónde dormir

Los hoteles de Playa solo suelen usarlos diplomáticos, asistentes a congresos y personas que han perdido un vuelo. Hay un par de ellos buenos entre la morralla, pero el lugar está alejado de los principales monumentos de La Habana y harán falta taxis o piernas fuertes para desplazarse.

🛏 Miramar y alrededores

Casa Guevara Alba CASA PARTICULAR $
(☎7-202-6515; av. 5F nº 9611, entre calles 96 y 98; h/apt 25/35 CUC; P❄) Situada en la zona hotelera principal de Playa, supera a la mayoría de los hoteles en cuanto a precio, servicio y confort. Ofrece un apartamento y una habitación aparte arriba. Es moderno para Cuba y, aun así, tiene mucha personalidad.

Complejo Cultural La Vitrola HOTEL $
(☎7-202-7922; calle 18 nº 103, entre av. 1 y 3; h 30 CUC; ❄) Alojarse aquí es como hacerlo en los estudios de grabación de Abbey Road en Londres, ya que los estudios Egrem (su equivalente cubano) tienen su propio hotel. Sus cinco habitaciones tienen luminosos interiores con letras de canciones pintadas en la pared. Si el viajero visita el bar Bilongo, en el piso de abajo, igual se cruza con Silvio Rodríguez.

Hotel El Bosque HOTEL $
(☎7-204-9232; www.hotelelbosquehabana.com; calle 28A, entre 49A y 49C, Kohly; i/d 36/48 CUC; ❄@) Este hotel, económico y a menudo infravalorado, es el mejor y el menos caro del complejo Kohly-Bosque, perteneciente a Gaviota. Limpio y acogedor, se encuentra a orillas del río Almendares, rodeado por el bosque de La Habana (el pulmón verde de la ciudad), y es una opción tranquila.

Memories Montehabana HOTEL $$
(☎7-206-9595; calle 70, entre av. 5A y 7, Playa; i/d/tr 75/85/120 CUC; P❄@🛜🏊) Este gigante de Gaviota abrió en el 2005 con la promesa de ofrecer algo diferente. De entre las habitaciones, 101 son apartamentos con salón y cocina completamente equipada; una gran oportunidad para hacer la compra en los mercados de La Habana y descubrir cómo cocinan los

cubanos. Las cocinas cuentan con microondas, nevera, tostadora, cafetera y cubiertos.

Para quien no tenga ganas de cocinar, el restaurante prepara un bufé de desayuno y de cena por 10 y 15 CUC respectivamente. El resto de las instalaciones son bastante completas pero, después de una década, necesitan una reforma. Los huéspedes pueden usar el gimnasio, piscina y pistas de tenis del contiguo Memories Miramar.

Hotel Kohly
HOTEL **$$**

(7-204-0240; calles 49A esq. 36, Kohly; i/d 47/63 CUC; P❋@≋) El utilitario exterior se compensa con algunos extras interesantes, como la piscina, la bolera y el gimnasio.

Hotel Copacabana
HOTEL **$$**

(7-204-1037; av. 1, entre calles 44 y 46; i/d 72/104 CUC; P❋@≋) Aunque es algo mejor que algunos de sus destartalados rivales gracias a la reforma del 2010, aún conserva cierta oscuridad inherente, pese a su bonita situación a orillas del mar.

Boutique Chateau Miramar
HOTEL **$$**

(7-204-0224; av. 1, entre calles 60 y 70, Playa; i/d 67/84 CUC; P❋@≋) Se publicita como hotel-*boutique*, pero, desde luego, no es ningún *château* del Loira. Aun así, los adictos a la tecnología sabrán apreciar el servicio gratuito de internet, los TV de pantalla plana y el servicio directo de llamadas internacionales incluidos en el precio de las mediocres habitaciones.

★ Hotel Meliá Habana
HOTEL **$$$**

(7-204-8500; www.meliacuba.com; av. 3, entre calles 76 y 80; i/d 215/260 CUC; P❋@☎≋) Feo por fuera pero precioso por dentro, este hotel es uno de los mejor llevados y mejor equipados de la ciudad. Las 409 habitaciones (cuatro accesibles en silla de ruedas) están repartidas alrededor de un vestíbulo con enredaderas, estatuas de mármol y fuentes de agua. Fuera, la piscina más grande y bonita de Cuba se encuentra junto a una desolada y rocosa orilla. Si a ello se añade un servicio atento, un excelente bufé restaurante y algún descuento, puede que el viajero acabe convencido.

Quinta Avenida Habana
HOTEL **$$$**

(7-214-1470; www.hotelquintaavenidahabana. com; av. 5, entre calles 76 y 80; i/d 110/130 CUC; P❋@☎≋) Uno de los hoteles más nuevos de Playa completa un trío de alojamientos lujosos detrás del Miramar Trade Center. Aunque las instalaciones son de cinco estrellas, con amplias habitaciones (todas con ducha y ba-

ñera) y un buen restaurante, el lugar sufre los típicos males de los enormes establecimientos de cadena: un aire frío y soso y falta de personalidad.

H10 Habana Panorama
HOTEL **$$$**

(7-204-0100; www.h10hotels.com/en/havana-hotels/h10-habana-panorama; av. 3 esq. calle 70; i/d 100/135 CUC; P❋@≋) Esta "catedral de cristal", en Playa, abrió sus puertas en el 2003. El exterior –todo de cristal azul tintado– mejora una vez que se entra en su monumental vestíbulo, donde ascensores de la era espacial transportan rápidamente al huésped a una de las 317 habitaciones con fabulosas vistas. El hotel también cuenta con centro de negocios, una tienda de fotografía, numerosos restaurantes y una amplia piscina. Pero el Panorama es casi demasiado grande: su escala hace que uno se sienta pequeño y confiere al lugar un aire más bien vacío y antiséptico.

Memories Miramar
HOTEL **$$$**

(7-204-3583, 7-204-3584; www.memoriesresorts. com; av. 5 esq. calle 74; i/d 100/130 CUC; P❋☎≋) Este gigante de 427 habitaciones, construido en el año 2000, va por su tercer cambio de nombre, pero las instalaciones no se han mantenido a la par. El personal es amable y las infraestructuras de negocios son utilizables, pero las habitaciones necesitan más cuidado y atención. Hay muchos extras deportivos para compensar el aislamiento del lugar: pistas de tenis, piscinas, sauna, gimnasio y sala de juegos.

Marina Hemingway

Hotel Club Acuario
HOTEL **$$**

(7-204-6336; Aviota esq. calle 248; i/d 79/108 CUC; P❋) Que nadie vaya a Marina Hemingway por los hoteles. Al estar El Viejo y el Mar permanentemente inutilizable, la única opción real es el desparramado Acuario, el único hotel de La Habana con todo incluido (fuera de Playas del Este). Se extiende entre dos canales del puerto y está infestado de muebles baratos y anticuados. Si el viajero ha reservado una salida de submarinismo a primera hora, este hotel le puede valer; de lo contrario, es mejor alojarse en La Habana y usar el transporte público.

✖ Dónde comer

Playa es un bastión de algunos de los mejores restaurantes privados de Cuba desde la década de 1990, y muchos de los antiguos referentes siguen causando sensación a pesar

Playa y Marianao

de la abundancia de nuevos competidores. También hay algunos restaurantes dirigidos por el Estado sorprendentemente buenos. La tarifa del taxi (5-10 CUC) para desplazarse a comer a esta zona, merece la pena.

✕ Miramar

Le Garage COMIDA RÁPIDA $

(av. 3 esq. calle 60; tentempiés 2-4 CUC; ⊙12.00-2.00, hasta 6.00 vi-do) Un pequeño establecimiento privado de comida rápida con bancos corridos en el interior y un patio donde se pueden tomar batidos, hamburguesas y aros de cebolla (algo raro en Cuba hasta hace poco). Destaca el horario amplio de apertura.

Pan.com COMIDA RÁPIDA $

(☑7-204-4232; av. 7 esq. calle 26; tentempiés 1-4 CUC; ⊙10.00-2.00) Nada que ver con un cibercafé. Se trata de un paraíso de comida saludable a base de bocadillos, fantásticas

hamburguesas y excelentes batidos de helado. El viajero puede unirse a los diplomáticos bajo la marquesina.

★ Espacios TAPAS, INTERNACIONAL $$

(☑7-202-2921; calle 10 nº 513, entre av. 5 y 7; tapas 3-6 CUC; ⊙12.00-6.00) Los *hípsters* aún no pueblan La Habana, pero si lo hicieran, quizá buscarían solaz en este restaurante y bar de tapas, fabulosamente relajado y bohemio, que ocupa una casa sin rótulo en Miramar. Hay que elegir algo de la carta de inspiración internacional y codearse con los listos y guapos de La Habana, una mezcla de expatriados enterados y cubanos con sensibilidades artísticas. El bonito interior se extiende en torno a varias salas y un patio trasero, y las paredes están decoradas con fantásticas obras de arte.

El Aljibe CARIBEÑA $$

(☑7-204-1584, 7-204-1583; av. 7, entre calles 24 y 26; comidas 12 CUC; ⊙12.00-24.00) Sobre el papel es

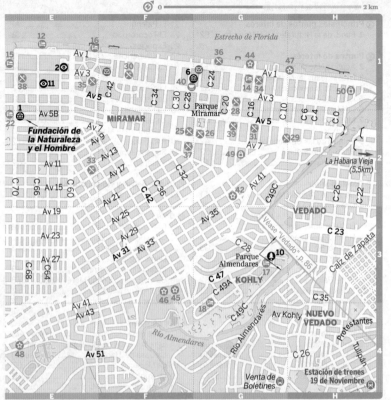

un humilde restaurante de Palmares, pero en realidad es todo un espectáculo culinario. El Aljibe viene deleitando los paladares cubanos y de los diplomáticos extranjeros desde hace años. El furor gira en torno a los misterios gastronómicos de un solo plato, el imprescindible pollo asado servido con guarniciones ilimitadas de arroz blanco, alubias negras, plátano frito, patatas fritas y ensalada. Se dice que la salsa de naranja que lo acompaña es un secreto de Estado.

La Carboncita
ITALIANA **$$**

(av. 3 nº 3804, entre calles 38 y 40; pasta y *pizza* 7-8 CUC; ⊙12.00-24.00) La comida sale misteriosamente del taller de esta casa de Miramar convertida en restaurante italiano con mesas dentro y fuera, aunque no hay nada mecánico en los sabores. Se puede elegir entre una amplia variedad de auténticas salsas. Las *pizzas* de masa fina y crujiente también son buenas.

Tabarish
RUSA **$$**

(☎7-202-9188; calle 20 nº 503, entre av. 5 y 7; comidas 7-12 CUC; ⊙12.00-23.00) Desde Rusia con amor, el primer restaurante ruso de La Habana después de la Guerra Fría resulta agradable y acogedor. Se pueden revivir los años de Castro y Khruschev (o brindar por su final) tomando *borsch, blinis,* ternera *stroganoff* y pollo kiev. Hay danza rusa los domingos.

Paladar Vista Mar
PESCADO **$$**

(☎7-203-8328; av. 1, entre calles 22 y 24; comidas 8-15 CUC; ⊙12.00-24.00) se halla en la 2ª planta de una residencia privada con vistas al mar. El ambiente se ve realzado por una bonita piscina cuya agua rebosa hasta el océano. Si disfrutar de deliciosos platos de marisco mirando al mar suena atractivo, este puede ser el lugar.

Bom Apetite
INTERNACIONAL **$$**

(calle 11 nº 7210, entre calles 72 y 74; comidas 5-10 CUC; ⊙12.00-24.00) Alejado en la parte este de

Playa y Marianao

Playa, este restaurante destaca por su refinado y exclusivo entorno en una tranquila casa privada con su propio bar. Combinan comida cubana tradicional con platos básicos como *filet mignon*, pasta y *pizza*.

Casa Española ESPAÑOLA **$$**
(☎7-206-9644; calle 26 esq. av. 7; comidas 7-12 CUC; ⏰12.00-24.00) Parodia medieval construida bajo el régimen de Batista por Gustavo Gutiérrez y Sánchez, este castillo con almenas en Miramar ha resucitado como restaurante de temática española que aprovecha la leyenda de Don Quijote. El ambiente es elegante, si al comensal no le importa que las armaduras le observen mientras degusta paella, tortilla española o lomo de cerdo al Jerez.

Dos Gardenias CARIBEÑA **$$**
(av. 7 esq. calle 28; comidas 7-10 CUC; ⏰12.00-23.00) En este complejo, famoso por los boleros, se puede elegir entre un restaurante de

platos a la brasa o de pasta. Es buena idea quedarse para oír cantar boleros más tarde.

La Casa del Habano CUBANA **$$**
(av. 5 esq. calle 16; comidas 8-15 CUC) Muchos acuden a este lugar por su prestigio como mejor tienda de puros de La Habana, pero quienes ya han estado regresan por la comida del restaurante.

★**La Fontana** BARBACOA **$$$**
(☎7-202-8337; www.lafontanahavana.info; av. 3A nº 305; comidas 12-20 CUC; ⏰12.00-24.00) En este chalé-restaurante privado, fundado en 1995, que exhibe la barbacoa o, mejor dicho, la parrilla de carbón en toda regla, se sirven raciones enormes de carne y pescado, por lo que es mejor no pasarse con los entrantes, entre los que se cuentan ceviche de langosta, tartar de bonito y *carpaccio* de ternera con rúcula. La preciosa decoración incluye estanques, helechos y fuentes. Las reseñas favorables en la

prensa internacional dan fe del prolongado éxito del establecimiento.

La Esperanza
INTERNACIONAL **$$$**

(☎7-202-4361; calle 16 nº 105, entre av. 1 y 3; comidas 8-17 CUC; ☺19.00-23.00 lu-sa) Este restaurante sin pretensiones ya era gastronómicamente creativo mucho antes de que las reformas del 2011 hicieran más fácil la vida de los cocineros. La casa está cubierta de parras y el interior es un revoltijo de antigüedades curiosas, retratos antiguos y muebles de los años cuarenta. Entre los platos salidos de la cocina familiar se cuentan exquisiteces como pollo luna de miel (flambeado en ron) y brocheta de cordero.

La Cocina de Lilliam
FUSIÓN **$$$**

(☎7-209-6514; www.lacocinadelilliam.com; calle 48 nº 1311, entre av. 13 y 15; comidas 15-25 CUC; ☺12.00-24.00) Con un servicio elegante, ambiente discreto y riquísimos platos recién cocinados, este establecimiento tiene todos los ingredientes de un laureado restaurante. Ocupa una casa ilustre de Miramar, rodeada por un jardín con fuentes y plantas tropicales. Sirven platos raros para Cuba, como suflé de salmón y *bruschetta* de atún, en un ambiente más europeo que caribeño. ¡Ni un sándwich de jamón y queso a la vista!

Doctor Café
CUBANA **$$$**

(☎7-203-4718; calle 28, entre av. 1 y 3; comidas 10-18 CUC) Platos exóticos como ceviche, pargo colorado y pulpo a la parrilla se sirven en un patio lleno de helechos o en el comedor interior, más fresco. La carta recoge propuestas de todo el mundo y hay numerosas rarezas que uno no encontrará en otros sitios del país. Si ofrecen tortuga, es mejor evitarla, pues está en peligro de extinción.

El Tocororo
CARIBEÑA **$$$**

(☎7-202-4530; calle 18 nº 302; comidas 12-35 CUC; ☺12.00-23.45) Antaño considerado uno de los mejores restaurantes de La Habana dirigidos por el Gobierno (junto con El Aljibe), ha cedido terreno a sus competidores en los últimos años y se le suele criticar por ser caro para lo que ofrece. No obstante, las mesas con velitas y el grandioso interior aún merecen una vista, y la carta, con lujos como cola de langosta y (ocasionalmente) avestruz, aún tiene capacidad de sorprender.

Supermercado 70
SUPERMERCADO

(av. 3 esq. calle 70; ☺9.00-18.00 lu-sa, hasta 13.00 do) Aún es conocido como "Diplomercado" debido a que antes solo lo frecuentaban diplomáticos. Es grande para tratarse de Cuba y tiene una aceptable selección de comestibles.

⚔ Cubanacán y alrededores

El Palenque
INTERNACIONAL **$**

(☎7-208-8167; av. 17A esq. calle 190, Siboney; comidas 3-10 CUC; ☺10.00-22.00) Junto al centro de exposiciones Pabexpo, este enorme lugar se distribuye debajo de una serie de bohíos (cabañas tradicionales cubanas) con el techo de paja. Ofrece una amplia carta cuyos precios son suficientemente económicos como para convencer a propios y extraños. La cocina es cubano-italiana, con *pizzas*, carne con patatas y langosta mariposa.

La Cecilia
CARIBEÑA **$$$**

(☎7-204-1562; av. 5 nº 11 010, entre calles 110 y 112; comidas 12-20 CUC; ☺12.00-24.00) Ofrece comida lo bastante buena para atraer a los diplomáticos (se recomienda la ropavieja), pero también gustará a todo el mundo por su música de *big band*, que resuena las noches de los fines de semana en el amplio y evocador patio.

La Ferminia
CARIBEÑA **$$$**

(☎7-273-6786; av. 5 nº 18 207, Flores; comidas desde 15 CUC; ☺12.00-24.00) La Habana se pone

---

CLUB HABANA

El fabulosamente ecléctico **Club Habana** (☎7-204-5700; av. 5, entre calles 188 y 192; pase diario 20 CUC), en Flores, albergó en otro tiempo el Havana Biltmore Yacht & Country Club. Hoy, esta mansión de 1928 parece haber regresado al punto de partida, pues vuelve a ser frecuentada por diplomáticos y corresponsales extranjeros. El club cuenta con su propia playa, piscina, pistas de tenis, bar, *boutiques* y gimnasio. La cuota anual de socio es de 1500 CUC, pero quien desee codearse espontáneamente con la alta sociedad puede comprar un pase de un día por 20 CUC.

En la década de 1950, el establecimiento vivió un momento de notoriedad al negar la entrada al presidente cubano Fulgencio Batista, aduciendo que "era negro". Castro tuvo mejor suerte cuando fue a cenar allí unos 30 años después, y el club sigue siendo uno de los pocos sitios donde ha cenado en público.

INDISPENSABLE

FUSTERLANDIA

¿Hacia dónde va el arte después de Gaudí y Picasso? Para tener una pista, hay que salir hacia el oeste desde el centro de La Habana y atravesar Miramar y Playa hasta llegar al aparentemente modesto distrito de Jaimanitas, donde el artista cubano José Fuster (1946) ha convertido su barrio en una obra maestra de azulejos, torrecillas y una belleza digna de Barcelona.

El resultado se conoce extraoficialmente como Fusterlandia, un proyecto nacido hace 20 años que ha cubierto varias manzanas con arte público fantasioso, pero con mucho estilo. La pieza central es el estudio del propio Fuster, una gran residencia decorada desde el techo hasta los cimientos con obras de arte, esculturas y, sobre todo, azulejos de todos los tipos y colores. La impresión general es indescriptible (hay que ir para verlo); se trata de un fantástico revoltijo de pasarelas en espiral, estanques y fuentes en forma de rayos de sol, a cuyo lado el parque Güell de Gaudí parece sobrio. La obra mezcla homenajes a Picasso y Gaudí con retazos de Gauguin y Wifredo Lam, elementos del realismo mágico, influencias marítimas, guiños a la santería, líneas curvas típicas del modernismo y una gran dosis de la cubanidad propia de Fuster, que lo impregna casi todo (hay banderas cubanas, un mural del yate *Granma* y las palabras "Viva Cuba" escritas sobre cuatro chimeneas).

Fusterlandia se extiende mucho más allá de la vivienda de Fuster: más de la mitad del barrio ha recibido un tratamiento artístico similar, desde las señales callejeras hasta las paradas de autobús y la casa del médico. Pasear por las tranquilas calles constituye una experiencia surrealista y psicodélica.

Jaimanitas se encuentra cerca de la Quinta Avenida, en el extremo oeste de Playa, comprimido entre el Club Havana y la Marina Hemingway. En el **Taller-Estudio José Fuster** (calle 226 esq. av. 3; ⊙9.00-16.00 mi-do) GRATIS se pueden contemplar las pinturas y la cerámica del artista y, con suerte, verlo trabajar. Un taxi desde el centro cuesta 10-12 CUC.

---

pretenciosa en este memorable restaurante ubicado en una elegante mansión colonial reconvertida en el barrio de Flores. Se puede comer dentro, en una de las pocas habitaciones bellamente amuebladas, o fuera, en un fabuloso jardín. Pero lo que importa es la comida. Pruébense la parrilla mixta sacada directamente del fuego o las colas de langosta rebozadas. Es imprescindible vestir con corrección: nada de pantalón corto o camiseta sin manga para los chicos. Este es uno de los pocos lugares donde Fidel Castro ha comido en público.

✕ Marina Hemingway

Restaurante la Cova   ITALIANA **$$**
(av. 5 esq. calle 248; comidas 8 CUC; ⊙12.00-24.00) Forma parte de la cadena Pizza Nova y, al igual que gran parte de la Marina, ha visto días mejores. Servirá, dada la escasez de opciones.

Papa's Complejo Turístico   CARIBEÑA, CHINA **$$**
(av. 5 esq. calle 248; comidas 5-10 CUC; ⊙12.00-3.00) Hay de todo, desde barqueros con su

cerveza en la mano hasta aspirantes a *Operación Triunfo* que monopolizan la máquina de karaoke. Las opciones para comer son igualmente variadas: desde un elegante restaurante chino (que exige vestir con corrección) hasta un *ranchón* exterior (restaurante rural). Divertido si hay suficiente gente.

🍷 Dónde beber y ocio

★**Café Fortuna**   CAFÉ, BAR
(av. 3 esq. calle 28, Miramar; ⊙8.00-22.00) La mayoría de los mejores locales de Miramar son sitios medio escondidos y semisecretos, como la Casa Fortuna, oculta en las entrañas de un restaurante estatal corriente en la avenida 3. El interior es como una vieja tienda de curiosidades, llena de máquinas de escribir, acordeones y cámaras antediluvianos, medio coche y varios grabados de Chaplin. Los tentempiés estilo tapa son buenos y hay 20 cafés diferentes.

Casa de la Música   MÚSICA EN DIRECTO
(☏7-202-6147; calle 20 n° 3308 esq. av. 35, Miramar; entrada 5-20 CUC; ⊙desde 22.00 ma-sa) Inaugurado con un concierto del famoso pianista

de *jazz* Chucho Valdés en 1994, este local de Miramar está dirigido por la empresa discográfica cubana Egrem y los programas son, en general, más auténticos que las funciones de cabaré de los hoteles. Grupos como NG la Banda, los Van Van y Aldaberto Álvarez y Su Son tocan en el lugar con frecuencia. Raramente se pagarán más de 20 CUC. El ambiente es más relajado que en su homónimo de Centro Habana.

Café Jazz Miramar
MÚSICA EN DIRECTO

(av. 5 nº 9401 esq. calle 94, Playa; con consumición 2 CUC) El último club de *jazz* que ha aparecido en La Habana dejaría frío a los grandes de la era *bebop*, que se reirían de su aire aséptico y de la prohibición de fumar; pero a los jóvenes innovadores de hoy no parece importarles. Se encuentra dentro del Cine Teatro Miramar y pertenece a la agencia gubernamental ARTex. Comienza a animarse a eso de las 22.00 y tiene comida económica.

Teatro Karl Marx
MÚSICA EN DIRECTO

(☎7-209-1991; av. 1 esq. calle 10, Miramar) Con un aforo de 5500 espectadores en una única sala, hace que el resto de los teatros de La Habana se queden pequeños. Aquí se celebran los grandes acontecimientos, como las galas de clausura de los festivales de *jazz* y cine y conciertos de trovadores como Silvio Rodríguez.

Tropicana Nightclub
CABARÉ

(☎7-267-1871; calle 72 nº 4504, Marianao; entradas desde 75 CUC; ☺desde 22.00) El mundialmente famoso Tropicana, toda una institución en la ciudad desde su apertura en 1939, fue uno de los pocos bastiones de la vida nocturna estilo Las Vegas que sobrevivió en La Habana tras la Revolución. Inmortalizado en el clásico de Graham Greene *Nuestro hombre en La Habana* (1958), se trata de un espectáculo de cabaré al aire libre que ha cambiado poco desde los años cincuenta, con señoritas ligeras de ropa que descienden de palmeras para bailar salsa entre luces brillantes.

Don Cangrejo
MÚSICA EN DIRECTO

(av. 1 nº 1606, entre calles 16 y 18, Miramar; con sumición 5 CUC; ☺23.00-3.00) Este restaurante diurno especializado en pescado se convierte en discoteca por la noche, sobre todo los viernes. Hay música en directo al aire libre (con nombres importantes) y ambiente parecido a un baile universitario.

Salón Rosado Benny Moré
MÚSICA EN DIRECTO

(El Tropical; ☎7-206-1281; av. 41 esq. calle 46, Kohly; entrada 10 CUP-10 CUC; ☺21.00-madrugada) Si se desea algo completamente diferente, los viajeros experimentados, a ser posible acompañados de amigos cubanos, pueden unirse a la acción caliente de este local al aire libre. El Rosado (también llamado El Tropical) reúne a jóvenes cubanos *sexies* que bailan como locos al ritmo de Pupy y Los que Son Son, Habana Abierta, etc. El ambiente es muy intenso, y las mujeres serán objeto de intentos agresivos de ligar. El mejor ambiente se respira de viernes a domingo. Algunos viajeros pagan en pesos y otros en dólares, un ejemplo más de aleatoriedad cubana.

Circo Trompoloco
CIRCO

(www.circonacionaldecuba.cu; av. 5 esq. calle 112, Playa; entrada 5-10 CUC; ☺19.00 vi, 16.00 y 19.00 sa y do; 🖊) La carpa permanente de La Habana ofrece una función de tarde todos los fines de semana.

🔖 De compras

La Casa del Habano
PUROS

(av. 5 esq. calle 16, Miramar; ☺10.00-18.00 lu-sa, hasta 13.00 do) Posiblemente la mejor tienda de cigarros de La Habana, también vende recuerdos y cuenta con un cómodo salón para fumar y un restaurante aceptable.

La Maison
ROPA

(calle 16 nº 701, Miramar; ☺9.00-17.00) Tienda grande de ropa de diseño, calzado, bolsos, joyas, cosméticos y recuerdos. También celebran desfiles de moda.

Egrem Tienda de Música
MÚSICA

(calle 18 nº 103, Miramar; ☺9.00-18.00 lu-sa) En la sede de los estudios de grabación más famosos de La Habana, escondida en Miramar, hay una pequeña tienda de CD.

Casa de la Música
MÚSICA

(calle 20 nº 3308 esq. av. 35, Miramar; ☺10.00-22.00) Pequeña tienda de música.

Miramar Trade Center
CENTRO COMERCIAL

(av. 3, entre calles 76 y 80, Miramar) Es el centro comercial y de negocios más grande y moderno de Cuba, con multitud de tiendas, oficinas de compañías aéreas y embajadas.

La Puntilla
CENTRO COMERCIAL

(calle A esq. av. 1, Miramar; ☺8.00-20.00) Un centro comercial abierto hace 10 años y distribuido en cuatro plantas, en el extremo del Vedado pegado a Miramar. Bastante bien surtido para lo que es Cuba.

ℹ Información

ACCESO A INTERNET

Hotel Business Center (Hotel Meliá Habana, av. 3, entre calles 76 y 80, Miramar) El Meliá Habana cobra 7 CUC/h por la wifi. El resto de los hoteles cobran más o menos lo mismo.

ASISTENCIA MÉDICA

Clínica Central Cira García (☑7-204-2811; calle 20 n° 4101 esq. av. 41, Playa; ⊗9.00-16.00 lu-vi, urgencias 24 h) Urgencias, consultas dentales y médicas para extranjeros.

Farmacia Internacional Miramar (☑7-204-4350; calle 20 esq. 43, Playa; ⊗9.00-17.45) Enfrente de la Clínica Central Cira García.

Farmacia (☑7-204-2880; calle 20 n° 4104 esq. calle 43, Playa; ⊗24 h) En la Clínica Central Cira García. Una de las mejores de la ciudad.

DINERO

Hay sucursales del Banco Financiero Internacional en **Miramar** (edif. Sierra Maestra esq. av. 1 y calle 0) y **Playa** (av. 5 esq. calle 92).

También hay Cadecas en **Miramar** (av. 5A, entre calles 40 y 42) y **Playa** (☑7-204-9087; av. 3 esq. calle 70).

CORREOS

DHL (av. 1 esq. calle 26, Miramar; ⊗8.00-20.00) Para correo importante, es mejor usar DHL.

Oficina de correos (calle 42 n° 112, entre av. 1 y av. 3, Miramar; ⊗8.00-11.30 y 14.00-18.00 lu-vi, 8.00-11.30 sa)

INFORMACIÓN TURÍSTICA

Infotur (av. 5 esq. calle 112, Playa; ⊗8.30-12.00 y 12.30-17.00 lu-sa) Oficina con una ubicación extraña, pero con mucha información.

AGENCIAS DE VIAJES

Las siguientes agencias venden también circuitos organizados.

Cubanacán (☑7-204-8500; www.cubanacan.cu; Hotel Meliá Habana, av. 3, entre calles 76 y 80) Mostrador en el Hotel Meliá Habana.

Gaviota (☑7-204-4411; www.gaviota-grupo.com) Está en todos los hoteles Gaviota, incluido el H10 Habana Panorama.

ℹ Cómo llegar y salir

La mejor forma de llegar a Playa desde La Habana es con el Havana Bus Tour, que recorre casi todos los puntos de interés del barrio hasta La Cecilia, en la esquina de la avenida 5 con la calle 110 (Cubanacán). El billete diario cuesta 5 CUC. Muchos metrobuses también realizan el tra-

yecto, aunque suelen desviarse por los barrios residenciales; los autobuses P-1 y P-10 son los más útiles.

ℹ Cómo desplazarse

Cubacar (☑7-204-1707) tiene oficinas en los hoteles Chateau Miramar y Meliá Habana. El precio depende del tipo de vehículo y duración del alquiler; la media son 70 CUC/día.

Vía Rent a Car (☑7-204-3606; av. 47 esq. av. 36, Kohly) dispone de una oficina enfrente del Hotel El Bosque.

Hay gasolineras Servi-Cupet en la avenida 31, entre las calles 18 y 20 (Miramar); en la esquina de la calle 72 y la avenida 41, en Marianao (cerca del Tropicana); así como en la glorieta de la avenida 5 y la calle 112, en Cubanacán. La gasolinera Oro Negro está en la esquina de la avenida 5 con la calle 120, en Cubanacán. Todas están abiertas las 24 h.

Zona del parque Lenin

Situado junto a la calzada de Bejucal, en Arroyo Naranjo, 20 km al sur del centro de La Habana, el parque Lenin es la zona de ocio más grande de la ciudad. Construido entre 1969 y 1972 por orden de Celia Sánchez, una fiel colaboradora de Fidel Castro, es uno de los pocos proyectos de La Habana de esta era. Las 670 Ha de parque y de preciosos árboles viejos rodean un lago artificial, el embalse Paso Sequito, al oeste del mucho más grande embalse Ejército Rebelde, formado por el embalsamiento del río Almendares.

Aunque el parque en sí es bastante atractivo, las instalaciones se han venido deteriorando desde la década de 1990. Los taxistas se quejan de que está muy abandonado y hablan con nostalgia de los tiempos en que el Lenin era una idílica escapada de fin de semana para las familias habaneras. Hoy, el lugar tiene un aire descuidado y surrealista. Hace tiempo que se está prometiendo ayuda, pero parece que las palabras no se traducen en hechos. Han llegado algunas inversiones chinas, pero el trabajo es largo y está lejos de finalizarse.

◎ Puntos de interés

Parque Lenin   PARQUE
Los principales puntos de interés se encuentran al sur del lago, entre ellos la Galería de Arte Amelia Peláez (entrada 1 CUC). Colina arriba se levanta un espectacular monumento a Lenin (1984) en mármol blanco,

del escultor soviético L. E. Kerbel. Al oeste, continuando por la orilla del lago, hay un descuidado anfiteatro y un acuario mediocre, con peces de agua dulce y cocodrilos. El monumento a Celia Sánchez, de 1985, que tuvo un papel decisivo en la construcción del parque Lenin, está más bien escondido, pasado el acuario.

La mayor parte de estos lugares de interés abren de 9.00 a 17.00 de martes a domingo. La entrada al parque es gratuita. A veces es posible alquilar un bote de remos en el embalse Paso Sequito, en un muelle detrás del Rodeo Nacional, un ruedo donde tienen lugar algunos de los mejores rodeos de Cuba (la Feria Agropecuaria anual también se celebra en este lugar). Dentro del parque funciona un ferrocarril de vía estrecha de 9 km, con cuatro paradas entre las 10.00 y las 15.00 de miércoles a domingo.

ExpoCuba SALA DE EXPOSICIONES
(entrada 1 CUC; ⊙9.00-17.00 mi-do) La visita al parque Lenin puede combinarse con una excursión a ExpoCuba, en Calabazar, en la carretera del Rocío en Arroyo Naranjo, 3 km al sur del restaurante Las Ruinas. Inaugurada en 1989, esta amplia sala de exposiciones muestra los logros económicos y científicos de Cuba en 25 pabellones que giran en torno a temas como el azúcar, la ganadería, la apicultura, la ciencia animal, la construcción, la gastronomía, la pesca, la geología, el deporte y la defensa.

Jardín Botánico Nacional JARDÍN
(entrada 3 CUC; ⊙10.00-16.00 mi-do) Frente a ExpoCuba, al otro lado de la carretera, se encuentra este jardín botánico de 600 Ha. Los pabellones de exposición (1987), cerca de la verja de entrada, constan de una serie de invernaderos con cactus y plantas tropicales, mientras que a 2 km se encuentra el plato fuerte del botánico, el sosegado jardín japonés (1992). Cerca se halla el aclamado restaurante El Bambú, donde sirven un bufé vegetariano (toda una rareza en Cuba). El tren tractor que recorre el parque sale cuatro veces al día y cuesta 3 CUC, incluida la entrada al jardín. El aparcamiento cuesta 2 CUC.

🏃 Actividades

Centro Ecuestre PASEOS A CABALLO
(parque Lenin; ⊙9.00-17.00) Los establos que hay en la esquina noroeste del parque Lenin los lleva la agencia medioambiental Flora y Fauna. Al redactar estas líneas, ofrecían equitación por 12 CUC/h en su centro ecuestre.

Equitación EQUITACIÓN
(parque Lenin) Legalizados por las reformas de Raúl Castro, los chicos que galopan por la entrada noreste al parque Lenin ofrecen excursiones más relajadas (4/8 CUC 30 min/1 h). Conviene comprobar el estado del caballo antes de montar y la licencia oficial del que lo alquila.

Club de Golf La Habana GOLF
(ctra. Venta, km 8, Reparto Capdevila, Boyeros; green 9 hoyos sin equipo desde 20 CUC; ⊙8.00-20.00, bolera 12.00-23.00) Es tanto una curiosidad como un lugar para jugar al golf; se encuentra entre Vedado y el aeropuerto y es uno de los dos únicos clubes de golf de Cuba. El campo, irregular y lleno de baches, es de par 35 y tiene 9 hoyos. Las green fees son 20 CUC por 9 hoyos; los palos, el cochecito y el caddie se pagan aparte. El club también cuenta con pistas de tenis y bolera.

Originalmente llamado Rover's Athletic Club, fue fundado por un grupo de diplomáticos británicos en la década de 1920. Fidel y el Che Guevara jugaron aquí una partida como ardid publicitario poco después de la Crisis de los Misiles de Cuba de 1962. Las fotos del acontecimiento aún son famosas. Al parecer ganó el Che, que había sido caddie.

Debido a la mala señalización, el club es difícil de encontrar y la mayoría de los taxistas se pierden buscándolo; hay que preguntar a los lugareños por dónde se va al golfito o al Dilpo Golf Club.

🍴 Dónde comer

Restaurante el Bambú VEGETARIANA $
(Jardín Botánico Nacional; comidas 1 CUC; ⊙12.00-17.00, cerrado lu; 🍴) Durante un tiempo fue el único restaurante vegetariano de La Habana, y es uno de los principales defensores de los beneficios de una dieta sin carne (cosa complicada en una economía tan precaria como la cubana). El bufé libre del almuerzo se sirve en el exterior, en pleno jardín botánico, donde el entorno natural ya en consonancia con el saludable sabor de la comida. Sirven sopas, ensaladas, tubérculos, tamales y caviar de berenjena.

Las Ruinas CARIBEÑA $
(parque Lenin, Cortina de la Presa; comidas 6 CUC; ⊙11.00-24.00 ma-do) Antaño célebre por su arquitectura (es una estructura modernista que incorpora las ruinas de un ingenio azu-

carero), hoy es una ruina en sí mismo, como gran parte del parque Lenin, aunque aún intenta pasar por restaurante. Aunque las llamativas vidrieras del artista cubano René Portocarrero son impresionantes, la comida, el ambiente y el servicio no lo son, pero escasean las alternativas.

❶ Cómo llegar y salir

Es posible ir al parque Lenin en autobús, en coche o en taxi. Ir en autobús no es fácil. El P-13 deja cerca pero para tomarlo hay que ir primero a La Víbora. Para ello lo mejor es subirse al P-9 en las calles 23 y L. Los taxistas de La Habana están acostumbrados a esta carrera, por lo que debería ser fácil negociar una tarifa con paradas a partir de 25 CUC.

❶ Cómo desplazarse

Hay una gasolinera Servi-Cupet en la esquina de la avenida de la Independencia con la calle 271, en Boyeros, al norte del aeropuerto. Solo es accesible desde el carril que va hacia el norte y está abierta las 24 h.

Zona de Santiago de las Vegas

Aunque no desborda demasiado potencial turístico, Santiago de las Vegas ofrece atisbos de una Cuba que no aparece en los álbumes de fotografías. Los visitantes, si es que se molestan en ir hasta allí, suelen congregarse en esta zona –una curiosa amalgama de pequeña ciudad y tranquilo barrio urbano periférico– cada mes de diciembre durante el devoto peregrinaje al santuario de San Lázaro (el santo conocido por su ayuda a los leprosos y a los pobres), en el cercano pueblo de El Rincón.

◉ Puntos de interés

Mausoleo de Antonio Maceo   MONUMENTO
En lo alto de una colina de El Cacahual, 8 km al sur del aeropuerto internacional José Martí por Santiago de las Vegas, se levanta el poco visitado mausoleo del general Antonio Maceo, héroe de la independencia cubana que murió en la batalla de San Pedro, cerca de Bauta, el 7 de diciembre de 1896. Un pabellón al aire libre junto al mausoleo acoge una exposición histórica.

Santuario de San Lázaro   IGLESIA
(ctra. San Antonio de los Baños) El destino de la mayor peregrinación anual de Cuba no es nada ostentoso y se halla oculto en el rústico pueblo de El Rincón. El santo que preside la iglesia es San Lázaro (representado por el *orisha* Babalú Ayé en la santería), patrón de los enfermos y de la sanación. Cientos de personas acuden cada día a ponerle flores y encender velas.

Un pequeño museo muestra una gran colección de exvotos a san Lázaro en la capilla de al lado.

❶ Cómo llegar y salir

Se puede llegar con el autobús P-12, que sale del Capitolio, o el P-16, desde el Hospital Hermanos Ameijeiras, junto al Malecón, en Centro Habana.

Regla

La antigua ciudad de Regla se encuentra al otro lado del puerto respecto de La Habana Vieja. Se trata de una ciudad portuaria industrial y es conocida por ser el centro de varias religiones afrocubanas, como la santería, el Palo Monte y la sociedad secreta masculina Abakuá. Mucho antes del triunfo de la Revolución de 1959, Regla era conocida como Sierra Chiquita (en consonancia con la sierra Maestra) por su espíritu revolucionario y socialista. Es, en gran medida, un barrio obrero que también destaca por su gran central térmica y su astillero. Regla está casi exenta de todo lo que acompaña al turismo y constituye una buena excursión de tarde para alejarse de la ciudad. Las vistas al horizonte desde este lado del puerto ofrecen una perspectiva diferente.

◉ Puntos de interés

★ **Iglesia de Nuestra Señora de Regla**   IGLESIA
(☉7.30-18.00) Tan importante como diminuta, se encuentra cerca del muelle del municipio de Regla y posee una historia larga y pintoresca. En el altar mayor se encuentra la Santísima Virgen de Regla, que, representada por una virgen negra, es venerada en la fe católica y en la santería se asocia con Yemayá, la *orisha* del océano y patrona de los marineros (siempre representada en azul).

Cuenta la leyenda que la imagen fue tallada por san Agustín el Africano en el s. v y que, en el año 453, un discípulo suyo llevó la estatua a España para protegerla de los bárbaros. El pequeño barco en que viajaba la imagen sobrevivió a una tormenta en el estrecho de Gibraltar, por lo que la figura fue reconocida como patrona de los marineros. Actualmente los balseros que tratan de llegar a EE UU también invocan la protección de la Virgen Negra.

Con el fin de dar cobijo a una copia de la imagen, en 1687 un peregrino llamado Manuel Antonio construyó una cabaña en este lugar, pero la estructura fue destruida durante un huracán en 1692. Unos años más tarde, un español llamado Juan de Conyedo construyó una capilla más resistente y, en 1714, Nuestra Señora de Regla fue proclamada patrona de la bahía de La Habana. En 1957, la imagen fue coronada por el cardenal cubano en la catedral de La Habana. Cada 7 de septiembre, miles de peregrinos acuden a Regla para celebrar el día de la santa patrona y la imagen recorre las calles en procesión.

La iglesia actual data de principios del s. xix y siempre está abarrotada de devotos de ambas religiones que rezan en silencio, inclinados ante las imágenes de los santos que pueblan los nichos. En La Habana quizá no haya un lugar público mejor para ver la interrelación entre las creencias católicas y las tradiciones africanas.

Museo Municipal de Regla
MUSEO

(Martí 158; entrada 2 CUC; ⊙9.00-17.00 lu-sa, hasta 13.00 do) Los viajeros que acudan a Regla para ver la iglesia también deberían visitar este importante museo. Ocupa dos recintos, uno contiguo a la iglesia y otro (el mejor) a unas manzanas del ferri subiendo por la calle principal. Está dedicado a la historia de Regla y a las religiones afrocubanas. No hay que perderse las *ngangas* (calderas) de Palo Monte y las figurillas danzantes enmascaradas de Abakuá.

Hay una pequeña e interesante exposición sobre Remigio Herrero, el primer *babalawo* (sacerdote) de Regla, y una extraña estatua de Napoleón al que le falta la nariz. La entrada incluye ambos recintos y la exposición de la Colina Lenin.

Colina Lenin
MONUMENTO

Desde el museo, hay que seguir recto (hacia el sur) por Martí, pasado el parque Guaicanamar, girar a la izquierda en Albuquerque y luego a la derecha por 24 de Febrero, la carretera a Guanabacoa. Aproximadamente a 1,5 km del ferri se ve una escalera alta de metal que da acceso a la Colina Lenin. Este monumento, uno de los dos que hay en La Habana dedicados a Vladímir Ilich Ulianov (más conocido como Lenin), fue ideado en 1924 por el alcalde socialista de Regla, Antonio Bosch, para rendir homenaje a la muerte de Lenin, acaecida ese mismo año. Sobre la monolítica imagen hay un olivo plantado por Bosch, rodeado de siete figuras humanas. Desde lo alto del montículo se dominan bonitas vistas del puerto.

❶ Cómo llegar y salir

Regla es fácilmente accesible con el ferri de pasajeros que zarpa cada 15 min (0,25 CUC) desde el muelle de Luz, en el cruce de San Pedro y Santa Clara, en La Habana Vieja. Para subir bicicletas, hay que hacer cola en un carril separado y que embarca el primero. El autobús P-15 va del Capitolio a Guanabacoa, pasando por Regla.

Guanabacoa

Se trata de un pequeño municipio engullido por la gran ciudad. A pesar de ello, la calle Martí (su vía principal) aún conserva un aire algo bucólico de pueblo pequeño. Los autóctonos lo llaman el pueblo embrujado por sus fuertes tradiciones de la santería, aunque también hay conexiones indígenas. En la década de 1540, los conquistadores españoles concentraron los pocos taínos sobrevivientes en Guanabacoa, 5 km al este del centro de La Habana, convirtiéndolo en uno de los primeros pueblos indios oficiales de Cuba. En 1607 se fundó un enclave formal que, más tarde, se convirtió en centro del tráfico de esclavos. En 1762, los británicos ocuparon Guanabacoa, no sin la resistencia de su alcalde, José Antonio Gómez y Pérez de Bullones (más conocido por Pepe Antonio), que adquirió casi la condición de leyenda dirigiendo una campaña de guerrillas tras las líneas de los vencedores. Al parecer, José Martí dio aquí su primer discurso y este es también el lugar en que nació la versátil cantante cubana Rita Montaner (1900-1958), de quien recibe el nombre la Casa de la Cultura.

Hoy en día, Guanabacoa es un sitio tranquilo pero colorido, que puede visitarse en el marco de una excursión a Regla (fácilmente accesible en ferri).

◉ Puntos de interés

Iglesia de Guanabacoa
IGLESIA

(Pepe Antonio esq. Adolfo del Castillo Cadenas; ⊙despacho parroquial 8.00-11.00 y 14.00-17.00 lu-vi) La iglesia del parque Martí, en el centro de la ciudad, también es conocida como iglesia de Nuestra Señora de la Asunción. Fue diseñada por Lorenzo Camacho y construida entre 1721 y 1748 con un techo de madera de influencia morisca. El altar mayor dorado y los nueve altares laterales merecen la pena; detrás hay una pintura de la *Asunción de la Virgen*. Como es habitual en Cuba, las puertas principales están cerradas y para entrar hay que llamar a la oficina parroquial, detrás.

Museo Municipal de Guanabacoa   MUSEO
(Martí 108; entrada 2 CUC; ☉10.00-18.00 lu y mi-sa, 9.00-13.00 do) El principal punto de interés de la ciudad es el renovado museo, dos manzanas al oeste del parque Martí. Fundado en 1964, describe el desarrollo del barrio durante los ss. XVIII y XIX y es famoso por sus salas dedicadas a la cultura afrocubana, la esclavitud y la santería, con especial énfasis en la *orisha* Elegguá. Más al oeste, en la calle Martí, se encuentra el Museo de Mártires (Martí 320; gratis; ☉10.00-18.00 ma-sa, 9.00-13.00 do), que exhibe objetos de la Revolución cubana.

Dónde comer

Centro Cultural Recreativo
los Orishas   CARIBEÑA **$$**
(☏7-794-7878; Martí 175, entre Lamas y Cruz Verde; principales 6-10 CUC; ☉12.00-24.00) Situado en el semillero de la comunidad santera de La Habana, este bar-restaurante ofrece rumba en directo los fines de semana, con visitas periódicas del Conjunto Folklórico Nacional. También sirve una buena selección de comida, desde *pizza* a 1 CUC hasta langosta a 20 CUC. El agradable jardín está rodeado de coloridas estatuas afrocubanas de deidades de la santería. Aunque está bastante apartado y es difícil llegar de noche, hay excelentes espectáculos afrocubanos los viernes a las 21.00 (entrada 3 CUC). También ofrecen clases de danza.

❶ Cómo llegar y salir

El autobús P-15 desde el Capitolio en Centro Habana va hasta Guanabacoa, pasando por la avenida del Puerto. Como alternativa, se puede subir andando desde Regla, donde atraca el ferri de La Habana, hasta Guanabacoa (o viceversa) en unos 45 min; por el camino se pasa junto al monumento de la Colina Lenin.

Zona de Cojímar

Esta pequeña ciudad portuaria se encuentra 10 km al este de La Habana. Es famosa por ser el lugar donde amarraba *El Pilar,* el yate de pesca de Ernest Hemingway en las décadas de 1940 y 1950. Este pintoresco aunque algo destartalado lugar inspiró el pueblo pescador de su famosa novela *El viejo y el mar,* que le hizo merecedor del Premio Pulitzer en 1953. Fue fundado en el s. XVII en la desembocadura del río Cojímar. En 1762 desembarcó un ejército británico invasor de camino a La Habana. En 1994, miles de balseros zarparon desde la bahía, protegida pero rocosa, atraídos hacia Florida por programas de radio de EE UU y promesas de asilo político.

Al suroeste de Cojímar, junto a la Vía Blanca, se encuentra el estadio Panamericano, un feo complejo deportivo con una villa para atletas. Se construyó para los Juegos Panamericanos de 1991, que organizó Cuba.

◉ Puntos de interés

Torreón de Cojímar   FORTALEZA
Mirando al puerto hay una vieja fortaleza española (1649), hoy día ocupada por el guardacostas cubano. Fue la primera fortificación en ser tomada por los británicos cuando atacaron La Habana por detrás en 1762. Cerca de esta torre y flanqueado por un arco neoclásico hay un busto de Ernest Hemingway, erigido por los residentes de Cojímar en 1962.

Alamar   BARRIO
Al este de Cojímar, al otro lado del río, hay un barrio de bloques de pisos prefabricados construido por las microbrigadas, pequeños ejércitos de trabajadores responsables de construir gran parte de las viviendas posrevolucionarias a partir de 1971. Esta es la cuna del *rap* cubano y aún se celebra el festival anual de *hip-hop*.

⌂ Dónde dormir

Hostal Marlin   CASA PARTICULAR **$**
(☏7-766-6154; Real 128, entre Santo Domingo y Chacón; h 30 CUC; ✷) Apartamento con vistas al mar y una terraza en el tejado, que ofrece un respiro frente al caos de La Habana. Hay una pequeña cocina, una entrada independiente y mucha intimidad.

✖ Dónde comer

Muy cerca del Hotel Panamericano hay una panadería (p° Panamericano; ☉8.00-20.00). Al otro lado del paseo Panamericano se encuentra la tienda de comestibles minisúper Caracol (p° Panamericano; ☉9.00-20.00) y un restaurante italiano limpio y con precios razonables, el Allegro (p° Panamericano; comidas 3-4 CUC; ☉12.00-23.00), que ofrece lasaña, *risotto*, espaguetis y *pizza*.

MERECE LA PENA

MUSEO HEMINGWAY

Solo existe una razón para visitar el aburrido, aunque tranquilo, barrio de San Francisco de Paula, en las afueras de La Habana: el Museo Hemingway (entrada 5 CUC, guía 5 CUC; ⊘10.00-17.00 lu-sa, hasta 13.00 do). En 1939 el novelista estadounidense Ernest Hemingway alquiló una villa llamada Finca Vigía en una colina, 15 km al sureste de Centro Habana. Un año más tarde, compró la casa (de 1888) y la propiedad, y vivió en ella ininterrumpidamente hasta 1960, cuando regresó a EE UU.

El interior de la villa no ha variado desde el día en que se fue Hemingway (hay muchos trofeos disecados) y el lugar es ahora un museo. Hemingway dejó su casa y su contenido al "pueblo cubano" y su casa ha sido el estímulo para alguna rara muestra de cooperación entre EE UU y Cuba. En el 2002, Cuba dio luz verde a un proyecto financiado por EE UU para digitalizar los documentos guardados en el sótano de Finca Vigía, y en mayo del 2006 envió 11 000 documentos privados de Hemingway a la Biblioteca Presidencial JFK en EE UU para su digitalización. Este tesoro literario (incluido un epílogo inédito de *Por quién doblan las campanas*) está disponible en línea desde enero del 2009.

Para impedir los robos, el interior de la casa está cerrado al público, pero dispone de suficientes puertas y ventanas para echar un vistazo al universo de Papa. Hay libros por todas partes (incluso junto al baño), un gran fonógrafo y una colección de discos, así como una cantidad inmensa de cachivaches. Hay que tener en cuenta que, cuando llueve, la casa está cerrada. Vale la pena dar un paseo por el jardín para ver el cementerio de los perros, el yate de pesca de Hemingway *(El Pilar)* y la piscina donde la actriz Ava Gardner se bañó una vez desnuda. El visitante puede relajarse en una *chaise longue* debajo de palmeras y bambú.

Para llegar a San Francisco de Paula, hay que tomar el metrobús P-7 (Alberro) en el Capitolio (Centro Habana). Es buena idea informar al conductor de que se quiere ir al museo. Hay que bajarse en San Miguel del Padrón; la entrada de la casa está en la calle Vigía, 200 m al este de la calle principal (calzada de Guines).

Restaurante la Terraza PESCADO $$

(calle 152 n° 161; comidas 7-15 CUC; ⊘12.00-23.00) Otro santuario dedicado a Hemingway, adornado con fotos. Está especializado en marisco y hace su agosto con las hordas de seguidores de Papa que lo visitan diariamente. La terraza-comedor da a la bahía y es agradable. El viejo bar de delante, sin embargo, es más sugerente. Sirven mojitos a precios que aún no llegan a los de El Floridita. Sorprende que la comida sea tan mediocre.

❶ Información

Bandec (p° Panamericano; ⊘8.30-15.00 lu-vi, hasta 11.00 sa), en el paseo Panamericano, cambia cheques de viaje y facilita adelantos de efectivo.

❶ Cómo llegar y salir

El metrobús P-8 va al Hotel Panamericano, en el paseo Panamericano, desde el Capitolio en Centro Habana. Desde el hotel hay unos 2 km cuesta abajo a través del pueblo hasta el busto de Hemingway que hay en el puerto.

Casablanca

Enfrente del puerto desde La Habana Vieja, y a la sombra de la fortaleza de La Cabaña, se encuentra este pueblo, rodeado de urbanización y dominado por una estatua de Cristo (plano p. 76) de mármol blanco, creada en 1958 por Jilma Madera. Fue una promesa de la mujer de Batista después de que el dictador, amparado por EE UU, sobreviviese a un atentado en el Palacio Presidencial en marzo de 1957. Irónicamente, la estatua fue inaugurada el día de Navidad de 1958, una semana antes de que el dictador huyese del país. Al desembarcar del ferri de Casablanca, hay que seguir la carretera colina arriba durante unos 10 min hasta llegar a la estatua. Desde allí, las vistas son estupendas y los vecinos frecuentan el lugar por la noche. Detrás de la estatua está el Observatorio Nacional (cerrado a los turistas).

❶ Cómo llegar y salir

Los ferris de pasajeros a Casablanca zarpan del muelle de Luz, en la esquina de San Pedro y Santa Clara, en La Habana Vieja, aproximadamente cada 15 min (0,25 CUC). Se admiten bicicletas.

La estación de trenes de Casablanca, junto al muelle del ferri, es la terminal oeste del único tren eléctrico de Cuba. En 1917, la Hershey Chocolate Company, del estado norteamericano de Pensilvania, construyó esta línea hasta Matanzas. Aún salen tres trenes diarios a Matanzas, en teoría a las 4.45, 12.21 y 16.35, aunque los horarios son muy variables. El viaje atraviesa Guanabo (0,75 CUC, 25 km), Hershey (1,40 CUC, 46 km), Jibacoa (1,65 CUC, 54 km) y Canasí (1,95 CUC, 65 km) hasta Matanzas (2,80 CUC, 90 km), y numerosas estaciones más pequeñas. No conviene viajar en este tren si se va escaso de tiempo, ya que suele salir de Casablanca puntual pero no es raro que llegue 1 h tarde. Oficialmente no se admiten bicicletas. Se trata de un pintoresco viaje de 4 h (los días buenos). Los billetes pueden adquirirse fácilmente en la estación.

Playas del Este

En Cuba uno nunca está lejos de una playa idílica. Playas del Este, la 'riviera' habanera bordeada de pinos, empieza 18 km al este de la capital, en el pequeño *resort* de Bacuranao, antes de seguir por el este atravesando Tarará, El Mégano, Santa María del Mar y Boca Ciega hasta la ciudad de Guanabo. Aunque ninguno de estos sitios ha sido testigo de la clase de desarrollo inmobiliario generalizado que recuerda a Cancún o Varadero, Playas del Este es un concurrido destino turístico. Durante julio y agosto, toda La Habana se reúne en este lugar para pasarlo bien y relajarse en las suaves arenas blancas y las aguas turquesas del hermoso litoral atlántico.

Si bien las playas son sublimes, no cuentan con las instalaciones turísticas abiertas todo el año que sí tienen otros *resorts* cubanos como Varadero y Cayo Coco, y mucho menos con el lujo de los centros vacacionales más célebres del Caribe. En invierno, el lugar tiene cierto aire de abandono e incluso en verano algunos pueden pensar que los restaurantes cutres y los hoteles de estilo soviético están algo fuera de lugar.

Cada una de las seis playas que salpican este tramo de 9 km de atractiva costa tiene su peculiar sabor. Tarará es un paraíso para los yates y el submarinismo, en Santa María del Mar puede encontrarse la mayor concentración de *resorts* (y de extranjeros), Boca Ciega está frecuentada por parejas homosexuales y

en Guanabo hay tiendas, un club nocturno y muchas casas particulares baratas.

Actividades

Cubanacán Náutica Tarará ([📋]7-796-0240; canales 16 y 77 VHF; av. 8 esq. calle 17, Tarará) ofrece alquiler de yates, pesca de altura y submarinismo. Está en el puerto deportivo, 22 km al este de La Habana y solo 3 km al oeste de Santa María del Mar. Los mostradores turísticos de los hoteles dan más información.

En las playas hay varios puntos de Club Náutica. El más céntrico está fuera del Club Atlántico, en plena Playa Santa María del Mar. Pueden alquilarse barcas a pedales (6 CUC/h; 4-6 personas), barcos banana (5 CUC/5 min, 5 personas máx.), kayaks de 1/2 personas (2/4 CUC/h), material de buceo (4 CUC) y catamaranes (12 CUC/h, 4 personas máx. más socorrista). Pedalear en una barca por la costa explorando los canales llenos de manglares es una delicia.

También es posible alquilar tablas de *windsurf,* bicicletas de agua y material de bádminton; conviene preguntar. En la playa de Guanabo hay mucha gente que alquila material similar, pero es importante comprobarlo cuidadosamente, ya que ha habido quejas por equipo defectuoso. Quizá sea buena idea dejar un depósito en lugar de pagar todo el alquiler por adelantado.

[🛏] Dónde dormir

[🛏] Guanabo

Cuenta con numerosas casas particulares y un hotel aceptable.

Elena Morina CASA PARTICULAR $
([📋]7-796-7975; calle 472 nº 7B11, entre av. 7B y 9; h 25-30 CUC; [P][❄]) El letrero dice "Hay perro", pero no es preciso preocuparse, pues el pitbull de la casa es tan simpático como la anfitriona, Elena, que vivió en Italia. Prepara un café estupendo y alquila cinco habitaciones correctas con patio, a unas manzanas de la playa.

La Gallega y Teresa CASA PARTICULAR $
([📋]7-796-6860; calle 472 nº 7B07, entre av. 7B y 9; apt 20-30 CUC; [P][❄]) Las cuatro habitaciones son, en realidad, miniapartamentos con cocina y comedor propios. Teresa ha invertido mucho trabajo en reformar su casa, y el enladrillado de piedra gris da a las espaciosas habitaciones un bonito aspecto.

Neida y Glenda
CASA PARTICULAR **$**

(☎7-796-5862; pineda.lerena@informed.sld.cu; av. 7B nº 47 007, entre calles 470 y 472; h 25-30 CUC; P✳) Cuatro habitaciones con baño que pueden convertirse en dos apartamentos de buen tamaño, con su propia cocina, comedor y terraza.

Villa Playa Hermosa
HOTEL **$**

(☎7-796-2774; av. 5D, entre calles 472 y 474; i/d con baño compartido 13/20 CUC; P✳@✿) Esta mole de Islazul ofrece 47 habitaciones en pequeños *bungalows* con baños compartidos y TV. Son baratísimas, pero habrá que aguantar una ensordecedora música grabada. Playa Hermosa está a solo 300 m.

Santa María del Mar

Ninguno de los hoteles de Santa María es para dejar boquiabierto, y algunos resultan sencillamente feos.

Complejo Atlántico-Las Terrazas
APARTAMENTOS, HOTEL **$$**

(☎7-797-1494; av. Terrazas, entre calles 11 y 12; i/d todo incl. 95/150 CUC; P✳@✿) Fusión de un hotel de playa con un viejo apartotel, ofrece unos 60 apartamentos (con cocinas pequeñas) conjuntamente con el hotel Atlántico, uno de los tres hoteles con todo incluido que hay en La Habana, de categoría medioeconómica. Las habitaciones están limpias y la playa es preciosa, pero no es el lujoso Varadero y no conviene formarse unas expectativas muy altas.

Hotel Tropicoco
CENTRO VACACIONAL **$$**

(☎7-797-1371; av. Terrazas esq. Banderas; i/d/tr 57/92/133 CUC todo incl.; P✳@✿) Cubanacán ha comprado a la cadena Horizontes esta enorme monstruosidad azul, un desastre arquitectónico por dentro y por fuera. ¡Pobres viajeros que reservan la habitación por internet sin ver primero las fotografías! La única ventaja de este sitio es el precio (barato) y su ubicación (muy cerca de la playa).

Villa Los Pinos
APARTAMENTOS, HOTEL **$$$**

(☎7-797-1085; av. Terrazas, entre calles 11 y 12; casa 2/3/4 camas 145/185/225 CUC todo incl.; P✳@✿) Con diferencia, el mejor *resort* de Playas del Este. Se trata de una colección de casitas (de dos a cuatro habitaciones) con cocinas y TV, que eran residencias vacacionales antes de la Revolución. Algunas hasta cuentan con piscina privada. Hay un supermercado pequeño cerca y un restaurante en el propio hotel. La playa de El Mégano queda a menos de 100 m.

Bacuranao

Villa Bacuranao
HOTEL **$**

(☎7-763-9241; i/d 38/44 CUC; P✳✿) En la Vía Blanca, 18 km al este de La Habana, es el *resort* de playa más cercano a La Habana. Hay una larga playa de arena entre el *resort* y la desembocadura del río Bacuranao, al otro lado de la cual se levanta el viejo torreón de Bacuranao (dentro de la academia militar, a la que no se puede acceder). El hotel es de precio medio y parecido a todos los de esta categoría en Cuba; un tanto anticuado, pero servirá si no se busca lujo.

🍴 Dónde comer

En Playas del Este se puede comer buena *pizza*.

Guanabo

Pan.com
COMIDA RÁPIDA **$**

(av. 5 nº 47802; tentempiés 1-2 CUC; ⏱24 h) Sencillo establecimiento de la cadena nacional de comida rápida (que a veces está bien). Los batidos son recomendables.

★ El Piccolo
ITALIANA **$$**

(☎7-796-4300; av. 5 esq. calle 502; comidas 7-9 CUC; ⏱12.00-23.00) Un secreto a voces entre los habaneros, algunos de los cuales consideran este restaurante privado la mejor pizzería de Cuba. Aunque alejado y algo más caro que las otras pizzerías de Playas del Este, vale la pena el paseo.

Chicken Little
INTERNACIONAL **$$**

(☎7-796-2351; calle 504 nº 5815, entre calles 5B y 5C; principales 5-8 CUC; ⏱12.00-23.00) Pese a lo hortera del nombre, se trata de un restaurante de lujo que desafía la imagen destartalada de Guanabo. Unos educados camareros con pajarita explican la carta de pollo al pesto, pollo a la naranja y miel y algo de pescado correcto.

Boca Ciega

El Cubano
CUBANA **$$**

(☎7-796-4061; av. 5, entre calles 456 y 458; comidas 6-9 CUC; ⏱11.00-24.00) Un lugar inmaculado casi en Guanabo, con una buena bodega (vinos franceses y californianos) y una buena versión de pollo *cordon bleu*.

LA HABANA MÁS ALLÁ DE LA HABANA

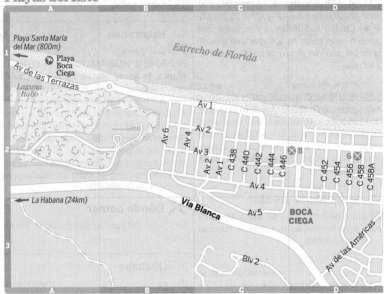

Playa Santa María del Mar (800m)
Playa Boca Ciega
Av de las Terrazas
Laguna Itabo
Estrecho de Florida
Av 6
Av 4
Av 2
Av 1
Av 2
Av 3
Av 2
Av 1
C.438
C.440
C.442
C.444
C.446
8
C.452
C.454
C.456
C.458
C.458A
6
Av 4
La Habana (24km)
Vía Blanca
Av 5
BOCA CIEGA
Blv 2
Av de las Américas

Playas del Este

🍴 Santa María del Mar

Hay muchas tiendas pequeñas de comestibles en Santa María del Mar y alrededores, entre ellas el **minisúper la Barca** (av. 5 esq. calle 446; ⊗9.15-18.45 lu-sa, hasta 14.45 do) y la **tienda Villa los Pinos** (av. Sur, entre calles 5 y 7; ⊗9.00-18.45).

Don Pepe PESCADO $
(av. Terrazas; comidas 5-7 CUC; ⊗10.00-23.00)
Cuando la *pizza* de Guanabo es demasiado,

el viajero puede dirigirse a este restaurante de playa con el tejado de paja, a 50 m de la arena, especializado en pescado y marisco.

🍴 El Mégano

Restaurante Costarenas CUBANA $
(av. Terrazas; *pizza* 2-4 CUC; ⊗9.00-23.00) Este destartalado local forma parte del Villa Los Pinos, pero los aceptables platos de pescado y *pizzas* se sirven en una terraza de la 1ª planta o bajo sombrillas de paja en la playa.

Pizzería Mi Rinconcito ITALIANA $
(av. Terrazas esq. calle 4; *pizza* 2-3 CUC; ⊗12.00-21.45) Situado cerca del Villa Los Pinos, ofrece unas *pizzas* sorprendentemente buenas, además de canelones, lasaña, ensaladas y espaguetis.

⭐ Ocio

Los locales de ambiente de Playa del Este son un par de bares situados en Playa Boca Ciega, cerca del extremo norte de la laguna Itabo, en el extremo oriental de Santa María del Mar.

Cabaret Guanimar CABARÉ
(av. 5 esq. calle 468, Guanabo; 10 CUC/pareja; ⊗21.00-3.00 ma-sa) Local al aire libre con un

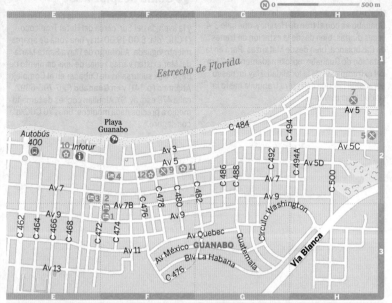

espectáculo de cabaré a las 23.00 y una fuerte concentración de *jineteros/as*.

Teatro Avenida TEATRO

(av. 5 nº 47 612, entre calles 476 y 478, Guanabo) Teatro con funciones para los niños a las 15.00 los sábados y domingos.

ℹ️ Información

ASISTENCIA MÉDICA

Farmacia (av. 5 esq. calle 466, Guanabo; ⏰9.00-18.00 lu-vi) Solo lo básico.

DINERO

Hay Cadecas en **Guanabo** (av. 5 nº 47612, entre calles 476 y 478) y **Santa María del Mar.** (edif. Corales, av. Terrazas, entre calles 10 y 1).
Banco Popular de Ahorro (av. 5 nº 47 810, entre calles 478 y 480, Guanabo; ⏰9.00-15.00 lu-vi) Cambian cheques de viaje.

CORREOS

Oficina de correos (av. 5, entre calles 490 y 492, Guanabo; ⏰9.00-17.00 lu-sa)

INFORMACIÓN TURÍSTICA

Infotur tiene oficinas en **Guanabo** (av. 5, entre calles 468 y 470; ⏰8.15-16.15) y **Santa María del Mar** (av. Terrazas, edif. Corales, entre calles 10 y 11; ⏰8.15-16.15).

AGENCIAS DE VIAJES

Cubatur y Cubanacán tienen mostradores en el Hotel Tropicoco de Santa María del Mar, entre las avenidas del Sur y de las Terrazas. Se dedican principalmente a reservar circuitos en autobús, aunque quizá puedan ayudar a reservar hotel.

ℹ️ Cómo llegar y salir

AUTOBÚS Y TAXI

El Habana Bus Tour ofrece un servicio regular (cada hora) desde el Parque Central hasta Playa Santa María, con parada en Villa Bacuranao, Tarará, el Club Mégano, el Hotel Tropicoco y el Club Atlántico. No obstante, no llega hasta Guanabo. Los billetes válidos para todo el día cuestan 5 CUC.

El autobús nº 400 para en varios puntos de la avenida 5 de Guanabo antes de internarse en La Habana, donde termina su recorrido cerca de la estación central de trenes de La Habana Vieja. Suele ir atestado, pero solo cuesta 0,05 CUC y sale cada 20 min.

Un taxi desde Playas del Este hasta La Habana cuesta entre 15 CUC (Lada) y 20 CUC (taxi para turistas).

TREN

Una de las formas más novedosas de llegar a Guanabo es con el tren de Hershey, que sale 3-4 veces diarias, bien desde la estación de trenes de Casablanca, bien desde Matanzas. Para en la estación de Guanabo, aproximadamente a 2 km del extremo este de la localidad. Hay un paseo agradable por una carretera tranquila hasta la ciudad y las playas.

🛈 Cómo desplazarse

Junto a la calle 7, entre la avenida de las Terrazas y la avenida del Sur, cerca del Hotel Tropicoco (1 CUC/día; 8.00-19.00) hay una zona de aparcamiento vigilada. A lo largo de Playa Santa María del Mar existen varias zonas de aparcamiento de pago. Hay sucursales de Cubacar en el Complejo Atlántico (p. 141) y en **Guanabo** (☏7-796-6997; calle 478 esq. av. 9). Alquilan coches de tamaño medio a precios nada módicos: unos 70 CUC/día con seguro.

Provincias de Artemisa y Mayabeque

♪ 47 / 885 545 HAB.

Las mejores excursiones

➜ La Rosita (p. 150)

➜ Sendero la Serafina (p. 152)

➜ El Contento (p. 152)

➜ Parque Escaleras de Jaruco (p. 157)

Los mejores alojamientos

➜ Memories Jibacoa Beach (p. 157)

➜ Campismo los Cocos (p. 157)

➜ Don Agapito (p. 150)

➜ Hotel Moka (p. 153)

Por qué ir

Ignoradas por casi todos los extranjeros, las provincias más pequeñas de Cuba, surgidas en el 2010 de la división de la de La Habana, atesoran inquietudes más cotidianas, como cultivar la mitad de las cosechas que alimentan al país, por ejemplo. Entre el mosaico de campos de cítricos y piñas se encuentran algunas ciudades pequeñas que satisfarán a los curiosos y los valientes.

Los enclaves más interesantes son Las Terrazas y Soroa, el ecoproyecto de más éxito a escala nacional y centro cada vez más importante para senderistas y observadores de aves. Al este de La Habana, las playas de Jibacoa reciben a unos pocos turistas que eluden Varadero y guardan celosamente su secreto. En el resto del territorio, el viajero se hallará principalmente entre cubanos o a solas, contemplando restos de plantaciones de azúcar, curiosos museos y fiestas de un desenfreno inaudito. Para obtener una visión general de toda la región, hay que tomar el lentísimo tren de Hershey, que atraviesa la trastienda del país, y admirar el paisaje.

Cuándo ir

➜ Los grandes atractivos de las provincias varían considerablemente en función de la meteorología. Debido a su excepcional situación geográfica, Soroa y Las Terrazas cuentan con un microclima: más lluvia y temperaturas mínimas mensuales de 2 o 3°C por debajo de La Habana.

➜ Las mayores fiestas se concentran en diciembre, con la frivolidad carnavalesca de las Charangas de Bejucal, y abril, con el Festival Internacional del Humor en San Antonio de los Baños.

➜ De diciembre a abril es buena época para disfrutar de las playas en Jibacoa.

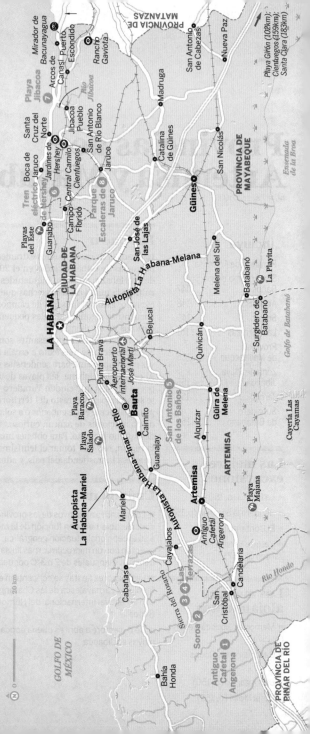

Imprescindible

1 Pasear por las ruinas de los antaño imponentes cafetales de la región en el **Antiguo Cafetal Angerona** (p. 149) y en **Las Terrazas** (p. 151).

2 Hacer excursiones por las colinas que dominan la frondosa **Soroa** (p. 149).

3 Practicar la ecología en **Las Terrazas**, pueblo puntero de la isla (p. 151).

4 Refrescarse en el ultralimpio y verde **Hotel Moka** (p. 153), el primer ecohotel de Cuba, y el mejor.

5 Intentar contener la risa en el **Museo del Humor** (p. 147) de San Antonio de los Baños.

6 Huir de la ruta turística en el memorable **tren eléctrico de Hershey** (p. 156).

7 Alojarse en el elegante **Superclub Breezes** (p. 157), refugio anejo a Playa Jibacoa.

8 Darse un festín de fin de semana, con vistas y con cubanos, en el pintoresco parque **Escaleras de Jaruco** (p. 157).

Historia

La Habana se fundó originariamente en 1515, en el emplazamiento del actual Surgidero de Batabanó, pero pronto se reubicó; el papel de la región en el desarrollo de Cuba fue casi exclusivamente agrícola, con el café y el azúcar como principales cultivos. El oeste de Artemisa fue el epicentro del efímero auge del café, de 1820 a 1840, cuando el azúcar lo reemplazó como industria dominante. Durante la segunda mitad del s. XIX, se reclutó a un gran número de esclavos para trabajar en las plantaciones y Cuba se convirtió en el centro del comercio de esclavos del Caribe, y como tal, en un núcleo de los acontecimientos que llevaron a la abolición de la esclavitud en la década de 1880.

El éxito de la industria azucarera siguió vigente en el s. XX: el magnate de los dulces Milton S. Hershey recurrió, en 1914, a Mayabeque como una fuente fiable de obtener azúcar para su chocolate con leche. Incluso esta lucrativa industria sufriría posteriormente con Fidel Castro, cuando los estadounidenses y luego los rusos dejaron de comprar el azúcar cubano a precios desorbitados. La región se vio muy afectada económicamente y estas penurias quedaron patentes en 1980 con la travesía de Mariel, cuando un puerto de la costa oeste de La Habana se convirtió en escenario de un éxodo masivo de cubanos a Florida, tolerado por Castro (y refrendado por Jimmy Carter).

En 1968 se dio un gran paso contra el deterioro de la zona. La tierra abandonada de la parte occidental de la provincia de Artemisa, en torno a los cafetales que en su día la sustentaron, se reforestó y se transformó en una pionera ciudad ecológica; hoy en día, el turismo generado es uno de los pilares económicos de la región.

PROVINCIA DE ARTEMISA

En muchos sentidos, es un gigantesco parche verde para La Habana, y entre las joyas fértiles de la provincia figuran la ciudad ecológica de Las Terrazas y las actividades al aire libre que se ofrecen entre las pintorescas laderas arboladas de la sierra del Rosario. También destacan la multitud de misteriosas ruinas de cafetales y la siempre creativa ciudad de San Antonio de los Baños, que ha proporcionado una escuela de cine de fama internacional, así

como algunos de los artistas más reconocidos de Cuba. En la costa norte, buenas playas y fabulosas carreteras secundarias atraen a los aventureros.

San Antonio de los Baños

35 980 HAB.

Esta ciudad, repleta de sorpresas, se halla 35 km al suroeste del centro de La Habana y supone la otra cara de la moneda de Cuba, un municipio trabajador en el que la escuela produce aspirantes a cineastas y los museos se centran más en la risa que en la artesanía.

Fundada en 1986 con la ayuda del escritor colombiano Gabriel García Márquez, la Escuela Internacional de Cine y TV de San Antonio invita a estudiantes de todo el mundo a compartir sus excelentes instalaciones, entre las que se cuentan una piscina olímpica para practicar técnicas de filmación submarina. Entretanto, en el centro de la ciudad, un curioso museo dedicado al humor permite cambiar la habitual combinación de animales disecados y artefactos revolucionarios por un rato de diversión.

San Antonio también es la ciudad natal del genio de la Nueva Trova, Silvio Rodríguez, nacido en 1946, que escribió la banda sonora de la Revolución cubana casi en solitario. Entre sus canciones más conocidas se cuentan: *Ojalá*, *La Maza* y *El Necio*.

⊙ Puntos de interés

La ciudad cuenta con atractivas plazas; la más radiante es la situada en el cruce de las calles 66 y 41, con una majestuosa iglesia.

Iglesia de San Antonio de los Baños IGLESIA
(calles 66 esq. 41) Esta imponente iglesia de principios del s. XIX tiene dos torres y ventanas en forma de ojo de buey, y es el edificio religioso más grande y espléndido de Artemisa y Mayabeque.

Museo del Humor MUSEO
(calle 60 esq. av. 45; entrada 2 CUC; ⊙10.00-18.00 ma-sa, 9.00-13.00 do) Entre los dibujos expuestos en esta casa colonial neoclásica se cuentan tiras cómicas insolentes, garabatos satíricos y la primera caricatura cubana que se conoce, que data de 1848. En abril, el Festival Internacional del Humor causa más risas (la relación de participantes se expone varias semanas durante este período).

El museo acoge la obra de Carlos Julio Villar Alemán, el caricaturista más importante del país, miembro de la Unión de Escritores y Artistas de Cuba (Uneac) y, en su día, integrante del jurado del festival. Varias veces al mes también programan música y *ballet*.

Galería Provincial Eduardo Abela GALERÍA
(calle 58 Nº 3708 esq. calle 37; ⊙12.00-20.00 lu-vi, 8.00-20.00 sa, 8.00-12.00 do) GRATIS Esta audaz e innovadora galería es de todo menos provinciana. La primera sala se centra en la pintura, mientras que otras exhiben conmovedoras fotografías en blanco y negro. Debe su nombre a Eduardo Abela, artista cubano nacido aquí y famoso por el Bobo, personaje de tira cómica que se mofaba de la dictadura de Gerardo Machado en las décadas de 1920 y 1930.

🏃 Actividades

Paseos en bote Del amarre en el Hotel Las Yagrumas salen botes por el río Ariguanabo. Los botes de motor navegan 8 km por 3 CUC; los de remos salen a 1 CUC/h.

🛏️ Dónde dormir y comer

La principal zona comercial es la avenida 41, con muchos sitios para picar donde cobran en pesos cubanos.

Hotel Las Yagrumas HOTEL $
(☑47-38-44-60; calle 40 y final autopista; i/d desde 21/28 CUC; P✴💺♿) Con un gran potencial, este hotel domina el pintoresco pero contaminado río Ariguanabo, 3 km al norte de San Antonio de los Baños. Sus 120 habitaciones con balcón y terraza (algunas frente al río) son más apreciadas por los cubanos, que pagan en pesos, que por los extranjeros, aunque muchos de sus elementos están cayéndose a trozos. Las instalaciones deportivas son mejores; hay tenis de mesa y una descomunal piscina (clientes ocasionales 6 CUC).

Del río cercano salen excursiones en barca.

Don Oliva CUBANA $
(calle 62 nº 3512, entre calles 33 y 35; principales 3-5 CUC; ⊙12.00-23.00 ma-do) En su apartado patio cubierto sirven la que quizá sea la langosta más barata de Cuba (menos de 5 CUC), y no está nada mal. Es un nuevo restaurante privado, sin turistas, con precios en moneda nacional. El pescado y el marisco son muy buenas opciones.

🍺 Dónde beber y vida nocturna

Taberna del Tío Cabrera CLUB
(calle 56 nº 3910, entre calles 39 y 41; ⊙14.00-17.00 lu-vi, 14.00-1.00 sa y do) Un atractivo local noc-

turno con jardín y esporádicos espectáculos de humor (organizados conjuntamente con el Museo del Humor). La clientela es una mezcla de residentes, gente de los alrededores y estudiantes de la escuela de cine.

ℹ️ Cómo llegar y salir

Es difícil llegar sin coche, aunque supuestamente San Antonio está conectada con la estación 19 de Noviembre (4 trenes diarios) de La Habana; conviene comprobarlo antes. Un taxi debería costar unos 35 CUC desde el centro de la capital.

Artemisa

📌 57 160 HAB.

Los días de prosperidad y encanto de esta ciudad, ahora capital de la provincia de Artemisa, son cosa del pasado. Tras haber atraído en su día a personajes notables como Ernest Hemingway y al célebre poeta cubano Nicolás Guillén, y después de prosperar gracias al auge del azúcar y del café en el s. XIX, la importancia de Artemisa decreció con el desplome de estos sectores. Hoy se la conoce como la Villa Roja por la famosa fertilidad de su suelo, que aún produce una rica cosecha anual de tabaco, plátanos y caña de azúcar.

La ciudad no dispone de alojamiento para extranjeros, Soroa es la opción más cercana. Para compensar, varios puestos a la salida del municipio, en la carretera que lleva al Antiguo Cafetal Angerona, venden una *pizza* fantástica que se paga en pesos cubanos.

◉ Puntos de interés

En Artemisa hay también dos monumentos nacionales, además de una sección restaurada de la Trocha Mariel-Majana, un muro defensivo levantado por los españoles durante las guerras de independencia.

Mausoleo a los Mártires de Artemisa MAUSOLEO
(☑47-36-32-76; av. 28 de Enero; entrada 1 CUC; ⊙9.00-17.00 ma-do) De los 119 revolucionarios que acompañaron a Fidel Castro en el asalto de 1953 al cuartel Moncada, 28 eran de Artemisa o de la región. De los hombres enterrados bajo el mausoleo de bronce en forma de cubo, 14 murieron en el asalto o fallecieron poco después, a manos de las tropas de Batista, y el resto cayó más tarde en la sierra Maestra. Un pequeño museo subterráneo contiene fotos y efectos personales de los combatientes.

PROVINCIAS DE ARTEMISA Y MAYABEQUE PROVINCIA DE ARTEMISA

PLAYAS DE LA COSTA NORTE

El litoral septentrional de Artemisa suele recibir visitas ocasionales (especialmente ciclistas) por la poco utilizada ruta alternativa que va de La Habana a Bahía Honda y continúa hasta la provincia de Pinar del Río. Mariel, su gigantesco y contaminado núcleo principal, saltó a la fama por los 125 000 cubanos que zarparon de allí hacia Florida durante el Éxodo de Mariel de 1980. Sin embargo, al este de la población hay un par de playas aceptables sin contaminar. Playa Salado es un tramo bastante solitario con unas 15 zonas de submarinismo frente a la costa, al que se accede en circuitos desde La Habana. Varios kilómetros más al este surge Playa Baracoa, más urbanizada. Cerca de la orilla, hay tipos enormes apoyados en viejos automóviles estadounidenses que toman cerveza mientras los pescadores lanzan sus cañas desde la rocosa orilla. Un par de chiringuitos básicos venden comida, pero la zona carece de alojamientos dignos de mención.

Antiguo Cafetal Angerona ENCLAVE HISTÓRICO

GRATIS Situado 5 km al oeste de Artemisa, en la carretera que lleva a la autopista La Habana-Pinar del Río (A4), fue uno de los primeros cafetales de Cuba, hoy Monumento Nacional. Construido entre 1813 y 1820 por Cornelio Sauchay, en su día Angerona empleaba a 450 esclavos que se hacían cargo de 750 000 plantas de café. Detrás de la mansión en ruinas se sitúan los barracones de los esclavos, una atalaya desde donde eran vigilados, y múltiples bodegas de almacenamiento. Un pequeño museo contiene una maqueta reconstruida de los edificios del cafetal.

La finca se menciona en novelas de Cirilo Villaverde y Alejo Carpentier, y James A. Michener le dedicó varias páginas en *Seis días en La Habana*. Tranquilo y pintoresco enclave, parece una ruina romana de la actualidad. Al salir de Artemisa hay que buscar la entrada con pilares de piedra y la señal a mano derecha.

❶ Cómo llegar y salir

La estación de autobuses está en la Carretera Central, en el centro urbano, y la estación de trenes (av. Héroes del Moncada), cuatro manzanas al este de la de autobuses. Supuestamente circulan dos trenes diarios procedentes de La Habana, a las 12.00 y las 24.00, pero no hay que contar con ello.

Soroa

📞 48

Conocida muy apropiadamente como el Arcoiris de Cuba, esta hermosa zona natural y pequeño enclave situado al suroeste de La Habana es el *resort* de montaña más cercano a la capital. Se halla 8 km al norte de Cande-laria, en la sierra del Rosario, la sección más oriental y elevada de la cordillera de Guaniguanico. Las fuertes precipitaciones de la región (más de 1300 mm anuales) favorecen el crecimiento de altos árboles y orquídeas. La zona debe su nombre a Jean-Pierre Soroa, un francés que en el s. XIX era propietario de un cafetal en estas colinas; uno de sus descendientes, Ignacio Soroa, creó el parque como retiro personal en la década de 1920. Esta exuberante región no se explotó turísticamente hasta la Revolución y es una zona ideal para explorar en bicicleta.

◉ Puntos de interés y actividades

Todos los puntos de interés están convenientemente cerca del Hotel & Villas Soroa (p. 150), donde se pueden concertar paseos a caballo y varias rutas a pie (guiadas 6 CUC/h) por el bosque. Otros senderos llevan a una formación rocosa conocida como Laberinto de la Sierra Derrumbada y a la idílica poza del Amor. Se aconseja preguntar en el hotel, principal punto de información local.

Orquideario Soroa JARDINES

(entrada 3 CUC, cámara 2 CUC; ⊙8.30-16.30) Cubriendo una ladera ajardinada junto al hotel Villa Horizontes Soroa, se halla una obra de amor creada por el abogado español Tomás Felipe Camacho, a finales de la década de 1940, en memoria de su mujer y su hija. Camacho viajó por todo el mundo para recopilar su colección de 700 especies de orquídeas (la mayor de Cuba), entre ellas, muchas plantas endémicas. Aunque murió en la década de 1960, el Orquideario, vinculado a la Universidad de Pinar del Río, sobrevive con circuitos guiados.

PROVINCIAS DE ARTEMISA Y MAYABEQUE   PROVINCIA DE ARTEMISA

PREFIJOS TELEFÓNICOS

Aunque al resto de Artemisa y Mayabeque se les asignó prefijo telefónico propio (☎47), las líneas fijas de Soroa y Las Terrazas aún utilizan el de Pinar del Río (☎48).

★ **La Rosita** POBLACIÓN

🍃 El sendero, uno de los más intrépidos de Soroa y excelente para la observación de aves, conduce hasta el antiguo ecopueblo de La Rosita, encaramado a las colinas próximas al Hotel & Villas Soroa y destruido por un reciente huracán. Aun así, constituye una de esas raras y prácticas oportunidades para familiarizarse con la vida rural de la isla, sin la sobreactuación para los turistas. Se organizan salidas guiadas desde el hotel.

A La Rosita se llega por el camino de El Brujito, ruta que puede abarcar 5 o 17 km, según las preferencias del viajero.

Castillo de las Nubes CASTILLO

En lo alto de una colina, este romántico castillo con una torre circular, al que se llega por una carretera bacheada de 1,5 km que pasa por el Orquideario Soroa, sirve para estirar las piernas. Desde la cresta de encima del bar, las vistas del valle de Soroa y la llanura costera son estupendas, pero el interior del castillo (antes un restaurante) se está transformando en un hotel-*boutique*.

Salto del Arco Iris CASCADA

(entrada 3 CUC; ⊙9.00-18.00) La entrada al parque que contiene esta cascada de 22 m en el arroyo Manantiales queda a la derecha, antes del Hotel & Villas Soroa. Un camino serpentea hasta dos miradores situados encima y debajo de las cascadas. Su momento álgido coincide con la estación lluviosa, de mayo a octubre; el resto del año es apenas un hilo. Está permitido el baño.

Baños Romanos NATACIÓN

(5 CUC/h) Desde el aparcamiento del Salto del Arco Iris, al otro lado del arroyo, hay unos baños de piedra con una piscina de agua sulfurosa fría. En el Hotel & Villas Soroa informan sobre sus tratamientos y masajes.

El Mirador EXCURSIONISMO

Partiendo de los baños romanos, hay que tomar el sendero señalizado de 2 km colina arriba hacia el Mirador, un peñasco rocoso con increíbles vistas panorámicas de todo Soroa y las llanuras costeras. Debajo vuelan en círculos hambrientos buitres.

Observación de aves

Esta parte de la sierra del Rosario cuenta con uno de los mejores enclaves para la observación de aves del oeste de Cuba, tras la Ciénaga de Zapata. No hay que alejarse mucho del Hotel & Villas Soroa para ver especies como el tocororo cubano y la divertida cartacuba. Los circuitos guiados, organizados a través del hotel, cuestan 6 CUC/h.

🛏 Dónde dormir y comer

Varias casas señalizadas en la carretera de Candelaria a Soroa, 3 km por debajo del Hotel & Villas Soroa, alquilan habitaciones y preparan comidas. También son una buena base de operaciones para visitar Las Terrazas.

★ **Don Agapito** CASA PARTICULAR $

(☎58-12-17-91; ctra. Soroa km 8; h 20-25 CUC; 🅿❄) Dos fantásticas habitaciones muy iluminadas y limpias y algún toque profesional, como un mapa gigante de la provincia, hacen que una parada en esta casa particular sea todo un placer. La comida es igualmente estupenda. El jardín tiene su propia gruta engalanada con plantas.

Maite Delgado CASA PARTICULAR $

(☎52-27-00-69; ctra. Soroa km 7; h 20-25 CUC; 🅿❄🏊) Esta luminosa casa de tres habitaciones está cerca de los puntos de interés de Soroa, la familia es cordial y se puede usar la cocina. Si está lleno, los propietarios indicarán otras casas en la carretera.

Hotel & Villas Soroa CENTRO VACACIONAL $$

(☎48-52-35-34; i/d todo incl. 51/72 CUC; 🅿❄🏊) Su ubicación es insuperable, en un valle estrecho y entre majestuosos árboles y colinas verdes (aunque el viajero quizá se pregunte en qué pensaba el arquitecto cuando proyectó estos dispersos bungalós tipo bloque). Apartado y tranquilo, el amplio complejo cuenta con 80 habitaciones próximas al bosque, una tentadora piscina, una pequeña tienda y un restaurante pasable.

Restaurante el Salto CARIBEÑA $

(5-12 CUC; ⊙9.00-19.00) Este local sencillo junto a los baños romanos es la única opción fuera del hotel.

❶ Cómo llegar y salir

El autobús de Víazul La Habana-Viñales para en Las Terrazas, pero no en Soroa; los últimos

16 km se pueden hacer en taxi por 15 CUC. Si el viajero se aloja en una casa particular, puede preguntar por los traslados. Los autobuses de enlace (de los que es mejor no depender) a veces pasan por Soroa en el trayecto entre Viñales y La Habana. Se puede preguntar en el Hotel & Villas Soroa, o en Havanatur, en Viñales o La Habana.

La otra única forma de llegar a Soroa y los alrededores es en vehículo propio: coche, bicicleta o motocicleta. La gasolinera Servi-Cupet está en el Autopista, en la salida de Candelaria, 8 km después de Soroa.

Las Terrazas

📇 48 / 1200 HAB.

Esta pionera miniciudad ecológica se remonta a un proyecto de reforestación de 1968. Hoy es Reserva de la Biosfera de la Unesco, un floreciente centro de actividades (con el único circuito de tirolinas de Cuba) y el emplazamiento del primer cafetal de Cuba. Es lógico, pues, que atraiga a autobuses de turistas que acuden a pasar el día desde La Habana.

Quienes deseen pernoctar pueden alojarse en su único hotel, el innovador Hotel Moka, un selecto *resort* ecológico construido entre 1992 y 1994 por trabajadores de Las Terrazas para atraer al turismo extranjero. Más de cerca, en el pintoresco pueblo encalado que da a un pequeño lago, hay una dinámica comunidad artística con estudios abiertos, carpinteros y talleres de cerámica. Pero el principal atractivo de la región es su verde entorno natural, perfecto para hacer excursiones, relajarse y observar aves.

⊙ Puntos de interés

Además de las ruinas del cafetal, aislado en el exuberante bosque en torno a Las Terrazas, la comunidad tiene un buen museo y una galería de arte aún mejor.

Peña de Polo Montañez MUSEO
(🕐ma-do) GRATIS La antigua casa del músico guajiro local Polo Montañez, considerado uno de los mejores intérpretes de canción popular, es hoy un pequeño museo con varios de sus discos de oro y diversos objetos de interés. Está en el pueblo, frente al lago. Entre sus temas más conocidos figuran *Guajiro natural* y *Un montón de estrellas,* que conquistaron el corazón del país entre el 2000 y el 2002 con sencillas letras sobre el amor y la naturaleza. Sin embargo, su estrellato fue efímero, ya que murió en un accidente de tráfico en el 2002.

LAS TERRAZAS: NUEVO PUEBLO MODELO

En 1968, cuando Al Gore todavía estudiaba en Harvard y el incipiente movimiento ecologista consistía en un molesto grupo de protesta, los previsores cubanos –preocupados por el coste ecológico de la deforestación generalizada de la isla– tuvieron una idea.

El plan consistía en tomar un tramo de 50 km² de terreno degradado en el montañoso oeste, en torno a las ruinas de viejos cafetales franceses, y reforestarlo en laderas con bancales resistentes a la erosión. En 1971, con la primera fase del plan completado, los trabajadores del proyecto crearon un embalse y, en las orillas, construyeron una revolucionaria miniciudad modelo que proporcionase las viviendas que necesitaba la dispersa población de la zona.

El resultado fue Las Terrazas, el primer pueblo ecológico de Cuba, una próspera comunidad de 1200 habitantes cuyo complejo autosuficiente y sostenible comprende un hotel, multitud de tiendas de artesanos, un restaurante vegetariano y técnicas agrícolas de cultivo ecológico a pequeña escala. El proyecto tuvo tanto éxito que, en 1985, el terreno en derredor se incorporó a la primera Reserva de la Biosfera de la Unesco del país, la sierra del Rosario.

En 1994, cuando se amplió el sector turístico para contrarrestar los efectos económicos del Período Especial (p. 468), en Las Terrazas abrieron el Hotel Moka (p. 153), respetuoso con el medio ambiente y diseñado por el ministro de Turismo y arquitecto ecologista Osmany Cienfuegos, hermano del desaparecido Camilo, héroe revolucionario.

Ya consolidado como el *resort* ecológico más genuino de Cuba, Las Terrazas funciona según unas directrices, como la eficiencia energética, la agricultura sostenible, la educación medioambiental y la armonía entre los edificios y el paisaje. La zona también acoge un importante centro de investigación ecológica.

Galería de Lester Campa
GALERÍA

(☺diario, horario variable) GRATIS Varios artistas cubanos famosos están afincados en Las Terrazas, entre ellos Lester Campa, cuya obra se ha expuesto a escala internacional. El viajero puede visitar su estudio-galería, en el lado derecho, unas cuantas casas después de la Peña de Polo Montañez.

La Plaza
PLAZA

(☺24 h) En el pueblo, la zona que queda por encima del Hotel Moka comprende un cine, una biblioteca y un fascinante museo. Por lo general, todo está abierto durante el día, o bien lo puede estar, si se pide.

🏃 Actividades

Excursionismo

En la sierra del Rosario pueden hacerse algunas de las mejores excursiones de Cuba, pero todas son guiadas, es decir, que oficialmente el viajero no puede hacer ninguna por su cuenta (la ausencia de carteles disuade a la mayoría). Como nota positiva, cabe decir que la mayoría de los guías de la zona están muy cualificados, lo que significa que, tras la excursión, uno será una persona más en forma y más sabia. El coste varía en función del número de personas y la extensión; hay que calcular entre 15 y 25 CUC por persona. Se puede reservar en las oficinas del complejo (p. 154) o en el Hotel Moka.

San Claudio
EXCURSIONISMO

La excursión más exigente de la reserva es una pista de 20 km que atraviesa las colinas hacia el noroeste de la localidad, y termina en la cascada de 20 m de alto de San Claudio. Antes se permitía acampar en el bosque, pero los daños causados por el huracán lo dificultaban en el momento de redactar esta guía.

El Contento
EXCURSIONISMO

Este paseo de 7,6 km atraviesa las estribaciones de la reserva, entre el Campismo el Taburete (alojamiento rústico solo para cubanos) y Baños del San Juan, e incluye las ruinas de las haciendas cafeteras de San Ildefonso y El Contento.

El Taburete
EXCURSIONISMO

Esta ruta de 5,6 km tiene el mismo punto de partida y de llegada que El Contento, pero sigue un camino más directo, por encima de los 452 m de la loma El Taburete, donde hay un conmovedor monumento dedicado a los 38 guerrilleros cubanos que se adiestraron en estas montañas para la desafortunada aventura boliviana del Che Guevara.

Sendero la Serafina
EXCURSIONISMO

Esta ruta circular de 4 km, que empieza y termina cerca del Rancho Curujey, resulta fácil. Es un conocido paraíso para los observadores de aves. A mitad de la caminata se pasa por unas ruinas del cafetal Santa Serafina, ruinas de las primeras plantaciones de café del Caribe.

Sendero las Delicias
EXCURSIONISMO

Esta ruta de 3 km une el Rancho Curujey y el cafetal Buenavista, y permite disfrutar de espléndidos paisajes.

Bajo del Corte del Tocororo
EXCURSIONISMO

Excursión de 6 km que parte del pueblo, atraviesa la falda de la loma El Salón, y acaba en la hacienda Unión. Es magnífica para avistar el ave nacional, el tocororo.

Natación

Baños del San Juan
NATACIÓN

(entrada con almuerzo 10 CUC) Cuesta imaginar unas pozas naturales más idílicas que estas, situadas 3 km al sur del Hotel Moka, al final de una sinuosa carretera asfaltada. Estos baños están rodeados de rocas que forman terrazas naturales, por las que el agua clara cae en cascada en una serie de pozas.

Junto al río hay varios lugares donde comer al aire libre, junto con vestuarios, duchas y cabañas para pernoctar, aunque el enclave consigue conservar un aire de retiro rústico.

Baños del Bayate
NATACIÓN

(entrada 3 CUC) Baños naturales.

Ciclismo

Un circuito guiado de 30 km en bicicleta recorre gran parte de los atractivos de la zona por 22 CUC. Se puede preguntar en el Hotel Moka, que alquila bicicletas por 2 CUC/h.

Tirolinas

El único circuito de tirolinas (35 CUC/persona) de Cuba consta de tres estructuras que permiten deslizarse por encima del pueblo de Las Terrazas y del lago San Juan como un águila. La distancia total de vuelo es de 800 m. Los instructores profesionales aseguran un alto nivel de seguridad. Para reservar, hay que contactar con las oficinas del complejo (p. 154), cerca del Rancho Curujey.

🛏 Dónde dormir y comer

A través del Moka, también se pueden reservar cinco bungalós rústicos a 3 km del río San

REPÚBLICA CAFETERA

En las décadas de 1820 y 1830, en pleno auge del café cubano, la zona de Las Terrazas llegó a tener 54 cafetales. Hoy apenas se cultiva, pero el viajero puede descubrir, engullidas por la selva, las ruinas de, al menos, media docena de viejos cafetales. Además de las aquí mencionadas, en la ruta de El Contento pueden verse las de San Ildefonso y El Contento, y es posible explorar lo que queda de Santa Sefarina en el Sendero la Sefarina.

Cafetal Buenavista Accesibles por carretera, las ruinas más apasionantes se hallan a 1,5 km de la Puerta las Delicias (este), subiendo una cuesta. Construido en 1801 por refugiados franceses de Haití, este cafetal hoy parcialmente restaurado es uno de los más antiguos de la isla. La enorme tajona de la parte trasera en su día extraía los granos de café de las cáscaras. Luego los granos se secaban al sol en grandes plataformas. Junto a los secaderos pueden verse los restos de las estancias de algunos de los 126 esclavos de la plantación.

El desván del dueño de la casa (ahora un restaurante) se usaba para almacenar los granos hasta que podían bajarse en mula hasta el puerto de Mariel. Depara buenas vistas, sobre todo desde el Sendero las Delicias, que abarcan el cafetal.

San Pedro y Santa Catalina Estas ruinas de una hacienda cafetalera del s. XIX están en un ramal de la Cañada del Infierno, a medio camino entre la carretera de acceso al Hotel Moka y la puerta de entrada del lado de Soroa. A 1 km de la carretera principal, y antes de las ruinas de la hacienda San Pedro, hay un bar que da a una popular zona de baño. Luego queda otro kilómetro hasta Santa Catalina. Una pista continúa hasta Soroa.

Hacienda Unión Unos 3,5 km al oeste de la carretera de acceso al Hotel Moka, es otro cafetal parcialmente reconstruido, que cuenta con un restaurante rural, un pequeño y florido jardín Unión y, además, ofrece paseos a caballo (6 CUC/h).

Juan (i/d 15/25 CUC) u organizar acampadas en tiendas (12 CUC). En el pueblo también hay tres villas para alquilar (i/d 60/85 CUC).

Hay otros *ranchones* en el cafetal Buenavista, Baños del Bayate y Baños del San Juan.

Villa Duque CASA PARTICULAR $
(☏52-32-68-71, 53-22-14-31; ctra. Cayajabos km 2, Finca San Andrés; h 20 CUC; P❋) El turismo ecológico no tiene que ser caro. Quienes dispongan de un presupuesto ajustado quizá deseen probar con esta finca, situada 2 km antes de la entrada este a Las Terrazas, que tiene dos habitaciones impecables, una nevera llena de cerveza, un balcón y el desayuno incluido en el precio.

★**Hotel Moka** CENTRO VACACIONAL $$
(☏48-57-86-00; Las Terrazas; i/d todo incl. 105/120 CUC; P❋❋) ✿ Se trata del único hotel ecológico auténtico de Cuba, que con sus fuentes, su jardín lleno de flores y los árboles que crecen dentro del vestíbulo, sería una ganga en cualquier otro país. Las 26 habitaciones luminosas y espaciosas disponen de nevera, televisión por satélite y bañeras con fabulosas vistas. Equipado con bar, restaurante, una tienda, piscina y pista de tenis, también actúa como centro de información de la reserva y puede organizar desde excursiones a salidas de pesca.

★**El Romero** VEGETARIANA $
(Las Terrazas; ⊘12.00-21.00; ✐) ✿ Este auténtico restaurante ecológico (único en Cuba), especializado en cocina vegetariana, es el local más interesante de la zona. Emplea energía solar y verduras y hierbas de su huerto, de cultivo ecológico, además de poseer su propia colmena. En la carta se encontrarán *hummus,* tortita de judías y sopa de calabaza y cebolla.

Patio de María CAFÉ $
(Las Terrazas; tentempiés 0,50-2 CUC; ⊘9.00-22.00) ✿ Esta pequeña cafetería ofrece quizá el mejor café de Cuba. El secreto es la elaboración experta (María vive en el piso de arriba) y el hecho de que los granos se cultiven a 20 m de la taza, frente a la florida terraza.

Rancho Curujey CARIBEÑA $
(Las Terrazas; ⊘9.00-18.00) Establecimiento de tipo *ranchón,* que sirve cerveza y tentempiés bajo un tejadillo de paja con vistas al lago Palmar.

Casa del Campesino   CARIBEÑA $
(Las Terrazas; ☺9.00-21.00) Restaurante tipo *ranchón* junto a la hacienda Unión, 3,5 km al oeste de la carretera de acceso al Hotel Moka, muy popular entre los visitantes.

❶ Información

Las Terrazas está 20 km al noreste del Hotel & Villas Soroa y 13 al oeste a Cayajabos por la autopista La Habana-Pinar del Río. Hay casetas de peaje en ambas entradas de la reserva (3 CUC/persona). La caseta este, Puerta las Delicias, es una buena fuente de información sobre el parque, aunque para informarse y organizar excursiones son mejores las **oficinas del complejo** (☎48-57-87-00, 48-57-85-55), contiguas al Rancho Curujey, o al otro lado de la carretera, en el Hotel Moka (p. 153); ambos sitios actúan como puntos de conexión para la reserva. Estos puntos de información no deben confundirse con el Centro de Investigaciones Ecológicas, al que se llega por otra vía que queda al este del Rancho Curujey.

❶ Cómo llegar y salir

Dos autobuses diarios de Víazul paran en el Rancho Curujey, junto a Las Terrazas: el que cubre el trayecto de La Habana a Pinar del Río y Viñales sobre las 10.00; y el otro, a las 16.00, en dirección contraria. Circulan algunos autobuses de enlace esporádicos de camino a La Habana o Viñales. Se puede consultar en el Hotel Moka o contactar con la oficina de Infotur de Viñales (p. 182).

❶ Cómo desplazarse

La gasolinera Esso está 1,5 km al oeste de la carretera de acceso al Hotel Moka. Se recomienda repostar en este punto antes de dirigirse a La Habana

---

TRENES, CARROZAS Y JUEGOS: LOS ATRACTIVOS DE BEJUCAL

Esta localidad de la provincia de Mayabeque sería un lugar insulso si no fuera por su papel fundacional en la fascinante historia ferroviaria de Cuba, y por Las Charangas, su frenética fiesta callejera de fin de año.

Bejucal fue el destino del primer tren de la isla, puesto en marcha en noviembre de 1837, mucho antes de que ningún otro país latinoamericano tuviera red ferroviaria e, irónicamente, 11 años antes que en España. La línea inaugural recorría los 27,5 km entre La Habana y Bejucal, un éxito al que siguió una línea de 80 km entre Camagüey y el puerto de Nuevitas, en la costa norte. Hacia 1848, los tranvías ya recorrían las calles de La Habana, antes que ninguna ciudad europea salvo París.

Hasta el comienzo del s. XX, el 80% de los ferrocarriles cubanos guardaban relación con la industria azucarera. No fue hasta 1902 cuando William Van Horne, el magnate del ferrocarril de EE UU y Canadá (que construyó la primera línea férrea transcontinental canadiense) contribuyó a la primera red de pasajeros oeste-este al crear una línea que se extendía 1100 km desde Guane, en la provincia de Pinar del Río, hasta Guantánamo, en el este.

Tras la Revolución y el embargo comercial de EE UU, la antaño pionera red ferroviaria de Cuba sufrió para encontrar nuevo material rodante y combustible. Como nexo de la red, las provincias de Artemisa y Mayabeque siguen siendo el mejor escenario para ver locomotoras aún en marcha, pero los amantes de los trenes lo tienen cada vez peor fuera de los museos.

La estación de Bejucal –primera del país– está pintada de vivos colores, aunque su museo del ferrocarril ya no está operativo; hay otros en La Habana (p. 74) y en el Museo de Agroindustria Azucarero Marcelo Salado (p. 271) cerca de Caibarién, provincia de Villa Clara. Sin embargo, por la Estación Central de La Habana pasan un par de trenes diarios, por lo que el visitante aún puede recorrer esa ruta inaugural.

Otro irresistible motivo para visitar Bejucal –si se pasa la Navidad en La Habana– son Las Charangas, una de las fiestas callejeras más brillantes y desenfrenadas de la isla. La ciudad se divide en dos bandos rivales (la Ceiba de Plata y la Espina de Oro), que toman las calles bailando y cantando entre gigantescas carrozas y deslumbrantes carrozas y los célebres tambores de Bejucal, en una tradición que se remonta a principios del s. XIX.

La población no cuenta con alojamiento para viajeros pero, a 40 km de La Habana, constituye una cómoda excursión. Aparte del tren, el único modo de llegar es en taxi/automóvil privado (unos 40 CUC/ida).

por el este o a Pinar del Río por el oeste. La mayor parte de las excursiones organizan el transporte. Si no, habrá que recurrir a un coche de alquiler, un taxi o a los propios pies para desplazarse.

PROVINCIA DE MAYABEQUE

La provincia más pequeña del país es un lugar productivo donde se cultivan cítricos, tabaco, uva para vino y el azúcar de caña para el ron Havana Club, cuya destilería se encuentra también en Mayabeque. Los turistas, sobre todo cubanos, acuden atraídos principalmente por las playas de arena del noreste y los asequibles *resorts,* que dan a bonitas playas y cuestan muchísimo menos que unas vacaciones en Varadero. En el interior, entre el entorno agrícola cotidiano destacan algunas maravillas paisajísticas: cuidados jardines, la pintoresca zona protegida de Jaruco, el mejor puente de Cuba y una clásica ruta ferroviaria que cruza transversalmente el terreno.

Zona de Playa Jibacoa

Playa Jibacoa es el Varadero que nunca fue, o el que está por venir, según se mire. Por ahora, es un retiro para cubanos, sobre todo, con una sinuosa carretera costera, que partiendo de la autopista principal, Vía Blanca, pasa junto a un *resort* con todo incluido, un campismo con características de hotel y varios alojamientos pintorescos. Salpicada por una serie de pequeñas pero espléndidas playas, y bendecida con buen submarinismo frente a la orilla, Jibacoa está bordeada de una majestuosa terraza de piedra caliza que da al océano, que facilita excelentes vistas y algunas rutas cortas para hacer por cuenta propia.

Quienes viajen con niños encontrarán cosas interesantes que hacer en los alrededores, y al ser una región frecuentada por familias cubanas, resultará fácil hacer amigos en todas partes. La Vía Blanca, que une La Habana y Matanzas, es la principal arteria de transporte de la zona, aunque pocos autobuses paran con regularidad, lo cual convierte a Playa Jibacoa en un destino más complicado de lo que debería ser. En el interior hay pintorescas comunidades agrícolas y diminutas aldeas (caseríos) labradas por el tiempo, conectadas por el tren eléctrico de Hershey.

SEDE DEL HAVANA CLUB

Santa Cruz del Norte, unos 30 km al oeste del puente que une las dos provincias, es una ciudad tranquila que alberga una famosa fábrica de ron: la Ronera Santa Cruz, productora del ron Havana Club y una de las mayores plantas del sector en Cuba. Havana Club, fundada en 1878 por la familia Arechabala, de Cárdenas, abrió su primera destilería en Santa Cruz del Norte en 1919, y en 1973 construyó una fábrica nueva con capacidad para producir 30 millones de litros de ron al año. Actualmente no se organizan circuitos, pero el Havana Club se encuentra fácilmente por todo el país.

⊙ Puntos de interés

Puente de Bacunayagua   PUENTE
Señala la frontera entre las provincias de La Habana y Matanzas, y es el puente más largo (314 m) y alto (103 m) de Cuba. Iniciado en 1957 e inaugurado en septiembre de 1959 por Fidel Castro, permite a la transitada Vía Blanca cruzar un boscoso cañón que separa el valle de Yumurí del mar. En el extremo de La Habana hay un bar de tentempiés y un mirador (8.00-22.00) donde tomarse unas copas ante unas vistas impresionantes. En las escarpadas laderas del valle, cientos de palmas reales se antojan centinelas fantasmales, con abultadas lomas oscuras y pinceladas del océano azul en la distancia. El restaurante del puente es una popular parada de autobuses turísticos y taxis, únicos medios de transporte, aparte del vehículo de alquiler.

Central Camilo Cienfuegos   PUNTO DE INTERÉS
En un cerro, 5 km al sur de Santa Cruz del Norte, como un enorme esqueleto de hierro oxidado, se alza este molino de azúcar, que fue uno de los más grandes del país y prueba palpable de su antigua capacidad productiva. Inaugurado en 1916, perteneció a la Hershey Chocolate Company de Filadelfia, que empleaba el azúcar para endulzar su mundialmente famoso chocolate. El tren eléctrico de Hershey transportaba mercancías y trabajadores entre La Habana, Matanzas y la pequeña ciudad que surgió en torno al molino.

Aunque el tren circula tres veces al día (y para en el centro), el molino se cerró en julio del 2002.

MERECE LA PENA

EL TREN DE HERSHEY

"Hagan cola", recita cansino el aburrido vendedor de billetes, "Tren cerrado por limpieza" reza una destartalada nota garabateada a mano. Para los habaneros, el repertorio de retrasos en el transporte cotidiano resulta tediosamente familiar. Si bien para muchos viajeros el nombre del prehistórico tren eléctrico de Hershey puede sugerir lujo, en Cuba significa una mezcla más amarga de recorridos traqueteantes, asientos duros y esperas interminables.

Construida en 1921 por el magnate estadounidense del chocolate Milton S. Hershey (1857-1945), la línea ferroviaria eléctrica se diseñó, en un principio, para unir el colosal molino de azúcar del magnate, en la provincia oriental de La Habana, con estaciones en Matanzas y la capital. Al circular por una pionera ruta rural, pronto se convirtió en un recurso vital para comunidades aisladas, sin conexión a la red de transporte provincial.

En 1959, la fábrica Hershey se nacionalizó y recibió el nombre de Central Camilo Cienfuegos, en honor al famoso comandante revolucionario. Pero el tren continuó funcionando y conservó, de forma no oficial, su mote, inspirado en el chocolate. En la genuina tradición posrevolucionaria de una economía tipo "si no despilfarras, no te faltará", se conservaron las mismas vías, locomotoras, vagones, señalización y estaciones.

Una excursión en el actual tren de Hershey es un fascinante viaje a la época en la que los coches eran para los ricos y el azúcar era el rey. Para los forasteros, se trata de Cuba tal como la ven los cubanos. Es un microcosmos de la dura realidad rural, con sus frustraciones diarias, conversaciones, flaquezas e, incluso, diversión.

El tren parece parar en cada casa, cabaña, establo y montículo entre La Habana y Matanzas. Bajarse entraña siempre cierto cariz imprevisible: los entusiastas de la playa pueden apearse en Guanabo y recorrer 2 km hacia el norte para llegar a los *resorts* rústicos del este de La Habana. Los amantes de la historia preferirán descender en la Central Camilo Cienfuegos y pasear por las ruinas del viejo molino de azúcar de Hershey. Es también posible bajarse en Jibacoa y contemplar el paraíso oculto de Playa Jibacoa, y en paradas aleatorias del hermoso valle de Yumurí.

Jardines de Hershey
JARDINES

Antigua propiedad de Milton Hershey, célebre magnate estadounidense del chocolate que dirigía el cercano molino de azúcar, estos jardines poseen hoy un agreste encanto, con bellos senderos, vegetación frondosa y un bonito río, así como un par de restaurantes con tejado de paja. Es un lugar tranquilo para pasear y comer. Están 1 km al norte de la estación de ferrocarril Camilo Cienfuegos, en la línea del tren de Hershey, y unos 4 km al sur de Santa Cruz del Norte, lo que supone un agradable paseo desde Playa Jibacoa.

🏃 Actividades

Puede practicarse el buceo desde la playa que queda frente al Campismo Los Cocos; si el viajero se dirige al oeste por la costa, encontrará rincones desiertos donde bucear o relajarse bajo una palmera.

Finca Campesina
Rancho Gaviota
PASEOS A CABALLO, KAYAK

(☎47-61-47-02; entrada 8 CUC comida incl.; ⊙9.00-17.00) A 12 km de Puerto Escondido hacia el interior, por el hermoso valle de Yumurí, salpicado de palmeras, este centro de actividades suele incluirse en excursiones de un día desde Matanzas y Varadero. En la cima, el rancho da a un embalse y ofrece paseos a caballo, kayak y ciclismo, así como un festín a base de platos locales. Las cabañas exponen productos agrícolas como café y caña de azúcar, con degustaciones.

Por lo general se ofrece como circuito de un día. Para llegar al *ranchón,* hay que seguir la carretera del interior 2 km, en dirección a Arcos de Canasí, y tomar el desvío a la izquierda durante otros 10 km, hasta la señal.

🛏 Dónde dormir y comer

Las casas particulares están llegando a Playa Jibacoa; hoy son solo para cubanos (aunque a veces se puede conseguir pasar una noche) y flanquean el extremo de la carretera de la costa en dirección a Matanzas, pasado el último hotel. Comer en la zona resulta desalentador, a menos que uno se aloje en un hotel. Se puede probar el restaurante del puente de

Bacunayagua; también hay un par de bares que hacen *pizzas* al microondas.

Campismo los Cocos CAMPISMO $

(☎47-29-52-31; i/d 19/28 CUC; P✳✳☒🅿) El más reciente y bonito de los más de 80 campismos de Cubamar posee instalaciones dignas de un hotel de precio medio, y su emplazamiento a orillas del mar recuerda a los grandes centros de Varadero. Cuenta con 90 bungalós distribuidos en torno a una piscina.

Entre sus instalaciones figuran una pequeña biblioteca, consulta médica, un restaurante a la carta, sala de juegos, habitaciones para viajeros con discapacidades y senderos hasta un mirador, abierto en la terraza caliza situada detrás. Las instalaciones se ven usadas y suele haber música estridente en la piscina.

Cameleon Villas Jibacoa CENTRO VACACIONAL $$

(☎47-29-52-05; i/d todo incl. 70/100 CUC; P✳@☒) Este acogedor y bien diseñado *resort* ofrece excelente buceo y amplias e impolutas habitaciones con buena relación calidad-precio, incluidas unas nuevas en un bloque rosado más apartado de la costa. Publicitado como un tres estrellas, es popular entre los paquetes de viajes organizados canadienses.

★Memories Jibacoa Beach CENTRO VACACIONAL $$$

(☎47-29-51-22; www.memoriesresorts.com; i/d todo incl. 106/170 CUC; P✳@☒) Uno de los mejores *resorts* cubanos con todo incluido no está en Varadero, sino en los confines más tranquilos de Jibacoa. ¿El secreto? Sus 250 habitaciones sin pretensiones. El borboteo de sus fuentes, la piscina abierta 24 h y la estrecha pero idílica playa son de una elegante sencillez.

También ofrecen viajes en barca desde la orilla y excursiones a las terrazas elevadas del interior. Anteriormente llamado Super-Club Breezes, tiene prevista una ampliación de 100 habitaciones. Viniendo de Matanzas, la salida queda 13 km al oeste del puente de Bacunayagua.

ⓘ Cómo llegar y salir

La mejor forma de llegar a Playa Jibacoa es en el tren eléctrico de Hershey, que une la estación de trenes de Casablanca, en La Habana, con Jibacoa Pueblo. No hay autobús a la playa desde la estación y el tráfico es esporádico, así que hay que contar con andar los últimos 5 km, un paseo agradable si uno no va cargado.

Una opción es tomar el abarrotado autobús n° 669 (3 diarios), que sale de la estación de La Coubre (p. 122), al sur de la Estación Central de La Habana, hasta Santa Cruz del Norte, a 9 km de Jibacoa. Otra alternativa es ir a la estación de autobuses de La Habana y tomar cualquier autobús que se dirija a Matanzas por la Vía Blanca. El viajero puede hablar con el conductor para que le deje en Playa Jibacoa, al otro extremo de un largo puente en Villa Loma de Jibacoa.

Jaruco
18 107 HAB.

Retirado de la costa, entre La Habana y Matanzas, es una interesante excursión de un día para viajeros con coche, motocicleta o bicicleta que quieran descansar de playa y descubrir la esencia de la Cuba rural.

El pueblo de Jaruco consiste en un grupo de casas color pastel y calles empinadas, que no desentonarían en los Andes peruanos. El **Parque Escaleras de Jaruco**, 6 km al oeste por silenciosos caminos sin señalizar, es una zona protegida con bosques, cuevas y cerros de piedra caliza de formas extrañas, parecidos a los mogotes del valle de Viñales. Los habaneros llegan hasta allí en bucólicas escapadas de jueves a domingo, únicos días oficiales de apertura, pero gracias a una carretera

UN BOCADITO, POR FAVOR

De viaje con Víazul, es fácil acostumbrarse a esa parada demasiado larga en un restaurante estatal en mitad de la nada. En la provincia de Mayabeque hay un par de escalas clásicas (los autobuses La Habana-Varadero siempre paran aquí) y, si el viajero está hambriento o aburrido, en los 30 min de espera puede familiarizarse con el bocadito, a menudo lo único que ofrece la carta. Este sabroso tentempié, presente en muchos países latinoamericanos, en Cuba es un sándwich, casi siempre de jamón y queso. Emplean un queso fuerte, parecido al munster de Alsacia, pero lo más curioso es el jamón. En un probado sistema de ahorro que devuelve al Período Especial (p. 468), por delante, asoma un corte recio de jamón; sin embargo, al abrir el pan, se ve que está doblado muchas veces para aparentar una ración abundante, pero por detrás hay solo una fina loncha.

secundaria que lo divide entre Tapaste (junto a la Autopista Nacional) y Jaruco, el viajero puede acercarse en cualquier momento. Este oasis olvidado cuenta con extraordinarios miradores sobre la provincia de Mayabeque. Hay algunos restaurantes que abren de jueves a domingo y ponen música pegadiza que puede perturbar la serenidad. El mejor es el acogedor **El Criollo** (⊙11.30-17.00 ju-do), de estilo *ranchón,* donde sirven platos de cerdo y pescado que se pagan en pesos.

Hay 32 km desde Guanabo a Jaruco, en dirección sureste por Campo Florido, y se puede hacer una ruta circular regresando por Santa Cruz del Norte, 18 km al noreste de Jaruco a través de la Central Camilo Cienfuegos. Un taxi desde La Habana cuesta 35 CUC (ida).

Surgidero de Batabanó

22 313 HAB.

Los colonizadores españoles fundaron el asentamiento original de La Habana en Surgidero de Batabanó el 25 de agosto de 1515, pero pronto lo abandonaron en favor de la costa norte. Viendo la decrépita ciudad actual, con sus feos bloques de pisos y su sucio paseo marítimo sin playa, es fácil comprender por qué. El viajero quizá acabe en este desgastado puerto durante el pesado viaje en autobús y barco a la Isla de la Juventud. Si hubiera retrasos imprevistos, quedarse en los confines del puerto o regresar en taxi a La Habana, aunque deprimente, es preferible que acercarse a la ciudad.

Fidel Castro y los otros prisioneros del Moncada desembarcaron en este lugar el 15 de mayo de 1955, después de que Fulgencio Batista les concediera la amnistía.

❶ Cómo llegar y salir

Supuestamente el ferri de Surgidero de Batabanó a la Isla de la Juventud zarpa todos los días a las 13.00, con una salida adicional a las 16.00 los viernes y domingos (2 h). Es muy aconsejable adquirir el billete combinado autobús-barco (55 CUC) en La Habana, en la oficina de la estación principal de autobuses de Astro, pues muy a menudo no quedan billetes convertibles para los pasajeros del autobús.

Hay una **gasolinera Servi-Cupet** (calle 64 nº 7110, entre calles 71 y 73) en la ciudad de Batabanó. La siguiente gasolinera Servi-Cupet en dirección este está en Güines.

Isla de la Juventud (municipio especial)

86 420 HAB.

Las mejores playas

→ Playa Sirena (p. 170)

→ Cayo Rico (p. 170)

→ Playa Larga (p. 169)

→ Punta Francés (p. 165)

Los mejores alojamientos

→ Sol Cayo Largo (p. 171)

→ Villa Choli-Ramberto Pena Silva (p. 164)

→ Hotel Colony (p. 167)

→ Villa Marinera (p. 171)

Por qué ir

Histórico escondite de prófugos, desde los piratas del s. XVI a los gángsteres del s. XX, "la Isla" es quizá el destino de náufragos más peculiar que pueda verse. Repleta de pinos y abandonada como un apóstrofe arrugado a 100 km de la isla principal, es la sexta más grande del Caribe. Pero sin nada que ver con las Islas Caimán; y de turistas, pocos. Si el viajero creía que otras ciudades cubanas estaban ancladas en el tiempo, aquí descubrirá qué hay bajo el polvo de su capital, Nueva Gerona, cuya calle principal sirve de campo de béisbol y donde la gastronomía se detuvo en el Período Especial. Aun así, le aguarda una auténtica aventura. El principal reclamo consiste en sumergirse en algunos de los arrecifes más inmaculados del Caribe, pero otra opción es llegar a no inmutarse –como hacen los isleños– con el coral, algún que otro cocodrilo y una llamativa historia que parece un pasaje extraído de *La isla del tesoro*.

Más al este, Cayo Largo del Sur es el polo opuesto, un enclave turístico prefabricado, conocido por sus grandes playas de arena blanca.

Cuándo ir

→ La playa, el submarinismo y el buceo con tubo son los atractivos principales de la Isla, Cayo Largo o cualquiera de los demás paraísos del archipiélago de los Canarreos. Los meses más calurosos, julio y agosto, son los mejores, junto con los más frescos pero suaves de la temporada alta (diciembre a abril).

→ En marzo, la animada Nueva Gerona echa el resto para el carnaval, su mayor fiesta.

Imprescindible

1 Descubrir la vida local en la pequeña y somnolienta **Nueva Gerona** (p. 161).

2 Dejar pasar las abrasadoras tardes en el sereno embalse de la **presa El Abra** (p. 163).

3 Explorar el siniestro **presidio Modelo** (p. 167), donde estuvo preso Fidel Castro.

4 Contemplar pinturas rupestres en la **cueva de Punta del Este** (p. 169).

5 Sumergirse entre pecios, muros, jardines de coral y cuevas en **Punta Francés** (p. 165), el mejor lugar de Cuba para practicar submarinismo.

6 Observar a las tortugas desovar a la luz de la luna en las playas de **Cayo Largo del Sur** (p. 169).

7 Caminar por anchas y blancas playas hasta **Playa Sirena** (p. 170), en Cayo Largo del Sur.

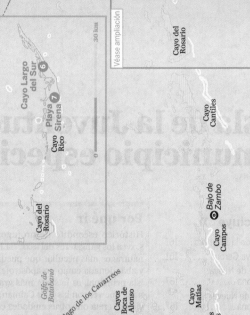

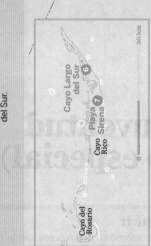

MAR CARIBE

PROVINCIA DE PINAR DEL RÍO

Archipiélago de los Canarreos

Golfo de Batabanó

Historia

Su estelar historia arranca con sus primeros pobladores, los sibonéis, una civilización precerámica que llegó a la isla hacia el 1000 a.C. por las Antillas Menores. Llamaron a su nuevo hogar Siguanea y crearon un conjunto fascinante de pinturas rupestres, que todavía se conservan en la cueva de Punta del Este.

En junio de 1494 desembarcó Colón, quien no tardó en rebautizar a la isla como Juan el Evangelista, reclamándola para la Corona española. Sin embargo, los españoles no se empeñaron excesivamente en desarrollar su nueva posesión, llena de manglares y rodeada por arrecifes poco profundos.

De este modo, la Isla se convirtió en una guarida de piratas, entre otros, Francis Drake y Henry Morgan. La llamaron Parrot Island y se dice que sus hazañas inspiraron la novela de Robert Louis Stevenson *La isla del tesoro*.

En diciembre de 1830 se fundó la Colonia Reina Amalia (actual Nueva Gerona) y, a lo largo del s. xix, la isla sirvió como lugar de exilio forzoso para defensores de la independencia y rebeldes, como José Martí. Los dictadores del s. xx Gerardo Machado y Fulgencio Batista siguieron el ejemplo español y enviaron presos políticos –entre ellos, Fidel Castro– a la isla, que por entonces se había rebautizado de nuevo como isla de Pinos.

La Enmienda Platt de 1901 situó la isla de Pinos fuera de los confines de la parte "continental" del archipiélago cubano, por lo que unos 300 colonos estadounidenses también se instalaron en ella, trabajaron en las plantaciones de cítricos y levantaron las eficaces infraestructuras que, aunque algo maltrechas, siguen en pie. En la década de 1950, la Isla era ya un centro vacacional predilecto de estadounidenses ricos, que volaban a diario desde Miami. Fidel Castro acabó súbitamente con este lujo decadente en 1959.

En las décadas de 1960 y 1970, miles de jóvenes de países en vías de desarrollo se ofrecieron para estudiar en las "escuelas secundarias" construidas ex profeso, aunque hoy su presencia es casi inexistente. En 1978 se reconoció oficialmente su papel en el desarrollo de la isla cuando el nombre se cambió, por quinta vez, a Isla de la Juventud.

ISLA DE LA JUVENTUD

♪46

Grande, muy desprendida y de ritmo lento, la Isla es histórica y culturalmente diferente al resto del archipiélago cubano. Aquí nunca hubo producción de azúcar y tabaco a gran escala, y hasta la Revolución de Castro la isla estaba sometida a una gran influencia americana. Eclécticas comunidades de expatriados que invocan a antepasados de las Islas Caimán, americanos y japoneses, han creado incluso su propio estilo musical, un subgénero del son cubano conocido como sucu sucu. Hoy en día, sin los estudiantes extranjeros que poblaron sus famosas escuelas, es un lugar somnoliento pero extravagantemente esotérico: ¿dónde más hay prisiones disfrazadas de museos o barcos hundidos a la espera de que alguien se sumerja o haga una fiesta dentro? Las oportunidades para descubrir lugares poco visitados atraerán a buceadores, artistas, aventureros e inconformistas.

Nueva Gerona

Flanqueada por la sierra de las Casas, al oeste, y la sierra de Caballos, al este, es una ciudad pequeña y apacible que abraza la orilla izquierda del río Las Casas, el único grande de la isla. Poseedora de la práctica totalidad de los escasos servicios insulares, sus museos y su animada oferta de ocio retendrán, entretendrán y agotarán al viajero durante uno o dos días, antes de explorar el intrépido sur.

◉ Puntos de interés

Museo Casa Natal Jesús Montané MUSEO
(calle 24 esq. 45; ⊙9.30-17.00 ma-sa, 8.30-12.00 do) GRATIS Documenta la vida del revolucionario Jesús Montané, natural de Nueva Gerona, que participó en el ataque al cuartel Moncada en 1953, combatió junto a Fidel Castro en la sierra Maestra y formó parte del Gobierno posterior a 1959. Es un pequeño y fascinante lugar, vale la pena dedicarle 30 min de visita.

Museo Municipal MUSEO
(calle 30, entre 37 y 39; entrada 1 CUC; ⊙8.00-13.00 y 14.00-17.00 lu-vi, hasta 16.00 sa, hasta 12.00 do) En la antigua Casa de Gobierno (1853), alberga una pequeña colección con gran valor histórico, que aglutina lo mejor del pasado insular. Comienza con un enorme mapa mural de la Isla y continúa en salas temáticas dedicadas a aborígenes, piratas, ocupantes estadounidenses (en especial, el gánster Charles *Lucky* Luciano) y diversos ejemplos de arte local.

'El Pinero' MONUMENTO
(calle 28, entre calle 33 y el río) Dos manzanas al este del parque Guerrillero Heroico, el

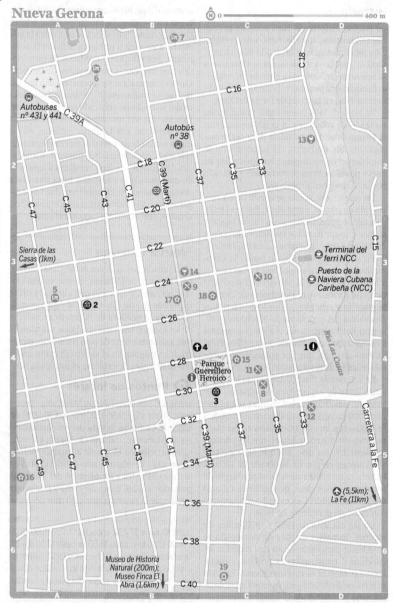

ISLA DE LA JUVENTUD (MUNICIPIO ESPECIAL) ISLA DE LA JUVENTUD

viajero verá un enorme y deteriorado ferri blanco y negro que se erige como monumento conmemorativo junto al río. Se trata de *El Pinero,* el barco original que se usaba para transportar pasajeros entre la Isla de la Juventud y la isla principal. El 15 de mayo de 1955, Fidel y Raúl Castro, junto con los otros presos del Moncada puestos en libertad, realizaron este mismo recorrido en el navío. Hoy en día, es punto de encuentro para jóvenes seguidores (amantes de la música a todo volumen) del reguetón.

Nueva Gerona

Nuestra Señora de los Dolores IGLESIA
(calle 28 esq. 39) En el lado noroeste del parque Guerrillero Heroico, esta bonita iglesia de estilo colonial mexicano se construyó en 1926, después de que un huracán destruyera la original. En 1957, el párroco, Guillermo Sardiñas, abandonó Nueva Gerona para unirse a Fidel Castro en la sierra Maestra, siendo el único sacerdote cubano que lo hizo.

Museo de Historia Natural MUSEO
(calle 41 esq. 52; entrada 1 CUC; ⊙8.00-17.00 ma-sa, hasta 12.00 do) En realidad, no es más que una polvorienta pila de animales disecados que pide inversión estatal a gritos. Merece una visita solo si el viajero va camino del Museo Finca El Abra. Está en la calle 41 (carretera del Hotel Colony), antes de la inconfundible torre del Archivo Histórico.

Museo Finca El Abra MUSEO
(ctra. Siguanea km 2; entrada 1 CUC; ⊙9.00-17.00 ma-sa, hasta 12.00 do) El 17 de octubre de 1870,

un adolescente José Martí llegó a esta finca para cumplir nueve semanas de exilio antes de ser deportado a España. Cuenta la leyenda que la madre del revolucionario fundió sus grilletes para hacer un anillo, que Martí llevó hasta su muerte. Debajo de la sierra de las Casas, los alrededores de esta antigua hacienda son tan atractivos como el museo. Está señalizada junto a la carretera principal al Hotel Colony (continuación de la calle 41), 3 km al suroeste de Nueva Gerona.

La casa sigue habitada por descendientes de Giuseppe Girondella, que acogió a José Martí en ella. Un camino antes del museo lleva hasta la antigua cantera de mármol de la isla, visible a lo lejos. Este lugar es relativamente interesante, pero lo que de verdad merece le pena es subir a lo alto del cerro, desde donde se disfruta de fabulosas vistas. Tras descender, hay que continuar al norte entre un vertedero y varias pocilgas hasta la calle 54, a la derecha. Esta calle llevará al viajero de vuelta a la ciudad, pasando por el Museo de Historia Natural, seis manzanas al este.

🏃 Actividades

★ **Presa El Abra** DEPORTES ACUÁTICOS
(ctra. Siguanea; ⊙12.00-17.30) ¿Pero dónde están los vecinos de Nueva Gerona? Refrescándose en la presa El Abra. Por la tarde, cuando aprieta el sol, lo mejor es unirse a ellos. Con orillas frondosas, perfectas para un *picnic,* esta amplia presa tiene el mejor restaurante de Nueva Gerona (p. 164), y vehículos para travesuras náuticas, como kayaks (1,50 CUC/h) y bicicletas acuáticas (3 CUC/h).

Sierra de las Casas EXCURSIONISMO
La vista desde la cara más septentrional de esta escarpada sierra es excepcional. Desde el extremo oeste de la calle 22, a varios cientos de metros por una pista de tierra, un sinuoso sendero a la izquierda conduce a las colinas. A sus pies hay una cueva profunda

---

🛈 **EN BICICLETA**

La región de Nueva Gerona es perfecta para recorrer en bicicleta, con playas y con los tres grandes reclamos turísticos (presa El Abra, Museo Finca El Abra y presidio Modelo) a pocos kilómetros del centro. En la ciudad, los propietarios de Villa Choli (p. 164) las alquilan.

¿ISLA DE LOS CASINOS?

Hacia 1946, tras tantear la isla de los Pinos (antiguo nombre de la Isla de la Juventud), Charles *Lucky* Luciano, jefe máximo de la mafia durante las décadas de 1940 y 1950, decidió que estaba lista para convertirse en un destino de juego a la altura de Montecarlo. Tras ser localizado por agentes de narcóticos estadounidenses, tuvo que huir de Cuba, pero su socio Meyer Lansky continuó con el plan y, en 1958, fue inaugurado un Hotel Hilton con casino (hoy Hotel Colony, p. 167). No obstante, los días de decadencia durarían poco: la llegada de Fidel Castro un año más tarde erradicó el juego en Cuba o, al menos, eso dice la versión oficial. Aun así, en las tiendas cubanas aún se ve *merchandising* creado para celebrar la apertura de la Isla al juego a gran escala.

y una poza, y desde allí un abrupto sendero asciende hasta la cima.

La magnífica vista desde arriba abarca la mitad de la isla, aunque el último tramo se parece más a escalada en roca que a senderismo.

Circuitos

Ecotur CIRCUITO

(46-32-71-01; calle 39 entre 28 y 30; 8.00-16.00 lu-vi) Organiza excursiones a la zona militarizada (donde están las pinturas rupestres de la cueva de Punta del Este y Cocodrilo) y a Punta Francés; además ofrece paquetes de cuatro días a Cayo Largo del Sur. Facilitan pases a la Zona militar del sur (8 CUC en excursiones de Ecotur, 15 CUC si el viajero va con vehículo propio).

Fiestas y celebraciones

Carnaval CARNAVAL

(mar) Es el más sonado, una juerga con desfiles de cabezudos, rodeos, competiciones deportivas y algo de beber.

Dónde dormir

Las casas particulares son la única opción del centro de la ciudad y ofrecen comida; los propietarios esperan la llegada de los ferris. Los dos destartalados hoteles gestionados por el Gobierno están al sur de la ciudad.

★ **Villa Choli-Ramberto**

Pena Silva CASA PARTICULAR $

(46-32-31-47, 52-48-79-16; calle C n° 4001A, entre calles 6 y 8; h 20-25 CUC; P @) Tres habitaciones grandes y modernas en un 1er piso, con TV, acceso a internet, aparcamiento garantizado, comida deliciosa y una espléndida terraza con una hamaca. De vez en cuando, se abre una segunda terraza para parrilladas al aire libre. Alquilan bicicletas y se pueden reservar billetes para recogidas en el puerto. Para llegar, hay que girar a la derecha (al norte) en la calle 39, después del Hospital General Héroes de Baire, y preguntar.

Tu Isla CASA PARTICULAR $

(46-50-91-28; calle 24, entre 45 y 47; h 20-25 CUC;) Esta nueva y fabulosa casa cerca del centro se halla en el edificio que luce una gran ancla, pasado el Museo Casa Natal Jesús Montané. Cuenta con seis habitaciones (tres con balcón privado), aunque está previsto llegar a ocho, y ofrece amplias terrazas, piscina, murales interiores y un restaurante en la azotea del 3er piso.

Villa Peña CASA PARTICULAR $

(46-32-23-45; calle 10 esq. 37; h 15-20 CUC;) Opción cómoda y segura en un bonito bungaló cerca del hospital, con dos limpias habitaciones (están previstas tres más) y comidas.

Villa Mas-Jorge Luis

Mas Peña CASA PARTICULAR $

(46-32-35-44; calle 41 n° 4108, apt 7, entre calles 8 y 10; h 20 CUC;) Conviene ignorar el entorno, más bien feo, del bloque de apartamentos; sus dos habitaciones por encima de la media tienen cuarto de baño reformado de mármol. En la terraza de la azotea sirven buenas comidas. Está en la parte norte de la ciudad, detrás del hospital.

Dónde comer

Gastronómicamente, la Isla todavía vive en la década de 1990. Tras una noche de búsqueda infructuosa, la mayoría de los viajeros opta por comer en su casa particular. Los vendedores de churros y pequeños bocadillos se instalan en Martí (calle 39) y los que venden helado al peso aparecen improvisadamente en diversas ventanas.

Restaurante El Abra CUBANA $

(ctra. Siguanea km 4; comidas 1-4 CUC; 12.00-17.30) Si el viajero valora su paladar, puede considerar hacer una excursión hasta este lugar al aire libre, en la deliciosa presa El Abra,

4 km al suroeste del centro. Ofrecen comida criolla, pero muy rica. El cerdo (¿quién lo diría?) está presente en todas las parrilladas, pero también hay buenos platos de pescado. Otra opción es tomar simplemente una cerveza fría y gozar de las vistas.

Restaurante Tu Isla
CUBANA $

(calle 24, entre 45 y 47; principales 4-8 CUC; ☺19.00-24.00 do-ju, hasta 2.00 vi y sa) Sobre la casa particular del mismo nombre, este restaurante con decoración náutica, ubicado en una azotea, sirve buenos platos clásicos cubanos con un toque italiano. Ofrece música tradicional en directo casi cada noche.

Pizzería la Góndola
ITALIANA $

(calle 30 esq. 35; 20-50 CUP; ☺12.00-22.00) El atractivo mural de una *piazza* italiana quizá traiga temporalmente a la memoria gustativa agradables recuerdos, que se desvanecerán al probar la *pizza* (aunque cuesta una doceava parte que en Venecia). Pero si el viajero está harto de comer cerdo...

Restaurante Río
PESCADO $

(calle 32, entre calle 33 y el río; 20-50 CUP; ☺12.00-22.00) Establecimiento algo deslucido a orillas del río, que, en un buen día, sirve pescado fresco de río y mar (uno de los pocos sitios de Cuba donde se pueden comer ambos pescados), con los precios en pesos cubanos. En la terraza suena lo último del pop cubano.

El Cochinito
CARIBEÑA $

(calle 39 esq. 24; ☺12.00-22.00 ju-ma) Su nombre lo dice todo: este lugar ofrece platos de cerdo en un elegante pero inquietante comedor, decorado con cabezas porcinas (algunas parecen estar chillando).

Compra de alimentos

Mercado Agropecuario
MERCADO

(calle 24 esq. 35; ☺amanecer-anochecer) Verduras frescas y carne.

Supermercado Cubalse
SUPERMERCADO

(calle 35, entre 30 y 32; ☺9.30-18.00 lu-sa) Vende socorridas patatas Pringles y galletas.

🍺 Dónde beber y vida nocturna

Se podría llamar aburrimiento contenido, pero a Nueva Gerona le gusta la fiesta.

La Rumba
CLUB

(calle 24, entre 37 y 39; ☺22.00-2.00) Se compran las bebidas en el bar, tipo jaula, de al lado y luego se accede al patio y a la alocada discoteca, a la vuelta de la esquina. Solo para quienes adoren bailar.

El Pinero
CLUB

(calle 28, entre calle 33 y el río) Música muy alta y clientela de adolescentes y veinteañeros que acuden para bailar al aire libre. También hay puestos de bebida y tentempiés. Viernes y sábados son los días más animados.

BAJO EL MAR AZUL

Protegida de las corrientes marinas del golfo de México y favorecida con extraordinarios corales y fauna marina, la Isla de la Juventud ofrece parte del mejor submarinismo del Caribe: 56 zonas señalizadas con boyas y poco visitadas que harán que el visitante se sienta un náufrago. Como un parque de aventuras submarino, tiene desde cuevas y pasadizos hasta muros verticales y cerros coralinos. Más al este, en una zona conocida como Bajo de Zambo, se puede bajar hasta los pecios de más de 70 naufragios.

El International Diving Center (☎46-39-82-82, ext. 166), gestionado por la Marina Siguanea al sur del Hotel Colony, en la costa oeste, es el epicentro de las operaciones submarinistas. El establecimiento cuenta con una moderna cámara de descompresión, junto con los servicios de un médico especialista en inmersiones. Desde allí pueden transportar al buceador al Parque Nacional Marítimo de Punta Francés.

La travesía en barco a Punta Francés dura 1 h y deja al viajero en una bella playa de arena blanca, desde donde se accede fácilmente a casi todas las zonas de inmersión. La guinda es la Cueva Azul (para expertos), una zanja de un azul cerúleo con una pequeña caverna a unos 40 m de profundidad, seguida de la pared de coral negro (nivel intermedio). Se verán numerosos sábalos, barracudas, meros, róbalos y peces ángel, así como tortugas marinas.

Una inmersión cuesta un mínimo de 43 CUC. Antes, conviene informarse en el Hotel Colony (p. 167) sobre la oferta de submarinismo y otras actividades náuticas.

Disco la Movida CLUB

(calle 18; ⊗desde 23.00) Para mover el esqueleto en un local con carácter, el viajero puede unirse a la parroquia local en una pista al aire libre, oculta entre los árboles, cerca del río.

☆ Ocio

A veces hay música en directo frente al Cine Caribe.

Uneac CENTRO CULTURAL

(calle 37, entre 24 y 26) La mejor opción para una noche sin reguetón es esta bonita casa colonial renovada, con patio, bar y suave música en directo.

Sucu Suco MÚSICA EN DIRECTO

(calle 39, entre 24 y 26; ⊗11.00-madrugada) Un local con música en directo y teatro: hay un tablón en la fachada con la programación. Cuando no hay ningún espectáculo, se puede tomar una copa en la intimidad.

Cine Caribe CINE

(calle 37 esq. 28) Muy colorido y activo, en el parque Guerrillero Heroico.

Estadio Cristóbal Labra DEPORTES

(calle 32 esq. 53) El estadio de béisbol de Nueva Gerona está siete manzanas al oeste de la calle 39. Se puede preguntar en las casas particulares por los próximos partidos (se juega de octubre a abril).

🛍 De compras

La calle 39, también llamada calle Martí, es un agradable paseo peatonal salpicado de pequeños parques.

Centro Experimental
de Artes Aplicadas ARTESANÍA

(calle 40, entre 39 y 37; ⊗8.00-16.00 lu-vi, hasta 12.00 sa) Cerca del Museo de Historia Natural, elabora artísticas piezas de cerámica.

ℹ Información

Banco Popular y Ahorro (calle 39 esq. 26; ⊗8.00-19.00 lu-vi) Tiene un cajero automático.
Cadeca (calle 39 nº 2022; ⊗8.30-18.00 lu-sa, hasta 13.00 do) Tiene un cajero automático.
Etecsa Telepunto (calle 41 nº 2802, entre calles 28 y 30; 4,50 CUC/h; ⊗8.30-19.30) Internet.
Hospital General Héroes de Baire (📞46-32-30-12; calle 39A) Dispone de cámara de descompresión.
Oficina de correos (calle 39 nº 1810, entre calles 18 y 20; ⊗8.00-18.00 lu-sa)

Radio Caribe Emite programas de música variada en el 1270 AM.

ℹ Cómo llegar y salir

AVIÓN

La forma más sencilla y (a menudo) más barata de llegar a la Isla es en avión. Lamentablemente, mucha gente lo sabe y los vuelos se agotan días antes.

El **aeropuerto Rafael Cabrera Mustelier** (GER) está 5 km al sureste de Nueva Gerona.

Cubana de Aviación (📞7-834-4446; www.cubana.cu; edificio Airling, calle 23 nº 64 esq. calzada Infanta, Vedado; ⊗8.30-16.00 lu-vi, hasta 12.00 sa); **Nueva Gerona** (📞46-32-25-31, 46-32-42-59; www.cubana.cu; calle 39 nº 1415, entre calles 16 y 18) vuela desde La Habana dos veces al día desde solo 35 CUC/ida. No hay vuelos internacionales.

No se realizan vuelos regulares desde la Isla de la Juventud a Cayo Largo del Sur.

ℹ Cómo desplazarse

A/DESDE EL AEROPUERTO

Desde el aeropuerto, hay que buscar el autobús que muestra el cartel "Servicio aéreo", que llevará al viajero a la ciudad por 1 CUP. Para ir al aeropuerto, se toma este autobús delante del Cine Caribe, en la esquina de las calles 37 y 28. Un taxi al centro cuesta unos 5 CUC (30-35 CUC al Hotel Colony).

AUTOBÚS

Ecotur (p. 164) puede organizar excursiones/traslados desde Nueva Gerona a las zonas de submarinismo y a la zona militarizada. Un taxi (que puede contratarse fácilmente a través de casas particulares y hoteles) desde Nueva Gerona al Hotel Colony debería costar unos 30-35 CUC. Hay autobuses urbanos menos fiables: el nº 431 a La Fe (26 km) y el nº 441 al Hotel Colony (45 km) salen de una parada situada frente al cementerio, en la calle 39A, al noroeste del hospital.

El autobús nº 38 sale de la esquina de las calles 18 y 37, con destino a Chacón (Presidio Modelo), Playa Paraíso y Playa Bibijagua, unas cuatro veces al día.

AUTOMÓVIL

Cubacar (📞46-32-44-32; calle 32 esq. 39; ⊗7.00-19.00) alquila vehículos con seguro desde 65 CUC. Se trata de la mejor opción para concertar transporte aquí, ya que el viajero necesitará vehículo propio para acceder a la zona militarizada, a menos que vaya en un circuito organizado.

La **gasolinera Oro Negro** (calle 39 esq. calle 34) está en el centro.

COCHE DE CABALLOS

Suelen aparcar junto al supermercado Cubalse, en la calle 35. Se puede alquilar uno fácilmente por 10 CUC al día para hacer excursiones al presidio Modelo, el Museo Finca El Abra, Playa Bibijagua y otros destinos cercanos. Si el viajero dispone de tiempo suficiente, el conductor seguro que también.

Este de Nueva Gerona

◎ Puntos de interés

★**Presidio Modelo**   EDIFICIO RELEVANTE
(entrada 1 CUC; ⊙8.30-16.30 ma-sa, 9.00-13.00 do) Se trata del lugar más impresionante, aunque deprimente, de la isla. Situado cerca de Reparto Chacón, 5 km al este de Nueva Gerona, esta imponente prisión se construyó entre 1926 y 1931, durante el régimen represivo de Gerardo Machado. Los cuatro edificios circulares amarillos de seis plantas, más bien tenebrosos, fueron diseñados según los de una famosa penitenciaría de Joliet, Illinois, y podían albergar a 5000 prisioneros a la vez.

Durante la II Guerra Mundial, diversos enemigos nacionales que se encontraban casualmente en Cuba (entre ellos 350 japoneses, 50 alemanes y 25 italianos) fueron encarcelados en el complejo.

Los presos más importantes del presidio, no obstante, fueron Fidel Castro y el resto de los rebeldes del Moncada, que estuvieron encarcelados de octubre de 1953 a mayo de 1955. Se encontraban aislados de los demás reclusos, en el edificio del hospital.

En 1967, la prisión se cerró y la sección donde estuvo Castro se convirtió en museo. Hay una sala dedicada a la historia de la cárcel y otra centrada en las vidas de los presos del Moncada. La entrada incluye un circuito, pero las cámaras/videocámaras cuestan 3/25 CUC extras; hay que llevar el importe exacto. La entrada a los bloques circulares (la parte más conmovedora) es gratuita.

Cementerio Colombia   CEMENTERIO
En él se hallan las tumbas de los estadounidenses que vivieron y murieron en la isla durante las décadas de 1920 y 1930. Está 7 km al este de Nueva Gerona y 2 km al este del presidio Modelo. El autobús nº 38 pasa por allí.

Playa Paraíso   PLAYA
Situada 2 km al norte de Chacón (6 km al noreste de Nueva Gerona), tiene arena oscura y buenas corrientes para practicar deportes acuáticos. Originalmente, el muelle se usaba para descargar prisioneros destinados al presidio Modelo.

Playa Bibijagua   PLAYA
Unos 4 km al este de Chacón, es una de las mejores de la costa norte, con pinos, un restaurante donde se paga con pesos cubanos y un sencillo ambiente antillano. Quienes no dispongan de coche pueden tomar el autobús nº 38 desde Nueva Gerona.

Sur de Nueva Gerona

◎ Puntos de interés y actividades

El principal reclamo de la zona es el submarinismo que se practica en Punta Francés, pero hay un par de propuestas más para quienes dispongan de tiempo.

La Jungla de Jones   JARDINES
(entrada 3 CUC; ⊙24 h) Situado 6 km al oeste de La Fe en dirección al Hotel Colony, se trata de un extenso jardín botánico con más de 80 variedades de árboles. Fue fundado por Helen y Harris Jones, dos botánicos estadounidenses, en 1902. Su mayor reclamo es la Catedral de Bambú, un espacio cerrado de acertado nombre, rodeado de grandes matas de alto bambú al que apenas llegan unos pocos rayos de sol, aunque hoy día está bastante descuidado.

Criadero Cocodrilo   GRANJA DE COCODRILOS
(entrada 3 CUC; ⊙7.00-17.00) 🖋 Esta granja ha tenido un papel importante en la conservación de los cocodrilos en Cuba durante los últimos años. Alberga más de 500 ejemplares de todas las formas y tamaños y es, además, un centro de cría que libera grupos de cocodrilos en su hábitat natural cuando alcanzan 1 m de longitud.

Para llegar al criadero hay que girar a la izquierda, 12 km al sur de La Fe, pasado Julio Antonio Mella. Es parecido al de Guamá en Matanzas, aunque su entorno es infinitamente más agreste.

🛏 Dónde dormir y comer

★**Hotel Colony**   HOTEL **$$**
(☏46-39-81-81; i/d todo incl. 38/59 CUC; 🅿🌀❄🛜) Ubicado 46 km al suroeste de Nueva Gerona,

se inició en 1958 como parte de la cadena Hilton, pero el Gobierno revolucionario lo confiscó. Hoy, el edificio principal está algo ajado, pero los bungalós más nuevos están limpios y son luminosos y espaciosos. El viajero quizá ahorre algo si opta por un paquete que incluya comidas y buceo con tubo.

La playa de arena blanca que hay frente al hotel es poco profunda y el fondo está lleno de erizos de mar. Hay que tener cuidado si uno decide bañarse. Es más seguro darse un chapuzón en la piscina del Colony. Un largo muelle (con un bar perfecto para tomar mojitos al atardecer) se extiende sobre la bahía, pero el buceo en las inmediaciones del hotel es mediocre. Sin embargo, el submarinismo (p. 165) resulta irresistible.

Cómo llegar y salir

El transporte en la isla es complicado, y los horarios de los autobuses hacen que el resto de

---

LLEGADA EN BARCO A LA ISLA: GUÍA PARA PRINCIPIANTES

El exceso de burocracia típico de Cuba complica el viaje en barco a la Isla más de lo debido. Con suerte se precisan 8 h, una buena provisión de comida (al menos desayuno y almuerzo) y grandes dosis de paciencia.

Es aconsejable reservar y pagar el billete (5 CUP si el acento y el aspecto bastan para pasar por cubano, si no, 5 CUC) al menos un día antes en el puesto de la Naviera Cubana Caribeña (NCC; ☎7-878-1841; ☺7.00-12.00), en la principal terminal de ómnibus de La Habana (p. 121), no la de Víazul. El mejor período para hacerlo es de 9.00 a 12.00. Se precisan el pasaporte y 50 CUC más para el barco, que también se paga aquí. Es recomendable tomar el primer ferri, ya que el siguiente (que, se supone, funciona viernes y domingo) es menos fiable.

El día de salida, hay que llegar antes de las 7.30 (más temprano si aún no se ha adquirido el billete). El autobús sale del andén nº 9 de la terminal de Ómnibus de La Habana entre las 9.00 y las 9.30 (aunque la facturación, similar a la de un aeropuerto, comienza a las 8.00) y avanza sin prisa hasta el descuidado puerto de Surgidero de Batabanó, donde el viajero deberá sumarse a las largas y caóticas colas para reconfirmar el billete de barco a Nueva Gerona. Entonces será conducido a través de un sistema de seguridad aeroportuario hasta una sala de espera durante 1 o 2 h antes de que el barco zarpe por fin (oficialmente a las 13.00).

La travesía en catamarán dura unas 2½ h; no hay horarios impresos. Si se toma el primer autobús/barco y todo va bien, se llega a las 16.00 (duración total del viaje 8 h, precio total del billete de 50,25 a 55 CUC).

Los refrescos de esta travesía son básicos (una lata de cola) o inexistentes, ya que casi todo el pasaje es nacional. Además, el aire acondicionado en los catamaranes es glaciar y las incesantes películas de acción, ensordecedoras. Desgraciadamente, no hay escapatoria, ya que el acceso a la cubierta superior está prohibido.

Se desaconseja aparecer por cuenta propia en Batabanó para comprar un billete para el ferri directamente en el puerto. A los extranjeros les suelen decir que los billetes se han vendido ya todos en el puesto de NCC en La Habana. Además, pasar la noche en Batabanó resulta poco atractivo.

El viaje de vuelta es igual de problemático. Hay que obtener el billete el día antes de la travesía en la terminal de ferri de NCC (☎46-32-49-77, 46-32-44-15; calle 31 esq. 24) en Nueva Gerona, junto al río Las Casas. La taquilla (☺lu-vi) está enfrente. El ferri sale hacia el Surgidero de Batabanó todos los días a las 8.00 (50 CUC), pero hay que estar allí 2 h antes para enfrentarse a las terribles colas. Al desembarcar, está esperando el autobús de La Habana y el trasbordo es más fluido en esta dirección. Supuestamente un segundo barco parte a las 13.00 los viernes y domingos; se aconseja llegar a las 11.00.

No hay que dar nada por supuesto hasta que uno haya reservado su billete. Es habitual que los barcos de la Isla, igual que los trenes cubanos, se retrasen, se averíen o se cancelen.

Para viajar en ambas direcciones hay que enseñar el pasaporte.

Un rayo de esperanza: está prevista la llegada de un nuevo ferri, más rápido, en un futuro próximo.

Cuba parezca eficaz. Se puede probar el autobús nº 441 desde Nueva Gerona. Como alternativas están los taxis (35 CUC aprox. desde el aeropuerto), motocicletas o coches de alquiler.

Zona militar del sur

Todo el sur de Cayo Piedra es zona militar; para acceder, hay que obtener antes un pase de un día (8/15 CUC/persona) en las oficinas de Ecotur (p. 164), en Nueva Gerona. Por 8 CUC hay la posibilidad de concertar una excursión a la cueva de Punta del Este, Playa Larga, Cocodrilo y el centro de cría de tortugas marinas (15 CUC si se viaja en vehículo propio). En ambos casos, la empresa proporciona un guía (obligatorio). En Nueva Gerona, Cubacar alquila vehículos (p. 166). No es posible viajar por la zona militar sin guía o pase oficial, así que el viajero debe presentarse en el puesto de control de Cayo Piedra con ambos. Como la excursión puede resultar cara, es recomendable compartir los gastos de transporte con otros interesados. Para información actualizada sobre la región, conviene preguntar en el Hotel Colony (p. 167) o en Ecotur, en Nueva Gerona.

En la zona más al sur de la Isla de la Juventud existe vida salvaje poco común, con habitantes como monos, ciervos, cocodrilos (tres tipos), lagartijas y tortugas.

Cueva de Punta del Este

Se trata de un Monumento Nacional situado 59 km al sureste de Nueva Gerona, el cual ha venido a denominarse la Capilla Sixtina del arte indígena caribeño. Mucho antes de la conquista española (los expertos calculan que sobre el año 800), los indios pintaron 235 pictografías en las paredes y el techo de la cueva. La mayor tiene 28 círculos concéntricos rojos y negros, y las pinturas se han interpretado como un calendario solar. Descubiertas en 1910, se consideran las más importantes de su género en el Caribe. Hay un pequeño centro de visitantes y estación meteorológica. La larga playa blanca cercana, sin sombra, es otro foco de atracción (para viajeros y mosquitos, así que conviene llevar repelente).

Cocodrilo

Una carretera de baches discurre por el sur desde Cayo Piedra hasta la espléndida Playa Larga, de arena blanca, y tras otros 50 km al oeste, hasta el acogedor pueblo de Cocodrilo.

Casi ajeno al turismo y con solo 750 habitantes, el lugar, que en el s. XIX colonizaron familias de las Islas Caimán, antes se llamaba Jacksonville. Todavía hay algunas personas que hablan inglés. A través de la exuberante vegetación junto a la carretera, uno puede alcanzar a ver reses, aves, lagartos y colmenas. La rocosa costa, interrumpida esporádicamente por pequeñas playas de arena blanca y aguas cristalinas, es soberbia.

El centro de cría de tortugas marinas (entrada 1 CUC; ⊙8.00-18.00) 🖉 1 km al oeste de Cocodrilo, realiza una excelente labor al proteger una de las especies más raras y amenazadas del país. Cuenta con hileras de acuarios de vidrio tintados de verde y llenos de tortugas de todos los tamaños, que posteriormente son liberadas en su entorno natural.

CAYO LARGO DEL SUR

📷45

Si el viajero visita Cuba para conocer históricas ciudades coloniales, bailarines exóticos y descascarilladas imágenes del Che Guevara, entonces la superficie de 38 km² de Cayo Largo del Sur, 114 km al este de la Isla de la Juventud, será una gran decepción. Si, por el contrario, sueña con resplandecientes playas de arena blanca, arrecifes de coral repletos de peces, fabulosos *resorts* con todo incluido y orondos canadienses e italianos paseando desnudos por los alrededores, este pequeño paraíso tropical cubierto de manglares, sin duda, le resultará ideal.

En Cayo Largo nunca ha existido un asentamiento cubano permanente, sino que la isla se desarrolló a principios de la década de 1980 estrictamente como una iniciativa turística. Está frecuentado mayoritariamente por turistas italianos, y, de hecho, varios *resorts* están dedicados en exclusiva a ellos. Los demás "todo incluido" son menos quisquillosos. Las playas paradisíacas (26 km) superan las expectativas de edén caribeño de muchos visitantes y son célebres por sus dimensiones, por estar vacías y –en verano– por la nidificación de tortugas. También hay multitud de iguanas y aves, entre otras, grullas, zunzuncitos y flamencos.

La isla se puede visitar con una cara excursión de un día desde La Habana, pero la mayoría de los viajeros lo hace con paquetes contratados una o dos semanas.

En el 2001, el huracán Michelle (de categoría 4) causó un oleaje que inundó todo Cayo

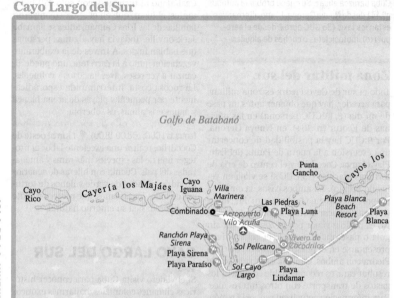

Golfo de Batabanó

Cayos los

Cayo Rico

Cayería los Majáes

Cayo Iguana

Villa Marinera

Combinado

Aeropuerto Vilo Acuña

Punta Gancho

Las Piedras

Playa Luna

Playa Blanca Beach Resort

Playa Blanca

Ranchón Playa Sirena

Sol Pelícano

Vivero de Cocodrilos

Playa Sirena

Playa Paraíso

Sol Cayo Largo

Playa Lindamar

Largo del Sur. La isla tardó años en recuperarse. Aun así, de todos los cayos cubanos con infraestructura de *resort,* sus playas siguen siendo las más bellas.

⊙ Puntos de interés

★ Playa Sirena
PLAYA

Es la más bonita de Cayo Largo (y quizá de Cuba), ancha, de 2 km y orientada al oeste. Suele haber turistas y se pueden practicar las actividades náuticas habituales (kayak, catamarán). A cierta distancia de la playa hay un bar-restaurante tipo *ranchón,* duchas y lavabos.

Al sureste se halla Playa Paraíso, una franja de arena más estrecha y con menos sombra, aunque también fantástica, con un pequeño bar.

Granja de las Tortugas
CRIADERO DE TORTUGAS

(Combinado; entrada 1 CUC; ⊙8.00-12.00 y 13.00-17.45) Pequeño complejo, a menudo cerrado, en el extremo noroeste de la isla, pasada la pista de aterrizaje, en Combinado. De mayo a septiembre los guías pueden organizar observación nocturna de tortugas en las playas del Cayo.

★ Vivero de Cocodrilos
RESERVA NATURAL

(⊙amanecer-anochecer) GRATIS Pasados los desvíos a los *resorts* Sol, la primera construcción de Cayo Largo es una torre de piedra de 1951 que señala el vivero de Cocodrilos. Aquí hay hasta cubanos auténticos que muestran al viajero los pocos animales que habitan en torno a la pequeña laguna: el cocodrilo Kimbo, la iguana Lola y un par de tortugas. Una mirada fugaz a la genuina realidad cubana. También se puede subir la destartalada escalera y disfrutar de aceptables vistas. Aquí es donde cultivan las plantas que decoran los jardines de los hoteles.

Playa los Cocos
PLAYA

Es posible dirigirse a la costa este de la isla a través de esta playa, donde hay buenas oportunidades de buceo (la carretera asfaltada se acaba después de Playa Blanca).

Playa Tortuga
PLAYA

Está pasada Playa los Cocos, en un extremo de la isla; las tortugas marinas desovan en la arena en verano.

Cayo del Rosario y Cayo Rico
ISLAS

El otro destino predilecto de las excursiones de un día son estas islas entre Cayo Largo e Isla de la Juventud. Las excursiones en barca

a estas playas salen de los hoteles (56 CUC/persona aprox.) y también de la Marina Internacional Cayo Largo (más económico).

Cayo Iguana   ISLA

Frente al extremo noroeste de Cayo Largo, Cayo Iguana alberga, como era de esperar, cientos de iguanas. Un viaje en yate para bucear con tubo puede costar 44 CUC.

🏃 Actividades

La mejor (y única) caminata de la isla es de Playa Sirena a Sol Cayo Largo por la playa (7 km), o viceversa. Un camino discontinuo sigue la cadena de dunas gran parte del trayecto, si hay marea alta. El viajero también puede conseguir una bicicleta, si se aloja en uno de los *resorts,* y dirigirse al este, pasado el Playa Blanca Beach Resort, hasta alguna de las playas más remotas de la isla.

También pueden practicarse buceo con tubo (desde 19 CUC), *windsurf,* navegación a vela y tenis. Se puede disfrutar de una intrépida aventura llevando la barca por los manglares (29 CUC) y nadando con delfines (90 CUC), cerca de Playa Sirena. Además, organizan excursiones de un día a La Habana y Trinidad (unos 150 CUC); se aconseja preguntar en los hoteles.

Marina Internacional
Cayo Largo   SUBMARINISMO, BUCEO, PESCA

(☑45-24-81-33; Combinado) Pasado el criadero de tortugas de Combinado, es este el punto de partida de las excursiones de pesca de altura (349 a 369 CUC/4 h/mín 4 personas) y submarinismo (40 CUC por inmersión, incl. traslado al hotel). Aquí todo es más caro porque no hay competencia. Los traslados a Playa Sirena son gratuitos para los viajeros alojados en la isla y salen por la mañana.

🛏 Dónde dormir

Todos los hoteles de Cayo Largo del Sur dan a la playa de 4 km del lado sur de la isla. Aunque con poca sombra, la playa es fabulosa y no suele haber mucha gente. Si el viajero acude para pasar el día, un pase a los *resorts* de Sol le costará 35 CUC con almuerzo incluido. Aunque están surgiendo nuevas construcciones en el extremo oriental de la zona de hoteles, a día de hoy los únicos *resorts* (aparte de los mencionados a continuación) pertenecen al vasto Hotel Isla del Sur y Eden Village Complex, que incluye Villas de Coral, Soledad y Lindamar, todos para italianos, que se reservan a través de agencias de viaje de ese país.

⭐ Villa Marinera   CENTRO VACACIONAL **$$**

(☑45-24-80-80; Combinado; i/d todo incl. 60/100 CUC; P❄✉) A los autores de estas páginas les gusta este apacible y sencillo hotel del centro de Combinado. Aunque su "todo incluido" no goza de la distinción de *resorts* más grandes, se halla junto a las instalaciones de Combinado (bar de tentempiés, banco, puerto deportivo, entre otras). Además, estas cabañas de troncos (20 en total) son realmente bonitas y más espaciosas que las habitaciones de muchos otros.

Hasta tiene un detalle tipo *resort:* hileras de tumbonas en todo el tramo de playa (léase arrecife rocoso, aunque el traslado a Playa Sirena está al lado). Se reserva en el Playa Blanca Beach Resort y es una auténtica ganga.

⭐ Sol Cayo Largo   CENTRO VACACIONAL **$$$**

(☑45-24-82-60; www.meliacuba.com; i/d todo incl. desde 165/220 CUC; P❄@✉) Es el mejor complejo de Sol Meliá, con su vestíbulo tipo templo griego y fuentes de inspiración italiana. La playa del hotel es fantástica (y nudista) y las habitaciones, pintadas con colores brillantes (aunque no son lujosas), disponen de balcones con vistas al mar. A día de hoy, es el *resort* más exclusivo de la isla y perfecto

CAYOS DE SAN FELIPE

Técnicamente se hallan en la provincia de Pinar del Río, pero, de momento, la única manera de llegar a estos cayos casi vírgenes es en una excursión organizada por el Hotel Colony, en la Isla de la Juventud, o por la Marina Internacional Cayo Largo, en Cayo Largo del Sur. Este pequeño conjunto de cayos, uno de los 14 parques nacionales de Cuba, situado unos 30 km al sur de Pinar del Río y 30 al noroeste de la Isla, están deshabitados, con excepción de algún que otro investigador medioambiental. En los cayos vivía una rara subespecie de roedor arbóreo llamada jutía, que lleva sin verse desde 1978, cuando se introdujeron ratas negras en el archipiélago. En las islas, repletas de manglares, también habitan tortugas y numerosas especies de aves.

Fauna al margen, la principal razón para visitar el lugar es el submarinismo, pues existen 22 puntos de inmersión casi sin gente. El viaje empieza en Pinar del Río antes de trasladarse en autobús al pueblo pescador de La Coloma, donde un barco lleva al cliente a los cayos para hacer submarinismo. Tras el almuerzo a bordo, será llevado por mar al Hotel Colony de la Isla sin tener que sufrir el calvario del ferri.

Existe también la opción de convertir el viaje en una o dos odiseas de varios días y diversas inmersiones: la ruta de los Indios (los cayos entre La Coloma y la Isla de la Juventud) y la ruta Los Galeones (entre la Isla y Cayo Largo del Sur).

Es aconsejable informarse sobre precios y la disponibilidad en el Hotel Colony (p. 167) o la Marina Internacional Cayo Largo (p. 171).

---

para huir de las familias y del bingo anejo a la piscina de más al este.

Cuenta con *spa* y gimnasio.

**Playa Blanca
Beach Resort**   CENTRO VACACIONAL **$$$**
(☑45-24-80-80; /d todo incl. 84/135 CUC; 🄿❋@♒🄰) El *resort* más nuevo de Cayo Largo está apartado del resto, en una extensa franja de Playa Blanca. Su anodina arquitectura se ve suplida por tres opciones gastronómicas distintas, una gran oferta de actividades deportivas y, algo poco habitual, música clásica en la piscina y no reguetón a todo volumen. Como toque original, las obras de arte del destacado artista cubano Carlos Guzmán decoran las zonas comunes, y las suites más selectas, con las zonas de descanso suspendidas, están muy bien. Aunque no vendría mal alguna persiana.

Sol Pelícano   CENTRO VACACIONAL **$$$**
(☑45-24-82-33; www.meliacuba.com; i/d todo incl. 235/335 CUC; 🄿❋@♒🄰) Este complejo de estilo español situado en la playa, 5 km al sureste del aeropuerto, tiene 203 habitaciones distribuidas en edificios de tres plantas y cabañas dúplex construidas en 1993. Es el *resort* más grande de la isla, pero solo abre en temporada alta. Cuenta con discoteca y privilegios pensados para familias.

🍴 Dónde comer y beber

De los hoteles en régimen de "todo incluido", el Sol Cayo Largo sirve la mejor comida.

Discoteca el Torreón   CARIBEÑA **$$**
(Combinado; ⊘12.00-24.00) En esta especie de fuerte junto al puerto deportivo sirven buenos platos, y el baile y las copas no cesan, pero actualmente parece estar siempre cerrado.

**★ Ranchón
Playa Sirena**   PESCADO Y MARISCO **$$$**
(⊘9.00-17.00) Un interesante chiringuito de playa, entre las palmeras de Playa Sirena, con latinos parecidos a Tom Cruise, que agitan las cocteleras. También sirven buena comida y, si hay suficientes turistas, montan un bufé (20 CUC). Ofrece comida criolla sin pretensiones y un buen pargo rojo a la brasa por 12 CUC.

Taberna el Pirata   CAFÉ, CLUB
(Combinado; ⊘24 h) Junto a la Marina Internacional Cayo Largo, entre su clientela se cuentan marineros, trabajadores de *resorts* y algún que otro turista ocasional. Sirve cerveza helada, un café extrafuerte que quema la garganta, sándwiches y patatas fritas en un entorno agradable.

❶ Información

Hay un **Cubatur** (☎45-24-82-58) en el Sol Pelícano y más oficinas de información en el Sol Cayo Largo y el Playa Blanca. Los hoteles ofrecen cambio de divisa y en Combinado está el principal banco de la isla, **Bandec** (◷8.30-15.00 lu-sa, 8.00-12.00 do). Esta localidad cuenta, además, con la tienda de puros **Casa de Habano** (☎45-24-82-11; ◷8.00-20.00), la **Clínica Internacional** (☎45-24-82-38; ◷24 h), la Marina Internacional Cayo Largo (p. 171), la discoteca el Torreón (también bar de tentempiés), una bolera habitualmente cerrada y un par de puestos de recuerdos. En los establecimientos turísticos aceptan euros.

A veces se prohíbe el baño debido a las peligrosas corrientes; estará indicado con banderas rojas en la playa. Los mosquitos también pueden resultar molestos.

❶ Cómo llegar y salir

El aeropuerto internacional Vilo Acuña es un sitio animado, con un amplio bar de tentempiés y un puesto de recuerdos. Varios vuelos chárteres llegan semanalmente de Canadá, y Cubana tiene vuelos semanales desde Montreal y Milán.

Para visitantes ocasionales, los vuelos diarios de La Habana a Cayo Largo del Sur con **Aerogaviota** (☎7-203-8686; av. 47 nº 2814, entre calles 28 y 34, Kohly, Havana) o Cubana (p. 166) cuestan 129 CUC/ida y vuelta. El precio incluye los dos traslados al aeropuerto y una travesía en barca desde el puerto deportivo de Cayo Largo (no es obligatoria). La visita a la isla constituye una excursión de un día, factible desde La Habana, aunque el viajero deberá levantarse pronto para el traslado al aeropuerto (todos los vuelos a Cayo Largo salen entre las 7.00 y las 8.00 del aeropuerto de Playa Baracoa, unos kilómetros al oeste de Marina Hemingway).

Las excursiones organizadas desde La Habana o Varadero a Cayo Largo del Sur cuestan unos 137 CUC, lo cual incluye los traslados al aeropuerto, el almuerzo, además de las excursiones a Playa Sirena y Cayo Iguana. La recogida para el aeropuerto en La Habana empieza su ronda de hoteles sobre las 5.00; el viajero debe asegurarse de que para en su hotel. Todas las agencias de viajes de La Habana ofrecen estas excursiones.

❶ Cómo desplazarse

Moverse por Cayo Largo no debería ser complicado.

Un taxi o autobús de enlace recorre los 5 km entre el aeropuerto y la zona hotelera (incluido en el precio del vuelo). Desde allí, el *trencito* lleva gratis a los turistas hasta Playa Paraíso (6 km) y Playa Sirena (7 km). El tren regresa al mediodía, pero se puede volver andando por la playa.

El diminuto asentamiento de Combinado está 1 km al norte del aeropuerto y a 6 km del *resort* más cercano.

Para tomar un taxi, lo mejor es esperar en los hoteles, el aeropuerto y Combinado. La carrera cuesta entre 5 y 10 CUC. Los hoteles también alquilan ciclomotores y automóviles; al estar más alejado, el Playa Blanca Beach Resort tiene la mejor oferta.

Por la mañana zarpan un par de embarcaciones desde el puerto deportivo hasta playa Sirena, que regresan a Combinado por la tarde.

Valle de Viñales y provincia de Pinar del Río

📝 48 / 595 000 HAB.

Mejores circuitos tabaqueros

➡ Plantación de tabaco
Alejandro Robaina (p. 195)

➡ Fábrica de Tabacos
Francisco Donatien (p. 191)

➡ La Casa del Veguero (p. 178)

➡ Finca Raúl Reyes (p. 178)

Mejor diversión acuática

➡ Centro Internacional de
Buceo (p. 196)

➡ Cueva de Palmarito (p. 185)

➡ Cayo Jutías (p. 186)

➡ Cayo Levisa (p. 187)

Por qué ir

La provincia de Pinar del Río, un rústico lienzo de rojizos y fértiles campos arados por bueyes, de secaderos de tabaco con el techo pajizo y de guajiros tocados con sombrero, es la cuna del mejor tabaco de Cuba y, por ende, del mundo.

Las dos joyas de este verde tapiz son el valle de Viñales, Patrimonio Mundial de la Unesco, cuyos fascinantes y distintivos mogotes (montículos de piedra caliza) propician magníficas excursiones, y la península de Guanahacabibes, designada Reserva de la Biosfera, limítrofe con María la Gorda y sus más de 50 puntos de inmersión.

Viñales, un pueblo tranquilo rodeado de escarpadas colinas, cuya belleza recuerda a los paisajes de Van Gogh, es el lugar idóneo para alojarse. Permite explorar algunas de las mejores cuevas del Caribe y visitar plantaciones de tabaco, pero también es la opción perfecta para nadar en lugares solitarios, tumbarse en idílicas playas o dejarse seducir por la magia de estos parajes, donde cada horizonte es un reflejo paradigmático de la Cuba rural e invita a conocerla.

Cuándo ir

➡ De mayo a agosto es ideal para ver especies raras, como las tortugas de Guanahacabibes.

➡ De octubre a marzo es la mejor época para la observación de aves.

➡ De diciembre a marzo es fantástico para ir a la playa.

Historia

La historia precolombina del oeste de Cuba está íntimamente relacionada con los guana-hatabeyes, indios nómadas que habitaban en cavernas y obtenían su principal sustento del mar. No tan sofisticados como los otros pueblos indígenas que habitaban en la isla, eran pacíficos y su cultura se desarrolló de una forma más o menos independiente a la de los taínos y sibonéis, asentados más al este. Cuando Cristóbal Colón llegó a Cuba en 1492, ya se habían extinguido.

Los españoles no mostraron mucho interés por la escarpada región de Pinar del Río, que solo se desarrolló con la llegada de colonos de las Islas Canarias a finales del s. XVI. Originariamente denominada Nueva Filipina, en 1778 la región fue rebautizada como Pinar del Río, al parecer por los pinares que se concentraban a lo largo del río Guamá. A la sazón, el extremo occidental de Cuba ya se distinguía por su tabaco y albergaba la que hoy es la empresa tabaquera más antigua del mundo, Tabacalera, fundada en 1636. La ganadería también sustentaba la economía. Los agricultores que vivían de los delicados cultivos de la zona fueron bautizados coloquialmente como guajiros, término indígena que significa "uno de nosotros". Hacia mediados del s. XIX, los europeos quedaron prendados del fragante tabaco y la región floreció. Se abrieron nuevas rutas marítimas y el recorrido del ferrocarril se amplió para facilitar su transporte.

En la actualidad, el tabaco y el turismo generan los principales ingresos de Pinar del Río y afianzan su popularidad. Viñales es, después de La Habana y Varadero, el principal destino turístico de Cuba.

VALLE DE VIÑALES

El Parque Nacional Viñales, con altísimos pinos y riscos de piedra caliza que se elevan sobre plácidas plantaciones de tabaco, constituye uno de los escenarios naturales más espectaculares de Cuba. Este valle de 11 por 5 km en la sierra de los Órganos fue designado Monumento Nacional en 1979 y declarado Patrimonio Mundial de la Unesco en 1999 por sus impresionantes afloramientos rocosos (mogotes) y la arquitectura de sus granjas y aldeas tradicionales.

Hubo un tiempo en que toda esta región era mucho más elevada. Durante el período cretácico, hace unos 100 millones de años, los ríos subterráneos erosionaron el lecho de piedra caliza y formaron enormes cavernas. Posteriormente los techos se desplomaron y solo quedaron las paredes desgastadas que todavía perduran. Es el mejor ejemplo de valle kárstico que existe en Cuba y alberga la Gran Caverna de Santo Tomás, el mayor sistema de cuevas de la isla.

Viñales también brinda la oportunidad de realizar excelentes excursiones, escaladas y paseos a caballo; cuenta con hoteles de primera clase y con algunas de las mejores casas particulares de Cuba. Pese a atraer a un gran número de viajeros, los espacios naturales están bien preservados y han logrado sustraerse al impacto turístico que caracteriza otros lugares de la isla, por lo que en los pueblos y su entorno sigue respirándose un ambiente tranquilo.

Viñales

En cuanto se divisa a un guajiro mascando un puro mientras ara un rojizo campo de tabaco con su buey, se sabe que Viñales está muy cerca. Pese a ser un importante destino turístico desde hace tiempo, este emplazamiento tranquilo y relajado se mantiene fiel a sus tradiciones e identidad. Lo que se ve es lo que hay: una pequeña localidad agrícola situada en uno de los rincones naturales más hermosos de Cuba. Y para disfrutar de un retazo de la verdadera Cuba rural, nada mejor que contemplarla acomodado en una mecedora bajo un porche.

Puntos de interés

Fundada en 1875, Viñales destaca más por su maravilloso entorno y sus actividades al aire libre que por sus monumentos y arquitectura. Con todo, posee algunas construcciones interesantes junto a una animada plaza mayor que alberga la imponente Casa de la Cultura (plano p. 179), de estilo colonial y uno de los edificios más antiguos del valle. Al lado hay una pequeña galería de arte (plano p. 179) y, en las inmediaciones, una diminuta iglesia (plano p. 179), restaurada no hace mucho.

Museo Municipal   MUSEO
(plano p. 179; Salvador Cisneros 115; entrada 1 CUC; ⊙9.00-20.00 ma-sa, hasta 21.00 do) En la arteria principal de Viñales, bordeada de pinos, ocupa la antigua residencia de Adela Azcuy (1861-1914), heroína de la independencia cubana, y explora la historia local. Desde aquí salen a diario cinco excursiones guiadas dis-

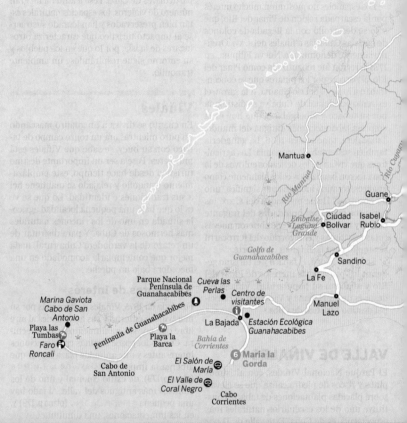

GOLFO DE MÉXICO

Mantua

Guane

Río Mantua

Río Cuyaguateje

Ciudad Bolívar

Isabel Rubio

Embalse Laguna Grande

Golfo de Guanahacabibes

Sandino

La Fe

Manuel Lazo

Parque Nacional Península de Guanahacabibes

Cueva las Perlas

Centro de visitantes

Marina Gaviota Cabo de San Antonio

Playa las Tumbas

Faro Roncali

Península de Guanahacabibes

Playa la Barca

La Bajada

Estación Ecológica Guanahacabibes

Bahía de Corrientes

Cabo de San Antonio

El Salón de María

María la Gorda

El Valle de Coral Negro

Cabo Corrientes

Imprescindible

① Ver, oler y degustar la belleza del **Parque Nacional Viñales** (p. 183).

② Montar a caballo o adentrarse con los guajiros en el **valle de Palmarito** (p. 184).

③ Quedarse asombrado ante las grutas de la **Gran Caverna de Santo Tomás** (p. 185), uno de los mayores sistemas subterráneos de América Latina.

④ Recargar las pilas en el idílico **Cayo Levisa** (p. 187).

⑤ Ver dónde jugó al ajedrez Che Guevara durante la Crisis de los Misiles en la **cueva de los Portales** (p. 189).

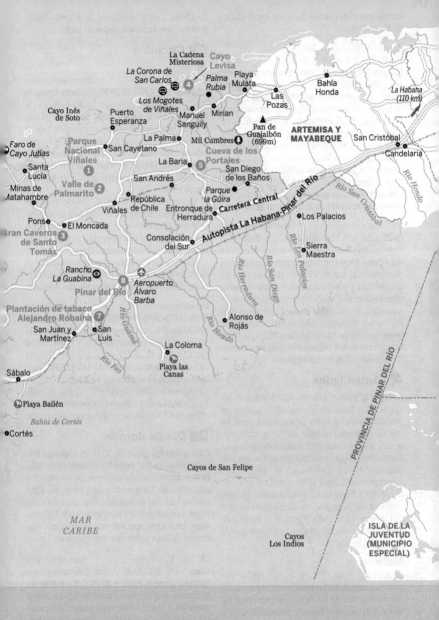

tintas; consúltense los horarios en el museo el día anterior.

Jardín Botánico de las Hermanas Caridad y Carmen Miranda   JARDINES

(plano p. 179; Salvador Cisneros; se aceptan donativos; ⊙8.00-17.00) Frente a la gasolinera Servi-Cupet, donde Cisneros vira hacia al norte y deja atrás la ciudad, se alza una extravagante verja cubierta de enredaderas. Tras ella se extiende un amplio jardín que empezó a construirse en 1918; contiene cascadas de orquídeas que florecen junto a cabezas de muñecas de plástico, bosquecillos de lirios anaranjados y pavos que corretean por doquier. Si se desea visitarlo de forma guiada, hay que llamar a la puerta de la casita de Caperucita Roja.

La Casa del Veguero   PLANTACIÓN DE TABACO

(plano p. 180; ctra. Pinar del Río km 24; ⊙10.00-17.00) Una opción para saber más sobre la cultura del tabaco local consiste en detenerse en esta plantación al sur de Viñales, de camino a Pinar del Río, y visitar un secadero plenamente operativo en el que, de febrero a mayo, se lleva a cabo el curado de las hojas. El personal facilita breves explicaciones y se pueden adquirir puros sueltos (la variedad sin marca que fuma la mayoría de los cubanos) a precios especiales. También hay un restaurante.

🏃 Actividades

Aunque la mayoría de las actividades se llevan a cabo fuera de la ciudad, hay algunas –incluidas varias rutas de escalada– para las que no se precisa ningún medio de transporte. Los 2 km cuesta arriba que conducen a La Ermita (p. 181) compensarán al viajero con una fantástica piscina en la que nadar (con consumición bar 7 CUC) o con un masaje (20-35 CUC). En el Hotel Los Jazmines (p. 180) también hay una piscina extraordinaria (con consumición bar 7 CUC), aunque el incesante ir y venir de los autobuses turísticos puede perturbar la paz.

Ciclismo

Pese a las colinas, Viñales es uno de los mejores lugares de Cuba para practicar el ciclismo: la mayoría de las carreteras recorren los valles, son bastante llanas y presentan un tráfico escaso. Las agencias de la ciudad ofrecen circuitos en bicicleta por el valle.

Alquiler de bicicletas   CICLISMO

(plano p. 179; 1/8 h 1/6 CUC) En la plaza principal de Viñales hay un local que alquila bicicletas modernas de varias velocidades, procedentes de China. Los propietarios de algunas casas particulares también alquilan bicis.

👉 Circuitos

⭐ Yoan y Yarelis Reyes   EXCURSIONISMO, CICLISMO

(plano p. 179; ☎52-74-17-34; Salvador Cisneros 206C) Organizan todo tipo de actividades en la zona, desde caminatas, hasta circuitos en bicicleta, paseos a caballo, masajes, lecciones de salsa y visitas a la Finca Raúl Reyes (plano p. 179), una granja y plantación de tabaco a 1 km de la ciudad, regentada por el padre de Yoan, donde se podrá degustar fruta, café, puros y ron.

Desde aquí también se puede realizar una impresionante excursión a la cueva de la Vaca, que forma un túnel a través de los mogotes y desde cuya entrada se disfruta de unas vistas del valle inolvidables.

Las dos excursiones más interesantes son el Circuito Amanecer a Los Acuáticos y el Circuito Atardecer al apacible valle del Silencio.

Cubanacán   CIRCUITO

(plano p. 179; ☎48-79-63-93; Salvador Cisneros 63C; ⊙9.00-19.00 lu-sa) Ofrece populares salidas de un día a Cayo Levisa (29 CUC), Cayo Jutías (20 CUC), la Gran Caverna de Santo Tomás (20 CUC) y María la Gorda (35 CUC). También organiza circuitos en bicicleta (20 CUC) y paseos a caballo (desde 5 CUC) por el valle. Desde aquí salen a diario las excursiones oficiales (8 CUC) que se realizan por el parque.

🛏 Dónde dormir

Casi todas las casas de Viñales alquilan habitaciones, lo que permite escoger entre casi 300 y garantiza que siempre se encontrará alojamiento. La mayoría está bien, pero las que se indican a continuación destacan del resto. Los dos hoteles a las afueras de Viñales, accesibles a pie, son auténticas joyas que disfrutan de una ubicación espectacular.

⭐ Villa Los Reyes   CASA PARTICULAR $

(plano p. 179; ☎48-79-33-17; http://villalosreyes.com; Salvador Cisneros 206C; h 20-25 CUC; 🅿❄@🐾) Hermosa casa moderna con tres habitaciones grandes y totalmente equipadas, un patio tranquilo en el que se sirven deliciosas y originales cenas, y una terraza en la azotea sin parangón. Los anfitriones (Yarelis trabaja como bióloga en el parque y Yoan lleva Viñales en la sangre) ofrecen servicio de taxi y excursiones. Tienen previsto construir más habitaciones y un restaurante en la parte posterior.

Viñales

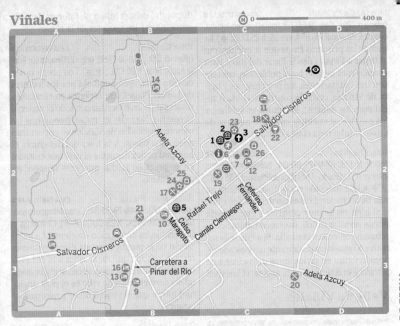

N 0 ———————————— 400 m

Villa Pitín y Juana   CASA PARTICULAR **$**

(plano p. 179; ☎48-79-33-38; emilitin2009@yahoo. es; ctra. Pinar del Río nº 2, km 25; h 25 CUC; ⓟ❋) La hospitalidad que recibe el viajero bastaría para que esta casa figurara entre las mejores de Cuba, pero, además, sus propietarios destacan por su intachable profesionalidad.

Disponen de cuatro maravillosas habitaciones en plantas separadas; las tres superiores están conectadas entre sí por una terraza en la que sirven deliciosas comidas caseras. Pronto abrirán una cafetería-pastelería, con entrada desde la calle, que regentarán conjuntamente con el Hostal Doña Hilda, al lado.

Hostal Doña Hilda
CASA PARTICULAR **$**

(plano p. 179; ☑48-79-60-53; flavia@correodecuba. cu; ctra. Pinar del Río nº 4, km 25; h 25 CUC; ✱) Es una de las primeras casas que se encuentran al llegar a Viñales desde Pinar del Río y, para cuando esta guía se haya publicado, contará con tres habitaciones. Sin pretensiones y típica de Viñales, como la sonriente Hilda (Chichi para los amigos), la comida es sublime y los mojitos se cuentan entre los mejores de Cuba. También da clases de baile.

Casa Nenita
CASA PARTICULAR **$**

(plano p. 179; ☑48-79-60-04; Salvador Cisneros interior nº 1, pasado el hospital policlínico; h 35 CUC; **P✱✱**) Se ha convertido discretamente en una de las mejores casas particulares de Cuba y, si bien no es muy céntrica y encontrarla puede resultar difícil, sus cinco habitaciones rebasan con creces la media. Si a ello se le suman un fantástico restaurante (su pescado rebozado figura en varios libros de cocina), una piscina y una terraza en la azotea, el huésped

Valle de Viñales

La Carreta (1.5km);
Puerto Esperanza (18km)
Hotel Rancho San Vicente
Cueva del Indio
Valle de San Vicente
Sendero subterráneo
Sierra la Guasasa
Cueva de San Miguel
Río subterráneo
Mogote la Esmeralda
Valle de la Guasasa
Mogote
Valle del Silencio
Mogote Coco Solo
Valle de Palmarito
Mogote Dos Hermanas (400m)
Mogote del Valle (402m)
Véase "Viñales", p. 179
Campismo Dos Hermanas
Mural de la Prehistoria
VIÑALES
La Ermita
Los Acuáticos (3km)
Valle de Viñales
La Casa del Veguero
Balcón del Valle
Centro de visitantes Parque Nacional Viñales
Hotel Los Jazmines
Pinar del Río (26km)

dispondrá de una lujosa plataforma desde la que explorar los mogotes de la zona.

Villa Cafetal
CASA PARTICULAR **$**

(plano p. 179; ☑53-31-17-52; edgar21@nauta.cu; Adela Azcuy final; h 20 CUC; **P✱**) Los propietarios de esta casa, recomendada por los lectores de Lonely Planet, son expertos en escalada y disponen de un cobertizo con todo el material necesario. No es de extrañar, puesto que las mejores escaladas de Viñales se encuentran a solo dos pasos. A la hora del desayuno, el huésped podrá degustar el café que cultivan en su precioso jardín mientras se mece en una hamaca.

Casa Jean-Pierre
CASA PARTICULAR **$**

(plano p. 179; ☑48-79-33-34; Celso Maragoto esq. Salvador Cisneros; h 25 CUC; **P✱**) Céntrica e impecable, es una opción excelente. La habitación de la planta superior dispone de una terraza privada que da sombra a la del piso inferior. En ambos casos, la exquisita comida (el cordero en salsa de vino es el plato insignia) harán que el viajero desee prolongar su estancia.

Casa Daniela
CASA PARTICULAR **$**

(plano p. 179; ☑48-69-55-01; casadaniela@nauta. cu; ctra. Pinar del Río; h 20-25 CUC; **P✱✱**) Destaca por la extraordinaria hospitalidad de sus propietarios –un exmédico y su esposa– dispensan al viajero. Cuenta con dos sencillas pero impecables habitaciones y hay un patio con sombra. También tienen juguetes para los niños.

El Balcón
CASA PARTICULAR **$**

(plano p. 179; ☑48-69-67-25; elbalcon2005@yahoo. es; Rafael Trejo 48, altas; h 20-30 CUC; **✱✱**) Una manzana al sur de la plaza, los simpáticos propietarios, Mignelys y Juanito, ofrecen cuatro habitaciones privadas en la 1ª planta (debajo hay otra vivienda para alquilar), un balcón que da a la calle y una enorme terraza en la azotea donde degustar una comida exquisita.

★ Hotel Los Jazmines
HOTEL **$$**

(plano p. 179; ☑48-79-64-11; ctra. Pinar del Río; i/d desde 52/86 CUC, ste desde 54/88 CUC; **P✱✱✱**) De estilo colonial, permite disfrutar de una de las mejores vistas de Cuba. Desde las habitaciones clásicas, frente al valle, se contemplan magníficos mogotes, campos rojizos arados por bueyes y secaderos de tabaco cubiertos de hojas de palmera. Aunque no es un palacio de cinco estrellas, goza de una ubicación incomparable y cuenta con una magnífica piscina.

Además, hay una clínica internacional, una sala de masajes y una pequeña tienda/mercado. El único inconveniente son los autobuses turísticos que se detienen casi cada hora y rompen la magia. Desde Viñales se puede llegar andando (4 km al sur, en la carretera de Pinar del Río). El autobús turístico de Viñales tiene parada en el hotel; también se puede pedir amablemente a los conductores de Víazul que se detengan aquí.

La Ermita   HOTEL **$$**
(plano p. 180; ☑48-79-64-11, 48-79-62-50; ctra. La Ermita km 1,5; i/d desayuno incl. 61/92 CUC; P✴✿) Se distingue por su arquitectura, mobiliario interior, servicios y calidad. Especialmente tranquilo gracias a la ausencia de autobuses turísticos, las habitaciones con vistas están situadas en bonitos edificios coloniales de dos plantas y el restaurante es ideal para el desayuno. Hay una excelente piscina, pistas de tenis y una tienda. Organizan paseos a caballo, disponen de servicio de masajes y preparan unos cócteles exquisitos. Se puede bajar paseando hasta el pueblo (2 km) o tomar el autobús turístico de Viñales.

✗ Dónde comer y beber

Viñales, al igual que muchas otras ciudades turísticas, ahora también cuenta con una excelente y amplia oferta de innovadores restaurantes privados.

El Olivo   MEDITERRÁNEA **$**
(plano p. 179; Salvador Cisneros 89; pasta 3-4 CUC;⊙12.00-23.00) Soberbia lasaña y platos de pasta que se suman a otros clásicos mediterráneos, como el pato a la naranja. La estrella es el conejo con hierbas en salsa de chocolate negro.

★**Balcón del Valle**   CUBANA **$$**
(plano p. 180; ctra. Pinar del Río; comidas 6-8 CUC; ⊙12.00-24.00) Situado a 3 km de Viñales en dirección al Hotel Los Jazmines, es, en efecto, un balcón sobre el valle, con tres plataformas de madera que se alzan sobre un paisaje de campos de tabaco, secaderos y escarpados mogotes. Los platos, tan sensacionales como las propias vistas, incluyen pollo, cerdo, pescado y langosta, todos preparados al estilo cubano y servidos con abundante guarnición.

★**Cocinita del Medio**   CUBANA **$$**
(plano p. 179; Salvador Cisneros, entre Celso Maragoto y Adela Azcuy; platos 10 CUC; ⊙12.00-23.00) A veces la clave está en la simplicidad, como en el caso de estos generosos y bien condimenta-

INDISPENSABLE

VALLE DEL SILENCIO

Si se desea cambiar de aires y salir de la ciudad por unos días, el valle del Silencio, en Viñales, constituye una magnífica opción. Es el valle más acogedor, menos explorado y más pintoresco del parque, y en él se cultiva la mayor parte del tabaco del distrito. Si al ponerse el sol uno se acomoda en una mecedora bajo el porche de una de las preciosas fincas, disfrutará de un silencio absoluto.

El valle se puede visitar por cuenta propia o con una excursión organizada. En Viñales, Yoan y Yarelis Reyes (p. 178) ofrecen una maravillosa excursión al atardecer que culmina en una preciosa granja ecológica donde se puede charlar con los granjeros y contemplar cómo el sol se oculta tras los mogotes de piedra caliza.

dos platos de carne y pescado. Se recomienda probarlo al menos una vez.

El Barrio   MEDITERRÁNEA **$$**
(plano p. 179; Salvador Cisneros 58A; comidas 2,50-12,50 CUC; ⊙9.00-madrugada) Este local de moda estilo *grunge* está conquistando el nuevo mercado de los establecimientos abiertos 24 h. Es ideal para desayunos, almuerzos y cócteles. Las tapas y *pizzas* son buenas; la pasta, no tanto. La terraza suele frecuentarla una animada clientela de viajeros.

Restaurant Fernan-2   INTERNACIONAL **$$**
(plano p. 179; ctra. La Ermita km 1; principales 6-9 CUC; ⊙10.00-24.00) Colgado como una casa construida en un árbol debajo del Hotel Ermita y regentado por el amable Fernando, incluye un amplio abanico de elegantes detalles: desde elementos acuáticos elaborados con viejas botellas hasta jardines aterrazados y estanques. Sirve principalmente generosos platos de sabores rústicos.

Restaurante la Casa de Don Tomás   CUBANA, INTERNACIONAL **$$**
(plano p. 179; Salvador Cisneros 140; principales 10 CUC aprox.; ⊙10.00-23.00) Es la casa más antigua de Viñales y antaño fue también su mejor restaurante. Aunque las cosas han cambiado, con su tejado de terracota y su frondosa vid sigue siendo un lugar estupendo para degustar *las delicias de Don Tomás:* un festín

de carne, langosta y arroz, coronado con un huevo (10 CUC).

JP Bar y Tapas BAR
(plano p. 179; Salvador Cisneros 45; ⊙24 h) El primer bar de propiedad privada de Viñales también es el primero que abre 24 h y aspira a convertirse en un ejemplo a seguir. Sirve fantásticas tapas regadas con un colosal surtido de licores cubanos, además de desayunos para combatir los excesos de la noche anterior.

☆ Ocio

Centro Cultural
Polo Montañez MÚSICA EN DIRECTO
(plano p. 179; Salvador Cisneros esq. Joaquin Pérez; después de 21.00 entrada 1 CUC; ⊙música 21.00-2.00) En un patio junto a la plaza principal, este bar-restaurante toma su nombre del héroe guajiro y legendario cantante folk que vivió en Pinar del Río. Cuenta con un completo escenario que cobra vida después de las 21.00.

Patio del Decimista MÚSICA EN DIRECTO
(plano p. 179; Salvador Cisneros 102; ⊙música desde 21.00) Animado y consolidado local en el que se puede disfrutar de música en directo, cerveza fría, tentempiés y excelentes cócteles.

De compras

ARTex RECUERDOS
(plano p. 179; Salvador Cisneros 102; ⊙10.00-17.00) Junto al Patio del Decimista, vende postales, camisetas y CD.

La Vega PUROS, RON
(plano p. 179; ☎48-79-60-80; Salvador Cisneros 57; ⊙9.00-21.00) Soberbia selección de puros –muchos elaborados allí mismo– y de ron.

La Casa del Veguero PUROS, RECUERDOS
(ctra. Pinar del Río km 24; ⊙10.00-17.00) Puros traídos directamente de las plantaciones y una buena selección de libros y recuerdos.

❶ Información

ACCESO A INTERNET Y TELÉFONO
Etecsa Telepunto (Ceferino Fernández 3; internet 4,50 CUC/h; ⊙8.30-19.00 lu-sa, hasta 17.00 do) Una diminuta oficina con algunos terminales. Aunque vende tarjetas telefónicas, no dispone de cabinas para su uso.

ASISTENCIA MÉDICA
Clínica (☎48-79-33-48; Salvador Cisneros interior s/n)

Farmacia Internacional (☎48-79-64-11; Hotel los Jazmines, ctra. Pinar del Río) En el Hotel Los Jazmines.

DINERO
Banco de Crédito y Comercio (Salvador Cisneros 58; ⊙8.00-12.00 y 13.30-15.00 lu-vi, 8.00-11.00 sa)
Cadeca (Salvador Cisneros esq. Adela Azcuy; ⊙8.30-16.00 lu-sa) Permite obtener anticipos en efectivo y cambia cheques de viaje, pero la comisión es más alta que en los bancos.

CORREOS
Oficina de correos (plano p. 179; Ceferino Fernández 14 esq. Salvador Cisneros; ⊙9.00-18.00 lu-sa)

INFORMACIÓN TURÍSTICA
Infotur (plano p. 179; Salvador Cisneros 63B; ⊙9.30-17.30)

AGENCIAS DE VIAJES
Cubanacán (p. 178) organiza circuitos, excursiones y viajes en autobús.

❶ Cómo llegar y desplazarse

AUTOBÚS
La ordenada **taquilla de Víazul** (plano p. 179; Salvador Cisneros 63A; ⊙8.00-12.00 y 13.00-15.00) está enfrente de la plaza principal, en el mismo edificio que Cubataxi. El autobús de Víazul (diario) a La Habana vía Pinar del Río sale de este punto a las 6.45 y 9.10 (12 CUC). El primero continúa hasta Cienfuegos (32 CUC, 8 h) y Trinidad (37 CUC, 9½ h); el segundo es el único que para en Las Terrazas.

Los autobuses Conectando, que están gestionados por Cubanacán (p. 178) y se toman enfrente de sus oficinas, hacen viajes diarios a La Habana (15 CUC) y a Trinidad (37 CUC), pasando por Cienfuegos. Conviene reservar con un día de antelación. También se pueden tomar autobuses a Soroa y a Las Terrazas. Para ir a Cayo Levisa o a Cayo Jutías, los hay que salen y regresan en el día. Hay uno que va a María la Gorda (ida/ida y vuelta 30/41 CUC; 6 pers. mín.); sale de Viñales a las 7.00 y de María la Gorda a las 17.00.

AUTOMÓVIL Y CICLOMOTOR
Para llegar a Viñales desde el sur hay que tomar la larga y serpenteante carretera que parte de Pinar del Río. Las procedentes de la costa norte no son tan sinuosas pero, debido a su mal estado, el trayecto resulta mucho más lento. La remota carretera de montaña desde la península de Guanahacabibes a través de Guane y Pons es

una de las rutas más espectaculares de Cuba, pero el viaje es muy largo.

Se pueden alquilar automóviles en **Cubacar** (☎48-79-60-60; Salvador Cisneros 63C; ☺9.00-19.00), en la oficina de Cubanacán, y en **Havanautos** (☎48-76-63-30; Salvador Cisneros final), enfrente de la gasolinera Servi-Cupet, en el extremo noreste de la ciudad de Viñales.

El restaurante La Casa de Don Tomás (p. 181) alquila ciclomotores por 24 CUC/día.

TAXI

Cubataxi (☎48-79-31-95; Salvador Cisneros 63A) comparte oficina con Víazul. Los taxis estacionados enfrente cobran unos 15 CUC por ir hasta Pinar del Río; 28 CUC hasta Palma Rubia (para tomar el barco a Cayo Levisa); y 13 CUC hasta la Gran Caverna de Santo Tomás. Se puede ir en taxi al aeropuerto internacional José Martí por unos 70 CUC; sale bastante a cuenta, puesto que solo la carrera de La Habana al aeropuerto ya cuesta 25 CUC.

Una opción más económica para ir a Pinar consiste en dirigirse al cruce de la carretera a Pinar del Río y Salvador Cisneros, junto al restaurante La Casa de Don Tomás, y tomar uno de los viejos taxis *colectivos* de la década de 1950: cubren la ruta por 1 CUC/pasajero.

CIRCUITO EN AUTOBÚS POR VIÑALES

Se realiza en un microbús que circula nueve veces al día y cubre los distintos puntos de interés del valle. Con origen y final en la plaza de la ciudad, se tarda 1 h y 5 min en completar el circuito. Se puede subir o bajar según convenga. El primero sale a las 9.00 y el último a las 16.50. Hay 18 paradas en la ruta, que va desde el Hotel Los Jazmines hasta el Hotel Rancho San Vicente. Todas están claramente marcadas con planos de la ruta y horarios. Un billete para todo el día cuesta 5 CUC y se puede comprar a bordo.

Parque Nacional Viñales

Los 150 km² de este parque nacional constituyen un extraordinario paisaje en el que habitan 25 000 personas. Se trata de un mosaico de enclaves salpicados de mogotes, donde se cultiva café, tabaco, caña de azúcar, naranjas, aguacates y plátanos, que alberga algunos de los pueblos más antiguos de Cuba.

⊙ Puntos de interés

Mural de la Prehistoria ARTE PÚBLICO
(plano p. 180; entrada con consumición 3 CUC; ☺9.00-18.00) Se halla en la ladera del mogote Pita, 4 km al oeste de Viñales. Mide 120 m y fue diseñado en 1961 por Leovigildo González Morillo, discípulo del artista mexicano Diego Rivera (la idea fue concebida por Celia Sánchez, Alicia Alonso y Antonio Núñez Jiménez). La realización de este inmenso mural, pintado sobre un risco en la falda de la sierra de Viñales (617 m), la parte más elevada de la sierra de los Órganos, fue llevada a cabo por 18 personas durante 4 años.

El enorme caracol, los dinosaurios, los monstruos marinos y los seres humanos simbolizan la teoría de la evolución y, según el punto de vista de cada uno, resultan sumamente psicodélicos o terroríficos. Se puede apreciar el mural a cierta distancia; no obstante, si se almuerza en el restaurante (p. 185) –la comida es deliciosa, pero el precio (15 CUC) excesivo–, la entrada es gratuita. Suelen disponer de caballos para diversas excursiones (5 CUC/h).

Los Acuáticos POBLACIÓN
🖋 Para llegar hasta esta comunidad de las montañas hay que tomar un serpenteante camino de tierra, a 1 km del desvío a Dos Hermanas y al Mural de la Prehistoria. Fue fundada en 1943 por seguidores de la visionaria Antoñica Izquierdo, que descubrió el poder curativo de las aguas del lugar cuando los campesinos no tenían acceso a la medicina convencional. Se asentaron en las laderas y todavía hay dos familias que viven allí. Solo es posible llegar a caballo o a pie. En Viñales se organizan circuitos guiados (p. 178).

También se puede ir a Los Acuáticos de forma independiente. Aunque no hay señales que indiquen la ruta, por el camino se encontrarán numerosas fincas donde preguntar. Desde la carretera principal se sigue un camino de tierra durante 400 m, aprox.; luego se gira a la izquierda y se va campo a través hasta llegar a una casa azul que se habrá divisado a mitad de camino durante el ascenso por la montaña. Una vez allí, se impone admirar la vista, disfrutar del café que cultivan en los alrededores y charlar con los afables propietarios sobre los poderes curativos de las aguas. Se puede regresar por el campismo Dos Hermanas y el Mural de la Prehistoria. El trayecto completo desde la carretera principal hasta Los Acuáticos-Dos Hermanas constituye una maravillosa ruta panorámica de 6 km.

Cueva de San Miguel CUEVA
(plano p. 180; entrada con consumición 3 CUC; ☺9.00-17.30) Es una pequeña cueva situada a

las puertas del valle de San Vicente. El precio de entrada incluye una intensa pero breve visita a la pasmosa cavidad, que durante 10 min engulle al viajero para luego dejarle, algo desconcertado, en el restaurante El Palenque de los Cimarrones, que está a continuación.

Cueva del Indio
CUEVA

(plano p. 180; entrada 5 CUC; ⊗9.00-17.30) Muy popular entre los turistas, se halla 5,5 km al norte del pueblo de Viñales y es una antigua morada indígena redescubierta en 1920. Hoy cuenta con luz eléctrica y circulan lanchas motoras por el río subterráneo que la atraviesa.

🏃 Actividades

Excursionismo

El Parque Nacional Viñales ofrece un número de excursiones oficiales que varía de forma constante. Actualmente hay 15, pero no siempre se puede conseguir un guía, requisito indispensable. Todas pueden contratarse directamente en el centro de visitantes del parque, en el Museo Municipal o en las agencias de viajes la ciudad. Cuestan unos 8 CUC por persona.

Seguidamente se indican algunas de las excursiones oficiales, pero hay muchas más no oficiales. Las casas particulares pueden facilitar más propuestas y sugerencias. Se recomienda la excursión a Los Acuáticos

(p. 183) por las hermosas vistas que ofrece, así como al valle de Palmarito, cuya cueva de Palmarito constituye un excelente lugar para nadar. Entre los lugareños también es conocido por ser escenario de peleas de gallos con altas apuestas.

Coco Solo y los mogotes de Palmarito
EXCURSIONISMO

Esta excursión empieza en el camino que hay antes del hotel La Ermita. La ruta de 8 km discurre por el valle del Silencio, el Coco Solo y los mogotes de Palmarito, y el Mural de la Prehistoria. Ofrece buenas vistas y múltiples oportunidades para descubrir la flora y fauna locales e incluye una visita a una finca tabaquera (pregúntese si es posible almorzar con alguna de las familias de agricultores que viven allí). La ruta termina en la carretera principal a Viñales.

Maravillas de Viñales
EXCURSIONISMO

Esta ruta traza un bucle de 5 km que empieza 1 km antes de llegar a El Moncada, a 13 km del desvío a Dos Hermanas. Por el camino se verán plantas endémicas, orquídeas y el mayor hormiguero –según dicen– de bibijaguas de Cuba.

San Vicente/Ancón
EXCURSIONISMO

El sendero de 8 km alrededor del remoto valle Ancón permite visitar comunidades

---

ESCALADA EN VIÑALES

Salpicado de escarpados mogotes y dotado de unas espectaculares vistas, Viñales es un auténtico paraíso para escaladores de todo el mundo, que acuden a este lugar desde hace más de una década.

No obstante, se trata de una práctica deportiva que el Gobierno cubano aún no ha autorizado, por lo que no hay mapas impresos ni ningún tipo de información oficial publicada (la mayoría de los agentes turísticos estatales negarán saber algo al respecto). Si se desea escalar en esta zona, lo primero que hay que hacer es consultar la web de Cuba Climbing (www.cubaclimbing.com) y el libro *Cuba Climbing*, de Aníbal Fernández y Armando Menocal (2009). Después, ya en Viñales, las mejores fuentes de información serán Oscar Jaime Rodríguez y la Villa Cafetal (p. 180); cualquier paisano podrá indicar cómo ponerse en contacto con ellos.

Viñales cuenta con numerosas vías de escalada muy conocidas, como la notoria Wasp Factory, y con un puñado de guías cubanos expertos, pero oficialmente no se permite alquilar material (hay que llevar el propio) y no existen procedimientos de seguridad adecuados. Por lo tanto, todo viajero practica este deporte por su cuenta y riesgo, incluido cualquier aspecto relacionado con la ley (aunque las autoridades suelen hacer la vista gorda). Está previsto que en un futuro próximo la escalada sea una actividad oficial en Viñales: conviene comprobar la situación sobre el terreno. Mientras tanto, no hay que olvidar que practicar escalada en un parque nacional sin la existencia de una normativa puede dañar la flora y los ecosistemas amenazados, por lo que se debe proceder con precaución y cautela.

cafeteras aún activas en un valle rodeado de mogotes.

Cueva El Cable
EXCURSIONISMO
Ruta de 3,5 km que se adentra en una de las cuevas típicas de la topografía kárstica de Viñales.

Mirador del Cuajaní
EXCURSIONISMO
Esta bucólica excursión de 5,5 km empieza en el Hotel Los Jazmines. Tras atravesar terrenos boscosos, se llega a un mirador sobre un cerro. El regreso discurre a través de un precioso paisaje de plantaciones de tabaco.

Equitación
Los verdes valles y colinas en torno a la ciudad son ideales para montar a caballo, especialmente en el valle de Palmarito y en la ruta a Los Acuáticos. Pregúntese en la Villa los Reyes (p. 178) o en el Mural de la Prehistoria (p. 183).

Natación
Es posible bañarse en una piscina natural en la cueva de Palmarito, en el valle homónimo. Puede llegarse fácilmente a pie o a caballo desde Viñales. Hay que preguntar el camino a los lugareños o hacer un circuito con Yoan y Yarelis Reyes (p. 178), en Viñales.

🛏️ Dónde dormir

Campismo Dos Hermanas
CAMPISMO $
(Cubamar; plano p. 180; 📞48-79-32-23; Mogote Dos Hermanas; i/d 9,50/13 CUC) Con vistas al Mural de la Prehistoria, enclavado entre los escarpados flancos de los mogotes Dos Hermanas, se halla uno de los mejores campismos internacionales de Cubamar. Cuenta con restaurante, piscina, un museo geológico y rutas que comienzan a dos pasos. También hay caballos. El único inconveniente es el alto volumen de la música, que enturbia la tranquilidad de este precioso valle.

Hotel Rancho San Vicente
HOTEL $$
(plano p. 180; 📞48-79-62-01; ctra. Esperanza km 33; i/d 45/70 CUC; 🅿️✱🏊) Después de los dos hoteles de Viñales, que gozan de unas vistas espectaculares, cabría pensar que ningún otro sería capaz de competir con ellos, pero este no se queda corto en el intento. Situado 7 km al norte del pueblo, en una frondosa arboleda, se compone de unas 30 lujosas cabañas de madera cuyo interior armoniza a la perfección con el magnífico entorno. Tiene restaurante, piscina y servicio de masajes.

🍴 Dónde comer y beber

La Carreta
MEDITERRÁNEA $$
(ctra. Esperanza km 36; comidas 10-15 CUC; ⏰10.00-17.00) Situado 2 km al norte del Hotel Rancho San Vicente, tras subir unas escaleras se podrá degustar deliciosa cocina cubana con influencias mediterráneas. El plato estrella es el cordero en salsa de vino tinto.

Restaurante Mural de la Prehistoria
CUBANA, INTERNACIONAL $$
(menú almuerzo 15 CUC; ⏰8.00-19.00) Su pantagruélico menú de mediodía es algo caro, pero vale la pena. Compuesto de sabroso cerdo asado, ahumado con carbón natural, es más que suficiente para resistir hasta el desayuno del día siguiente.

ℹ️ Información

El parque lo administra el **centro de visitantes del Parque Nacional Viñales** (plano p. 180; 📞48-79-61-44; ctra. Pinar del Río km 22; ⏰8.00-18.00), en la colina anterior al Hotel Los Jazmines. En el interior, coloridos paneles describen sus principales características. El centro también informa sobre excursiones y guías.

ℹ️ Cómo desplazarse

En bicicleta (p. 178), automóvil, ciclomotor o realizando el circuito en autobús por Viñales (p. 183).

Al oeste de Viñales

El Moncada, un pionero asentamiento de obreros posrevolucionarios, 14 km al oeste de Dos Hermanas y a 1,5 km de la carretera de Minas de Matahambre y de Cayo Jutías, alberga las mejores cuevas de Cuba y el memorial Los Malagones.

Gran Caverna de Santo Tomás
CUEVA
(entrada 10 CUC; ⏰9.00-15.00) Se trata del mayor sistema cavernario de Cuba –el segundo del continente americano–, formado por más de 46 km de galerías en ocho niveles, con una sección de 1 km abierta a los visitantes. Carece de luz artificial, pero se facilitan linternas frontales para la visita guiada de 90 min, que permite ver murciélagos, estalagmitas y estalactitas, pozas, interesantes formaciones rocosas y la réplica de un antiguo mural indio.

Hay que llevar calzado adecuado, pues se requiere subir fuertes pendientes y sortear rocas resbaladizas. La mayoría de la gente la visita en viaje organizado desde Viñales (20 CUC).

Memorial Los Malagones　　MONUMENTO
(entrada 1 CUC) Los Malagones, de la comunidad de El Moncada, conformaron la primera milicia rural de Cuba. Integrada por 12 hombres, en 1959 acabaron con una banda contrarrevolucionaria de las montañas cercanas. En 1999 se inauguraron en su honor un mausoleo y una fuente con nichos dedicados a los 12 milicianos (todos, salvo dos, ya han fallecido). Está coronado por una reproducción en piedra de su líder, Leandro Rodríguez Malagón, y los juegos de agua reproducen con exactitud el sonido de una ametralladora. También hay un pequeño museo.

COSTA NORTE

Pese a su relativa proximidad a La Habana, la costa norte de la provincia de Pinar del Río permanece inexplorada en su mayor parte. Las instalaciones turísticas son escasas y en las carreteras abundan los baches. No obstante, quienes se decidan a visitarla disfrutarán de memorables aventuras, de la cálida hospitalidad de sus habitantes y de unas playas maravillosas.

Cayo Jutías

La playa virgen más popular de Pinar del Río es un manto de arena de 3 km en la costa norte de Cayo Jutías: un islote cubierto de manglares, 65 km al noroeste de Viñales, al que se llega por un corto pedraplén (pasarela). Cayo Jutías, llamado así por los roedores autóctonos que habitan en sus árboles, compite con Cayo Levisa, al este, por el título de playa más pintoresca de la provincia. Aunque la segunda quizá sea más bonita, la primera está menos concurrida y es más tranquila.

La carretera de acceso al cayo empieza unos 4 km al oeste de Santa Lucía. Tras recorrer 4 km se llega al principio de la pasarela y 10 min después se ve el faro de Cayo Jutías, de metal, construido en 1902 por EE UU. Vale la pena pasear por las playas salpicadas de manglares que se extienden a su alrededor. Tras una curva muy cerrada a la izquierda, la carretera termina en la playa principal de Jutías, acariciada por aguas cristalinas, a 12,5 km de la carretera de la costa.

La tranquilidad del lugar obedece, a diferencia de lo que ocurre en Cayo Levisa, al hecho de que no cuenta con ningún hotel ni otro tipo de alojamiento. Las únicas instalaciones son el Restaurante Cayo Jutías (Cayo Jutías; ☉10.00-17.30), con el techo de paja junto al mar y especializado en pescado de la zona, y un pequeño centro de submarinismo que alquila kayaks (1 CUC/h), realiza excursiones en barco y de buceo (12 CUC), así como otros paseos náuticos (10-25 CUC). También organiza inmersiones desde 37 CUC cada una (muy cerca hay siete puntos de inmersión). Más allá del arco de arena inicial, la playa continúa otros 3 km. Se puede pasear descalzo por los manglares.

Las excursiones desde Viñales cuestan 20 CUC (solo transporte y un tentempié) y permiten pasar 6 h en la playa. La alternativa es organizarse el transporte uno mismo. La ruta más rápida y bonita es la que pasa por Minas de Matahambre a través de onduladas colinas cubiertas de pinos.

Puerto Esperanza

Este tranquilo y aletargado puerto pesquero, en el que parece que el tiempo se detuvo en 1951, está al final de una larga carretera bacheada, 6 km al norte de San Cayetano y 25 al norte de Viñales. Al parecer, los enormes mangos que bordean la carretera fueron plantados por esclavos en el s. XIX. El largo embarcadero que se adentra en la bahía es muy popular entre los pescadores y constituye un buen trampolín desde el que lanzarse al mar.

◉ Puntos de interés y actividades

Lo mejor es dejarse llevar por la magia del lugar y relajarse, leer, comer langosta, descubrir rituales de santería, charlar con los viejos pescadores, dejarse caer por la plantación de tabaco vecina en busca de rústicos puros... Pero para disfrutar de un poco de animación nocturna y saber qué se cuece en el lugar, vale la pena acercarse al Centro Cultural Esperanza, junto al puerto.

🛏 Dónde dormir y comer

Teresa Hernández Martínez　CASA PARTICULAR **$**
(☑48-79-37-03; calle 4 nº 7; h 15-20 CUC) La carismática Teresa es tan colorida como sus tres luminosas habitaciones. También regenta un paladar en el frondoso jardín trasero, donde

el pescado (surtido de mariscos por 10 CUC) es el rey de la carta.

ℹ Cómo llegar y salir

Se precisa transporte propio. Hay una gasolinera Servi-Cupet en San Cayetano. La carretera a Cayo Jutías se transforma en una pista de tierra, bastante mala, a las afueras de San Cayetano. Quien vaya en bicicleta o ciclomotor no se librará de un buen dolor de espalda.

Cayo Levisa

Más frecuentado que Cayo Jutías, y quizá más espléndido, Cayo Levisa posee un hotel con bungalós en la playa, un sencillo restaurante y un centro de submarinismo totalmente equipado. Pese a ello, logra mantenerse relativamente aislado, a lo que contribuye el hecho de estar separado de la isla principal. A diferencia de otros cayos cubanos, no cuenta con ninguna pasarela, por lo que los visitantes deben hacer el trayecto de 35 min en barco desde Palma Rubia. El viaje merece la pena: 3 km de blanquísima arena y aguas color zafiro confieren a Cayo Levisa el título de mejor playa de Pinar del Río. Ernest Hemingway descubrió la zona, que forma parte del archipiélago de los Colorados, a principios de la década de 1940 tras montar un campamento de pesca en Cayo Paraíso, un islote coralino 10 km al este. En la actualidad recibe unos 100 visitantes al día, sin contar los más de 50 huéspedes del hotel. Aunque uno no se siente como Robinson Crusoe, se disfruta de tiempo y espacio suficiente para descansar y relajarse.

◉ Puntos de interés y actividades

Levisa cuenta con un pequeño puerto deportivo que ofrece submarinismo por 40 CUC la inmersión, incluido el material y el transporte. En la costa hay 14 sitios para practicarlo, entre ellos Corona de San Carlos, muy popular porque su formación permite acercarse a los animales marinos sin ser vistos; y Mogotes de Viñales, que debe su nombre a las altísimas formaciones de coral que recuerdan a los mogotes (escarpados montículos de caliza a las afueras de Viñales). La Cadena Misteriosa es un arrecife poco profundo que alberga peces muy coloridos, como barracudas y rayas. El buceo con material cuesta 12 CUC y hay un crucero al atardecer por el mismo precio. También es posible ir en kayak o utilizar un patín de agua.

🛏 Dónde dormir y comer

Hotel Cayo Levisa   HOTEL $$$
(☎48-75-65-01; www.hotelcayolevisa-cuba.com; i/d 93/142 CUC; ❉) Con una idílica playa tropical a dos pasos, ¿a quién le importa que las cabañas sean un poco anticuadas y la comida monótona? Tras la ampliación del 2006, ahora cuenta con 40 habitaciones y las cabañas de madera de reciente construcción (todas con baño) son mejores que los viejos bloques de cemento. El servicio también ha mejorado. Al ser muy popular, conviene reservar con antelación.

ℹ Cómo llegar y salir

El embarcadero de Cayo Levisa está unos 21 km al noreste de La Palma y 40 al oeste de Bahía Honda. Hay que tomar el desvío a Mirian y seguir 4 km por una extensa plantación de plátanos hasta llegar a la estación del guardacostas en Palma Rubia, donde hay un bar (abierto de 10.00 a 18.00) y el muelle de salidas hacia la isla. El barco a Cayo Levisa sale a las 10.00 y regresa a las 17.00; cuesta 25 CUC i/v por persona (15 CUC solo ida si se dispone de reserva de hotel) e incluye el almuerzo. Desde el muelle de Cayo Levisa se atraviesan los manglares por una pasarela de madera que conduce al hotel y a la fantástica playa del lado norte. Si no se dispone de vehículo, lo mejor es realizar una excursión organizada desde Viñales: cuesta 29 CUC, con el trayecto en barco y la comida incluidos, por lo que sale muy a cuenta.

Zona de Playa Mulata

Los alrededores de Playa Mulata, en el extremo de la provincia, en la carretera a Bahía Honda, están salpicados de guajiros, apacibles vacas y algún que otro pescador. Más allá de las agrestes playas se alza majestuoso el Pan de Guajaibón, uno de los picos más altos de Cuba. En la cima hay un busto de Antonio Maceo, héroe de la independencia, y una estación de radar abandonada.

La única posibilidad de alojamiento es la Villa José Otaño Pimentel (☎52-54-98-10; h 15 CUC; ℗), en el desvío a Playa Mulata, en medio de un tranquilo jardín con frutales. Tiene un pequeño restaurante y José puede organizar paseos a caballo (5 CUC/h) para subir al Pan de Guajaibón.

La parada de transporte público más cercana está 16 km al oeste, en el desvío a Cayo Levisa. Pese al pésimo estado de esta carretera, se puede continuar por el litoral hasta Bahía Honda, Soroa e incluso La Habana. Esta ruta goza de gran popularidad entre los ciclistas.

SAN DIEGO DE LOS BAÑOS Y ALREDEDORES

A medio camino entre Viñales y Soroa, San Diego de los Baños es una ciudad balnearia, famosa no solo por sus baños de barro y sus masajes, sino también por su memorable fauna y por ser uno de los antiguos refugios del Che Guevara.

San Diego de los Baños

Situada 130 km al suroeste de La Habana y al norte de la Carretera Central, esta anodina ciudad es considerada el mejor balneario del país. Como en el caso de otros balnearios cubanos, al parecer, sus aguas medicinales fueron descubiertas a principios del período colonial, cuando un esclavo enfermo tomó un baño en un riachuelo sulfuroso y se curó milagrosamente. Gracias a su proximidad a La Habana, la fama de San Diego no tardó en extenderse con rapidez y en 1891 se fundó un balneario. A principios del s. xx era frecuentado por numerosos turistas de EE UU, lo que dio lugar a la creación, a comienzos de la década de 1950, del actual complejo de hotel-baños.

Situada junto al río San Diego, la localidad disfruta de un atractivo marco natural, con la sierra del Rosario al este y la de Güira al oeste. Se trata de una zona repleta de bosques de pino, caoba y cedro, muy popular entre los aficionados a la ornitología. Pese a su gran potencial turístico, hace tiempo que espera significativas mejoras por parte de las autoridades.

◎ Puntos de interés y actividades

Balneario San Diego BAÑOS TERMALES
(◔8.00-17.00) El Balneario, sometido a un largo proceso de restauración, tenía previsto abrir mientras se elaboraba esta guía. Sus aguas termales, de entre 30 y 40ºC, se emplean para tratar todo tipo de problemas musculares y cutáneos. Las aguas sulfurosas son muy eficaces y solo se permiten inmersiones de 20 min al día. El lodo del río San Diego también se usa para revitalizantes baños de barro.

Ofrecen masajes y un tratamiento de acupuntura de 15 días. Sin embargo, no hay que esperar mullidas toallas ni bebidas de cortesía, ya que se asemeja más a un *hammam* que a un hotel de cinco estrellas. Muy frecuentado por cubanos, también despierta el interés de algún turista curioso.

Se puede nadar en la piscina de agua fría del Hotel Mirador (entrada 1 CUC; ◔9.00-18.00).

Observación de aves y excursionismo

En el Hotel Mirador se pueden organizar salidas al Parque la Güira con el cualificado guía Julio César Hernández (☏52-48-66-31;carpeta@mirador.sandiego.co.cu). Hay que disponer de transporte propio.

🛏 Dónde dormir y comer

Hotel Mirador HOTEL $
(☏48-77-83-38, 48-54-88-66; i/d 27/36 CUC, comidas parrilla desde 3 CUC; ⓟ❄🐾) De características más bien modestas, fue construido en 1954, solo 5 años antes de la Revolución, para alojar a los clientes del Balneario San Diego. Las habitaciones, a las que se llega por cuidados jardines aterrazados, armonizan con la belleza del entorno. Impecables y acogedoras, la mayoría tiene balcón con vistas al jardín y al balneario. En la parte de abajo hay una agradable piscina y una barbacoa en la que se preparan cochinillos. En el interior también hay un restaurante con vistas, especializado en cocina cubana.

Villa Julio & Cary CASA PARTICULAR $
(☏48-54-80-37; calle 29 nº 4009; h 20-25 CUC) La única de la localidad, es un bonito rincón con jardín, coloridos murales y porches con mecedoras tras los que se sitúan habitaciones limpias y cuidadas.

Sierra de Güira

Comienza al oeste de San Diego de los Baños, con la surrealista hacienda Cortina, cuyos terrenos son contiguos al Parque la Güira, una vasta zona protegida de 219 km², con montañas kársticas y bosques. Poco frecuentado, ello no impidió que la región se convirtiera en refugio de algunas de las figuras más famosas de la Revolución y, hasta hoy, en reserva ornitológica.

🔾 Puntos de interés

Hacienda Cortina FINCA HISTÓRICA
(🕗amanecer-anochecer) Una majestuosa puerta almenada, unos kilómetros al oeste de San Diego de los Baños, anuncia la entrada a los surrealistas terrenos de la hacienda Cortina, largo tiempo abandonados. Concebida por el acaudalado abogado José Manuel Cortina, es una fantasía hecha realidad. Fue construida en las décadas de 1920 y 1930 como un parque gigantesco con una casa solariega en el centro. Tras casi un siglo de abandono, en el 2014 se consiguió dinero para restaurarla y devolverle su esplendor.

Los edificios de la majestuosa entrada almenada se han reconstruido y ahora son un restaurante (de comida básica, pero el espacio es atractivo, con cristales multicolor); al lado hay una piscina. Se puede subir al depósito de agua que hay fuera para disfrutar de buenas vistas de los terrenos salpicados de bambú. En la parte inferior están trabajando en un lago navegable, que será como el que había en los tiempos de Cortina. Se han vuelto a plantar frondosos jardines, con estatuas y fuentes, y en un parterre se ha reproducido con flores el emblema de la hacienda: una rueda de carro. Durante la elaboración de esta guía también se estaban construyendo nuevos chalés destinados al alojamiento.

Los terrenos se extienden en forma de abanico hasta el Parque la Güira y la sierra de Güira.

Cueva de los Portales CUEVA
(entrada 1 CUC) Durante la Crisis de los Misiles, en octubre de 1962, el Che trasladó el cuartel general del Ejército Occidental a esta vasta y espectacular cueva, 11 km al oeste del Parque la Güira y 16 km al norte de Entronque de Herradura, en la Carretera Central. Está situada en un hermoso y aislado lugar, entre escarpados mogotes cubiertos de viñas. En la década de 1980 fue declarada Monumento Nacional.

A la entrada de la cueva, un pequeño museo al aire libre muestra algunas pertenencias del Che, como su cama y la mesa donde jugaba al ajedrez (mientras el resto del mundo se encontraba al borde de un Armagedón nuclear). En la ladera hay tres cavernas más: El Espejo, El Salvador y Cueva Oscura. Estos parajes son idóneos para la observación de aves; en el Hotel Mirador de San Diego de los Baños se organizan circuitos para avistar aves, o se puede pedir información al personal de la cueva. Fuera hay un buen campismo

(pregúntese si admiten a turistas extranjeros) y un pequeño restaurante. Solo es accesible en vehículo propio.

ℹ Cómo desplazarse

Si se solicita amablemente a los conductores de Víazul de la línea La Habana-Pinar del Río, el viajero podrá apearse en el desvío de la Carretera Central, a 10 km de la ciudad. El trayecto a pie es aceptable.

Si se va en automóvil, la carretera que cruza las montañas desde San Diego de los Baños hasta la cueva del Che es preciosa, pero estrecha y llena de baches; aunque transitable, hay que ir con mucha precaución. El trayecto desde Entronque de Herradura es más fácil. A la entrada de San Diego de los Baños desde La Habana hay una gasolinera Servi-Cupet.

ZONA DE PINAR DEL RÍO

Pinar del Río

191 660 HAB.
Rodeada de verde campiña y sustentada económicamente por su cercanía a la mejor tierra de cultivo de tabaco, esta ciudad emana una extraña energía, exacerbada por su famosos *jineteros* (timadores), capaces de agotar la paciencia de los viajeros más curtidos, que suelen preferir el bucólico y cercano paraíso de Viñales. No obstante, se puede aprovechar para visitar una factoría de tabaco, ver arquitectura interesante y peculiar, o disfrutar de una intensa y agitada vida nocturna.

Pinar del Río fue una de las últimas capitales de provincia que se fundó y aún hoy parece estar algo rezagada. Ignorada por sucesivos Gobiernos centrales que preferían el azúcar de caña al tabaco, la ciudad se estancó, convirtiéndose en el blanco de incontables comentarios jocosos sobre guajiros, supuestamente simplones y fáciles de engatusar. No obstante, logró salir adelante, superando el abandono, las burlas y varios huracanes, y poniendo todo su empeño en forjarse una nueva imagen.

Historia

Fue fundada en 1774 por un capitán español. En 1896, durante la Guerra de la Independencia cubana, el general Antonio Maceo, que quería dividir la isla en dos, fue el responsable de que en ella se libraran cruentos com-

Pinar del Río

Pinar del Río

bates, pero logró contar con el apoyo masivo de la población.

Tras la Revolución de 1959, la economía de Pinar del Río mejoró de forma exponencial, gracias, en parte, a la construcción de la Autopista Nacional desde La Habana y al desarrollo del turismo en la década de 1980. Con respecto al béisbol, su equipo ha proporcionado algunos de los mejores jugadores del país después de los grandes de La Habana y Santiago, aunque muchos han desertado de Cuba y se han establecido en EE UU.

N 0 — 400 m

Emilio Núñez

Río Guamá

Pacheco · Roldón

Juan G Goméz

Gonzales Alcorta

Martí

© 20

Autopista

Frank País

⊙ Puntos de interés

Conviene empezar por la plaza de la Independencia y luego bajar por Martí.

★ Fábrica de Tabacos
Francisco Donatien
FÁBRICA DE PUROS

(Antonio Maceo Oeste 157; entrada 5 CUC; ⊙9.00-12.00 y 13.00-16.00 lu-vi) Esta fábrica –ahora uno de los platos fuertes del circuito turístico tabaquero– permite observar a los torcedores de los mejores puros del mundo.

Más pequeña que la fábrica Partagás de La Habana, ofrece una experiencia más íntima, pero con las mismas flaquezas –guías como robots y apresurados circuitos– y cierta sensación de voyerismo. Enfrente hay una excelente tienda de puros.

★ Casa Taller
GALERÍA

(Martí 160; ⊙variable) GRATIS La plaza de la Independencia es el centro de la vida artística urbana. En el lado noroeste se encuentra el taller-galería del famoso artista cubano Pedro Pablo Oliva. Orientada a promocionar el talento artístico local, suele exponer obras de artistas de la región. Vale la pena visitarla a menudo.

Centro Provincial
de Artes Plásticas Galería
GALERÍA

(Antonio Guiteras; ⊙8.00-21.00 lu-sa) GRATIS Excelente galería que muestra numerosas obras de artistas locales.

★ Palacio de
los Matrimonios
EDIFICIO HISTÓRICO

(Martí, entre Rafael Morales y pza. Independencia) GRATIS Al oeste de Martí, las majestuosas fachadas neoclásicas dan paso a la opulencia de este edificio de 1924 en el que ahora principalmente se celebran bodas. Los amables guardias permiten echar un vistazo al suntuoso interior, que contiene numerosos objetos de arte, muchos de origen chino.

Teatro José Jacinto Milanés
EDIFICIO HISTÓRICO

(☎48-75-38-71; Martí 160, entre Colón e Isabel Rubio) A menudo incluido entre los siete teatros clásicos provinciales cubanos del s. XIX, data de 1845, por lo que es uno de los más antiguos de la isla. Con capacidad para 540 espectadores, tras un largo período de restauración volvió a abrir sus puertas en el 2006. Destacan el auditorio de tres pisos, las butacas antiguas y el patio-café de estilo español.

Museo de Ciencias
Naturales Sandalio de Noda
MUSEO

(Martí Este 202; entrada 1 CUC, cámara 1 CUC; ⊙9.00-17.00 lu-vi, hasta 13.00 do) Se halla en una excéntrica pero magnífica mansión con elementos neogóticos, moriscos, hindús y bizantinos, construida en 1914 por Francisco Guasch, médico de la región y gran viajero. El extravagante exterior, con gárgolas, torretas y caballitos de mar esculpidos, da paso a un interior con decrépitos objetos, aunque el gigantesco Tyrannosaurus Rex de piedra ubicado en el jardín posterior tiene su encanto.

Museo Provincial de Historia
MUSEO

(Martí Este 58, entre Colón e Isabel Rubio; entrada 1 CUC; ⊙8.30-18.30 lu-vi, 9.00-13.00 sa) Relata la historia de la provincia, desde la época precolombina hasta hoy. Incluye objetos coleccionados por Enrique Jorrín, creador del chachachá. Durante la elaboración de esta guía estaba cerrado por reformas.

Catedral de San Rosendo
IGLESIA

(Maceo Este 3) A menudo subestimada, data de 1883 y está cuatro manzanas al sureste de la fábrica de puros. Su exterior amarillo está mejor conservado que el de otros edificios de la ciudad. Como suele suceder con las iglesias cubanas, casi siempre está cerrada, pero puede aprovecharse la misa matutina del domingo para ver el interior.

Fábrica de Bebidas

Casa Garay FÁBRICA DE LICOR

(Isabel Rubio Sur 189, entre Ceferino Fernández y Frank País; entrada 1 CUC; ☉9.00-15.30 lu-vi, hasta 12.30 sa) En ella se elabora, a partir de una receta secreta a base de guayaba, el licor emblemático de la ciudad: Guayabita del Pinar (dulce y seco). Los circuitos (15 min) terminan con una degustación. Hay una tienda al lado.

🎉 Fiestas y celebraciones

Carnaval CARNAVAL

(☉jul) Se celebra a principios de julio con una popular cabalgata y grandes dosis de baile, alcohol y desenfreno.

🛏 Dónde dormir

⭐ **Gladys Cruz Hernández** CASA PARTICULAR $

(☎48-77-96-98; casadegladys@gmail.com; av. Comandante Pinares Sur 15, entre Martí y Máximo Gómez; h 20 CUC; ❄) Esplendida casa cerca de la estación de trenes, que cuenta con dos magníficas habitaciones de estilo colonial, con baño (renovado), nevera, TV, un agradable patio trasero y un servicio afable.

Villa Aguas Claras CAMPISMO $

(☎48-77-84-27; i/d desayuno incl. 34/38 CUC; ℗❄) Situado 8 km al norte en la carretera a Viñales (junto a Rafael Morales), consta de 50 bungalós (10 con aire acondicionado) para dos personas y duchas con agua caliente. Las habitaciones podrían estar en mejor estado, pero ello se compensa con un entorno ajardinado y agradable. Hay un restaurante aceptable y se organizan paseos a caballo y excursiones de un día. El repelente de insec-tos es imprescindible. Un autobús de Pinar del Río llega varias veces diarias.

Pensión El Moro CASA PARTICULAR $

(☎48-77-43-35; Adela Azcuy 46, entre Colón y Ciprián Valdés; h 20-25 CUC; ❄) Dos pequeños apartamentos muy luminosos, cada uno en una planta, comparten una acogedora cocina con barra para desayunar. La habitación del piso superior, junto a la terraza de la azotea, es la mejor.

Hostal Sr. Handy Santalla CASA PARTICULAR $

(☎48-72-12-22; Máximo Gómez 169A, entre Ciprián Valdés y Comandante Pinares; h 20-25 CUC; ℗❄) Propiedad de un joven con iniciativa, deseoso de abrirse paso en la nueva economía, ofrece dos habitaciones pequeñas en un 2º piso, con baños nuevos e impecables, y un patio-garaje en la planta baja.

Hotel Vueltabajo HOTEL $$

(☎48-75-93-81; Martí esq. Rafael Morales; i/d 35/55 CUC; ❄) De estilo colonial, con techos altos y ventanas con toldos a rayas, las fabulosas habitaciones son muy espaciosas. Las ventanas, provistas de postigos a la antigua, dan a la calle. En la planta baja hay un bar-restaurante aceptable. El precio incluye un desayuno razonable.

🍴 Dónde comer

El Mesón CUBANA $

(Martí Este 205; comidas 4-6 CUC; ☉11.00-23.00) Restaurante privado, frecuentado por cubanos, que sirve sabrosas raciones de sencilla comida criolla, bien provistas de fríjoles y arroz.

El Gallardo CUBANA $

(Martí Este 207; 40-125 CUP; ☉11.00-23.00) Una suntuosa entrada da paso a un comedor de estilo *ranchón*. Excelente comida, en especial el pescado. Se paga en pesos.

NOMBRES DE CALLES DE PINAR DEL RÍO

Los vecinos siguen usando los nombres antiguos de las calles. La siguiente tabla será de utilidad.

NOMBRE ANTIGUO	NOMBRE NUEVO
Calzada de la Coloma	Rafael Ferro
Caubada	Comandante Pinares
Recreo	Isabel Rubio
Rosario	Ormani Arenado
San Juan	Rafael Morales
Vélez Caviedes	Gerardo Medina
Virtudes	Ceferino Fernández

Heladería
HELADERÍA **$**

(Martí esq. Rafael Morales; 9.00-21.00) Copiosas raciones de helado en un local limpio y alegre, a precios de ganga.

★ Café Ortuzar
CUBANA, INTERNACIONAL **$$**

(Martí 127; menú 3 platos 15 CUC; 11.30-24.00) Elegante establecimiento de dos plantas con aire acondicionado, donde puede elegirse entre tomar un café en la terraza o acomodarse en el interior y disfrutar de la mejor experiencia gastronómica de la ciudad. Decorado con cuadros abstractos de guajiros, ofrece menús de tres platos por 15 CUC.

Rumayor
CUBANA **$$**

(ctra. Viñales km 1; principales 10 CUC; 12.00-24.00) Situado 2 km al norte del centro, sirve algunos de los mejores platos de Pinar. Es famoso por su suculento pollo ahumado. Resulta algo más caro que otros lugares, pero vale la pena. Por la noche es también uno de los mejores cabarés.

Compra de alimentos

Mercado agropecuario
MERCADO

(Rafael Ferro; 8.00-18.00 lu-sa, hasta 13.00 do) Colorido mercado al aire libre, prácticamente sobre las vías del tren, cerca de la estación. Es frecuentado por algún que otro grupo de turistas interesados en comprender la economía del Período Especial.

Panadería Doña Neli
PANADERÍA

(Gerardo Medina Sur esq. Máximo Gómez; 7.00-19.00) Elaboración diaria de pan.

Dónde beber y ocio

Disco Azul
CLUB NOCTURNO

(Gonzales Alcorta esq. autopista; entrada 5 CUC; desde 22.00 ma-do) Es la discoteca con más marcha y más popular de la ciudad. Se encuentra en el Hotel Pinar del Río, más bien gris y monótono, a las afueras de la ciudad viniendo por la autopista.

Rumayor
CABARÉ

(48-76-30-51; ctra. Viñales km 1; con consumición 5 CUC; 12.00-24.00) Además de servir una comida excelente, de martes a sábado se transforma en un cabaré *kitsch* con un fantástico espectáculo que empieza a las 23.00 (los fines de semana también en horario diurno).

Café Pinar
MÚSICA EN DIRECTO

(Gerardo Medina Norte 34; entrada 3 CUC; 10.00-2.00) Muy popular entre los jóvenes, también es el mejor lugar para conocer a otros extranjeros. Situado en un animado tramo de la calle de Gerardo Medina, por las noches cuenta con la actuación de bandas en el patio; durante el día ofrece platos ligeros, como pasta, pollo y bocadillos. Las noches de lunes y sábados son las mejores.

La Piscuala
CENTRO CULTURAL

(Martí esq. Colón) Tranquilo patio-teatro junto al Teatro José Jacinto Milanés. El programa de actividades culturales de cada noche se expone en el exterior.

Cabaret Criollo
CABARÉ

(Carretera Central km 1, entre av. Aeropuerto y ctra. Viñales; 21.00-2.00 lu-sa) Vertiente musical del restaurante homónimo, el espectáculo de cabaré que tiene lugar cada noche en el patio disfruta de gran aceptación entre los residentes.

Casa de la Música
MÚSICA EN DIRECTO

(Gerardo Medina Norte 21; entrada 1 CUC; conciertos todas las noches 21.00) Tras calentar motores en el Café Pinar, muchos cruzan la calle para escuchar más música en directo en este local.

Estadio Capitán San Luis Sports
DEPORTE

(48-75-38-95; entrada 1 CUP; partidos 19.00 ma-ju y sa, 16.00 do) Situado en la parte norte de la ciudad, de octubre a abril acoge interesantes partidos de béisbol. Pinar del Río posee uno de los mejores equipos de Cuba y suele rivalizar con los de La Habana y Santiago (campeones nacionales el 2011 y el 2014). Por las tardes se puede curiosear cómo entrenan.

🔒 De compras

Fondo Cubano de Bienes Culturales
ARTESANÍA

(Martí esq. Gerardo Medina; 9.00-16.30 lu-vi, 8.30-15.30 sa) Cuenta con la selección más interesante de artesanía regional, aunque la práctica totalidad de los ingresos van a parar al Gobierno y no a los propios artesanos.

Casa del Habano
PUROS

(Antonio Maceo Oeste 162; 9.00-17.00 lu-sa) Enfrente de la Fábrica de Tabacos Francisco Donatien, es una de las mejores tiendas de esta popular cadena de estancos del Gobierno. Hay un bar en el patio, una tienda con aire acondicionado y una sala para fumadores.

La Casa del Ron
ARTESANÍA, RON

(Antonio Maceo Oeste 151; 9.00-16.30 lu-vi, hasta 13.00 sa y do) Cerca de la Fábrica de Tabacos Francisco Donatien, vende recuerdos, CD, camisetas y distintas variedades de ron.

Todo Libro Internacional LIBROS
(Martí esq. Colón; 8.00-12.00 y 13.30-18.00 lu-vi, 8.00-12.00 y 13.00-16.00 sa) Mapas, libros y material de oficina, en el mismo edificio que la oficina de Cubanacán.

❶ Información

PELIGROS Y ADVERTENCIAS

Pese a ser una ciudad con un porcentaje de turistas relativamente bajo, en Pinar del Río hay un buen número de *jineteros* (cazaturistas). Por lo general se trata de muchachos que merodean por la callé Martí ofreciendo desde comidas en paladares, hasta "circuitos guiados" por las plantaciones de tabaco. Muchos dan la vuelta tras el primer o segundo "no, gracias", pero los hay más atrevidos que montan en bicicletas y se acercan a los coches de los turistas (los identifican por sus matrículas de color lila/marrón) al detenerse en los semáforos. Aunque no suelen ser agresivos, lo mejor es ser educados pero firmes desde el principio y no prestarles atención.

ACCESO A INTERNET Y TELÉFONO

Etecsa Telepunto (Gerardo Medina esq. Juan Gómez; 4,50 CUC/h; 8.30-19.30) Teléfono y acceso a internet.

MEDIOS DE COMUNICACIÓN

El Guerrillero se publica los viernes. Radio Guamá se sintoniza en 1080 AM o 90.2 FM.

ASISTENCIA MÉDICA

Farmacia Martí (Martí Este 50; 8.00-23.00)
Hospital Provincial León Cuervo Rubio (78-75-44-43; Carretera Central), 2 km al norte de la ciudad.

DINERO

Banco Financiero Internacional (Gerardo Medina Norte 46; 8.30-15.30 lu-vi) Enfrente de la Casa de la Música.
Cadeca (Martí 46; 8.30-17.30 lu-sa)

CORREOS

Oficina de correos (Martí Este 49; 8.00-20.00 lu-sa)

INFORMACIÓN TURÍSTICA

Infotur (48-72-86-16; Hotel Vueltabajo, Martí esq. Rafael Morales; 9.00-17.30 lu-vi) En el Hotel Vueltabajo. Una de las mejores fuentes de información de la ciudad.

AGENCIAS DE VIAJES

Cubanacán (48-75-01-78, 48-77-01-04; Martí 109 esq. Colón) Alquilan ciclomotores.

❶ Cómo llegar y salir

AUTOBÚS

La **estación de autobuses** (Adela Azcuy, entre Colón y Comandante Pinares) está muy cerca del centro. Pinar del Río está bien comunicada por la red Víazul; todos los servicios a La Habana y a otros destinos del este parten desde Viñales. Los autobuses a La Habana salen a las 7.45 y las 10.10 (11 CUC, 2½ h). El segundo también para en Las Terrazas; el primero continúa hasta Cienfuegos y Trinidad. Los de Viñales salen a las 12.05 y las 17.10 (6 CUC, 45 min).

Los autobuses Conectando, que circulan casi a diario, ofrecen servicios a La Habana y uno directo a Viñales sin detenerse en la capital. Hay que reservar con antelación a través de Cubanacán. También informan sobre trayectos a Cayo Levisa, Cayo Jutías y María la Gorda.

TAXI

Algunos taxis privados, que esperan junto a la estación de autobuses, van hasta La Habana. A veces puede salir a cuenta tomarlos. La carrera al aeropuerto internacional José Martí, por ejemplo, puede salir por 60 CUC (la tarifa habitual desde La Habana es de 25 CUC).

Los taxis colectivos se congregan al principio de la carretera a Viñales, junto al hospital, al norte de la ciudad, y ofrecen una pintoresca excursión por Viñales al estilo cubano por 1 CUC/pasajero (mín. 4 personas).

TREN

Antes de planificar un viaje en tren, conviene consultar las pizarras de la estación por si han cancelado, suspendido o reprogramado algún servicio. Desde la **estación de trenes** (Ferrocarril esq. Comandante Pinares Sur; taquilla 6.30-12.00 y 13.00-18.30) hay un servicio tremendamente lento a La Habana (6,50 CUC, 5½ h) en días alternos; se puede comprar el billete el mismo día, pero hay que estar en la estación al menos 1 h antes de la salida. Los regionales se dirigen al suroeste, hasta Guane pasando por Sábalo (2 CUC, 2 h). Este es el lugar más cercano a la península de Guanahacabibes al que se puede llegar en tren.

❶ Cómo desplazarse

Cubacar (48-75-93-81) tiene una oficina en el Hotel Vueltabajo y **Havanautos** (48-77-80-15), en el Hotel Pinar del Río. Se pueden alquilar ciclomotores en Cubanacán.

Servicentro Oro Negro está dos manzanas al norte del hospital provincial, en la Carretera

Central. La gasolinera Servi-Cupet, 1,5 km más al norte, también se encuentra en la Carretera Central en dirección a La Habana; en Rafael Morales Sur, en la entrada sur de la ciudad, hay otra.

Los coches de caballos (1 CUP), en Isabel Rubio, cerca de Adela Azcuy, van hasta el hospital provincial y luego toman la Carretera Central. Una carrera en bicitaxi por la ciudad cuesta 5 CUP.

Al suroeste de Pinar del Río

Si Cuba es el mayor productor de tabaco del mundo y Pinar del Río atesora las mejores joyas de la isla, la frondosa región de San Luis, al suroeste de la capital provincial, es el diamante más preciado de todas ellas. Pocos negarán que en los llanos terrenos agrícolas en torno a la elegante ciudad de San Juan y Martínez se cultiva el mejor tabaco del mundo y que el paisaje es sumamente pintoresco. Hacia el suroeste se encuentran un par de playas apenas visitadas y el embalse Laguna Grande, en el que abundan las lubinas negras.

◉ Puntos de interés

Plantación de tabaco
Alejandro Robaina   PLANTACIÓN
(☑48-79-74-70; entrada 2 CUC; ☉9.00-17.00) Brinda la oportunidad única de visitar una plantación de tabaco en activo. En las famosas vegas de Robaina, en la fértil región de Vuelta Abajo, al suroeste de Pinar del Río, se cultiva tabaco de calidad desde 1845, pero no fue hasta 1997 cuando, gracias al lanzamiento de la marca Vegas Robaina, sus puros se dieron a conocer a escala internacional.

Pese al fallecimiento, en abril de 2010, de Alejandro Robaina, antiguo propietario y responsable del éxito de la marca, la plantación lleva algunos años abierta a los turistas. Con buen sentido de la orientación, es posible llegar y realizar un circuito de 25 min para conocer de primera mano el proceso de elaboración del tabaco, desde su cultivo, hasta la aromática envoltura. Hay un pequeño café y todos los visitantes reciben un puro de recuerdo.

Se sale de Pinar del Río por la Carretera Central, en dirección suroeste; pasados 12 km se gira a mano izquierda hacia San Luis; se recorren unos 3 km más y, al llegar al indicador de Robaina, se gira de nuevo a la izquierda; un camino de 1,5 km conduce hasta la plantación. Es mejor no contratar a ningún *jinetero* como guía, ya que suelen llevar al viajero a la plantación incorrecta. Los circuitos son diarios. La temporada de cultivo de tabaco va de octubre a febrero, por lo que estos son los mejores meses para visitarla. Las plantas solo alcanzan una altura considerable a partir de diciembre.

Rancho La Guabina   RANCHO
(☑48-75-76-16; ctra. Luis Lazo km 9,5; ☉espectáculo ecuestre 10.00 y 16.00 lu, mi y vi) Se trata de una antigua granja española, repartida en más de 1000 Ha de pastos, bosque y humedales, que ofrece múltiples actividades, desde montar a caballo hasta pasear en barca por el lago, disfrutar de una deliciosa barbacoa cubana o incluso presenciar una pelea de gallos. Para muchos, su gran atractivo son los fantásticos espectáculos ecuestres.

El rancho se dedica a la cría de caballos desde hace tiempo y produce magníficos ejemplares de las razas pinto cubano y appaloosa, y además ofrece espectáculos similares a un rodeo los lunes, miércoles y viernes, de 10.00 a 12.00 y de 16.00 a 18.00. Las agencias de Viñales y Pinar del Río organizan excursiones (desde 29 CUC); también se puede ir por cuenta propia. Es un lugar fantástico en el que disfrutar de la plácida vida guajira. Dispone de algunas habitaciones para alojarse.

Playa Bailén   PLAYA
Las playas de esta zona no son comparables a las de la seductora costa norte, pero esta puede justificar un desvío si se va hacia el oeste.

🛏 Dónde dormir y comer

En San Juan y Martínez y en Sandino (a unos 25 km de la Laguna Grande, pasando por Ciudad Bolívar) es donde hay más probabilidades de encontrar casas particulares. En Playa Bailén se alquilan bungalós rústicos.

Rancho La Guabina   ALBERGUE $$
(☑48-75-76-16; ctra. Luis Lazo km 9,5; h 39 CUC por persona; P✱🐾) Inmensa granja a la salida de Pinar del Río, que ofrece ocho habitaciones: cinco en una casa de campo y tres en bungalós separados. Algunas cuentan con TV y nevera. Es un sitio encantador y tranquilo, con comida excelente y personal amable.

ℹ Cómo llegar y salir

En teoría, dos trenes diarios circulan entre Pinar del Río y Guane, con paradas en San Luis, San Juan y Martínez, Sábalo e Isabel Rubio (2 h). Los camiones que transportan pasajeros realizan periódicamente el recorrido entre Guane y Sandino pero, más al suroeste, el transporte escasea, salvo el esporádico servicio de autobús de Havanatur. Si se pretende conducir hasta el cabo de San Antonio, conviene llenar el depósito en Sandino, ya que por el camino no se encontrará ninguna otra gasolinera (oficial).

PENÍNSULA DE GUANAHACABIBES

Situada en el extremo occidental de la isla, es una región llana y con un rico patrimonio ecológico. Constituye uno de los enclaves más aislados de Cuba y antaño albergó a los primeros habitantes de la isla, los guanahatabeyes. A 2 h de viaje desde Pinar del Río, la región carece de infraestructuras turísticas, lo que hace que parezca más aislada de lo que en realidad es. Dos excelentes razones justifican el viaje: un parque nacional (Reserva de la Biosfera de la Unesco) y el centro internacional de submarinismo de María la Gorda.

Parque Nacional Península de Guanahacabibes

Llana y estrecha, la alargada península de Guanahacabibes empieza en La Fe, 94 km al suroeste de Pinar del Río y 29 al suroeste de la estación de Guane, término de la línea occidental del ferrocarril. En 1987, la Unesco declaró Reserva de la Biosfera una franja de 1015 km² de estas idílicas costas deshabitadas (una de las seis que hay en Cuba). Existían numerosos motivos para ello. En primer lugar, el litoral sumergido de la reserva presenta una amplio surtido de paisajes, que incluye extensos manglares, vegetación de matorral bajo y una plataforma elevada en la que se alternan arenas blancas y rocas coralinas; en segundo lugar, las singulares formaciones kársticas albergan flora y fauna excepcionales: 172 especies de aves, 700 de plantas, 18 tipos de mamíferos, 35 de reptiles, 19 de anfibios, 86 de mariposas y 16 de orquídeas. Además, hay tortugas marinas –entre ellas, bobas y verdes–, que las noches de verano van a la playa a desovar, y es el único lugar de la isla donde esto sucede. Otra singularidad son las grandes cantidades de cangrejos colorados que avanzan lentamente por la Carretera Central y, a menudo, terminan aplastadas por las ruedas de los coches. El hedor

que desprenden los caparazones aplastados es memorable.

Se cree que la zona alberga un mínimo de 100 yacimientos arqueológicos importantes relacionados con el pueblo guanahatabey.

 Actividades

La península de Guanahacabibes es –o debería ser– un paraíso para submarinistas, ecoturistas, conservacionistas y observadores de aves, ya que se trata de una de las zonas más vírgenes de Cuba. Sin embargo, algunos viajeros consideran que las estrictas normas del parque (no se puede ir a ninguna parte sin un guía) limitan bastante la experiencia.

Centro Internacional de Buceo SUBMARINISMO, BUCEO
(☑48-77-13-06; María la Gorda; 1 inmersión 35 CUC, equipo 7,50 CUC) María la Gorda cuenta con unas condiciones óptimas para el submarinismo: buena visibilidad, arrecifes bien protegidos, 32 puntos de inmersión próximos al litoral y la mayor formación de coral negro del archipiélago. Por ello, este es, junto con la Isla de la Juventud, uno de los mejores lugares de Cuba para practicarlo. Desde la Marina Gaviota, junto al hotel del mismo nombre, se organizan todas las actividades relacionadas con esta práctica deportiva.

Una inmersión cuesta 35 CUC (nocturna 40 CUC), más 7,50 CUC por el equipo. El centro ofrece un curso completo de submarinismo (4 días, 365 CUC) certificado por la Confederación Mundial de Actividades Subacuáticas (CMAS). Quienes deseen bucear con tubo también pueden subirse a los barcos de submarinismo por 12 CUC. Además, organiza 4 h de pesca de altura por 200 CUC (4 personas máx.) y pesca con caña/al curricán por 30 CUC/persona (4 máx.).

De los 50 puntos de inmersión cercanos identificados destaca el Valle de Coral Negro (un muro de coral negro de 100 m de longitud) y el Salón de María (una cueva de 20 m de profundidad con lirios de mar y corales de brillantes colores). Las concentraciones de peces migratorios suelen ser espectaculares. El punto de acceso más alejado está a 30 min de la costa en barco.

Marina Gaviota Cabo de San Antonio SUBMARINISMO, BUCEO
(☑48-75-01-18) El muelle más occidental de Cuba se encuentra en Playa Las Tumbas, al final de la península de Guanahacabibes. Dispone de combustible, un amarradero, un

pequeño restaurante y una tienda, y permite acceder con facilidad a 27 puntos de inmersión. La villa Cabo San Antonio se sitúa en las inmediaciones.

Cueva las Perlas
EXCURSIONISMO

(entrada 8 CUC) Durante el recorrido se atraviesan bosques caducifolios que albergan una amplia variedad de aves, como tocororos, zunzuncitos y pájaros carpinteros. También se podrán observar vestigios de poblaciones indígenas primitivas. La caverna se compone de varias galerías y un lago, con 300 m accesibles, y en ella se pueden ver (y oír) lechuzas. La excursión dura un total de 3 h y se recorren 3 km.

Del Bosque al Mar
EXCURSIONISMO

(entrada 6 CUC) Se parte de un lugar próximo a la Estación Ecológica Guanahacabibes y se pasa por una laguna en la que pueden verse aves no migratorias, además de flora interesante y un cenote (especie de cueva sumergida) para nadar.

La excursión, de 1,5 km y 90 min, resulta algo corta para un parque tan inmenso, pero los guías manifiestan una excelente formación.

Circuitos

Excursión al cabo de San Antonio
RUTA NATURALEZA

(circuito 10 CUC) El centro de visitantes puede facilitar guías y organizar visitas especializadas y un circuito de 5 h por el cabo de San Antonio, el extremo occidental del parque (y de Cuba). El viajero deberá procurarse su propio transporte, gasolina, agua, protección solar, repelente de insectos y comida, lo que dificulta algo las cosas para quienes no dispongan de vehículo.

La mayor parte del recorrido de 120 km (i/v) discurre entre oscuras y ásperas rocas, denominadas "diente de perro", que se alzan a un lado, y un intenso mar azul que se extiende por el otro. Se verán iguanas escabulléndose torpemente y quizá pequeños ciervos, jutías (roedores) y muchos pájaros. Más allá del faro se encuentra la desierta Playa las Tumbas, donde se dispondrá de 30 min para darse un chapuzón. La carretera se ha mejorado recientemente, por lo que cualquier coche de alquiler puede realizar este viaje. La excursión de 5 h cuesta 10 CUC por persona, más unos 80 CUC si hay que alquilar un coche (p. ej., en el Hotel María la Gorda). Además de submarinismo, playas y la posibilidad

de ver tortugas, el cabo de San Antonio brinda la oportunidad de realizar muchas otras actividades interesantes, como la exploración de cuevas y la observación de especies raras.

🛏 Dónde dormir y comer

La playa que hay en La Bajada cuenta con habitaciones muy básicas.

Hotel María la Gorda
HOTEL $$

(☎48-77-81-31; www.hotelmarialagorda-cuba.com; i/d/tr desayuno incl. 42/60/86 CUC; 🅿❄🌐) Situado en la bahía de Corrientes, 150 km al suroeste de Pinar del Río, es uno de los hoteles más remotos de Cuba. Se halla junto a una preciosa playa llena de palmeras (aunque algo rocosa), pero la mayor parte de quienes vienen aquí es para bucear, ya que hay arrecifes y muros verticales a tan solo 200 m del hotel.

Ofrece distintos tipos de alojamiento: desde habitaciones repartidas entre tres edificios de cemento, tipo motel, junto a la playa, hasta unos atractivos bloques de apartamentos de dos plantas, cercanos a la playa, o rústicas cabañas de madera conectadas por senderos. Lejos de ser un complejo turístico de lujo, es un lugar de ambiente relajado y hamacas colgadas entre palmeras, donde la gente toma una cerveza fría contemplando el atardecer y sigue hablando de submarinismo hasta la madrugada.

El bufé (almuerzo y cena) cuesta 15 CUC; los comentarios sobre su calidad varían. En la playa hay dos restaurantes y un bar. Una tienda vende agua y provisiones básicas. Quienes no estén alojados en el hotel deben pagar la desorbitada suma de 10 CUC (bocadillo incl.) para acceder a él y a sus 5 km de playa. Con todo, no debe resultar difícil bajar a hurtadillas a la playa, aunque ello comporte renunciar al bocadillo.

Villa Cabo San Antonio
BUNGALÓS $$

(☎48-75-76-55; Playa las Tumbas; i/d desayuno incl. 55/70 CUC; 🅿❄) Se trata de un complejo de 16 villas, a 3 km del faro Roncali y a 4 escasos de la Marina Gaviota, detrás de la idílica Playa las Tumbas, en la península de Guanahacabibes, prácticamente virgen. Bien equipado y de ambiente agradable, cuenta con televisión por satélite, servicio de alquiler de coches, bicicletas y *quads*. También hay un pequeño restaurante.

Junto al faro Roncali se encuentra la suntuosa Casa Leñador, para nueve personas, con piscina privada (160 CUC).

OBSERVACIÓN DE TORTUGAS

Aunque el desarrollo del parque de Guanahacabibes se lleva a cabo lentamente, hace poco se ha sumado a su limitada oferta de excursiones organizadas la observación tortugas. La iniciativa se puso en marcha en 1998 bajo la dirección de investigadores medioambientales y con la colaboración de la población local (principalmente escolares); ahora, sin embargo, los extranjeros también pueden participar en ella. Entre junio y agosto, cerca de 1500 tortugas verdes van a desovar a alguna de las playas orientadas al sur, y se ofrece la posibilidad de intervenir en las tareas de observación y control. En el 2013 se registró la cifra récord de 900 nidos de tortugas. Para colaborar, hay que solicitarlo con antelación en la oficina del parque, en La Bajada. Durante la temporada de desove se organizan visitas cada noche (de 22.00 a 2.00). Además, en Playa la Barca se han instalado varios puntos de observación. El nacimiento de las crías tiene lugar a mediados de septiembre.

ℹ Información

Aunque los límites del parque se extienden a ambos lados de la pequeña comunidad de La Fe, la entrada está en La Bajada. Unos 25 km antes de la reserva, Manuel Lazo dispone de alojamiento para los viajeros de bajo presupuesto.

Antes de llegar al parque, es conveniente llamar al **centro de visitantes** (☏48-75-03-66; ⊗8.30-15.00) desde La Bajada para organizar las actividades que se deseen, ya que los recursos son limitados y no suele haber personal para preparar circuitos guiados improvisados.

El centro de visitantes, junto a la Estación Ecológica Guanahacabibes, cuenta con paneles interpretativos sobre la flora y la fauna locales. Es posible quedar con los guías allí para todas las actividades, excepto la de submarinismo, que se gestiona desde el Hotel María la Gorda. Pasado el centro, la carretera se bifurca: el desvío a la izquierda va hacia el sur hasta María la Gorda (14 km por una carretera costera en mal

estado) y el de la derecha, hacia el oeste, al final de la península.

Desde allí el viaje de ida y vuelta al punto más occidental de Cuba es de 120 km. En el solitario cabo de San Antonio se halla el faro Roncali, inaugurado por los españoles en 1849, así como la Marina Gaviota y la Villa Cabo San Antonio. La idílica Playa las Tumbas está 4 km al noroeste; los visitantes del parque están autorizados a bañarse en ella.

ℹ Cómo llegar y salir

Hay un autobús (35 CUC i/v) entre Viñales y María la Gorda casi a diario, pero conviene comprobarlo y reservar con antelación. En teoría, sale de Viñales a las 7.00 y llega a la península a las 9.30. El de regreso sale de María la Gorda a las 17.00 y llega a Viñales a las 19.00. Se puede reservar en Cubanacán (p. 178), en Viñales o en Infotur (p. 194), en Pinar del Río.

Via Gaviota (☏48-77-81-31) tiene una oficina en el Hotel María la Gorda para alquilar automóviles (pequeño 75 CUC/día aprox.).

Varadero y provincia de Matanzas

📞 45 / 692 536 HAB.

Lo mejor
al aire libre

➡ Ver fauna en el río Hatiguanico (p. 233)

➡ Bucear en la bahía de Cochinos (p. 232)

➡ Remar por el río Canímar (p. 216)

➡ Paracaidismo en Varadero (p. 203)

Las mejores casas particulares

➡ Hostal Azul (p. 221)

➡ Villa Mar (p. 222)

➡ Casa Mary y Ángel (p. 206)

➡ El Caribeño (p. 233)

Por qué ir

El pasado de esta provincia alberga grandes episodios tumultuosos. En el s. XVII, los piratas asolaron la apreciada costa norte, y tres siglos más tarde, otros invasores se batieron en las orillas de la bahía de Cochinos, con la idea de liberar la nación.

Hoy, la bahía de Cochinos atrae a muchos más submarinistas que mercenarios, mientras que son los bañistas y no los piratas los que invaden las playas del norte de Varadero, el gran *resort* caribeño y lucrativa 'vaca lechera' que se extiende a lo largo de 20 km por la arenosa península de Hicacos.

Varadero forma una extraña combinación con la destartalada ciudad de Matanzas, la capital provincial que ha dado al mundo la rumba, el danzón, infinidad de edificios neoclásicos y la santería (la provincia es una verdadera cuna de la religión afrocubana). Fuera de Varadero, los turistas escasean, pero abundan, en cambio, ciertas experiencias emotivas que solo se encuentran en Cuba.

Cuándo ir

➡ La temporada alta va de diciembre a abril. Es la mejor época para disfrutar de la playa, y los hoteles con todo incluido de Varadero suben los precios.

➡ En torno al 10 de octubre se celebra el Festival del Bailador Rumbero en la ciudad de Matanzas.

➡ De noviembre a abril son los mejores meses para observar aves en la Ciénaga de Zapata.

NORTE DE MATANZAS

Con la zona más extensa de *resorts* de Cuba (Varadero) y uno de sus mayores puertos (Matanzas), la costa norte también es la zona más poblada de la provincia y un centro industrial y comercial. No obstante, la impresión predominante es de paisaje verde, y la mayor parte de la región son tierras de cultivo onduladas que en ocasiones dan paso a valles espectaculares y frondosos, como el de Yumurí, o se hunden formando cuevas enigmáticas en las afueras de Matanzas.

Varadero

27 630 HAB.

En la sinuosa península de Hicacos, de 20 km de longitud, Varadero se sitúa a la cabeza de la industria más importante de Cuba, el turismo. Como mayor centro vacacional del Caribe, concentra hoteles en constante evolución (más de 50), tiendas, actividades acuáticas y diversión a pie de piscina. Su mejor baza es la playa, 20 km ininterrumpidos de arena, una de las mejores del Caribe. Aunque este enorme *resort* es esencial para la economía nacional, ofrece muy pocas experiencias puramente cubanas. Para encontrar estas últimas hay que escapar de las muchedumbres de canadienses y europeos y dirigirse hacia el interior, de fácil acceso, para entrar en contacto con la realidad en Matanzas, Cárdenas o la bahía de Cochinos.

La mayoría de los turistas de Varadero compran paquetes de vacaciones en sus respectivos países (hay que reservar con antelación para lograr las mejores tarifas) y se contentan con holgazanear una o dos semanas en complejos turísticos con todo incluido. Pero si el viajero está recorriendo el país por su cuenta y quiere alternar sus paseos esotéricos con una vida de playa más relajada, Varadero puede ofrecer algunas noches de merecido descanso. Si se busca un lugar improvisado donde pasar la noche, hay muchos hoteles económicos y casas particulares que no requieren reserva previa.

◉ Puntos de interés

Si se busca arte e historia, no es este el lugar indicado. Sin embargo, hay un par de sitios que valen la pena en caso de aburrirse de la playa. Las dos plazas centrales de la ciudad de Varadero, el parque de las 8000 Taquillas (con un pequeño centro comercial subterráneo) y el Parque Central resultan anodinas y decepcionantes, salvo por un templo colonial que parece fuera de sitio: la iglesia de Santa Elvira (plano p. 204; av. 1 esq. calle 47), una manzana al este.

Parque Josone PARQUE

(plano p. 204; av. 1 esq .calle 58; ☺9.00-24.00) Quienes deseen hacer turismo por la ciudad pueden cobijarse en este bonito oasis verde. Los jardines datan de 1940 y toman su nombre de los antiguos propietarios, José Fermín Iturrioz y Llaguno y su mujer Onelia, que eran dueños de la destilería de ron Arechabala (en Cárdenas) y construyeron aquí una mansión neoclásica, el Retiro Josone.

Expropiada tras la Revolución, la mansión se convirtió en alojamiento para dignatarios extranjeros de visita en Cuba. Ahora el parque es un espacio público para disfrute de todo el mundo; es habitual ver a chicas cubanas celebrando "los quince" (fiestas del 15º cumpleaños). Los extensos y umbríos jardines de Josone contienen un lago con barcas de remo (0,50 CUC por persona y hora) y bicicletas acuáticas (5 CUC/h), sitios para comer, gansos, árboles de muchas especies y un minitren (1 CUC el viaje). Hay una piscina pública (entrada 2 CUC) y curiosos avestruces que merodean en las proximidades. Por la noche puede oírse buena música.

Museo Municipal de Varadero MUSEO

(plano p. 204; calle 57; entrada 1 CUC; ☺10.00-19.00) Subiendo por la calle 57 desde la av. 1, se verán muchas casas típicas de playa, de madera y con elegantes porches. La más bonita, el Museo Municipal de Varadero, se ha convertido en un chalé con balcones que expone mobiliario de época y una instantánea de la historia del enclave. Es más interesante de lo que cabría esperar.

Mansión Xanadú EDIFICIO RELEVANTE

(plano p. 208; av. Las Américas esq. autopista Sur) Todo lo que queda al este del pequeño depósito de agua (parece un antiguo fuerte español, pero se construyó en la década de 1930), junto al Mesón del Quijote, perteneció en su día a la familia Du Pont. Aquí construyó el millonario estadounidense Irénée la Mansión Xanadú, con tres plantas. Actualmente es un hotel de categoría junto al campo de golf de 18 hoyos de Varadero, con un bar en la azotea ideal para disfrutar de un cóctel al atardecer.

Cueva de Ambrosio CUEVA

(plano p. 208; entrada 3 CUC; ☺9.00-16.30) Más allá de Marina Chapelín, Varadero se desplie-

Imprescindible

① Descubrir los secretos ocultos de la polvorienta **Matanzas** (p. 217), la Atenas de Cuba.

② Ver una actuación en la nueva y espléndida **Sala de Conciertos José White** (p. 219), en Matanzas.

③ Sumergirse en las cristalinas aguas de **Playa Coral** (p. 216) para bucear.

④ Internarse en las **cuevas de Bellamar** (p. 216) o las de **Santa Catalina** (p. 216).

⑤ Saltar en paracaídas sobre la reluciente **Varadero** (p. 203).

⑥ Admirar la grandeza olvidada de **San Miguel de los Baños** (p. 227).

⑦ Explorar las extensas zonas de vegetación de la **Ciénaga de Zapata** (p. 231).

⑧ Descubrir las profundas simas y fantásticas paredes de coral haciendo submarinismo frente a **Playa Larga** (p. 233).

ga al este como un suburbio estadounidense fuera de lugar, donde los manglares alternan con grandes complejos hoteleros, alguna que otra grúa y un espectáculo de delfines. Tras dejarlo todo atrás y seguir unos 500 m más, después del Club Amigo Varadero, en la autopista Sur, se encontrará esta gruta de

300 m, con 47 interesantes pinturas precolombinas descubiertas en 1961. Muestran los mismos círculos concéntricos negros y rojos que pueden verse en pinturas parecidas de la Isla de la Juventud, tal vez una forma de calendario solar. También sirvió de refugio a esclavos fugados.

Ciudad de Varadero oeste

Estrecho de Florida

Varadero

Camino del Mar

Av 1

Av Kawama

Matanzas (35 km)

Autopista Sur

Isla del Sur

Av Central

Centro Internacional de Paracaidismo (280m); Cafeccino (400m); Cárdenas (14km)

Ciudad de Varadero oeste

Actividades, cursos y circuitos

Dónde dormir

Dónde comer

De compras

Reserva Ecológica Varahicacos PARQUE
(plano p. 208; www.varahicacos.cu; rutas 45 min
3 CUC; ⊗9.00-17.00) A unos cientos de metros
de la cueva de Ambrosio se halla la entrada a la teórica zona verde de Varadero y a
una reserva de fauna y flora poco agreste.
Las excavadoras llevan años mordisqueando
sus límites. Hay tres senderos poco interesantes. Lo más destacado es la cueva de los

Musulmanes, con vestigios humanos de
hace 2500 años, y un cactus gigante llamado
El Patriarca, al que se llega por otra carretera situada unos cientos de metros más allá,
en dirección a la punta de la península.

Marina Gaviota PUERTO DEPORTIVO
En la punta oriental de la península, la gran
extensión de Marina Gaviota contiene un ancho malecón, a lo largo del puerto deportivo,
que une el nuevo hotel Meliá Marina Varadero con tiendas de marca y restaurantes,
además de la popular Sala de la Música. Los
cubanos acuden desde kilómetros a la redonda para admirarla, pues es como un trozo de
Florida que haya cruzado el mar.

Cayo Piedras del Norte PARQUE MARINO
A 1 h en barco y 5 km de Playa las Calaveras
(1 h en barco) se ha creado este 'parque marino', a raíz del hundimiento deliberado (a
finales de los años noventa) de una serie de
barcos y un avión, entre 15 y 30 m de profundidad, para el disfrute de submarinistas
y pasajeros de barcos con fondo de cristal.
Pueden verse un barco remolcador, un lanza-
misiles (con misiles intactos), un avión AN-24
y el yate *Coral Negro*.

0   400 m

Ciudad de Varadero este
(175m)

🏃 Actividades

Submarinismo y buceo

Varadero tiene varios centros de submarinismo excelentes, aunque por ser un lugar turístico los precios doblan a los de la bahía de Cochinos, en la costa sur de la provincia. Los 21 enclaves para inmersiones en torno a la península de Hicacos requieren un traslado en barco de 1 h. Destacan los arrecifes, las cavernas y paredes y un petrolero ruso hundido en 1997. El lugar de inmersión más cercano está 20 km al oeste, en Playa Coral (p. 216). Los centros también ofrecen excursiones de un día a enclaves mejores en la bahía de Cochinos (p. 232; 1/2 inmersiones 50/70 CUC, incl. traslado); otra opción es ir hasta allí en autobús por cuenta propia y bucear sin prisas con monitores del lugar, y hacer noche en una casa local por un pequeño extra.

Barracuda Scuba
Diving Center   SUBMARINISMO, BUCEO
(plano p. 202; ☑45-61-34-81; av. Kawama, entre calles 2 y 3; ⊘8.00-17.00) Este simpatiquísimo centro es el mejor de Varadero. Las inmersiones cuestan 50 CUC con el equipo; el submarinismo en cuevas, 60 CUC; y las inmersiones nocturnas, 55 CUC. Los paquetes de varias inmersiones salen más baratos. Realiza cursos

de introducción en los *resorts* por 70 CUC, y cursos de ACUC (American Canadian Underwater Certifications) a partir de 220 CUC, además de muchos cursos avanzados. El buceo con guía cuesta 30 CUC.

Cuando sopla el viento y no es posible bucear en el Atlántico trasladan al cliente a la costa del Caribe en un microbús (90 min), lo cual cuesta un total de 55/75 CUC por 1/2 inmersiones. Otras excursiones exitosas son a la cueva Saturno para hacer submarinismo y a Playa Coral para bucear con tubo.

Marina Gaviota   SUBMARINISMO, BUCEO
(plano p. 208; ☑45-66-47-22, 45-66-77-55; autopista Sur final) Esta nueva y lujosa empresa, situada en el extremo oriental de la autopista Sur, organiza salidas de submarinismo y buceo tanto en esa zona (en Cayo Piedras del Norte) como en la bahía de Cochinos, con precios ligeramente inferiores a los de la competencia.

Centro de submarinismo
de Marlin Marina Chapelín
(Aquaworld)   SUBMARINISMO, BUCEO
(☑45-66-88-71; autopista Sur km 12) Salidas de submarinismo y buceo.

Pesca

Varadero tiene tres puertos deportivos, con una oferta parecida de actividades náuticas e instalaciones.

Marlin Marina Chapelín
(Aquaworld)   PESCA
(plano p. 208; ☑45-66-75-50; autopista Sur km 12) Situado cerca de la entrada del Hotel Riu Turquesa, 5 h de pesca de altura cuestan 290 CUC para cuatro personas (incl. traslados desde el hotel, barra libre y permisos); los acompañantes que no pescan pagan 30 CUC.

Marina Gaviota   PESCA
(☑45-66-47-22; autopista Sur final) En el extremo oriental de la autopista Sur. La pesca de gran altura es una de las actividades ofertadas.

Paracaidismo

Centro Internacional
de Paracaidismo   PARACAIDISMO
(☑45-66-28-28; http://skydivingvaradero.com; Vía Blanca km 1,5; salto 180 CUC/persona) Para los amantes de las alturas, la mayor emoción que ofrece Varadero se halla en el antiguo aeropuerto, al oeste de la ciudad. La terminal está tras 1 km por un camino de tierra, enfrente de Marina Acua. Los paracaidistas despegan en un biplano Antonov AN-2, diseño de la II Guerra Mundial (es una reproducción) y

Ciudad de Varadero este

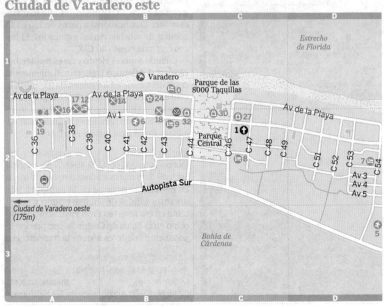

Estrecho de Florida

Varadero
Parque de las 8000 Taquillas
Av de la Playa
Av de la Playa
Av 1
Parque Central
Autopista Sur
Ciudad de Varadero oeste (175m)
Bahía de Cárdenas
Av 3
Av 4
Av 5

VARADERO Y PROVINCIA DE MATANZAS NORTE DE MATANZAS

Ciudad de Varadero este

saltan desde 3000 m con un instructor sujeto en tándem a la espalda.

Tras 35 segundos de caída libre, el paracaídas se abre y uno flota tranquilamente durante 10 min hasta la playa de Varadero. También ofrece vuelos en ultraligeros en varios puntos de la playa. Cuesta 180 CUC por persona con un extra de 45 CUC para fotos y

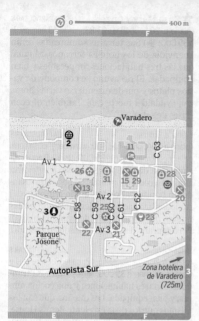

Parque Josone

Varadero

Av 1
Av 2
Av 3

Autopista Sur

Zona hotelera de Varadero (725m)

El Golfito
MINIGOLF

(plano p. 204; av. 1 esq. calle 42; 0,50 CUC/persona; ⏰24 h) Los neófitos pueden jugar la versión mini del golf aquí.

Otras actividades

Es posible alquilar tablas de 'windsurf' en varios puntos de la playa pública (10 CUC/h), al igual que pequeños catamaranes, bananas hinchables, kayaks de mar, etc. Los *resorts* de categoría suelen incluir estos juguetes acuáticos en el "todo incluido".

Centro Todo En Uno
BOLOS

(plano p. 204; calle 54 esq. autopista Sur; 2,50 CUC/partida; ⏰24 h) Las boleras son populares en Cuba y esta, que consta de un pequeño complejo comercial y de juegos en la autopista Sur, suele estar llena de familias cubanas que también disfrutan del contiguo parque infantil y los locales de comida rápida.

🎓 Cursos

Agencia Turismo Central
DANZA

(plano p. 204; ☎45-61-26-43; av. 1 esq. calle 36; ⏰9.00-19.00) Al igual que varias casas particulares, esta agencia ofrece clases de danza (15 CUC), entre otras muchas actividades.

🧭 Circuitos

Se pueden reservar muchas de las actividades deportivas en los mostradores turísticos de los principales hoteles, además de excursiones organizadas desde Varadero, como la de medio día a las cuevas de Bellamar, próximas a Matanzas, un circuito en autobús a la bahía de Cochinos y otros recorridos en autobús a destinos tan lejanos como Santa Clara, Trinidad, Viñales y La Habana.

Gaviota
HELICÓPTERO

(plano p. 202; ☎45-66-78-64, 45-61-24-75; calle 13, entre av. 2 y 3) Este operador ofrece varios circuitos en helicópteros rusos M1-8; la excursión a Trinidad (199 CUC) es muy común. El Tour de Azúcar visita un molino azucarero en desuso e incluye un paseo en tren de vapor a la estación de Cárdenas. Cuesta 39/30 CUC por adulto/niño. También organiza safaris en todoterreno al pintoresco valle de Yumurí. La excursión (adultos/niños 45/34 CUC) incluye una visita a una familia campesina y una deliciosa comida en el Ranchón Gaviota.

Marlin Marina Chapelín
(Aquaworld)
BARCO, DEPORTES ACUÁTICOS

(plano p. 208; ☎45-66-75-50; autopista Sur km 12) Organiza el plato fuerte de las actividades

60 CUC por un vídeo. Los vuelos en ultraligero cuestan entre 30 y 300 CUC, dependiendo de la duración. Si ya se es un paracaidista experto, también se pueden hacer saltos en solitario, previa presentación de la acreditación pertinente.

Hay que avisar con un día de antelación (muchos hoteles pueden reservar en nombre del cliente), y los saltos están supeditados al tiempo. Desde su apertura en 1993, el centro no ha registrado ninguna víctima. Más información en la oficina de Cubatur (p. 214).

Golf

Varadero Golf Club
GOLF

(plano p. 208; ☎45-66-77-88; www.varaderogolfclub.com; Mansión Xanadú; green 18 hoyos 95 CUC; ⏰7.00-19.00) Este club tranquilo y bien cuidado, sin ser el mejor del mundo, es el primer y único campo de golf de 18 hoyos de Cuba (par 72). Los nueve hoyos originales, creados por la familia Du Pont, están entre el Hotel Bella Costa y la Mansión Xanadú; los restantes nueve, añadidos en 1998, flanquean el lado sur de los tres complejos hoteleros Meliá.

El campo se reserva a través de la tienda de golf aneja a la Mansión Xanadú (ahora un acogedor hotel con *tee time* gratuito e ilimitado). Los cochecitos de golf (30 CUC/persona) son obligatorios.

náuticas de Varadero: el **Seafari Cayo Blanco**, una excursión de 7 h (101 CUC) de Marina Chapelín al cercano Cayo Blanco y su idílica playa, que incluye barra libre, almuerzo de langosta, dos paradas para bucear, música en directo y traslados al hotel. Tiene una excursión más corta en catamarán por 45 CUC, con buceo, barra libre y un almuerzo a base de pollo.

Boat Adventure BARCO

(plano p. 208; ✆45-66-84-40; por persona 41 CUC; ☺9.00-16.00) Esta excursión guiada de 2 h, que también sale de Marlin Marina Chapelín, es una escapada rápida a los manglares vecinos en moto acuática para dos personas o lanchas motoras, para contemplar la abundante fauna, entre la que se cuentan cocodrilos. La reserva también puede hacerse en casi todos los grandes hoteles.

✵ Fiestas y celebraciones

En junio y octubre hay torneos de golf en el Varadero Golf Club. La convención anual de turismo se celebra la primera semana de mayo, cuando el alojamiento escasea y algunos establecimientos se reservan en exclusiva para los participantes.

Regata de Varadero DEPORTES

(☺may) Celebrada en mayo, esta histórica regata se remonta a 1910 e incluye muchos tipos de competiciones.

🛏 Dónde dormir

Varadero es enorme; puede haber 50 hoteles y más de 20 casas particulares. Para encontrar precios baratos, hay que reservar con antelación o centrarse en el extremo suroeste de la península, donde están todas las casas particulares, los hoteles son más económicos y la ciudad conserva cierto aire cubano.

Los paquetes hoteleros de todo incluido reservados a través de agencias de viajes en el país de origen pueden salir más baratos que si se gestionan desde el destino.

🛏 Ciudad de Varadero

Las mejores opciones de la ciudad, que se extiende por el extremo suroeste de la península, son las nuevas casas particulares, que en su mayoría tienen mucha más clase que los anticuados y deslucidos hoteles de la zona. Alojarse aquí también da un acceso fácil a los servicios de la ciudad.

★**Casa Mary y Ángel** CASA PARTICULAR $

(plano p. 204; ✆45-61-23-83; calle 43 esq. av. 1; h 35 CUC; ❄) Sus terrazas sombreadas serán la envidia de los hoteles cercanos, al igual que las tres habitaciones, impecables y bien equipadas. El desayuno se compone de varios platos y puede extenderse varias horas con ayuda del fuerte café. También ofrecen clases de salsa.

Beny's House CASA PARTICULAR $

(plano p. 204; ✆45-61-17-00; www.benyhouse.com; calle 55, entre av. 1 y 2; h 35 CUC; P❄) Recuerda a una casa de huéspedes inglesa de categoría alta, pero con mejor clima. Se llega atravesando un bonito patio ajardinado que aísla del ruido las habitaciones (elegantes, con camas nuevas *queen size* y TV de pantalla plana). El restaurante está especializado en pescado.

Villa Sunset CASA PARTICULAR $

(plano p. 202; ✆52-39-45-42; calle 13, entre av. 1 y Camino del mar; h 35 CUC; ❄🚲) Una casa tranquila con tres habitaciones y una cocina amplia y bien equipada. Los dueños, que son los mismos que los de la excelente Beny's House, no viven en la casa, lo que introduce un nuevo concepto: un alojamiento a medio camino entre un hostal lujoso y un apartamento con cocina. Es buena opción para familias y tiene un jardín trasero.

Durmiendo en las Olas CASA PARTICULAR $

(plano p. 204; ✆45-61-23-63, 52-68-81-95; av. Playa esq. calle 43; h 35-40 CUC; P❄) Como su nombre indica, esta casa en primera línea de mar está mucho más cerca de las olas que la mayoría de los *resorts* con todo incluido. Las habitaciones, aunque están limpias, son bastante corrientes: el verdadero interés radica en que la terraza trasera lleva directamente a un fantástico tramo de playa.

Casa Marlén y Javier CASA PARTICULAR $

(plano p. 204; ✆45-61-32-86; av. 2, entre calles 46 y 47; h 30-35 CUC; ❄) Fantástica casa con tres habitaciones en una calle secundaria tranquila. Los anfitriones se cuentan entre los favoritos de los viajeros. Hay una terraza estilo *ranchón* donde sirven comidas.

Casa Betty y Jorge CASA PARTICULAR $

(plano p. 202; ✆45-61-25-53; calle 31 nº 108A; h 30-35 CUC; ❄) Dos habitaciones, una de ellas con una bonita mesa tipo barra, dan a un apacible patio particular. Betty cocina para los huéspedes (dentro o en la terraza de arriba) y Jorge charla con ellos sobre los altibajos del negocio de la hostelería en Varadero.

Hotel Kawama CENTRO VACACIONAL **$$**
(plano p. 202; ☑45-61-44-16; av. 1 esq. calle 1; i/d
todo incl. desde 74/120 CUC; P✳@☀) Este ve-
nerable edificio de la década de 1930, enorme
y a modo de hacienda, fue el primero de los
más de 50 hoteles hoy existentes en esta pe-
nínsula, desierta hace 70 años. El servicio es
pésimo y las instalaciones se ven deslucidas,
pero los optimistas aún detectarán algunos
aspectos positivos en las 235 coloridas habita-
ciones, que se fusionan estilosas con la lengua
de playa que forma el extremo occidental de
Varadero. En el precio va incluido de todo,
desde tenis hasta uso de *aquabikes*.

Hotel los Delfines CENTRO VACACIONAL **$$**
(plano p. 204; ☑45-66-77-20; av. Playa esq. calle 39;
i/d todo incl. desde 80/120 CUC; ✳☀) La cadena de hoteles Islazul ofrece una opción de
(casi) todo incluido en esta copia más cordial
y acogedora de los grandes *resorts* de más
al noreste. Las 100 habitaciones disponen de
extras como televisión por satélite, minibar
y caja de seguridad, y hay una encantadora y
amplia playa resguardada.

Hotel Cuatro Palmas CENTRO VACACIONAL **$$$**
(plano p. 204; ☑45-66-70-40; av. 1, entre calles 60
y 62; i/d todo incl. 106/170 CUC; P✳@☀) Cabe
preguntarse si esta antigua residencia del
dictador Fulgencio Batista aún satisfaría sus
opulentos gustos. Es el primero de los que po-
drían denominarse grandes *resorts* con todo
incluido que aparece yendo hacia el este, y
en los últimos años ha sucumbido al *kitsch*
turístico, aunque está lo bastante cerca de
la ciudad como para desplazarse a pie. La
playa queda al lado, pero quizá se necesiten
tapones para los oídos.

Zona hotelera de Varadero

La zona de hoteles propiamente dicha co-
mienza cerca del inicio de la av. Las Américas,
en el Hotel Varadero Internacional (actual-
mente en obras). Cuanto más al este se aloje
el viajero, más dependerá de la oferta de ocio
del hotel, pues los situados al final de la pe-
nínsula quedan a más de 10 km de la ciudad.
En la mayoría de los casos, este aislamiento
se traduce en espectáculos horteras junto a
la piscina y no en la tranquilidad de una isla
desierta.

★**Mansión Xanadú** CENTRO VACACIONAL **$$$**
(plano p. 208; ☑45-66-73-88; www.varaderogolfclub.
com; av. Las Americas esq. autopista Sur; i/d todo
incl. 184/286 CUC; P✳@) El alojamiento más

íntimo e interesante de Varadero ocupa la
que fuera majestuosa residencia del empresario químico estadounidense Irénée Du Pont,
y ofrece ocho habitaciones lujosas y tentadoras. Se trata del primer edificio a gran escala
del extremo oriental de la península y es un
tesoro que destaca en medio de un desierto
de arquitectura insulsa. Aún luce el mármol
y los muebles que encargó Du Pont en la década de 1930 por varios millones de dólares.
Los precios incluyen *tee time* ilimitado en el
contiguo campo de golf (el primero de Cuba).

Villa Cuba CENTRO VACACIONAL **$$$**
(plano p. 208; ☑45-66-82-80; av. Las Américas
km 2; villas 2/3/4/5/6 camas todo incl. 176/249/
314/395/447 CUC; P✳☀🏠) Parece un cruce
entre un aparcamiento de varias plantas y un
campamento de verano de la década de 1970.
Ofrece una gran variedad de precios y tama-
ños de habitaciones para todos los bolsillos, y
tiene una combinación de colores que parece
obra de un chiquillo de 5 años jugando con
piezas de Lego.

Hotel Tuxpán CENTRO VACACIONAL **$$$**
(plano p. 208; ☑45-66-75-60; av. Las Américas
km 2; i/d todo incl. desde 87/140 CUC; P✳@☀)
De arquitectura soviética y bonitas playas con
palmeras, resulta poco original en Varadero,
pero es famoso por otros motivos, como su
discoteca La Bamba, una de las más animadas, según se dice.

Meliá Varadero CENTRO VACACIONAL **$$$**
(plano p. 208; ☑45-66-70-13; autopista Sur km 7;
todo incl. i 180-240 CUC, d 340-400; P✳🛜☀🏠)
Es el doble de grande que su hotel hermano,
el Meliá Las Américas, y atiende bien a las
familias. Dotado de 490 habitaciones, impre-
siona de inmediato con su vestíbulo cilíndri-
co cubierto de enredaderas. Se levanta sobre
un promontorio rocoso; la playa está a un
lado y tiene mucha sombra. A diferencia de
muchos hoteles de Varadero, ofrece bicicle-
tas gratis y wifi que funciona (casi siempre).
Los restaurantes son superiores a los del otro
Meliá, supuestamente más ilustre; el japonés
Sakura es de primera.

Meliá Las Américas CENTRO VACACIONAL **$$$**
(plano p. 208; ☑45-66-76-00; autopista Sur km 7;
todo incl. i 210-260 CUC, d 465-520 CUC; P✳@☀)
Una alternativa más pequeña y adulta al
contiguo Meliá Varadero. No admite niños y
cuenta con arañas lujosas y un bonito tramo
de playa con palmeras. Al tener 225 habitaciones, es demasiado grande para resultar ín-

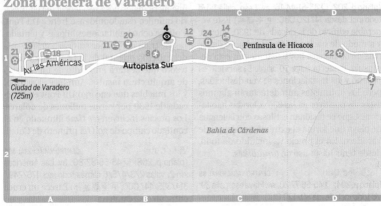

Zona hotelera de Varadero

timo, pero su ambiente es más refinado que el de otros *resorts* gigantes de las cercanías.

Blau Varadero   CENTRO VACACIONAL **$$$**
(plano p. 208; ☏45-66-75-45; ctra. Morlas km 15; todo incl. i 150-221 CUC, d 230-322 CUC; P✳@≋) No hay que precipitarse a la hora de opinar sobre el *resort* más alto y arquitectónicamente visible de Varadero. El exterior intenta imitar una pirámide azteca y el interior no es menos espectacular, con un patio de 14 pisos adornados con plantas colgantes, algunas de más de 80 m.

Sus enormes habitaciones están escrupulosamente limpias y las que se encuentran más arriba tienen las mejores vistas de Varadero. La planta baja es típica de *resort*: parlanchines animadores en la piscina, cerveza en vaso de plástico y dudosas noches temáticas de Michael Jackson.

**Royalton Hicacos
Resort**   CENTRO VACACIONAL **$$$**
(plano p. 208; ☏45-66-88-44, 45-66-88-51; www. royalhicacosresort.com; Punta Hicacos; i/d todo incl. 172/264 CUC; P✳@≋) Al tener un aspecto

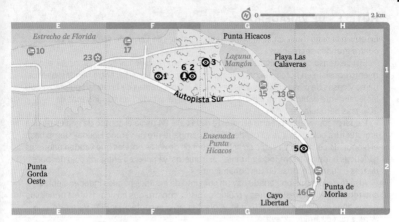

más discreto (y un servicio más amable) que muchos de sus vecinos, es uno de los *resorts* más atractivos del extremo de la península. Cuenta con amplias zonas públicas estilo *ranchón* y pequeñas cascadas que le dan un aire melifluo. Las habitaciones son alegres y disponen de recibidor y enormes baños.

Memories Varadero CENTRO VACACIONAL **$$$** (plano p. 208; ☑45-66-70-09; www.memoriesresorts.com; autopista Sur km 8; todo incl. estándar i/d 195/242 CUC; [P][✱][@][≋]) Cuando se llega al final de la península, todos los *resorts* parecen fundirse en este. Abierto en el 2008 (cambió el nombre en el 2012), es el típico hotel de playa moderno: 1025 habitaciones, cocina internacional, ocio y muchos europeos quemados por el sol montados en carritos de golf.

Meliá Península Varadero CENTRO VACACIONAL **$$$** (plano p. 208; ☑45-66-88-00; www.meliacuba.com; Reserva Ecológica Varahicacos; h todo incl. desde 180 CUC; [P][✱][@][≋]) Algunas personas disfrutarán mucho con los lujos de cinco estrellas de este Meliá (hasta hace poco, Tryp). Un suntuoso vestíbulo cubierto de plantas conduce a 490 habitaciones, y el alojamiento recientemente añadido de "The Level" sube el nivel con un servicio de conserje privado. El hotel cultiva la menta de los mojitos que sirve, y las instalaciones son lujosas, pero hay poco contacto con la Cuba real.

Meliá Marina Varadero CENTRO VACACIONAL **$$$** (☑45-66-73-30; www.meliacuba.com; autopista Sur final; i/d todo incl. desde 175/250 CUC) No es un barco de crucero encallado, sino un nuevo Meliá. Forma parte de la lujosa y reurbanizada Marina Gaviota y cuenta con importantes ventajas sobre la competencia en este extremo de la península: fantásticas vistas al puerto deportivo y acceso a muchos restaurantes y tiendas del complejo portuario, con lo que la estancia es un poco más variada que en los otros *resorts* con todo incluido.

No hay playa en el hotel (pero una pasarela sobre la carretera conduce a una) y las habitaciones reciben críticas dispares, pero todo reluce con ese lustre omnipresente que solo se siente en los mega *resorts* nuevos. También ofrecen algunos apartamentos sin todo incluido.

Blau Marina Palace CENTRO VACACIONAL **$$$** (plano p. 208; ☑45-66-99-66; autopista Sur final; todo incl. i/d 235/366 CUC, Planta Real i/d/ ste 279/448/848 CUC; [P][✱][@][≋]) Es la última parada en la península antes de Florida, y se parece mucho a ella. Sigue la tendencia moderna de los *resorts* de Varadero: bloques de poca altura muy espaciados, terrenos amplios y exuberantes y un servicio ejemplar. Hay un faro simulado, muchas piscinas y una excelente playa.

Todavía más lujoso es el sector del complejo llamado Planta Real, situado en la pequeña isla de Cayo Libertad. Se llega cruzando un puente y cuenta con mayordomos que atienden todas las necesidades. ¡Ah, el socialismo!

✖ Dónde comer

Es posible comer bien por menos de 10 CUC en los diversos restaurantes estatales y en una nueva serie de establecimientos privados, que se legalizaron en el 2011. Dado que el 95% de los hoteles del extremo este de la

HOTELES DE VARADERO

En aras a la simplificación, la enorme zona de hoteles de Varadero se puede dividir en cuatro grandes segmentos.

En la extensa ciudad cubana que ocupa el extremo occidental de la península, el alojamiento consiste en hoteles económicos más antiguos, encajados entre tiendas, bancos, bares y casas de playa clásicas. Desde el 2011, los habitantes de la ciudad pueden alquilar legalmente habitaciones a extranjeros y, como resultado, han surgido más de 20 casas particulares.

La parte comprendida entre el noreste de la calle 64 hacia el campo de golf es de una arquitectura ecléctica que va desde el cursi campamento de verano Holiday Camp hasta el bloque de cemento de estilo soviético. Muchos de estos hoteles que venden paquetes turísticos baratos, sobre todo a turistas extranjeros, ya parecen antiguos solo después de tres o cuatro décadas en funcionamiento.

Al este de la mansión Xanadú hay un conjunto de grandes hoteles independientes con recibidores impresionantes y múltiples pisos, construidos básicamente a principios de los años noventa. El más alto, con 14 plantas, es el espectacular Blau Varadero, que parece una pirámide azteca.

Cuanto más se avanza hacia el final de la península, más se parece a un barrio de Florida. Los *resorts* modernos de todo incluido suelen tener preferencia por los bloques de uno a tres pisos, distribuidos como pequeñas ciudades sobre una gran extensión de terreno. Estos extensos centros vacacionales se han construido después del año 2000. Aquí se encontrará el establecimiento hotelero más grande de Varadero (el Memories Varadero, con 1025 habitaciones) y el más exclusivo (el Planta Real del Blau Marina Palace), aunque cada año se anuncia la apertura de nuevos *resorts* con atributos nunca antes vistos.

península funcionan con todo incluido, el viajero encontrará el grueso de los locales independientes al oeste de la calle 64.

✗ Ciudad de Varadero

Paladar Nonna Tina ITALIANA $
(plano p. 204; www.paladar-nonnatina.it; calle 38, entre av. 1 y av. Playa; *pizzy* y pasta 6-10 CUC; ☻ 12.00-23.00) Los visitantes veteranos de Cuba recordarán la época en que la palabra "pasta" era un eufemismo de "papilla". Las cosas han cambiado y, gracias a restaurantes nuevos y estupendos como el Nonna Tina, de propietarios italianos, "al dente" ya no es un término extranjero incomprensible. La prueba se encontrará en el bonito jardín delantero, donde viajeros italófilos disfrutan de *pizzas* de masa fina al horno de leña, *linguine* al pesto y capuchinos como es debido.

La Bodeguita del Medio CUBANA $
(plano p. 204; av. Playa, entre calles 40 y 41; principales 5-8 CUC; ☻10.30-23.30) Varadero también tiene una Bodeguita del Medio. En el patio exterior tocan músicos y dentro se pueden admirar los garabatos de las paredes mientras se toman platos cubanos clásicos o mojitos por la tarde.

La Vicaría CUBANA $
(plano p. 204; av. 1, entre calles 37 y 38; principales desde 4 CUC; ☻12.00-22.30; ✍) Este restaurante administrado por el Gobierno, de estilo *ranchón* pero poco espectacular, sigue teniendo éxito. Quizá se debe a la generosidad de las raciones y al enorme plato de la casa, langosta con pollo y cerdo (12,95 CUC).

Salsa Suárez INTERNACIONAL $$
(plano p. 202; ✍45-61-41-94; calle 31 nº 103, entre av. 1 y 3; principales 8-12 CUC; ☻10.30-23.00; ✍) Tiene posiblemente la carta más universal de todos los nuevos restaurantes privados de Varadero. Impresiona con su saludable patio lleno de vegetación y con el menú escrito artísticamente en una gran pizarra. La comida tiene influencias del mundo entero (tapas, quesadillas, *risotto, sushi* y platos típicos cubanos), pero siempre es buena, y tiene detalles como cestas de pan gratuitas y un excelente café de estilo italiano.

Dante ITALIANA $$
(plano p. 204; parque Josone; *pizza* 7,50 CUC; ☻12.00-22.45) En plena forma desde 1993, toma el nombre de su emprendedor chef, que prepara deliciosa comida italiana como complemento de la ubicación junto al lago. Sirve antipasto a partir de 6 CUC; también cuenta

con la selección de vinos más impresionante de Varadero. Es una gran oportunidad para mimar el paladar.

La Fondue
FRANCESA $$

(plano p. 204; av. 1 esq. calle 62; principales 10 CUC; ☺12.00-24.00) Los residentes dicen que este restaurante de *fondues* junto al Mallorca es el mejor local estatal de la ciudad y además supone un agradable cambio para el paladar. La *fondue* de ternera es la especialidad de la casa.

Restaurante Esquina Cuba
CUBANA $$

(plano p. 204; av. 1 esq. calle 36; principales 8-13 CUC; ☺12.00-23.00) En su día fue el favorito de Compay Segundo, genio del Buena Vista Social Club, y es evidente que tenía buen gusto. Se recomienda la especialidad de la casa: un plato de cerdo (13 CUC) con montones de alubias, arroz y plátano frito. Todo bajo la mirada de las curiosidades cubanas colgadas en la pared y de un coche norteamericano.

Restaurante Mallorca
ESPAÑOLA $$

(plano p. 204; av. 1, entre calles 61 y 62; principales 10 CUC; ☺12.00-24.00) Elegante e íntimo local conocido por su paella. El interior es muy espacioso, con una barra bien surtida (una buena selección de vinos de Sudamérica), raciones generosas y un servicio atento.

La Vaca Rosada
PESCADO $$

(plano p. 202; calle 21, entre av. 1 y 2; principales 7,50-23 CUC; ☺18.30-23.30) Carne y pescado en una sugerente azotea.

Restaurante La Barbacoa
ASADOR $$

(plano p. 204; calle 64 esq. av. 1; filetes 11-15 CUC; ☺12.00-23.00) Decoración de estilo clásico (cabezas de ciervo, material hípico) y bistecs estupendos servidos por camareros muy serios.

Lai-Lai
CHINA $$

(plano p. 202; av. 1 esq. calle 18; comidas 6-10 CUC; ☺12.00-23.00) Veterano local situado en una mansión de dos pisos en la playa. Ofrece menús fijos de platos chinos tradicionales. La comida recibe críticas dispares, pero si a alguien le apetece mucho una sopa *wantán*…

★ Varadero 60
INTERNACIONAL $$$

(plano p. 204; ☑45-61-39-86; calle 60 esq. av. 3; principales 9-19 CUC; ☺12.00-24.00) Entre los nuevos restaurantes privados de Varadero, destaca este establecimiento de lujo, que emana un aura de refinamiento inaudita desde los tiempos de Benny Moré. La langosta y el solomillo son las especialidades, y lo mejor es regarlas con un excelente vino chileno o

español y rematarlas con los rones o puros de buena calidad que se ofrecen.

En casi una década de visitas a Cuba, los autores de Lonely Planet rara vez hemos visto un servicio tan impecable. El significado del nombre es doble: está en la calle 60 y su temática son los anuncios publicitarios de la década de 1960 que adornan las paredes de su elegante interior.

Waco's Club
INTERNACIONAL $$$

(plano p. 204; ☑45-61-21-26; av. 3, entre calles 58 y 59; principales 12-28 CUC; ☺12.00-23.00; ☞) Los viajeros hablan bien de este establecimiento aislado, antiguo Club Náutico de Varadero. Apunta alto, con una carta internacional impresionante (no hay nada fuera de lo corriente, pero todo está sabroso y bien presentado) y una terraza refinada arriba. Las familias se sentirán bien aceptadas, aunque los precios aún son elevados.

✖ Zona hotelera de Varadero

La Isabelica Casa del Café
CAFÉ $

(Marina Gaviota, autopista Sur final; tentempiés/dulces desde 2 CUC; ☺9.00-23.00) Cuba anuncia un nuevo tipo de cafetería con un aspecto nada cubano. Este local recién abierto en Marina Gaviota, amplio y bien acabado, parece importado de Seattle o Austin. Tiene escenas del cultivo del café en las paredes, sofás, granos de café cubanos a la venta y una amplia variedad de bebidas con cafeína y tartas tentadoras, además de algunos tentempiés salados.

Restaurante Mesón del Quijote
ESPAÑOLA $$$

(plano p. 208; Reparto la Torre; principales 8-16.50 CUC; ☺12.00-24.00; ☞) Junto a una estatua del personaje de Cervantes, es una de las únicas opciones de la parte oriental de la península fuera de los complejos. Está en una loma con hierba sobre la av. de las Américas, junto a una vieja torre ideal para soltar a los niños. La carta tiene tintes españoles (la paella es deliciosa) y supone un grato cambio respecto al bufé libre.

Compra de alimentos

Hay una útil **tienda de comestibles** (plano p. 202; calle 15; ☺9.00-19.00) junto al Aparthotel Varazul, y un supermercado **Caracol** (plano p. 202; av. 1 esq. calle 24; ☺9.00-19.45) en el extremo oeste de la ciudad.

Panadería Doña Neli
PANADERÍA

(plano p. 204; av. 1 esq. calle 43; ☺24 h) Panadería y repostería. Ideal para aprovisionarse para la playa.

Dónde beber y vida nocturna

Bastantes restaurantes también son buenos sitios para beber.

Palacio de la Rumba — CLUB

(plano p. 208; av. Las Américas km 2; entrada 10 CUC; ⊙22.00-3.00) Junto al Hotel Bella Costa, en términos generales, ofrece las noches más alocadas de la península. Hay salsa en directo los fines de semana y una buena mezcla de cubanos y turistas. La entrada incluye las consumiciones.

Cafeccino — CAFÉ

(Circuito Norte, entre calles J e I, Santa Marta; ⊙24 h) Hay que aventurarse fuera de la zona turística para tomarse un delicioso café o una tarta con los trabajadores de los *resorts* en Santa Marta, la ciudad auténtica cubana que se apiña en torno a la base de la península. Es el mejor sitio de Varadero para una dosis de cafeína; las tartas son riquísimas y, no importa a qué hora vuelva uno de fiesta, siempre está abierto.

Bar Mirador Casa Blanca — BAR

(plano p. 208; Mansión Xanadú, av. Las Américas; entrada 2 CUC; ⊙11.00-24.00) En la planta superior de la Mansión Xanadú, es el sitio más romántico de Varadero. La *happy hour* coincide oportunamente con los cócteles al atardecer.

Calle 62 — CAFÉ, BAR

(plano p. 204; av. 1 esq. calle 62; ⊙8.00-2.00) Situado en la zona de transición entre el viejo y el nuevo Varadero, este local sencillo atrae a clientes de ambos lados. Es agradable para comer un sándwich de queso durante el día; por la noche presenta un ambiente más juerguista, con música en directo hasta medianoche.

Discoteca Havana Club — CLUB

(plano p. 204; av. 3 esq. calle 62; entrada 5 CUC; ⊙ 22.00-3.00) Cerca del Centro Comercial Copey, cabe esperar multitudes alborotadas y mucha posturita masculina de cara a la galería.

Discoteca la Bamba — CLUB

(plano p. 208; Hotel Tuxpán, av. Las Américas km 2; huéspedes/no alojados gratis/10 CUC; ⊙22.00-4.00) Es la más moderna de Varadero y está en el Hotel Tuxpán, al este de la ciudad. Se centra en la música latina.

Ocio

Aunque la vida nocturna de Varadero pueda parecer tentadora, no existe una auténtica escena de ocio, y el concepto de ir de bar en bar es casi inexistente, a menos que uno esté dispuesto a dar largos paseos entre copa y copa. Casi todos los locales –algunos buenos y muchos malos– están junto a los hoteles.

★ Beatles Bar-Restaurant — MÚSICA EN DIRECTO

(plano p. 204; av. 1 esq. calle 59) Un placer para los roqueros en el límite del parque Josone. Homenajea a los otrora prohibidos Beatles en un bar que evoca el espíritu marchoso de unos años sesenta nada cubanos. Sirven cerveza y comida sencilla, pero el verdadero reclamo es el *rock 'n' roll* en directo, que comienza al aire libre los lunes, miércoles y viernes a las 22.00: versiones de Led Zeppelin, Rolling Stones, Pink Floyd y, por supuesto, los Beatles.

Cabaret Continental — CABARÉ

(plano p. 208; Hotel Internacional, av. Las Américas; con comsumición 25 CUC; ⊙espectáculo 22.00 ma-do) El Hotel Internacional presenta un cabaré descarado y exagerado al estilo del Tropicana (martes a domingo), posiblemente solo superado por el original de La Habana. Lo mejor es cenar a las 20.00 (se puede reservar a través del hotel donde uno se aloje) y quedarse hasta después de medianoche, cuando se convierte en una desmadrada discoteca. El hotel va a trasladarse a un nuevo edificio que están construyendo enfrente, pero el espectáculo continuará.

Casa de la Música — MÚSICA EN DIRECTO

(plano p. 204; av. Playa esq. calle 42; entrada 10 CUC; ⊙22.30-3.00 mi-do) Emulando a sus dos populares homónimos de La Habana, presenta actuaciones en directo de calidad y destila un ambiente genuinamente cubano. Está en la ciudad y atrae a clientela local que paga en pesos cubanos.

Club Mambo — MÚSICA EN DIRECTO

(plano p. 208; av. Las Américas; entrada 10 CUC; ⊙23.00-2.00 lu-vi, hasta 5.00 sa y do) La locura cubana de los años cincuenta por el mambo perdura en esta interesante sala de música en directo, quizá una de las mejores y más de moda. Situada junto al Club Amigo Varadero, en la parte este de la ciudad, la entrada incluye las consumiciones. Hay un DJ que pincha cuando el grupo hace una pausa, pero el local se centra en los directos. Para quien no quiera bailar hay una mesa de billar.

Cabaret Cueva del Pirata CABARÉ
(plano p. 208; ☑45-66-77-51; autopista Sur; 10 CUC; ☺22.00-3.00 lu-sa) Se encuentra 1 km al este del Hotel Sol Elite Palmeras y presenta a bailarines ligeros de ropa en un espectáculo de estilo cubano con un toque bucanero. El cabaré está dentro de una cueva natural y cuando termina el espectáculo empieza la discoteca. Es un local concurrido que atrae a una clientela joven. Los lunes es el mejor día. Se puede reservar a través de los hoteles. El precio de entrada incluye copas.

Centro Cultural Comparsita CENTRO CULTURAL
(plano p. 204; calle 60, entre av. 2 y 3; entrada 1-5 CUC; ☺22.00-3.00) Un centro cultural ARTex en el borde de la ciudad de Varadero, con conciertos, espectáculos, baile, karaoke y ambiente local. Consúltese el programa pegado a la puerta.

Sala de la Música MÚSICA EN DIRECTO
(Marina Gaviota, autopista Sur final; entrada 10-15 CUC; ☺22.00-madrugada) Situado en el nuevo complejo de Marina Gaviota, está destinado a ser uno de los locales nocturnos con más éxito de Varadero y, en la última visita de los autores, todo el mundo hablaba de él (aunque acababa de abrir). Ofrece una impresionante ubicación frente al mar y música en directo un par de veces por semana. Antes de ir, conviene informarse de la programación en el hotel donde uno se aloje.

🔒 De compras

Las tiendas Caracol de los grandes hoteles venden recuerdos, postales, camisetas, ropa, alcohol y tentempiés. Se puede ver el auge del sector privado en el nebuloso mercado Alegría, que engloba a los vendedores que montan sus puestos en la av. 1 entre las calles 42 y 48.

Centro Comercial Hicacos CENTRO COMERCIAL
(plano p. 204; parque de las 8000 Taquillas; ☺10.00-22.00) El centro comercial subterráneo del parque de las 8000 Taquillas no es muy grande, pero incluye lo básico, como recuerdos, cigarros, un *spa*/gimnasio y una oficina de Infotour.

Casa del Ron RON
(plano p. 204; av. 1 esq. calle 62; ☺9.00-21.00) La mejor selección de rones de Varadero y posibilidades de cata. Ocupa un venerable edificio antiguo y permite echar un vistazo a la relación de Cuba con esta bebida a través de los siglos, por ejemplo, con una maqueta a escala de la destilería de Santa Elena, en Matanzas.

Casa de las Américas LIBROS, MÚSICA
(plano p. 204; av. 1 esq. calle 59; ☺9.00-19.00) Un establecimiento minorista de la famosa institución cultural de La Habana donde comprar CD, libros y arte.

Casa del Habano CIGARROS
El mejor sitio para comprar puros; tiene mercancía de primera calidad, incluidos humidificadores y perfumes, y un servicio atento. Hay una sucursal en la av. de la Playa (plano p. 202; entre calles 31 y 32; ☺9.00-18.00) y otra en la av. 1 (plano p. 204; ☑45-66-78-43; av. 1 esq. calle 63; ☺9.00-21.00) con una buena cafetería arriba.

Galería de Arte Varadero ARTE
(plano p. 204; av. 1, entre calles 59 y 60; ☺9.00-19.00) Para comprar joyas antiguas, plata y cristal clásicos, cuadros y demás reliquias de la época burguesa. Dado que la mayor parte de artículos son de importancia patrimonial, todo está pertinentemente etiquetado con permiso de exportación.

Plaza América CENTRO COMERCIAL
(plano p. 208; autopista Sur km 7; ☺10.00-20.30) Construido en 1997 pero con aspecto de estar ya pasado de moda, el primer centro comercial de Cuba es una de las creaciones arquitectónicas menos inspiradas de Varadero, aunque cumple con su propósito. Hay varios establecimientos, como una farmacia, un banco, una tienda de música Egrem, una tienda Benetton, restaurantes y varias tiendas de recuerdos.

Taller de Cerámica Artística ARTESANÍA
(plano p. 204; av. 1, entre calles 59 y 60; ☺9.00-19.00) Al lado de la Galería de Arte Varadero y de la Casa de las Américas, se puede comprar cerámica artística elaborada en las instalaciones. La mayor parte de los artículos cuesta entre 200 y 250 CUC.

Gran Parque de la Artesanía MERCADO
(plano p. 202; av. 1, entre calles 15 y 16; ☺9.00-19.00) Mercado de artesanía al aire libre.

Librería Hanoi LIBROS
(plano p. 204; av. 1 esq. calle 44; ☺9.00-21.00) Libros en inglés, desde poesía hasta política.

ARTex RECUERDOS
(plano p. 204; av. 1, entre calles 46 y 47; ☺9.00-20.00) CD, camisetas, instrumentos musicales, etc.

ℹ Información

PELIGROS Y ADVERTENCIAS

En lo que respecta a delincuencia, el peligro es mínimo. Aparte de emborracharse y tropezarse con la alfombra, no hay mucho de qué preocuparse. Conviene tener cuidado con las dispares tomas de corriente de los hoteles. En algunas habitaciones puede haber un enchufe de 110 V junto a uno de 220 V. Deberían estar marcados, pero no siempre es así.

En la playa, la bandera roja significa que no está permitido bañarse debido a la resaca u otros peligros. Existe una especie de medusa azul, llamada carabela portuguesa, que produce reacciones graves si se entra en contacto con sus largos tentáculos. Hay que lavarse la zona afectada con agua del mar y acudir al médico si el dolor se intensifica o si cuesta respirar. Son más comunes en verano. El robo de zapatos, gafas de sol y toallas es habitual en esta playa.

URGENCIAS

Asistur (☑45-66-72-77; av. 1 n° 4201, entre calles 42 y 43; ☺9.00-16.30 lu-vi) Atención de urgencia para turistas.

ACCESO A INTERNET Y TELÉFONO

Muchos hoteles disponen de conexión a internet por 6-8 CUC/h. Las tarjetas para rascar se compran en recepción. Quienes se alojen en sitios más baratos pueden usar el **Etecsa Telepunto** (av. 1 esq. calle 30; ☺8.30-19.30), que es público.

ASISTENCIA MÉDICA

Muchos hoteles grandes cuentan con enfermería, donde pueden recibirse primeros auxilios gratis. **Clínica Internacional Servimed** (☑45-66-77-11; av. 1 esq. calle 60; ☺24 h) Consultas médicas u odontológicas (de 25 a 70 CUC) y llamadas de hoteles (de 50 a 60 CUC). También hay una buena farmacia (abierta 24 h) con artículos en pesos convertibles.

Farmacia Internacional Kawama (☑45-61-44-70; av. Kawama; ☺9.00-21.00); pza. América (☑45-66-80-42; autopista Sur km 7; ☺9.00-21.00)

DINERO

En los hoteles y restaurantes de Varadero los turistas europeos pueden pagar en euros. Si el viajero cambia moneda en el hotel, sacrificará un 1% más que en un banco.

Banco de Ahorro Popular (calle 36, entre av. 1 y autopista Sur; ☺8.30-16.00 lu-vi) Probablemente la opción más lenta.

Banco Financiero Internacional av. 1 (av. 1 esq. calle 32; ☺9.00-19.00 lu-vi, hasta 17.00

sa y do); pza. América (autopista Sur km 7; ☺9.00-12.00 y 13.00-18.00 lu-vi, 9.00-18.00 sa y do) Cheques de viaje y anticipos de efectivo con Visa y MasterCard.

Cadeca (av. Playa esq. calle 41; ☺8.30-18.00 lu-sa, hasta 12.00 do)

CORREOS

Muchos hoteles grandes disponen de oficinas de correos.

Oficina de correos (plano p. 204; calle 64, entre av. 1 y 2; ☺8.00-12.00 y 13.00-17.00 lu-vi, hasta 12.00 sa)

Oficina de correos (plano p. 204; av. 1, entre calles 43 y 44; ☺8.00-18.00 lu-sa)

INFORMACIÓN TURÍSTICA

Infotur (plano p. 202; ☑45-66-29-61; av. 1 esq. calle 13) La oficina principal está junto al Hotel Acuazul, pero tiene mostradores en casi todos los *resorts* grandes.

AGENCIAS DE VIAJE

Casi todos los hoteles disponen de un mostrador turístico donde reservar circuitos de aventura, paracaidismo, buceo y demás, pero suele salir más barato ir directamente a la agencia de viajes.

Cubatur (☑45-66-72-16; av. 1 esq. calle 33; ☺8.30-18.00) Reserva habitaciones de hotel dentro del país; organiza traslados de autobús a hoteles de La Habana y excursiones a la península de Zapata y otros destinos. También brinda información general.

ℹ Cómo llegar y salir

AVIÓN

El **aeropuerto internacional Juan Gualberto Gómez** (☑45-61-30-16, 45-24-70-15) está a 20 km del centro de Varadero en dirección Matanzas y a otros 6 km de la carretera principal. Entre las compañías aéreas se cuentan Thomas Cook, desde Londres y Manchester; Cubana, desde Buenos Aires y Toronto; Air Berlin, desde Düsseldorf y otras cuatro ciudades alemanas; Arkefly desde Ámsterdam; y Air Transat y WestJet, desde varias ciudades canadienses. En Varadero hay que facturar 90 min antes de la hora del vuelo.

Para llegar desde España hay que hacer escala en Alemania o Inglaterra. Muchos viajes organizados incluyen ya el desplazamiento hasta Varadero con escalas en otros países.

AUTOBÚS

De la **terminal de ómnibus** (plano p. 204; calle 36 esq. autopista Sur) salen todos los días autobuses con aire acondicionado de **Víazul** (☑45-

61-48-86; ☺7.00-12.00 y 13.00-19.00) a unos pocos destinos.

Los cuatro autobuses diarios a La Habana (10 CUC, 3 h) paran en Matanzas (6 CUC, 1 h); todos salvo el segundo paran también en el aeropuerto Juan Gualberto Gómez (6 CUC, 25 min). Salen de Varadero a las 12.00, 14.05, 16.00 y 19.35.

Salen dos autobuses a Trinidad (20 CUC, 6 h), pasando por Cienfuegos (16 CUC, 4½ h), a las 7.30 y 14.00. El primero también para en Santa Clara (11 CUC, 3¼ h).

El autobús a Santiago (49 CUC, 12 h) parte todas las noches a las 21.45 y para en Cárdenas (6 CUC, 20 min), Colón (6 CUC, 1½ h), Santa Clara (11 CUC, 3¼ h), Sancti Spíritus (17 CUC, 5 h), Ciego de Ávila (19 CUC, 6¼ h), Camagüey (25 CUC), Las Tunas (33 CUC), Holguín (38 CUC) y Bayamo (41 CUC).

Si se dispone de tiempo, se puede ir a La Habana en el autobús de Víazul con destino Matanzas y allí tomar el tren de Hershey.

Se puede ir a Cárdenas en el autobús urbano nº 236 (1 CUC), que sale más o menos cada hora desde el exterior de la estación principal de autobuses, al lado de un pequeño túnel con el letrero "Ómnibus de Cárdenas". También se puede tomar en la esquina de la av. 1 con la calle 13. No hay que confiar en poder comprar billetes para autobuses que no sean de Víazul a destinos de la provincia de Matanzas y más allá; la postura oficial es que los turistas no pueden hacerlo y, por lo general, en Varadero estos se distinguen perfectamente de los cubanos. De todos modos, siempre se puede intentar.

Conectando de Cubanacán tiene un práctico servicio de autobuses entre los hoteles de Varadero y los de La Habana (puede reservarse en las recepciones de los hoteles). También hay un servicio entre Varadero y Trinidad vía Cienfuegos. Los precios son similares a los de Víazul. Conviene reservar los billetes con un día de antelación al menos, a través de Infotur.

AUTOMÓVIL

Se puede alquilar un coche en casi todos los hoteles de la ciudad, con precios similares. Contando con el combustible y el seguro, uno estándar puede costar unos 70-80 CUC al día.

También se puede probar en **Havanautos** (☎45-66-73-32; av. 1 esq. calle 21) o **Cubacar** (☎45-66-81-96; av. 1 esq. calle 31).

Havanautos (☎45-25-36-30), **Vía** (☎45-61-47-83) y **Cubacar** (☎45-61-44-10, 45-25-36-21) tienen oficinas en el aparcamiento del aeropuerto. Cabe esperar un mínimo de 75 CUC al día por

los modelos más pequeños (o 50 CUC/día para un alquiler de dos semanas).

Se encontrarán automóviles de lujo en **Rex** (☎45-66-77-39, 45-66-75-39; av. 1 esq. calle 36). Alquilan Audis y coches con cambio automático (raros en Cuba) a partir de 100 CUC/día.

Hay una **gasolinera Servi-Cupet** (☺24 h) en la autopista Sur a la altura de la calle 17, y otra en el **Centro Todo En Uno** (plano p. 204; calle 54 esq. autopista Sur).

Quien se dirija a La Habana deberá pagar 2 CUC de peaje al salir por la Vía Blanca.

ⓘ Cómo desplazarse

A/DESDE EL AEROPUERTO

Varadero y Matanzas están a 20 km del ramal que conduce al aeropuerto internacional Juan Gualberto Gómez; hay otros 6 km desde la carretera a la terminal del aeropuerto. Un taxi para turistas desde el aeropuerto hasta Varadero/ Matanzas cuesta unos 35/30 CUC. Si el viajero convence al taxista de que use el taxímetro, debería salir más barato. Los autobuses con destino a La Habana paran en el aeropuerto; salen a las 12.00, 14.05, 16.00 y 19.35 y llegan 25 min después. Los billetes cuestan 6 CUC.

AUTOBÚS

Varadero Beach Tour (billete todo el día 5 CUC; ☺9.30-21.00) es un práctico autobús turístico descubierto de dos pisos con 45 paradas, que permite subirse y bajarse cuantas veces se quiera y conecta los *resorts* y centros comerciales de la península. Pasa cada 30 min por paradas bien señalizadas con información sobre la ruta y la distancia. Los billetes se pueden comprar a bordo.

Hay otro autobús turístico a Matanzas y los puntos de interés del camino. Un falso tren de juguete conecta los tres grandes *resorts* Meliá.

Los autobuses urbanos nº 47 y 48 unen la calle 64 con Santa Marta, al sur de Varadero, en la autopista Sur; el nº 220 circula entre Santa Marta y el extremo este de la península. No hay horarios fijos y cuesta 20 centavos. También se puede usar el nº 236, que recorre toda la longitud de la península, con salida y llegada en Cárdenas.

COCHE DE CABALLOS

Recorrer Varadero en un coche de caballos estatal cuesta 5 CUC por persona para un circuito de 45 min o 10 CUC para uno completo de 2 h; mucho tiempo para ver los puntos de interés.

MOTOCICLETA Y BICICLETA

Son perfectos para recorrer la península y descubrir un poco Cuba. Se pueden alquilar en casi todos los *resorts* con todo incluido, y las bicicletas se suelen prestar como parte de la oferta. El precio genérico es 9 CUC/h y 25 CUC/día, con la gasolina incluida en el precio por hora (aunque puede cobrarse un impuesto de 6 CUC en base a 24 h, consúltese). Hay un **puesto de alquiler Palmares** (av. 1 esq. calle 38) en el centro urbano, con motocicletas para aquellos que no se alojen en un hotel de ese tipo. Puede contar con dos bicicletas destartaladas sin marchas: no hay que pagar más de 2 CUC/h o 15 CUC/día.

TAXI

Los taxis turísticos con taxímetro cobran 1 CUC por la bajada de bandera más 1 CUC/km (misma tarifa día y noche). Los *coquitos* o *huevitos* cobran menos, ya que no bajan bandera. Un taxi a Cárdenas/La Habana costará unos 20/85 CUC por trayecto. Los taxis aguardan en los hoteles principales y se puede llamar a **Cuba Taxi** (☎45-61-05-55) o **Transgaviota** (☎45-61-97-62). El segundo usa coches grandes por si se lleva mucho equipaje. Se supone que los turistas no deben usar los viejos taxis Lada. Quizá merezca la pena regatear.

De Varadero a Matanzas

El amplio y suave trazado de la Vía Blanca en dirección suroeste pasa por los mejores lugares del norte de Matanzas: pozas subterráneas, maravilloso buceo y excursiones en barca por ríos escondidos.

⊙ Puntos de interés y actividades

Playa Coral   PLAYA

El mejor sitio para bucear con tubo es Playa Coral, por la vieja carretera costera (a unos 3 km de la Vía Blanca), a medio camino entre Matanzas y Varadero. Se puede bucear en solitario desde la playa, pero es mucho mejor (y más seguro) entrar por la laguna de Maya (8.00-17.00). En la Reserva de Flora y Fauna, 400 m al este de la playa, los guías profesionales de Ecotur alquilan material de buceo (2 CUC) y acompañan al cliente hasta el arrecife (5 CUC/h).

Se han registrado 300 especies de peces y la visibilidad es de unos 15-20 m. También se puede hacer submarinismo. En laguna de Maya hay también un bar-restaurante con el mismo nombre, donde se alquilan botes y se

practica equitación. Hay un paquete que incluye todas las actividades por 25 CUC; puede contratarse en casi todos los hoteles de Varadero y en el Barracuda Scuba Diving Center (p. 203). Gran parte del entorno costero es un arrecife de coral gris y blanco, pero hay playas al oeste de Playa Coral.

Cueva Saturno   CUEVA

(☎45-25-38-33, 45-25-32-72; entrada incl. equipo buceo 5 CUC; ⊙8.00-18.00) Cerca del desvío al aeropuerto, 1 km al sur de la Vía Blanca, se halla esta famosa cueva de agua dulce con una piscina para bucear y/o nadar. El agua está a 20°C aprox. y la profundidad máxima es de 22 m, aunque hay zonas menos profundas. Cuenta con un bar de tentempiés y alquilan material.

Cuevas de Bellamar   CUEVA

(☎45-26-16-83, 45-25-35-38; entrada 8 CUC, cámara 5 CUC; ⊙9.00-17.00) El punto de interés más antiguo de Cuba, según los lugareños, se encuentra 5 km al sureste de Matanzas y tiene 300 000 años de antigüedad. Hay 2500 m de cuevas, descubiertas en 1861 por un obrero chino que trabajaba para don Manuel Santos Parga. Se ofrecen visitas de 45 min casi cada hora desde las 9.30. Los cuidados y bien iluminados senderos facilitan que los niños también disfruten de la fascinante geología. En la cueva que se visita hay una enorme estalagmita de 12 m y un arroyo subterráneo; se entra a través de un pequeño museo. En el exterior hay dos restaurantes y un parque infantil. Para llegar, se puede tomar el autobús nº 12 desde la pza. Libertad o el autobús turístico de Matanzas que conecta con Varadero.

Cuevas de Santa Catalina   CUEVA

(⊙9.00-17.00) Sistema de grutas menos visitado, cerca de Boca de Camarioca, saliendo de la carretera Matanzas-Varadero, que contiene pinturas rupestres amerindias. No es posible ir por cuenta propia; hay que contratar una excursión en la cueva Saturno o preguntar en los hoteles con todo incluido. Un guía local (☎52-97-10-57), Cenén, realiza excursiones a estas cuevas.

Río Canímar   RÍO

Las excursiones en barca por el río Canímar, 8 km al este de Matanzas, son una experiencia realmente mágica. La embarcación se desliza 12 km río arriba entre manglares y una bruma cálida que acaricia las palmeras. El punto de partida es algo insalubre, al encontrarse debajo del puente de Vía Blanca.

Cubatur (p. 214), en Varadero, ofrece esta maravillosa excursión con almuerzo, paseo a caballo, pesca y buceo por 25 CUC. Se puede probar suerte y presentarse directamente en el embarcadero bajo el puente, en el lado este.

Como alternativa, casi todos los hoteles de Varadero tienen agencias de viajes que ofrecen esta excursión; hay que buscar el circuito "Vuelta a la naturaleza" por el río Canímar.

Alquilan barcas de remos (2 CUC/h) en el bar Cubamar, a orillas del río casi debajo del puente de Vía Blanca. Los cubanos no pueden alquilarlas, so pretexto de que podrían usarlas para emigrar.

Castillo del Morrillo CASTILLO
(entrada 1 CUC; ⊘9.00-17.00 ma-do) En el lado oeste del puente del Canímar, 8 km al este de Matanzas, una carretera baja 1 km hasta una cala presidida por los cuatro cañones de un castillo pintado de amarillo (1720). Ahora es un museo dedicado al líder estudiantil Antonio Guiteras Holmes (1906-1935), que fundó el grupo revolucionario Joven Cuba en 1934. Tras su breve participación en el Gobierno posterior a Machado, fue expulsado por el jefe del Ejército Fulgencio Batista y asesinado el 8 de mayo de 1935. Un busto de bronce señala el lugar de la ejecución.

🛏 Dónde dormir y comer

Hotel Canimao HOTEL **$**
(☎45-26-10-14; ctra. Matanzas-Varadero km 5; h desayuno incl. 23-30 CUC; 🅿❄🏊) Encaramado en lo alto del río Canímar, 8 km al este de Matanzas, cuenta con 160 cómodas habitaciones con pequeños balcones. Está bien situado para ir al río Canímar, a las cuevas de Bellamar o al Tropicana Matanzas, pero, por lo demás, el huésped se encontrará aislado. Hay dos restaurantes. El Matanzas Bus Tour para en la calle principal.

El Ranchón Bellamar CARIBEÑA **$$**
(cuevas de Bellamar; principales desde 10 CUC; ⊘ 12.00-20.30) Si se van a visitar las cuevas de Bellamar, es buena idea almorzar comida criolla en este restaurante estilo *ranchón* antes de volver a la ciudad. Sirven buenos platos de pollo y cerdo con guarnición por unos 10 CUC.

☆ Ocio

Tropicana Matanzas CABARÉ
(☎45-26-32-80; ctra. Matanzas-Varadero km 5; entrada 35 CUC; ⊘22.00-2.00 ma-sa) Aprovechando su éxito en La Habana y Santiago de Cuba, el famoso cabaré Tropicana tiene una sucursal 8 km al este de Matanzas, junto al Hotel Canimao. Uno puede mezclarse con las multitudes que llegan en autobús desde Varadero y disfrutar de la amena fórmula de luces, plumas, carne y frivolidad al aire libre.

ℹ Cómo llegar y salir

Se puede llegar a casi todos los puntos de interés de este tramo de costa en los autobuses turísticos de Varadero (p. 215) y Matanzas (p. 225), o bien con vehículo propio.

Matanzas

152 408 HAB.

Como una antigüedad muy querida, pero largo tiempo olvidada, que se pule para devolverle su antigua gloria, Matanzas da señales de estar reclamando su antiguo puesto al frente de la cultura cubana. En los ss. XVIII y XIX, la ciudad produjo un importante patrimonio literario y musical, y solía recibir el apodo de la Atenas de Cuba. Es innegable que, hoy en día, los edificios destartalados y los coches que escupen un humo asfixiante la convierten en una sombra de lo que fue y la alejan del relumbrón vacacional de Varadero; pero al contemplar los edificios remozados de las plazas y el aún interesante panorama cultural, pronto surge la dignidad entre las ruinas. Si la ciudad fuese un personaje, sería el pescador Santiago de *El viejo y el mar,* de Hemingway: "delgado y demacrado con profundas arrugas" aunque irreprimiblemente "alegre e invicto".

Dos estilos fundamentales de la música cubana, el danzón y la rumba, nacieron en Matanzas, al igual que varias religiones de origen africano, como el Arará, la Regla de Ocha (santería) y la sociedad secreta Abakuá. Matanzas también alberga los mejores teatros provinciales de Cuba, el Sauto y la sala de conciertos José White, y es la ciudad natal de algunos de los poetas y escritores más elocuentes del país. Hoy ofrece pocos lugares de visita turística, pero sí muchos placeres que pasan desapercibidos. Al codearse con artistas en la sofisticada ACAA o escuchar tambores de *bembé* en el barrio de Marina, el viajero pronto se dará cuenta de que la mayor fuerza de Matanzas radica en su gente, un pueblo orgulloso y poético, infundido del espíritu de la supervivencia y el estoicismo. Bienvenido a la verdadera Cuba, *asere.*

VARADERO Y PROVINCIA DE MATANZAS MATANZAS

Historia

En 1508, Sebastián de Ocampo divisó una bahía que la población indígena llamaba Guanima. Ahora conocida como bahía de Matanzas, se dice que el nombre recuerda la matanza de un grupo de españoles durante un temprano alzamiento indígena. En 1628, el pirata holandés Piet Heyn capturó una flota española que transportaba 12 millones de florines de oro, lo cual inauguró un largo período de contrabando y piratería. Sin dejarse intimidar por la amenaza pirata, en 1693 llegaron 30 familias de las Islas Canarias, bajo las órdenes del rey Carlos III de España, para fundar la ciudad de San Carlos y Severino de Matanzas; el primer fuerte se erigió en 1734. En 1898, la bahía fue testigo del primer combate de la Guerra Hispano-Estadounidense.

A finales del s. XVIII y en el s. XIX, Matanzas prosperó gracias a la construcción de numerosos molinos de azúcar y a la exportación de café. En 1843, con la construcción de la primera línea de ferrocarril a La Habana, se abrieron las puertas a la prosperidad.

La segunda mitad del s. XIX se convirtió en una edad de oro: la ciudad estableció nuevas cuotas de referencia culturales con el desarrollo de un periódico, una biblioteca pública, un instituto, un teatro y una sociedad filarmónica. Debido a la cantidad de escritores e intelectuales que vivían en esa zona, Matanzas era conocida como la Atenas de Cuba y contaba con una escena cultural que eclipsaba incluso a La Habana.

Fue entonces cuando los esclavos africanos, importados para satisfacer la creciente demanda laboral, empezaron a avivar otra reputación para la villa, como cuna espiritual de la rumba. Simultáneamente, y con idénticas raíces, se desplegó una red de cabildos de santería, asociaciones de descendientes de esclavos que se reunían para celebrar las tradiciones y rituales de sus antepasados africanos. Tanto la rumba como los cabildos se desarrollaron y han llegado hasta hoy.

Otros hitos de la historia de Matanzas son haber acogido el primer espectáculo de danzón de Cuba (1879); posteriormente la ciudad dio importantes poetas nacionales como Cintio Vitier y Carilda Oliver Labra.

◉ Puntos de interés

◎ Plaza de la Vigía

La que fuera plaza de Armas perdura como plaza de la Vigía, una referencia a la amenaza de la piratería y el contrabando a los que se enfrentaron los primeros pobladores. En esta minúscula plaza se fundó Matanzas a finales del s. XVII, y muchos edificios históricos siguen montando guardia.

Teatro Sauto   TEATRO
(⌨45-24-27-21; pza. Vigía) Es el símbolo que define la ciudad, según el pintor mexicano (y admirador) Diego Rivera. Construido en 1863 en el lado sur de la plaza de la Vigía, es uno de los mejores teatros de Cuba, famoso por su magnífica acústica. El vestíbulo está adornado con diosas griegas de mármol y el techo de la sala principal contiene pinturas de musas. Tres plateas rodean el patio de butacas con capacidad para 775 espectadores, cuyo suelo que se eleva para convertir el auditorio en un salón de baile. El telón original es un cuadro del característico **puente de la Concordia** de Matanzas. Ha presenciado actuaciones de artistas distinguidos, como la bailarina soviética Anna Pavlova. En el momento de escribir esta guía, se estaba llevando a cabo una muy necesitada restauración.

Puente Calixto García   PUENTE
Si solo se dispone de tiempo para visitar un puente de los 21 existentes, tiene que ser esta impresionante estructura de hierro, tendida en 1899 sobre el río San Juan, surcado por kayaks. Al sur hay un llamativo **mural del Che**, mientras que el lado norte conduce a la plaza de la Vigía.

★ **Ediciones Vigía**   TALLER
(pza. Vigía, esq. calle 91; ◷9.00-17.00 lu-sa) Al sureste de la plaza de la Vigía se ubica una singular editorial, fundada en 1985, que produce papel artesanal de alta calidad y primeras ediciones de libros de temática variada. Los libros se mecanografían, estarcen y encuadernan en tiradas de 200 ejemplares. Es posible visitar el taller, que recuerda a un Dickens, y comprar bellos ejemplares firmados y numerados (5-40 CUC).

Palacio de Justicia   EDIFICIO HISTÓRICO
(pza. Vigía y calle 85) Se trata de otro edificio imponente de la plaza de la Vigía, enfrente del Teatro Sauto, construido en 1826 y reconstruido entre 1908 y 1911.

Museo Histórico Provincial   MUSEO
(calle 83 esq. 272; entrada 2 CUC; ◷10.00-18.00 ma-vi, 13.00-19.00 sa, 9.00-12.00 do) También conocido como palacio del Junco (1840), este edificio con doble arco en la plaza de la Vigía exhibe toda la historia de Matanzas,

desde 1693 hasta hoy. También acoge actos culturales.

☉ Parque Libertad y alrededores

El otrora desmoronado parque Libertad es el foco de la actual campaña de restauración de Matanzas y cada día tiene mejor aspecto. En el centro se levanta una estatua de bronce de José Martí (1909).

★Museo Farmacéutico MUSEO
(calle 83 nº 4951; entrada 3 CUC; ☉10.00-17.00 lusa, hasta 16.00 do) Situado en el lado sur del parque, es uno de los principales lugares de interés de la ciudad. Creado en 1882 por la familia Triolett, esta antigua farmacia fue la primera de su clase en América Latina. Su interesante exposición cuenta con curiosos albarelos y demás utensilios empleados en la tienda.

★Sala de Conciertos José White TEATRO
(☎45-26-70-32; calle 79, entre 290 y 288) La restauración de este edificio de 1876, contiguo al Hotel Velazco, comenzó en el 2003 y ya ha sido completada. Cada centímetro, adorno y cornisa ha recuperado su antigua gloria; vale la pena contemplarlo detenidamente. Como corresponde a la que fuera sede de la orquesta sinfónica de la ciudad, la música clásica compone la mayor parte del repertorio, aunque también hay espectáculos de danzón, baile nacido en Matanzas. En el patio hay un bar.

Palacio de Gobierno EDIFICIO HISTÓRICO
(calle 288, entre 79 y 83) Este robusto edificio de 1853 domina la cara este del parque Libertad; actualmente es la sede del Poder Popular (Gobierno municipal).

Catedral de San Carlos Borromeo IGLESIA
(calle 282, entre 83 y 85; se aceptan donativos; ☉ 8.00-12.00 y 15.00-17.00 lu-sa, 9.00-12.00 do) Apartada del caos de la calle 83 tras la sombreada plaza de la Iglesia, esta catedral neoclásica de 1693 fue grandiosa, pero hoy día se halla cerrada a perpetuidad. Contiene algunos de los frescos más famosos de Cuba, pero han sufrido grandes daños tras años de abandono. Al otro lado de la calle 83 se encuentra el Archivo Histórico (calle 83 nº 28013, entre 280 y 282), en la antigua residencia del poeta local José Jacinto Milanés (1814-1863).

☉ Versalles y el norte

Versalles, la cuna de la rumba, está al norte del río Yumurí. Desde la plaza de la Vigía se accede al barrio por la calle 272, cruzando el elegante puente de la Concordia.

Castillo de San Severino FUERTE
(av. Muelle; ☉10.00-19.00 ma-sa, 9.00-12.00 do) Al noreste de Versalles se alzan estas formidables almenas, construidas por los españoles en 1735 como parte del anillo defensivo de Cuba. Aquí se desembarcaba a los esclavos en el s. XVIII y, posteriormente, los patriotas cubanos fueron encarcelados, y a veces ejecutados, intramuros. San Severino sirvió de cárcel hasta la década de 1970 y más recientemente se ha convertido en el poco visitado Museo de la Ruta de los Esclavos (entrada 2 CUC; ☉10.00-18.00).

El castillo, con su bien conservada plaza central, ofrece espléndidas vistas de la bahía

VARADERO Y PROVINCIA DE MATANZAS MATANZAS

NOMBRES DE LAS CALLES DE MATANZAS

Los habitantes hacen caso omiso del sistema de numeración de las calles y continúan usando los viejos nombres coloniales. No obstante, en esta guía se han usado los números, pues es lo que se ve en las esquinas de las calles.

NOMBRE ANTIGUO	NOMBRE NUEVO
Contreras	calle 79
Daoíz	calle 75
Maceo	calle 77
Medio/Independencia	calle 85
Milanés	calle 83
San Luis	calle 298
Santa Teresa	calle 290
Zaragoza	calle 292

Matanzas

N 0 — 400 m

Iglesia de
Monserrate (900m)

Carretera Yumurí

Río Yumurí

VERSALLES

C 278

7

C 57

C 266

C 270

Estación del tren
de Hershey

C 67

C 63

C 65

C 67

C 71

MATANZAS
ESTE

C 71

Castillo de San
Severino (2km)

C 302

C 300

C 298

C 294

C 292

C 290

C 288

C 282

C 280

C 73

C 75

Puente de la
Concordia

C 61

Restaurante Paladar
Mallorca (1,5km)

C 77

C 278

C 276

Sala de
Conciertos
José White

C 79

18 28

14

C 272

26

Bahía de
Matanzas

3

MATANZAS

23

Parque
Libertad

9

4

8

27

Museo Farmacéutico

C 83

C 83

19

C 85

2

C 286

13

24

5

10

12

Plaza de
la Vigía

16 15

20

Autobús nº 12 a
iglesia de Monserrate
y cuevas de Bellamar

22

1

C 91

C 93

17

Ediciones Vigía

11

Río San Juan

6

C 95

21

C 97

Puente
Sánchez
Figueras

C 97

C 103

25

C 105

Av Martín Dihigo

C 105

Río Canímar (8km)

C 109

C 115

Estadio Victoria
de Girón (500m)

C 117

C 115

C 272

C 268

C 117

C 119

C 264

C 121

C 298

C 123

PUEBLO
NUEVO

Las Palmas (250m);
Snack Bar (2km);
Villa Mar (2,8km)

C 127

C 276

C 171

C 131

C 135

Estación de
autobuses
nacionales

C 139

C 226

Cuevas de Bellamar
(3,5km)

C 145

Vía Blanca

C 171

C 276

(1km)

Matanzas

de Matanzas. Un taxi desde el centro cuesta 2 CUC.

Iglesia de Monserrate   IGLESIA
Para disfrutar de unas amplias vistas de Matanzas y del verde valle de Yumurí, hay que subir 1,5 km hacia el noreste del centro por la calle 306 hasta esta iglesia restaurada de 1875, un majestuoso bastión que domina la ciudad, construido por colonos catalanes como símbolo de su poder regional. El mirador cercano cuenta con un par de restaurantes tipo *ranchón*.

Iglesia de San Pedro Apóstol   IGLESIA
(calle 57 esq. 270) En el corazón de Versalles, esta iglesia neoclásica es otra joya de Matanzas que se ha beneficiado de una completa renovación.

🎓 Cursos

Casa del Danzón   DANZA
(calle 85, entre 280 y pza. Vigía) Clases de danzón los fines de semana.

🎉 Fiestas y celebraciones

Festival del Bailador Rumbero   MÚSICA
(⊙oct) Durante los 10 días siguientes al 10 de octubre, Matanzas redescubre la rumba con músicos locales de talento. Hasta que se restaure el Teatro Sauto, el festival tiene lugar en

un pequeño parque en el exterior del Museo Histórico Provincial. El evento coincide con el aniversario de la fundación de la ciudad (12 de octubre), que se celebra con una fiesta de varios días en la que se conmemora a los personajes que la convirtieron en lo que es (o era).

Carnaval   CARNAVAL
(⊙ago) Aunque no alcanza la categoría del de Santiago, es bastante animado. Se celebra en agosto.

🛏 Dónde dormir

El centro de Matanzas complementa su único hotel de época con un puñado de casas particulares igualmente *retro*. El barrio costero de Playa, que se extiende por la Carrera Central al sureste del centro urbano, comprende algunas casas estupendas.

★Hostal Azul   CASA PARTICULAR **$**
(☎45-24-24-49; hostalazul.cu@gmail.com; calle 83 nº 29012, entre 290 y 292; h 25-30 CUC; ❄) Esta bonita casa azul de la década de 1890 tiene una puerta delantera por la que cabría un elefante, baldosas originales en el suelo, una antigua escalera de caracol de madera y cuatro habitaciones de tamaño castillo en torno a un espacioso patio. Joel, su dueño, es un verdadero caballero, encantado de ofrecer

EL ORGULLO DE MATANZAS: SIGUIENTES PASOS

Aparte de la meticulosa restauración del Teatro Sauto, la siguiente fase del ambicioso plan de renovación de la ciudad se llevará a cabo al sur de las dos plazas centrales, a lo largo de la orilla norte del río San Juan. Toda ciudad cubana que se precie necesita un bulevar, de modo que Matanzas va a construir uno. Se prevé que se extienda desde el puente de la calle 298 hasta el puente Calixto García, siete manzanas más al este. Cuando quede terminado, será el tercer mejor malecón (paseo ribereño) de Cuba. Un poco más al este, se planea la construcción de un Palacio de la Rumba en la ciudad que dio este género musical al mundo.

su robusto Lada de 1984 como taxi. Lo mejor quizá el espacioso bar de época que ha abierto en la parte delantera (10.00-22.00), con música en directo por la noche y mucho ambiente.

Hostal Alma CASA PARTICULAR $
(☎45-29-08-57; hostalalma@gmail.com; calle 83 nº 29008, entre 290 y 292; h 20-25 CUC; ❄) Una casa de tres elegantes habitaciones con mucha alma, azulejos de estilo sevillano, relajantes mecedoras y vitrales. Se puede disfrutar de un cóctel de bienvenida en una de sus dos terrazas.

★**Villa Mar** CASA PARTICULAR $
(☎45-28-81-32; http://villamar.info; calle 127 nº 20809, Playa; h 35 CUC; P❄) Una casa perfecta encaramada sobre la bahía, con tres habitaciones y un gran jardín con un cenador.

Hostal Río CASA PARTICULAR $
(☎45-24-30-41; hostalrio.cu@gmail.com; calle 91 nº 29018, entre 290 y 292; h 20-25 CUC; ❄) Pertenece a los padres de Joel, el dueño del cercano Hostal Azul, donde se sirven las comidas, de modo que está bien recomendada. Tiene dos habitaciones confortables y buena ubicación.

Evelio e Isel CASA PARTICULAR $
(☎45-24-30-90; evelioisel@yahoo.es; calle 79 nº 28201, entre 282 y 288; h 20-25 CUC; P❄) En una 2ª planta, y sus habitaciones cuentan con TV, caja fuerte, balcón y aparcamiento subterráneo. El dueño lo sabe todo acerca del mundillo musical de Matanzas.

Hotel Velazco HOTEL $$
(☎45-25-38-80; calle 79, entre 290 y 288; i/d/ste 41/58/80 CUC; ❄@📶) Tras años de abandono, la ciudad vuelve a tener un hotel digno, restaurado en su estilo *fin de siècle* de 1902, que encaja perfectamente con los caballos, las carrozas y los coches antediluvianos de la plaza. Un maravilloso bar de caoba atrae al viajero y 17 elegantes habitaciones (con TV y wifi) prácticamente le obligan a quedarse.

Dónde comer

Las opciones solían ser escasas, pero la situación ha mejorado.

Plaza la Vigía CAFÉ $
(pza. Vigía esq. calle 85; tentempiés 2-3 CUC; ⏲ 10.00-24.00) Las hamburguesas y la cerveza de barril dominan la carta de este bar de clientela joven, que parece sacado de un cartel *art nouveau* parisino de 1909.

Restaurante Romántico San Severino INTERNACIONAL $
(calle 290, entre 279 y 283; principales 4,50-6,50 CUC; ⏲18.00-23.00) El parque Libertad cuenta ahora con un restaurante sobresaliente, en lo alto de unas escaleras empinadas en la parte oeste. Interior colonial, buen servicio y excelentes filetes de pescado rellenos de camarones.

Café Atenas CARIBEÑA $
(calle 83 nº 8301; 2-5 CUC; ⏲10.00-23.00) Hay que sentarse en la terraza en compañía de estudiantes, taxistas y trabajadores de los hoteles en su día libre, y contemplar la vida cotidiana de la plaza de la Vigía. Sándwiches correctos y carnes a la parrilla.

Snack Bar CUBANA, INTERNACIONAL $
(Via Blanca 22014, Playa; principales 5-8 CUC; ⏲ 12.00-2.00) La comida "internacional" se reviste de una creatividad irónica mediante presentaciones llamativas: las fajitas de pollo se convierten en deliciosos "trapos de viejas", las gambas son "cuerpos revisitados". El concepto se sirve en un bonito patio que también es un bar animado.

★**Restaurante Paladar Mallorca** INTERNACIONAL $$
(☎45-28-32-82; calle 334, entre 77 y 79; principales 8-14 CUC; ⏲11.00-23.00; 👪) Situado en el barrio de Los Mangos, al noroeste del centro, impresiona con platos aventureros como pescado glaseado con crema balsámica, y con una de las mejores piñas coladas de Cuba.

ABAKUÁ

Una sociedad secreta masculina, un lenguaje solo para los iniciados, una red de logias de estilo masónico y el uso simbólico del leopardo africano como muestra de poder: los misteriosos ritos abakuás parecen el código Da Vinci cubano.

En un país que no carece de turbias prácticas religiosas, Abakuá es tal vez la menos entendida. Es una complicada mezcla de iniciaciones, bailes, cantos y tambores ceremoniales que dan fe de la destacable supervivencia de la cultura africana en Cuba desde la época de los esclavos.

Sin confundirla con la santería u otras religiones africanas sincretizadas, las tradiciones abakuás llegaron a Cuba con los esclavos efik de la región de Calabar, al sureste de Nigeria, en los ss. XVIII y XIX. Está organizada en logias o *juegos*, el primero de los cuales se formó en el barrio habanero de Regla en 1836. Abakuá era una especie de sociedad de ayuda mutua, formada principalmente por trabajadores negros de los muelles, cuyo objetivo principal era comprar la libertad de sus hermanos esclavos.

En sus comienzos, las logias eran antiesclavistas y anticolonialistas y fueron erradicadas por los españoles. Sin embargo, en la década de 1860 admitían cada vez más miembros de raza blanca y se dieron cuenta de que su fortaleza radicaba en su secretismo e invisibilidad.

Hoy se cree que existen más de 100 logias abakuás en Cuba, hasta con 600 miembros algunas, ubicadas sobre todo en La Habana, Matanzas y Cárdenas (la práctica nunca llegó a la parte central y oriental del país). Los iniciados se llaman *ñáñigos* y sus ceremonias secretas se llevan a cabo en un templo llamado *famba*. Aunque la información detallada sobre la sociedad es escasa, Abakuá es bien conocida en el resto del mundo por sus bailarines enmascarados, llamados *ireme* (demonios), que muestran sus dotes en varios carnavales anuales y fueron pieza clave para el desarrollo del estilo de rumba *guaguancó*. El gran artista abstracto cubano, Wifredo Lam, utilizó máscaras abakuás en sus pinturas, y el compositor Amadeo Roldán incorporó sus ritmos a la música clásica.

Aun teniendo un fuerte elemento espiritual y religioso (son importantes los dioses del bosque y el símbolo del leopardo), se diferencia de la extendida santería en que no esconde a sus dioses detrás de santos católicos. El antropólogo cubano Fernando Ortiz se refirió en su día a la sociedad abakuá como un tipo de masonería africana, mientras que otros investigadores han sugerido que actúa como un Estado diferente dentro del mismo país, con leyes y lengua propias. La palabra *asere* en lenguaje coloquial cubano, que significa "amigo", proviene del término abakuá para "hermano de rito".

La presentación es muy innovadora y hay toques sorprendentes, como menú infantil, jabón para lavarse las manos en las mesas y música en directo.

Compra de alimentos

Comercial Centro Variedades SUPERMERCADO
(calle 85, entre 288 y 290; ☻9.00-18.00) Comestibles.

Mercado La Plaza MERCADO
(calle 97 esq. 298) Puestos de comestibles cerca del puente Sánchez Figueras donde se paga con pesos cubanos.

Dónde beber y vida nocturna

★**ACAA** BAR
(Asociación Cubana de Artistas y Artesanos; calle 85, entre 282 y 284; ☻10.00-madrugada) Comienza como una tienda de material artístico y un es-

pacio de exposiciones de aspecto glamuroso, y continúa hasta un patio que recuerda al París bohemio, donde tipos "culturetas" beben café fuerte y conversan animadamente. Hay un bar en la azotea que se anima de noche, a menudo con música en directo.

Bistro Kuba BAR
(calle 83, entre 292 y 290; ☻11.00-2.00) Las mesas de este bonito bar se iluminan para mostrar sitios famosos de la ciudad. Los cócteles son increíbles, pero también son buenos el café exprés (prácticamente la única máquina de café de la ciudad se encuentra aquí) y las tablas de jamón y queso. Conciertos varias veces por semana.

Ruinas de Matasiete BAR
(Vía Blanca esq. calle 101; ☻10.00-22.00, club 22.00-2.00) Este afamado garito es un frenético lugar, situado en una nave del s. XIX en ruinas,

INDISPENSABLE

RUMBA CALLEJERA

Un viejo refrán cubano dice: "Sin rumba no hay Cuba y sin Cuba no hay rumba". Para vivir la música auténtica, hay que ir obligatoriamente a Matanzas, cuna de la percusión y el canto fuertemente espiritual. El mejor lugar para ver actuaciones en directo al aire libre es la plaza de la Vigía, a la puerta del Museo Histórico Provincial, a las 16.00, el tercer viernes de cada mes (consúltese el tablón de anuncios del museo para más información).

frente a la bahía. Sirven bebidas y carnes a la brasa en una terraza, pero su principal baza es la música en directo (21.00 vi-do; entrada 3 CUC).

☆ Ocio

Teatro Sauto TEATRO
(📱45-24-27-21; pza. Vigía) Se trata de un referente nacional y uno de los mejores teatros de Cuba. Alberga espectáculos desde 1863. Quizá se pueda ver al Ballet Nacional de Cuba o al Conjunto Folklórico Nacional cuando termine la larga restauración.

**Centro Cultural Comunitario
Nelson Barrera** CENTRO CULTURAL
(calle 276 esq. 77; ☺9.00-17.00 ma-do) Este centro cultural del barrio de Marina es un buen punto de partida para quien se sienta interesado por la historia afrocubana de Matanzas. En la oficina informan sobre actos futuros y, con suerte, se podrán ver procesiones religiosas y sesiones de tambores, o simplemente disfrutar de la brisa.

**Sala de Conciertos
José White** MÚSICA CLÁSICA
(calle 79, entre 290 y 288) Esta maravillosa sala nueva presenta espectáculos de orquesta y danzón (el programa se expone en el tablón de fuera). También se puede beber algo en el agradable patio.

Museo Histórico Provincial CENTRO CULTURAL
(calle 83 esq. 272; entrada 2 CUC; ☺10.00-18.00 ma-vi, 13.00-19.00 sa, 9.00-12.00 do) También conocido como palacio de Junco, se recomienda consultar en el tablón del exterior las actuaciones, que van desde teatro a danzón o rumba, y la programación del mes siguiente.

Teatro Velazco CINE
(calle 79 esq. 288) Cine situado en el parque Libertad.

Las Palmas MÚSICA EN DIRECTO
(calle 254 esq. 127; entrada 1 CUC; ☺12.00-24.00 lu-mi, hasta 2.00 vi-do) Este local de ARTex permite disfrutar de una noche bajo las estrellas por mucho menos dinero que la juerga del Tropicana.

Estadio Victoria de Girón DEPORTES
(av. Martín Dihigo) Situado 1 km al suroeste del mercado, acoge partidos de béisbol de octubre a abril.

🛍 De compras

Los adictos a las compras no están de suerte: curiosear en las tiendas (¿qué tiendas?) de Matanzas hace que cualquier mercadillo parezca Hollywood Boulevard.

Ediciones Vigía LIBROS
(pza. Vigía; ☺9.00-17.00 lu-sa) Libros únicos hechos a mano.

ℹ Información

Banco Financiero Internacional (calle 85 esq. 298) Cajero automático.
Cadeca (calle 286, entre 83 y 85; ☺8.00-18.00 lu-sa, hasta 12.00 do)
Etecsa Telepunto (calle 83 esq. 282; 4,50 CUC/h; ☺8.30-19.30) Ordenadores con internet.
Oficina de correos (calle 85 esq. 290)
Servimed (📱45-25-31-70; Hospital Faustino Pérez, Carretera Central km 101) Clínica al suroeste de la ciudad.

ℹ Cómo llegar y salir

AVIÓN

Matanzas está conectado al mundo exterior por el aeropuerto internacional Juan Gualberto Gómez (p. 214), también conocido como aeropuerto de Varadero, 20 km al este de la ciudad.

AUTOMÓVIL

La agencia de alquiler más cercana al centro es **Cubacar** (📱45-25-32-46; calle 127 esq. 204), en el barrio de Playa.

BICICLETA

Ir de Varadero a Matanzas en bicicleta es fácil. Los 32 km de carretera están bien asfaltados y son totalmente llanos, salvo los últimos 3 km a partir del puente del río Canímar. Algunos hoteles de Varadero con todo incluido alquilan bicicletas.

AUTOBÚS

Tanto los de larga distancia como los provinciales utilizan la **estación nacional de autobuses,** situada en una antigua estación de trenes, en la esquina de las calles 131 y 272, en Pueblo Nuevo, al sur del río San Juan.

Matanzas está razonablemente bien comunicada, aunque para ir a destinos como Cienfuegos y Trinidad hay que dirigirse primero a Varadero en el primer autobús del día y, una vez allí, esperar el Varadero-Trinidad de la tarde.

Víazul (www.viazul.com) tiene cuatro autobuses diarios a La Habana (7 CUC, 2 h, 13.15, 17.15, 19.00 y 20.50) y Varadero (6 CUC, 1 h, 8.30, 10.20, 15.05 y 19.50), con parada en el aeropuerto (6 CUC, 25 min).

AUTOBÚS TURÍSTICO DE MATANZAS

Un autobús turístico une Varadero con Matanzas y los distintos puntos de interés. Para en todos los hoteles principales de Varadero por donde pasa el autobús turístico de Varadero, y también en el río Canímar, las cuevas de Bellamar, la iglesia de Monserrate y el Hotel Velazco (en el parque Libertad de Matanzas). Sale cuatro veces al día (con algunas interrupciones en temporada baja). Los billetes, válidos para todo el día, cuestan 10 CUC. A veces cancelan horarios en temporada baja.

TREN

La **estación de trenes** (☎45-29-16-45; calle 181) está en Miret, en el límite sur de la ciudad. Los extranjeros normalmente tienen que pagar el precio en convertibles al jefe de turno. La mayoría de los trenes entre La Habana y Santiago de Cuba paran en esta estación. En teoría, hay 8 diarios a La Habana (3 CUC, 1½ h). El tren diario a Santiago de Cuba (27 CUC) debería salir por la tarde (conviene comprobarlo, pues son muy poco formales) y para en Santa Clara, Ciego de Ávila, Camagüey y Las Tunas.

En la sala de espera hay un tablón donde se cuelga la información actualizada sobre trenes. Se recomienda llegar con tiempo para organizarse.

La **estación del tren de Hershey** (☎45-24-48-05; calle 55 esq. 67) está en Versalles, a 10 min a pie del parque Libertad. Hay tres trenes diarios a la estación Casablanca de La Habana (2,80 CUC, 4 h) vía Canasí (0,85 CUC), Jibacoa (1,10 CUC, 1½ h, para Playa Jibacoa), Hershey (1,40 CUC, 2 h, para los jardines de Hershey) y Guanabo (2 CUC). Las horas de salida desde Matanzas son: 4.39, 12.09 (un servicio exprés que debería tardar 3 h) y 16.25.

La venta de billetes empieza 1 h antes de la hora de salida prevista y, salvo los fines de semana y en vacaciones, no suele haber problemas. Puede que no se permita subir bicicletas (consúltese). El tren, el único eléctrico de Cuba, suele salir puntual, pero a menudo llega a la estación Casablanca de La Habana (bajo el fuerte La Cabaña, en el lado este del puerto) 1 h tarde. Es un trayecto pintoresco para aquellos que no tengan prisa, y una forma genial de llegar a los lugares de interés poco visitados de la provincia de Mayabeque.

❶ Cómo desplazarse

El autobús nº 12 conecta la plaza Libertad con las cuevas de Bellamar y la iglesia de Monserrate. También se puede usar el práctico autobús turístico de Matanzas (p. 225) para ir a las cuevas de Bellamar y a Canímar.

La gasolinera de Oro Negro se encuentra en la esquina de las calles 129 y 210, a 4 km del centro de Matanzas por la carretera de Varadero. Si el viajero conduce hasta Varadero, pagará un peaje de 2 CUC entre Boca de Camarioca y Santa Marta (no hay peaje entre Matanzas y el aeropuerto).

Los bicitaxis se concentran cerca del mercado La Plaza y llevan al viajero a muchos lugares de la ciudad por 1-2 CUP. Un taxi al aeropuerto internacional Juan Gualberto Gómez cuesta entre 25 y 30 CUC; a Varadero sale un poco más caro.

Cárdenas

109 552 HAB.

Carente de las luces brillantes de Varadero y del legado histórico y cultural de Matanzas, Cárdenas puede dar una impresión de completo deterioro. Esta destartalada ciudad parece una foto descolorida de otra época; en ella viven innumerables taxistas, recepcionistas y camareros empleados en los *resorts,* pero apenas hay un restaurante, hotel o taxi motorizado que le den servicio.

Cárdenas tuvo su papel circunstancial en la historia de Cuba. En 1850, el aventurero venezolano Narciso López y un variopinto ejército de mercenarios americanos izaron en el lugar la bandera cubana por primera vez, en un intento infructuoso de liberar la colonia de los españoles. Luego vinieron otros ciudadanos que hicieron historia, como el líder estudiantil revolucionario José Antonio Echeverría, que murió de un disparo durante un asalto frustrado para asesinar al presidente Batista en 1957. Este rico pasado se muestra en tres museos fabulosos en torno al parque Echeverría, que es la plaza principal de la ciudad y el mejor motivo para visitarla. Al margen de los museos, las fachadas antaño ilustres y hoy ruinosas pueden resultar un *shock* para los que vengan de Varadero. Si se quiere ver una instantánea genuina de Cuba, no se encontrará un lugar más revelador.

Al pedir indicaciones, debe tenerse en cuenta que los habitantes de Cárdenas suelen usar los nombres antiguos de las calles más que el nuevo sistema de números.

◉ Puntos de interés

Entre los deslustrados edificios y los deslucidos restaurantes (en pesos cubanos) del centro, se encuentran tres excelentes museos, situados en el bonito parque Echeverría, que son lo más destacado de la ciudad.

★ Museo de Batalla de Ideas   MUSEO
(av. 6, entre calles 11 y 12; entrada 2 CUC, cámara 5 CUC; ⏰9.00-17.00 ma-sa, hasta 13.00 do) El más nuevo de los tres museos de Cárdenas ofrece una visión muy bien diseñada y organizada de la historia de las relaciones entre EE UU y Cuba, llena de sofisticado material gráfico. Inspirado por el caso de Elián González, un niño de Cárdenas cuya madre y padrastro, además de otras 11 personas, murieron ahogados en 1999 cuando intentaban entrar en EE UU en un bote, el museo es el sólido formato de la "batalla de ideas" resultante entre Castro y el Gobierno estadounidense.

La exposición se centra en los 8 meses durante los cuales Cuba y EE UU se disputaron la custodia de Elián, pero también explora el tema de la calidad del sistema educativo cubano, y hay un patio con bustos de antiimperialistas que murieron por la causa revolucionaria. Sin embargo, la pieza que mejor encarna la finalidad del museo es, quizá, la estatua de un niño que arroja con desprecio un juguete de Superman.

Museo Casa Natal de José Antonio Echeverría   MUSEO
(av. 4 Este 560; entrada incl. guía 5 CUC; ⏰10.00-17.00 ma-sa, 9.00-13.00 do) Alberga una macabra colección histórica en la que figura el garrote vil original usado para ejecutar a Narciso López en 1851. Los objetos relacionados con las guerras de independencia del s. XIX están en el piso inferior, mientras que la Revolución del s. XX se trata en el 1er piso. Aquí nació

en 1932 José Antonio Echeverría, líder estudiantil asesinado por la policía de Batista en 1957 tras un intento de asesinato fallido en el Palacio Presidencial de La Habana. Hay una estatua suya en la plaza homónima.

Museo Oscar María de Rojas   MUSEO
(av. 4 esq. calle 13; entrada 5 CUC; ⏰9.00-18.00 ma-sa, hasta 13.00 do) El segundo museo más antiguo de Cuba (después del Bacardí de Santiago) contiene una selección de objetos insólitos, como un garrote vil de 1830, una mascarilla de Napoleón, la cola del caballo de Antonio Maceo, la mayor colección de caracoles de Cuba y algunas pulgas conservadas de 1912. Ocupa un encantador edificio colonial y el personal está formado por entendidos guías oficiales.

Catedral de la Inmaculada Concepción   IGLESIA
(av. Céspedes, entre calles 8 y 9) El parque Colón, cinco manzanas al norte del parque Echeverría, es la otra plaza interesante de la ciudad. En él se encuentra el edificio eclesiástico más importante de Cárdenas. Construida en 1846, destaca por sus vidrieras y por contener, supuestamente, la estatua de Cristóbal Colón más antigua del hemisferio occidental. Es la mejor instantánea de Cárdenas.

Asta de bandera   MONUMENTO
(av. Céspedes esq. calle 2) En el extremo norte de la av. Céspedes, pasada la catedral de la Inmaculada Concepción, se verá un asta de bandera que forma parte de un monumento. Conmemora el primer izado de la bandera cubana el 19 de mayo de 1850.

Fábrica de ron Arrechabala   FÁBRICA
(calle 2 esq. av. 13) Al noroeste del centro, en la zona industrial, es donde se destila el ron de Varadero: Havana Club se fundó aquí en 1878. Recientemente, la empresa (y su socio internacional Bacardí) se ha visto envuelta en una disputa de marcas con el Gobierno cubano y el socio Pernod Ricard sobre el derecho a vender Havana Club en EE UU. ¿Los ganadores? El Gobierno cubano/Pernod Ricard. No se ofrecen visitas por la fábrica.

🛏 Dónde dormir y comer

Si Varadero tiene más de 50 hoteles, la humilde Cárdenas no tiene ninguno. Por suerte, existen un par de casas particulares buenas (aunque difíciles de encontrar) y, por añadidura, dos nuevos y excepcionales restaurantes en el parque Echeverría. Hay muchas tiendas y supermercados que cobran en convertibles cerca del Plaza Molocoff (av. 3 Oeste esq. calle 12), un mercado de hierro fundido del s. XIX donde se pueden comprar tentempiés baratos pagando en pesos.

⭐ **Ricardo Domínguez** CASA PARTICULAR $
(☎52-89-44-31; av. 31 esq. calle 12; h 35 CUC; P✱) Se encuentra 1,5 km al noroeste del parque Echeverría y vale la pena buscarla. La impecable casa blanca con tejado de terracota está dentro de un jardín grande y frondoso, y parece salida de uno de los mejores barrios de Miami. Dispone de tres habitaciones.

Hostal Ida CASA PARTICULAR $
(☎45-52-15-59; calle 13, entre av. 13 y 15; h 35 CUC; P✱) No hay que dejarse amilanar por el destartalado de la calle. Dentro de este elegante apartamento (con entrada y garaje privados) hay una maravillosa sala de estar/cocina y una habitación con baño. Desayunos generosos (5 CUC).

⭐ **Studio 55** CAFÉ, BAR $
(calle 12, entre av. 4 y 6; platos ligeros 3-5 CUC; ☉ 12.00-24.00 lu-ju, hasta 2.00 vi y sa) Aparte del nombre y del logotipo, no tiene ninguna semejanza con el Studio 54 de Nueva York, salvo un toque de distinción. Hay que empaparse del ambiente chic-industrial y pedir estupendas hamburguesas u otras comidas rápidas bien preparadas, que se eligen de cartas diseñadas como cajas de DVD. Y sentirse agradecido porque, hasta hace un par de años, Cárdenas era un erial culinario.

Restaurant Don Ramón INTERNACIONAL $
(av. 4, entre calles 12 y 13; principales 3-8 CUC; ☉ 11.00-22.00) Con vistas al parque Echeverría, este bonito local atrae con su encanto colonial anticuado. Para una comida variada servida en mesas, no hay mejor sitio en Cárdenas. Los filetes reciben buenas críticas.

☆ Ocio

Casa de la Cultura CENTRO CULTURAL
(av. Céspedes 706, entre calles 15 y 16) Ubicada en un bonito, aunque deslucido, edificio colonial con vidrieras y un patio interior con mecedoras, destacan los carteles publicitarios escritos a mano de *peñas* (actuaciones) de rap, teatro y actos literarios.

Cine Cárdenas CINE
(av. Céspedes esq. calle 14) Hay proyecciones diarias.

❶ Información

Banco de Crédito y Comercio (calle 9 esq. av. 3)

Cadeca (av. 1 Oeste esq. calle 12)

Centro Médico Sub Acuática (☎45-52-21-14; ctra. Varadero km 2; 80 CUC/h; ☉8.00-16.00 lu-sa, médico de guardia 24 h) En el Hospital Julio M. Aristegui, 2 km al noroeste, en la carretera a Varadero; tiene una cámara de descompresión soviética de 1981.

Etecsa Telepunto (av. Céspedes esq. calle 12; 4,50 CUC/h; ☉8.30-19.30) Teléfono e internet.

Farmacia (calle 12 nº 60; ☉24 h)

Oficina de correos (av. Céspedes esq. calle 8; ☉8.00-18.00 lu-sa)

❶ Cómo llegar y salir

Lo más sencillo es ir a Varadero y allí tomar autobuses a otros destinos. Aunque el autobús Varadero-Santiago de Cuba de Víazul pasa por Cárdenas, oficialmente no para en la ciudad. Además, Varadero tiene muchos más servicios de autobús.

El autobús nº 236 a/desde Varadero sale cada hora desde la esquina de la av. 13 Oeste y la calle 13 (50 centavos, aunque a los turistas se les suele cobrar 1 CUC). Un taxi para el mismo recorrido cuesta 15-20 CUC.

Salen autobuses urbanos diarios de la **estación de autobuses** (av. Céspedes esq. calle 22), 10 manzanas al suroeste del parque Echeverría, a La Habana y Santa Clara, pero a menudo están llenos cuando llegan a Cárdenas. También hay camionetas a Jovellanos/Perico, que dejan al viajero a 12 km de Colón y le acercan a algún posible transporte que siga hacia el este. La taquilla está en la parte trasera de la estación.

❶ Cómo desplazarse

La principal ruta en coche de caballos (1 CUP) a través de Cárdenas está al noreste, en la av. Céspedes; viniendo desde la estación de autobuses, hay que ir al noroeste por la calle 13 hasta el hospital, dejando atrás la parada del autobús nº 236 (a Varadero).

La **gasolinera Servi-Cupet** (calle 13 esq. av. 31 Oeste) se halla enfrente de un antiguo fuerte español, en la parte noroeste de la ciudad, en la carretera a Varadero.

San Miguel de los Baños y alrededores

Enclavada en el interior de la provincia de Matanzas, entre colinas pintadas de buganvillas, esta ciudad termal compitió en su día con La Habana por su elegante opulencia. Tras un efímero auge como destino de adinerados turistas en busca de las balsámicas aguas medicinales que se 'descubrieron' a principios del s. xx, se construyeron varias villas neoclásicas que hoy todavía pueden verse en la céntrica av. de Abril. Pero la prosperidad fue breve. Justo antes de la Revolución, la contaminación de un molino de azúcar próximo se infiltró en el suministro de agua y el complejo no tardó en perder su fama.

◉ Puntos de interés y actividades

Llaman la atención los contrastes arquitectónicos: las casas modestas de la población actual junto a ostentosos edificios de la época de esplendor, como el recargado **Gran Hotel y Balneario,** con varias cúpulas, y en la parte norte de la ciudad, una reproducción del Grand Casino de Montecarlo. Se puede pasear por los fantasmagóricos terrenos hasta las casas de baños románicas de ladrillo rojo, que siguen en pie. Probablemente sea mejor no bañarse.

Dominando la ciudad están las empinadas laderas de la **loma de Jacán,** un cerro con 448 escalones adornado con descoloridos murales del vía crucis. Al llegar a la pequeña capilla de la cima, uno puede empaparse de las mejores vistas del nucleo urbano, con la satisfacción añadida de estar en el techo de la provincia.

🛏 Dónde dormir y comer

Finca Coincidencia　　　CASA PARTICULAR **$**
(☎45-81-39-23; Carretera Central, entre Coliseo y Jovellanos; h 20 CUC; P) 🅿 Esta granja idílica, situada 14 km al noreste de San Miguel de los Baños y 6 al este de Colesio por la Carretera Central, permite catar la vida bucólica de la provincia lejos de la ostentación de la costa norte. El huésped podrá relajarse en los jardines llenos de mangos y guayabos, participar en clases de cerámica y echar una mano en una granja donde se cultivan 83 especies de plantas.

ℹ Cómo llegar y salir

Para llegar a San Miguel de los Baños hay que seguir la carretera 101 de Cárdenas a Colesio, donde se cruza la Carretera Central; la ciudad está situada a 8 km al suroeste de Colesio. Un taxi desde Cárdenas debería costar de 20 a 25 CUC; hay que regatear. El viajero quizá consiga que le lleven en camioneta/autobús desde la estación de autobuses de Cárdenas.

PENÍNSULA DE ZAPATA

Los 4520 km² de la península de Zapata, una extensa zona natural cenagosa casi deshabitada que se extiende por todo el sur de Matanzas, aceleran el pulso de los observadores de la naturaleza, así como de los submarinistas, con las especies de aves más importantes del país y algunos de los arrecifes más mágicos frente a la costa, ocultos en su húmedo entorno. Gran parte de la península, una zona protegida que ahora forma parte del Gran Parque Natural Montemar, se conocía antes como Parque Nacional Ciénaga de Zapata: en el año 2001 fue declarado Reserva de la Biosfera por la Unesco.

La ciudad azucarera de Australia, al noreste de la península, constituye la principal puerta de acceso al parque. Al sur de allí se halla uno de los grandes reclamos turísticos de la región, la chapucera, aunque convincente, Boca de Guamá, una reproducción de una aldea taína.

La carretera llega a la costa en Playa Larga, con las mejores playas de la península, en el cabo de la bahía de Cochinos.

En este punto, los ornitólogos y amantes de la naturaleza querrán ir hacia el suroeste, donde las plantaciones de caña de azúcar pronto se convierten en bochornosas ciénagas. Es una de las regiones más remotas de Cuba, en la que se adentran poquísimos turistas. Aun así, los más intrépidos cosecharán los beneficios: en las vías navegables salpicadas de manglares puede contemplarse una increíble diversidad de aves, así como reptiles y especies de plantas endémicas.

Aparte de ser famosa como notoria metedura de pata del imperialismo estadounidense, la costa este de la bahía de Cochinos también cuenta como uno de los mejores lugares del Caribe para bucear en cuevas. Al sureste de Playa Larga hay tentadores puntos de inmersión acompañados por un par de hoteles menos atractivos.

El alojamiento fuera de los *resorts* abunda; se pueden encontrar opciones excelentes en el Central Australia, Playa Larga y Playa Girón.

Varios autobuses de Víazul recorren la península. También hay un práctico servicio de lanzadera entre Boca de Guamá y Caleta Buena.

COLÓN

Escondida en el este de la provincia, 40 km al este de Jovellanos, Colón es una interesante parada en la Carretera Central. Con sus impresionantes edificios con columnatas y una de las plazas centrales más bonitas y verdes de Cuba, esta ciudad destaca más por su ambiente que por sus atractivos. Lo que el viajero verá en Colón es un ejemplo (y el país está lleno de ellos) de cómo es Cuba para los cubanos ajenos a la industria turística y al dinero que genera.

Uno puede recorrer la calle Martí, la principal, para empaparse del ambiente local en el frondoso parque de la Libertad (o de Colón), con su estatua de Cristóbal Colón entre muchos otros bustos. Cerca se pueden visitar la iglesia católica, la Escuela de Artes y Oficios, de llamativa arquitectura colonial, y el Hotel Nuevo Continental, que data de 1937. También revisten interés el Museo José R. Zuleta y un antiguo fuerte.

ℹ️ Información

La Finquita (📞45-91-32-24; Autopista Nacional km 142; ⏰9.00-17.00 lu-sa, 8.00-12.00 do), un útil centro de información/cafetería gestionado por Cubanacán, organiza excursiones a la península de Zapata y reserva habitaciones en Villa Guamá. Se encuentra junto al desvío de la Autopista Nacional a la península de Zapata, a la altura de Jagüey Grande, 1,5 km al norte de Australia. La **oficina del Parque Nacional** (📞45-98-72-49; ⏰8.00-17.00) está en el límite norte de Playa Larga, por la carretera que viene de Boca de Guamá.

Etecsa, la oficina de correos y las tiendas que cobran en pesos convertibles se hallan cruzando la autopista, en Jagüey Grande. El repelente de insectos resulta imprescindible y, si bien puede comprarse repelente cubano en la zona, a esos voraces insectos no parece hacerles efecto.

Central Australia y alrededores

Por el camino a Boca de Guamá, 1,5 km al sur de la Autopista Nacional, se encuentra el Central Australia, un gran ingenio azucarero construido en 1904, hoy en desuso, que alberga el Museo de la Comandancia.

🎯 Puntos de interés

Museo de la Comandancia MUSEO
(entrada 1 CUC; ⏰9.00-17.00 ma-sa, 8.00-12.00 do) Durante la invasión de la bahía de Cochinos en 1961, Fidel Castro instaló su cuartel general en el antiguo despacho del ingenio azucarero. Hoy, el edificio está ocupado por un museo de la Revolución (cerrado por obras en el momento de escribir esta guía). Se puede ver la mesa desde la que Fidel dirigió a sus tropas, así como otros recuerdos relacionados. En el exterior se exhiben los restos de un avión invasor derribado por las tropas castristas. Los monumentos conmemorativos de cemento que bordean la carretera a la bahía señalan los puntos donde fallecieron los soldados en 1961. El Museo de Playa Girón es un testimonio más emotivo del episodio de la bahía de Cochinos.

Finca Fiesta Campesina PARQUE DE NATURALEZA
(entrada 1 CUC; ⏰9.00-18.00) Unos 400 m a la derecha, después de la salida del Central Australia, hay una especie de combinación entre parque natural y feria rural, con ejemplos de fauna y flora típicas de Cuba. Lo más destacado de este entrañable lugar es el café (uno de los mejores de Cuba, que se sirve con un trozo de caña de azúcar), la monta de toros y el divertido, aunque infantil, juego de la ruleta con cobayas. Es el único lugar de Cuba (aparte de las peleas de gallos) donde se practica algún tipo de apuesta abierta.

🛏️ Dónde dormir y comer

Hay más casas en Playa Larga (32 km) y Playa Girón (48 km).

Motel Batey Don Pedro CABAÑA $
(📞45-91-28-25; ctra. península de Zapata; i/d 26/34 CUC; 🅿️) La mejor apuesta es este aletargado motel. Ofrece 12 habitaciones en bloques dobles, con tejado de paja, ventiladores en el techo, TV con interferencias, patios... y alguna rana en el cuarto de baño. Se encuentra continuando por el camino de la Finca Fiesta Campesina, al sur del desvío a la península del km 142 de la Autopista Nacional, en Jagüey Grande. Su diseño recrea un entorno campestre.

Para comer, la mejor opción es la Finca Fiesta Campesina, al principio del camino; sirven energético guarapo (jugo de caña de azúcar) y uno de los mejores cafés de Zapata.

Pío Cuá CARIBEÑA **$$**

(ctra. Playa Larga km 8; comidas 8-20 CUC; ⊘11.00-17.00) Uno de los favoritos de los autobuses turísticos con destino a Guamá, este enorme local está pensado para grupos grandes, pero conserva una decoración elegante, con muchas vitrinas. Los platos con gambas, langosta o pollo están bastante bien. Se halla a 8 km de la salida de la Autopista Nacional, en dirección sur desde Australia.

❶ Cómo llegar y salir

Las opciones son los tres autobuses diarios de Víazul entre La Habana y Cienfuegos/Trinidad y las dos lanzaderas diarias de la península (con un horario irregular). Si se les pide con una sonrisa, los conductores de Víazul que realizan la ruta entre La Habana y el este por la Autopista Nacional pararán en el centro de información La Finquita, dejando al viajero a unos 2 km de Jagüey Grande (al norte) y Australia (al sur). Conviene llegar temprano para asegurarse de encontrar transporte y continuar el viaje.

Boca de Guamá

Puede que sea un invento turístico, pero por lo que a *resorts* de la zona se refiere, es de los más imaginativos. Situado a medio camino entre la Autopista Nacional, en Jagüey Grande, y la famosa bahía de Cochinos, debe su nombre al nativo jefe taíno Guamá, que libró la última batalla contra los españoles en 1532 en Baracoa. El mayor reclamo de la zona es la excursión en barca que surca canales flanqueados de manglares y cruza la laguna del Tesoro hasta llegar a una recreación de una aldea taína. Fidel veraneó aquí en una ocasión e intervino en la creación del tema taíno.

Sin embargo, el viajero pronto tendrá dificultades para establecer paralelismos con la Cuba precolombina: chillones grupos de turistas y música rap aún más estridente acompañarán su viaje en el tiempo. Los barcos salen del muelle, de un punto con varios restaurantes, caros bares de tentempiés, tiendas de baratijas y un criadero de cocodrilos. Este enclave con palmeras constituye un agradable cambio respecto al bochorno de los pantanos próximos.

◉ Puntos de interés

Laguna del Tesoro LAGO

Está 5 km al este de Boca de Guamá, por el canal de la Laguna, y solo es accesible en barco. En el extremo (este) de esta masa de agua de 92 km² hay un *resort* turístico llamado **Villa Guamá**, construido como una aldea taína, en 12 pequeñas islas. Un parque de esculturas junto a la falsa aldea exhibe 32 figuras a tamaño real de vecinos taínos en varias posturas idealizadas. El nombre del lago se debe a una leyenda sobre un tesoro taíno supuestamente arrojado a sus aguas antes de la conquista española.

Criadero de Cocodrilos GRANJA DE COCODRILOS

(adultos/niños bebida incl. 5/3 CUC; ⊘9.30-17.00) A mano derecha viniendo desde la autopista, se encuentra un exitoso criadero de cocodrilos administrado por el Ministerio de Industrias Pesqueras. Se crían dos especies: el autóctono *Crocodylus rhombifer* (cocodrilo) y el *Crocodylus acutus* (caimán), que se encuentra en toda la parte tropical de América. Quizá se pueda conseguir una visita guiada para ver todas las fases del programa de cría. Antes de que se estableciera este programa en 1962 (considerado la primera actuación de protección medioambiental del Gobierno revolucionario), estas dos especies de cocodrilos de los pantanos casi se habían extinguido.

La reproducción ha tenido tanto éxito que, cruzando la carretera en el complejo Boca de Guamá, se pueden comprar crías de cocodrilo disecadas o comer, legalmente, un filete de cocodrilo.

Si el viajero compra algo hecho con piel de cocodrilo en Boca de Guamá, debe asegurarse de pedir una factura (para las autoridades aduaneras) que demuestre que el material viene de una granja de cocodrilos y no de ejemplares salvajes. Una compra menos polémica sería una de las bonitas pulseras de cerámica que venden en el **taller de cerámica** (⊘9.00-18.00 lu-sa).

🛏 Dónde dormir y comer

El **Bar la Rionda** (⊘9.30-17.00) y el **Restaurante la Boca** (menús 12 CUC) se encuentran en el muelle.

Villa Guamá CABAÑA **$$**

(📞45-91-55-51; i/d 51/62 CUC) Esta villa se construyó en 1963 en la orilla este de la laguna del Tesoro, a unos 8 km en barco de Boca de Guamá (los coches pueden dejarse en la granja de cocodrilos; 1 CUC). Las 50 cabañas con techo de paja, baño y TV descansan sobre pilotes en las aguas pantanosas. Las seis pequeñas islas donde se ubican las cabañas están conectadas por pasarelas de madera a otras islas con un bar, una cafetería, un restaurante demasiado caro y una piscina con agua clorada del lago. Se pueden alquilar botes de remos, y la observación de aves al amanecer se considera fantástica. Es imprescindible el repelente de insectos. El traslado en ferri (11 CUC) no va incluido en el precio de la habitación.

ℹ Cómo llegar y salir

Los tres autobuses diarios La Habana-Cienfuegos-Trinidad de Víazul atraviesan la península de Zapata; se puede pedir al conductor que pare en el embarcadero de ferris de Boca de Guamá. Otra opción es el autobús lanzadera (3 CUC) entre Boca de Guamá y Caleta Buena. En otro caso, habrá que disponer de transporte propio.

ℹ Cómo desplazarse

Un ferri de pasajeros (adultos/niños 12/6 CUC, 20 min) cubre el trayecto entre Boca de Guamá y Villa Guamá a través de la laguna del Tesoro cuatro veces al día. Las lanchas motoras salen con más frecuencia y cruzan el lago hasta la falsa aldea en 10 min, a cualquier hora del día por 12 CUC/persona ida y vuelta (con 40 min de espera en Villa Guamá, 2 personas mín.). Por la mañana el viajero puede dedicar más tiempo a la isla yendo en lancha y regresando en ferri.

Gran Parque Natural Montemar

La Ciénaga de Zapata, la mayor del Caribe, es también uno de los ecosistemas más diversos de Cuba. Concentradas en este inmenso humedal (básicamente dos ciénagas divididas por una superficie rocosa central) se hallan 14 tipos de vegetación distintas, entre otros, manglares, matorral, cactus, sabana, selva, bosque y semicaducifolio. También hay extensas salinas. La zona pantanosa alberga más de 190 especies de aves, 31 tipos de reptiles, 12 especies de mamíferos, multitud de anfibios, peces e insectos. También hay más de 900 especies vegetales, de las cuales unas 115 son endémicas. Es un hábitat importante para el *manatí*, en peligro de extinción, el cocodrilo cubano (*Crocodylus rhombifer*), y el *manjuarí* (*Atractosteus tristoechus*), el pez más primitivo de Cuba, con cabeza de caimán y cuerpo de pez. La casi extinta jutía enana (un

tipo de cobaya salvaje) tiene la ciénaga como único refugio.

Zapata es el mejor destino de Cuba para la observación de aves: el lugar por excelencia para ver zunzuncitos (el ave más pequeña del mundo), cormoranes, grullas, patos, flamencos, halcones, garzas, ibis, lechuzas, loros, perdices y tocororos, el ave nacional de Cuba. Hay 18 especies endémicas. Un gran número de aves migratorias procedentes de Norteamérica hibernan en el lugar, por lo que la temporada de noviembre a abril resulta excelente para la observación. También es el destino estrella para la pesca deportiva y con mosca.

Las comunicaciones en Zapata, región no apta para la agricultura, eran casi inexistentes antes de la Revolución, cuando la pobreza era la norma. Los carboneros queman madera de los bosques semicaducifolios locales, y la turba procedente de las zonas pantanosas es una importante fuente de energía. Hoy en día, el turismo es la actividad principal y la región cada vez recibe a más ecoturistas. El transporte público solo llega hasta Playa Larga: para ver la ciénaga hay que apuntarse a un viaje organizado o ir con vehículo propio.

☞ Circuitos

En el parque hay cuatro excursiones destacadas, que se centran en la observación de aves. Los itinerarios son flexibles. No se suele proporcionar transporte, así que es mejor organi-

SERVICIO DE LANZADERA

Como complemento al autobús La Habana-Cienfuegos-Trinidad de Víazul, que atraviesa la península de Zapata pero acostumbra a cambiar (o cancelar) sus horarios, hay dos autobuses lanzadera diarios que conectan todos los puntos de interés principales de la zona. El servicio empieza en el Hotel Playa Girón a las 9.00, se dirige a Caleta Buena y regresa pasando por Punta Perdiz, Cueva los Peces y el Hotel Playa Larga hasta Boca de Guamá a las 10.00. Entonces la lanzadera sale de Boca de Guamá a las 10.30 para el trayecto inverso. El servicio se repite por la tarde, con salidas a la 13.00 desde el Hotel Playa Girón y a las 15.30 desde Boca de Guamá. Un billete para todo el día cuesta 3 CUC/persona.

SUBMARINISMO Y BUCEO EN LA BAHÍA DE COCHINOS

Si bien la Isla de la Juventud y María la Gorda lideran las preferencias de los submarinistas, la bahía de Cochinos cuenta con algunas joyas submarinas igual de impresionantes. Hay una caída colosal a unos 30-40 m de la orilla que se extiende a lo largo de 30 km, desde Playa Larga a Playa Girón, un fantástico elemento natural que ha creado una pared de 300 m de altura con coral incrustado, con extraordinarios túneles, cuevas, gorgonias y fauna marina. Y, lo que es mejor, la proximidad de esta pared a la costa significa que se puede acceder sin ninguna embarcación a los 30 mejores enclaves de submarinismo de la región; basta con deslizarse desde la orilla. La buena visibilidad de la costa sur se extiende a 30-40 m y cuenta con varios pecios dispersos.

Organizativamente, Playa Girón está bien provista, con instructores profesionales instalados en cinco puntos del litoral. Los precios generales (25 CUC por inmersión, 35 CUC por buceo nocturno, 100 CUC por cinco inmersiones y 365 CUC por un curso en aguas abiertas) son de los más baratos de Cuba. El buceo con tubo cuesta 5 CUC/h.

El **International Scuba Center** (☎45-98-41-10, 45-98-41-18), en Villa Playa Girón, es el principal centro de submarinismo. Casa Julio y Lidia, en Playa Girón, es una buena fuente de información sobre buceo en el lugar.

La Guarandinga, un autobús de submarinistas pintado de colores, recoge turistas en varios puntos de Playa Girón y los lleva a **Playa el Tanque,** el mejor enclave de buceo de las cercanías, situado en la carretera de Playa Larga. Es un sitio ideal para principiantes porque se empieza en aguas poco profundas.

Al sureste de Playa Girón, a 8 km, se halla **Caleta Buena** (☉10.00-18.00), una bonita cala resguardada para bucear, equipada con otra oficina de submarinismo. Arrecifes de coral negro protegen varios socavones y cuevas subacuáticas repletas de unas esponjas con formas extrañas, por las que es famosa la zona. Debido al encuentro del agua salada y el agua dulce, hay peces distintos a los de otros lugares. La entrada a la playa cuesta 15 CUC e incluye un almuerzo de bufé y barra libre. Hay tumbonas y sombrillas de paja distribuidas por la rocosa orilla. El material de buceo cuesta 3 CUC.

Pueden verse más tesoros submarinos en la **Cueva de los Peces** (☉9.00-18.00), una falla tectónica inundada (o cenote), a unos 70 m de profundidad, en la parte del interior de la carretera, casi exactamente a medio camino entre Playa Larga y Playa Girón. Está repleta de vistosos peces tropicales y, con material de buceo o submarinismo (hay que llevar linterna), se pueden explorar las partes más oscuras y espectrales del cenote. Cuenta con un práctico restaurante y con material de submarinismo.

Pasada la Cueva de los Peces se encuentra **Punta Perdiz,** otro fantástico enclave de submarinismo y buceo con tubo, donde es posible explorar los restos de una lancha de desembarco estadounidense que se hundió durante la invasión de la bahía de Cochinos. Las aguas poco profundas son de color azul turquesa y hay buenas zonas para bucear cerca de la orilla. Existe un puesto de submarinismo más pequeño. Entre las actividades no acuáticas del enclave figuran el voleibol y las partidas de dominó con los amables vigilantes. Hay que tener cuidado con las nubes de mosquitos y enormes libélulas.

zarlo de antemano. Pueden alquilarse coches (incluidos *jeeps* con chófer) en el Havanautos (p. 236) de Playa Girón; calcúlense 40 CUC por vehículo más conductor. Se encontrará más información sobre estas actividades en la oficina del Parque Nacional en Playa Larga (p. 229) y en La Finquita (p. 229), en el desvío de la Autopista Nacional a Playa Larga.

Los aficionados a la pesca pueden **pescar con mosca** desde piraguas o a pie (por la poca profundidad del agua) tanto en Las Salinas como en río Hatiguanico. Hay que preguntar en La Finquita o, en caso de disponer de equipo propio, presentarse directamente. En conjunto, ambos sitios ofrecen la mejor pesca con caña de Cuba: Las Salinas es excelente para la pesca en general; el río Hatiguanico es estupendo para pescar tarpón.

Laguna de las Salinas   OBSERVACIÓN DE AVES (circuito 4 h 10 CUC/persona) Con la gran variedad de aves acuáticas que pueden verse de noviembre a abril, esta laguna posibilita una de las excursiones más populares:

10 000 flamencos rosas a la vez, más otras 190 especies plumíferas. La carretera que va a Las Salinas atraviesa bosques, pantanos y lagunas (donde pueden observarse aves acuáticas). Es obligatorio ir con guía (y vehículo) para explorar la reserva. La visita de 22 km dura unas 4 h, pero quizá se pueda negociar una más larga.

Observación de Aves   OBSERVACIÓN DE AVES
(19 CUC/persona) Esta excursión ofrece un itinerario muy flexible y el derecho a deambular por diferentes enclaves (con un ornitólogo cualificado del parque), entre otros, la Reserva de Bermejas. Entre las 18 especies de aves endémicas que viven en el lugar, pueden verse ferminias, cabreritos y gallinuelas de Santo Tomás, todas de gran valor. Hay que preguntar en la oficina del Parque Nacional (p. 229) o en Playa Larga para encontrar un guía privado.

Río Hatiguanico   OBSERVACIÓN DE AVES
(15 CUC/persona) Pasando de la tierra al barco, esta excursión de 12 km y 3 h por el río atraviesa la parte noroeste de la península, cubierta de densos bosques. En algunos sitios hay que esquivar ramas, mientras que en otros, el cauce se abre formando un ancho estuario. Las aves abundan, y quizá también se vean tortugas y cocodrilos. Se necesita transporte propio para recorrer los 90 km hasta el punto de inicio.

**Señor Orestes
Martínez Garcías**   OBSERVACIÓN DE AVES
(☏52-53-90-04, 45-98-75-45; chino.zapata@gmail. com; 10-20 CUC excursión/persona) El también conocido como el Chino, al que se considera el observador de aves autóctono más experto de la zona, puede organizar expediciones ornitológicas a la ciénaga más personalizadas y, según dicen, más gratificantes. Dirige una casa particular en el pueblo de Caletón cerca de Playa Larga.

Santo Tomás   AIRE LIBRE
(10 CUC/persona) También vale la pena preguntar por esta excursión, disponible de diciembre a abril. Comienza 30 km al oeste de Playa Larga, en la única población propiamente dicha del parque (Santo Tomás), y recorre un afluente del Hatiguanico a pie o en barca, dependiendo del nivel del agua. Es otra opción interesante para los observadores de aves.

❶ Información

La Finquita de Cubanacán (p. 228), situada en la autopista cerca del Central Australia, es el punto de información del parque y un buen sitio para contratar la excursión elegida. La oficina del Parque Nacional (p. 229) está en el límite norte de Playa Larga y en ella se pueden concertar excursiones con guía, pero no vehículos para realizarlas; la agencia de alquiler de coches más cercana está en Playa Girón (p. 236). Los hoteles de Playa Larga o Playa Girón también organizan circuitos, igual que el Hostal Enrique, en Caletón, junto a Playa Larga.

Playa Larga

Continuando 13 km al sur desde Boca de Guamá se llega a Playa Larga, en la bahía de Cochinos. Esta playa fue una de las que invadieron los exiliados apoyados por EE UU el 17 de abril de 1961 (aunque Playa Girón, 35 km más al sur, vivió un desembarco mayor). Ahora es un paraíso para submarinistas. Hay un *resort* barato, un centro de buceo y algunas casas particulares en la contigua localidad costera de Caletón. Con el alojamiento más cercano al Gran Parque Natural Montemar, es una buena base de operaciones para excursiones de naturaleza.

🛏 Dónde dormir y comer

⭐ **El Caribeño**   CASA PARTICULAR $
(☏45-98-73-59; fidelscaribe@gmail.com; final de Caletón; h 25-30 CUC; ❄) Una fantasía caribeña aguarda en esta excelente casa, de rústica terraza junto al mar. La sinuosa playa, con palmeras retorcidas como telón de fondo, es hermosa, y la comida (cangrejo y langosta), muy fresca. El simpático propietario, Fidel Fuentes, ofrece tres bonitas habitaciones con vistas al mar.

Hostal Enrique   CASA PARTICULAR $
(☏45-98-74-25; Caletón; h 20-25 CUC; ❄) Bajando 500 m por la carretera de Las Salinas, se encuentra una de las mejores casas particulares de la zona. Cuenta con cinco habitaciones con baño propio, un comedor donde se sirven grandes raciones de comida, una azotea y un sendero que sale del jardín trasero y lleva a la playa de Caletón, a menudo desierta. Enrique puede organizar salidas de submarinismo y observación de aves por mucho menos dinero que los hoteles cercanos.

LA BAHÍA DE COCHINOS

Lo que los cubanos llaman Playa Girón se conoce en otras partes del mundo como el fiasco de la bahía de Cochinos, un desastroso intento de la Administración Kennedy de invadir Cuba y derrocar el régimen de Fidel Castro.

Concebido en 1959 por la Administración Eisenhower y dirigido por el director adjunto de la CIA, Richard Bissell, el plan para iniciar una acción encubierta contra el régimen de Castro se autorizó oficialmente el 17 de marzo de 1960. Hubo una sola condición: las tropas de EE UU no participarían en el combate.

La CIA se inspiró en el derrocamiento en 1954 del Gobierno de izquierdas de Jacobo Arbenz, en Guatemala. Sin embargo, para cuando se informó al entonces presidente J. F. Kennedy sobre el desarrollo de la operación, en noviembre de 1960, el proyecto se había convertido en una invasión a gran escala apoyada por un contingente de 1400 exiliados cubanos, entrenados por la CIA y financiados con un presupuesto militar de 13 millones de US$.

Activada el 15 de abril de 1961, la invasión fue un desastre de principio a fin. Con la intención de destruir la fuerza aérea cubana en tierra, aviones estadounidenses pintados con los colores de la fuerza aérea cubana (y tripulados por pilotos cubanos en el exilio) fallaron la mayor parte de sus objetivos. Castro, que estaba al corriente de los planes, preparó su fuerza aérea la semana anterior, así que, cuando los invasores desembarcaron en Playa Girón dos días después, los Hawker Sea Fury cubanos pudieron hundir de inmediato dos de sus buques de aprovisionamiento y dejar a un contingente de 1400 hombres tirados en la playa.

Para completar el agravio, nunca llegó a materializarse la sublevación cubana a escala nacional, fomentada en gran parte por la CIA. Entretanto, un confuso Kennedy anunciaba a Bissell que no proporcionaría apoyo aéreo estadounidense a los soldados exiliados.

Abandonados en las playas, sin suministros ni apoyo militar, los angustiados invasores estaban condenados. Hubo 114 bajas en las escaramuzas y se capturó a otros 1189 soldados. Los prisioneros fueron devueltos a EE UU un año después a cambio de 53 millones de US$ en forma de alimentos y medicinas.

La operación fracasó por multitud de factores. En primer lugar, la CIA había sobreestimado el grado de compromiso personal de Kennedy y también había hecho suposiciones erróneas acerca de la firmeza del fragmentado movimiento anticastrista dentro de Cuba. En segundo lugar, el propio Kennedy, que insistió en todo momento en un desembarco discreto, había elegido un enclave en una franja expuesta de playa, cercana a la Ciénaga de Zapata. En tercer lugar, nadie había dado suficiente crédito al saber hacer político y militar de Fidel Castro o a hasta qué punto el Servicio de Inteligencia Cubano se había infiltrado en la operación supuestamente encubierta de la CIA.

Las consecuencias para EE UU fueron trascendentales. "¡Socialismo o muerte!" proclamó un desafiante Castro en el funeral por siete 'mártires' cubanos, el 16 de abril de 1961. La Revolución se había decantado inexorablemente hacia la Unión Soviética.

Villa Playa Larga HOTEL $$

(☎45-98-72-94; i/d temporada alta desayuno incl. 51/72 CUC; P❄☎) En una playita de arena blanca a la salida de la carretera, al este de Caletón, dispone de enormes habitaciones con baño, salón, nevera y TV, en bungalós independientes. También hay ocho familiares de dos habitaciones, y un restaurante bastante triste.

❶ Cómo llegar y salir

Los tres autobuses diarios de Víazul La Habana-Trinidad atraviesan la península de Zapata y, si

se les pide, paran en el exterior de Villa Playa Larga. Dos lanzaderas diarias (3 CUC) enlazan Boca de Guamá con Playa Girón y Caleta Buena.

❶ Cómo desplazarse

Se puede elegir entre taxi, alquiler de coche/motocicleta en Playa Girón o el autobús lanzadera de la península.

Playa Girón

El arco de arena de Playa Girón se acurruca plácidamente en el lado oriental de la bahía de Cochinos, 48 km al sur de Boca de Guamá. Célebre por ser el enclave donde la Guerra Fría casi echa a arder, en realidad la playa debe su nombre a un pirata francés, Gilbert Girón, que murió decapitado allí a principios del s. XVII, a manos de resentidos habitantes. En abril de 1961 fue el escenario de otra incursión fallida, la desafortunada invasión, secundada por la CIA, que intentó desembarcar en estas remotas playas, en una nueva batalla de David contra Goliat. Para que no se olvide, aún quedan exaltadas vallas publicitarias que recuerdan la gloria pasada, sin bien hoy día la playa, con sus cristalinas aguas caribeñas y sus escarpadas simas frente a la costa, es uno de los destinos estrella de buceadores y submarinistas.

Al margen de algunas casas particulares, el único hotel de Playa Girón es la modesta Villa Playa Girón, un discreto centro vacacional con todo incluido, frecuentado por submarinistas. Caminando 5 min hacia el sur por la orilla, se llega a la larga y umbría Playa los Cocos, ideal para bucear, aunque tiene más diente de perro que arena blanca.

En la carretera principal de entrada al hotel hay una farmacia, una oficina de correos y una tienda Caracol donde venden comestibles. El asentamiento de Playa Girón es un pueblucho, así que si el viajero necesita algo mejor, que opte por el hotel.

◉ Puntos de interés

Museo de Playa Girón MUSEO
(entrada 2 CUC, cámara 1 CUC; ☺8.00-17.00) Las vitrinas de cristal evocan la historia del famoso episodio que acaeció en 1961, a escasa distancia. El museo se encuentra enfrente de Villa Playa Girón y contiene dos salas con objetos relacionados con la escaramuza de la bahía de Cochinos, además de numerosas fotos.

El mural de víctimas y sus artículos personales es desgarrador, y el genio táctico de las fuerzas cubanas se evidencia en las representaciones gráficas de cómo se libró la batalla. La película de 15 min sobre el tema cuesta 1 CUC extra. En el exterior hay un avión británico Hawker Sea Fury que usaron las fuerzas aéreas cubanas y, en la parte trasera, barcos que participaron en la batalla.

🛏 Dónde dormir y comer

Aparte de Villa Playa Girón, la pequeña población de Playa Girón contiene algunas casas particulares buenas, la mayoría de las cuales sirven comidas.

Bahía de Cochinos

★ **Hostal Luis** CASA PARTICULAR $
(☎45-98-42-58; h desayuno incl. 30-35 CUC; P❄) El primer edificio de la carretera de Cienfuegos es también la mejor casa particular del pueblo. Se reconoce enseguida por su fachada azul y los dos leones de piedra que custodian la puerta. El juvenil Luis y su mujer gestionan siete habitaciones impecables, tanto en esta casa como en otra recién renovada, enfrente.

KS Abella CASA PARTICULAR $
(☎45-98-43-83; h 20-25 CUC; ❄) El dueño es un antiguo cocinero de Villa Playa Girón que ahora prueba sus especialidades de pescado y marisco con sus huéspedes. Es un bungaló rojo y crema, situado a unas casas del Hostal Luis, por la carretera de Cienfuegos.

Casa Julio y Lidia CASA PARTICULAR $
(☎45-98-41-35, 52-52-77-06; h 25 CUC; P❄) Julio es el monitor de submarinismo con más ex-

periencia de la zona, por lo que su moderna casa, con dos habitaciones enormes, es una opción útil para buceadores. Es la segunda casa de la izquierda entrando en Playa Girón por el oeste.

Ivette y Ronel CASA PARTICULAR **$**
(📞45-98-41-29; h 25 CUC; 🅿🌢) Es la primera casa de la izquierda, entrando en Playa Girón por el oeste. El propietario es también un experto submarinista. Hay dos habitaciones y un criadero de jutías.

Villa Playa Girón CENTRO VACACIONAL **$$**
(📞45-98-41-10; i/d todo incl. 43/65 CUC; 🅿🌢🌢) En una playa de importancia histórica, se encuentra este hotel común y corriente. Siempre está lleno de submarinistas y ofrece habitaciones sencillas y limpias, a menudo situadas a un largo paseo del edificio principal. La playa está a 50 m, si bien su encanto se ha visto, en parte, deslucido por la construcción de un gigantesco rompeolas. Para disfrutar de mejor arena hay que ir al sur.

ℹ Cómo llegar y salir

Los tres autobuses diarios La Habana-Trinidad de Víazul atraviesan la península de Zapata y paran en el exterior de Villa Playa Girón. El autobús lanzadera (3 CUC) enlaza con Caleta Buena, Playa Larga y Guamá.

ℹ Cómo desplazarse

Havanautos (📞45-98-41-23) tiene una oficina de alquiler de vehículos en Villa Playa Girón; se puede alquilar una moto por 25 CUC/día.

Hay gasolineras Servi-Cupet en la Carretera Central (en Jovellanos y Colón) y en la Autopista Nacional (en Jagüey Grande y Aguada de Pasajeros, esta última ya en la provincia de Cienfuegos).

Al este de Caleta Buena, la carretera de la costa hacia Cienfuegos no es transitable en un automóvil normal; hay que deshacer el camino y tomar la carretera del interior que pasa por Rodas.

Provincia de Cienfuegos

📞43 / 408 825 HAB.

Los mejores restaurantes

➡ Restaurante Villa Lagarto (p. 248)

➡ Finca del Mar (p. 247)

➡ Paladar Aché (p. 247)

Los mejores hitos arquitectónicos

➡ Palacio de Valle (p. 242)

➡ Casa de la Cultura Benjamín Duarte (p. 240)

➡ Teatro Tomás Terry (p. 239)

➡ Club Cienfuegos (p. 247)

Por qué ir

Bienvenue a Cienfuegos, el corazón galo de Cuba, asentado a la sombra de la sierra del Escambray como un pedazo de París en la indómita costa sur cubana. Los primeros colonizadores que llegaron en 1819 eran franceses y pronto integraron las ideas de la Ilustración europea en su incipiente ciudad neoclásica. Fruto de ello, Cienfuegos es hoy una deslumbrante joya de ostentosa arquitectura decimonónica.

Fuera de la ciudad, la costa, un pequeño arco iris de verdes esmeralda y tornasolados azules salpicado de calas, cuevas y arrecifes de coral, está subdesarrollada. El corazón de la provincia está en el interior, en El Nicho, acaso el lugar más mágico del Parque Natural de Topes de Collantes.

Aunque claramente francófona y blanca, el alma africana de Cienfuegos ganó un portavoz en los años cuarenta con Benny Moré, el músico cubano más versátil. Y la cercana Palmira es famosa por sus hermandades de santería católico-yoruba que aún conservan sus tradiciones que datan de la época de los esclavos.

Cuándo ir

➡ La buena temporada para los amantes de la playa y los submarinistas es de enero a abril.

➡ Los juerguistas preferirán agosto y septiembre, cuando, a pesar de la inminente temporada de los huracanes, pueden disfrutar del carnaval de Cienfuegos y del festival bianual Benny Moré, respectivamente.

➡ En El Nicho y en la sierra del Escambray, viajar durante la época húmeda (ago-oct) es más complicado debido a las malas condiciones de las carreteras.

Historia

Los primeros colonizadores de la zona de Cienfuegos eran taínos, que dieron a su incipiente enclave el nombre de cacicazgo de Jagua, un término autóctono que significa "belleza". En 1494, Colón 'descubrió' la bahía de Cienfuegos (la tercera más grande de Cuba, con una superficie de 88 km²) en su segundo viaje al Nuevo Mundo, y 14 años más tarde, Sebastián de Ocampo paró durante su viaje pionero alrededor de la isla. Y tanto le gustó la bahía que se construyó aquí una casa. Después de los exploradores llegaron los piratas: durante los ss. xvi y xvii, sus incursiones se intensificaron tanto que los españoles construyeron una fortaleza al pie de la bahía, el imponente castillo de Jagua, una de las estructuras militares más importantes de Cuba.

CIENFUEGOS

165 113 HAB.

Benny Moré decía de su ciudad natal en su canción *Cienfuegos*: "la ciudad que más me gusta a mí". Desde hace mucho tiempo, la llamada Perla del Sur cubana ha seducido a viajeros de todas partes con su elegancia, su cultivado espíritu francés y su abierto estilo caribeño. Si hay un París en Cuba, ese es Cienfuegos.

Dispuesta alrededor de la bahía natural más espectacular del país, es una ciudad náutica con un envidiable entorno marítimo. Fundada en 1819, es uno de los enclaves más nuevos de Cuba y, desde una perspectiva arquitectónica, también de los más interesantes, razón por la que en el 2005 fue declarada Patrimonio Mundial por la Unesco. Geográficamente está dividida en dos partes bien diferenciadas: la zona central con columnatas, su elegante paseo del Prado y el parque Martí; y Punta Gorda, una lengüeta de tierra que se adentra en la bahía y alberga eclécticos palacios de principios del s. xx, que figuran entre los edificios más bellos del país. Si bien gran parte de Cuba está inmersa en serias dificultades económicas, Cienfuegos brilla con optimismo. Y no solo por el dinero de la Unesco. La industria que rodea el extremo más alejado de la bahía –unos astilleros, la flota de pesca de la gamba más importante del país, una planta termoeléctrica y una petroquímica– es una de las más significativas de Cuba. Ello, junto con la constante

sensación de tranquilidad que se respira en las renovadas calles coloniales, felizmente libres de *jineteros*, hace que la ciudad sea hoy igual de seductora que cuando la encontró Moré hace 60 años.

Historia

Cienfuegos fue fundada en 1819 por un emigrante francés de Luisiana llamado Louis D'Clouet. Al frente de un plan para aumentar la población blanca de la isla, D'Clouet invitó a 40 familias de Nueva Orleans, Filadelfia y Burdeos para fundar el enclave conocido al principio como Fernandina de Jagua. A pesar de la destrucción de su campamento por un huracán en 1821, los impertérritos colonos franceses reconstruyeron sus casas y rebautizaron la ciudad como Cienfuegos, el nombre del gobernador cubano de la época.

Con la llegada del ferrocarril en 1850 y el desplazamiento hacia el oeste de los cultivadores de caña de azúcar, después de la Guerra de Independencia (1868-1878), los comerciantes del lugar emplearon su fortuna en construir un deslumbrante conjunto de eclécticos edificios que rememoraban el neoclasicismo de sus antepasados franceses.

Pero el momento clave en la historia de Cienfuegos fue el 5 de septiembre de 1957, cuando oficiales de la base naval protagonizaron una revuelta contra la dictadura de Batista. La rebelión fue brutalmente sofocada pero el lugar de la ciudad en la historia revolucionaria quedó sellado.

La moderna Cienfuegos conserva un aspecto más lujoso que muchas otras ciudades cubanas. Y ahora, gracias al aporte de fondos de la Unesco y a la creciente influencia industrial de la urbe, parece que su futuro –y el de su extraordinaria arquitectura decimonónica– es muy prometedor.

◉ Puntos de interés

○ **Parque José Martí**

Arco de Triunfo   PUNTO DE INTERÉS
(plano p. 240; calle 25, entre av. 56 y 54) Situado en la zona oeste del parque central de Cienfuegos, confiere a la plaza una categoría singular por ser la única construcción de este tipo en todo el país. Dedicado a la independencia de Cuba, el monumento francófilo da paso a una estatua de mármol del escritor y revolucionario José Martí.

Santa Clara

Aguada de Pasajeros

Autopista Nacional

Rodas

Santa Isabel de las Lajas

Ranchuelo

Cruces

Damují

Yaguaramas

Palmira ❹

Potrerillo

PROVINCIA DE MATANZAS

El Rincón

Embalse Avilés

Pepito Tey

Cumanayagua

PROVINCIA DE VILLA CLARA

Cienfuegos ❶ ❷

Punta Gorda ❸

Jardín botánico de Cienfuegos

Crucitas

Embalse Hanabanilla

Castillo de Jagua ✪

Laguna Guanaroca ❻

El Nicho ❼

Güinia de Miranda

Playa Girón

Rancho Luna ❺

La Sierrita ▲

Sierra del Escambray

Hacienda la Vega

Pico de San Juan (1156m)

MAR CARIBE

Villa Guajimico

PROVINCIA DE SANCTI SPÍRITUS

Guajimico

Villa Yaguanabo

Parque Natural Topes de Collantes

Imprescindible

❶ Pasear entre arquitectura ecléctica del s. XIX en el fabuloso **parque José Martí** (p. 240) de la capital.

❷ Darse un banquete en uno de los mejores restaurantes de la provincia de **Cienfuegos** (p. 240).

❸ Alojarse en una increíble casa particular en el clásico barrio de **Punta Gorda** (p. 242) de Cienfuegos.

❹ Rastrear las leyendas de la santería en **Palmira** (p. 253).

❺ Tomar el sol o bucear en la playa de **Rancho Luna** (p. 251).

❻ Identificar flamencos rosas y pelícanos en la poco visitada **laguna de Guanaroca** (p. 252).

❼ Ir de excursión hasta **El Nicho** (p. 253) y refrescarse bajo su revitalizante cascada.

Catedral de la Purísima Concepción IGLESIA

(plano p. 240; av. 56 nº 2902; ☺7.00-12.00 lu-vi) Enfrente del parque, la catedral de 1869 se distingue por sus maravillosos vitrales franceses. Se cree que los caracteres chinos descubiertos recientemente en las columnas son de la década de 1870. Está casi siempre abierta y hay misas a las 7.30 los días laborables y a las 10.00 los domingos.

★ Teatro Tomás Terry TEATRO

(plano p. 240; ☎43-51-33-61, 43-55-17-72; av. 56 nº 270, entre calles 27 y 29; circuitos 2 CUC; ☺9.00-18.00) Situado en la parte norte del parque José Martí, comparte influencias francesas e italianas y es grandioso por fuera (hay que fijarse en los mosaicos dorados de la fachada central) y más por dentro. Construido entre 1887 y 1889 en honor del industrial venezolano Tomás Terry, el auditorio con 950 butacas está decorado con mármol de Carrara, parqué tallado a mano y frescos cenitales.

Desde que el teatro se inauguró en 1895 con la ópera *Aida* de Verdi, por él han pasado grandes figuras de la música cubana e intérpretes de la talla de Enrico Caruso y Anna Pavlova, y aún hoy sigue presentando obras de teatro y conciertos.

Colegio San Lorenzo EDIFICIO HISTÓRICO

(plano p. 240; av. 56 esq. calle 29) En el lado este del Teatro Café Tomás, destaca por su espléndida fachada con una columnata. Fue construido en la década de 1920 gracias al legado de Nicolás Salvador Acea, acomodado mecenas de Cienfuegos cuyo nombre también lleva uno de los cementerios de la ciudad. Solo se puede admirar desde fuera.

Centro de Cienfuegos

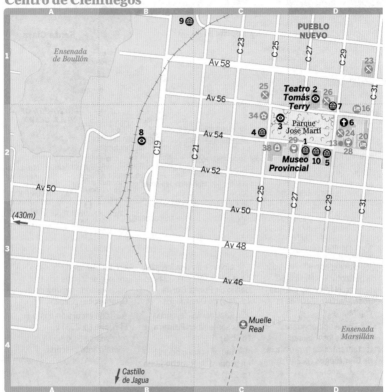

★ **Museo Provincial**   MUSEO
(plano p. 240; av. 54 esq. calle 27; entrada 2 CUC;
⊙10.00-18.00 ma-sa, 9.00-13.00 do) De aspecto
solemne, es el principal atractivo del lado
sur del parque José Martí y presenta un
microcosmos de la historia de Cienfuegos.
Muchas de las colecciones comprenden ornamentados muebles de la refinada sociedad franco-cubana del s. XIX, pero también
permiten adentrarse de un modo singular
en la prehistoria de la provincia. La obra
especular *Cómo ven los hombres de la guerra* es la pieza insignia y se expone en el
piso superior; los murales de los techos son
impresionantes.

Palacio de Gobierno   EDIFICIO HISTÓRICO
(plano p. 240; av. 54, entre calles 27 y 29) Casi todo
el lado sur del parque está presidido por este
imponente edificio, sede del Poder Popular
Provincial. No se permiten visitas, pero se
puede echar un vistazo a través de la puerta
frontal.

**Casa de la Cultura
Benjamín Duarte**   EDIFICIO HISTÓRICO
(plano p. 240; calle 25 nº 5401; ⊙8.30-24.00) GRATIS
Se halla en el antiguo palacio de Ferrer (1918),
fascinante construcción neoclásica con suelos
de mármol italiano, en el lado oeste del parque José Martí. Destaca por su mirador con
cúpula y por la escalinata de hierro forjado.
Lamentablemente el acceso a las escaleras
siempre está cerrado.

Casa del Fundador   EDIFICIO HISTÓRICO
(plano p. 240; calle 29 esq. av. 54) En la esquina
sureste del parque se alza el edificio más viejo
de la urbe, antigua residencia del fundador de
Cienfuegos Louis D'Clouet y hoy tienda
de recuerdos. **El Bulevar** (plano p. 240; av. 54),

la calle comercial, parte de aquí en dirección al este para enlazar con el paseo del Prado.

Oeste del parque José Martí

Museo Histórico Naval Nacional MUSEO (plano p. 240; av. 60 esq. calle 21; entrada 2 CUC; ⏱8.00-17.00 ma-do) Al otro lado de las vías del tren, cinco manzanas al noroeste del parque José Martí, está el llamativo emplazamiento de este museo de color rosa que data de 1933. Ubicado en el antiguo cuartel general del Distrito Naval del Sur, para llegar se cruza una amplia avenida flanqueada con armamento de diferentes épocas. Fue aquí, en septiembre de 1957, donde un grupo de marineros y civiles protagonizaron el fallido levantamiento contra el Gobierno de Batista. La revuelta es la temática principal del museo y las murallas ofrecen fabulosas vistas de la bahía.

★ **Cementerio La Reina** CEMENTERIO (📞43-52-15-89; av. 50 esq. calle 7; ⏱8.00-17.00) Clasificado como Monumento Nacional, data de 1837 y es el cementerio más antiguo de la ciudad. En él reposan los restos de soldados españoles que murieron en las guerras de independencia. Se trata del único cementerio de Cuba en el que, debido al alto nivel de las aguas subterráneas, los cuerpos se entierran en las paredes. El lugar desprende cierto encanto y se organizan circuitos. La estatua de mármol *La Bella Durmiente* está dedicada a una joven que murió en 1907 de mal de amores.

Para llegar, hay que tomar la av. 50, un largo paseo a pie o en coche de caballos que atraviesa una colección de trenes de aspecto desolador, llamada el **Museo de Locomotivas** (plano p. 240; calle 19).

Centro de Cienfuegos

⊙ Paseo del Prado y Malecón

El majestuoso paseo del Prado (calle 37) se extiende desde el río del Inglés, al norte, hasta Punta Gorda, en el sur. Es la arteria más larga de Cuba y un lugar idóneo para contemplar la vida cotidiana de los cienfuegueros. Es un verdadero festín de excelentes edificios neoclásicos y columnas de color pastel.

Estatua de Benny Moré   MONUMENTO
(plano p. 240; av. 54 esq. calle 37) Antes de llegar al Malecón, en el cruce de la av. 54 y el paseo del Prado, se puede rendir homenaje a la estatua de tamaño real del músico con su característica caña.

Museo del Deporte   MUSEO
(plano p. 240; calle 39 esq. av. 48) `GRATIS` Este pequeño museo (temporalmente cerrado por reformas), al sur de la estatua de Benny Moré, semioculto en la parte posterior de un gimnasio, está consagrado principalmente a Julio González Valladares, héroe del boxeo local y medalla de oro en los Juegos Olímpicos de Atlanta de 1996.

Malecón   CALLE
(plano p. 244) Siguiendo hacia el sur por el Prado, la calle se convierte en el Malecón. Discurre a lo largo de una de las bahías naturales más hermosas del mundo, por lo que ofrece unas vistas extraordinarias. Como todos los paseos marítimos (el de La Habana es el arquetipo), la zona cobra vida al atardecer.

⊙ Punta Gorda

Cuando se acaba el Malecón, el viajero sabrá que ha llegado a Punta Gorda, el viejo barrio de la clase alta de Cienfuegos, que se caracteriza por sus brillantes casas de listones y palacios con torres. El Palacio Azul (actualmente el Hostal Palacio Azul) y el Club Cienfuegos, antaño un exclusivo club marítimo que todavía ofrece múltiples excursiones náuticas, ponen de manifiesto la debilidad por la grandiosidad de la década de 1920. Cerca, el ingenioso Parque de Esculturas (plano p. 244) añade algo de escultura moderna a la mezcla.

Palacio de Valle   EDIFICIO HISTÓRICO
(plano p. 244; calle 37, entre av. 0 y 2; ⊙9.30-23.00) El *kitsch* está aún por llegar. Hay que seguir

hacia el sur por la calle 37 y, tras tomar aire, se encuentra el palacio de Valle, propio de *Las mil y una noches*. La estructura, construida en 1917 por el asturiano Acisclo del Valle Blanco, parece una casba marroquí exageradamente ornamentada. Batista quería convertir este colorido estallido de tejas, torretas y estuco en un casino, pero hoy es un restaurante, candidato a subir de categoría, dotado de un atractivo bar con terraza.

Centro Recreativo La Punta   PARQUE
(plano p. 244; ⊘9.00-22.00 do-vi, hasta 24.00 sa) Los amantes vienen a contemplar el atardecer entre la vegetación en esta glorieta del extremo sur de este parque. El bar es muy frecuentado por oficiales de policía.

◉ Este del centro

Necrópolis Tomás Acea   CEMENTERIO
(☑43-52-52-57; ctra. Rancho Luna km 2; entrada 1 CUC; ⊘8.00-17.00) También monumento nacional, está considerado un cementerio-jardín. Se accede a través de un enorme pabellón neoclásico (1926), flanqueado por 64 columnas dóricas que imitan el Partenón griego. El cementerio alberga un monumento a los mártires que perecieron en el intento de levantamiento naval de 1957 en Cienfuegos. Está 2 km al este del centro por la av. 5 de Septiembre.

🕴 Actividades

Marlin Marina
Cienfuegos   PESCA, NAVEGACIÓN A VELA
(plano p. 244; ☑43-55-12-41; www.nauticamarlin. com; calle 35, entre av. 6 y 8; ⊘11.00-20.45) En este puerto deportivo con 36 amarres, al norte del Hotel Jagua, pueden contratarse varias salidas de pesca. Los precios están sobre los 200 CUC para 4 personas y 4 h. Cuestan a partir de 400/3900 CUC por noche/semana (equipo y tripulación incl.), según el barco. También se pueden hacer excursiones por la bahía (12-16 CUC); una de ellas va al castillo de Jagua. Las reservas se efectúan a través de Cubatur (p. 250) o Cubanacán (dcha.).

Base Náutica Club
Cienfuegos   DEPORTES ACUÁTICOS
(plano p. 244; ☑43-52-65-10; calle 35, entre av. 10 y 12; ⊘10.00-18.00) Permite practicar todo tipo de actividades acuáticas, como paseos en barco o kayak y *windsurf* (desde 12 CUC/persona). También hay una pista de tenis (sin valla) y un centro de ocio con autos de cho-

que, *go-carts* y videojuegos. La piscina cuesta 8 CUC por persona.

La Bolera   BOLERA
(plano p. 240; calle 37, entre av. 46 y 48; 1-2 CUC/h; ⊘11.00-2.00) El lugar perfecto si se es amante de los billares sin truco y de los bolos. También hay una heladería y, a veces, música en directo.

Piscina del Hotel La Unión   NATACIÓN
(plano p. 240; calle 31 esq. av. 54; no alojados 10 CUC) Quienes no sean clientes del hotel también pueden utilizar su preciosa piscina de estilo italiano.

🎓 Cursos

Universidad de Cienfuegos   CULTURA
(☑43-52-15-21; www.ucf.edu.cu; ctra. Las Rodas km 4, Cuatro Caminos) Ofrece cursos de cultura cubana (340 CUC), entre otros. Se inicia un curso cada mes. Consúltese la página web para más información.

☞ Circuitos

Cubanacán   CIRCUITO
(plano p. 240; ☑43-55-16-80; av. 54, entre calles 29 y 31) La oficina de Cubanacán en Cienfuegos organiza interesantes circuitos locales –como paseos en barco (12 CUC), excursiones al famoso El Nicho (35 CUC) y a otros lugares de difícil acceso, incluido el jardín botánico (desde 10 CUC), así como a la fábrica de puros local (5 CUC)–, además de inmersiones en Rancho Luna, en la península de Zapata. Ahora la oferta se ha ampliado con una excursión a El Purial para visitar unas cascadas poco frecuentadas y practicar senderismo en El Güije.

🎉 Fiestas y celebraciones

Además del carnaval y del Festival Internacional de Música Benny Moré –las principales celebraciones de la ciudad–, en abril Cienfuegos conmemora con varios actos culturales la fundación de la ciudad, que tuvo lugar el 22 de abril de 1819.

Festival Internacional
de Música Benny Moré   MÚSICA
(⊘ago) Rinde homenaje al cantante Benny Moré, principal celebridad de la provincia. Tiene lugar en agosto (años impares), tanto en Cienfuegos como en la cercana Santa Isabel de las Lajas.

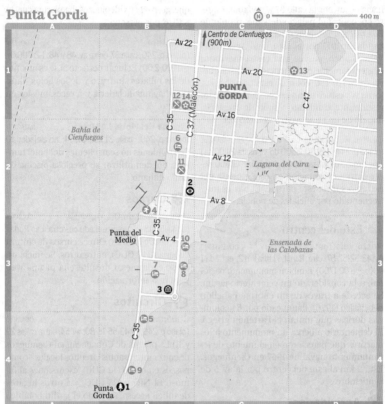

N   0 ⸻ 400 m

Centro de Cienfuegos (900m)

Av 22

Av 20

⭐13

PUNTA GORDA

C 47

12 14

C 35

C 37 (Malecón)

Av 16

Bahía de Cienfuegos

6

Av 12

Laguna del Cura

11

Av 8

2

4

C 35

Punta del Medio

Av 4

10

Ensenada de las Calabazas

7

8

3

5

C 35

9

Punta Gorda 1

Carnaval ACTO CULTURAL
Principal fiesta popular de Cienfuegos (en agosto).

🛏 Dónde dormir

Cienfuegos cuenta con algunas casas particulares buenas, la mejor opción para presupuestos ajustados. Las de Punta Gorda están más alejadas, son más sugerentes y, en general, más caras. Tanto en Cienfuegos como en Punta Gorda hay excelentes hoteles.

🛏 Centro de Cienfuegos

⭐ **Bella Perla Marina** CASA PARTICULAR $
(plano p. 240; ☎43-51-89-91; bellaperlamarina@ yahoo.es; calle 39 nº 5818, esq. av. 60; h/ste 30/50 CUC; Ⓟ❄@) Muy popular desde hace tiempo por su céntrica situación y cálida hospitalidad, quizá sea la primera casa particular-*boutique* de Cuba. Provista de dos habitaciones y una maravillosa suite en la azotea, ahora

ha añadido una impresionante terraza de dos plantas, con abundante vegetación, que corona el conjunto. La cena puede rematarse con una partida de billar.

Hostal Colonial
Pepe e Isabel CASA PARTICULAR $
(plano p. 240; ☎43-51-82-76; hostalcolonialisapepe@gmail.com; av. 52 nº 4318, entre calles 43 y 45; h 25 CUC; ❄) Pepe, antes profesor, recibe al viajero con una amplia sonrisa en una gran casa colonial de cinco habitaciones modernas, dispuestas en torno a dos terrazas estrechas y alargadas (planta baja y 1er piso). Cada habitación cuenta con una gran cama y otra extra plegable. Dos de ellas tienen un salón adicional o espacio de cocina.

Casa las Golondrinas CASA PARTICULAR $
(plano p. 240; ☎43-51-57-88; calle 39, entre av. 58 y 60; h 25 CUC; ❄) Magnífica casa colonial renovada, con dos amplias habitaciones. Los

Punta Gorda

propietarios –un médico y su esposa– se han entregado en cuerpo y alma a su restauración: desde el cuarto delantero con columnata, hasta la alargada terraza en la azotea adornada con plantas.

Casa Prado CASA PARTICULAR $
(plano p. 240; ☎43-52-89-66-13, 55-54-84; calle 37 nº 4235, entre av. 42 y 44; h 25 CUC; ✱) Una de las mejores casas particulares del centro urbano. Las dos habitaciones de techos altos están repletas de mobiliario de época y una escalera de caracol conduce a una terraza con excelentes vistas de la ciudad. La ubicación también es estupenda: en el Prado, a medio camino entre el centro y el Malecón.

Casa de la Amistad CASA PARTICULAR $
(plano p. 240; ☎43-51-61-43; casaamistad@correocuba.cu; av. 56 nº 2927, entre calles 29 y 31; h 25 CUC; ℙ✱) Venerable casa colonial repleta de reliquias familiares junto al parque José Martí. Su famosa comida incluye el exótico pollo con cola. Los amables dueños ofrecen dos maravillosas habitaciones bien conservadas y una encantadora terraza en la azotea.

Casa Amigos del Mundo CASA PARTICULAR $
(plano p. 240; ☎43-55-55-34; av. 60, entre calles 33 y 35; h 25 CUC) Las dos habitaciones de la planta baja quedan lejos de la calle, por lo que resultan de las más tranquilas del centro. Hace poco se ha construido una acogedora terraza en la azotea.

Hotel La Unión HOTEL-BOUTIQUE $$$
(plano p. 240; ☎43-55-10-20; www.hotellaunioncuba.com; calle 31 esq. av. 54; i/d 88/143 CUC; ✱@✱) ¿Barcelona, Nápoles, París? Hay ecos de todas ellas en este lujoso hotel de estilo colonial con aspiraciones europeas y una espléndida piscina italiana. Escondidas entre una maraña de columnas de mármol, mobiliario antiguo y dos tranquilos patios interiores, hay 46 habitaciones bien amuebladas con balcones que dan a la calle o a un patio rodeado de mosaico. También disponen de gimnasio, *jacuzzi* y de una galería de arte. El servicio es eficiente y en la terraza de la azotea hay salsa en directo y un aclamado restaurante.

Punta Gorda

Villa Lagarto-Maylin y Tony CASA PARTICULAR $
(plano p. 244; ☎43-51-99-66; calle 35 nº 4B, entre av. 0 y Litoral; h 35-45 CUC; ✱✱) De consolidada fama, dispone de tres habitaciones resguardadas por una preciosa terraza. Todas cuentan con grandes camas, hamacas y maravillosas vistas de la bahía. Los cócteles dan la bienvenida a los nuevos clientes. Si está llena, recomiendan la Casa Los Delfines o la Casa Amarilla, ambas al lado. También alberga el excelente Restaurante Villa Lagarto.

Ángel e Isabel CASA PARTICULAR $
(plano p. 244; ☎43-51-15-19; calle 35 nº 24, entre av. 0 y Litoral; h 35 CUC) Es una de las muchas mansiones que se concentran en el codiciado extremo de Punta Gorda. En la parte posterior del edificio principal, provisto de torrecillas, hay tres habitaciones con vistas a un patio que lleva al mar. Ideal para contemplar la salida del sol.

Vista al Mar CASA PARTICULAR $
(plano p. 244; ☎43-51-83-78; www.vistaalmarcuba.com; calle 37 nº 210, entre av. 2 y 4; h 25-30 CUC; ℙ✱) Verdaderamente es una vista al mar. De hecho, esta casa, muy profesional, incluso

LA ARQUITECTURA DE INSPIRACIÓN FRANCESA

La elegante ciudad costera de Cienfuegos es el rincón más galo de Cuba. Su innato estilo francés queda perfectamente ilustrado, no en su cocina (donde el arroz y las alubias predominan sobre el *bœuf à la Bourguignonne*), sino en su armoniosa arquitectura neoclásica. Con sus amplias y empedradas calles dispuestas en una cuadrícula casi perfecta, los colonizadores ilustrados del s. XIX, buscaron terminar con los barrios pobres, promocionar la limpieza y aprovechar al máximo el espacio público utilizando un plan urbanístico más tarde adoptado por el barón Haussmann en París, en las décadas de 1850 y 1860. Los porches, los pilares y las columnas son las características arquitectónicas más llamativas de la ciudad, con una amplia avenida principal de estilo parisino (Prado) que recorre de norte a sur más de 3 km, engalanada con limpias líneas de fachadas de columnas bien proporcionadas, pintadas en diversidad de colores pastel.

Aunque fundada en 1819 por emigrantes franceses, la mayoría de los edificios neoclásicos que todavía se mantienen en pie de Cienfuegos datan de entre 1850 y 1910. Hacia principios del s. XX, rasgos eclécticos empezaban a calar en la arquitectura. Uno de los primeros en romper los moldes fue el palacio Ferrer (ahora Casa de la Cultura Benjamín Duarte) en el parque José Martí, construido en 1917, cuya llamativa cúpula disparó el frenesí por los atractivos miradores en las azoteas.

La extravagancia continuó en las décadas de 1920 y 1930 en la lujosa península de Punta Gorda, donde los ricos comerciantes de azúcar invertían sus beneficios en las más ostentosas mansiones, convirtiendo el vecindario en un Miami en miniatura. El viajero puede observar la evolución dirigiéndose hacia el sur por la calle 37, pasado el regio Palacio Azul y el Club Cienfuegos hasta el palacio de Valle, de estilos barroco y morisco, quizá el edificio más descaradamente ecléctico de Cuba.

El centro de Cienfuegos fue declarado Patrimonio Mundial de la Unesco en el 2005 por ser "un ejemplo espectacular de conjunto arquitectónico que representa las nuevas ideas de modernidad, limpieza y orden en la planificación urbanística" en Latinoamérica. Desde entonces, el dinero ha ido a revitalizar su plaza principal, el parque José Martí y sus alrededores, donde varios carteles interpretativos señalan los edificios más importantes.

dispone de su propio pedazo de playa con hamacas.

Hostal Palacio Azul HOTEL $$
(plano p. 244; ☑43-58-28-28; calle 37 n° 201, entre av. 12 y 14; i 63-105 CUC, d 83-145 CUC; P❋@) Un palacio que se hace pasar por hotel más que al contrario, pues fue uno de los primeros edificios en adornar Punta Gorda cuando se construyó en 1921. Sus siete habitaciones tienen nombre de flor y rebosan carácter prerrevolucionario. Hay un íntimo restaurante llamado El Chelo y una atractiva cúpula con espléndidas vistas.

Perla del Mar HOTEL-BOUTIQUE $$$
(plano p. 244; ☑43-55-10-03; calle 37 entre av. 0 y 2; i/d/tr 90/150/210 CUC; ❋@) Abierto en septiembre del 2012, toma la temática de hotel-*boutique* histórico del cercano Palacio Azul y la actualiza hasta la década de 1950. Las nueve habitaciones tienen un elegante toque moderno y hay dos atractivos *jacuzzis* al aire libre con vistas a la bahía. Las escaleras conducen a una terraza, ideal para tomar el sol.

Al lado, la también *boutique* Casa Verde ofrece ocho habitaciones de estilo de *fin de siècle*, por los mismos precios.

Hotel Jagua HOTEL $$$
(plano p. 244; ☑43-55-10-03; calle 37 n° 1; i/d 80/130 CUC; P❋@☒) No está claro qué le pasó por la cabeza al hermano de Batista cuando levantó este moderno gigante de cemento de siete plantas en Punta Gorda, en la década de 1950, aunque ganar dinero debió de ser la principal motivación. Aun así, el Jagua es un buen hotel, espacioso y lujoso. Las habitaciones superiores son las mejores.

🍴 Dónde comer

Cienfuegos, en especial Punta Gorda, brinda una oferta gastronómica más que memorable.

🍴 Centro de Cienfuegos

Teatro Café Terry CAFÉ $
(plano p. 240; av. 56 n° 2703, entre calles 27 y 29; tentempiés 1-5 CUC; ◷9.00-22.00) Metido entre el Teatro Tomás Terry y el Colegio San Lorenzo,

este café, con un puesto de recuerdos y música por la noche, es el sitio más sugerente para sentarse y observar a los que hacen ejercicio por la mañana en el parque José Martí. El patio lateral, bajo un dosel de flores, revela su verdadera personalidad al atardecer, con fantástica música en directo: desde la tradicional trova cubana hasta *jazz*.

Polinesio
SÁNDWICHES $

(plano p. 240; calle 29, entre 54 y 56; principales 5-12 CUC; ☻11.00-22.00) Debajo de los portales del parque José Martí, este es un buen marco para tomar una cerveza fría o un tentempié.

★ Paladar Aché
PESCADO, INTERNACIONAL $$

(☎43-52-61-73; av. 38, entre calles 41 y 43; principales 10-15 CUC; ☻12.00-22.30 lu-sa) Uno de los dos paladares que lograron sobrevivir a la austera década de 1990, ha asumido el reto de la nueva competencia y sigue manteniéndose al frente. Pájaros enjaulados, gnomos en el jardín que representan a los siete enanitos y un mapa en relieve de los mitos culturales de Cienfuegos conforman una interesante decoración. Las gambas locales encabezan una completa carta.

Restaurant Bouyón 1825
PARRILLA $$

(plano p. 240; ☎43-51-73-76; calle 25 nº 5605; principales 10 CUC aprox.; ☻11.00-23.00) A dos pasos de la plaza principal, este paladar está especializado en carne a la parrilla. El plato estrella es una contundente parrillada mixta, compuesta de cuatro tipos de carne, regada con robustos tintos chilenos. ¡Irresistible para cualquier carnívoro!

El Tranvía
INTERNACIONAL $$

(calle 37 esq. av. 40; principales 10-12 CUC; ☻12.00-23.00) En su día, ocho ciudades cubanas, incluida Cienfuegos, tenían tranvía. Este peculiar restaurante recrea un retazo de la historia de Cienfuegos: los camareros van vestidos como guardias de estación, preciosas fotos antiguas decoran las paredes y un bar de época ocupa parte de un antiguo vagón. Sin embargo, el servicio y la comida no están a la altura de la decoración.

Doña Nora
INTERNACIONAL $$

(plano p. 240; ☎43-52-33-31; calle 37, entre av. 42 y 44; principales 10 CUC aprox.; ☻8.00-15.00 y 18.00-23.00) Situado en la 1ª planta de un edificio colonial del Prado, si se consigue una mesa en el balcón se podrá observar el ambiente de la calle. La comida es exquisita, en especial el conejo en salsa de vino blanco. Concurrido y más bien pequeño, se llena con rapidez.

1869 Restaurant
INTERNACIONAL $$

(plano p. 240; av. 54 esq. calle 31; principales 10 CUC; ☻7.30-9.00, 12.00-14.00 y 18.00-22.00) Es el restaurante de más categoría del centro de la ciudad, en el Hotel La Unión. Aunque la comida no termina de estar a la altura del lujoso mobiliario, la variada carta internacional da un respiro frente a los platos de arroz, alubias y cerdo de otros lugares.

Compra de alimentos

Mercado Municipal
MERCADO

(plano p. 240; calle 31 nº 5805, entre av. 58 y 60) Comestibles en pesos para quienes van de *picnic* o cocinan.

Doña Neli
PANADERÍA

(plano p. 240; calle 41 esq. av. 62; ☻10.00-22.00) Pastas, pan y tartas que se pagan en convertibles.

✗ Punta Gorda

Club Cienfuegos
PESCADO, INTERNACIONAL $$

(plano p. 244; ☎43-51-28-91; calle 37, entre av. 10 y 12; ☻12.00-22.30) Con un entorno tan bonito como el de este elegante club deportivo y restaurante, es fácil que la comida no esté a la altura. Sin embargo, hay muchas opciones: el **Bar Terraza** (plano p. 244; ☻12.00-23.00) para cócteles y cerveza; **El Marinero** (plano p. 244; ☻12.00-16.00), un elegante establecimiento a pie de mar, para tentempiés y almuerzos ligeros; y, en el piso superior, el **Restaurante Café Cienfuegos** (plano p. 244; comidas 10-15 CUC; ☻15.00-23.00), un lugar más refinado y atrevido para un bisté o una exquisita paella.

El ambiente de club marítimo y las terrazas hacen que la experiencia sea memorable.

Palacio de Valle
PESCADO, CARIBEÑA $$

(plano p. 244; calle 37 esq. av. 2; principales 7-12 CUC; ☻10.00-22.00) Aunque la comida no tiene tantas florituras como la ecléctica arquitectura, el marco es tan auténtico que sería una pena perdérselo. En el piso de abajo, el pescado y el marisco dominan la carta. En el bar de la azotea puede tomarse un buen cóctel antes de cenar o fumarse un puro después.

★ Finca del Mar
PESCADO $$$

(plano p. 244; calle 35, entre av. 16 y 18; principales 9-18 CUC; ☻12.00-24.00) Toda ciudad marítima desearía contar con un bello restaurante-marisquería como este. Destaca por su entorno, servicio y generosidad, que se suman a una langosta, unos vinos, postres y café exprés deliciosos.

Restaurante Villa Lagarto INTERNACIONAL $$$

(plano p. 244; ☑43-51-99-66; calle 35 n° 4B, entre av. 0 y Litoral; principales 10-18 CUC) El marco realmente sensacional de este restaurante en la bahía se ve igualado por la comida, que acaba siendo aún más memorable, con uno de los servicios más rápidos y discretos de Cuba. Con sus excelentes gambas, langosta y cerdo asado, está en la vanguardia del emergente sector privado de la restauración y podría estar en Miami perfectamente.

🍸 Dónde beber y vida nocturna

El Club Cienfuegos y el bar en el piso superior del palacio de Valle constituyen excelentes opciones para tomar una copa, en especial al atardecer.

Bar Terrazas BAR

(plano p. 240; av. 54 esq. calle 31; ☺10.00-24.00) Situado en el piso de arriba del Hotel La Unión, es un buen lugar donde recrearse en los viejos tiempos con un mojito. La música en directo arranca a las 22.00.

Café Ven CAFÉ

(plano p. 240; av. 56, entre calles 33 y 35; ☺8.00-20.00) Café fuerte para paladares entrenados cubanos, o café con leche más suave, además de algunos pasteles ultradulces.

El Benny CLUB

(plano p. 240; av. 54 n° 2907, entre calles 29 y 31; entrada 8 CUC/pareja; ☺22.00-3.00 ma-do) Es difícil decir qué habría pensado el Bárbaro del Ritmo de este disco-club bautizado en su honor. Conviene llevar los zapatos de baile, hacer acopio de ron y cola e ir preparado para música más *techno* que el son.

El Palatino BAR

(plano p. 240; av. 54 n° 2514; ☺12.00-24.00) Los almuerzos líquidos se inventaron pensando en este bar de madera oscura, situado en uno de los edificios más antiguos de la ciudad, en el extremo sur del parque José Martí. A veces irrumpe *jazz* improvisado pero conviene prepararse para pagar al final de la tercera canción.

Tropisur CLUB NOCTURNO

(plano p. 240; calle 37 esq. av. 48; entrada 2 CUC; ☺desde 21.30 ju-do) Animado local al aire libre situado en el Prado, con un ambiente cubano tradicional. Excelente cabaré.

☆ Ocio

★Patio de ARTex MÚSICA EN DIRECTO

(plano p. 244; calle 35 esq. av. 16; ☺18.00-2.00) Un patio muy recomendable y bullicioso en Punta Gorda, donde el viajero puede escuchar en directo, junto con auténticos cienfuegueros, son (la música popular de Cuba), salsa, trova y un toque nostálgico de Benny Moré por la noche.

Teatro Tomás Terry MÚSICA EN DIRECTO, TEATRO

(plano p. 240; ☑43-51-33-61, 43-55-17-72; av. 56 n° 270, entre calles 27 y 29; ☺22.00-madrugada) Es un buen aspirante al puesto de mejor teatro de Cuba. El edificio en sí ya justifica una visita, pero cuando de verdad se aprecia esta obra maestra de la arquitectura es asistiendo a un concierto o a una obra teatral. La taquilla abre a diario de 11.00 a 15.00 y 90 min antes del espectáculo.

Jardines de Uneac MÚSICA EN DIRECTO

(plano p. 240; calle 25 n° 5413, entre av. 54 y 56; entrada 2 CUC; ☺10.00-2.00) La Uneac es una buena apuesta en cualquier ciudad cubana para escuchar música en directo en un entorno relajado. Este es quizá el mejor sitio de Cienfuegos, con un patio donde hay peñas afrocubanas (interpretaciones musicales), trova y grandes orquestas como la popular Los Novos.

Café Cantante Benny Moré MÚSICA EN DIRECTO

(plano p. 240; av. 54 esq. calle 37; ☺18.00-2.00) Para escuchar quizá algunas canciones suaves de Benny Moré, especialmente a altas horas. Estropeado durante el día, sus manchas pasan desapercibidas de noche entre los buenos cócteles y la música tradicional en directo.

Cabaret Guanaroca CABARÉ

(plano p. 244; calle 37 n° 1; entrada 5 CUC; ☺21.30-madrugada ma-vi, desde 22.00 sa) En el Hotel Jagua, ofrece un espectáculo de cabaré más profesional, orientado al turismo.

Casa del Danzón DANZA TRADICIONAL

(plano p. 240; av. 52, entre calles 35 y 37; ☺desde 21.00 vi y sa, 14.00-19.00 do) GRATIS Danzón (baile de salón cubano tradicional) y boleras: ¡la diversión está asegurada!

Estadio 5 de Septiembre DEPORTES

(plano p. 244; ☑43-51-36-44; av. 20, entre calles 45 y 55) De octubre a abril, el equipo provincial de béisbol (apodado Los Elefantes) disputa aquí sus partidos. Su mejor clasificación en la liga nacional fue la cuarta posición en 1979.

BENNY MORÉ

Ningún otro cantante como Bartolomé "Benny" Moré condensa mejor todos los géneros de la música cubana. Descendiente de un rey del Congo, Moré nació en el pequeño pueblo de Santa Isabel de las Lajas, en la provincia de Cienfuegos, en 1919. En 1936 se trasladó a La Habana, donde se ganaba la vida como podía, vendiendo fruta deteriorada por las calles, para pasar más tarde a tocar y a cantar en los bares y restaurantes de La Habana Vieja, aunque ganaba lo justo para sobrevivir.

Su primera gran oportunidad le llegó en 1943, cuando su aterciopelada voz y su forma de tocar de oído le hicieron merecedor del primer premio en un concurso de radio y le depararon un trabajo estable como vocalista principal para una banda de mariachis de La Habana, llamada el Cauto Quartet.

Su meteórico ascenso se vio confirmado dos años más tarde, cuando, mientras cantaba en el bar El Temple de La Habana, fue descubierto por Siro Rodríguez, del famoso Trío Matamoros, entonces la banda de son y boleros más famosa de Cuba. Rodríguez quedó tan impresionado que preguntó a Moré si podía unirse al grupo como vocalista principal en un circuito inminente por México.

A finales de la década de 1940, Ciudad de México era el Hollywood de los intérpretes cubanos. Moré fichó por el sello discográfico RCA y su fama se extendió rápidamente.

Moré regresó a Cuba en 1950 convertido ya en una estrella y fue bautizado como el Bárbaro del Ritmo. En los años siguientes inventó un nuevo sonido híbrido, llamado batanga, y reunió su propia orquesta con 40 músicos, la Banda Gigante. Con ella recorrió Venezuela, Jamaica, México y EE UU, culminando con la actuación en la ceremonia de los Premios Oscar de 1957. Pero la verdadera pasión del cantante fue Cuba. Cuenta la leyenda que siempre que Benny tocaba en el Centro Gallego de La Habana, cientos de personas llenaban los parques y las calles para escucharle.

Con su voz de varias texturas y su característico *glissando*, el verdadero talento de Benny Moré consistía en su capacidad para adaptarse y cambiar de género a voluntad. Igualmente cómodo con un bolero triste que con un animado son, era capaz de transmitir ternura, exuberancia, emoción y alma, todo en solo cinco fascinantes minutos. Aunque no podía leer música, compuso muchas de sus más famosas canciones, incluida *Bonito y sabroso* y el gran éxito *Qué bueno baila usted*. Cuando murió en 1963, más de 100 000 personas asistieron a su funeral. Nadie en Cuba ha sido capaz de reemplazarlo.

Los seguidores de Moré pueden seguir su leyenda en el asentamiento de Santa Isabel de las Lajas, unos pocos kilómetros al oeste de Cruces, en la carretera de Cienfuegos a Santa Clara, donde hay un pequeño museo. Hasta allí llegan regularmente autobuses locales (distintos de Víazul), que salen desde la estación de autobuses de Cienfuegos.

Cine-Teatro Luisa CINE
(plano p. 240; calle 37 nº 5001) El más moderno de los tres cines de la ciudad.

🔒 De compras

La principal arteria de Cienfuegos, conocida oficialmente como avenida 54 y coloquialmente como el Bulevar, es la típica calle comercial cubana sin ninguna tienda de cadena. El mejor tramo peatonal discurre entre la calle 37 (paseo del Prado) hasta el parque José Martí.

En la Galería Maroya (plano p. 240; av. 54, entre calles 25 y 27; ⏱9.00-17.30 lu-sa) se puede comprar arte popular; en Variedades Cienfuegos (plano p. 240; av. 54 esq. calle 33; ⏱10.00-18.00 lu-sa), artículos de bazar (cobran en pesos); y en la Casa del Habano 'El Embajador' (plano p. 240; av. 54 esq. calle 33; ⏱9.00-17.30 lu-sa), puros.

La Tienda Terry (plano p. 240; av. 56 nº 270, entre calles 27 y 29; ⏱9.00-18.00), en el Teatro Tomás Terry, es óptima para libros y recuerdos; la Librería Dionisio San Román (plano p. 240; av. 54 nº 3526, esq. calle 37; ⏱9.00-17.30 lu-sa) también está bien surtida.

❶ Información

ACCESO A INTERNET Y TELÉFONO

Etecsa Telepunto (calle 31 nº 5402, entre av. 54 y 56; 4,50 CUC/h; ⏱8.30-19.30)

MEDIOS DE COMUNICACIÓN

5 de Septiembre El periódico local sale los viernes.

Radio Ciudad del Mar 1350 AM y 98.9 FM.

ASISTENCIA MÉDICA

Clínica Internacional (☎43-55-16-22; av. 10, entre calles 37 y 39, Punta Gorda) Excelente centro bastante nuevo, que atiende a extranjeros, con servicio de urgencias (incluidas las dentales) y una farmacia abierta las 24 h.

Farmacia del Hotel La Unión (☎43-55-10-20; calle 31 esq. av. 54; ☉24 h) Farmacia orientada a los turistas internacionales.

DINERO

Banco de Crédito y Comercio (Bandec) (av. 56 esq. calle 31; ☉9.00-17.00 lu-vi)

Cadeca (av. 56 nº 3316, entre calles 33 y 35; ☉9.00-17.00 lu-vi) Cambia efectivo a convertibles o a pesos cubanos.

CORREOS

Oficina de correos (plano p. 240; av. 56 nº 3514, entre calles 35 y 37; ☉9.00-17.00 lu-vi)

AGENCIAS DE VIAJES

Cubatur (☎43-55-12-42; calle 37 nº 5399, entre av. 54 y 56; ☉9.00-18.00 lu-sa) Organiza excursiones.

Paradiso (☎43-51-18-79; av. 54 nº 3301, entre calles 33 y 35; ☉9.00-18.00 lu-sa) Ofrece muchos de los circuitos por la ciudad y sus alrededores (5-16 CUC).

❶ Cómo llegar y salir

AVIÓN

El aeropuerto Jaime González, 5 km al noreste de Cienfuegos, recibe vuelos internacionales semanales procedentes de Miami y Canadá (solo nov-mar). No hay conexiones a La Habana.

AUTOBÚS

Desde la **estación de autobuses** (plano p. 240; ☎43-51-57-20, 43-51-81-14; calle 49, entre av. 56 y 58), Víazul ofrece tres servicios diarios a La Habana (20 CUC, 4 h), a las 9.30, 12.25 y 17.35; todos paran en Playa Girón (7 CUC, 1¼ h) y Playa Larga (7 CUC, 1¾ h), y cinco diarios a Trinidad (CUC 6, 1½ h), a las 12.20, 13.30, 14.45, 15.20 y 17.30.

Hay tres autobuses diarios a Varadero (17 CUC, 4½ h): 10.30, 16.30 y 16.40; los de la tarde también paran en Santa Clara (6 CUC, 1½ h). El único servicio diario a Viñales (32 CUC, 7¾ h) sale a las 9.40 y para en La Habana y en Pinar del Río (31 CUC, 7 h).

Para llegar a otros destinos es preciso hacer transbordo en Trinidad o en La Habana. Hay que tener en cuenta que, yendo a Trinidad desde Cienfuegos, los autobuses salen más al oeste y quizá puedan ir llenos.

La estación de autobuses de Cienfuegos es limpia y está bien organizada. Hay una oficina de venta de billetes de Víazul en la planta inferior (bajando las escaleras, a la izquierda). Para los autobuses locales a Rancho Luna, Santa Isabel de las Lajas y Palmira (1 CUC, aprox.) y otros destinos, consúltese la pizarra de la planta baja (bajando las escaleras, a la derecha), donde hay más taquillas (la espera es un tanto desorganizada).

TREN

La **estación de trenes** (☎43-52-54-95; av. 58 esq. calle 49; ☉taquilla 8.00-15.30 lu-vi, 8.00-11.30 sa) está frente a la estación de autobuses, pero teniendo en cuenta que la duración del viaje a La Habana es de 10 h (3 h en autobús), hay que ser un verdadero entusiasta de los trenes para querer llegar o salir de Cienfuegos con este lento, aunque económico, ferrocarril. También hay trenes a Santa Clara y a Sancti Spíritus; conviene consultar los horarios de salida con bastante antelación.

❶ Cómo desplazarse

BARCO

Del **Muelle Real** (plano p. 240; av. 46 esq. calle 25) zarpa un ferri con capacidad para 120 pasajeros hacia el castillo de Jagua (0,50 CUC, 40 min). Conviene advertir que presta servicios de transporte de cercanías y no es un crucero turístico. Consúltense los horarios en el puerto. En teoría, zarpa a las 8.00 y a las 13.00 h. Hay un ferri más pequeño (0,50 CUC, 15 min) que realiza frecuentes travesías entre el castillo y el Hotel Pasacaballo en Rancho Luna. La última salida del castillo es a las 20.00.

AUTOMÓVIL Y MOTOCICLETA

La gasolinera Servi-Cupet está en la calle 37, en la esquina con la av. 16, en Punta Gorda. Hay otra 5 km al noreste del Hotel Rancho Luna.

Cubacar alquila principalmente coches con cambio manual y tiene varias oficinas: **Hotel Rancho Luna** (☎43-54-80-26; Hotel Rancho Luna, ctra. Rancho Luna km 16); **Hotel La Unión** (☎43-55-16-45; Hotel la Unión, av. 54 esq. calle 31); **Casa Verde** (☎43-55-20-14; Casa Verde, calle 37 esq. av. 2).

Club Cienfuegos (☎43-52-65-10; calle 37, entre av. 10 y 12) Alquila ciclomotores por 25 CUC/día.

COCHES DE CABALLOS

Por la calle 37 pasan carros de caballos y bicitaxis que cobran un peso por viaje a los cubanos y 1 CUC a los extranjeros (los hispanohablantes quizá cuelen y paguen un peso). Es una forma agradable de viajar desde el centro hasta Punta Gorda y los cementerios.

TAXI

Hay bastantes en Cienfuegos; muchos aguardan en el Hotel Jagua, en el Hotel La Unión o en las inmediaciones de la estación de autobuses. En el Malecón se puede tomar un bicitaxi para ir a Punta Gorda: una carrera (ida o vuelta) sale por unos 3 CUC. Si no ha habido suerte en estos lugares, se puede llamar a **Cubacar** (☏43-51-84-54). Un taxi al aeropuerto desde el centro debería salir por unos 6 CUC.

ALREDEDORES DE CIENFUEGOS

Rancho Luna

Es una pequeña y pintoresca playa, 18 km al sur de Cienfuegos, muy cerca de la bahía. Hay dos complejos hoteleros de clase media, más bien modestos, pero también pueden encontrarse casas particulares en la carretera de acceso al Hotel Club Amigo Faro Luna. La costa, protegida por un arrecife de coral, es idónea para bucear con tubo. La playa no es equiparable a la de Varadero, pero el nivel de ruido y la incesante urbanización son inferiores.

🏃 Actividades

Centro de submarinismo SUBMARINISMO, BUCEO
(☏43-54-80-40; commercial@marlin.cfg.tur.cu; ctra. Pasacaballos km 18; inmersiones desde 35 CUC, certificación mar abierto 365 CUC) La principal actividad de la zona es el submarinismo, organizado por el centro del Hotel Club Amigo Rancho Luna, que visita 30 puntos a 20 min en barco. Hay cuevas, una fascinante vida marina y unos maravillosos jardines de coral que los submarinistas denominan Notre Dame por su extraordinaria belleza. Entre noviembre y febrero, inofensivos tiburones ballena frecuentan estas aguas.

Otros puntos de interés submarinos comprenden seis barcos y los restos de un cable de transmisión que antaño comunicaba Cuba con España, instalado por los británicos en 1895.

🛏 Dónde dormir

Villa Sol CASA PARTICULAR **$**
(☏52-27-24-48; ctra. Faro Luna; h 20-30 CUC; ❄) La primera casa a la izquierda de la carretera de acceso al Hotel Club Amigo Faro Luna se halla en un lugar precioso, con vistas al océano y buganvillas en el jardín. Tiene cuatro habitaciones, pero, siguiendo por la carretera, se encontrarán otras casas particulares.

Hotel Pasacaballo HOTEL **$**
(☏43-59-28-22; ctra. Pasacaballos km 22; i 24-30 CUC, d 34-40 CUC; 🅿❄▨) Antaño muy popular entre los estudiantes de Medicina venezolanos, es especialmente antiestético, pero ofrece habitaciones muy correctas a un precio excepcional, en una ubicación fantástica. Cuenta con piscina, mesas de billar, un bar espacioso y un restaurante. Con todo, dado que no hay nada más en varios kilómetros a la redonda, estas opciones de entretenimiento podrían ser insuficientes.

El mejor tramo de playa está a 4 km.

Hotel Club Amigo Faro Luna-Rancho Luna CENTRO VACACIONAL **$$**
(☏43-54-80-30; ctra. Pasacaballos km 18; i 52-65 CUC, d 74-90 CUC; 🅿❄@▨) La sorpresa de la costa sur de Cuba es este lugar, estimulantemente modesto, y uno de los dos hoteles del país que a pesar de estar en una zona de *resorts* no lo parece. A diferencia de su vecino, el **Club Amigo Rancho Luna,** el Faro no ofrece paquetes turísticos con todo incluido. Aun así, con un par de nuevos restaurantes privados cerca, las opciones de comida están cubiertas.

🍴 Dónde comer

Restaurante Vista al Mar CARIBEÑA **$$**
(ctra. Pasacaballos km 18; principales 10 CUC; ⊙18.00-23.00) En lo alto de una empinada cuesta, no muy lejos de la carretera de acceso al Hotel Club Amigo Faro Luna, este paladar ofrece algunos platos cubanos poco habituales, como carne de venado y pavo entero asado (30 CUC).

❶ Cómo llegar y salir

Teóricamente circulan seis autobuses urbanos diarios desde Cienfuegos, pero al tratarse de Cuba, hay que estar preparado para las esperas y los horarios escritos a mano. El ferri a Jagua zarpa varias veces diarias del muelle que hay debajo del Hotel Pasacaballo. Funciona un barco que va del castillo de Jagua a Cienfuegos (comunica los tres emplazamientos); durante la elaboración de esta guía zarpaba de aquí a las

ESTUDIAR EN CIENFUEGOS

Para conocer un país, no hay nada mejor que sumergirse de lleno en su cultura, a ser posible cómodamente instalado en un *resort* junto a una playa paradisíaca. La Academia Cienfuegos (www.forma tioncuba.com) es una iniciativa cubano-canadiense orientada basicamente a la enseñanza del español, pero al estar desarrollada en colaboración con la agencia cultural cubana Paradiso, ofrece 30 h de clase y 25 h de actividades culturales durante dos semanas. El aula está magníficamente situada en el Hotel Club Amigo Faro Luna, junto a la playa Rancho Luna. Los estudiantes, acompañados de profesores cubanos cualificados, hacen varias salidas a Cienfuegos y sus alrededores para conocer distintos ámbitos: cine, poesía, danza, santería, cultura y naturaleza. Hay cinco niveles de enseñanza y un máximo de 10 alumnos por clase. El precio del paquete de dos semanas (vuelo no incl.) es de 775 US$. La web indica las fechas de los cursos.

10.00 y a las 15.00. Un taxi resulta más fiable. La carrera a Cienfuegos no debería costar más de 10 CUC, pero hay que negociar duro.

Una forma incluso mejor de llegar a este lugar es en ciclomotor de alquiler desde Cienfuegos.

Castillo de Jagua

Casi un siglo anterior a la ciudad de Cienfuegos, el castillo de Nuestra Señora de los Ángeles de Jagua (entrada 3 CUC; ☺8.00-18.00), al oeste de la boca de la bahía de Cienfuegos, lo proyectó José Tantete en 1738 y se terminó su construcción en 1745. Levantado para mantener alejados a los piratas (y a los británicos), en aquel entonces era la tercera fortaleza más importante del país, después de las de La Habana y Santiago de Cuba.

Una amplia reforma en el 2010 devolvió al castillo el esplendor que se merece. Las vistas de la bahía son espectaculares y un sencillo museo recorre brevemente la historia de la energía nuclear en Cienfuegos; también hay un restaurante bastante agradable.

Los ferris de pasajeros que zarpan desde el castillo surcan las aguas hacia Cienfuegos (1 CUC, 40 min) dos veces al día, partiendo de Cienfuegos a las 8.00 y las 13.00 y regresando a las 10.00 y las 15.00. Otro ferri sale a menudo hasta un embarcadero situado por debajo del Hotel Pasacaballo, en el Rancho Luna (0,50 CUC, 15 min). Los cubanos pagan lo equivalente en pesos cubanos.

A cierta distancia de este lado de la bahía, es posible echar un vistazo a la impopular planta nuclear de Juraguá, un proyecto conjunto de Cuba y la antigua Unión Soviética, concebido en 1976, y que incluía los bloques de apartamentos abandonados de la adyacente Ciudad Nuclear. A tan solo 288 km de los cayos de Florida, su construcción encontró una fuerte oposición por parte de EE UU y fue abandonada tras la caída del comunismo. Los extranjeros no pueden visitarla.

Laguna Guanaroca

Situada al sureste de Cienfuegos, la resplandeciente laguna Guanaroca (☎43-54-81-17; entrada incl. circuito 10 CUC; ☺8.00-15.00) , que según la leyenda siboney es la representación de la luna en la Tierra, es una laguna salina rodeada de manglares. Como polo de atracción para las aves solo se ve superado por Las Salinas, en la península de Zapata, y es la única área protegida de la provincia. Los senderos conducen a una plataforma de observación que suelen visitar flamencos, pelícanos y tocororos (el ave nacional de Cuba). También hay perales, limoneros, aguacates y güiras (la fruta que se utiliza para hacer maracas). Los circuitos (2-3 h) incluyen un viaje en barco al extremo más alejado del lago.

La entrada a la reserva (solo accesible en coche de alquiler o en taxi) está a 12 km de Cienfuegos, junto a la carretera de Rancho Luna, en el desvío a Pepito Tey. Cubanacán (p. 243), en Cienfuegos, organiza excursiones por solo 10 CUC.

Jardín botánico de Cienfuegos

Con sus 94 Ha, el jardín botánico (entrada 2,50 CUC; ☺8.00-17.00) , cerca de la refinería de azúcar Pepito Tey, 17 km al este de Cienfuegos, es uno de los jardines más grandes de Cuba. Alberga 2000 especies de plantas, incluidos 23 tipos de bambú, 65 clases de higueras y 280 palmeras diferentes (supuestamente la variedad más grande en un solo lugar del mundo). El jardín botánico fue fundado en 1901 por el magnate estadounidense del azúcar Edwin F. Atkins, que al principio pretendía usarlo para estudiar diferentes variedades de caña de azúcar, pero terminó plantando exóticos árboles tropicales de todo el mundo.

Para llegar al jardín se necesita automóvil propio. La forma más económica es inscribirse en una excursión organizada; Cubanacán (p. 243) ofrece viajes por 10 CUC. Los conductores que procedan de Cienfuegos deben girar a la derecha (sur) en el cruce a Pepito Tey.

El Nicho

Aunque la parte de la verde sierra del Escambray que pertenece a la provincia de Cienfuegos es extensa (e incluye la cumbre más alta, el pico de San Juan, con 1156 m) solo puede visitarse una pequeña zona protegida alrededor de **El Nicho** (entrada 5 CUC; ⊗8.30-18.30), un remoto enclave del Parque Natural Topes de Collantes.

El Nicho es el nombre de una preciosa cascada en el río Hanabanilla, pero la zona también ofrece la posibilidad de andar por un sendero natural de 1,5 km (Reino de las Aguas), nadar en dos piscinas naturales, visitar cuevas, avistar aves y comer en un restaurante estilo *ranchón*.

La hermosa carretera que llega a El Nicho pasando por Cumanayagua es legendaria por sus curvas. Dicho esto, gracias a una serie de mejoras recientes, el viaje de Cienfuegos a El Nicho es solo de 2 h. La furgoneta diaria que da servicio a la pequeña comunidad del lugar sale a horas muy incómodas. Es mucho mejor alquilar un coche o un taxi (70 CUC aprox.). A través de Cubanacán (p. 243), en Cienfuegos, pueden organizarse circuitos de medio día y una excursión a El Nicho con traslado a Trinidad.

Costa del Caribe

Yendo en dirección este hacia Trinidad, en la provincia de Sancti Spíritus, las vistas de postal de la sierra del Escambray se acercan cada vez más hasta que sus arrugadas faldas llegan a la carretera. Entretanto, escondidos arrecifes de coral ofrecen excelentes posibilidades para practicar submarinismo.

FUERA DE RUTA

PALMIRA

Si se está interesado en la santería y sus misterios, vale la pena ir a Palmira, 8 km al norte de Cienfuegos. Se trata de una agradable ciudad, famosa por sus hermandades (como las de Cristo, San Roque y Santa Bárbara, entre otras). El **Museo Municipal de Palmira** (☎43-54-45-33; entrada 1 CUC; ⊗10.00-18.00 ma-sa, hasta 13.00 do), en la plaza principal, traza un breve recorrido por sus orígenes. A veces, Cubanacán (p. 243; en Cienfuegos) organiza circuitos hasta el lugar. Los principales festivales religiosos se celebran a principios de diciembre.

⊙ Puntos de interés y actividades

Hacienda La Vega EQUITACIÓN
(ctra. Trinidad km 52; 6 CUC/h) En la carretera principal, unos 9 km al este de Villa Guajimico, esta bucólica granja rodeada de árboles frutales dispone de un restaurante que sirve comida cubana tradicional (5-10 CUC); es idóneo para relajarse almorzando a la sombra. Se alquilan caballos para bajar hasta la cercana Caleta de Castro, donde el buceo con tubo es excelente (hay que llevar material propio).

Villa Guajimico SUBMARINISMO
(☎43-42-06-46; ctra. Trinidad km 42) Algo inusual para un campismo, Villa Guajimico cuenta con su propio centro de submarinismo, situado en lo alto de un acantilado de coral. En el idioma de las tribus indígenas que antaño vivían aquí, Guajimico significa "lugar de los peces". Los 16 puntos de inmersión del centro se hallan en una tranquila ensenada bordeada de árboles y albergan una vida marina espectacular. Pregúntese en recepción por los precios.

🛏 Dónde dormir y comer

Villa Yaguanabo BUNGALÓS $
(☎43-54-19-05; ctra. Trinidad km 55; i/d 24/32 CUC; 🅿❄) Se trata de un tesoro desconocido, situado a 26 km de Trinidad que se asienta en un fantástico pedazo de costa, en la desembocadura del río Yaguanabo. Ofrece habitaciones tipo motel, limpias y sencillas, en un tranquilo tramo de playa de arena cobriza.

Usando el hotel como base, se puede tomar un barco (3 CUC) para hacer un viaje de 2 km río arriba hasta el valle de la Iguana, donde hay aguas termales, equitación y una pequeña red de caminos, a los pies de la frondosa sierra del Escambray. En la carretera principal, frente al hotel, hay un paladar (Casa Verde) que sirve buenos almuerzos y cenas.

Villa Guajimico   BUNGALÓS **$**
(☏43-42-06-46; ctra. Trinidad km 42; i 22-25 CUC, d 38-44 CUC; P✳✉) Es uno de los campismos más lujosos de Cubamar, cuyos 51 atractivos bungalós, idílicamente situados al borde del mar, disponen de servicios equiparables a los de la mayor parte de los hoteles de tres estrellas. También funciona como punto de encuentro de submarinistas y ofrece alquiler de bicicletas, excursiones en catamarán o kayak y senderismo. Además, es un sitio de Campertour totalmente equipado. Los autobuses Cienfuegos-Trinidad pasan por delante.

Provincia de Villa Clara

📞 42 / 803 690 HAB.

Los mejores restaurantes

➡ Restaurante El Bergantín (p. 274)

➡ El Benyamino (p. 263)

➡ Restaurant Florida Center (p. 263)

La mejor vida local

➡ Parque Vidal (p. 256), Santa Clara

➡ La Marquesina (p. 265), Santa Clara

➡ Parrandas (p. 272), Remedios

➡ Caibarién (p. 270)

Por qué ir

Villa Clara, una de las provincias más diversas de la nación, no puede disociarse del triunfo de la Revolución cubana. Después de que Che Guevara liberara su capital, Santa Clara, del corrupto partido de Batista, dieron comienzo los más de 55 años de gobierno de los hermanos Castro. Pero, además, Santa Clara ostenta un vanguardismo provocador y revolucionario: es la única ciudad que cuenta con un espectáculo de *drag queens* y acoge el principal festival de *rock* del país. La pintoresca ciudad colonial de Remedios y la zona de Cayerías del Norte, festoneada de playas, están siendo objeto de un desarrollo sin precedentes que hará que, en dos años, constituyan el segundo destino turístico de Cuba.

La región es inseparable del legado del Che, pero también se caracteriza por celebrar la fiesta popular más desenfrenada del país (Remedios), por los picos del Escambray, con las consiguientes posibilidades de aventura (en torno al embalse Hanabanilla), y por las idílicas playas de arena blanca de la costa norte (Cayo Santa María).

Cuándo ir

➡ Diciembre, en concreto el día 24, es el mejor momento para visitar Villa Clara y cambiar una blanca Navidad por el escenario multicolor de Remedios, donde se celebra una de las fiestas populares más alocadas del Caribe.

➡ Conviene dirigirse hacia Cayerías del Norte al comienzo de la temporada alta, que va de diciembre a marzo, cuando las posibilidades de lluvia son menores.

Historia

Los taínos fueron los primeros pobladores de la región, pero su único legado es la reproducción de un asentamiento en un mediocre hotel a las afueras de Santa Clara. Ubicada estratégicamente en el centro geográfico de la isla, Villa Clara ha sido históricamente un foco de corsarios, colonizadores y revolucionarios que se disputaban beneficios materiales. Los piratas eran un quebradero de cabeza en los primeros años de la colonización, y la primera ciudad de la provincia, Remedios, se trasladó dos veces para luego ser abandonada a finales del s. XVII, cuando un grupo de familias huyó al interior, a la actual Santa Clara. Más tarde, la demografía se vio sacudida de nuevo por pobladores procedentes de las Islas Canarias, que aportaron sus conocimientos agrícolas y su peculiar y cantarín acento español a las plantaciones de tabaco de la pintoresca región de Vuelta Arriba. En diciembre de 1958, Ernesto Che Guevara, ayudado por una variopinta cuadrilla de desaliñados barbudos, orquestó la caída de la ciudad de Santa Clara al hacer descarrilar un tren blindado que transportaba a más de 350 soldados gubernamentales y armamento hacia el este. La victoria anunció el fin de la dictadura de Fulgencio Batista y marcó el triunfo de la Revolución cubana.

Ahora las cosas están más tranquilas, pero el incesante ajetreo a escala provincial mantiene a todos en vilo. El desarrollo turístico del norte de la provincia no ha cesado desde la década de 1990 y se calcula que en el 2017 habrá 17 000 plazas hoteleras más, lo que podría equiparar su capacidad turística a la de Varadero. Los más pesimistas auguran nefastas consecuencias para la Reserva Natural de la Biosfera de Buenavista y el importante hábitat marino que alberga.

Santa Clara

239 000 HAB.

Mientras que Varadero tienta a los amantes de la playa y Trinidad a los aficionados a la historia, la polvorienta Santa Clara no se compromete con nadie. Enclavada en el centro geográfico de Cuba, se caracteriza por sus nuevas tendencias, su insaciable creatividad y una vibrante cultura que lleva años desafiando la censura impuesta por la policía cubana. Destaca, entre muchas otras cosas, por acoger el único espectáculo oficial de *drag queens* de Cuba y el mejor festival de rock del país,

denominado Ciudad Metal. La personalidad de la ciudad se ha formado a lo largo del tiempo por la presencia de la universidad más prestigiosa del país fuera de La Habana y por una larga asociación con el guerrillero argentino Che Guevara, cuya liberación de Santa Clara en diciembre de 1958 marcó el fin del régimen de Batista.

Historia

Con un error de cálculo de unas 10 000 millas, Cristóbal Colón pensó que Cubanacán (o Cubana Khan, nombre indígena que significa "en el medio de Cuba"), un poblado nativo antaño situado cerca de Santa Clara, era la sede de los kanes de Mongolia; de ahí su idea equivocada de que estaba explorando la costa asiática. Santa Clara en sí la fundaron 13 familias de Remedios en 1689, hartas de atraer la atención de los piratas. La ciudad creció rápidamente después de que un incendio vaciara Remedios en 1692, y en 1867 se convirtió en la capital de la provincia de Las Villas. Santa Clara era un importante centro industrial, famosa por su fábrica de Coca-Cola prerrevolucionaria y su papel fundamental en la red de comunicaciones de la isla. Fue la primera ciudad importante liberada del ejército de Batista en diciembre de 1958. En la actualidad, cuenta con varias industrias, entre ellas, una fábrica textil, una cantera de mármol y la Fábrica de Tabacos Constantino Pérez Carrodegua.

⊙ Puntos de interés

Los atractivos de Santa Clara se distribuyen generosamente hacia el norte, el este y el oeste del parque Vidal. Todos se encuentran a poca distancia del famoso Conjunto Escultórico Comandante Ernesto Che Guevara, a 2 km del centro.

⊙ Parque Vidal

Parque Vidal PLAZA

Un verdadero teatro al aire libre que debe su nombre al coronel Leoncio Vidal y Caro, asesinado en el lugar el 23 de marzo de 1896. El parque estaba circunvalado por dos caminos gemelos en la época colonial, con una valla que separaba a negros y blancos. Hoy, la acribillada fachada verde del **Hotel Santa Clara Libre,** en el lado occidental del parque, recuerda un conflicto más reciente: la batalla que en 1958 libraron en la ciudad las fuerzas del Che y las del Gobierno de Batista.

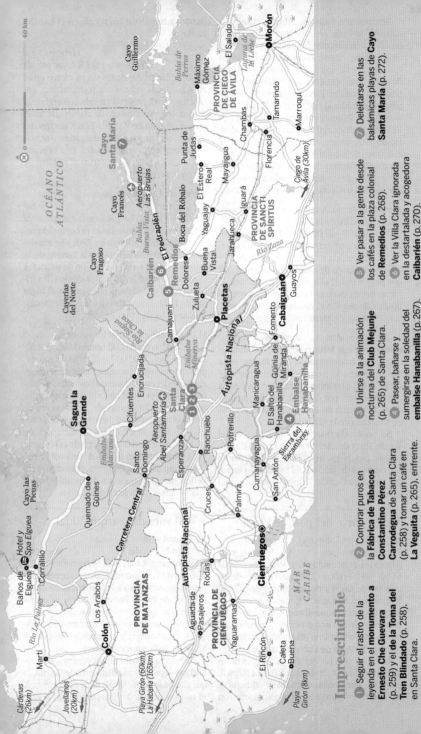

OCÉANO ATLÁNTICO

MAR CARIBE

Imprescindible

1 Seguir el rastro de la leyenda en el **monumento a Ernesto Che Guevara** (p. 259) y el **de la Toma del Tren Blindado** (p. 258), en Santa Clara.

2 Comprar puros en la **Fábrica de Tabacos Constantino Pérez Carrodegua** de Santa Clara (p. 258) y tomar un café en **La Veguita** (p. 265), enfrente.

3 Unirse a la animación nocturna del **Club Mejunje** (p. 265) de Santa Clara.

4 Pasear, bañarse y sumergirse en la soledad del **embalse Hanabanilla** (p. 267).

5 Ver pasar a la gente desde los cafés en la plaza colonial de **Remedios** (p. 268).

6 Ver la Villa Clara ignorada en la destartalada y acogedora **Caibarién** (p. 270).

7 Deleitarse en las balsámicas playas de **Cayo Santa María** (p. 272).

Actualmente, todos los colores del arco iris cultural de Cuba se dan cita en uno de los espacios urbanos más bulliciosos y vibrantes de la nación, donde los ancianos, ataviados con guayabera, charlan en bancos sombreados, y los más pequeños dan paseos en carros tirados por cabras. Hay que encontrar tiempo para contemplar las estatuas de la filántropa local Marta Abreu y el emblemático *Niño de la Bota*, tradicional símbolo de la ciudad. Desde 1902, la orquesta municipal toca en el quiosco de música los martes y domingos a las 20.00, mientras que el neoclásico Palacio Provincial, que flanquea el lado este del parque, deleita con conciertos de música clásica.

Museo de Artes Decorativas · MUSEO

(parque Vidal 27; entrada 2 CUC, fotos 5 CUC; ☉9.00-18.00 do-ju, 13.00-22.00 vi y sa) Es recomendable reservar 1 h para visitar esta mansión del s. XVIII, convertida en un museo lleno de mobiliario de época de amplia gama de estilos, que parece imitar el legado arquitectónico de Cuba. Recitales de música de cámara por las noches aumentan el romanticismo. Consúltese el tablón de anuncios.

Teatro la Caridad · TEATRO, EDIFICIO HISTÓRICO

(Marta Abreu esq. Máximo Gómez) Son muchos los que se confunden por la relativamente austera fachada neoclásica, pero hay que darle 1 CUC a quien esté a cargo de la puerta para descubrir por qué este teatro, que data de 1885, es uno de los tres grandes teatros provinciales de la era colonial.

Su adornado interior es casi igual al del Tomás Terry de Cienfuegos y el Sauto de Matanzas: tres pisos, un auditorio en forma de U y estatuas de mármol. El sofisticado fresco del techo de Camilo Zalaya es su principal atractivo.

◉ Al norte del parque Vidal

★ **Fábrica de Tabacos Constantino Pérez Carrodegua** · FÁBRICA DE PUROS

(Maceo 181, entre Julio Jover y Berenguer; entrada 4 CUC; ☉9.00-11.00 y 13.00-15.00) Es una de las mejores de Cuba y elabora puros de calidad Montecristo, Partagás, y Romeo y Julieta. Los circuitos, menos masificados que los de La Habana, brindan una experiencia mucho más interesante a un ritmo más pausado. Hay que reservar a través de Cubatur (p. 266).

Enfrente está La Veguita (p. 265), la diminuta pero bien surtida tienda de la fábrica, atendida por personal amable y sumamente experto en puros. Se puede comprar ron

barato, y tomar un buen café en el bar del fondo.

La Casa de la Ciudad · CENTRO CULTURAL

(☎20-55-93; Independencia esq. J. B. Zayas; entrada 1 CUC; ☉8.00-17.00) Antes de su cierre en el 2014 para una exhaustiva restauración, era el centro de la progresista vida cultural de la ciudad, con exposiciones de arte (incluido un boceto original de Wifredo Lam), noches del danzón, un museo cinematográfico y actuaciones musicales improvisadas. Está previsto que vuelva a abrir sus puertas al público de forma inminente.

Iglesia de Nuestra Señora del Carmen · IGLESIA

(Carolina Rodríguez) La iglesia más antigua de la ciudad está cinco manzanas al norte del parque Vidal. Se construyó en 1748 y se añadió una torre en 1846. Durante la Guerra de la Independencia sirvió de prisión de patriotas cubanos. Un moderno monumento cilíndrico enfrente de la iglesia conmemora el lugar donde 13 familias procedentes de Remedios fundaron Santa Clara en 1689.

Museo Provincial Abel Santamaría · MUSEO

(☎20-30-41; entrada 1 CUC, cámara 1 CUC; ☉8.30-16.00 lu-vi, hasta 13.00 sa) No es tanto un espacio dedicado al señor Santamaría (la mano derecha de Fidel en el Moncada) como un pequeño museo provincial alojado en los antiguos barracones militares donde, el 1 de enero de 1959, las tropas de Batista se rindieron al Che. Está consagrado a las ciencias naturales y a las mujeres cubanas a lo largo de la historia.

El museo está en lo alto de una colina, en el extremo norte de Esquerra, cruzando el río Bélico; hay que buscar un gran edificio color crema detrás de la finca de caballos.

◉ Al este del parque Vidal

★ **Monumento a la Toma del Tren Blindado** · MONUMENTO

(vagón-museo entrada 1 CUC; ☉vagón-museo 9.00-17.30 lu-sa) El emplazamiento de este pequeño vagón-museo pasó a la historia el 29 de diciembre de 1958, cuando el Che y un grupo de 18 jovencísimos revolucionarios, armados con rifles, hicieron descarrilar un tren blindado con una excavadora prestada y cócteles Molotov de fabricación casera.

La batalla duró 90 min y, contra todo pronóstico, derrocaron la dictadura de Batista, lo que dio paso a más de 50 años de castrismo. El museo, al este de Independencia, al otro lado del río, marca el lugar donde descarriló el tren y arrojó a los 350 soldados fuertemente armados. La célebre excavadora tiene su propio pedestal en la entrada.

Estatua 'Che y Niño'   MONUMENTO
Más íntima y elaborada que su hermana mayor del otro extremo de la ciudad, esta estatua frente a la Oficina Provincial del PCC, cuatro manzanas al este del Tren Blindado, muestra al Che con un bebé (que simboliza la siguiente generación) en su hombro. Si se mira de cerca, uno descubre esculturas más pequeñas incorporadas en el uniforme del revolucionario, que representan momentos de su vida; también hay retratos de los 38 hombres asesinados con Guevara en Bolivia, ocultos en la hebilla del cinturón.

Loma del Capiro   LUGAR DESTACADO
Dos manzanas más al este desde la estatua *Che y Niño,* una carretera a la derecha lleva hasta el mejor mirador de Santa Clara, la característica loma del Capiro. La cima está coronada por una bandera y una serie de estacas que sostienen el rostro metalizado, pero reconocible, del Che. La colina fue una atalaya crucial para las fuerzas revolucionarias durante la liberación de Santa Clara en 1958.

Iglesia de Nuestra Señora del Buen Viaje   IGLESIA
(Pedro Estévez esq. R. Pardo) Al este del centro se halla esta caótica mezcla de arquitectura gótica, románica y neoclásica.

Iglesia de la Santísima Madre del Buen Pastor   IGLESIA
(E. P. Morales 4, entre Cuba y Villuendas) Un peculiar templo de estilo colonial, al sur del centro.

⊙ Al oeste del parque Vidal

★ Conjunto Escultórico Comandante Ernesto Che Guevara   MONUMENTO
(pza. Revolución) GRATIS Punto final de muchos peregrinos del Che, este complejo con monumento, mausoleo y museo está 2 km al oeste del parque Vidal (por Rafael Tristá, en la av. de los Desfiles), cerca de la estación de autobuses de Víazul. Incluso si no se siente un especial cariño por el guerrillero argentino que muchos idolatran, la plaza que se extiende a ambos lados de la carretera, guardada por una estatua de bronce del Che, desprende un cierto halo de sentimentalismo.

La estatua se erigió en 1987 para conmemorar el 20º aniversario del asesinato de Guevara en Bolivia y puede verse a cualquier hora. El sublime mausoleo (av. de los Desfiles; 9.30-16.30 ma-do), al que se accede desde detrás de la estatua, contiene 38 nichos tallados en piedra dedicados a los otros guerrilleros que murieron en la fallida revolución boliviana. En 1997, los restos de 17 de ellos, entre los que se contaba Guevara, se recuperaron de una fosa común secreta en Bolivia y se depositaron en este mausoleo. Fidel Castro prendió la llama eterna el 17 de octubre de 1997. El museo alberga los pormenores y objetos de la vida y la muerte del Che.

La mejor manera de llegar al monumento es con un paseo de 30 min o tomando un coche de caballos en la calle Marta Abreu, frente a la catedral, por un par de pesos cubanos. Un taxi convencional cuesta 3 CUC.

Catedral de las Santas Hermanas de Santa Clara de Asís   CATEDRAL
(Marta Abreu) Esta catedral, situada tres manzanas al oeste del parque Vidal, se construyó en medio de una gran polémica en 1923, tras el derribo de la iglesia original. Contiene una colección de vitrales y una mítica estatua blanca de la Virgen María, conocida (extraoficialmente) como la Virgen de la Charca. La estatua se descubrió en una acequia en la década de 1980, tras haber desaparecido misteriosamente poco después de la consagración de la catedral en 1954. Volvió a adornar la catedral en 1995.

Murales   PUNTO DE INTERÉS
(Carretera Central, entre Vidaurreta y Carlos Pichado) Hacia el oeste por la Carretera Central (prolongación de Marta Abreu), hay una serie de murales en forma de cómics que abordan con ironía las relaciones entre Cuba y EE UU; así, por ejemplo, muestran a unos helicópteros cubanos llevándose la Estatua de la Libertad, o cómo un tipo indeseable envuelto con la bandera estadounidense esconde una bomba mientras grita a las guerrillas cubanas "¡terroristas!". Aunque las relaciones entre ambos países han mejorado, los murales siguen ahí.

Situados antes de la estación de autobuses intermunicipal, puede aprovecharse un paseo hasta el monumento del Che para ir a verlos.

Cursos
Santa Clara alberga la Universidad Central Marta Abreu de Las Villas (☎28-14-10; www.

Santa Clara

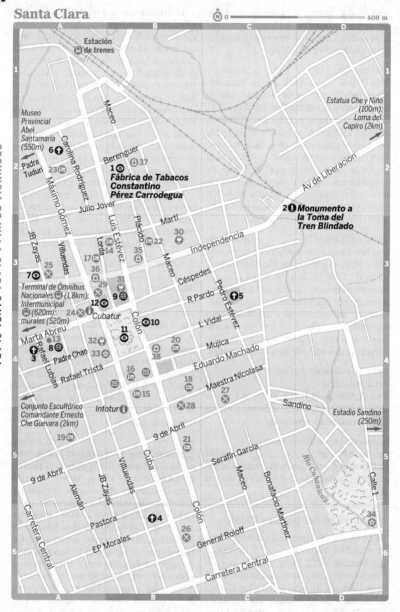

Estación de trenes

Museo Provincial Abel Santamaría (550m)

Maceo

Carolina Rodríguez

6

Berenguer

1 37

Fábrica de Tabacos Constantino Pérez Carrodegua

Padre Tuduri

23

Máximo Gómez

Julio Jover

Luis Estévez

Lorda

Plácido

Martí

JB Zayas

Villuendas

17 14

22 30

35

Maceo

Independencia

2 **Monumento a la Toma del Tren Blindado**

Estatua Che y Niño (100m); Loma del Capiro (2km)

Av de Liberacion

Céspedes

7

25

36

Terminal de Ómnibus Nacionales (1,8km); Intermunicipal (620m); murales (520m)

29

31

24

12 9

Cubatur

Colón

10

R Pardo

Pedro Estévez

5

L Vidal

Marta Abreu

13

8

3

Padre Chao

32

11

Rafael Lubián

33

Rafael Tristá

16

38

20

Mujica

Eduardo Machado

18

Maestra Nicolasa

27

15

Conjunto Escultórico Comandante Ernesto Che Guevara (2km)

Infotur

19

9 de Abril

28

Sandino

Estadio Sandino (250m)

21

Cuba

Villuendas

JB Zayas

9 de Abril

Alemán

Pastora

EP Morales

4

Serafín García

Maceo

Colón

26

General Roloff

Bonifacio Martínez

Río Cubanicay

Calle 1

34

Carretera Central

Carretera Central

uclv.edu.cu; ctra. Camajuaní km 5,5), la segunda más prestigiosa de Cuba. Muchos alumnos extranjeros estudian en este centro universitario, aunque suelen organizarlo todo a través de las universidades de sus países de origen.

Se recomienda consultar la página web para más información.

En el **Club Mejunje** (Marta Abreu 107; ⊙16.00-1.00 ma-do) imparten clases de baile y percusión.

Santa Clara

PROVINCIA DE VILLA CLARA DÓNDE DORMIR

🎉 Fiestas

La extravagante oferta anual de Santa Clara incluye **Miss Trasvesti** (marzo), que es una especie de Miss Mundo pero de *drag queens,* y el festival **Ciudad Metal** (noviembre), durante el cual, diversos lugares de Santa Clara acogen actuaciones de los principales grupos de heavy-metal del país.

🛏 Dónde dormir

★ Hostal Familia Sarmiento

CASA PARTICULAR $

(☎52-83-47-21, 20-35-10; Lorda 56, entre Martí e Independencia; h 25-30 CUC; ❋☎) Céntrica y con cuatro habitaciones, reemplaza un ambiente colonial por un moderno y atrevido estilo *boutique*. Sus propietarios viven enfrente, en una casa con tres habitaciones más en la planta baja. Geydis, la anfitriona, es una excelente cocinera que prepara platos muy innovadores, mientras que Carlos, el anfitrión, es chófer, aficionado a la fotografía y una mina de información. Ello garantiza la combinación perfecta: disfrutar de un servicio personalizado en un espacio privado.

★ Hostal Florida Terrace   CASA PARTICULAR $

(☎22-15-80; Maestra Nicolasa, entre Maceo y Pedro Estévez; 25-30 CUC; ❋) De nueva apertura, su propietario regenta el Restaurant Florida Center, situado enfrente, cuyo estilo colonial comparte con la casa. Las fabulosas habitaciones están repartidas entre cuatro plantas, y el bar del piso superior cuenta con un mirador que ofrece unas excelentes vistas.

Hostal Alba   CASA PARTICULAR $

(☎29-41-08; Eduardo Machado 7, entre Cuba y Colón; h 25-30 CUC; ❋) Esta joya arquitectónica con bonitas camas antiguas, azulejos originales y un patio, sirve desayunos excepcionales y está a una manzana de la plaza principal. Con decir que Wilfredo, su agradable propietario, es el chef del Restaurante Florida Center, basta.

Casa de Mercy   CASA PARTICULAR $

(☎21-69-41; casamecy@gmail.com; Eduardo Machado 4, entre Cuba y Colón; h 25 CUC; ❋) Esta

MARTA ABREU

Uno no encontrará muchos sitios en Cuba sin una calle dedicada a Marta Abreu, la filántropa más famosa del país, pero en su ciudad natal, Santa Clara, su nombre y legado están por todas partes, también en la universidad (la segunda más importante de Cuba). Antes de que el Che irrumpiera en escena, esta mujer ya se había erigido como la figura más querida de la ciudad, pues fue responsable de la construcción de muchos edificios emblemáticos y contribuyó de forma destacada a la desaparición del colonialismo en la década de 1890. Santa Clara llegó a conocerse como la Ciudad de Marta y era famosa por sus avanzados servicios sociales, instaurados por ella.

Nacida en el seno de una acomodada familia, no tardó en advertir los grandes contrastes existentes entre las condiciones de vida de Cuba y las de la lujosa Europa, e impulsó numerosos cambios para mejorar la situación de Santa Clara. Su principal contribución fue el Teatro la Caridad, cuya construcción supervisó, pero la Biblioteca José Martí (en el Palacio Provincial), la estación de trenes, cuatro escuelas, una estación meteorológica, una residencia de ancianos y la fábrica de gas provincial también son fruto de los fondos recaudados por ella.

Sin embargo, no solo se la recuerda por estas edificaciones. Como persona humanitaria que defendió causas grandes y pequeñas, Abreu apoyó una campaña a favor de las personas sin hogar en Santa Clara, financió la construcción de la estación eléctrica que dio alumbrado público a la ciudad y mejoró la higiene con la creación de lavaderos públicos. Con todo, tal vez su hazaña más significativa fue la recaudación de 240 000 pesos (el equivalente a varios millones de euros actuales) para liberar a Cuba de los españoles en la década de 1890.

En el parque Vidal se alza una estatua de Marta Abreu. Puede verse dónde vivió en J. B. Zayas (J. B. Zayas 10) y en el Restaurant Colonial 1878 (p. 263).

maravillosa casa familiar de simpáticos anfitriones ofrece dos habitaciones con baño privado, además de dos terrazas, un comedor, intercambio de libros y una tentadora carta de cócteles.

Hostal Marilín y Familia CASA PARTICULAR $
(🕿20-76-55; 116 Maestra Nicolasa; 20-25 CUC; ❄) De ambiente acogedor, acaba de incorporarse al sector del alojamiento. Cuenta con dos habitaciones decoradas con buen gusto, un patio trasero con tumbona y un precioso salón para fumadores, provisto de una extraordinaria selección de puros.

Auténtica Pérgola CASA PARTICULAR $
(🕿20-86-86; www.hostalautenticapergola.blogspot.ca; Luis Estévez 61, entre Independencia y Martí; h 25-30 CUC; ❄) Amplias habitaciones dispuestas en torno a un patio con abundante vegetación y una fuente en el centro, con reminiscencias de la Alhambra. En la terraza de la azotea hay un precioso restaurante.

Mary y Raicort CASA PARTICULAR $
(🕿20-70-69; Plácido 54, entre Independencia y Martí; h 20-25 CUC; ❄) Dos acogedoras habitaciones (una con balcón) en el 1er piso de una casa que sirve un desayuno con abundante fruta.

Un empinado tramo de escaleras conduce a una azotea en la terraza, decorada con un gusto exquisito. Mary, la simpática anfitriona, es otra de las razones para alojarse aquí.

La Casona Jover CASA PARTICULAR $
(🕿20-44-58; Colón 167, entre 9 de Abril y Serafín García; h 25 CUC; ❄) Cuatro habitaciones amplias, alejadas de la calle, y una pequeña terraza que invita a la contemplación. Para cenar, la especialidad de la casa es un sabroso pollo con miel.

Olga Rivera Gómez CASA PARTICULAR $
(🕿21-17-11; Evangelista Yanes 20, entre Máximo Gómez y Carolina Rodríguez; 20-25 CUC; ❄) Cuenta con una fantástica terraza desde la que se ve la iglesia más hermosa de la ciudad. En la planta inferior hay dos habitaciones amplias y limpias.

Hotel América HOTEL $$
(🕿20-15-85; Mujica, entre Colón y Maceo; i/d 56/81 CUC; ❄@❄) Céntrico e inaugurado en 2012, cuenta con 27 habitaciones muy recomendables. Aunque no sea un hotel-*boutique,* es nuevo e incluye detalles, como la balaustrada de las escaleras de metal. Hay un sencillo restaurante y una piscina exterior nueva.

Villa Los Caneyes   HOTEL **$$**

(☏20-45-13; av. Eucaliptos esq. Circunvalación de Santa Clara; i/d 43/68 CUC; P🌬@🏊) Situado a las afueras, constituye una buena apuesta tras su reciente reforma, en especial si se desea un lugar tranquilo. Construido al estilo de un poblado indígena, consta de 95 bungalós con el techo de paja (bohíos), rodeados de vegetación exuberante, con abundantes aves, un buen restaurante, piscina, un bar bien surtido y una tienda de recuerdos. Dista 3 km de Santa Clara y es uno de los lugares preferidos por los circuitos organizados en autocar. Hay que tomar la prolongación de Marta Abreu, por encima de la Carretera Central.

🍴 Dónde comer

Las opciones gastronómicas de la ciudad, salvo algunas excepciones, no son fantásticas. En los tramos peatonales de Independencia (el Bulevar) hay cafeterías que cobran en pesos. El mercado agropecuario (Cuba 269, entre E. P. Morales y General Roloff) es pequeño, pero céntrico y muy bien surtido de comestibles.

Panadería Doña Neli   PANADERÍA **$**

(Maceo Sur esq. 9 de Abril; pan/tentempiés 1 CUC aprox.; ⊙7.00-18.00) Situada entre los austeros escaparates de la calle Maceo, sus deliciosos y aromáticos bizcochos de frutas, sus pasteles y su pan abren el apetito a cualquiera. Vale la pena llegar pronto y disfrutar de un delicioso desayuno.

El Gobernador   CUBANA **$**

(Independencia esq. J. B. Zayas; principales 3-8 CUC; ⊙12.00-23.00) La apertura de restaurantes independientes ha obligado a los estatales a espabilarse y subir el listón; es el caso de este antiguo establecimiento, decorado con un sombrío esplendor colonial y obras de arte originales. Aunque sus platos nunca alegrarán el ambiente en el que se sirven, las opciones de carne y pescado son bastante correctas.

Dinos Pizza   CAFETERÍA **$**

(Marta Abreu 10, entre Villuendas y Cuba; pizzas 3-6 CUC; ⊙9.00-23.00) Perteneciente a la popular minicadena cubana, cuenta con un bar agradable, aire acondicionado y personal amable y servicial. Normalmente está lleno de jóvenes estudiantes y sirve una pizza aceptable para ser Cuba.

Restaurante Colonial 1878   INTERNACIONAL **$**

(Máximo Gómez, entre Marta Abreu e Independencia; principales 4-8 CUC; ⊙12.00-14.00 y 19.00-22.30) Aquí hay que agarrarse a la mesa para cortar el filete o puede que acabe en el suelo. Al margen de la carne dura, el 1878 es suficientemente amable, aunque la comida no está a la altura del agradable entorno colonial.

⭐Restaurant Florida Center   CUBANA, FUSIÓN **$$**

(☏20-81-61; Maestra Nicolasa 56, entre Colón y Maceo; principales 10-12 CUC; ⊙18.00-20.30) Es el restaurante más famoso de la ciudad, pues cenar en este frondoso patio de estilo colonial a la luz de las velas es un auténtico placer. Su propietario, Ángel, y el diestro chef Wilfredo (dueño del cercano Hostal Alba), sirven un amplio abanico de platos y vinos, aunque su especialidad es la langosta con gambas en salsa de tomate semipicante. También alquilan dos habitaciones.

⭐El Benyamino   CUBANA, FUSIÓN **$$**

(Carretera Central 605; principales 4-10 CUC) Espacio para sentarse junto a una fuente-surtidor, un patio maravilloso en torno a un estanque, mesas de mármol, una carne tan tierna que se deshace con mirarla... Está a 2 km del centro, pero vale la pena. Un taxi desde el centro cuesta 3 CUC.

PROVINCIA DE VILLA CLARA DÓNDE COMER

NOMBRES DE CALLES DE SANTA CLARA

Como en casi todas las ciudades cubanas, las calles tienen dos nombres. Los antiguos los usan los vecinos de forma coloquial. Los nuevos figuran en las placas de las calles.

NOMBRE ANTIGUO	NOMBRE NUEVO
Candelaria	Maestra Nicolasa
Caridad	General Roloff
Nazareno	Serafín García
San Miguel	9 de Abril
Síndico	Morales
Unión	Pedro Estévez

CHE COMANDANTE, AMIGO

Pocas figuras del s. XX han logrado dividir tan profundamente a la opinión pública como Ernesto Guevara de la Serna, cuyos restos ahora descansan en un mausoleo (p. 259) en Santa Clara. Más conocido por sus amigos (y enemigos) como el Che, ha sido venerado como símbolo indiscutible de la libertad del Tercer Mundo y elogiado como héroe de la sierra Maestra; no obstante, también fue el hombre más buscado por la CIA. La imagen de este apuesto y a menudo incomprendido médico argentino que terminó siendo guerrillero todavía figura en cárteles y artículos turísticos por toda Cuba. ¿Pero qué habría pensado ese hombre de una comercialización tan desenfrenada?

Nacido en Rosario, Argentina, en junio de 1928, en el seno de una familia burguesa de ascendencia irlandesa y española, fue un niño frágil y enfermizo que desarrolló asma a los 2 años. El deseo precoz de superar esta enfermedad infundió en Ernesto una fuerza de voluntad que lo haría distinto.

Ávido rival en su juventud, Ernesto se ganó el apodo de Fuser en el colegio por su naturaleza combativa en el campo de rugbi. Licenciado en Medicina por la Universidad de Buenos Aires en 1953, rechazó una carrera convencional en favor de la odisea de cruzar el continente en motocicleta, acompañado por su viejo amigo y colega Alberto Granado. Sus correrías nómadas –bien documentadas en una serie de diarios publicados a título póstumo– le hicieron ver la miseria absoluta y las crudas injusticias políticas tan comunes en la América Latina de la década de 1950.

Pero para cuando el Che llegó a Guatemala, en 1954, en vísperas del golpe de Estado apoyado por EE UU contra el Gobierno izquierdista de Jacobo Arbenz, devoraba con entusiasmo las obras de Marx y alimentaba un profundo odio contra EE UU. Deportado a México en 1955 por su activismo pro Arbenz, se unió a un grupo de cubanos entre los que se contaba el veterano del Moncada Raúl Castro. Impresionado por la perspicaz inteligencia del argentino y sus inquebrantables convicciones políticas, Raúl –miembro afianzado del Partido Comunista– decidió presentárselo a su carismático hermano Fidel.

El encuentro entre ambos en Ciudad de México, en junio de 1955, duró 10 h y cambió el curso de la historia. Rara vez dos figuras de su magnitud se han necesitado tanto como el impulsivo Castro y el más reflexivo e ideológicamente refinado Che. Ambos fueron los hijos predilectos de familias numerosas y ambos renunciaron a una vida acomodada por luchar con valentía por una causa revolucionaria. Asimismo, los dos tenían poco que ganar y mucho que perder abandonando carreras profesionales por lo que muchos habrían considerado una cerrazón disparatada. "En una revolución, uno gana o muere si es auténtica", escribió proféticamente Guevara años más tarde.

En diciembre de 1956, el Che salió rumbo a Cuba en el yate *Granma* para unirse a los rebeldes como médico del grupo. El único de los 12 soldados rebeldes del contingente original de 82 que sobrevivió al catastrófico desembarco en Las Coloradas demostró ser un luchador valiente e intrépido que predicó con el ejemplo y pronto se ganó la confianza de sus camaradas cubanos. Castro le recompensó con el rango de comandante en julio de 1957 y, en diciembre de 1958, el Che correspondió a su confianza planeando la batalla de Santa Clara, una acción que selló una histórica victoria revolucionaria.

A Guevara se le concedió la ciudadanía cubana en febrero de 1959 y pronto desempeñó un papel importante en las reformas económicas de Cuba como presidente del Banco Nacional y ministro de Industria. Su insaciable ética del trabajo y su participación regular en los entusiastas fines de semana de trabajos voluntarios pronto le proyectaron como la personificación del "nuevo hombre" cubano.

Pero la luna de miel iba a durar poco. Desaparecido de la escena política cubana en 1965, entre rumores y mitos, reapareció en Bolivia a finales de 1966 al frente de un pequeño grupo de guerrilleros cubanos. Tras la exitosa emboscada de un destacamento boliviano en marzo de 1967, hizo un llamamiento para "dos, tres, muchos Vietnam en América". Estas atrevidas proclamas fueron su perdición. El 8 de octubre de 1967, el ejército de Bolivia lo capturó. Como resultado de las conversaciones entre la armada y los líderes militares en La Paz y Washington D. C., fue ejecutado al día siguiente. Finalmente sus restos regresaron a Cuba en 1997.

🍷 Dónde beber y vida nocturna

La Veguita sirve el mejor café de Santa Clara; los bares que cobran en pesos a lo largo del Bulevar, en Independencia, no son tan glamurosos, pero preparan buenos cócteles. En las casas particulares también se puede tomar una copa por la noche.

⭐ La Marquesina   BAR

(parque Vidal, entre Máximo Gómez y Lorda; ⊙9.00-1.00) Legendario establecimiento situado en los porches del Teatro Caridad, también legendario, en la esquina del parque Vidal, es ideal para charlar y saborear una botella de cerveza bien fría con vecinos de todo tipo. La clientela es una mezcla de la vida de Santa Clara: estudiantes, bohemios, trabajadores de la fábrica de puros y hasta el curioso conductor de una bicitaxi fuera de servicio.

Europa   BAR

(Independencia esq. Luis Estévez; ⊙12.00-24.00) Atrae a una clientela variopinta gracias a su ubicación privilegiada para observar a los transeúntes del Bulevar, y tanto vecinos como turistas se sienten cómodos en su relajada terraza que da a la calle.

El Bar Club Boulevard   CLUB

(Independencia 2, entre Maceo y Pedro Estévez; entrada 2 CUC; ⊙22.00-2.00 lu-sa) Famosa coctelería con música en directo y baile, además de espectáculos de comedia. Se anima sobre las 23.00.

Hotel Santa Clara Libre   BAR

(parque Vidal 6; ⊙18.00-24.00) El bar está situado en la azotea más alta del centro de la ciudad, pero el arduo ascenso por las escaleras se ve recompensado con un formidable mojito.

☆ Ocio

Aparte de los lugares que se indican a continuación, cabe tener en cuenta la Biblioteca José Martí (Colón, parque Vidal), dentro del Palacio Provincial, para la música clásica; La Casa de la Ciudad (p. 258) para boleros y trova; y el animado parque Vidal (p. 256), que ofrece desde mimos a grandes orquestas.

⭐ Club Mejunje   MÚSICA EN DIRECTO, CLUB

(Marta Abreu 107; ⊙16.00-1.00 ma-do; 🖪) Grafiti urbano, teatro para niños, travestis, ancianos cantantes melancólicos entonando boleros, turistas bailando salsa. Esto es el Club El Mejunje, en las ruinas de un viejo edificio sin tejado, rodeado de vegetación, una institución local –incluso nacional–, famosa por varias razones, sin olvidar el único espectáculo de *drag queens* de Cuba (sábados por la noche).

Museo de Artes Decorativas   MÚSICA EN DIRECTO

(parque Vidal 27) El museo del patio acoge actuaciones de música en directo (casi siempre con el público sentado) varias veces a la semana. Cabe esperar desde rock a chachachá.

Estadio Sandino   DEPORTES

(9 de Abril final) De octubre a abril, se puede asistir a partidos de béisbol en el estadio de la calle 9 de Abril, al este del centro. El Villa Clara, apodado Las Naranjas por los colores del equipo, es el tercero de Cuba tras los pesos pesados de La Habana y Santiago. En el 2013 se proclamó campeón de la Serie Nacional.

El Bosque   CABARÉ, DISCOTECA

(Carretera Central esq. calle 1; ⊙21.00-1.00 mi-do) Espectáculo de cabaré. Se recomienda ir en taxi.

Cine Camilo Cienfuegos   CINE

(parque Vidal) Debajo del Hotel Santa Clara Libre.

🛍 De compras

Independencia, entre Maceo y J. B. Zayas, es la calle comercial peatonal que los vecinos llaman el Bulevar. Está llena de toda clase de tiendas y restaurantes y es el animado epicentro de la ciudad. Hay una tienda de ARTex (Independencia, entre Luis Estévez y Plácido; ⊙9.00-17.00 lu-sa, hasta 12.00 do) que vende artesanía. El Proyecto Atena Pepe Medina (parque Vidal, Colón esq. L. Vidal; ⊙9.00-18.00) tiene una buena librería.

La Veguita   PUROS, RON

(📞20-89-52; Maceo 176A, entre Julio Jover y Berenguer; ⊙9.00-19.00 lu-sa, 11.00-16.00 do) Tienda de la Fábrica de Tabacos Constantino Pérez Carrodegua, situada enfrente. Es atendida por personal amable y muy experto en puros. También se puede comprar ron a buen precio y tomar un excelente café en el bar del fondo.

ℹ Información

ACCESO A INTERNET Y TELÉFONO

Etecsa Telepunto (Marta Abreu 55, entre Máximo Gómez y Villuendas; internet 4,50 CUC/h; ⊙8.30-19.00) Tres terminales de internet y tres cabinas telefónicas.

MEDIOS DE COMUNICACIÓN

Radio CMHW emite por la 840 AM y la 93.5 FM. El periódico *Vanguardia de Santa Clara* se publica los sábados.

ASISTENCIA MÉDICA

Farmacia Internacional (Colón 106, entre Maestra Nicolasa y 9 de Abril; ⊘9.00-18.00) En el Hotel Santa Clara Libre.

Hospital Arnaldo Milián Castro (📞27-01-26; entre Circunvalación y av. 26 de Julio) A menudo conocido simplemente como el hospital nuevo, se encuentra al sureste del centro urbano, al noroeste del cruce con la calle 3. Es la mejor y más completa opción para extranjeros.

DINERO

Banco Financiero Internacional (Cuba 6 esq. Rafael Tristá)

Cadeca (Rafael Tristá esq. Cuba; ⊘8.30-19.30 lu-sa, hasta 11.30 do) Servicio de cambio de moneda.

CORREOS

DHL (Cuba 7, entre Rafael Tristá y Eduardo Machado; ⊘8.00-18.00 lu-sa, hasta 12.00 do)

Oficina de correos (Colón 10; ⊘8.00-18.00 lu-sa, hasta 12.00 do)

INFORMACIÓN TURÍSTICA

Infotur (📞20-13-52; Cuba 68, entre Machado y Maestra Nicolasa; ⊘9.00-17.00) Útiles mapas y folletos.

AGENCIAS DE VIAJES

Cubanacán (📞20-51-89; Maestra Nicolasa esq. Colón; ⊘8.00-20.00 lu-sa)

Cubatur (📞20-89-80; Marta Abreu 10; ⊘9.00-12.00 y 13.00-20.00) Contratación de circuitos para visitar las fábricas de tabaco.

ℹ Cómo llegar y salir

El **aeropuerto Abel Santamaría** (📞22-75-25; junto a ctra. 311) de Santa Clara, ahora el segundo más importante de Cuba, recibe varios vuelos semanales procedentes de Montreal, Toronto y Calgary. Los martes y domingos también hay un vuelo de Copa Airlines con destino a Ciudad de Panamá. No hay vuelos a La Habana. Ubicada en el centro de la isla, Santa Clara cuenta con excelentes conexiones de transporte hacia el este y el oeste.

AUTOBÚS

La **terminal de Ómnibus Nacionales** (📞20-34-70), que también es la estación de los autobuses Víazul, está 2,5 km al oeste del centro, en la Carretera Central en dirección a Matanzas, o 500 m al norte del monumento al Che. Los billetes para los autobuses con aire acondicionado de **Víazul** (www.viazul.com) se venden en una taquilla especial para 'extranjeros', a la entrada de la estación.

Hay tres autobuses a La Habana (18 CUC, 3¾ h): 4.45, 11.20 y 16.20; y tres a Varadero (11 CUC, 3 h 20 min): 7.45, 18.00 y 18.25.

Hay cuatro autobuses diarios a Santiago de Cuba (33 CUC): 1.30, 1.55, 10.30 y 19.40; pasan por Sancti Spíritus (6 CUC, 1¼ h), Ciego de Ávila (9 CUC, 2 h 35 min), Camagüey (15 CUC, 4 h 25 min), Holguín (26 CUC, 7 h 50 min) y Bayamo (26 CUC, 9 h 10 min).

Durante la elaboración de esta guía se cancelaron las rutas de Víazul al norte (Remedios, Caibarién, Morón y Ciego de Ávila) y al sur (Cienfuegos y Trinidad).

La **estación de autobús intermunicipales** (Carretera Central) al oeste del centro por la calle Marta Abreu, tiene autobuses locales baratos a Remedios, Caibarién y Manicaragua (para el embalse Hanabanilla). El transporte puede ser en autobús o en camioneta, pero está abarrotado y no es 100% fiable.

Los propietarios de las casas particulares suelen conocer los horarios o pueden averiguarlos.

TREN

Para ir a la **estación de trenes** (📞20-08-53) hay que subir por Luis Estévez desde el parque Vidal, en el norte de la ciudad. La **taquilla** (Luis Estévez Norte 323) está frente a la estación, cruzando el parque. Hay trenes sin horario fijo que pasan por la ciudad camino de Santiago de Cuba (41 CUC, 12¾ h) a través de Camagüey (19 CUC, 4¼ h). En dirección contraria, se dirigen a La Habana (21 CUC, 4 h), por lo general a través de Matanzas.

Dado que en Cuba los trenes están sujetos a numerosos cambios y la información puede variar cada semana, es imprescindible confirmarla en la propia estación uno o dos días antes del viaje.

ℹ Cómo desplazarse

Los coches de caballos se congregan en Marta Abreu frente a la catedral y cuestan 1 CUC por trayecto. Los bicitaxis (desde el noroeste del parque) también cuestan 1 CUC por trayecto. Los taxis desde el centro hasta la estación de autobuses de Víazul o el aeropuerto cuestan 3/15 CUC.

AUTOMÓVIL Y CICLOMOTOR

Cubacar (📞21-81-77; Pedro Estévez, entre 9 de Abril y Serafín García)

Rex (☎22-22-44; ⊗9.00-18.00) En el aeropuerto; alquiler de ciclomotores y de coches de lujo (25/80 CUC aprox. por día).
Servicentro Oro Negro (Carretera Central esq. 9 de Abril) Al suroeste del centro.

TAXI

Frente a la estación nacional de autobuses se pueden tomar taxis privados para ir a Remedios y Caibarién. Un taxi estatal a los mismos destinos cuesta unos 30/35 CUC respectivamente. En este mismo lugar se puede tomar un colectivo a La Habana por solo 15 CUC. Una carrera a Cayo Santa María cuesta 70-80 CUC. Para los viajes de ida y vuelta, hay que negociar los precios incluyendo el tiempo de espera. Los conductores suelen esperar en el parque Vidal, frente al Hotel Santa Clara Libre.

Alrededores de Santa Clara

Embalse Hanabanilla

La principal puerta de acceso de Villa Clara a la sierra del Escambray es un embalse de 36 km² enclavado de forma pintoresca entre granjas tradicionales y colinas verdes. El reluciente lago recuerda a los fiordos y es famoso por el gran número de percas que contiene. Ideal para pescar e ir en barca, también ofrece a los amantes de la naturaleza magníficas excursiones y caminatas por lugares poco trillados. La mejor forma de acceder a la zona es por barco desde el Hotel Hanabanilla, en la orilla noroeste del embalse, unos 80 km por carretera al sur de Santa Clara. La mayor central hidroeléctrica de Cuba también se encuentra en este lugar.

 Actividades

En el lago se han capturado enormes percas de 9 kg, y en el hotel pueden organizar excursiones de pesca: desde 50 CUC por 4 h para dos personas con un guía.

Las barcas llevan a los pasajeros hasta la Casa del Campesino, que sirve café, fruta fresca y una imagen bucólica de Cuba. También sale un sendero desde el hotel hasta el lugar. Otro popular paseo en barco lleva hasta el restaurante Río Negro, encaramado en lo alto de unas abruptas escaleras con vistas a la orilla del lago, a 7 km. Es posible disfrutar de comida criolla rodeado de naturaleza, y subir hasta un mirador. Tras otros 2 km en barco desde el restaurante Río Negro se llega a un diminuto muelle; allí se desembarca para ir a la cascada Arroyo Trinitario, a 1 km, donde se puede nadar. Otros dos senderos salen de este punto. Según la duración y el número de pasajeros, el viaje cuesta 10-20 CUC por persona.

Hay un paseo en barco menos conocido que llega hasta la espectacular cascada de El Nicho (p. 253), provincia de Cienfuegos, por el brazo suroeste del lago (35 CUC i/v).

Se pueden organizar estas actividades en el Hotel Hanabanilla o reservar una excursión de un día (33 CUC desde Santa Clara; 69 CUC desde Cayo Santa María). En las inmediaciones del hotel hay lugareños que ofrecen estas excursiones más baratas.

FUERA DE RUTA

LAS SENDAS MENOS CONOCIDAS DE LA SIERRA DEL ESCAMBRAY

La sierra del Escambray está llena de rutas de senderismo. Las más accesibles y mejor señalizadas salen de Topes de Collantes, en la provincia de Sancti Spíritus, y suelen frecuentarlas los turistas que tienen su base en la cercana Trinidad. Los senderos próximos al embalse Hanabanilla están menos concurridos, ya que la mayoría requiere de un traslado en bote desde el Hotel Hanabanilla. Para más información, pregúntese en el hotel.

Ruta Natural por la Rivera Un sendero de 3,4 km que bordea el lago, pasando por plantaciones de café y vegetación húmeda llena de mariposas.

Montaña por Dentro Excursión de 13 km que conecta el embalse Hanabanilla con la cascada El Nicho, en la parte de Cienfuegos de la sierra del Escambray.

Un reto a la loma Atahalaya Caminata de 12 km que incluye la subida a la loma Atahalaya, de 700 m de altura, con amplias vistas al norte y al sur, una cascada y la casa de un campesino del lugar. Termina en la cueva de Brollo.

🛏 Dónde dormir y comer

Hotel Hanabanilla
HOTEL $

(☏ 20-84-61; salto de Hanabanilla; i/d 28/37 CUC; 🅿 ❄ ≋) Ejemplo de la arquitectura utilitaria cubana que eclipsó la belleza del lugar en la década de 1970, este hotel de 125 habitaciones ha sufrido numerosas reformas desde entonces, aunque ninguna ha conseguido erradicar su fealdad. No obstante, ofrece instalaciones bien mantenidas, incluido un restaurante a la carta, una piscina, un bar con amplias vistas y habitaciones frente al lago con pequeños balcones.

Tranquilo en días laborables pero lleno los fines de semana, sobre todo de cubanos, es el único alojamiento en muchos kilómetros, y la mejor ubicación para las actividades lacustres. Para llegar desde Manicaragua, hay que dirigirse hacia el oeste por la carretera 152 durante 13 km, torcer a la izquierda en el cruce, donse se indica el hotel, y seguir la carretera 10 km más.

❶ Cómo llegar y salir

El horario de autobuses a Santa Clara, escrito en una pizarra convencional, anuncia trayectos diarios a Manicaragua a las 7.40 y las 13.30 (conviene confirmarlo antes). Teóricamente hay autobuses de Manicaragua al embalse Hanabanilla, pero en la práctica, el único acceso es en coche, bicicleta o motocicleta. No faltarán taxistas que se ofrezcan a hacer este trayecto por unos 50 CUC (solo ida). Si uno quiere que el taxista le espere mientras hace alguna excursión, deberá negociarlo con ahínco.

Remedios
45 836 HAB.

Una de las joyas coloniales menos visitadas de Cuba es la pequeña y tranquila localidad de Remedios, que cada año sale de su letargo para celebrar la Nochebuena con un estruendoso festival de fuegos artificiales, conocido como Las Parrandas. Algunas fuentes históricas dicen que es el segundo asentamiento más antiguo de Cuba (fundado en 1513), aunque ocupa el octavo lugar en la lista oficial después de La Habana. La ciudad no ha recibido ningún reconocimiento por parte de la Unesco ni se ha promocionado como Trinidad, por lo que no suele figurar en los itinerarios turísticos tradicionales. Gracias a ello, sus calles, aunque algo deslucidas, siguen disfrutando de encanto y autenticidad. Con todo, parece que sus apacibles días están contados, porque las autoridades turísticas cubanas han decidido convertirla en objeto de un insólito desarrollo hotelero: surgen hoteles-*boutique* por doquier y ya hay un buen número de preciosas casas particulares de estilo colonial.

⊙ Puntos de interés

Remedios es la única ciudad de Cuba que tiene dos iglesias en su plaza principal, la plaza Martí. La última vez que el autor de estas páginas la visitó parecía que todo el mundo había salido a la calle para adecentar las fachadas y restaurar a fondo sus principales edificios, otrora desvencijados.

Parroquia de San Juan Bautista de Remedios
IGLESIA

(Camilo Cienfuegos 20; ⊙ 9.00-12.00 y 14.00-17.00 lu-ju) Aunque otro templo ocupó este enclave en 1545, la iglesia actual, de fines del s. XVIII, es uno de los edificios eclesiásticos más bellos de la isla. El campanario se erigió entre 1848 y 1858, y su famoso altar mayor dorado con techo de caoba se debe a un proyecto de restauración (1944-1946), financiado por el millonario filántropo Eutimio Falla Bonet. La imagen de la Inmaculada Concepción embarazada se dice que es la única de Cuba. Si la puerta principal está cerrada, se puede ir por detrás o asistir a la misa de las 19.30.

El parque Martí también alberga la iglesia de Nuestra Señora del Buen Viaje (Alejandro del Río 66), del s. XVIII. Lleva tiempo a la espera de una reforma y actualmente está cerrada.

Museo de Música Alejandro García Caturla
MUSEO

(parque Martí 5; entrada 1 CUC; ⊙ 9.00-12.00 y 13.00-18.00 lu-sa, 9.00-13.00 do) Entre ambas iglesias hay un museo que conmemora a García Caturla, un compositor y músico cubano que vivió en el lugar desde 1920 hasta su asesinato en 1940. Caturla fue un pionero que integró los ritmos afrocubanos con la música clásica, además de ejercer como abogado y juez. A veces hay conciertos improvisados.

Museo de las Parrandas Remedianas
MUSEO

(Máximo Gómez 71; entrada 1 CUC; ⊙ 9.00-18.00) Este vistoso e interesante museo, a dos manzanas del parque Martí, no equivale a la fiesta del 24 de diciembre; con todo, vale la pena visitarlo. La galería de fotos del piso de abajo suele recoger las parrandas del año anterior, mientras que las salas del piso de arriba explican la historia de esta tradición.

Galería del Arte
Carlos Enríquez
GALERÍA DE ARTE

(parque Martí 2; ⊙9.00-12.00 y 13.00-17.00) GRATIS
Con vistas a la plaza central, esta pequeña galería debe su nombre al talentoso pintor de la pequeña localidad de Zulueta, en la provincia de Villa Clara. Muestra interesantes obras de artistas locales e incluye espectaculares fotografías de Gabriel Dávalos sobre el mundo de la danza. Ocasionalmente acoge exposiciones itinerantes.

🛏 Dónde dormir y comer

Está previsto que a finales del 2016 Remedios cuente con seis hoteles. Actualmente los hoteles Barcelona y Mascotte, y las casas particulares Villa Colonial y La Paloma son las mejores opciones culinarias.

★ 'Villa Colonial'-Frank y Arelys
CASA PARTICULAR $

(📞39-62-74; Maceo 43 esq. av. General Carrillo; h 20-25 CUC; ❄@) Esta regia casa colonial cuenta con tres habitaciones independientes con su propia entrada, cuarto de baño privado, zona de comedor (con nevera llena) y un salón con enormes ventanales que dan a una tranquila y sugerente calle. Ofrecen internet por 3 CUC/30 min, así como buenos vinos y mejor comida. Desde hace poco, cuenta también con una terraza en la azotea.

La Paloma
CASA PARTICULAR $

(📞39-54-90; parque Martí 4; h 20-25 CUC; P❄) Otra magnífica casa de Remedios, de 1875 y en la plaza principal, con azulejos y un mobiliario que en cualquier otro lugar costaría millones. Las tres habitaciones disponen de grandes duchas, camas *art déco* y enormes puertas.

Hostal La Estancia
CASA PARTICULAR $

(📞39-55-82; www.laestanciahostal.com; Camilo Cienfuegos 34, entre av. General Carillo y José A. Peña; h 25 CUC; ❄❅) Construida en 1849, destaca por el exquisito mobiliario, los magníficos techos con vigas vistas, un elegante salón con piano y cuatro habitaciones en torno a la única piscina de la ciudad. ¡Sensacional!

Hostal Casa Richard
CASA PARTICULAR $

(📞39-66-49; h.richard.rondon@gmail.com; Maceo 68, entre Fe del Valle y Cupertino García; h 20-25 CUC) Dos habitaciones, la segunda en un entresuelo contiguo a un patio soleado. Los simpáticos propietarios disponen de otras dos, un poco más abajo.

Hotel Barcelona
HOTEL-BOUTIQUE $$

(José Peña 67; i/d 55/70 CUC; ❄) No se ha reparado en gastos para conferir al que quizá sea uno de los mejores hoteles-*boutique* de Cuba la elegancia de antaño. Consta de 34 habitaciones distribuidas en tres pisos en torno a un patio interior emparrado. También hay un agradable restaurante. Las reservas se efectúan a través del Hotel Mascotte, del mismo grupo.

Hotel Mascotte
HOTEL-BOUTIQUE $$

(📞39-53-41; parque Martí; i/d 55/70 CUC; ❄@) Magnífica joya de solo 10 habitaciones en la plaza principal, que recrea a la perfección el maravilloso estilo colonial de Remedios. Pertenece a la división de hoteles con encanto de la cadena Cubanacán.

🍷 Dónde beber y ocio

La Uneac (Maceo 25) y varios parques y jardines organizan diversas actividades culturales.

★ El Louvre
CAFÉ

(Máximo Gómez 122; ⊙7.30-24.00) Este local, según los vecinos el bar más antiguo del país que ha estado abierto de forma ininterrumpida (desde 1866), atrae a los pocos turistas de Remedios. Federico García Lorca encabeza la lista de clientes célebres que solían frecuentarlo. También sirve platos sencillos.

Si el viajero busca habitación, un restaurante privado o un taxi, puede instalarse aquí y esperar ofertas.

Centro Cultural Las Leyendas
CENTRO CULTURAL

(Máximo Gómez, entre Margalí e Independencia) Al lado de El Louvre hay un centro cultural de ARTex con música hasta la 1.00 de miércoles a sábado.

Teatro Rubén M. Villena
TEATRO

(Cienfuegos 30) Una manzana al este del parque se halla este antiguo y elegante teatro con espectáculos de danza, obras teatrales y guiñol para niños. El programa está colgado en la taquilla, y las entradas se pagan en pesos cubanos

ℹ Cómo llegar y salir

La **estación de autobuses** (av. Cespedes, entre Margall y Fragua y Pi) está en el suroeste de la ciudad, al principio de la carretera de 45 km a Santa Clara. Hay seis autobuses diarios a Santa Clara (1 h) y tres a Caibarién (20 min), a un precio casi simbólico. Antes existía un autobús de Víazul que conectaba Remedios con Morón/

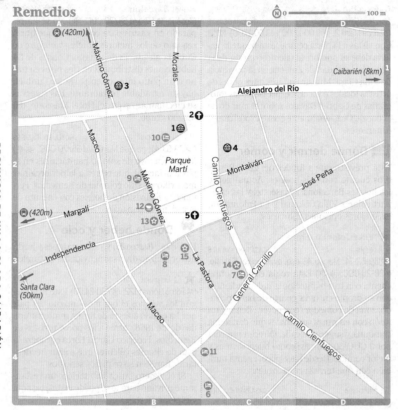

PROVINCIA DE VILLA CLARA CAIBARIÉN

Ciego de Ávila, al sureste, y con Santa Clara, al suroeste, pero lo han retirado hace poco.

Un taxi estatal desde la estación de autobuses a Caibarién cuesta unos 5 CUC; a Santa Clara o a Cayo Santa María, 30-35 CUC. Un bicitaxi de la estación de autobuses al parque Martí sale por 2 CUP.

Caibarién

37 902 HAB.

En comparación con la metropolitana Santa Clara y el esplendor colonial de Remedios, esta ciudad portuaria de la costa atlántica de Cuba sabe a poco. Antaño bulliciosa y ajetreada, hoy día sus viejos edificios se desploman a pedazos. Desde que los muelles se hundieron y los molinos de azúcar de la provincia cerraron, la economía de Caibarién quedó seriamente afectada y nunca se ha recuperado. Las casas parecen tan frágiles que uno teme que se desmoronen por hablar demasiado alto.

Pero la ciudad no carece de encanto. Según los viajeros intrépidos, algunas de sus mejores experiencias cubanas las vivieron en Caibarién, enmarcada por su restaurado malecón con su desgastada flota pesquera. Situada 9 km al este de Remedios y a 40 km de las fascinantes Cayerías del Norte, es un auténtico rincón de Cuba que las autoridades se olvidaron de maquillar para los turistas. Famosa por su cangrejo –el mejor del país–, cuenta con un estupendo museo y sus explosivas parrandas (en diciembre) solo se ven superadas por las de Remedios.

La ciudad constituye una plataforma barata para aquellos que quieren acercarse a los cristalinos cayos sin dejarse una fortuna en los hoteles de todo incluido. **Havanatur** (☎35-11-71; av. 9, entre calles 8 y 10) puede buscar alojamiento en Cayo Santa María. Hay un **Cadeca** (calle 10 n° 907, entre av. 9 y 11) cerca.

Remedios

◉ Puntos de interés

Estatua del cangrejo　　　MONUMENTO

La entrada a la ciudad está custodiada por un gigantesco crustáceo diseñado por Florencio Gelabert Pérez y erigido en 1983.

Museo de Agroindustria Azucarero Marcelo Salado　　　MUSEO

(☎35-38-64; entrada 3 CUC; ◉9.00-16.00 lu-sa) GRATIS Pasados 3 km de la estatua del cangrejo, en la carretera de Remedios, surge este museo que narra las historias del esclavismo insular, la producción de caña de azúcar y las locomotoras anteriores al diésel. Un vídeo desvela la industria azucarera de Cuba y hay reproducciones en miniatura de recolectores de azúcar y numerosas máquinas que, si bien a ojos de muchos occidentales parecen más propias de la Revolución industrial que de la actualidad, en Cuba fueron habituales hasta que, en la década de 1990, Fidel Castro impuso serias restricciones que perjudicaron a este sector.

Conocido también como el Museo del Vapor, contiene una amplia colección de locomotoras, que incluye la más grande de América Latina, y los visitantes pueden montarse a diario en un tren de vapor.

Proyecto Comunitario 'Por la Costa'　　　CENTRO ARTÍSTICO

(☎35-35-99; av, 39, entre calles 10 y 12; ◉9.00-17.00 diario) 🅿 GRATIS Como una bocanada de aire fresco en el decrépito centro de Caibarién, este espacio artístico de estridentes colores recauda fondos para restaurar la ciudad impartiendo clases de arte, vendiendo pinturas locales y sirviendo café en una agradable terraza. Un campesino ataviado con ropas de tonos vivos señala la entrada.

Museo Municipal María Escobar Laredo　　　MUSEO

(av. 9 esq. calle 10) A juzgar por este museo, incluso la humilde Caibarién tuvo su época dorada (aunque de eso hace ya bastante).

🛏 Dónde dormir y comer

Caibarién es una plataforma más económica que la zona de *resorts* de Cayerías del Norte, sin casas particulares; muchos viajeros independientes paran aquí precisamente por eso.

Virginia's Pension　　　CASA PARTICULAR **$**

(☎36-33-03; Ciudad Pesquera 73; h 20-25 CUC; 🅿❋) Este establecimiento serio y profesional, regentado por Virginia Rodríguez, es la opción más popular de Caibarién. Sirve una comida deliciosa y, como cabía esperar, el plato estrella es el cangrejo.

Complejo Brisas del Mar　　　HOTEL **$**

(☎35-16-99; Reparto Mar Azul; i/d 22/29 CUC; 🅿❋☀) Alojamiento junto al mar a precios de ganga, aunque las habitaciones piden a gritos una reforma y el hotel se esfuerza por captar incluso a los viajeros de bajo presupuesto. Con todo, se trata de un establecimiento junto a la playa de Caibarién por una décima parte de lo que cuesta al otro lado del paso elevado.

Restaurante La Vicaría　　　PESCADO Y MARISCO **$**

(calle 10 y av. 9; ◉10.00-22.30) Este establecimiento, situado en la plaza principal y especializado en pescado, es la propuesta gastronómica más destacada.

🍷 Dónde beber y vida nocturna

Pista de Baile　　　CLUB

(calle 4; entrada 2 CUP) Junto a la estación de trenes hay una discoteca muy marchosa.

PARRANDAS

En algún momento del s. XVIII, el sacerdote de la catedral de Remedios, Francisco Vigil de Quiñones, tuvo la brillante idea de equipar a los niños de la localidad con cubiertos y cacharros para que recorrieran la ciudad haciendo ruido, en un intento de aumentar la asistencia a misa en fechas cercanas a Navidad. No imaginaba lo que estaba iniciando. Tres siglos después, las parrandas, como pasaron a conocerse los disonantes rituales, se han convertido en una de las fiestas populares más famosas del Caribe. Exclusivas de la antigua región cubana de Las Villas, las parrandas solo se celebran en ciudades de las provincias de Villa Clara, Ciego de Ávila y Sancti Spíritus, y la fiesta más sonada invade cada año Remedios el 24 de diciembre.

La festividad arranca a las 22.00, cuando los dos barrios tradicionales de la ciudad (El Carmen y El Salvador) se juntan para competir con demostraciones de fuegos artificiales y bailes, desde rumba a polca. La segunda parte de la fiesta es un desfile de grandes carrozas, con gente vestida de forma estrafalaria que luce inmóvil como en un escaparate, mientras las obras de arte remolcadas por tractores recorren las calles. Más fuegos artificiales rematan la jarana.

Las parrandas no se limitan a Remedios. Otros pueblos en la antigua provincia de Las Villas (hoy Ciego de Ávila, Sancti Spíritus y Villa Clara) hacen sus propias travesuras de temporada. Aunque cada una es diferente, todas tienen algo en común, como los fuegos artificiales, carrozas decorativas y barrios rivales que compiten por los estallidos más ruidosos, luminosos y salvajes. Camajuaní, Caibarién, Mayajigua y Chambas tienen casi todos ellos celebraciones de parrandas igualmente ruidosas.

❶ Cómo llegar y salir

Hay cuatro autobuses locales diarios a Remedios; dos de ellos siguen hasta Santa Clara y tres van a Yaguajay desde la vieja **estación de autobuses y trenes** (calle 6) de Caibarién, azul y blanca, situada en la parte oeste de la ciudad. Sin embargo, no llega ningún tren. La gasolinera Servi-Cupet está en la entrada de Caibarién viniendo de Remedios, detrás de la estatua del cangrejo. **Cubacar** (✉ 35-19-60; av. 11, entre calles 6 y 8) alquila coches a precios estándar y motocicletas por 25 CUC. Una carrera en taxi a Villa Las Brujas, en Cayo Santa María, cuesta unos 25 CUC; hasta la playa junto al hotel Cayo Santa María o hasta Santa Clara, algo más.

Cayerías del Norte

El próximo gran proyecto turístico de Cuba tiene por escenario una serie de cayos llanos y dispersos, situados en la costa norte de la provincia de Villa Clara. Aunque evita los horrores arquitectónicos de otros *resorts* cubanos de antaño, el desarrollo urbanístico de la zona es amplio y rápido. Encaja, de manera un tanto extraña, con la Reserva de la Biosfera de Buenavista, con la que colinda. Los cayos eran una zona infestada de mosquitos hasta 1998 cuando se construyó el primer hotel: Villa Las Brujas. En la actualidad, con una capacidad hotelera de varios miles de plazas, ocupadas en un 85% por canadienses, el proyecto está orientado principalmente al mercado turístico de lujo. Repartido entre varios cayos –Cayo las Brujas, Cayo Ensenachos y Cayo Santa María– comunicados por un impresionante paso elevado de 48 km llamado El Pedraplén, comprende 11 hoteles, dos 'miniciudades' turísticas y una de las pocas playas nudistas de Cuba.

Sin embargo, las excavadoras aún no han terminado: está previsto incorporar más *resorts* a los 12 actuales y construir un campo de golf de 18 hoyos. La playa más larga de las Cayerías tiene 13 km y se extiende por la costa norte de Cayo Santa María, donde están la mayoría de los hoteles. Aunque los distintos tramos de playa tienen nombres diferentes, se la conoce generalmente como Playa Santa María y es perfecta para un paseo relajado.

◉ Puntos de interés y actividades

Marina Gaviota   DEPORTES ACUÁTICOS
(✉ 35-00-13; Cayo las Brujas) En este puerto deportivo junto a Villa Las Brujas pueden organizar un gran número de actividades acuáticas. Entre las más destacadas se cuentan un crucero de un día en catamarán con buceo (85 CUC), otro crucero al atardecer (57 CUC) y pesca deportiva (260 CUC/4 perso-

nas). También organizan submarinismo en uno de los 24 enclaves frente a la costa (65 CUC/2 inmersiones). La mayor parte de estas actividades se cancelan si se presenta un frente frío.

'San Pascual' LUGAR HISTÓRICO

GRATIS Se trata del petrolero de San Diego, construido en 1920, que naufragó en 1933 frente al cercano Cayo Francés, y constituye una de las curiosidades más antiguas y peculiares de la zona. Posteriormente el barco se usó para almacenar melaza y luego se abrió como un hotel-restaurante algo surrealista (ahora cerrado). La travesía para ver el navío está incluida en las excursiones de buceo y en los cruceros al atardecer.

Pueblo la Estrella SPA, BOLOS

(☺9.00-19.30) Es una ciudad cubana llena de canadienses. Uno no sabe qué pensar de este falso pueblo colonial con su torre Manaca Iznaga de imitación y una plaza rodeada de tiendas, una bolera, *spa*-gimnasio y restaurantes pensados para el público de *resort*. Abierto en el 2009, recientemente le ha seguido otro falso pueblo, Las Dunas, 2 km al oeste.

🛏 Dónde dormir

⭐ Villa Las Brujas HOTEL, CENTRO VACACIONAL $$
(☎35-01-99; Cayo las Brujas; todo incl. i 64-68 CUC, d 79-84 CUC; P❋) Pequeño, confortable y de precio asequible, se halla en uno de los cayos más hermosos del norte de Cuba, en lo alto de un pequeño promontorio relativamente virgen, coronado por la estatua de una bruja y rodeado de manglares. Cuando sopla un frente frío, es como la versión tropical de *Cumbres borrascosas*.

Consta de 24 cabañas espaciosas (con vistas al mar son más caras), provistas de cafetera, televisión por cable y unas camas inmensas. El restaurante Farallón da a un precioso tramo de Playa las Salinas. Es el *resort* más cercano a la costa y está junto al puerto deportivo, a 3 km del aeropuerto.

Playa Cayo Santa María CENTRO VACACIONAL $$

(☎35-08-00; Cayo Santa María; todo incl. i/d desde 109/177 CUC; P❋☀) Único *resort* de los cayos regentado por cubanos, está rodeado por un pequeño foso y es espectacular: cuatro piscinas, restaurantes de cocina china e italiana, un salón de juegos, un teatro, un *spa* y un salón para fumadores de puros. Aventaja a muchos de los otros *resorts* de reciente construcción por su excelente distribución,

servicio amable y magnífica relación calidad/precio.

Meliá Buenavista CENTRO VACACIONAL $$$

(☎35-07-00; Punta Madruguilla; todo incl. i/d 360/450 CUC; P❋@☀) Mucho más pequeño que los otros *resorts* (solo 105 habitaciones), se halla en el extremo oeste de Cayo Santa María, alejado de otros hoteles. Cuenta con una playa desde la que se puede contemplar la puesta de sol tomando una copa servida por un solícito mayordomo. Un verdadero paraíso romántico en el que impera el silencio (no admiten niños).

Iberostar Ensenachos CENTRO VACACIONAL $$$

(☎35-03-00; Cayo Ensenachos; todo incl. h 300-600 CUC; P❋@☀☀) Paraíso de lujo que recuerda a una isla privada de las Maldivas. Es el único hotel del diminuto Cayo Ensenachos y atesora dos de las mejores playas de Cuba (Ensenachos y Mégano). Parte de las instalaciones son solo para adultos. Decorado con elegancia, cuenta con fuentes al estilo de la Alhambra y tupidos jardines. Los clientes se alojan en bonitos edificios de 20 habitaciones, cada uno con su propio conserje.

Eurostars Cayo Santa María CENTRO VACACIONAL $$$

(☎53-42-35; Cayo Santa María; todo incl. h desde 320 CUC; P❋☀☀) Con 846 habitaciones, es el mayor de los últimos *resorts* que se han incorporado a la zona hotelera de Cayo Santa María. El restaurante Fuego y Hielo es uno de los más selectos de los alrededores, mientras

---

¡DONDE LOS FLAMENCOS LLEVAN LA VOZ CANTANTE!

Tal vez el Gobierno cubano hizo oídos sordos a las protestas por el desarrollo hotelero de la zona, pero sin duda escuchó a una docena de elegantes parejas de flamencos rosas. Al descubrir que se habían asentado en una laguna detrás de la Playa las Salinas, ordenó parar la construcción del *resort* previsto, con las consiguientes ventajas para los visitantes. Después de abandonar la pista de aterrizaje en Cayo las Brujas, hay que girar a la izquierda y tomar el sendero que lleva a la laguna. Tras observar a los flamencos, se puede seguir hasta un tramo de playa ¡sin ningún hotel! Se recomienda llevar comida y agua, pues no hay restaurantes.

OCÉANO
ATLÁNTICO

Cayo
Francés

San Pascual

Villa Las Brujas
Marina
Gaviota

Playa las
Salinas

Cayo las
Brujas

Aeropuerto
Las
Brujas

PROVINCIA
DE VILLA
CLARA

El Pedraplén

Cayos de la Herradura

Cayo las
Loras

Cayo
Boca Ciega

Meliá
Buenavista

Cayo
Ensenachos

Pueblo
las Dunas

Iberostar
Ensenachos

Servicentro

Pueblo la
Estrella

Playa
Cayo
Santa
María

Cayo
Largo

Eurostars
Cayo Santa
María

Cayo
Santa
María

Perla
Blanca

Cayo
Martín

Cayo
Cotizo

PROVINCIA DE
SANCTI SPÍRITUS

que el espacio privado, en el centro de un estanque de tres niveles, es idóneo para quienes deseen cenar en un entorno romántico. Las habitaciones, de tonos terrosos, son amplias y luminosas, pero carecen de personalidad; en general, no difieren significativamente de lo que los hoteles Eurostar ofrecen como norma en el archipiélago.

✕ Dónde comer

Las Dunas y La Estrella, en Cayo Santa María, cuentan con varios restaurantes.

★ Restaurante 'El Bergantín'　　　PESCADO $$$
(acuario-delfinario, Cayo Santa María; principales 15 CUC) Su langosta no es la más barata de Cuba, pero sin duda es la más fresca: proviene de un vivero que hay allí mismo, a poca distancia de las mesas. ¡Es divina!

Trattoria　　　　　　　　　　　ITALIANA $
(Pueblo La Estrella; pizzas 3-5 CUC; ⊙10.00-17.00) Santa Clara o Remedios estarían encantadas de tener un restaurante así. Quienes se alojan en los centros vacacionales en régimen de todo incluido deben pagar extra por el placer de comer aquí y no suelen hacerlo, lo cual es un error, porque la pizza es mucho mejor que la que sirven en los resorts.

Farallón Restaurant　　　INTERNACIONAL $$$
(Cayo las Brujas; almuerzo 20 CUC) Situado en Villa Las Brujas y colgado como un nido con vistas a la fabulosa Playa las Salinas, es una buena opción para tomar una comida correcta. Quienes no sean clientes del hotel pueden utilizar la playa, los aseos y el aparcamiento por 20 CUC.

🍷 Dónde beber y ocio

Las Dunas y La Estrella cuentan con varios bares y una discoteca. Por una entrada de 10 CUC se puede bailar con muchos canadienses entre las 23.00 y las 2.00.

❶ Cómo llegar y salir

Como típica zona de todo incluido, Cayo Santa María no se desarrolló pensando en el transporte público. El aeropuerto Las Brujas (☏35-00-09) básicamente tiene vuelos chárter a La Habana. Hay una gasolinera Servicentro enfrente. Quienes no viajen con un paquete de circuito con recogida en el aeropuerto, pueden alquilar un coche o una motocicleta, o ir en taxi. Desde Cayo Santa María hay 56 km a Caibarién, 65 a Remedios y 110 a Santa Clara. Un taxi (solo ida) de Caibarién/Remedios/Santa Clara a Cayo Santa María cuesta unos 30/35/70 CUC (según el hotel de destino). Hay que esforzarse

MECA MEDICINAL

Los apartados y poco corrientes Baños de Elguea, 136 km al noroeste de Santa Clara, cerca de la frontera provincial con Matanzas, son un afianzado balneario que presume de tener uno de los elementos más rejuvenecedores de América Latina (eso dicen los asiduos). La tradición de acudir a los baños para librarse de los males se remonta a 1860. Según la leyenda local, el propietario del molino de azúcar, don Francisco Elguea, desterró a un esclavo que había contraído una grave enfermedad cutánea para que no infectara a los demás. Un tiempo después, regresó totalmente curado. Contó que había aliviado su dolencia simplemente bañándose en las aguas minerales naturales de la región. Por raro que parezca, su amo le creyó. Se construyeron unos baños y se inauguró el primer hotel en 1917. Hoy en día, los profesionales médicos utilizan las fuentes de aguas sulfurosas y el barro para tratar irritaciones cutáneas, artritis y reumatismo. Las aguas alcanzan una temperatura de 50°C y son ricas en bromo, cloro, radón, sodio y azufre.

Al norte de Coralillo, el **Hotel y Spa Elguea** (☎68-62-90; i/d desayuno incl. 21/28 CUC; P ✳ ☎) tiene 139 habitaciones y ofrece numerosos tratamientos (5-15 CUC) –como lodoterapia, hidroterapia y masajes– en las cercanas piscinas termales. Pero no es un *spa* de campo, se trata más bien de utilitarismo soviético.

El hotel no es accesible en transporte público, que llega hasta Coralillo, a 9 km. Quienes estén interesados deberán disponer de transporte propio o llegar a pie.

en la negociación, en especial para conseguir una tarifa de ida y vuelta con tiempo de espera incluido. Ciclistas: el viento en contra en el paso elevado dificulta pedalear. Se accede al dicho paso elevado desde Caibarién; hay un puesto de peaje (2 CUC por trayecto) donde debe mostrarse el pasaporte o visado.

ℹ Cómo desplazarse

Panoramic Bus Tour es un autobús con el piso superior descubierto que conecta Villa Las Brujas y todos los hoteles de Cayo Santa María varias veces al día. La tarifa es de 1 CUC.

Trinidad y provincia de Sancti Spíritus

🎵 41 / 466 106 HAB.

El mejor senderismo

➡ Sendero "Centinelas del Río Melodioso" (p. 294)

➡ Sendero La Sabina (p. 300)

➡ Huellas de la Historia (p. 281)

➡ Sendero La Batata (p. 293)

Las mejores piscinas naturales

➡ La Poza del Venado (p. 294)

➡ Salto del Caburní (p. 293)

➡ La Solapa de Genaro (p. 302)

➡ Cascada Bella (p. 300)

Por qué ir

El año 2014 fue sonado para la provincia. Las dos principales ciudades coloniales celebraron su 500 aniversario con gran publicidad, ambiente festivo y la restauración de destacados edificios públicos, prueba de que esta pequeña pero bien dotada provincia custodia el legado histórico quizá más valioso de Cuba. Gracias a su esmero en la conservación, Trinidad está considerada una de las ciudades coloniales en mejor estado del continente americano, mientras que el semiderruido atractivo de la ciudad de Sancti Spíritus resulta más intangible.

Como complemento a su profundidad histórica, la provincia presume de montañas y playas –la de Ancón es una maravilla, posiblemente la mejor de la discreta costa sur. A poca distancia de Trinidad se sitúa la inquietante sierra del Escambray; con una red de aceptables senderos, es la mejor zona de senderismo de la isla. El resto de la provincia oculta una asombrosa variedad de curiosidades que suelen pasarse por alto, como los poco transitados ecoparques, un influyente museo dedicado al héroe guerrillero Camilo Cienfuegos, y la bahía de Buenavista, protegida por la Unesco.

Cuándo ir

➡ Los habitantes de Trinidad no esperan mucho, después de Navidad, para recuperar su espíritu festivo. La Semana de la Cultura Trinitaria se celebra la segunda semana de enero y coincide con el aniversario de la ciudad.

➡ El tranquilo mes de mayo es un buen momento para visitar la provincia, ya que se evitan las multitudes y el mal tiempo durante la temporada baja.

➡ Si uno se queda hasta junio, será testigo de la segunda gran fiesta anual de Trinidad, las Fiestas Sanjuaneras, un carnaval local en el que jinetes cargaditos de ron recorren las calles al galope. ¡Mejor ponerse a cubierto!

Trinidad

52 896 HAB.

El primer sonido de la mañana es el de los cascos de los caballos sobre las calles adoquinadas, seguido de los gritos de ancianos anunciando que venden pan desde sus bicicletas. Al abrir los ojos y mirar las altas lamas de madera de la habitación colonial de hace 200 años, cuesta creer que uno esté viviendo en el s. XXI.

Es una ciudad única, un asentamiento colonial español perfectamente conservado en el que los relojes se detuvieron en 1850 y –salvo por los turistas– todavía no se han vuelto a poner en marcha. La urbe se construyó gracias a las enormes fortunas azucareras amasadas a principios del s. XIX en el contiguo valle de los Ingenios, y la riqueza del período anterior a la Guerra de Independencia aún se evidencia en las ilustres mansiones coloniales decoradas con frescos italianos, porcelana de Wedgwood y arañas francesas.

Declarada ciudad Patrimonio Mundial por la Unesco en 1988, sus secretos pronto se convirtieron en propiedad pública y enseguida comenzaron a llegar autobuses de visitantes para conocer la belleza del 'museo al aire libre' más antiguo y cautivador de Cuba. No obstante, el turismo apenas ha empañado el suave brillo sureño de Trinidad. La ciudad conserva un aire apacible, casi soporífero, en su laberinto de calles adoquinadas repletas de curtidos guajiros (campesinos), burros que resoplan y trovadores con guitarras melódicas.

Trinidad, rodeada de maravillas naturales, es mucho más que un tema para una tesis doctoral de historia, pues 12 km al sur se encuentra la dorada Playa Ancón, la mejor playa de la costa meridional; mientras que 18 km al norte se ciernen las sombras purpúreas de la sierra del Escambray, un verde territorio de aventuras.

Protegida por la Unesco y con un flujo constante de visitantes extranjeros, no es de extrañar que tenga un número de *jineteros* (acosadores de turistas) superior a la media, aunque, son más molestos que agresivos.

Historia

En 1514, el conquistador pionero Diego Velázquez de Cuéllar fundó la Villa de la Santísima Trinidad en la costa meridional de Cuba, lo que la convirtió en el tercer asentamiento de la isla, tras Baracoa y Bayamo. En 1518 Hernán Cortés, exsecretario de Velázquez, atravesó la ciudad reclutando mercenarios para su expedición de conquista a México, y la ciudad quedó prácticamente sin habitantes originales. Durante los 60 años siguientes, un grupo de taínos hubo de mantener a flote la precaria economía mediante una combinación de agricultura, ganadería y escaso comercio con el exterior.

Al llegar el s. XVII, Trinidad había quedado reducida a una aldea pequeña y atrasada, aislada de las autoridades coloniales de La Habana a causa de las pésimas comunicaciones. Se convirtió en refugio de piratas y contrabandistas, que dirigían un lucrativo comercio ilegal de esclavos con la Jamaica dominada por Gran Bretaña.

La situación comenzó a cambiar a principios del s. XIX, cuando la ciudad devino capital del Departamento Central y vio la llegada de cientos de refugiados franceses huidos de una revuelta de esclavos en Haití, que establecieron más de 50 pequeños centros azucareros en el cercano valle de los Ingenios. El azúcar pronto sustituyó al cuero y a la carne salada de vacuno como producto principal de la región, de modo que, a mediados del s. XIX, los alrededores de Trinidad producían un tercio del azúcar cubano.

El *boom* tuvo un abrupto final con las dos guerras de independencia, cuando todas las plantaciones de azúcar quedaron devastadas por el fuego y los combates. La industria nunca llegó a recuperarse por completo. A finales del s. XIX, el comercio del azúcar había trasladado su epicentro a las provincias de Cienfuegos y Matanzas, y Trinidad sumbió al coma económico. El renacimiento turístico comenzó en la década de 1950, cuando el presidente Fulgencio Batista aprobó una ley de conservación que reconocía el valor histórico de la ciudad, declarada Monumento Nacional en 1965 y Patrimonio Mundial de la Unesco en 1988.

⊙ Puntos de interés

En Trinidad, todas las calles llevan a la Plaza Mayor, ubicada en el centro del casco histórico y rodeada por cuatro magníficos edificios.

★ Museo Histórico Municipal   MUSEO
(Simón Bolívar 423; entrada 2 CUC; ⊙9.00-17.00 sa-ju) Si el viajero quiere admirar una pieza de museo de Trinidad, le bastará con este imponente edificio cercano a la Plaza Mayor, una mansión que perteneció a la familia Borrell de 1827 a 1830. Luego el edificio pasó a manos de un hacendado alemán llamado

Imprescindible

1 Visitar museos y reponerse en el confort colonial de alguno de los más de 90 nuevos restaurantes de **Trinidad,** ciudad anclada en el tiempo (p. 285).

2 Subir a la torre de Manaca Iznaga y gozar de una espléndida vista del **valle de los Ingenios,** Patrimonio Mundial de la Unesco (p. 291).

3 Pasear sin rumbo por las recién embellecidas calles de la **ciudad de Sancti Spíritus** (p. 294).

4 Explorar bosques, cascadas e historia bélica en la **Reserva Jobo Rosado** (p. 302).

5 Alquilar una casa en La Boca y pasear por la arena en **Playa Ancón** (p. 289).

6 Caminar hasta el **salto del Caburní** (p. 293) y zambullirse en una gélida poza natural.

7 **Montar a caballo** (p. 283) en la campiña poblada de vaqueros que rodea Trinidad.

Kanter o Cantero, y todavía se llama Casa Cantero. Según dicen, el doctor Justo Cantero adquirió vastas fincas azucareras después de envenenar a un antiguo traficante de esclavos y casarse con su viuda, quien también sufrió una muerte prematura. La riqueza ilícita de Cantero queda bien patente en la elegante decoración neoclásica de las habitaciones. La panorámica de Trinidad que se divisa desde lo alto de la torre vale por sí sola el precio de la entrada. Se aconseja ir antes de las 11.00, hora en que comienzan a llegar los autobuses de turistas.

Maqueta de Trinidad MUSEO
(Colón esq. Maceo; entrada 1 CUC; ⊗9.00-17.00 lu-sa) Inaugurada en el 2014 y ubicada en el espléndidamente restaurado edificio llamado Casa Frías, esta maqueta del casco histórico de Trinidad brinda gran atención al detalle (el viajero puede tratar de encontrar su casa particular). Un guía residente aporta toda la información con una especie de batuta de director de orquesta. Casa Frías tiene previsto convertirse en un centro cultural total.

Iglesia parroquial de la Santísima Trinidad IGLESIA
(⊗11.00-0.30 lu-sa) A pesar de su fea fachada, esta iglesia de la Plaza Mayor protagoniza innumerables postales de Trinidad. Reconstruida en 1892 sobre el emplazamiento de un templo anterior destruido en una tormenta, mezcla retoques del s. XX con objetos antiguos que se remontan hasta el s. XVIII, como el venerado Cristo de la Vera Cruz (1713), que ocupa el segundo altar a la izquierda desde el frente. La mejor oportunidad de verla se da durante la misa, a las 20.00 entre semana, 16.00 los sábados, 9.00 y 17.00 los domingos.

Museo Romántico MUSEO
(Echerri 52; entrada 2 CUC; ⊗9.00-17.00 ma-do) Cruzando la calle Simón Bolívar se halla el reluciente palacio Brunet. La planta baja se construyó en 1740 y la alta se añadió en 1808. En 1974, la mansión se transformó en un museo con muebles del s. XIX, una bella colección de porcelana y otras piezas de época. Los empleados aparecen de entre las sombras y avasallan a los visitantes para conseguir una propina. Posee una tienda contigua.

Museo de Arquitectura Trinitaria MUSEO
(Ripalda 83; entrada 1 CUC; ⊗9.00-17.00 sa-ju) En la parte sureste de la Plaza Mayor hay otra muestra pública de opulencia, en un museo que exhibe arquitectura doméstica de la cla-

se alta de los ss. XVIII y XIX. Ocupa edificios erigidos en 1738 y 1785, unidos en 1819. En el pasado fue la residencia de la acaudalada familia Iznaga.

Museo de Arqueología Guamuhaya MUSEO
(Simón Bolívar 457; entrada 1 CUC; ⊗9.00-17.00 ma-sa) Se trata de una extraña mezcla de animales disecados, huesos de nativos e incongruente mobiliario de cocina del s. XIX en la parte noroeste de la Plaza Mayor. Tras la exhaustiva remodelación para el aniversario del 2014, su aspecto ha mejorado mucho.

Galería de Arte GALERÍA DE ARTE
(Rubén Martínez Villena esq. Simón Bolívar; ⊗9.00-16.30 lu-sa) GRATIS Esta galería está ubicada en el palacio Ortiz, del s. XIX, en el lado sureste de la Plaza Mayor, y la entrada es gratuita. Vale la pena echar un vistazo a las obras locales de calidad, en especial los bordados, la cerámica y las joyas; también hay un patio agradable.

Casa Templo de Santería Yemayá MUSEO, PUNTO DE INTERÉS
(R. Martínez Villena 59, entre Simón Bolívar y Piro Guinart; ⊗variable) GRATIS Aunque ningún museo de santería puede reproducir la etérea experiencia espiritual de la Regla de Ocha (la principal religión cubana de origen africano), este templo lo intenta. Contiene un altar a Yemayá, diosa del mar, cargado con incontables ofrendas de fruta, agua y piedras. La casa está presidida por santeros (sacerdotes de santería), que suelen emerger del patio trasero y sorprender a los visitantes con charlatanerías para turistas bien ensayadas. El día de la diosa (19 de marzo) se celebran ceremonias día y noche.

Museo Nacional de la Lucha Contra Bandidos MUSEO
(Echerri 59; entrada 1 CUC; ⊗9.00-17.00 ma-do) Quizá el edificio más representativo de Trinidad sea el ruinoso campanario amarillo claro del antiguo convento de San Francisco de Asís. El edificio alberga un museo desde 1986, con fotos, mapas, armas y otros objetos relacionados con el combate contra las diversas bandas contrarrevolucionarias que, a imitación de Castro, operaron ilícitamente en la sierra del Escambray entre 1960 y 1965. También se muestra el fuselaje de un avión espía U-2 estadounidense derribado en cielo cubano. Desde lo alto de la torre del campanario hay buenas vistas.

Trinidad

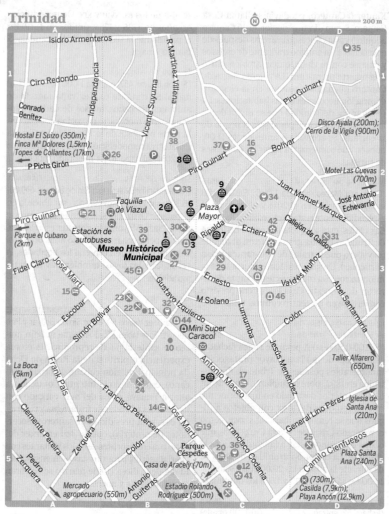

N 0 ————————————— 200 m

Iglesia de Santa Ana   IGLESIA

(pza. Santa Ana, Camilo Cienfuegos) La hierba
crece alrededor del campanario y las arcadas
de entrada se tapiaron hace mucho tiempo,
pero el armazón de esta iglesia en ruinas
(1812) aguanta desafiante. Alzándose como
un estereotipo eclesiástico consumido por el
tiempo, presenta un aspecto fantasmagórico
al anochecer.

Plaza Santa Ana   PLAZA

(Camilo Cienfuegos; ⏱11.00-22.00) En la plaza
homónima, que perfila la zona noreste de Trinidad, esta prisión española de 1844 se ha

reconvertido en centro turístico. El complejo
alberga una galería de arte, un mercado de
artesanía, una tienda de cerámica, un bar y
un restaurante.

Taller Alfarero   CERÁMICA

(Andrés Berro 51, entre Pepito Tey y Abel Santamaría;
⏱8.00-12.00 y 14.00-17.00 lu-vi) GRATIS Trinidad
es famosa por su cerámica y, en esta gran
fábrica, grupos de trabajadores elaboran
piezas con el sello característico de Trinidad,
con arcilla de la zona y torno tradicional. El
viajero puede ver cómo trabajan y comprar
el producto acabado.

Trinidad

🏃 **Actividades**

Es posible llegar en bicicleta a una de las playas más bonitas de Cuba, hacer un par de excursiones por cuenta propia o disfrutar de una perspectiva distinta a lomos de un caballo.

De Trinidad a Playa Ancón CICLISMO
El paseo en bicicleta hasta Playa Ancón es una excelente aventura al aire libre, y una vez allí, el viajero puede bucear, tomar el sol o bien utilizar la piscina o la mesa de ping-pong. La mejor ruta, con diferencia, es la que discurre por la pequeña localidad costera de La Boca (18 km ida).

Cerro de la Vigía EXCURSIONISMO
Para disfrutar de bonitas vistas y hacer ejercicio, se puede pasear por la calle Simón Bolívar, entre la iglesia parroquial y el Museo Romántico, hasta la destruida **ermita de Nuestra Señora de la Candelaria de la Popa,** del s. XVIII, parte de un antiguo hos-

pital militar español, hoy ocupado por un hotel de lujo.

Desde allí hay un paseo de 30 min colina arriba hasta la emisora de radio de la cumbre del **cerro El Vigía** (180 m de altitud), desde donde se divisan amplias vistas de Trinidad, el valle de los Ingenios y el litoral caribeño.

Parque El Cubano EXCURSIONISMO
(entrada 9 CUC) Este agradable enclave, dentro de un parque protegido, consta de un restaurante tipo *ranchón,* especializado en *pez gato,* una piscifactoría y un sendero de 3,6 km **(Huellas de la Historia),** hasta la refrescante **cascada Javira.** También hay cuadras que permiten montar a caballo. Si se va andando a El Cubano desde Trinidad, se recorre un total aproximado de 16 km. Con una parada para almorzar en el *ranchón,* constituye una excelente excursión de un día. Como alternativa, por 17 CUC se puede organizar una excursión con Cubatur (p. 288) que incluye transporte motorizado. Para llegar al

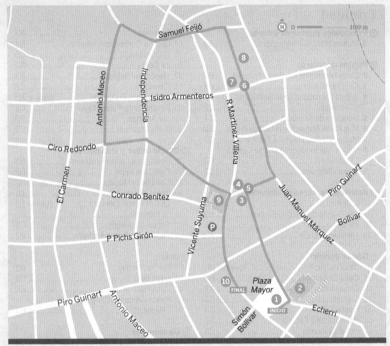

Paseo a pie
La fotogénica Trinidad

INICIO PLAZA MAYOR
FINAL CASA TEMPLO DE SANTERÍA YEMAYÁ
DISTANCIA 2 KM

En Trinidad, la suave luz del atardecer, la impresionante arquitectura colonial y escenas de calle más propias de la década de 1850 conspiran para crear un clima ideal para los fotógrafos.

A última hora de la tarde, cuando la luz del sol es menos intensa y las sombras más alargadas, es un buen momento para iniciar el paseo. Se sale de la ❶ **Plaza Mayor** (p. 277) colonial, presente en un sinfín de postales. Con el relajado ritmo de la vida local, puede haber una nueva instantánea con la ❷ **iglesia parroquial de la Santísima Trinidad** (p. 279) como telón de fondo.

La imagen clásica es hacia la calle Echerri, en el noroeste, empedrada y con edificios coloniales hasta la torre del ❸ **convento de San Francisco de Asís.** Una manzana al noroeste se puede intentar capturar el pequeño ❹ **parque,** iluminado por el sol, frente al convento. Al final de Echerri se impone detenerse a esperar

en el ❺ **cruce** con la calle Ciro Redondo. Algo interesante acabará pasando: un caballo, un Plymouth de 1951, una bicicleta...

En Ciro Redondo, se gira a la derecha y luego a la izquierda, en la calle Juan Manuel Márquez, hacia el más descuidado, pero no menos fotogénico ❻ **barrio de Las Tres Cruces.** Pueden verse mujeres con rulos, ancianos sentados en los portales, vaqueros, gente que arrastra cerdos y niños que juegan al *stickball* en la ❼ **plaza.** El sesgado sol vespertino aporta luminiscencia extra a una hilera de casas multicolores de una sola planta en la ❽ **calle Juan Manuel Márquez.** En Samuel Feijó suelen congregarse caballos y jinetes, con la imponente silueta de la umbría sierra del Escambray al fondo. Más vida callejera aguarda de vuelta a Ciro Redondo. En el exterior de la emblemática ❾ **Taberna la Canchánchara** (p. 287) hay, casi siempre, un Chevy de 1958 que sirve de asiento común, o quizá un *catcher* de béisbol. Tras pasar por la ❿ **Casa Templo de Santería Yemayá** (p. 279), dedicada al *orisha* (dios yoruba) del mar, al caer la noche, el viajero estará de vuelta en la Plaza Mayor.

parque, hay que caminar hacia el oeste por la carretera de Cienfuegos y salir de la ciudad. Se pasa el letrero de "Bienvenidos a Trinidad" y se cruza un puente sobre el río Guaurabo. Un camino a la izquierda vuelve a situar al viajero debajo del puente, para luego subir durante 5 km por una carretera estrecha y mal asfaltada hasta El Cubano.

Más cerca de la ciudad, la **Finca Mª Dolores** (☑41-99-64-81; ctra. Cienfuegos, km 1,5) es un rústico hotel de Cubanacán que organiza esporádicas fiestas campesinas.

Centro Ecuestre Diana　　　　EQUITACIÓN
(☑41-99-36-73; www.trinidadphoto.com) ✐ Se encuentra en las afueras de la ciudad, en una finca, pero los aspirantes a jinetes deberían consultar primero a su propietario, Julio, en Casa Muñoz (abajo), en el casco histórico. La finca también es un centro de recuperación para caballos maltratados y enfermos. Julio montó el proyecto Diana hace unos años para fomentar un mejor cuidado equino y formar a los lugareños en técnicas de adiestramiento más humanas.

Se ofrecen varias actividades relacionadas con los caballos, como excursiones y clases de equitación. Pero lo más destacable es la oportunidad de ver cómo Julio susurra a los caballos salvajes para apaciguarlos. El enorme desayuno estilo campesino que ofrecen en la finca hay que probarlo para creerlo. La excursión individual/grupo cuesta 26/30 €. Los cascos están incluidos en la tarifa.

🎓 Cursos

Las Ruinas del Teatro Brunet　　　PERCUSIÓN, DANZA
(Antonio Maceo 461, entre Simón Bolívar y Zerquera; clases desde 5 CUC/h) Este teatro de 1840, sin tejado, es hoy un espacio de ocio donde imparten clases de percusión y danza; se aconseja consultar horarios en el interior.

Paradiso　　　　　　　　　CULTURAL
(www.paradiso.cu; General Lino Pérez 306, Casa AR-Tex) Ubicado en Casa Fischer, ha incorporado interesantes cursos a su programa cultural, como arquitectura cubana (20 CUC), cultura afrocubana (20 CUC), artes plásticas (20 CUC) y música popular (20 CUC). Duran 4 h y son impartidos por especialistas en cultura.

Requieren un mínimo de entre 6 y 10 personas, pero siempre se puede negociar. Ofrecen también clases de percusión (5 CUC/h) y de cultura cubana (5 CUC/h).

☞ Circuitos

Con transporte público básico y empinadas cuestas que complican el ciclismo, lo más fácil es visitar el extenso Parque Natural de Topes de Collantes en un circuito de un día. Una excursión a este lugar en taxi estatal no debería costar más de 35 CUC, incluido el tiempo de espera; hay que regatear con insistencia. **Cubatur** (Antonio Maceo 447; ☑9.00-20.00), al salir del casco histórico, organiza varias caminatas y excursiones de naturaleza de entre 23 y 43 CUC por persona.

Paradiso (izda.) ofrece el circuito con mejor relación calidad-precio al valle de los Ingenios (9 CUC/persona) y otro por talleres de artistas en Trinidad (10 CUC/persona).

Los circuitos guiados a pie por Trinidad organizados por la Oficina del Historiador salen a diario (5 CUC) de la Maqueta de Trinidad (p. 279).

Trinidad Travels　EXCURSIONISMO, PASEOS A CABALLO
(☑52-82-37-26; www.trinidadtravels.com; Antonio Maceo 613A) Renier, de Trinidad Travels, es uno de los mejores guías privados. Dirige toda clase de salidas, como excursiones a la sierra del Escambray y equitación por la campiña. También ofrecen clases de salsa. Tiene su oficina en la Casa de Víctor.

✦ Fiestas y celebraciones

La **Semana Santa** es importante en Trinidad, y el Viernes Santo miles de personas salen en procesión.

🛏 Dónde dormir

Con unas 500 casas particulares, la competencia es feroz. Al llegar en autobús o pasear con equipaje, el viajero se verá asediado por *jineteros* que trabajan a comisión o por los propios dueños de las casas. Con tantas familias hospitalarias que alquilan tantas casas bonitas, no hay por qué precipitarse. Es mejor tomarse un tiempo para comparar y decidir.

En el 2015 estaba prevista la apertura del **Pansea Trinidad,** hotel-*boutique* de cinco estrellas gestionado por la cadena francesa Accor. Este pospuesto proyecto integrará en su edificación parte de la ermita de Nuestra Señora de la Candelaria de la Popa, cuyos restos datan de mediados del s. XVIII.

★ Casa Muñoz-Julio y Rosa　　　CASA PARTICULAR **$**
(☑41-99-36-73; www.trinidadphoto.com; José Martí 401 esq. Escobar; d/tr/c 35/40/45 CUC; 🅿✱) Julio

es un famoso fotógrafo en cuya maravillosa casa colonial organiza cursos sobre fotografía documental, religión y la vida en la nueva realidad económica de Cuba (véase la web para más información). También es un susurrador de caballos. Su hermosa yegua vive en la parte de atrás con tres perros y un automóvil Moskvich ruso.

Hay tres habitaciones enormes y un apartamento dúplex separado (45-65 CUC). En un patio de la planta baja o en la 1ª planta sirven deliciosa comida. Hay que reservar con antelación porque la casa está tremendamente solicitada.

Nelson Fernández Rodríguez
CASA PARTICULAR $

(☑41-99-38-49; Piro Guinart 226, entre Maceo y Gustavo Izquierdo; h 25-30 CUC; ❄) Encima del encantador restaurante El Dorado, reúne todos los atributos de una bella casa de Trinidad: exuberante patio, romántica terraza y esplendor colonial de la Unesco. Cuenta con cuatro habitaciones.

Hostal Colina
CASA PARTICULAR $

(☑41-99-23-19; Antonio Maceo 374, entre General Lino Pérez y Colón; ☉ 25-35 CUC; ❄) Otro lugar para el que no existen suficientes superlativos. Aunque la casa data de la década de 1830, posee un toque claramente moderno, por lo que aporta al huésped la sensación de estar en una lujosa hacienda mexicana. Las tres habitaciones dan a un patio donde uno puede sentarse en la barra de madera y recoger mangos y aguacates recién caídos del árbol.

Casa Gil Lemes
CASA PARTICULAR $

(☑41-99-31-42; José Martí 263, entre Colón y Zerquera; h 25 CUC; ❄) Es una de las pioneras, que ya aparecía en la primera edición de 1997 de esta guía. Primero, hay que echar una ojeada a los arcos nobles del salón y a las estatuas religiosas, y guardar aire para el patio y la fuente, un soberbio conjunto de macetas y serpientes marinas. Solo dispone de una habitación, así que es mejor llegar pronto.

Hostal José y Fátima
CASA PARTICULAR $

(☑41-99-66-82; Zerquera 159, entre Frank País y Pettersen; 30-35 CUC; ❄) Casa muy solicitada, con todos los elementos coloniales, incluso terraza. Los serviciales propietarios pueden poner al viajero en contacto con muchas actividades locales.

El Rústico
CASA PARTICULAR $

(☑41-99-30-24; Juan Manuel Márquez 54A, entre Piro Guinart y Simón Bolívar; h 25-30 CUC; ❄) Cin-co habitaciones en dos casas contiguas bajo el popular restaurante El Criollo, con limpias y modernas instalaciones y numerosas zonas comunes. Está a una manzana de la Plaza Mayor, en una calle empedrada.

Casa de Víctor
CASA PARTICULAR $

(☑41-99-64-44; Maceo, entre Piro Guinart y P. Pichs Girón; h 20-30 CUC; ❄) Próxima a la estación de autobuses, ofrece tres habitaciones con cocina y baño, que comparten dos amplias salas, un balcón a la calle y una bonita terraza trasera hábilmente decorada con vasijas recicladas de la cerámica que ha dado fama a Trinidad.

Hostal El Suizo
CASA PARTICULAR $

(☑53-77-28-12; P. Pichs Girón 22; 25-30 CUC; P ❄) Alejada del barullo del centro y cómodamente situada para un acceso y salida rápidos a la carretera Trinidad-Cienfuegos, esta casa rosada recomendada por los lectores está llevada por un suizo y su mujer. Es limpia, tranquila y conocida por su atrevida cocina.

Casa de Aracely
CASA PARTICULAR $

(☑41-99-35-58; General Lino Pérez 207, entre Frank País y Miguel Calzada; h 20-25 CUC; ❄) Si uno se cansa de tanto esplendor colonial, puede dejar atrás el frenesí turístico y dirigirse a General Lino Pérez, donde Aracely alquila dos habitaciones en la planta superior con entrada privada, un sereno patio lleno de flores y una espléndida terraza en la azotea.

Finca Mª Dolores
HOTEL $$

(☑41-99-64-10; ctra. Cienfuegos, km 1,5; i/d 36/60 CUC; P ❄ ❄) Trinidad se vuelve rústica en este hotel, 1,5 km al oeste del centro, en la carretera a Cienfuegos y Topes de Collantes. Dispone de habitaciones y bungalós, la mejor opción; son preferibles los que tienen porche con vistas al río Guaurabo.

Las noches en las que hay grupos se celebra una fiesta campesina con danzas folclóricas cubanas a las 21.30 (huéspedes/visitantes gratis/5 CUC, bebida incl.). También ofrece piscina, un restaurante tipo *ranchón*, circuitos en barca y paseos a caballo.

★ Iberostar Grand Hotel
HOTEL-BOUTIQUE $$$

(☑41-99-60-70; www.iberostar.com; José Martí esq. General Lino Pérez; i/d/ste 165/220/313 CUC; ❄ @ ☎) ¡Cuidado, Habaguanex! Este cinco estrellas, uno de los tres hoteles Iberostar cubanos de gestión española, irradia lujo desde el momento en que uno accede al vestíbulo. Con 36 elegantes habitaciones en un edificio remodelado del s. XIX, rehúye la típica fórmula del "todo incluido" y opta por la intimidad, la distinción y el interés por la historia (no en vano, se trata de Trinidad). Hay wifi gratis para los clientes, algo insólito en la isla.

Motel Las Cuevas HOTEL $$$

(☎41-99-61-33; i/d desayuno incl. 88/126 CUC; P❄❄) Encaramado en una colina que domina la ciudad, es más un hotel que un motel, cuya principal clientela son viajeros de los circuitos en autobús. El entorno es exuberante, pero las habitaciones –distribuidas en dispersos módulos de dos plantas– son menos memorables, igual que el desayuno.

El hotel gana con la piscina, los jardines, las vistas panorámicas y la tenebrosa cueva La Maravillosa, a la que se accede por una escalera, donde se puede ver un enorme árbol que surge de una caverna (entrada 1 CUC). Al hotel se llega por una carretera empinada que sube hacia el noreste desde la iglesia de Santa Ana.

Hotel La Ronda HOTEL-BOUTIQUE $$$

(☎41-99-61-33; José Martí 238; i/d 123/138 CUC; ❄@) Reformado en el 2012, su segunda vida es mucho mejor que la primera. Una fuente modernista, marcados acentos de color, fotos *art nouveau* ampliadas y letras de boleros inscritas en el exterior de cada habitación añaden toques singulares a un imponente conjunto colonial que justifica la etiqueta de *boutique*.

✖ Dónde comer

Ha sido una especie de tsunami: en enero del 2011 había tres restaurantes privados en Trinidad, los mismos que desde hacía más de una década. Hoy son más de 90, y el dilema ya no es encontrar uno, sino elegir entre tantos.

Paraito COMIDA RÁPIDA $

(☎41-99-23-47; José Martí 181B, entre Lino Pérez y Camilo Cienfuegos; tentempiés 1-3 CUC; ⊙11.00-21.00) Representa la Trinidad menos turística: se trata de un establecimiento donde no hay pesadas antigüedades y bailarines extranjeros mal coordinados, sino tentempiés económicos (el arroz frito es recomendable), mesas para comer de pie y animado cotilleo.

Dulcinea CAFÉ $

(Antonio Maceo esq.Simón Bolívar; tentempiés 1-4 CUC; ⊙7.30-22.00) El antiguo café Begonias es, desde hace tiempo, un nexo diurno para mochileros de paso, ideal para compartir consejos, libros y relatos de *jineteros*. Reconvertido en panadería y pastelería, conserva

ⓘ CUENTOS CHINOS

Los *jineteros* (acosadores de turistas) de Trinidad son cada vez más sofisticados y entrometidos, tanto con los autóctonos como con los turistas. Acosadores montados en bicicletas asedian a los viajeros que bajan de los autobuses, o desvían a los coches de alquiler que entran a la ciudad, con cuentos chinos acerca de que las casas particulares que han elegido están llenas o han cerrado. Incluso llegan a hacerse pasar por los auténticos propietarios de las casas para llevar a los viajeros a otros lugares. Si el viajero ha reservado su casa particular, debe dejar claro que se encontrará con el propietario *dentro* de la casa en cuestión. Si no ha reservado, tiene derecho a recorrer las calles con tranquilidad y elegir. Llegar con un *jinetero* a remolque no solo añadirá, al menos, 5 CUC al precio del alojamiento, sino que también agravará un problema que ha hecho perder dinero injustamente a muchos propietarios de casas honrados.

su bullicioso ambiente callejero, unos aseos bastante limpios y cinco o seis terminales de internet (3 CUC/20 min), económicas pero siempre ocupadas.

Cubita Restaurant INTERNACIONAL $$

(Antonio Maceo 471; principales 8-15 CUC; ⊙11.00-24.00) Cuando la buena comida y un servicio excelente se unen, la experiencia puede ser muy gratificante (algo difícil de encontrar en Trinidad hasta hace bien poco). Luchando en un campo muy competitivo, este restaurante pone la directa con sus innovadores entrantes, brochetas marinadas y un servicio muy discreto. Está llevado por los famosos ceramistas de Trinidad.

Restaurant El Dorado INTERNACIONAL $$

(☎41-99-38-49; Piro Guinart 226, entre Maceo y Gustavo Izquierdo; comidas 7-18 CUC; ⊙12.00-24.00) Una exquisita casa colonial, mobiliario de época lustrado a conciencia y un personal realmente cortés: en Trinidad no faltan restaurantes históricos de buen ver. Sin embargo, aquí la comida emula la decoración sin aparente esfuerzo: tiras de ternera, pescado bien condimentado y pavo a la parrilla con toques profesionales (bandeja de pan gratis y tal vez un cóctel de la casa de cortesía).

Guitarra Mía
CUBANA $$

(📞41-99-34-52; Jesús Menéndez 19, entre Camilo Cienfuegos y Lino Pérez; principales 6-8 CUC; ☺ 12.00-24.00) A unas manzanas del centro histórico los precios bajan por arte de magia, sin merma en la calidad de los platos. La música es el *leitmotiv* de este interesante rincón donde nunca falta un quinteto o un trovador de paso. De la carta, los *tostones* (plátano frito) rellenos de carne de cangrejo troceada perduran en la memoria. Se pueden escribir comentarios en la puerta (literalmente) al salir.

Sol Ananda
INTERNACIONAL $$

(📞41-99-82-81; Rubén Martínez Villena 45, esq. Simón Bolívar; principales 8-15 CUC; ☺11.00-23.00) Con porcelana fina del s. XVIII, relojes antiguos y una cama de anticuario, este lugar de la Plaza Mayor parece, a primera vista, un museo más que un restaurante. Situado en una de las casas más viejas de la ciudad (de 1750), abarca un ambicioso espectro de la comida global, desde tradicional ropavieja cubana de cordero hasta *kofta* de pescado y *samosas* (empanadillas) del sur de Asia.

La Ceiba
CUBANA $$

(P. Pichs Girón 263; principales 12 CUC; ☺12.00-23.00) En un patio trasero, bajo las ramas de una ceiba gigante, este joven paladar está especializado en pollo con salsa de miel y limón, y sirve la *canchánchara* (cóctel preferido de Trinidad, con ron, miel, limón y agua) en tazas de cerámica. Como corresponde a los paladares de toda la vida, hay que atravesar por la casa del dueño para llegar hasta él.

Restaurante Plaza Mayor
CARIBEÑA $$

(Rubén Martínez Villena esq. Zerquera; platos desde 4 CUC, bufé 10 CUC; ☺12.00-23.00) Es el mejor restaurante estatal de la ciudad. gracias a su intermitente bufé de almuerzo, que aplaca el hambre hasta la cena.

★ Vista Gourmet
CUBANA, INTERNACIONAL $$$

(📞41-99-67-00; callejón Galdos; principales 12-18 CUC; ☺12.00-24.00) Dirigido por el carismático sumiller Bolo, el paladar más elegante de Trinidad está encaramado en una bella terraza sobre tejados rojos. Entre sus muchas novedades destacan los cócteles gratuitos "Atardecer Forever" en la terraza de la azotea.

Igualmente innovadora es la oferta del bufé de aperitivos y postres, ambos incluidos en el precio del plato principal (que se pide a la carta). Se recomienda el lechón asado y la langosta. Lógicamente, la carta de vinos es la mejor de la ciudad.

Compra de alimentos

Mercado agropecuario
MERCADO $

(Pedro Zerquera esq. Manuel Fajardo; ☺8.00-18.00 lu-sa, hasta 12.00 do) Pueden encontrarse frutas y verduras.

Galería Comercial Universo
SUPERMERCADO $

(José Martí esq. Zerquera) Minicentro comercial que cubre las necesidades inmediatas y que contiene la mejor (y más cara) tienda de alimentación de la ciudad. Aquí venden yogur, galletas 'salvavidas' y productos de farmacia.

🍺 Dónde beber y vida nocturna

★ Taberna La Botija
BAR, INTERNACIONAL

(Juan Manuel Márquez esq. Piro Guinart; ☺24 h) Mientras otros restaurantes sacan a su personal a la calle a cazar clientes, La Botija reúne a media ciudad en su animada barra de esquina sin proponérselo. ¿La clave? Un cálido ambiente que fomenta la charla, cerveza fría en jarras de cerámica y la mejor banda residente de Trinidad (mezcla de *jazz* y *soul* con violinista). La comida tampoco está mal.

Café Don Pepe
CAFÉ

(📞41-99-35-73; Piro Guinart esq. Martínez Villena; ☺ 8.00-23.00) El mejor café de Trinidad, servido en tazas de cerámica con un trozo de chocolate de Baracoa. Está en un patio colonial decorado con grafitis modernos.

Casa de la Música
CLUB

(Calle Cristo) Es uno de los locales clásicos de Trinidad y de Cuba, donde el público se congrega al aire libre en la amplia escalera que hay junto a la iglesia parroquial, cerca de la Plaza Mayor. Una buena mezcla de turistas y residentes asisten al espectáculo de salsa de las 22.00. Como alternativa, se celebran conciertos de salsa en toda regla en el patio trasero de la casa (también accesible desde Juan Manuel Márquez; entrada 2 CUC).

La Floridita
BAR

(General Lino Pérez 313; ☺24 h) Donde estaba el animado Bar Daiquiri, las autoridades de Trinidad han abierto una copia barata del publicitado bar de Hemingway en La Habana, aunque, por suerte, aquí el precio de los daiquiris es más razonable (3 CUC). Una estatua a tamaño real del venerado escritor se apoya en la barra.

La Casa de la Cerveza
BAR, MÚSICA EN DIRECTO

(Antonio Maceo 461, entre Simón Bolívar y Zerquera; entrada 1 CUC; ☺12.00-24.00) El Teatro Brunet

(1840), en ruinas desde que se derrumbara el tejado en 1901, es hoy cervecería y local de música en directo. Aun así, no es para tanto: no hay cervezas artesanas, solo Cristal de barril.

Disco Ayala CLUB

(entrada 10 CUC; ⊙22.00-3.00) Cabaré algo ramplón, de temática indígena, en una cueva de la cuesta situada detrás de la ermita Popa, y frenética discoteca llena de *jineteras*, después. La entrada incluye barra libre de mojitos.

Para llegar, hay que seguir la calle Simón Bolívar desde la Plaza Mayor y subir hasta la ermita de Nuestra Señora de la Candelaria de la Popa. La discoteca queda 100 m a la izquierda.

Bodeguita Fando Brothers BAR, RESTAURANTE

(Antonio Maceo 162B, esq. Zerquera; ⊙24 h) Bar de tentempiés y antro de bebedores a la vez, su mejor momento es al comienzo de la noche, con una cerveza o cóctel en la mano. A diferencia de otros establecimientos privados, abre todos los días las 24 horas.

Taberna la Canchánchara BAR

(Rubén Martínez Villena esq. Ciro Redondo; ⊙10.00-18.00) Famoso por el cóctel que da nombre a la casa, elaborado a base de ron, miel, limón y agua, periódicamente lo visitan músicos locales para ofrecer sesiones improvisadas, y no es infrecuente que los clientes ebrios de *canchánchara* se lancen a bailar de forma espontánea.

☆ Ocio

Aquí se disfruta de la mejor vida nocturna fuera de La Habana.

Bar Yesterday MÚSICA EN DIRECTO

(Gustavo Izquierdo, entre Piro Guinart y Simón Bolívar; ⊙16.00-24.00) Con una decoración dedicada enteramente a los Beatles, incluidas cuatro estatuas de tamaño real, y una clientela compuesta sobre todo por adolescentes, en la vieja Casa de la Rumba han adoptado el compás de 4/4. ¿Regresa la *beatlemanía*?

Palenque de los Congos Reales RUMBA

(Echerri esq. av. Jesús Menéndez) Visita obligada para amantes de la rumba, este patio abierto, en el callejón musical de Trinidad, posee una ecléctica oferta de salsa, son (música popular cubana) y trova (canto poético tradicional). Lo más destacado, sin embargo, son los tambores de rumba de las 22.00, con ritmos africanos llenos de sentimiento y enérgicos danzantes tragafuegos.

Casa Fischer CENTRO CULTURAL

(General Lino Pérez 312, entre José Martí y Francisco Codania; entrada 1 CUC) El patio de ARTex en la localidad arranca a las 22.00 con una orquesta de salsa (diario, excepto lu y vi) o un espectáculo folclórico (vi). Si el viajero llega pronto, puede hacer tiempo en la galería de arte (gratis) y charlar con el personal de la oficina de Paradiso sobre clases de salsa y demás cursos.

Casa de la Trova MÚSICA EN DIRECTO

(Echerri 29; entrada 1 CUC; ⊙21.00-2.00) Este animado local conserva su esencia terrenal a pesar de contar con una clientela en la que predominan los turistas. Destacan músicos locales como Semillas del Son, Santa Palabra e Israel Moreno, el mejor trovador de la ciudad.

Estadio Rolando Rodríguez DEPORTES

(Eliope Paz; ⊙oct-abr) En el extremo sureste de Frank País; en él se celebran partidos de béisbol.

De compras

En Trinidad se puede comprar hasta sufrir un golpe de calor, al menos en los mercados al aire libre que se montan por toda la ciudad. Se puede ver trabajar a los pintores y adquirir sus cuadros. Las calles están llenas de talleres con las ventanas abiertas y abarrotados de pinturas.

Mercado de artesanía ARTESANÍA, RECUERDOS

(av. Jesús Menéndez; ⊙9.00-18.00) Excelente mercado al aire libre, enfrente de la Casa de la Trova; es perfecto para comprar recuerdos. Nota: si el viajero viera coral negro o caparazones de tortuga, no debe comprarlos. Son especies en peligro de extinción y su entrada está prohibida en muchos países.

Tienda Amelia Peláez ARTESANÍA, RECUERDOS

(Simón Bolívar 418; ⊙9.00-18.00 lu-sa, 9.00-12.00 do) Bajando desde la Plaza Mayor, esta tienda estatal ofrece una buena selección de artesanía.

Taller de Instrumentos Musicales INSTRUMENTOS MUSICALES

(av. Jesús Menéndez esq. Valdés Muñoz) Se fabrican instrumentos que se venden en la tienda contigua.

Casa del Habano PUROS

(Antonio Maceo esq. Zerquera; ⊙9.00-19.00) Tras esquivar a los vendedores callejeros, el viajero puede satisfacer sus ansias alcohólicas (ron) y de tabaco en este lugar.

Galería La Paulet ARTE
(Simón Bolívar 411) Interesante selección de arte, básicamente abstracto, de artistas del lugar.

ⓘ Información

ACCESO A INTERNET

Dulcinea (Antonio Maceo 473; internet 3 CUC/20 min; ⊙9.00-20.30) Media docena de terminales en la esquina de Simón Bolívar. Siempre está lleno.

Etecsa Telepunto (General Lino Pérez esq. Francisco Pettersen; internet 4,50 CUC/h; ⊙8.30-19.00) Oficina de Telepunto con ordenadores modernos, aunque lentos. Menos concurrido.

ASISTENCIA MÉDICA

General Hospital (☑41-99-32-01; Antonio Maceo 6) Al sureste del centro de la ciudad.
Servimed Clínica Internacional Cubanacán (☑41-99-62-40; General Lino Pérez 103 esq. Anastasio Cárdenas; ⊙24 h) Hay una farmacia que vende artículos en pesos convertibles.

DINERO

Banco de Crédito y Comercio (José Martí 264; ⊙9.00-15.00 lu-vi) Con cajero automático.
Cadeca (José Martí 164, entre Parque Céspedes y Camilo Cienfuegos; ⊙8.30-20.00 lu-sa, 9.00-18.00 do)

CORREOS

Oficina de correos (Antonio Maceo 418, entre Colón y Zerquera; ⊙9.00-18.00 lu-sa)

AGENCIAS DE VIAJE

Cubatur (Antonio Maceo 447; ⊙9.00-20.00) Útil para obtener información turística general, reservas de alojamiento, alquiler de coches, excursiones, etc. Los taxis estatales se congregan en el exterior.

Infotur (Gustavo Izquierdo, entre Piro Guinart y Camilo Cienfuegos; ⊙9.00-17.00) Útil para obtener información general sobre la ciudad y sus alrededores.

Ecotur (Simón Bolívar 424; ⊙10.00-22.00)

Tiene un mostrador en el restaurante Mesón del Regidor.
Paradiso (General Lino Pérez 306) Excelente selección de circuitos culturales en inglés, español y francés.

ⓘ Cómo llegar y salir

AUTOBÚS

De la céntrica **estación de autobuses** (Piro Guinart 224) salen servicios provinciales a Sancti Spíritus y Cienfuegos, aunque la mayoría de los extranjeros prefiere el más fiable de Víazul. Los billetes se venden en la pequeña taquilla Campo, cerca de la entrada de la estación. Los horarios se pueden consultar en una pizarra.

La **ventanilla de Víazul** (⊙8-11.30 y 13.00-17.00) está en la parte de atrás de la estación. Está bien organizada y, por lo general, se pueden reservar billetes con dos días de antelación.

Los autobuses a Varadero pueden dejar pasajeros en Jagüey Grande (15 CUC, 3 h), con paradas discrecionales en Jovellanos, Colesio y Cárdenas. El servicio a Santiago de Cuba pasa por Sancti Spíritus (6 CUC, 1½ h), Ciego de Ávila (9 CUC, 2 h 40 min), Camagüey (15 CUC, 5 h 20 min), Las Tunas (22 CUC, 7½ h), Holguín (26 CUC, 8 h) y Bayamo (26 CUC, 10 h).

El nuevo servicio de autobús de Cubanacán, **Conectando,** ofrece enlaces diarios directos a La Habana, Varadero y Viñales por precios similares a los de Víazul. Pregúntese en **Infotur** (Antonio Maceo 461).

TREN

En Trinidad, el transporte por ferrocarril es pésimo. La ciudad no tiene conexión con la red ferroviaria principal desde que un huracán derribó un puente, a principios de la década de 1990, de modo que la única línea activa es la que sube por el valle de los Ingenios, para en Iznaga y termina en Meyer. El tren local sale sobre las 5.00, y el turístico –más fiable–, a las 9.30. Conviene comprobarlo antes en la **terminal** (Lino Pérez

SALIDAS DE AUTOBUSES VÍAZUL DESDE TRINIDAD

DESTINO	TARIFA (CUC)	DURACIÓN	SALIDA
Cienfuegos	6	1½ h	7.40, 9.00, 10.30, 15.00, 15.05, 15.45
La Habana	25	6 h 20 min	7.40, 10.30, 15.45
Santa Clara	8	3 h	15.05
Santiago de Cuba	33	12 h	8.00
Varadero	20	6 h	9.00, 15.00, 15.05

final), en una casa rosada situada enfrente de las vías, en el lado oeste de la estación.

ⓘ Cómo desplazarse

BICICLETA

Durante la última visita de los autores, no existía alquiler oficial, pero con más de 500 casas particulares, cabe pensar que se podrá negociar con algún vecino; eso sí, no serán bicicletas ultramodernas. De Trinidad a Playa Ancón se llega en un agradable paseo llano de 30 min; de Trinidad a Topes de Collantes parece una dura etapa del Tour de Francia.

AUTOMÓVIL Y TAXI

En los hoteles de Playa Ancón hay agencias que alquilan ciclomotores (25 CUC/día).

Cubacar (Antonio Maceo esq. Zerquera) alquila vehículos. Los precios varían mucho en función de la temporada, el tipo de automóvil y la duración del alquiler; 70 CUC diarios es una buena guía general. También tienen una oficina en el Hotel Club Amigo Ancón.

La **gasolinera de Servi-Cupet** (☺24 h), 500 m al sur de la ciudad en la carretera de Casilda, tiene una cafetería de El Rápido. La gasolinera de Oro Negro se encuentra en la entrada a Trinidad desde Sancti Spíritus, 1 km al este de la plaza Santa Ana.

Hay aparcamiento vigilado en algunas zonas del casco histórico. Para concertarlo, se puede preguntar en el hotel o la casa particular.

TAXI

Trinidad cuenta con cocotaxis al estilo de La Habana; la tarifa es de unos 5 CUC a Playa Ancón. Un coche cuesta de 6 a 8 CUC ida. Los taxis estatales suelen reunirse en el exterior de la oficina de Cubatur (Antonio Maceo). Un taxi a Sancti Spíritus (70 km) cuesta en torno a 35 CUC.

Playa Ancón y alrededores

Ancón, una preciosa playa de arena blanca en el iridiscente litoral caribeño de Sancti Spíritus, suele publicitarse –y no sin razón– como la playa más bonita de la costa meridional de Cuba.

Si bien la calidad general no es comparable a la de los gigantes de la costa norte (Varadero, Cayo Coco y Guardalavaca), Ancón guarda un as en la manga: Trinidad, el refulgente diamante colonial de Latinoamérica, situado solo 12 km al norte. Se puede llegar en menos de 15 min en coche o 40 en bicicleta. Como alternativa, Ancón cuenta

AUTOBÚS TURÍSTICO DE TRINIDAD

Trinidad cuenta con un práctico microbús (billete día completo 2 CUC), orientado a los turistas, que permite subirse y bajarse tantas veces como se quiera, parecido al de La Habana y Viñales, y que conecta sus lugares de interés más distantes. Realiza una ruta desde la oficina de Cubatur, en Antonio Maceo, a la Finca Mª Dolores, Playa la Boca, el bar Las Caletas y los tres hoteles de Playa Ancón. Circula unas cuatro veces diarias en ambas direcciones, de las 9.00 a las 18.00.

con tres hoteles del tipo "todo incluido" y un puerto deportivo bien equipado, de donde parten excursiones en catamarán a un par de arrecifes cercanos.

Los aficionados a la playa que deseen estar cerca del agua, pero no tengan dinero o ganas de alojarse en uno de los hoteles, pueden optar por una casa particular en el pueblo costero de La Boca.

Nadie duda de la belleza de Ancón, pero lo que los entusiastas folletos turísticos olvidan mencionar son las pulgas de mar: son muy feroces al amanecer y al atardecer y hay que tener cuidado con ellas.

El antiguo puerto pesquero de Casilda, 6 km al sur de Trinidad, es un pueblo acogedor con una sola vía asfaltada. El 17 de agosto, la Fiesta de Santa Elena inunda el pueblecito, con banquetes, competiciones, carreras de caballos y litros de ron. La carretera de Ancón a Casilda cruza una llanura de marea, por lo que, a primera hora de la mañana, se divisa abundante avifauna.

🏃 Actividades

Desde el Hotel Club Amigo Ancón hay 18 km hasta Trinidad, pasando por Casilda, o 16 km por la carretera de la costa que pasa por La Boca, mucho más bonita. La piscina del hotel está abierta a huéspedes ocasionales, y se suele poder usar la mesa de ping-pong sin que se den cuenta.

Marina Trinidad　　　　PESCA, BUCEO
(📞41-99-62-05; www.nauticamarlin.com) Está unos pocos cientos de metros al norte del Hotel Club Amigo Ancón: 4 h de pesca en aguas profundas, incluido transporte, equipo y guía, cuestan 280 CUC (hasta 6 personas). La pesca con mosca también es posible en

torno al rico manglar de la península de Ancón (250 CUC/6 h, 2 personas máx).

Los más románticos quizá quieran disfrutar del **crucero al atardecer**, a partir de 20 CUC. Esta actividad ha sido recomendada con mucho entusiasmo por varios lectores. El puerto deportivo organiza, además, un circuito de buceo y playa de un día completo al **Cayo de las Iguanas** (50 CUC/persona, almuerzo incl.).

**Cayo Blanco International
Dive Center**   SUBMARINISMO, BUCEO
(Marina Trinidad; inmersión/curso aguas abiertas 35/320 CUC) En el puerto deportivo, ofrece paquetes de una o múltiples inmersiones y cursos en aguas abiertas. **Cayo Blanco**, islote del arrecife, 25 km al sureste de Playa Ancón, tiene 22 zonas señalizadas de submarinismo donde se puede contemplar coral negro y abundante fauna marina.

**Windward Islands
Cruising Company**   EXCURSIÓN EN BARCO
(www.caribbean-adventure.com; Marina Trinidad) Esta empresa fleta monocascos y catamaranes, tripulados y sin patrón, desde Marina Trinidad hasta Jardines de la Reina y también al archipiélago de los Canarreos.

Se puede navegar con o sin guías, en un circuito parcial o con todo incluido.

Las personas que estén interesadas deben informarse usando los datos de contacto que figuran en la página web.

🛏 Dónde dormir

Hotel Club Amigo Ancón CENTRO VACACIONAL **$$**
(☑41-99-61-23, 41-99-61-27; Playa Ancón; todo incl. i/d 54/86 CUC; 🅿✳@🌊) Construido durante los 30 años de flirteo de Cuba con la arquitectura soviética, no ganaría ningún premio de belleza. De hecho, esta mole de cemento

de siete pisos, con forma de barco de vapor, parece bastante fuera de lugar junto al encanto natural de Playa Ancón. Pero si lo que se valora es la proximidad a la playa, la propuesta es muy convincente.

A algunos les gusta la sencillez del hotel y sus bajos precios; a otros les gusta citar a Groucho Marx y decir que preferirían no pertenecer a un club (Amigo) que les aceptaría como miembro.

Brisas Trinidad del Mar   CENTRO VACACIONAL **$$**
(41-99-65-00; Playa Ancón; todo incl. i/d 60/100 CUC; P ❄ @ ☂) Pese a ser un intento algo *kitsch* de recrear Trinidad en un ambiente de *resort,* gana enteros por rechazar la arquitectura monolítica y primar las villas coloniales de poca altura. La playa es preciosa, y el masaje, la sauna, el gimnasio y las pistas de tenis, muy útiles para los más deportistas. Aun así, tras apenas una década en activo, la calidad ha empezado a resentirse por la falta de mantenimiento y un servicio deficiente.

✖ Dónde comer y beber

Se puede tomar una copa en el bar Las Caletas, en el cruce de la carretera a Casilda.

Grill Caribe   CARIBEÑA **$$**
(comidas 10 CUC; ⊙24 h) A los restaurantes de los hoteles hay que sumar este, en una apacible playa, especializado en pescado y marisco (gambas o langosta) a buen precio. No es una buena opción para vegetarianos. Fantástico para ver la puesta de sol.

❶ Cómo llegar y salir

Un autobús lanzadera de Transtur conecta Ancón con Trinidad cuatro veces al día (2 CUC). Otras opciones son un agradable paseo en bicicleta o un económico taxi (6 a 8 CUC).

Valle de los Ingenios

La inmensa riqueza de Trinidad se forjó, no en la ciudad, sino en un verde valle 8 km al este. En el valle de los Ingenios (o de San Luis) aún se mantienen las ruinas de numerosos ingenios azucareros del s. XIX, que engloban almacenes, maquinaria, barracones de esclavos, casas señoriales y un tren de vapor en funcionamiento. Gran parte de los molinos de azúcar fueron destruidos durante la Guerra de Independencia y la Guerra Hispano-Estadounidense, cuando el epicentro de la producción azucarera de Cuba se desplazó

FUERA DE RUTA

LA BOCA
....

Entre los arquitectónicamente inapropiados hoteles de Playa Ancón y el, a veces, frenético ambiente turístico de Trinidad, se sitúa La Boca, pequeño pueblo de pescadores medio olvidado en la desembocadura del río Guaurabo. Si al viajero le gusta la indolente placidez, la langosta recién capturada, los atardeceres veteados de carmesí y bromear con los pescadores, este lugar es ideal. Sin restaurantes de renombre y con una playa de guijarros jalonada de abundantes acacias con flores escarlata, destaca por sus casas particulares con porches envolventes, ofertas para cenar y relajantes mecedoras, a pocos metros del paseo marítimo; destacan **Villa Río Mar** (41-99-31-08; San José 65, La Boca; h con baño compartido 20-25 CUC; P ❄) y **Hostal Idel y Domingo** (✆41-99-86-34; av. del Mar 9, La Boca; h 25 CUC; P ❄). La Boca está a 5 km de Trinidad y a 8 de Playa Ancón.

al oeste, a Matanzas. Si bien aún se siembra algo de caña de azúcar, hoy en día el valle es más famoso por ser Patrimonio Mundial de la Unesco. Custodiados por los sombríos centinelas de la sierra del Escambray, los bucólicos prados, palmeras reales y desconchadas ruinas coloniales son intemporalmente bellos. Un circuito a caballo desde Trinidad (p. 283) comprende casi todos (o todos) los lugares siguientes.

◉ Puntos de interés

Mirador de la Loma del Puerto   MIRADOR
Situado 6 km al este de Trinidad, en la carretera a Sancti Spíritus, este mirador de 192 m brinda la mejor vista panorámica del valle e, incluso, con un poco de suerte, al tren de vapor que lo cruza. También hay un bar.

San Isidro de los Destiladeros   ENCLAVE HISTÓRICO
(1 CUC; ⊙9.00-17.00) Tras prolongadas excavaciones, ya pueden visitarse los restos del que fuera un espléndido molino de azúcar de la era preindustrial. De principios de la década de 1830 y sofisticado para su tiempo, se nutría fundamentalmente del trabajo de esclavos. Tras el cese de la producción en 1890, los edificios principales –una hacienda,

un campanario de tres pisos, las estancias de los esclavos y varias cisternas– acabaron por venirse abajo.

La reforma sigue su curso, criticada por quienes creen que debería conservarse como estaba. Se llega por un desvío a la derecha en la carretera Trinidad-Sancti Spíritus, 10 km al este de Trinidad; desde allí, hay otros 2 km.

Manaca Iznaga
MUSEO, PUNTO DE INTERÉS

(entrada con torre 1 CUC; ☺9.00-16.00) El punto central del valle es esta finca, 16 km al noreste de Trinidad. Fundada en 1750, fue adquirida en 1795 por el cruel Pedro Iznaga, que devino uno de los hombres más acaudalados de Cuba gracias al poco escrupuloso negocio del tráfico de esclavos. La torre de 44 m de altura que hay junto a la hacienda se usaba para vigilar a los esclavos, y la campana situada delante de la casa servía para convocarlos. Hoy se puede subir a lo alto de la torre para disfrutar de las bellas vistas y después tomar un almuerzo aceptable (12.00-14.30) en el restaurante-bar de la antigua mansión colonial de Iznaga. No hay que perderse la enorme prensa de azúcar que hay en la parte de atrás.

Casa Guachinango
LUGAR DE INTERÉS

(☺9.00-17.00) Esta antigua hacienda, 3 km más allá de Manaca Iznaga, en la carretera que se adentra en el valle, fue construida por don Mariano Borrell hacia finales del s. XVIII. Ahora el edificio alberga un restaurante. El río Ay pasa por debajo y el paisaje colindante es realmente espléndido. Se pueden concertar paseos a caballo.

Para llegar, hay que tomar la carretera asfaltada que sale a la derecha, un poco más allá del segundo puente que se pasa según se viene de Manaca Iznaga. El tren Meyer para al lado de la casa todas las mañanas y se puede volver andando de Guachinango a Iznaga en menos de 1 h, siguiendo la vía férrea.

Sitio Guáimaro
LUGAR DE INTERÉS

(☺7.00-19.00) Pasados 7 km al este desde el desvío de Manaca Iznaga, hay que viajar 2 km más al sur para encontrar la antigua finca de don Mariano Borrell, un acaudalado comerciante de azúcar de primeros del s. XIX. Los siete arcos de piedra de la fachada conducen a habitaciones decoradas con frescos, ocupadas actualmente por un restaurante.

❶ Cómo llegar y salir

El venerado pero poco fiable ferrocarril de vapor no estaba operativo durante la visita de los autores de estas páginas. En cambio, un tren diésel menos pintoresco recorría el valle de los Ingenios, con salida de Trinidad a las 9.30 y paradas en Manaca Iznaga y Guachinango. El tren de vuelta sale de Guachinango a las 14.35 y de Manaca Iznaga a las 14.50, lo que permite ver los puntos de interés. En Trinidad, Cubatur (p. 288) informa sobre el próximo viaje del tren turístico y si funciona. Los billetes para el bonito paseo cuestan 10 CUC. Los mostradores turísticos de los hoteles de Ancón venden el mismo circuito en tren por 17 CUC, incluido el traslado en autobús a Trinidad.

En las agencias de viajes de Trinidad o Playa Ancón pueden organizar circuitos a caballo. Otra opción es contratar independientemente un caballo y un guía en Trinidad por 15 CUC (6 h).

Topes de Collantes
ALT. 771 M

La escarpada sierra del Escambray, con sus 90 km de longitud, es la segunda mayor cordillera de Cuba y atraviesa las fronteras de tres provincias: Sancti Spíritus, Cienfuegos y Villa Clara. Aunque no es demasiado elevada (el punto más alto, el pico de San Juan, tiene una altitud de 1156 m), las laderas de las montañas son ricas en flora y se hallan sorprendentemente aisladas. A finales de 1958, el Che Guevara acampó en estos montes de camino a Santa Clara y, menos de 3 años después, grupos contrarrevolucionarios respaldados por la CIA llevaron a cabo su propia campaña guerrillera desde el mismo punto estratégico.

Aunque no sea parque nacional en sentido estricto, Topes es, no obstante, una zona fuertemente protegida. El parque general, que abarca 200 km², engloba otros cuatro más pequeños –Altiplano, Codina, Guanayara y El Cubano–, mientras que un quinto enclave en la provincia de Cienfuegos, El Nicho, está también administrado por la dirección del parque, Gaviota.

El parque toma su nombre del asentamiento más grande, un feo balneario fundado en 1937 por el dictador Fulgencio Batista a fin de aliviar a su mujer enferma, para quien construyó una pintoresca casita de campo. Posteriormente la edificación continuó ladera abajo con la construcción de un sanatorio para tuberculosos arquitectónicamente grotesco (hoy un *resort* de salud), iniciado a finales de la década de 1930, aunque no se inauguró hasta 1954.

Topes de Collantes tiene dos hoteles básicos abiertos a extranjeros, así como la mejor red de senderos de la isla. Los selváticos bosques, que albergan enredaderas, líquenes, musgos, helechos y llamativas epifitas, equivalen a una gigantesca clase de biología al aire libre.

A la entrada de los complejos hoteleros, cerca del reloj de sol, el **centro de visitantes** (⊙8.00-17.00) es el mejor sitio para obtener mapas, guías e información sobre los senderos.

⊙ Puntos de interés

Museo de Arte Cubano Contemporáneo
MUSEO

(entrada 2 CUC; ⊙8.00-20.00) Por increíble que parezca, el gigantesco sanatorio de Topes de Collantes albergó, en el pasado, un auténtico tesoro de arte cubano, con obras de maestros nacionales como Tomás Sánchez y Rubén Torres Llorca. Un robo perpetrado en el 2008 en la antigua colección llevó al Gobierno provincial a abrir este museo, mucho más atractivo, que exhibe 70 obras en seis salas distribuidas en tres pisos. El museo está en la principal carretera de acceso, según se viene de Trinidad, antes de llegar a los hoteles.

Casa Museo del Café
MUSEO

(⊙7.00-19.00) 🖉 El café se cultiva en estas montañas desde hace más de dos siglos, y en este pequeño y rústico café se puede conocer la historia de su apogeo y decadencia mientras se degusta el aromático brebaje local (llamado Crystal Mountain). Subiendo por la carretera se llega al **Jardín de Variedades del Café**, un breve recorrido a pie por 25 tipos de cafetos.

Plaza de las Memorias
MUSEO

(⊙8.00-17.00) GRATIS Esta pequeña y curiosa exposición, ubicada en tres pequeñas construcciones de madera, bajando desde la Casa Museo del Café, constituye el museo más emblemático de Topes. Cuenta la historia del enclave y sus hoteles.

🏃 Actividades

Topes dispone de la mejor red senderista de Cuba. La reciente relajación en la normativa permite abordar la mayoría de los parques en solitario, pero se precisa vehículo propio para acceder a algunos caminos.

⭐ Salto del Caburní
EXCURSIONISMO, NATACIÓN

(entrada 9 CUC) La ruta clásica, y una de las más accesibles a pie desde los hoteles, es la que lleva a esta cascada de 62 m que cae sobre rocas, formando frescas pozas, antes de precipitarse a un abismo al que los más bravos se retan a saltar. En plena estación seca (de marzo a mayo) puede resultar decepcionante.

Se paga en la barrera de peaje de Villa Caburní, colina abajo desde el Kurhotel, cerca del centro de visitantes (se tarda en llegar a pie). Esta caminata de 5 km (i/v) requiere 1 h de bajada y 1 ½ h de vuelta. Algunas pendientes son pronunciadas y pueden estar resbaladizas después de llover.

Sendero Jardín del Gigante
EXCURSIONISMO, NATACIÓN

(entrada 4 CUC) Para viajeros con poco tiempo que deseen hacerse una idea de los ecosistemas de Topes, esta ruta de 1,2 km resulta ideal. Arranca en la plaza de las Memorias y acaba cuesta abajo en el parque La Represa, a orillas del río Vega Grande. Por el camino se cuentan hasta 300 especies de árboles y helechos, incluida la caoba más grande de Cuba.

El pequeño restaurante que hay en la entrada al jardín ocupa una casa de campo construida por la esposa de Fulgencio Batista.

Sendero La Batata
EXCURSIONISMO, NATACIÓN

(entrada 4 CUC) Esta ruta de 6 km de ida y vuelta a una pequeña cueva con un río subterráneo comienza en una señal de aparcamiento, ladera abajo con respecto a la Casa Museo del Café. Cuando se llega a otra carretera, hay que rodear el lado derecho del terraplén de cemento y seguir cuesta abajo. Se debe continuar todo recto o hacia la derecha después de ese punto (evitando los caminos que van hacia la izquierda). Calcúlese una 1 h de ida y otra de vuelta.

Vegas Grandes
EXCURSIONISMO, NATACIÓN

(entrada 9 CUC) Esta ruta empieza en los bloques de apartamentos conocidos como Reparto el Chorrito, en la parte meridional de Topes de Collantes, cerca de la entrada a los *resorts* conforme se viene de Trinidad. Se tarda algo menos de 1 h en recorrer los 2 km hasta la cascada (refrescante chapuzón incluido), y lo mismo de vuelta.

Es posible seguir hasta el salto del Caburní, pero no es mala idea contratar a un guía, ya que los senderos están mal señalizados.

Hacienda Codina
EXCURSIONISMO

(entrada 6 CUC) Está a 8 km de Topes por una carretera bacheada (la pista de 4 km para todoterrenos parte de una cima a 3 km por la carretera a Cienfuegos y Manicaragua). Otra opción es tomar el sendero La Batata y proseguir 1,5 km después de la cueva. Conviene informarse antes en el centro de visitantes y contratar a un guía en caso de duda.

En la propia hacienda hay otro camino-circular de 1,2 km, conocido como **sendero de Alfombra Mágica,** que atraviesa jardines de orquídeas y bambú y pasa por la cueva del Altar. Allí también hay baños de lodo, un restaurante y un mirador.

Gruta Nengoa EXCURSIONISMO, NATACIÓN

(entrada 6 CUC) Recién construido, este sendero de 2,6 km se centra en una gruta y una cascada de 12 m de altura, con buenas opciones para avistar aves y nadar. Comienza a 16 km de Topes, al sur del pueblo de Cuatro Vientos.

Sendero 'Centinelas del Río Melodioso' EXCURSIONISMO, NATACIÓN

(entrada 9 CUC) La ruta menos accesible desde Topes de Collantes es, sin duda, la más gratificante: 3 km (6 km i/v) en el Parque Guanayara, a 15 km del centro de visitantes por caminos empinados y llenos de baches. Por razones logísticas, es mejor concertar esta excursión con un guía del centro de visitantes o como parte de un circuito desde Trinidad, organizado por Cubatur (45 CUC, almuerzo incl.).

El sendero comienza en unos cafetales frescos y húmedos y desciende abruptamente a la cascada **El Rocío.** Siguiendo el curso del río Melodioso, se pasa por otra tentadora cascada y por la **poza del Venado,** antes de emerger en los salubres jardines de la **Casa la Gallega,** una hacienda rural tradicional a orillas del río, donde se puede organizar un almuerzo ligero y a veces se permite acampar.

🛏 Dónde dormir

Hotel los Helechos HOTEL $

(☎41-54-02-31; i/d 36/49 CUC; P🅿️❄️🏊) Aunque ha sido durante años el talón de Aquiles de la cadena Gaviota, recientemente ha experimentado una amplia renovación. No llega a armonizar al 100% con su entorno natural y el tosco edificio sigue sin resultar demasiado elegante. Tampoco ayuda la antiestética piscina cubierta, los minúsculos baños de vapor (si es que funcionan), el restaurante de obreros y la discoteca algo *kitsch* (ien un parque natural!). Lo único que se salva es el delicioso pan horneado del restaurante, quizá el mejor de Cuba.

Villa Caburní BUNGALÓS $

(☎41-54-01-80; i/d 31/44 CUC; P🅿️) En un pequeño parque junto al Kurhotel, tiene chalés al estilo suizo, de uno o dos pisos, con cocina

americana y baño. Está situado justo detrás de la oficina de información.

🍴 Dónde comer y beber

Además de los restaurantes de Topes, en los senderos hay tres opciones (principales 6-9 CUC): la **Hacienda Codina,** el **Restaurante la Represa** y la **Casa la Gallega** (en el parque Guanayara). **El Mirador** (ctra. Trinidad) es un sencillo bar con fabulosas vistas.

Restaurante Mi Retiro CARIBEÑA $$

(ctra. Trinidad; comidas 6-9 CUC) Situado a 3 km, en la carretera de vuelta a Trinidad, sirve comida criolla correcta.

Bar-Restaurante Gran Nena CUBANA $$$

(☎41-54-03-38; Carretera Principal; comidas 12-18 CUC; ⏰24 h) Especie de paraíso en el pueblo de Topes es este nuevo restaurante privado, donde se puede comer lo más fresco, directamente de la tierra. Plátanos, papayas, aguacates, naranjas y melocotones crecen abundantemente en el colindante jardín inclinado y se puede seguir un camino a través de ellos hasta una cueva oculta.

Su acogedor propietario, cuya familia lleva muchos años viviendo aquí, sirve la comida en un comedor tradicional, abierto, que desprende un genuino regusto campestre.

Está junto al Museo de Arte Cubano Contemporáneo.

ℹ️ Cómo llegar y salir

Sin vehículo, resulta muy difícil acceder a Topes de Collantes y aún más llegar al inicio de los senderos. Las mejores opciones son un taxi (35 CUC i/v, con espera de 2-3 h), una excursión organizada desde Trinidad (29 CUC) o un automóvil alquilado.

La carretera entre Trinidad y Topes de Collantes está asfaltada, pero es muy empinada. Cuando está húmeda, se torna resbaladiza y hay que conducir con precaución.

Existe, además, una espectacular vía de 44 km que continúa por las montañas desde Topes de Collantes hasta Manicaragua, pasando por Jibacoa (compruébese en Trinidad antes de partir). También es posible conducir a/desde Cienfuegos, a través de Sierrita, por una carretera (solo apta para todoterrenos).

Sancti Spíritus
114 360 HAB.

Esta atractiva ciudad colonial sería, en cualquier otro país, una joya cultural, pero cobijada en la insigne provincia de Sancti Spíritus y destinada a ocupar un segundo puesto por detrás de Trinidad, casi no se le concede ninguna oportunidad. Para muchos visitantes, ese es su atractivo; es como Trinidad, pero sin el bullicio turístico. Aquí el viajero puede acudir a un restaurante y buscar una casa particular sin verse avasallado por una legión de 'guías' que afirman que el propietario ha muerto, está de vacaciones o reside en Miami. Además, puede sentarse cómodamente en el parque Serafín Sánchez y ver a los niños jugar al *stickball* mientras se cuelan melancólicos boleros en calles que nunca llegaron a ser Patrimonio Mundial de la Unesco.

Fundada en 1514 como una de las siete villas originales de Diego Velázquez, Sancti Spíritus se trasladó en 1522 a su actual emplazamiento junto al río Yayabo. Ello no detuvo a los audaces corsarios, que continuaron saqueando la ciudad hasta bien entrada la década de 1660.

Si Trinidad dio al mundo la hermosa Playa Ancón, millonarios magnates del azúcar y *jineteros* en bicicleta a la caza de clientes, Sancti Spíritus produjo la elegante camisa guayabera, la guayaba (fruta) y un pintoresco puente.

En el 2014 se procedió a un impresionante lavado de cara, con motivo de su 500 aniversario. Visualmente al menos, Sancti Spíritus no tiene nada que envidiar a Trinidad.

◉ Puntos de interés

Las calles principales que quedan al norte y al sur del eje que forman la avenida de los Mártires y la calle M. Solano incorporan un oportuno sustantivo norte/sur.

Puente Yayabo · LUGAR DE INTERÉS

Como sacado de la campiña inglesa, este puente con cuatro arcos es la atracción por excelencia de Sancti Spíritus. Construido por los españoles en 1815, soporta el tráfico que cruza el río Yayabo y es actualmente Monumento Nacional. La mejor panorámica (y un reflejo de espejo) se ve desde la terraza de la Taberna Yayabo.

Junto al puente, el Teatro Principal data de 1876, y las calles adoquinadas y blanqueadas por el sol que suben hacia el centro son de las más antiguas de la localidad. La más bella es la angosta calle Llano, donde las ancianas venden pollos vivos a domicilio y animados vecinos cotillean, a voz en grito, frente a sus casas azul cielo o amarillo limón. También merece la pena pasear por las calles Guairo y San Miguel, recién rehabilitadas.

Parque Serafín Sánchez · PLAZA

Sin ser la plaza más umbría ni evocadora de Cuba, este bonito parque está impregnado de la discreta elegancia de Sancti Spíritus. Las sillas de metal, dispuestas dentro de la zona central peatonal, suelen estar ocupadas por abuelos que fuman puros y parejas de jóvenes enamorados con la vista puesta en la animada vida nocturna de la ciudad.

Hay mucho con lo que abrir boca en el lado sur, donde la majestuosa Casa de la Cultura suele sacar su música a la calle. Al lado, la maravilla de columnas helénicas que hoy acoge la Biblioteca Provincial Rubén Martínez Villena (☏41-32-77-17; Máximo Gómez Norte 1) fue construida en 1929 por la Sociedad del Progreso. El edificio del lado norte de la plaza es el antiguo hotel La Perla, que estuvo en desuso, desmoronándose durante años, antes de convertirse en un centro comercial gestionado por el Gobierno.

Casa de la Guayabera · MUSEO, BAR

(San Miguel 60; ◷10.00-17.00) Uniforme predilecto de presidentes sudamericanos y ruborizados novios en bodas mexicanas de playa, se dice que la guayabera la inventaron aquí las esposas de los trabajadores del campo, y que les cosieron los característicos bolsillos para que sus maridos guardaran sus herramientas y almuerzos. Este nuevo museo les rinde honores, exhibiendo guayaberas que llevaron iconos internacionales como Hugo Chávez, Gabriel García Márquez y también Fidel.

El complejo, en un sugerente patio a orillas del río, delante del famoso puente de caballos de carga, cuenta también con un bar, jardín y taller donde se puede ver cómo se confeccionan.

Fundación de la Naturaleza y el Hombre · MUSEO

(Cruz Pérez 1; donativo recomendado 2 CUC; ◷ 10.00-17.00 lu-vi, hasta 12.00 sa) Como una copia de su homónimo de La Habana (en Miramar), este museo, situado en el parque Maceo, describe la odisea de 17 422 km en canoa desde el Amazonas al Caribe encabezada por el escritor y geógrafo cubano Antonio Nuñez Jiménez (1923-1998) en 1987. Unos 432 exploradores llevaron a cabo el viaje a través de 20 países, desde Ecuador a las Bahamas, en las piraguas *Simón Bolívar* y *Hatuey*. La segunda mide más de 13 m y es la pieza central y más apreciada de la colección. Los horarios de apertura son muy arbitrarios.

Sancti Spíritus

N 0 ————————————— 200 m

TRINIDAD Y PROVINCIA DE SANCTI SPÍRITUS SANCTI SPÍRITUS

Rafael Río Entero

Silvestre Alonso

Julio A. Mella

5

Parque
Maceo

4

Frank País

Adolfo del Castillo

Martí

Maceo

Máximo Gómez Norte Sur

Céspedes Norte

Luz Caballero

7

Tirso Marín

Independencia Norte

23

Laborní

Maceo

Estadio José A Huelga
(1,5km);
(1,7km)

Cándido Calderón

Juan Gómez

15

34

21

20

Av de los Mártires

Maceo

31

11

19

Parque
Serafín
Sánchez

Plácido

10

9

28

Céspedes Sur

Martí

M. Solano

A Rodríguez

Máximo Gómez Norte Sur

29

22

18

35

32

26

24

1

17

30

16

12

25

Plaza
Honorato

San Miguel

Honorato

6

Agramonte Oeste

Independencia Sur

Agramonte

3

33

Guairo Sur

Plácido Sur

8

Panco Jiménez

Río Yayabo

14

27

Av Jesús Menéndez

Llano

20 de Julio

13

(50m)

2

Sancti Spíritus

Museo de Arte Colonial MUSEO
(Plácido Sur 74; entrada 2 CUC; ⊘9.00-17.00 ma-sa, 8.00-12.00 do) Este pequeño museo, que fue reformado en el 2012, expone mobiliario y decoración del s. XIX en un imponente edificio del s. XVII que, en su día, fue propiedad de la familia Iznaga, magnates del azúcar.

**Iglesia parroquial mayor
del Espíritu Santo** IGLESIA
(Agramonte Oeste 58; ⊘9-11.00 y 14.00-17.00 ma-sa) Esta bella iglesia azul, que domina la plaza Honorato, experimentó una radical renovación en el 2014, con motivo de su aniversario. Construida originariamente en madera en 1522 y reconstruida en piedra en 1680, se dice que es la más antigua de Cuba que aún se mantiene en pie sobre sus cimientos originales.

El mejor momento para contemplar su sencillo pero conmovedor interior es durante la misa dominical (10.00). Bastará con un pequeño donativo.

Plaza Honorato PLAZA
Antiguamente conocida como plaza de Jesús, esta diminuta plazuela es donde las autoridades españolas llevaban a cabo las ejecuciones públicas. Más tarde acogió un mercado agrícola y el pequeño callejón oriental aún está flanqueado por destartalados puestos.

Actualmente posee un hotel-*boutique*, el Hostal del Rijo.

Bulevar AVENIDA
La calle Independencia Sur, reactivada arteria comercial, está vedada al tráfico y flanqueada por estatuas, esculturas y un sinfín de curiosas tiendas. Aquí se halla el opulento edificio Colonia Española, antiguo club exclusivo para hombres blancos, hoy galería comercial. Sorprendentemente, el *agropecuario* (mercado de verduras) está en pleno centro.

En la calle Honorato, junto a Independencia, hay un rastro y, por todas partes, vendutas (pequeñas tiendas o puestos privados), lo que ilustra la relajación de las leyes mercantiles.

Museo de Ciencias Naturales MUSEO
(Máximo Gómez Sur 2; entrada 1 CUC; ⊘8.30-17.00 lu-sa, hasta 12.00 do) Esta casa colonial junto al parque Serafín Sánchez, con un cocodrilo disecado (que dará un susto de muerte a los más pequeños) y varias colecciones de rocas brillantes, no tiene mucho de museo de ciencias naturales.

Museo Provincial MUSEO
(Máximo Gómez Norte 3; entrada 1 CUC; ⊘9.00-17.00 ma-ju, 14.00-22.00 vi, 9.00-12.00 y 20.00-

22.00 sa, 8.00-12.00 do) Es uno de los museos vagamente cómicos de Cuba, donde los guías siguen a los visitantes como si fueran a robar las joyas de la corona. La colección es menos distinguida: recorre la historia de Sancti Spíritus con una polvorienta colección de objetos como porcelana inglesa, crueles artefactos de esclavos y la inevitable parafernalia revolucionaria M-26/7.

**Museo Casa Natal de
Serafín Sánchez** MUSEO

(Céspedes Norte 112; entrada 1 CUC; ⊗8.00-17.00 lu-sa) Sánchez fue un patriota de la ciudad que participó en las dos guerras de independencia y cayó en combate en noviembre de 1896. Este catálogo de sus gestas da para 20 min como máximo.

**Iglesia de Nuestra Señora
de la Caridad** IGLESIA

(Céspedes Norte 207) Frente a la Fundación de la Naturaleza y el Hombre, es la segunda iglesia de la ciudad, muy hermosa tras ser pintada en el 2014. Sus arcos interiores son lugar predilecto de anidamiento de los gorriones cubanos, inmunes al mal estado del interior.

🛏 Dónde dormir

🛏 En la ciudad

Sancti Spíritus cuenta con tres atractivos hoteles-*boutique* de la cadena Cubanacán, clasificados como hoteles con encanto. Todos ocupan un bello edificio colonial restaurado y son maravillosos para pasar una o dos noches. Se ven complementados por un puñado de agradables casas particulares.

Hostal Paraíso CASA PARTICULAR $

(☑41-33-46-58; Máximo Gómez Sur 11, entre Honorato y M. Solano; h 25 CUC; ✺) Vivienda colonial que data de 1838. Su capacidad original (dos habitaciones) ha sido recientemente doblada. Los baños son inmensos y la vegetación que la rodea levanta el ánimo.

**'Los Richards'-
Ricardo Rodríguez** CASA PARTICULAR $

(☑41-32-30-29; Independencia Norte 28 Altos; h 25 CUC; ✺) La oscura escalera que sale de la plaza principal no deja entrever el tamaño de esta casa. Las dos habitaciones de delante son inmensas y eclipsan sus muchas camas, bar interior, comedor privado y nevera. Destacan

los balcones protegidos de hierro forjado, con vistas al teatro de la plaza principal.

Estrella González Obregón CASA PARTICULAR $

(☑41-32-79-27; Máximo Gómez Norte 26; h 25 CUC; ✺) Ideal para familias, con dos amplias habitaciones y posibilidad de cocinar. Hay una terraza en la azotea con buenas vistas de la sierra del Escambray.

★ Hostal del Rijo HOTEL-BOUTIQUE $$

(☑41-32-85-88; Honorato del Castillo 12; i/d 75/100 CUC; ✺@✺) Incluso a los fans de las casas particulares les costará resistirse a esta mansión de 1818 minuciosamente restaurada, situada en la tranquila plaza Honorato (hasta que abre la Casa de la Trova). Muchas de sus 16 enormes y lujosas habitaciones están equipadas con televisión por satélite, champús de obsequio y mobiliario colonial. En el elegante restaurante del patio, en la planta baja, sirven un espléndido y relajado desayuno que demorará al viajero hasta las 11.00. ¿Y por qué no quedarse otra noche?

Hotel Plaza HOTEL-BOUTIQUE $$

(☑41-32-71-02; Independencia Norte 1; i/d 52/70 CUC; ✺@) En el límite del parque Serafín Sánchez, ofrece 28 habitaciones en dos plantas. Recién reformado, sus esponjosos albornoces, mobiliario macizo, romántico bar en el patio y ventanas con grandes vistas a la siempre concurrida plaza, le han otorgado categoría de hotel-*boutique*.

Hostal Don Florencio HOTEL-BOUTIQUE $$$

(Independencia Sur; i/d 75/120 CUC; ✺@) Sancti Spíritus no suele ganarle la partida a Trinidad, pero su selección de hoteles es mejor, sobre todo tras la apertura de este en el 2014. El brillante mobiliario rojo de anticuario resulta muy atractivo y los dos tentadores *jacuzzis* del fresco patio central obligan a quedarse.

🛏 Al norte de la ciudad

Hay dos hoteles muy agradables en la Carretera Central, en dirección norte; ambos son una buena elección si el centro está lleno o el viajero está de paso. Zaza, 5 km al este, atrae a los pescadores.

Villa los Laureles HOTEL $

(☑41-32-73-45; Carretera Central, km 383; i/d 33/44 CUC; P✺@✺) No contento con dormirse en ellos, este hotel alinea sus laureles en un sombreado camino que atrae al visitante hasta este establecimiento de la selecta cadena nacional Islazul, fuera de la ciudad. Como complemento a sus amplias y luminosas habitaciones (con nevera, televisión vía satélite y patio/balcón) destacan una tentadora piscina, frondosos jardines salpicados de flores y un vistoso cabaré, el Tropi, con espectáculo nocturno a las 21.00.

Hotel Zaza
HOTEL $

(📞41-32-85-12; i/d incl. desayuno 25/33 CUC; P❄☎) Encaramado sobre el extenso embalse de Zaza, 5 km al este del centro, este destartalado refugio rural, más que hotel, parece un utilitario bloque de pisos traído desde Moscú, aunque ello no disuade a los ejércitos de pescadores de lubinas que bajan en masa (excursiones de pesca 4 h/30 CUC).

Para los demás, hay una piscina y travesías en barco por el lago (crucero de 1 h, 2 personas/20 CUC).

Villa Rancho Hatuey
HOTEL $$

(📞41-32-83-15; Carretera Central, km 384; i/d 45/60 CUC; P❄@☎) A esta joya de Islazul se accede desde el carril de la Carretera Central que discurre en dirección sur. Contiene 76 habitaciones en bungalós de dos plantas en una amplia zona ajardinada, a unos 500 m de la carretera. El viajero puede tumbarse al sol en la piscina o comer algo en el práctico restaurante, mientras observa a grupos de turistas canadienses y funcionarios del Partido Comunista de La Habana mezclarse con cierta incomodidad.

🍴 Dónde comer

Los restaurantes privados de Sancti Spíritus nunca gozaron de mucho prestigio pero, desde que se relajaron las leyes de privatización, han surgido algunos buenos. Entre los estatales hay también varios a tener en cuenta.

⭐ Papo's Boulevard
CUBANA $

(📞41-32-72-77; Independencia Sur 124; comidas 2-4 CUC; ⏰11.00-23.00)Además de su inmejorable ubicación en el bulevar, su secreto es el *congrí*. En la calle se dice que en Sancti Spíritus se fusiona el arroz y las judías mejor que en ninguna otra parte de Cuba, y este restaurante hace buena la leyenda con un congrí sutilmente picante, lo bastante sabroso como para eclipsar al pescado y la carne que acompaña.

Dulce Crema
HELADERÍA $

(Independencia Norte esq. Laborni; helados 1-2 CUC; ⏰8.00-22.00) Aquí no hay Coppelia, pero esta heladería es su veterana sustituta en la provincia y, de hecho, es mejor. Otra opción es quedarse el tiempo suficiente en el parque Serafín Sánchez hasta que aparezca alguien con una heladera con motor de lavadora.

Taberna Yayabo
CUBANA, ESPAÑOLA $$

(📞41-83-75-52; Jesús Menéndez 106; comidas 9 CUC; ⏰9.00-22.45) Nuevo restaurante estatal que combina una ubicación única (junto al puente Yayabo) con un excelente servicio y una de las mejores bodegas del país. Tiene sumiller propio y un chef que realiza demostraciones ante la clientela.

Restaurante Hostal del Rijo
INTERNACIONAL $$

(Honorato 12; comidas 6-10 CUC; ⏰7.00-23.00) Su impresionante patio central y su encantadora terraza irradian un sereno ambiente colonial. Además, el servicio es bueno y cuenta con una notable selección de postres y cafés.

El 19
INTERNACIONAL $$

(Máximo Gómez 9, entre Manolo Solano y Honorato del Castillo; comidas 8-12 CUC; ⏰6.30-22.00) Otro de los artífices del nuevo panorama gastronómico de Sancti Spíritus, este céntrico restaurante está especializado en filetes de solomillo, un plato casi inexistente en Cuba hasta hace poco, y que sirve un personal deseoso de agradar.

Mesón de la Plaza
CARIBEÑA, ESPAÑOLA $$

(Máximo Gómez Sur 34; principales 6-9 CUC; ⏰12.00-14.30 y 18.00-22.00) Tradicionalmente una sólida opción, este restaurante gubernamental está en una mansión del s. XIX que perteneció a un adinerado magnate español. El comensal puede degustar clásicos españoles como potaje de garbanzos y ternera mientras escucha la agradable música que le llega de la contigua Casa de la Trova.

Compra de alimentos

Mercado agropecuario
MERCADO $

(Independencia Sur esq. Honorato; ⏰7.00-17.30 lu-sa, 7.00-12.00 do) Junto a la principal avenida comercial. Se recomienda asomarse y ver cómo compran los cubanos.

La Época
SUPERMERCADO $

(Independencia Norte 50C; ⏰9.00-17.00 lu-sa, 9.00-12.00 do) Correcto para comestibles y chucherías varias.

🍸 Dónde beber y ocio

Sancti Spíritus posee un maravilloso ambiente nocturno, agradable y sin pretensiones.

⭐ Uneac
MÚSICA EN DIRECTO

(Independencia Sur 10) El viajero recibirá amables saludos de personas a las que jamás ha

ALTURAS DE BANAO

Todavía ignorada por muchas guías, que dirigen el turismo hacia Topes de Collantes, esta reserva ecológica junto a la carretera principal entre Sancti Spíritus y Trinidad esconde un conjunto poco explorado de montañas, cascadas, bosques y escarpados cerros de piedra caliza. La cumbre más alta de la reserva –que forma parte de la cadena montañosa de Guamuhaya– mide 842 m, mientras que las estribaciones están repletas de ríos, abundante vegetación (entre ella, cactus epífitos) y ruinas de muchas granjas pioneras del s. XIX. Las oficinas centrales del parque están en Jarico, 3,5 km subiendo por un camino trillado junto a la carretera Sancti Spíritus-Trinidad. Incluye un restaurante tipo *ranchón*, centro de visitantes y un chalé con ocho habitaciones dobles (25 CUC). Muy cerca está la Cascada Bella y una poza natural. Desde Jarico, el sendero La Sabina, de 6 km, conduce a la bioestación del mismo nombre, donde La Sabina Chalet (h 56 CUC) ofrece comida y alojamiento en cuatro habitaciones dobles. Otra opción es hacer la ruta en un día con un guía (3 CUC). La entrada a la Reserva de Banao cuesta 3 CUC. En Trinidad, Ecotur (p. 288) organiza excursiones con alojamiento incluido.

visto, mientras el romántico cantante lanzará besos desde el escenario a su(s) novia(s). Los conciertos de la Uneac parecen más bien reuniones familiares que eventos culturales, y la de Sancti Spíritus es una de las 'familias' más agradables que se pueden encontrar.

Casa de la Trova
Miguel Companioni   MÚSICA EN DIRECTO
(Máximo Gómez Sur 26) También famoso en Cuba, este animado local de música tradicional, situado en un edificio colonial junto a la plaza Honorato, está a la altura de cualquiera de Trinidad. La parroquia es 90% autóctona y el resto extranjera.

Café ARTex   CLUB
(M. Solano; entrada 1 CUC; ⊙22.00-2.00 ma-do) Situado en una planta alta del parque Serafín Sánchez, tiene más ambiente de local nocturno que los habituales patios de ARTex. Hay baile, música en directo y karaoke todas las noches, y una sesión de tarde los domingos a las 14.00 (entrada 3 CUC). El jueves es noche de reguetón, y además actúan cómicos. La clientela suele ser menor de 25 años.

Casa de la Cultura   MÚSICA EN DIRECTO
(☑41-32-37-72; M. Solano 11) En la esquina suroeste del parque Serafín Sánchez, programa numerosos actos que los fines de semana ocupan la calle y dejan la acera intransitable.

Teatro Principal   TEATRO
(☑232-5755; av. Jesús Menéndez 102) Este icono arquitectónico junto al puente Yayabo recibió hace poco un exhaustivo lavado de cara. Los fines de semana hay matinales (a las 10.00) de teatro infantil.

Cine Conrado Benítez   CINE
(☑32-53-27; Máximo Gómez Norte 13) De los dos principales cines de la ciudad, es la mejor opción para ver películas aceptables (algunas en inglés con subtítulos).

Estadio José A. Huelga   DEPORTES
(Circunvalación) De octubre a abril se disputan partidos de béisbol en este estadio, 1 km al norte de la estación de autobuses. El equipo provincial de Los Gallos saboreó la victoria por última vez en 1979.

🔒 De compras

Todo lo que el viajero pueda necesitar –desde pilas a sartenes– se vende en los puestos de la peatonal Independencia Sur (conocida coloquialmente como el Bulevar), que se ha beneficiado de una atractiva renovación en el 2014, con motivo de su 500 aniversario.

Colonia   ACCESORIOS
(Independencia Sur esq. Agramonte; ⊙9.00-16.00) Minigalerías ubicadas en uno de los edificios coloniales más bonitos de la ciudad.

La Perla   CENTRO COMERCIAL
(Parque Serafín Sánchez; ⊙9.00-16.00) Tres niveles de compras antiausteridad detrás de un edificio colonial rosado del parque Serafín Sánchez, espléndidamente restaurado.

Librería Julio Antonio Mella   LIBROS
(Independencia Sur 29; ⊙8.00-17.00 lu-sa) Frente a la oficina de correos, ofrece textos revolucionarios (sobre todo en español) para viajeros eruditos.

ℹ Información

ACCESO A INTERNET Y TELÉFONO

Etecsa Telepunto (Independencia Sur 14; internet 4,50 CUC/h; ⏰8.30-19.30) Dos ordenadores casi siempre libres.

ASISTENCIA MÉDICA

Farmacia Especial (Independencia Norte 123; ⏰24 h) Farmacia en el parque Maceo.

Hospital Provincial Camilo Cienfuegos (☎41-32-40-17; Bartolomé Masó 128) A 500 m de la plaza de la Revolución.

Policlínico Los Olivos (☎41-32-63-62; Circunvalación Olivos 1) Cerca de la estación de autobuses. Atiende urgencias de extranjeros.

DINERO

Banco Financiero Internacional (Independencia Sur 2; ⏰9.00-15.00 lu-vi) En el Parque Serafín Sánchez.

Cadeca (Independencia sur 31) Hay colas larguísimas.

CORREOS

Oficina de correos (Independencia Sur 8; ⏰9.00-18.00 lu-sa) La otra sucursal (Bartolomé Masó 167; ⏰9.00-18.00 lu-sa) está en el edificio de Etecsa.

AGENCIAS DE VIAJES

Cubatur (Máximo Gómez Norte 7; ⏰9.00-17.00 lu-sa) En el parque Serafín Sánchez.

ℹ Cómo llegar y salir

AUTOBÚS

La **estación de autobuses** provincial (Carretera Central) queda 2 km al este de la ciudad. Los servicios de **Víazul** (www.viazul.com), puntuales y dotados de aire acondicionado, llegan a numerosos destinos.

Los cinco servicios diarios a Santiago de Cuba (28 CUC, 8 h) paran también en Ciego de Ávila (6 CUC, 1¼ h), Camagüey (10 CUC, 3 h), Las Tunas (17 CUC, 5 h 40 min) y Bayamo (21 CUC, 7 h). Los cinco diarios a La Habana (23 CUC, 5 h) paran en Santa Clara (6 CUC, 1¼ h). El enlace a Trinidad (6 CUC, 1 h 20 min) sale muy temprano, a las 5.40.

TREN

Sancti Spíritus cuenta con dos estaciones. La **estación de trenes** principal (av. Jesús Menéndez final; ⏰entradas 7.00-14.00 lu-sa) está al suroeste del puente Yayabo, a un paseo de 10 min del centro. De allí salen trenes a La Habana (8 h, días alternos), pasando por Santa Clara (2 h), y a Cienfuegos (5 h, 1 por semana),

Desde Guayos, 15 km al norte de Sancti Spíritus, parten servicios hacia destinos del este, entre ellos Holguín (8½ h), Santiago de Cuba (10¼ h) y Bayamo (8¼ h). Quien viaje en el exprés La Habana-Santiago de Cuba y se dirija a Sancti Spíritus o Trinidad, debe apearse en Guayos.

En la taquilla de la estación de Sancti Spíritus venden billetes para trenes que salen de Guayos, pero el viajero deberá llegar a la estación de Guayos por sus propios medios (8 a 10 CUC en taxi).

CAMIÓN Y TAXI

De la estación de autobuses salen camionetas a Trinidad, Jatibonico y otros destinos. Un taxi estatal a Trinidad cuesta unos 35 CUC.

ℹ Cómo desplazarse

En la Carretera Central, enfrente de la estación de autobuses, hay coches de caballos que van al parque Serafín Sánchez una vez se llenan (1 CUP). Los bicitaxis se congregan en la esquina de Laborni con Céspedes norte. Hay una taquilla de **Cubacar** (☎41-32-85-33) en la esquina noreste del parque Serafín Sánchez; alquilar un coche cuesta a partir de 70 CUC diarios. La **gasolinera de Servi-Cupet** (Carretera Central) se sitúa 1,5 km al norte de Villa Los Laureles, en la Carretera Central, dirección Santa Clara. Aparcar en el parque Serafín Sánchez es relativamente seguro. Si se pregunta en los hoteles Rijo y Plaza, a menudo facilitan un vigilante nocturno por 1 CUC.

Norte de la Provincia de Sancti Spíritus

De cada 1000 turistas que visitan Trinidad, solo un puñado llega al estrecho corredor septentrional de la provincia, entre Remedios, en Villa Clara, y Morón, en Ciego de Ávila.

El paisaje comprende altiplanicies kársticas caracterizadas por cuevas y cubiertas de bosque semicaducifolio, junto con llanuras costeras ecológicamente valiosas, protegidas en el Parque Nacional Caguanes.

⊙ Puntos de interés y actividades

★**Museo Nacional Camilo Cienfuegos** MUSEO
(entrada 1 CUC; ⏰8.00-16.00 ma-sa, 9.00-13.00 do) Este excelente museo de Yaguajay, 36 km al sureste de Caibarién, se abrió en 1989 y recuerda extraordinariamente al monumento al Che Guevara de Santa Clara. Camilo libró

RESERVA JOBO ROSADO

Esta región, protegida como zona de "recursos gestionados", está todavía poco explorada por los viajeros independientes, pero a veces sí llegan los grupos organizados. Con una superficie de solo 40 km², comprende la sierra de Meneses-Cueto, una cadena de montañas que cruza el norte de la provincia y actúa como zona de resguardo para la muy protegida bahía de Buenavista. Igual que en la sierra Maestra, la historia se entrelaza con la ecología: el general Máximo Gómez luchó en estas montañas durante la Guerra Hispano-Estadounidense, y en 1958, el ejército rebelde de Camilo Cienfuegos instaló su último puesto de mando. Un original monumento del escultor José Delarra señala el lugar.

El núcleo de la reserva es el Rancho Querete (⊙9.00-16.00 ma-do), junto a la carretera principal, varios kilómetros al este de Yaguajay. Cuenta con bar-restaurante, una poza natural, estación biológica y un pequeño 'zoo' (principalmente gallos). Desde aquí se organizan rutas guiadas a La Solapa de Genaro (1 km), en medio de sabana tropical hasta un bello conjunto de cascadas y pozas, y a la cueva de Valdés (800 m) a través de un bosque semicaducifolio. Una ruta más larga recorre 8 km hasta el Chalet Los Álamos, sede de una antigua plantación de azúcar próxima al pueblo de Meneses.

Para llegar a Jobo Rosado se precisa un taxi o vehículo propio

una batalla crucial en esta ciudad la víspera del triunfo de la Revolución, haciéndose con el control de un cuartel militar (hoy convertido en el Hospital Docente General; enfrente del museo).

Bajo una plaza modernista, engalanada con una estatua de 5 m del Señor de la Vanguardia, contiene una cuidada exposición sobre la vida de Cienfuegos, que además aporta datos y recuerdos de la lucha revolucionaria. Una réplica del pequeño tanque *Dragón I,* construido a partir de un tractor para ser usado en combate, se alza delante del hospital. Detrás, el mausoleo de los Mártires del Frente Norte de las Villas está dedicado a los soldados caídos en la escaramuza.

Parque Nacional
Caguanes
SENDERISMO, EXCURSIÓN EN BARCO

Debido a estrictas medidas de conservación, el acceso público al Parque Nacional Caguanes, con sus cuevas, ruinas aborígenes y flamencos, es limitado pero no imposible. Hay una sencilla estación biológica en la costa, a la que se llega por un camino que va hacia el norte de Mayajigua. En vez de llegar sin avisar, es recomendable consultar en la Villa San José del Lago o en Ecotur, en Trinidad.

La única excursión que se publicita es Las Maravillas que Atesora Zaguanes (2½ h), que consta de una caminata hasta las cuevas de Humboldt, Ramos y Los Chivos, y una excursión en barca por los Cayos de Piedra.

🛏 Dónde dormir

Villa San José del Lago   HOTEL $

(☎41-55-61-08; Antonio Guiteras, Mayajigua; i/d 25/36 CUC; ⓟ🌡🌊) Este original balneario está a las afueras de Mayajigua, al norte de la provincia de Sancti Spíritus. Sus minúsculas habitaciones, en varias villas de dos plantas, se hallan junto a un lago bordeado de palmeras (con barcas de pedales y dos flamencos).

El complejo es conocido por sus aguas termales (32°C), empleadas por primera vez por esclavos heridos en el s. xix; hoy más bien es un coto vacacional de cubanos. Las 67 habitaciones carecen de lujos, pero el entorno es magnífico y constituye una buena base para algunas de las excursiones menos conocidas de Cuba. Hay restaurante y cafetería.

ⓘ Información

Ecotur (☎41-55-49-30; Pedro Díaz 54, Yaguajay) El mejor portal informativo para la región, una manzana al norte de la carretera Caibarién-Morón, en Yaguajay.

ⓘ Cómo llegar y salir

Aunque un autobús de Víazul realizaba esta ruta septentrional, no se hallaba operativa durante la visita de los autores de esta guía, por lo que el viajero cuenta solo con su bicicleta, vehículo de alquiler o taxi como medio de transporte.

Provincia
de Ciego de Ávila

♪33 / 424 400 HAB.

Los mejores deportes acuáticos

➡ Laguna de la Leche (p. 312)

➡ Jardines de la Reina (p. 309)

➡ *Kiteboarding* en Cayo Guillermo (p. 317)

➡ Cayo Media Luna (p. 317)

Los mejores alojamientos

➡ Meliá Cayo Coco (p. 314)

➡ Alojamiento Maité (p. 310)

➡ Iberostar Daiquirí (p. 318)

Por qué ir

Esta minúscula provincia se salvó del desastre durante las guerras de independencia de finales del s. xix gracias a la Trocha, impresionante muralla fortificada construida para frenar el avance de los ejércitos rebeldes del este hacia el próspero oeste. Hoy, Ciego de Ávila aún es la frontera cultural entre el oriente y occidente. El principal motivo para detenerse aquí son los ambiciosos proyectos de *resorts* de Cayo Coco y Cayo Guillermo, posteriores al Período Especial. Las brillantes perlas tropicales que sedujeron a Ernest Hemingway han adecentado sus magníficas playas y las han salpicado con más de una docena de exclusivos centros turísticos.

Ciego de Ávila ha atesorado fascinantes secretos durante más de 100 años. En el s. xix, varios emigrantes no españoles llegaron al lugar procedentes de Haití, Jamaica, la República Dominicana y Barbados, e importaron una enorme variedad de curiosidades culturales, como el críquet de Baraguá, el vudú de Venezuela, el baile campesino de Majagua y los fuegos artificiales de Chambas.

Cuándo ir

➡ Los amantes de la playa deben ir a los cayos entre noviembre y marzo, cuando el tiempo es más seco y, aunque fresco para tratarse de Cuba, agradablemente templado.

➡ El 1 de agosto en Baraguá se celebra el Día de la Emancipación de la Esclavitud, con música, baile y críquet.

➡ En septiembre arranca el Carnaval Acuático de Morón, en el canal que conduce a la laguna de la Leche.

Map labels:

- Cayo Fragoso
- Cayo las Brujas
- Cayo Santa María
- *Aeropuerto Las Brujas*
- *Bahía Buena Vista*
- Caibarién
- Playa Pilar
- Cayo Guillermo 6 5
- Archipiélago de Sabana-Camagüey
- Cayo Coco
- *Aeropuerto Jardines del Rey*
- OCÉANO ATLÁNTICO
- 0 — 40 km
- Cayo Romano
- Máximo Gómez
- Los Buchillones 4
- El Pueblo Holandés
- *Santa Clara (59km)*
- Reserva de caza Aguachales de Falla
- Isla Turiguano
- Ganado Santa Gertrudis
- Cayo Judas
- *Bahía de Jigüey*
- Chambas
- Laguna de la Leche 3
- *Laguna la Redonda*
- PROVINCIA DE SANCTI SPÍRITUS
- Florencia
- Morón
- Criadero de Cocodrilos
- Loma de Cunagua (364m)
- Cabaiguán
- Tamarindo
- Central Patria o Muerte
- Taguasco
- *Aeropuerto Máximo Gómez*
- Carretera de Morón
- Ceballos
- Primero de Enero
- Jatibonico
- Majagua
- Sancti Spíritus
- Ciego de Ávila 1 2
- Carretera Central
- Pablo
- Sanguily
- Venezuela
- Gaspar
- *Nuevitas (100km)*
- Baraguá
- Embarcadero de Júcaro
- Florida
- Cayo Ana María
- *Golfo de Ana María*
- PROVINCIA DE CAMAGÜEY
- MAR CARIBE
- Archipiélago Jardines de la Reina 7

Imprescindible

1 Explorar sus dos atractivos museos municipales: el **Museo Provincial Simón Reyes** (p. 305) y el **Museo de Artes Decorativas** (p. 305).

2 Ver con asombro cómo un vertedero se ha convertido en uno de los parques urbanos más interesantes de Cuba, el **parque de la Ciudad** (p. 305) de Ciego de Ávila.

3 Conducir una barca por la **laguna de la Leche,** bordeada de manglares (p. 312).

4 Pasear por los restos de **Los Buchillones,** el asentamiento indígena más extenso del Caribe.

5 Seguir la estela de Hemingway y hacerse a la mar en **Cayo Guillermo** (p. 316).

6 Disfrutar del paraíso de **Playa Pilar** (p. 317).

7 Explorar las aguas casi vírgenes del apartado archipiélago **Jardines de la Reina** (p. 309).

Historia

Los restos del asentamiento taíno Los Buchillones constituyen los vestigios precolombinos más completos de las Antillas Mayores, pero Ciego de Ávila no entró realmente en los libros de historia hasta los primeros años del s. XVI. Debe su nombre al comerciante Jacomé de Ávila, a quien se le concedió una encomienda en San Antonio de la Palma en 1538. En su finca se reservó un pequeño "ciego" (o claro) para que descansaran los agotados viajeros, y pronto se convirtió en un próspero asentamiento.

Durante los ss. XVI y XVII, los cayos del norte constituyeron un refugio para los piratas que regresaban de sus lucrativas incursiones en ciudades como La Habana. En el s. XIX, la zona obtuvo notoriedad por su muralla defensiva Morón-Júcaro, de 68 km de longitud, construida para evitar el avance hacia el oeste de los saqueadores mambises (rebeldes de la época). En la década de 1930, Ernest Hemingway se convirtió en el turista más célebre de la región: pescaba y hasta localizaba submarinos alemanes en aguas de Cayo Guillermo. Miles de visitantes extranjeros siguieron su ejemplo, sobre todo en las dos últimas décadas, durante la construcción de los megahoteles de los cayos.

Ciego de Ávila

110 400 HAB.

Se percibe un orgullo inmenso en cada rincón de esta pequeña ciudad. Fundada en 1840, es la capital de provincia más moderna de la isla, con dos de los mejores museos municipales del país y su parque urbano más enigmático. En las décadas de 1860 y 1870, se desarrolló como emplazamiento militar tras la línea defensiva Morón-Júcaro (La Trocha), aunque luego se convirtió en un importante centro de producción de los lucrativos sectores de la caña de azúcar y de la piña (símbolo local). Sus habitantes se refieren a ella como "la ciudad de los porches", haciendo referencia a las fachadas de las casas adornadas con columnas, que caracterizan el centro.

Entre los avileños más conocidos destacan Raúl Martínez, exponente cubano del *pop art*, y Ángela Hernández, viuda de Jiménez, una acaudalada dama que contribuyó a financiar numerosos edificios neoclásicos de principios del s. XX, como el Teatro Principal, de 500 butacas.

◉ Puntos de interés

La ciudad se esfuerza por retener al visitante, con un nuevo bulevar de tres manzanas, sugestivos parques y museos que divulgan una historia relativamente discreta de forma interesante y relevante.

★ Museo Provincial Simón Reyes MUSEO
(Honorato del Castillo esq. Máximo Gómez; entrada 1 CUC; ◉8.00-22.00 lu-vi, hasta 14.30 sa y do) Probablemente se trate del mejor museo municipal de Cuba. Entre sus exposiciones puede verse un modelo a escala de La Trocha, información detallada sobre la cultura y la religión afrocubana y explicaciones sobre la rica colección de fiestas tradicionales de la provincia.

★ Museo de Artes Decorativas MUSEO
(Independencia esq. Marcial Gómez; entrada 1 CUC; ◉9.00-17.00) Las camas más bellas de Cuba no están en Varadero, ni en uno de los rincones coloniales clásicos, sino en la planta baja de este curioso museo. La cuidada colección contiene artículos de antaño, como un gramófono que aún funciona (Benny Moré ameniza la visita) y viejos relojes de bolsillo. Arriba hay impresionantes piezas de recargado arte oriental; basta con echar un vistazo al asombroso biombo chino. Por 1 CUC, un guía local acompaña al visitante.

Parque de la Ciudad PARQUE
El páramo, antes cubierto de maleza, que separa el Hotel Ciego de Ávila del centro, en el límite noroeste de la ciudad, es hoy un extenso parque con el lago artificial La Turbina, barcas, zona de juegos infantiles y buenos restaurantes. Quizá sea el espacio verde urbano más interesante de Cuba.

Asimismo, da fe de las maravillas que pueden lograrse con chatarra: se han desempolvado viejos trenes de vapor como homenaje a la historia del transporte de la ciudad; hay increíbles piezas de artes plásticas, como la estatua de un elefante hecha con recambios de automóvil, y la mejor de las opciones gastronómicas, un avión de Aerocaribbean convertido en restaurante.

Parque Martí PLAZA
En Ciego, todos los caminos conducen a este parque colonial de manual, diseñado en 1877 en honor al entonces rey de España, Alfonso XII. Rebautizado a principios del s. XX con el nombre del héroe cubano José Martí, alberga una iglesia católica de 1947 (Independencia, entre Marcial Gómez y Honorato del Castillo), llamativamente engalanada con el santo pa-

Ciego de Ávila

Ciego de Ávila

trón de la ciudad, San Eugenio de la Palma, y un **ayuntamiento** de 1911 (no admite visitas).

Teatro Principal TEATRO
(Joaquín Agüero esq. Honorato del Castillo) Una manzana al sur del parque Martí, este magnífico teatro compensa con creces su falta de edificios ilustres. Construido en 1927 con la

ayuda de la mecenas local, Ángela Jiménez, tiene la mejor acústica teatral de la isla.

Centro Raúl Martínez
Galería de Arte Provincial GALERÍA
(Independencia 65; ☉8.00-21.00 ma-vi y do, hasta 23.00 sa) En la calle Independencia, exhibe una colección permanente de Raúl Martínez,

rey del *pop art* cubano, así como de otros artistas locales.

Plano-Mural de Ciego de Ávila
LUGAR HISTÓRICO

(Marcial Gómez esq. Joaquín de Agüero) Un plano de la ciudad del s. xix, realizado en bronce, señala el lugar en el que se fundó el 26 de junio de 1840.

🛏 Dónde dormir

La mayoría de los turistas opta por alojarse en los cayos y sus numerosas playas o en Morón, pero la ciudad cuenta con aceptables opciones.

⭐ Villa Jabón Candado
CASA PARTICULAR $

(☑22-58-54; Chicho Valdés esq. Abraham Delgado; h 15-20 CUC; P✷) Ideal para ciclistas y automovilistas cansados, es una vivienda independiente de color rosa chillón, fácil de encontrar, cuyos propietarios llevan años en el sector. Las dos habitaciones están limpias –la del piso superior, con balcón, es mejor– y tiene una cochera.

Hotel Ciego de Ávila
HOTEL $

(☑22-80-13; ctra. Ceballos km 1,5; i 24-32 CUC; d 32-42 CUC; P✷✷) ¿Dónde están todos los turistas? Seguramente en Cayo Coco, dejando este clásico de Islazul para los equipos deportivos y trabajadores cubanos de vacaciones subvencionadas por el Gobierno. A 2 km del centro y con vistas al parque de la Ciudad, tiene habitaciones básicas, una piscina ruidosa y anodinos desayunos (incluidos), pero el personal parece amable.

María Luisa Muñoz Álvarez
CASA PARTICULAR $

(☑52-39-39-95; Máximo Gómez 74, entre Honorato del Castillo y Antonio Maceo; h 20-25 CUC; P✷) Dos habitaciones limpias en un largo pasillo que acaba en un patio, como es habitual, sin auténticas singularidades. A solo una manzana del centro.

🍴 Dónde comer

Supermercado Cruz Verde
SUPERMERCADO $

(Independencia esq. Marcial Gómez; ☺9.00-18.00 lu-sa, hasta 12.00 do) Vende comestibles en uno de los edificios *fin de siècle* más majestuosos de Ciego.

El Colonial
CUBANA $

(Independencia, entre Simón Reyes y Antonio Maceo; comidas 2-6 CUC; ☺12.00-23.00) ¿Quién necesita platos sofisticados si se está en el edificio colonial más pintoresco de la ciudad? Por fin, comer en Ciego permite recrearse. Un cuidado *saloon* al estilo Salvaje Oeste se abre a un patio trasero con columnas. Robusta vajilla a la moda y raciones calientes y suculentas; se paga en pesos.

Restaurante el Avión
CUBANA $

(parque de la Ciudad; 1-5 CUC; ☺12.00-22.00) Innovación gastronómica en el parque de la Ciudad: la carta no tiene nada especial (aunque su ropavieja es excelente), pero está ubicado en el interior de un viejo avión de Aerocaribbean, detrás del lago y cerca de las esculturas de chatarra. Se paga en pesos.

Restaurante Don Pepe
CARIBEÑA $

(Independencia 103, entre Antonio Maceo y Simón Reyes; principales 1-5 CUC; ☺8.00-23.45 mi-lu) Aquí fue donde, hace tiempo, un camarero llamado Eladio inventó el cóctel Don Pepe (2 medidas de zumo de naranja, 1½ de ron blanco, y ½ de crema de menta). En este agradable edificio colonial aún lo sirven, así como buenos platos clásicos de cerdo y pollo.

Solaris
FUSIÓN $

(edif. Doce Plantas, Honorato del Castillo esq. Libertad; principales 1-5 CUC; ☺11.00-23.00) Local céntrico en la 12ª planta del antiestético edificio Doce Plantas. Magníficas vistas de la ciudad, *cordon bleu* (pollo relleno de jamón y queso) y el cóctel Solaris, especialidad de la casa.

⭐ Don Ávila
CARIBEÑA $$

(Marcial Gómez, esq. Libertad; 1-5 CUC; ☺11.00-23.00) Número uno en el *hit parade* de éxitos culinarios de Ciego de todos los tiempos. Junto a la plaza, impresiona con su ambiente elegante, su tienda de puros, su bar de estilo clásico, el típico servicio avileño y raciones generosas de comida criolla.

🍺 Dónde beber y vida nocturna

La Confronta
BAR

(Marcial Gómez esq. Joaquín Agüero) Entre desgastados taburetes y parafernalia de Benny Moré, se pueden degustar hasta 25 variedades distintas de cócteles. Los precios son en pesos, una tentación potencialmente peligrosa para un viajero cargado de convertibles.

La Fontana
CAFÉ

(Independencia esq. Antonio Maceo; ☺6.00-14.00 y 15.00-23.00) La famosa institución del café de Ciego: largas colas en el exterior y una nube de humo de cigarrillos dentro.

Piña Colada · BAR

(Independencia esq. Honorato del Castillo; 15.00-24.00) Desde el 2011 combina cócteles caribeños con aire acondicionado gélido.

El Batanga · DISCOTECA

(ctra. Ceballos km 1,5; entrada pareja 3 CUC; 22.00-2.00) La alborotada discoteca del Hotel Ciego de Ávila.

 Ocio

Para espontaneidad total, lo mejor es echarse a la calle los sábados por la noche y disfrutar de las maravillosas Noches Avileñas, con su música y puestos de comida temporales situados en varios puntos de la ciudad, como el parque principal.

Cine Carmen · CINE

(Antonio Maceo 51, esq. Libertad) Cada día ofrece películas en pantalla grande y vídeo (en español). Repárese en el proyector que vierte la película hacia el lado del edificio que da a la calle Libertad.

Casa de la Trova Miguel Ángel Luna · MÚSICA EN DIRECTO

(Libertad 130) La calidad de los espectáculos de música tradicional es una lotería, pero la Casa de la Trova de Ciego, en un agradable entorno colonial, obtiene un número ganador con sus trovadores los jueves por la noche.

Club de los Escritores · MÚSICA EN DIRECTO

(Libertad 105) De vez en cuando hay conciertos en el escenario del patio de este bonito edificio colonial. En la parte de atrás hay un bar decorado con arte tribal.

Casa de la Cultura · CENTRO CULTURAL

(Independencia 76, entre Antonio Maceo y Honorato del Castillo) Más allá del somnoliento recepcionista, aquí tienen lugar todo tipo de bailoteos, como el club de danzón (baile de salón) del miércoles y los bailes folklóricos semanales.

Patio de ARTex · MÚSICA EN DIRECTO

(Libertad, entre Antonio Maceo y Honorato del Castillo; entrada 5 CUC) Patio exterior que ofrece varios espectáculos. Consúltese la cartelera en el local.

Estadio José R. Cepero · DEPORTE

(Máximo Gómez) De octubre a abril, los partidos de béisbol se disputan al noroeste del centro. Los Tigres de Ciego han sido afortunados en los últimos tiempos: subcampeones en el 2011 y campeones en el 2012, tras una sorprendente e inesperada victoria contra Los Industriales de La Habana.

 De compras

Paseando por El Boulevard pueden adquirirse los típicos recuerdos cubanos. Entre los establecimientos que tientan a sacar la cartera destacan la tienda de recuerdos de

---

LA TROCHA DE JÚCARO A MORÓN

Muchas de las ciudades provinciales de Ciego de Ávila crecieron a mediados del s. XIX en torno a La Trocha, la imponente línea de fortificaciones que se extendía a lo largo de 68 km desde Morón, en el norte, a Júcaro, en el sur, partiendo la isla en dos.

Construida por los españoles a principios de la década de 1870 utilizando esclavos negros y obreros chinos mal pagados, la descomunal Trocha tenía por objeto contener a los ejércitos rebeldes del Oriente y evitar que la anarquía se extendiera hacia el oeste durante la Primera Guerra de Independencia.

Cuando quedó terminada en 1872, La Trocha era el sistema de defensa militar más sofisticado de las colonias, un aparentemente infranqueable bastión con 17 fortalezas, 5000 guardias militares y una línea de ferrocarril paralela.

Totalmente armada, resistió firme durante la Primera Guerra de Independencia y evitó que los grupos rebeldes de Antonio Maceo y Máximo Gómez causaran una destrucción masiva en las prósperas provincias occidentales, dominadas por plantadores azucareros más conservadores.

A pesar de las reformas que doblaron el número de fortalezas y triplicaron el de guardias armados en 1895, La Trocha terminó siendo más porosa de lo esperado durante la Guerra Hispano-Estadounidense, permitiendo al audaz Maceo atravesarla y conducir a su ejército hasta Pinar del Río, en el oeste.

Entre Ciego de Ávila y Morón todavía quedan dispersos algunos cuarteles y viejas torres que antaño funcionaban como miradores y que permanecen como testigos de una época más dividida y violenta.

JARDINES DE LA REINA

Jardines de la Reina es un bosque de manglares de 120 km de longitud y una isla de sistema coralino, situada 80 km al sur de la costa de la provincia de Ciego de Ávila y 120 km al norte de las Islas Caimán. El parque marino, de 3800 km², incluye zonas vírgenes conservadas más o menos intactas desde la época de Colón.

Se ha prohibido la pesca comercial en la zona y, al no existir una población permanente, los visitantes deben alojarse en el *Hotel Flotante Tortuga*, un barco de dos pisos y siete dormitorios, o entrar por el puerto de Embarcadero de Júcaro en la zona continental a bordo de los yates *Halcón* (6 camarotes) o *La Reina* (4 camarotes). El visitante también puede usar el *Caballones* (6-8 pasajeros, apto para todo tipo de pesca, desde mosca hasta caña) o el *Avalon Fleet 1*, con ocho camarotes de lujo.

Dentro del agua, la principal atracción son los tiburones (tanto los ballena como los martillo), que junto con los corales y las aguas cristalinas, atraen a submarinistas de todo el mundo.

Llegar a los Jardines no es fácil ni barato. La principal empresa que ofrece excursiones actualmente es la italiana **Avalon** (www.cubanfishingcenters.com). Un paquete de una semana con equipo, seis noches de alojamiento, guía, licencia del parque, 12 inmersiones y traslado desde Embarcadero de Júcaro, ronda los 2000 CUC. Solicítese presupuesto a través de su sitio web. Otra opción es navegar con la **Windward Islands Cruising Company** (www.windward-islands.net), que zarpa desde Cienfuegos.

ARTex **La Época** (Independencia, entre Antonio Maceo y Honorato del Castillo) y la **Librería Juan A. Márquez** (Independencia Oeste 153, esq. Simón Reyes; ☺9.00-17.00 lu-vi, 9.00-12.00 sa).

❶ Información

Banco Financiero Internacional (Honorato del Castillo esq. Joaquín Agüero Oeste)

Cadeca (Independencia Oeste 118, entre Antonio Maceo y Simón Reyes)

Etecsa Telepunto (Joaquín Agüero 62; internet 4,50 CUC/h; ☺8.30-19.00)

Hospital General (☎22-40-15; Máximo Gómez 257) Cerca de la estación de autobuses.

Infotur (☎20-91-09; edif. Doce Plantas, Honorato del Castillo esq. Libertad; ☺9.00-12.00 y 13.00-18.00) Quizá la oficina de Infotur más amable y útil. Buena información sobre la ciudad y los cayos Coco y Guillermo.

Oficina de correos (Chicho Valdés esq. Marcial Gómez)

❶ Cómo llegar y salir

AVIÓN

El **aeropuerto Máximo Gómez** (AVI; ctra. Virginia) está 10 km al noroeste de Ceballos, 23 km al norte de Ciego de Ávila y 23 km al sur de Morón.

Cada día llegan vuelos internacionales desde Canadá, Argentina, Francia, Reino Unido e Italia, y los visitantes son trasladados en autobús a Cayo Coco, que cuenta además con el aeropuerto internacional Jardines del Rey, (p. 315), con mucho más tráfico.

AUTOBÚS

La **estación de autobuses** (Carretera Central), 1,5 km al este del centro, ofrece diariamente múltiples servicios de Víazul. Los cinco diarios a Santiago de Cuba (24 CUC, 8½ h) son las 4.30, 4.35, 11.00, 14.05 y 22.25. Estos también paran en Camagüey (6 CUC, 1½ h), Las Tunas (12 CUC, 4½ h), Holguín (17 CUC, 5¼ h) y Bayamo (17 CUC, 6 h). Cuatro de los cinco autobuses diarios a La Habana (27 CUC, 6 a 7 h) también paran en Sancti Spíritus (6 CUC, 1½ h) y Santa Clara (9 CUC, 2½ h). Además, hay uno diario a Trinidad (9 CUC, 2¾ h) a las 4.20 y otro a Varadero (19 CUC, 6¼ h) a las 4.40.

La conexión de Víazul llamada "circuito norte" a Morón (40 min), Caibarién (para Cayo Santa María), Santa Clara, Cienfuegos y Trinidad (6¼ h) no estaba operativa durante la elaboración de estas páginas.

TREN

La **estación de trenes** (☎22-33-13) se encuentra seis manzanas al suroeste del centro. Por Ciego de Ávila pasa la línea principal que comunica la capital con Santiago. Hay trenes nocturnos a La Habana (15,50 CUC, 7½ h), Bayamo (10,50 CUC, 7 h), Camagüey (3,50 CUC, 2¼ h), Holguín (11 CUC, 7 h), Guantánamo (17 CUC, 9½ h) y Santiago de Cuba (14 CUC, 9¼ h). Es aconsejable comprobar los horarios actualizados al menos un día antes del viaje.

Hay, además, cuatro trenes diarios a Morón (1 CUC, 1 h).

CAMIÓN

Los camiones particulares de pasajeros salen de la estación de autobuses Ferro Ómnibus, junto a la de trenes, con destino Morón y Camagüey. Para información actualizada, consúltense las pizarras.

❶ Cómo desplazarse

AUTOMÓVIL Y MOTOCICLETA

La **gasolinera de la carretera a Morón** se encuentra antes de la circunvalación, al noreste del centro. La de **Oro Negro** (Carretera Central) está cerca de la estación de autobuses.

Cubacar (Hotel Ciego de Ávila, ctra. Ceballos) alquila automóviles por 70 CUC al día aproximadamente y ciclomotores por 24 CUC al día.

TAXI

El trayecto al aeropuerto ronda los 12 CUC; hay que regatear si el taxista pide más. Puede reservarse en el Hotel Ciego de Ávila, o bien tomarlo en la parada del parque Martí. Una carrera de ida a Morón cuesta 15-20 CUC, y a Cayo Coco/Cayo Guillermo 60/80 CUC.

Morón

59 200 HAB.

A pesar de su situación algo apartada (35 km al norte de la Carretera Central), Morón sigue siendo, gracias a su ferrocarril, un importante nudo de transporte y, por tanto, una buena base para quienes no estén enamorados de Cayo Coco y sus múltiples *resorts*.

Fundada en 1543, tres siglos antes que Ciego de Ávila, la capital de provincia, Morón, es conocida en toda la isla como la Ciudad del Gallo, gracias a un tristemente famoso oficial intimidador que finalmente obtuvo su merecido. Su arquitectura está a la altura de su edad, y posee más y mejor conservados ejemplos que las fachadas con columnas de Ciego de Ávila.

Morón, con su aire informal, cuenta con excelentes casas particulares y posibilita numerosas actividades.

❂ Puntos de interés

Morón es famosa por su emblemático gallo, que monta guardia en una rotonda enfrente del Hotel Morón, en el extremo sur de la ciudad. Debe su nombre a un chulesco oficial del s. XVI que recibió su merecido a manos de los vecinos y fue expulsado de la ciudad. Cada

mañana a las 6.00 el gallo canta (electrónicamente).

Terminal de Ferrocarriles EDIFICIO SINGULAR
(Vanhorne, entre av. Tarafa y Narciso López) Desde antiguo, Morón ha sido el principal cruce ferroviario del centro de Cuba y, como era de esperar, exhibe la estación de ferrocarril más elegante después de la de La Habana. El edificio, construido en 1923, es neocolonial, pero en el interior, el vestíbulo muestra un aspecto *art déco*. Está remarcablemente bien conservado. Igualmente atractiva es la colorida claraboya de vidrio en colores.

Museo Caonabo MUSEO
(Martí; entrada 1 CUC; ◷9.00-17.00 lu-sa, 8.00-12.00 do) Entre numerosas aceras y columnas descascarilladas se encuentra este museo de historia y arqueología en lo que era el antiguo banco de la ciudad, un impresionante edificio neoclásico de 1919. El mirador de la azotea brinda una buena panorámica de la urbe.

⏢ Dónde dormir

★ **Alojamiento Maite** CASA PARTICULAR $
(☏50-41-81; maite68@enet.cu; Luz Caballero 40B, entre Libertad y Agramonte; h 25 CUC; P❄@☎) La incansable Maite ha añadido una piscina y una suntuosa suite con todos los detalles a su bien equipada morada (de momento, son cuatro habitaciones), y ha ampliado su conocido restaurante contiguo. Es quizá una de las casas particulares del país gestionada con mayor profesionalidad: TV de pared, almidonadas sábanas blancas que cambian a diario, botes de champú de cortesía y vino en la nevera. Los clientes pueden relajarse con un mojito en la amplia terraza de la azotea.

Alojamiento Vista al Parque CASA PARTICULAR $
(☏50-41-81; yio@hgm.cav.sld.cu; Luz Caballero 49D Altos, entre Libertad y Agramonte; h 20-25 CUC; P❄@) Dirigida por Idolka, esta encantadora casa azul pastel, con dos relucientes habitaciones en el piso superior y terraza con vistas a un parque muy cuidado, ofrece confort y servicio con estilo.

Casa Belky CASA PARTICULAR $
(☏50-57-63; Cristobal Colón 37; h 20-25 CUC) Una única pero enorme habitación con vistas al parque Los Ferrocarriles probablemente sea uno de los lugares más idílicos de la ciudad. Está al noreste de la estación de trenes.

**Centro de Caza
y Pesca La Casona** HOTEL HISTÓRICO **$**
(☎50-22-36; Colón 41; i/d 34/45 CUC; **P**❄) Cerca
de la estación de trenes, este edificio amarillo
y blanco es una grata escapada para quienes
buscan lujo relativo a bajo precio. Con detalles coloniales y animado ambiente, supera a
otros hoteles. Cuenta con ocho habitaciones
y un pequeño bar-restaurante.

🍴 Dónde comer

En Morón, salir de noche es beber y bailar
más que cenar.

Doña Neli Dulcería (Serafín Sánchez 86, entre Narciso López y Martí) vende pan y pastas,
y el **supermercado Los Balcones** (Martí),
comestibles.

Restaurante Maité la Qbana PALADAR **$$**
(☎50-41-81; Luz Caballero 40, entre Libertad y Agra-
monte; principales 10-15 CUC; ☺desayuno, almuerzo
y cena; 🍴) Maite es una cocinera muy creativa
cuyos platos internacionales, preparados con
mucho amor, hacen que uno se pregunte por
qué los insípidos bufés libres son tan popula-
res. Hay que prepararse para la pasta al dente,
el buen vino, los pasteles caseros y la paella,
que trae a los visitantes valencianos recuerdos
de su tierra. Es buena idea reservar pronto.

Don Pío Restaurante CUBANA **$$**
(Cristobal Colón 39; 6,50-8,50 CUC; ☺10.00-22.00)
Restaurante al estilo *ranchón* en el patio cubierto del suntuoso jardín trasero lleno de
plantas de una casa colonial. El pollo *cordon
bleu* y platos similares permiten descansar
de otros platos típicos; a veces hay serenatas
de piano en directo.

🍺 Dónde beber y ocio

La mejor opción podría ser Cabaret Cueva, a
6 km del centro, junto a la laguna de la Leche.

Discoteca Morón CLUB
(Hotel Morón, av. de Tarafa; ☺22.00-madrugada)
Jóvenes ruidosos ávidos de diversión ponen
a prueba la paciencia de los clientes, privados
de sueño, en el Hotel Morón.

**Casa de la Trova
Pablo Bernal** MÚSICA EN DIRECTO
(Libertad 74, entre Martí y Narciso López) Vibrante
local de música al aire libre; el miércoles es
la popular noche de humor.

Patio el Gallo CLUB, CABARÉ
(Libertad, entre Narciso López y Martí; entrada
3 CUC; ☺18.00-24.00) El local más popular
es este polifacético bar-discoteca de dos plantas, con el escenario como protagonista,
donde ofrecen desde música en directo a espectáculos cabareteros.

Buena Vista Social Club BAR
(Martí 382; ☺18,00-2,00) Elegante bar-club con
aire acondicionado.

ℹ Información

Hay internet en **Etecsa** (El Centro Multiservicio
de Morón; Martí, esq. Céspedes; 4,50 CUC/h; ☺
8.30-19.30); se puede cambiar dinero en **Cadeca**
(Martí, esq. Gonzalo Arena), en la misma calle.
Cubatur (Martí 169; facilita información sobre las
lagunas de la Leche y la Redonda. ☺9.00-17.00).
El céntrico **Hospital Multiclínica Roberto Rodríguez** (☎50-50-11; Zayas, entre Libertad y Sergio
Antuñas) está tres manzanas al este de Martí.

ℹ Cómo llegar y salir

La **estación de autobuses** (Martí 12) dista una
manzana de la estación de trenes hacia el centro
(norte). Una ruta de los autobuses de Víazul
incluía a Morón en el *circuito norte*, que une
Ciego de Ávila, Caibarién (en la costa norte de
Villa Clara), Santa Clara, Cienfuegos y Trinidad.
Sin embargo, durante la visita de los autores
había sido suspendida, aunque sigue habiendo
servicios diarios a Ciego de Ávila.

Por tanto, nunca hubo mejor excusa para tomar
un tren cubano. De la **estación de trenes** (Vanhorne, entre av. Tarafa y Narciso López), cuatro servicios diarios enlazan con Ciego de Ávila (1 CUC),
más uno a Júcaro y otro a Camagüey (4 CUC).

Se puede elegir entre el aeropuerto Máximo
Gómez (p. 309), 23 km al sur (taxi 12 CUC), y
el aeropuerto internacional Jardines del Rey
(p. 315), 60 km al norte (taxi 40 CUC).

ℹ Cómo desplazarse

Desde Morón, las carreteras al noroeste a Caibarién (112 km) y al sureste hasta Nuevitas (168 km)
se hallan en buen estado. Los vehículos de alquiler escasean y conviene reservar con varios días
de antelación en **Havanautos** (☎50-21-15; av.
Tarafa, entre calles 4 y 6). La **gasolinera Servi-
Cupet** (☺24 h) está cerca del Hotel Morón.

Alrededores de Morón

Lagunas de la Leche y la Redonda

Estos dos extensos lagos naturales se encuentran al norte de Morón. Para acceder a La

PROVINCIA DE CIEGO DE ÁVILA ALREDEDORES DE MORÓN

Redonda, hay que ir por la carretera a Cayo Coco. La carretera de entrada (5 km) a la laguna de la Leche (al lago se accede desde el sur) comienza al norte del parque Agramonte de Morón. Para llegar, se requiere vehículo propio.

⊙ Puntos de interés y actividades

⭐ **Laguna de la Leche** LAGO

Con 66 km², la laguna de la Leche es el lago natural más grande de Cuba y recibe este nombre por el reflejo de los sedimentos de piedra caliza que hay en el fondo. Su agua es una mezcla de dulce y salada, y los pescadores llegan en tropel para echarle el anzuelo a las abundantes existencias de carpas, tarpones, róbalos y tilapias. En la entrada principal de la orilla sur pueden concertarse excursiones de pesca guiadas (70 CUC/4 h).

Por algo más, el viajero puede quedarse con los peces y cocinarlos en una barbacoa portátil a bordo de un barco. También se ofrecen paseos en barca (20 CUC /45 min).

En el lago también se celebra cada año el **Carnaval Acuático de Morón**.

Laguna la Redonda LAGO

(☉9.00-17.00) A los pescadores les gustará saber que 18 km al norte de Morón, junto a la carretera de Cayo Coco, este lago de 4 km² rodeado de manglares posee la mejor concentración de lubina y trucha de la isla; 4 h de pesca cuestan 70 CUC. Además, ofrecen travesías en barca por angostos afluentes cubiertos de follaje, lo más parecido al Amazonas en la provincia. El viajero incluso puede tomar el timón, si lo desea.

Si uno no es un fanático de la pesca, puede acudir al aceptable y rústico **bar-restaurante** (principales 4-8 CUC) y tomar una copa con vistas al lago. Se recomienda la especialidad de la casa: el *calentico,* un filete de pescado que sabe delicioso con kétchup y tabasco.

🍴 Dónde comer

⭐ **La Atarraya** PESCADO Y MARISCO $

(principales 2-7 CUC; ☉12.00-18.00) Levantado sobre pilotes, en un edificio de listones de madera en la orilla sur de la laguna de la Leche, se encuentra uno de los mejores restaurantes de pescado de Cuba. La carta, cuyos precios son increíblemente baratos, incluye paella valenciana y pescado Montetoro (filete de pescado con jamón y queso). El ambiente es totalmente autóctono.

☆ Ocio

Cabaret Cueva CABARÉ, DISCOTECA

(laguna de la Leche; ☉22.00-madrugada ju-do) Los lugareños hacen autostop, caminan o comparten coche para hacer el viaje a las 18.00, desde Morón a este cabaré, situado en una cueva en la orilla sur de la laguna de la Leche.

Loma de Cunagua

Este **cerro** (entrada 5 CUC; ☉9.00-16.00), 18 km al este de Morón, se alza como un enorme termitero sobre la llanura. Es una zona de flora y fauna protegidas, que cuenta con un restaurante de estilo *ranchón,* una pequeña red de caminos y excelentes oportunidades para los aficionados a la ornitología. A 364 m sobre el nivel del mar, es el punto más elevado de la provincia, y las vistas sobre el entorno y el océano son formidables.

Interesa explorar la reserva paseando por sus frondosos caminos o a caballo. Hay que torcer a la izquierda de la carretera principal en la señal, pagar en la entrada y seguir por la carretera sin asfaltar hasta la cima. La loma está en la carretera de Bolivia; las visitas suelen concertarse en los mostradores turísticos de los hoteles de Cayo Coco.

Central Patria o Muerte

La industria azucarera de Cuba está preservada en este enorme y antiguo molino de azúcar oxidado (en torno a 1914), en el pueblo de Patria, 3 km al sur de Morón. Reservando con antelación, se puede realizar una excursión de 5 km en un tren de vapor Baldwin de 1920, fabricado en Filadelfia, entre campos de caña de azúcar hasta **Rancho Palma** (ctra. Bolivia km 7), una bucólica finca con un bar-restaurante y aire campestre, donde se puede degustar guarapo (zumo de caña de azúcar prensada).

La azucarera y sus 263 trabajadores fueron transferidos a los norteamericanos en 1919 hasta su nacionalización en 1960. Los viajeros independientes pueden solicitar una visita, pero para hacer el circuito completo de tren y campos de caña hay que unirse a un grupo. Consúltense los horarios en Cubatur en Morón.

Isla Turiguanó

Turiguanó no es una verdadera isla sino, más bien, un pantano drenado con un rancho, un modelo de comunidad revolucionaria y uno de los tres primeros parques eólicos de Cuba.

MERECE LA PENA

LOS BUCHILLONES

Escondido en la costa noroeste de la provincia, el yacimiento arqueológico de Los Buchillones fue excavado durante la década de 1980, después de que los pescadores empezaran a descubrir herramientas como mangos de hachas y agujas en los pantanos de los alrededores.

Lo que se hizo patente fue que Los Buchillones era el lugar de un importante asentamiento taíno de entre 40 y 50 casas, que precedía la llegada europea a la región. Todo, desde *cemíes* (figuras taínas de varias deidades de la lluvia, la yuca y otras) hasta canoas y estructuras de las casas, ha sido posteriormente recuperado del yacimiento que, en su mayoría, es una obra inacabada y anegada. Ha sido el barro del fondo de este lago poco profundo lo que ha conservado tan bien los objetos, aportando el conjunto de reliquias precolombinas más significativo de las Grandes Antillas.

Muchos de los objetos pueden verse en el Museo Municipal (Agramonte 80, entre Calixto García y Martí) en Chambas o en el Museo Provincial Simón Reyes de Ciego de Ávila. Aun así, todo aquel que tenga un mínimo interés por la Cuba precolombina hará bien en visitar este lugar conmovedor, a medio camino entre los pueblos pesqueros de Punta Alegre y Punta San Juan, y el pequeño museo donde se exponen los hallazgos. Varios trenes pasan por Chambas, a 35 km de Los Buchillones (el transporte público es escaso) a través del Parque Nacional Caguanes.

Para llegar se precisa vehículo propio, aunque los hoteles de Cayo Coco y Cayo Guillermo suelen concertar circuitos.

◉ Puntos de interés

Ganado Santa Gertrudis RANCHO, RODEO

El ganado de Santa Gertrudis se cría en esta amplia granja en la isla de Turiguanó, en la carretera principal, antes de acceder al paso elevado a Cayo Coco. En el estadio próximo tienen lugar, casi todos los fines de semana sobre las 14.00, emocionantes espectáculos de rodeo de 90 min, con toros, caballos y lazos.

El Pueblo Holandés PUEBLO

Consiste en una pequeña comunidad de 49 viviendas con tejados rojos de estilo holandés, situada sobre un monte, 4 km al norte de la laguna la Redonda. Fue construido en 1960 por Celia Sánchez como hogar para los trabajadores del ganado. Es un lugar interesante que merece un breve desvío.

Florencia

Esta población, rodeada por suaves colinas, 40 km al oeste de Morón, lleva el nombre de la ciudad italiana porque, a los primeros colonos, el entorno les recordaba a la Toscana. A principios de la década de 1990, el Gobierno cubano construyó una presa hidroeléctrica en el río Chambas: la Liberación de Florencia. El lago que de ahí surgió se ha convertido en una fuente de ocio para los amantes de la naturaleza. Se pueden practicar actividades, como paseos a caballo por las colinas de Florencia, kayak, *aquaspinning* y travesías en barca hasta el diminuto cayo La Presa, que tiene un restaurante y un pequeño zoo. El punto neurálgico de la zona es un rancho llamado La Presa de Florencia (◷ 9.00-17.00), junto a la orilla del lago, en Florencia. Para más información, acúdase al Infotur (p. 309) de Ciego de Ávila o al Cubatur (p. 311) de Morón. Si se busca alojamiento, tal vez haya suerte en el encantador Campismo Boquerón, 5 km al oeste de Florencia; pregúntese en La Presa de Florencia.

Cayo Coco

Situado en el archipiélago de Sabana-Camagüey, o Jardines del Rey, como los folletos de viaje prefieren llamarlo, Cayo Coco es la cuarta isla más grande de Cuba y el principal destino turístico después de Varadero. La zona norte de la bahía de Perros estuvo deshabitada hasta que en 1992 se levantó el primer hotel, Villa Cojímar, en el vecino Cayo Guillermo. Desde entonces, las excavadoras no han dado tregua.

Pese a que la belleza de sus playas tiene fama mundial, antes de 1990 Cayo Coco no era más que un manglar plagado de mosquitos. Entre 1927 y 1955, una comunidad de 600 personas intentó ganarse el pan con la producción de carbón vegetal como combustible doméstico, pero la actividad perdió todo sentido con el uso de la energía eléctrica tras la Revolución.

En 1988, Cayo Coco quedó comunicado con la isla principal por una calzada elevada de 27 km que divide la bahía de Perros. Asimismo, está unido por otras carreteras con Cayo Guillermo, al oeste, y Cayo Romano, al este.

Puntos de interés

Parque Natural el Bagá RESERVA NATURAL
(⊙9.30-17.30) Bagá era un admirable proyecto ecologista en el que fue el primer aeropuerto de Cayo Coco, un parque natural de 769 Ha que combinaba, de manera espectacular, densos manglares, lagos, una idílica costa, caminos y nada menos que 130 especies de aves. Lamentablemente, se está deteriorando y hoy se considera 'inseguro' para turistas inexpertos, por lo que no fomentan las visitas. Sin embargo, está programada su futura reapertura. Entretanto, el viajero puede probar suerte con el guardia o ceñirse a un terreno más seguro.

Cayo Paredón Grande ISLA
Al este de Cayo Coco, una carretera atraviesa Cayo Romano y gira al norte hacia Cayo Paredón Grande y el **faro Diego Velázquez,** de 52 m y en funcionamiento desde 1859. La zona cuenta con un par de playas, entre ellas la laureada Playa los Pinos, que es buena para la pesca.

Actividades

La **Marina Marlin Aguas Tranquilas** (www. nauticamarlin.com), cerca del Meliá Cayo Coco, ofrece salidas de pesca en aguas profundas (270 CUC/4 h).

Al **Centro Internacional de Buceo Coco Diving** (www.nauticamarlin.com), entre el Hotel

---

EL CAYO DE LA CONSTRUCCIÓN

La frenética urbanización que durante varios años ha castigado el espléndido entorno del cayo ha producido finalmente nuevos *megaresorts:* **Pestana Cayo Coco Beach Resort,** cerca del Hotel Memories Flamenco; en la misma playa, **Memories Jardines del Rey,** y en Playa las Coloradas, **Pullman Cayo Coco.** También se construye sin tregua en Cayo Guillermo, muy cerca de Playa Pilar (p. 317).

Tryp Cayo Coco y el Hotel Colonial, se accede por una pista de tierra que va a la playa. Hacer submarinismo cuesta 40 CUC, más 10 CUC por el material. Los cursos para obtener un título de submarinista cuestan 365 CUC, más baratos en temporada baja. La zona de inmersiones se extiende a lo largo de 10 km, sobre todo al este, y hay seis instructores profesionales que dan clases todos los días. Esta misma empresa ofrece servicios parecidos en el Hotel Meliá Cayo Coco. Los instructores son multilingües y ofertan opciones de submarinismo con alojamiento en barco.

Circuitos

En los mostradores de información de los hoteles, normalmente con personal de Cubatur (p. 311) o Cubanacán, no escasean las excursiones de un día. Algunos circuitos interesantes son "Por la ruta de Hemingway" (un viaje por los cayos mencionados en la novela de Hemingway *Islas en el golfo*), un circuito en moto acuática por Cayo Paredón Grande, un circuito para avistar flamencos o una excursión a Cayo Mortero, pasando por un fabuloso lugar para hacer buceo con tubo y relajarse con una cerveza fría y pescado fresco. Los precios rondan los 30 CUC.

Dónde dormir

Los *resorts* de Cayo Coco están muy vigilados. A menos que el viajero lleve la pulsera de plástico que da acceso a todas las zonas, conviene pensárselo dos veces antes de colarse en los lavabos.

Sitio la Güira BUNGALÓS **$**
(☏30-12-08; cabaña 25 CUC; ❄) ⌀ Es un establecimiento sencillo situado en una pequeña granja, 8 km al oeste de la gasolinera ServiCupet. Alquilan bohíos (cabañas con el tejado de guano) con cuarto de baño privado y –atención– aire acondicionado (al parecer para disuadir a los mosquitos). Cuenta con un restaurante tipo *ranchón*.

★ **Meliá Cayo Coco** CENTRO VACACIONAL **$$$**
(☏30-11-80; i/d todo incl. desde 165/230 CUC; ❄❄❄❄) *Resort* íntimo en Playa las Coloradas, en el extremo oriental de la zona de hoteles, que reúne todo lo que cabe esperar de la cadena Meliá. Para más lujo, se recomienda alojarse en uno de los elegantes bungalós blancos sobre pilotes del lago. El precio es alto pero el Meliá es abiertamente lujoso, y el hecho de no admitir niños contribuye a aumentar la tranquilidad.

Hotel Colonial   CENTRO VACACIONAL $$$

(☎30-13-11; i/d todo incl. 125/210 CUC; ℗✳@☒) Las villas coloniales españolas con zonas comunes espléndidamente embaldosadas poseen un aire de recogimiento y distinción, muy alejado del atroz diseño de los típicos "todo incluido" cubanos. El primer hotel en abrir en la isla en 1993 (la Prehistoria para lo que hoy es Cayo Coco) ganó notoriedad en 1994 cuando, según los medios nacionales, hombres armados del movimiento derechista cubano en el exilio Alpha 66 abrieron fuego contra el edificio. Por suerte, no hubo heridos.

Hotel Memories Flamenco   HOTEL $$$

(☎30-41-00; www.memoriesresorts.com; i todo incl. 128-190 CUC, d todo incl. 257-380 CUC; ℗✳☒) Es una de las últimas incorporaciones, con 624 habitaciones de tamaño razonable (decoradas hace poco y bastante limpias) en edificios tipo villa, de tres plantas, en torno a dos piscinas (una con bar). Hay un atractivo restaurante asiático, aunque el servicio le deja a uno pensando de qué constelación le han caído sus cinco estrellas.

Hotel Tryp Cayo Coco   CENTRO VACACIONAL $$$

(☎30-13-00; i/d/tr todo incl. CUC119/181/257; ℗✳@☒🛉) Se trata del "todo incluido" por excelencia, con piscina, bares y espectáculo turístico nocturno; la mejor elección para las familias. Las instalaciones son buenas, aunque los entusiastas animadores de la piscina a veces confieren al lugar un aire de campamento de vacaciones. Las más de 500 habitaciones, distribuidas en soleados bloques de apartamentos de tres pisos, son grandes, con balcón y camas enormes, aunque los acabados están algo desgastados para el precio que se cobra.

✗ Dónde comer

Entre los omnipresentes bufés libres de los hoteles, destaca algún que otro restaurante independiente tipo *ranchón*.

Restaurant Sitio la Güira   CARIBEÑA $$

(platos 2-12 CUC; ☺8.00-23.00) Ubicado en el reconstruido campamento de los carboneros, ofrece abundante comida, sin abusar de la brasa. Destacan los grandes sándwiches recién hechos (2 CUC) o los platos de gambas (12 CUC).

Parador la Silla   CARIBEÑA $$

(principales 7-12 CUC; ☺9.00-17.00) Este chiringuito con techo de caña está en mitad del camino, en la carretera que va a Cayo Coco y

Tras tomar un café/cerveza/sándwich, se puede subir a la torre de observación colindante e intentar avistar flamencos rosa.

Ranchón Playa Flamenco   CARIBEÑA $$

(principales 7-12 CUC; ☺9.00-16.00) Comida exquisita, cerveza fría, baño, sol y... más cerveza.

Ranchón las Coloradas   CARIBEÑA $$

(principales 7-12 CUC; ☺9.00-16.00) Marisco en un entorno paradisíaco junto a la playa, pero las excavadoras cercanas podrían anular lo de paradisíaco.

🍷 Dónde beber y vida nocturna

Los hoteles con todo incluido tienen un completo programa de ocio nocturno (normalmente solo para clientes) y varios bares cada uno.

La Cueva del Jabalí   CLUB

(entrada 5 CUC; ☺10.30-2.00 ma-ju) Esta cueva natural, único local de ocio independiente, ofrece un espectáculo de cabaré.

🛈 Información

Todos los complejos turísticos de Cayo Coco aceptan euros.

Banco Financiero Internacional En la gasolinera Servi-Cupet.

Clínica Internacional Cayo Coco (☎30-21-58; av. de los Hoteles, final) Asistencia médica. Al oeste del Hotel Colonial.

Infotur (www.infotur.cu) Cuenta con una servicial oficina en el aeropuerto Jardines del Rey y mostradores en los principales hoteles. La oficina de Ciego de Ávila (p. 315) es una gran fuente de información también sobre Cayo Coco.

🛈 Cómo llegar y desplazarse

Por el **aeropuerto internacional Jardines del Rey** (☎30-91-65), de Cayo Coco, pasan 1,2 millones de visitantes al año. Llegan vuelos semanales desde Canadá y Reino Unido, y hay un servicio diario a y desde La Habana (110 CUC aprox.) con Aerogaviota.

Aunque llegar a Cayo Coco es casi imposible sin coche o taxi (o bicicleta), desplazarse se ha convertido en algo muy fácil desde la puesta en marcha de un microbús **Transtur** (☎30-11-75). El servicio es irregular según la temporada, pero hay al menos dos autobuses diarios en cada sentido (hasta seis en temporada alta). El microbús va de este a oeste entre el Meliá Cayo Coco y Playa Pilar, con parada en todos los hoteles de

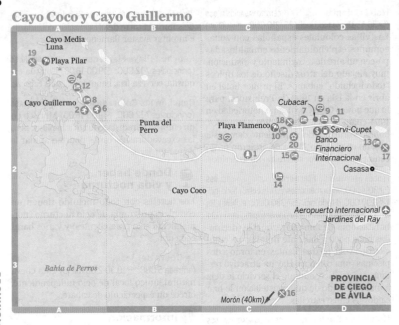

Cayo Coco y Cayo Guillermo

Cayo Coco y Cayo Guillermo. El bono de un día cuesta 5 CUC.

Un taxi a Cayo Coco desde Morón sale por unos 40 CUC, y sobre los 60 CUC desde Ciego de Ávila. Se paga un suplemento de 2 CUC por acceder a los cayos.

En **Cubacar** (⌨30-12-75), en la segunda rotonda entre el Meliá y el Tryp, se alquilan vehículos y motocicletas. La empresa está presente en los principales hoteles.

En los *resorts* escasean las bicicletas; lo mejor es preguntar.

Cayo Guillermo

Es sinónimo de maravillosas playas blancas y refugio de flamencos rosas y del Ernesto más famoso de Cuba después del Che: Ernest Hemingway. Fue él quien inició la campaña publicitaria de Cayo Guillermo, describiéndolo de manera esplendorosa en su novela póstuma *Islas en el golfo* (1970). La urbanización de los cayos del norte despegó aquí en 1993, cuando Villa Cojímar, primer *resort* "todo incluido" en tierra firme, recibió a sus primeros

al día en ambas direcciones (de 2 a 4 el resto del año). La playa debe su nombre al barco de pesca de Hemingway, *El Pilar*.

🏃 Actividades

Marina Marlin Cayo Guillermo PESCA
(☎30-15-15) A la derecha del paso elevado, según se llega desde Cayo Coco, este puerto deportivo con 36 amarres es uno de los puertos de entrada internacionales homologados de Cuba. Se puede organizar pesca en aguas profundas de caballa, lucio, barracuda, pargo rojo y pez aguja, en grandes barcos que navegan entre 5-13 km. Los precios parten de 290 CUC por medio día (4 personas).

Boat Adventure CIRCUITO EN LANCHA
(crucero 2 h 41 CUC) Esta popular actividad tiene su propio embarcadero, que queda a la izquierda del paso elevado, al entrar en Cayo Guillermo. La travesía de 2 h en lancha motora (con la opción de operar los controles) atraviesa los canales naturales de los manglares del cayo. Hay cuatro salidas diarias, la primera a las 9.00.

Delfinario DELFINES
(☎30-15-29; adultos/niños 110/60 CUC por sesión; ⏰9.30-15.30) Es uno de los reclamos más recientes de Cayo Guillermo y supera a la mayoría de los desgastados centros de delfines de Cuba en lo que respecta a sus instalaciones y calidad medioambiental. Se vende como experiencia interactiva, está bien gestionado y cuenta con un personal comprometido con el bienestar de los animales. Los flamencos suelen congregarse cerca.

clientes. Desde siempre un lugar para pescar en aguas profundas, los 13 km² de Cayo Guillermo todavía conservan un aire más exótico que su primo mayor del este. Los mangles de la costa sur son el hábitat de flamencos rosas y pelícanos, y en el arrecife atlántico se halla una fabulosa diversidad de peces.

⦿ Puntos de interés

⭐ Playa Pilar PLAYA
Este sublime tramo de arena, publicitado sistemáticamente como la mejor playa de Cuba (y del Caribe), es célebre por su arena blanca como polvo de diamante y sus escarpadas dunas de 15 m de alto (las mayores de su especie en el Caribe), surcadas por senderos que incitan a la exploración.

Aquí el mar es cálido, poco profundo, y brinda múltiples opciones de buceo. A 1 km, al otro lado de un tranquilo canal, se ve brillar la arena de Cayo Media Luna, antiguo refugio costero de Fulgencio Batista. Se ofrecen excursiones al cayo (25 CUC), kayaks y alquiler de bicicletas acuáticas, todo ello concertado en la pequeña oficina abierta de 9.00 a 15.00 en la arena del excelente restaurante Ranchón Playa Pilar.

En temporada alta, un autobús con parada libre va de Cayo Coco a Playa Pilar seis veces

---

'KITEBOARD'

Lo primero que divisará el viajero al acercarse a Cayo Guillermo son esas múltiples velas multicolores. El *kiteboard*, la última moda, se practica hoy en Cuba en solo tres enclaves (Varadero y Guardalavaca son los otros dos). Un curso cuesta 250 CUC y hay escuelas en tres hoteles: Iberostar Daiquirí, Sol Cayo Guillermo y Allegro Cayo Guillermo. El alquiler del equipo cuesta 50 CUC por sesión. El principal punto de partida es el Hotel Club Cayo Guillermo. La caricia de aguas poco profundas embellecidas con manglares, algún que otro flamenco... y a volar.

Green Moray Dive Center SUBMARINISMO, BUCEO
(inmersión 45 CUC) En el hotel Meliá Cayo Guillermo, al norte del Iberostar Daiquirí.

🛏 Dónde dormir y comer

★**Iberostar Daiquirí** HOTEL $$$
(☑30-16-50; i 175-345 CUC, todo incl. d 230-400 CUC; P❄@☰) Mucha sombra, un estanque de lirios y una cortina de agua que se precipita frente al bar de la piscina lo convierten en el mejor de Cayo Guillermo. Sus 312 habitaciones se hallan en atractivas edificaciones de estilo colonial y su paradisíaca playita parece sacada directamente de un folleto.

Hotel Club Cayo Guillermo HOTEL $$$
(☑30-17-12; i/d 102/163 CUC; P❄@☰) Inaugurado en 1993, el hotel más antiguo del archipiélago Sabana-Camagüey ofrece una serie de bungalós en un sereno emplazamiento junto a la orilla. Los toboganes de la piscina son divertidos; el *kiteboarding* en la playa, aún más.

★**Ranchón Playa Pilar** CARIBEÑA $$
(principales 7-12 CUC; ⊗9.00-16.00) La mejor playa de Cuba también cuenta con un excelente bar y restaurante cuya langosta fresca resulta espectacular.

❶ Cómo llegar y desplazarse

La información de llegada es la misma que para Cayo Coco. El microbús (p. 315), con dos servicios diarios y parada libre, circula a/desde Cayo Coco y para en los cuatro hoteles de Cayo Guillermo, con final en Playa Pilar. Un bono válido para todo el día cuesta 5 CUC.

Cubacar (☑30-17-43; Hotel Club Cayo Guillermo) alquila vehículos.

Provincia de Camagüey

♪32 / 780 600 HAB.

Los mejores restaurantes

➡ Casa Austria (p. 328)

➡ El Paso (p. 328)

➡ Mesón del Príncipe (p. 328)

➡ El Bucanero (p. 338)

Lo mejor para observar aves

➡ Sierra del Chorrillo (p. 333)

➡ Reserva Ecológica Limones Tuabaquey (p. 335)

➡ Refugio de Fauna Silvestre Río Máximo (p. 337)

➡ Playa los Cocos (p. 336)

Por qué ir

Ni occidente ni oriente: Camagüey es la provincia cubana a contracorriente, una región a la que le gusta ir a la suya en política y cultura, para gran disgusto de sus vecinos habaneros y santiagueros.

Las semillas se plantaron en la era colonial, cuando la preferencia de Camagüey por el ganado en lugar de la caña de azúcar se tradujo en menos necesidad de trabajo esclavo y más ganas por deshacerse de un sistema que generaba miseria.

Hoy, la provincia más grande de Cuba es, básicamente, una bucólica mezcla de ganado, tranquilas ciudades azucareras y, en el sur, unas cordilleras bajas. Está flanqueada por los dos mayores archipiélagos del país: Sabana-Camagüey, al norte, y Jardines de la Reina, al sur, ambos infradesarrollados y casi vírgenes en algunas zonas.

La ciudad de Camagüey, profundamente católica, dotada de una arquitectura fascinante y un encanto cosmopolita, solo superados por los de La Habana, es un compendio de la provincia. Celosa de su independencia, vio nacer al poeta revolucionario Nicolás Guillén, al científico Carlos J. Finlay y a una compañía de *ballet* de renombre internacional.

Cuándo ir

➡ En febrero se celebra la Jornada de la Cultura Camagüeyana, que conmemora la fundación de la ciudad en 1514.

➡ Para los entusiastas de la naturaleza, marzo es un mes excelente para observar aves migratorias en los cayos del norte.

➡ En Playa Santa Lucía puede verse a instructores de submarinismo alimentar a los tiburones (cuando los hay) entre junio y enero.

➡ En septiembre, Camagüey exhibe su fortaleza cultural con el Festival Nacional de Teatro.

Imprescindible

① Relajarse en las verdes colinas de la **sierra del Chorrillo** (p. 333), con aves raras y bosques petrificados.

② Contemplar a los instructores de submarinismo dar de comer a los tiburones junto a **Playa Santa Lucía** (p. 336).

③ Avistar flamencos en el **Refugio de Fauna Silvestre Río Máximo** (p. 337).

④ Hacer penitencia en Camagüey y emprender la búsqueda del alma católica de Cuba en preciosas **iglesias coloniales** (p. 327).

⑤ Detenerse en **Guáimaro**

(p. 333), donde se firmó la primera Constitución de Cuba.

⑥ Pescar sábalos y macabís en las marismas de **Cayo Cruz** (p. 335).

⑦ Descubrir en un restaurante colonial de **Camagüey** (p. 328) una gastronomía excelente.

Camagüey

306 400 HAB.

El peculiar y laberíntico trazado de las calles de Camagüey es fruto de dos siglos dedicados a repeler piratas como Henry Morgan, y fue concebido para confundir a los saqueadores y ofrecer refugio a sus habitantes (o esto es lo que dice la leyenda). Por este motivo, las sinuosas calles y los estrechos y serpenteantes callejones recuerdan más a una medina marroquí que a las cuadrículas geométricas de Lima o Ciudad de México.

Enclavada en la Carretera Central, a medio camino entre Ciego de Ávila y Las Tunas, es la tercera mayor ciudad de Cuba y la más sofisticada después de La Habana. También es el bastión de la Iglesia católica en la isla. Sus habitantes, conocidos por seguir su propio camino en tiempos de crisis, reciben popularmente el nombre de agramontinos en honor al héroe de la Primera Guerra de Independencia: Ignacio Agramonte, coautor de la Constitución de Guáimaro y valiente líder de la mejor brigada de caballería de Cuba. En el 2008, el centro histórico de Camagüey fue declarado Patrimonio Mundial de la Unesco, convirtiéndose en el noveno de la isla. En el 2014, la ciudad celebró el quinto centenario de su fundación.

Las laberínticas calles de Camagüey suelen inspirar a los viajeros, por sus plazas escondidas, imponentes iglesias barrocas, fascinantes galerías y acogedores bares y restaurantes. La otra cara de la moneda es el alto número de *jineteros* que rondan a los turistas, pero vale la pena reservar uno o dos días para sumergirse de lleno en este fascinante entramado urbano.

Historia

Fundada en febrero de 1514 como una de las siete villas sagradas de Diego Velázquez, Santa María del Puerto del Príncipe se creó originalmente en la costa, cerca de donde hoy se encuentra Nuevitas. Debido a una serie de cruentas rebeliones de los taínos de la zona, la ciudad se trasladó dos veces en el s. XVI, hasta ocupar su ubicación actual en 1528. En 1903, su nombre pasó a ser Camagüey, en homenaje al árbol camagua, del que emana toda la vida, según una leyenda autóctona.

A pesar de los ataques continuos de corsarios, la ciudad creció veloz en el s. XVII, gracias a una economía basada en la producción de azúcar y la cría de ganado. Debido a la grave escasez de agua, sus habitantes tuvieron que fabricar tinajones para recoger agua de lluvia. Hoy Camagüey sigue conociéndose como la ciudad de los tinajones, si bien ahora los recipientes solo cumplen una función decorativa.

Además del héroe independentista Ignacio Agramonte, Camagüey ha dado diversas personalidades destacables, como el poeta nacional Nicolás Guillén y el eminente médico Carlos J. Finlay, responsable en gran medida del descubrimiento de las causas de la fiebre amarilla. En 1959, los prósperos ciudadanos no tardaron en oponerse a los revolucionarios de Castro cuando el comandante militar local, Huber Matos (antiguo aliado de Fidel), acusó a Castro de poner fin a la Revolución. Como era de esperar, lo arrestaron y encarcelaron por sus quejas.

Fielmente católica, Camagüey dio la bienvenida al papa Juan Pablo II en 1998 y en el 2008 acogió la beatificación del primer santo de Cuba, fray José Olallo, el Padre de los Pobres, que ayudó a los heridos de ambos bandos en la Guerra de Independencia de 1868-1878. En el 2014, la ciudad fue objeto de una exhaustiva restauración (y se construyeron cuatro hoteles) para conmemorar el quinto centenario de su fundación.

◉ Puntos de interés

◎ Centro urbano

★ **Plaza San Juan de Dios** PLAZA
(Hurtado esq. Paco Recio) De aspecto más mexicano que cubano (México fue la capital de Nueva España, por lo que la arquitectura colonial solía ser superior), esta plaza es el rincón más pintoresco y mejor conservado de Camagüey. En su lado este se halla el Museo de San Juan de Dios, antiguamente un hospital. Detrás de las llamativas fachadas azul, amarillo y rosa de la plaza hay varios restaurantes excelentes.

Museo de San Juan de Dios MUSEO
(pza. San Juan de Dios; entrada 1 CUC; ◷9.00-17.00 ma-sa, hasta 13.00 do) Está ubicado en un antiguo hospital gestionado por el padre José Olallo, el fraile cubano que se ha convertido en el primer santo del país. Posee un claustro frontal que data de 1728 y un patio trasero rectangular único, con toques moriscos, construido en 1840. Desde que dejó de funcionar como hospital en 1902, ha sido universidad de pedagogía, refugio durante el ciclón de 1932, y el Centro Provincial de Patrimonio

Camagüey

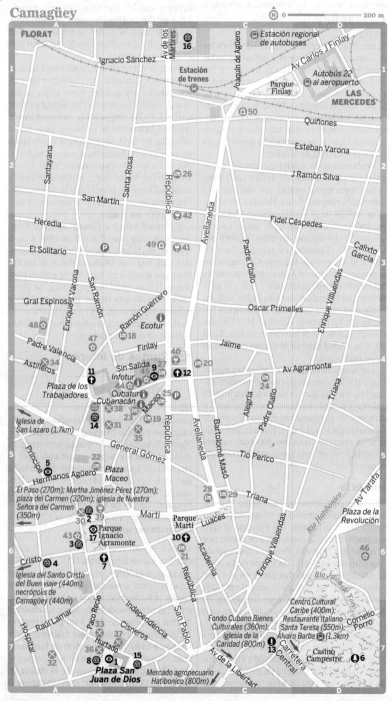

N 0 ▬▬▬▬ 200 m

FLORAT

Ignacio Sánchez

Av de los Mártires

🏛 16

Estación de trenes

Joaquín de Agüero

Estación regional de autobuses

Av Carlos J Finlay

Autobús 22 al aeropuerto

Parque Finlay

LAS MERCEDES

🚌 50

Quiñones

Esteban Varona

Santayana

Santa Rosa

República

🏛 26

J Ramón Silva

San Martín

Avellaneda

Fidel Céspedes

Heredia

El Solitario

🅿

49 🔒

🏛 42

🏛 41

Padre Olallo

Calixto García

Enrique Villuendas

Gral Espinosa

Enrique Varona

San Ramón

Ramón Guerrero

Oscar Primelles

48 ⭐

47 ⭐

Padre Valencia

Astilleros

🍴 34

Finlay

Ecotur

🏛 18

Sin Salida

Infotur

11 ✝

Plaza de los Trabajadores

Cubanacán

40

🏛 9

27

44

🏛 14

🍴 38

23

🍴 31

Cubatur

Maceo

25

19

35

✝ 12

🏛 20

Jaime

Av Agramonte

24

Alegría

Padre Olallo

Triana

Iglesia de San Lázaro (1,7km)

General Gómez

República

Avellaneda

Bartolomé Masó

Tío Perico

Príncipe

Hermanos Agüero

5

22

Plaza Maceo

28

29

Triana

El Paso (270m); Martha Jiménez Pérez (270m); plaza del Carmen (320m); iglesia de Nuestra Señora del Carmen (350m)

Martí

Parque Martí

Luaces

Plaza de la Revolución

Av Tarafa

Río Hatibonico

30

2

39

43 ⭐

3

17

Parque Ignacio Agramonte

10 ✝

46 ⭐

Cristo

🏛 4

Iglesia del Santo Cristo del Buen viaje (440m); necrópolis de Camagüey (440m)

✝ 7

21

Academia

República

Enrique Villuendas

Río Juan del Toro

Raúl Lamar

Paco Recio

33

37

Cisneros

Independencia

San Pablo

Centro Cultural Caribe (400m); Restaurante Italiano Santa Teresa (550m); Álvaro Barba (1,3km)

Cornelio Porro

Hospital

32

36

8 🏛

1

15

7

Plaza San Juan de Dios

Mercado agropecuario Hatibonico (800m)

Fondo Cubano Bienes Culturales (360m); iglesia de la Caridad (800m)

13

Av de la Libertad

Carretera Central

Casino Campestre

6

PROVINCIA DE CAMAGÜEY CAMAGÜEY

Camagüey

◉ **Principales puntos de interés**

1 Plaza San Juan de Dios B7

◉ **Puntos de interés**

2 Casa de Arte Jover A6
3 Casa de la Diversidad A6
4 Casa Finlay A6
5 Casa Natal de Nicolás Guillén A5
6 Casino Campestre D7
7 Catedral de Nuestra Señora de la
   Candelaria B6
8 Estudio-Galería Jover A7
9 Galería El Colonial B4
10 Iglesia del Sagrado Corazón
   de Jesús B6
11 Iglesia de Nuestra Señora de la
   Merced A4
12 Iglesia de Nuestra Señora de la
   Soledad B4
13 Monumento a Mariano Baberán y
   Joaquín Collar C7
14 Museo Casa Natal de Ignacio
   Agramonte A5
15 Museo de San Juan de Dios B7
16 Museo Provincial Ignacio
   Agramonte B1
17 Parque Ignacio Agramonte A6

🛏 **Dónde dormir**

18 Alba Ferraz B4
19 Casa Angelito B5
20 Casa Láncara C4
21 Casa los Helechos B6
22 Dalgis Fernández Hernández A5
23 Gran Hotel B5
24 Hostal de Carmencita C4
25 Hotel Camino de Hierro B4

26 Hotel Colón B2
27 Hotel Santa María B4
28 'Los Vitrales'-Emma Barreto y
   Rafael Requejo C5
29 Natural Caribe C5

✖ **Dónde comer**

30 Café Ciudad A6
31 Café Cubanitas B5
32 Casa Austria A7
   Gran Hotel ....(véase 23)
   Gran Hotel Snack Bar ....(véase 23)
33 La Campana de Toledo A7
34 Mesón del Príncipe A4
35 Panadería Doña Neli B5
36 Restaurante 1800 .... A5
37 Restaurante de los Tres Reyes B7
38 Restaurante la Isabella B5

🍷 **Dónde beber y vida nocturna**

39 Bar El Cambio A6
40 Bodegón Don Cayetano B4
   Gran Hotel Bar Terraza ....(véase 23)
41 La Bigornia B3
42 Taberna Bucanero B3

🎭 **Ocio**

43 Casa de la Trova Patricio Ballagas A6
44 Cine Casablanca B4
45 Cine Encanto B4
46 Estadio Cándido González D6
47 Sala Teatro José Luis Tasende A4
48 Teatro Principal A4

🛍 **De compras**

49 ARTex Souvenir B3
50 Mercado Francisquito C1

PROVINCIA DE CAMAGÜEY PUNTOS DE INTERÉS

que dirigió la restauración de los monumentos de Camagüey. El museo describe la historia de la provincia y exhibe algunas pinturas locales.

Casa de Arte Jover GALERÍA

(Martí 154, entre Independencia y Cisneros; ⏰9.00-12.00 y 15.00-17.00 lu-sa) GRATIS Camagüey es el hogar de dos de los pintores contemporáneos más creativos y prodigiosos de Cuba, Joel Jover y su mujer Ileana Sánchez. Su magnífica casa de la plaza Agramonte hace las veces de galería y obra de arte, con obra original y antigüedades en exposición. Se puede curiosear por la casa y adquirir alguna pintura. Los artistas también poseen el **Estudio-Galería Jover** (Paco Recio; ⏰9.00-12.00 y 15.00-17.00 lu-sa) GRATIS en la plaza San Juan de Dios.

**Museo Casa Natal
de Ignacio Agramonte** MUSEO

(av. Agramonte 459; entrada 2 CUC; ⏰9.00-16.45 lu-sa, hasta 14.30 do) Es la casa natal del héroe de la independencia Ignacio Agramonte (1841-1873), el ganadero que condujo la revuelta contra España en la zona de Camagüey. En el interior del bonito edificio colonial se describe el papel, a menudo ninguneado, de Camagüey y Agramonte en la Primera Guerra de Independencia.

En julio de 1869, las fuerzas rebeldes, comandadas por Agramonte, atacaron Camagüey, y cuatro años más tarde, lo mataron en combate (con solo 32 años). El álbum *Días y flores*, del cantante cubano Silvio Rodríguez, incluye una canción dedicada a este héroe, apodado "el Mayor". La pistola del héroe es una de sus pocas pertenencias que se exponen. El museo está enfrente de la iglesia de Nuestra Señora de la Merced, en la esquina de Independencia.

Parque Ignacio Agramonte PLAZA

(Martí esq. Independencia) Esta céntrica plaza invita a la relajación, con sus hileras de bancos de mármol y una estatua ecuestre (c. 1950) del héroe de la Guerra de Independencia que da nombre al lugar.

Casa Finlay MUSEO

(Cristo, entre Cisneros y Lugareño; entrada 1 CUC; ⊙9.00-17.00 lu-vi, 8.00-12.00 sa) Aquí nació el otro héroe de Camagüey, el doctor Carlos J. Finlay (1833-1915). Aunque no es exactamente un museo, el personal facilita información sobre su vida y sus descubrimientos (como la transmisión de la fiebre amarilla por la picadura de un mosquito). También alberga un magnífico patio interior.

Casa Natal de Nicolás
Guillén CENTRO CULTURAL

(Hermanos Agüero 58; ⊙9.00-17.00) GRATIS Esta modesta casa ofrece a los visitantes una pequeña mirada sobre el difunto poeta cubano y sus libros. Actualmente también es el Instituto Superior de Arte, donde los vecinos estudian música.

Casa de la Diversidad MUSEO

(Cisneros 150; 1 CUC; ⊙10.00-18.00 lu-vi, 9.00-21.00 sa, 8.00-12.00 do) Lo más destacado de este nuevo museo es el propio edificio, con una exuberante fachada que combina elementos moriscos y neoclásicos. Las cuatro salas –esclavitud, costumbres, arte y arquitectura– se pueden recorrer a buen paso, pero vale la pena detenerse en el vestíbulo y admirar sus altísimas columnas. Con todo, la pieza estrella son ¡los aseos!, con unos intrincados frescos; los de señoras son los más ornamentados.

◉ Oeste del centro

Plaza del Carmen PLAZA

(Hermanos Agüero, entre Honda y Carmen) Unos 600 m al oeste de la ajetreada República hay otra plaza muy hermosa y menos frecuentada que las del centro. En el lado oriental puede verse la iglesia de Nuestra Señora del Carmen (p. 327), una de las más bonitas de la ciudad.

Hace algo más de una década, la plaza estaba en ruinas, pero ha sido restaurada a un estado incluso mejor que el original. El adoquinado espacio central presenta enormes tinajones, agradables farolas y unas singulares esculturas de tamaño natural que representan a camagüeyanos inmersos en sus quehaceres cotidianos (a saber: leer el periódico y cotillear).

Martha Jiménez Pérez GALERÍA

(Martí 282, entre Carmen y Onda; ⊙8.00-20.00) GRATIS Dado que Camagüey es la capital de la cerámica cubana, hay que acercarse al estudio-galería de Martha Jiménez Pérez, una de sus principales artistas contemporáneas, para admirar su variada producción: desde tinajones hasta pinturas. El estudio da a la plaza del Carmen, que alberga su obra maestra: una estatua de tres mujeres cuchicheando, titulada *Chismosas,* que también protagonizan muchas de las telas de la galería.

Necrópolis de Camagüey CEMENTERIO

(pza. Cristo; ⊙7.00-18.00) GRATIS Este mar de elaboradas tumbas góticas, blancas y asimétricas, conforma uno de los cementerios más infravalorados de Cuba, y es lugar de reposo del héroe de la independencia Ignacio Agramonte, entre otros. Quizá no tenga el carácter de la necrópolis de Colón en La Habana, pero no se queda muy lejos en el número de insignes personajes que allí reposan.

Agramonte se encuentra en la mitad del segundo pasillo de la izquierda después de la entrada (la tumba pintada de azul). Más difíciles de encontrar son los sepulcros de los combatientes de la libertad Tomás Betancourt o Salvador Cisneros Betancourt (antiguo presidente de Cuba). Hay circuitos que salen de la entrada de detrás de la iglesia del Santo Cristo del Buen Viaje (lo mejor es hacerlos entre primera hora y mediodía).

◉ Norte del centro

Al norte de la estación de trenes, la avenida de los Mártires se abre en una sinfonía de 1 km de nobles edificios de columnas del s. XIX, el mejor ejemplo de ello en Cuba.

Museo Provincial
Ignacio Agramonte MUSEO

(av. Mártires 2; entrada 2 CUC; ⊙10.00-13.00 y 14.00-18.00 ma-sa, 9.00-13.00 do) Este cavernoso museo al norte de la estación de trenes (que recibe el nombre, como la mitad de Camagüey, del héroe de la Guerra de Independencia) se halla en un edificio levantado en 1848 como cuartel de caballería español. Ahora contiene impresionantes obras de arte, muebles antiguos y reliquias de familia.

La colección de arte del piso de arriba contiene obras de muchos artistas de Camagüey, tanto del s. XIX y principios del s. XX, caso de Fidelio Ponce, como también artes plásticas de figuras de fama nacional, como Alfredo Sosabravo.

☉ Sur y este del centro

Casino Campestre PARQUE
(Carretera Central) Sobre el río Hatibonico, viniendo del casco antiguo, se encuentra el mayor parque urbano de Cuba, diseñado en 1860. Hay bancos a la sombra, un estadio de béisbol, conciertos y actividades. En una glorieta cercana a la entrada hay un monumento dedicado a Mariano Barberán y Joaquín Collar, dos españoles que realizaron el primer vuelo sin escalas entre Sevilla y Cuba (Camagüey) en 1933.

Hicieron la travesía en su avión *Cuatro Vientos* pero, de forma trágica, el avión desapareció cuando volaba a México una semana más tarde. Los omnipresentes bicitaxis se prestan a llevar al viajero a dar una vuelta.

Mercado agropecuario Hatibonico MERCADO
(Carretera Central; ☺7.00-18.00) Si el viajero visita un solo mercado en Cuba, que sea este. Pegado al turbio río Hatibonico, junto a la Carretera Central, y caracterizado por sus pregones (cánticos, a menudo cómicos, de los comerciantes al ofrecer sus mercancías), este es un clásico ejemplo de libertad de empresa al estilo cubano, yuxtapuesta con puestos del Gobierno más baratos pero de menor calidad.

La mejor zona para visitar es la de los herbolarios, con sus hierbas, pócimas y elixires secretos. No hay que dejar de visitar el vivero donde los cubanos compran árboles de mango en miniatura y plantas ornamentales. Conviene controlar dónde se lleva el dinero.

El Lago de los Sueños PARQUE
Espacio recreativo de reciente construcción, concebido para escapar del laberinto urbano de Camagüey, que utiliza la misma metodología inventiva, aunque ligeramente *kitsch*, usada en un parque similar de Ciego de Ávila. Como principal curiosidad, cabe destacar la Cremería 1514 (helado 0,25 CUC; ☺10.00-22.00), una heladería integrada en el fuselaje de un Antonov A26, un vetusto avión soviético de la década de 1960. Y, compitiendo con ella, un antediluviano vagón de tren convertido en restaurante.

También se puede dar un paseo en barco por el lago (1 CUC) o por un peculiar malecón. Abundan los lugares donde comer.

✮✮ Fiestas y celebraciones

La Jornada de la Cultura Camagüeyana conmemora la fundación de la ciudad en febrero. El carnaval anual, conocido como San Juan Camagüeyano (☺jun 24-29), se celebra del 24 al 29 de junio con bailes, carrozas y música de raíces africanas. El 8 de septiembre también se celebra la festividad de Nuestra Señora de la Caridad, en honor a la patrona de la ciudad y de Cuba.

🛏 Dónde dormir

★ 'Los Vitrales'-Emma Barreto y Rafael Requejo CASA PARTICULAR $
(☎29-58-66, 52-942-522; requejobarreto@gmail.com; Avellaneda 3, entre General Gómez y Martí; h 20-25 CUC; P❄) Esta enorme casa colonial restaurada de manera exhaustiva fue un convento y conserva arcos anchos, techos altos y decenas de antigüedades. Hay cuatro

NOMBRES DE LAS CALLES DE CAMAGÜEY

Pese a que en las placas y los planos figuran los nombres nuevos de las calles, los vecinos insisten en utilizar los antiguos, lo que dificulta las cosas a la hora de pedir indicaciones.

NOMBRE ANTIGUO	NOMBRE NUEVO
Estrada Palma	Agramonte
Francisquito	Quiñones
Pobre	Padre Olallo
Rosario	Enrique Villuendas
San Esteban	Oscar Primelles
San Fernando	Bartolomé Masó
San José	José Ramón Silva
Santa Rita	El Solitario

habitaciones en torno a un patio sombreado lleno de plantas y con un fantástico mural de azulejos. Rafael, el dueño, es arquitecto y se nota. La comida (también para vegetarianos) es igualmente fabulosa.

Natural Caribe
CASA PARTICULAR $

(☎29-58-66; requejoarias@nauta.cu; Avellaneda 8; h 25 CUC; ✸) ✎ Quienes nunca hayan oído hablar del minimalismo tropical y se alojen en esta espléndida casa descubrirán en qué consiste. Diseñada por un arquitecto local, combina elementos del rico patrimonio colonial de Camagüey con muebles que encajarían a la perfección en un *loft* neoyorquino. Dos habitaciones y una terraza integran, con gran maestría, luz, espacio, agua y materiales de construcción sostenibles.

Casa Láncara
CASA PARTICULAR $

(☎28-31-87; Avellaneda 160; h 25 CUC; ✸) De reminiscencias sevillanas por sus azulejos, está a dos pasos del mejor local de flamenco de la ciudad. Ofrece dos habitaciones decoradas con producción artística de la provincia y cuenta con una terraza en la azotea. Regentada por Alejandro y su esposa, Dinorah –enamorados de todo lo andaluz–, está muy cerca de la iglesia de la Soledad.

Casa Los Helechos
CASA PARTICULAR $

(☎52-31-18-97, 29-48-68; República 68; h 20-25 CUC; ✸) Agradable casa colonial con un patio largo y estrecho, repleto de helechos, que dispone de una amplia habitación con cocina propia, en la parte posterior.

Hotel Colón
HOTEL $

(☎25-48-78; República 472, entre José Ramón Silva y San Martín; i/d desayuno incl. 33/48 CUC; ✸) Un clásico y alargado bar de caoba, paredes flanqueadas con coloridos azulejos y un vitral con un retrato de Colón sobre la puerta del vestíbulo que le aportan un tono entre colonial y *fin de siècle*. Aunque las habitaciones son diminutas, es una buena opción para salir a explorar la ciudad. En la parte posterior hay un patio colonial donde relajarse. El bar es lugar de encuentro de europeos y canadienses con jóvenes cubanas.

Casa Angelito
CASA PARTICULAR $

(☎29-82-71; Maceo 62 (Altos); 20-25 CUC; P✸) Céntrica y de ambiente familiar, es una alternativa económica al Gran Hotel, situado enfrente. Dispone de sencillas y limpias habitaciones en una 2ª planta, junto a una inmensa terraza llena de plantas, ideal para tomar un cóctel o un copioso desayuno.

Dalgis Fernández Hernández
CASA PARTICULAR $

(☎28-57-32; Independencia 251 (Altos), entre Hermanos Agüeros y General Gómez; ✸) Premio a la mayor terraza de azotea, donde el viajero pasará mucho rato tostándose al sol. Debajo hay dos bonitas habitaciones y una zona común repleta de antigüedades.

Hostal de Carmencita
CASA PARTICULAR $

(☎29-69-30; av. Agramonte 259, entre Padre Olallo y Alegría; h 20-25 CUC; P✸) Una habitación bien equipada en el piso superior, con terraza y nevera propias; la sala común de abajo dispone de acceso a internet solo para clientes, una rareza en Cuba. También hay un garaje (estrecho), que es otra rareza en el centro de Camagüey.

Alba Ferraz
CASA PARTICULAR $

(☎28-30-81; Ramón Guerrero 106, entre San Ramón y Oscar Primelles; h 20-25 CUC; ✸) Dos habitaciones que comparten un cuarto de baño, dan a un patio colonial bastante elegante, engalanado con plantas. Hay una terraza en el tejado y Alba, la dueña, organiza clases de danza y guitarra para los clientes.

Gran Hotel
HOTEL $$

(☎29-20-93; Maceo 67, entre av. Agramonte y General Gómez; i/d 49/78 CUC desayuno incl.; ✸@✉) Este clásico del centro data de 1939. Se respira un altivo ambiente prerrevolucionario en sus 72 habitaciones, a las que se accede por una escalera de mármol o subiendo en un viejo ascensor con conserjes. Desde el restaurante de la 5ª planta o el bar de la azotea hay preciosas vistas panorámicas de la toda la ciudad. Por el vestíbulo se accede a un pianobar mientras que en la parte trasera hay una elegante piscina de estilo renacentista.

Hotel Santa María
HOTEL-BOUTIQUE $$

(República esq. av. Agramonte; i/d 75/109 CUC; ✸@) Uno de los cuatro hoteles-*boutique* construidos con motivo del quinto centenario de la ciudad, cuando el autor de esta guía lo visitó aún no estaba plenamente operativo. Sin embargo, sus elegantes zonas comunes, decoradas con refinadas obras de artistas locales, le auguran un futuro prometedor.

★Hotel Camino de Hierro
HOTEL-BOUTIQUE $$$

(☎28-42-64; pza. Solidaridad; i/d 90/120 CUC; ✸@) Se inauguró en el 2014 y es el mejor hotel-*boutique* de Camagüey. Situado en un atractivo edificio del centro urbano que anta-

LA ARQUITECTURA ECLESIÁSTICA DE CAMAGÜEY

Si Cuba tiene alma católica, sin duda reside en Camagüey, donde las agujas de las iglesias se alzan como alminares sobre la estrecha maraña de calles.

La más sagrada

Todo recorrido por la historia religiosa de Camagüey debe empezar por la catedral de Nuestra Señora de la Candelaria (Cisneros 168), reconstruida en el s. XIX en el lugar que ocupaba una capilla de 1530. La catedral, que lleva el nombre de la patrona de la ciudad, fue totalmente restaurada con fondos recaudados durante la visita del papa Juan Pablo II en 1998. Aunque no es la iglesia más atractiva de Camagüey, destaca por su estatua de Cristo en lo alto de un campanario, al que se puede subir por 1 CUC.

Ecléctica

La iglesia de Nuestra Señora de la Merced (pza. Trabajadores), de 1748, es el templo colonial más impresionante de Camagüey. Según una leyenda local, en 1601, una figura milagrosa emergió de las profundidades de las aguas que ocupaban ese emplazamiento; desde entonces, ha sido lugar de culto. El convento del claustro adjunto se caracteriza por sus dos órdenes de arcadas, sus catacumbas y el impresionante Santo Sepulcro, de plata maciza.

Barroca

Espectacular tras una impresionante restauración en el 2007, la iglesia de Nuestra Señora de la Soledad (República esq. av. Agramonte) es un majestuoso edificio barroco que se remonta a 1779. Su pintoresca torre, que combina terracota y piedra blanqueada, es anterior al resto de la estructura y destaca como elemento de referencia en el perfil de la ciudad. El interior alberga hermosos y elaborados frescos y la sagrada pila donde Ignacio Agramonte fue bautizado en 1841.

Neogótica

En el parque Martí, unas manzanas al este del parque Ignacio Agramonte, se halla uno de los escasos templos neogóticos de Cuba: la iglesia de Nuestra Señora del Sagrado Corazón de Jesús (República esq. Luaces). Provista de tres torres rematadas por pináculos, técnicamente se inscribe en el denominado gótico catalán y destaca por sus vitrales policromados, ornamentos en hierro y arcos apuntados.

De dos torres

La iglesia de Nuestra Señora del Carmen (pza. Carmen), una preciosa estructura barroca de dos torres construida en 1825, también alberga un antiguo convento. El monasterio de las ursulinas es un sólido edificio colonial arqueado con un bonito claustro que sirvió de refugio a las víctimas del violento huracán de 1932. Hoy acoge la Oficina del Historiador.

A las afueras

La iglesia de San Lázaro (Carretera Central Oeste esq. Cupey), a 2 km del centro, es una preciosa estructura barroca de 1700. El cercano claustro-hospital, construido un siglo después por el padre Valencia, franciscano, para atender a los leprosos, es muy interesante.

Discreta

La iglesia del Santo Cristo del Buen Viaje (pza. Cristo), que da a una tranquila plaza, es una de las menos visitadas de las ocho que componen el patrimonio eclesiástico de Camagüey. Si se pretende visitar la necrópolis (al lado), vale la pena echarle un vistazo. La capilla original era de 1723, pero la estructura actual es principalmente del s. XIX.

Diminuta

La iglesia de la Caridad (av. Libertad esq. Sociedad Patriótica) monta guardia en el extremo sureste de la ciudad. Construida originariamente como una capilla en el s. XVIII, en el s. XX fue restaurada en dos ocasiones (1930 y 1945). Alberga un hermoso altar de plata (c. 1730) y una imagen de la Virgen de la Caridad del Cobre sobre un trono con la flor nacional de Cuba: la mariposa (jazmín blanco).

ño albergó oficinas de Ferrocarriles de Cuba, la decoración es de temática ferroviaria.

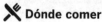 Dónde comer

Gracias a la calidad y elegancia de sus paladares, no sería de extrañar que Camagüey, la tercera ciudad más grande de Cuba, pronto aventajara a Santiago.

Café Ciudad
CAFÉ **$**

(pza. Agramonte, Martí esq. Cisneros; tentempiés 2-5 CUC; ⊙10.00-22.00) Camagüey no ha escatimado esfuerzos en enriquecer su patrimonio histórico con una gastronomía de calidad. Este precioso café colonial de la plaza Agramonte aúna la grandiosidad con un excelente servicio, lo que lo equipara a cualquier local de La Habana Vieja. Hay que probar el jamón serrano y el café con leche. La fotografía que ocupa una pared entera muestra la continuación exacta de la vieja calle.

Café Cubanitas
CAFÉ **$**

(Independencia esq. av. Agramonte; tentempiés 1-3 CUC; ⊙24 h) Junto a la plaza de los Trabajadores, este animado café al aire libre permanece abierto, literalmente, las 24 h. Sirven tentempiés y café aceptable. Ideal para satisfacer ese antojo de ropa vieja a las 3.00.

★Casa Austria
EUROPEA **$$**

(☎28-55-80; Lugareño 121, entre San Rafael y San Clemente; comidas 5-14 CUC; ⊙7.30-23.30) Pese a su nombre europeo y su menú internacional, la decoración y el ambiente de este nuevo café-restaurante –con estanques, fuentes, helechos y mobiliario colonial– sugieren que Camagüey finalmente ha redescubierto, en el año de su quinto centenario (2014), su gastronomía más tradicional. No hay que irse sin degustar un pastel austríaco en el café delantero.

Restaurante 1800
INTERNACIONAL **$$**

(☎28-36-19; pza. San Juan de Dios; comidas 12-15 CUC; ⊙10.00-24.00) Sensacional establecimiento colonial que roza la perfección. La majestuosa parte delantera da a una plaza, anticipo de la experiencia gastronómica que aguarda. Se recomienda el enchilado de camarones o la ensalada de pulpo. El precio de la comida incluye un generoso bufé con quesos europeos (algo raro), embutidos y crujientes ensaladas. A lo largo está la bodega más impresionante del Oriente y, en la parte trasera, hay una barbacoa para sentarse al aire libre y degustar suculenta carne a la brasa.

Mesón del Príncipe
CUBANA **$$**

(☎52-40-45-98; Astilleros 7; comidas 4-12 CUC; ⊙12.00-24.00) Elegante restaurante que ofrece una experiencia de alta cocina, a unos precios asequibles, en una elegante residencia típicamente camagüeyana. Gracias a establecimientos como este, Camagüey se ha situado a la vanguardia de la nueva revolución gastronómica de Cuba, por encima de Santiago.

El Paso
INTERNACIONAL **$$**

(☎52-39-09-39; www.complejoelpaso.com; Hermanos Agüero, entre Carmen y Honda; comidas 5-10 CUC; ⊙8.00-24.00) ¡Desayuno, almuerzo, cena! No es habitual que un *paladar* ofrezca las tres cosas a la vez, pero este, fiel a su nombre, va un paso por delante y abre las 24 h. Con vistas a la tranquila plaza del Carmen y un interior original, es ideal para desayunar, comer un bocadillo o tomar un cóctel en el bar.

Restaurante Italiano Santa Teresa
ITALIANA **$$**

(☎29-71-08; av. Victoria 12 , entre Padre Carmelo y Freyre; comidas 3-7 CUC; ⊙12.00-24.00) A una manzana del Centro Cultural Caribe, su idílico patio parcialmente cubierto es el preludio de un suntuoso festín italiano: *pizza* divina, excelente helado y un café expreso más que aceptable; un lugar para saborear. Los mismos propietarios regentan otro restaurante, **El Edén de Santa Teresa** (☎27-48-04; callejón Villa Lola esq. Monaco Sur; principales 3-7 CUC; ⊙12.00-24.00). Sirve cocina cubana y, los sábados por la noche, ofrece un espectáculo de cabaré (20.00-22.00).

Restaurante La Isabella
ITALIANA **$$**

(av. Agramonte esq. Independencia; *pizzas* 5-8 CUC; ⊙11.00-16.00 y 18.30-22.00) El restaurante más animado de Camagüey fue inaugurado durante una visita de representantes del emblemático Festival Internacional del Cine Pobre de Gibara en el 2008. Combinando comida italiana (*pizza,* lasaña, *fettuccine)* con una decoración temática de cine y sillas de estilo director, ocupa el lugar del primer cine de Camagüey.

Gran Hotel
INTERNACIONAL **$$**

(Maceo 67, entre av. Agramonte y General Gómez; cena bufé 12 CUC; ⊙6-23.00) El restaurante del 5º piso tiene vistas soberbias de la ciudad y un bufé bastante bueno; conviene llegar temprano y ver cómo se pone el sol sobre las torres de la iglesia. A pie de calle, el **Gran Hotel Snack Bar** (Maceo 67, entre av. Agramonte y

General Gómez; tentempiés 1-4 CUC; ⊗9.00-23.00), mucho más económico, sirve café, bocadillos, pollo y helado. Las hamburguesas (cuando hay) son buenas y el ambiente recuerda la década de 1950.

Restaurante de los Tres Reyes CARIBEÑA $$
(pza. San Juan de Dios 18; comidas 7 CUC; ⊗10.00-22.00) Magnífico establecimiento del Gobierno en una bonita plaza de estilo colonial, que sirve esencialmente platos a base de pollo. Se puede optar por observar la vida cotidiana de Camagüey desde una mesa junto a las enormes ventanas con rejas de hierro o por disfrutar de más intimidad en el patio trasero, adornado con plantas. La Campana de Toledo (pza. San Juan de Dios 18; comidas 7 CUC; ⊗ 10.00-22.00), igual de romántico, está al lado.

Compra de alimentos

Mercado agropecuario Hatibonico MERCADO $
(Carretera Central; ⊗7.00-18.00) ✐ Junto al río Hatibonico, es el clásico ejemplo de un mercado cubano donde productos gubernamentales (de inferior calidad, pero más económicos) se venden junto a otros privados: bocadillos y batidos naturales que se pagan en pesos. También se puede comprar fruta y verdura cultivada a 500 m. Hay una buena sección de hierbas y también un excelente surtido de frutas y verduras. ¡Cuidado con los carteristas!

Panadería Doña Neli PANADERÍA $
(Maceo; ⊗7.00-19.00) Una panadería bien surtida, enfrente del Gran Hotel. Basta con dejarse llevar por el delicioso aroma.

🍷 Dónde beber

Quizá se deba a su pasado pirata, pero Camagüey tiene excelentes tabernas.

Bar El Cambio BAR
(Independencia esq. Martí; ⊗7.00-madrugada) Lo que Hunter S. Thompson habría elegido, un antro con las paredes llenas de grafitis y cócteles de nombres interesantes. Consiste en una sala, cuatro mesas y muchísimo ambiente.

Bodegón Don Cayetano BAR
(☎26-19-61; República 79) Taberna de estilo español, a dos pasos de la iglesia de Nuestra Señora de la Soledad, no destaca por su comida, pero está bien para tomar unos tragos. Dispone de mesas al aire libre, cuenta con una amplia selección de vinos y cada sábado

por la noche (22.00) acoge espectáculos de flamenco.

Gran Hotel Bar Terraza BAR
(Maceo 67, entre av. Agramonte y General Gómez; ⊗13.00-2.00) El maestro de cócteles prepara impecables mojitos y daiquiris mientras el cliente contempla la privilegiada vista de la ciudad. Abajo hay una piscina donde hacen espectáculos acuáticos de baile varias veces a las semana a las 21.00. Es la elección de los sibaritas.

Taberna Bucanero BAR
(República esq. Fidel Céspedes; ⊗14.00-23.00) La opción perfecta para los amantes de la cerveza, que podrán saborear Bucanero de barril junto a figuras de piratas en una taberna de capa y espada, aunque con sutiles reminiscencias de un *pub* inglés.

La Bigornia BAR
(República, entre El Solitario y Oscar Primelles; ⊗9.00-24.00) Atractivo bar-restaurante estilo *boutique*, con una tienda de deportes en el entresuelo, es el lugar donde se da cita la juventud cubana (18 a 25 años) más *in* y con menos ropa, para calentar motores antes de la Noche Camagüeyana.

☆ Ocio

Todos los sábados por la noche, la estridente Noche Camagüeyana invade República –desde La Soledad hasta la estación de trenes– con puestos de comida y alcohol, música y multitudes. Suele haber un concierto de rock o reguetón en la plaza junto a La Soledad.

★Teatro Principal TEATRO
(☎29-30-48; Padre Valencia 64; entradas 5-10 CUC; ⊗espectáculo 20.30 vi y sa, 17.00 do) Si hay espectáculo, no conviene perdérselo. La Compañía de Ballet de Camagüey, fundada en 1971 por Fernando Alonso (exmarido de la mayor diva de la danza cubana, Alicia Alonso), es la segunda compañía de *ballet* de Cuba tras la de La Habana, conocida en todo el mundo. También destaca el maravilloso edificio, de 1850, adornado con majestuosos candelabros y vidrieras.

Casa de la Trova Patricio Ballagas MÚSICA EN DIRECTO
(Cisneros 171, entre Martí y Cristo; entrada 3 CUC; ⊗ 19.00-1.00) Una decorada entrada da paso a un patio con ambiente, donde viejos cantantes melódicos actúan y parejas jóvenes bailan

INDISPENSABLE

LA CALLE DE LOS CINES

Se trata de uno de los proyectos de restauración más ambiciosos y originales de Camagüey, creado en el 2014 con motivo del quinto centenario de la fundación de la ciudad. La idea, consistente en convertir un pequeño tramo de la calle Agramonte –entre la iglesia de la Soledad y la plaza de los Trabajadores– en un homenaje a la gran pantalla, encaja a la perfección con su pasado histórico, ya que durante muchos años esa fue la arteria cinematográfica de la ciudad. Los cines Casablanca y Encanto datan de las décadas de 1940 y 1950, mientras que la sala de vídeo Nuevo Mundo abrió sus puertas en 1985 para convertirse en la primera institución de este tipo en Cuba, donde en los años ochenta eran escasas las familias que contaban con un aparato de vídeo en casa.

A principios del s. XXI, los cines de Camagüey, al igual que gran parte de los antaño relucientes edificios de la ciudad, se encontraban en pésimas condiciones. Sin embargo, gracias a un audaz plan artístico impulsado por la Oficina del Historiador, las cosas empezaron a cambiar. Como la mayoría de los proyectos de restauración cubanos, la Calle de los Cines ha sido fruto de un proceso lento pero conciso, en el que se ha prestado una meticulosa atención a los detalles. Hacia finales del 2014 se inauguró el antiguo cine Casablanca (Ignacio Agramonte 428) como un multicine de tres salas, mientras que el cine Encanto (av. Agramonte) veía la luz como un espacio dedicado al videoarte (la Galería Pixel proyecta documentales rotativos) y la antigua sala de vídeo Nuevo Mundo se convertía en un centro cinematográfico que ofrece exposiciones, cursos, documentales e información.

Casi todos los otros locales de la calle tienen como denominador común un tema cinematográfico. Así, por ejemplo, hay una peluquería de señoras que se llama "La Ciudad de las Mujeres", en homenaje a la película de Federico Fellini de 1980. También se rinde homenaje al cineasta italiano en la cercana cafetería La Dolce Vita, mientras que el Coffee Arábiga hace referencia a un polémico documental de Nicolás Guillén Landrián, sobrino del famoso poeta camagüeyano Nicolás Guillen. Estrenado en 1968, adquirió gran notoriedad por su trasfondo de protesta artística, que incluye un noticiario en el que aparece Fidel Castro mientras suena *The Fool on the Hill* (El loco de la colina) de los Beatles. La película fue censurada y posteriormente se encarceló a Guillén, quien en 1989 se exilió de Cuba.

El nexo de la calle Agramonte y la plaza de los Trabajadores es el emplazamiento que ocupó el primer cine de Camagüey, ahora un agradable restaurante llamado La Isabella (p. 328), donde los comensales se reclinan en sillas de director bajo emblemáticos carteles de cine y degustan platos italianos. Si se llega temprano, tal vez se tenga la suerte de conseguir uno de los codiciados asientos de Fellini o del cubano Tomás Gutiérrez Alea.

chachachá. Una de las mejores casas de trova de Cuba, donde la afluencia de turistas no merma su autenticidad. El martes es un buen día para escuchar música tradicional.

Centro Cultural Caribe CABARÉ
(Narciso Montreal –calle 1– esq. Freyre; entradas 3-6 CUC; ☺22.00-2.00, hasta 4.00 vi y sa) Algunos afirman que es el mejor cabaré fuera de La Habana y, a este precio, ¿quién lo negaría? Tras comprar las entradas en la taquilla el mismo día, se podrá contemplar desde una zona sin turistas un espectáculo repleto de plumas y lentejuelas. Los hombres deben llevar pantalón y camisa.

Sala Teatro José Luis Tasende TEATRO
(☎29-21-64; Ramón Guerrero 51; ☺espectáculo 20.30 sa y do) Teatro de calidad.

Estadio Cándido González DEPORTES
(av. Tarafa) De octubre a abril se celebran partidos de béisbol en este estadio y en el Casino Campestre. El equipo de Camagüey, conocido como Los Alfareros, tiene una vitrina sin trofeos a pesar de representar a la provincia más grande de Cuba.

 De compras

Maceo es la principal calle comercial de Camagüey, con varias tiendas de recuerdos, librerías y centros comerciales y un atractivo paseo peatonal. En la Galería El Colonial (av. Agramonte esq. República; ☺9.00-17.00) el viajero encontrará tantos recuerdos de Cuba como desee, desde puros hasta ron.

ARTex Souvenir RECUERDOS
(República 381; ☺9.00-17.00) Camisetas del Che, pequeños tinajones, llaveros del Che, jarras del Che. ¿Queda claro?

Fondo Cubano Bienes Culturales ARTESANÍA
(av. Libertad 112; ☺8.00-18.00 lu-sa) Venden toda clase de objetos en un entorno nada turístico, al norte de la estación de trenes.

Mercado Francisquito MERCADO
(Quiñones; ☺9.00-17.00) Zapatos, clavos, tornillos, piezas de reloj...

ⓘ Información

PELIGROS Y ADVERTENCIAS

Camagüey incita a más conflictos que otras ciudades. Se ha informado de robos, sobre todo por parte de ladrones de bolsos que luego saltan a una bicicleta para escapar rápidamente. Hay que mantener el cinturón con el dinero bien atado y no llamar la atención. Luego están los *jineteros*, que tratan de sacar dinero al viajero como pueden (acaso 'ofreciendo' llevarle a la casa que han buscado cuando, en realidad, le llevarán a una diferente, con servicios casi siempre peores). Conviene reservar alojamiento con antelación y, si es posible, pedir a los propietarios que vayan a recoger al viajero a la estación de tren/autobús/aeropuerto. Se recomienda extremar las precauciones en estos lugares y no fiarse de desconocidos que ofrezcan servicios (guía, alojamiento...).

ACCESO INTERNET

Etecsa Telepunto (República, entre San Martín y José Ramón Silva; internet 4,50 CUC/h; ☺8.30-19.00) En Camagüey son escasos los sitios con wifi: hay que aprovechar al máximo los 12 terminales aquí dispuestos.

MEDIOS DE COMUNICACIÓN

Adelante, el periódico local, se publica los sábados. Radio Cadena Agramonte retransmite en las frecuencias 910 AM y 93.5 FM. Al sur de la ciudad hay que sintonizar el 1340 AM del dial, y al norte, 1380 AM.

ASISTENCIA MÉDICA

Farmacia Internacional (av. Agramonte 449, entre Independencia y República)
Policlínico Integral Rodolfo Ramírez Esquival (☏28-14-81; Ignacio Sánchez esq. Joaquín de Agüero) Al norte del paso a nivel, viniendo del

Hotel Plaza. Atienden a extranjeros en caso de urgencia.

DINERO

Banco de Crédito y Comercio (av. Agramonte esq. Cisneros; ☺9.00-15.00 lu-vi)
Banco Financiero Internacional (Independencia, entre Hermanos Agüero y Martí; ☺9.00-15.00 lu-vi)
Cadeca (República 353, entre Oscar Primelles y El Solitario; ☺8:30-19.00 lu-sa)

CORREOS

Oficina de correos (av. Agramonte 461, entre Independencia y Cisneros; ☺9.00-18.00 lu-sa)

INFORMACIÓN TURÍSTICA

Infotur (☏25-67-94; Ignacio Agramonte; ☺9.00-17.00) La oficina está en una galería entre Encanto y los cines Casablanca.

AGENCIAS DE VIAJE

Cubanacán (Maceo 67, Gran Hotel) El mejor lugar con información sobre Playa Santa Lucía.
Ecotur (☏24-49-57; República 278; ☺8.00-12.00 y 13.00-16.30 lu-sa) Organiza excursiones a la hacienda La Belén y a la Reserva Ecológica Limones Tuabaquey. La oficina se halla dentro del Complejo Turístico Bambú.

ⓘ Cómo llegar y salir

AVIÓN

El **aeropuerto internacional Ignacio Agramonte** (☏26-72-02; ctra. Nuevitas km 7) se sitúa 9 km al noreste de la ciudad, en la carretera a Nuevitas y Playa Santa Lucía.

Air Transat (www.airtransat.com) y **Sunwing** (www.sunwing.ca) vuelan desde Toronto. Al llegar los pasajeros en régimen de todo incluido son trasladados a toda prisa a Playa Santa Lucía.

Aerocaribbean (www.fly-aerocaribbean.com; Republica esq. callejon de Correa) tiene tres vuelos semanales a/desde La Habana.

AUTOBÚS Y CAMIÓN

Desde la estación regional de autobuses, cerca de la de trenes, salen camionetas a Nuevitas (87 km, 2 diarios) y Santa Cruz del Sur (82 km, 3 diarios), que se pagan en pesos cubanos. Las que van hacia Playa Santa Lucía (109 km, 3 diarios) también salen de esta estación: hay que pedir la vez en la cola y se recibirá un papel con un número; luego, se guarda cola en la puerta adecuada hasta que llegue el número.

Los autobuses de larga distancia de **Víazul** (www.viazul.com) salen de la **estación de autobuses Álvaro Barba** (Carretera Central), 3 km al sureste del centro.

SALIDAS DE AUTOBUSES VÍAZUL DESDE CAMAGÜEY

DESTINO	TARIFA (CUC)	DURACIÓN (H)	SALIDAS DIARIAS
La Habana	33	9	00.35, 6.30, 11.05, 14.25, 23.45
Holguín	11	3	00.30, 4.30, 6.25, 13.20, 18:40
Santiago de Cuba	18	6	00.30, 6.25, 9.30, 13:20, 16.00
Trinidad	15	4½	2.45
Varadero	24	8¼	3.10

El servicio a Santiago de Cuba también para en Las Tunas (7 CUC, 2 h), Holguín (11 CUC, 3¼ h) y Bayamo (11 CUC, 4¼ h). El autobús a La Habana tiene parada en Ciego de Ávila (6 CUC, 1¾ h), Sancti Spíritus (10 CUC, 4 h), Santa Clara (15 CUC, 4½ h) y Entronque de Jagüey (25 CUC, 6¼ h). Para comprar los billetes de Víazul, hay que contactar con el jefe de turno.

Las camionetas de pasajeros a poblaciones cercanas, como Las Tunas y Ciego de Ávila, también salen de esta estación. Si se llega antes de las 9.00 habrá muchas más posibilidades de subirse a una de ellas.

El transporte público a Playa Santa Lucía es escaso, salvo que se haya reservado un paquete con antelación. Desde Camagüey, el viaje de ida en taxi cuesta 70 CUC.

TAXI

Un taxi a Playa Santa Lucía cuesta unos 70 CUC (solo ida), y hay que regatear bastante.

TREN

La **estación de trenes** (Avellaneda esq. av. Carlos J. Finlay) está mejor situada que la de autobuses, pero es menos práctica. Los extranjeros deben comprar los billetes en convertibles/pesos (CUC) en una taquilla sin letrero, al otro lado de la calle, frente al Hotel Plaza. El Tren Francés sale hacia Santiago sobre las 3.19 cada tres días y hacia La Habana (parando en Santa Clara), alrededor de la 1.47, también cada tres días. Un billete de 1ª clase cuesta 23 CUC. Los horarios cambian con frecuencia. Consúltese en la estación un par de días antes de la fecha prevista del viaje. Los trenes con *"coche motor"* (que atraviesan la isla) son más lentos y también cubren la ruta La Habana-Santiago. Paran en sitios como Matanzas y Ciego de Ávila. Hacia el este hay trenes diarios a Las Tunas, Manzanillo y Bayamo. Hacia el norte hay (en teoría) cuatro trenes diarios a Nuevitas y cuatro a Morón.

❶ Cómo desplazarse

A/DESDE EL AEROPUERTO

Un taxi al aeropuerto debería costar unos 5 CUP desde la ciudad, pero se puede regatear. El autobús local nº 22 circula cada 30 min entre semana y cada hora los fines de semana; hay que esperarlo en el parque Finlay (frente a la estación regional de autobuses).

BICITAXIS

Hay bicitaxis en casi todas las plazas de la ciudad, pero la mayor oferta es la de la plaza de los Trabajadores. Deberían costar 5 CUP, pero los conductores probablemente pedirán el pago en convertibles.

AUTOMÓVIL

El precio del alquiler de automóviles parte de los 70 CUC al día más gasolina, en función de la marca del coche y de la duración del alquiler. Entre otras compañías, cabe destacar **Cubacar** (www.transturcarrental.com; Van Horne 1, entre República y Avellaneda).

Hay aparcamiento vigilado (2 CUP/24 h) para los que sean lo bastante valientes como para atreverse a entrar en coche al laberinto de Camagüey; conducir por las estrechas calles de sentido único de Camagüey es solo para expertos. Hay que preguntar los detalles en un hotel o en una casa particular.

Hay dos **gasolineras Servi-Cupet** (Carretera Central; ⊘24 h) cerca de la avenida de la Libertad.

COCHES DE CABALLOS

Siguen una ruta fija (1 CUC) entre la estación regional de autobuses y la de trenes. Quizá haya que hacer transbordo en el Casino Campestre, cerca del río.

Florida

56 000 HAB.

A un millón de millas metafóricas de Miami, esta industriosa ciudad con molinos de azúcar queda 46 km al noreste de Camagüey en la carretera a Ciego de Ávila. Es una parada muy práctica para pasar la noche si se conduce por el centro de Cuba y se está demasiado agotado para sortear las laberínticas calles de Camagüey (lo cual es desaconsejable en cualquier estado físico o mental). Posee un rodeo activo y una oficina telefónica de Etecsa.

El **Hotel Florida** (✆51-30-11; Carretera Central, km 534; i/d 18/28 CUC; 🅿❄🌐), de dos pisos, está situado 2 km al oeste del centro de la ciudad y dispone de 74 habitaciones correctas. Junto a la puerta está la cafetería Caney, un restaurante con techo de guano que sale más a cuenta que el del hotel.

Circulan camionetas de pasajeros de Florida a Camagüey, donde se puede conectar con autobuses Víazul de larga distancia. Para quienes vayan en coche, en el centro urbano hay una gasolinera Servi-Cupet, en la Carretera Central.

Sierra del Chorrillo

Esta zona protegida, 36 km al sureste de Camagüey, alberga tres cadenas de colinas bajas: la sierra del Chorrillo, la sierra del Najasa y el Guaicanamar (punto más elevado: 324 m).

Acurrucada en su herboso altiplano está la **hacienda La Belén** (entrada 4 CUC), una bonita granja gestionada como reserva natural. Hay que informarse en la delegación de la agencia de viajes Ecotur en Camagüey (p. 331). Además de disfrutar de numerosos animales exóticos (no autóctonos) como cebras, antílopes, toros y caballos (entre los mejores de Cuba), el parque ejerce de **reserva de aves** y es uno de los mejores lugares de Cuba para ver especies poco comunes como el periquito cubano, el tirano cubano y el vencejo antillano. Otra curiosidad es el **bosque petrificado**, de tres millones de años, con tocones de árboles que ocupan 1 Ha. Para encontrarlo, hay que conducir unos metros, pasada la entrada a la hacienda, hasta el cruce y seguir a la derecha hasta llegar a un callejón sin salida en una fábrica. Cerca hay un árbol fosilizado mucho más grande. Se pueden organizar excursiones por la reserva en *jeep* o a caballo y hay dos paseos guiados. El más

popular es el **sendero de las Aves** (7 CUC, 1,8 km), que revela abundantes especies; también el **sendero Santa Gertrudis** (4,5 km), que cubre la flora, la fauna y una cueva.

Simple y rústico, el **Motel La Belén** (✆52-19-57-44; i/d 28/40 CUC, pensión completa 42/66 CUC; ❄🌐) se encuentra en el recinto de la hacienda y dispone de piscina, restaurante, sala de TV y 10 habitaciones, limpias con aire acondicionado, para un máximo de 16 personas. Hay magníficos paisajes a tiro de piedra.

Para llegar a la sierra del Chorrillo, se precisa transporte propio: hay que conducir 24 km al este de Camagüey por la Carretera Central y luego 30 km hacia el sudeste, siguiendo las indicaciones que llevan hasta Najasa. Si se viene de Las Tunas, otra carretera llena de baches en dirección a Najasa se bifurca al sur de la Carretera Central, en Sibanicú. Se llega a la hacienda tras recorrer 8 km desde Najasa por una carreta plagada de socavones. También se puede intentar negociar una tarifa con un taxi en Camagüey.

Guáimaro

29 800 HAB.

No sería más que otra ciudad anónima de Cuba si no fuera por su célebre Asamblea de Guáimaro de abril de 1869, en la que se aprobó la primera Constitución cubana y se exigió la emancipación de los esclavos. La asamblea eligió como presidente a Carlos Manuel de Céspedes.

◉ Puntos de interés

Parque Constitución PARQUE

Los hechos de 1869 se conmemoran en este parque con un gran **monumento** erigido en 1940. Alrededor de la base se distribuyen placas de bronce con retratos de José Martí, Máximo Gómez, Carlos Manuel de Céspedes, Ignacio Agramonte, Calixto García y Antonio Maceo, los patriotas de la independencia cubana.

También aquí se halla el mausoleo de la primera –y acaso más grande– heroína de Cuba, Ana Betancourt (1832-1901), de Camagüey, que luchó por la emancipación de la mujer y por la abolición de la esclavitud durante la Primera Guerra de Independencia.

Museo Histórico MUSEO

(Constitución 85, entre Libertad y Máximo Gómez; entrada 1 CUC; ⌚9.00-17.00 lu-vi) Este pequeño museo cuenta con dos salas dedicadas al arte y a la historia.

🛏 Dónde dormir y comer

Hay una gasolinera Servi-Cupet según se entra a la ciudad desde Camagüey, con un bar: El Rápido.

Casa de Magalis   CASA PARTICULAR **$**
(☑81-28-91; Olimpo 5, entre Benito Morell y Carretera Central; h 20-25 CUC; P❄) Casi vale la pena detenerse en Guáimaro solo para alojarse en esta villa colonial próxima a la Carretera Central. Hay dos habitaciones, una con el cuarto de baño privado más grande de Cuba, así como una terraza para disfrutar de bucólicas vistas.

ℹ Cómo llegar y salir

Guáimaro está en la Carretera Central entre Camagüey y Las Tunas. Varios autobuses de Víazul circulan a diario. Para apearse, hay que indicárselo al conductor.

Nuevitas

46 200 HAB.

Se encuentra 87 km al noreste de Camagüey, una excursión de 27 km en dirección norte saliendo de la carretera que va de Camagüey a Playa Santa Lucía. Es una pequeña y amable ciudad industrial y puerto de exportación azucarero, con acceso fácil por la costa, pero no merece la pena desviarse mucho para verla. En 1978, el director cubano Manuel Octavio Gómez filmó en ella su clásico revolucionario *Una mujer, un hombre, una ciudad*, el único momento de fama de Nuevitas hasta la fecha. También es la estación de término del segundo ferrocarril más antiguo de Cuba.

⦿ Puntos de interés

Museo Histórico Municipal   MUSEO
(Máximo Gómez 66; entrada 1 CUC; ⊘9.00-16.00 ma-do) El único punto de interés de Nuevitas, cerca del parque del Cañón, posee una mezcla parcialmente interesante de animales disecados y fotografías en sepia. Se pueden también subir los escalones que hay en el centro de la ciudad para disfrutar de amplias vistas de la bahía.

King Ranch   RANCHO
(ctra. Santa Lucía, km 35; ⊘10.00-22.00) Aunque pueda parecerlo, esta aparición del Salvaje Oeste en plena naturaleza no es un espejismo. Situado de camino a Playa Santa Lucía, fue una filial de su homónimo tejano (el rancho más grande de EE UU). Hay un restau-

rante, un espectáculo de rodeos y caballos para alquilar.

El rancho fue expropiado después de la Revolución, siguió dedicándose a lo mismo y principalmente atiende a grupos procedentes de Playa Santa Lucía, aunque también se puede ir sin reserva. Se encuentra 4 km después del cruce de incorporación a la carretera principal desde Camagüey.

Playas
Más abajo del Hotel Caonaba hay un parque de atracciones y, un poco después, por la costa, está la llamada Playa Colonia, desde donde se ven dos de los tres islotes de Los Ballenatos, en la bahía de Nuevitas. Si se sigue por la costa, al cabo de 2 km se llega a Playa Santa Rita, al final de la carretera, con un muelle que se adentra en la bahía.

🛏 Dónde dormir y comer

Hotel Caonaba   HOTEL **$**
(☑24-48-03; Martí esq. Albisa; i/d 21/26 CUC; P❄) Anodino hotel cubano de una estrella, en lo alto de una colina y con vistas al mar, a la entrada de la ciudad. Las habitaciones tienen nevera y, las de la parte delantera, dan a la bahía, pero no es el Ritz. El bar con terraza está bien para tomar una cerveza.

Casa Osvaldo   CASA PARTICULAR **$**
(☑41-20-78; Martí 162; h 25 CUC; ❄) Situada en la calle principal de Nuevitas, sus dos habitaciones con baldosas son mucho mejores que las del polvoriento hotel.

Restaurante Toscana   CUBANA **$**
(☑41-55-66; Enrique Vázquez 3; principales 2-4 CUC; ⊘ma-do 18.00-23.00) El mejor paladar de la ciudad, especializado en mariscos y orientado principalmente a una clientela cubana (precios en moneda nacional); también admite extranjeros. No está muy bien señalizado, pero queda a una manzana del hotel.

ℹ Cómo llegar y salir

Lo mejor es disponer de vehículo propio. Hay una **gasolinera Servi-Cupet** a la entrada de la ciudad, y una oficina de **Cubacar** en la céntrica calle Martí.

Antaño Nuevitas fue una importante ciudad ferroviaria y aún hoy es la estación de término de los trenes procedentes de Camagüey (pasando por Minas) y de Santa Clara (pasando por Chambas y Morón). La estación está cerca de los muelles, en el lado norte de la ciudad. Deberían circular trenes diarios a Camagüey y servicio a

Santa Clara en días alternos, pero es difícil averiguar los horarios. Las camionetas (más fiables que los autobuses) que van a Camagüey salen por la mañana muy temprano.

Brasil y alrededores

Antigua ciudad azucarera, antes muy activa y ahora soporífica, a medio camino entre Morón y Nuevitas, Brasil es la puerta de entrada a la tercera isla más grande del archipiélago, Cayo Romano, todavía virgen. La zona ha sido recientemente redescubierta por pescadores que surcan las aguas hasta llegar a Cayo Cruz. Los llanos, las lagunas y los estuarios de la costa norte de Camagüey son un paraíso para la pesca con mosca; la temporada va de noviembre a agosto. La pesca comercial está prohibida. Ecotur (⌨Camaguey 24-36-93, La Habana 27-49-95) organiza viajes.

Una experiencia totalmente diferente es alojarse en el Hotel La Casona de Romano (calle 6, entre B y C; h desde 50 CUC; ✹), una preciosa casa con ocho habitaciones, un restaurante y un bar. Atienden principalmente a grupos organizados. Contáctese con Ecotur para más información.

Cayo Sabinal

Este cayo coralino de una increíble belleza, poblada de ratas espinosas, jabalíes y abundantes mariposas, se encuentra 22 km al norte de Nuevitas y en sus marismas abundan los flamencos y las iguanas. Se trata de una extensión bastante llana, cubierta de terreno pantanoso y lagunas.

◉ Puntos de interés y actividades

Fuerte San Hilario   FORTALEZA
Cayo Sabinal posee bastante historia para ser una zona virgen. Tras reiterados ataques de piratas en los ss. XVII y XVIII, los españoles construyeron un fuerte (1831) para mantener a raya a los corsarios. Unos años más tarde, se convirtió en prisión y, en 1875, fue testigo del único levantamiento carlista en Cuba (el movimiento contrarrevolucionario que se opuso a la monarquía española reinante).

Faro Colón   FARO
(Punta Maternillo) Construido en 1848, es uno de los más antiguos faros del archipiélago cubano que siguen en uso. Después de diversas batallas navales libradas en la zona durante la época colonial, un par de barcos españoles naufragados, el *Nuestra Señora de Alta Gracia* y el *Pizarro,* descansan en aguas próximas, poco profundas, lo que resulta fantástico para los buceadores.

Playas Bonita y Los Pinos   PLAYA
De los 30 km de playas de Cayo Sabinal, estas dos se llevan la palma. De la primera se han apropiado los turistas que llegan en barco procedentes de Playa Santa Lucía y cuenta

PROVINCIA DE CAMAGÜEY CAYO SABINAL

MERECE LA PENA

RESERVA ECOLÓGICA LIMONES TUABAQUEY

Una de las más recientes reservas protegidas de Cuba destaca por las pinturas rupestres precolombinas de la cueva Pichardo y la cueva María Teresa, máximos exponentes del arte indígena cubano. El otro gran aliciente es el singular Hoyo de Bonet, una depresión kárstica de 300 m de ancho por 90 de profundidad, cubierta de vegetación, con su propio microclima –fresco y húmedo– y numerosos helechos gigantes. La reserva también acoge una rica avifauna; la abundancia de tocororos y cartacaubas da lugar a lo que los expertos denominan una "sinfonía de cantos de aves". Los senderos conducen a cuevas, cráteres y al paso de los Paredones, un desfiladero con paredes de 40 m de altura. Un indicador cercano recuerda el lugar donde un grupo de mambises (guerrilleros independentistas cubanos del s. XIX) consiguieron frenar una ofensiva española en febrero de 1869.

Se pueden reservar circuitos guiados en la oficina de Ecotur (p. 331), en Camagüey, pero también está permitido ir por libre. La entrada cuesta 6 CUC. Hay un centro de visitantes y está previsto ofrecer alojamiento en forma de bungalós. Los senderos solo se pueden recorrer con guía.

La reserva queda unos 35 km al norte de la ciudad de Camagüey, en la carretera principal (llena de baches) entre Morón y Nuevitas. El desvío aparece cerca del pueblo de Cubitas.

Playa Santa Lucía

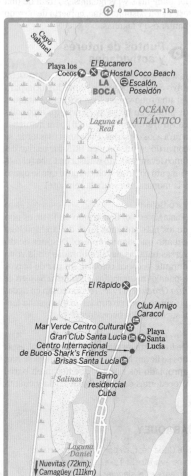

PROVINCIA DE CAMAGÜEY PLAYA SANTA LUCÍA

de control donde el viajero debe mostrar su pasaporte. El paso elevado de 2 km que comunica con la isla principal fue el primero de este tipo que se construyó en Cuba y es el más perjudicial para el medio ambiente.

Casi todo el mundo va a Cayo Sabinal en excursiones en barco desde Playa Santa Lucía. Hay salidas la mayoría de los días y cuestan unos 69 CUC (almuerzo incl.). Se deja y se recoge a los viajeros en Playa Bonita. Las excursiones se pueden contratar en los hoteles de Playa Santa Lucía.

Playa Santa Lucía

Situada 112 km al noreste de Camagüey, es una aislada playa de arena blanca con *resorts* que, con sus 20 km de longitud, compite con Varadero por el título de la playa más larga de Cuba. Los viajeros suelen acudir para practicar submarinismo en uno de los arrecifes de coral de la costa norte mejores y más accesibles, a pocos kilómetros del litoral. La playa en sí también cautiva a más de uno: un idílico paraíso tropical, en su mayor parte todavía desierta.

La zona que rodea Playa Santa Lucía es llana y monótona, está repleta de flamencos, arbustos frondosos y alguna que otra vaca pastando. Aparte del pequeño pueblo de Santa Lucía y la destartalada aldea de La Boca, cerca de la mejor playa de la zona (Playa los Cocos), no hay ningún otro enclave de importancia.

Pese a ello, la natación, el buceo y el submarinismo son excepcionales, y los cuatro *resorts* con todo incluido organizan múltiples actividades para quienes disfruten de tiempo y tengan ganas de explorar el lugar. Los paquetes turísticos a Playa Santa Lucía suelen ser más baratos que a otros destinos similares, pero los *resorts* son menos lujosos, con un cierto aire de colonia de vacaciones carente de glamour. De hecho, toda la franja que precede a Cayo Coco y a Cayo Santa María ha conocido tiempos mejores y está a la espera de una exhaustiva mejora. En temporada alta, la clientela es esencialmente canadiense.

con un rústico *ranchón* donde sirven comidas. En cuanto a la segunda, desde que un huracán se llevó sus cinco rústicos bungalós, el viajero debe organizar sus propias actividades: excursiones, natación, meditación…

❶ Cómo llegar y salir

Se puede elegir entre coche privado, taxi o barco. La carretera de tierra a Cayo Sabinal empieza 6 km al sur de Nuevitas, junto a la carretera de Camagüey. A menudo la cierran sin avisar: antes de emprender viaje, conviene confirmar en Nuevitas si está abierta al tráfico. Hay un puesto

◉ Puntos de interés

Playa los Cocos PLAYA
Esta playa, a 7 km de los hoteles, en la boca de la bahía de Nuevitas, es otra belleza, con su arena dorada y blanca y sus aguas color jade. A veces pueden verse bandadas de flamencos rosas en la laguna El Real, detrás de

la playa. Aquí se encuentra el gran restaurante El Bucanero.

El viaje en coche de caballos desde los hoteles de Santa Lucía a Los Cocos cuesta 20 CUC i/v más la espera, aunque también se puede hacer andando, corriendo, en bicicleta (en todos los *resorts* hay bicicletas gratis sin equipación) o en taxi. Se trata de un lugar perfecto para nadar con vistas del faro Colón de Cayo Sabinal, pero hay que tener cuidado con el flujo de mareas mar adentro.

La pequeña colonia existente se conoce como La Boca. Hay un buen restaurante (en la casa rosa) y a veces los lugareños asan un cerdo en una espita e invitan al viajero a unirse.

🏃 Actividades

Playa Santa Lucía es un magnífico destino de submarinismo, que se encuentra junto al que se considera el segundo arrecife coralino del mundo (tras la Gran Barrera de Coral de Australia). Hay 35 sitios para practicarlo, entre los que se incluyen seis arrecifes Poseidón, la Cueva Honda, pecios y abundante fauna marina, con varios tipos de rayas. La atracción más promocionada consiste en dar de comer con la mano (de junio a enero) a tiburones toro de 3 m de longitud. Los hoteles organizan otras actividades acuáticas, como un crucero de un día entero por la costa en catamarán (57 CUC con almuerzo y buceo), un circuito para ver flamencos (59 CUC) y pesca en aguas profundas (200 CUC por el barco durante 3½ h).

Centro Internacional de Buceo Shark's Friends   SUBMARINISMO, BUCEO
(www.nauticamarlin.com; av. Tararaco; alimentar tiburones 69 CUC) Situado en la playa, entre el Brisas Santa Lucía y el Gran Club Santa Lucía, facilita inmersiones a partir de 30 CUC y organiza actividades para observar cómo unos impertérritos instructores de buceo alimentan a tiburones de 3 m de largo (69 CUC); la mejor época es de noviembre a enero. También zarpan barcos de submarinismo diarios cada 2 h entre las 9.00 y las 15.00 (la última salida solo si hay demanda). Un curso en mar abierto cuesta 315 CUC; uno en el *resort* sale por 74 CUC. Además, ofrece excursiones para practicar buceo con tubo (25 CUC).

🛏 Dónde dormir

La pequeña hilera de hoteles comienza 6 km al noroeste de la rotonda que aparece a la entrada a Santa Lucía. Los cuatro más grandes pertenecen a Cubanacán, y su categoría y calidad disminuyen conforme se avanza hacia el noroeste.

Hostal Coco Beach   CASA PARTICULAR **$**
(☎52-48-83-59; La Boca; h 20-25 CUC; ✳) Situado en la playa del pueblo de La Boca, lejos de la concurrida zona de los hoteles con todo incluido, cuenta con dos habitaciones bien equipadas y un porche acogedor.

Club Amigo Mayanabo   CENTRO VACACIONAL **$$**
(☎36-51-68; i/d/tr todo incl. 35/58/79 CUC; P✳@≈🐾) Hace mucho tiempo que necesita una buena reforma pero, si se viaja con el presupuesto ajustado, es una opción muy económica y está en plena playa.

Club Amigo Caracol   CENTRO VACACIONAL **$$**
(☎36-51-58; i/d todo incl. 47/72 CUC; P✳@≈🐾) Cuenta con un amplio programa para niños, por lo que atrae esencialmente a familias.

Gran Club Santa Lucía   CENTRO VACACIONAL **$$**
(☎33-61-09; i/d todo incl. 75/100 CUC; P✳@≈🐾) Destaca sobre el resto por sus 249 coloridas habitaciones, con jardines bien conservados y entretenimiento a pie de piscina. La discoteca La Jungla es el club nocturno, no excesivamente tentador, que ofrece un espectáculo de música y comedia.

FUERA DE RUTA

REFUGIO DE FAUNA SILVESTRE RÍO MÁXIMO

Pocos los conocen y todavía son menos quienes los visitan, pero los humedales comprendidos entre los ríos Máximo y Camagüey, en la costa norte de la provincia homónima, son los mayores lugares de anidación de flamencos del mundo. Si a ello se añaden aves acuáticas migratorias, cocodrilos americanos y una nutrida colonia de manatíes, el resultado es espectacular. Protegido desde 1998 como Refugio de Fauna Silvestre y, más recientemente, como Sitio Ramsar, el delta del río Máximo se enfrenta a un futuro precario debido a la contaminación humana y agrícola y a las puntuales sequías. La zona no tiene carreteras y es de difícil acceso, pero a veces pueden organizarse excursiones con Ecotur (p. 335).

Brisas Santa Lucía CENTRO VACACIONAL $$
(☎33-63-17; i/d todo incl. 80/120 CUC; P❄@☎👶)
Consta de 412 habitaciones distribuidas en
varios edificios de tres plantas. Inmenso, re-
partido a lo largo de 11 Ha, disfruta de la cate-
goría más alta de la zona: cuatro estrellas. Sin
embargo, un ambiente bullicioso, más propio
de un campamento de vacaciones, dificulta
justificar su elevado precio.

🍴 Dónde comer

Al margen de los bufés de hotel, la oferta es
limitada. El Rápido, en la rotonda situada en
el extremo occidental de la franja hotelera,
sirve comida rápida y, sobre todo, barata
(cabe imaginar por qué).

★ El Bucanero PESCADO $$
(Playa los Cocos; comidas 12 CUC aprox.; ⊙10.00-
22.00) Con una situación envidiable y especializado en marisco, destaca significativamente
del resto. El plato estrella es la langosta con
gambas (12 CUC).

Restaurante Luna Mar PESCADO $$
(Playa Santa Lucía; platos pescado 7-20 CUC; ⊙
12.00-21.00) Situado a ras de la playa, entre
el Gran Club Santa Lucía y el Club Amigo
Caracol, sirve platos de pescado en un lugar
de fácil acceso.

☆ Ocio

Al margen del entretenimiento ofrecido por
los *resorts,* en la franja hotelera no pasa gran
cosa. No obstante, el Mar Verde Centro Cul-
tural (entrada 1 CUC; ⊙22.00-3.00) cuenta con
un agradable patio-bar y un cabaré con mú-
sica en directo cada noche.

ℹ Información

En el centro comercial Mar Verde hay una oficina
de **Cadeca** (⊙9.00-16.00) que cambiar dinero.

La **Clínica Internacional de Santa Lucía**
(☎33-62-03; Ignacio Residencial 14), en el
barrio residencial Cuba, al este de los hoteles,
pertenece a Cubanacán y está bien equipada
(para urgencias y problemas de salud).

La mejor **farmacia** se encuentra en Brisas
Santa Lucía. **Etecsa,** 1,5 km más al este, cerca
de la entrada a la zona hotelera, ofrece acceso a
internet por 4,50 CUC/h y teléfonos para hacer
llamadas internacionales.

Con respecto a las agencias de viaje, Cubana-
cán, propietaria de cuatro de los cinco hoteles
locales, tiene un mostrador en cada uno de ellos.
Hay una buena oficina de Cubatur junto al Gran
Club Santa Lucía.

ℹ Cómo llegar y desplazarse

El único **autobús** regular sale de Camagüey los
viernes a las 12.00 y llega a Playa Santa Lucía
a las 13.30 (es para trabajadores pero normal-
mente dejan subir). El autobús de vuelta sale
de los *resorts* a las 14.00 los domingos y llega a
Camagüey a las 15.30. Conviene confirmarlo en
Cubatur (av. Agramonte 421, entre República e
Independencia).

Otra opción es subirse en uno de los autobu-
ses de alquiler con plazas libres. Pregúntese en
la recepción del hotel. No se debería pagar más
de 20 CUC hasta el aeropuerto de Camagüey.

Un taxi de Camagüey a Playa Santa Lucía sale
por 70 CUC (solo ida). Los más pacientes pueden
tomar un tren hasta Nuevitas desde Morón o
Camagüey e ir hasta allí en taxi.

Cubacar, con un mostrador en todos los
hoteles, alquila coches o ciclomotores (25 CUC/
día, incluido un depósito de gasolina).

Provincia de Las Tunas

📞 31 / 538 000 HAB.

Las mejores escapadas bucólicas

➡ Monte Cabaniguán (p. 346)

➡ El Cornito (p. 342)

➡ Playa la Herradura (p. 347)

Los mejores alojamientos

➡ Hotel Cadillac (p. 342)

➡ Mayra Busto Méndez (p. 342)

➡ Roberto Lío Montes de Oca (p. 347)

➡ Brisas Covarrubias (p. 347)

Por qué ir

La mayoría de los viajeros atraviesan la pequeña provincia de Las Tunas por la Carretera Central sin llegar a poner un pie en ella. Pero esta tierra de despreocupados y tranquilos rancheros, enfundados en pantalones de cuero, y de bucólicos cantantes de música campesina, es famosa por sus temerarios rodeos y fiestas callejeras del sábado por la noche, con diversiones al más puro estilo vaquero.

Aunque históricamente ha estado vinculada al Oriente, la provincia de Las Tunas comparte muchas características con la vecina Camagüey, al oeste. Las llanas praderas del interior están salpicadas de fábricas de azúcar y fincas ganaderas, mientras que las playas ecoturísticas de la costa norte siguen estando salvajes y con una baja afluencia de visitantes, al menos en comparación con las de Varadero.

En esta tierra de gentes sencillas, a menudo subestimadas, los pocos turistas que la frecuentan pueden disfrutar de los encantos de las pequeñas ciudades en su capital, o dirigirse hacia el norte para conocer la antigua población azucarera de Puerto Padre, donde reina la tranquilidad.

Cuándo ir

➡ Los meses más húmedos son junio y octubre, con una media de precipitación de más de 160 mm. Julio y agosto son los más cálidos.

➡ En Las Tunas hay muchas fiestas para ser una ciudad pequeña, y la mejor es la Jornada Cucalambeana de junio.

➡ El Festival Internacional de Magia, que se celebra en la capital provincial en noviembre, es otro acto destacado.

➡ La Muestra Nacional de Escultura, algo muy apropiado para la apodada Ciudad de las Esculturas, tiene lugar en febrero.

Imprescindible

❶ Descubrir las imaginativas esculturas que adornan el horizonte urbano de **Las Tunas** (abajo).

❷ Ver a los muchachos en el **parque 26 de Julio** (p. 343), preparando sus lazos para el rodeo semestral de Las Tunas.

❸ Disfrutar de la salvaje **Playa la Herradura** (p. 347),

antes de que los promotores de *resorts* acaben con la tranquilidad.

❹ Pasar un rato en la acogedora villa costera de **Puerto Padre** (p. 347).

❺ Visitar El Cornito en junio para asistir al festival musical de la **Jornada Cucalambeana** (p. 342).

❻ Disfrutar de los nuevos y sofisticados restaurantes privados de cocina italiana de **Las Tunas** (p. 342).

❼ Hacer submarinismo en los poco explorados arrecifes que hay frente a **Punta Covarrubias** (p. 347).

Historia

Fundada como un asentamiento en 1759, Las Tunas fue declarada ciudad en 1853. En 1876, durante la Guerra de Independencia, el general cubano Vicente García tomó brevemente la ciudad, pero los triunfos de los españoles en la zona hicieron que los colonizadores le dieran el nombre de La Victoria de Las Tunas. En la Guerra Hispano-Estadounidense, los españoles redujeron Las Tunas a cenizas, pero los mambises contraatacaron y, en 1897, el general Calixto García obligó a la guarnición española a rendirse. Las Tunas se convirtió en capital provincial en 1976 durante la reorganización geográfica posrevolucionaria.

Las Tunas

154 000 HAB.

Si solo fuera por sus lugares de interés y sus alicientes históricos, pocos viajeros se des-

plazarían hasta Las Tunas (oficialmente La Victoria de las Tunas), una aletargada ciudad agrícola que parece no haber advertido que lleva unos 40 años siendo la capital de la provincia, y cuya maltrecha reputación como centro del turismo sexual del Oriente no le ha allanado el camino. Pero, gracias a su práctica ubicación en la Carretera Central, cientos de cansados viajeros pasan por ella.

Es evidente que la Ciudad de las Esculturas, apodo que recibe Las Tunas, no es Florencia. Pero lo que le falta de grandeza lo compensa con singularidades de ciudad pequeña. Se puede asistir a un rodeo, admirar la estatua de un jefe taíno con dos cabezas, desmadrarse en alguna de las alocadas fiestas callejeras de los sábados por la noche o quedarse extasiado ante la peculiar y bucólica Jornada Cucalambeana, el principal festival de música campesina de Cuba con participación de poetas locales.

⊙ Puntos de interés

Memorial a los Mártires
de Barbados
MUSEO

(Lucas Ortiz 344; ⊙10.00-18.00 lu-sa) GRATIS El lugar más emotivo de Las Tunas es la antigua residencia de Carlos Leyva González, campeón de esgrima que murió en la peor atrocidad perpetrada a la nación: el atentado perpetrado en 1976 contra un avión de pasajeros cubano. En las paredes de este conmovedor museo se muestran fotografías de todas las víctimas que perdieron la vida en él.

El 6 de octubre de 1976, el vuelo 455 de Cubana de Aviación, de regreso a La Habana desde Guyana, despegó tras una escala en el aeropuerto de Seawell, en Barbados, y 9 min después, dos bombas estallaron en el baño trasero y el avión cayó al Atlántico. Murieron las 73 personas del paisaje, 57 de las cuales eran cubanas. Entre los fallecidos se contaban todos los miembros del equipo nacional de esgrima, que acababan de arrasar con las medallas de oro en el Campeonato Centroamericano. Por aquel entonces, la tragedia del vuelo 455 se consideró el peor atentado terrorista de todos los tiempos en el hemisferio oeste.

Museo Provincial
General Vicente García
MUSEO

(Francisco Varona esq. Ángel de la Guardia; entrada 1 CUC; ⊙9.00-17.00 ma-sa) Tiene su sede en el ayuntamiento, de color azul y con un reloj en la fachada. El museo documenta la historia de la región. Un miembro del personal guía al visitante por las diversas exposiciones.

Memorial Vicente García
MUSEO

(Vicente García 7; entrada 1 CUC; ⊙15.00-19.00 lu, 11.00-19.00 ma-sa) En un edificio de la época colonial cercano al parque homónimo se conmemora al gran héroe de Las Tunas que en 1876, durante la Guerra de Independencia, arrebató la ciudad a los españoles y la incendió 21 años después, cuando los colonizadores pretendían recuperarla. El general García vivió en este edificio, pero de la estructura original solo se conserva una pequeña sección expuesta de baldosas. Las cuatro salas

PROVINCIA DE LAS TUNAS PUNTOS DE INTERÉS

ESCULTURA EN LAS TUNAS

Puede que no sea Florencia, pero Las Tunas cuenta con una ecléctica y a veces excéntrica colección de esculturas urbanas. Más de 150 de ellas se remontan a una exposición pionera que se celebró en la ciudad en 1974. Puede verse una pequeña pero ambiciosa muestra del talento joven de la ciudad en la Galería Taller Escultura Rita Longa (p. 346), aunque los incondicionales de esta manifestación artística deberían acudir en febrero (años pares) a la magnífica Bienal de Escultura Rita Longa (p. 342).

La estatua más importante y emblemática es la **Fuente de Las Antillas,** de Rita Longa. Inaugurada en 1977, fue fundamental para recuperar las tradiciones escultóricas cubanas y convertir Las Tunas en su sede. Consta de una enorme fuente llena de elaboradas figuras entrelazadas que simbolizan el surgimiento de los pueblos indígenas de las Grandes Antillas. Cuba está representada por una *India dormida.* La obra impulsó de nuevo el interés por el arte cubano de temática indígena y dio lugar a otras esculturas complejas, como **'Mestizaje',** una interpretación del crisol de culturas existente en Cuba, en el parque de la India, cerca de la estación de autobuses.

En el centro de la plaza Martí hay otra obra de Longa: una ingeniosa **estatua de bronce** que simboliza a José Martí, apóstol de la independencia cubana, y hace las veces de reloj solar. Fue inaugurada en 1995 para conmemorar el centenario de su muerte.

En otros lugares hay esculturas de temática revolucionaria, como el **monumento al Trabajo** (Carretera Central esq. Martí), de José Peláez; de 8 m de altura, rinde un homenaje cubista a los trabajadores cubanos, mientras que el **monumento a la Alfabetización** (Lucas Ortiz) es un inmenso lápiz que conmemora la ley aprobada en Las Tunas en 1961 para erradicar el analfabetismo.

Un poco más lejos, la escultura **'Cacique Maniabo y Jibacoa',** inspirada en el dios Jano, representa a un jefe taíno con dos cabezas que miran en direcciones opuestas; domina el entorno en el rústico Motel Cornito, 6 km al oeste de la ciudad. En este mismo emplazamiento se encuentra la **Columna Taína,** una especie de tótem indígena, junto con la más reciente, **'Cornito al Toro'** (2013), de metal y cemento, que se alza sobre un inmenso pedestal en la carretera de acceso al complejo.

RECORDAR VIEJAS LLAMAS

En los tiempos revolucionarios de mediados del s. xix, Las Tunas, lejos de ser una ciudad olvidada, constituía un enclave estratégico para controlar todo el Oriente; de ahí que fuera el centro de atención durante las guerras de independencia y la incendiaran en tres ocasiones. La quema de 1876 fue protagonizada por el general Vicente García (hijo de la ciudad, cuyo nombre figura en numerosas calles y museos), que proclamó ardientemente: "Prefiero ver Las Tunas quemada antes que esclavizada". Sus habitantes no lo han olvidado: cada 26 de septiembre, llamas, fuegos artificiales, desfiles con antorchas y recreaciones históricas de las gestas heroicas de García integran el emotivo festival de la Fundación de la Ciudad.

del museo contienen lagunas históricas, por lo que se recomienda visitarlas con un guía.

Plaza de la Revolución   PLAZA
Inmensa y rimbombante, en especial para una ciudad tan pequeña, ofrece numerosas oportunidades fotográficas. Destaca la monumental escultura del general Vicente García con la espada en alto, al estilo de Lenin, y la gigantesca valla publicitaria del Che.

El Cornito   AL AIRE LIBRE
(Carretera Central, km 8; ☉9.00-17.00) Los jardines que rodean el Motel El Cornito (a unos 6 km de la ciudad) son bosques de bambú que ofrecen un agradable y sombrío respiro frente al agobiante ajetreo de la ciudad. El viajero encontrará restaurantes de tipo *ranchón* (que dan prioridad a la estruendosa música reguetón), el lugar de la vieja granja del gran poeta de Las Tunas Juan Cristóbal Nápoles Fajardo (alias El Cucalambé) y una presa donde se puede nadar.

De vuelta a la carretera principal, hay un zoo, un parque de atracciones y un circuito de motocrós. Un taxi hasta el lugar cuesta 5-7 CUC i/v.

🎊 Fiestas y celebraciones

Bienal de Escultura Rita Longa   ESCULTURA
(☉feb) Se celebra en febrero (años pares) en la Ciudad de las Esculturas.

Jornada Cucalambeana   MÚSICA
(☉jun) Principal celebración de música campesina cubana que reúne a poetas locales que

hacen gala de sus décimas. Tiene lugar en junio, junto al Motel El Cornito, en las afueras de la ciudad.

Festival Internacional de Magia   MAGIA
(☉nov) Festival de magia en la capital provincial, cada mes de noviembre.

🛏 Dónde dormir

Tras años de estancamiento, Las Tunas cuenta con un hotel aceptable (el Cadillac). Varias casas particulares alquilan habitaciones limpias y asequibles en las calles Martí y Frank País, cerca del centro.

★Mayra Busto Méndez   CASA PARTICULAR $
(☎31-34-42-05; Hirán Durañona 16, entre Frank País y Lucas Ortiz; h 25 CUC; P❄) Con un mobiliario increíblemente brillante, el tamaño de la habitación de la izquierda podría incluir un par de la mayoría de las habitaciones de los hoteles de todo incluido.

Caballo Blanco-Pepe   CASA PARTICULAR $
(☎31-37-36-58; Frank País 85 Altos; h 20-25 CUC; ❄) Pulcras habitaciones (no en vano, Pepe es médico), con deslumbrantes suelos de baldosas, baños dignos de un hotel y TV. En la parte de atrás hay un paladar nuevo.

Hotel Las Tunas   HOTEL $
(☎31-34-50-14; av. 2 de Diciembre; i/d 27/43 CUC; P❄🛜🏊) Es el último recurso por su situación apartada, sus habitaciones austeras, el restaurante sospechoso y la discoteca, cuya música despierta a las 2.00. Aunque no sirva de consuelo, la TV de las habitaciones capta el canal HBO y hay wifi.

★Hotel Cadillac   HOTEL $$
(☎31-37-27-91; Ángel de la Guardia esq. Francisco Vega; i/d 45/70 CUC; ❄) Inaugurado en el 2009, esta belleza rehabilitada de la década de 1940 en el centro urbano raya en la categoría *boutique* con solo ocho habitaciones, entre ellas una preciosa suite. Hay TV de pantalla plana, baños de vanguardia y un poco de anticuada clase prerrevolucionaria. En la parte delantera se halla el animado Cadillac Snack Bar.

🍴 Dónde comer

Para ser una ciudad relativamente pequeña, Las Tunas cuenta con un buen número de restaurantes italianos. La especialidad culinaria de esta zona es la "caldosa de Kike y Marina" (estofado de carne y hortalizas con plátano), tan popular que llegó a inspirar una canción; solo hay que preguntar a los vecinos.

Caché
INTERNACIONAL **$**

(☎31-99-55-57; Francisco Varona, entre Nicolás Heredia y Joaquín Agüera; sándwiches y hamburguesas 2-5 CUC; ☺12.00-14.00) Este nuevo y elegante bar-café-restaurante, que intenta trasladar el sabor de Miami a Las Tunas, podría ser un indicio de que las cosas realmente están cambiando en Cuba. Presenta un interior de luz tenue, con aire acondicionado e impresionantes asientos de cuero; cuenta con hábiles bármanes y ofrece un menú en el que abundan las hamburguesas de lujo y los sándwiches club.

La Patrona
CUBANA **$**

(☎31-34-05-11; Custodio Orive 94; comidas 3-4 CUC; ☺11.00-23.00) Nuevo local, frecuentado principalmente por residentes, con precios muy apetitosos y sabrosa comida. Los platos principales consisten en comida criolla, pero también se pueden tomar huevos y pasta por tan solo 0,75 CUC.

Cremería las Copas
HELADERÍA **$**

(Francisco Vega esq. Vicente García; helados 0,50-1 CUC; ☺9.00-15.30 y 16.45-23.00) Es el sustituto de Coppelia en Las Tunas, donde puede disfrutarse de *sundaes* o tres gracias (tres bolas) de sabores como coco y café con leche. Es muy popular. Si no apresuraran tanto a los clientes, sería un lugar perfecto.

Restaurante la Bodeguita
CARIBEÑA **$**

(Francisco Varona 293; comidas 5 CUC; ☺11.00-23.00) Pertenece a la cadena estatal Palmares, lo que significa que es mejor que los habituales locales que cobran en pesos. Tiene manteles de cuadros, una carta de vinos limitada y lo que el Gobierno cubano llama "cocina internacional", es decir, espaguetis y *pizza*. Se recomienda la pechuga de pollo en salsa de champiñones.

★Ristorante La Romana
ITALIANA **$$**

(☎31-34-77-55; Francisco Varona 331; comidas 6-8 CUC; ☺12:30-23.00) Situado en el bulevar principal, está regentado por italianos: aceite de oliva virgen extra, pasta de elaboración casera y café Lavazza. La comida –incluidas las *bruschettas*– es *molta ottima*, según dice la clientela italiana.

Compra de alimentos

Para abastecerse de comestibles (o cambiar billetes grandes), se puede acudir al **Supermercado Casa Azul** (Vicente García esq. Francisco Vega; ☺9.00-18.00 lu-sa, hasta 12.00 do). El pequeño **mercado agropecuario** (av. Camilo Cienfuegos) está cerca de la estación de trenes.

🍷 Dónde beber y vida nocturna

Casa del Vino Don Juan
BAR

(Francisco Varona esq. Joaquín Agüera; ☺9.00-24.00) Por increíble que parezca, Las Tunas cuenta con un local dedicado a la cata de vinos. Por solo 7 CUP se puede tomar una copa de la bebida local: un tinto dulzón llamado Puerto Príncipe. Vale la pena ir, aunque solo sea por curiosidad.

Cadillac Snack Bar
CAFÉ

(Ángel de la Guardia esq. Francisco Vega; ☺9.00-23.00) Perteneciente al Hotel Cadillac, tiene mesas en una terraza que da a la ajetreada plaza Martí y sirve capuchinos aceptables, gracias al elevado porcentaje de clientes italianos que lo frecuentan, con acompañantes cubanas mucho (¡muchísimo!) más jóvenes.

Piano Bar
BAR

(Colón esq. Francisco Vega; ☺21.00-2.00) Un poco más suave que las ensordecedoras discotecas de los hoteles, es el local donde Oscar Petersons, natural de Las Tunas, toca el piano mientras el público toma mojitos por 1 CUC.

☆ Ocio

Las Tunas se anima el sábado por la noche, cuando las calles abarrotadas y los vecinos en busca de diversión desafían la imagen aburrida de la ciudad. La acción se concentra en el **parque Vicente García**, donde el son compite con el más moderno reguetón, y en el parque 26 de Julio.

★Parque 26 de Julio
FERIA

(av. Vicente García; ☺9.00-18.00 sa y do) GRATIS Situada en el parque homónimo, donde Vicente García tuerce hacia la avenida 1 de Mayo, arranca cada fin de semana con un mercado, música, puestos de comida y actividades para niños.

Cabildo San Pedro Lucumí
CENTRO CULTURAL

(Francisco Varona, entre Vicente García y Lucas Ortiz; ☺desde 21.00 do) GRATIS Para actividades culturales, hay que acercarse a esta cordial asociación afrocaribeña, cuartel general de la Compañía Folklórica Onilé. Los domingos hay baile y percusión.

Teatro Tunas
TEATRO

(Francisco Varona esq. Joaquín Agüera) Una sala recién revitalizada que proyecta películas de calidad y ofrece algunos de los mejores espectáculos itinerantes de Cuba, entre otros, flamenco, *ballet* y obras de teatro.

Cabaret el Taíno
TEATRO

(Vicente García esq. A. Cabrera; entrada 10 CUC/pareja; ⊗21.00-2.00 ma-do) Local con techo de guano en la entrada oeste de la ciudad, con el clásico espectáculo de poca ropa, plumas y salsa. La entrada incluye una botella de ron con cola.

Casa de la Cultura
CENTRO CULTURAL

(Vicente García 8) El mejor para la cultura tradicional, con conciertos, poesía, danza, etc. La acción invade la calle las noches del fin de semana.

Estadio Julio Antonio Mella
DEPORTES

(1ª de Enero) En este estadio, cercano a la estación de trenes, juega Las Tunas. Últimamente Los Magos no han hecho mucha magia y suelen competir con el equipo de Ciego de Ávila por el último puesto de la Liga Este. Se practican otros deportes en la Sala Polivalente, un recinto cubierto cerca del Hotel Las Tunas.

🛍 De Compras

La Ciudad de las Esculturas ofrece arte local bastante interesante.

Galería Taller Escultura Rita Longa
GALERÍA

(av. 2 de Diciembre esq. Lucas Ortiz; ⊗9.00-17.00 lu-sa) Pequeña galería que reúne excelente producción local para admirar o comprar.

Fondo Cubano de Bienes Culturales
ARTE Y ARTESANÍA

(Ángel de la Guardia esq. Francisco Varona; ⊗9.00-12.00 y 13.30-17.00 lu-vi, 8.30-12.00 sa) Para comprar arte de calidad, cerámica y bordados, enfrente de la plaza principal.

Biblioteca Provincial José Martí
LIBROS

(Vicente García 4; ⊗9.00-18.00 lu-sa) Libros y más libros.

ℹ Información

Banco Financiero Internacional (Vicente García esq. 24 de Febrero; ⊗9.00-15.00 lu-vi)

Las Tunas

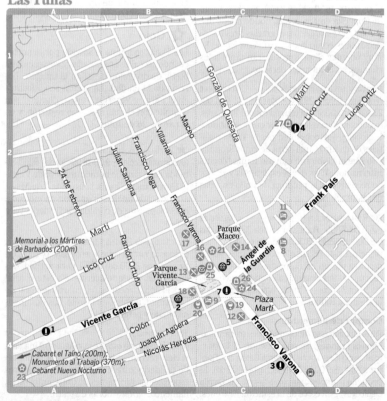

Cadeca (Colón 41) Cambio de moneda.

Etecsa Telepunto (Francisco Vega, entre Vicente García y Lucas Ortiz; ☺8.30-19.00) Flamante paraíso con aire acondicionado en la calle comercial.

Hospital Che Guevara (☎31-34-50-12; av. C. J. Finlay esq. 2 de Diciembre) A 1 km de la salida de la carretera a Holguín.

Infotur (Ángel de la Guardia esq. Francisco Varona; ☺8.15-16.15 lu-vi y sa alternos) Posiblemente la oficina de información más amable de toda Cuba.

Oficina de correos (Vicente García 6; ☺8.00-20.00)

❶ Cómo llegar y salir

La **estación de autobuses** (Francisco Varona) central está 1 km al sureste de la plaza principal. Los de **Víazul** (www.viazul.com) tienen salidas diarias; los billetes los vende el jefe de turno.

Hay cinco autobuses diarios a La Habana (39 CUC, 11 h): 4.30, 9.10, 12.25, 21.45 y 22.40; cuatro a Holguín (6 CUC, 70 min): 2.40, 6.35, 8.30 y 15.30; uno a Varadero (33 CUC, 10½-11 h): 00.55; uno a Trinidad (21 CUC, 6½ h): 00.25; y cuatro a Santiago (11 CUC, 4¾ h): 2.40, 8.30, 15.30 y 18.10.

Casi todos estos autobuses paran en Camagüey (7 CUC, 2½ h), Ciego de Ávila (13 CUC, 4¼ h), Sancti Spíritus (17 CUC, 5½-6 h), Santa Clara (22 CUC, 7 h) y Entronque de Jagüey (26 CUC, 9¼ h). Los que van a Santiago paran en Bayamo (6 CUC, 1¼ h). Para viajar a Guantánamo o Baracoa, hay que enlazar en Santiago de Cuba.

Las Tunas

◉ Puntos de interés
1	Fuente de Las Antillas	A4
2	Memorial Vicente García	B4
3	*Mestizaje*	C4
4	Monumento a la Alfabetización	D2
5	Museo Provincial General Vicente García	C3
6	Plaza de la Revolución	F4
7	Estatua de José Martí	C3

⌂ Dónde dormir
8	Caballo Blanco-Pepe	C3
9	Hotel Cadillac	C4
10	Hotel Las Tunas	F4
11	Mayra Busto Méndez	C3

◍ Dónde comer
12	Caché	C4
13	Cremería las Copas	B3
14	La Patrona	C3
15	Mercado agropecuario	F1
16	Restaurante la Bodeguita	C3
17	Ristorante La Romana	B3
18	Supermercado Casa Azul	B3

◔ Dónde beber y vida nocturna
	Cadillac Snack Bar	(véase 9)
19	Casa del Vino Don Juan	C4
20	Piano Bar	C4

☺ Ocio
21	Cabildo San Pedro Lucumí	C3
	Casa de la Cultura	(véase 25)
22	Estadio Julio Antonio Mella	E1
23	Parque 26 de Julio	A4
24	Teatro Tunas	C3

⌂ De compras
25	Biblioteca Provincial José Martí	C3
26	Fondo Cubano de Bienes Culturales	C3
27	Galería Taller Escultura Rita Longa	C2

EL BALCÓN DEL ORIENTE

Por el modo en que fue colonizada y gracias al abanico de influencias exteriores que han ido llegado a sus costas, Cuba presenta importantes diferencias regionales. Las más significativas se dan entre las provincias del este y el oeste, separadas por una línea que discurre a lo largo de Las Tunas, popularmente conocida como el Balcón del Oriente.

Antes de 1976, Las Tunas y las cuatro provincias al este (Guantánamo, Santiago de Cuba, Granma y Holguín) estaban integradas en una sola provincia, conocida como el Oriente, con una identidad cultural propia. Aunque la reforma provincial de 1976 eliminó las barreras políticas, sigue habiendo una fuerte identidad regional, en especial entre los siempre 'más desfavorecidos' del este.

Geográficamente más próximo a Haití que a La Habana, el Oriente ha tendido a mirar hacia el este en su intento por forjarse una identidad cubana alternativa y ha recibido numerosas influencias de Jamaica, de las Pequeñas Antillas y, en concreto, de la francófona Haití. Esta búsqueda es la responsable, en parte, de la rica diversidad étnica que caracteriza a la región y de su tendencia a rebelarse.

No es casual que los movimientos revolucionarios de Cuba tuvieran su origen en el Oriente, inspirados, sobre todo, por Carlos Manuel de Céspedes (de Bayamo), Antonio Maceo (de Santiago) y Fidel Castro (de Birán, cerca de Holguín). La región también se lleva la mejor parte en lo que respecta a los géneros musicales híbridos: desde el son hasta el changüí, pasando por la Nueva Trova. Es posible que el hip-hop cubano surgiera en Alamar, un barrio de La Habana, pero principalmente debe su existencia a emigrantes de Santiago de Cuba.

Hoy, la rivalidad este-oeste sigue propiciando numerosos comentarios jocosos sobre diversos temas. Si se escucha con atención, se advertirá que los habitantes del Oriente tienen un acento cantarín. Por lo general, también son los más desfavorecidos económicamente, lo que explica su tendencia a emigrar al oeste en busca de trabajo. Respecto a la música y la religión, las diferencias son más sutiles. El Oriente se caracteriza por numerosas tradiciones afrohaitianas heredadas de la época de la esclavitud, que se manifiestan, sobre todo, en los grupos folclóricos de danza de Santiago y en su fascinante carnaval de julio.

TREN

La **estación de trenes** (Terry Alomá, entre Lucas Ortiz y Ángel de la Guardia) está cerca del Estadio Julio Antonio Mella, en la parte noreste de la ciudad; el jefe de turno vende los billetes. El rápido Tren Francés La Habana-Santiago no para en Las Tunas, así que uno debe conformarse con trenes más lentos y menos fiables. Los trenes a La Habana y Santiago (vía Camagüey y Santa Clara) salen dos días de cada tres (consúltese antes). Hay trenes diarios a Camagüey y Holguín.

CAMIÓN

Las camionetas de pasajeros a otros destinos de la provincia, entre ellos Puerto Padre, recogen a pasajeros en la calle principal, cerca de la estación de trenes; la última salida es antes de las 14.00.

❶ Cómo desplazarse

Los taxis se congregan frente a la estación de autobuses, el Hotel Las Tunas y la plaza principal.

Los coches de caballos transitan por Frank País, cerca del estadio de béisbol, hasta el centro; cuestan 10 CUP.

Cubacar (av. 2 de Diciembre) está en el Hotel Las Tunas. Hay una **gasolinera Oro Negro** (Francisco Varona esq. Lora) una manzana al oeste de la estación de autobuses. La **gasolinera Servi-Cupet** (Carretera Central; ⊗24 h) está en la salida de Las Tunas hacia Camagüey.

Monte Cabaniguán

Este refugio de fauna al sur de la localidad de Jobabo, en la llanura aluvial del río Cauto, es una zona de nidificación esencial para aves acuáticas como flamencos, el amenazado periquito cubano y el pijije cubano. Los pantanos también son el mayor espacio de nidificación de América Latina para el cocodrilo americano. La zona está protegida internacionalmente como Humedal Ramsar. Ecotur organiza pequeños circuitos para observadores de aves en ciernes.

Puerto Padre

Languideciendo en un rincón medio olvidado de la provincia menos espectacular de Cuba, cuesta creer que en su día Puerto Padre –o la Ciudad de los Molinos, como es conocida localmente– fuera el mayor puerto azucarero del planeta. Pero a los viajeros voluntariosos, el disipado abandono les inspira una curiosidad nostálgica. Agraciada con un bulevar que recuerda a Las Ramblas, un Malecón en miniatura y una estatua de Don Quijote bajo un molino de viento que ha vivido demasiados huracanes, la ciudad es la clase de lugar donde uno se detiene para que le indiquen el camino a la hora de comer, y acaba, un par de horas después, saboreando una langosta en un restaurante junto a la bahía.

◉ Puntos de interés

**Museo Fernando García
Grave de Peralta** MUSEO
(Yara 45, entre av. Libertad y Maceo; entrada 1 CUC; ⊙9.00-16.00 ma-sa) A menudo azotado por huracanes, el museo municipal alberga –cuando no está cerrado por reformas– el repertorio habitual de revolucionarios caídos, animales disecados y antigüedades. Hay una interesante colección de tocadiscos antiguos.

Fuerte de la Loma FUERTE
(av. Libertad; entrada 1 CUC; ⊙9.00-16.00 ma-sa) También conocido como el castillo Salcedo, está en lo alto de la avenida Libertad y atestigua la importancia estratégica de Puerto Padre. Alberga un pequeño museo militar con un horario un tanto caprichoso.

🛏 Dónde dormir y comer

⭐**Roberto Lío
Montes de Oca** CASA PARTICULAR $
(☏31-51-57-22; Francisco V. Aguilera 2, entre Jesús Menéndez y Conrado Benítez; h 20-25 CUC; ❋) Su fachada rosa brilla en medio del deterioro general de Puerto Padre y el limpio dormitorio está decorado con gracia. Pueden preparar desayunos y almuerzos por 3 y 5 CUC respectivamente.

El Bodegón de Polo CUBANA $
(☏31-51-23-57; Lenin 54; comidas 2-5 CUC; ⊙11.00-23.00) Este restaurante local se desvive por prestar un servicio excelente. En la terraza superior se puede tomar cangrejo, pulpo y pez espada, entre otras exquisiteces. Es la oferta más apetecible y amable de la ciudad.

☆ Ocio

Hay una Casa de la Cultura (parque de la Independencia) para actividades nocturnas; el viajero también puede recorrer las calles en busca de conversación o alojamiento. La ciudad cuenta con la delegación más joven de la Uneac (Unión de Escritores y Artistas de Cuba), que organiza espectáculos y exposiciones.

❶ Cómo llegar y salir

A Puerto Padre se accede en camioneta (salen de la estación de trenes de Las Tunas) o con vehículo propio. Un taxi desde la capital provincial debería costar 30 CUC.

Punta Covarrubias

El único *resort* de la provincia de Las Tunas también es uno de los más remotos de la isla, situado 41 km (llenos de baches) al noroeste de Puerto Padre, en una impoluta playa de arena de Punta Covarrubias. Junto a un Atlántico azul y verde, el Brisas Covarrubias (☏31-51-55-30; i/d 88/132 CUC; P❋@☲) tiene 122 cómodas habitaciones distribuidas en bungalós (una de ellas adaptada). Lo más destacado de su oferta es el buceo con tubo en el arrecife de coral, a 1,5 km de la orilla. Ofrecen paquetes de dos inmersiones al día desde 45 CUC. Hay 12 zonas de submarinismo. Casi todos los huéspedes llegan con todo incluido y se desplazan en autobús desde el aeropuerto Frank País de Holguín, 115 km al sureste. Está muy apartado.

Los viajeros independientes pueden acercarse a la playa y al mirador (una torre con fabulosas vistas panorámicas), 200 m antes del hotel, u obtener un pase de un día en el hotel por 25 CUC.

❶ Cómo llegar y salir

La carretera de Puerto Padre a Playa Covarrubias es lo que los taxistas cubanos llaman "más o menos", debido al tráfico regular del hotel. Al oeste, hacia Manatí y Playa Santa Lucía, hay muchos baches. Se debe conducir despacio y con cuidado.

Playas la Herradura, la Llanita y las Bocas

Este grupo de playas septentrionales que abrazan la costa atlántica, 30 km al norte de Puerto Padre y a 55 de Holguín, constituyen

RODEOS

En Cuba, el pastoreo de ganado posee una larga tradición. Antes de la Revolución, sus vacas producían una de las mejores carnes de res del hemisferio oeste y, a pesar de que la jugosidad de los filetes pueda haber sufrido desde que Castro nacionalizara los ranchos, la habilidad y destreza de los vaqueros no ha hecho más que aumentar.

La catedral del rodeo cubano es el Rodeo Nacional, en el parque Lenin de La Habana, sede desde 1996 de la Feria de Ganadería de Rancho Boyeros. Pero para encontrar la cultura vaquera más auténtica, hay que dirigirse a las principales provincias ganaderas de Camagüey y Las Tunas, donde el espíritu vaquero es particularmente fuerte gracias al famoso Jorge Barrameda, hijo del lugar.

Los rodeos cubanos presentan las atracciones ecuestres habituales con algunas extravagancias caribeñas. Cabe esperar infinidad de actos de monta, llamativos payasos, hábiles vaqueros que echan el lazo a bueyes y tipos toscos que salen de desvencijados corrales montados en malhumorados toros de 680 kg ante la entusiasta ovación de un ruidoso público.

Los rodeos de Las Tunas son razón más que suficiente para visitar esta pequeña ciudad; suelen organizarse en abril y septiembre, en el parque 26 de Julio (p. 343), pero también se celebran muchos otros sin una programación fija (pregúntese en la oficina de turismo).

Por lo general, los rodeos cubanos son muy similares a los de otros países y existen varias organizaciones a escala mundial que se oponen a ellos por su crueldad hacia los animales. Para más información, consúltese la web (en inglés) de Humane Society of the United States (www.humanesociety.org).

una tentadora alternativa a la comodidad de Covarrubias. No hay mucho que hacer salvo leer, relajarse y perderse.

Desde Puerto Padre hay 30 km rodeando la orilla este de la bahía de Chaparra hasta Playa la Herradura. Es muy probable que algún día tenga un *resort,* así que se recomienda disfrutarla ahora. Algunas casas alquilan habitaciones legalmente (con el letrero azul y blanco de Arrendador Divisa). Una opción consolidada es Villa Rocío (📞31-52-77-39-21; casa nº 185; 20 CUC), cerca de la playa, con un interior rústico y sabrosa comida. No hay más que pedir indicaciones a los vecinos, pues es un sitio pequeño y todo el mundo se conoce.

Si se sigue al oeste por la misma carretera durante 11 km se llega a Playa la Llanita, de arena más suave y blanca que La Herradura, aunque está en un recodo desabrigado y a veces el oleaje es peligroso.

Al final de la carretera, 1 km más allá, se encuentra Playa las Bocas, donde hay varias casas más para alquilar. Comprimida entre la costa y la bahía de Chaparra, normalmente se puede tomar un ferri local a El Socucho y continuar hasta Puerto Padre o alquilar una habitación en una casa particular.

❶ Cómo llegar y salir

Hay camionetas que llevarán al viajero de Las Tunas a Puerto Padre, desde donde deberá conectar con otro vehículo hasta el cruce de Lora, antes de dirigirse a las playas del norte. Es más fácil organizar el trayecto desde Holguín, cambiando en la ciudad de Velasco.

Conducir un automóvil es la mejor opción. Los 52 km entre Las Tunas y Puerto Padre están bien asfaltados; luego empeora. Los taxis suelen cobrar más por el mal estado de la carretera.

Provincia de Holguín

♪ 24 / 1 037 600 HAB.

Las mejores playas

➡ Playa Esmeralda (p. 365)

➡ Playa de Morales (p. 372)

➡ Playa Caletones (p. 363)

➡ Playa Pesquero (p. 365)

Los mejores alojamientos rurales

➡ Villa Pinares del Mayarí (p. 374)

➡ Villa Cayo Saetía (p. 375)

➡ Villa Don Lino (p. 369)

➡ Campismo Silla de Gibara (p. 369)

Por qué ir

Las contradicciones de Cuba se magnifican en Holguín. Quizá la innegable belleza del interior de la provincia, salpicada de colinas, sea propicia para que surjan los extremos. Tanto Fulgencio Batista como Fidel Castro, ideológicamente opuestos, se criaron en la provincia, al igual que Reinaldo Arenas y Guillermo Cabrera Infante, escritores disidentes que no tenían mucho en común con ninguno de los dos líderes. El paisaje también presenta dicotomías: la degradación medioambiental en torno a las minas de níquel de Moa contrasta con las montañas perfumadas de pino de la sierra del Cristal, mientras que la inherente 'cubanidad' de Gibara choca con la ostentación de los complejos turísticos de Guardalavaca.

Cristóbal Colón fue el primer europeo que contempló la belleza de Holguín. Desembarcó probablemente cerca de Gibara en octubre de 1492, donde fue recibido por un grupo de taínos curiosos. Los indígenas no sobrevivieron a la colonización española, aunque es posible reconstruir fragmentos de su legado en la provincia de Holguín, que contiene más yacimientos precolombinos que ningún otro lugar de Cuba.

Cuándo ir

➡ En abril, los cinéfilos se reúnen en Gibara con motivo del Festival Internacional de Cine Pobre.

➡ La ciudad de Holguín exhibe su religiosidad en las romerías de Mayo.

➡ Conviene evitar la temporada de huracanes (de julio a mediados de noviembre).

➡ Se puede disfrutar de los *resorts* de Guardalavaca y Playa Pesquero en plena temporada turística desde diciembre hasta principios de marzo.

Imprescindible

① Ver Holguín extenderse como un mapa bajo los pies desde la **loma de la Cruz** (p. 353).

② Despilfarrar para pasar unos días de playa en uno de los lujosos *resorts* de **Playa Pesquero** (p. 365).

③ Hacer una ruta en bicicleta por bucólicas localidades hasta el pueblo holguinero por excelencia, **Banes** (p. 371).

④ Descubrir tesoros taínos en uno de los enclaves arqueológicos más importantes de Cuba, el **Museo Chorro de Maita** (p. 365) de Guardalavaca.

OCÉANO
ATLÁNTICO

Punta de
Mulas

Playa Puerto Rico

Playa de Morales

Guatemala

Cayo
Saetía

Nicaro

*Bahía de
Levisa*

*Bahía Sagua
de Tánamo*

Cayo Moa
Grande

Cayo Mambí

Moa

*Aeropuerto
Orestes Acosta*

Mayarí

*Farallones de
Seboruco (cuevas)*

Levisa

Río Cabonico

Sagua de
Tánamo

El Sitio

Tres Palmas

Yamanigüey

Pico del Toldo
(1175m)

Sierra del Cristal

Parque
Nacional
Sierra Cristal

Pico de
Cristal
(1213m)

Loma de la
Mensura (995m)

Parque
Nacional
La Mensura

Bayate

Palenque

Bernardo

PROVINCIA DE
GUANTÁNAMO

Felicidad

Macizo de Sagua-Baracoa

El Salvador

Honduras

Jamaica

Manuel Tames

La Maya

0 — 40 km

⑤ Alojarse en el que quizá sea el mejor hotel colonial de Cuba, el **Hotel Ordoño** (p. 364), en la misteriosa y romántica Gibara.

⑥ Saber más sobre la familia Castro visitando la casa donde Fidel pasó su infancia, el **Museo Conjunto Histórico de Birán** (p. 373).

⑦ Hacer una excursión al **salto del Guayabo** (p. 373) para ver su espectacular mirador.

Historia

La mayoría de los historiadores y expertos coinciden en que Cristóbal Colón fue el primero en recalar en Cuba el 28 de octubre de 1492 en Cayo Bariay, cerca de Playa Blanca, al oeste de Playa Don Lino (hoy en la provincia de Holguín). Los buscadores de oro españoles fueron recibidos en tierra por seborucos y capturaron a 13 de ellos para llevarlos de vuelta a Europa como 'especímenes' científicos. Bariay fue boicoteado en favor de Guantánamo 20 años después, cuando se fundó una nueva capital colonial en Baracoa, y el montañoso terreno al norte de Bayamo se concedió al capitán García Holguín, un conquistador mexicano. La provincia se convirtió en una importante zona azucarera a finales del s. XIX, cuando la compañía estadounidense United Fruit compró y despobló gran parte de los bosques. Holguín, que había formado parte del territorio del Oriente, pasó a ser provincia por derecho propio después de 1975.

Holguín

277 000 HAB.

La ciudad de San Isidoro de Holguín no es ni una de las siete primeras villas fundadas en Cuba ni un *megaresort* de idílicos paisajes caribeños cuidadosamente promocionados, y apenas figura en el plan maestro del turismo cubano (que prefiere promover los centros vacacionales con todo incluido por encima de las ciudades obreras). Pero, para cierto tipo de viajeros, esto forma parte de su magia y su misterio. Si el visitante se sienta en una de las plazas centrales durante un par de horas (Holguín recibe el eufemístico apodo de la Ciudad de los Parques), sin duda le distraerá algo interesante, quizá la solemnidad religiosa de la romería a la loma de la Cruz o –más espontáneamente– los vítores del público en el estadio de béisbol.

La cuarta ciudad más grande del país ofrece una porción de Cuba sin envolver en papel de regalo. Aquí no se encontrarán hoteles de cuatro estrellas, edificios coloniales revitalizados ni guías turísticos que lucen chapas relucientes con su nombre. Lo que sí se encontrarán son casas particulares deseosas de complacer, comida barata en restaurantes nuevos y una ciudad que ama (y elabora) su propia cerveza.

Historia

En 1515, Diego Velázquez de Cuéllar, el primer gobernador de Cuba, cedió las tierras situadas al norte de Bayamo al capitán García Holguín, adelantado colono de la isla. Tras establecer un rancho de ganado en el frondoso y fértil interior, Holguín y sus descendientes administraron una floreciente hacienda agrícola que en 1720 ya contaba con más de 450 habitantes y una pequeña iglesia de madera. En 1752 le fue concedido a San Isidoro de Holguín (el nombre de la hacienda, tomado a su vez del de la iglesia) el título de ciudad, y en 1790, su población había alcanzado ya los 12 000 residentes.

Durante las dos guerras de independencia, Holguín fue escenario de muchas batallas, en las que los fieros mambises pusieron cerco a los fortificados cuarteles hispanos de La Periquera (hoy Museo de Historia Provincial). Conquistada y perdida por Julio Grave de Peralta (cuyo nombre preside hoy una de sus plazas), la ciudad fue tomada por segunda vez el 19 de diciembre de 1872 por el general Calixto García, héroe local de Holguín.

Cuando en 1976 el Oriente se dividió en cinco provincias independientes, Holguín se convirtió en capital de una de ellas. Además de la cerveza, son clave la agricultura y la industria del níquel. La ciudad también ha cultivado una reputación internacional en la rehabilitación contra las drogas; Maradona estuvo en el 2000 (lo que inició la amistad entre el futbolista y Fidel Castro). En el 2008, Holguín sufrió el severo golpe del huracán Ike.

◉ Puntos de interés

Si el viajero se sitúa en torno a las cuatro plazas centrales verá gran parte de lo que ofrece la ciudad. Pero ningún paseo estará completo sin una ascensión a la emblemática loma de la Cruz; queda algo lejos del centro, pero el desvío merece la pena.

★ **Museo de Historia Provincial** MUSEO
(plano p. 358; Frexes 198; entrada 1 CUC; ☺8.00-16.30 ma-sa, hasta 12.00 do) Ahora declarado Monumento Nacional, el edificio de la parte norte del parque Calixto García se construyó entre 1860 y 1868 y sirvió como cuartel del ejército español durante las guerras de independencia; lo apodaron La Periquera por los uniformes rojo, amarillo y verde de los soldados que montaban guardia. La joya del museo es el Hacha de Holguín, una antigua hacha antropomorfa, descubierta en 1860, que se cree que tallaron los pobladores indí-

genas a principios del s. xv. También puede verse una espada que perteneció al héroe nacional y poeta José Martí.

Parque Peralta PLAZA

(parque de las Flores; plano p. 358) Esta plaza debe su nombre al general Julio Grave de Peralta (1834-1872), que dirigió en Holguín un levantamiento contra España en octubre de 1868. Su estatua de mármol (1916) se alza frente a la imponente catedral de San Isidoro. En la parte oeste del parque está el mural de Origen, que representa el desarrollo de Holguín y Cuba desde los indígenas hasta el fin de la esclavitud.

★ Catedral de San Isidoro CATEDRAL

(plano p. 358; Manduley) De un blanco reluciente y caracterizada por sus dos torres abovedadas, data de 1720 y fue una de las construcciones originales de la ciudad. Con fragmentos añadidos con los años, las torres son del s. xx y en 1979 se convirtió en catedral. Una estatua hiperrealista del papa Juan Pablo II se erige a la derecha de las puertas principales. Si está abierta, se puede echar un vistazo al interior, bastante austero.

Parque Calixto García PLAZA

(plano p. 358) Este extenso parque destaca más por su ambiente que por la arquitectura. Se diseñó en 1719 como la plaza de Armas y sirvió muchos años como punto de encuentro y mercado de la ciudad. Hoy en día destaca la estatua de 1912 del general Calixto García, a cuyo alrededor se congrega una variada mezcla de viejos sabios, detractores del béisbol y adolescentes al acecho.

En la esquina suroeste del parque se encuentra el Centro de Arte (plano p. 358; Maceo 180; ⊙9.00-16.00 lu-sa) GRATIS, una galería para exposiciones temporales. Comparte espacio con la biblioteca Álex Urquiola (plano p. 358; Maceo 178), que lleva el nombre de un revolucionario holguinero y contiene la mayor colección de libros de la ciudad.

Parque Céspedes PARQUE

(parque San José; plano p. 358) Es el más joven y sombreado de la ciudad. La estatua del padre de la Patria, Carlos Manuel de Céspedes, se alza en el centro, junto al monumento a los héroes de la Guerra de Independencia. La iglesia de San José (plano p. 358; Manduley 116) domina la plaza central adoquinada; con sus características galería, cúpula y campanario, fue utilizada en una ocasión como torre de vigilancia por los independentistas. Los vecinos aún lo llaman por su antiguo nombre, San José.

Casa Natal de Calixto García MUSEO

(plano p. 358; Miró 147; 1 CUC; ⊙9.00-17.00 lu-sa) Para saber más acerca de las gestas militaristas de los héroes locales de Holguín, hay que dirigirse a esta casa, dos manzanas al este del parque homónimo. En ella nació en 1839 este general tan poco valorado, pese a ganar las ciudades de Las Tunas, Holguín y Bayamo a los españoles entre 1896 y 1898. La pequeña colección da una idea general de su vida: mapas militares, viejos uniformes e incluso una cuchara con la que comió durante la campaña de 1885.

Museo de Historia Natural MUSEO

(plano p. 358; Maceo 129, entre parques Calixto García y Peralta; entrada 1 CUC; ⊙9.00-12.00 y 12:30-17.00 ma-sa, 9.00-12.00 do) Contiene gran cantidad de animales disecados, entre ellos la rana y el colibrí más pequeños del mundo. También hay una extensa colección de conchas amarillas de polymita, endémicas de la costa este de Cuba; pero el edificio, custodiado por dos leones de piedra, es más impresionante que lo que encierra.

Plaza de la Marqueta PLAZA

(plano p. 358) Aunque su renovación lleva mucho tiempo prevista, este ruinoso espacio no es más que una plaza llena de proyectos sin cumplir. Trazada en 1848 y reconstruida en 1918, está dominada por un impresionante mercado cubierto que, al parecer, se convertirá en una sala de conciertos. Por las partes norte y sur hay infinidad de comercios que, se supone, deben despachar un género de calidad, pero actualmente solo se pueden citar un par de tiendas de música y puros.

Plaza de la Revolución PLAZA

Holguín es una ciudad de lo más fiel, y su rimbombante plaza de la Revolución, al este del centro, es un monumento colosal a los héroes de la independencia cubana, con citas de José Martí y Fidel Castro. Acoge concentraciones masivas cada 1 de mayo (Día del Trabajo). Aquí se encuentra la tumba de Calixto García, con sus cenizas, así como un monumento más pequeño a su madre.

★ Loma de la Cruz PUNTO DE INTERÉS

En el extremo norte de Maceo se encontrará una escalinata construida en 1950, con 465 escalones que trepan a una colina de 275 m de altura con vistas panorámicas, un restau-

Holguín

Holguín

⊙ **Puntos de interés**

⊜ **Dónde dormir**

⊗ **Dónde comer**

⊖ **Dónde beber y vida nocturna**

⊙ **Ocio**

rante y un bar abierto 24 h. En 1790 se colocó una cruz con la esperanza de que pusiera fin a un período de sequía, y cada 3 de mayo, durante las romerías, los fieles suben hasta la cima para celebrar la misa. Caminando se tardan 20 min desde el centro, aunque se puede tomar un bicitaxi hasta el pie de la colina por unos 10 CUP.

Fábrica de Órganos   FÁBRICA DE ÓRGANOS
(ctra. Gibara 301; ⊗ 8.00-16.00 lu-vi) Esta es la única factoría mecánica de estos instrumentos en el país. La pequeña empresa produce unos seis órganos al año, además de guitarras y otros instrumentos. Un buen órgano cuesta entre 10 000 y 25 000 US$. En la ciudad existen ocho grupos profesionales de organistas (incluida la familia Cuayo, con sede en la fábrica), y, con suerte, se puede escuchar a alguno en el parque Céspedes los jueves por la tarde o los domingos por la mañana.

animado con las contribuciones artísticas de la organización juvenil de los hermanos Saiz.

Carnaval   CARNAVAL
(◷ago) Se celebra la tercera semana de agosto con conciertos al aire libre y mucho baile, cerdo asado y bebidas potentes.

🛏 Dónde dormir

En cuanto a hoteles, no hay nada emocionante, pero algunas casas particulares no están mal.

'La Palma'-Enrique R. Interián Salermo   CASA PARTICULAR $
(☎42-46-83; Maceo 52A, entre calles 16 y 18, El Llano; h 25 CUC; ❄) La espaciosa casa unifamiliar neocolonial de Enrique, a la sombra de la loma de la Cruz, data de 1945. Su situación algo apartada es un inconveniente asumible. Tiene un jardín agradable con una mesa de ping-pong y una canasta de baloncesto, y Enrique es un anfitrión fantástico. Su hijo es un pintor y escultor con talento. No hay que perderse el busto de terracota del Che Guevara que hay en el salón, junto a una curiosa copia de 3 m de largo de *La última cena* de Leonardo da Vinci (donde san Juan es una mujer).

Casa Don Diego   CASA PARTICULAR $
(plano p. 358; ☎52-26-90-47; Arias 167, entre Mauduley y Maceo; h 25 CUC; ❄) Esta casa colonial, más bonita por dentro que por fuera, se caracteriza por unas maravillosas escaleras de caracol. Tiene dos habitaciones de techo alto, una terraza agradable y una estupenda ubicación en el centro (en pleno parque Céspedes).

Villa Liba   CASA PARTICULAR $
(☎42-38-23; Maceo 46 , esq. calle 18; 20-25 CUC; ❄) El bungaló de Jorge, elegante y bastante grande, parece salido de un barrio residencial norteamericano de la década de 1950 y rebosa alma. Jorge es un Pablo Neruda moderno con muchas anécdotas sobre la vida holguinera. Su mujer es una experta masajista y especialista en *reiki* (tratamientos 20 CUC) y su hija da recitales de violín durante la cena. La comida tiene un toque libanés.

Villa Janeth   CASA PARTICULAR $
(☎42-93-31; Cables 105; 20-25 CUC; ❄) Janeth tiene una casa muy limpia y espaciosa, con dos habitaciones en el piso de arriba muy por encima de los estándares de Holguín. Hay que seguir el pasillo hacia la parte de atrás para llegar a una cocina independiente y una terraza. Si está completa, hay una casa dispo-

Mirador de Mayabe   MIRADOR
Es un motel-restaurante en lo alto de una colina a 10 km de la ciudad. Se hizo famoso gracias a un burro bebedor de cerveza llamado *Pancho*, que merodeaba por el bar en la década de 1980. El original murió en 1992 y ahora ya están con *Pancho IV*, que también trasiega cerveza. Muchas semanas hay espectáculos campesinos tradicionales. Sale un autobús a Holguín desde el pie de la colina, a 1,5 km del motel, tres veces al día.

✦ Fiestas y celebraciones

Romerías de mayo   RELIGIOSAS
(◷3 may) El 3 de mayo se celebra la gran peregrinación anual de Holguín. Los devotos suben a la loma de la Cruz, donde se oficia una misa especial. La ciudad entera asiste a la procesión que sale de la catedral de San Isidro, costumbre que se remonta a la década de 1790. En los últimos años, la romería se ha

LAS RAÍCES DE FIDEL

Nacido el 13 de agosto de 1926 cerca del pueblo de Birán, en la provincia de Holguín, Fidel Castro fue el fruto ilegítimo de una relación entre el terrateniente español Ángel Castro y su cocinera y criada Lina Ruz (casados más adelante). Creció siendo el hijo predilecto en una familia numerosa, y relativamente acaudalada, de productores de azúcar. Tras asistir a una escuela jesuita, fue enviado a estudiar a la ciudad de Santiago cuando tenía 7 años. El joven Castro era un estudiante excepcional y entre sus prodigiosos talentos se contaban una memoria fotográfica y aptitudes extraordinarias para el deporte. Era un hábil *pitcher* y, según la leyenda, a los 21 años recibió una oferta para jugar profesionalmente al béisbol con los Washington Senators.

Cuando contaba solo 13 años, Fidel organizó su primera "insurrección", una huelga entre los trabajadores de caña de azúcar de su padre, o al menos eso cuentan sus hagiografías.

Un año después, un Castro aún adolescente escribió una carta al presidente estadounidense F. D. Roosevelt felicitándole por su reelección y solicitando al líder americano un billete de 10 US$ "porque nunca he visto uno". La petición fue rechazada elegantemente.

Fidel, sin inmutarse, siguió adelante arrasando con todo lo que se cruzaba en su camino. En 1945, en la entrega de los títulos de bachillerato, su profesor y mentor, el padre Francisco Barbeito, predijo sabiamente que su alumno favorito "llenaría con brillantes páginas el libro de su vida". Con el tiempo se ha visto que no iba muy desencaminado. Dotado de un extraordinario carisma personal, una voluntad de hierro y una innata capacidad para hablar sin parar, Fidel puso rumbo a la Universidad de La Habana, donde su personalidad le hizo destacar de inmediato

Mientras supuestamente estudiaba Derecho, pasó los siguientes 3 años metido en actividades políticas, dentro de un foro académico en el que reinaba la violencia de bandas y la corrupción a pequeña escala. Él no siguió el ejemplo y, en 1952, se presentó como candidato para el Partido Ortodoxo, pero las elecciones se cancelaron tras el golpe de Fulgencio Batista. Castro, furioso, cambió de táctica rápidamente y renació en forma de guerrillero. El resto es historia, como suele decirse.

Tras dirigir Cuba en solitario durante 47 años, se retiró de la vida pública de forma sorprendentemente discreta en el 2006, después de una corta enfermedad. Hoy sigue pontificando periódicamente desde los artículos que escribe para el periódico estatal *Granma,* pero rara vez se deja ver en público. Hace tiempo que se especula con su inminente fallecimiento, pero Fidel Castro lleva la longevidad en los genes (cumplió 89 años en el 2015). Cinco de sus seis hermanos siguen vivos, incluidos el mayor, Ramón, de 90 años, y el más joven, Raúl, que "solo" tiene 83 (contabilizados en el 2015).

---

nible unas cuantas puertas más abajo, en la esquina con Manduley.

Motel El Bosque HOTEL **$$**
(☎48-11-40; av. Jorge Dimitrov; i/d desayuno incl. 35/50 CUC; ❄✿) 🎋 De mayor calidad que las demás opciones de precio medio, ofrece 69 bungalós dúplex con energía solar, repartidos por un extenso terreno verde. Hay un bar tranquilo junto a la piscina (que los no hospedados pueden usar por un precio módico) y la música nocturna no es tan estruendosa como en otros sitios.

Villa Mirador de Mayabe HOTEL **$$**
(☎42-54-98; Alturas de Mayabe; bungalós 50 CUC; P❄✿) Este motel, en lo alto de la loma de Mayabe, 10 km al sureste de Holguín, dispone de 24 habitaciones arropadas por unos

exuberantes jardines. Las vistas, que abarcan vastas plantaciones de mangos, son mejores desde la piscina.

Hotel Pernik HOTEL **$$**
(☎48-10-11; av. Jorge Dimitrov esq. XX Aniversario; i/d desayuno incl. 40/55 CUC; P❄@✿) El hotel más aceptable que hay cerca del centro es una dosis de nostalgia de la década de 1970 e inspiración soviética. En los últimos años, ha tratado de contrarrestar su reputación adusta permitiendo que artistas locales decoren las habitaciones, pero sufre las habituales pegas de unas obras interminables y una música atronadora de madrugada. El bufé del desayuno es abundante y hay una oficina de información, una Cadeca (casa de cambio) y un cibercafé.

🍴 Dónde comer

La relajación de las restricciones a los restaurantes particulares en el 2011 benefició a Holguín más a que a otras ciudades: ha surgido un conjunto de locales privados de calidad razonable, más frecuentados por lugareños que por turistas.

Snack Bar La Begonia · TENTEMPIÉS $

(plano p. 358; ☏46-85-86; Maceo 176; tentempiés 1-4 CUC; ⊗9.00-22.00) Bebidas y tentempiés bajo floridos enrejados, en el parque Calixto García. Es un sitio tranquilo donde conocer a otros viajeros. Si a alguien no le gustan los sándwiches de queso gomosos, es mejor que se limite a la cerveza y a disfrutar del intercambio cultural.

Cafetería Cristal · COMIDA RÁPIDA $

(plano p. 358; edif. Pico de Cristal, Manduley esq. Martí; tentempiés 1-3 CUC; ⊗24 h) Este local que da a la plaza es uno de los típicos cafés que se encuentran en Latinoamérica: platos de pollo asequibles y fiables, servidos por camareros solemnes cuya elegancia hace esperar una comida superior a la que realmente se obtiene. El aire acondicionado convierte el día en gélido; es recomendable sentarse en la terraza y disfrutar de un buen café de la casa.

Taberna Pancho · CARIBEÑA $

(av. Jorge Dimitrov; comidas 3-5 CUC; ⊗12.00-22.00) Este bar-restaurante, inspirado en el famoso burro bebedor de cerveza del Mirador de Mayabe, tiene ecos de taberna española y está decorado en madera oscura. La carta incluye chorizo auténtico (poco habitual en Cuba) y la cerveza Mayabe de barril se sirve en vasos fríos. Se halla entre el Hotel Pernik (p. 356) y el Motel El Bosque (p. 356).

Cremería Guamá · HELADERÍA $

(plano p. 358; Luz Caballero esq. Manduley; helados 0,50 CUC; ⊗10.00-22.45) Muy parecida al Coppelia. Para perder 1 h bajo el toldo de rayas rojas y blancas con vistas a la peatonal calle Manduley y disfrutar de helados (en pesos cubanos) al aire libre.

⭐ Restaurante 1910 · RESTAURANTE $$

(☏42-39-94; www.1910restaurantebar.com; Mártires 143, entre Aricochea y Cables; comidas 8-11 CUC; ⊗12.00-24.00) Lugar destacado para disfrutar de la cocina más innovadora de la ciudad. No se pueden criticar ni la zona de comedor (una casa colonial llena de candelabros) ni el cortés servicio, y eso sin antes empezar con su especialidad de carne con espaguetis secos

(deliciosa). Hay que acompañarla con cualquiera de los buenos vinos sudamericanos.

Ranchón Los Almendros · PARRILLA $$

(☏42-96-52; José A. Cardet 68, entre calles 12 y 14; comidas 10 CUC; ⊗10.00-23.00) La cocina está tan limpia y es tan profesional que han decidido hacerla abierta, de modo que los aromas llegan hasta las mesas. Las carnes ahumadas son excelentes y se acompañan de guarniciones copiosas. Está cerca de la loma de la Cruz; por fuera no parece gran cosa, pero dentro es otra historia.

Restaurante-Bar San José · CUBANA $$

(plano p. 358; ☏42-48-77; www.restaurantesanjose. com; Agramonte 188; comidas 4-10 CUC; ⊗12.00-23.00) El restaurante favorito de los holguineros, en plena plaza central (parque Céspedes), permanece fiel a su nombre local (San José). La carta no es sofisticada, pero aquí se viene a comer comida criolla, no pato a la naranja.

Salón 1720 · CARIBEÑA $$

(plano p. 358; Frexes 190 esq. Miró; comidas 7-9 CUC; ⊗12.00-22.30) En esta mansión meticulosamente restaurada, se puede degustar paella (6 CUC) o pollo relleno de verduras y queso (8 CUC); incluso dan galletas saladas por cuenta de la casa. Dentro del mismo complejo de estilo colonial hay una tienda de puros, un bar, una *boutique,* alquiler de coches y una terraza con música nocturna. En las placas de las paredes se explican detalles interesantes de la historia de Holguín.

Compra de alimentos

Hay un **agropecuario** (mercado de frutas y verduras) cerca de la calle 19, en la prolongación de Morales Lemus, cerca de la estación de trenes, y otro en la calle 3, en Dagoberto Sanfield. Junto al estadio de béisbol abundan los puestos de comida, en pesos.

La Luz de Yara · SUPERMERCADO $

(plano p. 358; Frexes esq. Maceo; ⊗8.30-19.30 lu-sa, hasta 12.30 do) Grandes almacenes y supermercado relativamente bien surtidos, con panadería, en el parque Calixto García.

🍺 Dónde beber y vida nocturna

En la ciudad de la cerveza, los bares no son muy llamativos, pero el viajero encontrará un buen ambiente.

Taberna Mayabe · BAR

(plano p. 358; Manduley, entre Aguilera y Frexes; ⊗12.00-18.00 y 20.00-23.00 ma-do) *Pancho,* el bu-

Centro de Holguín

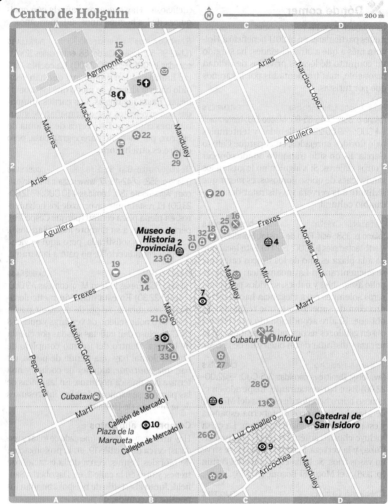

rro bebedor de cerveza, se lo habría pasado en grande en esta taberna de la calle peatonal Manduley. Las mesas de madera y las jarras de cerámica crean un acogedor ambiente de *pub*. Sirven la cerveza homónima.

Las 3 Lucías CAFÉ
(plano p. 358; Mártires esq. Frexes; ⊘7.00-23.00) *Lucía*, de 1968, era un clásico del cine cubano sobre la vida de tres mujeres con el mismo nombre, durante diferentes épocas: la Guerra de Independencia, la década de 1930 y la de 1960. Pues este es el tema que decora este bar

de moda. Los cócteles son buenos, el café está bien y el ambiente, único.

Bar Terraza BAR
(plano p. 358; Frexes, entre Manduley y Miró; ⊘ 20.00-1.00) El local más elegante de la ciudad se sitúa sobre el Salón 1720. Se pueden beber cócteles mientras se contempla el parque Calixto García entre interludios musicales.

Casa de la Música CLUB
(plano p. 358; Frexes esq. Manduley; ⊘ma-do) Se respira cierto ambiente joven y moderno en este establecimiento situado en el parque

Centro de Holguín

Calixto García. Quien no baile, puede darse a la cerveza en la contigua Terraza Bucanero (entrada por la calle Manduley).

Disco Cristal CLUB
(plano p. 358; Manduley 199, edif. Pico de Cristal, 3er piso; entrada 2 CUC; ⊘21.00-2.00 ma-ju) Punto de encuentro de los diestros bailarines de Holguín (la mayoría jóvenes, animados y con ganas de pasárselo bien). Muy famosa los fines de semana, al viajero no le faltará inspiración para moverse al ritmo de salsa/rap/reguetón.

Cabaret Nuevo Nocturno CLUB
(entrada 8 CUC; ⊘22.00-2.00) Nunca falta un cabaré estilo Tropicana y este se halla detrás de la gasolinera Servi-Cupet, a 3 km por la carretera a Las Tunas.

Disco Havana Club CLUB
(Hotel Pernik, av. Jorge Dimitrov esq. XX Aniversario; héspedes/no alojados 2/4 CUC; ⊘22.00-2.00 ma-do) La principal discoteca de Holguín se encuentra en el Hotel Pernik. Si el viajero se aloja en el hotel, la música le visitará –en su habitación– hasta la 1.00, le guste o no.

☆ Ocio

★Uneac CULTURAL
(plano p. 358; Manduley, entre Luz Caballero y Martí) Si solo se puede visitar una Uneac (Unión de Escritores y Artistas de Cuba) de las 14 en total del país (al menos una por provincia), que sea esta. Ocupa la Casa de las Moyúas (1845), un edificio cuidadosamente restaurado en la calle peatonal Manduley. Es un establecimiento acogedor que ofrece veladas literarias con escritores famosos, noches musicales, teatro en el patio (incluidas obras de García Lorca) y revistas culturales. Hay un bar intermitente en el bonito patio, y una galería de arte/estudio llamada La Cochera.

Teatro Comandante Eddy Suñol TEATRO
(plano p. 358; ☎42-79-94; Martí 111; ♿) El teatro más importante de Holguín es una joya *art déco* de 1939 en el parque Calixto García. Acoge el Teatro Lírico Rodrigo Prats y el Ballet Nacional de Cuba y destaca nacional e internacionalmente por sus operetas, espectáculos de danza y musicales españoles. Se recomienda consultar la programación de las actuaciones del famoso teatro infantil Alas Buenas y de la Orquesta Sinfónica de Holguín.

Casa de la Trova MÚSICA EN DIRECTO
(plano p. 358; Maceo 174; ⊘ma-do) Tipos mayores con sombreros panamá cantan bajo las vigas, músicos con guayaberas tocan la trompeta, y parejas de ancianos vestidos de domingo ejecutan un perfecto danzón. Muy intemporal.

LA CIUDAD DE LA CERVEZA

Que se retiren los demás contendientes: Holguín produce la mejor cerveza de Cuba. La gran fábrica de la Cervecería Bucanero, en las afueras de la ciudad, elabora las tres marcas más populares del país. La más ubicua es Cristal (4,9% de contenido alcohólico), una cerveza clara y poco interesante, pero muy solicitada por los turistas que quieren combatir el calor de una tarde en la tumbona. La gente que visita la isla con regularidad y los cubanos con suficiente dinero suelen optar por la Bucanero, variedad más fuerte y oscura con una graduación del 5,4%. Aún más fuerte y con más malta es la Bucanero "Max" (6,5%). La Mayabe, que rara vez se ve en los complejos turísticos, es una *pils-ner* clara y dorada de baja graduación (4%), que suele venderse en pesos cubanos.

Salón Benny Moré MÚSICA EN DIRECTO
(plano p. 358; Luz Caballero esq. Maceo; espec-táculo 22.30) Este impresionante local nuevo al aire libre es el mejor de Holguín para con-cluir la ruta de bares con música en directo y baile.

Biblioteca Álex Urquiola TEATRO
(plano p. 358; 42-44-63; Maceo 180) La gente se engalana para ver obras teatrales y con-ciertos de la Orquesta Sinfónica de Holguín en esta sala.

Casa Iberoamericana CULTURAL
(plano p. 358; www.casadeiberoamerica.cult.cu; Arias 161) En el tranquilo parque Céspedes, este local desconchado alberga con frecuencia peñas (actuaciones musicales) y actividades culturales.

Jazz Club JAZZ
(plano p. 358; Frexes esq. Manduley; 14.00-2.00) El *jazz* se pone en marcha sobre las 20.00 y sigue desplegando su magia hasta las 23.00. Luego ponen música grabada hasta las 2.00. Hay un bar que abre esporádicamente duran-te el día en el piso de abajo.

Cine Martí CINE
(plano p. 358; Frexes 204; entradas 2 CUC) El mejor de los cinco cines del centro, en el parque Calixto García, proyecta películas en pantalla

grande, ocasionalmente en inglés con subtí-tulos en español.

Estadio General Calixto García DEPORTE
(junto av. Libertadores; entrada 1-2 CUC) En este estadio juega el equipo de béisbol de Holguín, llamado Los Perros, que en el 2002 arrebató el campeonato nacional a los dos grandes equipos del país, aunque desde entonces no han 'ladrado' mucho. También tiene un pe-queño pero interesante museo.

Combinado Deportivo
Henry García Suárez DEPORTES
(plano p. 358; Maceo; entrada 1 CUP; veladas bo-xeo 20.00 mi, 12.00 sa) En este gimnasio cutre del lado oeste del parque Peralta, donde se han entrenado tres medallistas olímpicos, pueden verse combates de boxeo. Si uno se arma de valor, puede informarse acerca de las sesiones de entrenamiento (sin contacto). Son muy amables.

🔒 De compras

Bazar-Proyecto
de Desarrollo Local RECUERDOS
(plano p. 358; Manduley, entre Aguilera y Arias; 8.00-18.00 lu-sa) Se trata de un mercado privado, a diferencia de la tienda estatal cer-cana. Vende un surtido similar de baratijas, máscaras afrocubanas y ropa, pero el dinero va directamente al bolsillo de los vendedores.

Fondo de Bienes
Culturales ARTESANÍA
(plano p. 358; Frexes 196; 10.00-15.00 lu-vi, 9.00-12.00 sa) Tienda estatal en el parque Calixto García. Vende artesanías semejantes a las del mercado privado que hay unas manza-nas más allá.

La Época ACCESORIOS
(plano p. 358; Frexes 194; 9.00-17.00 lu-sa, hasta 12.00 do) Grandes almacenes en el parque Calixto García, con mercancías cada vez más sofisticadas.

Pentagrama MÚSICA
(plano p. 358; Maceo esq. Martí; 8.00-12.00 y 12.30-16.30) Punto de venta oficial de la dis-cográfica estatal Egrem; dispone de una se-lección pequeña pero adecuada de CD.

El Jigüe LIBROS, RECUERDOS
(plano p. 358; Martí esq. Mártires; 9.00-17.00) Librería y tienda de recuerdos bien surtida, contigua a la plaza de la Marqueta.

ℹ Información

El periódico local *Ahora* se publica el sábado.
Radio Ángulo CMKO puede sintonizarse en el
1110 AM y en el 97.9 FM.

Etecsa Telepunto (Martí, entre Mártires y
Máximo Gómez; internet 4,50 CUC/h; ☺8.30-
19.30) Tiene tres ordenadores, normalmente
ocupados. La sucursal del parque Calixto García (Martí esq. Maceo, parque Calixto García)
tiene teléfonos, pero no internet.

Oficina de correos (plano p. 358; Manduley
183; ☺10.00-12.00 y 1-18.00 lu-vi) Hay otra en
el parque Céspedes (plano p. 358; Maceo 114;
☺8.00-18.00 lu-sa).

Banco de Crédito y Comercio (Arias; ☺9.00-
15.00 lu-vi) Banco en el parque Céspedes con
cajero automático.

Banco Financiero Internacional (Manduley
167, entre Frexes y Aguilera; ☺9.00-15.00 lu-vi)

Cadeca (Manduley 205, entre Martí y Luz
Caballero) Cambio de moneda.

Cubatur (plano p. 358; edif. Pico de Cristal,
Manduley esq. Martí) Agencia de viajes dentro
de la cafetería Begonias.

Farmacia Turno Especial (Maceo 170; ☺8.00-
22.00 lu-sa) En el parque Calixto García.

Hospital Lenin (☎42-53-02; av. V. I. Lenin)
Urgencias para extranjeros.

Infotur (plano p. 358; edif. Pico de Cristal,
1er piso, Manduley esq. Martí) Información
turística.

ℹ Cómo llegar y salir

AVIÓN

Hay hasta 16 vuelos internacionales semanales
en el bien organizado **aeropuerto Frank País**
(HOG; ☎42-52-71) de Holguín, 13 km al sur de la
ciudad, con destinos como Ámsterdam, Düsseldorf, Londres, Montreal y Toronto. Casi todos los
pasajeros se dirigen directamente en autobús a
Guardalavaca y ven poco de Holguín.

De los vuelos nacionales se encarga **Cubana**
(edif. Pico de Cristal, Manduley esq. Martí),
que vuela todos los días a La Habana (120 CUC
aprox. ida, 1¼ h).

AUTOBÚS

En la **estación de autobuses interprovincial**
(Carretera Central esq. Independencia), al
oeste del centro, cerca del Hospital Lenin, los
autobuses de **Víazul** (www.viazul.com) con aire
acondicionado tienen salidas diarias.

El autobús a La Habana (44 CUC, 12¾ h, 4
diarios) para en Las Tunas, Camagüey, Ciego de
Ávila, Sancti Spíritus y Santa Clara. El de Santiago (11 CUC, 3½ h, 3 diarios) para en Bayamo.

También hay autobuses diarios a Trinidad
(26 CUC, 7¾ h) y Varadero (38 CUC, 11¼ h).

Un autobús diario de Transtur enlaza con los
resorts de Guardalavaca. Sale desde el exterior
del Museo de Historia Provincial a las 13.00
y cuesta 15 CUC i/v.

AUTOMÓVIL

Los colectivos (coches compartidos) viajan a
Gibara (4 CUC) y Puerto Padre, en la provincia de
Las Tunas, desde la avenida Cajigal. Los de Guardalavaca (5 CUC) salen de la av. XX Aniversario,
cerca de la terminal Dagoberto Sanfield Guillén.

TREN

La **estación de trenes** (calle V. Pita) está en la
parte sur de la ciudad. Los extranjeros deben
comprar los billetes en pesos convertibles (CUC)
en la **ventanilla Ladis** (☺7.30-15.00). La taquilla está indicada con el letrero "U/B Ferrocuba
Provincial Holguín", en la esquina de Manduley,
frente a la estación.

Será necesario hacer transbordo en el empalme principal de la línea Santiago-La Habana
que hay en Cacocum, 17 km al sur de Holguín. En
teoría, solo hay un tren diario por la mañana a
Las Tunas (3 CUC, 2 h), uno cada tres días a las
8.00 a Guantánamo, tres diarios a Santiago de
Cuba (5 CUC, 3½ h) y dos diarios (22.19 y 5.28)
a La Habana (26 CUC, 15 h). El último para en
Camagüey (6,50 CUC), Ciego de Ávila (10,50
CUC), Santa Clara (15,50 CUC) y Matanzas
(22,50 CUC).

Pese a lo anterior, el único servicio que funciona con cierta regularidad es el de La Habana.
El de Santiago de Cuba es más bien irregular;
conviene informarse antes.

CAMIÓN

Desde la **terminal Dagoberto Sanfield Guillén**
(av. Libertadores), frente al estadio General
Calixto García, salen al menos dos camionetas
diarias a Banes y Moa.

ℹ Cómo desplazarse

A/DESDE EL AEROPUERTO

El autobús público al aeropuerto sale a diario
sobre las 14.00 desde la **parada del autobús al
aeropuerto** (General Rodríguez 84) del parque
Martí, cerca de la estación de trenes. Un taxi
turístico cuesta entre 15 y 20 CUC. También se
puede pasar la última noche en Bayamo y luego
desplazarse hasta el aeropuerto de Holguín en
taxi (20-25 CUC).

BICITAXIS

Están por todas partes. Cuestan 5 CUP por un recorrido corto y 10 CUP por uno largo.

AUTOMÓVIL

Se pueden alquilar y devolver coches en **Cubacar**, que tiene sucursales en el **Hotel Pernik** (av. Jorge Dimitrov), en el **aeropuerto Frank País** (☑46-84-14) y en la **Cafetería Cristal** (Manduley esq. Martí).

Hay una **gasolinera Servi-Cupet** (Carretera Central; ☼24 h) a 3 km, yendo a Las Tunas, y otra al salir de la ciudad por la carretera a Gibara. La **gasolinera Oro Negro** (Carretera Central) se encuentra en el extremo sur de Holguín. La carretera a Gibara está al norte, por la av. Cajigal; es la que se toma para llegar a Playa la Herradura: al cabo de 5 km, hay que girar a la izquierda en la bifurcación.

TAXI

Un **Cubataxi** (plano p. 358; Máximo Gómez 302 esq. Martí) a Guardalavaca (54 km) cuesta 35 CUC aprox. A Gibara, solo ida, no debería costar más de 20 CUC.

Gibara

36 000 HAB.

Equiparable solo a Baracoa por su agreste litoral, Gibara es uno de esos lugares especiales donde la geografía, la meteorología y la cultura han conspirado para crear algo impetuoso y único. Aunque la primera impresión pueda no ser de incredulidad pasmosa (el huracán Ike casi la borró del mapa en el 2008), hay que posponer el veredicto; la ciudad hechiza de forma más sutil.

Situada a 33 km de Holguín por una carretera panorámica que atraviesa pueblos vistosos y acogedores, Gibara es un lugar pequeño e íntimo que hoy se beneficia de unas inversiones gubernamentales muy necesitadas. A diferencia de la cercana Guardalavaca, aquí el urbanismo es más discreto y se centra en restaurar la arquitectura, bonita pero muy deteriorada. La Silla de Gibara que tanto cautivó a Colón, así llamada por su parecido a una silla de montar, crea un telón de fondo bello y agreste. Cerca se encuentra uno de los primeros parques eólicos de Cuba.

Cada mes de abril la ciudad acoge el Festival Internacional de Cine Pobre (p. 364), que congrega a cineastas de todo el mundo.

Historia

Aquí arribó por primera vez Cristóbal Colón en 1492, a una zona a la que llamó Río de Mares, por los ríos Cacoyugüín y Yabazón, que desembocan en la bahía de Gibara. El topónimo actual procede de jiba, nombre indígena de un arbusto que aún crece en sus orillas.

En 1817 fue refundada y prosperó durante el s. xix, a remolque de la expansión de la industria azucarera y su comercio. Para protegerse de los ataques piratas, a principios del 1800 se construyeron cuarteles y se rodeó la urbe con una muralla de 2 km, de modo que se convirtió en la segunda ciudad amurallada de la isla tras La Habana. Sus antiguas fachadas, de un blanco resplandeciente, le valieron el apodo de la Villa Blanca.

Al ser la salida al mar de Holguín, fue una importante ciudad exportadora de azúcar, conectada a la capital provincial por un ferrocarril. Con la construcción de la Carretera Central en la década de 1920, Gibara perdió su importancia mercantil y, después de que el último servicio ferroviario se eliminara en 1958, cayó en un profundo letargo del que todavía ha de despertar.

◉ Puntos de interés y actividades

Gibara está viviendo un pequeño renacimiento gracias al dinero invertido por el Estado para la restauración y renovación de la arquitectura urbana. Al no poseer monumentos de interés concretos, como Baracoa, se trata más bien de una ciudad para recorrer las calles y empaparse de la esencia local.

Parque Calixto García   PLAZA

En este parque crecen muchos robles africanos, unos curiosos árboles con grandes vainas faliformes. La pieza central es la iglesia de San Fulgencio (☼8.00-12.00 y 14.00-16.30 ma-do), que se construyó en 1850 y ha quedado reluciente tras una reciente restauración. La estatua de la Libertad situada enfrente conmemora la Guerra Hispano-Estadounidense. En el lado oeste de la plaza, dentro de un bello palacio colonial (más interesante que los animales disecados de dentro), se encuentra el Museo de Historia Natural (Luz Caballero 23; entrada 1 CUC; ☼8.00-12.00 y 13.00-17.00 masa, 13.00-16.00 lu). A través de los barrotes de las ventanas se ve a mujeres liar puros en la fábrica de cigarros del otro lado de la plaza.

Caverna de Panaderos CUEVA

(excursión 5 CUC) Este complicado sistema de cuevas, con 19 galerías y un largo sendero subterráneo, se encuentra cerca de la ciudad, en el extremo superior de la calle Independencia. No hay ningún servicio turístico oficial, por lo que conviene contratar a un guía local como **Alexis Silva García** (☑84-44-58), con el que se puede contactar por teléfono o preguntando en el Museo de Historia Natural. El paseo hasta la cueva es de 1 km y dentro hay un lago para nadar. Resérvense 2 h para la excursión.

Fuertes

En la parte alta de la calle Cabada se alza **El Cuartelón**, un antiguo fuerte colonial de ladrillo en ruinas. Aún conserva unos gráciles arcos y facilitas fabulosas vistas de la ciudad y la bahía. Si se sigue unos 200 m por la misma calle hasta el restaurante El Mirador (p. 364), se llega a otro punto panorámico aún mejor. Por el camino se verán los restos de las viejas fortalezas coloniales y del **fuerte Fernando VII**, en el cabo, pasado el parque de las Madres, una manzana después del parque Calixto García. También hay una torre de vigía en la entrada de la ciudad, viniendo desde Holguín.

Playas

No lejos de Gibara hay un par de buenas playas.

Playa los Bajos PLAYA

(plano p. 366) A Los Bajos, al este de Gibara, se accede con una lancha (ferri; 1 CUC/trayecto) que sale al menos dos veces al día del muelle de pesca en La Enramada, la carretera marítima que sale de la ciudad. Las barcas atraviesan la bahía de Gibara hasta Playa los Bajos y luego, 3 km más al este, está Playa Blanca, ambas de arena y aptas para el baño. Si no hubiera lanchas, Los Bajos está a unos 30 km por carretera, pasando por Floro Pérez y Fray Benito.

Playa Caletones PLAYA

Se necesita algún tipo de transporte para llegar a esta encantadora playita, 17 km al oeste de Gibara. Esta franja de arena blanca es un destino estrella de los veraneantes de Holguín. La destartalada población carece de servicios, exceptuando el rústico **Restaurante La Esperanza** (principales 4-6 CUC), en la carretera frente a la playa, que sirve delicioso pescado y marisco fresco en una terraza con vistas al mar.

Existen pozas de agua dulce ideal para ir a nadar. Los buceadores independientes pueden, por 10 CUC, ser guiados a unas cuevas, 5 km más lejos, que, según dicen, son de las mejores de Cuba para hacer submarinismo, con una extensión de 3000 m y profundidades de 15 m; se necesita llevar el propio equipo.

Escalada

Quizá Viñales sea la capital cubana de la escalada, pero ya empieza a hablarse de las rutas, más pequeñas pero no menos atractivas, de la **Silla de Gibara**, un risco de piedra caliza que se levanta 35 km al sureste de Gibara. La Silla cuenta con aprox. 20 vías de escalada definidas en la umbría cara norte; la mejor época para acometerlas son los meses más frescos, entre noviembre y febrero. Con pocas ayudas por parte del Estado, la escalada aquí es similar a la de Viñales. Hay que llevar material propio y contratar un guía. Alexis Silva García (arriba) puede ayudar a encontrar información y un guía; se contacta con él en el Museo de Historia Natural.

🛏 Dónde dormir

Gibara tiene algunas de las mejores opciones de la provincia para dormir. El nuevo hotel colonial Arsenita habrá abierto cuando se publiquen estas líneas.

★ Hostal los Hermanos CASA PARTICULAR $

(☑84-45-42; Céspedes 13, entre Luz Caballero y J. Peralta; h 20-25 CUC; ❄) Casa engalanada de esplendor colonial, donde el viajero podrá relajarse en una de las cuatro grandes habitaciones con frescos, amorcillos y trampantojos. El vidrio policromado típico de Gibara y las deliciosas comidas añaden interés. La casa también ejerce de restaurante privado para clientes de fuera.

Hostal Sol y Mar CASA PARTICULAR $

(☑52-40-21-64; J. Peralta 59; 20-25 CUC; ❄) Una casa a orillas del mar, llena de brisas marinas y vistas románticas, sobre todo desde la amplia terraza de la azotea. En el momento de escribir estas líneas, había dos habitaciones y se estaba construyendo una tercera. El joven anfitrión se encargará de que la estancia sea agradable. Hay una cocina que se puede utilizar.

FESTIVAL INTERNACIONAL DE CINE POBRE

No hay alfombra roja ni *paparazzis*, pero todo lo que le falta de glamuroso al Festival Internacional de Cine Pobre (www.cinepobre.com) lo supera con nuevos talentos emergentes. Y luego está el emplazamiento: la etérea Gibara, la desmoronada Villa Blanca de Cuba, el antídoto perfecto a la opulencia de Hollywood y Cannes.

Inaugurado en el 2003, este festival fue la ingeniosa creación del desaparecido director cubano Humberto Solás, que se enamoró de esta localidad pesquera por excelencia tras rodar allí su influyente película *Lucía* en 1968.

Abierto a cineastas independientes con pocos medios, se celebra en abril y, pese a la poca publicidad, el montante de dinero en premios alcanza los 100 000 US$. Dura siete días y se empieza con una gala en el cine Jiba, seguida por proyecciones de cintas, exposiciones de arte y conciertos nocturnos. La competición es amistosa, pero no por ello fácil, y con sus galardones se premia y reconoce a un ecléctico grupo de películas digitales del mercado independiente, procedentes de países tan dispares como Irán y EE UU.

Villa Caney
CASA PARTICULAR **$**

(☎84-45-52; Sartorio 36, entre J. Peralta y Luz Caballero; h 20-25 CUC; ❄) Más belleza deslumbrante, capturada en una robusta casa colonial de piedra que resistió al huracán Ike. Las dos habitaciones que dan a un patio son grandes y disponen de baño privado.

Hostal El Patio
CASA PARTICULAR **$**

(☎84-42-69; J. Mora 19, entre Cuba y J. Agüero; 20-25 CUC; ❄) Tras un alto muro se esconde uno de los rincones más acogedores de Gibara: un encantador patio semicubierto que da a dos habitaciones (la de atrás es la mejor). Las horas de la comida son mágicas, y el café, estupendo.

★Hotel Ordoño
HOTEL **$$**

(☎84-44-48; J. Peralta, Donato Mámol esq. Independencia; i/d/ste 65/82/112 CUC; ❄@) Cuba cuenta con lujosos centros vacacionales de cinco estrellas en la costa norte, pero ninguno iguala la majestuosa belleza colonial de este palacio renovado de 27 habitaciones, abierto en el 2013. Presta una atención a los detalles arquitectónicos casi digna de Miguel Ángel, y todo por obra de unos jóvenes arquitectos de la ciudad. Si se añade un servicio ejemplar y el marco etéreo de Gibara, el huésped se sentirá como Luis XIV relajándose en Versalles (pero sin remordimientos de conciencia). Es uno de los candidatos a mejor hotel de Cuba.

✗ Dónde comer

Despacio, a la velocidad de un Cadillac en una carretera de baches, las cosas se están modernizando. Algunas casas particulares también ejercen de restaurantes privados. Tanto Villa Caney como el Hostal Los Hermanos son excelentes.

La Cueva
PARRILLA **$**

(calle 2ª esq. ctra. Playa Caletones; platos 4 CUC; ⊙ 12.00-24.00) Por fin, en este lugar privado el panorama culinario de Gibara se vuelve imaginativo. Cultivan las hierbas aromáticas que aderezan sus asados y también tienen una pequeña granja. Hay una parte tipo *ranchón* y una zona de restaurante algo más formal arriba. Está en el extremo norte de la ciudad.

Restaurante El Mirador
COMIDA RÁPIDA **$**

(tentempiés 1-2 CUC; ⊙24 h) Como está en lo alto, cerca de El Cuartelón, las vistas quitan el hipo pero la comida deja mucho que desear.

La Casa de Los Amigos
PESCADO **$$**

(☎84-41-15; Céspedes 15 entre J. Peralta y Luz Caballero; comidas 5-10 CUC) Es a la vez una casa particular y un restaurante privado. Posee un patio interior magnífico, con frescos, un cenador y puertas pintadas a mano. Alquilan habitaciones, pero es recomendable sobre todo por su fantástica comida, una profusión de platos de pescado local con guarniciones generosas.

🍷 Dónde beber y ocio

Como en casi todas las ciudades costeras de Cuba, los jóvenes se congregan en las cercanías del malecón las noches de los fines de semana. En cualquier momento puede brotar música espontáneamente en los parques Calixto García, Colón y alrededores.

Bar La Loge
BAR

Otra novedad en Gibara es este bar junto a la Casa de la Cultura, en su mayor parte al aire libre. Ofrece música en directo los viernes y domingos por la noche, pero siempre es buen sitio para codearse con los oriundos.

Siglo XX
CENTRO CULTURAL

(⊙8.00-17.00 lu-ma, hasta 23.00 mi-do) Nuevo e interesante centro cultural en la plaza principal, con música tradicional en directo los sábados por la noche y grabada en otros momentos. El patio es ideal para relajarse con un refresco las tardes calurosas.

Cine Jiba
CINE

(parque Calixto García) Durante el insólito festival de cine pobre, la mayoría de las vanguardistas películas se proyectan en esta sala, pequeña pero curiosa, cubierta de carteles de películas de autor. Si se va al cine en Cuba, que sea en Gibara, pues es un rito local.

Centro Cultural
Batería Fernando VII
CENTRO CULTURAL

(pza. del Fuerte) El diminuto fuerte español que se alza sobre el océano es hoy un animado centro cultural, gestionado por ARTex, que organiza espectáculos los fines de semana y sirve comida y bebida en un sinuoso bar-restaurante.

ℹ Información

La mayor parte de los servicios se hallan en la calle Independencia.

Bandec (Independencia esq. J. Peralta; ⊙9.00-15.00 lu-vi) También cambia cheques de viaje.

Oficina de correos (Independencia 15; ⊙8.00-20.00 lu-sa)

ℹ Cómo llegar y salir

No hay autobuses de Víazul a Gibara. Los viajeros pueden realizar la ruta valiéndose del transporte cubano, en camioneta o colectivo (taxi compartido, 4 CUC) desde Holguín. La estación de autobuses está a 1 km, en la carretera de Holguín. Hay dos diarios en cada dirección. Un taxi regular (a Holguín) debería costar 20 CUC.

Si se va en vehículo propio hacia Guardalavaca, hay que saber que el principio de la carretera, a partir del cruce de Floro Pérez, es un infierno; mejora bastante al salir de Rafael Freyre. A la entrada de la localidad hay una gasolinera Oro Negro.

Guardalavaca y alrededores

Se trata de una larga hilera de megacomplejos turísticos, 54 km al noreste de Holguín, en una zona de playas idílicas. Pero el paisaje de accidentados campos verdes y colinas en forma de almiar recuerdan al viajero que la Cuba rural nunca está lejos.

Antes de la invasión de tumbonas y bingos a pie de playa, Colón describió este tramo de costa como el lugar más hermoso en el que se habían posado sus ojos. Y hoy son pocos los visitantes que le llevarían la contraria. Guste o no, la eterna popularidad de Guardalavaca tiene su razón de ser: playas tropicales envidiables, frondosas colinas verdes y recogidos arrecifes coralinos de abundante actividad marina. Más extenso que Varadero y menos aislado que Cayo Coco, para muchos viajeros entendidos Guardalavaca consigue el perfecto equilibrio entre relax y realismo.

A principios del s. xx, la región era un importante centro de cría de ganado con una pequeña comunidad rural. El *boom* del turismo llegó a finales de los años setenta, cuando el holguinero Fidel Castro inauguró el primer *resort* (el gran Atlántico) con un rápido chapuzón en su piscina. Desde entonces, la economía local no ha hecho sino crecer, alimentada con los dólares foráneos.

La zona de *resorts* se divide en tres enclaves separados: Playa Pesquero, Playa Esmeralda y, 4 km al este, Guardalavaca en sí, la franja de hoteles originaria que ya empieza a dar muestras de deterioro. De los tres, Playa Pesquero es la de categoría superior. Allí se encontrarán cuatro colosos turísticos y un aire de lujo caribeño que falta en el resto de la isla. La playa contigua es sublime, con arena dorada, agua cálida y poco profunda y estupendas posibilidades de buceo.

Los cuatro complejos turísticos de Playa Pesquero son accesibles desde la carretera principal Holguín-Guardalavaca, por un ramal situado 12 km al oeste de Guardalavaca. Playa Esmeralda y sus dos complejos hoteleros están al final de un ramal corto, 4 km al oeste de Guardalavaca.

Ya hace tiempo que Guardalavaca permite el acceso a la playa a los cubanos, lo cual significa que es una zona menos estirada y con toques de color local.

⊙ Puntos de interés

Museo Chorro de Maíta
MUSEO

(plano p. 366; entrada 2 CUC; ⊙9.00-17.00 ma-sa, 9.00-13.00 do) 🖉 Situado en un yacimiento arqueológico, protege los restos de una aldea y un cementerio indios, entre los que figuran restos de 62 esqueletos humanos y los huesos de un perro. De principios del s. xvi, la aldea es uno de los casi 100 emplazamientos arqueológicos de la zona. Recientes hallazgos indican que en el lugar vivieron pueblos indígenas décadas después de la llegada de Colón.

Zona de Guardalavaca

Véase "Guardalavaca" p. 368

Zona de Guardalavaca

◉ Puntos de interés

◔ Actividades, cursos y circuitos

⊜ Dónde dormir

Enfrente del museo hay una aldea taína reconstruida (p. 374) con reproducciones de casas nativas a tamaño real. Tiene espectáculos de danza indígena y un restaurante.

Parque Nacional
Monumento Bariay   ENCLAVE HISTÓRICO
(plano p. 366; entrada 8 CUC; ☉9.00-17.00) **Playa Blanca,** 10 km al oeste de Playa Pesquero y 3 al oeste de Villa Don Lino, es por donde se dice que arribó Colón en 1492. Esta gran unión de dos culturas se recuerda en el parque, que recoge un variado conjunto de puntos de interés, cuya pieza principal es un impresionante monumento de estilo helénico, diseñado por la artista holguinera Caridad Ramos con motivo del quinto centenario del desembarco colombino, en 1992. Otros lugares destacables son el centro de información, los restos de un **fuerte español** del s. xix, tres

refugios taínos reconstruidos y un **museo arqueológico.** Supone una agradable visita de una tarde.

🏃 Actividades

Es posible contratar **excursiones a caballo** en el Rancho Naranjo (Playa Esmeralda) o de forma particular. Se puede probar en el Paladar Compay Carlos, junto a Villa Bely. La tarifa actual son 10 CUC/h.

Todos los hoteles alquilan **ciclomotores** por un máximo de 25 CUC/día. Algunos *resorts* incluyen el uso de bicicletas en el precio, pero son bastante rudimentarias (sin marchas). La carretera entre Guardalavaca y Playa Esmeralda y la continuación hasta Playa Pesquero es llana y tranquila, ideal para una excursión de un día. Si se prefiere sudar un poco la camiseta, se puede ir a Banes y volver (66 km i/v).

Excursiones en barco
De **Marina Gaviota Puerto de Vita** (plano p. 366; ☎43-04-45) salen muchas excursiones acuáticas que pueden reservarse en los hoteles. Hay otro puerto deportivo más nuevo, pero más pequeño, en **Boca de Samá** (plano p. 366), 9 km al este de Guardalavaca, administrado por Cubanacán. Además de los ubicuos cruceros al atardecer (52 CUC), se puede contratar pesca de altura (300 CUC hasta 6 personas) y excursiones ocasionales en catamarán por la bahía de Vita, con buceo y barra libre.

Parque Natural
Bahía de Naranjo   RESERVA NATURAL
(plano p. 368; ☎43-00-06; excursiones desde 50 CUC) Situado 4 km al suroeste de Playa

Esmeralda y a unos 8 de la principal franja de Guardalavaca, es un complejo insular diseñado para entretener a la clientela de los *resorts*. Hay un **acuario** (☉9.00-21.00; 🏊) en una diminuta isla de la bahía, y el precio incluye un circuito en barco por las islas del complejo.

Existen diversas ofertas desde 50 CUC aprox., dependiendo de lo que se desee hacer (excursiones en yate, safaris marinos, etc.), por lo que conviene informarse antes de embarcar. Los barcos que van al acuario zarpan desde la Marina Bahía de Naranjo.

Buceo

Guardalavaca cuenta con excelentes lugares donde sumergirse (mejores que en Varadero y similares a las de Cayo Coco). El arrecife está a 200 m y hay 32 enclaves de buceo, casi todos accesibles en barco. Destacan las grutas, los pecios, las paredes y la gigantesca formación coralina de La Corona.

Eagle Ray Marlin
Dive Center   SUBMARINISMO, BUCEO
(Cubanacán Náutica; plano p. 368; ☎43-01-85; inmersiones desde 45 CUC) El único centro de submarinismo de la playa de Guardalavaca está 300 m al oeste del Club Amigo Atlántico-Guardalavaca. Imparte clases para obtener el título de buceo Open Water (365 CUC) y cursos Discover de 2 h (70 CUC). Las inmersiones cuestan desde 45 CUC, con descuentos si se hacen varias.

Excursionismo

⭐**Bioparque Rocazul**   RESERVA NATURAL
(plano p. 366; ☉9.00-17.30) Junto a la carretera que une Playa Turquesa con los otros *resorts* de Pesquero, este bioparque protegido (parte del Parque Natural Cristóbal Colón) ofrece las habituales actividades al aire libre bajo la supervisión obligatoria de un guía estatal. Se trata de un encomiable proyecto ambiental en una importante zona turística, pero las restricciones a la hora de moverse resultan agobiantes (y caras). Las excursiones cuestan 8/10/12 CUC por 1/2/3 h. También se puede montar a caballo por 16 CUC/h, o pescar por 29 CUC. Los paquetes de todo incluido cuestan 40 CUC. El parque es extenso, con colinas, senderos, acceso al mar y la **Casa de Compay Kike,** una finca en funcionamiento donde disfrutar de comida cubana y café. Hay un bar acogedor a la entrada del parque.

Sendero ecoarqueológico
Las Guanas   RESERVA NATURAL
(plano p. 368; entrada 3 CUC; ☉8.00-16.30) Al final de la carretera de Playa Esmeralda se desarrolla esta excursión autoguiada que, a 3 CUC por 1 km, es posiblemente uno de los senderos más caros de Cuba (y del mundo). Conviene caminar despacio para aprovechar al máximo el dinero. La ruta está señalizada y, por lo visto, recorre 14 especies endémicas de plantas. Caminando varios kilómetros más por unos cortafuegos entre la maleza, se llega a un acantilado pintoresco con un faro. La ruta está flanqueada por reproducciones de esculturas taínas.

Se planeaba construir un hotel en el acantilado, pero la intervención del Gobierno lo salvó de los *bulldozers*.

'Kitesurf'

Luis Riveron   DEPORTES ACUÁTICOS
(☎53-78-48-57; luiskitesurf@nauta.cu) Este particular de Guardalavaca da clases de *kitesurf*, el último deporte en llegar a Cuba, por 25 CUC/h, y alquila tablas por 7 CUC/h. Se le encontrará en la playa junto al Bar Pirata.

⛳ Circuitos

El mostrador de Cubanacán que hay en el vestíbulo del Club Amigo Atlántico-Guardalavaca (p. 369) ofrece un interesante "circuito cervecero" por la ciudad de Holguín, con salida a las 18.30 todos los domingos (20 CUC).

🛏 Dónde dormir

Ahora Guardalavaca ofrece alojamientos particulares, por lo que no es obligatorio dejarse el dinero en los hoteles con todo incluido. Hay docenas de apartamentos en alquiler en el pueblo, frente a la entrada de la zona de *resorts*. Se está construyendo un nuevo hotel de cinco estrellas, el Albatros.

🛏 Guardalavaca

⭐**Villa Bely**   CASA PARTICULAR **$**
(plano p. 368; ☎52-61-41-92; www.villabely.orgfree.com; 25-30 CUC; 🅿❄) Un sueño para los que odian los *resorts*. El apartamento de la última planta es mejor y más grande que una habitación corriente de hotel, y dispone de cocina-comedor y una bonita zona para dormir sobre una tarima. Hay una segunda habitación por debajo. Está enfrente de la última salida de la autovía, frente a la zona de todo incluido.

Guardalavaca

OCÉANO
ATLÁNTICO

Punta
Guardalavaca

Playa Caletica

Playa
Esmeralda

Cayo Naranjo

Cayo
Jutía

Bahía de
Naranjo

Barcos al acuario

Fondeadero
de yates

AGUADA
LA PIEDRA

Véase ampliación "Guardalavaca pueblo"

2 km

Guardalavaca pueblo

300 m

Playa
Guardalavaca

Cubatur

GUARDALAVACA
PUEBLO

Guardalavaca

Actividades, cursos y circuitos

Dónde dormir

Dónde comer

Dónde beber y vida nocturna

De compras

Brisas Guardalavaca   CENTRO VACACIONAL $$$
(plano p. 368; ☑43-02-18; todo incl. i/d 154/228
CUC; P✿@☀⚲♨) Villa Brisa y Hotel Brisas
conforman este súper *resort* situado en el
extremo este de la playa; paraíso de los via-
jes organizados. Cabe destacar las enormes
y cómodas habitaciones, las pistas de tenis
iluminadas y su ambiente poco pretencioso.
Lo *kitsch* nunca anda lejos, pero es un lugar
más tranquilo y de mayor categoría que el
Club Amigo.

Club Amigo Atlántico-
Guardalavaca   CENTRO VACACIONAL $$$
(plano p. 368; ☑43-01-21; todo incl. i/d 81/122 CUC;
P✿@☀♨) Es una fusión de los antiguos
hoteles Guardalavaca y Atlántico, este último, el más antiguo del lugar, finalizado en
1976 e inaugurado por Fidel Castro con un
chapuzón en la piscina. La arquitectura de
esta pequeña 'aldea' (de 600 habitaciones)
es una mezcla corriente de villas, bungalós
y habitaciones estándar. Lo suelen elegir las
familias por su amplio programa de actividades infantiles. El hotel está dividido en dos.
Las habitaciones asociadas al antiguo Hotel
Guardalavaca están más lejos de la playa pero
son menos ruidosas.

Playa Pesquero

Campismo Silla de Gibara   CABAÑAS $
(plano p. 366; ☑42-15-86; i/d 14/22 CUC; P♨) Se
asienta en la pendiente, tras la característica
colina con forma de silla de montar, 35 km
al sureste de Gibara y a 1,5 de la carretera
principal; se llega por una carretera sin asfaltar entre Floro Pérez y Rafael Freyre. Hay 42
habitaciones para dos, cuatro o seis personas,
pero la comodidad no es el motivo para alojarse aquí, sino las vistas. También hay una
cueva a la que se puede llegar a pie, 1,5 km
colina arriba, y alquiler de caballos. Se recomienda reservar con antelación a través de
Cubamar (p. 512), en La Habana.

Villa Don Lino   CABAÑAS $$
(plano p. 366; ☑43-03-08; i/d desde 49/78 CUC;
P✿♨) Es la alternativa económica a los
"cuatro grandes" de Playa Pesquero, un reti-
ro romántico con 36 cabañas de una planta,
en una playita de arena blanca. Hay una pe-
queña piscina, ocio nocturno y una esencia
cubana de la que carecen los complejos más
grandes. Está 8,5 km al norte de Rafael Frey-
re por una carretera secundaria.

★**Hotel Playa**
Pesquero   CENTRO VACACIONAL $$$
(plano p. 366; ☑43-35-30; todo incl. i/d 175/280
CUC; P✿@☀⚲♨) El que fuera el mayor hotel de Cuba perdió el trono hace unos años,
pero con 933 habitaciones, ni se queda atrás
ni es el patito feo. Sus preciosos y cuidados
jardines de 30 Ha cuentan con fuentes italianas, tiendas lujosas, siete restaurantes, un
spa, pistas de tenis y piscinas. Y la playa es
preciosa. Inaugurado en el 2003 por Fidel
Castro, hay una copia de su discurso (que fue
breve) en la pared de la recepción.

Memories Holguín   CENTRO VACACIONAL $$$
(plano p. 366; ☑43-35-40; todo incl. i/d 150/200
CUC; P✿@♨) Algo apartado de los otros *re-
sorts* en su propio tramo de playa (llamado
Playa Yuraguanal), este hotel recién renom-
brado tiene la palabra "privacidad" escrita en
sus cuatro estrellas. Es el típico de categoría
alta con todo incluido, lo que significa que
la mayoría de los clientes no tienen ningún
interés en salir del complejo.

Hotel Playa
Costa Verde   CENTRO VACACIONAL $$$
(plano p. 366; ☑43-35-20; todo incl. i/d 130/210
CUC; P✿@☀♨) A medio camino entre la
elegancia y la sencillez, parece un poco falso,

aunque no es por falta de instalaciones. Tiene un restaurante japonés, gimnasio, coloridos jardines y una laguna que se cruza para ir a la playa. Al lado, Blau Costa Verde (no hay que confundirse con el nombre) organiza buenas excursiones de buceo.

Playa Esmeralda

En esta magnífica franja de playa, 6 km al oeste de Guardalavaca, hay dos gigantescos *resorts;* se accede por un ramal al este del amarre de las lanchas de Cayo Naranjo. Se extiende entre la zona económica de Guardalavaca y la opulencia de Playa Pesquero.

★ Paradisus Río
de Oro   CENTRO VACACIONAL **$$$**
(plano p. 368; ☑43-00-90; todo incl. i/d 455/510 CUC; P✸@☎☎) ✐ Elegante a la par que preocupado por el medio ambiente (una combinación difícil), este hotel de 292 habitaciones es un *resort* de cinco estrellas que a menudo se publicita como el mejor de Cuba. En una cabaña junto al acantilado dan masajes, hay un restaurante japonés flotante sobre un estanque de peces koi, y las villas con jardín tienen piscina privada. Es ciertamente un paraíso, solo para adultos.

Sol Río Luna
Mares Resort   CENTRO VACACIONAL **$$$**
(plano p. 368; ☑43-00-30; todo incl. i/d 182/280 CUC; P✸@☎☎) Este hotel 'dos en uno' es fruto de la fusión del antiguo Sol Club Río de Luna y el Meliá Río de Mares. Las amplias habitaciones tienen algunos extras (p. ej., cafeteras), pero las principales ventajas para los buscadores de lujo en Guardalavaca son la calidad superior de la comida (restaurantes francés e italiano) y la playa, realmente sublime (el precio incluye juguetes playeros).

✕ Dónde comer

Hay muchas opciones fuera de los *resorts,* sobre todo en la propia Guardalavaca.

Restaurante Lagomar   PALADAR **$**
(plano p. 368; comidas 3-5 CUC; ☺12.00-24.00) Es posible encontrar algo de magia esotérica en Guardalavaca si se camina 10 min por la costa, pasado el hotel Las Brisas, hasta el pueblecito de El Cayuelo. La última casa que queda en pie es el Lagomar, que sirve platos clásicos cubanos en un pequeño y evocador restaurante. De momento, solo van unos pocos clientes de los *resorts* que lo conocen, pero se planea construir más hoteles en El

Cayuelo, por lo que hay que disfrutarlo mientras se pueda.

El Uvero   CUBANA **$$**
(plano p. 368; ☑52-39-35-71; ctra. Guardalavaca-Banes; comidas 10-18 CUC; ☺12.00-23.00) Esta casa de aspecto modesto está en el pueblo de Cuatro Caminos, 4 km y un corto viaje en taxi al este de la franja de *resorts* de Guardalavaca; el pequeño esfuerzo que cuesta llegar merece la pena. El orgullo de la carta es el "tres hermanos", que consiste en camarones, langosta y pescado blanco. Está custodiado por un uvero (árbol que da uvas de playa), de ahí su nombre.

El Ancla   PESCADO **$$$**
(plano p. 368; comidas 12-25 CUC; ☺12.00-21.30) Se sitúa sobre un promontorio rocoso en el extremo occidental de la playa de Guardalavaca, y logró no ser barrido por el huracán Ike en el 2008. Excelente langosta y magníficas vistas al mar.

🍷 Dónde beber y ocio

Bar Pirata   BAR
(plano p. 368; ☺9.00-21.00) Está en el epicentro del tramo de playa más animado de Guardalavaca (se accede por el mercadillo que hay al oeste del Club Amigo Atlántico). Es un chiringuito de playa corriente, con cerveza, música y suficientes ingredientes para almorzar de bocadillos.

La Rueda   BAR
(plano p. 368; ☺7.00-23.00) Este bar al fresco, situado en el mercadillo Boulevard, es agradable para escapar de los *resorts*. También sirven tentempiés y helados.

🛍 De compras

Boulevard   RECUERDOS
(plano p. 368) Mercado de artesanía para turistas, pensado para la clientela de los *resorts*. Venden artesanía, postales, ropa barata y cosas del Che Guevara; casi nada tiene mucho valor.

Centro Comercial
los Flamboyanes   CENTRO COMERCIAL
Pequeño y un tanto cutre, contiene unas cuantas tiendas, entre ellas una Casa del Habano que vende todo el tabaco que se desee.

ℹ Información

En los *resorts* de Guardalavaca, Playa Esmeralda y Playa Pesquero aceptan euros. Los grandes hoteles cambian moneda. La Clínica Internacional es una farmacia abierta 24 h, pero en todos los hoteles grandes venden medicamentos.

Banco Financiero Internacional (Centro Comercial Los Flamboyanes; ◷9.00-15.00 lu-vi) En el centro comercial, al oeste del Club Amigo Atlántico-Guardalavaca.

Cubatur (plano p. 368; ◷24 h) Agente de viajes, detrás del Centro Comercial Los Flamboyanes.

ℹ Cómo llegar y salir

Transtur tiene un autobús turístico que va de Guardalavaca a Holguín, pasando por Playa Esmeralda y Playa Pesquero. Sale a diario desde el exterior del Brisas a las 8.45, del Sol Río Luna Mares Resort a las 9.00 y de Playa Pesquero a las 9.30. Llega al parque Calixto García de Holguín a las 10.00. Uno de regreso sale de Holguín a las 13.00. Cuesta 15 CUC i/v.

Un taxi desde Guardalavaca hasta Holguín cuesta 35 CUC ida. Para pedir un radiotaxi hay que llamar a **Cubataxi** (☎43-01-39) o **Transgaviota** (☎43-49-66). Salen colectivos desde el pueblo de Guardalavaca hasta Holguín por 5 CUC.

Marina Gaviota Puerto de Vita (p. 366) es un puerto internacional de entrada para yates y barcos, con 38 amarraderos. Tiene ferretería, restaurante, corriente eléctrica y autoridades aduaneras.

ℹ Cómo desplazarse

Transtur gestiona un autobús de dos pisos, que permite subirse y bajarse cuantas veces se quiera, conecta las tres playas y la aldea taína. Teóricamente circula tres veces en cada dirección, pero conviene consultar en el hotel por si hubiera cualquier problema. Hay paradas en el parque Rocazul, Playa Pesquero, Playa Costa Verde, los hoteles de Playa Esmeralda, el Club Amigo Atlántico-Guardalavaca y la aldea taína. Los billetes de un día cuestan 5 CUC.

Circulan coches de caballos entre Playa Esmeralda y Guardalavaca. También se puede alquilar un ciclomotor (25 CUC/día) o una bici (gratis en los hoteles con todo incluido) en cualquiera de los resorts.

Se puede alquilar un coche en **Cubacar** (Club Amigo Atlántico-Guardalavaca). La **gasolinera Servi-Cupet** (◷24 h) está entre Guardalavaca y Playa Esmeralda.

Banes

44 500 HAB.

Esta antigua ciudad azucarera, situada al norte de la bahía de Banes, encierra algunas de las mayores contradicciones de Cuba. Aquí nació el presidente Fulgencio Batista en 1901. Exactamente 47 años después, en la iglesia de Nuestra Señora de la Caridad, hecha de listones de madera, otro temperamental líder en ciernes, Fidel Castro, subió al altar con una ruborizada Mirta Díaz Balart. Batista, generoso, les regaló 500 US$ para su luna de miel. ¡Ah, cuán diferente podría haber sido la historia!

Fundada en 1887, esta ciudad rebosante de vida fue casi un feudo de la estadounidense United Fruit Company hasta los años cincuenta, y muchas de las viejas casas de la empresa todavía están en pie. Lo que el viajero verá por las calles y plazas bañadas por el sol son viejecitos fumando puros y jugando al dominó, y mamás con barras de pan bajo el brazo; es decir, la vida cotidiana cubana de la que carecen los *resorts*.

Gracias a su museo taíno y a los varios yacimientos indígenas que hay en los alrededores, Banes es conocida como la capital arqueológica de Cuba.

⊙ Puntos de interés

Si se procede de los *resorts,* la mayor atracción de la ciudad será probablemente disfrutar de su vida callejera dando un buen paseo. No hay que perderse las viejas casas de empresa que, en su día, alojaron a los peces gordos de la United Fruit Company. Para las personas aventureras que estén en forma, llegar desde Guardalavaca hasta aquí en bicicleta es un trayecto fantástico entre bucólicos paisajes ondulados.

★Museo Indocubano Bani   MUSEO
(General Marrero 305; entrada 1 CUC; ◷9.00-17.00 ma-sa, 8.00-12.00 do) La pequeña pero valiosa colección de artefactos indígenas de este museo es una de las mejores de la isla. Conviene apreciar el pequeño ídolo dorado de la fertilidad desenterrado cerca de Banes (uno de los únicos 20 objetos precolombinos de oro hallados en Cuba). Los excelentes guías mostrarán el museo con entusiasmo. En el exterior, la plaza Aborigen contiene réplicas de pinturas rupestres de la zona.

El experto adscrito al museo, Luis Quiñones García (☎80-26-91; votico@gmail.com), explicará todas las facetas de la cultura indígena y la arqueología local. También realiza circuitos por la ciudad.

Iglesia de Nuestra Señora de la Caridad   IGLESIA
El 12 de octubre de 1948, Fidel Castro Ruz y Mirta Díaz Balart se casaron en esta original

iglesia *art déco* del parque Martí, en el centro de Banes. Tras su divorcio en 1954 Mirta se casó otra vez y se trasladó a España; a través de su único hijo, Fidelito, Fidel ha tenido varios nietos.

Locomotora de vapor 964 — TREN

(calle Tráfico, El Panchito) Los entusiastas de los trenes no deberían perderse esta vieja locomotora construida en la HK Porter Locomotive Works, en Pittsburgh (Pensilvania), en 1888, que ahora se expone 400 m al este de la estación de autobuses.

Playa de Morales — PLAYA

En un futuro no muy lejano, es posible que se sienta nostalgia por esta preciosa franja de arena, situada 13 km al este de Banes, en la prolongación asfaltada de la calle Tráfico. Por ahora, el viajero debería disfrutar del pueblo pesquero, pasando el rato mientras comparte un almuerzo con los vecinos y observa cómo los hombres remiendan sus redes. Hay un restaurante especializado en pescado, El Banquete (Playa Morales; principales 2-4 CUC; ☺24 h), sustentado en pilotes sobre el agua. Unos kilómetros más al norte está la aún más tranquila Playa Puerto Rico.

Dónde dormir

Banes no dispone de hoteles, pero hay casas particulares con propietarios muy acogedores.

Villa Lao — CASA PARTICULAR $

(☎80-30-49; Bayamo 78, entre José M. Heredia y Augusto Blanco; 20-25 CUC; ❄) Una casa de dos habitaciones gestionada de forma profesional; si es posible, hay que reservar la de arriba que tiene cocina y una terraza con plantas. También tiene una mecedora en el porche frontal con vistas al Parque Central.

Casa 'Las Delicias' — CASA PARTICULAR $

(☎80-29-05; Augusto Blanco 1107, entre Bruno Merino y Bayamo; h 20-25 CUC; ❄) Una habitación impecable, entrada privada, dueños amables y buena comida en el restaurante privado del piso de arriba; ¿qué más se le puede pedir a la tranquila Banes?

Villa Gilma — CASA PARTICULAR $

(☎80-22-04; calle H nº 15266, entre Veguitas y Francisco Franco; h 20-25 CUC; ❄) Esta residencia colonial clásica vigila la entrada al centro urbano y tiene una enorme habitación (de techos que pueden tener 7 m de altura) con baño privado y nevera.

Dónde comer

Para comprar comida hay un par de supermercados: La Época e Isla de Cuba, en el cruce principal de General Marrero.

Restaurante Don Carlos — CUBANA $

(☎80-21-76; Veguitas 1702 esq. calle H; comidas 2,50-5 CUC; ☺12.00-22.00) Estupendo restaurante privado frecuentado por vecinos, donde se puede descubrir la otra cara de Cuba y tomar pescado y marisco bastante correcto. A menos de 30 min de los *resorts* gigantes de Guardalavaca.

Restaurant el Latino — CARIBEÑA $

(General Marrero 710; comidas 5 CUC aprox.; ☺ 11.00-23.00) Este local estatal, un favorito en Banes desde hace tiempo, prepara todos los platos criollos de rigor con un poco de estilo y encanto extras. El servicio es bueno y los músicos que acompañan las comidas son discretos y tienen un talento extraordinario.

Casa del Chef — CUBANA $

(☎80-44-49; General Marrero 721; comidas 1,50-3 CUC; ☺12.00-23.00) En esta cadena cubana se entrenan los cocineros jóvenes que aspiran a trabajar en las cocinas de los *resorts,* pero no está tan mal como cabría pensar. Además sale bastante a cuenta para Banes, pues la mayoría de los platos cuestan 35 CUP (1,60 CUC). Los camarones son la especialidad.

Ocio

Café Cantante — MÚSICA EN DIRECTO

(General Marrero 320) Este patio, animado y lleno de música, es el mejor local de Banes. Se pueden escuchar los ensayos de la banda municipal, música disco, septetos de son (música popular cubana) e improvisaciones de *jazz.* Coloquialmente es conocido como Casa de la Trova.

Casa de Cultura — CENTRO CULTURAL

(General Marrero 320) Situado junto al anterior, en el antiguo Casino Español (1926), tiene sesiones de trova los domingos a las 15.00 y de rap los sábados a las 21.00.

Información

Banes es una de esas poblaciones con calles sin carteles y vecinos que no saben los nombres de las calles, así que es habitual perderse.

Cómo llegar y salir

De la **estación de autobuses** (Tráfico esq. Los Ángeles) salen dos servicios diarios a Holguín

(72 km). No hay horarios; se deben consultar las pizarras. Las camionetas salen de Banes hacia Holguín con más frecuencia. Un taxi desde Guardalavaca (33 km) costará unos 20 CUC por trayecto; también puede el viajero organizarse una fantástica excursión de un día en ciclomotor (fácil) o bicicleta (no tan fácil).

Birán

Fidel Castro Ruz nació el 13 de agosto de 1926 en la Finca Las Manacas (conocida también como Casa de Fidel), cerca de la población de Birán, al sur de Cueto. La finca, que compró su padre, Ángel, en 1915, es enorme y cuenta con su propia aldea de trabajadores (un conjunto de pequeñas cabañas con techo de guano donde se alojaban los jornaleros, principalmente haitianos), un palenque para peleas de gallos, una oficina de correos, una tienda y telégrafo. La casa grande, en realidad un complejo de edificios de madera amarilla entre un grupo de cedros, era la residencia de la familia Castro.

◉ Puntos de interés

★ Museo Conjunto
Histórico de Birán   MUSEO
(entrada/cámara/vídeo 10/20/40 CUC; ⊘9.00-15.30 ma-sa, 9.00-12.00 do) La Finca Las Manacas abrió como museo en el 2002, adoptando un nombre modesto para, supuestamente, minimizar cualquier "culto a la personalidad" de Fidel. Se trata de un conjunto de bonitos edificios de madera, en un terreno verde y extenso que constituye un 'pueblito', y es una excursión fascinante. El complejo incluye la casa familiar y la escuela de Castro, así como otros edificios de diversa índole, desde una oficina de correos hasta una carnicería. Hoy parece un lugar atrasado, pero en otro tiempo se hallaba a orillas del camino real, la principal carretera este-oeste de la Cuba colonial.

Entre diversas casas, se pueden ver más de 100 fotos, variedad de ropas, la cama de niño de Fidel y el coche Ford de 1918 de su padre. Tal vez lo más interesante sea la escuela (según dicen, Fidel se sentaba en el medio de la primera fila), con fotos de un joven Fidel y de Raúl, y el certificado de nacimiento a nombre de Fidel Casano Castro Ruz. En el cementerio está la tumba de su padre, Ángel. El lugar muestra, al menos, la herencia a la que este impetuoso exabogado renunció cuando pasó 2 años en la sierra Maestra sobreviviendo a base de cangrejos y carne de caballo cruda.

Sierra del Cristal

Cuba tiene su pequeña Suiza: la accidentada amalgama de la sierra del Cristal y la altiplanicie de Nipe, que albergan dos importantes parques nacionales. El Parque Nacional Sierra Cristal, el más antiguo del país, se fundó en 1930 y acoge la cima más alta de la provincia, el pico Cristal, de 1213 m. Para el viajero resulta más interesante el Parque Nacional La Mensura, de 5300 Ha, situado 30 km al sur de Mayarí, mediante el que se protegen las cascadas más altas de la isla, frondosos pinos caribeños y el Centro de Investigaciones para la Montaña que gestiona la Academia de Ciencias de Cuba. Notoria por su frío microclima alpino y por albergar 100 o más especies de plantas endémicas, La Mensura ofrece excursiones, paseos a caballo y alojamiento en un ecorrefugio gestionado por Gaviota.

No se pueden olvidar tampoco esos versos de la canción que, sin duda, el viajero habrá oído más que ninguna otra desde su llegada a Cuba: "De Alto Cedro voy para Marcané, llego a Cueto, voy para Mayarí"; en otras palabras, el estribillo de la exitosa *Chan Chan* de Buena Vista Social Club. Las ciudades de Marcané, Cueto y Mayarí flanquean la sierra del Cristal, y la carretera que las une, apodada Ruta de Chan Chan, es frecuentada por admiradores del cantante Compay Segundo y compañía.

◉ Puntos de interés y actividades

La mayoría de las actividades pueden organizarse en Villa Pinares del Mayarí o apuntándose a las excursiones que salen de los hoteles de Guardalavaca y Santiago de Cuba (92 CUC en todoterreno).

Salto del Guayabo   CASCADA
Con solo 100 m de altura, Guayabo (a 15 km del Villa Pinares de Mayarí) se considera la cascada más alta de Cuba. Hay un mirador espectacular y la caminata guiada de 1,2 km hasta su base, a través de un frondoso bosque tropical, cuesta 5 CUC e incluye nadar en una poza natural.

Salto de Capiro   CASCADA
Un corto sendero de 2 km que sale de Villa Pinares del Mayarí lleva hasta una cascada oculta en un tupido bosque.

Sendero la Sabina   SENDERO
(entrada 3 CUC) El viajero podrá observar más flora en este corto sendero interpretativo del

LA CAPITAL ARQUEOLÓGICA DE CUBA

La historia precolombina de Cuba se remonta más de 8000 años atrás, pese a lo cual suele mencionarse de forma fugaz en los libros contemporáneos de historia. Los interesados en saber más al respecto deben ir a la provincia de Holguín, pues los alrededores de Banes contienen la mayor concentración de yacimientos precolombinos del país.

El grueso de los restos arqueológicos hallados hasta la fecha en Cuba pertenecen al período taíno (desde aprox. 1050 hasta principios del s. XVI). Los taínos fueron la tercera ola de inmigrantes que llegó a las islas, tras los pasos de los guanajatabéis y los siboneis, con quienes coexistieron. Amantes de la paz, eran hábiles agricultores, tejedores, ceramistas y constructores de barcas; y su compleja sociedad presentaba un sistema organizado de gobierno participativo, supervisado por una serie de caciques locales. El 60% de las plantas que aún hoy se cultivan en Cuba fueron plantadas por primera vez por los agricultores taínos, que incluso cultivaban algodón para fabricar hamacas, redes de pesca y bolsas. Los adultos practicaban una deformación artificial del cráneo, aplanando las cabezas de los niños pequeños, y los grupos vivían en aldeas caracterizadas por los bohíos (cabañas con tejado de paja) y los bateyes ('plazas' comunales). Se puede ver la reconstrucción de una aldea taína (plano p 366; entrada 5 CUC; 🕐) cerca de Guardalavaca. En el cercano Chorro de Maita (p. 365), el yacimiento arqueológico más extenso de Cuba, algunos de los esqueletos exhumados presentan deformaciones craneales.

Colón describió a los taínos con términos como "gentiles", "dulces", "risueños" y "sin conocimiento del mal", lo que debió causarle un gran desconcierto al asistir al genocidio que inadvertidamente desencadenó. Las estimaciones del número de indígenas que habitaban la Cuba precolombina varían considerablemente, aunque la cifra más consensuada es de 100 000. Al cabo de 30 años, el 90% de los taínos había desaparecido.

Dado que sus aldeas estaban construidas de madera y barro, los taínos no dejaron grandes ciudades ni templos. Las piezas más importantes y emblemáticas que se han recuperado son los cemíes, unas figurillas que representaban deidades taínas. Estos objetos religiosos simbolizan el estatus social, el poder político o la fertilidad. El Hacha de Holguín, una figura de piedra peridotita de hace 600 años que parece representar a un dios, se exhibe en el Museo de Historia Provincial de Holguín (p. 352). El Ídolo del Oro, un raro símbolo de la fertilidad fabricado con oro de 10 quilates en el s. XIII o antes, se conserva en el Museo Indocubano Bani de Banes (p. 371). El cemí más antiguo hallado hasta la fecha en Cuba se descubrió en la década de 1910 cerca de Maisí, en la provincia de Guantánamo. Llamado Ídolo del Tabaco, data del s. X y está tallado en madera dura cubana. Actualmente se expone en el Museo Antropológico Montané (p. 88), en la Universidad de La Habana.

Centro de Investigaciones para la Montaña (a 1 km del hotel), que presenta la vegetación de ocho ecosistemas diferentes, un árbol de 150 años –el Ocuje Colorado– y algunas orquídeas poco comunes.

Farallones de Seboruco CUEVAS
Los espeleólogos quizá estén interesados en las excursiones a estas fantasmagóricas cuevas, consideradas Monumento Nacional, que contienen pinturas rupestres aborígenes.

Hacienda la Mensura FINCA
A 8 km de Villa Pinares de Mayarí se halla este centro de cría de animales exóticos, como el antílope y el wapití. Se pueden organizar paseos a caballo.

🛏 Dónde dormir

⭐ **Villa Pinares del Mayarí** HOTEL $
(☎45-56-28; i/d 25/35 CUC; P🅿❄🏊) ⭐ Es uno de los dos clásicos retiros de Gaviota en Holguín (el otro es Villa Cayo Saetía) y se halla a 600 m de altitud entre la altiplanicie de Nipe y la sierra del Cristal, 30 km al sur de Mayarí por una carretera sin asfaltar. Este escondite rural aislado es en parte un hotel tipo chalé y en parte un retiro de montaña. Se sitúa en uno de los mayores pinares de Cuba y las cabañas de dos y tres dormitorios, con duchas calientes y camas cómodas, le dan un aire casi alpino.

También hay un amplio restaurante, bar, pista deportiva, gimnasio, una piscina sublime y un pequeño lago natural (El Cupey) a 300 m, ideal para un chapuzón matutino.

ℹ Cómo llegar y salir

Exceptuando los viajes organizados, el único modo para llegar a Villa Pinares de Mayarí y el Parque Nacional La Mensura es en coche, taxi o bicicleta. La carretera de acceso es básicamente una colección de baches con algún que otro trozo asfaltado, pero se puede recorrer con un coche alquilado si se conduce con cuidado. Se necesitarán al menos 1½ h para cubrir los 30 km que hay desde Mayarí.

Cayo Saetía

Al este de Mayarí, la carretera se va llenando de baches y los pueblos de los alrededores, aunque nunca pierden su polvoriento encanto rural, cada vez están más alejados entre sí. El clímax de este recorrido rústico es el encantador Cayo Saetía, un islote llano y boscoso situado en la bahía de Nipe y unido a tierra firme por un puentecito. En las décadas de 1970 y 1980, fue una zona de caza predilecta de los *apparatchiks* comunistas, pero esa práctica cayó en desuso. Hoy, Cayo Saetía es una reserva natural protegida donde habitan 19 especies de animales exóticos, incluidos camellos, cebras, antílopes, avestruces y ciervos. Dividido en prados y embellecido con cuevas ocultas y playas, es lo más parecido a una reserva africana. También hay una playa preciosa, a menudo colonizada por excursiones organizadas que llegan de Guardalavaca en catamarán.

🛏 Dónde dormir

Villa Cayo Saetía   BUNGALÓS $$
(☎42-53-20; d 60-70 CUC, ste 85-100 CUC; ❄) Este rústico pero cómodo *resort,* ubicado en una isla de 42 km² a la entrada de la bahía de Nipe, es pequeño, retirado y de más categoría de lo que el precio hace pensar. Las 12 habitaciones se dividen en cabañas estándar y rústicas, con una diferencia mínima de precio. En el restaurante La Güira se preparan carnes exóticas, como la de antílope.

ℹ Cómo llegar y desplazarse

Desde la villa existen tres medios para explorar Cayo Saetía. Un safari de 1 h en *jeep* cuesta 9 CUC, mientras que también hay excursiones a caballo o en barco. Aunque Cayo Saetía está aislado, es posible llegar desde Guardalavaca en una combinación de autobús y barco con escala en la ciudad de Antilles (98 CUC). Si se llega en coche, el puesto de control está a 15 km de la carretera principal. Desde allí quedan otros 8 km por una carretera sin asfaltar hasta el complejo. Los coches de alquiler, con cuidado, logran llegar.

Provincia de Granma

♪23 / 836 400 HAB.

Las mejores excursiones

➡ Comandancia de La Plata
(p. 388)

➡ El Salto (p. 396)

➡ Pico Turquino (p. 389)

➡ Morlotte-Fustete (p. 394)

Los mejores sitios revolucionarios

➡ Alegría del Pío (p. 394)

➡ Comandancia de La Plata
(p. 388)

➡ Casa Natal de Carlos
Manuel de Céspedes (p. 379)

➡ Museo Las Coloradas (p. 393)

➡ Museo Histórico
La Demajagua (p. 391)

Por qué ir

Pocos lugares del mundo llevan el nombre de un yate; tal vez ello explica por qué en Granma (nombre del barco en el que llegaron Fidel Castro y sus compañeros en 1956 para iniciar una guerra de guerrillas), el espíritu revolucionario isleño arde con más fuerza. Esta es la tierra donde murió José Martí y donde Carlos Manuel de Céspedes (nacido en Granma) liberó sus esclavos y declaró formalmente la independencia de Cuba en 1868.

Con pocas carreteras, Granma es una de las regiones más apartadas (hecho que contribuyó a la causa revolucionaria), con altas montañas tropicales lo suficientemente densas como para dar cobijo, durante 2 años, a un fugitivo Fidel Castro en la década de 1950.

El aislamiento de Granma ha engendrado una clase especial de identidad cubana. Los enclaves de esta provincia son lugares esotéricos, animados con fiestas callejeras semanales (barbacoas al aire libre, música de organillos). Bayamo, la capital provincial, figura entre los lugares más tranquilos y limpios del archipiélago.

Cuándo ir

➡ Algunas zonas de Granma tienen un clima suave. En enero y febrero, Marea del Portillo es el lugar más cálido de Cuba.

➡ El 12 de enero se celebra el Incendio de Bayamo, principal fiesta local.

➡ En la sierra Maestra, mucho más húmedas, marzo y abril es la época más seca para hacer excursionismo. Las temperaturas nocturnas son soportables.

➡ El 2 de diciembre, una ceremonia en Las Coloradas conmemora el aniversario del desembarco del *Granma*.

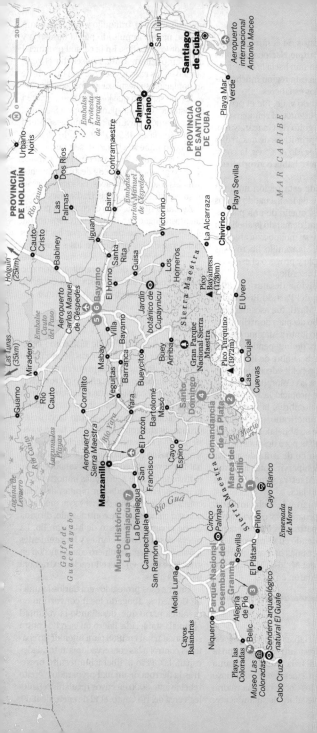

Imprescindible

① Disfrutar de uno de los microclimas más agradables de Cuba en **Marea del Portillo** (p. 395).

② Subir hasta la **Comandancia de La Plata** (p. 388) en el Gran Parque Nacional Sierra Maestra, cuartel general de Fidel en la guerra.

③ Investigar las terrazas marinas y los restos arqueológicos del **Parque Nacional Desembarco del Granma** (p. 393).

④ Respirar el aire de la montaña y conocer las costumbres de **Santo Domingo** (p. 388).

⑤ Zambullirse en el espíritu festivo de Bayamo durante la **Fiesta de la Cubanía** (p. 385), con cerdo asado, organillos callejeros y partidas de ajedrez.

⑥ Relajarse junto al río en el **parque Chapuzón** (p. 381).

⑦ Visitar el lugar del primer grito independentista cubano en el **Museo Histórico La Demajagua** (p. 391).

Historia

Los petroglifos y restos de cerámica taína descubiertos en el Parque Nacional Desembarco del Granma apuntan hacia la existencia de culturas nativas en esta región mucho antes de la llegada de los españoles.

Colón, en su segundo viaje, fue el primer europeo en explorar la zona, al refugiarse de una tormenta en el golfo de Guacanayabo. Los demás sistemas primitivos de desarrollo no fructificaron y, llegado el s. XVII, la costa indómita de Granma se había convertido en coto de piratas y corsarios.

La némesis real de esta región no llegó hasta el 10 de octubre de 1868, cuando Carlos Manuel de Céspedes, dueño de una plantación de caña de azúcar, demandó la abolición de la esclavitud desde su molino azucarero en Demajagua, cerca de Manzanillo, liberó a sus esclavos como ejemplo y provocó el estallido de la Guerra de los Diez Años.

La tragedia se volvió a desatar en 1895, cuando el fundador del Partido Revolucionario Cubano, José Martí, fue asesinado en Dos Ríos, mes y medio después de arribar a la costa de Guantánamo junto a Máximo Gómez para iniciar la Guerra de Independencia.

Más tarde, el 2 de diciembre de 1956, Fidel Castro y 81 soldados rebeldes desembarcaron del *Granma* en Playa las Coloradas (curiosamente, el barco que propició la Revolución –y más tarde daría nombre a la provincia– fue adquirido a un americano, que le había puesto el nombre de su abuela). Localizados por las tropas de Batista poco después de desembarcar en un campo de caña de azúcar en Alegría de Pío, 15 supervivientes lograron escapar a la sierra Maestra y montaron la Comandancia de La Plata.

Desde allí coordinaron la lucha armada, informaron de sus progresos y consolidaron su apoyo entre simpatizantes de toda la nación. Tras 2 años viviendo en duras condiciones, dejándose crecer unas barbas sin precedentes, las fuerzas del M-26-7 (Movimiento del 26 de julio) triunfaron en 1959.

Bayamo

166 200 HAB.

Más antigua que La Habana y Santiago y estereotipada para el resto de sus días como la "cuna de la independencia" cubana, Bayamo tiene todo el derecho a jactarse. El afectuoso apodo de Ciudad de los Coches es una valoración mucho más reveladora de su ambiente:

un lugar relajado, tranquilo y atrapado en un tiempo menos impulsado por la industria y más por los caballos. En la capital provincial más templada de Cuba se escucha el repiqueteo de los cascos y se cree que un 40% de su población se desplaza a caballo cada día.

Eso no significa que los bayameses ignoren su historia. "Como España quemó a Sagunto, Cuba quemó a Bayamo", escribió José Martí en la década de 1890, destacando el papel sacrificado que la ciudad desempeñó en la convulsa historia de la nación. Pero aunque el fuego provocado de 1869 destruyó muchos edificios coloniales clásicos, no logró socavar ni su espíritu ni sus viejas tradiciones.

Actualmente, Bayamo es conocida por sus talentosos jugadores de ajedrez (Céspedes fue el Kasparov de su tiempo) y por las fiestas callejeras de las noches de los sábados, a menudo al son de anticuados organillos (importados a través de Manzanillo). Todo ello puede verse durante la Fiesta de la Cubanía, uno de los espectáculos populares más auténticos de la isla.

Historia

Fundada en noviembre de 1513 como la segunda de las siete villas originales de Diego Velázquez de Cuéllar (la primera fue Baracoa), no tardó en ser escenario de revueltas indias, con el consiguiente malestar entre la población. Sin embargo, las enfermedades importadas de Europa –como la viruela– pronto diezmaron la población taína y pusieron fin a la insurrección. Hacia finales del s. XVI, Bayamo era una ciudad próspera que se había convertido en el centro ganadero y de cultivo de caña de azúcar más importante en la región. Frecuentada por piratas, llenó sus cofres aún más en los ss. XVII y XVIII mediante una red clandestina de contrabando, dirigida desde el cercano puerto de Manzanillo. La nueva clase de comerciantes y terratenientes bayamesa invertía su dinero con profusión en grandes casas y en una educación extranjera para sus hijos.

Uno de esos protegidos era Carlos Manuel de Céspedes, abogado local convertido en revolucionario que, desafiando la voluntad colonial establecida, lideró un ejército contra su ciudad natal en 1868 para intentar arrebatar el control a las conservadoras autoridades españolas. Pero la liberación resultó breve. Tras la derrota de un mal preparado ejército rebelde ante 3000 efectivos regulares españoles, cerca del río Cauto, el 12 de enero de 1869, los ciudadanos prefirieron prender fuego a su ciudad a verla caer en manos del enemigo.

Aquí nació también Perucho Figueredo, compositor del himno nacional cubano, que empieza con las patrióticas palabras: "*¡Al combate corred, bayameses!*".

En 2006, Fidel Castro pronunció, en la plaza de la Patria, su último discurso público: la conmemoración anual sobre los "triunfos de la Revolución". Poco después enfermó y cedió el poder a su hermano Raúl.

⊙ Puntos de interés

★ Casa Natal de Carlos Manuel de Céspedes
MUSEO

(Maceo 57; entrada 1 CUC; ⊘9.00-17.00 ma-vi, 9.00-14.00 y 8.00-22.00 sa, 10.00-13.30 do) Aquí nació el Padre de la Patria el 18 de abril de 1819 y pasó sus primeros 12 años. Una colección de muebles de época completa los recuerdos relacionados con Céspedes. Es la última casa colonial de dos plantas de Bayamo y uno de los pocos edificios que sobrevivió al fuego en 1869.

★ Parque Céspedes
PLAZA

(pza. Revolución) Llamada oficialmente plaza de la Revolución, es una de las más frondosas de Cuba y principal punto de encuentro de los bayameses. A pesar de su ambiente relajado y de ser sede de conciertos al aire libre, está cargada de importancia histórica.

En 1868, Céspedes proclamó por primera vez la independencia de Cuba frente a la columnata del ayuntamiento. La arbolada plaza está rodeada por multitud de majestuosos monumentos. Mirándose cara a cara, en el centro hay una estatua de bronce de Carlos Manuel de Céspedes (héroe de la Primera Guerra de Independencia) y un busto de mármol de Perucho Figueredo con las palabras del himno nacional de Cuba (compuesto por él).

Iglesia parroquial mayor de San Salvador
IGLESIA

En el emplazamiento ha habido una iglesia desde 1514. El actual edificio data de 1740, pero fue destruido por el fuego en 1869, por lo que gran parte de lo que hoy se ve proviene de unas obras realizadas en 1919. Una sección que sobrevivió es la capilla de la Dolorosa (se aceptan donativos; ⊘9.00-12.00 y 15.00-17.00 lu-vi, 9.00-12.00 sa), con su altar de madera dorada.

El arco central de la iglesia exhibe un mural en el que se muestra la bendición de la bandera cubana frente al ejército revolucionario, el 20 de octubre de 1868. Fuera, en la plaza del Himno Nacional, se cantó por primera vez el himno nacional de Cuba, *La Bayamesa,* en 1868.

Museo Provincial
MUSEO

(Maceo 55; entrada 1 CUC; ⊘10.00-18.00 lu-vi, 9.00-13.00 sa y do) Al lado de la antigua casa de Céspedes, este museo pone la guinda a la trayectoria histórica de Bayamo con un amarillento documento sobre la ciudad de 1567 y una curiosa foto de Bayamo después del incendio.

Paseo Bayamés
BARRIO

(calle General García) La principal calle comercial de Bayamo (oficialmente General García) se hizo peatonal en la década de 1990 y se reconfiguró con curiosas obras de arte. Alberga el Museo de Cera, varios servicios públicos y muchos comercios al estilo cubano.

Casa de Estrada Palma
CENTRO CULTURAL

(Céspedes 158) En ella nació en 1835 Tomás Estrada Palma, primer presidente de Cuba tras la independencia. En su día amigo de José Martí, cayó en desgracia tras la Revolución por ser percibido como cómplice de EE UU en la Enmienda Platt. Su casa natal es hoy la sede de la Uneac. En el interior queda poco de su antiguo ocupante, pero en el patio hay una palmera de 1837 que, se supone, sí tuvo contacto con él.

Ventana de Luz Vázquez
LUGAR EMBLEMÁTICO

(Céspedes, entre Figueredo y Luz Vázquez) *La Bayamesa,* un precursor del himno nacional coescrita por Céspedes, se cantó en este lugar por primera vez el 27 de marzo de 1851. En la pared, junto a la ventana colonial con barrotes de madera, se exhibe una placa conmemorativa.

Museo de Cera
MUSEO

(🖉42-65-25; General García 261; entrada 1 CUC; ⊘9.00-12.00 y 13.00-17.00 lu-vi, 14.00-21.00 sa, 9.00-12.00 do) Versión en miniatura del famoso Museo Madame Tussauds, contiene convincentes figuras de personalidades cubanas, como Polo Montañez, Benny Moré y el héroe local Carlos Puebla, pero también otras internacionales, como Gabriel García Márquez y Hugo Chávez.

Torre de San Juan Evangelista
LUGAR EMBLEMÁTICO

(José Martí esq. Amado Estévez) En este bullicioso cruce se alzaba una iglesia construida en los primeros años de la ciudad, hasta que fue

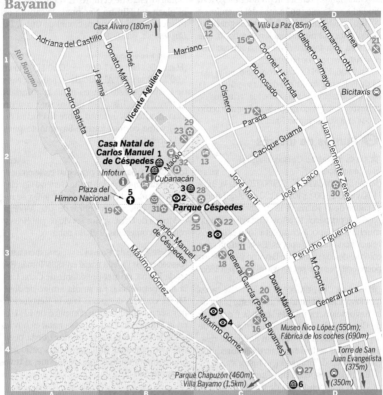

PROVINCIA DE GRANMA BAYAMO

destruida por el gran incendio de 1869. Más adelante, el campanario sirvió de entrada al primer cementerio de Cuba, que cerró en 1919 y se demolió en 1940, pero la torre aún se conserva. En el parque de enfrente levanta se un monumento al poeta bayamés José Joaquín Palma (1844-1911) y junto a la torre hay una estatua de Francisco Vicente Aguilera (1821-1877), líder de la lucha por la independencia en Bayamo.

Plaza de la Patria
PLAZA

(av. Felino Figueredo) Acogió el último discurso público pronunciado por Fidel Castro en julio de 2006, antes de enfermar y dimitir como presidente. El monumento a las grandes figuras cubanas incluye a Carlos Manuel de Céspedes, Antonio Maceo, Máximo Gómez, Perucho Figueredo y, sutilmente colocado a la izquierda del centro, Fidel (el único monumento en el que aparece). Está seis manzanas al noreste de la estación de autobuses.

Museo Ñico López
MUSEO

(Abihail González; ⊗8.00-12.00 y 14.00-17.30 ma-sa, 9.00-12.00 do) GRATIS Este museo está en el antiguo club de oficiales del cuartel militar Carlos Manuel de Céspedes, 1 km al sureste del parque Céspedes. El 26 de julio de 1953, la guarnición fue atacada por 25 revolucionarios, liderados por Ñico López, coordinados con el asalto a los cuarteles de Moncada, en Santiago de Cuba, para impedir que se mandaran refuerzos. López escapó a Guatemala y fue el primer cubano en trabar amistad con Ernesto Che Guevara, pero fue asesinado poco después del desembarco del *Granma* en 1956.

Fábrica de los coches
FÁBRICA

(prol. General García 530; donativo 1 CUC; ⊗7.00-15.00) Merece la pena el viaje desde el centro para presenciar cómo se trabaja en la única línea de producción de coches (carros de caballos) fabricados a mano de Cuba. La

mayoría de los que se ven en el país son de metal, pero estos se fabrican de madera y su elaboración (hasta tres meses) es mucho más larga.

Se pueden ver coches en varias fases de construcción, conocer a los trabajadores y comprar el mejor recuerdo de Bayamo, carros de caballos en miniatura con una asombrosa atención al detalle. Los grandes cuestan unos 8000 CUP (325 CUC) y no caben en la maleta.

Parque Chapuzón   PARQUE
(av. Amado Estérez; 🚻) Un vergel a menos de 1 km del centro, donde el río ha esculpido una frondosa cenefa en medio del entramado urbano. Los vecinos vienen a este plácido lugar para dar de beber a sus caballos, disfrutar de una barbacoa en familia o nadar. Senderos y quioscos de comida y bebida embellecen los bancos del río sin perturbar la paz del entorno.

🏃 Actividades

A los cubanos les encanta el ajedrez, sobre todo en Bayamo. No hay que perderse las partidas callejeras entre aficionados los sábados por la noche, durante la Fiesta de la Cubanía.

CASTRO EN LA SIERRA MAESTRA

Parecía una derrota ignominiosa. Tres días después de encallar en la costa suroriental de Cuba en un yate de recreo desvencijado, los 82 soldados que componían las fuerzas expedicionarias de Castro habían quedado diezmados por el ejército de Batista, muy superior. Algunos rebeldes habían huido, otros habían sido capturados y eliminados. Castro, que había escapado de la emboscada, se encontró agachado en un cañaveral con dos compañeros andrajosos: su 'guardaespaldas', Universo Sánchez, y un médico de La Habana, el menudo Faustino Pérez. "Hubo un momento en el que era comandante en jefe de mí mismo y dos más", dijo el hombre que continuaría en su empeño hasta derrocar al Gobierno cubano, frustrar una invasión auspiciada por EE UU, provocar una crisis nuclear y convertirse en una de las figuras con más larga trayectoria política del s. xx.

El trío, buscado por tropas de tierra y bombardeado desde el aire por aviones militares, yació atrapado en el cañaveral durante cuatro días y tres noches. El desventurado Pérez había abandonado su arma, mientras que Sánchez había perdido los zapatos. Cansados y hambrientos, Fidel siguió haciendo lo que siempre se le dio mejor. No dejó de susurrar a sus compañeros sitiados sobre la Revolución, sobre las filosofías de José Martí. Pontificó exaltadamente sobre cómo "toda la gloria del mundo cabría en un grano de maíz". Sánchez, con cierta razón, concluyó que su líder deliraba, que se había vuelto loco y que su horrible suerte estaba echada: solo era cuestión de tiempo.

Por la noche, Fidel, decidido a que no le atraparan vivo, dormía con el rifle montado contra la garganta sin asegurar. Con solo apretar el gatillo, se habría acabado todo. No hubiera habido Revolución cubana ni la bahía de Cochinos, ni Crisis de los Misiles.

El destino quiso que ese momento no llegara. El ejército concluyó que los rebeldes habían sido eliminados y se canceló la búsqueda. Fidel y sus dos compañeros esperaron el momento para deslizarse sigilosamente hacia el noreste y la seguridad de la sierra Maestra, chupando caña de azúcar para alimentarse.

Fue una lucha desesperada por sobrevivir. Durante ocho días más, el ejército rebelde siguió estando integrado por un enfangado trío de soldados fugitivos que, mientras esquivaban las patrullas militares, reptaban por alcantarillas y se bebían su propia orina. Hasta el 13 de diciembre no se encontraron con Guillermo García, un campesino simpatizante de la causa rebelde, y su suerte cambió.

El 15 de diciembre, en una casa segura en la que habían acordado encontrarse, su hermano Raúl emergió de la selva con tres hombres y cuatro armas. Fidel se puso loco de contento. Tres días después, un tercer grupo de ocho soldados exhaustos, entre los que se encontraban Che Guevara y Camilo Cienfuegos, se les sumaron, lo que aumentó las filas del ejército rebelde hasta la paupérrima cifra de 15 hombres.

"Podemos ganar esta guerra", proclamó un apasionado Fidel ante su pequeña banda. "Acabamos de empezar la lucha".

La **Academia de Ajedrez** (José A. Saco 63, entre General García y Céspedes) es el lugar al que dirigirse para mejorar la técnica.

En el **mostrador de Cubanacán** (José A. Saco esq. Donato Marmol, Hotel Telégrafo) pueden contratarse **circuitos en coche de caballos** (45 min, 4 CUC/persona).

👉 Circuitos

Se ofertan buenos circuitos guiados privados, de la ciudad y otras zonas (Gran Parque Nacional Sierra Maestra).

Anley Rosales Benítez   CIRCUITOS GUIADOS
(☎52-92-22-09; www.bayamotravelagent.com; Carretera Central nº 478) Su punto fuerte son las excursiones a la sierra Maestra, de difícil acceso sin

vehículo propio. El circuito estrella (40 CUC/2 personas) recorre los lugares revolucionarios de 1956-1958, cuando los rebeldes se ocultaron en esta zona, incluso el pueblo en el que Fidel jugó al béisbol con los lugareños. Además, se encarga de organizar un sinfín de cosas, desde salidas de un día al jardín botánico Cupaynicu (40 CUC) hasta la recogida de viajeros en el aeropuerto de Bayamo. Las excursiones a la Comandancia de La Plata (todo incluido) salen por 115 CUC/2 personas.

🎆 Fiestas

Incendio de Bayamo   ACTIVIDAD CULTURAL
(☺ene 12) Es la principal fiesta de la ciudad y se celebra cada 12 de enero para conmemorar

la quema de 1869. En el parque Céspedes hay música en directo y obras de teatro; y como colofón, fuegos artificiales desde los edificios vecinos.

🛏 Dónde dormir

Casa de la Amistad
CASA PARTICULAR $

(📞42-57-69; gabytellez2003@yahoo.es; Pío Rosado 60, entre Ramírez y N. López; h 25 CUC; 🅿 ❄ @) Gabriel y Rosa, excelentes anfitriones, alquilan la mayor parte de la planta superior de su casa como apartamento separado, con su propia entrada, cocina, sala de estar, dormitorio, cuarto de baño y conexión a internet.

Villa Pupi y Villa América
CASA PARTICULAR $

(📞42-30-29; yuri21504@gmail.com; Coronel J. Estrada 76-78; h 20-25 CUC; ❄) Tres habitaciones, dos en la planta superior de Villa América y una en la planta baja de Villa Pupi, al lado. Todas incluyen acceso a la amplia azotea de Villa Pupi, donde se puede degustar excelente cocina regional.

Villa La Paz
CASA PARTICULAR $

(📞42-39-49; Coronel J. Estrada 32, entre William Soler y av. Milanés; h 20-25 CUC; ❄ @) No hay nada anticuado en esta casa, que cuenta con internet de banda ancha y TV de pantalla plana en la habitación del piso de abajo. Es recomendable reservar la de arriba, que da a una amplia terraza. Los anfitriones son muy divertidos.

Casa Olga
CASA PARTICULAR $

(📞42-38-59; Parada 16 Altos, esq. Martí; h 20-25 CUC; ❄) Céntrica, ofrece dos habitaciones en la 1ª planta, desde cuya terraza de uso compartido y con mecedoras se ve el parque Martí. Olga, la encantadora anfitriona, prepara copiosos desayunos. Al abrir las ventanas se escuchan melodiosos sonidos procedentes de la Casa de la Trova, enfrente.

Casa Álvaro
CASA PARTICULAR $

(📞42-48-61; av. Vicente Aguilera 240; h 20-25 CUC; ❄) Tres habitaciones modernas de buen tamaño, junto con los mejores desayunos de Bayamo, bocadillos de pan tostado con jamón y queso y tortillas, en una terraza que rezuma tranquilidad, a pesar de su bulliciosa ubicación.

Villa Bayamo
HOTEL $

(📞42-31-02; i/d/cabaña 15/24/32 CUC; 🅿 ❄ ❄) Opción fuera de la ciudad (3 km al suroeste del centro, en la carretera a Manzanillo) con un indudable toque rural, una agradable piscina con vistas al campo y un restaurante razonable. Las habitaciones están bien amuebladas.

⭐ Hotel Royalton
HOTEL $$

(📞42-22-90; Maceo 53; i/d 57/76 CUC; ❄ ❄) Las 33 habitaciones del mejor hotel de Bayamo han sido elevadas a la categoría de *boutique* con duchas a presión y TV de pantalla plana. También tiene una azotea y, abajo, un atractivo bar que complementa la zona de recepción con asientos que llegan hasta una terraza lateral que da al parque Céspedes. El Restaurante Plaza es una buena opción gastronómica.

Hotel Sierra Maestra
HOTEL $$

(📞42-79-70; Carretera Central; i/d 38/50 CUC; 🅿 ❄ ❄ ❄) Con un aire soviético de la década de 1970, no corresponde a la categoría de un tres estrellas, aunque las habitaciones se han reformado en los tres últimos años y las zonas públicas tienen wifi. A 3 km del centro, no está mal para una noche.

🍴 Dónde comer

En Bayamo puede tomarse comida auténtica en tiendas de la calle Saco y en el parque Céspedes. El resto son restaurantes con precios expresados en pesos cubanos. Además de los locales reseñados, el agradable **Restaurante Plaza** (📞42-22-90; Maceo 53, Hotel Royalton; principales 6-10 CUC; ⏱7.30-22.30) sirve buena comida criolla.

⭐ Restaurante San Salvador de Bayamo
CARIBEÑA $

(📞42-69-42; Maceo 107; comidas 3-10 CUC; ⏱ 12.00-23.00) Espléndido establecimiento colonial, candidato a convertirse en el mejor restaurante de Bayamo desde su inauguración en el 2012. Los violinistas tocan una serenata mientras se degusta una comida que, gracias al entendido propietario, va mucho más allá de lo obvio y recurre a las influencias autóctonas/bucaneras de la cocina regional. Se recomienda la tortilla con yuca y queso, y las gambas llevan una salsa de ajo muy especial.

El Polinesio
CUBANA $

(📞42-24-49; Parada 125, entre Pío Rosado y Cisnero; comidas 6-8 CUC; ⏱12.00-23.00) Sus inicios se remontan a los tiempos en que los paladares solo podían acomodar a 12 personas y servían cerdo y pollo. Hoy ofrece una carta mucho más amplia, con innovadores platos de marisco, como "mar y tierra" (carne y pescado), la especialidad de la casa. Lo que no ha cambiado es el lugar –un comedor familiar en la 1ª planta, con cinco o seis mesas– ni el servicio: enormes sonrisas por doquier.

La Sevillana
ESPAÑOLA **$**

(42-14-95; General García, entre General Lora y Perucho Figueredo; comidas 1-2 CUC; ⊘12.00-14.00 y 18.00-22.00) Chefs cubanos preparan platos españoles, como paella y garbanzos, en un restaurante donde se paga en pesos. Lo nuevo es que hay que vestir con corrección (prohibidos los pantalones cortos), tiene un portero con traje y se necesita reservar. Aun así, no hay que esperar creatividad sevillana.

Cuadro Gastronómico de Luz Vázquez
COMIDA RÁPIDA **$**

(junto a General García, entre Figueredo y General Lora; platos desde 10 CUP; ⊘variable) En este callejón se agolpan al menos una decena de carritos de comida, que venden aperitivos bayameses como perritos calientes, croquetas, sardinas, empanadas y helado. Se paga en pesos cubanos.

La Bodega
CARIBEÑA **$$**

(pza. Himno Nacional 34; comidas 5-15 CUC, 3 CUC desde 21.00; ⊘11.00-1.00) La puerta delantera da a la plaza mayor, mientras que la terraza de atrás tiene vistas del río Bayamo y un bucólico telón de fondo, más propio de una casa perdida en el campo. Se recomienda probar la ternera y el café, o relajarse en la terraza antes de que lleguen los grupos de turistas.

Compra de alimentos

El Siglo
PANADERÍA

(General García esq. Saco; ⊘9.00-20.00) Pasteles recién horneados que se venden en pesos.

Mercado agropecuario
MERCADO

(Línea) El mercado de verduras está enfrente de la estación de trenes. Por la zona abundan los puestos de comida en pesos.

Mercado Cabalgata
SUPERMERCADO

(General García 65; ⊘9.00-21.00 lu-sa, hasta 12.00 do) Productos de alimentación básicos en la calle peatonal principal.

 Dónde beber

Café Literario Ventana Sur
CAFÉ, BAR

(Figueredo 62; ⊘10.00-24.00) Por fin la preciosa plaza principal de Bayamo cuenta con un café-bar de estilo bohemio. Aquí se dan cita poetas, artistas y músicos para tomar café, leer y charlar. Se les puede ver en las mesas al aire libre rasgueando la guitarra antes de lanzarse a improvisar: desde Silvio Rodríguez hasta Radiohead.

Bar la Esquina
BAR

(Donato Mármol esq. Maceo; ⊘11.00-1.00) Cócteles internacionales en un pequeño bar con mucho ambiente local.

La Taberna
BAR

(General García, entre Saco y Figueredo; ⊘10.00-22.00) En este animado local de la principal calle comercial se sirve cerveza de barril en jarras de cerámica, amenizada con un constante murmullo de conversaciones. Se paga en pesos cubanos.

Piano Bar
BAR

(General García esq. Bartolomé Masó; ⊘14.00-2.00) Gélido aire acondicionado, manteles almidonados, camareros serios y buena música en directo, desde recitales de piano hasta trovadores y música romántica. Tan elegante que a veces se necesita invitación.

Ocio

Los dos principales hoteles de Bayamo, el Royalton (p. 383) y el Sierra Maestra (p. 383), tienen bares aceptables y, el último, una concurrida discoteca. El Café Literario Ventana Sur organiza muchas actividades culturales (consúltese su boletín *La Palma de Auriga*).

Cine Céspedes
CINE

(entrada 2 CUC) En el extremo occidental del parque Céspedes, al lado de la oficina de correos, ofrece desde películas de Gutiérrez Alea hasta el último éxito hollywoodiense.

Teatro Bayamo
TEATRO

(42-51-06; Reparto Jesús Menéndez) Seis manzanas al noreste de la estación de autobuses, enfrente de la plaza de la Patria, se encuentra uno de los teatros más majestuosos del Oriente, construido en 1982 y reformado en el 2007. Los vitrales del vestíbulo son impresionantes. Suele haber función los miércoles, sábados o domingos.

Centro Cultural Los Beatles
MÚSICA EN DIRECTO

(Zenea, entre Figueredo y Saco; entrada 10 CUP; ⊘6.00-24.00) El resto del mundo quedó cautivado por el exotismo del Buena Vista Social Club y los cubanos quedaron prendados de la genialidad magistral del cuarteto de Liverpool. En este local tan curioso actúan bandas que imitan a los Beatles (en español) cada fin de semana. ¡No hay que perdérselo!

Uneac
CENTRO CULTURAL

(Céspedes 158; ⊘16.00) GRATIS Para escuchar apasionados boleros en el florido patio de la antigua casa del deshonrado primer presidente Tomás Estrada Palma, a quien siempre se ha culpado de haber entregado Guantánamo a los yanquis.

Cabaret Bayam
CABARÉ

(Carretera Central km 2; ⏰21.00 vi-do) La chispeante discoteca-cabaré de Bayamo se encuentra frente al Hotel Sierra Maestra y los fines de semana atrae a lugareños con atuendos igual de brillantes. Es la sala de fiestas más grande de Cuba.

Casa de la Trova
La Bayamesa
MÚSICA TRADICIONAL

(Maceo esq. Martí; entrada 1 CUC; ⏰10.00-1.00) Una de las mejores casas de trova de Cuba ocupa un maravilloso edificio colonial en Maceo. Las fotografías de la pared son de Pablo Milanés, el rey de la trova de la década de 1970, nacido en Bayamo. Alberga una tienda de artículos de regalo ARTex

Casa de la Cultura
CENTRO CULTURAL

(General García 15) Gran variedad de acontecimientos culturales, exposiciones de arte incluidas, en el lado este del parque Céspedes.

Estadio Mártires de Barbados
DEPORTES

(av. Granma) Acoge partidos de béisbol de octubre a abril, unos 2 km al este del centro.

De compras

El paseo Bayamés es la principal calle peatonal de compras, pero con tan pocos turistas, las tiendas se dirigen básicamente a los cubanos.

ARTex
RECUERDOS

(General García 7; ⏰9.00-16.30 lu-sa) La mezcla habitual de camisetas del Che Guevara y falsos muñecos de santería; en el parque Céspedes.

ℹ Información

Banco de Crédito y Comercio (General García esq. Saco; ⏰9.00-15.00 lu-vi)

Cadeca (Saco 101) Cambio de divisas.

Campismo Popular (☎42-24-25; General García 112) Se pueden hacer reservas para los campismos de La Sierrita y Las Coloradas.

Cubanacán (Maceo 53, Hotel Telegrafo) Organiza excursiones al pico Turquino (2 días 68 CUC/persona, transporte incl.) y el Parque Nacional Desembarco del Granma (45 CUC/persona, transporte incl.), entre otras.

Ecotur (☎48-70-06 ext. 639; Hotel Sierra Maestra) Excelente oficina, idónea para contratar excursiones al pico Turquino y al Parque Nacional Desembarco del Granma. Pregúntese por la denominada "Ruta de la Revolución".

FIESTA DE LA CUBANÍA

El indudable atractivo nocturno de Bayamo es su vivaz y singular fiesta callejera, sin parangón con ninguna otra en Cuba. Intervienen los famosos organillos de tubos, un cerdo asado entero, una bebida muy fuerte llamada *ostiones* y, de forma incongruente con todo ello, hileras de mesas dispuestas diligentemente con juegos de ajedrez. El baile resulta obligado. La acción arranca sobre las 20.00 los sábados. Tradicionalmente se ha celebrado en la calle Saco, cercana a la plaza principal, pero, para disgusto de muchos vecinos, la han trasladado a un lugar menos céntrico, en la Carretera Central a Santiago. Consúltese la situación actual en Infotur (abajo).

Etecsa Telepunto (General García, entre Saco y Figueredo; 4,50 CUC/h; ⏰8.30-19.00) Tres terminales de internet, raramente lleno.

Farmacia Internacional (☎42-95-96; General García, entre Figueredo y Lora; ⏰8.00-12.00 y 13.00-17.00 lu-vi, 8.00-12.00 sa y do)

Hospital Carlos Manuel de Céspedes (☎42-50-12; Carretera Central km 1)

Infotur (☎42-34-68; pza. Himno Nacional esq. Joaquín Palma; ⏰8.00-12.00 y 13.00-16.00) Oficina de información con personal realmente amable y servicial (una rareza en Cuba).

Oficina de correos (Maceo esq. Parque Céspedes; ⏰8.00-20.00 lu-sa)

ℹ Cómo llegar y salir

AVIÓN

El **aeropuerto Carlos Manuel de Céspedes** (código BYM) está unos 4 km al noreste de la ciudad, en la carretera a Holguín. **Cubana** (Martí 52) vuela a Bayamo desde La Habana dos veces por semana (100 CUC aprox., 2 h). No hay vuelos internacionales a/desde Bayamo.

AUTOBÚS Y CAMIÓN

De la **estación provincial de autobuses** (Carretera Central esq. av. Jesús Rabí) salen servicios de **Víazul** (www.viazul.com) a diversos destinos.

Hay tres autobuses diarios a La Habana (44 CUC, 13½ h), uno a Varadero a las 22.20 (42 CUC, 12½ h), uno a Trinidad a las 21.50 (26 CUC, 9 h) y cinco a Santiago (7 CUC, 2 h). Los que van al oeste también paran en Holguín, Las Tunas, Camagüey, Ciego de Ávila, Sancti Spíritus y Santa Clara.

RECORRIDO POR LA HISTORIA REVOLUCIONARIA

Una historia digna del mejor guión cinematográfico y un singular ecosistema casi virgen son solo dos de los alicientes que la montañosa provincia de Granma ofrece a los excursionistas. Aunque, desde hace años, los viajeros pueden subir al pico Turquino y visitar el cuartel general de Castro en lo alto de una montaña en La Plata, la mayor parte de la región sigue siendo una incógnita para los forasteros. Sin embargo, en un intento por impulsar el ecoturismo, la agencia gubernamental Ecotur está empezando a abrir la zona. Por ello, no se descarta que pronto pueda ascenderse al pico La Bayamesa (1730 m), la cuarta montaña más alta de Cuba, integrada en un parque nacional de reciente creación. Ya hay un sendero que lleva hasta la cima: en el 2008, un grupo ecologista cubano colocó en ella un busto de Carlos Manuel de Céspedes.

Otra de las excursiones previstas es la denominada Ruta de la Revolución, que sigue los pasos de los supervivientes del yate *Granma* desde Las Coloradas, pasando por Alegría de Pío y Cinco Palmas, hasta La Plata. Ya existen senderos que comunican estos lugares y que algunos viajeros utilizan. Antes de partir, conviene consultar en la oficina de Ecotur (p. 385) en Bayamo cuál es la situación actual y las condiciones de accesibilidad. Puesto que la señalización es escasa, se recomienda ir con un guía. Hay una gran distancia entre Las Coloradas y La Plata, pero se pueden recorrer pequeños tramos de la ruta (como los 18 km entre Las Coloradas y Alegría de Pío) en un día.

Las camionetas salen de una terminal adyacente hacia Santiago de Cuba, Holguín, Manzanillo, Pilón y Niquero. Se puede tomar una a Bartolomé Masó, que es lo más cerca que se puede llegar en transporte público al inicio del sendero de la sierra Maestra. Salen cuando están llenas y se paga al subir.

En la **estación intermunicipal de autobuses** (Saco esq. Línea), frente a la de trenes, paran, sobre todo, autobuses locales de poco interés para los viajeros, aunque las camionetas a Guisa salen de allí.

TAXIS

Se pueden tomar taxis estatales para desplazarse a destinos de difícil acceso en transporte público, como Manzanillo (30 CUC), Pilón (75 CUC) o Niquero (80 CUC). Los precios son estimados y dependerán del coste del combustible en ese momento. Cuando se redactó esta obra era más económico viajar a estos destinos en taxi que en coche de alquiler.

TREN

La **estación de trenes** (Saco esq. Línea) está 1 km al este del centro. Hay tres trenes diarios a Manzanillo (vía Yara) y también a Santiago y a Camagüey. El tren de larga distancia entre La Habana y Manzanillo pasa por Bayamo cada tres días (25 CUC).

❶ Cómo desplazarse

Cubataxi (☎ 42-43-13) proporciona taxis al aeropuerto de Bayamo por 3 CUC o al aeropuerto Frank País de Holguín por 35 CUC. Un taxi a Villa Santo Domingo (punto de partida del sendero del Alto del Naranjo para las caminatas por la sierra Maestra) o a la Comandancia de La Plata saldrá por unos 35 CUC solo ida. Hay una parada en el sur de Bayamo, cerca del Museo Ñico López. **Cubacar** (Carretera Central) alquila coches en el Hotel Sierra Maestra.

La **gasolinera Servi-Cupet** (Carretera Central) está entre el Hotel Sierra Maestra y la terminal de autobuses, según se llega de Santiago de Cuba.

La ruta principal de los coches de caballos (1 CUP) va de la estación de trenes al hospital, pasando por la estación de autobuses. Los bicitaxis (unos pesos por carrera) también resultan prácticos para desplazarse por el centro. Hay una parada cerca de la estación de trenes.

Alrededores de Bayamo

A muchos viajeros les cautiva la increíble proximidad de las montañas, pero el interior de Bayamo atesora algunos alicientes menos obvios.

◉ Puntos de interés y actividades

Jardín botánico de Cupaynicu JARDINES (ctra. Guisa km 10; entrada 2 CUC; ☺8.00-16.30 mado) Para apreciar el verde interior de Bayamo, interesa visitar este jardín botánico a unos 16 km de la ciudad, junto a la carretera de

Gran Parque Nacional Sierra Maestra

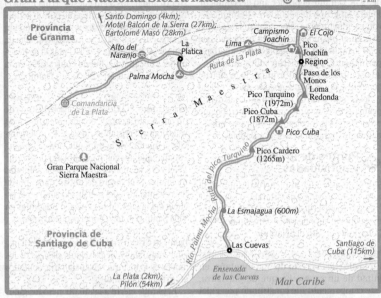

Guisa. Está en muy pocos itinerarios, por lo que se puede disfrutar de sus tranquilas 104 Ha casi en solitario. Hay 74 tipos de palmeras, muchos cactus, orquídeas en flor y secciones dedicadas a plantas medicinales y en peligro de extinción.

Con la visita guiada se tiene acceso a los invernaderos, que destacan por sus llamativas plantas ornamentales. Para llegar hay que seguir la carretera a Santiago de Cuba 6 km y girar a la izquierda en el cruce que indica a Guisa. Pasados 10 km, se verá la indicación al jardín botánico a la derecha. Las camionetas que van en esta dirección salen de la estación intermunicipal de autobuses, situada frente a la de trenes.

Laguna de Leonero   LAGO
En el lago natural del delta del Cauto, 40 km al noroeste de Bayamo, las posibilidades para la pesca son infinitas. La especie más preciada es la lubina negra, en temporada de noviembre a marzo. Ecotur (p. 385) organiza salidas en barco desde 250 CUC para un máximo de seis personas. Para más detalles, contáctese con su oficina en Bayamo.

Obelisco de Dos Ríos   MONUMENTO
En Dos Ríos, 52 km al noreste de Bayamo, casi en Holguín, un obelisco blanco que mira al río Cauto señala el lugar donde fue asesinado de un disparo José Martí el 19 de mayo de 1895. Hay que dirigirse 22 km al noreste de Jiguaní por la carretera a San Germán y tomar una sin señalizar, a la derecha, después de cruzar el Cauto.

Gran Parque Nacional Sierra Maestra

En medio de un sublime paisaje montañoso de húmedos bosques nublados, habitado por honestos campesinos y trabajadores, se ubica una cautivadora reserva natural en la que aún resuenan los disparos de la campaña guerrillera de Castro a finales de los años cincuenta. Situada 40 km al sur de Yara, subiendo 24 km por una empinada carretera desde Bartolomé Masó, esta región escarpada e indómita alberga el pico Turquino, el más elevado del país (1972 m; al otro lado de los límites con la provincia de Santiago de Cuba), una variedad infinita de aves y flora, y la Comandancia de La Plata, cuartel general de los rebeldes durante la guerra.

Historia

La historia resuena por estas montañas, casi toda ligada a la guerra de guerrillas que hizo

PROVINCIA DE GRANMA GRAN PARQUE NACIONAL SIERRA MAESTRA

estragos entre diciembre de 1956 y diciembre de 1958. Durante el primer año del conflicto, Fidel y su grupo de seguidores permanecieron en movimiento, sin pasar más de unos días en el mismo sitio. Hasta principios de 1958 los rebeldes no establecieron una base permanente, y lo hicieron sobre un monte, a la sombra del pico Turquino. Este cuartel general se empezó a conocer como La Plata y, desde allí, Castro concibió muchas de las primeras leyes revolucionarias, al tiempo que orquestaba las incursiones militares que finalmente lograron derrocar a Batista.

◉ Puntos de interés y actividades

Se puede ascender al pico Turquino por la cara norte (provincia de Granma) o por la sur (p. 432; provincia de Santiago de Cuba). La primera opción supone una excursión de 13 km (4 h) desde el Alto del Naranjo.

★ Comandancia de La Plata PUNTO DE INTERÉS

En lo alto de la cresta de una montaña, en mitad de un espeso bosque de pluvisilva, este campamento fue constituido por Fidel Castro en 1958, después de un año como fugitivo en la sierra Maestra. La base rebelde, solitaria y bien camuflada, fue elegida por su inaccesibilidad y cumplió su propósito con eficacia, pues los soldados de Batista nunca la encontraron. Apenas ha cambiado desde que fue abandonada en los años cincuenta: 16 sencillos edificios de madera que testimonian una de las campañas guerrilleras más exitosas de la historia. Es fácil apreciar su ubicación estratégica. Para acceder al lugar principal, que culmina con la Casa de Fidel, hay que atravesar un espacio abierto y luego escalar entre espesos árboles.

Destacan el pequeño museo, cerca del comienzo del complejo, la Casa de Fidel (cuyo diseño es una obra maestra, con sus siete vías de escape escondidas, por si los líderes de la Revolución eran descubiertos) y la empinada escalada por Radio Rebelde hasta los edificios de radiocomunicaciones donde hacían sus primeras retransmisiones. Los edificios del hospital, que ilustran la brutalidad de la atención médica de la guerrilla, están bastante más abajo por un sendero separado (para que los heridos agonizantes no revelasen la situación del campo).

La Comandancia de La Plata está bajo el control del Centro de Información de Flora y Fauna, en Santo Domingo. Lo primero es alquilar un guía en la oficina principal del parque, luego conseguir transporte para recorrer (o andar) los 5 km cuesta arriba hasta el Alto del Naranjo y seguir a pie por un sendero, embarrado los últimos 4 km. La excursión guiada cuesta 33 CUC e incluye transporte, agua y un tentempié (5 CUC más si se desea utilizar la cámara). Puede contratarse en la oficina de Ecotur en Villa Santo Domingo.

★ Santo Domingo POBLACIÓN

(entrada museo 1 CUC; ⊘museo variable) Se trata de un pueblecito asentado en un verde y profundo valle, junto al cristalino río Yara. Es una maravillosa muestra de la tranquila vida campesina cubana, que apenas ha cambiado desde que Fidel y el Che merodeaban por estas sombrías montañas. Si el viajero decide quedarse, puede hacerse una idea del socialismo rural en la escuela del lugar y en la clínica, o preguntar en Villa Santo Domingo por el pequeño museo.

Los vecinos también ofrecen paseos a caballo (10 CUC/h), pedicura, excursiones a piscinas naturales y viejos relatos clásicos de los anales de la historia revolucionaria, contados en primera persona.

El parque cierra a las 16.00, pero los guardas no permiten el paso a partir de media mañana, así que conviene salir temprano para aprovechar al máximo la visita.

Alto del Naranjo PUNTO DE INTERÉS

Todos los recorridos por el parque empiezan al final de la empinadísima carretera de cemento corrugado al Alto del Naranjo (después de Villa Santo Domingo, la carretera salva un desnivel de 750 m en menos de 5 km). Puede optarse por llegar tras una ardua caminata de 2 h o en un rápido trayecto en todoterreno. Hay una magnífica vista de las llanuras de Granma desde este mirador a 950 m de altura, punto de partida a La Plata (3 km) o al pico Turquino (13 km).

🛏 Dónde dormir y comer

★ Villa Santo Domingo HOTEL $

(☎56-55-68, 56-58-34; i/d 38/50 CUC, bungaló 63 CUC; [P]❋) Esta villa, 24 km al sur de Bartolomé Masó, linda con la entrada al Gran Parque Nacional Sierra Maestra. Hay 40 bungalós (20 de cemento, más baratos, y 20 más nuevos en madera) junto al río Yara. La situación, entre una sucesión de montañas y cabañas, es idílica. Es el mejor punto de partida a la Comandancia de La Plata y al pico Turquino.

Los viajeros también podrán poner a prueba sus pulmones subiendo de buena mañana la empinada carretera al Alto del Naranjo. Otros

ASCENSO AL PICO TURQUINO

La montaña más alta y más escalada de Cuba se eleva 1972 m sobre el azul calmo del Caribe y recibe el nombre de Turquino por el tinte turquesa que cubre las agudas laderas de su parte superior.

En la cumbre, envuelta en un frondoso bosque nuboso y protegida por un parque nacional de 140 km², se encuentra un busto de bronce del héroe nacional José Martí. En una patriótica prueba de resistencia, la estatua fue transportada hasta la cima en 1953 por una joven Celia Sánchez, acompañada de su padre, Manuel Sánchez Silveira, para conmemorar el centenario del nacimiento del Maestro.

Celia visitó la cumbre de nuevo 4 años después, en esta ocasión con un Fidel Castro rifle en mano, para grabar una entrevista con la cadena de noticias estadounidense CBS. Al poco tiempo, el ejército rebelde estableció su base definitiva a la sombra de la imponente montaña, en una cumbre oculta por los árboles, cerca de La Plata.

La mejor forma de afrontar una excursión no circular (de 2 a 3 días) al escarpado pico Turquino es (desde el lado de Santo Domingo) empezando en el Alto del Naranjo hasta Las Cuevas, en la costa caribeña (también existe un recorrido circular Alto del Naranjo-pico Turquino). Es obligatorio ir acompañado de guías, que se pueden contratar a través de los empleados de Flora y Fauna en Villa Santo Domingo o en la pequeña cabaña de Las Cuevas. El precio varía en función del número de días. Si se organiza a través de Ecotur/Cubanacán en Bayamo, puede salir por unos 68 CUC/persona (dos días). También habrá que llevar comida, ropa de abrigo, velas y saco de dormir o sábana (los refugios solo incluyen cena y desayuno). Hace frío incluso en agosto, por lo que hay que ir abrigado. El agua escasea por el camino, lo que obliga a llevar reservas.

El sendero que cruza las montañas desde el Alto del Naranjo pasa por el pueblo de La Platica (agua), Palma Mocha (camping), Lima (camping), Campismo Joachín (refugio y agua), El Cojo (refugio), el pico Joachín, el paso de los Monos, Loma Redonda, los picos Turquino (1972 m), Cuba (1872 m; con un refugio y agua a 1650 m), Cardero (1265 m) y La Esmajagua (600 m; con refrigerios básicos) antes de descender hasta Las Cuevas, en la costa. Los dos primeros días se pasan en el tramo de 13 km hasta el pico Turquino (se suele pasar la noche en el Campismo Joachín y/o en refugios del pico Cuba), donde un guía contratado con antelación toma el relevo y lleva al caminante hasta Las Cuevas. Como con todos los servicios de guía, conviene dar propina. Concertar el segundo tramo, del pico Cuba a Las Cuevas, es fácil; se encarga el personal del parque.

Estas caminatas están bien coordinadas y los guías son eficientes. El modo más sensato de empezar es pasar la noche en Villa Santo Domingo y salir por la mañana (se debería cruzar la entrada al parque a las 10.00, como muy tarde). El transporte por la costa desde Las Cuevas es escaso, solo pasa una camioneta en días alternos. Es recomendable contratar con antelación el transporte para salir de Las Cuevas. Viniendo desde Santo Domingo, en teoría no se pueden hacer las excursiones a la Comandancia de La Plata y al pico Turquino el mismo día, sino que hay que pasar la noche en el pueblo y acometer el Turquino al día siguiente.

PROVINCIA DE GRANMA GRAN PARQUE NACIONAL SIERRA MAESTRA

atractivos incluyen montar a caballo, bañarse en el río y escuchar música tradicional en el restaurante de la villa. Fidel se alojó en el lugar en varias ocasiones (en la cabaña 6) y Raúl lo visitó en el 2001, tras escalar el pico Turquino a sus 70 años. El desayuno está incluido.

en cabañas separadas) y un agradable bar-restaurante estilo ranchón. Éxtasis rural entre cloqueo de gallinas. Es difícil reservar, ya que no tiene línea de teléfono. Hay que ponerse en contacto con Anley Rosales Benítez (p. 382) en Bayamo.

Casa Sierra Maestra CASA PARTICULAR $
(Santo Domingo; h 20-25 CUC) ¡Un paraíso rústico! Al otro lado del río desde la entrada al parque en Santo Domingo (se cruza por unas piedras a modo de puente), cuenta con cuatro habitaciones más que aceptables (dos

Motel Balcón de la Sierra HOTEL $
(☎59-51-80; i/d 35/48 CUC; P ❄ ☎) De características sencillas, 1 km al sur de Bartolomé Masó y 16 al norte de Santo Domingo, descansa en la falda de la montaña, pero queda algo lejos para acceder con facilidad

al parque. Encaramada a una pequeña colina con fabulosas vistas hay una piscina y un restaurante, mientras que debajo hay 20 bungalós con aire acondicionado. El encantador ambiente natural se yuxtapone al típico mobiliario sencillo y funcional de Islazul.

ℹ️ Información

Ecotur (☑56-58-34; ⊘8.00-12.00 y 14.00-17.00) tiene una práctica oficina en Villa Santo Domingo. Para reservar, hay una eficiente oficina de Ecotur en Bayamo (p. 385).

ℹ️ Cómo llegar y desplazarse

No hay transporte público de Bartolomé Masó al Alto del Naranjo (y las camionetas a Bartolomé Masó desde Bayamo no son frecuentes ni cómodas). Un taxi de Bayamo a Villa Santo Domingo debería costar 35 CUC por trayecto. Conviene asegurarse de que el taxi puede completar el recorrido; la pendiente en los últimos 7 km antes de Villa Santo Domingo es muy pronunciada, pero viable en un coche normal. A la vuelta, el hotel debería poder organizar el transporte del viajero a Bartolomé Masó, Bayamo o Manzanillo.

Para conducir por los últimos 5 km de Santo Domingo al Alto del Naranjo hace falta un todoterreno con buenos frenos; es la carretera más empinada de Cuba, con pendientes del 45% cerca de la cumbre. Con frecuencia pasan potentes todoterrenos, generalmente en circuitos de aventura, a los que es posible subirse por unos 7 CUC (pregúntese en Villa Santo Domingo). La alternativa es una dura pero gratificante excursión de 5 km (o un demoledor ascenso matutino hasta la cima).

Manzanillo

105 800 HAB.

Quizá no sea bonita como la mayor parte de las discretas ciudades de Granma, pero tiene un aire contagioso. Basta esperar 10 min en el semiderruido parque central, con sus organillos y su característica arquitectura neomorisca, para hacer amigos. Al estar mal comunicada y no tener más que un feo hotel estatal, llegan pocos viajeros, por lo que supone una buena oportunidad de apartarse del camino que marcan las guías de viajes y ver cómo, durante 50 años, los cubanos han aprendido a convivir con la austeridad.

Se fundó en 1784 como pequeño puerto pesquero y la primera etapa de su historia estuvo dominada por traficantes y piratas que comerciaban con bienes de contraban-

do. Esa situación continuó hasta finales de la década de 1950, cuando su proximidad a la sierra Maestra lo convirtió en un importante centro para abastecer de armas y hombres al grupo revolucionario de Castro, atrincherado en su refugio secreto en lo alto de las montañas.

Manzanillo es famoso por sus organillos callejeros de manivela, que importaron de Francia por primera vez a principios del s. xx (aún se usan). El legado musical de la ciudad se afianzó en 1972, cuando acogió un festival de la Nueva Trova, respaldado por el Gobierno, que culminó en una marcha solidaria a Playa las Coloradas.

⊙ Puntos de interés

La ciudad es bien conocida por su sorprendente arquitectura, una psicodélica mezcla de casetas de playa, casas unifamiliares de estilo andaluz e intrincadas fachadas neomoriscas. Merecen especial atención el antiguo **edificio del City Bank of New York** (Merchán esq. Dr. Codina), de 1913, o las desvencijadas viviendas de madera de Perucho Figueredo, entre Merchán y J. M. Gómez.

Parque Céspedes   PARQUE

Destaca por su **glorieta,** una imitación del Patio de los Leones de la Alhambra granadina, donde mosaicos moriscos, una cúpula festoneada y columnas arabescas crean un estilo que se reproduce en el resto de la ciudad. Cerca de allí hay una **estatua de Carlos Puebla,** el famoso trovador de Manzanillo, sentado en un banco.

En el costado este del parque Céspedes, el **Museo Histórico Municipal** (Martí 226; ⊘ 8.00-12.00 y 14.00-18.00 ma-vi, 8.00-12.00 y 18.00-22.00 sa y do) GRATIS ofrece la típica lección de historia con un giro revolucionario. La **iglesia de la Purísima Concepción** es un bello edificio neoclásico de 1805 con un impresionante altar dorado.

Monumento a Celia Sánchez   MONUMENTO

Unas ocho calles al suroeste del parque se encuentra el punto de interés más emotivo de Manzanillo, el monumento a Celia Sánchez, una vistosa escalera construida en 1990, que ocupa la calle Caridad entre Martí y Luz Caballero. Los pájaros y las flores de los relieves representan a Sánchez, eje del M-26-7 (Movimiento del 26 de Julio) y ayudante de Castro durante años, cuyo rostro aparece en el mural central, próximo al final de los peldaños. Regala vistas excelentes a la ciudad y la bahía.

★**Museo Histórico La Demajagua**   MUSEO
(entrada 1 CUC; ☺8.00-17.00 lu-sa, 8.00-13.00 do)
A 10 km de Manzanillo está la plantación
azucarera de Carlos Manuel de Céspedes,
cuyo *Grito de Yara* y posterior liberación de
sus esclavos el 10 de octubre de 1868 marcó
el comienzo de las guerras de independencia de Cuba. Posee un pequeño museo y la
famosa campana de La Demajagua que Céspedes tocó para anunciar la independencia
(aún no oficial) de la isla.

En 1947, un entonces desconocido Fidel
Castro 'secuestró' la campana y la llevó a
La Habana como maniobra publicitaria
para protestar contra el corrupto Gobierno
cubano. En La Demajagua están los restos
del *ingenio* (la fábrica y el molino de azúcar
de Céspedes) y un conmovedor monumento
(con una cita de Castro). Para llegar, hay que
ir 10 km al sur, hacia Media Luna, desde la
gasolinera Servi-Cupet de Manzanillo, y seguir otros 2,5 km fuera de la carretera principal en dirección al mar.

**Criadero de
Cocodrilos**   CRIADERO DE COCODRILOS
(entrada 5 CUC; ☺7.00-18.00 lu-vi, 7-11.00 sa)
El cercano delta del río Cauto alberga un
creciente número de cocodrilos salvajes, de
ahí que en esta zona se encuentre uno de
los seis criaderos que hay en Cuba. En este,
5 km al sur de Manzanillo, en la carretera
a Media Luna, hay casi 1000 ejemplares,
todos de la variedad americana, menos
amenazada.

🛏 **Dónde dormir y comer**

Manzanillo tiene un pequeño número de habitaciones en casas particulares, ya que no
destaca por sus hoteles. La ciudad es famosa
por su pescado, pero las opciones de restauración son escasas: ante la duda, se recomienda comer en la casa donde se esté alojado o
pasarse por el Sábado en la Calle, cuando los
vecinos preparan el tradicional cerdo asado.

★**Adrián y Tonia**   CASA PARTICULAR $
(☎57-30-28; Mártires de Vietnam 49; h 20-25 CUC;
P✺) Esta atractiva casa llamaría la atención
en cualquier ciudad, y mucho más en Manzanillo. Es evidente que su ubicación, sobre la
escalera de terracota que lleva al monumento
a Celia Sánchez, ayuda. Pero, además, Adrián
y Tonia han realizado un trabajo magnífico:
terraza con vistas, una pequeña piscina y un
apartamento separado, con entrada independiente y cocina.

Casa Peña de Juan Manuel   CASA PARTICULAR $
(☎57-26-28; Maceo 189 esq. Loma; h 20-25 CUC)
Las zonas públicas parecen un refinado museo y la amplia habitación con su tranquila
terraza no decepcionan.

Hotel Guacanayabo   HOTEL $
(☎57-40-12; Circunvalación Camilo Cienfuegos; i/d
25/40 CUC; P✺✺) Llevado por Islazul, este
austero hotel parece la reencarnación tropical de un gulag. Solo hay que alojarse si es
necesario.

Paladar Rancho Luna   CUBANA $
(☎57-38-58; José Miguel Gómez 169; comidas 3-5
CUC; ☺12.00-23.00) No se trata de un error;
es el mejor restaurante de Manzanillo. La
decorativa fachada, con el típico estilo de
la zona, es la nota dominante. La comida,
aunque nunca ha sido legendaria, está bien,
siempre y cuando se pidan gambas, la especialidad local.

Complejo Costa Azul   PARRILLA $
(☺comida 12.00-21.30 diario, cabaré 20.00-24.00
ma-do) Bajando por la bahía está este asador
y cabaré, todo en uno. La comida y el ocio no
son nada del otro mundo, pero esta opción es
la mejor del lugar. Se paga en pesos.

🍸 **Dónde beber y ocio**

Lo mejor de Manzanillo ocurre el sábado
por la noche en el famoso Sábado en la Calle, un festival de organillos, cerdos asados,
ron ardiente y vecinos que bailan. ¡No hay
que perdérselo!

Teatro Manzanillo   TEATRO
(Villuendas, entre Maceo y Saco; entrada 5 CUP; ☺
espectáculos 20.00 vi-do) En este teatro, restaurado con gran mimo, actúan compañías
que salen de gira, como el Ballet de Camagüey y Danza Contemporánea de Cuba.
Construido en 1856 y restaurado en 1926 y
en el 2002, esta preciosidad con aforo para
430 personas está repleta de óleos, vidrieras
y detalles originales.

Casa de la Trova   MÚSICA TRADICIONAL
(Merchán 213; entrada 1 CUP) El hogar espiritual de la Nueva Trova hacía tiempo que
necesitaba una reforma. Hay que visitar
este consagrado santuario musical donde
Carlos Puebla punteó una vez las cuerdas
de su guitarra.

Uneac   CENTRO CULTURAL
(Merchán esq. Concession) GRATIS Para música
tradicional, conviene dirigirse a este local,

que cuenta con peñas (actuaciones musicales) los sábados y domingos por la noche, y con exposiciones de pintura.

Bodegón Pinilla BAR
(Martí 212; ⊙9.00-20.00 lu-ju, hasta 2.00 vi y sa)
Nuevo local de dos plantas en la zona peatonal, idóneo para tomar una cerveza.

❶ Información

Banco de Crédito y Comercio (Merchán esq. Saco; ⊙9.00-15.00 lu-vi)
Cadeca (Martí 188) A dos manzanas de la plaza principal. Al ser pocos los locales que aceptan convertibles, el viajero necesitará algunos pesos cubanos.
Etecsa (Martí esq. Codina; internet 4,50 CUC/h; ⊙8.30-19.00) Terminales de internet.
Oficina de correos (Martí esq. Codina; ⊙ 8.00-20.00 lu-sa) A una manzana del parque Céspedes.

❶ Cómo llegar y salir

AVIÓN

El **aeropuerto Sierra Maestra** (código MZO) de Manzanillo está en la carretera a Cayo Espino, 8 km al sur de la gasolinera Servi-Cupet de Manzanillo.

Un taxi del aeropuerto al centro urbano debería costar unos 6 CUC.

AUTOBÚS Y CAMIÓN

La **estación de autobuses** (av. Rosales) está 2 km al noreste del centro de la ciudad. No hay ningún servicio de Víazul, por lo que las opciones se reducen a las *guaguas* locales o los camiones (sin horarios fiables y con largas colas). Hay varios servicios diarios a Yara y Bayamo, al este, y a Pilón y Niquero, al sur; los que van a estos dos últimos destinos también se pueden tomar en el cruce que hay cerca de la gasolinera Servi-Cupet y el hospital, donde asimismo se encontrará a los *amarillos* (transportes oficiales).

AUTOMÓVIL

Cubacar (57-77-36) dispone de una oficina en el Hotel Guacanayabo (p. 391). Una dura carretera atraviesa Corralito hasta Holguín, lo que la convierte en la opción más rápida para salir de Manzanillo hacia el norte y el este.

TREN

Todos los que salen de la estación situada al norte de la ciudad pasan por Yara y Bayamo, y son tremendamente lentos. Cada tres días hay un enlace con La Habana.

❶ Cómo desplazarse

Los coches de caballos (1 CUP) a la estación de autobuses salen de Doctor Codina, entre Plácido y Luz Caballero. Los que van por el malecón hasta el astillero salen del pie de Saco.

Media Luna

15 493 HAB.

Es una de las pocas poblaciones que interrumpen la continuidad de las plantaciones azucareras entre Manzanillo y Cabo Cruz y vale la pena detenerse en ella por sus vínculos con Celia Sánchez, pues aquí fue donde nació, en 1920, la Primera Dama de la Revolución, en una casita de tablas de madera que ahora alberga el cuidado Museo Celia Sánchez (Paúl Podio 111; entrada 1 CUC; ⊙9.00-17.00 lu-sa, 8.00-12.00 do).

Es recomendable dar un paseo por este típico pueblo azucarero, dominado por una refinería cubierta de hollín (actualmente en desuso) y con las típicas casas de tablones, decoradas con figuritas hechas de pan de jengibre. También hay una preciosa glorieta, casi tan extravagante como la de Manzanillo. El parque principal es perfecto para disfrutar del teatro callejero saboreando un helado que se derrite con solo mirarlo.

De Media Luna parte una carretera señalizada hacia Cinco Palmas, a 28 km.

Niquero

21 600 HAB.

Es una pequeña ciudad portuaria y azucarera en el apartado rincón suroeste de Granma. Está dominada por la refinería de azúcar de Roberto Ramírez Delgado, construida en 1905 y nacionalizada en 1960; una de las pocas de la zona que sigue funcionando tras los cierres del 2002. Al igual que muchas poblaciones de Granma, Niquero se caracteriza por sus distintivas casas de tablas de madera y cuenta con una animada Noche de Cubanía, durante la cual las calles se cierran al tráfico y los vecinos cenan en mesas sobre las aceras, amenizados por orquestas de organilleros.

La verdad es que no hay mucho que hacer en Niquero, pero se puede explorar el parque, donde hay un cine, y visitar el pequeño museo municipal. Vale la pena buscar el monumento en recuerdo de las víctimas del desembarco del *Granma,* que fueron perseguidas y asesinadas por las tropas de Batista en diciembre de 1956.

CINCO PALMAS

Al igual que sucede en gran parte de la zona occidental de Granma, la aldea de Cinco Palmas y sus prístinos paisajes naturales fueron escenario de una conmovedora historia revolucionaria. Aquí fue donde los rebeldes de Castro se reagruparon el 18 de diciembre de 1956, después de su bautismo de fuego en Alegría de Pío, a 28 km. En el 2008 se erigió un monumento de bronce a tres campesinos que ayudaron al atribulado ejército rebelde, luego reducido a tan solo 12 hombres. El monumento se alza junto a la finca de Ramón *Mongo* Pérez, donde Castro y otros se refugiaron. Se puede pasar la noche en el Alojamiento Ecológico UCTC, cerca de allí, que cuenta con varios bungalós (25 CUC) provistos de cuarto de baño y comedor, todo muy rústico. También hay un pequeño museo gratuito con un mapa en 3D del terreno montañoso.

Cinco Palmas está 28 km al sureste de la localidad de Media Luna; se llega por una carretera llena de baches, pero transitable. Los senderos hacia el oeste llevan a Alegría de Pío y, hacia el este, a la Comandancia de La Plata. Se recomienda preguntar por excursiones guiadas en Ecotur (p. 385), en Bayamo.

Niquero supone una buena base desde la que hacer una visita al Parque Nacional Desembarco del Granma. Hay dos gasolineras Servi-Cupet, un banco, un club nocturno y actos callejeros espontáneos.

🛏 Dónde dormir

Hotel Niquero　　　　　　　HOTEL **$**
(☎59-23-68; Esquina Martí; i/d 18/28 CUC; **P**❋) Acurrucado en el centro de Niquero, este discreto hotel, situado enfrente de la fábrica de azúcar, cuenta con habitaciones de buen tamaño, con pequeños balcones que dan a la calle. El económico restaurante del hotel prepara un bistec con salsa bastante bueno. Vale más hacerse a la idea, porque es el único alojamiento de la ciudad.

Parque Nacional Desembarco del Granma

Este parque (entrada 5 CUC), que combina una diversidad medioambiental única con un enorme significado histórico, consta de 275 km² de tupidos bosques, una peculiar topografía caliza y terrazas marinas elevadas. También es un templo espiritual a la Revolución cubana: el lugar en el que el *Granma,* el yate de Fidel Castro, arribó a duras penas en diciembre de 1956.

El parque, declarado Patrimonio Mundial de la Unesco en 1999, protege unos acantilados costeros que figuran entre los mejor conservados de América. De las 512 especies de plantas identificadas hasta ahora, aproximadamente un 60% son endémicas y una docena de ellas se encuentran solo en este lugar. La fauna es igual de rica, con 25 especies de moluscos, 7 de anfibios, 44 tipos de reptiles, 110 especies de aves y 13 clases de mamíferos.

En El Guafe, los arqueólogos han descubierto la segunda comunidad más importante de agricultores y alfareros antiguos de Cuba. Los artefactos hallados tienen unos 1000 años e incluyen altares, piedras talladas y vasijas de barro, además de seis ídolos que custodiaban a una diosa del agua en una cueva ceremonial. Según los estudiosos, quizá no sea más que la punta del iceberg.

El parque cuenta con dos puntos de acceso principales: Las Coloradas y el pueblo de Alegría de Pío.

Las Coloradas y alrededores

◉ Puntos de interés y actividades

Museo Las Coloradas　　　　　　MUSEO
(entrada 5 CUC; ☺8.00-18.00) Un gran monumento nada más pasar la verja de entrada del parque marca el lugar de desembarco del *Granma*. Un pequeño museo resume las rutas que tomaron Castro, el Che y el resto de su grupo hacia la sierra Maestra, y también hay una réplica a escala del *Granma* a la que –con suerte– el viajero podrá encaramarse, con el permiso del guarda, para admirar cómo pudieron llegar los 82 hombres. La entrada incluye una visita a la sencilla cabaña reconstruida del primer campesino que ayudó a Fidel después del desembarco. Un guía entusiasta conducirá al viajero por el sendero de 1,3 km que atraviesa densos

manglares hasta el océano y el lugar donde encalló el *Granma,* a 70 m de la costa.

Sendero arqueológico natural El Guafe
SENDERO

(entrada 3 CUC) Unos 8 km al suroeste de Las Coloradas se encuentra este sendero de 2 km, la principal excursión natural y arqueológica del parque. Un río subterráneo ha creado 20 grandes cuevas, una de las cuales contiene el famoso Ídolo del Agua, tallado en las estalagmitas por indios precolombinos; también hay un cactus de 500 años, mariposas, 170 especies distintas de aves (incluido el diminuto colibrí) y numerosas orquídeas.

Conviene reservar 2 h para el paseo. Por 2 CUC más, un guía del parque lleva a los lugares más interesantes. Hay cientos de moscas, por lo que conviene llevar repelente.

En el parque existen más senderos. El mejor es el de 30 km hasta Alegría de Pío que replica el viaje de los 82 rebeldes que desembarcaron allí en 1956. Por su distancia y la falta de señalización, es conveniente contratar un guía (en realidad el sendero sigue 70 km más hasta la sierra Maestra). Pregúntese antes en Ecotur (p. 385), en Bayamo. El viajero deberá apañárselas para trasladarse desde Alegría de Pío

Comunidad Cabo Cruz
PUEBLO

Pasados 3 km desde el inicio del sendero de El Guafe, hay una pequeña comunidad pesquera con hombres que destripan el pescado sobre la dorada playa. El faro de Vargas, de 33 m, erigido en 1871, ahora pertenece al ejército cubano. A sus pies se halla el restaurante El Cabo, donde el pescado y el marisco son los más baratos del país.

Al este del faro se puede nadar y hacer submarinismo, pero hay que llevar equipo propio, ya que no hay servicios.

🛏 Dónde dormir y comer

Campismo Las Coloradas
CAMPISMO $

(ctra. Niquero km 17; i/d 8/12 CUC; ✷) Es de categoría 3, con 28 cabañas dúplex dispuestas sobre 500 m de playa oscura, 5 km al suroeste de Belic, junto al parque. Todas las cabañas tienen aire acondicionado y baño, y el complejo cuenta con restaurante, sala de juegos y alquila material para practicar deportes acuáticos. Se puede reservar a través de Cubamar (p. 93), en La Habana.

Restaurante el Cabo
PESCADO $

(comidas 2 CUC; ⊘7.00-21.00 ma-do) El marisco más barato de Cuba se captura directamente en el Caribe, detrás de este restaurante al pie del faro de Vargas. Sirven filetes de pargo y pez espada. Se paga en pesos cubanos.

Ranchón Las Coloradas
CARIBEÑA $

(comidas 1-3 CUC; ⊘12.00-19.00) Un restaurante tradicional con tejado de guano, donde sirven sencilla comida criolla, justo antes de las puertas del parque. Cumple su papel si el viajero está hambriento, después de conducir mucho rato.

Alegría de Pío

Uno de los santuarios de la Revolución, al que se llega por una carretera infernal de 28 km que parte de un desvío en Niquero, es donde los rebeldes de Castro fueron interceptados por el ejército de Batista en 1956 y tuvieron que dispersarse y huir. En el 2009 se erigió un monumento en la plantación de azúcar donde los rebeldes fueron sorprendidos. Lleva grabados los nombres de los caídos y las palabras "¡Nadie se rinde aquí, cojones!", que al parecer pronunció Camilo Cienfuegos y Juan Almeida repitió cuando se desató el caos. Un guía muestra el lugar a los visitantes: tumbas, carteles y una cueva en la que Che Guevara y Almeida permanecieron ocultos durante dos días.

Alegría de Pío es un pueblecito con una escuela y un albergue que ofrece alojamiento muy básico en dormitorios con baños compartidos. Se pueden comprar alimentos, pero para asegurar unas provisiones adecuadas, conviene reservar a través de Ecotur (p. 385), en Bayamo.

Está en el Parque Nacional Desembarco del Granma y hay guías que pueden conducir al viajero por diversas rutas. Morlotte-Fustete (2 km) es un sendero que discurre por espectaculares terrazas marinas (a veces con escaleras de mano de madera); pasa por la cueva del Fustete (5 km de largo), repleta de estalagmitas y estalactitas, y por el hoyo de Morlotte (77 m de profundidad), fruto de la erosión del agua. El Samuel (1,3 km) conduce hasta la cueva Espelunca, otro lugar que se cree que los indígenas destinaron a ceremonias religiosas. La ruta Boca de Toro (6 km) bordea unos altos acantilados que dominan un valle fluvial y pasa por el farallón de Blanquizal, un hermoso mirador natural.

Además, en Alegría de Pío termina oficialmente la excursión (18 km desde Las Coloradas) que sigue los pasos de los rebeldes del *Granma* cuando desembarcaron en diciembre de 1956. Desde aquí, el sendero se prolonga hacia el este hasta Cinco Palmas y finalmente llega a la Comandancia de La Plata. Conviene llevar abundante agua para beber.

ⓘ Cómo llegar y salir

La carretera se bifurca 10 km al suroeste de Media Luna; Pilón queda 30 km al sureste y Niquero, 10 al suroeste. Belic está 16 al suroeste de Niquero. De Belic a la entrada del parque nacional hay otros 6 km. El desvío a Alegría de Pío se encuentra justo después del Servicentro, en Niquero.

Si no se dispone de transporte propio, llegar hasta este lugar resulta complicado. Hay autobuses irregulares que llegan hasta el campismo Las Coloradas a diario y camiones igual de irregulares desde Belic. Como último recurso, se puede probar con los *amarillos* de Niquero. Las gasolineras más cercanas están en Niquero.

Pilón

12 700 HAB.

Se trata de un municipio pequeño y aislado, situado entre los centros vacacionales de Marea del Portillo y el Parque Nacional Desembarco del Granma. Es la última localidad costera de relevancia antes de Chivirico, más de 150 km al este. Desde que su azucarera cerró hace unos 10 años, Pilón ha perdido gran parte de su razón de ser; no obstante, los vecinos consiguen ganarse la vida, pese al escasísimo transporte público y a los implacables azotes de varios huracanes. La Casa Museo Celia Sánchez Manduley (entrada 1 CUC; ⊗9.00-17.00 lu-sa) es un espacio dedicado a la Primera Dama de la Revolución, que residió aquí. Pilón celebra semanalmente el Sábado de Rumba (⊗20.00 sa), una fiesta callejera similar a las de Manzanillo y Bayamo, con cerdo asado, ron y música en directo. Es la mejor oportunidad para ver el pilón, popular baile cubano que evoca el sonido rítmico de la caña azúcar al ser machacada.

Desde hace unos años, Pilón cuenta con un par de casas particulares. Hay que buscar los letreros azules de "Arrendador Divisa" junto a la carretera principal.

Los sábados por la noche, los hoteles de Marea del Portillo, a 11 km, ofrecen transporte en autobús a Pilón (5 CUC, i/v). Si no, se puede llegar en coche, en bicicleta o lidiando con los *amarillos*. La gasolinera Servi-Cupet está junto a la autopista, en la entrada a Pilón, y vende tentempiés y bebidas. Los con-

ductores deberán asegurarse de repostar en esta, ya que la próxima gasolinera se halla en Santiago de Cuba, a casi 200 km.

Marea del Portillo

Este pequeño pueblo de la costa sur, flanqueado por dos discretos *resorts,* tiene algo contagioso. Se encuentra en una estrecha franja de tierra firme entre el centelleante Caribe y las montañas de la sierra Maestra, un espacio con una gran belleza natural y una gran historia.

El problema para el viajero independiente es cómo llegar, pues no hay transporte público regular, y eso significa que quizá tenga, por primera vez, que hacer como los lugareños y viajar con los *amarillos*. Otro problema para los amantes de la playa es la arena, que aquí es de color gris claro y quizá decepcione a quienes estén más acostumbrados a los relucientes blancos de Cayo Coco.

Los *resorts* resultan asequibles y están bien cuidados pero aislados. La ciudad más cercana es Manzanillo, 100 km al norte. La verdadera Cuba rústica está a tiro de piedra de los hoteles.

⫟ Actividades

La variedad es grande, a pesar del aparente aislamiento de la zona. Se puede montar a caballo por 35 CUC (por lo general, a El Salto) o hacer un rústico circuito 'Tres Pueblos" a Sevilla, Pilón y Mota (20 CUC). Un circuito en todoterreno hasta el río El Macio cuesta 32 CUC, y las excursiones al Parque Nacional Desembarco del Granma salen por unos 60 CUC. Pueden reservarse en los mostradores de Cubanacán del Hotel Marea del Portillo (p. 396) y el Hotel Farallón del Caribe (p. 396).

Centro Internacional de
Buceo Marea del Portillo SUBMARINISMO, PESCA

Junto al Hotel Marea del Portillo, este centro dirigido por Cubanacán ofrece submarinismo al módico precio de 30/59 CUC por una/dos inmersiones. Dos inmersiones al emocionante pecio *Cristóbal Colón* (hundido en la Guerra Hispano-Estadounidense de 1898) cuestan 70 CUC. Organiza pesca en mar abierto a partir del muy razonable precio de 45 CUC (con bebidas y almuerzo).

Otras excursiones acuáticas pueden ser un safari marino (con buceo) por 35 CUC, un crucero al atardecer por 15 CUC y una excursión al deshabitado Cayo Blanco por 25 CUC.

El Salto
EXCURSIONISMO

Durante esta magnífica excursión (20 km i/v), que puede hacerse sin guía, se recorren varios campos y valles, se atraviesa un pueblecito, se bordea un lago, se cruza un río y, finalmente, se llega a El Salto, que cuenta con una pequeña cascada, un refugio con el tejado de paja y una fantástica piscina natural.

Se parte del camino que arranca frente al complejo hotelero. Primero hay que girar a la derecha hacia la carretera de la costa y, al cabo de unos 400 m, girar a la izquierda para tomar un camino de tierra que sale antes de llegar a un puente. Luego, el camino se une a una carretera y atraviesa un polvoriento asentamiento. En el extremo más alejado del pueblo se alza una presa ante el caminante. En lugar de tomar la carretera asfaltada que sube por el terraplén a la izquierda, hay que seguir por la derecha y, tras 200 m, tomar un sendero claro y empinado que sube por encima de la presa y se asoma al lago que hay detrás. Este hermoso sendero bordea el lago antes de cruzar uno de los ríos que lo alimentan por un puente de madera. Hay que seguir recto, cuesta arriba, y cuando el camino se bifurque en la cima, seguir por la derecha. Yendo hacia abajo hasta un valle, hay que pasar por una casa de campesino, cruzar el río Cilantro y luego seguirlo corriente arriba hasta El Salto.

Salto de Guayabito
EXCURSIONISMO

Esta excursión, que tiene su punto de partida en el pueblo de Mata Dos, unos 20 km al este de Marea, suele acometerse en el marco de un viaje organizado desde los hoteles. Los grupos –que acostumbran a ir a caballo– siguen el río Motas, 7 km corriente arriba, hasta una cascada rodeada de precipicios, helechos, cactus y orquídeas.

🛏 Dónde dormir

⭐**Hotel Marea del Portillo** HOTEL $$
(☏59-70-08; todo incl. i/d/tr 37/59/80 CUC; P❄@⛵) La funcionalidad y la sencillez del Marea parecen armonizar bien en este rincón tradicional de Cuba. Las 74 habitaciones son perfectamente correctas, el bufé no está mal y la playa se encuentra a tiro de piedra del balcón/patio.

La mayoría de los clientes son canadienses que vienen aquí año tras año y familias cubanas, por lo que el ambiente es muy variado.

Además, se pueden hacer múltiples y fantásticas excursiones a algunos de los puntos de interés menos conocidos de la isla.

Villa Turística Punta Piedra HOTEL $$
(☏59-44-21; i/d 55/80 CUC; P❄⛵) Este pequeño y discreto *resort* en la carretera principal, 5 km al oeste de Marea del Portillo y 11 al este del Pilón, comprende 13 habitaciones en dos bloques de una sola planta y es una buena alternativa a los hoteles más grandes. Tiene restaurante y una discoteca intermitente, situada en una aislada playa de arena.

Hotel Farallón del Caribe HOTEL $$$
(☏59-70-82; todo incl. i/d 95/120 CUC; P❄@⛵) Encaramado en una pequeña colina, con el Caribe a un lado y la sierra Maestra al otro, es la opción más suntuosa: instalaciones de tres estrellas con todo incluido y un entorno de cinco estrellas con vistas de ensueño.

De gran popularidad entre los turistas canadienses que huyen de la nieve y llegan en autobús desde Manzanillo, solo está abierto de noviembre a abril.

ℹ Cómo llegar y salir

El viaje hacia el este hasta Santiago es uno de los más espectaculares de Cuba, pero la carretera es pésima y suele verse afectada por las condiciones meteorológicas. Existen varias opciones: en vehículo propio (conviene comprobar con antelación el estado de la carretera); en taxi (hay que calcular un mínimo de 160 CUC desde Marea hasta Santiago de Cuba); en bicicleta (una montaña rusa repleta de vistas durante 2-3 días); o arriesgarse a venir en 'transporte público' (posiblemente una de las mejores aventuras de Cuba, pero solo para los más intrépidos que soporten las largas esperas y estén dispuestos a recorrer algunos tramos en autostop). Atención: el tráfico es muy escaso y prácticamente no hay ningún tipo de servicios ni gasolineras (la más cercana está en Pilón); se recomienda viajar bien pertrechado.

ℹ Cómo desplazarse

Los hoteles alquilan ciclomotores por unos 25 CUC/día. **Cubacar** (☏59-70-05; 🖱) dispone de un mostrador en el Hotel Marea del Portillo, o es posible apuntarse a una excursión con Cubanacán. La ruta a El Salto se puede hacer a pie.

Provincia de Santiago de Cuba

🖊22 / 1 048 000 HAB.

Los mejores escenarios de batallas

➡ Cuartel Moncada (p. 408)
➡ Loma de San Juan (p. 410)
➡ El Uvero (p. 432)
➡ Museo de la Lucha Clandestina (p. 408)

Los mejores enclaves naturales

➡ La Gran Piedra (p. 425)
➡ Pico Turquino (p. 432)
➡ El Saltón (p. 431)
➡ Laguna Baconao (p. 428)

Por qué ir

Situada en la montañosa región cubana del Oriente y, desde antiguo, caldo de cultivo de rebeliones y sediciones, muchas influencias culturales de Santiago proceden del este, importadas a través de Haití, Jamaica, Barbados y África. Es por todo ello por lo que esta provincia suele considerarse la más caribeña de todas, con su animado carnaval y con un conjunto de grupos de danza folclórica que son acreedores de las culturas franco-haitiana y española por igual.

En tanto que núcleo de la nueva colonia española en el s. XVI y principios del XVII, Santiago de Cuba ostentó durante un breve período con el título de capital de Cuba, hasta que le fue usurpado por La Habana en 1607. El ritmo más lento del posterior desarrollo tiene algunas ventajas claras. Basta conducir unos 20 km por la costa, en una u otra dirección, desde la capital de la provincia para adentrarse en lo que parece un planeta distinto, una tierra llena de accidentadas calas, bravo oleaje, históricos cafetales y colinas repletas de desenfrenado endemismo.

Cuándo ir

➡ Julio, el momento del año en que la ciudad se muestra más cálida en todos los sentidos, es el principal mes del calendario cultural de Santiago de Cuba; arranca con el vibrante Festival del Caribe y termina con el famoso Carnaval.

➡ En marzo, la ciudad redescubre sus raíces musicales durante el Festival Internacional de la Trova.

➡ El período que media entre ambas celebraciones (de marzo a junio) es famoso por la claridad de las aguas, lo que garantiza excelentes condiciones para la práctica del submarinismo en la costa meridional.

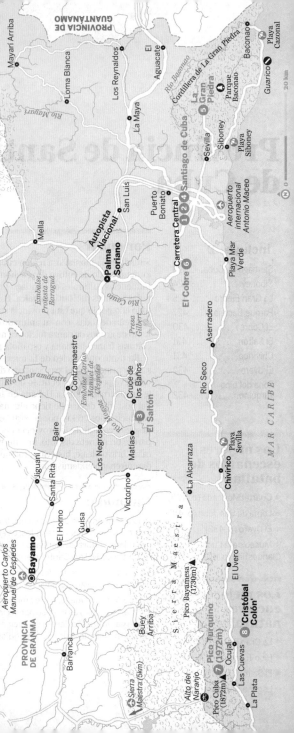

Imprescindible

1 Pasear por el **cementerio Santa Ifigenia** de Santiago de Cuba (p. 410).

2 Visitar el **cuartel Moncada** (p. 408) en Santiago y reflexionar sobre la insurrección de Fidel Castro en 1953.

3 Escapar hasta el refugio de montaña **El Saltón** (p. 431).

4 Explorar los múltiples géneros de danza afrocubana asistiendo a un **espectáculo folclórico** (p. 418) en Santiago.

5 Examinar la historia de la cultura cubana del café en el **cafetal La Isabelica** (p. 426), en La Gran Piedra.

6 Peregrinar a **El Cobre** (p. 430) para visitar el santuario de la patrona de Cuba, la Virgen de la Caridad.

7 Permanecer en lo alto del Chivirico.

la montaña más alta de Cuba, el **pico Turquino** (p. 432).

8 Sumergirse hasta el pecio del buque español **'Cristóbal Colón'** (p. 432), al oeste de Chivirico.

Historia

La ciudad de Santiago de Cuba fue fundada en 1514 por Diego Velázquez de Cuéllar (cuyos restos supuestamente descansan bajo la catedral), aunque fue en 1522 cuando pasó a ocupar su ubicación actual, en una bahía portuaria con forma de herradura, al abrigo de la sierra Maestra. Su primer gobernador no fue otro que Hernán Cortés –el impulsivo secretario de Velázquez–, que partió a explorar México en 1518.

Constituida en capital de Cuba en 1515 (antes lo había sido Baracoa), Santiago vivió un breve período de esplendor como centro de la minería del cobre y como puerto de llegada para los esclavos que, tras una escala en La Española, llegaban desde África. Pero tal esplendor no habría de durar mucho.

En 1556, los capitanes generales se trasladaron a La Habana, que en 1607 se convirtió, de forma oficial y permanente, en la capital insular. Saqueada por los piratas y reducida durante algún tiempo a una aldea de apenas unos cientos de habitantes, Santiago luchó por sobrevivir a la ignominia.

La suerte cambió en 1655, fecha en que llegó un buen número de colonos españoles desde la cercana Jamaica; a este influjo se sumó el protagonizado por terratenientes franceses en 1790, que arribaron a Santiago huyendo de una importante sublevación de esclavos en Haití y se establecieron en el barrio de Tivolí. Siempre un paso por delante de la capital en temas culturales, en 1722 Santiago fundó el Seminario de San Basilio Magno, institución educativa cuya apertura precedió a la de la Universidad de La Habana (1728); y en 1804, la ciudad consiguió que su clérigo más importante fuera nombrado arzobispo.

En 1898, justo cuando Cuba parecía estar a punto de triunfar en su larga lucha por la independencia, EE UU intervino en la Guerra Hispano-Cubana, enviando una flotilla a Playa Daiquirí, cerca de Santiago. Importantes batallas tuvieron lugar entonces en Santiago y alrededores. El 1 de julio, Teddy Roosevelt comandó una carga de caballería en la loma de San Juan, que le reportó una decisiva victoria; el enfrentamiento naval de los barcos españoles y norteamericanos (bajo el mando del almirante William T. Sampson) en la bahía de Santiago fue muy desigual, y la flota española resultó destruida casi en su totalidad.

Los primeros años de la nueva y cuasi independiente Cuba se caracterizaron por un fuerte crecimiento, más que nada urbanístico, pero después de tres intervenciones estadounidenses las cosas empezaron a torcerse. El 26 de julio de 1953, Fidel Castro y sus compañeros asaltaron el cuartel Moncada. Este fue el comienzo de una serie de acontecimientos que cambiarían el curso de la historia de Cuba. Durante el juicio a Castro en Santiago, este pronunció un discurso que se convertiría en la plataforma de la Revolución y cuya conocida última frase era: "La historia me absolverá".

El 30 de noviembre de 1956, los ciudadanos de Santiago de Cuba se alzaron contra las tropas de Batista para desviar la atención del desembarco de las guerrillas de Castro en las costas occidentales del Oriente. Aunque inicialmente las guerrillas no tuvieron éxito, Frank y Josué País formaron un movimiento clandestino que se encargaría de abastecer a los guerrilleros, instalados en la sierra Maestra. Pese al asesinato de los hermanos País y de muchos otros entre 1957 y 1958, la lucha siguió adelante, hasta que el 1 de enero de 1959 Castro apareció públicamente por vez primera para anunciar el éxito de la Revolución, y lo hizo en Santiago de Cuba. Como consecuencia de todos estos acontecimientos, Santiago recibió el título de Ciudad Héroe de la República de Cuba.

Santiago siguió creciendo rápidamente en los años posteriores a la Revolución y gozó de un fuerte empuje de la construcción en la década de 1990. En el 2015 fue engalanada de nuevo con motivo de su 500 aniversario.

Santiago de Cuba

444 800 HAB.

Santiago se puede contemplar de dos maneras: como una ciudad calurosa y enervante, llena de cazaturistas y bullicio, que incita a tomar el primer autobús de regreso a La Habana, o como una rutilante capital cultural que ha desempeñado un papel clave en la evolución de la literatura, la música, la arquitectura, la política y la etnología cubanas. Efectivamente, Santiago suscita opiniones encontradas entre cubanos y extranjeros casi con la misma intensidad que Fidel Castro. Adorada por algunos y detestada por otros, son pocos los que permanecen indiferentes.

La ciudad, que está más cerca de Haití y la República Dominicana que de La Habana, acoge una cosmopolita mezcla cultural de tintes afrocaribeños; recibe influencias tanto del este como del oeste, factor que ha condicionado sobremanera su identidad. En

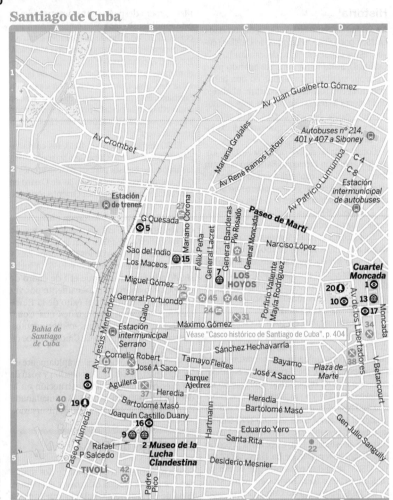

Véase "Casco histórico de Santiago de Cuba", p. 404

ninguna otra parte de Cuba puede encontrarse semejante mezcla de gentes o una carga histórica tan potente. Diego Velázquez de Cuéllar hizo de ella su segunda capital, Fidel Castro la utilizó para lanzar su Revolución, don Facundo Bacardí la eligió para abrir su primera fábrica de ron, y prácticamente todos los géneros musicales cubanos, desde la salsa hasta el son, surgieron de entre sus calles polvorientas, rítmicas y sensuales.

Por su ubicación, Santiago podría competir con cualquiera de los grandes centros urbanos del mundo. Atrapada espectacularmente

entre la indómita sierra Maestra y el azul del mar Caribe, el casco histórico conserva un aire pasado de moda y algo descuidado que recuerda vagamente a Salvador (Brasil) o las zonas más sórdidas de Nueva Orleans.

Se trata de una ciudad calurosa, y en más de un sentido. Con la calle a más de 30°C de temperatura ambiente, los *jineteros* aprovechan la sombra para ganar un dinero extra, y en Santiago lo hacen con una ferocidad sin igual. Otra cuestión es la contaminación, bastante elevada en el centro, por cuyas calles estrechas circula un enjambre de ruidosas

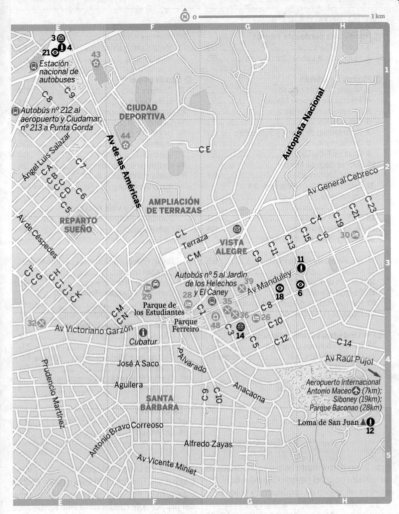

motos. El viajero debe andar con cuidado y ser plenamente consciente de que, a pesar de no resultar demasiado insegura, Santiago parece vivir a un ritmo algo más alocado y frenético de lo acostumbrado.

⊙ Puntos de interés

⊙ Casco histórico

Parque Céspedes   PARQUE

(plano p. 404) Quien busque el arquetipo de la vida callejera cubana lo encontrará en este parque, una animada plaza apta para pasear, hacer chanchullos, flirtear y tocar la guitarra con el busto de bronce de Carlos Manuel de Céspedes (el hombre que puso en marcha la independencia de Cuba en 1868). Es un punto de interés para contemplar de día y de noche.

Hay ancianas que cotillean en bancos sombreados, un tipo con sombrero panamá que arrastra su contrabajo hacia la Casa de la Trova, y seductoras señoritas con ceñidas prendas de licra que pestañean a los turistas en la terraza del Hotel Casa Granda. Al mar-

Santiago de Cuba

gen de un discordante banco modernista en su costado oeste, el parque Céspedes también alberga un tesoro de arquitectura colonial.

La **Casa de la Cultura Miguel Matamoros** (plano p. 404; General Lacret 651), en el lado este, fue en el pasado el Club San Carlos, un centro social para santiagueros adinerados que dejó de existir como tal después de la Revolución. Al lado se sitúa el Hotel Casa Granda (1914), cuya terraza frecuentó el novelista británico Graham Greene. Su **ayuntamiento** neoclásico (plano p. 404; General Lacret esq. Aguilera), en el lado norte, se construyó en la década de 1950, según un diseño de 1783, y fue en tiempos la sede desde la que gobernaba Hernán Cortés. Fidel Castro apareció en el balcón de este edificio la noche del 2 de enero de 1959 para anunciar el triunfo de la Revolución.

★ **Casa de Diego Velázquez**   MUSEO
(plano p. 404; Félix Peña 602) Esta casa de 1522, la más antigua de Cuba, fue la residencia oficial del primer gobernador de la isla. Restaurada a finales de la década de 1960, la fachada de estilo andaluz, dotada de bellas celosías de madera, fue inaugurada en 1970 como **Museo de Ambiente Histórico Cubano** (plano p. 404; entrada 2 CUC; ☺9.00-17.00 lu-do).

La planta baja solía albergar una cámara de comercio y una fundición de oro, mientras que en la parte de arriba era donde vivía Velázquez. Hoy día, las distintas estancias exhiben mobiliario y elementos decorativos que datan de los ss. XVI al XIX. Conviene fijarse en el par de biombos, tras los cuales se puede mirar sin ser observado: se trata de una influencia turca (Turquía tuvo una gran influencia en el estilo europeo de la época).

Quienes visitanten el museo también pueden ver la casa del s. xix que queda al lado, de estilo neoclásico.

★**Catedral de Nuestra Señora de la Asunción**   IGLESIA
(plano p. 404; ☉misas 18.30 lu y mi-vi, 17.00 sa, 9.00 y 18.30 do) La iglesia más importante de Santiago es hermosa tanto por dentro como por fuera. A la presente catedral la han precedido varias desde que la ciudad se constituyó, en la década de 1520, siempre en la misma ubicación. Los piratas, los terremotos y algún que otro arquitecto de dudosa calidad dieron cuenta de, al menos, tres de estas catedrales. En la actual, completada en 1922, destacan sus dos torres neoclásicas; los restos del primer gobernador colonial, Diego Velázquez, todavía descansan bajo su pavimento.

Durante la visita de los autores de estas páginas, en el 2015, estaba siendo exhaustivamente restaurada por dentro y por fuera con motivo del 500 aniversario de la fundación de la ciudad; se percibirán mejoras en los recargados frescos del techo, los coro labrado a mano y el altar de la venerada Virgen de la Caridad. En comparación, el colindante **Museo Arquidiocesano** (plano p. 404; ☉9.00-17.00 lu-vi, 9.00-14.00 sa, 9.00-12.00 do) resulta algo decepcionante, con una anodina colección de muebles, objetos litúrgicos y pinturas como el *Ecce homo,* supuestamente la más antigua de la isla.

Balcón de Velázquez   MIRADOR
(plano p. 404; Bartolomé Masó esq. Mariano Corona) Desde este lugar, antiguo emplazamiento de un fuerte español, se dominan etéreas vistas de los tejados de terracota del barrio de Tivolí hacia el puerto.

Calle Heredia   CALLE
(plano p. 404) La música nunca para en la calle más sensual de Santiago, y una de las más antiguas. Las melodías comienzan en la Casa de Cultura Josué País García (p. 420), donde ufanos jubilados bailan danzón entre esbeltos raperos de apenas 20 años. Al lado se encuentra la Casa de la Trova (p. 420), un bonito edificio con balconada que recuerda a los del barrio francés de Nueva Orleans.

La Casa de Cultura está dedicada a José (Pepe) Sánchez (1856-1928), pionero entre los trovadores cubanos, y abrió como primera casa de la trova (canto y composición poética tradicional) en marzo de 1968.

★**Museo Municipal Emilio Bacardí Moreau**   MUSEO
(plano p. 404; entrada 2 CUC; ☉13.00-17.00 lu, 9.00-17.00 ma-vi, 9.00-13.00 sa) La estrecha Pío Rosado enlaza las calles Heredia con Aguilera y la fabulosa fachada del Museo Bacardí. Fundado en 1899 por el magnate del ron, héroe de la guerra y alcalde de la ciudad, Emilio Bacardí Moreau (el edificio palaciego fue construido a medida), el museo es uno de los más antiguos y eclécticos de Cuba, cuya colección se compone de fascinantes objetos reunidos por Bacardí en sus viajes. Incluye un importante número de armas, pinturas costumbristas españolas y la única momia conservada en la isla.

Casa Natal de José María Heredia y Heredia   MUSEO
(plano p. 404; Heredia 260; entrada 1 CUC; ☉9.00-19.00 ma-sa, 9.00-14.00 do) Minúsculo museo que ilustra la vida de José María Heredia y Heredia (1803-1839), uno de los mejores poetas románticos de Cuba y quien da nombre a la calle. Su obra más destacada, *Oda al Niágara,* se halla inscrita en el exterior. Al igual que muchos otros independentistas cubanos, Heredia fue condenado al exilio y murió en México en 1839.

Museo del Carnaval   MUSEO
(plano p. 404; Heredia 303; entrada 1 CUC; ☉14.00-17.00 lu, 9.00-17.00 ma-vi y do, 14.00-22.00 sa) Interesante museo que muestra la historia de la mayor fiesta de Santiago, el carnaval más antiguo y multitudinario entre Río y Mardi Gras. Pueden verse carrozas, efigies y algún que otro espectáculo folclórico en el patio.

Maqueta de la Ciudad   MUSEO
(plano p. 404; Mariano Corona 704; entrada 1 CUC; ☉9.00-17.00 lu-sa) A imitación de las dos maquetas a escala de la ciudad de La Habana, Santiago cuenta con la suya propia, magníficamente detallada. En la pared hay interesantes paneles ilustrativos con información histórica y arquitectónica. También es posible subirse a una galería en la entreplanta para apreciar una verdadera vista de pájaro de la ciudad. Para más vistas, se recomienda ir al café-terraza de atrás.

Museo del Ron   MUSEO
(plano p. 404; Bartolomé Masó 358; entrada 2 CUC; ☉9.00-17.00 lu-sa) Aunque no es tan impresionante como su equivalente en La Habana, es de agradecer que no se muestren inclinados por potenciar las ventas de Havana Club. El

Casco histórico de Santiago de Cuba

200 m

21

Francisco Pérez Carbo

Plaza de Marte

Autobús n° 212 a Caney

Plácido

Gen Julio Sanguily

Av 24 de Febrero

27
38
47
26
33
44
37
31

Lico Bergues

Av Victoriano Garzón

Parque Finlay

Monseñor Barnada

Sánchez Hechavarría

Bayamo

Aguilera

Donato Mármol

29

Clarín

Heredia

Bartolomé Masó

Eduardo Yero

28
22
49
48

Mayía Rodríguez

Reloj

Porfirio Valiente

32

Plaza de Dolores

20

Juan Bautista Sagarra

Pío Rosado

General Banderas

José A Saco

34
40

Aguilera

Porfirio Valiente

14

35

Tamayo Fleites

Museo Municipal Emilio Bacardí Moreau

41

10

3

Pío Rosado

17

24

46

General Lacret

39
51

52

Asistur

Cubatur
25
53

7

Cubanacán

54
50

6
9

Casa de Diego Velázquez

4

11

Parque Ajedrez

19
16
1

Infotur

42
8

Ecotur

15

2

Catedral de Nuestra Señora de la Asunción

36
23

Pío Rosado

18

Hartmann

General Lacret

Autobús n° 212 al aeropuerto y Ciudamar

Santa Rita

Félix Peña

Mariano Corona

Heredia

43

45

13

30

Lino Boza

Joaquín Castillo Duany

Diego Palacios

12

Padre Pico

Cornelio Robert

Oficina Reservaciones de Campismo

Aguilera

José A Saco

Pico

Casco histórico de Santiago de Cuba

museo ofrece un profundo resumen de la historia del ron cubano (maquinaria vieja, ejemplos de botellas de todo el siglo pasado), además de un potente trago de añejo.

Alojado en una bella casa adosada, dispone de un bar debajo (con el mismo horario), tan recoleto que recuerda a un local clandestino, pero con un experto barman que sirve sus 'recomendaciones' al visitante.

Plaza de Dolores   PLAZA
(plano p. 404; Aguilera esq. Porfirio Valiente) Al este del parque Céspedes, esta agradable y sombreada plaza, donde se levantaba un mercado, está hoy dominada por la iglesia de Nuestra Señora de los Dolores (plano p. 404; Aguilera esq. Porfirio Valiente), del s. XVIII. El edificio sufrió un incendio en la década

de 1970 y posteriormente reabrió sus puertas transformado en sala de conciertos. Hay muchos restaurantes y cafeterías alrededor de la plaza. Es también la zona de ambiente más popular de Santiago.

Plaza de Marte   PLAZA
(plano p. 404) En esta plaza situada a la entrada del casco histórico, a menudo plagada de motos, era donde las autoridades españolas llevaban a cabo, en el s. XIX, las ejecuciones públicas de los condenados por actos sediciosos. Hoy día, es la sede de lo que se ha dado en llamar "esquina caliente": básicamente un lugar en el que los aficionados al béisbol se reúnen para maquinar la derrota de sus rivales habaneros. La columna alta está coronada con el gorro frigio, alegoría de la República.

PROVINCIA DE SANTIAGO DE CUBA PUNTOS DE INTERÉS

Memorial de Vilma Espín Guillois MUSEO
(plano p. 404; Sánchez Hechavarría 473; entrada 2
CUC; ⊙9.00-12:30 lu-sa, 13.00-17.00 do) La antigua casa de Vilma Espín, la que fuera "primera dama" de Cuba, esposa de Raúl Castro y
un elemento clave del éxito de la Revolución
cubana, fue inaugurada en el 2010, tres años
después de su muerte. Fue el hogar donde
vivió de 1939 a 1959 y está llena de retazos
de su vida.

Hija de un abogado del clan de los Bacardí, Vilma se radicalizó tras una reunión con
Frank País en Santiago en 1956. Después de
unirse a los rebeldes en las montañas, procedió a fundar la influyente Federación de
Mujeres Cubanas en 1960.

**Iglesia de Nuestra Señora
del Carmen** IGLESIA
(plano p. 404; Félix Peña 505) Es posible profun-
dizar en la historia eclesiástica de Santiago
en esta ruinosa iglesia, que data de la década
de 1700, donde descansan los restos del compositor Esteban Salas (1725-1803), en su día
maestro del coro de la catedral de Santiago
de Cuba.

Iglesia de San Francisco IGLESIA
(plano p. 404; Juan Bautista Sagarra 121) Esta joya
eclesiástica del s. XVIII, compuesta de tres
naves, se halla tres manzanas al norte del
parque Céspedes.

Gobierno Provincial EDIFICIO EMBLEMÁTICO
(plano p. 404; Pío Rosado esq. Aguilera) Situado
enfrente del Museo Bacardí, la sede del Gobierno provincial es otro edificio del renacer
del neoclasicismo en la Cuba del s. XX. No se
permite la entrada al público.

Al sur del casco histórico

Tivolí BARRIO
Este antiguo barrio francés fue el primer
asentamiento de los colonos que llegaron a
Santiago procedentes de Haití, a finales del
s. XVIII y principios del s. XIX. Queda empla-
zado en una ladera frente a las relucientes
aguas del puerto, y entre sus tejados rojos,
patios interiores y buganvillas rosas pervive
una serena placidez que los viejos aprovechan para jugar al dominó, y los niños, al
béisbol. La centenaria escalinata de Padre
Pico (plano p. 400; Padre Pico esq. Diego Palacios), labrada sobre la parte más empinada
de la calle que le da nombre, es una de las
entradas al barrio.

Paseo a pie
Paseo histórico
por la ciudad

INICIO PARQUE ALAMEDA
FINAL CUARTEL MONCADA
DURACIÓN 2 KM; 3 A 4 H

Con un trasfondo de montañas verdes y
una bahía de un intenso azul, un circuito
a pie por el casco histórico de Santiago
resulta obligado para quienes visitan la
ciudad por primera vez y desean descubrir
las sensaciones tropicales que le dan vida.

Se parte de la bahía con la vista puesta
sobre la colina. El parque Alameda ocupa
la destartalada avenida que da al puerto,
con menos actividad. Lo más interesante
se concentra al este, en un empinado barrio colonizado por franco-haitianos en los
primeros años del s. XIX y bautizado como
el ❶ **Tivolí** (izda). Es uno de los barrios
más pintorescos y con menos tráfico de
Santiago, con casas de tejados rojos y
calles empinadas que parecen ancladas
en el tiempo. Su único punto de interés es
el ❷ **Museo de la Lucha Clandestina**
(p. 408), al que se llega subiendo la calle
Diego Palacios desde el puerto. Desde el
museo hay que tomar la famosa ❸ **escalinata de Padre Pico** (abajo), construida
de terracota en la ladera, y bajar hasta la
calle Bartolomé Masó, donde un giro a
la derecha lleva al aireado ❹ **Balcón de
Velázquez** (p. 403), emplazamiento de un
antiguo fuerte. La magnífica vista inspira-
ba antaño contemplaciones menos relajantes; los primeros colonizadores españoles la utilizaban para detectar piratas.

A continuación se va al este, evitando
las motos, hasta reaparecer en el ❺ **parque Céspedes** (p. 401). La ❻ **Casa de
Diego Velázquez** (p. 402), con sus alfarjes
moriscos y enrevesadas arcadas de madera, es supuestamente la casa más antigua
aún en pie en Cuba y ancla la plaza en su
lado oeste. Como gran contraste, en el
costado sur se alza la imponente fachada
color mostaza de la ❼ **catedral de Nuestra Señora de la Asunción** (p. 403). El
edificio ha sido saqueado, quemado, sacu-
dido por terremotos, reconstruido y más
tarde remodelado, restaurado y saqueado
de nuevo. Estatuas de Cristóbal Colón y

PROVINCIA DE SANTIAGO DE CUBA SANTIAGO DE CUBA

de fray Bartolomé de las Casas flanquean la entrada en irónica yuxtaposición.

Si se necesita un descanso, se puede acudir al relajado bar con terraza del **⑧ Hotel Casa Granda** (p. 416), en la esquina sureste del parque, tomar un mojito y fumar un puro Montecristo. Allí estuvo Graham Greene en la década de 1950, en una misión clandestina para entrevistar a Fidel Castro. La entrevista nunca se concretó pero pasó de contrabando una maleta llena de ropa para los rebeldes.

Al salir, la música guiará al paseante hasta el romanticismo desconchado de la calle Heredia, una de las más pintorescas de Santiago –y de Cuba–, vibrante como Nueva Orleans en pleno auge jazzístico. Su punto focal es la conocida **⑨ Casa de la Trova** (p. 420).

Río arriba por Heredia, se sobrepasan puestos callejeros, vendedores de puros, un músico que arrastra un contrabajo y un sinfín de motocicletas. La casa amarillenta a la derecha con el poema en la pared es la **⑩ Casa Natal de José María Heredia y Heredia** (p. 403), uno de los mejores poetas de la isla. Quizá se encuentre un escriba de carne y hueso en **⑪ Uneac** (p. 421), la famosa Unión de Escritores, situada unas puertas más abajo. Un vistazo al interior permite consultar la cartelera de la semana. Muchas otras leyendas ya desaparecidas se hallan impresas enfrente, en la vibrante **⑫ librería La Escalera** (p. 422), descuidada pero pícara, con su escalera abarrotada de músicos callejeros. Entonces se cruza la calle (evitando las motos) para ir a ver el **⑬ Museo del Carnaval** (p. 403).

Al desviarse por Pío Rosado una manzana hasta Aguilera, aparecen las robustas columnas griegas del **⑭ Museo Municipal Emilio Bacardí Moreau** (p. 403). De nuevo fuera, la estrecha Aguilera sube serpenteando hasta la sombreada **⑮ plaza de Dolores** (p. 405), de asombrosa serenidad, teniendo en cuenta la actual fiebre por las motocicletas.

Los más irreductibles pueden seguir al este hasta la **⑯ plaza de Marte** (p. 405), la tercera gran plaza del casco histórico y mucho más frenética que las otras dos.

El paseo finaliza en el lugar con más relevancia política, el **⑰ cuartel Moncada** (p. 408), de estilo *art déco,* donde sonaron los primeros disparos de la Revolución liderada por Castro en 1953. Hoy es una inofensiva escuela, aunque se conserva una sección posterior, escenario de las breves escaramuzas entre soldados y rebeldes y uno de los museos más interesantes y conmovedores de la isla.

★ **Museo de la Lucha Clandestina** MUSEO
(plano p. 400; General Jesús Rabí 1; entrada 1 CUC;
☺9.00-17.00 ma-do) Este hermoso edificio de
estilo colonial alberga hoy un museo que detalla la lucha clandestina contra Batista, en la
década de 1950. Una historia tan fascinante
como cruenta, realzada por las despejadas
vistas que se obtienen desde el balcón. Enfrente se sitúa la casa (plano p. 400; General
Jesús Rabí 6) donde vivió Fidel Castro de 1931
a 1933, cuando era estudiante en Santiago (no
se permiten visitas).

El museo era antiguamente una comisaría
de policía, que fue atacada por activistas del
M-26-7, el 30 de noviembre de 1956, para distraer la atención de las autoridades y facilitar, así, que el *Granma* desembarcase a Fidel
Castro y otros 81 guerrilleros. Se encuentra en
lo alto de una cuesta a la que se accede desde
el extremo occidental de Diego Palacios.

Parque Alameda PARQUE
(plano p. 400; av. Jesús Menéndez) Este estrecho
parque, situado bajo el barrio de Tivolí, adorna un paseo al borde del puerto, inaugurado
en 1840 y rediseñado en 1893. En el extremo
norte se distinguen el antiguo campanario
(plano p. 400), la aduana y una fábrica de puros. Curiosa mezcla de arquitectura bien ejecutada pero falta de detalle, el parque resulta
idóneo para dar un paseo bajo la fresca brisa
del mar. Coincidiendo con el 500 aniversario
en el 2015, se ha mejorado la zona del puerto
con un elegante malecón dotado de palmeras, restaurantes, zona recreativa infantil y
un nuevo parque.

◎ Al norte del casco histórico

Los barrios de Los Hoyos y Sueño conforman
el Santiago residencial.

★ **Cuartel Moncada** CUARTEL
(plano p. 400; av. Moncada) Este célebre edificio
art déco almenado, que se finalizó en 1938, es
hoy sinónimo de uno de los mayores golpes
fallidos de la historia. Moncada se ganó su
inmortalidad el 26 de julio de 1953, cuando
más de 100 revolucionarios (liderados por un
entonces poco conocido Fidel Castro) atacaron a las tropas de Batista en la que era entonces la segunda comandancia militar más
importante de Cuba.

Después de la Revolución, el cuartel,
como todos los demás, se convirtió en una
escuela, llamada Ciudad Escolar 26 de julio,
y en 1967 se instaló un museo (plano p. 400;

entrada 2 CUC; ☺9.00-17.00 lu-sa, 9.00-13.00 do)
cerca de la puerta nº 3, donde tuvo lugar
el ataque principal. Después del asalto, los
soldados de Batista cubrieron con cemento
los agujeros ocasionados por las balas, pero
el Gobierno de Castro los destapó años después, como recordatorio de lo aquí sucedido. El museo (uno de los mejores de Cuba)
exhibe una maqueta a escala del cuartel,
además de interesantes y, a veces, macabros
objetos, diagramas y maquetas del ataque,
su planificación y sus efectos. Especialmente conmovedoras son las fotografías de los
61 soldados que cayeron al final.

El primer cuartel que ocupó este emplazamiento fue construido por los españoles
en 1859; actualmente adopta el nombre de
Guillermón Moncada, un combatiente de la
Guerra de Independencia encarcelado en este
lugar en 1874.

**Museo-Casa Natal de
Antonio Maceo** MUSEO
(plano p. 400; Los Maceos 207; entrada 1 CUC;
☺9.00-17.00 lu-sa) Este importante museo ocupa el lugar donde, un 14 de junio de 1845, nació el general y héroe de ambas guerras de independencia, y se nutre de fotos, cartas y una
vieja bandera portada en el campo de batalla
para ilustrar los hechos más importantes de
la vida de Maceo. Hombre de acción, recibió
el apodo de Titán de Bronce por su valentía en el campo de batalla. En la Protesta de
Baraguá, acontecimiento protagonizado por
Maceo en 1878, rechazó ciertas concesiones
impuestas por las autoridades coloniales y finalmente prefirió el exilio antes que venderse
a los españoles. En 1895 desembarcó en Playa
Duaba, desde donde marchó al frente de su
ejército, y consiguió avanzar hasta Pinar del
Río antes de morir en combate en 1896.

Casa Museo de Frank y Josué País MUSEO
(plano p. 400; General Banderas 226; entrada 1 CUC;
☺9.00-17.00 lu-sa) Los jóvenes hermanos País
contribuyeron de forma crucial al éxito de la
Revolución, organizando la vertiente clandestina del M-26-7 hasta la muerte de Frank a
manos de la policía, el 30 julio de 1957. Las
exposiciones de esta casa transformada en
museo cuentan la historia. Se encuentra unas
cinco manzanas al sureste del Museo-Casa
Natal de Antonio Maceo.

Plaza de la Revolución PLAZA
(plano p. 400) Como todas las ciudades cubanas, Santiago tiene su grandilocuente plaza
de la Revolución. Esta se sitúa estratégica-

NOMBRE DE LAS CALLES DE SANTIAGO DE CUBA

He aquí otra ciudad cuyas calles tienen dos nombres.

NOMBRE ANTIGUO	NOMBRE NUEVO
Calvario	Porfirio Valiente
Carnicería	Pío Rosado
Enramada	José A. Saco
José Miguel Gómez	La Habana
Paraíso	Plácido
Reloj	Mayía Rodríguez
Rey Pelayo	Joaquín Castillo Duany
San Félix	Hartmann
San Francisco	Sagarra
San Gerónimo	Sánchez Hechavarría
San Mateo	Sao del Indio
Santa Rita	Diego Palacios
Santo Tomás	Félix Peña
Trinidad	General Portuondo

mente en la confluencia de dos amplias avenidas, unidas por una llamativa estatua (plano p. 400; pza. Revolución) del héroe e hijo de la ciudad, Antonio Maceo, a lomos de su caballo y rodeado por 23 machetes en alto. Bajo el gigantesco montículo-pedestal, un pequeño museo reverencial (plano p. 400; ☺ 8.00-16.00 lu-sa) GRATIS ilustra su vida. Otros edificios destacados que bordean la plaza son el moderno Teatro Heredia y la estación nacional de autobuses.

Fábrica de ron Bacardí   PUNTO DE INTERÉS
(plano p. 400; av. Jesús Menéndez, enfrente de la estación de trenes) Aunque no es tan extravagante como su cuartel general de Las Bahamas, la fábrica original de Bacardí, inaugurada en 1868, rezuma historia. A su fundador, don Facundo, nacido en España, se le ocurrió el famoso símbolo del murciélago tras descubrir que, en las vigas de la fábrica, habitaba una colonia de estos animales. El Gobierno cubano sigue fabricando ron tradicional en esta fábrica (el emblemático ron Caney, además del Santiago y el Varadero).

Con todo, la familia Bacardí huyó de la isla después de la Revolución. En total, la factoría produce nueve millones de litros de ron al año, de los cuales exporta el 70%. En la actualidad no se puede visitar la fábrica, pero pegada a ella está la Barrita de Ron Havana Club (plano p. 400; av. Jesús Menéndez 703; ☺9.00-18.00), un bar para turistas donde se puede degustar y comprar ron.

Parque Histórico Abel Santamaría   PARQUE
(plano p. 400; General Portuondo esq. av. Libertadores) Se encuentra en el lugar que ocupaba el hospital civil Saturnino Lora, asaltado por Abel Santamaría y otros 60 hombres (posteriormente torturados y ejecutados) aquel fatídico 26 de julio. El 16 de octubre de 1953, Fidel Castro fue juzgado en la Escuela de Enfermeras por liderar el asalto. Fue allí y entonces cuando pronunció su famoso alegato: "La historia me absolverá". El parque cuenta con una enorme fuente cubista (plano p. 400) donde aparecen grabados los rostros de Abel Santamaría y José Martí.

Palacio de Justicia   PUNTO DE INTERÉS
(plano p. 400; av. Libertadores esq. General Portuondo) El edificio de los juzgados, situado enfrente del parque, fue tomado por combatientes, encabezados por Raúl Castro, durante el ataque al cuartel Moncada. La idea era estacionarse en la azotea para, desde allí, cubrir al grupo de Fidel, algo que finalmente no fue preciso. Dos meses más tarde, muchos de estos hombres estaban de nuevo en el mismo edificio, aunque esta vez para ser juzgados.

◉ Vista Alegre

En cualquier otra ciudad, Vista Alegre sería un bonito barrio de clase media-alta (y antaño lo fue), pero en la Cuba revolucionaria las avenidas moteadas y la caprichosa arquitectura de comienzos del s. xx son territorio exclusivo de clínicas, centros culturales, oficinas administrativas, restaurantes estatales y unos cuantos puntos de interés, algunos algo esotéricos.

Loma de San Juan
MONUMENTO

(plano p. 400) El que más tarde sería el presidente Roosevelt forjó su reputación en esta pequeña colina, donde se dice que, flanqueado por los inmortales *rough riders* (como se conocía a los jinetes comandados por él), lideró una intrépida carga de caballería contra los españoles, sellando así una célebre victoria. La loma de San Juan, protegida por unos cuidados jardines anexos al Motel San Juan, señala el escenario de la única batalla terrestre de la Guerra Hispano-Estadounidense (el 1 de julio de 1898).

En realidad, es más que dudoso que Roosevelt siquiera montara su caballo en Santiago, mientras que la guarnición española, 10 veces inferior a la estadounidense y tal vez poco preparada, consiguió contener a más de 6000 soldados norteamericanos durante 24 h. Conmemoran la guerra cañones, trincheras y numerosos monumentos estadounidenses, entre ellos una estatua de bronce de un *rough rider*. Un discreto monumento al soldado mambí constituye el único reconocimiento a la participación cubana.

Casa del Caribe
EDIFICIO

(plano p. 400; calle 13 nº 154; ☺9.00-17.00 lu-vi) GRATIS Fundada en 1982 para estudiar la vida caribeña, esta institución cultural organiza el Festival del Caribe y la Fiesta del Fuego cada mes de julio, y también acoge varios conciertos nocturnos. Quien esté interesado puede tomar clases de percusión o realizar estudios de cultura afrocubana.

Museo de la Imagen
MUSEO

(plano p. 400; calle 8 nº 106; entrada 1 CUC; ☺9.00-17.00 lu-sa) Un breve pero fascinante viaje a través de la historia de la fotografía cubana, desde Kodak hasta Korda, con pocas cámaras espía de la CIA y muchas fotografías antiguas y contemporáneas. También hay una biblioteca de películas y documentales raros.

Palacio de Pioneros
PUNTO DE INTERÉS

(plano p. 400; av. Manduley esq. calle 11) Esta ecléctica mansión, construida entre 1906 y 1910, fue antaño la más grande y opulenta de Santiago. Desde 1974 es un centro de formación para niños; en el jardín hay un viejo avión de combate MiG donde juegan. La rotonda de la esquina entre la avenida Manduley y la calle 13 cuenta con una impresionante estatua de mármol (plano p. 400) del poeta José María Heredia y Heredia.

⊙ Periferia de Santiago de Cuba

Cementerio Santa Ifigenia
CEMENTERIO

(av. Crombet; entrada 1 CUC; ☺8.00-18.00) Situado en el extremo occidental de la ciudad, este cementerio solo se ve superado por la necrópolis Cristóbal Colón de La Habana en cuanto a importancia y majestuosidad. Fue creado en 1868 como lugar de reposo de las víctimas de la Guerra de Independencia y las de un importante brote de fiebre amarilla, que coincidieron en el tiempo. En Santa Ifigenia descansan grandes personajes históricos entre sus más de 8000 tumbas, de entre las que destaca el mausoleo de José Martí.

Otros nombres que interesa buscar son: Tomás Estrada Palma (1835-1908), el hoy desacreditado primer presidente de Cuba; Emilio Bacardí Moreau (1844-1922), patriarca de la famosa dinastía del ron; María Grajales, viuda del héroe Antonio Maceo, y Mariana Grajales, madre de Maceo; 11 de los 31 generales que participaron en la lucha por la independencia cubana; los soldados españoles que murieron en las batallas de la Loma de San Juan y de El Caney; los 'mártires' del asalto al cuartel Moncada; Frank y Josué País, activistas del M-26-7; el Padre de la Patria, Carlos Manuel de Céspedes (1819-1874); y el conocidísimo músico cubano Compay Segundo (1907-2003), leyenda del Buena Vista Social Club.

Para la mayoría de los que visitan el cementerio, el punto álgido del recorrido suele ser el mausoleo de José Martí (1853-1895), héroe nacional. Erigido en 1951, en época de Batista, este imponente monumento está posicionado de tal forma que el féretro de madera (solemnemente cubierto por una bandera cubana) reciba diariamente la luz del sol. Esto se hizo en respuesta a unos versos del propio Martí, en los que decía no querer morir como un traidor en la oscuridad, sino "de cara al sol". La guardia del mausoleo, siempre presente, cambia cada 30 min con ceremonia de por medio.

Se puede llegar hasta el cementerio en coche de caballos, por 1 CUC. Salen del parque Alameda y recorren la avenida Jesús Menéndez. Por otra parte, el mismo trayecto a pie constituye un agradable paseo.

★Castillo de San Pedro de la Roca del Morro
FUERTE, MUSEO

(entrada 4 CUC; ☺8.00-19.30; 🚻) La fortaleza de San Pedro, declarada Patrimonio Mundial de la Unesco en 1997, se alza como una inexpugnable ciudadela sobre un promontorio de

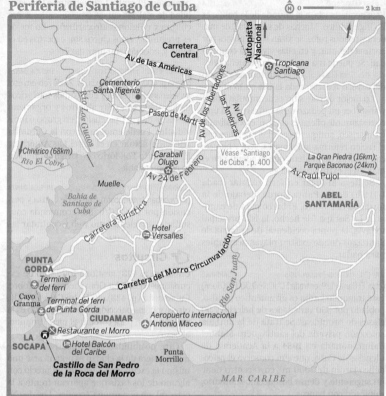

60 m en la entrada del puerto de Santiago, 10 km al suroeste de la ciudad. Las estupendas vistas que se observan desde la terraza superior abarcan el lado virgen de la costa occidental de Santiago, con la sierra Maestra como trasfondo.

El fuerte fue diseñado en 1587 por el famoso ingeniero militar Juan Bautista Antonelli (que también proyectó las fortalezas de La Punta y el Morro de La Habana), con el fin de proteger Santiago de los piratas que habían saqueado la ciudad en 1554. Por restricciones financieras, las obras no empezaron hasta 1633 (16 años después de la muerte de Antonelli) y siguieron de manera esporádica durante 70 años. Entretanto, el pirata británico Henry Morgan la saqueó y la destruyó parcialmente.

Terminado a principios de la década de 1700, las enormes baterías, bastiones, polvorines y muros del Morro tuvieron escasa oportunidad para cumplir con su verdadero propósito. Con el declive de la era de la piratería, la fortaleza se convirtió en prisión en la década de 1800 y siguió funcionando como tal (exceptuando un breve interludio durante la Guerra Hispano-Estadounidense) hasta que el arquitecto cubano Francisco Prat Puig logró presentar un plan de restauración a finales de la década de 1960.

Actualmente, la fortaleza alberga el **Museo de Piratería,** con otra sala dedicada a la batalla naval hispano-estadounidense que tuvo lugar en la bahía en 1898.

Como en La Habana, cada atardecer tiene lugar la **ceremonia del cañonazo,** con actores ataviados como mambises.

Para llegar al Morro desde el centro de la ciudad, se puede tomar el autobús nº 212 a Ciudamar y cubrir los últimos 20 min a pie. También puede tomarse un taxi de ida y vuelta desde el parque Céspedes, que saldrá por unos 15 CUC.

Cayo Granma   ISLA

Esta pequeña isla, a la entrada de la bahía, es un lugar idílico. Muchas de sus casas, de madera y tejados rojos, se alzan sobre pilotes por encima del mar, y en ellas vive una comunidad. Se puede ir a pie hasta la pequeña iglesia de San Rafael, en el punto más elevado del cayo, o recorrer toda la isla en 15 min.

Lo mejor de este sitio es deambular por él y absorber un pedazo de la Cuba real. El único restaurante oficial es el Cayo, especializado en marisco, aunque crecen las opciones con el recién reformado Palmares, azul y blanco, con listones de madera, que se adentra en el mar, en el extremo del cayo.

Se llega al lugar en ferri regular (cada 1/1½ h) desde Punta Gorda, debajo de la fortaleza del Morro. El barco para de camino a La Socapa (de hecho, la isla principal todavía, la punta occidental de la bahía de Santiago) donde existen playas aceptables para nadar.

Jardín de los Helechos   JARDINES

(ctra. El Caney 129; entrada 1 CUC; ◉9.00-17.00 lu-vi) Este tranquilo jardín es un auténtico paraíso, poblado por 350 variedades de helecho y 90 clases de orquídeas. Se trata de la antigua colección privada del santiaguero Manuel Caluff, donada en 1984 a la Academia de Ciencias de Cuba, que aún conserva el psicodélico jardín de 3000 m², cuyo centro tiene un sugerente y denso bosquecillo-santuario, salpicado con bancos.

La mejor época para contemplar las orquídeas es de noviembre a enero. Se puede llegar con el autobús n° 5 (0,20 CUP), que sale de la plaza de Marte, en el centro de Santiago. Otra opción sería el taxi. Hay 2 km desde el centro de Santiago de Cuba por la carretera a El Caney.

🍴 Cursos

La oferta es buena en Santiago; se imparten desde clases de música hasta cursos de arquitectura, pasando por muchos otros temas, y los hay oficiales y no oficiales. Para algunos se puede reservar antes de llegar a la ciudad, o bien, si la situación es propicia, es posible apuntarse en el momento.

Casa del Caribe   MÚSICA, DANZA

(plano p. 400; ☑64-22-85; calle 13 n° 154) Principal portal de todo lo relativo a la santería y lo folclórico, esta institución cultural ofrece clases de baile de conga, son y salsa (10 CUC/h). Uno de los maestros, Juan Eduardo Castillo, puede organizar, asimismo, clases de

percusión. El centro también ofrece la posibilidad de realizar cursos especializados sobre cultura y religiones afrocaribeñas. Lo mejor es preguntar; estos chicos son expertos en el tema y, además, son muy flexibles.

Ballet Folklórico Cutumba   MÚSICA, DANZA

(plano p. 400; Teatro Galaxia, av. 24 de Febrero esq. av. Valeriano Hierrezuelo) Los grupos folclóricos de Santiago son muy abiertos y organizan clases de danza y percusión, en grupo o individuales. Puede empezarse con la Cutumba que suele actuar en el Hotel Las Américas. El Conjunto Folklórico de Oriente también es recomendable.

Cuban Rhythm   MÚSICA, DANZA

(www.cubanrhythm.com) Clases de danza y percusión por 10 CUC/h. Se recomienda consultar su excelente sitio web y contratar las clases de antemano.

🧭 Circuitos

Cubatur (p. 423) gestiona todo tipo de excursiones, desde La Gran Piedra a El Cobre. Cubanacán (p. 423), en Hotel Casa Granda, ofrece gangas parecidas. Ecotur (p. 423) es la mejor opción para coronar el pico Turquino, al oeste.

Otra posibilidad para visitar puntos de interés fuera de la ciudad es organizarse uno mismo la excursión y negociar un precio con alguno de los taxis que aparcan frente a la catedral, en el parque Céspedes. Los de Cubataxi deberían cobrar unos 0,50 CUC/km para viajes más largos de lo habitual. Hay que acudir preparado: calcular el número aproximado de kilómetros que uno va a recorrer y tener en cuenta el tiempo de espera.

🎉 Fiestas y celebraciones

Pocas ciudades superan la variedad y viveza de las fiestas anuales de Santiago, que culminan en su carnaval (véase recuadro) la última semana de julio. También destacan las siguientes celebraciones:

Boleros de Oro   MÚSICA

(◉jun) Entre mediados y finales de junio tiene lugar este gran espectáculo de música melódica, que se repite en varias ciudades de todo el país.

Fiesta de San Juan   CULTURAL

(◉jun 24) La temporada estival comienza con esta fiesta, que incluye procesiones y congas a cargo de asociaciones culturales llamadas *focos culturales*.

LA LOCURA DEL CARNAVAL: UNA HISTORIA MUY VITAL

La complejidad cultural de Santiago hace de su estridente carnaval de julio uno de los más multitudinarios y genuinos do Caribe, con su caleidoscopio de disfraces, abundantes puestos de comida y suficiente música para despertar a los muertos. Se trata de una fiesta auténtica para quien haga frente al calor estival y no le importa tener que estirar el cuello y sufrir algún que otro empujón.

A diferencia de casi todos los carnavales latinoamericanos, el de Santiago no surgió en torno a una celebración de profunda trascendencia religiosa como la Cuaresma, sino de la fusión de varios días aislados de diversión llamados *mamarrachos*, próximos a días de santos como San Juan (24 de junio) o Santa Ana (26 de julio), pero sin especial relevancia religiosa. Su objetivo principal era dar un respiro a los trabajadores tras la recolección de la caña de azúcar, entre enero y mayo; de hecho, hubo una época en que se le conocía como "festivales de las clases bajas". Las autoridades españolas los toleraron como forma de distraer a los pobres de otras formas de insurrección más serias, y no tardaron en ser sinónimo de libertinaje y escándalo. En un delicioso toque de ironía moderna, el carnaval culmina hoy en el Día de la Rebeldía Nacional (26 de julio), en homenaje al asalto al cuartel Moncada, la rebelión más famosa (aunque fallida) de Cuba.

Los carnavales de Santiago alcanzaron quizá su apogeo a finales del s. XIX, aunque entonces eran simplemente *mamarrachos*, fiestas en las que había un poco de todo: carreras de caballos, grandes hogueras, luchas de comida, abundante consumo de alcohol, cantos de pullas (canciones satíricas) y lo que las autoridades españolas consideraban explícito baile sensual.

Hoy, el carnaval de Santiago ha perdido parte de su locura, pero sin moderarse del todo. Ya no hay carreras de caballos ni luchas de comida, pero el alcohol y la música siguen siendo clave. Un elemento distintivo son las comparsas, de origen satírico y hasta antisistema. Se subdividen, a su vez, en *congas*, espectáculos tradicionalmente más sencillos pero más enérgicos, protagonizados por grandes grupos de gente más modesta, con un frenético acompañamiento de percusión. También están los *paseos*, desfiles más elaborados, generalmente a caballo, más fastuosos y parecidos a las carrozas europeas. La avenida Victoriano Garzón es el punto neurálgico de los desfiles.

El Museo del Carnaval de Santiago (p. 403) ilustra su cultura e historia.

Fiesta del Fuego CULTURA
(☺ppios jul) Celebración del fuego.

Festival del Caribe CULTURA
(☺jul) Cultura caribeña.

Festival Internacional Matamoros Son MÚSICA
(☺oct) Homenaje a Miguel Matamoros, una de las figuras musicales santiagueras, este festival arranca a finales de octubre con bailes, conferencias, conciertos y talleres. La Casa de la Trova y el Teatro Heredia son algunos de los recintos.

Festival Internacional de Coros MÚSICA
(☺nov) A finales de noviembre, reúne a algunos de los grandes coros internacionales.

🛏 Dónde dormir

⭐ **Casa Terraza Pavo Real** CASA PARTICULAR **$**
(plano p. 404; ☏65-85-89; juanmarti13@yahoo.es; Santa Rita 362 esq. San Félix; h 25 CUC; ❀) Más

que una casa, el minuciosamente bien conservado hogar familiar de Juan Martí es un palacio, un prodigio de muebles antiguos, vidrieras que filtran la luz y escaleras de caracol. La guinda es un gran patio que recuerda a La Alhambra, con una relajante fuente, y una azotea con una amplia terraza donde viven dos elegantes pavos reales.

Si a ello se suman sus generosos desayunos de foto, sus techos pintados con gusto y otros pequeños detalles, como flores frescas en las habitaciones, podría ser una de las mejores casas particulares de Cuba.

Roy's Terrace Inn CASA PARTICULAR **$**
(plano p. 404; ☏62-05-22; roysterraceinn@gmail.com; Diego Palacios 177, entre Padre Pico y Mariano Corona; h 25 CUC; P❀) Era ya una casa con solera en el 2014, cuando Roy Pérez la adquirió, y hoy sigue liderando el alojamiento en Santiago con su espléndido mural de la ciudad pintado a mano, en la terraza de la 1ª planta. La experiencia de Roy en el sector de los cru-

MONCADA: EL MOVIMIENTO 26 DE JULIO

Fuera una gloriosa llamada a las armas o un golpe de Estado mal escenificado, la cuestión es que el asalto al cuartel Moncada de 1953 estuvo a punto de acabar con el incipiente movimiento castrista.

En 1952, Fulgencio Batista había dado un golpe de Estado que prácticamente había acabado con las ambiciones políticas de Fidel Castro, quien en las elecciones anuladas tras el golpe iba a presentarse por el Partido Ortodoxo. Castro decidió entonces tomar un atajo al poder y cambiar las urnas por el rifle.

El combativo Fidel y su lugarteniente, Abel Santamaría, seleccionaron a 116 hombres y 2 mujeres de su confianza, de La Habana y alrededores, y empezaron a entrenarlos como parte de un plan tan secreto que, en un principio, ni el hermano menor de Castro conocía.

El objetivo del plan era asaltar el Moncada, un importante cuartel militar en la rebelde Santiago de Cuba, que antes había sido una cárcel española. La idea última no era tomar el poder a raíz del asalto, sino hacerse con tanta munición como les fuera posible y escapar a la sierra Maestra, desde donde Castro y Santamaría planeaban liderar un levantamiento popular contra el régimen de Batista, que era apoyado por la mafia.

Castro eligió el Moncada porque, aunque era el segundo puesto militar más grande del país, su distancia respecto de La Habana garantizaba una pobre defensa. Con igual sagacidad, la fecha elegida para el asalto no fue otra que la inmediatamente posterior al carnaval santiaguero, un día en el que la resaca y el cansancio de policías y soldados estaban asegurados.

Sin embargo, conforme se acercaba la fecha del asalto, las cosas empezaron a torcerse. El secretismo del plan presentó no pocos inonvenientes. Muchos de los reclutas llegaron a la base de operaciones, cerca de Siboncy, sin saber que iban a tener que abrir fuego contra soldados armados, y cuando se enteraron se echaron atrás. Otro problema era que, dado que todos los moncadistas eran de la zona de La Habana (con la única excepción de Renato Guitar, santiaguero de 18 años), muchos no estaban familiarizados con el complejo trazado urbano de la ciudad; esto ocasionó que el día del asalto al menos dos de los coches se perdieran –temporalmente– de camino al cuartel.

El asalto en sí duró poco más de 10 min y estuvo a punto de acabar en debacle. El contingente se dividió en tres grupos. Un pequeño destacamento, liderado por Raúl Castro, tomó el aledaño Palacio de Justicia; el liderado por Abel Santamaría se hizo con el control de un cercano hospital militar; el grupo más grande, comandado por Fidel Castro, intentaría entrar en el cuartel.

Los dos destacamentos tuvieron éxito, al menos en un principio, pero el convoy de Fidel fue divisado en la distancia y, para cuando se dio la alarma, solo uno de los camiones había penetrado en el recinto militar.

Cinco rebeldes murieron en medio del caos desatado, hasta que Fidel, consciente de la futilidad del ataque, ordenó la retirada, que se dio de forma igualmente caótica. El grupo de Raúl también consiguió escapar, pero el del hospital (con Santamaría a la cabeza) fue capturado, y sus integrantes, torturados y ejecutados.

Fidel consiguió llegar a las montañas pero fue apresado unos días después del asalto; sin embargo, gracias al rechazo que las brutales ejecuciones habían ocasionado en la población, salvó la vida, hecho decisivo de cara al rumbo que la historia cubana habría de tomar.

De no haber sido por el éxito final de la rebelión, los acontecimientos del Moncada habrían pasado a la historia, si acaso, como una escaramuza sin importancia; sin embargo, vistos a través del prisma de la Revolución de 1959, han transcendido como el primer y glorioso paso para conseguirla. Además, el asalto proporcionó a Fidel ese púlpito político que tanto necesitaba. "La historia me absolverá", anunció confiado durante su juicio. Y 6 años después ya lo había hecho.

ceros ha hecho de él un perfeccionista. Las tres habitaciones tienen decoración temática (cultura afrocubana, misterios y marítima) y ofrecen numerosos extras gratis, como té y café, dominó y despertador.

Casa Colonial 'Maruchi' CASA PARTICULAR **$**
(plano p. 400; ☎62-07-67; maruchib@yahoo.es; Hartmann 357, entre General Portuondo y Máximo Gómez; h 25 CUC; ❈) Es un templo para todo lo relativo a la santería, y Maruchi, una en-

ciclopedia sobre religiones cubanas de origen africano. Aquí se encuentra todo tipo de gente: santeros, mochileros y estudiantes extranjeros que hacen el doctorado en la Regla de Ocha. Además, la comida es legendaria, y el frondoso patio, igual de sublime. Tiene tres habitaciones, una en la planta superior y dos muy bonitas abajo, delante del patio con muros de ladrillo.

Hotel Libertad
HOTEL $

(plano p. 404; ☑62-77-10; Aguilera 658; i/d 31/42 CUC; ✱@) La cadena cubana de hoteles económicos Islazul rompe con su obsesión por los feos bloques de cemento, de temática soviética, y se pasa a lo colonial en este venerable hotel azul celeste, en la plaza de Marte. Cuenta con 18 habitaciones limpias (a veces oscuras), de techos altos, y con un agradable restaurante a pie de calle. El ruido de la discoteca (hasta la 1.00) no es para tanto.

Nelson Aguilar Ferreiro y Deysi Ruiz Chaveco
CASA PARTICULAR $

(plano p. 404; ☑65-63-72; José A. Saco 513; h 20-25 CUC; ✱) En pleno centro, pero con un aire más sereno y residencial, es una de las mejores casas de Santiago, y su recóndito patio, lleno de plantas, custodia dos impecables habitaciones dobles. En la amplísima carta de la cena priman los platos vegetarianos.

Reydel Aguilar Ruiz
CASA PARTICULAR $

(plano p. 404; Donato Mármol; 20-25 CUC; ✱) Nueva casa en un edificio totalmente renovado del núcleo colonial, con tres elegantes habitaciones modernas y terraza privada.

Casa Yoyi
CASA PARTICULAR $

(plano p. 400; ☑62-31-66; Mariano Corona 54; 25-30 CUC; ✱) En el barrio de Los Hoyos, a 10 min del centro, ofrece modernidad y sosiego en sus amplias habitaciones de la 1ª planta, equipadas con TV de pantalla plana, brillantes grabados de flores y varios tipos de camas.

Casa Lola
CASA PARTICULAR $

(plano p. 400; ☑65-41-20; Mariano Corona 309, entre General Portuondo y Miguel Gómez; h 15-20 CUC; ✱) El gran jardín de la parte trasera de la habitación, con una glorieta, es un lugar perfecto para desconectar. La habitación en sí tiene una atractiva decoración, con un gran balcón que da a la calle.

Casa Mili
CASA PARTICULAR $

(plano p. 400; ☑66-74-56; calle 6 nº 156, entre av. 5 y 7; 12-15 CUC; ✱) Si el viajero está harto de las molestas motos del centro, puede escaparse hasta esta espaciosa casa del barrio residencial de Vista Alegre, con bellas columnas frontales y relucientes suelos.

Aichel y Corrado
CASA PARTICULAR $

(plano p. 404; ☑62-27-47; José A. Saco 516, entre Mayía Rodríguez y Donato Mármol; h 20-25 CUC; ✱) Situada en la popular calle José A. Saco (Enramadas), se trata de una casa con dos habitaciones sobre una terraza, a bastante distancia de la calle. La que está al frente es la mejor. Durante la visita de los autores se hablaba de ampliar las habitaciones y abrir un restaurante italiano.

Hotel Balcón del Caribe
HOTEL $

(☑69-15-06, 69-10-11; ctra. del Morro km 7,5; i/d incl. desayuno 24/38 CUC; P✱✱) Su excelente entorno junto al castillo del Morro se ve mermado por las debilidades habituales en los hoteles de la cadena Islazul: cortinas floreadas, colchones viejos y mobiliario de la década de 1970. Pero tiene una piscina y la vista resulta impresionante. Es mejor optar por una habitación dentro del complejo que por una cabaña exterior, más sucia. Dado que está a 10 km del centro, el transporte es un serio inconveniente.

Villa Gaviota
HOTEL $

(plano p. 400; ☑64-13-70; av. Manduley 502, entre calles 19 y 21, Vista Alegre; i/d 29/40 CUC; P✱✱) Situado en un remanso de paz, en Vista Alegre, este agradable hotel se ha modernizado recientemente y con resultados más que satisfactorios. Entre su oferta destacan una piscina, un restaurante, tres bares, una sala de billar y una lavandería.

★ Hostal San Basilio
HOTEL-BOUTIQUE $$

(plano p. 404; ☑65-17-02; Bartolomé Masó 403, entre Pío Rosado y Porfirio Valiente; i/d 65/90 CUC; ✱@) Este sugerente hotel de ocho habitaciones, que lleva el nombre original de la calle en la que está situado, es acogedor, cómodo y agradablemente actual, con un romántico ambiente colonial. Las habitaciones ofrecen pequeños lujos como reproductores de DVD, paraguas, básculas de baño y botellitas de ron en miniatura. El patio común está lleno de helechos. En un pequeño restaurante, sirven desayuno y almuerzo.

Hotel Rex
HOTEL $$

(plano p. 404; Victoriano Garzón; i/d 50/80 CUC; ✱☎) De nuevo en activo después de décadas como una ruina apolillada, es algo más que un oxidado cartel en la esquina de la plaza de Marte. El hotel que sirvió de base a los asaltantes del cuartel Moncada en 1953 ha renacido como un modesto pero cómodo alojamiento de precio medio, suspendido sobre la locura de las motos y el fondo musical del centro. Tranquilo no es, pero sí inequívocamente cubano.

Hotel Versalles
HOTEL **$$**

(☎69-10-16; Alturas de Versalles; i/d desayuno incl. 43/62 CUC; P✳✱) Este modesto hotel, que no hay que confundir con el barrio rumbero homónimo de Matanzas o la resplandeciente casa de Luis XIV, está a las afueras de la ciudad, junto a la carretera del Morro. Una reciente renovación ha inyectado algo de estilo a la sugerente piscina y a sus cómodas habitaciones con pequeñas terrazas.

Hotel Casa Granda
HOTEL **$$**

(plano p. 404; ☎65-30-24; Heredia 201; i/d 72/106 CUC; ☺Roof Garden Bar 11.00-1.00; ✳@) Este elegante hotel (1914), que Graham Greene describe con maestría en su novela *Nuestro hombre en La Habana*, cuenta con 58 habitaciones y un toldo clásico de rayas rojas y blancas. Greene solía alojarse en él a finales de la década de 1950. Medio siglo más tarde, su ambiente sigue teniendo fuerza.

Al margen de los pósteres del Che y de un servicio totalmente imprevisible en la recepción, pocas cosas han cambiado. El Roof Garden Bar, en la 5ª planta, justifica la consumición mínima de 2 CUC; y la terraza, justo encima del parque Céspedes, es de parada obligatoria para captar panorámicas de la ciudad. Puntualmente hay un bufé, y la música suena casi todas las noches.

Hotel las Américas
HOTEL **$$**

(plano p. 400; ☎64-20-11; av. Las Américas esq. General Cebreco; i/d 44/70 CUC; P✳@✱) Sus 70 habitaciones lucen la típica decoración de la cadena Islazul, aunque los servicios generales –restaurante, café 24 h, pequeña piscina, ocio nocturno y alquiler de vehículos– son muy completos para su precio.

Meliá Santiago de Cuba
HOTEL **$$$**

(plano p. 400; ☎68-70-70; av. Las Américas esq. calle M; i/d 120/160 CUC; P✳@☺✱) Un monstruo azul (o una maravilla, según los gustos de cada uno) diseñado por el respetado arquitecto cubano José A. Choy a principios de la década de 1990, el Meliá es el único hotel "internacional" de Santiago. Las habitaciones cuentan con bañera, hay tres piscinas, cuatro restaurantes, varias tiendas y un bonito bar en la 15ª planta. Lo malo es que está fuera

del centro y que carece del genuino encanto cubano.

✖ Dónde comer

Más de un millón de habitantes y una cultura capaz de intimidar a otras ciudades de tamaño parecido en todo el mundo, y, sin embargo, la escena de restaurantes de Santiago es pobre e irrisoria. Aunque la situación ha mejorado algo en los últimos 2 años, el conjunto aún es mediocre.

En el corazón del casco histórico, la calle José A. Saco está libre de tráfico hasta las 21.00, como mínimo, y allí pueden encontrarse toda clase de puestos ambulantes de comida.

★Rumba Café
CAFÉ, TENTEMPIÉS **$**

(plano p. 404; ☎58-02-21-53; Hartmann 466; sándwiches 2-5 CUC; ☺9.30-21.00 lu-ju, 9.30-22.00 vi-sa) Cabe imaginar lo que podría ser una típica tarde en Santiago: el acalorado viajero, huyendo del nuevo grupo de 'amigos' que le ofrecen puros, chicas o un circuito en bicicleta, entra en los frescos confines del Rumba Café. Como un etéreo refugio de las calurosas y agitadas calles de la segunda ciudad de Cuba, vibra con elegancia, discreción y una buena gestión. Destacan sus deliciosos tentempiés, sabrosas tartitas y excelentes cafés con leche.

Bendita Farándula
CARIBEÑA **$**

(plano p. 404; Monseñor Barranda s/n, entre Aguilera y Heredia; comidas 5-9 CUC; ☺12.00-23.00) Es uno de los mejores paladares emergentes de Santiago. Su ambiente recuerda a un bistró de una ciudad francesa de provincias. Es acogedor, tiene dos plantas con reflexiones de los clientes en las paredes y prepara el único pescado con leche de coco de Santiago y un buen filete de cerdo con jamón y queso.

El Barracón
CARIBEÑA **$**

(plano p. 400; ☎66-18-77; av. Victoriano Garzón; comidas 3-6,50 CUC; ☺12.00-23.00) Este restaurante estatal intenta relanzar las raíces de la cultura y la cocina afrocubanas con resultados desiguales. Su interior, mezcla de sugerente templo santero y ambiente cimarrón (esclavos fugitivos) resulta fascinante, pero la comida no supera la competencia de los paladares. Lo mejor es ceñirse a los deliciosos *tostones* (empanadillas de plátano macho frito), rellenos de chorizo y queso, o pedir el plato del día de cordero.

TUMBA FRANCESA: VUDÚ VERSALLESCO

El espectro de Haití, el vecino oriental galo de Cuba, se alzaba sobre las islas durante el final del período colonial, sobre todo en el Oriente. ¿Motivo? La Revolución. El alzamiento de esclavos de 1791 en Haití hizo huir a miles de aterrorizados terratenientes franco-haitianos hacia el oeste, a climas más seguros en los montes orientales de Cuba, llevando consigo a sus esclavos negros. A medida que los emprendedores desplazados construían molinos azucareros y cafetales en su nuevo hogar, sus esclavos fueron obligados a trabajar en incipientes fincas rurales, donde siguieron con la música y las prácticas culturales de la tierra que habían dejado atrás. Descendientes de esclavos llevados a Haití desde la colonia francesa de Dahomey (la actual Benín), en África, el eje de la cultura cubano-haitiana es un estilo híbrido de música y danza, conocido como tumba francesa. Inusual maridaje entre los bailes de salón franceses del s. XVIII y frenéticos ritmos de percusión de África occidental, la tumba francesa sería una especie de vudú combinado con Versalles, un trío de percusionistas acompañado por un coro femenino que canta en un *patois* francoafricano apenas inteligible. La música aporta acompañamiento a dos bailes clave: el masón –majestuosa parodia por parejas de las danzas de alta sociedad de los dueños de esclavos, que no habría desentonado en los pasillos del París de Luis XIV– y el yuba, más improvisado y atlético, también por parejas. En ambos, los participantes llevan elegantes atuendos del s. XIX: camisas blancas y coloridos mantones los hombres, y vestidos anchos hasta el tobillo y abanicos las mujeres.

Cuando, a finales de la década de 1800, los esclavos liberados emigraron a las ciudades, procedentes del campo, llevaron su música consigo y pronto surgieron sociedades de tumba francesa por todo el Oriente, hasta superar el centenar. Hoy solo quedan tres: la Santa Catalina de Ricci Pompadour, fundada en 1902 en la ciudad de Guantánamo; la Caridad de Oriente, de la década de 1870, en Santiago de Cuba; y el Bejuco de Sagua de Tánamo, en la provincia de Holguín. Asistir a una actuación permite visualizar un arte cada vez más raro. En el 2008, la tumba francesa, en peligro de desaparición, fue declarada Patrimonio Cultural Intangible por la Unesco.

Hotel Casa Granda · CAFÉ $

(plano p. 404; Heredia 201, Casa Granda; tentempiés 2-6 CUC; ☺9.00-24.00) Como un palco encalado sobre el improvisado cabaré del parque Céspedes, su parisina terraza es uno de los mejores sitios de Cuba para observar a la gente. Sirven tentempiés (hamburguesas, perritos calientes y sándwiches) y el servicio es impasible, casi malhumorado, pero con este entorno, ¿a quién le importa?

Jardín de las Enramadas · HELADERÍA $

(plano p. 400; José A. Saco esq. Gallo; helados 1-2 CUC; ☺9.45-23.45) Bajando desde el casco histórico de camino al puerto, este jardín, que ocupa una manzana, está dedicado a las plantas ornamentales y al fabuloso helado (que se sirve con nubes esponjosas y galletas). El servicio es ejemplar.

La Arboleda · HELADERÍA $

(plano p. 400; av. Libertadores esq. Victoriano Garzón; helados hasta 1 CUC; ☺10.00-23.40 ma-do) La catedral del helado santiaguera está algo alejada del centro, hecho que no parece afectar a la longitud de las colas. Lo normal es

que haya que pedir turno y esperar. También venden batidos.

Santiago 1900 · CARIBEÑA $

(plano p. 404; Bartolomé Masó 354; comidas 2-6 CUC; ☺12.00-24.00) En la antigua residencia Bacardí, este elegante comedor, que ha recuperado recientemente sus aires coloniales *fin de siècle*, permite tomar platos de pollo, pescado o cerdo. Las normas de vestimenta son estrictas: están prohibidos los pantalones cortos y las camisetas.

La Fortaleza · CUBANA $

(plano p. 400; av. Manduley esq. calle 3; comidas 3-7 CUC; ☺12.00-23.30) El marco adecuado entre mansiones de Vista Alegre, un amplio y tentador patio con sombra, buena comida (que se paga en pesos) y música en directo a la hora del almuerzo... Pero un cero en calidad de servicio.

Restaurante España · PESCADO $

(plano p. 400; av. Victoriano Garzón; comidas 3-7 CUC; ☺12.00-22.00) Hay que prepararse para la explosión ártica del aire acondicionado y revisar los prejuicios sobre la comida cubana antes de entrar. Está especializado en pescado y marisco cocinado con garbo y, a veces, con hierbas frescas. Se recomienda la langosta o las gambas, no así el vino cubano, que es casi imbebible.

★ St Pauli INTERNACIONAL $$

(plano p. 404; ✆65-22-92; José A. Saco 605; comidas 4-11 CUC; ⊙12.00-23.00) En una ciudad sin gran tradición culinaria, ha arrasado como un huracán en un desierto gastronómico. Si el viajero recorre su pasillo, decorado con murales junto a la calle peatonal Saco, hallará un restaurante que ofrece una cálida bienvenida y un amplio menú, expuesto en una pizarra, a precio razonable. Destacan el pulpo al ajillo o el pollo a la parrilla cubierto con jamón y queso, ideales para poner celoso hasta al habanero más esnob. Alfredo, su ambicioso propietario, ha abierto al lado una coctelería-club.

Compay Gallo INTERNACIONAL $$

(plano p. 400; ✆65-83-95; Máximo Gómez 503 (altos), comidas 4-10 CUC; ⊙12.00-23.00) En una planta superior de una típica calle estrecha, en la cúspide del centro, este restaurante sobresale entre los demás, sin miedo a ofrecer platos tradicionales, de forma tal que la debacle económica de los años noventa parece un recuerdo distante. Se recomiendan el entran-

te de cóctel de gambas y el ragú de cordero con abundantes verduras.

Ristorante Italiano La Fontana ITALIANA $$

(plano p. 400; av. Las Américas esq. calle M, Meliá Santiago de Cuba; pizzas 5-8 CUC; ⊙12.00-23.00) Pizza deliciosa y lasaña formidable, raviolis y pan de ajo: sin duda la mejor opción para descansar de tanto pollo y cerdo.

Restaurante Matamoros CARIBEÑA $$

(plano p. 404; Aguilera esq. Porfirio Valiente; comidas 5-10 CUC) Arte interesante en las paredes, un par de muchachas que cantan boleros y una carta aceptable (si el viajero se conforma con pollo y cerdo) han insuflado un poco de vida a este restaurante de la plaza Dolores, que celebra la vida y la carrera de los grandes exponentes del son cubano: el Trío Matamoros.

Restaurante El Morro CARIBEÑA $$

(✆69-15-76; castillo del Morro; comidas 12 CUC; ⊙ 10.00-16.30) Su espectacular ubicación, abrazado a un castillo junto a un acantilado, ayuda a realzar los sabores, pero años de trato con grandes grupos de turistas han agotado a su personal, y comer aquí apretujado entre cincuentones europeos y norteamericanos no es precisamente la experiencia más auténtica. Ello no desalentó a Paul McCartney, que estuvo aquí en el 2000 durante su visita relámpago (su plato cuelga orgulloso de la pared).

BAILE FOLCLÓRICO EN SANTIAGO DE CUBA

Ver a un grupo de baile folclórico es una experiencia cultural sin igual. En Santiago hay una docena (más que en ninguna otra ciudad cubana), que enseñan e interpretan bailes tradicionales afrocubanos y transmiten su legado a futuras generaciones. Casi todos datan de principios de la década de 1960 y reciben un sólido apoyo del Gobierno cubano.

Un buen lugar para informarse sobre sus próximas actuaciones es la Casa del Caribe (p. 412) en Vista Alegre, donde muchos de ellos se reúnen y actúan.

El más veterano es el Conjunto Folklórico de Oriente (plano p. 400; Teatro Heredia), formado en 1959, con base en el Teatro Heredia. Interpretan una gran variedad de danzas afrocubanas, desde gagá y bembé a tumba francesa. El Ballet Folklórico Cutumba (plano p. 400; Teatro Galaxia, av. 24 de Febrero esq. Valeriano Hierrezuelo; entrada 2 CUC) es una filial del grupo de Oriente, formada en 1976. Ensayan en el Teatro Galaxia, de 9.00 a 13.00, de martes a viernes.

Para ver pura tumba francesa se aconseja la Tumba Francesa La Caridad de Oriente (plano p. 400; Pío Rosado 268), uno de los tres únicos grupos franco-haitianos que quedan en Cuba. Se puede asistir a sus ensayos los martes y jueves a las 21.00.

El Carabalí Olugo (ctra. del Morro esq. av. 24 de Febrero) y el Carabalí Izuama (plano p. 400; Pío Rosado 107) son comparsas que representan a los barrios del Tivolí y Los Hoyos en el carnaval de Santiago. Ambos descienden de los cabildos del s. xix o hermandades formadas siguiendo líneas étnicas, algo que sigue reflejándose en su música.

La Compañía Danzaría Folklórica Kokoyé (plano p. 400), más actual, se formó en 1989 para promocionar la danza afrocubana entre los turistas. Actúan los sábados por la noche y domingos por la tarde en la Casa del Caribe.

Según los camareros, el vegetariano más famoso del mundo se conformó con una tortilla. Es buena opción el menú completo de comida criolla (12 CUC), que incluye sopa, cerdo asado, un pequeño postre y una bebida. Hay que tomar el autobús nº 212 a Ciudamar y caminar los últimos 20 min, o bien llegar en taxi.

La Teresina   CARIBEÑA $$
(plano p. 404; Aguilera, entre Porfirio Valiente y Mayía Rodríguez; comidas 5-12 CUC; ⊙11.00-23.00) Uno de los tres tentadores restaurantes que hay en la plaza de Dolores que no acaba de estar a la altura de su espléndido escenario colonial. Con todo, la terraza tiene sombra, las cervezas son asequibles y la comida –una conocida combinación de espaguetis, *pizza* y pollo– es suficiente para saciar el apetito.

Madrileño   INTERNACIONAL $$$
(plano p. 400; ☏64-41-38; comidas 7-18 CUC; ⊙ 12.00-23.00) Audaz y respetuoso esfuerzo por insuflar algo de vida al panorama gastronómico de Santiago, desde una elegante casa colonial de Vista Alegre. El comedor ocupa un patio amenizado por los gorjeos de pájaros enjaulados. Ofrece buena comida italiana, como pasta, o sabores caribeños marinados en la barbacoa, glaseados, atados y perfectamente especiados. Los suculentos bistecs ahumados o las brochetas de marisco son también recomendables. Dada su popularidad, no es mala idea reservar.

Restaurante Zunzún   CARIBEÑA $$$
(plano p. 400; av. Manduley 159; comidas 12-18 CUC; ⊙12.00-22.00) En esta mansión convertida en restaurante se puede cenar al antiguo estilo burgués. Situado en el que fuera el exclusivo barrio de Vista Alegre, este ha sido siempre uno de los mejores restaurantes de la ciudad, aunque algo caro. Entre los platos más 'exóticos' se encuentran el curri de pollo, la paella y la formidable tabla de quesos (con coñac incluido).

Compra de alimentos
Supermercado
Plaza de Marte   SUPERMERCADO $
(plano p. 404; av. Victoriano Garzón; ⊙9.00-18.00 lu-sa, hasta 12.00 do) Uno de los mejores de la ciudad, con una gran selección de helados y agua embotellada a buen precio. Está en la esquina noreste de la plaza.

Panadería Doña Neli   PANADERÍA $
(plano p. 404; Aguilera esq. General Serafín Sánchez; panes/tentempiés 0,50-1 CUC; ⊙7.00-19.00) Pana-

dería en la plaza de Marte que vende pan y tartas que huelen divinamente (se paga en pesos).

Mercado municipal   MERCADO $
(plano p. 400; Aguilera esq. Padre Pico) El mercado principal, dos manzanas al oeste del parque Céspedes, cuenta con un pobre surtido, teniendo en cuenta el tamaño de la ciudad.

🍷 Dónde beber y vida nocturna

La azotea del Hotel Casa Granda (p. 416) es ideal para tomar una copa con vistas, así como la grata terraza trasera de la Maqueta de la Ciudad durante el día (p. 403). En el Museo del Ron (p. 403) hay un bar cutre pero aceptable (solo durante el día).

★ Bar Sindo Garay   BAR
(plano p. 404; Tamayo Fleites esq. General Lacret; ⊙ 11.00-23.00) Museo dedicado a uno de los músicos de trova más famosos de Cuba (Sindo Garay, célebre por su *Perla marina*) y bar a la vez, en este elegante y bullicioso local de dos niveles, en la peatonal Tamayo Fleites, sirven magníficos cócteles.

Café Ven   CAFÉ
(plano p. 404; José A.Saco, entre Hartmann y Pío Rosado; ⊙9.00-21.00) Pequeño café situado en la bulliciosa Saco (Enramadas), con eficaz aire acondicionado, interesantes objetos propios de los cafetales y clientes italianos que mantienen a su personal ocupado preparando capuchinos.

Café La Isabelica   CAFÉ
(plano p. 404; Aguilera esq. Porfirio Valiente; ⊙ 9.00-21.00) Oscuro café tipo cantina, lleno de humo, que cobra sus cafés en pesos. Hay que olvidarse del café con leche; aquí solo hay java cubano.

Club Náutico   BAR
(plano p. 400; junto a p° Alameda; ⊙12.00-24.00) Su bar de estilo *ranchón*, suspendido sobre el agua y con buenas vistas de la bahía, anima el paseo Alameda, y es un lugar fresco para escapar del calor abrasador de Santiago. Preparan comida barata, como langosta y otras clases de marisco. Se paga tanto en pesos como en convertibles.

☆ Ocio

En Santiago, hablar de "muchísimas posibilidades" es quedarse corto. Para enterarse de lo que pasa, consúltese la *Cartelera Cultural,* que se publica dos veces por semana. La recepción del Hotel Casa Granda (p. 416) suele facilitar copias. Los sábados por la noche, la calle José A. Saco es el escenario de la **Noche Santiaguera**, en la que la comida callejera, la música y el gentío forman una fiesta al aire libre que dura toda la noche. Mientras, la calle Heredia es una cacofonía musical de trompetas, bongos y guitarras. Para descubrir los rincones más secretos, hay que rondar por la calle y dejarse seducir por el sonido.

★**Casa de las Tradiciones** MÚSICA EN DIRECTO
(plano p. 400; General J. Rabí 154; entrada 1 CUC; ⊙desde 20.30) El lugar "por descubrir" más conocido de Santiago aún conserva su aire de sala de estar llena de humo y donde se marca el ritmo con los pies. Oculto en el refinado barrio de Tivolí, aquí se turnan para improvisar conjuntos, cantantes y solistas de Santiago. Las noches de los viernes están reservadas para la trova clásica del estilo Ñico Saquito y otros. Hay un bar mugriento, además de obras de arte.

Casa de la Trova MÚSICA EN DIRECTO
(plano p. 404; Heredia 208) Abrió sus puertas hace más de cinco décadas y continúa siendo la cuna de la música tradicional en Santiago. Atrae a los grandes nombres de la música, entre ellos Eliades Ochoa, del Buena Vista Social Club. Conforme avanza la tarde, el ambiente se va caldeando y empieza a gravitar hacia el piso de arriba, que, llegadas las 22.00, se presenta abarrotado de gente.

Tropicana Santiago CABARÉ
(entrada desde 35 CUC; ⊙desde 22.00 mi-do) Todo lo que puede hacer La Habana, Santiago lo puede hacer mejor (o al menos más barato). Inspirado en el Tropicana original y con la típica profusión de plumas y oropeles de los espectáculos de Las Vegas, este cabaré recibe muy buena crítica por parte de las agencias turísticas de la ciudad, que lo ofertan por 35 CUC con transporte incluido (el espectáculo de La Habana cuesta el doble, pero no es el doble de bueno). Queda fuera de Santiago, 3 km al norte del Hotel Las Américas, y, dado que la única forma de llegar es en taxi o con coche alquilado, la oferta de las agencias merece la pena. La mejor función es la del sábado por la noche.

Casa de Cultura Josué País García MÚSICA EN DIRECTO
(plano p. 404; ☎62-78-04; Heredia 204; entrada 1 CUC; ⊙desde 21.00 mi, vi y sa, 13.00 do) Lo mejor

es tomar una silla (o quedarse de pie en la calle) y prepararse para lo que este espontáneo lugar pueda ofrecer: danzón con orquesta, rumba folclórica, trovadores enamorados o rítmico regáetón.

Patio ARTex MÚSICA EN DIRECTO
(plano p. 404; Heredia 304; ⊙11.00-23.00) GRATIS Es una tienda y es un club, y sus paredes están cubiertas de obras de arte; el patio interior sirve de escenario para actuaciones en directo, tanto de día como de noche. Una buena opción para cuando la Casa de la Trova está demasiado llena. Durante la visita de los autores estaba en reformas.

Patio Los Dos Abuelos MÚSICA EN DIRECTO
(plano p. 404; Francisco Pérez Carbo 5; entrada 2 CUC; ⊙9.30-2.00 lu-sa) Este local de música en directo, con un ambiente más sosegado, es un bastión del son cantado al estilo tradicional. Los músicos suelen ser profesionales con bastante experiencia.

★**Iris Jazz Club** JAZZ
(plano p. 404; General Serafín Sánchez, entre José A. Saco y Bayamo; entrada 5 CUC; ⊙espectáculo 22.30) Cuando Santiago se vuelve caluroso, ruidoso y agitado, se impone este club, uno de los mejores y más sofisticados de Cuba, donde el cliente puede sentarse en un cómodo reservado, rodeado de fotos de figuras del género, y ver a intuitivos exponentes del pequeño pero significativo panorama jazzístico santiaguero.

Teatro José María Heredia TEATRO
(plano p. 400; ☎64-31-90; av. Las Américas esq. av. Desfiles; ⊙taquilla 9.00-12.00 y 13.00-16.30) El enorme y moderno teatro de Santiago fue construyó a principios de la década de 1990 y también hace las veces de centro de convenciones. La Sala Principal, con sus 2459 localidades, a menudo acoge conciertos de rock y de música tradicional, mientras que en el Café Cantante Niágara, con un aforo de 120 localidades, se celebran espectáculos más 'esotéricos'. El Conjunto Folklórico de Oriente tiene su sede aquí.

Santiago Café CABARÉ
(plano p. 400; av. Las Américas esq. calle M; entrada 5 CUC; ⊙22.00-2.00 sa) Esta es la versión, algo menos espectacular, del Tropicana que ofrece el Hotel Meliá Santiago de Cuba. Los cabarés tienen lugar los sábados, seguidos de una sesión de discoteca. Se halla en la 1ª planta del hotel. En la 15ª planta está el emocionante Bello Bar.

PROVINCIA DE SANTIAGO DE CUBA SANTIAGO DE CUBA

MISTERIOS DE PALO MONTE

La comprensión de las religiones cubanas de origen africano es tarea ardua. La más famosa y con mayor número de practicantes es la santería, pero Palo Monte (o Regla de Congo o Palo Mayombe) es infinitamente más misteriosa y ha sido menos estudiada.

A igual que la santería, se trata de una religión sincrética que data de la época de la esclavitud. Los esclavos traídos de África a través del Atlántico ocultaban sus creencias animistas tras una pantalla de humo católica, fingiendo venerar santos cristianos al tiempo que adoraban en secreto a sus propias deidades.

Pero mientras la santería procede de las religiones de habla yoruba de la actual Nigeria, Palo Monte tiene origen bantú. Sus ritos y credo fueron introducidos por esclavos llegados a Cuba desde la cuenca del Congo, en África central.

Otra diferencia clave entre Palo Monte y la santería reside en su esencia. La santería resalta sus deidades; Palo Monte gira en torno al culto a los ancestros y la creencia en poderes terrenales naturales, como el agua, las montañas y, sobre todo, los palos, que, según dicen, producen poderes espirituales. Usan palos especiales para decorar altares adornados con vasijas religiosas sagradas llamadas *nkisi* (muñecas o estatuillas de aspecto humano), que se creen habitadas por espíritus. El viajero sabrá que está en un templo de Palo Monte cuando vea un 'altar' con un caldero *(nganga)* repleto de palos, piedras y huesos de difuntos, a menudo con un crucifijo encima.

Palo Monte posee deidades propias (Kimpungulu) y un dios creador (Nzambi). Aunque menos importantes y conocidas que las *orishas* de la santería, están igualmente asociadas con santos católicos. Así, Kimbabula (dios del viento) está vinculado a san Francisco, y Nsasi (dios del trueno) a santa Bárbara (Changó en la santería).

Debido a su naturaleza hermética, Palo Monte no suele ser comprendido y abundan los relatos de magia negra y saqueo de tumbas, la mayoría falsos. Sus bastiones son Santiago de Cuba, Regla y Guanabacoa (La Habana), Matanzas, Bahía Honda (provincia de Artemisa) y Palmira (Cienfuegos).

PROVINCIA DE SANTIAGO DE CUBA DE COMPRAS

Teatro Martí TEATRO
(plano p. 400; Félix Peña 313; 🖶) Está cerca de General Portuondo, enfrente de la iglesia de Santo Tomás; los sábados y domingos hay espectáculo infantil a las 17.00.

Sala de Conciertos Dolores MÚSICA EN DIRECTO
(plano p. 404; Aguilera esq. Mayía Rodríguez; ⊘desde 20.30) En esta antigua iglesia de la plaza de Dolores tienen su sede la Sinfónica del Oriente y un impresionante coro infantil (17.00). La cartelera se expone a la entrada.

Orfeón Santiago MÚSICA EN DIRECTO
(plano p. 404; Heredia 68) Se trata de coro clásico cuyos ensayos a veces es posible presenciar; tienen lugar de lunes a viernes, de 9.00 a 11:30.

Subway Club MÚSICA EN DIRECTO
(plano p. 404; Aguilera esq. Mayía Rodríguez; 5 CUC; ⊘20.00-2.00) Un nuevo local con estilo, que ofrece actuaciones de cantantes en solitario, acompañados de una estupenda música de piano. Para pasar un buen rato.

Cine Rialto CINE
(plano p. 404; Félix Peña 654) Junto a la catedral, este cine es uno de los pocos en activo en la ciudad. De vez en cuando programan películas en inglés subtituladas.

Uneac CENTRO CULTURAL
(Unión de Escritores y Artistas de Cuba; plano p. 404; Heredia 266) Es la primera parada para los amigos del arte que buscan consuelo intelectual en forma de charlas, talleres y actuaciones, en un estupendo patio colonial.

Estadio de Béisbol
Guillermón Moncada DEPORTE
(plano p. 400; av. Las Américas) Queda en la parte noreste de la ciudad. Entre octubre y abril hay partidos los martes, miércoles, jueves y sábados a las 19.30, y los domingos a las 13.30 (1 CUP). Los Avispas son los principales rivales de Los Industriales de La Habana. Ganaron el campeonato nacional en los años 2005, 2007, 2008 y 2010. Cubanacán organiza salidas para ver partidos de Los Avispas, seguidos de una visita a los vestuarios para conocer a los jugadores.

🔒 De compras

La creatividad innovadora está inscrita en las persianas de la Santiago colonial. Un breve paseo por el casco histórico pondrá al descubierto atractivas obras de arte. Muchos días se montan puestos de artesanía en la calle Heredia.

ARTex
Desde alfombrillas para el ratón hasta baratijas del Che, la tienda (plano p. 404; General Lacret, entre Aguilera y Heredia; ☺9.00-16.30 lu-sa) situada debajo de Hotel Casa Granda vende todo tipo de recuerdos imaginables. La otra tienda (plano p. 404; Heredia 208, Patio ARTex; ☺11.00-19.00 ma-do), en la Casa de la Trova, se ocupa más de la música, con una respetable selección de CD y cintas.

Discoteca Egrem
MÚSICA
(plano p. 404; José A. Saco 309; ☺ 9.00-18.00 lu-sa, hasta 14.00 do) En esta tienda de los Estudios Egrem, la última palabra en tiendas especializadas de música en Cuba, hay un buen surtido de músicos autóctonos.

La Maison
ROPA
(plano p. 400; av. Manduley 52; ☺10.00-18.00 lu-sa) Versión santiaguera de la casa de modas más famosa de La Habana; está ubicada en una antigua y elegante mansión de Vista Alegre.

Galería de Arte de Oriente
ARTE Y ARTESANÍA
(plano p. 404; General Lacret 656) Probablemente la mejor de Santiago de Cuba; las exposiciones son realmente buenas.

Centro de Negocios
Alameda
CENTRO COMERCIAL
(plano p. 400; av. Jesús Menéndez esq. José A. Saco; ☺8.30-16.30) Se trata de un centro comercial situado en un edificio colonial, y forma parte del último proyecto de regeneración del puerto. Dispone de internet, una farmacia, la oficina de inmigración y un mostrador de Cubanacán, además de tiendas.

Librería Internacional
LIBROS
(plano p. 404; ☐68-71-47; Heredia, entre General Lacret y Félix Peña) En el extremo sur del parque Céspedes. También venden postales y sellos.

Librería la Escalera
LIBROS
(plano p. 404; Heredia 265; ☺10.00-23.00) Un verdadero museo de libros viejos y raros, amontonados hasta el techo. En la escalera suelen sentarse trovadores ataviados con sombrero, que rasguean la guitarra.

ℹ Información

Santiago es célebre, incluso entre los cubanos, por sus molestos *jineteros*, todos dedicados a un sector: puros, paladares, chicas o 'circuitos' no oficiales. A veces parece imposible dejar de sentirse un billete con piernas, pero un 'no' firme y algo de humor suelen mantener a raya a los más pesados.

El tráfico de Santiago solo se ve superado por el de La Habana por sus indeseables efectos sobre el medioambiente. La enorme cantidad de motociclistas que se mueven en zigzag por las calles de la ciudad empeoran las cosas para los peatones, y las aceras, estrechas o inexistentes, añaden más obstáculos a una mezcla ya de por sí peligrosa.

URGENCIAS
Asistur (plano p. 404; ☐68-61-28; www.asistur.cu; Heredia 201) Situada debajo del Hotel Casa Granda, esta oficina se especializa en prestar asistencia a extranjeros, principalmente en los ámbitos de los seguros y financiero.
Policía (☐116; Mariano Corona esq. Sánchez Hechavarría)

ACCESO A INTERNET Y TELÉFONO
Hay wifi en el Hotel Rex (p. 415) y el Meliá Santiago de Cuba (p. 416). Para el Meliá hay que adquirir un pase de 2 h en recepción (12 CUC). En el Rex se utiliza una tarjeta de Etecsa (4,50 CUC, 1 h).
Etecsa Multiservicios (Heredia esq. Félix Peña; 4,50 CUC/h; ☺8.30-19.30) Tres terminales de internet en una pequeña oficina, en la plaza Céspedes.
Etecsa Telepunto (Hartmann esq. Tamayo Fleites; 4,50 CUC/h; ☺8.30-19.30)

ASISTENCIA MÉDICA
Clínica Internacional Cubanacán Servimed (☐64-25-89; av. Raúl Pujol esq. calle 10, Vista Alegre; ☺24 h) También cuentan con un dentista.
Farmacia Clínica Internacional (☐64-25-89; av. Raúl Pujol esq. calle 10; ☺24 h) La mejor farmacia de la ciudad. Venden productos en convertibles.
Farmacia Internacional (☐68-70-70; Meliá Santiago de Cuba, av. Las Américas esq. calle M; ☺8.00-18.00) En el vestíbulo del Meliá Santiago de Cuba, venden medicamenteos en convertibles.

DINERO
Banco de Crédito y Comercio (Félix Peña 614; ☺9.00-15.00 lu-vi) En el discordante edificio moderno de la plaza Céspedes.
Banco Financiero Internacional (av. Las Américas esq. calle I; ☺9.00-15.00 lu-vi)
Bandec (Félix Peña esq. Aguilera; ☺9.00-15.00) Hay otra sucursal en José A. Saco (José A. Saco esq. Mariano Corona).

Cadeca Tiene sucursales en el Hotel Las Américas (av. Las Américas esq. General Cebreco; ☺7.30-19.30), José A. Saco (José A. Saco 409; ☺8.30-16.00 lu-vi, 8.30-11.30 sa) y Meliá Santiago de Cuba (av. Las Américas esq. calle M; ☺7.30-19.30).

CORREOS

Oficina de correos (☺8.00-20.00 lu-sa) Oficinas en Aguilera (plano p. 404; Aguilera 519) y calle 9 (plano p. 400; calle 9, ampliación de Terrazas), cerca de la avenida General Cebreco, donde también tienen teléfonos.

INFORMACIÓN TURÍSTICA

Cubanacán (plano p. 404; Heredia 201) Útil mostrador en el Hotel Casa Granda.

Cubatur (plano p. 400; av. Victoriano Garzón 364 esq. calle 4) Hay otra sucursal en Heredia (plano p. 404; Heredia 701; ☺8.00-20.00)

Ecotur (plano p. 404; ☑68-72-79; General Lacret 701 esq. Hartmann) En el mismo edificio que Infotur, es la mejor opción para excursiones guiadas al pico Turquino.

Infotur (plano p. 404; ☑66-94-01; General Lacret 701 esq. Heredia) Buena ubicación y personal atento. También hay una oficina en el aeropuerto internacional Antonio Maceo.

Oficina Reservaciones de Campismo (plano p. 404; Cornelio Robert 163; ☺8.30-12.00 y 13.00-16.30 lu-vi, 8.00-13.00 sa) Información sobre los campismos el Caletón Blanco y La Mula.

ℹ️ Cómo llegar y salir

AVIÓN

El aeropuerto internacional Antonio Maceo (SCU; ☑69-10-14) está 7 km al sur de Santiago, junto a la carretera del Morro. Aquí llegan vuelos internacionales desde Santo Domingo (República Dominicana), Toronto y Montreal con **Cubana** (José A. Saco esq. General Lacret). Toronto y Montreal están también comunicados por **Sunwing** (www.sunwing.ca); **AeroCaribbean** (www.fly-aerocaribbean.com) vuela semanalmente entre Santiago y Puerto Príncipe (Haití). **American Eagle** (www.aa.com) opera vuelos chárter frecuentes a/desde Miami, que dan servicio a la comunidad cubano-americana.

A escala nacional, Cubana ofrece dos o tres vuelos directos diarios desde La Habana a Santiago (136 CUC aprox. ida, 1½ h). También hay servicios a Holguín con Aerogaviota.

AUTOBÚS

La estación nacional de autobuses (plano p. 400; av. Libertadores esq. calle 9), frente al monumento a Heredia, está 3 km al noreste del parque Céspedes. Los autobuses de **Víazul** (www.viazul.cu) salen de la misma estación.

El autobús a La Habana para en Bayamo (7, 2 h), Holguín (11 CUC, 3½-4 h), Las Tunas (11 CUC, 5 h), Camagüey (18 CUC, 7½ h), Ciego de Ávila (24 CUC, 9½ h), Sancti Spíritus (28 CUC, 10-10½ h) y Santa Clara (33 CUC, 11-12 h). El de Trinidad sirve para ir a Bayamo, Las Tunas, Camagüey, Ciego de Ávila y Sancti Spíritus. El de Baracoa para en Guantánamo.

TREN

La moderna estación de trenes (av. Jesús Menéndez esq. Martí), de estilo francés, está situada cerca de la fábrica de ron, al noroeste del centro. El Tren Francés sale cada tres días hacia La Habana (especial 50 CUC/1ª clase 62 CUC, 16 h), con paradas en Camagüey (11 CUC) y Santa Clara (20 CUC). Durante la visita de los autores, el servicio estaba suspendido por la puesta a punto de los vagones, pero debería estar operativo de nuevo cuando esta guía se publique. Conviene comprobar con tiempo los horarios de las salidas.

El tren "coche-motor" (30 CUC) es más lento y también cubre la ruta hasta La Habana cada tres días, cuando no funciona el Tren Francés. Adicionalmente, para en Las Tunas, Ciego de Ávila, Guayos y Matanzas.

Los horarios de los trenes en Cuba son bastante poco fiables. Es casi esencial verificar con antelación todos los detalles del trayecto que se desee realizar y comprar los billetes lo antes posible.

CAMIÓN

De la **estación de autobuses intermunicipal Serrano** (plano p. 400; av. Jesús Menéndez esq. Sánchez Hechavarría), cerca de la esta-

SALIDAS DE AUTOBUSES VÍAZUL DESDE SANTIAGO DE CUBA

DESTINO	TARIFA (CUC)	DURACIÓN (H)	SALIDAS DIARIAS
Baracoa	15	4¾	1.50, 8.00
La Habana	51	13-14½	0.30, 6.30, 16.00
Trinidad	33	11½	19.30
Varadero	49	15	20.00

ción de trenes a Guantánamo y Bayamo, salen camiones de pasajeros durante todo el día. Los trayectos apenas cuestan unos pesos. Por la mañana suele ser más fácil encontrar vehículos y plazas libres. Para los destinos indicados, no hay que acudir a la ventanilla de la estación, sino simplemente buscar la camioneta correcta, a la entrada de la terminal. De esta estación también salen las que van a Caletón Blanco y Chivirico.

La **estación intermunicipal de autobuses** (plano p. 400; terminal 4, av. Libertadores esq. calle 4), 2 km al noreste del parque Céspedes, cuenta con dos servicios diarios a El Cobre y otros dos a Baconao.

❶ Cómo desplazarse

A/DESDE EL AEROPUERTO

Los trayectos en taxi deberían rondar los 10 CUC, pero a menudo los conductores intentan cobrar más. Lo mejor es negociar un precio de forma clara antes de montarse. También se puede llegar al aeropuerto con el autobús nº 212, que sale de la avenida de los Libertadores, enfrente del Hospital de Maternidad. El autobús nº 213 también va al aeropuerto y sale de la misma parada, pero primero pasa por Punta Gorda. Ambos paran una vez pasado el extremo oeste del aparcamiento del aeropuerto, a la izquierda de las entradas.

A/DESDE LA ESTACIÓN DE AUTOBUSES/TRENES

Para ir desde la estación al centro, una de las mejores opciones es el coche de caballos: el trayecto cuesta 1 CUP y llega hasta la torre del reloj del parque Alameda; desde allí, la calle Aguilera (a la izquierda) sube hasta el parque Céspedes. Los coches de caballos entre la terminal nacional de ómnibus (se anuncian al grito de "Alameda") y la estación de trenes (1 CUP) recorren las avenidas Juan Gualberto Gómez y Jesús Menéndez. Un taxi a la estación de autobuses Víazul cuesta 4 CUC.

AUTOBÚS Y CAMIÓN

Entre los autobuses urbanos más útiles se cuentan el nº **212** al aeropuerto y Ciudamar, el nº **213** (plano p. 400) a Punta Gorda (ambos salen de la avenida de los Libertadores, frente al Hospital de Maternidad, y recorren Félix Peña, en el casco histórico, hacia el sur), y los nº **214 o 407** (plano p. 400) a Siboney, desde las proximidades de la avenida de los Libertadores 425. El nº **5** (plano p. 400) a El Caney para en la esquina noroeste de la plaza de Marte y entre General Cebreco y la calle 3, en Vista Alegre. Estos autobuses

(0,20 CUP) pasan más o menos cada hora; los camiones de pasajeros hacen las mismas rutas y circulan con mayor frecuencia (1 CUP). Las camionetas a El Cobre y a otros puntos del norte salen de la avenida de las Américas.

Tanto en las camionetas como en los autobuses conviene tener cuidado con los carteristas y no perder de vista la mochila.

AUTOMÓVIL Y CICLOMOTOR

Santiago de Cuba sufre una escasez crónica de coches de alquiler (sobre todo en temporada alta), por lo que es posible que uno se encuentre con que no hay ninguno disponible. Las delegaciones del aeropuerto suelen ser mejor apuesta que las de la ciudad. Si alquilar un coche es absolutamente necesario y el viajero no encuentra ninguno en Santiago, uno de los lugares donde siempre suele haber es el Hotel Guantánamo (p. 439), 2 h al este de la ciudad.

Cubacar (Hotel las Américas; av. Las Américas esq. av. General Cebreco; ⊙8.00-22.00) alquila ciclomotores por 25 CUC al día. También tiene una oficina en el aeropuerto internacional Antonio Maceo.

Hay un aparcamiento vigilado en el parque Céspedes, debajo del Hotel Casa Granda (p. 416). Los empleados, que llevan una pequeña placa, cobran 1 CUC por día y otro por noche.

La **gasolinera Servi-Cupet** (av. Libertadores esq. av. Céspedes) abre las 24 h. Hay una **gasolinera Oro Negro** (av. 24 de Febrero esq. ctra. del Morro) en la carretera del Morro y otra (Carretera Central) en la entrada norte a Santiago.

TAXI

Existe una parada de **Turistaxi** (plano p. 400) delante del Meliá Santiago de Cuba. También suele haber taxis en el parque Céspedes, cerca de la catedral; los taxistas a menudo ofrecen sus servicios a todo viajero que pasa, lo solicite o no. Hay que insistir en que el conductor use el taxímetro o bien acordar un precio fijo antes de subirse. El trayecto al aeropuerto debe costar entre 5 y 7 CUC, dependiendo del estado en el que esté el vehículo.

Los bicitaxis cobran unos 5 CUP por persona y trayecto.

Siboney

Equivalente santiaguero de Playas del Este de La Habana, Playa Siboney es una discreta localidad costera, 19 km al este, que tiene más de pueblo rústico que de *resort* de lujo. Protegido por escarpados acantilados y salpicado con una mezcla de estiradas palmeras y casas de listones de madera maltratadas por el tiempo, el entorno es discreto y encantador, con una playa donde se dan cita familias cubanas junto a jóvenes santiagueras con sus acompañantes extranjeros, más entrados en años y calvos.

En términos de calidad, por sus dimensiones y su arena grisácea, Playa de Siboney deja mucho que desear, pero lo compensa con buenos precios, una excelente ubicación (al lado del Parque Baconao) y un intenso ambiente cubano. Hay unas cuantas casas particulares legales, y un buen restaurante en una colina frente a la playa. Un buen refugio para quienes deseen tomarse un respiro de la asfixiante Santiago.

◉ Puntos de interés

Granjita Siboney   MUSEO
(entrada 1 CUC; ⊙9.00-17.00 ma-do, 9.00-13.00 lu) Sin el éxito de la Revolución, esta sencilla granja roja y blanca, a 2 km de Playa Siboney tierra adentro, en la carretera a Santiago de Cuba, sería el escenario olvidado de un fútil golpe de Estado. Sin embargo, hoy es otro santuario del glorioso episodio nacional que es Moncada. Desde allí partieron, a las 5.15 del 26 de julio de 1953, los 26 coches que asaltaron el famoso cuartel.

La casa conserva muchos detalles originales, como la exquisita habitación utilizada por Haydee Santamaría y Melba Hernández, las dos *compañeras* presentes en la operación. También hay armas, documentos interesantes, fotos y efectos personales relacionados con el asalto. Junto al edificio está el pozo donde ocultaron las armas.

Con vistas a la rocosa costa, hay un monumento de 1907 que conmemora la llegada de los norteamericanos el 24 de junio de 1898, en el transcurso de la Guerra Hispano-Estadounidense.

⚏ Dónde dormir y comer

En esta pequeña localidad hay una docena de casas particulares. Económicos puestos de comida (en pesos) dominan la playa.

María González   CASA PARTICULAR $
(♩39-92-00; Obelisco 10; 20-25 CUC; P🞧🞥) Sus tres habitaciones algo ásperas quedan eclipsadas por la terraza con mecedoras, suspendida sobre la playa y el océano, así como por la piscina. El propietario utiliza su Peugeot de 1968 como taxi, algo muy práctico por estos pagos.

Ovidio González Salgado   CASA PARTICULAR $
(♩39-93-40; av. Serrano; h 20-25 CUC; 🞥) Casa amplia, aunque algo anticuada, con tres habitaciones, encima de la farmacia del pueblo, donde sirven excelente comida. Solo abre de noviembre a abril.

Sitio del Compay   CARIBEÑA $
(av. Serrano s/n; comidas 5-10 CUC; ⊙11.00-19.00) Está ubicado en la antigua casa de Francisco Repilado, símbolo internacional y autor del inmortal *Chan Chan,* tema que el viajero habrá podido escuchar muchas veces desde su llegada a la isla.

El alegre Compay Segundo, que es como lo conoce la mayoría de la gente, nació en una pequeña casa, en 1907; alcanzó el estrellato a la edad de 90 años como el guitarrista del *Buena Vista Social Club,* disco y documental producido por Ry Cooder. Sitio del Compay (antes Restaurante La Rueda) es el único restaurante de Siboney, y al músico le hubieran gustado su comida criolla sencilla, el buen servicio y las bonitas vistas de la playa.

❶ Cómo llegar y salir

El autobús nº 214 realiza el trayecto Santiago de Cuba-Siboney; sale cerca de la avenida de los Libertadores 425, enfrente de la Empresa Universal, y tiene una segunda parada en la avenida de Céspedes 110. Sale aproximadamente una vez cada hora entre las 4.00 y las 8.00 (irregular a partir de entonces). El autobús nº 407 sigue hasta Juraguá tres veces diarias. Las camionetas de pasajeros también cubren el trayecto Santiago de Cuba-Siboney.

Un taxi a Playa Siboney debe costar entre 20 y 25 CUC, según sea estatal o privado.

La Gran Piedra

Coronada por una roca de 63 000 toneladas que se encarama encima del mar Caribe como un asteroide, la cordillera de La Gran Piedra forma parte de la cadena montañosa más verde y con mayor biodiversidad de Cuba. Las montañas no solo tienen un microclima fresco, sino que también exhiben un singular legado histórico, gracias a los más de 60 cafetales plantados por agricultores franceses a finales del s. XVIII. Llegaron huyendo de la sangrienta revuelta de esclavos de Haití, ocurrida en 1791, y tras lidiar con el terreno y las arduas condiciones de vida, consiguieron que, a principios del s. XIX, Cuba se convirtiera en el primer productor de café del mundo.

La Gran Piedra y Parque Baconao

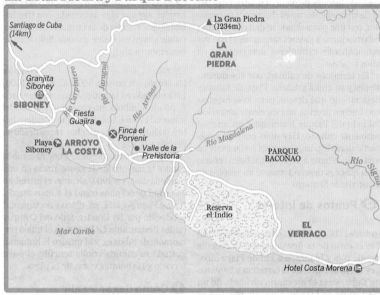

Su destreza y su ingenuidad perviven en una zona declarada Patrimonio Mundial y cuyo centro neurálgico es el cafetal La Isabelica. Esta área también forma parte del Parque Baconao, declarado Reserva de la Biosfera por la Unesco en 1987.

👁 Puntos de interés

La empinada carretera de 12 km que sube por la montaña va cobrando belleza, a medida que el follaje se cierra y el valle se abre debajo. Los mangos son omnipresentes.

La Gran Piedra   MONTAÑA
(entrada 1 CUC) No hay que ser Tenzing Norgay para escalar los 459 escalones de piedra hasta la cumbre de La Gran Piedra, a 1234 m. La enorme roca de la cima mide 25 m de alto por 30 de ancho. Si el día se presenta despejado, las vistas del Caribe son excelentes y, en una noche oscura, se supone que se pueden ver las luces de Jamaica.

Cafetal La Isabelica   MUSEO
(entrada 2 CUC; ⊙8.00-16.00) El centro neurálgico de los Primeros Cafetales del Sureste de Cuba, declarados Patrimonio Mundial de la Unesco en el 2000, es esta impresionante mansión de piedra de dos plantas, con tres grandes secaderos de café, construida a

principios del s. XIX por inmigrantes franceses procedentes de Haití. Supone una caminata de 2 km por una carretera bacheada, pasada La Gran Piedra.

El complejo incluye un taller y numerosos artilugios de metal. Se puede también pasear libremente por los jardines cubiertos de pinos. Vale la pena utilizar un guía (por una propina), ya que no hay carteles explicativos. Antaño hubo más de 60 de estos cafetales en la comarca.

🏃 Actividades

Muchos de los cafetales pueden visitarse a pie. Desde La Isabelica parten senderos, pero no están señalizados. Pregúntese en La Isabelica sobre la posibilidad de contratar a un agricultor de la zona para que haga de guía.

🛏 Dónde dormir y comer

Villa la Gran Piedra   HOTEL $$
(☎65-12-05; i/d 35/50 CUC; ⓟ❄) Las cabañas del hotel a mayor altura de Cuba (1225 m) fueron destruidas por el huracán del 2012. Actualmente es más un restaurante con habitaciones, junto a la entrada al mirador de La Gran Piedra. El restaurante es bueno, las habitaciones son sencillas y organizan varias excursiones breves.

N 0 ——————— 5 km

Río Baconao

Valle del
río Baconao

BACONAO
Restaurante
Casa Rolando ✕

Laguna
Baconao

● Criadero de Cocodrilos

SIGUA
ℹ Exposición
Mesoamericana

● Acuario
Baconao

ℹ Cómo llegar y salir

Una empinada y serpenteante carretera asfaltada, llena de baches, asciende los 1,2 km verticales desde el cruce con la carretera de la costa, cerca de Siboney (en la ruta del autobús nº 214). Un taxi de ida y vuelta desde Santiago de Cuba sale por unos 50-65 CUC (hay que regatear bastante). Fornidos cubanos y algún que otro extranjero ambicioso suben los 12 km que hay desde la parada de autobús en Las Guásimas.

Parque Baconao

Peculiar y maravilloso, el parque se extiende por 800 km² entre Santiago y el río Baconao. Fue declarado Reserva de la Biosfera por la Unesco, pero no solo acoge todo un ecosistema, sino también un museo del automóvil al aire libre y una colección bastante peculiar de esculturas de dinosaurios.

Según los expertos en biología, Baconao cuenta con más de 1800 especies endémicas de flora y con muchos tipos de murciélagos y arañas en peligro de extinción. La superficie del parque queda encerrada en una sima de poca profundidad, con la imponente sierra Maestra a un lado y el plácido mar Caribe al otro; su biodiversidad, que incluye desde enormes palmas reales hasta cactus entre las rocas de los acantilados, es francamente asombrosa.

Las playas son más pequeñas en este lugar que en la costa norte, pero las oportunidades para la pesca y el buceo resultan excelentes; en la franja del parque y sus alrededores hay unas 70 zonas de buceo, entre ellas la del pecio del *Guarico*, un pequeño barco naufragado al sur de Playa Sigua.

Baconao también es famoso por sus cangrejos de tierra. De mediados de marzo a principios de mayo, decenas de miles de estos crustáceos se congregan en la costa, pasando Playa Verraco.

◉ Puntos de interés y actividades

De todas las playas de la costa, **Playa Cazonal,** junto al Club Amigo Carisol-Los Corales, es quizá la mejor.

Fiesta Guajira   RANCHO
(entrada 5 CUC; ☉9.00 y 14.00 mi y do) Situado en la comunidad de artistas El Oasis, enfrente del desvío al antiguo Club Bucanero, esta finca llevada por Ecotur solía acoger rodeos con vaqueros pero, tras el huracán, se centra en torno a un restaurante y una gallera.

Valle de la Prehistoria   PARQUE DE ATRACCIONES
(entrada 1 CUC; ☉8.00-18.00) De las múltiples atracciones extrañas del Parque Baconao, una de las más curiosas es este Parque Jurásico cubano de piedra, que surge junto a la sinuosa carretera litoral. Gigantescos apatosaurios conviven con cavernícolas de cemento de ambos sexos, ajenos al hecho de que 57 millones de años separan la presencia de las dos especies en el planeta.

Los 200 dinosaurios de hormigón de este surrealista parque de 11 Ha fueron construidos por los reclusos de una prisión cercana. En esta zona también se encuentra el **Museo de Historia Natural** (entrada 1 CUC; ☉8.00-16.00 ma-do), que después del surrealismo visto puede resultar algo decepcionante.

Cuenta con un básico café que recuerda a los Picapiedra.

Museo Nacional de Transporte Terrestre   MUSEO
(entrada 1 CUC; ☉8.00-17.00) Es un museo al aire libre, 2 km al este del Valle de la Prehistoria. Es impresionante que se hayan hecho con el Cadillac de Benny Moré de 1958, con el Chevrolet con el que Raúl Castro se perdió de camino al cuartel Moncada y el Ford T-Bird de la cantante cubana Rosita Fornés.

RELATOS DE CAFÉ Y CAFETALES

La cubana ha sido siempre una población muy aficionada al café. Sin embargo, y pese a que la cosecha nacional florece a la sombra de las sierras del Escambray y Maestra, cabe decir que el café no es un cultivo autóctono de la isla.

Fue introducido en Cuba en 1748, procedente de la vecina Santo Domingo, pero no fue hasta la llegada de los franceses de Haití, a principios del s. XIX, cuando empezó a ser cultivado a escala comercial.

Los franceses, que llegaron huyendo de la revolución de esclavos liderada por Toussaint Louverture, se afincaron en las montañas de Pinar del Río y la sierra Maestra, y allí se afanaron en la producción de café, cuyas plantaciones eran más rentables y duraderas que las de caña de azúcar.

El cafetal Buenavista, construido en 1801 en lo que ahora es la Reserva Sierra del Rosario, en la provincia de Pinar del Río, fue el primero importante del Nuevo Mundo. Poco después, los plantadores que vivían en las frondosas colinas cercanas a la Gran Piedra empezaron a levantar una red de más de 60 cafetales, usando técnicas agrícolas novedosas para salvar las dificultades que presentaba el terreno. Sus esfuerzos dieron frutos, hasta conseguir que ya en la segunda década del s. XIX Cuba fuera líder mundial en producción de café.

El *boom*, al que contribuyó el elevado precio de venta, se dio entre 1800 y 1820, época en la que el café ocupaba más terreno que la caña de azúcar. Llegó a haber más de 2000 cafetales en la isla, concentrados principalmente en las zonas de la sierra del Rosario y la sierra Maestra, al este de Santiago de Cuba.

La producción empezó a caer en la década de 1840, sobre todo por la fuerte competencia de las nuevas economías (en especial de Brasil) y por una serie de huracanes cuyo efecto fue devastador. La industria volvió a sufrir una caída durante la Guerra de Independencia. En cualquier caso, y aunque a menor escala, el cultivo ha sobrevivido al paso del tiempo y se sigue cosechando hoy día.

El legado de la industria pionera del café de Cuba queda patente en el Paisaje Arqueológico de las Primeras Plantaciones de Café del Sureste de Cuba, zona declarada Patrimonio Mundial de la Unesco en el 2000 y situada en las estribaciones de la sierra Maestra, cerca de La Gran Piedra.

Pero en Cuba, donde los coches de los años cincuenta son tan comunes como los puros baratos, un museo de estas características equivale a tener un museo Toyota Yaris en Kioto.

Playa Daiquirí
PLAYA

Los principales desembarcos de EE UU durante la Guerra Hispano-Estadounidense tuvieron lugar el 24 de junio de 1898 en esta playa, a 2 km del Museo Nacional de Transportes por una carretera secundaria. La playa lleva el nombre de un cóctel, pero actualmente es una zona de vacaciones para personal militar y la entrada está prohibida.

Comunidad Artística Verraco
GALERÍA

(⊙9.00-18.00) A 10 km pasado el desvío a Playa Daiquirí hay otro pueblo de pintores, ceramistas y escultores que tienen estudios abiertos (el desvío no está señalizado). Es posible visitar a los artistas y comprar obras de arte originales. Lo único que le falta es un buen café ecológico.

Exposición Mesoamericana
PARQUE

(entrada 1 CUC) En Cuba, todas las zonas turísticas parecen tener algún tipo de atracción que recrea el arte o la vida indígenas. En este caso, se encarga de hacerlo la Exposición Mesoamericana, al este del hotel Club Amigo Carisol-Los Corales, que exhibe reproducciones de arte rupestre mesoamericano en una serie de cuevas a lo largo de la costa.

Laguna Baconao
LAGO

En este lago, 2 km al noreste de Los Corales, hay un restaurante, se alquilan barcas de remos y se realizan cortas excursiones junto al agua, además de contar con un zoo algo dejado, con cocodrilos y otras especies. En el lago supuestamente viven cinco delfines 'salvajes'. Varios senderos recorren su ribera, incluido uno que lo rodea del todo (8 km). Al ser una reserva natural, se debe contratar a un guía (2 CUC); el políglota Norge Ramos Barroso es el principal. También ofrecen paseos a caballo (10 CUC).

Desde la aldea de Baconao, una carretera recorre la costa norte del lago hasta el aceptable Restaurante Casa Rolando (ctra. Baconao km 53; principales 5-8 CUC; ☉10.30-17.00), de extraña decoración a base de tótems autóctonos.

Desde Playa Baconao, en el extremo este del lago, una carretera asfaltada sigue durante 3,5 km hasta el bonito valle del río Baconao, antes de convertirse en una pista forestal. Hay un puesto de control militar que prohíbe el paso a quienes pretenden continuar por el camino de la costa hacia Guantánamo, ya que pasa junto a la base naval estadounidense. Se puede seguir viajando hacia el este, pero no sin antes regresar a Santiago de Cuba, a 50 km, y tomar la carretera del interior.

Centro Internacional de Buceo Carisol los Corales   SUBMARINISMO

(www.nauticamarlin.com; Club Amigo Carisol-Los Corales) Situado en el hotel del mismo nombre, 45 km al este de Santiago, este centro recoge a los submarinistas en otros hoteles, aproximadamente una vez al día. Hacer submarinismo cuesta 30/59 CUC por 1/2 inmersiones, con equipo. Dos barcos con capacidad para 20 personas llevan a cualquiera de los 24 puntos de inmersión en la zona. El curso de acreditación en aguas abiertas cuesta 365 CUC. Hay varias zonas de pecios cerca de la costa y numerosos meros negros a los que se puede dar de comer con la mano.

Las aguas en esta franja de costa son de las más cálidas de Cuba (entre 25 y 28°C); la visibilidad es mejor entre febrero y junio.

🛏 Dónde dormir

Hay que tener en cuenta que los siguientes establecimientos con todo incluido suelen cerrar en temporada baja (de mayo a octubre); hay que asegurarse antes.

Club Amigo Carisol-Los Corales   CENTRO VACACIONAL $$

(☏35-61-21; todo incl. i/d/tr 91/130/178 CUC; P❄@☀) Su bar-piscina, las sombrillitas en la piña colada y la banda de música que toca *Guantanamera* frente al bufé anuncian que esto es territorio "todo incluido". Situado 44 km al este de Santiago, el Carisol-Los Corales está en la mejor sección de toda esta costa. Tiene pista de tenis, discoteca, múltiples excursiones de un día y espaciosas y luminosas habitaciones. Quienes no se alojen aquí pueden comprar un pase de un día, por 15 CUC, que incluye el almuerzo.

Hotel Costa Morena   HOTEL $$

(☏35-61-35; todo incl. i/d 44/70 CUC; P❄☀) Situado en Sigua, 44 km al sureste de Santiago de Cuba, su arquitectura es atractiva y cuenta con una gran terraza sobre el acantilado, pero no tiene acceso directo a la playa. Aun así, el nado es seguro gracias a la protección ofrecida por un arrecife. Un autobús efectúa el traslado a la playa del Club Amigo Carisol-Los Corales.

🍴 Dónde comer

Como último recurso, el viajero puede acudir al restaurante del Club Amigo Carisol-Los Corales (abajo) o al restaurante del Acuario Baconao (ctra. Baconao, entre Costa Morena y Club Amigo Carisol-Los Corales; entrada 7 CUC; ☉9.00-17.00).

Finca el Porvenir   CARIBEÑA $$

(☏68-64-94; ctra. Baconao km 18; comidas 8-12 CUC; ☉9.00-17.00) A la izquierda de la carretera principal, unos 4 km al este de El Oasis, preparan sencilla comida criolla, disponen de una magnífica piscina y ofrecen actividades de equitación. El único impedimento para relajarse es la música ensordecedora al borde de la piscina.

Fiesta Guajira   CARIBEÑA $$

(☏39-95-86; ctra. Baconao, El Oasis; comidas 7-10 CUC; ☉9.00-17.00) Lo que en otro tiempo fue un rodeo, hoy es básicamente un restaurante.

ℹ Cómo llegar y salir

Muchos llegan a los distanciados puntos de interés de Baconao en coche particular, en taxi o en un viaje organizado desde Santiago. Cubataxi suele cobrar 0,50 CUC/km. También puede alquilarse un ciclomotor en **Cubacar** (Club Bucanero) por 25 CUC diarios.

El autobús nº 415 sale de la terminal municipal de autobuses, en la avenida de la Libertad de Santiago, y recorre esta ruta tres veces al día. Compruébense los horarios, ya que no son de fiar.

A la hora de planificar el viaje, es importante recordar que la ruta de la costa entre Baconao y Guantánamo está cerrada a los no residentes.

ℹ Cómo desplazarse

Cubacar, en el Club Amigo Carisol-Los Corales, dispone de coches y ciclomotores.

La **gasolinera Servi-Cupet** (complejo La Punta; ☉24 h) está 28 km al sureste de Santiago de Cuba.

OFRENDAS FAMOSAS A CACHITA

Son muchos los que han hecho ofrendas a la Virgen de El Cobre, algunas de ellas famosas. El donante más conocido fue Ernest Hemingway, que en 1954 optó por donar la medalla de oro de 23 quilates del Premio Nobel de Literatura al "pueblo cubano". En lugar de entregarla al régimen de Batista, el escritor estadounidense donó la medalla a la Iglesia católica, que posteriormente la colocó en el santuario. La medalla fue robada un tiempo, en la década de 1980, y a pesar de ser recuperada pocos días más tarde, se ha mantenido cerrada a los ojos del público desde entonces.

En 1957, Lina Ruz dejó una pequeña estatuilla a los pies de la Virgen para implorar por la seguridad de sus dos hijos –Fidel y Raúl Castro–, que entonces luchaban en la sierra Maestra. El destino (o quizá el espíritu de Cachita) brilló y ambos siguen en vida.

Más recientemente, la bloguera y disidente cubana Yoani Sánchez visitó a la Virgen y dejó su premio periodístico Ortega y Gasset en el santuario, fuera del alcance de la censura.

El Cobre

La basílica de Nuestra Señora del Cobre, en lo alto de una colina, 20 km al noroeste de Santiago de Cuba, en la vieja carretera a Bayamo, es el lugar de peregrinaje más sagrado de Cuba y santuario de la patrona de la nación: la Virgen de la Caridad, o Cachita, como también se le conoce. En la santería, la Virgen se sincretiza con la hermosa *orisha* Ochún, la diosa yoruba del amor y la danza, símbolo religioso de casi todas las mujeres cubanas. Ochún está representada por el color amarillo, los espejos, la miel, las plumas de pavo real y el número cinco. En la mente de muchos creyentes, la devoción a ambas figuras religiosas se encuentra entrelazada.

Cuenta la leyenda que la imagen de la Virgen fue hallada en 1612 flotando sobre una tabla, en la bahía de Nipe, por tres pescadores llamados los "tres Juanes", que se vieron atrapados en una violenta tormenta. Con sus vidas en peligro, sacaron la estatuilla del agua y encontraron las palabras "Yo soy la Virgen de la Caridad" inscritas sobre la tabla. Cuando la tormenta amainó y sus vidas quedaron a salvo, creyeron que se había producido un milagro y así nació la leyenda.

La mina de El Cobre, cuyo yacimiento ya era explotado en la época precolombina, llegó a ser la más antigua del hemisferio occidental (los españoles la explotaron a partir de 1530). Cerró en el año 2000, y muchos de los habitantes de la aldea que antes trabajaban en ella intentan vender piedras brillantes sin ningún valor. Un "ino, gracias!" contundente, a la par que educado, suele ser suficiente para que no insistan. El camino a la basílica está lleno de vendedores de coronas de flores y de figuritas de la Cachita.

⊙ Puntos de interés

Basílica de
Nuestra Señora del Cobre   IGLESIA

(⊙6.00-18.00) Sobre el pueblo de El Cobre, el lugar religioso más venerado de Cuba resplandece sobre un fondo de colinas verdes. Como en otras muchas iglesias cubanas, su reforma es reciente, y su interior, impresionante; luminoso pero sin ostentación, con coloridas vidrieras. La basílica actual data de 1927, aunque en su emplazamiento ha existido un santuario desde 1648.

Pesa a la fila casi interminable de peregrinos, muchos llegados de lugares tan lejanos como EE UU, un respetuoso silencio reina en la iglesia, dominada por la imagen de la Virgen en una caja de cristal sobre el altar. Para tener una entidad tan poderosa, es minúscula, unos 40 cm desde la corona hasta el dobladillo de su túnica dorada. Conviene fijarse en el bello escudo de armas cubano que luce en el centro; es un bordado maravilloso.

En una pequeña capilla lateral se agolpan, desde el suelo hasta el techo, miles de exvotos que agradecen favores concedidos por la virgen: mechones de pelo, una TV, una tesis, varios estetoscopios enredados, la escultura de la cámara de una balsa (que sugiere que sus ocupantes llegaron a Florida a salvo) y grupos de pequeñas piezas corporales de metal.

Diversas señales en el pueblo indican la ubicación del **monumento al Cimarrón**, al que se llega tras una subida de 10 min por una escalera de piedra. La escultura conmemora la revuelta de esclavos mineros del cobre ocurrida en el s. XVII. Hoy es el lugar de una de las concentraciones de santería más importantes de Cuba en julio: la **Ceremonia a los Cimarrones** (que forma parte de la Fiesta del Caribe). Las vistas desde allí son magníficas;

desde uno de los lados se divisan acantilados de color cobrizo sobre aguas verdiazules.

🛏 Dónde dormir y comer

Hospedería El Cobre   ALBERGUE $

(☎34-62-46; h 20 CUP) Este amplio edificio situado detrás de la basílica cuenta con 15 sencillas habitaciones de una, dos o tres camas, todas con cuarto de baño. Las comidas se sirven puntualmente a las 7.00, las 11.00 y las 18.00, y hay una amplia sala de estar. Las monjas que la regentan son muy hospitalarias. Dos de las reglas de la casa son las que prohíben la bebida y el hospedaje de parejas que no sean matrimonio. Se recomienda hacer un donativo de un convertible para el santuario. Los extranjeros deben reservar hasta con 15 días de antelación.

En la planta baja, el vestíbulo sirve de pequeño museo, con una docena de grandes e instructivos tableros que detallan la historia de la Virgen y la iglesia, desde los primeros años del s. XVII hasta la visita del papa Benedicto XVI en el 2012.

❶ Cómo llegar y salir

El autobús nº 2 a El Cobre sale dos veces diarias de la **terminal intermunicipal de ómnibus** (av. Libertadores esq. calle 4), en Santiago. Las camionetas cubren la misma ruta con mayor frecuencia.

El viaje con Cubataxi desde Santiago de Cuba cuesta unos 25 CUC ida y vuelta.

Quienes se dirijan hacia Santiago de Cuba en coche desde el oeste tienen la posibilidad de incorporarse a la Autopista Nacional cerca de Palma Soriano pero, a menos que uno tenga prisa, se recomienda seguir la Carretera Central, que discurre por parajes más atractivos.

El Saltón

Regodeándose en sus bien merecidas credenciales ecológicas, El Saltón es un tranquilo hotel de montaña en el municipio del Tercer Frente. Remoto y de difícil acceso (de eso se trata), consta de un hotel, un mirador en lo alto de una colina y una cascada de 30 m con una piscina natural, ideal para nadar. Los guías del hotel ofrecen excursiones a caballo o de senderismo a los baños termales o a las plantaciones de cacao cercanas (Delicias del Saltón). Claro que uno siempre puede partir en solitario y abrirse camino entre las numerosas aldeas de montaña, algunas con nombres tan 'seductores' como Filé o Cruce de los Baños.

🛏 Dónde dormir

Hotel Horizontes el Saltón   HOTEL $$

(☎56-64-95; ctra. Puerto Rico a Filé; i/d desayuno incl. 45/65 CUC; P❀❀) 🏊 El hotel de 22 habitaciones está distribuido en tres bloques separados que se acurrucan como casas escondidas entre un espeso follaje. Cuenta con interesantes extras, como una sauna, un *jacuzzi,* masajes, y con una cascada y una piscina naturales. Tiene un restaurante-bar aceptable con una solicitada mesa de billar, junto a un río de montaña. Todo ello compensa las habitaciones, que no son nada especial.

❶ Cómo llegar y salir

El Saltón está 3 km al sur de Filé. Para llegar, hay que seguir el camino que discurre hacia el oeste desde El Cobre hasta Cruce de Baños, 4 km al este de Filé. Tras una ardua negociación en Santiago, lo más normal es que el viajero consiga que algún taxi le lleve hasta El Saltón por 40 CUC. Será un dinero bien empleado.

Chivirico

5800 HAB.

Situado 75 km al suroeste de Santiago de Cuba y 106 al este de Marea del Portillo, Chivirico es la única localidad de importancia en la atractiva carretera de la costa sur que, en sí, es un vaivén de montañas, arrugadas bahías y olas que rompen, lo que conforma uno de los viajes por carretera más bonitos de Cuba. El transporte público hasta Chivirico es relativamente bueno, pero bastante deficiente a partir de allí.

Chivirico en sí tiene poco que ofrecer, aunque hay una excursión difícil que empieza en Calentura, 4 km al oeste. Cruza la sierra Maestra hasta Los Horneros (20 km), donde suele ser bastante fácil encontrar una camioneta de pasajeros a Guisa. Que las caprichosas autoridades locales dejen al viajero a su aire es otro cantar. No conviene presentarse sin más; es mejor preguntar en Cubatur (p. 423), en Santiago, o bien en el hotel Brisas Sierra Mar (p. 432).

🛏 Dónde dormir

Campismo Caletón Blanco   BUNGALÓS $

(☎62-57-97; Caletón Blanco km 30, Guamá; h 26,60 CUC; P❀) Es uno de los dos campismos situados en esta ruta (el otro es La

Mula), pero este es el más cercano a Santiago (30 km) y el más nuevo. Cuenta con 22 bungalós donde pueden dormir de dos a cuatro personas. También hay un restaurante, un bar, alquiler de bicicletas y servicios para autocaravanas. Conviene reservar en la oficina de Cubamar (p. 93), en La Habana, antes de llegar.

Brisas Sierra Mar CENTRO VACACIONAL **$$**
(⌨32-91-10; todo incl. i/d 75/105 CUC; 🅿✳@💱🏊) Se trata de un enclave aislado pero muy atractivo en Playa Sevilla, 63 km al oeste de Santiago de Cuba y a 2 h en coche del aeropuerto. El edificio del hotel, con forma de pirámide, queda ubicado en una ladera terraceada. Una impresionante pared coralina a 50 m de la orilla es excelente para el buceo de superficie (a veces se ven los delfines).

El hotel ofrece actividades para niños (los menores de 13 años se alojan gratis), además de equitación, y dentro del complejo hotelero hay un centro de buceo Marlin. Se puede adquirir un pase de un día por 35 CUC, el cual incluye el almuerzo, bebidas y actividades deportivas hasta las 17.00.

❶ Cómo llegar y salir

Todos los días salen bastantes camionetas a Chivirico desde la estación de autobuses de Serrano, frente a la estación de trenes de Santiago. También hay tres autobuses locales diarios.

En teoría, cada día pasa una camioneta que va al Campismo la Mula y al inicio del sendero del pico Turquino, pero desde el huracán Sandy del 2012, el transporte hasta Marea del Portillo es casi inexistente y el estado de las carreteras, malo o simplemente intransitable.

El Uvero

Este anodino pueblo, 23 km al oeste de Chivirico, constituyó un destacado punto de inflexión en la guerra revolucionaria el 28 de mayo de 1957, cuando el ejército rebelde de Castro –que tras seis meses de huida aún no sumaba los 50 efectivos– tomó audazmente un puesto gubernamental custodiado por 53 soldados de Batista. Junto a la calle principal se pueden ver dos camiones rojos tomados por los rebeldes y, no muy lejos, una doble hilera de palmas reales conduce a un monumento conmemorativo de la batalla. Es un lugar que, aunque poco visitado, resulta bastante emotivo.

Zona del pico Turquino

Cerca de la frontera de las provincias de Granma y Santiago de Cuba se encuentra el enclave de Las Cuevas, trampolín a la montaña más alta de Cuba.

◉ Puntos de interés

Museo de La Plata MUSEO
(entrada 1 CUC; ⊙ma-sa) A 5 km de Las Cuevas (40 km al oeste de El Uvero) se encuentra este pequeño museo en La Plata, justo debajo de la carretera. La primera escaramuza de éxito de la Revolución cubana tuvo lugar en este lugar el 17 de enero de 1957. Las exposiciones comprenden el pedazo de papel firmado por los 15 supervivientes del *Granma*.

Marea del Portillo está otros 46 km en dirección oeste. No hay que confundir este museo con la Comandancia de La Plata, el cuartel general revolucionario de Fidel Castro en la sierra Maestra.

🏃 Actividades

'Cristóbal Colón' SUBMARINISMO
El pecio bien conservado del crucero español *Cristóbal Colón* yace donde se hundió en 1898, a unos 15 m de profundidad y a solo 30 de la costa próxima a La Mula. Es el más grande de Cuba, un auténtico vestigio de la guerra entre España, Cuba y EE UU. No hay equipo de buceo disponible, pero bastan unas gafas y un tubo para ver el pecio.

Excursionismo
Se puede caminar por el río Turquino hasta Las Posas de los Morones, que tiene unas cuantas piscinas bonitas (para la excursión de ida y vuelta hay que calcular 4 h).

La ascensión al pico Turquino (refugio 2 días/1 noche 30 CUC) (p. 389) suele afrontarse desde Las Cuevas, en la remota carretera litoral, 130 km al oeste de Santiago, así como desde el otro punto de inicio, Santo Domingo (provincia de Granma). Si lo que se pretende es coronar la cima, esta es quizá la ruta más rápida y cómoda; si se desea bucear en la historia de la región y caminar hasta la Comandancia de La Plata, es mejor salir de Santo Domingo. Ambas opciones pueden combinarse en una espectacular y completa caminata con Ecotur (p. 423; el lado de Santo Domingo ofrece mejores opciones de transporte para continuar).

La ruta desde Las Cuevas se organiza con poca antelación en el punto de inicio del sendero. Una buena opción es reservar en

LA MEJOR Y LA PEOR CARRETERA DE CUBA

Los 180 km de la carretera litoral que une Santiago de Cuba con la lejana aldea de Pilón, en la provincia de Granma, es la mejor de la isla por su cruda belleza natural, pero, sin duda, la peor para los conductores por sus grandes e interminables socavones.

Como es lógic, soporta muy poco tráfico y no hay servicio regular de autobuses al oeste de Chivirico. Taxis y vehículos de alquiler realizan el trayecto si el estado de la carretera es aceptable, pero conviene asegurarse de que el automóvil ha pasado la revisión y verificar que la carretera no está bloqueada, cerrada o haya desaparecido. Durante la visita de los autores de estas páginas, los taxistas exigían unos 160 CUC por viajar desde Santiago a los hoteles de Marea del Portillo.

Otra opción es la bicicleta. Atrapada entre la escarpa y el mar, la carretera brinda un recorrido ciertamente épico, pero cuenta con muy pocos servicios, escasos sitios para comer y beber y, si surge algún problema en las zonas más aisladas, solo pasan vehículos ocasionales, a intervalos de media hora. Además, aunque sigue la costa, cada cierto tiempo sube y baja empinados cabos que exigen marchas adecuadas y buena forma física. Conviene aprovisionarse de comida y agua en Santiago, y pautar el trayecto en tres días, con paradas en Brisas Sierra Mar (p. 432), Campismo La Mula (p. 434; hay que comprobar antes su disponibilidad en Santiago) y el Hotel Marea del Portillo (p. 396).

Por suerte, la majestuosidad del paisaje propicia un ritmo sosegado. Este remoto segmento del sureste de Cuba, bella franja de bahías ocultas y fuerte oleaje, bordeado por abruptos montes envueltos en nubes, ha permanecido totalmente virgen, y sus bucólicos pueblos están grabados en el folclore revolucionario. El Uvero y La Plata fueron escenarios de ataques guerrilleros en los años cincuenta por parte del incipiente ejército castrista, y frente a la costa yacen los restos de dos destructores españoles hundidos durante la Guerra Hispano-Estadounidense. En el lado interno, la carretera bordea las estribaciones de los dos macizos más altos de la isla, coronados por los picos Turquino y Bayamesa. Los montes crean un efecto de sombra pluviométrica, por lo que sus laderas meridionales son secas y están jalonadas de follaje enano.

Ecotur, en Santiago (2 días/1 noche 68 CUC sin transporte); la excursión hasta Santo Domingo, con transporte en ambas localidades, cuesta 171 CUC (187 CUC si se incluye la excursión a La Plata).

ACAMPADA Y REFUGIOS

La ruta de Las Cuevas empieza en la carretera de la costa, 7 km al oeste de Ocujal y 51 al este de Marea del Portillo. Este recorrido también pasa por la segunda montaña más alta de la isla, el pico Cuba (1872 m). Hay que contar al menos unas 6 h para subir y 4h para bajar, más si ha estado lloviendo, pues la pista se inunda o resbala en algunos tramos. Conviene llegar al sendero antes de las 6.30 para hacer la excursión de ida y vuelta. Se puede dormir en el Campismo la Mula, 12 km al este. Los excursionistas independientes pueden acampar o hacerse con una de las camas del centro de visitantes de Las Cuevas. La entrada de 15 CUC por persona (cámara 5 CUC extras) que se paga en el centro de visitantes incluye un guía cubano obligatorio. El

viajero puede pernoctar en el refugio de Pico Cuba (30 CUC extra) si no desea descender el mismo día. También puede realizar la excursión completa de dos días Las Cuevas-Santo Domingo contratando a un nuevo equipo de guías en el pico Turquino, con excursión adicional al cuartel general de Castro, la Comandancia de La Plata (68 CUC).

LA RUTA

El ascenso es extenuante; el terreno se eleva casi 2 km en tan solo 9,6 km de sendero. En cualquier caso, la sombra y las excelentes vistas contribuyen a aligerar la sensación de esfuerzo. Conviene beber bastante agua antes de emprender el camino. La ruta, bien señalizada, parte de Las Cuevas y pasa por La Esmajagua (600 m; 3 km; hay agua), el pico Cardero (1265 m; a continuación sigue una zona de escalones casi verticales conocida como "Saca la lengua"), el pico Cuba (1872 m; 2 km; agua y refugio disponibles) y al final llega al pico Turquino (1972 m; 1,7 km). En la cima de la montaña hay un

434

busto de bronce de José Martí. Se puede pasar la noche en el rudimentario refugio del pico Cuba.

QUÉ LLEVAR

Los senderistas deben ir provistos de suficiente comida, ropa de abrigo, un saco de dormir y un impermeable; en esta zona llueve bastante (2200 mm anuales aprox.). Menos agua, el viajero deberá llevar consigo todo lo que necesite, incluido un poco de comida extra para los compañeros que hacen jornadas de 15 h en el pico Cuba.

Se puede preguntar antes sobre la comida disponible en el pico Cuba. En la cabecera de la ruta, en Las Cuevas, venden bebidas. Es de rigor dar una propina a los guías (entre 3 y 5 CUC es suficiente).

🛏 Dónde dormir

Campismo la Mula BUNGALÓS **$**
(☑ 32-62-62; ctra. Granma km 120; h 10,80 CUC) Situado en una retirada playa de guijarros, 12 km al este del comienzo del sendero al pico Turquino, La Mula cuenta con 50 pequeños bungalós y es prácticamente la única opción de alojamiento. Es aconsejable informarse en Cubamar o la Oficina Reservaciones de Campismo (p. 423), en Santiago de Cuba, antes de ir. Cuenta con un café-restaurante rústico.

❶ Cómo llegar y salir

Varias camionetas y algún que otro autobús destartalado enlazan La Mula y Chivirico, pero no tienen un horario fijo; no hay que contar con más de uno diario. Un taxi desde Santiago debe costar entre 50 y 60 CUC. En esta región, el tráfico es casi inexistente, pero las vistas son fabulosas.

PROVINCIA DE SANTIAGO DE CUBA ZONA DEL PICO TURQUINO

Provincia de Guantánamo

⏚21 / 511 100 HAB.

Lo menos trillado

➡ Güirito (p. 448)

➡ Punta de Maisí (p. 443)

➡ Zoológico de Piedras
(p. 441)

Los mejores restaurantes

➡ Bar-Restaurant La
Terraza-Casa Nilson (p. 449)

➡ El Buen Sabor (p. 449)

➡ La Rosa Náutica (p. 449)

➡ Restaurante La Punta
(p. 449)

Por qué ir

Conviene borrar de la mente esas imágenes poco nítidas de prisioneros con mono naranja que salen en las noticias; el Guantánamo cubano (al *otro* lado de la valla de seguridad) es una tierra fantástica de encrespados montes y exuberante follaje, que parece tan alejada de la América moderna como una estrella de otra galaxia. En sus remotos valles y agrestes microclimas litorales (árido en el sur, generoso en el norte), el viajero hallará la Cuba más misteriosa y esotérica. Aquí conviven subgéneros musicales primitivos, ritos religiosos afrocubanos apenas conocidos y ecos de una cultura taína supuestamente erradicada por los españoles hace siglos... o eso se creía. La ciudad de Baracoa y su entorno rural es el mayor reclamo de la región, seguido de cerca por el vibrante endemismo del semivirgen Parque Nacional Alejandro de Humboldt. Más al oeste, la ciudad de Guantánamo, ignorada sistemáticamente por la mayoría de los viajeros, oculta algún secreto más.

Cuándo ir

➡ La celebración más importante de Baracoa, la Semana de la Cultura Baracoense, tiene lugar a finales de marzo o principios de abril.

➡ Guantánamo se anima a mediados de diciembre durante el Festival Nacional de Changüí.

➡ Para escapar de las peores tormentas de Baracoa, conviene evitar septiembre y octubre. El clima de Guantánamo es muy variable, pero depende más de la geografía que de la estación.

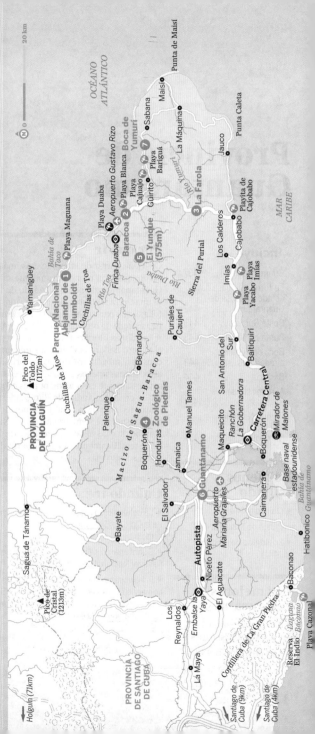

Imprescindible

1 Buscar la rana más pequeña del mundo en el **Parque Nacional Alejandro de Humboldt** (p. 453), el más diverso del Caribe.

2 Probar el popurrí culinario de la exótica **Baracoa** (p. 450).

3 Pedalear por **La Farola** (p. 443), la carretera del faro desde Cajobabo a Baracoa.

4 Echar un vistazo a las estatuas del **Zoológico de Piedras** (p. 441).

5 Abrirse paso por la selva tropical hasta la cima de **El Yunque** (p. 452), la misteriosa montaña de Baracoa de cumbre llana.

6 Descubrir los múltiples géneros musicales de la ciudad de **Guantánamo** (p. 437).

7 Montar en un barco en la **boca de Yumurí** (p. 443) y remontar el río por las fauces de una angosta garganta fluvial.

Historia

Mucho antes de la llegada de los españoles, los taínos poblaban las montañas y los bosques que rodean Guantánamo, dedicados a la pesca, la caza y a pequeñas explotaciones agrícolas. Colón llegó a la zona por primera vez en noviembre de 1492, más o menos un mes después de su primer desembarco en tierras americanas, cerca de Gibara, y plantó una pequeña cruz de madera en una hermosa bahía que ceremoniosamente bautizó como Porto Santo, la idílica isla portuguesa de Madeira. Los españoles volvieron en 1511 bajo el mando del hijo del almirante, Diego, en una flotilla de cuatro buques y 400 hombres, entre los que se encontraba el primer gobernador insular, Diego Velázquez de Cuéllar. Tras construir un fuerte de madera improvisado, levantaron el primer asentamiento colonial de la isla, Villa de Nuestra Señora de la Asunción de Baracoa y sufrieron reiterados ataques por parte de indígenas hostiles, liderados por un cacique local llamado Hatuey.

Con el traslado de la capital a Santiago en 1515, la región de Guantánamo perdió importancia y se convirtió en una zona marginal para los colonizadores, una región montañosa y semisalvaje, alejada de todo y casi impenetrable, donde se desterraba a los prisioneros. En el s. XVIII, los hacendados esclavistas franceses, expulsados de Santo Domingo cuando la colonia se convirtió en Haití, se asentaron en la zona. Reconstruyeron allí su sistema de explotación de la tierra, basado en la mano de obra esclava de origen africano, pero, en lugar del monocultivo de caña de azúcar, diversificaron la producción con café y algodón. Tras la Guerra Hispano-Estadounidense (Guerra de Cuba en la historiografía hispana), las tropas norteamericanas que habían participado en el conflicto del lado de los criollos se instalaron en la bahía de Guantánamo. Y, después de todo lo que ha llovido desde entonces, Revolución, Crisis de los Misiles y hecatombe comunista de por medio, ahí siguen.

Guantánamo

216 700 HAB.

Su nombre es famoso (por desafortunados motivos), pero, aparte de quienes viven aquí, pocos conocen su genuina naturaleza. Raro es el visitante que se baja de uno de los dos autobuses diarios que circulan entre Santiago y Baracoa y tantea el terreno. La razón para la mayoría reside en su deterioro superficial. Su empobrecida cuadrícula de desabridos edificios quizá no resulte atractiva en apariencia, pero si se practica un poco de fisgoneo al estilo Sherlock Holmes, enseguida se descubre que este lugar tiene carácter. Hay varios datos a considerar: Guantánamo ha creado su propio género de música indígena (el changüí), acoge una de las tres compañías legendarias de tumba francesa (baile y canción franco-haitiana), también un activo club social antillano y, además, exhibe un subgénero propio de ecléctica arquitectura, encabezada por la elaborada obra de Leticio Salcines. Por último, el pequeño detalle de una canción: si el viajero ha llegado hasta aquí, habrá escuchado el lamento de *Guantanamera* en un sinfín de ocasiones. Así que, en lugar de sentarse a escucharla en un café de La Habana, ¿por qué no visitar su ciudad de origen y averiguar mucho más?

Descubierta por Colón durante su segundo viaje en 1494, en Guantánamo no se levantó un asentamiento hasta que, en 1819, los dueños de plantaciones franceses, expulsados de Haití, fundaron la ciudad de Santa Catalina del Saltadero del Guaso. En 1843, la floreciente ciudad cambió su nombre por Guantánamo y, en 1903, la Marina estadounidense, cada vez más poderosa, se instaló en la bahía cercana. Desde entonces no han dejado de saltar chispas.

⦿ Puntos de interés

La cuadrícula geométrica de Guantánamo, a todas luces insulsa, posee, no obstante, un cierto ritmo. Unas cuantas calles al sur de Bartolomé Masó, la arbolada avenida Camilo Cienfuegos constituye el mejor lugar para meterse en el ambiente, con la gente que hace deporte por la mañana, sus extrañas esculturas y el paseo central, al estilo de Las Ramblas barcelonesas.

Palacio Salcines EDIFICIO RELEVANTE
(Pedro A. Pérez esq. Prado) El arquitecto local Leticio Salcines (1888-1973) dejó una gran cantidad de obras impresionantes en torno a Guantánamo, entre las que figura su residencia, construida en 1916, un lujoso monumento considerado el más representativo de la ciudad. Este palacio es hoy un **museo** con vistosos frescos, porcelana japonesa y objetos similares. El horario es algo irregular.

En la torreta del palacio se encuentra **La Fama,** escultura diseñada por el artista italiano Americo Chine y símbolo de Guantánamo, con su trompeta que anuncia lo bueno y lo malo.

Plaza Mariana Grajales
PLAZA

El enorme y pomposo **monumento a los Héroes** glorifica a la Brigada Fronteriza, "que defiende la trinchera de vanguardia del socialismo en este continente", desde su posición dominante en la plaza, situada 1 km al noroeste de la estación de ferrocarril y enfrente del Hotel Guantánamo. Es una de las plazas de la Revolución más impresionantes de la isla.

Museo Provincial
MUSEO

(José Martí esq. Prado; entrada 1 CUC; ☺8.00-12.00 y 12.30-16.30 lu-vi, 8.00-12.00 sa) En una vieja prisión, custodiada por dos cañones, la ciudad museo tiene salas dedicadas a la cultura indígena, la naturaleza local, las armas (muchas espadas de mambises) y otras artes decorativas.

Parque Martí
PLAZA

Dominada por la pequeña **parroquia de Santa Catalina de Riccis** (1863), se ha beneficiado hace poco de una exhaustiva remodelación: una mano de pintura, tableros informativos y un puñado de nuevos e interesantes restaurantes, tiendas, y rincones de ocio, repartidos por vibrantes bulevares. Sentada eternamente en medio de la acción se halla una **estatua** de del Maestro, al que debe su nombre la plaza.

Biblioteca Policarpo Pineda Rustán
BIBLIOTECA

(Los Maceos esq. Emilio Giró) Esta bella biblioteca provincial, antiguo ayuntamiento de la ciudad (1934-1951), es otro regalo arquitectónico de Leticio Salcines. Acogió los juicios de los matones de Fulgencio Batista en 1959, y varios de ellos murieron cuando se hicieron con un rifle e intentaron escapar.

☞ Circuitos

Oficina de Monumentos y Sitios Históricos
CIRCUITO A PIE

(Los Maceos, entre Emilio Giró y Flor Crombet) Para un mayor conocimiento del interesante patrimonio arquitectónico de Guantánamo, lo mejor es preguntar aquí por los circuitos a pie. Durante la visita de los autores se ofrecían cinco, incluido "Tras los pasos de José Lecticio Salcines" (el arquitecto).

🎉 Fiestas y celebraciones

Festival Nacional de Changüí
MÚSICA

(☺med-dic) Homenaje a este género musical.

Noches Guantanameras
FIESTA CALLEJERA

(☺20.00 sa) Los sábados por la noche se reservan a este encuentro local, para el que se cierra al tráfico la calle Pedro A. Pérez y en ella se instalan puestos callejeros. Hay cerdo asado, música y generosas cantidades de ron.

🛏 Dónde dormir

Lissett Foster Lara
CASA PARTICULAR $

(☎32-59-70; Pedro A. Pérez 761, entre Prado y Jesús del Sol; h 20-25 CUC; ❄) La casa de Lissett es pulcra, confortable y está adornada con lujosos muebles. Ofrece tres habitaciones, una de ellas en la azotea.

Elsye Castillo Osoria
CASA PARTICULAR $

(☎35-45-12; Calixto García 766, entre Prado y Jesús del Sol; 20-25 CUC; ❄✱) Al viajero le costará recordar en qué lado de la muy vigilada frontera se halla, en esta casa supermoderna, con dos grandes habitaciones que comparten elegantes zonas comunitarias, incluida una cocina. Cuenta con una amplia terraza y hasta una piscina.

Hotel Guantánamo
HOTEL $

(☎38-10-15; calle 13 Norte, entre Ahogados y 2 de Octubre; i/d 25/40 CUC; P❄✱) Podría considerarse cómodo. Las habitaciones genéricas están limpias, la piscina tiene agua y hay un buen café-bar en la recepción. Está 1 km al noroeste de la estación de trenes.

★ Hotel Martí
HOTEL $$

(☎32-95-00; Aguilera esq. Calixto García; i/d 35/56 CUC; ❄🛜) Reformado hace relativamente poco y con vistas al parque Martí, este agradable hotelito se halla en un edificio colonial reformado, con habitaciones suntuosas para ser Guantánamo. En el restaurante de la azotea, la música es ensordecedora y el bar de la planta de calle está rodeado de *jineteras*.

🍴 Dónde comer

Los fines de semana, el parque Martí es un bufé al aire libre de puestos móviles con comida ligera frita a buen precio.

★ Sabor Melián
CARIBEÑA $

(☎32-44-22; Camilo Cienfuegos 407; comidas 3-6 CUC; ☺12.00-24.00) Imágenes de Venecia adornan las paredes de este nuevo paladar que, a pesar de sus obras de arte, pone el acento en la buena comida caribeña tradicional. A juzgar por la encuesta a pie de calle, es el más popular de la ciudad entre los vecinos.

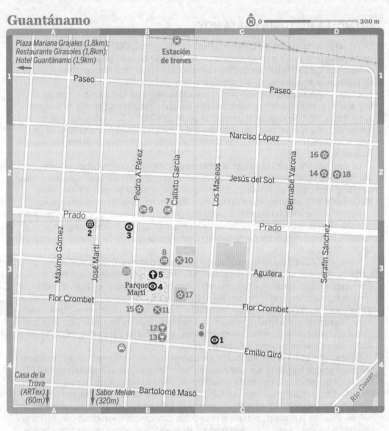

Guantánamo

Plaza Mariana Grajales (1,8km);
Restaurante Girasoles (1,8km);
Hotel Guantánamo (1,9km)

Estación de trenes

Paseo
Paseo
Narciso López
Jesús del Sol
Prado
Prado
Aguilera
Parque Martí
Flor Crombet
Flor Crombet
Emilio Giró
Bartolomé Masó

Pedro A Pérez · Calixto García · Los Maceos · Bernabé Varona · Serafín Sánchez · Máximo Gómez · José Martí

Casa de la Trova (ARTex) (60m)
Sabor Melián (320m)
Río Guaso

Guantánamo

⊙ Puntos de interés
1 Biblioteca Policarpo Pineda Rustán C4
2 Museo Provincial A3
3 Palacio Salcines B3
4 Parque Martí B3
5 Parroquia de Santa Catalina de Riccis B3

✪ Actividades, cursos y circuitos
6 Oficina de Monumentos y Sitios Históricos C4

🛏 Dónde dormir
7 Elsye Castillo Osoria B2
8 Hotel Martlí B3
9 Lissett Foster Lara B2

🍴 Dónde comer
10 Bar-Restaurante Olimpia B3
11 Restaurante 1870 ....B3

🍷 Dónde beber y vida nocturna
12 Casa de las Promociones Musicales 'La Guantanamera' B4
13 La Ruina B4

🎭 Ocio
14 Casa de Changüí D2
15 Casa de la Trova (parque Martí) B3
16 Casa del Son D2
17 Cine Huambo B3
18 Tumba Francesa Pompadour D2

Restaurante 1870   CUBANA $

(Flor Crombet; comidas 2-5 CUC; ⊙12.00-23.00)
Antes de que este establecimiento abriese frente al parque Martí, el viajero podía pensar, con razón, que Guantánamo nunca tuvo un apogeo colonial. Pero ya no. La gran escalera de mármol lleva hasta este bar con un balcón, lujosamente decorado, y vistas a

GITMO: LA HISTORIA HASTA HOY

Obtenida gracias a la infame Enmienda Platt en 1903, tras la Guerra Hispano-Estadounidense, la base naval de la bahía de Guantánamo (o Gitmo, como generaciones de nostálgicos marines la han apodado sin sentimentalismos) tenía el propósito inicial de proteger el acceso oriental al estratégico canal de Panamá.

En 1934, una actualización del primer tratado reafirmó los términos del arrendamiento y acordó cumplirlos de manera indefinida, a menos que ambos Estados conviniesen lo contrario. También estableció un alquiler anual de 4085 US$, suma que EE UU sigue abonando, pero que los cubanos se niegan a aceptar al considerar que se trata de una ocupación ilegal (según parece, Fidel Castro archivaba los cheques en el primer cajón de su escritorio).

La base se halla en las fauces de la bahía de Guantánamo, con instalaciones militares a ambos lados, y el interior de la bahía en territorio cubano. El recinto incluye una docena de playas, una planta de desalinización de agua, dos pistas de aterrizaje y los únicos McDonald's, KFC y Starbucks de Cuba. Unos 9500 militares están estacionados aquí.

Su historia reciente ha sido tristemente célebre. En enero de 1992, 11 000 inmigrantes haitianos fueron retenidos temporalmente en ella, y en agosto de 1994 acogió a 32 000 balseros cubanos recogidos por la Guardia Costera estadounidense cuando trataban de alcanzar Florida.

Desde el 2002, EE UU ha retenido en el infame campamento Delta a más de 770 prisioneros, sospechosos de estar vinculados a Al-Qaeda o los talibanes, sin que se presenten cargos en su contra. Los detenidos, desprovistos de asistencia jurídica y de contacto con sus familias mientras se les somete a rigurosos interrogatorios, han iniciado huelgas de hambre y al menos cuatro se han suicidado. Tras los llamamientos en el 2004 de Amnistía Internacional y la ONU para su cierre definitivo y los informes de la Cruz Roja que igualan determinados aspectos del régimen del campamento a la tortura, EE UU liberó a 420 presos y presentó cargos solo contra tres.

En enero del 2009, el presidente Barack Obama prometió cerrar estos campos de detención y acabar así con lo que calificó como "un triste capítulo en la historia de EE UU". No obstante, debido a la oposición bipartita del Congreso, no se pudo cumplir el plazo de 1 año. La crisis continuó. La alimentación forzosa de unos 100 internos en huelga de hambre en mayo del 2013 mereció la condena de gran parte de la comunidad internacional, acentuando la presión para que el presidente duplicase sus esfuerzos para cerrar el campamento. Pese a ello, el Congreso ha ido bloqueando sucesivamente otros intentos de traslado de presos a EE UU para ser juzgados.

A principios del 2015, quedaban 136 presos; al menos la mitad puede salir pero, hasta la fecha, las autoridades luchan por encontrar un país que los acepte. Permanecen en una especie de limbo, atrapados por la burocracia legal y política.

la principal zona gastronómica. La ropavieja no está mal.

Restaurante Girasoles CARIBEÑA $
(calle 15 Norte esq. Ahogados; comidas 1-5 CUC; ☺ 12.00-21.30) No un girasol, sino una estatua desnuda señala la entrada al que, por eliminación, es uno de los mejores restaurantes de la región. Está detrás del Hotel Guantánamo y sirven (a paso de tortuga) pollo y pescado, a veces con salsas interesantes. La terraza está muy frecuentada por la tarde.

Bar-Restaurante Olimpia HAMBURGUESERÍA $
(Calixto García esq. Aguilera; comidas 1-4 CUC; ☺ 9.00-24.00) Homenaje a la sorprendente participación de Guantánamo en los Juegos Olímpicos, este bar-restaurante exhibe camisolas de béisbol, artículos de atletismo y la camiseta de Félix Savón, boxeador tres veces ganador del oro olímpico, natural de la ciudad. Dentro hay un pequeño patio y un bar en una entreplanta donde tomar cervezas y hamburguesas cubanas, todo ello con la vista del colindante parque Martí.

🍷 Dónde beber y vida nocturna

Dos calles convertidas en peatonales –Aguilera y Flor Crombet– conducen una manzana al este del parque Martí y cuentan con bares animados en los que acicalados guantanameros alardean de su ropa de diseño de imitación.

La Ruina
BAR

(Calixto García esq. Emilio Giró; ☺10.00-1.00) Este armazón de un edificio colonial en ruinas tiene techos de 9 m, muchos bancos donde apoyarse tras la enésima cerveza y un popular karaoke para quienes aspiran a aparecer en un *reality* televisivo. La carta del bar está bien para tomar un bocado a mediodía.

Casa de las Promociones Musicales 'La Guantanamera'
CLUB

(Calixto García, entre Flor Crombet y Emilio Giró) Otro bien conservado local de conciertos, con peñas de rap los jueves y sesiones matinales de trova los domingos.

☆ Ocio

Guantánamo destila música y hasta posee una cultura musical propia, encarnada en el subgénero del son conocido como changüí. El viajero puede familiarizarse con este y otros sonidos en algunos de los siguientes locales.

★ Tumba Francesa Pompadour
MÚSICA EN DIRECTO

(Serafín Sánchez 715) Cuatro manzanas al este de la estación de trenes, es una de las tres sociedades de tumba francesa que quedan en el país, especializada en un peculiar estilo de baile haitiano. Entre su programación destacan *Mi tumba baile, Encuentro tradicional* y *Peña campesina*. El horario varía; lo mejor es preguntar enfrente, en la Casa de Changüí.

Casa de Changüí
MÚSICA EN DIRECTO

(Serafín Sánchez 710, entre N. López y Jesús del Sol; ☺17.00-24.00) Como tribuna destacada de la música autóctona de Guantánamo, es el lugar donde empaparse del changüí y un templo de su principal exponente, el timbalero local Elio Revé.

Casa de la Trova (parque Martí)
MÚSICA EN DIRECTO

(Pedro Pérez esq. Flor Crombet; entrada 1 CUC; ☺20.00-1.00) La única ciudad cubana con dos casas de la trova, ofrece un sinfín de opciones. Este local es el más tradicional, con ancianos con sombreros panamá que se olvidan de su artritis para bailar enérgicamente.

Casa de la Trova (ARTex)
MÚSICA EN DIRECTO

(Máximo Gómez 1062; entrada 1 CUC; ☺20.00-1.00 ma-do) Ubicada en un edificio azul pavo real

de una tranquila calle, se conoce popularmente como "el local". Atrae a una clientela más joven y la música refleja sus gustos, como rap y fusión.

Casa del Son
MÚSICA EN DIRECTO

(Serafín Sánchez esq. Prado; ☺17.00-24.00) Nuevo local para música antigua, esta casa comparte salas restauradas con esmero con la Casa de Changüí de la calle Serafín Sánchez, la bulliciosa calle musical de la ciudad.

Cine Huambo
CINE

(parque Martí) Sala reformada en medio del bullicio del parque Martí. Exhiben principalmente películas en español, pero también varias en inglés subtituladas.

Estadio Van Troi
DEPORTES

En este estadio del Reparto San Justo, 1,5 km al sur de la gasolinera Servi-Cupet, suelen disputarse partidos de béisbol de octubre a abril. A pesar de su fuerte tradición deportiva, el equipo de Guantánamo –apodado Los Indios– son unos eternos segundones que raramente llegan a las finales.

❶ Información

Banco de Crédito y Comercio (Calixto García, entre Emilio Giró y Bartolomé Masó; ☺9.00-15.00 lu-vi) Una de las dos sucursales de esta manzana.

Cadeca (Calixto García esq. Prado) Cambio de moneda.

MERECE LA PENA

ZOOLÓGICO DE PIEDRAS

Surrealista incluso tratándose de Cuba, el Zoológico de Piedras (entrada 1 CUC; ☺9.00-18.00 lu-sa) es un parque de esculturas animales dispuestas entre el denso follaje de los terrenos de un cafetal de montaña, 20 km al noreste de Guantánamo. A finales de la década de 1970, el escultor Ángel Íñigo Blanco comenzó a tallar las figuras en la roca existente, representando desde hipopótamos hasta serpientes gigantes. El autor falleció en el 2014, pero el zoo de piedra parece decidido a continuar en su memoria. Para llegar se precisa vehículo propio o un taxi (10 CUC ida desde Guantánamo). Hay que salir de la ciudad por el este y girar a la izquierda hacia Jamaica y Honduras. El singular zoo se encuentra en la población de Boquerón.

Clínica Internacional (Flor Crombet 305, entre Calixto García y Los Maceos; ☺9.00-17.00) En la esquina noreste del parque Martí.

Etecsa Telepunto (Aguilera esq. Los Maceos; 4,50 CUC/h; ☺8.30-19.30) Cuatro ordenadores y apenas turistas, por lo que no hay colas.

Havanatur (Aguilera, entre Calixto García y Los Maceos; ☺8.00-12.00 y 13.30-16.30 lu-vi, 8.30-11.30 sa) Agencia de viajes.

Hospital Agostinho Neto (☎35-54-50; ctra. El Salvador km 1; ☺24 h) En el extremo oeste de la plaza Mariana Grajales, cerca del Hotel Guantánamo, ayuda a extranjeros en caso de urgencia.

Oficina de correos (Pedro A. Pérez; ☺8.00-13.00 y 14.00-18.00 lu-sa) En el flanco oeste del parque Martí. También hay una oficina de DHL.

❶ Cómo llegar y salir

AVIÓN

Cubana (Calixto García 817) vuela cuatro veces por semana (159 CUC ida, 2½ h) desde La Habana al aeropuerto Mariana Grajales (también conocido como Los Canos), que no recibe vuelos internacionales.

AUTOBÚS

La estación de autobuses, denominada "terminal de ómnibus", tiene una ubicación poco práctica, 5 km al oeste del centro por la antigua carretera de Santiago (continuación de av. Camilo Cienfuegos). Un taxi desde el Hotel Guantánamo debería costar 3-4 CUC.

Hay dos autobuses diarios de **Víazul** (www.viazul.com) a Baracoa (10 CUC, 3 h, 9.30 y 15.30) y uno a Santiago de Cuba (6 CUC, 1¾ h, 23.30).

AUTOMÓVIL

La Autopista Nacional a Santiago de Cuba finaliza cerca del embalse La Yaya, 25 km al este de Guantánamo, donde se une a la Carretera Central (en obras de ampliación). Para ir de Santiago a Guantánamo, hay que seguir la Autopista Nacional hacia el norte durante unos 12 km hasta llegar al final de la pendiente y allí tomar la primera desviación a la derecha. La señalización es esporádica y poco clara, por lo que conviene llevar un buen mapa y mantenerse alerta.

Cubacar (Hotel Guantánamo) tiene una oficina en el Hotel Guantánamo.

La **gasolinera Oro Negro** (Los Maceos esq. Jesús del Sol) es un buen lugar para repostar antes del trayecto de 150 km hasta Baracoa, al este.

TREN

De la **estación de trenes** (Pedro A. Pérez), varias calles al norte del parque Martí, sale uno a La Habana (32 CUC, 19 h) cada tres días, que pasa por Camagüey, Ciego de Ávila, Santa Clara y Matanzas. Los billetes se compran la misma mañana de la partida en la oficina de Pedro A. Pérez.

CAMIÓN

Los que van a Santiago de Cuba y Baracoa salen de la terminal de ómnibus y permiten al viajero apearse en las localidades intermedias más pequeñas.

Las que van a Moa aparcan en la carretera a El Salvador, al norte de la ciudad, cerca de la entrada a la autopista.

❶ Cómo desplazarse

El autobús nº 48 (0,20 CUP) va del centro al Hotel Guantánamo, más o menos cada 40 min. También hay muchos bicitaxis. Se puede encontrar un taxi fácilmente por el parque Martí.

En torno a la base naval estadounidense de Guantánamo

Ranchón La Gobernadora

Hace unos años se podía ver la base desde el Mirador de Malones, de 320 m de alto, 20 km al este de Guantánamo, pero las visitas se restringieron a finales de la década del 2000. Actualmente, junto a la carretera principal a Baracoa, cerca de la entrada al viejo mirador, está el nuevo Ranchón La Gobernadora (☺9.00-21.00) GRATIS, sencillo y rústico bar-restaurante con una torre-mirador equipada con potentes prismáticos. Un guía políglota ayuda a distinguir las distantes instalaciones norteamericanas. Aun así, no se puede ver el único McDonald's de Cuba.

Caimanera

Al contrario de lo que se suele pensar, Caimanera (y no Guantánamo) es la ciudad cubana más próxima a la base naval de EE UU. Situada en la orilla oeste de la bahía de Guantánamo, al norte del puesto de control militar estadounidense, esta localidad pesquera de 10 000 habitantes (muchos de ellos jamaicanos de primera o segunda generación) era una ciudad en auge antes de la Revolución, cuando sus vecinos trabajaban en la base naval. Según los veteranos, la ocupación más popular era la prostitución. Desde 1959, Caimanera ha tenido dificultades económicas. Un único hotel sirve de mirador para los curiosos observadores de la bahía.

Al oeste de Caimanera, las áridas colinas cubiertas de cactus se caracterizan por los **monitongos** (mesetas rocosas erosionadas por el viento). La región tiene un elevado nivel de endemismo y está protegida como reserva de fauna. Existen senderos, pero solo se accede a ellos en viaje organizado.

🛏 Dónde dormir

Hotel Caimanera
HOTEL $

(☎49-94-14; i/d desayuno incl. desde 16/25 CUC, bungalós 2 personas 42 CUC; P❋☎) Se halla en lo alto de una colina de Caimanera, cerca de la base naval estadounidense, 21 km al sur de Guantánamo. Se rige por una normativa peculiar que solo permite grupos de siete o más personas, en circuitos organizados de antemano con una guía oficial cubano, para alojarse en el hotel y disfrutar del mirador. Para unirse a un circuito, se puede preguntar en la oficina de Havanatur, en Guantánamo.

❶ Cómo llegar y salir

Caimanera es la estación más oriental de la línea de ferrocarril cubana (que no llega a Baracoa). Supuestamente hay cuatro trenes diarios a la ciudad de Guantánamo.

Costa Sur

La larga y árida carretera costera desde Guantánamo al extremo oriental de la isla, la Punta de Maisí, es una región semidesértica espectacular, donde abundan los cactus y las espinosas plantas de aloe. Entre las playas de Yacabo y Cajobabo hay varias playitas de guijarros ideales. El variado paisaje que se extiende a ambos lados de la carretera –interrumpido a intervalos por escarpados montes purpúreos y oasis verdes ribereños– resulta impresionante.

◉ Puntos de interés

Playita de Cajobabo
PLAYA

La playa principal de Cajobabo es pedregosa y está flanqueada por espectaculares acantilados, pero aun así es una buena zona de buceo. Siguiendo la carretera hasta el final, tras pasar por un cabo, el asfalto acaba en otra playa. A unos 400 m en dirección este se alza un **monumento** en forma de barca, que señala el lugar donde desembarcó José Martí en 1895 para iniciar la Segunda Guerra de Independencia.

Martí y Máximo Gómez llegaron con otros cuatro en un bote de remos a las 22.00 la noche del 11 de abril. El desembarco inspiró a Fidel Castro el suyo en el *Granma* 61 años más tarde.

Museo de 11 Abril
MUSEO

(⏱8.00-12.00 y 13.30-17.30) GRATIS En la carretera de acceso a la playa de Cajobabo se halla la casita de Salustiano Leyva, que en 1895, con solo 11 años de edad, ayudó a Martí y Gómez, tras desembarcar, a descansar y planificar su posterior marcha hacia el oeste. El museo ilustra los hechos con mapas y recuerdos. Leyva, uno de los pocos en conocer a Martí y Castro, vivió hasta la década de 1970.

La Farola
CARRETERA

Una de las siete modernas maravillas de la ingeniería de la Cuba moderna, la "carretera del faro", recorre 55 km desde Cajobabo hasta Baracoa, comunicando un semidesierto jalonado de cactus con una exuberante selva tropical. Hay inmensos pinos y un mirador en el Alto de Cotilla, su cima más elevada.

Punta de Maisí

Desde Cajobabo, la carretera de la costa continúa durante 51 km en dirección noreste hasta La Máquina. El firme es bueno hasta Jauco, pero después no tanto; en el trayecto de Baracoa a La Máquina (55 km), se mantiene aceptable hasta alcanzar Sabana, pero de Sabana a La Máquina hay algunos baches.

En cualquier caso, La Máquina es el punto de partida de la pista de 13 km llenos de baches que va hasta la Punta de Maisí; es mejor hacerla en un todoterreno.

En este punto, el más oriental de Cuba, hay un **faro** (1862) y una pequeña y bonita playa de arena blanca. En los días claros se puede ver Haití, situada a 70 km.

Tras permanecer largo tiempo como una zona militar vedada, la región de Maisí se está abriendo al turismo. En el momento de redactar esta guía, Gaviota empezaba a organizar un circuito de un día por el entorno, con entrada al faro. Se aconseja preguntar en el Hostal la Habanera (p. 447) de Baracoa.

Boca de Yumurí y alrededores

Unos 5 km al sur de Baracoa, una carretera sale de La Farola hacia el este para recorrer 28 km de costa hasta **Boca de Yumurí**, en la desembocadura del río homónimo. Cerca del puente que lo cruza se encuentra el **Túnel de los Alemanes**, un espectacular arco natural de árboles y follaje. La playa de arena oscura, aunque encantadora, está hasta los topes de gente procedente de Baracoa. Hay agresivos vendedores de pescado frito, y otros que ofrecen caracoles de vistosos colores, llamados polymitas; escasos debido a su recolección indiscriminada para los turistas, hay que rechazar la oferta. Desde el puente, en la desembocadura del río, salen taxis acuáticos (2 CUC) hasta el lugar donde las inclinadas orillas se estrechan en una inquietante garganta natural, 400 m río arriba. El viajero puede pedir que le dejen aquí y hacer un *picnic* en una isla del delta del río.

El trayecto en bicicleta desde Baracoa a Boca de Yumurí (56 km i/v) resulta magnífico: caluroso, pero liso y llano, con buenas vistas y muchas paradas posibles (p. ej., **Playa Bariguá,** en el km 25). Se pueden alquilar bicis en Baracoa (pregúntese en la casa particular). Los taxis también llegan hasta aquí desde Baracoa; asimismo, se puede ir por cuenta propia o en una excursión organizada por Cubatur (22 CUC). Los circuitos suelen parar en Güirito para visitar una plantación de cacao.

Entre Boca de Yumurí y Baracoa hay algunas playas hermosas. Yendo hacia el oeste, la primera es **Playa Cajuajo,** poco visitada y accesible a pie, por un sendero de 5 km desde el río Mata que discurre por bosques de gran biodiversidad. Ecotur, en Baracoa, organiza viajes al lugar. También está la pequeña y deliciosa **Playa Mangalito,** donde el **Restaurant Tato** (principales 5-7 CUC; ⊗8.00-24.00) prepara pulpo fresco capturado en los bajíos, a pocos metros del plato.

Baracoa

40 800 HAB.

Mágica, extraña, cautivadora, extravagante, poco ortodoxa, misteriosa, surreal, psicodélica y alucinógena; a Baracoa se le pueden dedicar muchísimos adjetivos, y nunca llegar a captar su esencia. Distante, en la húmeda y ventosa ladera de los montes Cuchillas del Toa, la ciudad más antigua y aislada de Cuba merece una visita, no tanto por la belleza de su arquitectura (destartalada y anodina) como por su ambiente, su gente y ese algo especial.

Lógicamente, aquí abundan las revelaciones. El viajero puede regalarse la vista con el follaje (verde intenso, de crecimiento rápido y muy abundante después de la descarnada aridez de la costa sur de Guantánamo), escarbar en sus fascinantes leyendas y familiarizarse con un elenco de personajes vivos y muertos dignos de Tolkien. Está Cayamba, el supuesto "trovador de la guerrilla", que se autoproclamó el hombre con la voz más fea del mundo; la Rusa, aristócrata y refugiada política que cambió una forma de *socialismo* por otra e inspiró una novela de Alejo Carpentier, autor del realismo mágico; y Enriqueta Faber, una francesa que se hacía pasar por hombre para ejercer la Medicina y que logró embaucar a una heredera de la región y casarse con ella en la catedral de Baracoa... en 1819. ¿El primer matrimonio homosexual de Cuba?

Historia

Fundada en 1511 por Diego Velázquez de Cuéllar, y semiabandonada a mediados del s. XVI, Baracoa se convirtió en una especie de Siberia cubana donde los revolucionarios rebeldes eran enviados como prisioneros. A principios del s. XIX, hacendados franceses cruzaron los 70 km del paso de los Vientos desde Haití y empezaron a cultivar coco, cacao y café en las montañas; el motor económico se ponía finalmente en marcha. Baracoa evolucionó en relativo aislamiento del resto de Cuba hasta la inauguración en 1964 de La Farola, factor que ha influido decisivamente en su singular cultura.

◉ Puntos de interés y actividades

◉ En la ciudad

★ **Museo Arqueológico 'La Cueva del Paraíso'**   MUSEO
(Moncada; entrada 3 CUC; ⊗8.00-17.00) El museo más impresionante de Baracoa se encuentra en una serie de cavernas (las cuevas del Paraíso), que fueron en su día cámaras mortuorias taínas. Entre las casi 2000 piezas taínas auténticas se cuentan esqueletos desenterrados, cerámica, petroglifos de hace 3000 años y una réplica del Ídolo del Tabaco, estatua descubierta en Maisí en 1903 y considerada uno de los objetos taínos más importantes hallados en el Caribe. Los empleados muestran el lugar con entusiasmo. El museo se halla 800 m al sureste del Hotel El Castillo.

Fuerte Matachín   FUERTE
(José Martí esq. av. Malecón; entrada 1 CUC; ⊗8.00-12.00 y 14.00-18.00) Baracoa está protegida por

tres robustos fuertes españoles. Este, construido en 1802 en la entrada meridional de la ciudad, alberga el **Museo Municipal**. El pequeño pero precioso edificio expone una atractiva cronología del asentamiento más antiguo de Cuba, que incluye conchas de caracol polymita, la historia del Che Guevara y la fábrica de chocolate, así como un particular género musical originario de Baracoa: el kiribá, un precursor del son.

Hay también objetos relacionados con Magdalena Menasse (de soltera, Rovieskuya la Rusa), en quien Alejo Carpentier basó su famosa obra *La consagración de la primavera*.

Catedral de Nuestra Señora de la Asunción
IGLESIA

(Antonio Maceo 152) Tras años de abandono en los que casi fue derribada por los huracanes, su histórica catedral ha sido restaurada con esmero, principalmente con fondos italianos. En el lugar ha existido un edificio desde el s. XVI, aunque el actual, muy transformado, data de 1833.

Su pieza más famosa es la **cruz de la Parra**, de incalculable valor, única superviviente de las 29 cruces de madera levantadas por Colón en la isla durante su primer viaje en 1492. La prueba del carbono 14 ha confirmado la edad de la cruz, que se remonta al s. XV.

Enfrente de la catedral se encuentra el **busto de Hatuey**, un cacique indio rebelde que ardió en la hoguera cerca de Baracoa en 1512, tras negarse a convertirse al cristianismo. En la plaza Independencia, de forma triangular, se encuentra también el **Poder Popular** (Antonio Maceo 137), un edificio neoclásico del Gobierno municipal que puede admirarse desde el exterior.

Casa del Cacao
MUSEO

(Antonio Maceo, entre Maraví y Frank País; ☉ 7.00-23.00) GRATIS El olfato pronto desvelará al visitante que se halla en el epicentro de la industria chocolatera cubana; el cacao se cultiva en la zona y después se convierte en chocolate en una fábrica local. Este café-museo narra su historia e importancia en la Cuba oriental. Además, sirve tazas de chocolate puro y espeso (caliente o frío) en un agradable café interior y vende tabletas de chocolate negro de Baracoa, de agradable sabor amargo.

Castillo de Seboruco
FUERTE

El fuerte más alto de Baracoa fue comenzado por los españoles en 1739 y acabado por los estadounidenses en 1900. Apenas reconocible como tal, es hoy el Hotel El Castillo. Se divisan vistas excelentes de la meseta de El Yunque, al otro lado de la reluciente piscina. Una empinada escalera en el extremo suroeste de la calle Frank País sube directamente hasta allí.

Fuerte de la Punta
FUERTE

Este fuerte español custodia desde 1803 la entrada al puerto, en el extremo noroeste de la ciudad. Sus gruesos muros, resistentes a los huracanes, ocultan hoy un agradable restaurante (p. 449).

◉ Al sureste de la ciudad

Parque Natural Majayara
PARQUE

✐ Este parque brinda un par de **excursiones** mágicas y la posibilidad de **nadar**, así como una ruta arqueológica por el recinto de una exuberante granja familiar. Se trata de un discreto desvío que el viajero puede hacer a su aire.

Nada más pasar el fuerte Matachín, hay que caminar en dirección sureste, dejando atrás el estadio de béisbol, por la playa de arena oscura durante 20 min, hasta un puente largo y bajo cruza el río Miel.

Al otro lado, hay que girar a la izquierda siguiendo un sendero que sube por un grupo de casas rústicas hasta otro cruce. A veces, en el puesto de guardia hay un oficial que cobra 2 CUC. Se gira a la izquierda de nuevo y se prosigue por la pista de vehículos hasta que acaban las casas y se ve un camino de vía única, señalizado, que vira a la izquierda hasta un idílico lugar que invita a un *picnic*.

Continuando todo recto por el sendero se llega a un trío de granjas de madera. La tercera pertenece a la familia Fuentes. A cambio de un donativo, el señor Fuentes lleva viajeros de excursión a su **finca** familiar, donde se puede tomar café y frutas tropicales. También muestra la **cueva de Aguas**, situada algo más allá, donde hay una poza de agua dulce para nadar. Regresando colina arriba, se llega a una **ruta arqueológica** con más cuevas y vistas maravillosas del océano.

Otra opción es concertar la excursión Ruta Taína con Ecotur (p. 451) por unos 14 CUC.

◉ Al noroeste de la ciudad

Hay que seguir el aroma del chocolate por la carretera que sale de la ciudad en dirección a Moa.

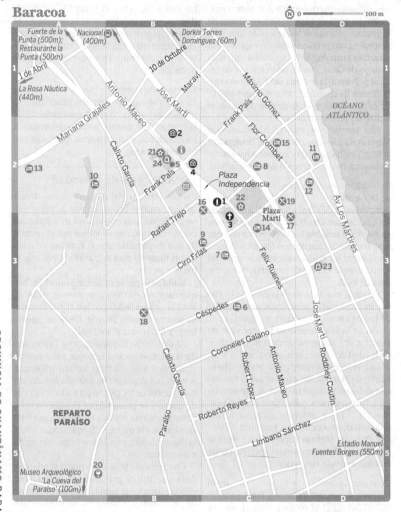

Playa Duaba
PLAYA

Yendo en dirección norte por la carretera de Moa, hay que salir por el desvío al Hotel Porto Santo/aeropuerto y continuar 2 km, dejando atrás la pista de aterrizaje, hasta llegar a la playa de arena negra, situada en la desembocadura del río. Este fue el escenario del desembarco de Antonio Maceo, Flor Crombet y otros para iniciar la Guerra de Independencia en 1895. Hay un **monumento conmemorativo** y buenas vistas de El Yunque, aunque la playa en sí no es de las que invitan a tumbarse el sol.

Fábrica de chocolate
FÁBRICA

Los aromas dulces y deliciosos que impregnan el aire provienen de la famosa fábrica de chocolate, 1 km más allá del desvío del aeropuerto, abierta no por Willy Wonka sino por el Che Guevara en 1963. Actualmente no se visita.

Fábrica de 'cucuruchos'
FÁBRICA

Sin duda, la única fábrica del mundo que elabora *cucuruchos,* el placer más dulce de Baracoa, envueltos en una ecológica hoja de palmera. Se pueden adquirir en las instalaciones, aunque son más quienes los compran

Baracoa

Puntos de interés	
1 Busto de Hatuey	C2
2 Casa del Cacao	B2
3 Catedral de Nuestra Señora de la Asunción	C3
Castillo de Seboruco	(véase 10)
4 Poder Popular	B2
Actividades, cursos y circuitos	
5 Gaviota	B2
Dónde dormir	
6 Casa Colonial Lucy	C3
7 Casa Colonial Ykira Mahiquez	C3
8 Casa Yamicel	C2
9 Hostal 1511	C3
Hostal la Habanera	(véase 5)
10 Hotel El Castillo	A2
11 Hotel la Rusa	D2
12 Hotel Río Miel	D2
13 Isabel Castro Vilato	A2
14 La Casona	C3
15 Nilson Abad Guilaré	C2
Dónde comer	
Bar-Restaurant La Terraza-Casa Nilson	(véase 15)
16 Cafetería el Parque	C2
17 Dorado Café	C3
18 El Buen Sabor	B4
19 Tienda la Primada	C2
Dónde beber y vida nocturna	
20 El Ranchón	A5
Ocio	
21 Casa de la Cultura	B2
22 Casa de la Trova Victorino Rodríguez	C2
De compras	
23 ARTex	D3
24 Taller Mirate	B2

a los agricultores en el arcén de la carretera de La Farola. Está 500 m pasada la fábrica de chocolate, en la carretera a Moa.

Circuitos

Son una buena manera de visitar puntos de interés remotos y de difícil acceso; las oficinas de Cubatur y Ecotur en la plaza Independencia reservan excursiones, entre ellas a El Yunque (16-20 CUC), el Parque Nacional Alejandro de Humboldt (22-25 CUC), el río Toa (18-20 CUC) y Boca de Yumurí (22 CUC).

★ José Ángel Delfino Pérez CIRCUITOS GUIADOS
(☎64-13-67; joseguia@nauta.cu) Experto en plantas y geólogo entusiasta, José es quizá el mejor guía privado de Baracoa. Sus circuitos, muy profesionales, visitan El Yunque (20 CUC), Punta de Maisí (27 CUC), Humboldt (25 CUC) y Boca de Yumurí (25 CUC), el mejor, un viaje que incluye plantaciones de cacao, degustaciones de chocolate y visitas a playas aisladas. Los precios bajan según crece el número de participantes.

Se aconseja solicitar su documentación, pues son varios los que se hacen pasar por él. El contacto se realiza por teléfono, email o en la casa particular de Nilson Abad Guilaré.

Gaviota CIRCUITOS
(☎64-41-15; Frank País esq. calle Maceo; ⏱8.00-18.00 do-vi) Cuenta con un mostrador muy útil en el Hotel Habanera, donde organizan circuitos y reservan vuelos y billetes de autobús.

Fiestas y celebraciones

Semana de la Cultura Baracoesa FIESTA
(⏱fin mar/ppios abr) Los lugareños se echan a la calle para conmemorar el desembarco de Antonio Maceo en 1895.

Dónde dormir

Hostal la Habanera HOTEL $
(☎64-52-73; Antonio Maceo 126; i/d 40/45 CUC; ❄📶) Pintoresco y tentador como solo puede verse en Baracoa, este hotel ocupa una mansión colonial restaurada que pintan con regularidad. Los cuatro dormitorios delanteros comparten un balcón con mecedoras y vistas a la calle, ideal para descubrir el típico ambiente de Baracoa (vendedores callejeros, música para bailar y fritura de marisco en los restaurantes). El vestíbulo de la planta baja tiene bar, restaurante y un práctico mostrador de circuitos Gaviota.

Nilson Abad Guilaré CASA PARTICULAR $
(☎64-31-23; abadcub@gmail.com; Flor Crombet 143, entre Ciro Frías y Pelayo Cuervo; h 25-30 CUC; ❄) Nilson regenta una de las casas más limpias de Cuba. Este fantástico apartamento independiente tiene un baño enorme, acceso a cocina y una terraza en la azotea con vistas al mar. La cena se sirve en su aclamado paladar,

KIRIBÁ Y NENGÓN: LAS RAÍCES DEL SON

Si el viajero pretende desentrañar el complejo árbol genealógico de la música cubana (buen plan vacacional si se dispone de tiempo), el pequeño pueblo de Güirito, 18 km al sureste de Baracoa, debería ser una de las primeras paradas. De aquí proceden el kiribá y el nengón, dos de los primitivos precursores del son, música nacional cubana. Pero mientras el son y la salsa, su pariente rítmico, se exportaron a todo el mundo, estos fascinantes géneros nunca salieron de Güirito.

¿Qué son exactamente estas toscas y primitivas formas musicales? Más que variantes, el kiribá y el nengón son rústicos antecesores del son, transmitidos oralmente de generación en generación desde la Primera Guerra de Independencia, a mediados del s. XIX. El ritmo rápido y la coreografía relativamente libre del kiribá incorporan un baile en pareja en el que ambos bailarines se mueven a la vez en amplios pasos circulares. El nengón es un baile más lento, con un inconfundible arrastre de pies que, según se dice, imita el movimiento de los agricultores al pisar los granos de café y cacao para molerlos. El acompañamiento musical corre a cargo de un septeto compuesto de *tres* (guitarra cubana), güiro, claves, marimba, bongos, maracas y voz. Existen 22 piezas de nengón registradas; en el kiribá, no hay canciones propiamente dichas, pues los cantantes van improvisando la letra. La vestimenta que llevan es, asimismo, inconfundible: blusa blanca y una larga falda de flores las mujeres, y guayabera, sombrero de yarey y pañuelo los hombres.

Gracias a un resurgimiento en 1982, el kiribá y el nengón aún se ejecutan masivamente en Güirito por parte de un grupo de música y baile de 21 componentes, que ha salvaguardado meticulosamente las tradiciones. Casi todas las tardes de sábado, se reúnen en Güirito para celebrar una fiesta tradicional, informal y con un extenso intercambio de comida baracoesa. Hay *bacán* (tamales de cangrejo y plátano macho), frangollo (plátano seco mezclado con azúcar y envuelto en una hoja de banano) y arroz cocinado en el estómago de un cerdo asado. Regado con ron en toneles de roble, el baile se prolonga hasta la madrugada. Todo el mundo es bienvenido.

La Terraza. Durante la visita de los autores estaban construyendo dos habitaciones nuevas.

Hotel Río Miel
HOTEL $

(Ciro Frías esq. av. Malecón; i/d 40/45 CUC; 🅿🛜) El más reciente del sexteto de hoteles de la cadena estatal Gaviota en Baracoa está en el malecón, donde soporta estoicamente una de las climatologías más adversas de la isla. Aporta un tosco romanticismo, cuando menos.

Isabel Castro Vilato
CASA PARTICULAR $

(📞64-22-67; Mariana Granjales 35; h 25 CUC; 🅿🛜) Esta elegante casa verde con tablones de madera y piedra oculta tres grandes habitaciones y un bonito jardín donde cultivan la mitad de las provisiones del desayuno. Curiosamente, para estar en Baracoa, tiene garaje/aparcamiento seguro.

Hostal 1511
HOTEL $

(📞64-57-00; Ciro Frías, entre Rubert López y Maceo; i/d 40/45 CUC; 🅿🛜) El año 1511 es el de la fundación de Baracoa, y este pequeño establecimiento es, asimismo, un referente, por estar en pleno centro y por su ambiente colonial. La maqueta de barco de la recepción marca el tono de una decoración náutica, que encaja mejor en las habitaciones de arriba.

Casa Colonial
Ykira Mahiquez
CASA PARTICULAR $

(📞64-38-81; ykiram@nauta.cu; Antonio Maceo 168A, entre Ciro Frías y Céspedes; h 20 CUC; 🅿) Acogedora y hospitalaria, Ykira es la anfitriona de moda en Baracoa y sirve fantásticas comidas con hierbas que cultiva ella misma. Su acogedora casa con dos dormitorios está a una manzana de la catedral y goza de una gran terraza y un mirador con vistas marinas.

Casa Yamicel
CASA PARTICULAR $

(📞64-11-18; Martí 145A, entre Pelayo y Ciro Frías; 20-25 CUC; 🅿) ¿Médicos que preparan mojitos increíbles? Pues eso ocurre en esta casa colonial con tres habitaciones (dos arriba, una abajo) y ventanas con bellos barrotes de madera. Hasta la azotea llegan tonificantes brisas marinas.

La Casona
CASA PARTICULAR $

(📞64-21-33; Félix Ruenes 1 Altos; h 20-25 CUC; 🅿) Casi nunca la casa más céntrica de una ciudad es una de las mejores, pero así es aquí gracias a sus jóvenes propietarios. Tiene dos habitaciones en la 2ª planta y una fantástica terraza. Todo inmaculado.

Dorkis Torres Domínguez — CASA PARTICULAR $

(☑64-34-51; Flor Crombet 58 Altos; h 20-25 CUC; ✳) En el piso superior hay dos limpias habitaciones, amuebladas con gusto y bañadas en luz natural. Además, tiene una terraza de azulejos con vistas al Atlántico, ideal para pasar un par de días relajados. Dorkis ha abierto hace poco el práctico **Dorado Café** (☑52-38-53-16; Martí 171; tentempiés 3 CUC; ☺ 10.00-14.00 y 18.00-22.00), que sirve tentempiés y café.

Casa Colonial Lucy — CASA PARTICULAR $

(☑64-35-48; astralsol36@gmail.com; Céspedes 29, entre Rubert López y Antonio Maceo; h 20 CUC; ✳) Favorita desde siempre, esta casa de 1840 posee un encantador carácter local, con patios, porches y begonias en flor. Hay dos habitaciones, además de terrazas en distintos niveles, y el ambiente es apacible y solitario. El hijo de Lucy da clases de salsa y masajes.

Hotel la Rusa — HOTEL $

(☑64-30-11; Máximo Gómez 161; i/d 26/35 CUC; ✳☏) En su día, la emigrante rusa Magdalena Rovieskuya (alias la Rusa) ayudaba a los rebeldes de Castro en la sierra Maestra y llegó a Baracoa por primera vez en la década de 1930. Construyó un hotel de 12 habitaciones y devino una celebridad, recibiendo a huéspedes tan ilustres como Errol Flynn, el Che Guevara y Fidel Castro. Tras su muerte en 1978, La Rusa se convirtió en un hotel estatal más modesto, frente al mar.

★ Hotel El Castillo — HOTEL $$

(☑64-51-65; Loma del Paraíso; i/d 44/65 CUC; ℙ✳☏) El huésped podría recostarse como un conquistador colonial en este histórico fuerte convertido en hotel, en la cima del castillo de Seboruco, solo que los conquistadores no tenían piscinas, wifi o una camarera que pliega toallas en forma de barco, cisne y otras avanzadas formas de *origami*. Se aconseja pedir una de las 28 habitaciones más nuevas, situadas en una manzana separada y con vistas increíbles a El Yunque.

Hotel Porto Santo — HOTEL $$

(☑64-51-06; ctra. aeropuerto; i/d 44/65 CUC; ℙ✳☏) En la bahía donde Colón supuestamente plantó su primera cruz, se encuentra este tranquilo hotel bien integrado con el entorno. Situado a 4 km del centro urbano y a 200 m del aeropuerto, dispone de 36 habi-taciones más que correctas junto al mar. Una escalera empinada baja a una diminuta playa azotada por las olas.

✗ Dónde comer

Tras la monotonía de la oferta culinaria cubana, comer en Baracoa supone una agradable sorpresa. La cocina es creativa, sabrosa y, por encima de todo, diferente. En las casas particulares sirven los platos más auténticos. Quienes prefieran cocinar hallarán una limitada oferta de comestibles en la **tienda La Primada** (Ciro Frías esq. pza. Martí; ☺8.30-20.30).

Cafetería el Parque — COMIDA RÁPIDA $

(Antonio Maceo 142; tentempiés 1-3 CUC; ☺24 h; ☏) Es el punto de reunión predilecto en Baracoa, por lo que es muy probable que el viajero acabe en esta terraza en algún momento, aunque solo sea para tomar una cerveza Bucanero y conectarse al wifi.

★ Bar-Restaurant La Terraza-Casa Nilson — BARACOESA $$

(Flor Crombet 143, entre Ciro Frías y Pelayo Cuervo; comidas 6-8 CUC; ☺12.00-15.00 y 18.30-23.00) Encima de su casa, en una espectacular terraza de dos niveles, decorada con un extravagante estilo afrocaribeño, Nilson sirve algunos de los platos más genuinos de Baracoa (y de Cuba). El apetitoso pescado con leche de coco es solo el comienzo. También hay pulpo, grandes gambas de agua dulce, *bacán* (tamales salados rellenos) y, de postre, dulces de chocolate. Una experiencia inolvidable.

El Buen Sabor — BARACOESA $$

(☑64-14-00; Calixto García 134 Altos; comidas 9-18 CUC; ☺12.00-24.00) En su terraza abundan los sabores, sobre todo los de coco. En este paladar se pueden comer los mejores platos de Baracoa, como pez espada en salsa de coco, *bacán* y postres de chocolate. El servicio es atento.

La Rosa Náutica — CARIBEÑA $$

(1 de Abril 185 Altos; comidas 4-16 CUC; ☺12.00-24.00) En la carretera del aeropuerto, este restaurante náutico en una 2ª planta es la opción de categoría en Baracoa, especialmente si el viajero puede sentarse en la zona privada sobre la cubierta principal. Sirven pollo, *pizza* o pasta, además de las excelentes opciones de pescado y marisco.

Restaurante la Punta — CARIBEÑA $$

(Fuerte de la Punta; comidas 6-12 CUC; ☺10.00-23.00) Refrescado por la brisa atlántica (y al-

COCINA DE BARACOA

A diferencia de gastronomías más sofisticadas, la cubana no posee una marcada identidad regional, menos en Baracoa, donde todo es distinto, hasta la comida. Con el tiempo más inestable del país, Baracoa ha usado su húmedo microclima y su aislamiento geográfico para alegrar la poco ambiciosa cocina cubana con especias, azúcar, frutas exóticas y coco. El pescado es el gran protagonista, aunque incluso el marisco puede sorprender. El viajero podrá probar gambas de agua dulce del tamaño de pequeñas langostas o diminutos pescadillos tetí, capturados en el río Toa entre julio y enero con luna menguante.

La principal explosión gustativa es una salsa de coco local conocida como *lechita*, una mezcla de leche de coco, salsa de tomate, ajo y un popurrí de especias, que suele servirse encima de gambas, pez espada o dorada. Otras guarniciones de los platos principales son el *bacán*, plátano verde crudo mezclado con carne de cangrejo y envuelto en una hoja de plátano; o el *frangollo*, una mezcla parecida en la que el plátano molido se mezcla con azúcar.

Los dulces son otro tour de force, sobre todo gracias a la ubicua planta del cacao y a la famosa fábrica de chocolate. El chocolate de Baracoa se vende en toda la isla, pero la Casa del Cacao (p. 445) es el lugar de degustación más obvio. Es probable que el viajero lo tome para desayunar en su casa particular, en una bebida caliente elaborada con polvo de plátano, conocida como chorote. Sin duda, el hallazgo culinario más singular de Baracoa es el *cucurucho*, delicada mezcla de coco seco, azúcar, miel, papaya, guayaba, mandarina y frutos secos (ninguno es exactamente igual), envuelta en una ecológica hoja de palmera. Hay una fábrica de *cucuruchos* en la carretera costera a Moa, después de la fábrica de chocolate, pero, por consenso popular, los mejores los venden los campesinos instalados en La Farola, a la entrada a la ciudad desde Guantánamo.

gún que otro temporal), este restaurante de Gaviota, intenta impresionar con platos bien preparados y presentados en el bello entorno histórico del fuerte La Punta. Se recomienda ir el sábado por la noche, cuando hay acompañamiento musical.

 Dónde beber y ocio

⭐ **Casa de la Trova**
Victorino Rodríguez MÚSICA TRADICIONAL
(Antonio Maceo 149A) La casa de la trova con más ambiente y también la más pequeña, curiosa y animada de Cuba. Cada noche se baila al ritmo del changüí-son, de estilo vudú. Una noche, la media de edad de la banda es de 85 años, y la siguiente, 22, pero todos son buenos. Se aconseja pedir un mojito en un tarro de mermelada y sumarse al espectáculo.

Casa de la Cultura CENTRO CULTURAL
(Antonio Maceo 124, entre Frank País y Maraví) Presenta una amplia gama de espectáculos, entre ellos buena rumba, que incorpora los clásicos estilos cubanos de guaguancó, yambú y columbia (subgéneros de la rumba). Hay un buen espectáculo en **La Terraza** los sábados a las 23.00: cabe esperar rumba, como música de Benny Moré y hasta la peluquera de la esquina cantando canciones de Omara Portuondo.

El Ranchón CLUB
(entrada 1; ⊘desde 21.00) Situado en la cima de unas largas escaleras, en el extremo oeste de Coroneles Galano, combina una ubicación fantástica en lo alto de la montaña con grabaciones de salsa y música discotequera, entre legiones de *jineteras*. ¡Cuidado al bajar con unas copas de más! La caída puede ser terrorífica (146 escalones).

Estadio Manuel Fuentes Borges DEPORTES
Situado al sureste del Museo Municipal, en plena playa, es quizá el único de Cuba en el que los jugadores batean con el sabor del mar en los labios. Se celebran partidos de béisbol de octubre a abril. Por las mañanas hay boxeadores practicando en la playa.

 De compras

No es fácil hallar buenos objetos de artesanía en Baracoa.

Taller Mirate ARTE
(Antonio Maceo; ⊘10.00-20.00) Cooperativa de artistas donde siempre hay algún pintor joven y creativo, sentado junto a la ventana con su paleta. El estilo, muy local, sería una combinación de Gauguin y Van Gogh en las páginas de una novela de Gabriel García Márquez.

ARTex RECUERDOS

(José Martí, entre Céspedes y Coroneles Galano; ☺ 9.00-16.30 lu-sa) Vende las típicas baratijas para turistas.

ℹ️ Información

Banco de Crédito y Comercio (Antonio Maceo 99; ☺8.00-14.30 lu-vi)

Banco Popular de Ahorro (José Martí 166; ☺8.00-11.30 y 14.00-16.30 lu-vi)

Cadeca (José Martí 241; ☺8.15-16.00 lu-vi, hasta 11.30 sa y do) Las colas más cortas.

Clínica Internacional (📞64-10-37; José Martí esq. Roberto Reyes; ☺24 h) Un sitio bastante nuevo que atiende a extranjeros; también hay un hospital 2 km a las afueras de la ciudad, en la carretera a Guantánamo.

Cubatur (Antonio Maceo 181; ☺8.00-12.00 y 14.00-17.00 lu-vi) Oficina práctica que organiza circuitos a El Yunque y el Parque Nacional Alejandro de Humboldt.

Ecotur (📞64-24-78; ☺8.30-12.00 y 13.00-17.30 lu-sa) La oficina está en el Hotel 1511.

Etecsa Telepunto (Antonio Maceo esq. Rafael Trejo; 4,50 CUC/h; ☺8.30-19.30) Venden tarjetas wifi para utilizar en los seis hoteles de Gaviota.

Infotur (Antonio Maceo, entre Frank País y Maraví; ☺8.30-12.00 y 14.00-18.00 lu-vi, 8.30-12.00 sa) De gran ayuda.

Oficina de correos (Antonio Maceo 136; ☺8.00-20.00)

ℹ️ Cómo llegar y salir

La estación de trenes más cercana es la de Guantánamo, 150 km al suroeste.

AVIÓN

El aeropuerto Gustavo Rizo (BCA) está 4 km al noroeste de la ciudad, detrás del Hotel Porto Santo. Los cinco vuelos semanales desde La Habana a Baracoa son con Aerocaribbean (164 CUC, ma, ju y do) y Aerogaviota (126 CUC, 14.20 mi y do). Se reservan en Gaviota (p. 447).

Los aviones (y a veces los autobuses) que salen de Baracoa pueden estar llenos. No es recomendable llegar con el tiempo justo sin reservar el billete para seguir el viaje.

AUTOBÚS

La **estación nacional de autobuses** (av. Los Mártires esq. José Martí) cuenta con dos servicios de **Víazul** (www.viazul.com) a Guantánamo (10 CUC, 3 h) a las 8.15 y 14.00; el primero continúa hasta Santiago de Cuba (15 CUC, 5 h). Los billetes se pueden reservar con antelación en Gaviota, pagando una comisión de 5 CUC.

También suele ser posible apuntarse a la lista de viajeros más o menos un día antes de la salida. Las camionetas a Moa (salidas desde 6.00) también parten de esta estación.

Los autobuses de Conectando viajan a Santiago y salen del Hotel La Rusa (p. 449) los lunes, miércoles y viernes a las 12.00 solo en temporada alta (nov-abr). Tiene los mismos precios que Víazul.

Transgaviota tiene un servicio los sábados desde los principales hoteles a Holguín (30 CUC), pasando por Moa; se recomienda preguntar en el Hostal la Habanera (p. 447).

ℹ️ Cómo desplazarse

La mejor manera de desplazarse a/desde el aeropuerto es en taxi (5 CUC) o bicitaxi (2 CUC), si se viaja ligero de equipaje.

Hay una servicial oficina de alquiler de vehículos de **Vía Gaviota** (📞64-16-71) en el aeropuerto y también en la Cafetería el Parque (p. 449). Hay una **gasolinera Servi-Cupet** (José Martí; ☺24 h) a la entrada a la ciudad y otra a 4 km del centro, en la carretera a Guantánamo. Si se va a La Habana, la ruta norte por Moa y Holguín es la más directa, pero la carretera desaparece rápidamente después de Playa Maguana. La mayoría de los habitantes prefiere ir por La Farola.

Una carrera de bicitaxi en la ciudad no debería superar los 5 CUP, pero a menudo se intenta cobrar entre 10 y 15 CUP a los extranjeros.

Casi todas las casas particulares facilitan bicicletas por 3 CUC diarios. La principal excursión en bici es la que va a Playa Maguana (20 km) por una de las carreteras más panorámicas de Cuba. Se pueden alquilar ciclomotores por 25 CUC en la cafetería El Parque y en el Hotel El Castillo (p. 449).

Al noroeste de Baracoa

La carretera llena de baches que sale de la ciudad en dirección a Moa es un paraíso verde salpicado de palmerales, fincas rurales y fortuitas vistas del océano.

🎯 Puntos de interés y actividades

Finca Duaba GRANJA

(☺8.00-19.00) 🚶 GRATIS A 5 km de Baracoa por la carretera a Moa y luego 1 km hacia el interior, esta finca ofrece la oportunidad de experimentar fugazmente la Baracoa rural. Se trata de una granja exuberante donde se puede conocer de cerca la campiña cubana.

LA CASCADA MÁS ALTA DE CUBA

Bastante desconocida, incluso para la mayoría de los cubanos, Salto Fino es la cascada insular más alta del Caribe y la vigésima del mundo. Se halla rodeada de espesa selva tropical en el Parque Nacional Alejandro de Humboldt, inaccesible por carretera y rara vez visitada a pie. Con 93 m de alto y dividida en ocho cataratas más pequeñas, se precipita al arroyo El Infierno desde una empinada plataforma en los montes Cuchillas del Toa. No fue debidamente medida y cartografiada hasta 1966, y la primera expedición científica, bajo la tutela del destacado explorador cubano Antonio Núñez Jiménez, abrió un agreste sendero entre la maleza en 1996.

Posee una breve ruta del cacao que explica la historia y características de la planta. Existe asimismo un buen restaurante estilo *ranchón* y la oportunidad de nadar en el río Duaba. Los bicitaxis dejan pasajeros en el desvío de la carretera.

Río Toa
RÍO

A 10 km de Baracoa se halla el tercer río más largo de la costa norte de Cuba y el más caudaloso del país. El Toa también es un importante hábitat para aves y plantas. En el valle del Toa se cultiva cacao y los omnipresentes cocoteros. Un vasto proyecto hidroeléctrico en el río fue paralizado tras una persuasiva campaña liderada por la Fundación de la Naturaleza y el Hombre, que convenció a las autoridades de los irreparables daños ecológicos que causaría; también pesaron motivos económicos y de ingeniería.

El Rancho Toa (comidas 10-12 CUC) es un restaurante de Palmares, accesible por un desvío a la derecha, justo antes del puente del Toa. Se pueden organizar excursiones en barca o en kayak por 3-10 CUC y ver cómo los lugareños se encaraman acrobáticamente a los cocoteros.

La mayor parte de esta región se engloba dentro de las Cuchillas del Toa, Reserva de la Biosfera de la Unesco de 2083 km^2 que incluye el enclave de Alejandro de Humboldt, declarado Patrimonio Mundial.

El Yunque
MONTAÑA

El rito de iniciación de Baracoa es la caminata de 8 km (subida y bajada) hasta la cima de esta caprichosa y misteriosa montaña. Con 575 m, El Yunque no es el Kilimanjaro, pero las vistas desde la cumbre, así como la flora y las aves que se encuentran por el camino, son formidables. Cubatur ofrece este circuito casi todos los días (16 CUC/persona, mínimo 4 personas). El precio cubre la entrada, guía, transporte y un sándwich. La ruta es calurosa (conviene llevar hasta 2 l de agua) y suele estar embarrada. Arranca en el campismo, 3 km después de la Finca Duaba (a 4 km de la carretera Baracoa-Moa). Es fácil ver al tocororo (ave nacional), al zunzún (el pájaro más pequeño del mundo), mariposas y *polymitas*.

Quien no esté preparado para subir a la cima puede informarse acerca del sendero Juncal-Rencontra, de 7 km, que atraviesa plantaciones de frutales y selva entre los ríos Duaba y Toa. En Baracoa, Ecotur (p. 451) organiza excursiones desde 19 CUC por persona.

Playa Maguana
PLAYA

Es mágica y tranquila y tiene un rústico local de comida, frecuentado principalmente por cubanos con ganas de divertirse, que aparecen con sus coches americanos de época y sacan sus preciadas cajas de música del maletero. Aparte de la vallada Villa Maguana y de un par de locales de comida básicos (tentempiés 2-5 CUC; ☺9.00-17.00), aquí no existe infraestructura, lo que forma parte de su atractivo. ¡Cuidado con los objetos de valor!

🛏 Dónde dormir

Campismo el Yunque
BUNGALÓS $

(☎64-52-62; h 10 CUC) Sencillo campismo con cabañas muy básicas, al final de la carretera a la Finca Duaba, a 9 km de Baracoa. La caminata a El Yunque empieza en este lugar.

★ Villa Maguana
HOTEL $$

(☎64-53-72; ctra. Moa km 20; i/d 66/83 CUC; P❋) Por encima de cualquier *resort* cubano de "todo incluido", este lugar con encanto, 22 km al norte de Baracoa, comprende cuatro villas rústicas de madera con 16 habitaciones en total. La cautela medioambiental lo hace estar peligrosamente aferrado al maravilloso entorno de Maguana, encima de una pequeña franja de arena custodiada por dos promontorios rocosos. Hay restaurante y algunos lujos menos rústicos en las habitaciones, como televisión por satélite, nevera y aire acondicionado.

Parque Nacional Alejandro de Humboldt

Es el más espectacular y diverso de los parques nacionales cubanos, bautizado en honor de Alexander von Humboldt, naturalista y explorador alemán que visitó el lugar por vez primera en 1801. Declarado Patrimonio Mundial de la Unesco en el 2001, sus escarpadas montañas alfombradas de pinares y sus brumas matutinas protegen un ecosistema sin parangón que, según la Unesco, es "uno de los enclaves insulares tropicales más diversos biológicamente del mundo". Por encima de la bahía de Taco, 40 km al noroeste de Baracoa, se extienden 600 km² de bosque virgen y 26,41 km² de lagunas y manglares. Gracias a sus cerca de 1000 especies de plantas florales y 145 tipos de helechos es, con diferencia, el hábitat más diverso de todo el Caribe en cuanto a vegetación. El endemismo del lugar es alto: el 70% de las plantas son endémicas, al igual que las casi 20 especies de anfibios, el 45% de los reptiles y muchos de los pájaros. Pueden verse algunas aves protegidas como el milano pico de garfio y el carpintero real.

 Actividades

En el parque hay un pequeño **centro de visitantes** (ctra. Moa) donde se pagan los 10 CUC de tarifa de aparcamiento. Está regentado por biólogos y tiene una extensa red de caminos que conducen a cascadas, un mirador y un enorme sistema kárstico de cuevas alrededor de los farallones de Moa.

Actualmente hay cuatro senderos abiertos al público, que cubren una porción diminuta de los 594 km² del parque. Normalmente los visitantes pueden deambular por su cuenta. Las caminatas posibles son: el **Balcón de Iberia**, que con 7 km es el itinerario más exigente del parque; atraviesa terreno agrícola y bosque prístino, y permite nadar en una poza natural, cerca de la cascada del Salto de Agua Maya; **El Recreo**, un paseo de 2 km que rodea la bahía; y el circuito por la **bahía de Taco**, que incluye un viaje en barca por los manglares y la idílica bahía, además de un paseo de 2 km. Una nueva **excursión** comprende una marcha de 8 h por el bosque, con observación de aves y de orquídeas. Cada opción cuenta con un guía experimentado (si no se viene en viaje organizado hay que ir al centro de visitantes antes de las 10.00 para contratar a uno). Los precios van desde 5 a 10 CUC, según la ruta, pero casi todos los viajeros conciertan una excursión con Cubatur (p. 451) o Gaviota (p. 447), en Baracoa, que incluye transporte y parada en Playa Maguana a la vuelta (24 CUC).

❶ Cómo llegar y salir

El centro para visitantes del parque está aproximadamente a medio camino entre Baracoa y Moa. Se puede organizar un circuito a través de una agencia de Baracoa o llegar por cuenta propia. La pintoresca carretera está llena de baches, pero es transitable con un coche de alquiler, si se conduce con cuidado. Esta carretera sigue hasta la provincia de Holguín y mejora justo antes de Moa.

Comprender Cuba

Cuba hoy

Desde el 2011, el Gobierno cubano ha ido suavizando paulatinamente su mano dura, alentando reformas graduales que han permitido a los sufridos ciudadanos abrir negocios, viajar al extranjero y comprar y vender viviendas por primera vez en 50 años. Sin ser socialismo democrático aún, lo que se dice en la calle es que Raúl Castro ha hecho más por relanzar la economía en los últimos 5 años que su hermano Fidel en los 50 anteriores.

Películas

Che: el argentino (Steven Soderbergh, 2008) La primera parte de este *biopic* clásico se centra en sus años en Cuba.

Antes que anochezca (Julian Schnabel, 2000) Vida y lucha del escritor cubano Reinaldo Arenas.

Fresa y chocolate (Tomás Gutiérrez Alea, 1993) Combina temas improbables como homosexualidad y comunismo.

El ojo del canario (Fernando Pérez, 2010) Evocadora biografía de José Martí que cosechó numerosos premios latinos.

Libros

Nuestro hombre en La Habana (Graham Greene, 1958) Su autor se mofa del servicio secreto británico y del régimen corrupto de Batista.

Cuba y la noche (Pico Iyer, 1995) Quizá la obra más evocadora sobre Cuba escrita por un extranjero.

Trilogía sucia de La Habana (Pedro Juan Gutiérrez, 2002) Impúdico y descarnado estudio sobre la vida y el sexo en La Habana del Período Especial.

Che Guevara: la vida de un revolucionario (Jon Lee Anderson, 1997) Esta meticulosa investigación condujo a la exhumación de los restos del Che en Bolivia.

Nuevo capítulo en las relaciones Cuba-EE UU

Sin duda lo más sorprendente de los últimos dos años ha sido el tentativo acercamiento de Cuba a EE UU, proceso que se afianzó en diciembre del 2014 cuando ambos países negociaron el intercambio de presos que afectó al contratista estadounidense Alan Gross. El 17 de diciembre del 2014, Barack Obama compareció en televisión para anunciar el deshielo más significativo en las relaciones de ambos países en 54 años, con medidas que incluían ayuda para las telecomunicaciones cubanas, autorización de tarjetas norteamericanas de crédito y débito, una leve relajación de las restricciones para viajar a la isla, y lo más importante, el reestablecimiento de relaciones diplomáticas, rotas en 1961. En julio del 2015, EE UU y Cuba reabrieron sus respectivas embajadas en La Habana y Washington.

No es fácil predecir si este deshielo acabará con el embargo. Con su anuncio, Obama abrió un nuevo e inequívoco capítulo en las relaciones mutuas y dejó clara su intención de poner fin al embargo antes de dejar su cargo en el 2017. Pero para ello necesita la aprobación del Congreso. Pese a los duros sectores de resistencia en el Senado y la Cámara de Representantes, las encuestas revelan que una mayoría de estadounidenses y un número creciente de cubano-americanos apoyan el fin del embargo. No obstante, la existencia de un sólido bloque de arraigados exiliados cubanos contrarios a la negociación con los Castro augura una dura batalla política.

Nueva clase de emprendedores

Las reformas de 2011-2015 han alentado la creatividad y emprendeduría de una generación de cubanos asfixiados económicamente. Los negocios privados se han disparado en numerosos sectores, sobre todo en el caso de profesionales con acceso directo a divisas fuertes. Con menos trabas burocráticas, algunas casas particulares se han convertido en minihoteles con docenas de trabajadores, que se publicitan en webs y en la calle, algo impensable con Fidel. Los restaurantes han mejorado exponencialmente, no solo su comida, sino también su vanguardista e imaginativa decoración. La última tendencia son los modernos cafés, bares de moda y elegantes clubes nocturnos, sobre todo en la capital. La Fábrica de Arte Cubano, cooperativa vanguardista creada en La Habana en el 2014 para promover el intercambio de ideas artísticas mediante conciertos espontáneos y *happenings,* marca una tendencia. Igual de creativas son las incipientes tiendas de revistas *vintage,* barberos *retro,* guías de senderismo particulares y artistas que cuestionan y redefinen los géneros, negocios privados que eran solo una quimera hace 5 años.

Tentar los límites

Aunque buena parte del debate sobre las reformas se centra en asuntos económicos, hay motivos para la esperanza también en la esfera política. Los sutiles cambios en la cultura nacional están empezando a cuestionar el férreo autoritarismo de antaño. En el 2014, en La Habana se abrió discretamente el primer bar abiertamente gay. La comunidad LGBT cuenta entre sus logros con un desfile anual del orgullo y la primera dirigente transexual electa, Adela Hernández, en la provincia de Villa Clara, ambos con la aprobación de Mariela Castro, hija de Raúl y directora del Centro Nacional de Educación Sexual. Además, la libertad para viajar ha abierto puertas a quienes se lo pueden permitir. Aunque algunos lo han vendido todo y han abandonado la isla de forma permanente, no se puede hablar de éxodo masivo, y muchos han regresado de los viajes al extranjero cargados de ideas, inspiración y cajas de artículos de lujo.

Por cada apertura hay siempre un recurrente paso atrás, una idea que genera cinismo entre la mayoría de los cubanos y los mantiene en alerta constante. Raúl Castro respondió al discurso de Obama de diciembre del 2014 señalando que Cuba no se apartaría de la senda económica socialista ni cedería a la presión de EE UU para cambiar su régimen político. En su línea habitual, el Gobierno cubano no ha mostrado voluntad auténtica por ampliar las libertades políticas más allá de sus límites actuales, ni ha dado pistas sobre qué pasará cuando Raúl deje la presidencia en el 2018. Como siempre, el futuro es incierto.

POBLACIÓN: **11,05 MILLONES**

MAYORES DE 65 AÑOS: **12,3%**

ESPERANZA DE VIDA: **78,2 AÑOS**

MORTALIDAD INFANTIL: **4,7 POR 1000**

PROPORCIÓN MÉDICO/ PACIENTE: **1:149**

TASA DE ALFABETIZACIÓN: **99,8%**

si Cuba tuviera 100 habitantes

65 serían blancos
25 serían mulatos
10 serían negros

grupos religiosos
(% de población)

85
Católicos declarados

12,5
Otras religiones

2,5
Protestantes

población por km²

CUBA   EE UU   ESPAÑA

≈ 30 personas

Historia

Embellecida por extraordinarias proezas revolucionarias y asolada rutinariamente por las intromisiones de ejércitos extranjeros, Cuba ha alcanzado una importancia histórica mucho mayor de lo que sugeriría su tamaño. Hasta la década de 1960, la historia osciló entre las incursiones foráneas y las rebeliones internas, y a menudo ambas tuvieron resultados sangrientos.

Una turbulenta trayectoria histórica

Desde la llegada de Cristóbal Colón en 1492, Cuba ha sido testigo de una agitada trayectoria histórica; genocidio, esclavitud, dos amargas guerras de independencia, un período de semiindependencia corrupta y violenta y, finalmente, una revolución populista que –a pesar de las primeras promesas– pulsó un metafórico botón de pausa. Como resultado de ello, casi una quinta parte de su población emigró, sobre todo a EE UU.

A grandes rasgos, los períodos históricos de Cuba pueden dividirse en tres amplias categorías: precolonial, colonial y poscolonial. Antes de 1492, Cuba estaba habitada por tres pueblos migratorios originarios de la cuenca del Orinoco, en Sudamérica, que saltaron de isla en isla hacia el norte. Hasta el momento, sus culturas se han estudiado parcialmente, ya que dejaron escasas pruebas documentales.

El período colonial estuvo dominado por los españoles y por la controvertida esclavitud, que existió desde la década de 1520 hasta su abolición en 1886. La esclavitud dejó heridas profundas en la psique colectiva cubana, pero su existencia y su abolición final fueron vitales para el desarrollo de la cultura, la música, el baile y la religión. Una vez asimilado esto, se estará cerca de comprender las complejidades de la Cuba actual.

La Cuba poscolonial ha tenido dos etapas bien diferenciadas, la segunda de las cuales, a su vez, puede subdividirse en dos. El período desde la derrota de España en 1898 hasta el golpe de Castro de 1959 se suele considerar como una época de semiindependencia, con una fuerte influencia estadounidense. Este período se caracterizó también por la violencia, la corrupción y las frecuentes insurrecciones de los grupos opositores.

CRONOLOGÍA 〉 **2000 a.C.** 〉 **1100 d.C.** 〉 **1492** 〉

Se sabe que los guanahatabéis, la cultura de la Edad de Piedra más antigua conocida en Cuba, vivían en la costa de la actual provincia de Pinar del Río.	Los taínos empiezan a llegar a Cuba tras atravesar las islas Antillas Menores procedentes de la cuenca del río Orinoco, en la actual Venezuela.	Cristóbal Colón desembarca en Cuba, en la actual provincia de Holguín. Navega por la costa durante un mes hasta llegar a Baracoa, coloca cruces y se reúne con los taínos.

La era castrista (a partir de 1959) puede dividirse en dos fases: la etapa de dominación soviética (1961-1991) y la etapa moderna, que va desde el Período Especial hasta la actualidad, cuando Cuba, pese a las terribles dificultades económicas, se convirtió en una potencia verdaderamente independiente por primera vez.

Cuba precolonial

La primera civilización conocida de Cuba fue la de los guanahatabéis, un pueblo primitivo de la Edad de Piedra que habitaba en cuevas y sobrevivía a duras penas con la caza y la recolección. En algún punto a lo largo de un período de más de 2000 años, los guanahatabéis se trasladaron hacia el oeste, a lo que hoy en día es la provincia de Pinar del Río, desplazados por la llegada de otra cultura precerámica conocida como siboney. Los siboneis eran una comunidad de pescadores y agricultores a pequeña escala algo más avanzada, que se instalaron pacíficamente en la costa sur del archipiélago. Hacia el segundo milenio d.C. fueron desplazados, a su vez, por los taínos, más refinados, que hicieron de los siboneis sus criados.

Los taínos llegaron a Cuba en torno al 1050 en varias oleadas y concluyeron un proceso migratorio iniciado en Sudamérica varios siglos antes. Relacionados con los arawakes de las Antillas Menores, los nuevos y pacíficos nativos huían de la barbarie de los caníbales caribes que habían colonizado estas islas, desplazándose al noroeste, a Puerto Rico, La Española y Cuba.

La cultura taína estaba más desarrollada y era más sofisticada que la de sus predecesores. A diferencia de los guanahatabéis y los siboneis, los taínos eran hábiles ceramistas y vivían de la agricultura. Construían aldeas de barro y paja, por lo que ha sobrevivido muy poco de ellas; pero dejaron su impronta en otros campos, especialmente en el idioma. Palabras como huracán, hamaca, guajiro (campesino) y tabaco proceden de la lengua vernácula taína. Los taínos fueron también la primera cultura precolombina que cultivó la delicada planta del tabaco de tal modo que adoptara una forma fácilmente procesable para fumarla.

Cuba colonial
Colón y la colonización

Cuando Colón llegó a Cuba el 27 de octubre de 1492 la describió como "la tierra más bonita que hayan visto ojos humanos", y la llamó Juana en honor a la heredera de la Corona española. Pero al darse cuenta de su error en la búsqueda del reino del Gran Khan, y como en la isla halló poco oro, no tardó en abandonarla y se dirigió hacia La Española (que hoy ocupan los Estados de Haití y la República Dominicana).

Los mejores lugares históricos

Museo de la Revolución (p. 81), La Habana

Cuartel Moncada (p. 408), Santiago de Cuba

Comandancia de La Plata (p. 388), Granma

Fortaleza de San Carlos de la Cabaña (p. 75), La Habana

1494	**1508**	**1511**	**1519**
Colón regresa a Cuba en su segundo viaje. Atraca brevemente en varios puntos de la costa sur y descubre la actual Isla de la Juventud.	El navegante español Sebastián de Ocampo circunnavega Cuba y demuestra que es una isla y no una península del continente asiático, como sostuvo Colón.	Diego Velázquez atraca en Baracoa con 400 hombres, entre ellos Hernán Cortés, futuro conquistador de México. Los nuevos colonos construyen un fuerte y pronto se enemistan con los indígenas taínos.	La Habana, última de las siete primeras villas fundadas en Cuba, se traslada a su emplazamiento actual en la entrada de un puerto natural. Se inaugura con una misa solemne bajo una ceiba, en la actual plaza de Armas.

'DESCUBRIDORES' DE CUBA

Cuba no fue descubierta por los europeos; el archipiélago estaba poblado milenios antes de 1492. Sin embargo, a los cubanos les gusta afirmar que su país ha tenido tres 'descubridores'. El papel del primero, Cristóbal Colón, está bien documentado, pero las aportaciones del segundo y el tercero merecen más explicación.

Alexander von Humboldt (1769-1859)

Naturalista y geógrafo, Humboldt llegó a Cuba en 1800 y fue uno de los primeros extranjeros en reconocer el singular legado cultural, ecológico e histórico de la isla. Según él, el archipiélago no pertenecía ni a América del Norte ni a América del Sur, sino que era un dominio independiente, cuya singularidad residía en su ecología. A Humboldt le asombró el endemismo de Cuba y su amplia variedad de especies únicas, y describió al país como una especie de Galápagos del Caribe donde los procesos naturales en conflicto parecían existir en armonía. También detectó marcadas diferencias entre Cuba y el resto de los países de Sudamérica. Aunque atrasada colonialmente, Cuba era una metrópoli, contaba con una fuerte identidad nacional pero todavía dependía mucho de los colonizadores españoles; y, aunque en apariencia civilizada, mantenía un profundo sistema de esclavitud (que, a la postre, perduró más tiempo que en cualquier otro país de Latinoamérica, excepto Brasil).

Fernando Ortiz (1881-1969)

Ortiz fue un antropólogo y humanista de La Habana que, a partir de los estudios de Humboldt, investigó la singular síntesis cultural del archipiélago, formada por esclavos africanos, colonizadores españoles, exiliados franceses, inmigrantes chinos y resquicios de la cultura taína precolombina. Definió lo que había pasado en Cuba como "transculturización", la transformación de las viejas culturas importadas en una nueva. Se especializó en la cultura negra (a él se debe el término "afrocubano") y sus estudios llevaron a una mejor comprensión y valoración del arte, la música, la religión y la lengua africanas en la cultura cubana. En 1955, Ortiz fue candidato al Premio Nobel por su vasta obra antropológica y su "amor por la cultura y la humanidad".

La colonización de Cuba no empezó hasta casi 20 años después, en 1511, cuando Diego Velázquez de Cuéllar dirigió una flotilla de cuatro barcos y 400 hombres desde La Española, destinada a conquistar la isla para la Corona española. Tras atracar en la actual Baracoa, los conquistadores se pusieron de inmediato a construir siete villas en la isla principal –La Habana, Trinidad, Baracoa, Bayamo, Camagüey, Santiago de Cuba y Sancti Spíritus–, para someter a la nueva colonia a un gobierno central fuerte. Mientras, una población dispersa de taínos los observaban entre fascinados y temerosos desde la tranquilidad de sus bohíos (casas con tejado de guano).

1522	1555	1607	1741
Llegan los primeros esclavos a Cuba procedentes de África; es el inicio de una época que durará 350 años e influirá profundamente en la cultura cubana.	Comienza la era de los piratas. El bucanero francés Jacques de Sores ataca e incendia La Habana, por lo que los españoles empiezan a construir una gran red de fuertes militares.	La Habana es declarada capital de Cuba y pasa a ser el punto de encuentro anual de la flota española del Caribe, que transporta tesoros como la plata del Perú y el oro de México.	Una flota de la Marina británica al mando del almirante Edward Vernon toma brevemente la bahía de Guantánamo durante la Guerra de la Oreja de Jenkin, pero se retira tras una epidemia de fiebre amarilla.

Pese a que Velázquez trató de proteger a los taínos de los excesos de los espadachines españoles, la situación se le fue de las manos rápidamente y los colonizadores pronto se encontraron con una rebelión a gran escala. El líder de la resentida y efímera insurgencia taína fue el batallador Hatuey, un influyente cacique y arquetipo de la resistencia cubana, que finalmente fue apresado y quemado en la hoguera, al estilo de la Inquisición, por atreverse a desafiar el férreo control de los españoles.

Descabezada la resistencia, los españoles comenzaron a vaciar Cuba de sus reservas relativamente escasas de oro y minerales, utilizando el trabajo forzado de los indígenas. Como la esclavitud estaba nominalmente prohibida por un edicto papal, los españoles aprovecharon los resquicios legales introduciendo el cruel sistema de encomiendas, por el cual, miles de indígenas fueron capturados y obligados a trabajar para terratenientes españoles, so pretexto de que estaban siendo gratuitamente cristianizados. Tal sistema duró 20 años, hasta que fray Bartolomé de Las Casas pidió a la Corona española un trato más humano, y en 1542 se abolieron las encomiendas para los nativos. Pero para los taínos, la medida llegó demasiado tarde: los que aún no habían fallecido, no tardaron en sucumbir a enfermedades europeas como la viruela, y hacia 1550 solo quedaban unos 5000 supervivientes desperdigados.

Guerras de independencia

Los españoles gobernaron la mayor colonia del Caribe los siguientes 200 años, con una breve ocupación británica en 1762. Los terratenientes criollos temían que se repitiera la brutal rebelión de esclavos ocurrida en Haití en 1791, contenida cuando el resto de Latinoamérica se levantó en armas contra los españoles en las décadas de 1810 y 1820. Por ello, las guerras de independencia de Cuba se produjeron más de medio siglo después de que el resto de América Latina se hubiera independizado de España. Pero cuando llegaron, no fueron menos apasionadas ni sangrientas.

Primera Guerra de Independencia

Hartos de las políticas reaccionarias coloniales de España y esperanzados con el nuevo sueño americano de Lincoln en el norte, a finales de la década de 1860 los terratenientes criollos que vivían en Bayamo empezaron a tramar cómo sublevarse. El conflicto tuvo un inicio prometedor el 10 de octubre de 1868, cuando Carlos Manuel de Céspedes, un poeta en ciernes, abogado y dueño de una plantación de azúcar, inició un levantamiento desde su ingenio La Demajagua, en la provincia de Oriente. Reclamaba la abolición de la esclavitud y liberó a sus esclavos en un acto de solidaridad. Céspedes proclamó el famoso Grito de Yara, un grito de libertad por una Cuba independiente, en el que alentaba a otros separatistas desilusionados

En el s. XVII, los españoles forzaron a la población indígena superviviente a vivir en ciudades llamadas "pueblos indios". Las culturas del Viejo y el Nuevo Mundo se influyeron mutuamente, y muchas costumbres y palabras indias se colaron en la vida cotidiana de Cuba.

1762	1791	1808	1850
España se une a Francia en la Guerra de los Siete Años, lo que hace que los británicos tomen La Habana. Ocupan Cuba durante 11 meses para cambiarla por Florida en 1763.	Una sangrienta rebelión de esclavos en Haití fuerza la huida de miles de colonos franceses blancos hacia el oeste, a Cuba, donde fundan algunas de las primeras plantaciones de café del Nuevo Mundo.	Anticipándose a la Doctrina Monroe, el presidente de EE UU, Thomas Jefferson, consideró a Cuba como "la adición más interesante para nuestro sistema de Estado", inaugurando así una tormentosa relación entre países.	El filibustero venezolano Narciso López alza por primera vez la bandera cubana en Cárdenas durante un intento frustrado de liberar a la colonia de España.

El Che Guevara –cuyo padre se apellidaba Guevara Lynch– tenía raíces celtas que se remontaban a un tal Patrick Lynch, nacido en Galway (Irlanda) en 1715 y emigrado a Buenos Aires desde Bilbao en 1749.

a sumarse. Para los administradores coloniales de La Habana, un intento tan audaz de arrebatarles el control de su mando constituía un acto de traición y reaccionaron en consecuencia.

Por fortuna para los rebeldes, apenas organizados, el circunspecto Céspedes había hecho sus deberes militares. Semanas después del histórico Grito de Yara, el abogado convertido en general había formado un ejército de más de 1500 hombres y marchaba desafiante por Bayamo, ciudad que fue tomada en cuestión de días. Pero los éxitos iniciales quedaron durante mucho tiempo en punto muerto. La decisión táctica de no invadir la parte occidental de Cuba, además de la alianza entre españoles y peninsulares (españoles nacidos en España pero que vivían en Cuba), no tardó en dejar rezagado a Céspedes. Recibió la ayuda temporal del general mulato Antonio Maceo, un duro e inflexible santiaguero apodado el Titán de Bronce, y del dominicano igualmente aguerrido Máximo Gómez, pero pese al trastorno económico y la destrucción periódica de la cosecha de azúcar, los rebeldes carecían de un líder político dinámico capaz de unirlos en pos de una causa ideológica singular.

Tras caer Céspedes en batalla en 1874, la guerra se prolongó 4 años más, hasta el punto de que la economía cubana se desplomó y hubo más de 200 000 víctimas. Al fin, en febrero de 1878 se firmó un deslucido pacto entre los españoles y los separatistas, agotados por la contienda, un acuerdo sin valor que no resolvía nada y concedía muy poco a la causa rebelde. Indignado y desilusionado, Maceo dio a conocer su disconformidad en la Protesta de Baraguá, pero, tras un breve intento frustrado de reanudar la guerra en 1879, tanto Gómez como él desaparecieron en un exilio prolongado.

Guerra Hispano-Estadounidense (Segunda Guerra de Independencia)

Cuando llegó la hora, apareció el hombre. José Martí –poeta, patriota, visionario e intelectual– se había convertido rápidamente en una figura patriótica de proporciones bolivarianas en los años posteriores a su ignominioso exilio en EE UU de 1871, no solo en Cuba sino en toda Latinoamérica. Tras ser arrestado durante la Guerra de los Diez Años, cuando solo contaba 16 de edad, Martí se pasó otros 20 exponiendo sus ideas revolucionarias en lugares tan dispares como Guatemala, México y EE UU. Aunque quedó impresionado por la habilidad para los negocios y la diligencia de los estadounidenses, criticó con firmeza el materialismo del país y se propuso presentar una alternativa cubana viable.

Entregado por entero a la causa de la resistencia, Martí escribió, dialogó, elevó peticiones y organizó incansablemente la lucha por la independencia durante más de una década, y en 1892, ya había acumulado

1868	1878	1886	1892
Céspedes libera a los esclavos de Manzanillo y proclama el Grito de Yara, el primer grito independentista cubano y el inicio de una guerra de 10 años contra los españoles.	El Pacto del Zanjón pone fin a la guerra. El general cubano Antonio Maceo emite la Protesta de Baraguá y al año siguiente reanuda las hostilidades, antes de desaparecer en el exilio.	Después de más de 350 años de explotación y deportación a través del Atlántico, Cuba se convierte en el penúltimo país americano en abolir la esclavitud.	Desde el exilio en EE UU, José Martí busca el apoyo popular y forma el Partido Revolucionario Cubano, que empieza a sentar las bases para reanudar las hostilidades contra España.

experiencia suficiente para convencer a Maceo y a Gómez de que abandonaran el exilio y se sumaran al Partido Revolucionario Cubano (PRC). Al fin, Cuba había encontrado a su líder espiritual.

Martí y sus compatriotas pensaban que había llegado la hora de hacer otra revolución, por lo que zarparon hacia Cuba en abril de 1895 y desembarcaron cerca de Baracoa dos meses después de que las insurrecciones subvencionadas por el PRC contuvieran a las fuerzas cubanas en La Habana. Los rebeldes reclutaron a 40 000 hombres y se dirigieron hacia el oeste, donde el 19 de mayo se enfrentaron por primera vez en un lugar llamado Dos Ríos. En este campo de batalla, sembrado de balas y extrañamente anónimo, Martí fue tiroteado y asesinado mientras dirigía una carga suicida hacia las líneas enemigas. De haber sobrevivido, con toda seguridad hubiera sido elegido primer presidente de Cuba, pero tras su muerte se convirtió en héroe y mártir, cuya vida y legado ha inspirado a generaciones de cubanos.

Conscientes de los errores cometidos durante la Guerra de los Diez Años, Gómez y Maceo marcharon hacia el oeste, arrasando y quemando todo lo que encontraron a su paso entre Oriente y Matanzas. Las primeras victorias condujeron a una ofensiva continua y, en enero de 1896, Maceo había penetrado en Pinar del Río, mientras Gómez resistía cerca de La Habana. Los españoles respondieron con un general igualmente implacable, llamado Valeriano Weyler, que construyó fortificaciones en dirección norte-sur por todo el país para limitar los movimientos de los rebeldes. Con vistas a debilitar la resistencia clandestina, los guajiros o campesinos fueron recluidos en campos de concentración, y todo aquel que apoyara la rebelión podía ser ejecutado. Las tácticas brutales empezaron a dar resultados y, el 7 de diciembre de 1896, los mambises (nombre dado a los rebeldes que se enfrentaran a España en el s. XIX) sufrieron un duro golpe militar cuando Antonio Maceo fue asesinado al sur de La Habana al intentar escapar hacia el este.

Presencia estadounidense

Para entonces, Cuba estaba sumida en el caos: miles de personas habían fallecido, el país estaba en llamas y William Randolph Hearst, con la prensa sensacionalista exaltada de EE UU, dirigían una exaltada campaña bélica con noticias macabras, y a menudo inexactas, sobre las atrocidades españolas.

Quizá preparándose para lo peor, el acorazado *Maine* fue enviado a La Habana en enero de 1898 para "proteger a los ciudadanos estadounidenses". La tarea nunca se llevó a cabo: el 15 de febrero de 1898 el *Maine* explotó inesperadamente en el puerto de La Habana y murieron 266 marineros. Los españoles afirmaron que había sido un accidente, los estadounidenses culparon a los españoles, y algunos cubanos acusaron a

En la década de 1880 vivían más de 100 000 chinos en Cuba, en su mayoría empleados como mano de obra barata en plantaciones de azúcar de la región de La Habana.

Héroes de las guerras de independencia

Carlos Manuel de Céspedes *(1819-1874)*

Máximo Gómez *(1836-1905)*

Calixto García *(1839-1898)*

Ignacio Agramonte *(1841-1873)*

Antonio Maceo *(1845-1896)*

1895	**1896**	**1898**	**1902**
José Martí y Antonio Maceo llegan a Cuba para liderar la Guerra de Independencia. Martí es asesinado en Dos Ríos en mayo y pronto se le considera un mártir.	Aunque resultó herido más de 20 veces durante su carrera militar de cuatro décadas, Antonio Maceo murió en una emboscada sufrida en Cacahual, La Habana.	Tras perder el acorazado USS *Maine*, EE UU declara la guerra a España y derrota a su ejército cerca de Santiago. Empiezan 4 años de ocupación estadounidense.	Cuba logra la independencia formal de EE UU y elige a Tomás Estrada Palma como presidente, pero en los 15 primeros años de la República, las tropas estadounidenses penetran en tres ocasiones.

EE UU de utilizarlo como pretexto para intervenir. Pese a las distintas investigaciones de los años siguientes, el auténtico origen de la explosión es tal vez uno de los grandes misterios de la historia, ya que el casco del barco se hundió en aguas profundas en 1911.

Tras el desastre del *Maine*, EE UU se desplegó para apoderarse de la isla. Ofrecieron 300 millones de US$ a España por Cuba, y cuando este acuerdo fue rechazado, exigieron a los españoles su total retirada. El tan esperado enfrentamiento entre EE UU y España, que imperceptiblemente se había ido cociendo durante décadas, desembocó en guerra.

La única batalla terrestre importante tuvo lugar el 1 de julio de 1898, cuando el ejército de EE UU atacó posiciones españolas en la colina de San Juan, al oeste de Santiago de Cuba. Pese a ser muchos menos y contar con armas limitadas y anticuadas, los españoles asediados resistieron durante más de 24 h hasta que el futuro presidente de EE UU, Theodore Roosevelt, puso fin al estado de sitio dirigiendo la famosa carga de caballería de los Rough Riders hasta la colina de San Juan. Fue el principio del fin para los españoles y se les ofreció la rendición incondicional ante los estadounidenses el 17 de julio de 1898.

Cuba poscolonial

¿Independencia o dependencia?

El 20 de mayo de 1902 Cuba se convirtió en una República independiente, en teoría. A pesar de los 3 años de sangre, sudor y sacrificio que duró la Guerra Hispano-Estadounidense, ningún representante cubano fue invitado al histórico tratado de paz firmado en París en 1898, que había prometido la independencia de Cuba con condiciones. Tales condiciones se recogían en la infame Enmienda Platt, un ladino añadido a la Ley de los Presupuestos del Ejército de EE UU de 1901, que otorgaba a este país el derecho a intervenir militarmente en Cuba siempre que lo creyera conveniente. EE UU también utilizó su notable influencia para procurarse una base naval en la bahía de Guantánamo, con el fin de proteger sus intereses estratégicos en la región del canal de Panamá. A pesar de una discreta oposición en EE UU y de una mucho mayor en Cuba, el Congreso aprobó la Enmienda Platt, que se incluyó en la Constitución cubana de 1902. Para los patriotas cubanos, EE UU solo sustituyó a España en el nuevo papel de colonizador y enemigo. Sus repercusiones han ocasionado amargas disputas durante más de un siglo y aún hoy persisten.

La era Batista

Fulgencio Batista era un astuto y perspicaz negociador que fue responsable de los mejores y los peores intentos de Cuba de constituir una democracia embrionaria en las décadas de 1940 y 1950. Tras un golpe de Estado de

1920	1925	1933	1940
El fuerte incremento de los precios del azúcar tras la I Guerra Mundial dispara el llamado "baile de los millones". En Cuba pronto se amasan enormes fortunas. Le sigue una grave crisis económica.	Gerardo Machado es elegido presidente y pone en marcha un amplio programa de obras públicas, pero su mandato de 8 años es cada vez más despótico, su popularidad decae y aumenta la tensión social.	La revolución de 1933 se desata tras un golpe de Estado de oficiales del ejército; el dictador Machado es depuesto y asume el poder Fulgencio Batista.	Cuba aprueba la Constitución de 1940, considerada una de las más progresistas de la época: garantiza el derecho al trabajo, a la propiedad, al salario mínimo, a la educación y a la seguridad social.

oficiales del ejército en 1933, se hizo con el poder casi por eliminación y fue abriéndose camino gradualmente en el vacío político entre las facciones corruptas de un Gobierno agonizante. A partir de 1934, Batista ejerció como jefe del Estado Mayor y, en 1940, en unas elecciones relativamente libres y justas, fue elegido presidente. Durante su mandato oficial, aprobó diversas reformas sociales y comenzó a redactar la Constitución más liberal y democrática de Cuba hasta la fecha. Pero ni la luna de miel liberal ni el buen humor de Batista duraron mucho tiempo. El antiguo sargento del ejército dimitió tras las elecciones de 1944 y entregó el poder al políticamente inepto Ramón Grau San Martín; la corrupción y la incompetencia no tardaron en triunfar.

La chispa de la Revolución

Consciente de su antigua popularidad, al presentar una oportunidad fácil de llenarse los bolsillos con una última paga, Batista hizo un trato con la mafia estadounidense, prometiendo darles carta blanca en Cuba a cambio de un porcentaje de lo que ganaran con el juego; y se preparó para regresar. El 10 de marzo de 1952, tres meses antes de las elecciones que parecía que iba a perder, Batista llevó a cabo un golpe militar. Duramente condenado por los políticos de la oposición dentro de Cuba, pero reconocido por EE UU dos semanas después, pronto dejó claro que su segunda incursión en la política no iba a ser tan progresista como la primera: suspendió varias garantías constitucionales, entre ellas el derecho de huelga.

Tras el golpe de Batista, se formó un círculo revolucionario en La Habana en torno a la carismática figura de Fidel Castro, abogado de profesión y excelente orador, que iba a presentarse a las elecciones canceladas de 1952. Con el apoyo de su hermano menor Raúl y su fiel teniente Abel Santamaría (al que más adelante torturaron hasta la muerte los esbirros de Batista), Castro no vio más alternativa que el uso de la fuerza para liberar a Cuba de su dictador. Con pocos efectivos, pero decidido a hacer una declaración política, lideró a 119 rebeldes en un ataque al estratégico cuartel Moncada, en Santiago de Cuba, el 26 de julio de 1953. El asalto, audaz y mal planeado, fracasó estrepitosamente cuando el chófer del rebelde tomó el giro equivocado en las calles mal señalizadas de Santiago y cundió la alarma.

Engañados, asustados y superados en número, 64 de los conspiradores del Moncada fueron rodeados por el ejército de Batista, torturados y ejecutados brutalmente. Castro y unos cuantos más lograron escapar hacia las montañas cercanas, donde fueron hallados días después por un comprensivo teniente del ejército llamado Sarría, que tenía instrucciones de matarlos. "¡No disparen, no se pueden matar las ideas!", fue lo que supuestamente gritó Sarría al encontrar a Fidel y a sus exhaustos compañeros. Al encarcelarlo en lugar de asesinarlo, Sarría arruinó su carrera militar, pero salvó la vida de Fidel, uno

Presidentes de EE UU que intentaron comprar Cuba

1808: Thomas Jefferson (cifra no revelada)

1848: James Polk (100 millones de US$)

1854: Franklin Pierce (130 millones de US$)

1898: William McKinley (300 millones de US$)

1952	1953	1956	1958
Batista da un golpe militar incruento y anula las siguientes elecciones cubanas, a las que iba a presentarse un joven y ambicioso abogado llamado Fidel Castro.	Fidel dirige a un grupo de rebeldes en un fallido ataque al cuartel Moncada en Santiago. Utiliza su juicio posterior como plataforma para exponer su proyecto político.	El yate *Granma* atraca en la zona oriental de Cuba con Castro y 81 rebeldes a bordo. Diezmados por el ejército cubano, solo sobrevive una docena que se reagrupa en la sierra Maestra.	El Che Guevara planea y organiza un ataque contra un tren blindado en Santa Clara, una victoria militar que fuerza a Batista a ceder el poder. Los rebeldes entran triunfantes en La Habana.

de cuyos primeros actos tras el triunfo de la Revolución fue liberar a Sarría de la cárcel y darle un cargo en el ejército revolucionario.

La captura de Castro no tardó en convertirse en noticia nacional. Durante el juicio se defendió a sí mismo y, para ello, escribió un discurso elocuente, expuesto con maestría y que más adelante transcribió en un completo manifiesto político titulado *La historia me absolverá*. Al amparo de su nueva legitimidad, reforzada por la creciente insatisfacción con el antiguo régimen, fue sentenciado a 15 años de cárcel en la isla de Pinos (antiguo nombre de la Isla de la Juventud). Cuba estaba a punto de conseguir un nuevo héroe nacional.

En febrero de 1955, Batista llegó a la presidencia gracias a unas elecciones que fueron consideradas fraudulentas, y en un intento de ganarse el favor de la creciente oposición interna, accedió a amnistiar a todos los presos políticos, entre ellos a Castro. Como este creyó que la verdadera intención de Batista era asesinarlo en cuanto saliera en libertad, huyó a México y dejó al maestro de escuela baptista Frank País a cargo de una nueva campaña de resistencia clandestina, que los vengativos veteranos del Moncada habían bautizado como Movimiento del 26 de julio.

La Revolución

En Ciudad de México, Castro y sus compatriotas volvieron a conspirar y trazaron un plan, en el que se involucraron nuevos revolucionarios, como Camilo Cienfuegos y el médico argentino Ernesto *Che* Guevara. Huyendo de la policía mexicana y decidido a llegar a Cuba a tiempo para el levantamiento que Frank País había planeado para finales de noviembre de 1956 en Santiago de Cuba, Castro y 81 camaradas zarparon rumbo a la isla el 25 de noviembre en un viejo y abarrotado yate de recreo llamado *Granma*. Tras siete días nefastos en el mar, llegaron a Las Coloradas, una playa cercana a Niquero, en Oriente, el 2 de diciembre (dos días tarde), y tras un desembarco catastrófico. Tres días después, los soldados de Batista los descubrieron y persiguieron por un campo de caña de azúcar en Alegría de Pío.

De los 82 soldados rebeldes que habían salido de México, poco más de una docena logró escapar. Los supervivientes vagaron desesperados durante días, medio muertos de hambre, heridos y pensando que el resto de sus compatriotas habían sido asesinados en la escaramuza inicial. No obstante, con la ayuda de los campesinos del lugar, los desventurados soldados lograron finalmente reagruparse dos semanas más tarde en Cinco Palmas, un claro en las sombras de la sierra Maestra.

El resurgimiento se produjo el 17 de enero de 1957, cuando las guerrillas consiguieron una importante victoria al saquear un pequeño puesto militar en la costa sur, en la provincia de Granma, llamado La Plata. A esto siguió un impactante golpe propagandístico en febrero, cuando

En diciembre de 1946, la mafia convocó la mayor reunión de gánsteres norteamericanos de la historia en el Hotel Nacional de La Habana, so pretexto de asistir a un concierto de Frank Sinatra.

1959	1960	1961	1962
Recibimiento extático de Castro en La Habana. El nuevo Gobierno aprueba la histórica primera Ley de Reforma Agraria. El avión de Camilo Cienfuegos desaparece mientras sobrevuela la costa cubana junto a Camagüey.	Castro nacionaliza activos estadounidenses en la isla y EE UU responde cancelando su cuota de azúcar cubano. Inmediatamente, Fidel vende el azúcar a la URSS.	Mercenarios cubanos respaldados por EE UU protagonizan una invasión fallida en la bahía de Cochinos. EE UU declara el embargo comercial de la isla. Cuba inicia una exitosa campaña de alfabetización.	El descubrimiento de misiles nucleares de alcance medio en Cuba, instalados por la Unión Soviética, lleva al borde de una guerra nuclear mundial en la denominada Crisis de los Misiles.

Fidel persuadió al periodista del *New York Times* Herbert Matthews de que subiera a la sierra Maestra para entrevistarlo. La publicación de la entrevista dio fama internacional a Castro, que se ganó la simpatía de los estadounidenses liberales. Claro que, para entonces, no era el único agitador antibatista. El 13 de marzo de 1957, estudiantes universitarios dirigidos por José Antonio Echeverría atacaron el Palacio Presidencial de La Habana en un intento fallido de asesinar a Batista. Dispararon y mataron a dos tercios de los 35 atacantes mientras huían, y la represión en las calles de La Habana fue contundente.

En otros lugares, las pasiones estaban también exaltadas y, en septiembre de 1957, un grupo de oficiales navales de la ciudad de Cienfuegos organizaron una revuelta armada y empezaron a distribuir armas entre la población desafecta. Tras algunas luchas encarnizadas puerta a puerta, la insurrección fue aplastada brutalmente y rodearon y mataron a los cabecillas, pero los revolucionarios habían demostrado lo que querían: los días de Batista estaban contados.

Mientras, en la sierra Maestra, los rebeldes de Fidel aplastaron a 53 soldados gubernamentales en un puesto del ejército de El Uvero en el mes de mayo y consiguieron más suministros. El movimiento parecía ir ganando fuerza y, pese a perder a Frank País, asesinado por un pelotón del Gobierno en Santiago de Cuba en julio, el apoyo y las simpatías crecían rápidamente por todo el país. A comienzos de 1958, Castro había establecido un cuartel general fijo en un bosque de la sierra Maestra al que llamó La Plata, y emitía mensajes propagandísticos desde Radio Rebelde (710 AM y 96.7 FM) por toda Cuba. Las cosas empezaban a cambiar.

Batista comenzó a percatarse de su decreciente popularidad y envió un ejército de 10 000 hombres a la sierra Maestra en mayo de 1958 con el fin de eliminar a Castro, en una misión conocida como Plan FF (*Fin de Fidel*). Los rebeldes lucharon con ardor por sus vidas hasta que la ofensiva dio un vuelco gracias a la ayuda de los campesinos de la zona. Al Gobierno de EE UU le incomodaba cada vez más la táctica de terror ilimitado de su antiguo aliado cubano; Castro vio entonces la oportunidad de convertir la defensa en ofensiva y firmó el innovador Pacto de Caracas con ocho grupos principales de la oposición, donde pedía a EE UU que cesara toda ayuda a Batista. El Che Guevara y Camilo Cienfuegos fueron enviados a la sierra del Escambray a abrir nuevos frentes en el oeste y, para cuando llegó diciembre, Cienfuegos retenía a las tropas en Yaguajay (la guarnición acabó rindiéndose tras un asedio de 11 días) y el Che tenía cercada Santa Clara, por lo que el fin parecía cercano. Se encargó al Che Guevara que sellara la victoria final, utilizando tácticas clásicas de guerrilla para hacer descarrilar un tren blindado en Santa Clara y partir en dos el maltrecho sistema de comunicaciones del país. En la Nochevieja de 1958, el juego

Los tres primeros presidentes de Cuba

Tomás Estrada Palma (1902-1906)

José Miguel Gómez (1909-1913)

Mario García Menocal (1913-1921)

HISTORIA CUBA POSCOLONIAL

1967	1968	1970	1976
Atrapan y ejecutan al Che Guevara en Bolivia, delante de observadores de la CIA, tras 10 meses de frustrada guerra de guerrillas en las montañas.	El Gobierno cubano nacionaliza 58 000 pequeños negocios en un radical paquete de reformas socialistas. Todo es sometido a un estricto control estatal.	Castro se propone conseguir una cosecha de 10 millones de toneladas de azúcar. El plan fracasa y Cuba intenta solventar su dependencia de este monocultivo.	Un avión cubano sufre un atentado terrorista en Barbados en el que mueren los 73 ocupantes. Las pistas llevan a activistas anticastristas vinculados con la CIA que operaban desde Venezuela.

había terminado: el entusiasmo se apoderó del país, y el Che y Camilo se dirigieron a La Habana sin hallar resistencia.

Al amanecer del 1 de enero de 1959, Batista huyó en un avión privado a la República Dominicana. Entretanto, Fidel se presentó en Santiago de Cuba y pronunció un enardecedor discurso de victoria desde el ayuntamiento del parque Céspedes, antes de subirse a un jeep y recorrer el campo hasta La Habana en una cabalgata. Al parecer, el triunfo de la Revolución era total.

Realidades posrevolucionarias

Desde la Revolución, la historia de Cuba se ha visto salpicada de enfrentamientos, retórica, pulsos de la Guerra Fría y un omnipresente embargo comercial por parte de EE UU que ha involucrado a 11 presidentes estadounidenses y a dos líderes cubanos, ambos apellidados Castro. Durante los primeros 30 años, Cuba se alió con la Unión Soviética, y EE UU empleó varias tácticas represivas (todas fallidas) para hacer entrar en vereda a Fidel Castro, entre ellas una invasión chapucera, más de 600 intentos de asesinato y uno de los bloqueos económicos más largos de la historia moderna. Cuando el bloque soviético cayó en 1989-1991, Cuba se quedó sola tras un líder cada vez más obstinado, que sobrevivió a una década de rigurosa austeridad económica conocida como Período Especial. El PIB se redujo a más de la mitad, los lujos desaparecieron y una actitud de tiempos de guerra, en cuanto a racionamiento y sacrificio, arraigó entre

EL PERÍODO ESPECIAL

Tras la caída de la Unión Soviética en 1991, la economía cubana –que desde la década de 1960 dependía de la ayuda soviética– cayó en picado. De la noche a la mañana, la mitad de las fábricas cerraron, el sector del transporte se detuvo en seco y la economía se contrajo un 60%.

Decidido a defender la Revolución a toda costa, Fidel Castro anunció que Cuba estaba entrando en un "Período Especial en Tiempos de Paz", un paquete de medidas de extrema austeridad que reforzaron el racionamiento generalizado e hizo de la escasez una parte indisoluble de la vida diaria. De golpe, los cubanos, relativamente acomodados hasta un año antes, se enfrentaban a una tremenda lucha por sobrevivir.

Las historias de cómo los cubanos de a pie pasaron los peores días del Período Especial son increíbles e impactantes. En tres años horribles, el cubano medio perdió un tercio de su peso corporal y la carne desapareció prácticamente de su dieta. En lo social, el Período Especial dio paso a una nueva cultura de conservación e innovación, cuyos elementos siguen caracterizando la forma de vida de Cuba.

Los peores años del Período Especial fueron de 1991 a 1994, aunque la recuperación fue lenta y solo se pudo avanzar significativamente cuando estrechó los lazos con Venezuela (y su petróleo), a principios del 2000.

1980	1988	1991	1993
Tras un incidente en la embajada de Perú, Castro abre el puerto de Mariel. Al cabo de seis meses, 125 000 personas han huido de la isla hacia EE UU en el llamado "Éxodo del Mariel".	Las tropas cubanas tienen un papel crucial en la batalla de Cuito Cuanavale, en Angola, una importante derrota para el ejército blanco sudafricano y su sistema de *apartheid*.	La Unión Soviética se derrumba y Cuba se dirige hacia la peor crisis económica de la era moderna, en lo que Castro denomina como un "Período Especial en Tiempos de Paz".	En un intento por salir del coma económico, Cuba legaliza el dólar, abre el país al turismo y permite formas restringidas de iniciativa privada.

DERECHOS HUMANOS

En Cuba, los derechos humanos han sido tradicionalmente uno de los talones de Aquiles de la Revolución. Hablar contra el Gobierno en esta sociedad estrechamente controlada y políticamente paranoica es un delito grave, punible con la cárcel o, en su defecto, con estancamiento laboral, hostigamiento y aislamiento social.

La era de Castro empezó con mal pie en enero de 1959, cuando el Gobierno revolucionario –bajo los auspicios del Che Guevara– reunió a los mandamases de Batista y los ejecutó sumariamente dentro del fuerte de La Cabaña, en La Habana. En cuestión de meses, la prensa cubana había sido silenciada.

Desde entonces, Cuba ha obtenido una mala puntuación en la mayoría de los índices globales de respeto por los derechos humanos. Amnistía Internacional y Human Rights Watch suelen criticar al Gobierno por su negativa a respetar los derechos de reunión, asociación y expresión, además de otras libertades civiles fundamentales.

La imagen internacional de Cuba recibió otro revés durante la llamada "Primavera Negra" del 2003, cuando el Gobierno arrestó a 75 disidentes, alegando que eran agentes de EE UU, y les impuso largas penas de cárcel. Tras las protestas internacionales, todos fueron liberados, el último en el 2011. Con todo, el hostigamiento y la intimidación de los disidentes, incluidas las Damas de Blanco, continúa.

Los defensores del régimen suelen justificar las supuestas violaciones de los derechos humanos con argumentos del tipo "ojo por ojo y diente por diente". Cuando EE UU cuestionó el encarcelamiento en el 2011 del contratista inmobiliario Alan Gross, ellos recordaron a cinco cubanos que estaban presos en EE UU, acusados de espionaje, con pruebas igual de endebles. Gross y los cinco cubanos fueron liberados finalmente en un intercambio de prisioneros en diciembre del 2014.

Se han producido otras mejoras en los últimos años. La persecución de los gays, en su día común en todos los niveles sociales, es cosa del pasado, al igual que la persecución religiosa. La libertad de expresión y de prensa, no obstante, siguen estando anquilosadas, aunque, en la era de internet, algunos blogueros como Yoani Sánchez han logrado repercusión internacional.

una población que se consideraba liberada de las influencias extranjeras (neo)coloniales por primera vez en la historia.

La llegada de Raúl

En julio del 2006, ocurrió lo inimaginable. Fidel Castro, en lugar de morir en el cargo y dar paso a una reapertura capitalista dirigida por EE UU (como se predecía desde hacía tiempo), se retiró de las labores diarias del Gobierno, debido a su mala salud, y le transfirió el poder discretamente a su hermano pequeño, Raúl. Este, habiendo heredado el puesto de mayor responsabilidad del país en plena recesión económica mundial, inició un lento paquete

1996	2002	2003	2006
Dos aviones de los "Hermanos al Rescate" de Miami son derribados por la fuerza aérea cubana. Bill Clinton firma la Ley Helms-Burton, por la que se refuerza el embargo.	Después de tres siglos de monocultivo, se cierran la mitad de las refinerías de azúcar de Cuba. Los trabajadores despedidos continúan cobrando el salario y reciben educación gratuita.	La Administración Bush estrecha la soga en torno a los ciudadanos de EE UU que viajen a Cuba. Muchos disidentes políticos son arrestados por las autoridades cubanas en una ofensiva por toda la isla.	Un poco antes de su 80 cumpleaños, Fidel enferma de diverticulitis y deja las tareas diarias de gobierno en manos de su hermano Raúl.

LAS TURBULENTAS RELACIONES ENTRE CUBA Y EE UU

Aún está por ver si el deshielo de las relaciones entre Cuba y EE UU es permanente. En el pasado, los acercamientos esporádicos entre ambos Gobiernos han sido limitados y efímeros. A finales de los años setenta, el presidente Jimmy Carter suavizó las normas para autorizar los viajes a Cuba de grupos religiosos, educativos y culturales, pero, tras el éxodo del Mariel y la llegada al poder de Ronald Reagan en 1980-1981, las puertas se cerraron rápidamente. El Gobierno presidido por Clinton intentó una segunda relajación de las restricciones en 1995 y, a principios de la década del 2000, unos 150 000 estadounidenses autorizados viajaban a Cuba cada año (además de otros 50 000 turistas ilegales). Sin embargo, tras la campaña contra los disidentes cubanos que llevó a cabo Fidel en la "Primavera Negra" del 2003 y el consiguiente conflicto diplomático, la administración de George W. Bush cerró las puertas a todos los viajeros estadounidenses, excepto los más resueltos.

El Gobierno de Obama comenzó a aflojar las restricciones en el 2009, permitiendo que los cubano-estadounidenses visitasen a sus familias en Cuba siempre que lo desearan (con su antecesor solo se autorizaba una visita cada 3 años). El proceso dio un importante salto hacia adelante en diciembre del 2014 cuando, mediante decreto presidencial, Obama inició los mayores cambios en las relaciones EE UU-Cuba desde principios de los años sesenta, y dejó claro que deseaba terminar con el embargo antes del fin de su mandato en el 2017.

de reformas que arrancó modestamente en el 2008, cuando se permitió a los cubanos entrar en los hoteles para turistas y comprar móviles y otros aparatos electrónicos; derechos que se dan por sentado en casi todos los países democráticos, pero que estaban fuera del alcance del cubano medio.

A estos movimientos les siguió, en enero del 2011, la mayor reforma económica e ideológica desde que el país dijera adiós a Batista. Mediante nuevas y radicales leyes, se despidió a medio millón de funcionarios y se intentó estimular el sector privado concediendo licencias de negocios, reconocidas por el Estado, a 178 profesiones, desde peluqueros hasta recargadores de mecheros desechables.

En octubre del 2011 se legalizó la venta de automóviles y se permitió a los cubanos comprar y vender sus casas por primera vez en medio siglo. Aún más audaz fue el decreto anunciado a finales del 2012 que permitía a los cubanos viajar libremente al extranjero, un derecho básico que desde 1961 solo tenían unos pocos privilegiados.

Al llegar el 2013, Cuba había vivido la transformación económica más drástica en varias décadas y tenía casi a 400 000 personas empleadas en el sector privado, 250 000 más que en el 2010, aunque aún se hallaba lejos de parecerse al capitalismo occidental.

De la docena de hombres que sobrevivieron al desastroso desembarco del *Granma* en diciembre de 1956, solo tres seguían con vida en el 2015: Fidel Castro, Raúl Castro y Ramiro Valdés.

2008	2009	2011	2014
Raúl Castro es investido oficialmente presidente de Cuba e inicia sus primeras reformas, permitiendo que los cubanos accedan a los hoteles turísticos y compren móviles y artículos electrónicos.	La presidencia de Barack Obama supone una distensión en las relaciones entre Cuba y EE UU. Como medida inicial, Obama rebaja las restricciones para que los cubano-estadounidenses regresen a la isla a visitar a sus parientes.	Raúl Castro anuncia que el Gobierno planea eliminar medio millón de puestos de trabajo en el sector público y conceder licencias para abrir negocios privados a más de 175 profesiones.	Tras un intercambio de prisioneros, Barack Obama anuncia el restablecimiento de lazos diplomáticos con Cuba y de medidas como ayudas a las telecomunicaciones y la relajación de las restricciones económicas.

Modo de vida cubano

Al recorrer las afueras de una ciudad de provincias de Cuba en un autobús, el país puede parecer, a primera vista, austero, pobre y gris. Pero lo que uno ve en este archipiélago, siempre contradictorio, no es siempre lo que parece. Cuba exige paciencia y escarbar mucho la superficie. Si se descifra el estilo de vida cubano, pronto se descubre su irreprimible energía musical, una danza que persiste a pesar de todo.

Receta para ser cubano

Tómense una dosis de racionamiento de la II Guerra Mundial y una pizca de austeridad de la era soviética. Añádanse los valores familiares de Sudamérica, las virtudes educativas de EE UU y la locuacidad de los españoles. Mézclese todo con el ritmo tropical de Jamaica y el innato instinto musical de África, antes de deambular ampliamente por las sensuales calles de La Habana, Santiago de Cuba, Camagüey y Pinar del Río.

La vida en Cuba es un brebaje abierto e interactivo. Basta con pasar un rato en uno de sus hogares para formarse pronto un arquetipo. Una cafetera que hierve en el fogón; una bicicleta china oxidada, apoyada en la pared del salón; la fotografía de José Martí sobre el televisor y la imagen de la Virgen del Cobre en la penumbra. Además del propietario de la casa y su madre, el hermano, la hermana y la sobrina, en todo hogar cubano se dan cita una aparentemente interminable lista de 'visitantes': un vecino sin camisa que pasa para pedir prestada una llave inglesa, el cotilla de turno del CDR (Comité para la Defensa de la Revolución), un sacerdote que viene a tomarse un vaso de ron, además, del primo, el primo segundo, ese amigo perdido hace tiempo, el primo tercero... Y luego están los sonidos: el canto del gallo, un saxofonista que ensaya, el ladrido de los perros, el ruido de los motores de los automóviles, un ritmo de salsa en la lejanía y los consabidos gritos de la calle: *¡Dime, hermano! ¿Qué pasa, mi amor? ¡Ah, mi vida, no es fácil!*

Efectivamente, la vida en Cuba es de todo menos fácil pero, desafiando a toda la lógica, siempre es colorida y rara vez monótona.

Cuba cuenta con 70 000 médicos titulados. En toda África solo hay 50 000.

Estilo de vida

Supervivientes por naturaleza y necesidad, los cubanos han demostrado una capacidad casi inagotable de forzar las normas y resolver las cosas cuando importan. Los dos verbos más conjugados del vocabulario nacional son "conseguir" y "resolver", y los cubanos son expertos en ambos. Su habilidad innata para sortear las prescripciones y conseguir algo de la nada nace de la necesidad económica. En una pequeña nación que se resiste a las realidades sociopolíticas modernas, donde el salario mensual alcanza el equivalente a 25 US$, la supervivencia suele traducirse en la necesidad de innovar como modo de complementar los ingresos. Para comprobarlo, basta con recorrer las desmoronadas calles de Centro Habana. Se verá a un médico que usa su coche como taxi en su tiempo libre, o a un caricaturista callejero dibujar a turistas desprevenidos con la esperanza de ganarse una propina. Otros recursos se basan más en la artimaña, como el compañero que, durante su trabajo, se mete en el bolsillo un puro con alguna imperfección para venderlo a un extranjero desaprensivo. Las viejas manos cubanas saben que una de las formas más generalizadas de obtener algún dinero extra es colaborando con (o tomando el pelo a) los turistas.

En Cuba, la moneda fuerte (es decir, los pesos convertibles) rige especialmente porque es la única forma de conseguir "lujos" simples que hacen más cómoda la vida en esta austera república socialista. Paradójicamente, la doble economía posterior a 1993 ha resucitado el sistema de clases que la Revolución tanto y tan duro se empeñó en erradicar. Así, es habitual ver a cubanos que tienen acceso a ropa de diseño que se paga en convertibles, mientras otros acosan a los turistas pidiendo pastillas de jabón. Este renacer de la división entre ricos y pobres es una de las cuestiones más problemáticas a las que se enfrenta la Cuba actual.

Otros rasgos sociales surgidos tras la Revolución son más altruistas y solidarios. En Cuba, compartir es lo normal. Ayudar a un compañero llevándole en coche, ofrecerle tu comida o prestarle unos pocos convertibles se considera un deber nacional. Repárese en cómo perfectos desconocidos se relacionan en las colas o en los atascos de tráfico y cómo, en los hogares cubanos, los vecinos lo comparten todo, desde herramientas y alimentos hasta servicios de canguro, sin esperar nada a cambio.

Los cubanos son de trato informal. La gente utiliza el "tú" antes que el "usted" y se saluda de muchas formas amables. No hay que sorprenderse si un desconocido llama al viajero *"mi amor"* o *"mi vida"*, o si el dueño de una casa particular abre la puerta sin camisa (los hombres) o con rulos (las mujeres). Y para complicarlo aún más, el español de Cuba es rico en coloquialismos, ironía, sarcasmo y tacos.

El hogar cubano

Aunque los hogares cubanos cuentan con lo básico (nevera, cocina, microondas), no disponen de las trampas del consumismo del s. XXI. Aproximadamente el 38 por 1000 de los cubanos posee un coche, comparado con el 800 por 1000 de EE UU; pocos hogares cuentan con secadora (se verá mucha ropa tendida) y el impresionante desayuno servido a las 8.00 en una casa particular probablemente haya conllevado 3 h de búsqueda y colas, pues los supermercados insulares no tienen, ni mucho menos, tanta variedad y abundancia de mercancías como los europeos y estadounidenses. Pero eso no menoscaba el orgullo del hogar: ornamentos y recuerdos se exhiben con amor y se mantienen enormemente limpios. Aun así, su estilo de vida parece anticuado y, para muchos, austero. Lo que distingue a Cuba de otros lugares son las fuertes subvenciones del Gobierno en muchos aspectos de la vida, lo que se traduce en pocas hipotecas, sanidad y escolarización gratuitas y bajos impuestos. Salir de noche cuesta muy poco, ya que las entradas al teatro, el cine, el estadio de béisbol o un concierto están subvencionadas por el Estado y se consideran un derecho del pueblo.

Los vientos del cambio

Gracias a una serie de reformas cautelosas, la vida cubana ha cambiado lenta y sutilmente desde que un Fidel Castro enfermo le cediera las riendas a su hermano Raúl en el 2008. Aunque desde dentro el progreso parezca lento, un exiliado que regrese tras pasar 6 años en Miami o Madrid realizará algunos descubrimientos reveladores.

A mediados de la década del 2000, casi nadie tenía teléfono móvil en Cuba; hoy son casi tan ubicuos como en el resto del mundo, aunque la mala cobertura wifi hace que la conexión a internet resulte casi imposible. Otros dispositivos electrónicos legalizados en el 2008 también se han hecho un hueco en los hogares cubanos, donde hoy en día no es raro ver un reproductor de DVD y una moderna TV de pantalla plana bajo una foto amarillenta de José Martí. Desde enero del 2013, los cubanos están autorizados a viajar fuera del país, y los pocos afortunados que pueden

El Historiador de la Ciudad de La Habana, Eusebio Leal Spengler, nació en la capital en 1942. Es licenciado en Ciencias Históricas y Arqueológicas y tiene un máster en Estudios sobre América Latina, el Caribe y Cuba.

En junio del 2008, el Gobierno cubano legalizó las operaciones de cambio de sexo, gratuitas para quienes cumplan ciertos requisitos.

LA REVOLUCIÓN DE LOS BLOGS

Con un índice de alfabetización del 99,8% y un tradicional amor por los libros, no es extraño que Cuba genere un número creciente de elocuentes blogueros, a pesar de las dificultades para acceder a internet. Estos son algunos de los más destacados y representan puntos de vista de todo el espectro político.

Generación Y (Yoani Sánchez; www.desdecuba.com/generaciony) Sánchez es la bloguera (y disidente) más famosa de Cuba y su blog viene poniendo a prueba el temple de la policía de censura cubana desde abril del 2007. Crítica del Gobierno sin concesiones, Yoani cuenta con un inmenso número de seguidores internacionales (Obama respondió una vez a uno de sus posts) y ha obtenido numerosos premios, incluido el Ortega y Gasset de periodismo digital.

Havana Times (www.havanatimes.org) Una web y "cooperativa de blogs" iniciada por el escritor estadounidense Circles Robinson en el 2008, que se considera anticastrista y antiembargo.

Café Fuerte (www.cafefuerte.com) Blog fundado en el 2010 por cuatro periodistas y escritores cubanos con experiencia internacional. Ofrece información independiente sobre temas relacionados con Cuba, tanto fuera como dentro del país.

Yasmin Portales (http://yasminsilvia.blogspot.ca) Yasmin, que se describe a sí misma como marxista-feminista, es una voz fuerte en el Proyecto Arcoíris, una iniciativa por los derechos de lesbianas, gays, bisexuales y transexuales.

Babalú Blog (www.babalublog.com; en inglés) Con sede en Miami e inflexiblemente favorable al embargo estadounidense, este blog está editado por Alberto de la Cruz. Carlos Eire, profesor de historia y estudios religiosos de la Universidad de Yale y autor de *Esperando la nieve en La Habana,* es uno de sus colaboradores.

La Joven Cuba (www.jovencuba.com) Blog creado y mantenido por tres profesores de la Universidad de Matanzas que se declaran seguidores de Antonio Guiteras, un político cubano socialista de la década de 1930.

permitírselo han empezado a comprar en el extranjero. En consecuencia, algunas de las casas particulares más exitosas están equipadas con nuevos bienes de consumo traídos de otros países, como sandwicheras y cafeteras.

El mejorado panorama culinario (p. 492) es uno de los cambios más visibles para quienes recuerden los hambrientos años noventa. No obstante, el dilema de cualquiera que abra un nuevo restaurante privado es cómo fijar los precios: ¿dirigiéndolos a los extranjeros, a los cubanos o a una mezcla de ambos? Los mejores restaurantes de La Habana aún suelen ser terreno exclusivo de turistas y diplomáticos, mientras que los establecimientos privados de las ciudades pequeñas son frecuentados principalmente por lugareños y, por tanto, cobran precios más razonables.

Hasta el 2008, a los cubanos se les prohibía inexplicablemente alojarse en hoteles para turistas. Los elevados precios aún ahuyentan a muchos pero, hoy en día, algunos centros vacacionales económicos (p. ej., Playa Santa Lucía) reciben muchos huéspedes cubanos durante las vacaciones de verano.

Un paseo en coche por el campo revelará aún más sorpresas. Sin ser todavía Los Ángeles, se nota que hay muchos más automóviles en la carretera que hace unos años. No obstante, la nueva ley que permite a los cubanos comprar y vender vehículos es poco más que un gesto político. Muy poca gente puede permitirse Toyotas y Audis, por lo que los Ladas y los viejos coches estadounidenses siguen siendo inevitables. La agricultura también ha registrado mejorías importantes. Antes del 2008, las raquíticas e improductivas vacas cubanas deambulaban tristemente en grupos de dos o tres. Ahora, campos enteros de ganado rollizo y saludable pueblan las granjas de las provincias de Las Tunas y Camagüey.

Principales cultivos

Plátano

Cítricos

Café

Mango

Piña

Arroz

Caña de azúcar

Tabaco

MODO DE VIDA CUBANO LOS VIENTOS DEL CAMBIO

Los mercados y tiendas, aunque lejos de ser lujosos, tienen menos estantes vacíos hoy en día, y han surgido muchos comercios que venden grandes electrodomésticos, como neveras y lavadoras. En los centros urbanos proliferan los negocios privados, desde barberos a pie de calle hasta sofisticados guías turísticos con tarjetas de visita y páginas web. Incluso se verán letreros profesionales que anuncian casas particulares y restaurantes, cosa inaudita (y prohibida) hasta hace poco.

Estos cambios, aunque bien recibidos por casi todo el mundo, han acentuado inevitablemente las diferencias económicas en un país acostumbrado al socialismo. Las personas con acceso fácil a los convertibles –sobre todo los trabajadores del sector turístico– han prosperado; de hecho, algunas casas particulares de La Habana (que hasta 2011 solo podían alquilar dos habitaciones) se han convertido en minihoteles a todos los efectos, excepto en el nombre. Entretanto, la vida de la gente en las zonas rurales aisladas ha cambiado poco. Las ciudades pequeñas del Oriente continúan afectadas por los problemas que acosan a Cuba desde el Período Especial: escasez de agua embotellada, edificios públicos destartalados y carreteras horribles.

Deporte

Considerado un derecho del pueblo, el deporte profesional fue abolido por el Gobierno tras la Revolución. Y, a juzgar por los resultados, resultó una buena decisión. Desde 1959, el medallero olímpico de Cuba se ha disparado. Alcanzó el punto culminante en 1992, cuando Cuba –un país de 11 millones de habitantes, a la cola de los países más ricos del mundo– se llevó a casa 14 medallas de oro y fue quinto en la clasificación general por medallas. Prueba del alto nivel deportivo de la isla es que su 11º lugar en Atenas 2004 fue considerado casi como un fracaso nacional.

Naturalmente, la obsesión por el deporte empieza desde arriba. En otro tiempo, Fidel Castro fue famoso por su destreza golpeando una bola de béisbol, pero lo que es menos conocido es que se comprometió personalmente a establecer un plan de deportes nacional, accesible a todos los niveles. En 1961, el Instituto Nacional de Deportes, Educación Física y Recreación (INDER) organizó un sistema de deporte para las masas que erradicó la discriminación e integró a los niños desde una edad temprana. El INDER –que ofreció tiempo libre remunerado a los trabajadores y rebajó el precio de las entradas de los grandes eventos deportivos– logró que la participación en los deportes populares se multiplicase por 10 en la década de 1970 y su efecto en los resultados fue tangible.

La *pelota* (béisbol) es legendaria. El país bulle durante la temporada de octubre a marzo y llega a su punto álgido en abril con las finales. La pasión se desborda en la plaza principal de las capitales de provincia, donde los aficionados debaten hasta el mínimo detalle de los partidos en las llamadas "peñas deportivas" o "esquinas calientes".

Cuba es también una potencia en el boxeo *amateur,* lo que queda patente con los campeones Teófilo Stevenson, que se hizo con el oro olímpico en 1972, 1976 y 1980; y Félix Savón, otro triple ganador de la medalla de oro, la última en el 2000. Toda ciudad de importancia cuenta con una sala polivalente donde tienen lugar los grandes eventos de boxeo, mientras que los entrenamientos y los combates menores se celebran en gimnasios, muchos de los cuales forman a atletas olímpicos.

El cubano Javier Sotomayor ostenta el récord mundial de salto de altura (2,45 m) desde 1993 y ha registrado 17 de los 24 mayores saltos de la historia.

Multiculturalismo

Cuba, punto de encuentro de tres razas diferentes y numerosas nacionalidades, es una sociedad multicultural que, a pesar de sus dificultades, ha sabido forjar con relativo éxito la igualdad racial.

La desaparición de los taínos tras la llegada de los españoles y la dureza del régimen esclavista dejó una profunda huella en los primeros años de colonización pero, ya en la segunda mitad del s. xx, la situación había mejorado significativamente. La Revolución garantiza la igualdad racial por ley; sin embargo, los cubanos negros tienen más opciones de ser detenidos por la policía para ser interrogados y más del 90% de los cubanos exiliados en EE UU son de descendencia blanca. Los negros también están poco representados en la política.

Según el censo más reciente, la composición racial de Cuba es: 24% mulatos, 65% blancos, 10% negros y 1% chinos. Al margen del legado español, muchos de los llamados blancos son descendientes de inmigrantes franceses que llegaron a la isla en varias oleadas durante los primeros años del s. xix. De hecho, las ciudades de Guantánamo, Cienfuegos y Santiago de Cuba fueron pobladas por primera vez (o se vieron fuertemente influidas) por emigrantes franceses y, en gran parte, los sectores del café y del azúcar en Cuba deben su avance a la iniciativa privada francesa.

La población negra también es una mezcla heterogénea. Numerosos haitianos y jamaicanos llegaron a Cuba para trabajar en las plantaciones de azúcar en la década de 1920 y trajeron consigo muchas de sus costumbres y tradiciones. Sus descendientes pueden encontrarse en Guantánamo y Santiago, en la provincia de Oriente, o en sitios como Venezuela, en la provincia de Ciego de Ávila, donde todavía se practican rituales de vudú.

> Algunos elementos de la cultura francesa importados de Haití en la década 1790 aún son visibles hoy, especialmente en las poblaciones fundadas por los franceses en Guantánamo y Cienfuegos.

Religión

La religión es uno de los aspectos más incomprendidos y complejos de la cultura cubana. Antes de la Revolución, el 85% de los cubanos eran formalmente católicos, pero solo el 10% eran practicantes. Los protestantes constituían la segunda religión mayoritaria, aunque en Cuba siempre han existido (y existen) pequeños grupos de judíos y musulmanes. Cuando triunfó la Revolución, 140 sacerdotes católicos fueron expulsados por sus actividades políticas reaccionarias y otros 400 se marcharon voluntariamente. Por el contrario, la mayoría de los protestantes (el sector más pobre de la sociedad) tenían menos que perder y se quedaron.

Cuando el Gobierno se autoproclamó marxista-leninista y, por ende, ateo, la vida para los creyentes se volvió más difícil. Aunque nunca se prohibieron las liturgias y la libertad religiosa no se revocó, los cristianos fueron enviados a Unidades Militares de Ayuda a la Producción (UMAP), donde se confiaba que el trabajo duro cambiaría sus costumbres. Los homosexuales y los vagabundos también fueron enviados al campo a trabajar. Sin embargo, resultó ser un experimento efímero. Para los creyentes, los años más duros de influencia soviética (1970 y 1980) fueron aún más difíciles, pues se prohibió su ingreso en el Partido Comunista y pocos (si los hubo) ocuparon cargos políticos. Algunas carreras universitarias también quedaron fuera de su alcance.

Desde entonces, las cosas han cambiado radicalmente, sobre todo a partir de 1992, cuando una revisión de la Constitución eliminó toda alusión al Estado cubano como marxista-leninista y recuperó la naturaleza laica del Gobierno. Ello favoreció la apertura de las esferas civiles y políticas de la sociedad a los seguidores de alguna religión, así como a otras reformas (p. ej., los creyentes pueden ser ahora miembros del Partido). Desde que el catolicismo cubano obtuvo el reconocimiento papal con la visita de Juan Pablo II en 1998, la afluencia a las iglesias ha aumentado; su sucesor, Benedicto XVI, también la visitó en el 2012; y en el 2015, mientras se redactaban estas páginas, el papa Francisco, primer pontífice latinoamericano de la historia, se encontraba en viaje oficial en la isla y recibía un baño de multitudes. Conviene señalar que muchos jóvenes asisten a las misas hoy en día: ascienden a 400 000 los católicos que van regularmente a misa y a 300 000 los protestantes de 54 denominaciones. Otras confesiones como la adventista y la pentecostal van tomando fuerza.

PUROS CUBANOS

Desde los guajiros con sombrero en los tabacales de Pinar del Río hasta los exclusivos salones de fumadores, pasando por los estafadores que venden cigarros malos en La Habana, los puros están profundamente enraizados en la cultura cubana. Estos son algunos de los mejores:

Cohiba El puro predilecto de Fidel Castro se elabora con el mejor tabaco de la provincia de Pinar del Río; la producción supuestamente proviene de 10 codiciados campos en el principado de las plantaciones del país, la región de Vuelta Abajo, en torno a San Juan y Martínez.

Vegas Robaina Esta marca, difícil de encontrar fuera de Cuba, lleva el nombre del legendario productor de tabaco Alejandro Robaina. Es famosa por la excelente calidad del tabaco utilizado, que procede de la plantación de Alejandro Robaina en la provincia de Pinar del Río.

Partagás Uno de los puros más queridos de Cuba desde antes de la Revolución. Es conocido por sus ediciones limitadas anuales.

Puro Cubano Este cigarro sin marca es el preferido por los cubanos, debido a su precio económico, aunque se lía con algunas de las mejores hojas de la provincia de Pinar del Río.

Santería

La santería, una religión sincrética que esconde raíces africanas bajo una simbólica capa católica, es producto de la esclavitud, aunque sigue profundamente arraigada en la cultura cubana contemporánea, donde ha tenido un fuerte impacto en la evolución de la música, la danza y los rituales del país. Hoy en día, más de 3 millones de cubanos (entre ellos numerosos escritores, artistas y políticos) se identifican como creyentes.

Las tergiversaciones en torno a la santería empiezan por su nombre, un mal concepto acuñado por los colonizadores españoles para describir la adoración de los santos practicada por los esclavos africanos en el s. XIX. Un término más correcto es Regla de Ocha o lucumi, dialecto de los seguidores originales, que procedían del grupo etnolingüístico yoruba del suroeste de Nigeria. Los iniciados en la santería (los santeros) creen en el dios Oludomare, el creador del Universo y la fuente de Ashe (todas las fuerzas de la vida en la Tierra). En lugar de interactuar con el mundo directamente, Oludomare se comunica a través de un panteón de *orishas,* deidades imperfectas similares a los santos católicos o a los dioses griegos, dotados de cualidades naturales (agua, tiempo, metales) y humanas (amor, intelecto, virilidad). Las *orishas* tienen sus propios días festivos, exigen sus ofrendas de comida y reciben números y colores representativos de su personalidad.

La santería no tiene un equivalente a la Biblia o al Corán. En vez de ello, los ritos religiosos se transmiten oralmente y, con el tiempo, han evolucionado para adecuarse a las realidades de la Cuba moderna. Otra diferencia con las religiones mayoritarias del mundo es que hace hincapié en la vida en la tierra, en lugar de en la vida eterna, aunque los santeros creen firmemente en los poderes de los antepasados muertos, conocidos como *egun,* cuyos espíritus se invocan durante las ceremonias de iniciación.

El sincretismo de la santería con el catolicismo se produjo de forma clandestina durante la época colonial, cuando se prohibieron las tradiciones animistas africanas. Para esconder su fe de las autoridades españolas, los esclavos africanos emparejaban secretamente sus *orishas* con los santos católicos. Así, detrás de Changó (la *orisha* del trueno y el relámpago) se escondía, de forma un tanto curiosa, santa Bárbara, mientras que Elegguá, la *orisha* del viaje y de los caminos, se convirtió en san Antonio de Padua. De esta forma, un esclavo que oraba ante la imagen de santa Bárbara en realidad lo hacía ante Changó, mientras que los afrocubanos que en apariencia celebraban el día de Nuestra Señora de Regla (el 7 de septiembre) rendían homenaje a Yemayá. Este sincretismo aún se mantiene.

Los Comités de Defensa de la Revolución (CDR) son controvertidos organismos políticos locales. Por un lado, actúan como herramientas del Gobierno para sofocar la disidencia y mantener sumisa a la población; por otro, organizan importantes festivales populares, bancos de sangre y campañas de vacunación.

Arte y literatura

Hay que dejar en casa los prejuicios sobre el arte en un Estado totalitario. La envergadura del cine, la pintura y la literatura cubanas podría sonrojar a países más liberales. Los cubanos tienen la habilidad de adoptar casi cualquier género artístico y transformarlo en algo mucho mejor. El viajero podrá ver de todo, desde flamenco y *ballet* de primera clase hasta música clásica, cine alternativo y obras de Lorca y Shakespeare.

Cuba literaria

Solo hay que pasar una noche conversando con los cubanos para darse cuenta de su locuacidad, que se refleja en sus libros. Quizá sea algo que le echan al ron pero, desde tiempos inmemoriales, los escritores de este culto archipiélago caribeño no han parado de contar y recontar sus historias con entusiasmo, y han producido algunas de las obras literarias más revolucionarias e influentes de Latinoamérica.

Los clasicistas

Cualquier viaje literario debería empezar en La Habana en la década de 1830. La literatura cubana encontró una de sus primeras voces con *Cecilia Valdés,* una novela de Cirilo Villaverde (1812-1894), publicada en 1882 pero ambientada 50 años antes, en La Habana de clases divididas, esclavitud y prejuicios. Está considerada una de las mejores novelas cubanas del s. XIX.

Precediendo a Villaverde, en publicación pero no en marco histórico, está la poetisa romántica y novelista Gertrudis Gómez Avellaneda. Nacida en 1814, en una rica familia de la privilegiada aristocracia española de Camagüey, fue una rareza, ya que era escritora en una tierra dominada por hombres. Once años antes de que *La cabaña del tío Tom* despertara a América con el mismo tema, su novela *Sab,* publicada en 1841, abordaba la cuestión de la raza y la esclavitud. Fue prohibida en Cuba hasta 1914 por su retórica abolicionista. Los críticos contemporáneos obviaron el sutil feminismo de Avellaneda, que presentaba al matrimonio como otra forma de esclavitud.

Más al este, el poeta neoclásico José María de Heredia nació en Santiago de Cuba, pero vivió y escribió principalmente desde el exilio en México, tras ser desterrado por haber conspirado presuntamente contra las autoridades españolas. Su poesía, incluido el transcendental *Himno del desterrado,* está teñida de un nostálgico romanticismo por su tierra natal.

Los experimentalistas

La literatura cubana maduró a principios de 1900. Inspirada en una mezcla del modernismo de José Martí y nuevas influencias surrealistas llegadas de Europa, la primera mitad del s. XX fue una época de experimentación para los escritores cubanos. El legado literario de la era se asienta sobre tres grandes pilares: Alejo Carpentier, un escritor barroco que creó el tan imitado estilo de "lo real maravilloso" (realismo mágico); Guillermo Cabrera Infante, un maestro *joyceano* del lenguaje coloquial que llevó los parámetros del castellano a límites apenas comprensibles; y José Lezama Lima, un poeta gay de ambición proustiana, cuyas densas novelas eran ricas en tramas, temas y anécdotas. Ninguno de ellos era de

Los mejores libros cubanos

Cecilia Valdés (Cirilo Villaverde; 1882)

El siglo de las luces (Alejo Carpentier; 1962)

Tres tristes tigres (Guillermo Cabrera Infante; 1967)

Antes que anochezca (Reinaldo Arenas; 1992)

MARTÍ, UNA CLASE DIFERENTE

Pocas veces un autor se sale de la categorización normal para brillar por sí solo, pero José Julián Martí Pérez (1853-1895) no era un ser ordinario. Filósofo pionero, revolucionario y escritor modernista, amplió el debate político en Cuba más allá de la esclavitud (abolida en 1886) hacia asuntos como la independencia y la libertad. Su prosa continúa siendo una rara fuerza de unión entre los cubanos de todo el mundo, independientemente de su filiación política. Martí es igualmente respetado por los hispanohablantes a escala mundial por su internacionalismo, que le ha puesto a la par que Simón Bolívar.

La literatura de Martí abarcó numerosos géneros: ensayo, novela, poesía, textos políticos, cartas e incluso una popular revista infantil llamada *La edad de oro*. Era un consumado maestro de los aforismos y sus apotegmas y frases siguen apareciendo en el discurso diario cubano. Sus dos trabajos más famosos, publicados en 1891, son el ensayo político *Nuestra América* y sus recopilacoín de poemas *Versos sencillos*. Ambos dejan al descubierto sus deseos y sueños para Cuba y Latinoamérica.

lectura fácil, pero todos abrieron nuevos caminos e inspiraron a escritores eruditos allende las fronteras cubanas (entre ellos, Gabriel García Márquez y Salman Rushdie). La gran obra de Alejo Carpentier fue *El siglo de las luces,* que explora el impacto de la Revolución francesa en Cuba a través de una velada historia de amor. Para muchos, es la mejor novela de un autor cubano. Cabrera Infante, natural de Gibara, reescribió las reglas del lenguaje en *Tres tristes tigres,* un complejo estudio de la vida callejera en La Habana anterior a Castro. Mientras, Lezama adoptó un anecdótico acercamiento a la escritura novelesca en *Paradiso,* una polifacética evocación de La Habana de la década de 1950 con toques homoeróticos.

Relacionado con este elocuente trío conviene añadir a Miguel Barnet, un antropólogo de La Habana cuya *Biografía de un cimarrón,* publicada en 1963, reunió los testimonios de Esteban Montejo, un antiguo esclavo de 103 años, para convertirlos en un fascinante documental escrito del brutal sistema de esclavitud casi 80 años después de su desaparición.

El escritor contemporáneo Leonardo Padura Fuentes, conocido por su cuarteto de novelas policiacas localizadas en La Habana, *Las cuatro estaciones*, ha recibido el Premio Princesa de Asturias de las Letras 2015.

Aparece Guillén

Nacido en Camagüey en 1902, el poeta mulato Nicolás Guillén fue un escritor y un abanderado de los derechos afrocubanos. Traumatizado por el asesinato de su padre en su juventud, e inspirado por la música de percusión de los antiguos esclavos negros, Guillén articuló las esperanzas y los miedos de los desposeídos trabajadores negros con los rítmicos versos afrocubanos, que se convertirían en su sello. De su prolífica obra destacan famosos poemas como el evocador *Tengo* y el patriótico *Che comandante, amigo.*

Guillén trabajó desde un exilio autoimpuesto durante la era de Batista y regresó a Cuba tras la Revolución. Recibió entonces el encargo de formular una nueva política cultural y organizar la Unión de Escritores y Artistas de Cuba (Uneac).

El realismo sucio

En las décadas de 1990 y 2000, los escritores nacidos en la época del *baby boom,* que se habían hecho adultos en la era de la censura y el dominio soviético, comenzaron a responder a influencias radicalmente diferentes en sus escritos. Algunos abandonaron el país, otros se quedaron, pero todos pusieron a prueba los límites de la expresión artística en un sistema sostenido por la censura y la asfixia creativa.

A la sombra de Lezama Lima surgió Reinaldo Arenas, un escritor gay de la provincia de Holguín que, como Cabrera Infante, rompió con la Revolución a finales de la década de 1960 y fue encarcelado. En 1980, Arenas consiguió escapar a EE UU durante el éxodo del Mariel, donde escribió sus hiperbólicas memorias, *Antes que anochezca,* sobre su encarcelamiento y homosexualidad. Publicadas en EE UU en 1993, fueron recibidas con un gran éxito de crítica.

Los autores del llamado "realismo sucio" de finales de la década de 1990 y principios del 2000 se acercaron de forma más sutil a las desafiantes costumbres contemporáneas. Pedro Juan Gutiérrez se ganó su apodo de "Bukowski tropical" por su *Trilogía sucia de La Habana,* un estudio sensual de Centro Habana durante el Período Especial. La trilogía refleja la desesperada situación económica, pero evita la polémica política. Zoé Valdés, nacida el año que Castro subió al poder, es más directa en sus críticas al régimen, especialmente desde que cambió Cuba por París en 1995. Sus novelas más conocidas son *Te di la vida entera* y *Querido primer novio.*

Los extranjeros fascinados

Algunos autores extranjeros se han inspirado en Cuba para escribir novelas; los más destacados son Ernest Hemingway y Graham Greene. Hemingway visitó Cuba por primera vez a finales de los años treinta en su barco *El Pilar,* en parte para alejarse de la que pronto sería su exmujer. Su amor por el país continuaría hasta su muerte. Sus novelas *El viejo y el mar* (1952; la historia de un anciano que trata de pescar un pez gigante) e *Islas a la deriva* (1970; una desgarradora trilogía que sigue los avatares del escritor Thomas Hudson) están basadas en sus experiencias de pesca –y buscando submarinos alemanes en la II Guerra Mundial– en la costa cubana.

Greene visitó la isla varias veces en los años cincuenta y la convirtió en el escenario de su libro *Nuestro hombre en La Habana* (1958), una mirada irónica al espionaje que arroja una luz interesante sobre la capital cubana antes de la Crisis de los Misiles.

Aunque ninguna de sus novelas transcurre en Cuba, el autor colombiano Gabriel García Márquez entabló una duradera amistad con Fidel Castro en los años sesenta y escribió varios artículos sobre Cuba, entre ellos *Recuerdos de periodista* (1981), en el que rememora la invasión de la bahía de Cochinos.

Cine

El cine cubano siempre ha estado más cerca de la tradición europea que de las películas de Hollywood, sobre todo desde la Revolución, cuando la vida cultural se alejó de las influencias norteamericanas. Se habían realizado pocas películas de interés hasta 1959, cuando el nuevo Gobierno creó el Instituto Cubano del Arte e Industria Cinematográficos (ICAIC), dirigido por el erudito de cine y antiguo estudiante de la Universidad de La Habana Alfredo Guevara, que ocupó el puesto de forma intermitente hasta el 2000. La de 1960 fue la "década de oro" del ICAIC cuando, detrás de una apariencia artística, sucesivos directores pusieron a prueba los límites de la censura del Estado y, en algunos casos, adquirieron mayor licencia creativa. Las películas innovadoras de esta época parodiaban la burocracia, hacían comentarios pertinentes sobre asuntos económicos, cuestionaron el papel del intelectualismo en un Estado socialista y, más adelante, abordaron asuntos gays. Destacan Humberto Solás, Tomás Gu-

ARTE Y LITERATURA CINE

Heberto Padilla (1932-2000) fue un poeta cubano cuyos escritos disidentes de los años sesenta le llevaron a la cárcel, lo que inspiró el "caso Padilla".

Al principio, Graham Greene ambientó su visión cómica del espionaje británico en Tallin (Estonia), ocupada por los soviéticos. Pero una visita a La Habana le hizo cambiar de opinión y la novela se convirtió en *Nuestro hombre en La Habana.*

EL GALARDONADO PAZ

Senel Paz, autor de *El lobo, el bosque y el hombre nuevo,* el libro que inspiró la famosa película *Fresa y chocolate,* volvió a recibir atención internacional en el 2008 con la publicación de su novela *En el cielo con diamantes,* una conmovedora historia de amistad en La Habana de los años sesenta. Le valió varios premios literarios y le encumbró como el autor contemporáneo más leído de Cuba.

CASAS DE LA CULTURA

En Cuba, cada ciudad de provincia –no importa su tamaño– tiene una Casa de la Cultura que concentra la activa vida cultural del país. En estas Casas de la Cultura se hace de todo, desde música de salsa tradicional hasta las innovadoras noches de comedia. Todos los eventos programados se anuncian en carteleras exteriores. Además, muchos teatros, organizaciones e instituciones programan actividades artísticas y culturales gratuitas.

tiérrez Alea y Juan Carlos Tabío, quienes, guiados por Guevara, pusieron el cine cubano de vanguardia en el mapa internacional.

La primera película cubana posrevolucionaria relevante, la producción cubano-soviética *Soy Cuba* (1964), fue dirigida por el ruso Mijaíl Kalatozov, que dramatizó los eventos que llevaron a la Revolución de 1959 en cuatro historias entrelazadas. Muy olvidada a principios de la década de 1970, la cinta fue rescatada a mediados de los años noventa por el director Martin Scorsese, quien después de verla por primera vez se sorprendió de su evocador trabajo de cámara y, sobre todo, por sus fantásticos *travellings*. La película tiene una calificación de 100% en la página web Rotten Tomatoes y ha sido descrita por un crítico de cine estadounidense como "un único, descabellado y emocionante espectáculo".

El director cubano más laureado, Tomás Gutiérrez Alea, se curtió dirigiendo películas de cine de autor, como *La muerte de un burócrata* (1966), una sátira sobre la excesiva burocratización socialista; y *Memorias de subdesarrollo* (1968), la historia de un intelectual cubano demasiado idealista para Miami, pero muy decadente para la austera vida de La Habana. En 1993, en colaboración con el director Juan Carlos Tabío, realizó *Fresa y chocolate,* la historia de Diego, un escéptico homosexual que se enamora de un militante comunista heterosexual; fue nominada a los Oscar y sigue siendo la obra cumbre del cine cubano. Humberto Solás, maestro de las películas de *"cine pobre"* (de bajo presupuesto), dejó su primera huella en 1968 con *Lucía,* en la que exploró la vida de tres mujeres cubanas en momentos clave de la historia del país: 1895, 1932 y principios de la década de 1960. Al final de su carrera produjo una obra maestra, *Barrio Cuba* (2005), la historia de una familia desgarrada por la Revolución.

Desde la muerte de Gutiérrez Alea en 1996 y Solás en el 2008, el cine cubano ha pasado el relevo a unas novedosas e igualmente talentosas películas de guerrilla. El rey sin corona es Fernando Pérez, que saltó a la escena en 1994 con el clásico del Período Especial *Madagascar,* centrado en la lucha intergeneracional entre una madre y su hija. Le siguió *Suite Habana* (2003), un documental sobre un día en la vida de 13 personas reales en la capital, sin diálogo alguno. El rival más cercano de Pérez es Juan Carlos Cremata, cuya película *Viva Cuba* (2005) –una reflexión a través de los ojos de dos niños sobre las ideologías y las clases– obtuvo el reconocimiento internacional.

En el 2010, el director cubano Fernando Pérez llevó la juventud de José Martí a la gran pantalla en la película *El ojo del canario.*

RAÚL MARTÍNEZ Y EL GRUPO DE LOS ONCE

Nacido en Ciego de Ávila, Raúl Martínez (1927-1995) encabezó el movimiento *pop art* cubano en las décadas de 1950 y 1960 con sus emblemáticas representaciones de José Martí, Camilo Cienfuegos y el Che Guevara, aunque gran parte de su obra está tan inspirada en el socialismo soviético como en el *pop art* estadounidense. Martínez fue miembro del Grupo de los Once, unos escultores y artistas abstractos que expusieron juntos entre 1953 y 1955 y marcaron una impronta duradera en el arte cubano. Pueden verse muchas obras suyas en el Centro Raúl Martínez Galería de Arte Provincial de Ciego de Ávila (p. 306).

WIFREDO LAM

En el contexto internacional, el arte cubano está dominado por el prolífico Wifredo Lam (1902-1982). Pintor, escultor y ceramista de ascendencia china, africana y española, nació en Sagua La Grande, provincia de Villa Clara, estudió Arte y Derecho en La Habana, y en 1923 viajó a Madrid para concretar sus ambiciones artísticas en los fértiles campos de la Europa posterior a la I Guerra Mundial. En 1937, desplazado por la Guerra Civil española, se trasladó a Francia, donde conoció a Pablo Picasso e intercambió ideas con el pionero del surrealismo André Breton. Empapado de las influencias cubistas y surrealistas, Lam regresó a Cuba en 1941, donde pintó su obra maestra: *La jungla*, considerada por los críticos uno de los cuadros más representativos de un mundo en vías de desarrollo.

En los últimos años han aparecido pocos trabajos influyentes, aunque en el 2011 *Juan de los muertos*, versión cubana de la comedia de terror británica *Shaun of the Dead*, abrió camino como primera película de zombis cubana. En una crítica velada al régimen, un holgazán convertido en cazador de muertos vivientes lucha por sobrevivir en una ciudad, La Habana, infestada de zombis.

La importante influencia de La Habana en la cultura cinematográfica del continente se pone de relieve cada año en el Festival Internacional del Nuevo Cine Latinoamericano, celebrado en diciembre en la capital cubana. Considerada la última palabra en el cine latinoamericano, esta reunión anual de críticos, eruditos y productores de cine ha sido fundamental para mostrar los clásicos cubanos recientes al mundo.

Pintura y escultura

El arte moderno cubano, provocador y visceral, combina los llamativos colores afrolatinoamericanos con la cruda realidad de los 52 años de la Revolución. Para los extranjeros amantes del arte, Cuba es una poción única y embriagadora. Arrinconados por la opresión de la Revolución cubana que redefinió la cultura, los artistas modernos han comprendido que cooperando y no enfrentándose al régimen socialista, las oportunidades para la formación académica y el apoyo artístico son casi ilimitados. Encerrado en un clima tan volátil y creativo, el arte abstracto cubano –bien asentado antes de la Revolución– ha renacido.

El primer florecimiento tuvo lugar en la década de 1920, cuando los pintores del movimiento denominado Vanguardia se trasladaron temporalmente a París para aprender de la escuela europea de *avant-garde*, dominada entonces por pintores como Pablo Picasso. Uno de los primeros exponentes de la Vanguardia fue Víctor Manuel García (1897-1969), el genio que está detrás de una de las pinturas más famosas de Cuba, *La gitana tropical* (1929), el retrato de una típica mujer cubana con su mirada fija a media distancia. El lienzo, expuesto en el Museo Nacional de Bellas Artes de La Habana, es a menudo referido como la Mona Lisa latina. Amelia Peláez (1896-1968), contemporánea de Víctor Manuel, era otra francófila que estudió en París, donde fusionó el vanguardismo con temas cubanos más primitivos. Aunque Peláez trabajó con diferentes materiales, su obra más laureada son los murales, entre ellos, el que luce en un costado del hotel Habana Libre, de 670 m².

Tras el nivel alcanzado por Wifredo Lam, el *pop art* cubano fue una influencia importante en las décadas de 1950 y 1960. El arte ha disfrutado de un fuerte mecenazgo oficial desde la Revolución (si bien, dentro de los confines de una estricta censura). Ejemplo de ello es el Instituto Superior de Arte en el barrio periférico de Cubanacán, en La Habana desde 1976.

Los mejores artistas modernos

José Villa

Joel Jover

Flora Fong

José Rodríguez Fúster

Tomás Sánchez

Los mejores recintos culturales de la Uneac

El Hurón Azul (p. 113), La Habana

Holguín (p. 359)

Santiago de Cuba (p. 421)

Cienfuegos (p. 248)

Puerto Padre (p. 347)

Arquitectura

No puede hablarse de pureza con respecto a la arquitectura cubana. Como sucede en la música, el ecléctico conjunto de edificios exhibe una descarada hibridación de estilos, ideas e influencias. El resultado es una especie de "tema y variaciones" arquitectónicos, que ha absorbido diferentes géneros importados, conformándolos en algo singularmente cubano.

Estilos y tendencias

Arriba Ventanas *art déco* en La Habana.

Ciudades cubanas bien conservadas han conseguido llegar al s. xxi con su arquitectura colonial relativamente intacta, sobreviviendo a tres guerras revolucionarias y protegidas de la moderna globalización por el peculiar sistema económico cubano. Ello ha sido posible gracias a la designación de La Habana Vieja, Trinidad, Cienfuegos y Camagüey como ciudades Patrimonio Mundial de la Unesco, y la ayuda posterior de preclaros historiadores del lugar que han creado un modelo de autosuficiencia para la preservación histórica, que bien podría considerarse uno de los mayores logros del Gobierno revolucionario.

Los estilos más presentes y clásicos de Cuba son el barroco y el neoclasicismo. Los diseñadores barrocos comenzaron a afilar sus plumas en la década de 1750, y el neoclasicismo ganó supremacía en la década de 1820 para continuar, entre numerosos resurgimientos, hasta la década de 1920.

Los edificios característicos de la era americana (1902-1959) eran *art déco* y, más tarde, adoptaron estilos modernistas. El *art nouveau* desempeñó un papel breve durante este período, influenciado por el modernismo catalán. En las calles principales de Centro Habana que van de este a oeste se pueden ver las curvas y adornos propios del *art nouveau*. A partir de la década de 1920, el ostentoso eclecticismo, cortesía de los norteamericanos, caracterizó los ricos y crecientes barrios de La Habana.

No todos los estilos eran bonitos. El breve flirteo de Cuba con la arquitectura soviética en los años sesenta y setenta supuso la construcción de un buen número de bloques de apartamentos y feos hoteles funcionales. El barrio habanero del Vedado mantiene un pequeño pero significativo conjunto de edificios altos modernistas, construidos durante un prerrevolucionario auge inmobiliario de 10 años en la década de 1950.

Fortalezas costeras

Mientras los reyes europeos se escondían de la plebe en sus castillos medievales, sus primos latinoamericanos construían sus defensas coloniales en una serie de fortalezas igualmente colosales.

El anillo defensor de fortificaciones que salpican la costa cubana desde La Habana, en el oeste, hasta Baracoa, en el este, es uno de los mejores conjuntos de arquitectura militar de toda América. La construcción, por parte de los españoles, de estos monstruos de piedra en los ss. XVI, XVII y XVIII reflejaba la importancia estratégica de la colonia en las rutas comerciales del Atlántico y su vulnerabilidad ante los ataques de los piratas y las competidoras potencias coloniales.

Como capital cubana y principal puerto español en el Caribe, La Habana, era un gran premio para ambiciosos invasores. El saqueo de la ciudad por el pirata francés Jacques de Sores en 1555 puso en evidencia la debilidad de las exiguas defensas, provocando la primera oleada de fortificaciones. Las autoridades de La Habana contrataron al arquitecto militar italiano Bautista Antonelli para este trabajo, quien respondió con aplomo reforzando la entrada del puerto con dos inmensos fuertes, El Morro y San Salvador de la Punta. El trabajo, que comenzó en la década de 1580, fue lento pero meticuloso; los fuertes no se terminaron hasta después de la muerte de Antonelli, alrededor de 1620. Antonelli también diseñó el castillo de San Pedro de la Roca del Morro, en Santiago. Se comenzó a levantar hacia la misma época pero, debido a los continuos ataques (como el del bucanero británico Henry Morgan en 1662), no se terminó hasta 1700.

Durante el s. XVIII se construyeron más fortalezas, sobre todo en Jagua (cerca de la actual Cienfuegos), en la costa sur, y en Matanzas, al norte. Baracoa, en el extremo oriental, fue parapetado por tres pequeñas fortalezas, todas ellas en pie.

De muros gruesos y planta poligonal, diseñada para encajar en su topografía costera, las fortalezas cubanas fueron construidas para aguantar (todas sobreviven) y, en gran parte, cumplieron con su propósito al disuadir a diversos invasores hasta 1762. En ese año llegaron los británicos durante la Guerra de los Siete Años, bombardearon San Severino en Matanzas y conquistaron La Habana tras 44 días de asedio al Morro. La respuesta de España al recuperar La Habana en 1763 fue construir la enmohecida

Las mejores plazas coloniales

Plaza de la Catedral (p. 64), La Habana

Plaza Mayor (p. 278), Trinidad

Parque José Martí, Cienfuegos

Parque Ignacio Agramonte (p. 324), Camagüey

Plaza Martí (p. 268), Remedios

Castillo de San Pedro de la Roca del Morro (p. 410).

La arquitectura de Trinidad, notable por su homogeneidad, incluye grandes casas de una planta con tejados de terracota, vigas de madera, frescos, ventanas con rejas, aljibes, patios de estilo mudéjar y balcones con balaustradas de madera.

Cabaña, la fortaleza más grande de las Américas. No sorprende que sus fuertes almenas nunca fueran penetradas.

En las décadas de 1980 y 1990, las fortalezas de La Habana y Santiago fueron declaradas Patrimonio Mundial de la Unesco.

Arquitectura teatral

En los teatros provinciales cubanos se asistirá, a partes iguales, a un espectáculo teatral y a uno arquitectónico.

Como importantes mecenas de la música y el baile, los cubanos mantienen la tradición de construir emblemáticos teatros provinciales, y la mayor parte de las ciudades tienen un entorno histórico donde ver las últimas actuaciones. Por consenso popular, los teatros mejor conseguidos arquitectónicamente son el Teatro Sauto (p. 218) de Matanzas, La Caridad (p. 258) de Santa Clara y el Tomás Terry (p. 239) de Cienfuegos. Estos tres edificios dorados fueron construidos en el s. xix (1863, 1885 y 1890 respectivamente) con sobrias fachadas de estilo neoclásico francés que cubrían espléndidos interiores más italianos. Una característica que los define es la forma en U de sus auditorios, con tres pisos, que exhiben abundancia de paneles de madera tallada y hierro forjado, coronados con magníficos frescos en el techo. Los frescos de querubines angelicales de La Caridad y del Tomás Terry fueron pintados por el mismo artista filipino, Camilo Salaya, mientras que los del Sauto fueron trabajo del arquitecto italiano del teatro, Daniele Dell'Aglio. También destacan las floridas lámparas, los mosaicos de pan de oro y las llamativas estatuas de mármol.

La filantropía desempeñó un papel importante en los teatros cubanos durante el s. xix, especialmente en La Caridad de Santa Clara, sufragada por la benefactora local Marta Abreu. En una muestra de altruismo, Abreu, que favoreció numerosas causas sociales y artísticas, se aseguró de que un porcentaje de los beneficios del teatro se dedicaran a obras benéficas.

Museo de la Revolución (p. 81), La Habana.

La falta de fondos en los últimos tiempos ha dejado a muchos teatros en seria necesidad de reparación y algunos edificios no han sobrevivido. El Colesio, el primer teatro moderno cubano, construido en 1823 en Santiago de Cuba, fue destruido por un incendio en 1846. El Brunet, levantado en 1840 en Trinidad, es hoy una ruina utilizada como centro social. El Tacón, el más antiguo de La Habana, sobrevive, pero pasó a ser un centro social español (el Centro Gallego) en la década de 1910. El recientemente renovado Teatro Milanés (1838), de Pinar del Río, tiene un bonito patio sevillano, y el neoclásico Teatro Principal (1850) de Camagüey es la sede de la compañía de *ballet* más prestigiosa de Cuba.

Barroco cubano

La arquitectura barroca llegó a Cuba a mediados de 1700 a través de España, unos 50 años después de su paso por Europa. Avivada por el rápido crecimiento de la nueva industria azucarera de la isla, los nuevos ricos propietarios de esclavos y los comerciantes del azúcar destinaron sus jugosos beneficios a grandiosos edificios urbanos. Los mejores ejemplos de barroco se manifiestan en casas y edificios públicos de La Habana Vieja, aunque el estilo no llegó a su máximo esplendor hasta finales de 1700 con la construcción de la catedral de San Cristóbal de La Habana y la plaza que la rodea.

Debido a las peculiaridades climáticas y culturales, el barroco tradicional no tardó en ser "tropicalizado". Así, los arquitectos locales añadieron florituras personales a las nuevas estructuras municipales que iban surgiendo en diversas ciudades provinciales. Algunas aportaciones autóctonas son, por ejemplo, las rejas metálicas instaladas en las ventanas, que protegían frente a los robos y permitían que entrase el aire; las vidrieras multicolores colocadas en la parte superior de las puertas para dispersar los rayos de sol; los entresuelos construidos para acomodar a las familias esclavas; y los soportales que resguardaban del sol y la lluvia a los viandantes. Edificios barrocos característicos, como el palacio de los Capitanes Generales en la plaza de Armas de La Habana, estaban hechos de piedra caliza autóctona, recogida en la cercana cantera de San Lázaro, y construidos con mano de obra esclava. Como resultado, la intrincada decoración exterior que caracterizaba al barroco italiano y español quedaba notablemente deslucida en Cuba, donde los trabajadores no dominaban el trabajo de la piedra tal y como lo hacían sus homólogos europeos.

Algunos de los edificios barrocos más exquisitos de Cuba se encuentran en Trinidad y datan de las primeras décadas del s. xix, cuando los diseños y el mobiliario estaban fuertemente influenciados por la moda de la alta costura de Italia, Francia y la Inglaterra georgiana.

Neoclasicismo

Surgió primeramente a mediados del s. xvii en Europa como reacción a la profusa ornamentación y la llamativa ostentación del barroco. Concebido en las academias progresistas de Londres y París, sus primeros seguidores abogaban por los nítidos colores primarios e intensas líneas simétricas, junto al deseo de volver a la percepción de la pureza arquitectónica de las antiguas Grecia y Roma. El estilo llegó a Cuba a principios del s. xix, iniciado por grupos de emigrantes franceses que habían huido de Haití tras una violenta rebelión de esclavos en 1791. En un par de décadas, el neoclasicismo se había erigido como el estilo arquitectónico dominante en el país.

A mediados del s. xix los robustos edificios neoclásicos eran habituales entre la burguesía cubana en ciudades como Cienfuegos y Matanzas, con llamativa simetría, grandiosas fachadas y filas de imponentes columnas que reemplazaban las florituras decorativas del barroco del primer período colonial.

El primer edificio verdaderamente neoclásico de La Habana fue el Templete, un pequeño templo dórico construido en La Habana Vieja en 1828, cerca del lugar donde se dice que fray Bartolomé de las Casas celebró la primera misa de la ciudad. Conforme la urbe se extendía hacia el oeste, a mediados de la década de 1800, traspasando sus murallas del s. xvii, se adoptó el estilo en la construcción de edificios más ambiciosos, como el famoso Hotel Inglaterra, con vistas al Parque Central. La Habana creció en tamaño y belleza durante este período y puso de moda nuevas características de diseño residencial, como los espaciosos patios clásicos y las imponentes columnatas en las fachadas.

Los hoteles más atractivos

Hotel Ordoño
(p. 364), Gibara

Hotel Raquel
(p. 96), La Habana

Hostal del Rijo
(p. 298), Sancti
Spíritus

Hotel Camino
de Hierro (p. 326),
Camagüey

PARÍS EN LA HABANA

El paisajista francés Jean-Claude Forestier añadió un sabor parisino a la moderna disposición urbana de La Habana en la década de 1920. Recién terminados sus encargos de alto nivel en la capital francesa, Forestier llegó a La Habana en 1925, donde fue invitado a trazar un plan maestro para unir el dispar plano urbanístico. Se pasó los siguientes 5 años esbozando amplios bulevares de tres carriles, plazas de estilo parisino y un armonioso paisaje urbano pensado para ensalzar los emblemáticos monumentos de La Habana y el frondoso entorno tropical. Los planes de Forestier se vieron trastornados por la Gran Depresión, pero su visión parisina se hizo realidad 30 años más tarde con los grandes proyectos urbanísticos aprobados en la década de 1950. El foco de atención era la plaza de la Revolución y su memorial a Martí, en lo alto de una pequeña colina, con anchas avenidas que parten desde todos los lados. Ideales para pasear son Paseo y la avenida de los Presidentes (calle G), ambas adornadas con una franja central arbolada y estatuas de héroes.

Arriba Capitolio Nacional (p. 77), La Habana.

Derecha Edificio colonial.

IZZET KERIBAR / GETTY IMAGES ©

Cuartel Moncada (p. 408), Santiago de Cuba.

Un segundo renacer neoclásico barrió Cuba a principios del s. xx, liderado por la creciente influencia estadounidense en la isla. Debido a las ideas y éticas de diseño del Renacimiento americano (1876-1914), La Habana sufrió una completa explosión constructiva y patrocinó gigantescos edificios municipales, como el Capitolio Nacional y la Universidad de La Habana. En las provincias, el estilo llegó a su máximo esplendor en una serie de brillantes teatros.

'Art déco'

El elegante, funcional y moderno movimiento arquitectónico *art decó* se originó en Francia a principios del s. xx y llegó a su cúspide en América en las décadas de 1920 y 1930. Basado en una vibrante mezcla de cubismo, futurismo y primitivo arte africano, el género promovió edificios extravagantes a la par que sencillos, de grandes curvas y motivos decorativos en forma de sol radiante, como el edificio Chrysler de Nueva York y la arquitectura del barrio de South Beach, en Miami.

Llegado a Cuba desde EE UU, el país rápidamente se hizo con su propio conjunto de edificios *art decó* tropical, del que La Habana se llevó la mejor parte. Uno de los mejores ejemplos *art decó* de Latinoamérica es el edificio Bacardí, en La Habana Vieja, construido en 1930 para albergar la sede central en La Habana de la mundialmente conocida familia productora de ron de Santiago de Cuba. Otra creación espectacular fue el edificio López Serrano, de 14 pisos, en el Vedado, construido como el primer rascacielos de la ciudad de La Habana en 1932, inspirado en el Rockefeller Center de Nueva York. Luego se construyeron otros rascacielos más funcionales, como el Teatro América en la avenida de Italia, el Teatro Fausto en el paseo de Martí y la Casa de las Américas en la calle G. Una interpretación más suave y ecléctica de este estilo es el famoso Hotel Nacional en la Habana,

Hotel Raquel (p. 96), La Habana

cuyas líneas simétricas puras y torretas decorativas de estilo morisco dominan la vista sobre el Malecón.

Eclecticismo

Es el término a menudo empleado para definir el inconformista y experimental movimiento arquitectónico del momento, que creció en EE UU durante la década de 1880. Rehusando las ideas de "estilo" y categorización del s. XIX, los arquitectos promotores de este nuevo estilo revolucionario promovieron la flexibilidad y una ética abierta del "todo vale", basando su inspiración en una amplia gama de precedentes históricos.

Gracias a la fuerte presencia norteamericana en las décadas anteriores a 1959, Cuba pronto se convirtió en una revuelta de eclecticismo moderno. Así, ricos lugartenientes estadounidenses y cubanos construyeron enormes mansiones al estilo Xanadú en prósperos barrios residenciales de clase alta. Amplias, ostentosas y a veces excéntricamente *kitsch,* estas bonitas casas estaban decoradas con paredes almenadas, torres vigía de extrañas formas, cúpulas en los tejados y lascivas gárgolas. Para hacer un circuito por el eclecticismo cubano, hay que ir a los barrios de Miramar (La Habana), Vista Alegre (Santiago de Cuba) y Punta Gorda (Cienfuegos).

La Habana Vieja

CIRCUITO A PIE POR

El recorrido tiene menos de 2 km pero podría llenar un día entero con sus museos, tiendas, bares y teatro callejero. Destaca el singular casco histórico de La Habana, construido alrededor de cuatro plazas principales. Parte de la **catedral de San Cristóbal de La Habana ❶**, en la sugerente plaza de la Catedral, siempre repleta de personajes interesantes. Luego se toma la calle Empedrado seguida de la calle Mercaderes hasta la plaza de Armas, en su día usada para ejercicios militares y todavía protegida por el **castillo de la Real Fuerza ❷**. El museo del fuerte merece un vistazo, y una visita más completa el Museo de la Ciudad, en el **palacio de los Capitanes Generales ❸**; evítense los guías del palacio. Subiendo por la **calle Obispo ❹**, muy concurrida, hay que girar a la izquierda por la **calle Mercaderes ❺**, con sus viejas tiendas y sus museos. En la calle Amargura hay que girar a la izquierda y entrar en la plaza de San Francisco de Asís, con la **iglesia y monasterio de San Francisco de Asís ❻**. Es recomendable anotar el programa de conciertos musicales y visitar uno de los dos museos de la iglesia (Il Genio di Leonardo da Vinci es el mejor). Girando a la derecha por la calle Brasil se accede a la **Plaza Vieja ❼**, donde hay un planetario y varios museos-galerías. Después de tanto museo degústese una cerveza artesana en la Factoría Plaza Vieja.

MUSEOS

Pueden visitarse brevemente algunos de los museos en el camino (en orden):

» **Museo de Arte Colonial**
» **Museo de Navegación**
» **Museo de la Ciudad**
» **Museo de Pintura Mural**
» **Maqueta de La Habana Vieja**
» **Museo de Naipes**

BUENA VISTA IMAGES / GETTY IMAGES ©

Catedral de San Cristóbal de La Habana
El interior de la catedral era originariamente barroc como su fachada principal. Pero, a principios del s. XIX, el sanctasanctórum de la iglesia adoptó un tono clásico más sobrio gracias a un proyecto de renovación.

Plaza de la Catedra

Calle Obispo
La zona más baja de Obispo es un cruce de caminos arquitectónico. La hilera de edificios del sur son las casas adosadas más antiguas de La Habana que datan de la década de 1570. Enfrente está el Hotel Ambos Mundos, refugio de Hemingway.

DANITA DELIMONT / GETTY IMAGES ©

astillo de la eal Fuerza

plato fuerte del useo marítimo icado en este fuerte una réplica de 4 m l *Santísima Trinidad*, barco construido La Habana en la cada de 1760 que chó en la batalla de afalgar en 1805.

Palacio de los Capitanes Generales

Una interesante característica de este edificio son los fósiles marinos que hay incrustados en las paredes. La calle es de adoquines de madera pensados para amortiguar el ruido de los cascos de los caballos.

Iglesia y monasterio de San Francisco de Asís

En su día el edificio más alto de La Habana, el campanario de esta antigua iglesia/monasterio estuvo rematado por una estatua de san Francisco de Asís, que cayó durante un huracán en 1846.

Barillo

Plaza de Armas

Cuba tacon

Oficios

Barratillo

Plaza de San Francisco de Asís

Obispo

Obrapia

Mercaderes

San Ignacio

Lamparilla

Amargura

Cuba

Brasil

Muralla

Sol

Calle Mercaderes

Famosa por sus tiendas esotéricas. En la esquina de la calle Obrapía se encuentra la Casa de la Obra Pía, uno de los primeros proyectos de renovación del Historiador de la Ciudad Eusebio Leal, en 1968.

Plaza Vieja

Los edificios de la Plaza Vieja fueron construidos como residencias privadas y no como edificios municipales. En el lugar vivían algunas de las familias más ricas de La Habana, que solían reunirse para contemplar los sangrientos espectáculos públicos de la plaza, incluidas ejecuciones.

MARK LEWIS / GETTY IMAGES ©
BRENT WINEBRENNER/GETTY ©
DANITA DELIMONT/GETTY ©
RICK RUDNICKI / GETTY IMAGES ©
WALTER BIBIKOW / GETTY IMAGES ©

Gastronomía

Hasta hace poco, Cuba sufría un racionamiento como el de la II Guerra Mundial, pero de repente se produjo una inesperada revelación. Las reformas político-económicas emprendidas en los años posteriores a Fidel facilitaron la inspiración y el despertar de los chefs nacionales, reprimidos durante años. Una audaz revolución culinaria está hoy en pleno auge.

Arriba
Mojito, cóctel de ron.

Revolución culinaria

A estos autores les complace anunciar que, pese a lo que el viajero pueda haber leído en anteriores ediciones de esta y otras guías, Cuba ha dejado de ser el plato de sobras del mundo culinario. El giro ha sido astronómico y sin precedentes. Las reformas económicas del 2011, que permitieron la expansión y diversificación de los restaurantes particulares (hasta entonces limitados a 12 comensales), han constituido un importante factor de cambio. Viajeros privados del sentido del gusto, que decidían con buen criterio saltarse los aperitivos y platos principales para pasar directamente al ron y los puros, hoy se relamen ante ese pollo glaseado con miel, unas salsas bechamel preparadas con esmero, además de reinterpretaciones de clásicos cubanos como la ropavieja (tiras de ternera picante). En esa línea, La Habana y otras ciudades están llenas de flamantes y creativos restaurantes privados que experimentan con métodos culinarios e ingredientes impensables hasta ahora. Libres de las ataduras del austero racionamiento de los años noventa, los chefs cubanos manejan términos como "fusión" y "poco hecho", e incluyen en sus cartas platos como el caviar de berenjena.

A los visitantes primerizos acostumbrados a la creatividad francesa o la abundancia estadounidense, quizá no les parezca tan sorprendente. Pero si el viajero visitó Cuba en los primeros años de la década del 2000, cuando el pollo se servía reducido a migajas fritas y los revenidos sándwiches de jamón y queso eran la única opción viable para almorzar, le espera una tremenda y agradable sorpresa.

Quinientos años marinando

El sufrimiento y las carencias de la década de 1990 no le hicieron ningún favor a la cocina cubana, privada de todo salvo de los ingredientes más básicos, y forzada a ocultar la que, bajo la superficie, siempre ha sido una rica y sorprendentemente diversa cultura culinaria.

Al igual que su música y su arquitectura, la gastronomía es una creativa mezcla de selectos bocados, recetas y técnicas culinarias legadas por sucesivos viajeros desde la época de Colón y Velázquez, un burbujeante caldero repleto de ingredientes procedentes de España, África, Francia, los taínos precoloniales y culturas de otras islas caribeñas, fusionados y marinados durante 500 años. Los taínos aportaron tubérculos autóctonos como la yuca y el boniato y frutas como la guayaba; los españoles trajeron el cerdo, el arroz, especias que realzan el sabor y diferentes formas de freír; los esclavos africanos, diversos tipos de plátano macho y el congrí (arroz y judías cocinados juntos con especias); por su parte, además, Cuba comparte con islas vecinas el inconfundible sabor del Caribe contenido en el sofrito, una base de salsa de tomate con cebolla, pimiento, ajo, laurel y comino.

Todos estos elementos producen lo que el mundo conoce hoy como cocina cubana: platos sencillos, sustanciosos y saludables a la vez, no condimentados en exceso (predominan el comino y el orégano), pero con mucho sabor. El

Mejores ciudades gastronómicas

La Habana: los platos más creativos de la isla

Baracoa: la cocina más condimentada y dulce

Trinidad: más de 90 nuevos restaurantes privados

Viñales: el mejor cerdo asado

ESPECIALIDADES REGIONALES

Caibarién Esta pequeña ciudad de la provincia de Villa Clara es la capital del cangrejo.

Baracoa Universo culinario totalmente diferente del resto de Cuba. Entre sus especialidades destacan el *cucurucho* (dulce combinación de miel, coco, guayaba y nueces), el *bacán* (tamal con plátano machacado, cangrejo y coco), el *teti* (pescadito autóctono del río Toa), y la *lechita* (salsa de coco picante).

Península de Playa Larga y Zapata Los cocodrilos son criados y consumidos en estofado en hoteles y casas particulares del sur de la provincia de Matanzas.

Bayamo Los *ostiones* (ostras con salsa de tomate) son un típico plato de calle en la principal ciudad de Granma.

Oriente El congrí (arroz y judías rojas con comino, pimientos y trozos de cerdo) tiene sus raíces en la cultura africana del este de Cuba. En el oeste, es más común encontrar *moros y cristianos* (con judías negras pero sin cerdo).

Las Tunas Cuna de *la caldosa,* estofado parecido a la sopa a base de tubérculos, pollo y especias.

Congrí, plato tradicional a base de judías rojas, arroz y carne de cerdo.

cerdo asado es la carne predilecta, seguido de cerca por el pollo, frito o asado, a menudo aromatizado con salsas cítricas o miel. Por su proximidad al mar, a los cubanos les encanta el pescado; abundan la langosta, el cangrejo, las gambas, la *aguja* (pez espada) y el pargo. La fécula esencial es el arroz, por lo general mezclado con judías: *moros y cristianos* (con judías negras) o congrí (con rojas). Los tubérculos son otro puntal, complementados por el plátano macho, que se prepara de múltiples formas.

En temporada, los aguacates cubanos son sublimes, y la fruta tropical, abundante. Los energéticos desayunos de las casas particulares suelen comenzar con un delicioso plato de fruta tropical, que varía según la temporada y ubicación, pero que a menudo consta del jugoso quinteto compuesto por plátano, papaya, mango, piña y guayaba. De estas frutas, solo dos –la guayaba y la piña– son anteriores a la llegada de los españoles. Plátanos y mangos vinieron de Asia durante el período colonial, mientras que la papaya es autóctona de Sudamérica.

Entre las especialidades que hay que probar durante el viaje destacan la ropavieja (tiras de ternera picante, el plato nacional), el cerdo asado con guarnición tradicional, el picadillo (ternera picada con aceitunas y alcaparras), los *tostones* (plátano macho frito dos veces) y los *moros y cristianos*.

Historias del ron

Pioneros en la fabricación de ron a mediados del s. XIX, los cubanos transformaron con éxito el aguardiente, áspero brebaje sin refinar de marineros y piratas de la cuenca del Caribe, en el suave y claro "ron superior", presente hoy en sofisticados cócteles como mojitos y daiquiris. Detrás de esta metamorfosis está el inmigrante catalán Facundo Bacardí Massó (1814-1886). Su fábrica de Santiago de Cuba abrió en 1862, en un almacén portuario infestado de murciélagos, donde experimentó con la excelente

Mujer bebiendo zumo de caña de azúcar.

caña de azúcar de la región para elaborar un ron añejo nuevo, delicado, fresco y afrutado al paladar. Su inmediata popularidad no tardó en convertir el nombre de Bacardí en sinónimo de ron, y la familia se erigió en una de las voces más poderosas e influyentes de la política nacional. Pero esta situación no duraría mucho; a principios de la década de 1960, los Bacardí acabaron enfrentados al régimen castrista y huyeron al extranjero, trasladando su cuartel general a las Bermudas. Aunque actualmente no hay bebidas Bacardí a la venta en Cuba, de su antigua fábrica de Santiago sigue saliendo el Ron Caney (denominado "ron de la Revolución" y muy popular entre los cubanos), almacenado en los mismos barriles utilizados por don Facundo.

La otra célebre dinastía del ron cubano es Havana Club, fundada por José Arechabala en la ciudad de Cárdenas en 1878. Al igual que los Bacardí, la familia Arechabala salió de Cuba tras la Revolución, aunque no lograron conservar su marca, confiscada por el Gobierno en 1973. Hoy Havana Club produce el 40% de las bebidas alcohólicas del país.

Además de las fábricas de ron Caney, en Santiago, y de Havana Club en Santa Cruz del Norte, cerca de La Habana, en la isla hay más de 100 destilerías de ron. Si se le pregunta a un cubano, probablemente se deshará en elogios al hablar del ron Santiago de Cuba, el Mulata (en Villa Clara) o el ron Varadero.

El ron se elabora con melaza, un derivado de la caña de azúcar, y en Cuba su fabricación lleva generaciones bajo la supervisión de capacitados maestros romeros, con un mínimo de 15 años de experiencia. Se clasifica según su color (oscuro, dorado o claro) y edad (añejo); los buenos tienen entre 3 y 14 años. Por regla general, los cócteles (siempre con ron claro) son más apreciados por los turistas que por los cubanos, que prefieren el ron oscuro y sin hielo para disfrutar de todo su sabor.

El guarapo es zumo puro de caña de azúcar con hielo y limón, que se sirve en pintorescos puestos de carretera llamados *guaraperos* en toda la Cuba rural.

Música y danza

Si se yuxtaponen dos culturas ancestrales de dos continentes muy diferentes (África y Europa), se trasladan a una sociedad de esclavos en una remota tierra tropical y se les dan unos tambores, una maraca y un par de guitarras, el resultado puede ser sorprendente.

Mezcla

El primer género musical híbrido de Cuba fue la habanera, un baile de estilo europeo tradicional con ritmo sincopado. Duró desde mediados del s. xix hasta la década de 1870.

Rica, vibrante, de múltiples capas y conmovedora, la música cubana es, desde hace mucho, una abanderada de los sonidos y ritmos que emanan de Latinoamérica. Aquí es donde la salsa hunde sus raíces, donde los elegantes bailes de los blancos adoptaron provocadores ritmos negros y donde el tambor africano se enamoró de la guitarra española. Desde los muelles de Matanzas hasta los bucólicos pueblos de la sierra Maestra, la amorosa fusión musical siguió para dar lugar al son, la rumba, el mambo, el chachachá, el changüí, el danzón y otros.

La música cubana también ha recibido muchas otras influencias de Francia, España, EE UU, Haití y Jamaica y también ha desempeñado un papel clave en otras partes del mundo. En España, este proceso se llama de "ida y vuelta" y resulta especialmente evidente en un palo flamenco llamado guajira. En otras partes, el "efecto cubano" se manifiesta en formas tan diversas como el *jazz* de Nueva Orleans, la salsa de Nueva York y el *afrobeat* de África occidental.

Descrito por los aficionados como "la representación vertical de un acto horizontal", el baile cubano es famoso por sus libidinosos ritmos y sensuales acercamientos. Herederos del amor por el baile y capaces de imitar a la perfección los pasos de la salsa a muy temprana edad, muchos cubanos son artistas natos y afrontan el baile con total naturalidad, algo que puede hacer sentir torpes a los visitantes europeos y estadounidenses.

Los días del danzón

La invención del danzón suele atribuirse a Miguel Faílde y a su pegadiza composición *Las Alturas de Simpson,* en Matanzas, en 1879. Elegante y puramente instrumental en sus orígenes, el danzón era más lento que la habanera y sus intrincados patrones de baile exigían que los bailarines circulasen en parejas y no en grupos, una novedad que escandalizó a la sociedad educada del momento. A partir de la década de 1880, el género explotó, ampliando su peculiar ritmo sincopado y añadiendo extras inverosímiles, como congas y vocalistas. A principios del s. xx, el danzón se había transformado de baile de salón interpretado por una orquesta típica a una versión más animada, llamada también charanga, danzonete o danzón-chá. Como era de esperar, se convirtió en el baile nacional de Cuba, aunque, al ser un bastión de la adinerada sociedad blanca, nunca fue considerado un verdadero híbrido.

La llamada de África

Mientras que en las colonias del norte de América estaba prohibido tocar el tambor, los esclavos de Cuba pudieron conservar y legar muchas de sus tradiciones musicales a través de influyentes cabildos de la santería (hermandades religiosas que recrearon la ancestral música de percusión africana con simples tambores batá o cascabeles cherequé). Interpretada en festivales anuales o en onomásticas católicas especiales, esta música de baile era ofrecida como una especie de culto religioso a los *orishas* (deidades).

Con el tiempo, el tamborileo ritualista de la santería evolucionó en un género más complejo llamado rumba, concebida en los puertos de La Habana y Matanzas durante la década de 1890, cuando los antiguos esclavos, expuestos a varias influencias externas, empezaron a tocar ritmos en viejos cajones imitando varios ritos religiosos africanos. Conforme los ritmos de percusión se iban haciendo más complejos, se añadieron voces, surgieron bailes y pronto la música se convirtió en una forma colectiva de expresión social para todos los cubanos negros.

A raíz de su creciente popularidad en las décadas de 1920 y 1930, poco a poco la rumba engendró tres formatos de baile diferentes pero interrelacionados: el guaguancó, un baile abiertamente sexual, el yambú, un baile lento, y la columbia (rápida y agresiva, a menudo con antorchas y machetes), que se originó como danza demoníaca del rito ñáñigo (de la sociedad Abakuá) y que hoy solo interpretan hombres en solitario.

Estas variantes musicales fueron ganando adeptos entre los blancos de clase media y, ya en la década de 1940, la música se había fusionado con el son en un nuevo subgénero llamado "son montuno" que, a su vez, construyó los cimientos de la salsa. A finales de la II Guerra Mundial, la rumba cubana era tan influyente que fue exportada de vuelta a África, de la mano de artistas experimentales congoleños como Sam Mangwana y Franco Luambo, que tomando influencias cubanas lideraron el *soukous*, su propia variante de rumba.

Cruda, expresiva y excitante a la vista, la rumba cubana es un ritmo espontáneo e informal interpretado por grupos de hasta una docena de músicos. Congas, claves, palitos, marugas metálicas (especie de maracas) y cajones protagonizan los ritmos, mientras las voces alternan entre un cantante principal que improvisa y un coro.

El danzón era originariamente una pieza instrumental. En la década de 1920 se le añadieron letras y el nuevo género se llamó danzonete.

Las charangas eran conjuntos musicales cubanos que tocaban piezas populares influidas por el danzón.

El auge del son

Los dos sonidos más famosos de Cuba en el s. xix, la rumba y el danzón, llegaron de La Habana y Matanzas pero, dado que permanecieron compartimentados entre blancos y negros, ninguno puede ser considerado un

BAILES DE FUSIÓN

La danza cubana es tan híbrida como la música; de hecho, muchos bailes evolucionaron a partir de variedades populares de la música cubana.

Los primeros estilos imitaban los bailes de salón de tipo europeo que practicaban los colonizadores, pero añadiendo elementos africanos. Esta combinación tan poco ortodoxa dio lugar a géneros de lo más esotéricos, como la tumba francesa franco-haitiana (p. 417), que fusiona bailes cortesanos franceses del s. xviii con ritmos importados de África: los bailarines, ataviados con vestidos elegantes, agitan abanicos y pañuelos mientras se contonean al ritmo de melodías de tambor de Nigeria y Benín. Otras danzas reflejaban el trabajo de los esclavos; así, el pilón de la provincia de Granma reproduce el movimiento de machacar caña de azúcar, mientras que el nengón y el kirbá de Baracoa imitan el pisado de granos de cacao y café.

El primer baile híbrido que tuvo verdadero éxito fue el danzón, un baile de salón por parejas. Sus orígenes se encuentran en las contradanzas francesa e inglesa, pero su ritmo contiene una característica síncopa africana. El mambo y el chachachá hicieron evolucionar aún más el danzón, creando bailes más improvisados y complicados. El iniciador del mambo, Pérez Prado, ideó específicamente el baile del mambo para que encajase con esta nueva música en la década de 1940, mientras que el chachachá fue codificado como baile de salón a principios de la década de 1950 por un francés conocido como Monsieur Pierre.

verdadero híbrido. La primera fusión musical auténtica vino de la mano de la gran revolución siguiente: el son.

El son surgió en las montañas de la región del Oriente, si bien los primeros testimonios se remontan a 1570. Se trata de uno de los dos géneros que nacieron más o menos al mismo tiempo –el otro fue el changüí– y ambos combinaron las melodías y el lirismo de la música popular española con los patrones de tambor de esclavos africanos recién liberados. El precursor del son fue el nengón, un invento de los trabajadores negros de las plantaciones de azúcar, cuyos cánticos religiosos con percusión evolucionaron hacia un género de música y canto. El salto del nengón al son está poco claro y mal documentado, pero en algún momento de las décadas de 1880 o 1890 los guajiros (campesinos) que habitaban las montañas de las actuales provincias de Santiago de Cuba y Guantánamo comenzaron a mezclar los tambores del nengón con el tres cubano (guitarra de tres cuerdas dobles), mientras un cantante improvisaba palabras sacadas de una décima (poema tradicional de 10 versos).

En su forma pura, el son lo tocaba un sexteto formado por una guitarra, un tres, un doble bajo, un bongo y dos cantantes que tocaban las maracas y las claves. Procedente de las montañas, penetró en las ciudades el primer exponente del género, el legendario Trío Oriental, que estabilizó el formato del sexteto en 1912, cuando renació como Sexteto Habanero. Otro de los pioneros del son fue el cantante Miguel Matamoros, cuyas composiciones ya clásicas compuestas por él (*Son de la Loma* y *Lágrimas Negras*) son de interpretación obligada para los músicos cubanos, incluso de hoy en día.

A comienzos de la década de 1910, el son llegó a La Habana, donde adoptó su característica rumba clave (patrón rítmico), que más tarde formaría la base de la salsa. Al cabo de una década se había convertido en la música emblemática de Cuba, logró una amplia aceptación entre la sociedad blanca y destruyó el mito de que la música negra era vulgar y subversiva.

En la década de 1930, el sexteto se convirtió en septeto con la incorporación de una trompeta y nuevos músicos, como Arsenio Rodríguez –un compositor al que Harry Belafonte llamó "el padre de la salsa"–, allanaban el camino para el mambo y el chachachá.

Los bárbaros del ritmo

En las décadas de 1940 y 1950, las bandas de son se ampliaron de siete a ocho miembros hasta convertirse en grandes orquestas con secciones completas de viento y percusión, que tocaban rumba, chachachá y mambo. En ese universo reinaba Benny Moré, que con su magnífica voz y una orquesta de 40 miembros fue conocido como el Bárbaro del Ritmo.

El mambo surgió de la charanga, que a su vez procedía del danzón. Más atrevido, metálico y emocionante que sus dos encarnaciones anteriores, la música se caracterizaba por exuberantes *riffs* de trompeta, saxofones y frecuentes intervenciones del cantante (normalmente con la expresión "¡dilo!"). Los orígenes del estilo son polémicos. Algunos mantienen que fue inventado por el habanero Orestes López después de que escribiese un nuevo número llamado *Mambo* en 1938. Otros conceden este mérito a Dámaso Pérez Prado, líder de un grupo de Matanzas que fue el primero en vender sus canciones bajo el nombre genérico de mambo a principios de la década de 1940. En cualquier caso, el mambo desató la primera locura de baile del mundo y, desde Nueva York a Buenos Aires, nadie se cansaba de sus ritmos contagiosos.

El chachachá, una variante del mambo, fue presentado por el compositor y violinista radicado en La Habana Enrique Jorrín en 1951, mientras tocaba con la Orquesta América. En origen llamado mambo-rumba, la música pretendía promover una forma más simple de baile cubano que los norteamericanos, menos aptos para los movimientos coordinados, pudiesen

Guajira guantanamera significa "campesina de Guantánamo". La escribió el trovador Joseíto Fernández, pero gran parte de la letra original ha sido remplazada con palabras de los *Versos sencillos* de José Martí.

dominar, pero rápidamente fue "mamboizada" por entusiastas concursantes de baile, que no dejaban de añadir nuevos y complicados pasos.

La salsa y sus vástagos

"Salsa" es un término genérico que describe la variedad de géneros musicales que surgieron del fértil panorama latino de Nueva York en las décadas de 1960 y 1970, cuando el *jazz*, el son y la rumba se mezclaron para dar origen a un sonido nuevo con mayor presencia de los metales. Aunque no es un producto de cubanos residentes en Cuba, las raíces y las principales influencias de la salsa descienden directamente del son montuno y les deben mucho a innovadores como Pérez Prado, Benny Moré y Miguel Matamoros.

La reina de la salsa fue la cantante Celia Cruz, ganadora de varios premios Grammy. Nacida en La Habana en 1925, pasó gran parte de sus años de formación musical en Cuba, antes de exiliarse voluntariamente a EE UU en 1960. Pero debido a su tradicional oposición al régimen castrista, sus discos y su música fueron poco conocidos en la isla. Mucho más influyentes en su país son los Van Van, una banda formada por Juan Formell en 1969 que todavía toca regularmente en locales de toda Cuba. Liderados por Formell, un gran improvisador, poeta, letrista y comentarista social, los Van Van fueron uno de los pocos grupos cubanos modernos que crearon su propio género musical: el songo-salsa. En el 2000 alcanzaron gran reconocimiento al ganar un Grammy por su disco *Llegó Van Van*. Pese al fallecimiento de Formell en el 2014, el grupo continúa tocando, grabando y haciendo giras.

La salsa moderna se mezcló todavía más en las décadas de 1980 y 1990 y se fundió con nuevos y vanguardistas estilos musicales como el *hip-hop*,

Bailes cubanos

Chachachá

Guaguancó

Mambo

Danzón

Columbia

Yambú

MÚSICA Y DANZA LA SALSA Y SUS VÁSTAGOS

LA 'BEATLEMANÍA' EN CUBA

Pregunta: ¿cuál es el único miembro de los Beatles que ha visitado Cuba? Respuesta: Paul McCartney, que en el año 2000 llegó a Santiago de Cuba en helicóptero y permaneció allí menos de 24 h. Pese a la brevedad de la visita de sir Paul, un número inconcebible de personas aseguran haberle visto aquel día cuando pasó por la Casa de la Trova. Y luego está el plato extrañamente limpio del ex Beatle que cuelga de la pared del restaurante El Morro, donde por lo visto disfrutó de una tortilla vegetariana.

Pero la obsesión de Cuba con los Beatles no termina en el plato de Paul McCartney. El grupo, que en un principio estuvo prohibido por ser demasiado occidental y decadente, pero que más tarde recibió la aprobación de Fidel Castro, se ha convertido en un símbolo en Cuba en los últimos años. Hay al menos media docena de bares y clubes inspirados en los Beatles, la mayoría de ellos relativamente nuevos, desde el Submarino Amarillo de La Habana hasta el Bar Yesterday de Trinidad.

¿A qué se debe esta 'Beatlemanía' retardada? La fantástica música es la razón más obvia. Pero en Cuba, donde la emoción de oír el *White Album* siempre estará asociada a la excitación de un acto que en otro tiempo fue subversivo, el grupo tiene un atractivo especial. Escuchar a los Beatles era un asunto clandestino en los años sesenta, cuando la gente solo podía oír su música en emisoras de radio estadounidenses, con muy mal sonido y escondiéndose bajo las sábanas. Los "Fab Four" también causaban problemas de otras maneras. En 1968, el director de cine Nicolás Guillén Landrián colocó la canción *The Fool on the Hill* sobre unas imágenes de Fidel Castro en el provocador documental *Coffea Arábiga*. Al comandante no le hizo gracia y Guillén acabó en la cárcel por su "descaro".

Castro se mostró más generoso en el 2000 cuando, al inaugurar una estatua de John Lennon en La Habana, aclamó a los Beatles como "revolucionarios", realizando así un increíble giro de 180º.

Hoy, los locales dedicados a los Beatles son frecuentados por la otrora clandestina comunidad roquera de Cuba (la mayoría de cuyos miembros son sorprendentemente jóvenes). En ellos actúan bandas tributo que tocan versiones de éxitos de los Beatles junto a clásicos de Pink Floyd, The Kinks, Led Zeppelin y AC/DC.

el reguetón y el rap, antes de surgir con nuevas alternativas, sobre todo la timba y el songo-salsa.

En muchos sentidos, la timba es la versión experimental cubana de la salsa. Su música, que combina sonidos de Nueva York con *jazz* latino, Nueva Trova, *funk* norteamericano, disco, *hip-hop* e incluso algunas influencias clásicas, es más flexible y agresiva que la salsa tradicional, ya que incorpora más elementos de la potente cultura afrocubana de la isla. Muchas bandas de timba, como Bamboleo y La Charanga Habanera, fusionan *riffs funk* y se basan en instrumentos cubanos menos tradicionales, como sintetizadores y bombos. Otras como NG La Banda, formada en 1988, han dotado a su música de una dinámica más jazzística.

El *jazz* tradicional, considerado la música del enemigo durante los años más dogmáticos de la Revolución, siempre se ha filtrado en los sonidos cubanos. Irakere, la banda de Chucho Valdés formada en 1973, irrumpió en la escena musical cubana con su intensa percusión afrocubana combinada con *jazz* y son. En la capital del país hay varios clubes de *jazz* bastante dignos. Otros músicos vinculados al *jazz* cubano son el pianista Gonzalo Rubalcaba, Isaac Delgado y Adalberto Álvarez y Su Son.

> *Filin'* es un término derivado de la palabra inglesa feeling (sentimiento). Era un estilo de música interpretado por cantantes de jazz en las décadas de 1940 y 1950. En Cuba, el *filin'* nació del bolero y la trova.

Nueva Trova: la banda sonora de la Revolución

La década de 1960 fue una época de nuevas y radicales formas de expresión musical. En EE UU, Bob Dylan lanzó el disco *Highway 61 Revisited;* en Gran Bretaña, los Beatles crearon el *Sgt Pepper's Lonely Hearts Club Band;* y en el mundo hispanohablante, activistas musicales como el chileno Víctor Jara y el catalán Joan Manuel Serrat convertían sus poemas, cargados de significado político, en apasionadas canciones protesta.

Decididos a desarrollar su propia música revolucionaria, distinta de la del Occidente capitalista, los cubanos –guiados por Haydée Santamaría, directora de la influyente Casa de las Américas– crearon la Nueva Trova.

La Nueva Trova, una mezcla mordaz de letras filosóficas y melodías folk, era descendiente directa de la trova pura, un estilo bohemio de música de guitarra surgido en el Oriente de la isla a finales del s. XIX. A partir de 1959, la trova se fue politizando cada vez más y la adoptaron artistas más sofisti-

---

SONIDOS CONTEMPORÁNEOS

Interactivo Colectivo de artistas del que han salido innumerables talentos individuales desde su formación en el 2001, entre ellos el artista de *hip-hop* Kumar, la poetisa e instrumentalista Yusa y el fundador, el pianista de *jazz* Roberto Carcassés. La fusión cubana personificada.

Buena Fe Creativo dúo de *rock* de Guantánamo, cuyas penetrantes letras apelan al naciente movimiento juvenil de Cuba.

Haydée Milanés Cantante jazzística e hija del grande de la trova Pablo Milanés.

X-Alfonso El hombre que hay detrás de la nueva Fábrica de Arte Cubano de La Habana domina muchos estilos, desde el *rock* al estilo Hendrix hasta el *hip-hop* latino. Su hermana M-Alfonso es otra gran cantante de fusión.

Diana Fuentes Cantante inclinada hacia el R & B y el *funk*. Ha trabajado con todos los grandes nombres de la música cubana, incluido X-Alfonso.

Yissy Probablemente la batería con más talento de Cuba. Sus ritmos hacen un guiño a la tradición yoruba.

Doble Filo Artistas cubanos pioneros del *hip-hop*, con letras directas. En una ocasión rapearon con Fidel Castro.

cados, como Carlos Puebla, que tendió un importante puente entre viejos y nuevos estilos con su oda al Che Guevara, *Hasta Siempre Comandante* (1965).

La nueva trova se graduó en febrero de 1968, *en el* Primer Encuentro de la Canción Protesta, un concierto organizado por la Casa de las Américas en La Habana y protagonizado por estrellas en auge como Silvio Rodríguez y Pablo Milanés. En su contexto cultural, fue el pequeño Woodstock de Cuba, un evento que resonó con fuerza entre la izquierda de todo el mundo como alternativa revolucionaria al *rock* de EE UU.

En diciembre de 1972, el movimiento emergente de la Nueva Trova obtuvo la aprobación oficial del Gobierno cubano durante un festival celebrado en la ciudad de Manzanillo para conmemorar el 16º aniversario del desembarco del *Granma*. Muy influyente en todo el ámbito hispanohablante durante las décadas de 1960 y 1970, la Nueva Trova fue una fuente de inspiración de canciones protesta para la población empobrecida y oprimida de Latinoamérica, que muchas veces miraba a Cuba en busca de liderazgo espiritual en una época de dictaduras corruptas y hegemonía cultural estadounidense. Esta solidaridad fue correspondida por artistas de la talla de Silvio Rodríguez, que compuso clásicos aclamados mundialmente como *Canción Urgente para Nicaragua* (en apoyo a los sandinistas), *La Maza* y *Canción para mi Soldado* (sobre la guerra en Angola).

'Rap', reguetón y otros

El panorama musical contemporáneo de Cuba es una interesante mezcla de tradición, modernidad, viejas manos y savia nueva. El *hip-hop* y el rap, con costes de producción bajos, una sólida temática urbana y muchos estilos inspirados en EE UU, están arrasando entre las generaciones más jóvenes.

Nacido en las feas viviendas sociales de Alamar (La Habana), las raíces del *hip-hop* cubano (al igual que su homónimo estadounidense) son pobres.

Difundido por primera vez en la nación a principios de la década de 1980, cuando el rap norteamericano era captado por las antenas caseras a través de emisoras con sede en Miami, pronto la nueva música se hizo un hueco entre los jóvenes urbanitas negros en los intranquilos tiempos del Período Especial. En la década de 1990, grupos como Public Enemy y NWA se escuchaban por las calles de Alamar y, en 1995, ya había suficiente *hip-hop* para organizar un festival.

Suavizado por las influencias latinas y censurado por los parámetros del estricto pensamiento revolucionario, el *hip-hop* cubano ha huido de los estereotipos estadounidenses y ha adoptado su propio toque progresista. En lo tocante a la instrumentación, la música se interpreta con tambores batá, congas y el bajo eléctrico. En el aspecto lírico, las canciones abordan temas importantes, como el turismo sexual y las dificultades de la estancada economía cubana.

En un principio considerado subversivo y contrarrevolucionario, el *hip-hop* ha recibido el increíble apoyo del Gobierno cubano, cuyos legisladores consideran que la música desempeña un papel positivo a la hora de moldear el futuro de la juventud cubana. Fidel Castro ha ido un paso más allá al considerar el *hip-hop* como "la vanguardia de la Revolución" y –supuestamente– al hacer sus pinitos con el rap en un partido de béisbol en La Habana.

No se puede decir lo mismo del reguetón, una mezcla de *hip-hop, reggae* español y *dancehall* jamaicano que surgió en Panamá en la década de 1990 y se hizo muy popular en Puerto Rico a mediados de la del 2000. En el 2012, el Gobierno cubano prohibió emitir canciones explícitas de reguetón por la radio y la televisión, y muchos artistas de *hip-hop* han expresado su malestar con las letras abiertamente sexistas y narcisistas de este género. No obstante, el reguetón sigue teniendo éxito entre ciertos sectores de la juventud cubana, que idolatran a artistas nacionales como Osmani García.

Entorno natural

Cuba, con 1250 km de este a oeste y entre 31 y 193 km de norte a sur, es la mayor isla del Caribe, con una superficie total de 110 860 km². El país, que tiene la forma de un cocodrilo y está situado al sur del Trópico de Cáncer, es un archipiélago formado por 4195 islotes y arrecifes de coral. Su singular conjunto de ecosistemas ha fascinado a científicos y naturalistas desde que Alexander von Humboldt los identificara a principios del s. XIX.

Paisaje cubano

Esculpido por una inestable mezcla de actividad volcánica, tectónica de placas y erosión, el paisaje de Cuba es una colección variada y exuberante de montañas, cuevas, llanuras y mogotes (montículos de cumbre aplanada). El punto más alto es el pico Turquino (1972 m), situado en el este, entre la elevadas cumbres triangulares de la sierra Maestra. Más al oeste, en las no menos majestuosa sierra del Escambray, cumbres y cascadas se extienden por los límites de las provincias de Cienfuegos, Villa Clara y Sancti Spíritus. La cordillera de Guanguanico, de 175 km de largo, se alza como una sombra púrpura en el extremo occidental; es más pequeña pero comprende la Reserva de la Biosfera de la Sierra del Rosario y las características colinas del valle de Viñales.

Bañada por las cálidas aguas del mar Caribe en el sur y por el océano Atlántico al norte, los 5746 km de costa cubana albergan más de 300 playas naturales y uno de los tramos de arrecife de coral más extensos del mundo. Hábitat de unas 900 especies conocidas de peces y más de 410 variedades de esponjas y corales, el inmaculado litoral es un paraíso marino y el motivo principal de que Cuba se haya convertido en un famoso destino para submarinistas.

La fosa de las Caimán, de 7200 m de profundidad, situada entre Cuba y Jamaica, forma parte del límite entre las placas norteamericana y caribeña. Con el tiempo, los movimientos tectónicos han inclinado la isla y han formado acantilados de caliza en ciertas zonas de la costa norte, así como pantanos de manglares en el sur. Tras millones de años, el lecho de piedra caliza de Cuba ha sido erosionado por ríos subterráneos, que han creado interesantes formaciones geológicas, como los mogotes de Viñales y más de 20 000 cuevas.

Cuba contiene miles de islas y cayos (la mayoría deshabitados) divididos en cuatro grupos: el archipiélago de los Colorados, al norte de Pinar del Río; el archipiélago de Sabana-Camagüey (o Jardines del Rey), al norte de Villa Clara y Ciego de Ávila; el archipiélago de los Jardines de la Reinaentorno a la Isla de la Juventud. La mayoría de los turistas visitan uno o más de dichos grupos.

Como es una isla estrecha (no supera los 200 km de norte a sur), Cuba no tiene espacio para grandes lagos y ríos. El Cauto (343 km) es el río más largo. Nace en la sierra Maestra, al norte de Bayamo, y solo tiene un tramo navegable de 110 km. Para compensar, se han construido 632 embalses o presas que abarcan más de 500 km² de extensión en su conjunto.

La isla de Cuba se encuentra en la principal región de huracanes del Caribe y, en los últimos años, se ha visto golpeada por varios, en particular el Sandy, que en el 2012 causó daños por valor de 2000 millones de dólares.

Las montañas más altas

Pico Turquino
1972 m, provincia de Santiago de Cuba

Pico Cuba
1872 m, provincia de Santiago de Cuba

Pico Bayamesa
1730 m, provincia de Granma

Zonas protegidas

Cuba protege su territorio de varias formas: a escala local, con la creación de reservas de fauna, bioparques y zonas de recursos gestionados; a escala nacional, con parques nacionales o naturales y, en el ámbito internacional, mediante Reservas de la Biosfera de la Unesco, lugares declarados Patrimonio Mundial de la Unesco y Sitios Ramsar. Las zonas más vulnerables y de mayor importancia ecológica reciben varios niveles de protección. Por ejemplo, el Parque Nacional Alejandro de Humboldt es, a la vez parque nacional, Patrimonio Mundial de la Unesco y forma parte de la Reserva de la Biosfera de Cuchillas del Toa. Las restricciones en los parques más pequeños son más laxas.

Zonas protegidas por la Unesco y la Convención Ramsar

En los últimos 25 años, la Unesco ha creado seis reservas de la biosfera en Cuba, que suponen el nivel más importante de protección medioambiental. Se trata de zonas de gran biodiversidad que fomentan activamente la conservación y las prácticas sostenibles. Tras una década y media de exitosa reforestación, la sierra del Rosario se convirtió en la primera Reserva de la Biosfera de la Unesco en 1985. Fue seguida de Cuchillas del Toa (1987), la península de Guanahacabibes (1987), Baconao (1987), la Ciénaga de Zapata (2000) y la bahía de Buenavista (2000). Además, dos de los nueve lugares declarados Patrimonio Mundial de la Unesco están considerados zonas naturales, es decir, han sido designados, sobre todo, por sus características ecológicas. Son, en concreto, el Parque Nacional Desembarco del Granma (1999), por sus terrazas marinas, y el Parque Nacional Alejandro de Humboldt (2001), por su extraordinario endemismo. Además, hay más de media docena de Sitios Ramsar dedicados a conservar los vulnerables humedales de Cuba. Estos añaden una protección adicional a la Ciénaga de Zapata y a la bahía de Buenavista, y arrojan un salvavidas a regiones que antes no estaban protegidas, como el pantano de Lanier, en la Isla de la Juventud (territorio de cocodrilos), el delta del río Cauto en Granma/Las Tunas y las zonas de anidación de flamencos de las costas septentrionales de las provincias de Camagüey y Ciego de Ávila.

Parques Nacionales

La definición de parque nacional en Cuba es muy vaga (a algunos se les llama parques naturales o reservas de flora) y no existe ninguna organización que los agrupe. Algunos de los 14 parques –especialmente el de la Ciénaga de Zapata– pertenecen a Reservas de la Biosfera de la Unesco o son Sitios Ramsar. El primer parque nacional del país fue el de la Sierra del Cristal, constituido en 1930 (lugar del mayor bosque de pinos de Cuba), y tuvieron que pasar 50 años antes de que las autoridades crearan otro, el Gran Parque Nacional Sierra Maestra (también conocido como Turquino), que protege la montaña más alta de Cuba. Otros parques importantes son el de Viñales, que contiene mogotes, cuevas y tabacales, y el de La Gran Piedra, cerca de Santiago de Cuba, que está incluido en la Reserva de la Biosfera de Baconao. Dos Parques Nacionales importantes son el de Jardines de la Reina, un archipiélago y legendaria meca del submarinismo junto a la costa de la provincia de Ciego de Ávila, y los raramente visitados Cayos de San Felipe, próximos al litoral de la provincia de Pinar del Río.

Agricultura

Aproximadamente el 30% de la superficie de Cuba está dedicado a la agricultura, y uno de cada cinco cubanos se dedica a algún tipo de trabajo agrícola.

El tabaco, que se cultiva principalmente en la próspera provincia de Pinar del Río, es la tercera industria más importante en la difícil economía

---

ENTORNO NATURAL PAISAJE CUBANO

El río más largo

Nombre *Cauto*

Longitud *343 km*

Longitud navegable *110 km*

Superficie de la cuenca *8928 km²*

Nacimiento *montes de la sierra Maestra*

Desembocadura *mar Caribe*

La Isla Grande de Cuba es la 17ª isla más grande del mundo en superficie; ligeramente más pequeña que Terranova, pero algo mayor que Islandia.

El Parque Nacional Alejandro de Humboldt lleva el nombre del naturalista alemán Alexander von Humboldt (1769-1859), que visitó la isla entre 1801 y 1804.

cubana. Como muchos otros cultivos de Cuba, la forma en que se lleva a cabo ha cambiado poco a lo largo de los siglos: los campos aún se aran con yuntas de bueyes. Resulta muy fotogénico, aunque es un trabajo agotador.

El azúcar era uno de los principales motores de la economía antes del embargo estadounidense y, pese al cierre de muchas centrales azucareras, está recobrando importancia, con China como principal comprador. Otros cultivos relevantes son el arroz y el café, que se siembra en la cordillera de La Gran Piedra, cerca de Santiago de Cuba.

Flora y fauna

Cuba cuenta con buenos ejemplos de fauna autóctona. Las aves son quizá su principal baza, con más de 350 especies, dos docenas de ellas endémicas. Los manglares de la Ciénaga de Zapata (provincia de Matanzas) y de la península de Guanahacabibes (Pinar del Río) ofrecen las mejores posibilidades de avistar zunzuncitos, una especie de colibrí que, con 6,5 cm, es el ave más pequeña del mundo. En estas zonas también habita el tocororo, el ave nacional cubano, que luce los colores rojo, blanco y azul de la bandera nacional. Otras especies famosas de aves son las cartacubas (autóctonas de Cuba), las garzas reales, las espátulas, los periquitos y los sijúes (búhos pigmeos que se ven muy rara vez).

Los flamencos abundan en los cayos del norte, donde han establecido la mayor zona de anidación del hemisferio occidental en el delta del río Máximo (provincia de Camagüey).

Los mamíferos terrestres casi han desaparecido a causa de la caza. El superviviente autóctono más grande es la jutía, un roedor comestible de 4 kg que rebusca comida en cayos aislados y vive en relativa armonía con las iguanas. La inmensa mayoría de las otras 38 especies de mamíferos pertenece a la familia de los murciélagos.

ZONAS PROTEGIDAS

NOMBRE	AÑO DE DECLARACIÓN	RASGOS DESTACADOS
Reservas de la Biosfera de la Unesco		
Sierra del Rosario (p. 503)	1985	prácticas ecológicas
Cuchillas del Toa (p. 503)	1987	bosque pluvial primario
Península de Guanahacabibes (p. 196)	1987	zona de anidación de tortugas
Baconao (p. 427)	1987	cultivo de café
Ciénaga de Zapata (p. 231)	2000	el mayor humedal del Caribe
Buenavista	2000	formaciones kársticas
Sitios Ramsar		
Ciénaga de Zapata (p. 231)	2001	el mayor humedal del Caribe
Buenavista	2002	formaciones kársticas
Pantano de Lanier	2002	excepcional mosaico de ecosistemas
Humedal del Norte de Ciego de Ávila	2002	lagos costeros únicos
Humedal Delta del Cauto	2002	gran población de aves acuáticas
Humedal Río Máximo-Cagüey (p. 337)	2002	importante zona de anidación de flamencos
Patrimonio Mundial de la Unesco		
Parque Nacional Desembarco del Granma (p. 393)	1999	terrazas marinas prístinas
Parque Nacional Alejandro de Humboldt (p. 453)	2001	alto endemismo

Cuba alberga una especie de rana tan pequeña y esquiva que solo fue descubierta en 1996 en el actual Parque Nacional Alejandro de Humboldt, cerca de Baracoa. A falta de un nombre común, el anfibio endémico se conoce como *Eleutherodactylus iberia*. Mide menos de 1 cm de largo y vive en un radio de solo 100 km².

Otras especies curiosas son la mariposa de cristal (una de las dos únicas mariposas del mundo con alas transparentes), el raro *manjuarí* (pez considerado un fósil viviente), el polymita (caracol terrestre con alegres franjas amarillas, rojas y marrones), descubierto en el 2011, el lucifuga (pez troglodita ciego endémico de Cuba).

En cuanto a los reptiles, además de iguanas y lagartos, hay 15 especies de serpiente (ninguna venenosa). La más grande es la majá, una serpiente constrictora relacionada con la anaconda y que llega a medir 4 m de largo; es nocturna y no suele meterse con los humanos. El endémico cocodrilo cubano *(Crocodylus rhombifer)* es relativamente pequeño, pero ágil por tierra y agua. Sus afilados 68 dientes están adaptados para triturar caparazones de tortuga. Los cocodrilos han padecido una importante destrucción de su hábitat pero, gracias a una mayor protección desde la década de 1990, el número de ejemplares ha crecido. En la isla se han creado varios criaderos de cocodrilos, el más grande en Guamá, cerca de la bahía de Cochinos. El cocodrilo americano *(Crocodylus acutus)* se encuentra en los pantanos de la Ciénaga de Zapata y en varios territorios pantanosos de la costa meridional.

Los animales marinos compensan la escasez de fauna terrestre. El manatí, único mamífero acuático herbívoro del mundo, se encuentra en la bahía de Taco y en la península de Zapata. Los tiburones ballena frecuentan la zona de María la Gorda, en la punta oriental de Cuba, de noviembre a febrero. Cuatro especies de tortugas (laúd, boba, verde y carey) habitan las aguas cubanas y anidan cada año en cayos aislados o en playas protegidas de la península de Guanahacabibes.

Especies amenazadas

Debido a la pérdida de hábitat y a la persistente caza por parte de los humanos, muchos de los animales y aves de Cuba son especies amenazadas. Entre ellas, el cocodrilo cubano, cuyo hábitat es el más reducido de entre todos los destinados a cocodrilos, ya que existe solo en 300 km² de la Ciénaga de Zapata y en el pantano de Lanier, en la Isla de la Juventud. Protegidos desde 1996, los ejemplares en libertad rondan los 6000. Otras especies vulnerables son la jutía, capturada sin piedad durante el Período Especial, cuando los cubanos hambrientos las perseguían por su carne (de hecho, siguen en ello, y ya está considerada casi un manjar); la boa arbórea, una serpiente autóctona que vive en zonas boscosas y cuyo número mengua con rapidez; y el esquivo carpintero real, avistado después de 40 años en el Parque Nacional Alejandro de Humboldt, cerca de Baracoa, a finales de la década de 1980 (desde entonces, no se le ha vuelto a ver).

A pesar de estar protegido de la caza ilegal, el manatí del Caribe sufre numerosas y diversas amenazas propiciadas por los seres humanos, por ejemplo, el contacto con los propulsores de barcos, la asfixia causada por las redes de pesca y el envenenamiento que sufre al ingerir residuos vertidos al mar por las azucareras.

La postura de Cuba hacia la caza de tortugas es ambigua. Las carey están protegidas por la ley, aunque hay una cláusula que permite la captura de hasta 500 ejemplares al año en Camagüey y en la Isla de la Juventud. Los platos de tortuga aparecen en la carta de restaurantes de ciudades como Baracoa. Se aconseja al viajero evitarlos, pues los animales pueden haber sido cazados ilegalmente.

Lo más destacado en agricultura

Valle de Viñales (p. 183)

Plantación de tabaco de Alejandro Robaina (p. 195)

Cafetal La Isabelica (p. 426)

Finca Raúl Reyes (p. 178)

ENTORNO NATURAL FLORA Y FAUNA

Se calcula que Cuba alberga entre 6500 y 7000 especies de plantas, casi la mitad de las cuales son endémicas.

OBSERVACIÓN DE AVES

Cuba ofrece amplias posibilidades de observar aves todo el año, y ningún ornitólogo que se precie debería entrar en el país sin sus prismáticos. La experiencia mejora aún más, gracias a los amplios conocimientos mostrados por muchos naturalistas y guías de las principales zonas. Algunos lugares que cuentan con opciones o rutas dedicadas a la observación de aves son la senda de la cueva Las Perlas (p. 197), en el Parque Nacional Península de Guanahacabibes; la ruta de Maravillas de Viñales (p. 184), en el Parque Nacional Viñales; el sendero La Serafina (p. 152), en la Reserva Sierra del Rosario; el circuito de observación de aves (p. 233) en el Gran Parque Natural Montemar; el Parque Natural el Bagá (p. 314), en Cayo Coco; y el sendero de las Aves en la Hacienda la Belén (p. 333), en la provincia de Camagüey.

Especies imprescindibles son el *tocororo*, el colibrí zunzuncito (pájaro mosca), la cartacuba, el periquito cubano, el vencejo antillano y, por supuesto, los flamencos. Buenos sitios para ir por cuenta propia a avistar pájaros son Cayo Romano y Cayo Sabinal, aunque se necesita automóvil para llegar. Los especialistas y quienes quieran ver al carpintero real disfrutarán en el Parque Nacional Alejandro de Humboldt.

Plantas

Cuba es sinónimo de palmeras y ambos términos están indisolublemente unidos en canciones, símbolos, paisajes y leyendas. El árbol nacional es la palma real, que aparece en el escudo del país y en el logotipo de la cerveza Cristal. Se cree que existen 20 millones de palmas reales en Cuba, y los cubanos afirman que siempre se ve alguna desde cualquier punto de la isla donde uno esté. Estos árboles majestuosos alcanzan los 40 m de altura y se identifican fácilmente por su tronco flexible y su penacho de hojas verdes. También hay cocoteros, palmas barrigonas y la rara palma corcho, un punto de unión con el Cretáceo (65-135 millones de años). Pueden verse ejemplares en los jardines del Museo de Ciencias Naturales Sandalio de Noda, en Pinar del Río. El jardín botánico de Cienfuegos también contiene unas 280 variedades de palmeras, aunque Cuba posee 90 especies autóctonas.

Fauna endémica

Cocodrilo cubano

Pájaro mosca

Tocororo (pájaro)

Jutía (roedor)

Catán cubano (pez)

Eleutherodactylus iberia (rana)

Boa cubana

Murciélago rojo cubano

Otros árboles importantes son los mangles, en especial los que protegen la costa cubana de la erosión y constituyen un hábitat importante para pequeños peces y aves. Los manglares representan el 26% de los bosques cubanos y cubren casi el 5% de la costa. El país ocupa el 9º puesto del mundo en densidad de manglares. Los pantanos más extensos están en la Ciénaga de Zapata.

Los pinares autóctonos más grandes crecen en la Isla de la Juventud (antes isla de Pinos), en el oeste de Pinar del Río, en el este de la sierra del Cristal de Holguín y en el centro de Guantánamo. Estos bosques son muy propicios a los incendios, y la reforestación de pinos es un quebradero de cabeza para los conservacionistas.

Los bosques tropicales se sitúan a mayor altitud –aproximadamente 500 1500 m– en la sierra del Escambray, la sierra Maestra y el macizo de Sagua-Baracoa. Algunas especies originales del bosque tropical son el ébano y la caoba, aunque hoy gran parte de la reforestación se realiza con eucaliptos.

Generosamente repartidos por toda la isla hay cientos de especies de helechos, cactus y orquídeas. Las mejores concentraciones están en los jardines botánicos de Santiago de Cuba (helechos y cactus) y Pinar del Río (orquídeas). La mayoría de las orquídeas florecen de noviembre a enero y uno de los mejores sitios para verlas es la Reserva Sierra del Rosario. La flor nacional es la graciosa mariposa, conocida por sus blandos pétalos blancos e intenso perfume.

Las plantas medicinales son muy abundantes debido, sobre todo, a la escasez crónica de medicamentos (prohibidos por el embargo de EE UU). Las farmacias están bien surtidas con efectivas tinturas como el aloe (para la tos y la congestión) y un producto de las abejas llamado *propolo,* que se usa contra las amebas estomacales y las infecciones respiratorias. En los patios de todos los hogares cubanos hay una maceta de orégano de la tierra y, si el viajero empieza a resfriarse, le brindarán un elixir maravilloso preparado con agua caliente, hojas de orégano, zumo de lima y miel.

Cuestiones medioambientales

La mayoría de las amenazas para el medioambiente cubano proceden del hombre y guardan relación con la contaminación o la pérdida de hábitat, a menudo como consecuencia de la deforestación. Los esfuerzos por preservar la diversidad ecológica del país eran casi inexistentes hasta 1978, cuando Cuba creó el Comité Nacional para la Protección y la Conservación de los Recursos Naturales y el Medioambiente (Comarna). Para corregir los 400 años de deforestación y destrucción del hábitat, este organismo creó zonas verdes y emprendió campañas de reforestación. Las políticas de conservación están dirigidas por el Comarna, que supervisa 15 ministerios y garantiza la eficaz aplicación de la legislación internacional de medioambiente, lo que incluye la observación de los tratados que rigen las seis Reservas de la Biosfera y los nueve lugares del país declarados Patrimonio Mundial de la Unesco.

Los grandes problemas medioambientales de Cuba se ven agravados por una economía que lucha por sobrevivir. En un país que deposita sus esperanzas en el turismo, la política medioambiental es contradictoria. Ahí yace el dilema: ¿cómo puede una nación en desarrollo velar por su gente y mantener altos (o unos mínimos) estándares ecológicos?

Deforestación

Se calcula que, cuando Colón llegó en 1492, el 95% de Cuba estaba cubierto de bosques vírgenes. En 1959, debido al desbroce incontrolado de tierras para plantar caña de azúcar y cítricos, esta superficie se había reducido hasta un mísero 16%. La plantación masiva de árboles y la creación de parques para proteger amplias extensiones de terreno han elevado el porcentaje de nuevo hasta el 24% (el mejor de Latinoamérica), pero aún queda mucho por hacer. A finales de la década de 1960, Las Terrazas, en la provincia de Pinar del Río, logró salvar hectáreas de bosque del desastre ecológico gracias a un plan de acción para reforzar la reforestación. En época más reciente, los esfuerzos se han centrado en salvaguardar el último bosque tropical virgen del Caribe, en el Parque Nacional Alejandro de Humboldt, y en añadir zonas boscosas de protección a los humedales del delta del río Cauto.

'Pedraplenes'

Una primera señal de la lucha entre economía y ecología en Cuba fue el *pedraplén* (carretera sobre las aguas del mar), de 2 km de largo, construido para conectar Cayo Sabinal con Camagüey a finales de la década de 1980. Este enorme proyecto, que consistió en apilar rocas en el mar y construir sobre ellas una carretera (sin puentes), interrumpió las corrientes de agua y causó daños irreparables en el hábitat marino. Total para nada, pues, por ahora, ningún *resort* ocupa el desierto Cayo Sabinal. Más tarde se construyeron otros pedraplenes más largos, que conectan Jardines del Rey con Ciego de Ávila (27 km) y Cayo Santa María con Villa Clara (48 km). Esta vez, puentes más respetuosos con el medioambiente han permitido un mejor flujo del agua, aunque el alcance del daño no se conocerá hasta, por lo menos, una década.

Flora, fauna y pérdida del hábitat

Mantener buenos hábitats para los animales es fundamental en Cuba, un país con altos niveles de endemismo y, por tanto, un mayor riesgo de

ENTORNO NATURAL CUESTIONES MEDIOAMBIENTALES

El manatí del Caribe puede medir hasta 4,5 m de largo y pesar 600 kg. Llegan a consumir hasta 50 kg de plantas al día.

Además de los parques nacionales y lugares protegidos por la Unesco, Cuba salvaguarda su territorio con reservas de flora y fauna, reservas ecológicas y zonas de recursos gestionados, p. ej. la sierra del Chorrillo (Camagüey) y la Reserva Ecológica Varahicacos (Varadero).

extinción de especies. El problema se agrava por la escasa extensión del hábitat de animales endémicos como el cocodrilo cubano, que vive casi exclusivamente en la Ciénaga de Zapata, o la igualmente rara *Eleutherodactylus iberia* (la rana más pequeña del mundo), que habita en un radio de solo 100 km² y existe únicamente en el Parque Nacional Alejandro de Humboldt, cuya creación en el 2001, sin duda, la salvó de la extinción. Otras áreas amenazadas son las enormes zonas de anidación de flamencos en el archipiélago Sabana-Camagüey y en Moa, donde los vertidos de aguas contaminadas han causado serios estragos en los ecosistemas costeros de manglares, los predilectos de los manatíes.

La construcción de nuevas carreteras y de gigantescos *resorts* en playas vírgenes aumenta el choque entre la actividad humana y la protección del medioambiente. Un ejemplo es la drástica reducción de la Reserva Ecológica Varahicacos, en Varadero, en favor de los *resorts*. Otro es Cayo Coco, que forma parte de un importante humedal Ramsar situado junto a una franja de hoteles en rápido desarrollo.

La sobrepesca –incluida la de tortugas y langostas para consumo de los turistas–, los vertidos agrícolas, la contaminación y el tratamiento inadecuado de las aguas residuales han contribuido al deterioro de los arrecifes de coral. Han comenzado a aparecer enfermedades como la banda amarilla, la banda negra y la proliferación de algas. La captura de delfines para los delfinarios turísticos también indigna a muchos activistas.

Polución

En cuanto se llega a La Habana o a Santiago de Cuba, la contaminación aérea golpea como una bofetada. Las partículas llevadas por el aire, los viejos camiones que escupen humo negro y los subproductos de la quema de basura son solo algunos de los culpables. Las fábricas de cemento, las azucareras y otras industrias pesadas también han dejado su sello. Las minas de níquel que devoran Moa (uno de los paisajes más bonitos de Cuba convertido en tierra yerma) son ejemplos de cómo la industria prevalece sobre el medioambiente. Por desgracia, no hay soluciones fáciles. El níquel es una de las principales exportaciones de Cuba, una materia prima de la que no pueden prescindir. Y aunque los viejos automóviles estadounidenses de La Habana son una atracción turística, no son precisamente eficientes. En cuanto al transporte público, incluso Fidel se ha lamentado en público de los efectos perjudiciales para la salud de los contaminantes autobuses de Cuba.

Éxitos medioambientales

El Gobierno cubano ha mostrado su entusiasmo por la reforestación y protección de los espacios naturales (especialmente a partir de mediados de la década de 1980) y una predisposición para hacer frente a los errores del pasado. El puerto de La Habana, en su día uno de los más contaminados de Latinoamérica, ha sido objeto de una profunda limpieza, al igual que el río Almendares, que atraviesa el corazón de la ciudad. Ambos programas empiezan a dar su fruto. Las emisiones de sulfuro de los pozos de petróleo, cerca de Varadero, se han reducido; y el Ministerio de Ciencia, Tecnología y Medioambiente es quien hoy aplica la normativa sobre medioambiente. La reglamentación sobre la pesca es cada vez más estricta. Hoy en día, uno de los retos más urgentes de la Revolución es la búsqueda del equilibrio entre las necesidades inmediatas de Cuba y el futuro del medioambiente.

Las Terrazas constituye el éxito medioambiental más evidente, aunque ha habido otros, por ejemplo, la puesta en marcha de tres parques eólicos (en la Isla de la Juventud; la isla Turiguanó, en la provincia de Ciego de Ávila; y Gibara, en la provincia de Holguín). La primera central de energía solar cubana abrió en agosto del 2014 en la provincia de Cienfuegos. En

Cerca del 2% de la tierra cultivable de Cuba está dedicada a la producción de café. El sector da trabajo a 265 000 personas.

Guía práctica

Datos prácticos A-Z

Acceso a internet

La empresa de telecomunicaciones estatal Etecsa es la única que presta servicios de internet. Para conectarse desde un sitio público, hay que ir a un Telepunto (casi todas las ciudades de provincias cuentan con alguno). Se paga mediante tarjetas de 1 h (4,50 CUC), que incluyen un número de usuario y una contraseña temporal. Estas tarjetas son válidas en cualquier Telepunto, por lo cual no hace falta utilizar la hora completa en una misma sesión.

Puesto que Etecsa tiene el monopolio, los cibercafés independientes son escasos o nulos. Como regla general, casi todos los hoteles de tres a cinco estrellas (y todos los *resorts*) cuentan con sus propios terminales de acceso a internet y ofrecen un servicio más fiable que el de Etecsa y con menos colas, aunque las tarifas suelen ser

más altas (a veces de hasta 12 CUC/h).

Dado que los cubanos apenas pueden acceder a internet, es posible que para utilizar un Telepunto se deba mostrar el pasaporte (aunque si resulta evidente que el viajero es extranjero, rara vez será necesario). La ventaja de los locales de Etecsa es que están abiertos muchas horas y suele haber poca gente.

Cada vez es más frecuente que los mejores hoteles ofrezcan wifi. Entre las ciudades con una cobertura razonable se cuentan Baracoa, La Habana y Trinidad. Las tarjetas de Etecsa de 4,50 CUC también permiten acceder a la Red. Hay que prever que la conexión suele ser lenta e irregular.

Aduana

Siguiendo la tradición soviética, la legislación del régimen castrista sobre aduanas es complicada. Para información actualizada, consúltese www.aduana.co.cu.

Artículos que se permite introducir

Está permitido que los viajeros lleven efectos personales −equipo fotográfico, prismáticos, un instrumento musical, radio, ordenador personal, tienda de campaña, caña de pescar, bicicleta, piragua y otro material deportivo) y hasta 10 kg de medicamen-

tos. Los alimentos en lata, procesados o desecados no suponen ningún problema. Las mascotas (siempre que dispongan de un certificado veterinario y pueda acreditarse que han sido vacunadas contra la rabia) también son aceptadas.

Todo lo que no corresponda a las categorías mencionadas anteriormente está sometido a un impuesto de aduanas de un máximo de 1000 CUC.

Algunos de los artículos cuya importación al país está prohibida son narcóticos, explosivos, pornografía, aparatos eléctricos en sentido amplio, vehículos de motor ligeros, motores de automóviles y productos de origen animal.

Artículos que se permite sacar

Está permitido exportar una caja de 50 puros libres de impuestos (o 23 unidades), 500 US$ (o una cantidad equivalente) en efectivo y solo 200 CUC.

Llevarse objetos de arte u otros objetos del patrimonio cultural sin documentación está restringido y comporta tasas. Normalmente, cuando uno compra arte obtiene un "sello" oficial en el establecimiento; conviene comprobarlo antes de comprar. Si no se obtiene en el comercio, habrá que conseguirlo en el **Registro Nacional de Bienes Culturales** (calle 17 nº 1009, entre calles 10 y 12,

---

PRECIOS DEL ALOJAMIENTO

Esta gama de precios es válida para una habitación doble con baño en temporada alta.

$ menos de 50 CUC

$$ entre 50-120 CUC

$$$ más de 120 CUC

Vedado, La Habana; ⊘9.00-12.00 lu-vi) en La Habana. Es necesario llevar los objetos para su inspección, rellenar un formulario, pagar una tasa que oscila entre 10 y 30 CUC y que cubre de una a cinco piezas de arte, y volver al cabo de 24 horas para recoger el certificado.

Se recomienda consultar las leyes de importación en materia de puros cubanos del lugar de destino. Algunos países gravan con impuestos los puros cubanos importados.

Alojamiento

Los alojamientos cubanos ofrecen un marco amplio de posibilidades, desde cabañas en la playa por 10 CUC hasta complejos hoteleros de cinco estrellas con todo incluido. Los precios penalizan al viajero en solitario, puesto que se verá obligado a pagar el 75% de la tarifa de una habitación doble.

Económico

En este rango de precio, las casas particulares ofrecen, en general, mejor relación calidad-precio que los hoteles. Solo las casas particulares más lujosas de La Habana costarán más de 50 CUC, y en esos lugares están garantizadas las comodidades y la atención de calidad. En las más baratas (15-20 CUC) quizá se deba compartir el baño y haya ventilador en lugar de aire acondicionado. En los sitios más baratos (sobre todo campismos), el viajero tendrá suerte si hay sábanas

y agua corriente, aunque suele haber baños privados. Si se trata de un hotel destinado a cubanos, las comodidades serán aún más limitadas, pero se conocerá mejor la realidad del país.

Precio medio

Los escasos establecimientos de categoría media con que cuenta Cuba son una especie de lotería: pueden encontrarse desde hoteles-*boutique* de estilo colonial hasta sitios espantosos de arquitectura y ambiente soviéticos. Suelen ofrecer habitaciones con aire acondicionado, baños privados con agua caliente, sábanas limpias, televisión por satélite, piscina y restaurante, aunque la comida no será precisamente de tipo *gourmet*.

Precio alto

Los hoteles selectos más acogedores suelen ser de copropiedad extranjera y mantienen los parámetros internacionales. Las habitaciones son casi iguales a las de los hoteles de categoría media, pero con camas y sábanas de mejor calidad, minibar, servicio de llamadas internacionales y, quizá, terraza y buenas vistas. Esta categoría también abarca los principales *resorts* con todo incluido.

Tarifas

Influyen en el precio la época del año, la ubicación y la cadena hotelera. La temporada baja va de mediados de septiembre a principios de diciembre y de febrero a mayo, excepto Semana Santa.

Navidades y Año Nuevo son temporada "súper alta", lo que significa que los precios pueden incrementarse hasta un 25% por encima de los de la temporada alta. A veces, en las casas particulares se puede regatear, aunque pocos extranjeros lo hacen. Hay que tener en cuenta que los propietarios pagan unos impuestos fijos y los precios que cobran los reflejan. Pocas casas particulares ofrecen precios por debajo de 15 CUC o por encima de 50 CUC, a menos que se vaya a permanecer una temporada larga. Desde que un mayor número de cubanos disponen de acceso a internet (de forma no oficial), es más fácil organizar con antelación el alojamiento en el país.

Tipos de alojamiento

CAMPISMOS

Los cubanos pasan las vacaciones en este tipo de alojamiento. Lejos de ser un *camping*, muchos campismos son sencillas casetas de cemento con literas, colchones de espuma y duchas frías. Hay más de 80 repartidos por las zonas rurales del país. Los campismos se clasifican como nacionales e internacionales. Los primeros, teóricamente, solo son para cubanos, mientras que los últimos admiten a todos y ofrecen mayores comodidades, como aire acondicionado y/o sábanas. De ellos, hoy hay unos 12 en todo el país, desde el Villa Aguas Claras (Pinar del Río), con calidad de hotel, hasta el

---

DATOS PRÁCTICOS

Prensa Hay tres periódicos nacionales controlados por el Estado: *Granma, Juventud Rebelde* y *Trabajadores*.

Fumar En teoría, está prohibido en todos los espacios cerrados, pero esta ley solo se aplica esporádicamente.

TV Cinco canales; Multivisión, el más nuevo, emite algunos programas extranjeros.

Pesos y medidas Se utiliza el sistema métrico decimal, excepto en algunos mercados de frutas y verduras, que emplean el sistema británico.

Puerto Rico Libre (Holguín), con lo básico.

Para reservar con antelación, hay que ponerse en contacto con la excelente **Cubamar** (☎7-833-2523, 7-833-2524; www.cubamarviajes.cu; calle 3, entre 12 y Malecón, Vedado; ☺8.30-17.00 lu-sa) en La Habana. El alojamiento en bungalós en campismos internacionales cuesta de 10 a 60 CUC por cama.

CASAS PARTICULARES

Las habitaciones privadas son la mejor opción para viajeros independientes y una forma excelente de conocer la vida cotidiana de los cubanos. Los propietarios suelen ser guías turísticos excelentes.

Las casas se reconocen por el cartel azul de "Arrendador Divisa" colgado en la puerta. En todo el país hay miles de ellas, más de 1000 solo en La Habana y de 500 en Trinidad. Bien sea en áticos o en edificios históricos, todas las habitaciones cuestan entre 15 y 50 CUC; aunque algunos propietarios tratan a sus huéspedes como si fueran talonarios de cheques andantes, la mayoría son anfitriones amables y acogedores.

La normativa gubernamental se ha relajado desde el 2011 y hoy los propietarios pueden alquilar varias habitaciones si disponen de espacio. Los propietarios pagan un impuesto mensual por habitación –con independencia de que la alquilen o no–, según su ubicación (más un extra por aparcamiento en la calle), que les permite colgar carteles anunciando sus habitaciones y servir comida. También deben llevar un registro de todos los huéspedes y comunicar cada nuevo ingreso en un plazo de 24 h, lo que obliga al viajero a mostrar el pasaporte (no sirve una fotocopia). Las frecuentes inspecciones estatales pretenden asegurar que el interior de la casa está limpio, es seguro y estable. La mayoría de los propietarios ofrece el desayuno y la cena por un suplemento. Si se quiere agua caliente para ducharse, hay que pedirla con antelación. En general, hoy en día, las casas ofrecen al menos dos camas (una suele ser doble), nevera, aire acondicionado, ventilador y baño propio. Como extras, pueden tener terraza o patio, entrada privada, TV, caja fuerte, minicocina y aparcamiento.

RESERVAS E INFORMACIÓN ADICIONAL

Dada la gran cantidad de casas particulares de la isla, es imposible ofrecer siquiera un pequeño porcentaje. Las que se han elegido son una combinación de recomendaciones de los lectores e investigación local por parte del autor. Si en una casa no queda sitio, casi siempre recomiendan otra por la zona.

Estas webs ofrecen infinidad de casas por todo el país y permiten reservar en línea.

Cubacasas (www.cubacasas.net) La mejor fuente en la Red para información y reservas de casas particulares; actualizada, minuciosa y con vistosos enlaces a cientos de habitaciones privadas de toda la isla.

Organización Casa Particular (www.casaparticularcuba. org) Web recomendada por los lectores para prerreservar habitaciones.

HOTELES

Todos los hoteles y complejos turísticos tienen al menos un 51% de participación del Estado y están administrados por una de las cinco organizaciones principales existentes

La Habana

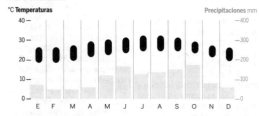
°C Temperaturas — Precipitaciones mm

Sancti Spíritus

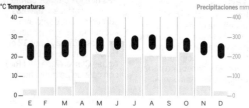
°C Temperaturas — Precipitaciones mm

Santiago de Cuba

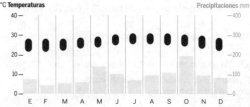
°C Temperaturas — Precipitaciones mm

en el país. Islazul es la más barata y popular entre los cubanos (que pagan en moneda nacional, CUP). Aunque sus establecimientos tienen instalaciones muy variables y un cierto toque soviético en la arquitectura, siempre están limpios y son baratos, cordiales y, sobre todo, muy cubanos. Suelen estar situados en pequeñas ciudades de provincia; su gran inconveniente son sus discotecas, que mantienen despiertos a los clientes hasta altas horas de la madrugada. Cubanacán da un paso más y ofrece establecimientos de precio económico y medio, tanto en ciudades como en centros turísticos. Últimamente, la compañía ha desarrollado un nuevo tipo de hoteles coquetos y asequibles, los de la cadena Encanto, en bonitos núcleos urbanos como Sancti Spíritus, Baracoa, Remedios y Santiago. Gaviota gestiona *resorts* de categoría superior, incluido el brillante Playa Pesquero, de 933 habitaciones, aunque la cadena cuenta también con algunas villas más baratas en zonas como Santiago y Cayo Coco. Gran Caribe tiene hoteles de gama media y alta, entre los que se incluyen muchos de los que ofrecen paquetes con todo incluido en La Habana y Varadero. Por último, Habaguanex se centra solo en La Habana y gestiona casi todos los hoteles ubicados en edificios históricos restaurados de La Habana Vieja. Los beneficios de estos negocios se destinan a la restauración de La Habana Vieja, declarada Patrimonio Mundial de la Unesco. Salvo en los establecimientos de Islazul, los hoteles turísticos son solo para huéspedes que pagan en pesos convertibles. Desde mayo del 2008, los cubanos pueden alojarse en los hoteles turísticos, aunque la mayoría de ellos no puede permitírselo.

El sector de gama alta suele incluir algunas cadenas hoteleras extranjeras, como Sol Meliá o Iberostar, que gestionan hoteles en colaboración con Cubanacán, Gaviota o Gran Caribe, principalmente en los centros turísticos de playa. Su nivel y sus servicios no difieren del de los *resorts* de México y del resto del Caribe.

Comida

Desde la aprobación en el 2011 de las nuevas leyes de privatización, la gastronomía cubana –popularmente conocida como comida criolla– ha mejorado significativamente, lo que ha dado lugar a la creación de un gran número de restaurantes, en especial en La Habana. Fuera de las grandes ciudades, sin embargo, la comida local tiende a ser insípida y limitada. Para más información sobre comida y bebidas en Cuba, véase la p. 492.

Dónde comer y beber

RESTAURANTES ESTATALES

Cobran en moneda nacional o en convertibles. En el primer caso, suele tratarse de lugares lúgubres con cartas de nueve páginas, aunque lo único disponible es pollo frito. No obstante, hay algunas excepciones a esta regla. Por lo general, aceptan el pago en CUC, pero en ocasiones a un tipo de cambio inferior al estándar de 25 por 1.

Los restaurantes que cobran en convertibles suelen ser más fiables, pero no se rigen por los principios capitalistas: el hecho de pagar más no se traduce necesariamente en un mejor servicio. La comida suele ser insípida y poco apetitosa, y los diálogos con los aburridos camareros, dignos de un *sketch* de los *Monty Python*. No obstante, en los últimos cinco años, las cosas han mejorado considerablemente. El grupo Palmares regenta un amplio repertorio de excelentes restaurantes por todo el país, que van desde modestos chiringuitos de playa hasta El Aljibe, en Miramar (La Habana). La empresa estatal Habaguanex gestiona algunos de los mejores restaurantes en La Habana, y Gaviota acaba de remodelar algunos veteranos. Los empleados de los restaurantes gestionados por el Gobierno no ganan más de 20 CUC al mes (el salario medio en Cuba), por lo que las propinas son de agradecer.

RESTAURANTES PRIVADOS

Creados en 1995, durante el caos económico del Período Especial y antiguamente conocidos como paladares, deben gran parte de su éxito al fuerte incremento del turismo en la isla y a la audaz experimentación de los chefs locales, quienes, pese a la escasez de ingredientes aceptables, han logrado heroicamente conservar las antiguas tradiciones de la cocina cubana. Han proliferado desde la aprobación, en el 2011, de un nuevo código mercantil, en especial en La Habana. Más caros que los estatales, una comida puede costar entre 8 y 30 CUC.

Vegetarianos

En un país de racionamiento y escasez de alimentos, los vegetarianos estrictos (que no comen manteca, extracto de carne ni pescado) lo tendrán complicado. Los cubanos no entienden el vegetarianismo y, cuando lo hacen, se resume en una tortilla o, como máximo, huevos

---

GAMA DE PRECIOS

Una comida en Cuba rara vez cuesta más de 25 CUC. Los precios de los restaurantes reseñados se indican del siguiente modo:

$ menos de 7 CUC

$$ entre 7-15 CUC

$$$ más de 15 CUC

revueltos. Los cocineros de las casas particulares, que a lo mejor han cocinado platos sin carne para otros viajeros, satisfarán mejor las necesidades de los vegetarianos; conviene preguntar.

Comunidad homosexual

Cuba es más tolerante que muchos otros países latinoamericanos con la homosexualidad. La película *Fresa y chocolate,* de 1994, desató un debate nacional sobre el tema y la actitud general fue de tolerancia. Los viajeros de sociedades que aceptan la homosexualidad pueden pensar que esa tolerancia es más bien de cara afuera, pero por algún sitio hay que empezar y Cuba se mueve en la dirección correcta.

No se puede decir que Cuba sea un destino para homosexuales. El régimen tiene una amplia lista de represaliados por su condición homosexual, de la que Reinaldo Arenas es el ejemplo más conocido. Para más información sobre la represión castrista contra los gais cubanos, se recomiendan el excelente libro de Arenas *Antes del desfile,* y sus memorias *Antes que anochezca,* así como el documental de Néstor Almendros (exiliado español en Cuba y homosexual), *Conducta impropia.* Más suave es la visión presentada en la película *Fresa y chocolate.*

El lesbianismo sigue siendo un tema tabú, aunque socialmente las cosas están cambiando. Es menos tolerado y el viajero verá muy pocas muestras de orgullo gay entre mujeres. Hay esporádicas fiestas para chicas; se puede preguntar en los alrededores del Cine Yara, en la zona de ambiente de La Habana.

Los cubanos tienen mucho contacto físico entre ellos y es fácil ver a hombres abrazándose, mujeres que van de la mano y gente que se hace caricias amistosas. Este tipo de conducta no plantea problemas en público, a no ser que se vuelva abiertamente sensual.

Correos

Las cartas y postales enviadas a Europa y EE UU tardan en torno a un mes en llegar. Los sellos se venden en pesos cubanos y en convertibles, pero las cartas que se franquean con estos últimos tienen más probabilidades de llegar a su destino. Las postales cuestan 0,65 CUC a todos los destinos. Las cartas cuestan 0,65 CUC al continente americano, 0,75 CUC a Europa, y 0,85 al resto del mundo. Las postales con franqueo de prepago incluyen destinos internacionales y se venden en casi todos los hoteles y oficinas de correos. Es el sistema más seguro para garantizar que llegan a su destino. Para envíos importantes, lo más seguro es recurrir a DHL, que tiene oficinas en las ciudades principales. Un paquete postal de 1 kg a Europa cuesta unos 50 CUC.

Cuestiones legales

La policía cubana está muy presente y suele ser muy amable. El régimen es severo y la corrupción se considera un delito muy grave, así que nadie quiere verse mezclado en ella. Tampoco conviene ser sorprendido sin identificación, así que es mejor llevar alguna, aunque sea el carné de conducir, una fotocopia del pasaporte o, incluso, el carné de estudiante.

Las drogas están prohibidas, aunque existen. Es probable que al viajero le ofrezcan marihuana o cocaína en las calles de La Habana. Las penas por compra, venta o posesión de drogas son graves y se aplican con dureza.

Dinero

Es uno de los aspectos más complicados del viaje a Cuba, puesto que se tarda un poco en entender la doble economía. A principios del 2015 aún había dos monedas en circulación: los pesos convertibles (CUC) y los pesos cubanos (CUP), llamados "moneda nacional" y abreviados como MN. La mayor parte de los artículos y servicios para turistas se pagan en convertibles, p. ej., alojamiento, alquiler de vehículos, billetes de autobús, entradas a museos o acceso a internet. Cuando se redactó esta obra, el cambio era de 25 CUP por 1 CUC. Aunque hay muchas cosas que no se pueden comprar con moneda nacional, a veces resulta útil. A menos que se indique lo contrario, los precios de esta guía se indican en convertibles.

Los euros se aceptan en Varadero, Guardalavaca, Cayo Largo del Sur y en los *resorts* de Cayo Coco y Cayo Guillermo, pero en cuanto se sale de estos recintos, se necesitan los convertibles.

Las mejores monedas para llevar a Cuba son los euros, los dólares canadien-

UNIFICACIÓN MONETARIA

En octubre del 2013, Raúl Castro anunció que Cuba unificaría gradualmente los pesos convertibles y la moneda nacional. Por ello, es probable que los precios cambien. Durante la redacción de esta obra, el proceso de unificación aún no había comenzado y no se sabe cómo o cuándo el Gobierno empezará a aplicar los complejos cambios. Para información actualizada, consúltese www.lonelyplanet.es.

ses o las libras esterlinas. La peor son los dólares estadounidenses, que conllevan una comisión del 10% extra (además de la comisión normal) cuando se compran convertibles (CUC). Desde el 2011, el convertible cubano está vinculado al dólar estadounidense, por lo que su valor depende de la fortaleza/debilidad de la divisa norteamericana. En la isla tampoco se aceptan los dólares australianos.

Cadeca, con oficinas en todas las ciudades y pueblos, vende pesos cubanos. Suelen situarse en los mercados agropecuarios de cada localidad. No harán falta más de 10 CUC al cambio por semana. Si el viajero sueña con comerse un helado y no tiene pesos cubanos, se pueden usar los convertibles. En todos los locales que venden en pesos admiten convertibles: se cambiarán a un tipo de 1/25 y se devolverá la vuelta en moneda nacional. En Cuba no hay mercado negro, solo timadores que intentan engañar al extranjero.

Cajeros automáticos y tarjetas de crédito

Cada vez se aceptan más tarjetas de crédito. Ello obedece, en gran parte, a la legalización, a principios del 2015, de las tarjetas de débito y de crédito estadounidenses y vinculadas a EE UU. A la hora de valorar si se usa tarjeta de crédito o efectivo, hay que tener en cuenta que las comisiones aplicadas por los bancos cubanos son parecidas (sobre el 3%). Pero el banco del viajero puede cobrar comisiones adicionales por operaciones de crédito/retiradas de efectivo en los cajeros. Lo mejor es llegar a Cuba con suficiente dinero en efectivo y llevar una tarjeta de crédito y otra de débito como reserva. Cada vez se aceptan más tarjetas de débito, pero conviene consultarlo previamente con el propio banco y el banco cubano en cuestión.

En casi todos los negocios privados (casas particulares y paladares) aún se paga en efectivo.

Las tarjetas de crédito permiten disponer de anticipos en efectivo, pero las comisiones no varían. Muchos bancos no permiten retirar elevadas sumas de dinero, salvo que antes se les informe del viaje previsto, por lo que conviene confirmarlo con el propio banco.

Los cajeros automáticos cada vez son más frecuentes y equivalen a obtener un anticipo en ventanilla. Conviene utilizarlos únicamente cuando el banco esté abierto, por si surge algún problema.

Efectivo

En Cuba se utiliza principalmente dinero en efectivo, por lo que las tarjetas de crédito no son tan esenciales ni frecuentes como en Norteamérica o Europa. Aunque llevar solo efectivo comporta muchos más riesgos que la tradicional combinación de efectivo/tarjeta de crédito/tarjeta de débito, es muchísimo más práctico. Si siempre se guarda el dinero en una riñonera oculta o en la caja de seguridad del hotel, no debería haber ningún problema.

Lo mejor es llevar billetes de 20/10/5/3/1 CUC, ya que muchos negocios pequeños (como taxis o restaurantes) no dan cambio de billetes grandes (como los de 50 o 100 CUC) y la frase "no hay cambio" está a la orden del día. En un caso extremo, se pueden cambiar estos billetes en los hoteles.

TÉRMINOS Y JERGA

Una de las partes más complicadas de la doble economía es la terminología. Los pesos cubanos se llaman "moneda nacional" (abreviado MN, oficialmente CUP) o "pesos cubanos" o simplemente "pesos", mientras que los pesos convertibles se llaman "pesos convertibles"

(abreviado CUC), o simplemente "pesos" (también). Desde hace un tiempo, la gente se refiere a ellos como "cucs". A veces puede suceder que el viajero esté negociando en pesos cubanos mientras su contraparte da por hecho que se trata de convertibles. El que los billetes sean muy parecidos no facilita las cosas; tampoco que el símbolo de ambos sea el mismo: $. Es fácil imaginar el potencial de engaños que permiten estas combinaciones.

El peso cubano tiene billetes de 1, 5,10, 20, 50 y 100; y monedas de 1 (raras), 5 y 20 centavos, así como de 1 y 3 pesos. La moneda de 5 centavos se llama "medio" y la de 20 es una "peseta". Los centavos a veces se denominan "kilos".

El peso convertible tiene billetes de 1, 3, 5, 10, 20, 50 y 100; y monedas de 5, 10, 25 y 50 centavos y 1 peso.

Electricidad

La corriente funciona a 110 V, pero en muchos hoteles turísticos y *resorts* es de 220 V.

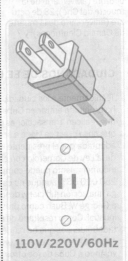

110V/220V/60Hz

Embajadas y consulados

Todas las embajadas están en La Habana y suelen abrir de 8.00 a 12.00 de lunes a viernes.

Argentina (☏7-204-2565; calle 36 nº 511, entre av. 5 y 7, Miramar)
Chile (☏7-204-1222; calle 33 nº 1423, entre 5 y 7, Miramar)
Colombia (☏7-204-9644; calle 14 nº 515, entre 14 y 18, Miramar)
EE UU (☏7-839-4100; Calzada, entre calles L y M, Vedado)
España (☏7-866-8025; Cárcel nº 51, La Habana Vieja)
México (☏7-204-7722; calle 12 nº 518 esq. av.7, Miramar)
Venezuela (☏7-204-2662; av. 5 nº 1601, esq. 16, Miramar)

Fiestas oficiales

Cuba cuenta con nueve fiestas oficiales. Otras fiestas nacionales destacadas son: 28 de enero (aniversario del nacimiento de José Martí); 19 de abril (victoria de la bahía de Cochinos); 8 de octubre (aniversario de la muerte del Che); 28 de octubre (aniversario de la muerte de Camilo Cienfuegos); y 7 de diciembre (aniversario de la muerte de Antonio Maceo).

1 de enero Triunfo de la Revolución
2 de enero Día de la Victoria
1 de mayo Día de los Trabajadores
25 de julio Conmemoración del asalto al Moncada
26 de julio Día de la Rebeldía Nacional. Conmemoración del asalto al Moncada
27 de julio Conmemoración del asalto al Moncada
10 de octubre Día de la Independencia
25 de diciembre Navidad
31 de diciembre Nochevieja

Información turística

La oficina de turismo oficial es **Infotur** (www.infotur.cu) y tiene sedes en las principales ciudades provinciales y mostradores en casi todos los grandes hoteles y aeropuertos. Las agencias de viajes como Cubanacán, Cubatur, Gaviota y Ecotur suelen proporcionar información general.

Mapas y planos

La señalización es deficiente, por tanto, resulta imprescindible contar con un buen mapa, tanto para conductores como para ciclistas. *Guía de carreteras*, publicado en Italia, contiene los mejores mapas existentes de Cuba. Se suele entregar gratis al alquilar un vehículo, aunque a algunos viajeros se han pedido entre 5 y 10 CUC. Cuenta con un completo índice, un plano detallado de La Habana e información útil en español, inglés, italiano y francés. El *Automapa nacional* es también práctico, aunque más general; se vende en hoteles y oficinas de alquiler de vehículos.

El mejor mapa publicado fuera de Cuba es el de Freytag & Berndt 1:1 250 000. Cubre toda la isla y tiene planos de La Habana, Playas del Este, Varadero, Cienfuegos, Camagüey y Santiago de Cuba.

Si se desea un mapa bueno y sencillo, hay que hacerse con una de las Guías provinciales disponibles en las oficinas de Infotur.

Mujeres viajeras

En cuanto a la seguridad física, Cuba es un paraíso para las mujeres viajeras. Se puede pasear de noche por casi todas las calles, el índice de delitos violentos es muy bajo y el aspecto positivo del machismo es que una mujer nunca se va a encontrar en apuros. Sin embargo, esto último también tiene su contrapartida en forma de piropos, comentarios e, incluso, cierto grado de acoso.

La ropa sencilla evita atenciones indeseadas y está absolutamente desaconsejado tomar el sol en toples. Si se va a una discoteca, hay que dejar muy claro a los compañeros de baile lo que se quiere y lo que no.

Salud

Desde un punto de vista sanitario, Cuba suele ser un lugar seguro si se tiene un mínimo

CIUDADANOS DE EE UU Y CUBA

Técnicamente a los ciudadanos de EE UU nunca se les ha prohibido entrar en Cuba; más bien se les prohíbe que realicen 'transacciones relacionadas con viajes', lo que en la práctica viene a ser lo mismo. Esta medida fue adoptada por el presidente Kennedy en 1961 en virtud de la Ley de Comercio con el Enemigo de 1917. Su incumplimiento puede comportar una multa de 250 000 US$, aunque no es frecuente que se interponga una acción judicial y, desde que Obama reemplazó a George W. Bush como presidente, cada vez es más inusual. Como resultado de ello, miles de ciudadanos estadounidenses que no reúnen los requisitos para viajar con una licencia general burlan cada año esta medida, volando a Cuba desde otros países, como México, Canadá y las Bahamas. Los funcionarios aduaneros de Cuba no sellan los pasaportes estadounidenses.

cuidado con lo que se come y se bebe. Las enfermedades más comunes entre los viajeros, como la disentería y la hepatitis, se contraen por el consumo de alimentos y agua en mal estado. Las que se transmiten por los mosquitos no son un problema grave en la mayor parte de las islas del archipiélago cubano.

La prevención es la clave para mantenerse sano. Los viajeros que se han protegido con las vacunas recomendadas y que tienen en cuenta las precauciones de sentido común, por lo general, no sufren más que leves diarreas.

Seguro médico

Desde mayo del 2010, es obligatorio que todos los viajeros extranjeros dispongan de un seguro médico. En los aeropuertos se llevan a cabo controles aleatorios, por lo que hay que recordar llevar una copia impresa de la correspondiente póliza.

En caso de hospitalización, se puede llamar a **Asistur** (☎7-866-4499, urgencias 7-866-8527; www. asistur.cu; pº Martí 208, Centro Habana; ⊗8.30-17.30 lu-vi, 8.00-14.00 sa) para solicitar ayuda en cuanto al seguro y la asistencia médica. Dispone de oficinas regionales en La Habana, Varadero, Cayo Coco, Guardalavaca y Santiago de Cuba.

El tratamiento de pacientes ambulatorios en clínicas internacionales tiene un precio razonable, pero las urgencias y las hospitalizaciones largas salen caras (el sistema médico gratuito para los cubanos solo debería usarse si no hay otra opción).

Si el viajero tiene que contratar un seguro médico a su llegada, deberá pagar entre 2,50-3 CUC al día para una cobertura de hasta 25 000 CUC en gastos médicos (por enfermedad) y 10 000 CUC por repatriación de un enfermo.

Asistencia médica para extranjeros

El Gobierno cubano ha instaurado un sistema sanitario para extranjeros con fines lucrativos, llamado **Servimed** (☎7-24-01-41; www.servimedcuba.com), independiente del sistema gratuito y sin ánimo de lucro que se ocupa de los ciudadanos cubanos. Hay más de 40 centros sanitarios Servimed en la isla que ofrecen atención primaria, además de varias especialidades y servicios de alta tecnología. Si el viajero se aloja en un hotel, la forma habitual de acceder al sistema es solicitar un médico al director. Los centros de Servimed aceptan consultas con cita previa. Si bien los hospitales cubanos ofrecen tratamiento gratuito de urgencias a extranjeros, este solo debería usarse como último recurso. Hay que recordar que los recursos médicos cubanos son escasos y que en los centros sanitarios gratuitos se debe dar prioridad a la población local.

La mayoría de los médicos y de los hospitales esperan pagos en efectivo, tanto si el viajero dispone de seguro médico como si no. Si el problema médico supone un riesgo vital para el visitante, quizá quiera que le evacuen a un país con asistencia médica de vanguardia. Esto puede costar miles de dólares, por lo que antes de viajar conviene comprobar que su seguro lo cubre.

También hay farmacias especiales para extranjeros gestionadas por el sistema Servimed, pero todas las boticas cubanas están mal abastecidas. El viajero deberá llevar una cantidad suficiente de los medicamentos que pueda necesitar, tanto si son con receta o no, y también un botiquín bien surtido. Las farmacias que indican "*turno permanente*" o "pilotos" abren 24 h.

Agua

La potabilidad del agua del grifo no está garantizada; en los últimos años se han registrado brotes de cólera. El agua embotellada Ciego Montero rara vez cuesta más de 1 CUC, pero en las pequeñas localidades no siempre hay. Si se va a emprender un largo viaje en coche o en autobús, se recomienda abastecerse de ella en las grandes ciudades.

Seguridad

Por lo general, Cuba es más segura que la mayoría de los países, y los asaltos violentos son poco frecuentes. Los hurtos (p. ej., sustraer el equipaje en las habitaciones del hotel o los zapatos en la playa) son comunes, pero las medidas preventivas hacen milagros. La acción de los carteristas también se puede evitar: hay que llevar el bolso delante en los autobuses y mercados concurridos, y al salir de noche, llevar el dinero justo que se va a necesitar.

La mendicidad es un problema extendido, agravado por turistas que reparten dinero, jabón, bolígrafos, chicles y demás cosas a la gente que les pide en la calle. Si realmente se quiere ayudar, las farmacias y los hospitales aceptarán donativos de medicamentos, los colegios tomarán con mucho gusto bolígrafos, papel, lápices de colores, etc., y las bibliotecas aceptarán libros encantadas. Otras opciones son entregar el material a los propietarios de las casas particulares o dejarlo en una iglesia local. Los acosadores de turistas se llaman *jineteros/jineteras* y pueden ser un verdadero engorro.

Teléfono

El sistema de teléfonos está en proceso de transformación, así que hay que tener en cuenta los posibles cambios en los números. Normalmente un mensaje grabado avisa de cualquier modificación. La mayoría de los Telepuntos de Etecsa han sido reformados, por ello, casi todas las ciudades cuentan con un locutorio con cibercafé.

En los últimos años se ha extendido el uso de móviles.

Teléfonos móviles

La empresa de telefonía móvil de Cuba se llama **Cubacel** (www.cubacel.com). En Cuba, hoy en día, se pueden usar móviles GSM o TDMA, pero hay que pagar una tarifa de activación (30 CUC aprox.). Cubacel dispone de numerosas oficinas en todo el país (también en el aeropuerto de La Habana) donde hacer los trámites. Las llamadas en territorio cubano cuestan 0,30-0,45 CUC/minuto y 2,45- 5,85 las llamadas internacionales. El alquiler de un móvil cuesta 6 CUC más 3 CUC al día, en concepto de activación. También hay que dejar una fianza de 100 CUC. Los cargos a partir de esta cantidad son de 0,35 CUC/ minuto. Para información actualizada, véase www. etecsa.cu.

Prefijos

➡ Para llamar a Cuba desde el extranjero hay que marcar el prefijo internacional, el prefijo nacional de Cuba (53), el de la ciudad o zona (menos el 0, que se usa en las llamadas interprovinciales) y el número de destino.

➡ Para llamar al extranjero desde Cuba, hay que marcar el prefijo de llamada internacional (☎119), el prefijo del país que corresponda, el local y el número de teléfono. En el caso de EE UU, hay que marcar ☎119 + 1, el prefijo local y el número.

➡ Para llamar desde Cuba a Madrid, hay que marcar ☎119 (código internacional) + ☎34 (código de España) + ☎91 (zona) + el número.

➡ Para llamar de móvil a móvil, basta marcar el número de ocho dígitos (que siempre empieza por 5).

➡ Para llamar de móvil a fijo, hay que marcar el código de la provincia y el número local.

➡ Para llamar de fijo a móvil, hay que marcar ☎01 (o 0 en La Habana), seguido del número de móvil de ocho dígitos.

➡ Para llamar de fijo a fijo hay que marcar ☎0, seguido del código de la provincia y del número local.

Tarjetas telefónicas

Las tarjetas telefónicas se compran en Etecsa, donde también se puede utilizar internet y realizar llamadas internacionales. Abundan los teléfonos públicos azules de Etecsa, que aceptan tarjetas con banda magnética o chip. Las tarjetas se venden en convertibles (5 CUC, 10 CUC y 20 CUC) y en moneda nacional (5 y 10 CUP). Las llamadas nacionales se pueden pagar con ambos, pero las internacionales solo se aceptan con tarjetas en convertibles.

También hay cabinas que funcionan con monedas, pero solo admiten pesos cubanos (moneda nacional CUP).

Tarifas telefónicas

Las llamadas locales cuestan a partir de 5 centavos/minuto y varían en función de la hora del día y de la distancia; las interprovinciales, a partir de 1,40 CUC/minuto aproximadamente. Recuérdese que en los teléfonos públicos solo se pueden utilizar las monedas de 1 peso que llevan una estrella. Como la mayor parte de los teléfonos públicos, no devuelven cambio, es un gesto de cortesía apretar la tecla R para que el próximo usuario pueda aprovechar el saldo restante.

Las llamadas internacionales con tarjeta cuestan unos 2 CUC/minuto a EE UU y unos 5 CUC a Europa. Las llamadas a través de operadora son más caras.

En los hoteles de tres estrellas o más, las tarifas de llamadas internacionales suelen también ser algo más caras.

Viajeros con discapacidades

Aunque las instalaciones sean pésimas y no estén pensadas para personas con discapacidad, la generosidad de la gente puede compensar las dificultades. Los ciegos tendrán ayuda para cruzar la calle y prioridad en las colas. Los que van en silla de ruedas descubrirán que las pocas rampas que hay son ridículamente empinadas, que las aceras de los barrios coloniales son demasiado estrechas y las calles están empedradas, y que es habitual que los ascensores no funcionen. Los centros telefónicos de Etecsa suelen tener sistemas adaptados para sordos y algunos programas se emiten con subtítulos cerrados (CC).

Visados y documentación

Para un máximo de dos meses en Cuba no se precisa ningún visado, pero sí una tarjeta de turista, válida para 30 días, que puede ampliarse una vez se esté en el país. Si se va en viaje organizado, se recibe la tarjeta junto con el resto de la documentación pertinente. Si solo se adquiere el vuelo, la agencia de viajes o la compañía aérea suelen facilitarla, pero varía de un caso a otro (algunas aerolíneas proporcionan la tarjeta durante el vuelo); conviene consultarlo previamente por teléfono o correo electrónico con la compañía. A veces hay que comprar o recoger la tarjeta en el aeropuerto de salida. A algunos viajeros independientes no se les ha permitido tomar el vuelo con destino a Cuba por carecer de la tarjeta.

Una vez en La Habana, las ampliaciones o los reemplazos cuestan 25 US$ más. Para salir del país, hay que mostrar necesariamente la tarjeta de turista. En caso de perderla, habrá que dedicar un mínimo de 1 día a frustrantes trámites burocráticos para obtener otra.

Tampoco se permite entrar en Cuba si no se dispone de billete de salida.

Hay que cumplimentar la tarjeta de turista con mucho cuidado: los empleados de aduanas suelen poner pegas si presenta tachones o no se lee con claridad.

Las personas en viajes de negocios y los periodistas necesitan un visado, que debe solicitarse en un consulado al menos con tres semanas de antelación, o más si se solicita desde un país que no es el de origen.

Los viajeros con visado o cualquier persona que haya permanecido en el país más de 90 días deben solicitar un permiso de salida en la oficina de inmigración.

Licencias para los viajeros de EE UU

El Gobierno de EE UU expide dos tipos de licencias para viajar a Cuba: específicas y generales. Las específicas comportan un largo y a veces complicado proceso de solicitud y se estudian caso por caso. Conviene solicitarlas con una antelación mínima de 45 días con respecto a la fecha de partida. Para las licencias generales hay que cumplir unos requisitos mínimos.

Al efectuar la reserva del vuelo hay que enviar a un prestatario de servicios de viaje autorizado documentación que corrobore la solicitud, que varía en función de la categoría en la que se inscriba el viajero. Para minimizar las solicitudes fraudulentas, los prestatarios de servicios de viaje solicitan a todos los viajeros de EE UU que firmen una declaración

jurada de viaje, que al regresar de Cuba los funcionarios de emigración de EE UU pueden examinar. Para saber si se cumplen los requisitos a la hora de solicitar una licencia, consúltese con el **Departamento del Tesoro** (www.treasury.gov/resource-center/sanctions/Programs/pages/cuba.aspx).

Ampliaciones

Para la mayoría de los viajeros es fácil obtener una ampliación del visado una vez en el país. Solo hay que ir a una oficina de inmigración y presentar los documentos junto con 25 CUC en sellos, que se venden en cualquier sucursal de Bandec o del Banco Financiero Internacional. Tras los 30 días originales solo se reciben 30 días adicionales, pero se puede salir y volver a entrar en el país en 24 h y empezar de nuevo (algunas agencias de viaje de La Habana tienen ofertas especiales para este tipo de excursión). Se recomienda solicitar las ampliaciones unos cuantos días laborables antes de la fecha de caducidad del visado y no viajar nunca por Cuba con un visado caducado.

Oficinas de inmigración cubanas

En casi todas las capitales provinciales hay oficinas de inmigración (donde se puede prorrogar el visado). Se aconseja evitar la oficina de La Habana porque siempre está abarrotada. Los horarios son normalmente de 8.00 a 19.00 lu, mi y vi, de 8.00 a 17.00 ma, de 8.00 a 12.00 ju y sa. Las delegaciones de la oficina de inmigración son las siguientes:

Baracoa (Antonio Maceo 48)
Bayamo (Carretera Central, km 2; en un gran complejo 200 m al sur del Hotel Sierra Maestra)
Camagüey (calle 3 nº 156, entre calles 8 y 10, Reparto Vista Hermosa)
Ciego de Ávila (Delgado esq. Independencia)

Cienfuegos (☏43-52-10-17; av. 46, entre calles 29 y 31)
Guantánamo (calle 1 Oeste, entre calles 14 y 15 Norte; detrás del Hotel Guantánamo)
La Habana (calle 17 nº 203, entre J y K, Vedado)
Holguín (Fomento 256 esq. Peralejo) Conviene llegar temprano para evitar colas.
Las Tunas (av. Camilo Cienfuegos, Reparto Buenavista; al noreste de la estación de trenes)
Sancti Spíritus (☏41-32-47-29; Independencia Norte 107)
Santa Clara (av. Sandino esq. 6; tres manzanas al este del Estadio Sandino)
Santiago de Cuba (☏22-65-75-07, av. Pujol 10, entre calle 10 y Anacaona) Los sellos para la ampliación del visado se venden en el Banco de Crédito y Comercio, en Félix Peña 614, en el parque Céspedes.
Trinidad (Julio Cueva Díaz, junto al paseo Agramonte)
Varadero (av. 1 esq. calle 39)

Voluntariado

Hay varios organismos que ofrecen trabajos de voluntariado, aunque siempre es mejor organizarlo en el país de origen. Llegar a La Habana y pretender trabajar como voluntario puede resultar imposible.

Witness for Peace (www.witnessforpeace.org) Busca personas que hablen español y se comprometan para 2 años. Desde España, algunas organizaciones participan en diferentes programas en Cuba:
Coordinadora Estatal de Solidaridad con Cuba (☏646 80 95 34; www.nodo50.org/cesc)
Solidaridad Internacional (☏902 15 23 23; www.solidaridad.org)
Sodepaz (☏902 367 192; www.sodepaz.org)

Transporte

CÓMO LLEGAR Y SALIR

Entrada al país

Tanto si es la primera vez como si no, la aproximación al aeropuerto internacional José Martí sobre los campos rojizos de tabaco es, de por sí, una experiencia inolvidable. Por suerte, los trámites de entrada son bastante sencillos y, dado que cada año llegan unos 3 millones de visitantes, los funcionarios de inmigración están acostumbrados a tratar con turistas extranjeros.

DOCUMENTOS REQUERIDOS

➡ Pasaporte válido durante, al menos, seis meses desde la fecha de salida

➡ Tarjeta de turista cubana cumplimentada correctamente

➡ Póliza de seguro de viaje (hay controles aleatorios en el aeropuerto)

➡ Acreditación de fondos suficientes para toda la estancia

➡ Billete de regreso

Avión

Aeropuertos

Cuba tiene 10 aeropuertos internacionales. El mayor es el **José Martí,** en La Habana. El otro aeropuerto importante es el **Juan Gualberto Gómez,** en Varadero.

Actualmente hay vuelos chárter especiales para cubano-estadounidenses autorizados legalmente, que vuelan a cuatro aeropuertos de Cuba desde Miami, Tampa, Atlanta, Fort Lauderdale y Nueva York.

Líneas aéreas

En La Habana, la mayoría tiene sus oficinas en el **edificio de las Aerolíneas** (calle 23 n° 64) en el Vedado, o en el **Miramar Trade Center** (plano p. 128; av. 3, entre calles 76 y 80, Miramar), en Playa.

Cubana (www.cubana.cu), la compañía aérea nacional, tiene vuelos regulares a Bogotá, Buenos Aires, Ciudad de México, Cancún, Caracas, Madrid, París, Toronto, Montreal, São Paulo, San José (Costa Rica) y Santo Domingo (República Dominicana). Su moderna flota cubre las principales rutas y sus billetes se cuentan entre los más baratos. Sin embargo, la sobrerreserva y los retrasos son problemas recurrentes. La línea aérea tiene una política de tolerancia cero con el exceso de equipaje y penaliza severamente cada kilo que supere los 20 kg de equipaje autorizados. En cuanto a seguridad, Cubana tuvo algunos accidentes en diciembre de 1999, con 39 fallecidos; desde esa fecha no se ha registrado ninguno más. Se pueden consultar las cifras más recientes en www.airsafe.com.

ÁFRICA

Los vuelos directos desde África salen de Luanda (Angola). Desde el resto de países africanos es necesario enlazar con otros vuelos en Londres, París, Madrid, Ámsterdam o Roma.

TAAG (www.taag.com) Vuelos semanales de Luanda a La Habana.

ASIA

Air China (www.airchina. com) Tres vuelos semanales entre Pekín y La Habana desde septiembre del 2015.

CANADÁ

Los vuelos desde Canadá conectan con 10 aeropuertos cubanos desde 22 ciudades. Toronto y Montreal son los principales puntos de salida. Otras ciudades están conectadas mediante vuelos chárter directos. **A Nash Travel** (www.anashtravel.com), con sede en Toronto, se encarga de resolver dudas sobre vuelos y vacaciones.

Air Canada (www.aircanada. com) Vuelos a La Habana, Cayo

Coco, Cayo Largo del Sur, Holguín, Santa Clara y Varadero.

Air Transat (www.airtransat.com) Vuelos a Camagüey, Cayo Coco, Holguín, Santa Clara y Varadero.

CanJet (www.canjet.com) Vuelos a Camagüey, Cayo Coco, Cayo Largo del Sur, Holguín, Santa Clara, Santiago de Cuba y Varadero.

Sunwing (www.flysunwing.com) Vuelos a Cayo Coco, Camagüey, Cienfuegos, Manzanillo, Holguín, Santiago de Cuba, Varadero y La Habana.

Westjet (www.westjet.com) Compañía de bajo coste con sede en Calgary y vuelos a destinos canadienses, va a Varadero, Cayo Coco, Santa Clara y Holguín.

CARIBE

Cubana y su filial **Aerocaribbean** (www.fly-aerocaribbean.com) son las principales compañías aéreas. Las otras tres son las siguientes:

Air Caraibes Airlines (www.aircaraibes.com) Vuelos directos desde Pointe-a-Pitre, en la isla francesa de Guadalupe, a La Habana.

Bahamasair (www.bahamasair.com) De Nassau, en las Bahamas, a La Habana.

Cayman Airways (www.caymanairways.com) De Gran Caimán a La Habana.

EUROPA

Vuelos regulares a Cuba desde España, Bélgica, Francia, Alemania, los Países Bajos, Italia, Rusia, Suiza y Reino Unido.

Aeroflot (www.aeroflot.ru) De Moscú a La Habana dos veces por semana.

Air Europa (www.aireuropa.com) Dos vuelos semanales de Madrid a La Habana.

Air France (www.airfrance.com) Vuelos diarios de París-Charles de Gaulle a La Habana.

Arkefly (www.arkefly.nl) De Ámsterdam a Varadero.

Blue Panorama (www.blue-panorama.com) De Milán y Roma a Cayo Largo del Sur, Holguín,

Santa Clara, Santiago, Varadero y La Habana.

Condor (www.condor.com) De Frankfurt a Holguín, Varadero y La Habana.

Edelweiss (www.edelweissair.ch) De Zúrich a Holguín y Varadero.

Jetairfly (www.jetairfly.com) Vuelos chárteres de Bruselas a Varadero.

KLM (www.klm.com) De Ámsterdam a La Habana, do, lu, mi y ju.

Neos (www.neosair.it) Chárter de Milán a Cayo Largo del Sur, Holguín, La Habana y Varadero.

Thomas Cook (www.thomascook.com) Vuelos chárter de Londres y Manchester a Holguín, Cayo Coco, Santa Clara y Varadero.

Transaero (www.transaero.com) Chárter estacional de Moscú a La Habana-Varadero.

Virgin Atlantic (www.virgin-atlantic.com) Dos vuelos semanales de Londres Gatwick a La Habana.

ESPAÑA

Las mejores opciones las ofrece Iberia (902 400 500; www.iberia.es) y Air Europa (902 401 501; www.aireuropa.com), con vuelos directos a La Habana desde Madrid (10 ½ h; desde 600-900 €).

Otra forma de conseguir vuelos baratos y ofertas es visitar los portales de viajes en internet. En www.es.lastminute.com, www.rumbo.es o www.despegar.com se pueden encontrar pasajes con descuentos.

MÉXICO

Interjet (www.interjet.com.mx) Vuelos desde Ciudad de México a La Habana.

SUDAMÉRICA Y CENTROAMÉRICA

Avianca (www.avianca.com) Vuelos de Bogotá (Colombia) a La Habana y Varadero.

Conviasa (www.conviasa.aero) Tres vuelos semanales de Caracas (Venezuela) a La Habana.

Copa Airlines (www.copaair.com) Vuelos regulares de Ciudad de Panamá a La Habana y Santa Clara.

LAN Perú (www.lan.com) Vuelos semanales de Lima a La Habana.

ESTADOS UNIDOS

Desde que a principios del 2015 la Administración Obama suavizó las restricciones para viajar a Cuba abundan los vuelos chárter entre EE UU y Cuba. El Departamento del Tesoro publica regularmente una lista de Prestatarios de Servicios de Viaje Autorizados que efectúan reservas para vuelos chárter. Entre las principales compañías destacan **Cuba Travel Services** (www.cubatravelservices.com), **ABC Charters** (www.abc-charters.com) y **Marazul** (www.marazulcharters.com). Para la reserva de billetes, hasta ahora, había que facilitar al prestatario de los servicios los detalles de la licencia junto con una declaración jurada y firmada de viaje, pero estas condiciones pueden cambiar, a raíz del restablecimiento de relaciones diplomáticas, por lo que se recomienda consultar previamente.

Durante la elaboración de esta guía había vuelos chárter regulares entre Nueva York, Miami y Tampa y al menos seis aeropuertos cubanos, incluidos los de La Habana, Santa Clara y Santiago de Cuba. Dado que se añaden nuevos vuelos de forma constante, antes de efectuar una reserva conviene confirmar que sea una compañía autorizada por las autoridades estadounidenses. En abril del 2015, **Cheap Air** (www.cheapair.com) fue la primera compañía que comenzó a aceptar reservas de vuelos por internet entre EE UU y Cuba.

Barco

Cruceros

Como las leyes de embargo estadounidenses prohíben la entrada a los puertos de EE UU durante seis meses a todos los barcos que hayan hecho escala en Cuba, pocos cruceros incluyen la isla en sus itinerarios. La compañía **Cuba Cruise** (www.yourcu bacruise.com) organiza un interesante crucero por Cuba con parada en La Habana, Holguín, Santiago, Montego Bay (Jamaica), Cienfuegos

y la Isla de la Juventud. Hay salidas semanales de diciembre a marzo. También ofrece una travesía desde Barcelona, aunque menos frecuente. La compañía **MSC** (www.msccruceros.es) dispone de varias modalidades de crucero desde España a la isla, con salidas desde Barcelona o Las Palmas de Gran Canaria. Por su parte, la británica **Thomson** (www. thomson.co.uk) ofrece un viaje de siete noches, llamado *Cuban Fusion*, que parte de Montego Bay, en Jamaica, y cuesta unas 700 £.

CIRCUITOS DESDE EE UU

Desde enero del 2011 los estadounidenses pueden viajar legalmente a Cuba en viajes de intercambio cultural aprobados por el Gobierno y realizados con prestatarios autorizados. El programa People to People refleja los esfuerzos del Gobierno de EE UU para que sus ciudadanos viajen a Cuba con un propósito específico y entren en contacto con cubanos de a pie para reforzar la confianza y el entendimiento entre ambos países. Los agentes autorizados se encargan de los trámites relativos a la licencia, de modo que los participantes pueden olvidarse de los aspectos legales y disponen de más tiempo para disfrutar de excursiones organizadas como cualquier otro turista. Desde el 2011, el **Departamento del Tesoro** (www.treasury.gov/resource-center/sanctions/ Programs/pages/cuba.aspx) ha concedido licencias a unas 140 agencias registradas que organizan viajes People to People, incluidas **Insight Cuba** (www.insightcuba.com), que fue la primera en organizar excursiones a Cuba durante la era Clinton, junto con **Moto Discovery** (www. motodiscovery.com), **Friendly Planet** (www.friendlyplanet. com), **Grand Circle Foundation** (www.grandcirclefounda tion.org) y **Geographic Expeditions** (www.geoex.com).

Marazul Charters Inc (www.marazulcharters.com) lleva más de 30 años facilitando viajes a Cuba y puede ayudar al viajero a participar en uno de esos viajes patrocinados legales. También reserva billetes para sus propios vuelos chárter que van directos de Miami a La Habana o a Camagüey.

Cuba Travel Services (www.cubatravelservices.com) Organiza y reserva vuelos entre EE UU y Cuba.

Insight Cuba (www.insightcuba.com) Consolidado operador registrado de viajes People to People. Los circuitos incluyen una excursión de una semana en torno al *jazz* y un viaje para correr en el maratón de La Habana en noviembre.

Ferri

Cuando se elaboró esta guía no había servicios regulares de ferris a Cuba. Estaba previsto que en el segundo semestre del 2015 se empezaran a prestar servicios de ferri y catamarán entre Florida y Cuba, de Miami/Fort Lauderdale a La Habana. Las embarcaciones de alta velocidad cubrirán el trayecto en unas 4 h y posiblemente las tarifas serán más económicas que las de las líneas aéreas; se impone consultar.

Yate privado

Si se dispone de yate o barco propio, Cuba tiene siete puertos de entrada internacionales provistos de aduanas:

➡ Marina Hemingway (La Habana)

➡ Marina Dásena (Varadero)

➡ Marina Cienfuegos

➡ Marina Cayo Guillermo

➡ Marina Santiago de Cuba

➡ Puerto de Vita (cerca de Guardalavaca, en la provincia de Holguín)

➡ Cayo Largo del Sur

➡ Cabo San Antonio (extremo occidental de la provincia de Pinar del Río) Los propietarios de las embarcaciones deberán ponerse en contacto con los guardacostas cubanos a través de la VHF 16 y 68 o por la red turística 19A.

Circuitos

Cuba es un destino popular de los circuitos organizados, sobre todo en el campo de la aventura sosegada. También hay circuitos especializados que se centran en la cultura, el medio ambiente, la aventura, el submarinismo, el ciclismo, la observación de aves, la arquitectura, el excursionismo, etc.

Club Marco Polo (www. clubmarcopolo.es) Compañía española de viajes especializa-

Rutas aéreas

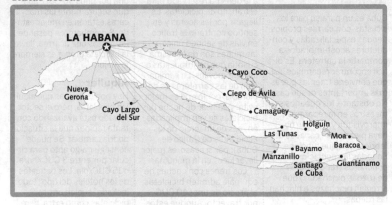

VUELOS NACIONALES DESDE LA HABANA

DESTINO	FRECUENCIA	DURACIÓN
Baracoa	1 semanal	2½ h
Bayamo	2 semanales	2 h
Camagüey	diario	1½ h
Cayo Coco	diario	1¼ h
Cayo Largo del Sur	diario	40 min
Ciego de Ávila	1 semanal	1¼ h
Guantánamo	5 semanales	2½ h
Holguín	2-3 diarios	1½ h
Isla de la Juventud	2 diarios	40 min
Manzanillo	1 semanal	2 h
Moa	1 semanal	3 h
Santiago de Cuba	2-3 diarios	2¼ h

dos, que abarca talleres fotográficos o rutas de ecoturismo y senderismo, con una amplia oferta en Cuba.

Guamá-Havanatur (www.guama.es) Con sede en España, gestiona una amplia gama de circuitos que se adentran, además, por las zonas menos trilladas de la isla.

Paraíso (www.paraisoenla tierra.com) Agencia mexicana especializada en Cuba, que prepara viajes personalizados y contempla diversas actividades.

CÓMO DESPLAZARSE

Avión

Cubana de Aviación (www.cubana.cu) y su filial regional Aerocaribbean tienen vuelos entre La Habana y 11 aeropuertos regionales. No hay conexiones internas entre los aeropuertos, salvo a través de La Habana.

Los vuelos de ida cuestan la mitad que los de ida y vuelta, y las restricciones en el equipaje son estrictas, sobre todo en los aviones pequeños de Aerocaribbean.

Los billetes pueden comprarse en el mostrador turístico de muchos hoteles y en las agencias de viajes por el mismo precio que en las oficinas de las compañías aéreas, que suelen ser caóticas.

Aerogaviota (www.aero gaviota.com; av. 47 No 2814, entre calles 28 y 34, Playa, La Habana) ofrece vuelos chárteres más caros a La Coloma y Cayo Levisa (provincia de Pinar del Río), Nueva Gerona, Cayo Largo del Sur, Varadero, Cayo Las Brujas, Cayo Coco, Playa Santa Lucía y Santiago de Cuba.

Bicicleta

Cuba es un paraíso para los ciclistas, con carriles propios, tiendas especializadas y conductores acostumbrados a compartir la carretera. Es difícil encontrar recambios, así que conviene traer las piezas más importantes desde casa. No obstante, los cubanos son maestros en la reparación improvisada y, aunque no haya piezas, son capaces de fabricar una que funcione. En todas las poblaciones hay *poncheros* (reponedores de ruedas pinchadas) que arreglan pinchazos e hinchan las ruedas.

Los cascos son muy raros, excepto en los hoteles de gama alta, por tanto, también hay que llevarlo. En cambio, los candados son imprescindibles, porque el robo de bicicletas es habitual. Los *parqueos* son los aparcamientos reservados para las bicicletas; cuestan 1 CUP y los hay en todos los puntos donde se congrega gente, como mercados, terminales de autobús, el centro urbano, etc.

En todas las vías del país, incluso en las carreteras, hay un espacio de 1 m de ancho a la derecha reservado para el tránsito de bicicletas. Es ilegal ir por las aceras y en sentido contrario al tráfico en vías de sentido único, y las multas son de la misma cuantía que las impuestas a los automóviles. La iluminación de las carreteras es deplorable, por lo que es mejor evitar pedalear de noche (las bicicletas se ven implicadas en más de un tercio de los accidentes de tráfico de Cuba); por si acaso, es mejor llevar luces en la máquina.

Los trenes con coches de equipaje admiten bicicletas al precio de unos 10 CUC por trayecto. Aunque estos vagones están protegidos, es mejor no dejar las cestas y comprobar el estado de la bicicleta al bajar. Los autobuses de Víazul también admiten bicicletas.

Compras

Por los canales oficiales, la oferta es limitada y los precios altos, pero preguntando se puede encontrar a alguien que venda su *chivo*, término coloquial para bicicleta, y luego se revende o se cambia al marcharse. Si se regatea un poco, se puede conseguir una por unos 30 CUC, aunque seguramente las más caras estarán en mejor estado. Sin embargo, a pesar de los gastos que acarreá, llevar la bicicleta propia es siempre lo mejor.

Alquiler

Hay pocas tiendas que alquilen bicicletas, pero el sector privado está avanzando con tanta rapidez que la situación podría cambiar. Se puede conseguir algo apto para circular por entre 3 CUC/hora o 15 CUC/día. Los paquetes de los hoteles del tipo "todo incluido" suelen ofrecer bicicletas como extra, pero los frenos suelen ser malos y carecen de marchas.

Autobús

Se trata de un modo fiable de desplazarse, al menos por las zonas más frecuentadas. **Víazul** (www.viazul.com) es la principal compañía de autobuses de largo recorrido que admite a extranjeros; ofrece un servicio puntual, con autobuses equipados con aire acondicionado, que

RUTAS DE VÍAZUL

RUTA	DURACIÓN (H)	PRECIO (CUC)	PARADAS
La Habana-Santiago de Cuba	15½	51	Entronque de Jagüey, Santa Clara, Sancti Spíritus, Ciego de Ávila, Camagüey, Las Tunas, Holguín, Bayamo
Trinidad-Santiago de Cuba	12	33	Sancti Spíritus, Ciego de Ávila, Camagüey, Las Tunas, Holguín, Bayamo
La Habana-Viñales	3¼	12	Pinar del Río
La Habana-Holguín	10½	44	Santa Clara, Sancti Spíritus, Ciego de Ávila, Camagüey, Las Tunas
La Habana-Trinidad	6	25	Entronque de Jagüey, Cienfuegos
La Habana-Varadero	3	10	Matanzas, aeropuerto de Varadero
Santiago de Cuba-Baracoa	4¾	15	Guantánamo
Varadero-Santiago de Cuba	16	49	Cárdenas, Colón, Santa Clara, Sancti Spíritus, Ciego de Ávila, Camagüey, Las Tunas, Holguín, Bayamo
Trinidad-Varadero	6	20	Cárdenas, Colón, Entronque de Jagüey, Cienfuegos

EL CAMBIO CLIMÁTICO Y LOS VIAJES

Toda forma de transporte con motor genera CO_2, la principal causa del cambio climático provocado por el hombre. La forma de viajar actual depende de los aviones, que quizá usen menos combustible por kilómetro y persona que muchos coches, pero recorren distancias mucho mayores. La altura a la que los aviones emiten gases (incluido CO_2) y las partículas también contribuye a su impacto sobre el cambio climático. Muchas webs ofrecen "calculadoras de carbono" que permiten al usuario contabilizar las emisiones de carbono generadas por su viaje y, para quienes lo deseen, compensar el impacto de los gases de efecto invernadero emitidos con aportaciones a iniciativas respetuosas con el medio ambiente en todo el mundo. Lonely Planet compensa todos los viajes de su personal y de los autores de sus guías.

van a lugares de interés turístico. Los billetes se pagan en convertibles y se puede tener la certeza de que se llegará a buen puerto, casi siempre a la hora prevista. Realizan paradas regulares para almorzar o cenar y siempre llevan dos conductores. Ofrecen salidas diarias, pero cada vez tienen más demanda, por lo que hay que reservar con antelación para las rutas más solicitadas.

Conectando, dirigida por Cubanacán, es una opción más reciente. La ventaja es que circulan entre los hoteles del centro de las ciudades y que se puede reservar con antelación en las oficinas de Infotur y Cubanacán. Lo malo es que los horarios no son ni tan fiables ni tan completos como los de Víazul.

Muchos lugares turísticos de éxito cuentan con circuitos en autobús que enlazan los principales puntos de interés de una zona determinada y cobran 5 CUC por billete diario. Los servicios los gestiona la agencia estatal de transportes **Transtur** (📞7-831-7333). En La Habana y Varadero, los vehículos tienen dos pisos y el techo descubierto. Se usan microbuses similares en Viñales, Trinidad, Cayo Coco, Guardalavaca, Cayo Santa María y Baracoa (en temporada).

Para recorrer distancias cortas, hay autobuses provinciales que cobran en moneda nacional y son mucho menos cómodos y

fiables que Víazul. Salen de las estaciones de autobuses provinciales de cada localidad. Los horarios y precios suelen escribirse con tiza en una pizarra, dentro de la terminal.

Reservas

Con Víazul es aconsejable reservar en temporada alta (junio-agosto, Navidad y Semana Santa) para las rutas más concurridas (La Habana-Trinidad, Trinidad-Santa Clara y Santiago de Cuba-Baracoa). Normalmente se puede reservar con uno o dos días de antelación.

El autobús de Víazul que sale de Baracoa casi siempre está completo, así que se recomienda reservar un asiento al llegar. Es posible hacer reservas por internet en www.viazul.com. No obstante, como suele ocurrir con las webs cubanas, no siempre funciona.

Automóvil

Es fácil alquilar un coche en Cuba, pero si se suman la gasolina, el seguro, la tarifa de alquiler, etc., no resulta barato. El precio depende del tamaño del automóvil, la temporada y la duración. Un vehículo de tamaño medio ronda los 70 CUC/día. De hecho, para distancias de menos de 150 km es más barato contratar un taxi (cuando se redactó esta guía, los taxis cobraban 0,50 CUC/km en las rutas interurbanas).

Permiso de conducir

Para alquilar un automóvil y conducirlo solo se necesita el carné de conducir del país de procedencia.

Combustible

La gasolina que se paga en convertibles, al contrario que la que se vende en pesos, se encuentra fácilmente en todas las estaciones de servicio del país, excepto en la costa occidental de La Habana. Las gasolineras suelen abrir 24 h y a veces venden piezas de recambios sencillas. La gasolina se vende en litros y existen dos tipos diferentes: regular (0,90 CUC/l) y especial (1,10 CUC/l). Se recomienda utilizar gasolina especial para los automóviles de alquiler. El personal de todas las gasolineras es eficiente, y suelen ser trabajadores sociales, es decir, estudiantes que combinan estudios y trabajo.

Piezas de recambio

Aunque no se garantizan recambios para todo, los cubanos son expertos en mantener su viejas máquinas en funcionamiento sin disponer de recambios y haciendo maravillas con cartón, cuerdas, gomas y perchas.

Si se necesita hinchar una rueda o reparar un pinchazo, se puede recurrir a una gasolinera o visitar al *ponchero* local.

Seguro

Los automóviles de alquiler tienen un seguro recomendado de 15 a 30 CUC diarios que cubre todo, menos el robo de la radio, que hay que guardar en el maletero por la noche. Se puede optar por no pagar este seguro, pero entonces, la fianza reembolsable que se paga al principio sube de 250 a 500 CUC. En caso de accidente, hay que quedarse con una copia de la denuncia que hace la policía para poder reclamar al seguro, proceso que puede durar todo el día. Si la policía determina que el viajero es responsable del accidente, puede despedirse del depósito.

Alquiler

Alquilar un automóvil en Cuba resulta sencillo. Se necesita el pasaporte, el carné de conducir y una fianza reembolsable de entre 250 y 800 CUC, en efectivo o con tarjeta de crédito no emitida por un banco estadounidense. Por un precio razonablemente mayor se puede alquilar el automóvil en una ciudad y devolverlo en otra. Si se dispone de un presupuesto bajo, conviene preguntar por los vehículos diésel, pues el combustible

es más económico. Pocos coches de alquiler cuentan con transmisión automática.

Si un automóvil se alquila por menos de tres días, su kilometraje es limitado; en cambio, si se va a utilizar por tres o más, el kilometraje es ilimitado. En Cuba se paga por el primer depósito de gasolina cuando se alquila el vehículo (1,10 CUC/l) y se puede devolver vacío. En la práctica, es una política arriesgada y muchos turistas se quedan sin gasolina a 1 o 2 km del punto de devolución. Además, no se devuelve el dinero de la gasolina que queda en el depósito al entregarlo. Es común el robo de espejos, antenas, luces traseras, etc., así que merece la pena pagar 1 o 2 CUC para que alguien vigile el vehículo por la noche. Si se pierde el contrato de alquiler o las llaves, se paga una multa de 50 CUC; los conductores menores de 25 años pagan 5 CUC más y los conductores adicionales del mismo vehículo tienen un recargo de 3 CUC diarios.

Es importante repasar el automóvil detenidamente con el agente antes de partir, porque al viajero se le hará responsable de cualquier daño o falta. Hay que asegurarse de que dispone de

rueda de repuesto del tamaño correcto, el gato y la llave. Los asientos deben tener cinturones de seguridad y todas las puertas han de cerrar debidamente.

Se han recibido muchas quejas en relación con la ineficacia o inexistencia del servicio al cliente, el engaño en las ruedas de repuesto, reservas olvidadas y otros problemas. Las reservas se aceptan solo con 15 días de antelación y, aun así, no se garantizan. Aunque los agentes suelen ser flexibles, se puede acabar pagando más de lo previsto o tener que esperar a que alguien devuelva un vehículo. Cuanto más amable se sea, más rápido se resolverán los problemas; las propinas también ayudan. Como ocurre con todos los aspectos de un viaje por Cuba, hay que tener siempre un plan B.

Estado de la carretera

Conducir por Cuba es un mundo aparte. El primer problema es que apenas hay señales. A menudo, las intersecciones importantes y los desvíos a ciudades principales carecen de indicaciones, lo que no solo es molesto, sino que hace perder tiempo. No suele indicarse con claridad si la calle es de sentido único o cuál es el límite de velocidad, lo puede ocasionar problemas con la policía, que no entiende la incapacidad del viajero para saber las normas de circulación. En cuanto a las marcas de la carretera, simplemente no existen en ninguna vía de la isla.

La Autopista Nacional, la Vía Blanca y la Carretera Central suelen estar bien, pero no ocurre lo mismo con otras, de las que se desprenden trozos de asfalto o en las que, sin previo aviso, cruzan vías de tren, sobre todo en el Oriente. Estos pasos a nivel son problemáticos por su cantidad y porque no cuentan con barreras. Hay que te-

---

ALQUILAR UN COCHE CON CONDUCTOR

Puede que en las carreteras no haya mucho tráfico, pero conducir por Cuba no es tan fácil como se cree, sobre todo cuando hay que tener en cuenta a ciclistas, niños, caballos y peatones con poca o nula visibilidad y, lo peor de todo, la falta de señalización. Para evitar complicaciones se recomienda alquilar un vehículo cómodo y moderno con conductor. Cada vez hay más compañías, pero destaca **Car Rental Cuba** (📞54-47-28-22; www. carrental-cuba.com; Maceo 360-361, entre Serafín García y E. P. Morales), con conductores experimentados, puntuales y amables. La sede central está en Santa Clara, pero la compañía opera por todo el país. Cuesta 60 CUC/día (55 CUC oct-abr) más 0,25 CUC/km, lo que significa que solo resulta un poco más cara que otras compañías tras incluir la gasolina y el seguro, pero tanto el vehículo como el conductor están a disposición del viajero 24/7.

ner mucho cuidado: por muy alta que sea la vegetación en las vías se debe siempre considerar que están en uso. Los trenes cubanos, como los automóviles, desafían a toda lógica en lo que respecta a la mecánica.

Aunque el tráfico de vehículos es escaso, no ocurre lo mismo con el de bicicletas, peatones, carros de bueyes, coches de caballos o ganado. Muchos de los automóviles y camiones más viejos carecen de espejos retrovisores y los niños salen corriendo de cualquier rincón sin preocuparse del tráfico. Hay que estar atento, conducir con precaución y utilizar el claxon en curvas y giros cerrados.

Se desaconseja conducir de noche debido a las cambiantes condiciones de la carretera, los conductores ebrios, las vacas que cruzan y la escasa iluminación. En La Habana es particularmente peligroso a altas horas de la noche, cuando parece que la calle se divide en un carril para mirones y otro para borrachos.

Los semáforos suelen estar estropeados o se ven con dificultad y la preferencia de paso no se tiene en cuenta.

Normas de tráfico

Los cubanos conducen a su aire. En principio, el tráfico puede parecer caótico pero tiene su ritmo. Se supone que los cinturones de seguridad son obligatorios y la velocidad máxima es de 50 km/h en ciudad, 90 km/h en carretera y 100 km/h en la autopista. Sin embargo, hay automóviles que ni siquiera alcanzan esta velocidad y otros que la sobrepasan habitualmente.

Con tan poco tráfico rodado, es difícil no pisar más de la cuenta el acelerador, pero hay que tener en cuenta los baches inesperados o las patrullas de la policía. Hay algunas trampas ingeniosas para detectar la velocidad, sobre todo en la autopista; la multa mínima es de 30

CUC, además de una nota en el contrato de alquiler, que luego servirá para que se deduzca de la fianza al devolver el vehículo. Cuando la policía ordena detenerse, hay que salir del vehículo y caminar hacia ellos con todos los documentos. Si al cruzarse de frente un vehículo manda una ráfaga luminosa significa que hay un peligro delante, muchas veces la policía.

La dificultad de transporte conlleva que haya mucha gente esperando al borde de la carretera a que alguien pare para llevarle. Darle a alguien una *botella*, es decir, llevarlo, tiene muchas ventajas, además de la generosidad. Con un cubano uno nunca se pierde, aprende secretos y conoce gente estupenda. No obstante, esta práctica comporta ciertos riesgos; es preferible llevar a gente mayor o familias. En las provincias, los amarillos (supervisores de tráfico pagados por el Estado, llamados así por sus uniformes de color mostaza) distribuyen a quienes esperan en colas, dando preferencia a los más necesitados, como matrimonios ancianos o mujeres embarazadas.

Ferri

Los servicios más interesantes para el viajero son el catamarán, que va del Surgidero de Batabanó a Nueva Gerona, **Isla de la Juventud** (☎7-878-1841), y el ferri de pasajeros que cubre la ruta de La Habana a Regla y **Casablanca** (☎7-867-3726). Estos ferries suelen ser seguros, a pesar de que en 1997 dos hidroplanos chocaron en ruta hacia la Isla de la Juventud. Tanto en 1994 como en el 2003, el ferri de Regla/Casablanca fue secuestrado por cubanos que intentaban llegar a Florida. En el incidente del 2003 había turistas, así que se pueden esperar importantes medidas de seguridad.

Autoestop

El problema del transporte, la necesidad y la escasa criminalidad hacen que en este país sea habitual esta práctica. Aquí el autoestop se entiende como compartir vehículo y está contemplado por la ley. Los semáforos, los pasos a nivel y los cruces son puntos habituales de parada para el autoestop. En las provincias y en las afueras de La Habana, los *amarillos* organizan y priorizan a los interesados, a los que se invita a formar una cola. El viaje cuesta entre 5 y 20 CUC. según la distancia. Los viajeros que utilicen este sistema necesitan un buen mapa y paciencia para esperar, en algunos casos, hasta 2 o 3 h. La práctica del autoestop no es segura en ningún país del mundo, por lo cual, es poco recomendable. Los que decidan hacerlo deben tener en cuenta que están asumiendo un riesgo potencial, por lo que se aconseja viajar en parejas e informar a alguien de la ruta que se pretende seguir.

Transporte local

Bicitaxis

Los bicitaxis son grandes triciclos de pedales, con un asiento doble detrás del conductor, habituales en La Habana, Camagüey, Holguín y otras ciudades. En la capital insisten en una tarifa mínima de 1 CUC, aunque los cubanos pagan 5 o 10 CUP. Algunos piden sumas desorbitadas. El precio debe acordarse antes de salir. Por ley, no pueden llevar turistas, que deben tomar taxis normales, así que corren un riesgo si lo hacen. Las normas se relajan más en las provincias, donde es fácil conseguir uno por entre 1 y 5 CUC.

Barco

Algunas ciudades, como La Habana, Cienfuegos, Gibara

y Santiago de Cuba, ofrecen transporte en ferris locales que cobran en moneda nacional.

Autobús

Las guaguas locales, normalmente abarrotadas y con mucha humedad, muy cubanas, son prácticas en las ciudades grandes. Tienen un itinerario fijo con paradas, donde espera una larga cola, en apariencia, desordenada. Hay que preguntar quién es el último, ya que las colas no son una línea perfecta. De hecho, la gente deambula cerca de la parada del autobús.

Los autobuses tienen una tarifa única: 0,40 CUP o 0,5 CUC. Desde hace poco, en La Habana y Santiago de Cuba hay flotas nuevas de metrobuses de fabricación china. Siempre hay que avanzar todo lo posible hasta la parte trasera y salir del autobús por la puerta de atrás. Conviene llevar el bolso o la mochila delante y tener cuidado con la cartera.

Colectivo y taxi

Los taxis *colectivos* tienen rutas de largo recorrido fijo y salen cuando están llenos. Suelen ser automóviles norteamericanos anteriores a 1959 que emiten humos de sus motores diésel y pueden llevar tres personas como mínimo en el asiento delantero. Los estatales cobran en convertibles y suelen esperar en las estaciones de autobuses; tienden a ser más rápidos y baratos que el autobús.

Coches de caballos

Muchas ciudades de provincias disponen de coches de caballos que realizan rutas fijas, a menudo entre las estaciones de trenes y autobuses y el centro de las ciudades. El precio en moneda nacional es de 1 CUP.

Taxi

Estos vehículos tienen taxímetro y cuestan 1 CUC por la bajada de bandera y 1 CUC por cada kilómetro recorrido en las ciudades. Los taxistas tienen por costumbre convenir con los turistas el precio de la carrera sin usar el contador; el precio suele ser muy similar, la diferencia estriba en que, si no se usa el taxímetro, el dinero no se lo queda el Estado.

Circuitos

Entre las muchas agencias turísticas de Cuba, las más útiles son las siguientes:
Cubamar Viajes (✆7-833-2524, 7-833-2523; www.cubamarviajes.cu) Alquila caravanas y bungalós para campismo.
Cubanacán (✆7-873-2686; www.cubanacan.cu) Agencia de viajes general que incluye filiales especializadas como Cubanacán Náutica, de submarinismo, navegación y pesca, y Turismo y Salud, relacionada con las intervenciones médicas, los tratamientos en balnearios y la rehabilitación.
Cubatur (✆7-835-4155; www.cubtur.cu)
Ecotur (✆7 273 1542; www.ecoturcuba.tur.cu)
Gaviota (✆7-204-4411; www.gaviota-grupo.com) Tiene representación en todos los hoteles Gaviota, incluido el H10 Habana Panorama.
Havanatur (✆7-835-3720; www.havanatur.cu) Trabaja con Guamá en España y con Marazul Tours en EE UU.
Paradiso (✆7-832-9538/9; www.paradiso.es) Especializada en circuitos culturales y artísticos de varios días.
San Cristóbal Agencia de Viajes (✆7-861-9171; www.viajessancristobal.cu)

Tren

Los trenes de Ferrocarriles de Cuba llegan a todas las capitales de provincia y constituyen una forma excepcional de descubrir el país, siempre que se tenga la paciencia de un santo (es decir, son lentos). Aunque viajar en tren es seguro, la información sobre salidas es solo teórica. No suele haber problemas para comprar un

---

EL TREN FRANCÉS

El mejor tren de Cuba y el más rápido es el Tren Francés, que cubre el trayecto entre La Habana y Santiago de Cuba en ambas direcciones cada tres días (1ª/2ª clase 62/50 CUC, 15½ h, 861 km). El tren nº 1 sale de La Habana a las 18.27, pasa por Santa Clara y Camagüey y llega a Santiago de Cuba sobre las 9.00. El tren nº 2 parte de Santiago de Cuba a las 20.17 y llega a La Habana sobre las 11.00. Los trenes utilizan vagones franceses de segunda mano (de ahí el nombre) que antes cubrían la ruta París-Bruselas-Ámsterdam y que Cuba compró en el 2001. Son bastante cómodos, aunque algo deslustrados, con un aire acondicionado gélido, café escaso, un sobrecargo (uno por vagón) y lavabos deplorables. Como ocurre con otras cosas en Cuba, el problema no radica tanto en la calidad de los vagones sino en su mantenimiento, o la falta del mismo. El Tren Francés tiene dos clases: 1ª y 1ª especial. Merece la pena invertir 12 CUC más en la segunda.

Durante la elaboración de esta guía, el Tren Francés estaba siendo objeto de trabajos de mantenimiento. Estaba previsto que pronto volviera a entrar en funcionamiento.

SERVICIOS DE TREN DESDE LA HABANA

La siguiente información está sujeta a cambios o cancelaciones. Verifíquese siempre de antemano.

DESTINO	Nº DE TREN	FRECUENCIA
Pinar del Río	71	días alternos
Bayamo	5	cada 3 días
Guantánamo	15	cada 3 días
Santiago de Cuba	1, 5	2 de cada 3 días
Matanzas	3, 5, 7, 15	diario
Morón	29	diario
Manzanillo	28	cada 3 días
Cienfuegos	73	días alternos
Santa Clara	1, 3, 5, 7, 9, 15	diario
Camagüey	1, 3, 5, 15	diario
Sancti Spíritus	7	días alternos

billete, ya que hay una cuota reservada para turistas que pagan en convertibles.

Los extranjeros deben pagar los billetes en efectivo, pero los precios son razonables y los vagones, aunque viejos y deslustrados, resultan bastante cómodos. Los lavabos están infectos; es necesario llevar papel higiénico. Hay que vigilar el equipaje si se viaja de noche y llevar siempre un poco de comida. El Tren Francés es el único que dispone de cafetería, aunque con frecuencia pasan vendedores por los vagones ofreciendo café (la taza la pone el pasajero).

La página web **The Man in Seat Sixty-one** (www.seat61.com), administrada por Mark Smith desde el Reino Unido, ofrece información actualizada de los horarios, tipos y matices de los trenes cubanos. La página incluye viajes en tren por todo el mundo, pero consta de un resumen aceptable de los principales servicios ferroviarios cubanos.

Estaciones de trenes

A pesar de alguna que otra fachada fastuosa, siempre son deprimentes y caóticas, con poca información visible. Las horas de salida se anuncian con tiza en pizarras o con carteles escritos a mano; no hay horarios electrónicos o impresos. Se recomienda comprobar siempre la información ferroviaria dos o tres días antes de viajar.

Clases

Hay varios tipos de trenes: especiales, rápidos, con pocas paradas y aire acondicionado; regulares, más lentos y con salidas diarias; y "lecheros", que paran en todas las estaciones y apeaderos de la línea. Las líneas más importantes como La Habana-Santiago de Cuba tienen trenes especiales o regulares.

Precio

Los trenes regulares cuestan menos de 3 CUC por 100 km, pero los especiales están más cerca de los 5,50 CUC por 100 km. El tren de Hershey cuesta igual que los regulares.

Reservas

En casi todas las estaciones se puede ir a la ventanilla y comprar el billete sin más, pero en La Habana hay una sala de espera y una ventanilla especial para pagar en convertibles en la estación de La Coubre. Al comprar el billete, es necesario mostrar el pasaporte y siempre es conveniente confirmar la salida con antelación, puesto que los horarios son muy variables.

Red ferroviaria

La red ferroviaria cubana es muy completa y comprende casi toda la isla principal, desde Guane, en la provincia de Pinar del Río a Caimanera, al sur de la ciudad de Guantánamo. También hay varios ramales que se dirigen al norte y al sur y que conectan sitios como Manzanillo, Nuevitas, Morón y Cienfuegos. Baracoa es una de las pocas ciudades sin tren. Otros enclaves que carecen de tren son la Isla de la Juventud, el extremo occidental de la provincia de Pinar del Río y los cayos del norte. Trinidad ha estado desconectada de la red ferroviaria principal desde que una tormenta destruyera un puente en 1992, aunque cuenta con un pequeño ramal que recorre el valle de los Ingenios.

Servicios

Muchos trenes de cercanías circulan al menos una vez al día, y algunos con mayor frecuencia. También hay trenes más pequeños que unen Las Tunas y Holguín, Holguín y Santiago de Cuba, Santa Clara y Nuevitas, Cienfuegos y Sancti Spíritus, y Santa Clara y Caibarién.

El tren de Hershey, construido a principios del s. XX por la Hershey Chocolate Company, es el único tren eléctrico de Cuba y constituye una forma amena de desplazarse entre La Habana y Matanzas.

Camión

Son una forma rápida y barata de viajar. Cada localidad tiene una parada de camionetas para viajes provinciales y municipales, generalmente con un horario muy relajado. Hay que ponerse a la cola en la parada correspondiente al destino deseado, pidiendo siempre la vez. El billete se pagar al subir. Un camión de Santiago de Cuba a Guantánamo cuesta 5 CUP (0,20 CUC), mientras que el mismo viaje en autobús de Víazul cuesta 6 CUP.

Los camiones son calurosos e incómodos y van atestados, pero constituyen un modo fantástico de conocer cubanos.

A veces el personal de la terminal indica a los extranjeros que no pueden utilizar este servicio, pero como siempre, no hay que tomar un no por respuesta la primera vez. Suele ayudar si uno alega que no tiene dinero, entabla una conversación con el conductor o pide ayuda a otros pasajeros.

Glosario

altos – piso en una planta alta; con mayúscula inicial en las direcciones

agropecuario – mercado de verduras; incluye la venta de fruta y arroz

amarillo – inspector de tránsito, vestido de amarillo, que ayuda a organizar el traslado de pasajeros junto a la carretera

americano/a – en Cuba se refiere a todo ciudadano de un país del continente (de Canadá a Argentina); un ciudadano de EE UU se denomina norteamericano/a o estadounidense, gringo/a y yuma

arahuacos – tribus indígenas emparentadas lingüísticamente, que habitaron la mayor parte de las islas caribeñas y el norte de Sudamérica

babalawo – (o babalao) sacerdote de la santería; véase también "santero"

balseros – emigrantes que en la década de 1990 escapaban a EE UU en balsas caseras

barbudos – nombre dado a los integrantes del ejército rebelde de Castro

bloqueo – embargo estadounidense a Cuba

bodega – tienda distribuidora de productos mediante cartilla de racionamiento

bohío – cabaña tradicional cubana con el techo de paja

botella – autoestop

cabildo – ayuntamiento de la época colonial; también, asociación de tribus en las religiones afrocubanas

Cachita – apodo de la Virgen de la Caridad del Cobre

cacique – jefe; en un principio designaba a un dirigente indio; hoy se refiere a tiranos de poca monta

Cadeca – casa de cambio de divisas

camión – camioneta de transporte urbano de pasajeros que utiliza camiones reconvertidos

campismo – red nacional que abarca 82 *campings* o instalaciones de alojamiento rural; algunos no admiten a extranjeros

casa particular – residencia privada que alquila habitaciones a extranjeros (a veces también a cubanos); las que son legales deben indicarlo mediante un triángulo verde en la puerta

cayo – isla coralina

CDR – Comités de Defensa de la Revolución; asociaciones de vigilancia vecinal constituidas en 1960 para consolidar el apoyo de base a la Revolución; hoy desempeñan un papel crucial en campañas sanitarias, educativas, sociales, de reciclaje y de trabajo voluntario

chachachá – música de baile (compás de 4/4) derivada de la rumba y el mambo

Changó – en santería, dios de la guerra y el fuego; se sincretiza con santa Bárbara

chivo – en argot, bicicleta

cimarrón – esclavo fugitivo

claves – par de palos utilizados para marcar el ritmo de la música

Cohiba – en lengua indígena, utensilio para fumar tabaco; una de las principales marcas cubanas de puros

colectivo – taxi colectivo que admite a tantos pasajeros como sea posible; normalmente es un viejo automóvil estadounidense

compañero/a – camarada, con connotaciones revolucionarias

congrí arroz y frijoles negros

convertibles – pesos convertibles

Coppelia – heladería cubana

criollo – español nacido en América

Cubanacán – poco después de desembarcar en Cuba, Colón visitó un poblado taíno que los indígenas denominaban Cubanacán ("en el centro de la isla"); hoy es el nombre de una importante empresa turística cubana

danzón – baile de salón tradicional cubano con influencias africanas, que surgió en Matanzas a finales del s. XIX

décima – estrofa formada por 10 versos octosílabos, utilizada en el son cubano

duende – espíritu del flamenco; término empleado para describir la esencia emocional de la música

entronque – cruce, en las zonas rurales

encomienda – porción de tierra y mano de obra indígena que la Corona española encomendaba a un individuo en la época colonial

esquina – concentración con fines lúdicos, generalmente musicales

esquina caliente – peña deportiva donde aficionados debaten sobre béisbol; en un principio, se reunían en la esquina de la calle 23 con la 12, en el barrio habanero del Vedado

Gitmo – en argot de EE UU, la base naval estadounidense en Guantánamo

Granma – el yate que en 1956 llevó a Castro y a sus compañeros de México a Cuba para derrocar el régimen de Batista; en 1975 se dio este nombre a la provincia a la que llegó el Granma; también, nombre del principal diario de Cuba

guajiros – campesinos

guaracha – canción satírica para solista y coro

guarapo – zumo de la caña de azúcar

guayabera – camisa masculina típica del trópico, de color blanco, con alforzas, botones y bolsillos

hierbero – persona que vende hierbas, especialmente medicinales, y prepara remedios; abundancia de conocimientos sobre tratamientos naturales

ingenio – antiguamente, central azucarera

jinetera – mujer solícita; también aquella que se 'pega' a los varones extranjeros

jinetero – hombre charlatán que embauca o tima a los turistas

libreta – cartilla de racionamiento

Líder Máximo, el – título a menudo aplicado a Fidel Castro

M-26-7 – "Movimiento del 26 de julio", la organización revolucionaria de Fidel Castro; el nombre proviene del asalto frustrado al cuartel Moncada (Santiago de Cuba) el 26 de julio de 1953

mambises – rebeldes que luchaban contra los españoles en el s. XIX

máquina – taxi privado que cobra en pesos

mogote – monolito de piedra caliza característico de Viñales

Moncada – antiguo cuartel de Santiago de Cuba, llamado así en honor del general Guillermo Moncada (1848-1895), héroe de las guerras de independencia

moneda nacional –pesos cubanos; se abrevia como MN y su símbolo es CUP

mudéjar – estilo de decoración arquitectónica de influencia morisca, presente en la península ibérica entre los ss. XII y XVI, que combinaba elementos del arte islámico y el cristiano

Nueva Trova – música filosófica folclórica/de guitarra, popularizada a finales de la década de 1960 y principios de la de 1970 por Silvio Rodríguez y Pablo Milanés

Operación Milagro –nombre no oficial de un pionero proyecto humanitario concebido en el 2004 entre Cuba y Venezuela; ofrece tratamiento ocular gratuito a venezolanos sin recursos en hospitales cubanos

Oriente – región formada por las provincias de Las Tunas, Holguín, Granma, Santiago de Cuba y Guantánamo; objetivamente el Este

orisha – deidad africana de la santería

paladar – restaurante en una casa particular

parqueador – vigilante de aparcamiento

PCC – "Partido Comunista de Cuba"; partido único del país, fundado en octubre de 1965 mediante la fusión del Partido Socialista Popular (partido comunista anterior a 1959) y

antiguos guerrilleros castristas

pedraplén – paso elevado de piedra que conecta islas y cayos con tierra firme

pelota – béisbol cubano

peninsular – español nacido en España pero que reside en América

peña – grupo que interpreta música de cualquier género: son, rap, rock, poesía, etc.; véase también "esquina"

Período Especial – el "Período Especial en Tiempos de Paz", la realidad económica de Cuba después de 1991

ponchero – persona que repara neumáticos

ranchón – granja o restaurante rural

reguetón – *hip-hop* cubano

Regla de Ocha – conjunto de creencias religiosas interrelacionadas, conocidas como santería

salsa – música cubana basada en el son

salsero – cantante de salsa

santería – religión afrocubana resultante del sincretismo entre la religión yoruba del África occidental y el catolicismo español

santero – sacerdote de la santería; véase también "babalawo"

son – forma básica de música popular cubana, surgida a finales del s. XIX, que combina ritmos africanos y españoles

taíno – miembro de una tribu perteneciente al grupo lingüístico arahuaco, que habitó gran parte de Cuba antes de la conquista española; significa "nosotros, la buena gente"

Telepunto – tienda y locutorio con internet de Etecsa (empresa estatal de telecomunicaciones)

tres – guitarra de siete cuerdas, fundamental del son cubano

trova – canción de autor poética tradicional

zafra – cosecha de la caña de azúcar

Entre bastidores

LA OPINIÓN DEL LECTOR

Agradecemos a los lectores cualquier comentario que ayude a que la próxima edición pueda ser más exacta. Toda la correspondencia recibida se envía al equipo editorial para su verificación. Es posible que algún fragmento de esta correspondencia se use en las guías o en la web de Lonely Planet. Aquellos que no quieran ver publicados sus textos ni su nombre, deben hacerlo constar. La correspondencia debe enviarse, indicando en el sobre Lonely Planet/Actualizaciones, a la dirección de geoPlaneta en España: Av. Diagonal 662-664. 08034 Barcelona. También puede remitirse un correo electrónico a: viajeros@lonelyplanet.es. Para información, sugerencias y actualizaciones, se puede visitar www.lonelyplanet.es.

NUESTROS LECTORES

Nuestro sincero agradecimiento a los viajeros que utilizaron la última edición y nos remitieron sugerencias, útiles consejos e interesantes anécdotas: A Aimee Kok, Al Webb, Amanda Bresnan, Andreja Počkaj, Andrew Temperton, Angret Sinnige, Anita Geertsen, Anja Heinicke **B** Barb Johnston, Bastian Pauls, Benoit Lammens, Brit Myrvoll **C** Camille van Wessem, Cathalia Goodall, Colin y Robyn Mills **D** Dale Ashley, David Connor, David Olubuyide, David Searle, Denis Hoddinott **E** Edward Ellis, Eeke Riegen, Eline Franckaert, Emmanuel Massa **F** Francesca Braghetta, Frans Honselaar **G** Gord Smith **H** Heikki Valkama, Henri Kas, Herwig Temmerman **J** Jaap de Korver, Janet Armstrong, Jenni Houston, Jessica Gordon-Burroughs, Johanna Vos, John Stansfield, Jonathan Bradbury, Jonathan Kaplinsky, Jordi Romeu, Joseph Keach, Joycka Neirinck, Judith Raab, Juliane Schmidt, Julie Bay **K** Katharina Meyer, Kirsti Malterud **L** Laura Tyler, Lee Woodall, Lepretre Charlotte, Lesley Cranna, Lone Larsen, Lynda Goddard **M** Marcus Neal, Marea Rubins, Marlene Irwin, Marta Maggioni, Martin Erichsen, Martin Hämmerle, Matthieu Eichholtz, Melanie Ittmann, Mette Krarup, Michiel Hennus **N** Neil Croft, Niek Achten, Niklas Carlsson **O** Oliver Kraatz **P** Paul Booker, Pauline Benoit, Per Brámá, Peter Fried, Peter Newby, Phil Vintin, Philipp Heltewig **R** Rachel Papworth, Raquel Lome, Rene Echevarria, Rob Currie, Rob Eikenaar, Rodolfo Pérez, Rolf Siegel **S** Sander Warnas, Shayne Konar, Sue Yearley, Susanne Lanz **T** Thomas Kaller, Tommy Smidt **V** Viktor Pesek, Vincent Nadeau **W** Walther TjonPian-Gi, Willemijn Brouwer.

AGRADECIMIENTOS DE LOS AUTORES

Brendan Sainsbury

Muchas gracias a todos mis amigos cubanos, en particular a Carlos Sarmiento por su fantástica compañía y sus dotes como conductor; a Julio Muñoz por sus consejos fotográficos y sobre equitación; a Rafael Requejo por sus apreciaciones sobre arquitectura; y a Julio y Elsa Roque por su inestimable ayuda en La Habana. También merecen una mención especial Maité e Idolka en Morón, Nilson y José en Baracoa, y Luis Miguel en La Habana.

Luke Waterson

Encabeza la lista Carlos Sarmiento por conducirme hasta todos esos lugares de difícil acceso y hacerme partícipe de sus amplios conocimientos sobre Cuba. La medalla de plata corresponde al siempre eficiente Waldo en Cienfuegos, Maité e Idolka en Morón, Yoan y Yarelis en Viñales, Luis Miguel en La Habana y Joel en Matanzas. También deseo expresar mi agradecimiento a la señorita de la oficina de Cubatur en Varadero, a Ramberto y Marco en Nueva Gerona, y a Julio en Playa Girón: ¡la próxima vez bucearé mejor!

RECONOCIMIENTOS

Los datos del mapa climático han sido adaptados de "Updated World Map of the Köppen-Geiger Climate Classification", de M. C. Peel, B. L. Finlayson y T. A. McMahon, en *Hydrology and Earth System Sciences*, 11, 1633-1644.

Fotografía de cubierta: Bajista, Trinidad, Ray Hems/Alamy.

ESTE LIBRO

Esta es la traducción al español de la 8ª edición de la guía *Cuba* de Lonely Planet, escrita y documentada por Brendan Sainsbury y Luke Waterson.

VERSIÓN EN ESPAÑOL

GeoPlaneta, que posee los derechos de traducción y distribución de las guías Lonely Planet en los países de habla hispana, ha adaptado para sus lectores los contenidos de este libro. Lonely Planet y GeoPlaneta quieren ofrecer al viajero independiente una selección de títulos en español; esta co-laboración incluye, además, la distribución en España de los libros de Lonely Planet en inglés e italiano, así como un sitio web, www.lonelyplanet. es, donde el lector encontrará amplia información de viajes y las opiniones de los viajeros.

Gracias a Sasha Baskett, Andi Jones, Claire Naylor, Karyn Noble, Ellie Simpson, Tony Wheeler

Índice

La **negrita** indica los mapas.
El azul indica las fotografías.

La **negrita** indica los mapas.
El azul indica las fotografías.

La **negrita** indica los mapas.
El azul indica las fotografías.

La **negrita** indica los mapas.
El azul indica las fotografías.

Leyenda de los mapas

Puntos de interés

- Playa
- Reserva de aves
- Templo budista
- Castillo/palacio
- Templo cristiano
- Templo confuciano
- Templo hindú
- Templo islámico
- Templo jainita
- Templo judío
- Monumento
- Museo/galería de arte/edificio histórico
- Ruinas
- *Sento* (baño público)/*onsen*
- Templo sintoísta
- Templo sij
- Templo taoísta
- Lagar/viñedo
- Zoo/santuario de vida silvestre
- Otros puntos de interés

Actividades, cursos y circuitos

- *Bodysurf*
- Submarinismo/buceo
- Canoa/kayak
- Curso/circuito
- Esquí
- Buceo
- Surf
- Natación/piscina
- Senderismo
- *Windsurf*
- Otras actividades

Alojamiento

- Alojamiento
- *Camping*

Dónde comer

- Lugar donde comer

Dónde beber

- Lugar donde beber
- Café

Ocio

- Ocio

De compras

- Comercio

Información

- Banco, cajero automático
- Embajada/consulado
- Hospital/médico
- @ Acceso a internet
- Comisaría de policía
- Oficina de correos
- Teléfono
- Aseos públicos
- Información turística
- Otra información

Otros

- Playa
- Cabaña/refugio
- Faro
- Puesto de observación
- ▲ Montaña/volcán
- Oasis
- Parque
-)(Puerto de montaña
- Zona de *picnic*
- Cascada

Núcleos de población

- Capital (nacional)
- Capital (provincial)
- Ciudad/gran ciudad
- Pueblo/aldea

Transporte

- Aeropuerto
- Puesto fronterizo
- Autobús
- Teleférico/funicular
- Ciclismo
- Ferri
- Metro
- Monorraíl
- Aparcamiento
- Gasolinera
- S-Bahn
- Taxi
- Tren
- Tranvía
- U-Bahn
- Otros transportes

Red de carreteras

- Autopista
- Autovía
- Ctra. principal
- Ctra. secundaria
- Ctra. local
- Callejón
- Ctra. sin asfaltar
- Camino en construcción
- Zona peatonal
- Escaleras
- Túnel
- Puente peatonal
- Circuito a pie
- Desvío del circuito
- Camino de tierra

Límites

- Internacional
- 2º rango, provincial
- En litigio
- Regional/suburbano
- Parque marítimo
- Acantilado
- Muralla

Hidrografía

- Río/arroyo
- Agua estacional
- Canal
- Agua
- Lago seco/salado/estacional
- Arrecife

Áreas delimitadas

- Aeropuerto/pista
- Playa, desierto
- + Cementerio cristiano
- × Cementerio (otro tipo)
- Glaciar
- Marisma
- Parque/bosque
- Edificio de interés
- Zona deportiva
- Pantano/manglar

Nota: No todos los símbolos aparecen en los mapas de este libro.

LOS AUTORES

Brendan Sainsbury

Autor coordinador, La Habana, Trinidad y Sancti Spíritus, Camagüey, Las Tunas, Holguín, Granma, Santiago de Cuba, Guantánamo **Nacido y educado en New Hampshire, Inglaterra, Brendan visitó Cuba por primera vez en 1997, con motivo de la primera edición de esta guía. Desde entonces, ha vuelto 18 veces como guía y escritor, pero ya no como turista. Esta es su sexta guía relacionada con Cuba, aunque también ha cubierto muchos otros países para Lonely Planet, entre ellos** Angola, Italia y Jamaica. Cuba sigue siendo su refugio preferido y La Habana –junto con Londres y Granada– una de sus ciudades predilectas. Cuando no escribe ni viaja, Brendan disfruta siguiendo los avatares del Southampton Football Club, escuchando viejos discos de Clash y corriendo absurdas distancias por los desiertos.

Más sobre Brendan en:
http://auth.lonelyplanet.com/profiles/brendansainsbury

Luke Waterson

Artemisa y Mayabeque, Isla de la Juventud, Valle de Viñales y Pinar del Río, Varadero y Matanzas, Cienfuegos, Villa Clara, Ciego de Ávila **Café de sabor intenso, ron muy fuerte, puros de aroma penetrante y la perspectiva de ver salir el sol por detrás de sus queridos mogotes en Viñales. No fue nada difícil convencer a Luke para que regresara a la isla cuando se cumplían 10 años de su primera visita al país y trabajara en su tercera edición de Cuba para Lonely Planet. Especializado** en América Latina, lleva más de una década escribiendo sobre la región y también colabora con la BBC, el Telegraph e Insight Guides. Asimismo, es autor y colaborador de 30 libros de viajes y de ficción. Reside en Bratislava (Eslovaquia), desde donde escribe el peculiar blog sobre viajes/culturas englishmaninslovakia.com. También ha redactado los capítulos de *Arte y literatura* y *Entorno natural* de esta guía.

Más sobre Luke en:
http://auth.lonelyplanet.com/profiles/lukewaterson

geoPlaneta
Av. Diagonal 662-664. 08034 Barcelona
viajeros@lonelyplanet.es
www.geoplaneta.com - www.lonelyplanet.es

Lonely Planet Publications
Locked Bag 1, Footscray, Victoria 3011, Australia
61 3 8379 8000 · fax 61 3 8379 8111
(Oficinas también en Reino Unido y Estados Unidos)
talk2us@lonelyplanet.com.au

Cuba
7ª edición en español – febrero del 2016
Traducción de *Cuba*, 8ª edición – octubre del 2015
1ª edición en español – octubre del 2000

Editorial Planeta, S.A.
Con la autorización para la edición en español de Lonely Planet Publications Pty Ltd A.B.N. 36 005 607 983, Locked Bag 1, Footscray, Melbourne, VIC 3011, Australia

Aunque Lonely Planet, geoPlaneta y sus autores y traductores procuran que la información sea lo más precisa posible, no garantizan la exactitud de los contenidos de este libro, ni aceptan responsabilidad por pérdida, daño físico o contratiempo que pudiera sufrir cualquier persona que lo utilice.

© Textos y mapas: Lonely Planet, 2015
© Fotografías 2015, según se relaciona en cada imagen
© Edición en español: Editorial Planeta, S.A., 2016
© Traducción: Carme Bosch, Elena García, Gemma Salvà, 2015

ISBN: 978-84-08-14840-1

Depósito legal: B. 22.284-2015
Impresión y encuadernación: Grafo
Printed in Spain – Impreso en España

Reservados todos los derechos. No se permite la reproducción total o parcial de este libro, ni su incorporación a un sistema informático, ni su transmisión en cualquier forma o por cualquier medio, sea este electrónico, mecánico, por fotocopia, por grabación u otros métodos, sin el permiso previo y por escrito del editor. La infracción de los derechos mencionados puede ser constitutiva de delito contra la propiedad intelectual (Art. 270 y siguientes del Código Penal).

Diríjase a CEDRO (Centro Español de Derechos Reprográficos) si necesita fotocopiar o escanear algún fragmento de esta obra. Puede contactar con CEDRO a través de la web www.conlicencia.com o por teléfono en el 91 702 19 70 / 93 272 04 47.

Lonely Planet y el logotipo de Lonely Planet son marcas registradas de Lonely Planet en la Oficina de Patentes y Marcas de EE UU y otros países.
Lonely Planet no autoriza el uso de ninguna de sus marcas registradas a establecimientos comerciales tales como puntos de venta, hoteles o restaurantes. Por favor, informen de cualquier uso fraudulento a www.lonelyplanet.com/ip.

El papel utilizado para la impresión de este libro es cien por cien libre de cloro y está calificado como papel ecológico.